PIECES FUGITIVES,

POUR SERVIR

A L'HISTOIRE

DE FRANCE;

Dont la plûpart n'ont point encore été publiées, & quelques unes, quoiqu'imprimées, ne se trouvent presque plus:

Avec des notes historiques & géographiques,

Par M. MENARD, CONSEILLER AU PRESIDIAL DE NISMES, académicien honoraire de l'académie des sciences & des belles-lettres de Lyon, associé à celle des belles-lettres de Marseille.

A PARIS,

Chez HUGUES-DANIEL CHAUBERT, libraire, à l'entrée du quai des augustins, à la renommée & à la prudence.

M. DCC. XLVIII.

PROJET
D'UNE COLLECTION
DE PIECES FUGITIVES,
pour servir à l'histoire de France.

L'ETUDE de l'histoire de France est sans contredit la plus intéressante de toutes pour les François. On peut ajoûter qu'elle l'est beaucoup pour les étrangers. Cette histoire est liée à celle de la plûpart des états voisins: tout ce qui est nation civilisée y prendra toujours un intérêt particulier. Ce royaume, l'un des plus florissans de l'univers, a fait une figure si éclatante dans la succession des tems qui se sont écoulés depuis ses commencemens, qu'il mérite assurément une bonne histoire générale, autant qu'aucune autre nation du monde.

Quelque nécessaire néanmoins que puisse être cette histoire; de toutes celles qui ont paru jusqu'ici, il n'en est qu'une seule qui puisse avec fondement passer pour supérieure aux autres; non-seulement comme plus détaillée dans ses circonstances, & mieux suivie dans le fil des événemens, mais comme nourrie de meilleures recherches. Cependant l'auteur* qui n'a point pu tout recueillir, parce que l'humanité a ses bornes, y a laissé beaucoup de vuides qu'on ne sçauroit suppléer que par un travail séparé. Les historiens de la nation qui l'avoient précédé, n'avoient point pris, comme lui, la bonne route. Loin de recourir aux véritables sources, je dirois presque aux seules sources, qui sont les manuscrits & les chartes, ils se sont copiés les uns les autres, & en se copiant, ils ont demeuré dans la même ignorance des faits, & se sont communiqué les mêmes défauts d'exactitude.

Ce n'a été que dans ces derniers siécles que quelques personnes de goût ont senti toute l'utilité de cette sorte de recherches. Aux lumieres d'une saine critique, ils ont joint une application constante à découvrir les manuscrits historiques. Ils ont comparé les premiers historiens de la nation

*le P. Daniel.

avec les monumens particuliers du tems; & ils ont commencé à débrouiller ce que cette étude avoit d'obscur & d'incertain.

*D. Luc d'Achery.

Un sçavant religieux * de la congrégation de S. Maur présenta le premier les fruits les plus considérables de ce travail. Appliqué comme ses dignes confreres à enrichir l'église & la république des lettres des plus précieux monumens, il s'attacha à la recherche de ceux qui lui parurent dignes de voir le jour; & parmi le grand nombre de manuscrits qui lui passerent entre les mains, il fit un choix de chroniques, de chartes, & d'autres piéces également utiles & interessantes, dont il forma l'excellent recueil qui nous reste de lui, sous le titre de *Spicilegium*.

*M. Baluze.

Après lui, un des plus laborieux * littérateurs que la France ait eus, pénétré de l'utilité de ces sortes de monumens, s'appliqua de même à en faire la recherche. Ses soins produisirent une collection précieuse, qu'il publia sous le titre de *Miscellanea*; & qui est un riche trésor de piéces extrémement curieuses & historiques.

Telles ont été les plus abondantes moissons qu'a produit cette sorte de recherches, si utiles à l'étude de l'histoire de France. Mais il étoit réservé à ce siécle de trouver les moyens de perfectionner cette étude. C'est sous ce régne qu'on a vu exécuter le projet le plus utile à ce dessein. Je parle de la riche collection des historiens de ce royaume : ouvrage important, qui va faire désormais la base de l'histoire de notre nation.

Ne devons-nous pas regarder ce précieux recueil des historiens de France, comme une invitation particuliere à tous ceux qui sont en état de faire des recherches sur notre histoire, de s'appliquer de leur côté à ramasser les autres matériaux ? C'est du moins dans ce point de vûe que je l'ai envisagé : & c'est ce qui me détermine à exécuter dans l'ouvrage que je présente au public le dessein que j'ai formé durant le cours de mes recherches pour la composition de l'*Histoire civile, ecclésiastique & littéraire de la ville de Nismes*.

A cette occasion, il m'a passé sous les yeux, soit en province, soit à Paris, une infinité de riches monumens qui ne pouvoient point entrer dans cette histoire particuliere, mais qui m'ont paru si propres à éclaircir l'histoire générale du royaume, que j'ai cru devoir les ramasser pour en faire un présent au public. J'ai communiqué cette collection & mon dessein à diverses personnes d'esprit, & d'un mérite distingué, qui ont approuvé l'un & l'autre, & m'ont exhorté à continuer, en me faisant envisager l'extrême utilité que l'histoire de la nation peut en retirer. En effet, l'étude de l'histoire de France, aidée d'un côté de la collection de ses premiers écrivains, & soutenuë de l'autre des manuscrits & des mémoires particuliers qui n'ont point encore paru, n'en sera que plus en état d'être bien suivie & bien approfondie.

Sous le nom général d'histoire de France, je comprens toutes les parties sous lesquelles elle peut être divisée, c'est-à-dire, l'histoire civile, l'ecclésiastique, la littéraire, & l'histoire naturelle.

De forte que parmi les piéces de l'histoire civile, je comprens tous les monumens historiques qui appartiennent au gouvernement politique & civil ; aux diverses révolutions survenuës dans ce royaume en tems de guerre comme en tems de paix ; à la vie particuliere de nos rois & de tous les grands hommes de l'état ; à la fondation des villes & à leur accroissement.

Dans celles de l'histoire ecclésiastique, je fais entrer les monumens qui regardent l'établissement des églises métropolitaines, cathédrales, & collégiales, des chapitres séculiers & réguliers, & des abbayes ; l'origine & les progrès des ordres militaires & hospitaliers, & des ordres religieux ; les vies des saints autentiques & dégagées de toutes ces pieuses fables dont la plupart de nos légendes sont remplies ; la naissance, les progrès, & l'extinction des diverses hérésies qui ont infesté le royaume.

Parmi les piéces de l'histoire littéraire, je comprens les morceaux historiques qui peuvent appartenir, soit aux établissemens faits en divers tems pour le bien & l'avantage de la littérature, des sciences, & des arts ; soit au détail particulier de la vie de ceux qui s'y sont rendus célébres, & qui méritent d'avoir place dans l'histoire.

Enfin, je mets au rang des piéces qui appartiennent à l'histoire naturelle, toutes celles qui servent à faire connoître les particularités de la nature, telles que les plantes, les arbres, les fruits, les fleurs, les mines, les fontaines, & les sources minérales. On sçait que bien des personnes habiles dans la connoissance de la nature ont fait des traités particuliers sur toutes ces portions de notre histoire naturelle, qui méritent d'être conservés. J'aurai soin de les recueillir, & d'en faire un choix capable de satisfaire le public, sans lui donner du dégoût pour cette sorte de recherches. Je ne donnerai que les piéces de ce genre les plus curieuses & les plus intéressantes.

Telles sont les diverses matiéres ausquelles se rapportent les piéces qui entreront dans ce recueil. Je dois néanmoins avertir que je ne suivrai pas cette division ni cet arrangement dans les volumes. Je ne la rapelle ici que pour donner une idée nette & précise des diverses sortes de monumens dont ma collection doit être formée. Sans m'astreindre à cet ordre, non plus qu'à celui de la chronologie, je donnerai les piéces à mesure qu'elles me tomberont sous la main. C'est, selon moi, le seul moyen de mettre bientôt les sçavans & les historiens en état de retirer de celles qui auront d'abord été recouvrées, tous les avantages & tous les éclaircissemens qui peuvent leur en revenir.

Cet arrangement même n'est guére possible pour des piéces qui se ramassent de différens endroits & en divers tems. Mais j'y suppléerai par une table générale, où seront exactement indiquées toutes les piéces, selon l'ordre des années ; & cette table sera répétée dans chaque volume.

J'étends ces diverses parties à tout le royaume, c'est-à-dire que j'y comprens tout ce qui peut appartenir aux provinces, aux villes, & aux autres lieux qui le composent. On sçait combien il est difficile d'avoir une bonne histoire générale, si l'on ne parvient à former de bonnes histoires particulieres. Or rien ne peut nous faire connoître les histoires particuliéres que ces sortes de monumens domestiques. Il régne une si grande affinité entre les unes & les autres, qu'on ne peut guére atteindre le but qu'on désire depuis si long-tems, qui est une bonne histoire générale, que par ces recherches particulieres.

C'est dans les bibliothéques & les archives publiques que j'ai ramassé mes matériaux, & que je continuerai de le faire.

La bibliothéque du roi & le trésor des chartes, les deux plus précieux dépôts qu'il y ait peut-être dans l'univers, feront les principales sources où je puiserai les monumens historiques qui formeront ma moisson. On peut se la promettre abondante, cette moisson, sous les heureux auspices sous lesquels je la forme ; je veux dire sous un régne où le ministére favorise également tout ce qui peut servir à l'éclaircissement de l'histoire du royaume, & à l'avancement des sciences.

Les bibliothéques & les cabinets des maisons religieuses de Paris, ne sont pas d'un médiocre secours. On y conserve des narrations & des mémoires historiques, des chartes même extrémement curieuses. Les maisons les plus riches en ce genre m'ont fait les offres que je pouvois désirer, & dont je profiterai avec soin. J'y recueillerai ce qui s'y présentera de plus intéressant ; mon dessein étant de ne rien négliger pour rendre cette collection utile.

Outre cela, que de richesses cachées & ensevelies dans les cabinets des particuliers ! Que de précieux monumens historiques qui sont, pour ainsi dire, perdus dans les archives des grandes maisons ! On sçait qu'il est peu de ces maisons en France dont il ne soit sorti dans tous les tems des personnages distingués, qui ont eu part aux affaires publiques de l'état, & qui souvent ont eux-mêmes écrit le récit des grands événemens arrivés sous leurs yeux. Ils en ont dressé des mémoires & des journaux très-exacts & très-bien faits, que leurs successeurs conservent avec soin, mais peut-être sans en appercevoir toute l'importance, & tout l'avantage que notre histoire peut en retirer.

Je puiserai également dans ces sources particuliéres ; du moins suis-je déja assuré de la bonne volonté de diverses personnes d'une naissance distinguée, qui possédent de ces sortes de piéces, & qui m'ont assuré de la communication de ce qu'ils ont de curieux en ce genre, pour le faire passer dans ce recueil. J'espere que ceux qui ont de pareils monumens dans leurs cabinets, me feront la même communication. Ils contribueront à la perfection d'un ouvrage dont personne ne peut manquer de sentir l'utilité. Ils me donneront encore lieu de faire connoître plus particulierement leurs ancêtres, auteurs de ces sortes de piéces.

Sur quoi, je dois annoncer ici que chaque piéce sera précédée d'un avertiſſement, óù je donnerai, autant que j'en aurai de connoiſſance, un abrégé de la vie de ceux qui en auront été les auteurs. J'aurai ſoin auſſi d'y donner des témoignages publics de ma reconnoiſſance envers ceux qui me les auront fournis.

Il ne faut pas croire que les manuſcrits & les autres monumens qui appartiennent à notre hiſtoire, ne ſe trouvent qu'en France. On en conſerve auſſi un grand nombre dans les bibliothéques des ſouverains & des princes, de même que dans les cabinets des particuliers des états voiſins. Oſerois-je me flatter que ceux qui ſont les dépoſitaires ou les poſſeſſeurs de ces piéces hiſtoriques, voudront bien me les communiquer avec la même générofité. Je leur en fais ici la priere. La république des lettres s'étend dans tous les pays du monde; & l'on s'y doit une communication réciproque.

Cette collection ſera donc formée de chartes, de manuſcrits, & de narrations hiſtoriques. Mais je ſerai extrêmement réſervé ſur les anciennes chartes; & j'aurai une attention particuliere à ne donner que les plus importantes, & celles qui inſtruiſent le plus des faits qui appartiennent à l'hiſtoire de la nation.

Je n'entreprendrai pas de relever ici l'utilité que l'hiſtoire retire des chartes: on en eſt aujourd'hui aſſés généralement convaincu. Je me contente de rapporter l'invitation qu'avoit fait ſur ce point un ſçavant prêtre* de l'oratoire de la maiſon de Paris, qui étoit pénétré de l'importance du projet que je vais exécuter.

*Le P. le Long.

« Il ſeroit à ſouhaiter, dit ce laborieux écrivain dans la préface de l'ex-
» cellent ouvrage qu'il a publié ſous le titre de *Bibliothéque hiſtorique de*
» *la France*, qu'à l'exemple de nos voiſins, on pût procurer une ample
» édition des principaux actes ſolemnels & publics, qui ſont en dépôt
» dans le tréſor des chartes & à la chambre des comptes, qu'on peut re-
» garder comme une des ſources de l'hiſtoire des plus pures, & qui ſer-
» vent en même tems d'époques fixes, & de régles certaines, pour l'or-
» dre des tems. Perſonne n'ignore aujourd'hui le prix & l'utilité du re-
» cueil de Rymer, publié ces dernieres années en Angleterre. Si à ſon
» exemple, continue-t-il, & ſous les ordres du prince, on entreprenoit
» quelque choſe de ſemblable, l'on trouveroit aiſément de quoi en com-
» poſer un plus nombreux. Ce ſeroit le moyen le plus aſſuré pour conſer-
» ver quantité de piéces qui ſe perdent tous les jours; & l'on travailleroit
» utilement pour la poſtérité. »

Nous avons déja vu exécuter une partie de cette idée dans le recueil des ordonnances de nos rois de la troiſiéme race: recueil dont le projet formé ſous l'auguſte biſayeul du roi, s'eſt commencé ſous ce régne, & ſe continue avec ſuccès par les ſoins d'un habile * académicien: recueil utile & curieux, & qui, indépendamment de ce qui concerne la Juriſprudence, ne peut que fournir d'excellens éclairciſſemens ſur l'hiſtoire de la troiſiéme race. J'entreprens donc l'exécution de l'idée de l'écrivain

* M. Secouſſe.

dont je viens de rapporter les paroles ; & je recueillerai les actes solemnels & publics qui appartiennent à notre histoire sous la troisiéme race, ainsi que sous les deux premieres.

Quant aux manuscrits & aux mémoires, j'en ferai un choix utile. Je ne rapporterai que les piéces de ce genre les plus intéressantes, & où se trouvent les anecdotes les plus curieuses. Je préférerai même celles dont les auteurs ont eu quelque part aux actions qui en font l'objet.

Outre cela, comme parmi tous ces divers monumens historiques, il s'en trouve d'une longueur excessive, qui seuls fourniroient séparément des volumes entiers, & qui néanmoins méritent d'être connus, par l'importance des faits dont ils sont remplis, & qu'on ne trouve point ailleurs, je ne donnerai que des extraits de ceux-là : extraits qui contiendront toute la substance des événemens ; & où je conserverai toutefois, autant que la matiere le permettra, le propre langage de la piéce.

En me conformant exactement à la promesse qu'annonce de ma part le titre de cet ouvrage, je m'astreins à ne donner sur toutes les diverses matieres qui appartiennent à l'histoire de France, que les monumens qui n'ont point encore vu le jour ; & parmi ceux qui ont déja paru, je me ferai une loi inviolable de ne donner que ceux qui sont d'une rareté extrême, & qui, par leur importance, méritent d'être reproduits.

Comme ces piéces sont souvent chargées de diverses obscurités, qui pourroient en diminuer l'utilité, ou en rendre la lecture rebutante & infructueuse, si elles n'étoient éclaircies, je les accompagne de notes qui serviront à expliquer ces difficultés. J'en donne d'historiques, pour faire connoître des personnes ou des actions souvent ignorées, & pour répandre un jour suffisant sur le fil de la narration. J'en donne de géographiques, pour éclaircir la connoissance des lieux dont il est fait mention dans la piéce, & qui sont communément ignorés de la plûpart des lecteurs.

Enfin, pour ne rien négliger de ce qui peut contribuer à rendre cette collection utile & intéressante, j'accompagnerai chaque piéce d'une table chronologique qui lui sera propre, & qui présentera, pour ainsi dire, d'un coup d'œil, toute l'œconomie de la piéce distribuée selon l'ordre des années.

On prie les personnes qui ont des piéces intéressantes dans quelqu'un des genres qu'on vient de détailler, de vouloir bien les faire passer à l'auteur sous l'adresse du libraire.

PIECES FUGITIVES,

POUR SERVIR
A L'HISTOIRE
DE FRANCE;

PIECES FUGITIV

POUR SERVIR

A L'HISTOIR

DE FRANCE

Avec des notes historiques & géographiques.

TOME I. PARTIE PREMIERE.

Par M. le Marquis d'Aubais (Charles des Baschi)

A PARIS,

Chez { HUGUES-DANIEL CHAUBERT, libraire, quai des augustins, à la renommée.
{ CLAUDE HERISSANT, Imprimeur libraire, rue Notre-dame, à la croix d'or.

M. DCC. LIX.

AVEC APROBATION ET PRIVILEGE DU ROI.

ORDRE DES PIECES CONTENUES
DANS LES TROIS VOLUMES DE CE RECUEIL.

TOME I. PARTIE PREMIERE.

Voyage de Gabriel de Luetz, seigneur d'ARAMON, à Constantinople, en Perse, en Egypte, & en Palestine, A-R. 136. pages.

Histoire des guerres du Comté Venaissin, de Provence, de Languedoc, &c. par Louis de PERUSSIS, A-Bbb. 84. pages.

Voyage de Charles IX. en France, écrit par Abel JOUAN, suivi d'un itinéraire des Rois de France, depuis & compris Louis VII. jusqu'à Louis XIV. inclusivement, A-Y. 165. pages.

TOME I. PARTIE SECONDE.

Exploits de Mathieu Merle, baron de Salavas, par le capitaine GONDIN, A-C. 20. pages.

Voyage de l'amiral de JOYEUSE en Gevaudan, A-B. 16. pages.

Mémoires sur les guerres civiles du haut Vivarais, par Achille GAMON, A-G. 56. pages.

Histoire de la GUERRE CIVILE EN LANGUEDOC, par un anonyme, A-G. 56. pages.

Jugemens sur la noblesse de Languedoc, par M. de BESONS, généralité de Montpellier, A-Xx. 352. pages.

MÉLANGES, A-R. 144. pages. Nª. que dans cette piéce la signature G. est répétée deux fois.

TOME II.

Histoire des deux siéges de Sommieres, par Etienne RY, A-C. 24. pages.

Journal de CHARBONNEAU *sur les guerres de Besiers*, A-D. 32. pages.

SIÉGE DE SARLAT, A-E. 40. pages.

*Mémoires du duc d'*ANGOULESME, *sous Henri IV. e*. 1589. A-I. 68. pages.

*Mémoires du baron d'*AMBRES : *guerres de la ligue en Languedoc*, A-G. 56. pages.

Journal de FAURIN *sur les guerres de Castres*, A-I. 7[.] pages.

Commentaires de Louis FRETON, *seigneur de Servas*, A-[ ]. 48. pages.

Mémoires de VIGNOLES : *affaires de Guienne*, A-C. [ ]. pages.

Histoire de la guerre de Guienne, par BALTAZAR, A-H. 60. pages.

JUGEMENTS SUR LA NOBLESSE DE LANGUEDOC *par M. de Besons, généralité de Toulouse :* SUITE *de ces Jugements, sous les titres de Preuves & Quartiers des comtes de Lyon & des chevaliers de Malthe de Languedoc :* ME'LANGES, *Tables synoptiques des batailles, des grands capitaines, des siéges, & des chevaliers du S. Esprit*, A-G[.] 214. pages.

PRÉFACE.

POUR se faire une juste idée de l'histoire, il faut considérer que c'est une simple narration des événemens constatés par les temps & les lieux où ils sont arrivés, aussi-bien que par les noms des personnes qui en ont été les mobiles, & caractérisés par les circonstances essentielles racontées dans la plus grande précision.

Je n'ai encore trouvé aucun auteur qui ait défini l'histoire comme je viens de le faire. Uniquement occupés à orner l'histoire, ils n'ont eu aucune attention au point principal, qui est de ramasser les faits & de ne pas les laisser tomber dans l'oubli. Combien de particularités curieuses sçaurions-nous, s'il y avoit eu dans tous les siécles des personnes occupées de mon idée & qui eussent travaillé dans ce gout-là.

Persuadé qu'un fait oublié est une perte essentielle, je n'ai rien négligé pour mettre par écrit tout ce que j'ai pu apprendre. On aura beau dire que ce sont des minuties, je ne serai pas la dupe de cette idée. C'est un préjugé que les ignorans & les paresseux veulent absolument établir: & je crois rendre un très-grand service à la postérité de travailler à le détruire. Ce qui est minutie pour l'un, est un fait essentiel pour l'autre. Il faut écrire pour tous les hommes, & non pas pour ceux qui ont des gouts particuliers.

La précision dans la narration des événemens m'a paru d'une nécessité absolue. Les phrases recherchées & sur-tout les longues phrases, m'ont paru plus propres à obscurcir l'histoire qu'à l'éclaircir. J'ai travaillé à réduire les faits avec leurs circonstances essentielles dans le moins de paroles qu'il m'a été possible ; & j'ai souvent refait la narration d'un fait pour en ôter quelques paroles. Je n'ai eu attention qu'à me rendre intelligible, & à faire comprendre à mes lecteurs ce que je voulois leur raconter.

J'ai réduit tous les historiens qui se trouvent dans ce recueil suivant cette idée ; mais j'ai suppléé abondamment à tout ce qu'ils ont oublié. Lorsque j'ai trouvé qu'ils avoient omis quelque fait qui devoit naturellement entrer dans leur narration, je l'ai mis dans une note, soit qu'il se trouvât dans quelque imprimé, soit dans un manuscrit. Si mon historien a oublié de marquer la date d'un événement, je n'ai rien négligé pour en trouver le jour : & lorsque je n'ai pu le trouver, j'ai fixé l'événement entre les deux jours les moins éloignés qu'il m'a été possible de connoître. J'ai fait les plus grandes recherches pour connoître les lieux mentionnés dans les piéces que je donne au public. Non content de donner leur longitude & leur latitude, & leur distance à une ville connue lorsque j'ai trouvé leur position sur une carte géographique, j'ai cherché par tout ce qui pouvoit les mieux faire connoître, & je l'ai ajouté à leur article. J'ai fait les mêmes recherches pour les personnes mentionnées dans mes historiens ou mes relations. J'ai cherché leur patrie, leur naissance, leur mort, leur extraction noble ou roturiere, leurs ancêtres & leur descendance, ou leurs collatéraux lorsqu'ils n'ont point laissé de postérité. J'ai fait mention de leurs terres, lorsqu'ils en avoient ; & j'y ai joint une espèce d'histoire de ces mêmes terres. A l'égard de leur généalogie, je n'ai cherché que la pure vérité : & si l'on m'a fourni des mémoires, je les ai examinés avec le plus grand scrupule, & rejetté tout ce qui m'a paru avoir le moindre air de fausseté ou de supposition. Les généalogies vraies sont aussi essentielles à l'histoire que les cartes géographiques. Elles apprennent à connoître l'origine des hommes, comme les cartes apprennent la connoissance des lieux. Elles ont encore l'avantage de servir essentiellement à rectifier les historiens, parce qu'elles font connoître les personnes dont ils parlent ; & constatent un très-grand nombre d'événe-

PRÉFACE.

mens par leurs circonſtances & par leur date, qu'ils ignorent & qu'ils ne ſe donnent pas la peine de chercher.

Jean le Laboureur,[*] un des hiſtoriens de ſon temps qui connoiſſoit le mieux la France & les familles de l'Europe, a donné d'excellentes additions aux mémoires de Caſtelnau. C'eſt un ouvrage des plus utiles pour connoître cette partie de l'hiſtoire de France : & c'eſt en liſant & reliſant ces additions que je me ſuis déterminé à ajoûter aux hiſtoriens que je donne, les notes qui les ſuivent. On verra ſi j'ai été aſſez heureux que d'approcher des recherches de M. le Laboureur. Je regretterai toujours que les additions qu'il avoit promiſes d'ajoûter à l'hiſtoire de Charles VI. ſoient reſtées dans l'oubli, auſſi bien que quelques autres ouvrages qu'il avoit annoncés.

Quoique j'aye réduit la plupart des hiſtoriens que je donne à une aſſez grande préciſion, & que j'en aye retranché tout le verbiage, j'ai cru devoir ajoûter à la fin de leur ouvrage, une table chronologique ou plutôt un journal de tous les faits qu'ils racontent. Je crois que de pareilles tables de tous les bons hiſtoriens ſeroient un ouvrage infiniment utile pour étudier & pour ſçavoir bientôt l'hiſtoire. Le ſeul moyen de la bien comprendre eſt de la voir dans une eſpèce de tableau, tel que celui de mes tables chronologiques.

Comme les batailles & les ſiéges ſont les plus grands événemens de l'hiſtoire militaire, j'ai cru devoir faire une troiſiéme table où ces mêmes batailles & ſiéges ſont répétées[†] avec leurs ſeules circonſtances eſſentielles, & qui ordinairement ne tiennent guères plus d'une ligne. On trouve encore au bout le nombre & le nom de toutes ces batailles & de ces ſiéges.

A ces tables j'en joins d'autres d'un genre différent, qui ne ſeront pas moins utiles : je parle de quelques tables ſynoptiques. Le P. Coronelli a donné un grand nombre de ces tables dans ſon Dictionaire univerſel, qui éclairciſſent & repréſentent d'un coup d'œil les faits hiſtoriques & la vie des perſonnes que l'on veut faire connoître : une ſeule ligne ſuffit pour retracer les circonſtances eſſentielles d'une bataille, d'un ſiége, de la vie d'une perſonne illustre, ou qui mérite place dans l'histoire. Coronelli employe dans ses tables jusqu'à douze colomnes, mais il néglige des circonstances essentielles. Celles qu'on trouvera dans ce Recueil contiennent tout ce qu'il y a de plus important : elles sont plus claires, & plus aisées à imprimer, même en *in-4°.* que celles de Coronelli, qui sont *in-fol.* Au surplus, observons que de pareilles tables synoptiques pourroient contenir en 4. ou 5. colomnes, & dans l'espace de 60. lignes par page, toutes les batailles qui se sont données depuis le commencement du monde, & qui ne vont pas à 3000. Les siéges des villes, quand même on mettroit les plus petits rapportés dans les historiens, n'iroient pas à 20000. Une liste de tous les postes attaqués, de tous les camps occupés par les armées, & de tout ce qui peut désigner les lieux particuliers, contiendroient un très-petit espace. Les listes des grands capitaines, celles des chevaliers de la toison d'or, du saint-Esprit, de la Jaretiere, de l'Anonciade, réduites dans le même ordre; enfin toutes les listes susceptibles d'être rangées suivant cette méthode, ne pourroient faire qu'un petit volume *in-4°.* j'en ai déja beaucoup d'arrangées; & il ne tiendra qu'aux curieux d'en avoir bientôt la jouissance.

Pour mieux faire conoître l'utilité de ces tables, j'en donne ici pour les batailles, pour les grands capitaines, pour les siéges, & pour les chevaliers du saint-Esprit. La premiere colomne des batailles contient le nom du lieu de la bataille, sa position & sa distance à un lieu plus connu; la seconde la date; la troisieme le nom du général qui l'a gagnée; & la quatriéme le nom de celui qui l'a perduë. La premiere colomne des grands capitaines contient leur nom, & la date de leur naissance; la seconde leur patrie avec sa position & sa distance à un lieu connu; la troisiéme le lieu & la date de sa naissance; & la quatriéme le lieu & la date de leur mort. La table des siéges, semblable aux autres, a de plus la date du premier & du dernier jour du siége, & le nom de celui qui a défendu la ville. Enfin celle des chevaliers du saint-Esprit ressemble assez à celle des grands capitaines, & est rangée suivant l'ordre de leur promotion.

PIÉCES FUGITIVES.

PIECES FUGITIVES
POUR SERVIR
A L'HISTOIRE
DE FRANCE.

VOYAGE de Gabriel de Luetz, *seigneur d'Aramon, à Constantinople, en Perse, en Egypte, & en Palestine.*

AVERTISSEMENT.

CETTE piéce, l'une des plus curieuses du XVI. siécle, nous fait connoître l'état de Constantinople, de Jérusalem, & du Caire, au milieu de ce siécle-là. Elle nous apprend des particularités intéressantes de ces régions éloignées, qui ne se trouvent point ailleurs. On y voit un détail de la campagne de Soliman II. en Perse, d'autant plus estimable, que les annales Turques, que Leünclavius a données au Public, ne nous en apprennent presque rien, & que nous n'avons point d'autres auteurs qui en fassent mention. Outre cela, il régne dans toute la piéce une aimable candeur, qui en augmente le prix. Le manuscrit avoit appartenu à M. Baluze ; & il a passé depuis à la bibliothéque du roi.

Celui, dont le voyage en fait la matiére, s'appelloit Gabriel de Luetz. Il étoit d'une bonne noblesse, & possédoit les seigneuries d'Aramon & de Valabrégues. Il prenoit le titre d'écuyer. J'ignore le jour & le lieu de sa naissance. Quelques modernes (*a*) le disent natif de Gascogne ; mais ils se trompent. Il paroît qu'il prit naissance

(*a*) Bayle, dictionnaire hist. & crit. à l'article *Aramon.*

Morery, dictionnaire hist. au mot *Aramon.*

dans le bas Languedoc, vers la fin du XV. siécle. Il étoit fils de Jean de Luetz & de Jeanne de Laudun.

On trouve quelques variations dans l'ortographe de son nom de famille. Etienne Bertrandi, jurisconsulte de Carpentras, de qui nous avons un recueil de consultations, en 8. tomes *in folio*, imprimé à Francfort en 1603. donne à cette famille le nom d'*Hueti*, sur des titres de 1496. & de 1510. Chorier & les autres modernes lui donnent celui de *Luels*. Mais je me suis déterminé pour *Luetz*, qui me paroît être la véritable ortographe de ce nom, parce qu'il est écrit ainsi dans le contrat de mariage de Gabriel, dont j'ai sous les yeux une copie exacte, & d'autant plus fidéle qu'elle est collationnée & signée par Jean Nicot, notaire, celui-là même qui en avoit reçu la minute.

Nous ne sçavons rien de son éducation, ni des premiéres années de sa vie ; si ce n'est que le 6. de Janvier de l'an 1526. il épousa à Nismes Dauphine de Montcalm, dont le pere étoit Jean de Montcalm, seigneur de S. Veran, de Candiac, & de Tournemire, juge-mage de la sénéchaussée de Beaucaire & de Nismes, qui exerçoit cette charge avec la plus haute distinction, & que la cour honora dans la suite de diverses commissions importantes en Languedoc ; telles furent l'aliénation du domaine en 1531. l'emprunt sur le clergé en 1539. & la tenue des grands jours en Velai : & la mere étoit l'illustre Florette de Sarra, dont Claude Baduel, professeur au collége de Nismes, fit l'oraison funébre en Latin.

Il paroît que Dauphine de Montcalm pouvoit avoir alors près de vingt ou vingt-un ans, puisque son pere & sa mere ne s'étoient mariés que le 28. de Février de l'an 1506. Sa dot fut réglée à 1700. écus au soleil, qui valoient alors, ainsi que le dit le contrat, 3400. livres Tournois. Comme Gabriel de Luetz avoit déja perdu son pére, il fut assisté dans ce mariage du conseil & de la présence de Jacques de Sarras, écuyer, seigneur de Bernis, son parent & son curateur ; dont il ne faut pas confondre la famille avec celle de Florette de Sarra, qui sont différentes, quelque conformité qu'il y ait entre les deux noms. Gabriel de Luetz y prend le titre de baron & seigneur d'Aramon & de Valabrégues.

Ces deux terres ne lui restérent pas long-tems. Il en fut dépouillé par un jugement du prévôt des maréchaux du 15. d'Août de l'an 1540. qui confisquoit tous ses biens. Il paroît que ce fut pour quelques violences qu'il avoit exercées contre ses vassaux. Il ne rentra pas dans ses terres ; mais il sçut parvenir aux premiers emplois.

Ses qualités & son habileté dans le maniement & la conduite des plus importantes affaires lui conciliérent l'estime & la confiance des rois François I. & Henri II. qui l'envoyérent plusieurs fois en ambaſſade à Conſtantinople auprès de Soliman II. La relation de ſon voyage nous apprend qu'il partit de Paris le 5. de Janvier de l'an 1546. & qu'il arriva à Conſtantinople le 13. de Mai ſuivant. Mais à peine y fut-il arrivé, qu'il apprit la mort de François I. Il ne laiſſa pas d'être continué dans cette ambaſſade par le roi Henri II. qui ſuccéda à ce prince.

Il demeura à Conſtantinople juſqu'au 29. de Mars de l'an 1548. qu'il en partit ſur les ordres du roi avec Soliman II. pour ſervir ce ſultan dans la campagne qu'il fit en Perſe cette année-là. De-là il paſſa avec l'agrément de Soliman dans la Paleſtine, dont il parcourut les principales contrées; & il retourna à Conſtantinople auprès du ſultan au commencement de l'an 1550.

Les conjonctures dans leſquelles ſe fit cette ambaſſade furent extrêmement délicates. Elles fournirent divers événemens où Aramon acquit beaucoup d'honneur & de gloire. Je n'en rapporte point ici le détail : il eſt dans la plûpart de nos hiſtoriens. Je me ſuis fait une loi de ne donner que ce qu'on ne trouve point ailleurs, ou qui n'eſt preſque pas connu.

Aramon partit de Conſtantinople pour revenir en France le 14. de Septembre de l'an 1553. A ſon retour il épouſa en ſecondes noces Jeanne Doni, fille de Paul Doni, & de Gilette de Damians du Vernégue.

Pendant cette ambaſſade, il rendit des ſervices ſignalés au comte de Roquendolf, Alleman de nation, que Soliman avoit fait mettre en priſon dans le château des Sept-tours, pour des ſujets dont on trouve le détail dans cette piéce. Par ſes ſoins & par les mouvemens infinis qu'il ſe donna auprès de tous les ſeigneurs de la cour Ottomane, il lui ſauva la vie, & lui procura la liberté.

Le comte de Roquendolf s'étant retiré en France, il s'y attira les bonnes graces du roi Henri II. qui lui donna (*a*) ſous le titre de marquiſat les iſles d'Hiéres, ſituées ſur la côte de Provence, au voiſinage de Marſeille, & connues des anciens (*b*) ſous le nom de *Stœchades*. Mais ce comte voulant donner à Aramon des marques de ſa reconnoiſſance, lui remit ces iſles. Le préſent étoit d'autant plus conſidérable, que ces iſles ſont les plus agréables de toute la Méditerranée, ſoit par la douce température de l'air, ſoit par la fertilité des campagnes. Les chevaliers de S. Jean de Jéruſalem avoient preſque réſolu de s'y établir, après la perte de Rhodes. Elles ont été dans la ſuite réunies au domaine.

Ceci ſert à faire voir l'erreur d'un moderne (*c*) qui dit mal-à-propos que les iſles d'Hiéres furent érigées en marquiſat en faveur du baron de Bormes, Provençal, l'an 1655. On voit ici que cette érection eſt beaucoup plus ancienne.

(*a*) Poldo d'Albenas, diſcours hiſtorial de la cité de Niſmes, pag. 220.
(*b*) Plin. hiſt. lib. 3. cap. 5.

(*c*) La Martiniére dictionnaire géogr. au mot *Stœchades*.

(a) Morery, diction. histor. au mot *Aramon*.

Les continuateurs de Morery disent (*a*) que ces isles furent érigées en marquisat en faveur d'Aramon, par des lettres du roi Henri II. vérifiées au parlement d'Aix. Mais on vient de voir que ce fut en faveur du comte de Roquendolf. Ils ajoutent qu'Aramon en fut investi, pour les tenir en fief du roi, avec cette charge expresse qu'il y bâtiroit des châteaux, tours, & forteresses, jusqu'à la somme de 50000 écus. Je soupçonne qu'il en est de l'investiture, ou de la clause singulière qu'on y joint, comme de l'érection, & que l'une & l'autre doivent également se rapporter au comte de Roquendolf.

Au reste Poldo d'Albenas, auteur contemporain, qui nous apprend le fait de la reconnoissance de ce comte envers Aramon, qualifie ce dernier citoyen de Nismes. Ce qui me fait croire qu'avant ses ambassades, il faisoit sa principale résidence en cette ville. Il pouvoit l'y avoir fixée à l'occasion de son premier mariage.

Il paroît néanmoins qu'après qu'il se fut remarié, il résida en Provence où il s'étoit retiré, & qu'il y étoit dès le mois de Février de l'an 1555. comme en fait foi la relation de son voyage. Il y commandoit trois galères qui lui appartenoient; l'une desquelles avoit été construite à ses dépens à Constantinople.

J'ignore l'année précise de sa mort : mais il est certain qu'elle étoit déja arrivée au milieu de la même année 1555. puisque Jeanne Doni, (*b*) sa veuve, se remaria avec François de Peruzzi, par contrat passé au château de Montfrin, le 4. de Juin de cette année. Il ne paroît pas qu'il ait laissé de postérité.

(b) Pithon-Curt, hist. de la noblesse du comté Venaissain, tom. 1. pag. 387. & 534. & tom. 2. p. 400.

(c) Stephan. Bertrandi, tome 3. part. prior. consil. 282. pag. 289.

Quant à ses ancêtres, je n'en connois la filiation que depuis son ayeul. Mais comme tout est précieux dans les recherches qui regardent les familles des personnes dignes d'être connuës, je vais donner le peu que j'en sçais.

I. ANTOINE de Luetz est qualifié par le jurisconsulte Bertrandi (*c*) *nobilis & egregius vir*. Il exerçoit la profession des loix; cet auteur lui donne la qualité de *legum doctor*.

Il avoit épousé *Perrette* de Sarras, qui pouvoit être sœur ou tante de *Jacques* de Sarras, seigneur de Bernis, parent & curateur de Gabriel de Luetz. Il en eut, 1. *Gaspar*, enterré à Valabrégues, qui eut *un fils naturel*, nommé Honorat, que Jean son oncle substitua à ses filles en 1526. 2. JEAN, seigneur d'Aramon & de Valabrégues, qui suit. 3. *Marie*, qui épousa le 15. de Janvier de l'an 1484. Louis Galéan, seigneur de Védénes, & lui apporta une dot de 1500. écus d'or, du coin du roi de France : ce qui étoit une somme considérable pour ce tems-là. Le 7. de Février de l'an 1493. elle donna tous ses droits à ses deux frères, & ne laissa qu'une légitime à *Annette* de Galean, sa fille. Cette disposition peu ordinaire & peu attenduë fut la source d'un procès. Louis Galéan, père d'Annette, qui étoit mineure le 10. d'Avril de l'an 1510. le soutint contre ses deux beaufreres. Le docteur Bertrandi consulté là-dessus, décida que toute la dot de Marie de Luetz devoit revenir à sa fille ; la coutume du pays ne permettant pas de la lui ôter.

Il y a des difficultés sur le tems de sa mort. Bertrandi suppose, mais avec quelque doute, qu'il vivoit encore le 7. de Février de l'an 1493. Cependant comme Perrette de Sarras, qui acheta les seigneuries d'Aramon & de Valabrégues le 20. d'Octobre de l'an 1489. est appellée veuve dans le contrat, il paroît beaucoup plus certain qu'on doit fixer la mort d'Ant. de Luetz avant cette dernière époque.

II. JEAN de Luetz étoit seigneur d'Aramon & de Valabrégues, conjointement avec Gaspard, son frére ainé.

Il fut marié avec *Jeanne*, dame de Laudun, fille de *Gabriel*, seigneur de Laudun, qui étoit veuve de *Joachim* des Astars, seigneur de Mirabel au diocèse de Viviers. Il en eut, 1. *Anne*, 2. *Marguerite*, & 3. GABRIEL, qui suit.

Il fit son testament à Lyon, le 27. de Juin de l'an 1526. & comme Gabriel, son fils, étoit mineur, il lui donna pour tuteur Jean de Béziers, seigneur de Venejan.

III. GABRIEL de Luetz, seigneur d'Aramon & de Valabrégues, celui dont Chesneau a décrit le voyage à Constantinople & en Perse.

Après avoir fait connoître la personne & la famille de Gabriel de Luetz par les endroits dont les monumens du tems m'ont fourni la preuve, je passe à donner quelques notions d'histoire & de géographie sur les terres d'Aramon & de Valabrégues, qui faisoient la principale portion du patrimoine de sa famille, & sur les seigneurs qui les ont possédées après lui. A l'égard de ceux-ci, je puise dans les mêmes sources, qui sont les chartes & les monumens de leurs familles.

Aramon qui porte le nom d'*Aramon* ou *Aramo* dans les actes latins du XI. & du XII. siécle, est une petite ville du bas Languedoc au diocèse d'Uzès, située sur le Rhone & à la droite de ce fleuve, à cinq lieuës à l'est-nord-est de Nismes, à trois lieuës à l'ouest-sud-ouest d'Avignon, & à cinq lieuës au sud-est d'Uzès. Elle se trouve au 22. dégré, 21. minutes, & 33. secondes de longitude, & sous le 43. dégré, 55. minutes, & 55. secondes de latitude. C'en est la position la plus exacte, en comparant celle que lui a donné M. d'Anville dans une très-bonne carte du comté Vénaissain, qu'il publia au mois de Juillet de l'an 1745. avec la longitude & la latitude d'Avignon, déterminées dans la méridienne de M. Cassini de Thuri. Aramon est composé de cinq cens cinq feux.

Cette ville a essuyé divers siéges durant les guerres de religion qui ont désolé le Languedoc au XVI. siécle. Les protestans l'assiégérent vers le 14. de Novembre de l'an 1562. Ils donnérent deux assauts, & firent même une bréche: mais ils furent contraints de lever le siége, les habitans ayant reçu par le Rhone un secours d'Avignon.

Le vendredi 25. de Mars de l'année suivante, mille fantassins calvinistes assiégérent & battirent cette place avec quatre piéces d'artillerie. Le vice-légat d'Avignon fit armer deux frégates pour aller au secours des assiégés : ce qui obligea les fantassins huguenots de se retirer, après y avoir perdu deux cens hommes.

Au commencement des seconds troubles, vers le 28. de Septembre de l'an 1567. les protestans s'empatérent d'Aramon ; mais les catholiques qui y étoient les plus forts, les en curent bientôt chassés. Ils ne laissérent pas d'y rentrer peu après. Alors le vicomte de Joyeuse, qui commandoit en Languedoc, forma le siége de cette place : ce fut la nuit du 22. au 23. de Mars de l'an 1568. Il avoit reçu huit piéces de canon d'Avignon. Il fit dresser une batterie dans l'isle de Posquieres, & après avoir fait une bréche considérable, il fit donner l'assaut ; mais il fut repoussé & perdit trois cens hommes. Malgré cet avantage, les assiégés capitulérent le 24. de Mars au soir ; & Joyeuse y entra le lendemain.

Valabrégues est un bourg du diocèse d'Uzès, situé dans une isle du Rhone à une petite lieuë au sud-est d'Aramon, qui contient deux cens feux. Ce bourg a fait quelque figure sous les comtes de Toulouse. C'étoit alors une place assés importante. Il y avoit un chateau que le traité (*a*) de partage du comté de Provence, entre Alfonse Jourdain, comte de Toulouse, & Raimond Bérenger III. comte de Barcelone, du 15. de Septembre de l'an 1125. appelle *castrum de Vallobregâ*.

(*a*) Hist. de Languedoc, tom. 2. preuv. pag. 439.

Cette place n'étoit pas moins en honneur dans le siécle suivant. Nous voyons (*b*) que Sancie d'Aragon, femme du jeune Raimond, comte de Toulouse, donna pour cautions de sa promesse aux habitans de Nismes, les consuls & les conseillers de Valabrégues, avec ceux d'Avignon, de Tarascon, & de Beaucaire, dans la confirmation qu'elle leur accorda de leurs priviléges, au nom de Raimond VI. comte de Toulouse, son beau-pere, & du jeune Raimond, son mari, le 12. de Novembre de l'an 1218.

(*b*) Hist. civ. ecclés. & litteraire de Nismes, t. 1. preuv. p. 64. col. 1.

Les monumens latins du XII. & du XIII. siécle ne sont pas unanimes sur le nom de Valabrégues : tantôt ils l'appellent *Vallobrega*, comme on vient de le voir ; tantôt *Volobrica* ; & quelquefois *Volobrega*. La charte de Sancie d'Aragon appelle les consuls de Valabrégues, *consules Volobrienses*.

Les terres d'Aramon & de Valabrégues n'ont point été séparées depuis plus de trois cens ans. Les seigneurs de l'une l'ont été de l'autre. En voici la suite depuis le milieu du quinziéme siécle:

I. CHARLES de Poitiers, seigneur de S. Vallier, reçut ces deux terres en 1446. du roi Charles VII. qui les lui donna pour partie de l'indemnité que ce prince lui devoit à cause de la cession qu'il lui avoit faite dix ans auparavant de ses droits sur les comtés de Valentinois & de Diois. Il mourut peu de jours après le 11. de Février de l'an 1454.

II. AYMAR de Poitiers, seigneur de S. Vallier, étoit fils & successeur de Charles, & l'ayeul de la célébre Diane de Poitiers, duchesse de Valentinois.

III. PERRETTE de Sarras, veuve d'Antoine de Luetz, docteur ès loix, acheta les terres d'Aramon & de Valabrégues d'Aymar de Poitiers, le 20. d'Octobre de l'an 1489. & les transmit à ses deux fils.

IV. GASPAR & JEAN de Luetz étoient conjointement seigneurs d'Aramon & de Valabrégues. Le 8. de Juin de l'an 1496. ils constituérent tous deux une pension annuelle de 54. écus d'or sur ces terres. Cette pension fut éteinte le 4. de Décembre de l'an 1525. par la cession que Christophe des Astars, seigneur de Laudun, & François des Astars, seigneur de Molons, son frére, firent de la seigneurie d'Orsan, dépendant de la baronie de Laudun, à Julien de Pénessis, seigneur de Lauris.

V. GABRIEL de Luetz, fils de Jean, jouit des terres d'Aramon & de Valabrégues, que son pere lui avoit laissées jusqu'en 1540. qu'il les perdit, comme on a vû, par jugement du prévôt des maréchaux.

VI. DIANE de Poitiers, duchesse de Valentinois, obtint des lettres d'Henri II. le 5. de Juin de l'an 1556. pour jouir des revenus d'Aramon & de Valabrégues. Elle en fut mise en possession par Jean d'Albenas, lieutenant principal en la sénéchaussée de Beaucaire & de Nismes: ce qui n'empêcha pas le roi d'en demeurer en possession; car les officiers de cette sénéchaussée donnérent une sentence à ce sujet le 2. de Septembre de l'an 1583.

VII. LOUIS, duc de Montpensier, tuteur des héritiers de la duchesse de Valentinois, se pourvut contre cette sentence devant le même sénéchal, & en obtint une autre le 29. de Juillet de l'an 1595. qui lui étoit favorable; mais qui fut cassée le 17. d'Octobre suivant par le parlement de Toulouse séant à Béziers.

VIII. CHARLES-ROBERT de la Marck, duc de Bouillon, comte de Maulévrier, posséda les terres d'Aramon & de Valabrégues, comme fils de Françoise de Brézé, fille de François de Brézé, comte de Maulévrier, grand sénéchal de Normandie, & de Diane de Poitiers, duchesse de Valentinois.

IX. JEAN de Gondin, seigneur de Carsan, acheta de Charles Robert de la Marck les terres d'Aramon & de Valabrégues, le 22. d'Avril de l'an 1597. pour 82000. livres. Il en paya le lods à Jean Cassagne, trésorier & receveur du domaine en la sénéchaussée de Beaucaire: sçavoir, 3000. livres le 29. de Juin de la même année, pour Aramon; & 7400. livres le 24. de Juin de l'an 1598. pour Valabrégues.

X. HONORÉ de Gondin, fils de Jean.

XI. ESPRIT Alard, baron d'Esplan, grand maréchal des logis de France, gouverneur de Meulan, acheta les terres d'Aramon & de Valabrégues d'Honoré de Gondin, le 26. de Fevrier de l'an 1626. pour 120500. livres. D'Esplan ayant été tué en duel par le vicomte de Marets l'an 1630. ces deux terres furent saisies pour ce qu'Honoré de Gondin devoit à Nicolas de Harlay, seigneur de Sancy.

XII. JACQUES Sauvan acquit Aramon & Valabrégues par décret des requêtes de l'hotel, d'où étoit émanée la saisie dont je viens de parler. Le décret lui en fut adjugé le 1. de Mars de l'an 1635. pour 104500. liv. qu'il paya le 24. suivant. Il épousa le 11. de Mai de l'an 1641. Madelaine de Fleurigny, fille d'Henri, baron de Fleurigny au diocèse de Sens, & de Louise Boëssot; dont il eut deux fils, Jacques & Claude. Celui-ci seigneur de Lénoncourt, batisé le 16. de Novembre de l'an 1651. est mort à Aramon vers le 1. de Juin de cette année 1748.

XIII. JACQUES Sauvan, seigneur de Cons & de S. Etienne, fut batisé le 10. de Septembre de l'an 1645. Il a été maintenu dans sa noblesse par l'intendant de Languedoc le 10. de Juillet de l'an 1669. Il épousa N. de Barbésiéres-Chemerault, dont il a eu un fils qui suit.

XIV. GUILLAUME-ALEXANDRE Sauvan jouit actuellement des terres d'Aramon & de Valabrégues qui ont fait l'objet de la suite que je viens de donner.

Je passe à ce qui concerne Jean Chesneau, auteur de la relation. Nous n'en sçavons que ce qu'il nous apprend lui-même. On y voit qu'il pouvoit être d'une très-honnête famille. Le titre de cette piéce lui donne la qualité de noble homme.

Etant entré chez l'ambassadeur Aramon pour un de ses sécrétaires, il partit de Paris avec lui, & demeura à Constantinople jusqu'au mois de Mai de l'an 1552. qu'Aramon l'envoya à la cour de France pour solliciter le paiement de ses pensions & de ses galéres. Chesneau en revint vers le milieu de l'année suivante. L'ambassadeur ne tarda pas à revenir en France. Avant que de partir, il présenta Chesneau à Rostan, premier Pacha, & lui dit que jusqu'à

l'arrivée

l'arrivée d'un nouvel ambaſſadeur, il ſeroit chargé de tout.

Ce fut Codignac qui ſuccéda à Aramon. Cheſneau s'étant bientôt apperçu que ſon ſéjour à Conſtantinople ne plaiſoit pas au nouvel ambaſſadeur, il en partit le 9. de Janvier de l'an 1553.

Etant arrivé à Veniſe, il y reçut une invitation de la part d'Aramon de l'aller trouver en Provence ; mais comme il ſçut en même tems que ſon crédit à la Cour n'étoit plus le même, il paſſa à Ferrare.

Là il trouva le chevalier de Seure, avec qui il avoit fait le voyage de Conſtantinople en France, qui lui propoſa d'entrer au ſervice de Renée de France, ducheſſe de Ferrare. Il ſe préſenta à cette princeſſe, qui le retint pour controleur de ſa maiſon. Elle lui donna un état de maître d'hotel le 5. de Mai de l'an 1555. Enfin elle engagea le roi Henri II. à le nommer chevalier de l'ordre de S. Michel : ce qui étoit alors une faveur d'autant plus ſinguliére, que cet ordre avoit encore tout l'éclat que le roi Louis XI. lui avoit donné en l'inſtituant l'an 1469.

Ce ſont là toutes les connoiſſances que Jean Cheſneau nous a conſervées des particularités de ſa vie : mais il ne nous apprend point le lieu ni l'année de ſa naiſſance. J'ignore s'il paſſa le reſte de ſes jours au ſervice de la ducheſſe de Ferrare : j'ignore auſſi en quelle année il mourut.

VOYAGE de Paris en Conſtantinople, celuy de Perſe, avec le camp du grand Turc, de Judée, Surie, Egypte, & de la Gréce, avec la deſcription des choſes plus notables & remarquables deſdits lieux ; fait par noble homme Jehan Cheſneau, & par luy mis & rédigé par eſcrit.

ME retrouvant à la court à Folambray (1) près Couſſy, au mois de Décembre 1546. j'entendis que le roy renvoyoit M. d'Aramon, ſon ambaſſadeur près le grand ſeigneur en Conſtantinople : & déſireux de faire tel voyage, je taſchai par moyens que Dieu me donna & de mes amis, d'entrer à ſon ſervice ; lequel m'accepta volontiers, & me retint pour l'un de ſes ſécrétaires. Et après avoir eu ſon expédition du roy, s'en vint à Paris pour s'équiper ; & y ſéjourna environ huit ou dix jours. AN. 1546.

Nous en partimes la vigile des roys, prenant notre chemin à Lyon ; auquel lieu ſéjournames quatre ou cinq jours ; & délogeames le 19. de Janvier. Vinmes à Genéve, Lauſanne, Solœurre, Zuric, Coire, & autres villes des Suiſſes & Griſons, que je n'eſpécifie, ny m'y arrête autrement, pour eſtre chemins & païs connus & fréquentés de beaucoup de AN. 1547.

AN. 1547.

gens, mesme des François : comme aussi est celuy des Vénitiens par où passames, assavoir Pizonce, (2) Izay, (3) Bréce, Luna, (4) Pescaire, Véronne, Vicence, Padoüe, & Venise (5) la plus belle & forte ville, & plus riche & abondante en toutes sortes de marchandises, que nulle autre cité d'Italie, située dans la mer, fort bien bastie; & y a des plus beaux & magnifiques palais, & autres somptueux édifices qu'il est possible de voir : l'on l'estime à 8. milles de circuit, qui sont 4. lieues, à 2. milles pour une lieue. Toutesfois autour d'icelle n'y a point de murailles, mais de l'eau seulement; & n'en sçauroit-on aprocher sans passer par certains détroits de mer, où y a chasteaux, qui la rendent forte & inprenable. L'on va à toutes les maisons aussi bien par eau par certains canals que par terre; au moyen de quoy y a bien 400. petits ponts, & 8000. gondoles; 72. paroisses, 17. monastéres de moines, & 24. de nonains, & une église de Grecs, où y a un patriarche; 20000. feux, & 3000. gentilzhommes. Il y a un certain lieu où se tiennent les Juifs, qu'on appelle Guette; & y a quelques Turcs, force Allemans, & toutes autres nations de gens que l'on sçauroit dire.

Nous y veimes toutes les choses plus exquises qui y sont, comme le trésor S. Marc, l'arcenal où sont les galéres & autres vaisseaux de mer, artilleries, & grand quantité de toutes sortes d'armes nécessaires pour le fait de guerre & défense de leur ville. Fusmes à Morant, où se font les plus beaux verres du monde, & toute autre sorte de ménages de verre que l'on sçauroit trouver. Ladite ville fust commencée à édifier en l'an 456. par les guerres & ruines que fit Atila au païs d'Italie & cité d'Aquilée. Nous y demourames environ 15. jours, en temps de carnaval; & tous les jours se faisoient festes, commédies, masques, banquets, & autres passetemps; en sorte qu'il ne nous y ennuyoit point. Monsieur de Morvillier y estoit (6) lors résident ambassadeur pour le roy. Ne voulant oublier ce que je y vis faire à un Turc qui monta sur le clocher S. Marc, que chacun sçait estre le plus haut de toute l'Italie, cheminant droit, avec contrepoids à la main, sur une corde, laquelle estoit tenduë du lieu où sont les cloches, jusques à vingt brasses de large dans le grand canal de mer, qui est près S. Georges; & depuis qu'il fust monté tout au haut dudit clocher, se feit tirer par les cheveux à ladite corde, à laquelle estant pendu, vint légiérement battant toujours les mains jusques au lieu où il commença monter.

Nous en partimes le jeudy sur le soir, second jour de carême, 24. Février; remontames sur mer dans trois galéres de forçats, que la seigneurie prêta audit sieur ambassadeur pour l'assurance de son passage jusques à Raguse; (7) le capitaine s'appelloit Christophle de Canal. Passames le golfe de Trieste; & vinmes à Parance, (8) distant de Venise de 100. milles. Et à 10. ou 12. milles de-là, nous eusmes vent contraire, environ deux jours. Cependant descendimes en terre, & vinmes à une ville, qui

A CONSTANTINOPLE, EN PERSE, &c.

estoit à 2. ou 3. milles loing desdites galéres, nommée Paule, païs (9) de Istrie; où veimes des choses fort antiques. Entr'autres y a grand quantité de tumbereaults, sous lesquels avoient esté trouvés autresfois de grans trésors & richesses, ainsi que les gens dudit lieu nous dirent. Et y a quelque aparence d'églises, cloistres, & logis de monastéres; & d'un autre côté se voyent des arénes & théatres, non moins grandes & belles que celles de Nismes, (10) toutesfois faites d'une autre façon, & les murailles plus hautes; l'on nous dit que c'estoit édifice des Romains. Le païs est fort pauvre; & n'y a pas grand peuple dans ladite ville, qui est presque ruinée.

Le lundi suivant, arrivames à l'isle de Zare, (11) païs d'Esclavonie, où y a un beau bastillon vers la porte, en allant à une chapelle de la Madone ou Nostre-Dame, dans laquelle y a grand quantité de vœux de gens qui vont sur mer. La ville est assés grande & bien fermée de murailles. Nous y demourames deux jours, parce qu'avions vent contraire.

De-là vinmes à Sibénice, (12) située en terre ferme, qui est une autre belle ville forte; & n'y sçauroit-on entrer, sinon par un détroit, où y a deux chasteaux d'un côté & d'autre; & au-dessus de ladite ville sur une montagne y a un autre chasteau fort. Et au commencement dudit détroit, y a une petite isle, où y a une place qu'on appelle le chasteau, que les Vénitiens ont fait faire, qui est une chose merveilleusement forte, à ce qu'on dit; & a esté fait pource que la ville de Sibénice ne vouloit s'assujétir aux Vénitiens; maintenant ne sçauroient sortir ne entrer qu'ils ne soient battus, s'ils vouloient faire les mauvais.

Au partir de-là, fusmes à Lezina, (13) ville assés belle; au-dessus de laquelle, sur la montagne, y a un chasteau fort. C'est une isle qui contient environ 100. milles de tour. Passames près d'une autre isle appellée Coursola. (14) Et puis arrivames à Raguse en Dalmatie, petite ville, néanmoins assés riche, située sur le bord de la mer, où y a un petit port. Elle est gouvernée en république; & de 3. en 3. mois changent de duc; & payent de tribut tous les ans 12000. ducats au grand seigneur. L'on nous y feit fort bonne chére, & bon traitement: & les sieurs dudit lieu sont honnestes & gratieux, vestus de la façon des Vénitiens: nous y séjournames environ 5. jours, pour nous débarquer desdites galéres, & trouver les chevaux qui nous estoient nécessaires tant pour nous monter que pour porter nostre bagage qui estoit grand; & en partimes le 13. Mars.

Vinmes coucher à Trébing, (15) près le fleuve nommé Trébingue; de-là à Serniche, (16) païs de Bulgarie; & cheminames par des montagnes les plus rudes & arides qu'il est possible; & puis vinmes à Cochia, (17) païs de la Servia, qui est une ville à la Turquesque, assés marchande, ou y a ordinairement un sanchac, qui veut dire gouverneur & capitaine; & nul ne sort de ce païs-là pour venir en Italie, sans son congé & passeport.

AN. 1547.

B ij

Après arrivames à Pleuvic (18) village des chrétiens, les maisons sont toutes de bois; & passames par un autre assés beau village, appellé Prépoville; (19) passames près d'un monastére appellé Sancta-Sana, (20) où y a plusieurs moines qui vivent à la Grecque, & s'appellent callogiery, & montrent le corps de Sancta-Sana aux passans; les Turcs l'ont en révérence, & y font des aumosnes; & près de-là y a un petit chasteau nommé Milles; (21) & couchames au village joignant iceluy.

Après vinmes à Novabazar, (22) ville non fermée, assés marchande, où demourames un jour pour changer de chevaux. Au partir de-là passames le mont d'Argent, (23) qui est fort haut & facheux: on y tire ordinairement de l'argent, qui vaut un grand revenu au grand seigneur. Veimes à côté la ville de Nisse, (24) anciennement bonne ville, & réduite maintenant à un village. Passames la riviére Morava. (25)

La plusieurs part des femmes de ce païs portent les cheveux coupés, les autres les portent longs, & un chapeau sur leur teste, fait de drapeaux, sans aucune forme ne façon, où elles ont penduës des patinostres de verre, & quelques piéces d'argent & anneaux, aux oreilles semblablement; & quand leurs maris ou leurs parents meurent, elles s'arrachent les cheveux, & s'égratignent le visage avec les cris les plus étranges qu'il est possible d'ouïr: les Grecques en beaucoup d'endroits font le semblable: & crois que c'est plus par une ancienne coutume, ou hypocrisie que pour un regret qu'elles ayent.

Puis arrivames à Mallessiche, (26) grand village près la ville Sophie; (27) dans laquelle nous ne logeames, parce que la peste y estoit. Elle est située en une belle plaine, partie sur une montagne de rochers, & l'autre partie en ladite plaine, où passe un fleuve qui s'appelle Marissa, (28) sur lequel y a un grand pont de bois: & en ladite plaine on voit plusieurs monceaux de terre faits en façon de petites montagnes: l'on nous dit qu'anciennement les Romains s'estoient donnés en cette campagne des batailles, où il estoit mort grand nombre de gens, lesquels on avoit mis dans des fosses, & couverts de ces monceaux de terre ainsi hauts.

Finalement, le 6. Avril arrivames à Andrenople (29) en Trace. Et par avant, avions passé le fleuve Marissa sur un fort beau pont de pierre, appellé le pont Monstapésa, qui a 18. ou 20. arches, & au milieu y a une grande pierre dorée, où sont grands caractéres Turquesques, qui dénotent le temps qu'il fust fait, & celuy qui l'a fait faire, & la dépense qu'il a couté.

Andrénople est fort grande ville & riche; & s'appelloit anciennement *Adrianopolis*, située sur le fleuve Marissa, en une belle plaine. Nous y trouvames le grand seigneur, appellé sultan Soliman, lequel communément y passoit tous les ans l'hiver; & y a un fort beau palais où il loge. L'on y voit encore plusieurs anciennes églises des Grecs, dans lesquelles y a des prêtres Grecs & autres qu'on appelle callogiery. Elle est habitée de Turcs, Grecs, & Juifs, aſſés bien baſtie, & renfermée de murailles; & y a de belles maiſons, boutiques, & artiſans de toutes ſortes, & jardins fort beaux & plaiſans hors la ville, dans leſquels nous allions ſouvent manger ſalades tant que nous voulions, avec toute la liberté qu'il eſt poſſible; & d'un jardin l'on entre dans l'autre, parce qu'il n'y a haye, ne muraille entre deux, ſinon à l'endroit des chemins paſſans: & à chacun jardin, y a une grande rouë de bois (30) tournée par un cheval, qui n'eſt conduit de nulle perſonne, mais a ſeulement un morceau de drap ou toile devant les yeux, qui tire de l'eau d'une grande foſſe, dans laquelle tourne ladite rouë; & icelle eau s'eſpend par les jardins ainſi que l'on veut. En cettedite ville l'on y accoutre fort bien les cuirs & cordouans de toutes couleurs.

AN. 1547.

Quelque peu de jours après noſtre arrivée audit lieu, nous euſmes la nouvelle de la mort du roi François I. dont (31) l'ambaſſadeur fuſt fort fâché, parce qu'il n'avoit encore vu ledit grand ſeigneur, ny fait le préſent, & différa juſques à ce que il euſt lettres du roi Henry, que un ſécrétaire, nommé Valenciennes, lui apporta. Alors il ſe délibéra d'aller vers ledit grand ſeigneur: au palais duquel il fuſt conduit, lui baiſa les mains avec douze de ſes gentilzhommes, & luy préſenta de la part du roy un grand horrologe fait à Lyon, où y avoit une fontaine qui tiroit par l'éſpace de 12. heures de l'eau qu'on y mettoit, qui eſtoit un chef d'œuvre & de haut prix, avec tant de drap d'or & d'argent, toiles d'Hollande, vellours, ſatin, & damas de toutes couleurs, & draps d'écarlate de Paris, que c'eſtoit une fort belle choſe; & le préſent eſtoit de grand valleur & eſtimé beaucoup. Après il n'y euſt baſſa ne officier de qualité dudit grand ſeigneur, à qui ledit ambaſſadeur ne feit préſent; en ſorte que nous fuſmes les bien venus, puiſque nous donnions. Et pendant que l'on portoit le préſent audit grand Turc, ſes maiſtres d'hoſtel, & autres officiers de ſa maiſon nous voulurent feſtoyer, préparérent des tables à leur mode au lieu meſme où nous eſtions; aſſavoir mirent des tapis par terre, ſur leſquels apportérent des grands plats comme baſſins, pleins de viandes bouillies & roties à petits morceaux, du ris, des potages, & friteaux, le tout ſentant bien la vieille graiſſe; nous nous baiſſames à terre pour en tâter, mais nous n'y feimes pas grand dommage, auſſi qu'il n'y avoit que l'eau à boire; parquoy bientoſt fuſmes raſſaſiés de leur banquet, qui ne nous empêcha pas de diner. Et fuſmes deſſervis deſdites viandes par certains geniſſaires† & jamolans‡, qui les portérent au milieu de la court ſur l'herbe, où vous ne veites jamais mieux manger loups affamés que ceux-là mangeoient.

† Janiſſaires.
‡ Aʒamoglans.

Nous ſéjournames audit Andrénople juſques à ce que ledit grand ſeigneur en partit pour venir en Conſtantinople. Et par les chemins, paſſans pluſieurs gros villages, les uns habitués de Turcs, & les autres de Grecs, vinmes à Selvirée, (32) cité ancienne, aſſiſe ſur la marine; puis en un village, qu'on appelle Grand-pont, (33) & en un autre qu'on nomme Petit-pont, (34) à dix milles dudit Constantinople ; où finalement nous arrivames le 13. Mai 1547. & vinmes loger par-delà le port en une petite ville, qu'on appelle Pera (35) ou Galatas, où touts marchands chrétiens demourent.

Au mois de Juillet ensuivant, le sieur de Fumel (36) vint audit Constantinople, dépéché du roi Henry, pour renouveller & confirmer l'alliance & amitié de la part de sa majesté avec le grand Turc. M. d'Huyton y vint aussi, pendant que ledit sieur de Fumel y estoit. Lequel Fumel, après avoir fait sa légation, feit une dépêche au roy pour lui rendre compte de la charge que sa majesté luy avoit commise; de laquelle estoit porteur & messager, un horloger françois, qui se tenoit audit Constantinople, nommé maistre Guillaume l'horloger, qui racoutroit les horloges dudit grand Turc & estoit salarié de luy ; il mourut à Venise venant à la court. Or ledit sieur de Fumel attendoit par son moyen de lever le siége à M. d'Aramon, & d'estre ambassadeur : pour le moins avoit-il proposé de ne s'en retourner en France que sondit messager ne fust de retour audit Constantinople. Et cependant il feit le voyage de Jérusalem, du Caire, & Aléxandrie, où il alla par mer : & y demoura environ 4. mois tant à aller qu'à retourner. Pendant lequel temps ledit sieur d'Huyton estant relevé d'une grande maladie s'en retourna en France.

Sur ces entrefaites advint la fuite du comte de Roquendolf, qui (37) s'estoit retiré vers le grand Turc, y avoit environ un an;s'estoit rendu son esclave, espérant par ce moyen se vanger du tort & honte que luy avoit fait l'empereur Charles-Quint. Mais la chose ne luy advint pas comme il s'estoit proposé ; car il n'eust pas le traitement, l'entrée, ni le crédit, près ledit grand Turc qu'il espéroit d'avoir : & néantmoins ne laissa de consomer & dépenser tout l'or & l'argent qu'il y avoit porté, tant en présents qu'en grandeur de maison qu'il y tenoit; & s'estoit dénué en peu de temps de touts moyens, n'y pouvant plus vivre ny s'entretenir de deux ducats qu'il avoit pour jour dudit grand Turc : joint aussi qu'on le sollicitoit & persuadoit se faire Turc, & que s'il estoit Turc ledit grand seigneur le fairoit l'un de ses grands capitaines, voire plus grand que n'avoit esté Loys Gritty, fils batard d'un duc de Venise ; & que autrement ledit grand seigneur ne se pouvoit asseurer de luy, ne luy bailler aucune charge. Or se voyant d'un côté ainsi ledit comte travaillé de l'esprit, & de l'autre qu'il ne pouvoit espérer aucun avancement en ce païs-là, se délibéra d'en partir le plus sécrétement; ce qu'il feit luy troisième, enmena deux serviteurs seulement avec luy, l'un Flamand & l'autre Grec, qui sçavoient parler Turc & Italien, & le servoient de truchement; s'embarqua de nuit dans une petite barque, sans le sçeu de nul autre de ses gens, qui au réveil furent bien étonnés, quand ils se virent sans maistre, qui s'en estoit allé, & se peut dire enfui. Ladite barque passa de nuit le détroit de Gallipoli, & vint sans

A CONSTANTINOPLE, EN PERSE, &c. 15

aucun danger jusques à Chyos, d'où estoit son homme Grec qui estoit avec luy; par le moyen duquel il trouva une barque plus grande & plus comode que celle sur laquelle il estoit premiérement embarqué: ne feit long séjour audit lieu, craignant d'estre découvert. Et voulant gagner l'isle de Candie, où il espéroit, y arrivant, estre en seureté; estant près d'icelle, fut rencontré & assailli par un corsaire Turc, qui le prit luy & ses deux hommes, le reconnut; & voyant qu'il n'avoit passeport dudit grand Turc, se douta qu'il eust fait quelque grand crime ou délit; pour cette cause le remena bien lié & enchainé audit Constantinople, où tous les Turcs s'en resjouirent. Ledit comte fust mis aux Sept-tours prisonnier; & ses deux hommes en une tour sur le port dudit lieu. De quoy estant averti l'ambassadeur, pria ledit grand seigneur lui permettre de l'envoyer voir & visiter par des siens; ce qui luy fut accordé; luy envoya des accoutrements; & tous les jours luy envoyoit ce qui luy estoit besoin pour sa nourriture. Et pendant sa prison, où il fust environ 4. mois, ledit ambassadeur, qui en cet endroit luy servit de pere, feit tant par ses menées, pratiques & présents, avec le consentement du roy, qu'il obtint sa délivrance & liberté; dont il fust grandement loué & estimé d'un chascun: & sans sa diligence & poursuite ledit comte n'en fust jamais sorti sans mort, ou quelqu'autre peine, ou tourment, ou prison perpétuelle; ne pareillement sesdits deux hommes, qui furent aussi mis en liberté. De-là il s'en vint en France au service de sa majesté, où il a esté révéré & honoré ainsi que l'on a pu voir.

Or pendant nostre séjour & demeure en cedit lieu, j'eus tout loisir de voir & m'enquérir des choses plus singulieres & notables qui y estoient, que je déduiray ici le plus briévement qu'il me sera possible. Premierement, Constantinople (38) est ville située en la Tracye; qui anciennement estoit appellé *Bizantium* & après *Roma*, mais depuis Constantinople, du nom du premier empereur Constantin. Elle a environ 14. ou 15. mille de tour & 22. portes, & a 7. petites montagnes comme Rome: & du coté de la terre, est environnée de deux murailles non trop bonnes, & d'une fausse braye; les maisons faites à la Turquesque, c'est à dire de bois & de brique mal cuite; il y en a peu de pierre: & d'un coté y a plusieurs lieux vaquants & inhabités, où croissent ciprés & autres arbres.

Des bastiments les plus aparents & renommés, est en premier lieu le palais du grand seigneur, qu'ils appellent le sarrail, contenant environ 30. milles de circuit, fermé de hautes murailles où y a 11. portes de fer qui ne s'ouvrent jamais. La capitale porte est du coté du haut de la ville, qui ordinairement est ouverte; & une autre du coté du port de la mer qui s'ouvre quelquefois, quand le grand seigneur va à l'esbat en ses jardins, qui sont espars en plusieurs endroits de la rive de la mer. Ledit sarrail est merveilleusement beau, & y ont esté portées de grosses pierres de marbre de toutes couleurs, porphire, colomnes, & autres choses singulieres, tant de la ville de Constantinople, Calcidoine, que des environs de toute la Gréce & de l'Azia pour le bastir. L'on n'entre point dedans les chambres ne au reste du bastiment, sinon à la grand court & à quelques galeries & sales basses, où l'on donne audiance 4. fois la semaine. Mais de ce lieu l'on peut extérieurement cognoitre que c'est un magnifique édifice.

Après y a le sarrail (39) des femmes du grand seigneur; le sarrail des janissaires; le palais du patriarche; le palais de Constantin, empereur, qui est en partie tout ruiné: aussi l'église de S. Sophie, qui est chose belle & de merveilleux artifice, laquelle a esté édifiée par Justinian, (40) empereur, avec colomnes & marbres très antiques, & excellents, & magnifiques, tant pour la qualité de la pierre que pour la grandeur & grosseur d'icelle: d'une partie des dépendances de cet édifice, le grand seigneur en a fait étables pour ses écuries, pource qu'il est fort voisin & près de son sarrail; & de ladite église, en ont fait une mosquée, qui est église des Turcs, où y a encore environ 106. colomnes fort belles; les voutes & cuves sont toutes faites à mosaique; à l'entour de l'église y a échelles en plusieurs lieux par où on va à un territoire ou galerie, large de plus de 15. ou 16. brasses; & en ce lieu souloient monter les femmes, au temps que se faisoit quelque service en l'église, & les hommes estoient au bas dans l'église; en sorte que les hommes ne voyoient point les femmes, ne les femmes les hommes, qui est mauvaise recepte pour ceux qui font l'amour aux églises. Et près de là, est la mosquée qu'a fait bastir sultan Mahomet, on y a un hospital conjoint, où logent toutes personnes de toutes conditions, loy, foy, nation que ce soit, & où l'on donne pour trois jours miel, ris, chair, pain, & chambre pour dormir; qui est la cause pourquoy il se voit peu de pauvres par les rues mandier leur pain; & ne s'y voit que quelques impotents.

Y a aussi de beaux bains & fontaines fort plaisantes à voir. L'on voit plusieurs autres mosquées, comme de sultan Selim, sultan Bajazet, & autres seigneurs, qui sont merveilleusement belles, & magnifiques, & somptueuses; & celle qu'a fait faire sultan Soliman est encore plus belle & aparente que nulle des autres. Ce qui démonstre que si les Turcs vouloient bastir des palais & maisons, ils le sauroient bien faire; mais ils ont pour mal d'habiter en maisons de pierre, & pourtant n'en usent aucunement, sinon aux églises & sarrails dudit grand seigneur. Et toutes leurs maisons sont fort basses, faites de terre ou de bois; & c'est généralement par toute la Turquie.

L'on voit audit Constantinople l'hypodrome où anciennement l'on faisoit courir les chevaux, avec la forme du théatre & arénes. Au milieu dudit hypodrome y a une grande colomne, faite en forme d'aiguille fort belle & bien lavorée, laquelle est soutenue sur quatre balles de marbre: & y en a une autre faite de pierres vives, commises de telle sorte qu'elle est élevée plus de 50. brasses en minuissant toujours davantage. L'on voit

une

une colomne de bronze en forme de serpent avec trois testes. Aussi y a une machine comme un colosse, de divers marbres & beaux, en laquelle est entaillée & en grand l'histoire des susdites choses & autres qui jadis souloient estre au théatre & hypodrome. Et en un autre endroit de la ville, y a une autre colomne de marbre blanc, fort haute & belle, qu'on appelle la colomne historiée, approchante de celle de Rome. L'on voit par toute la ville plusieurs vestiges d'antiquités, comme acqueducs; des arches; colomnes de porphire; fontaines menées des fleuves circonvoisins; plusieurs jardins aux maisons des grands seigneurs; apparences & vestiges d'églises anciennes des Grecs; bains en grande quantité, les plus beaux qu'il est possible de voir; & autres lieux plaisants, fructueux, & délectables.

AN. 1547.

Le grand seigneur y a constitué son siége impérial; & ordinairement y tient sa court & résidence. La ville est habitée principalement de Turcs; puis de Juifs infinis, c'est assavoir, des Marots qui ont été chassés d'Espagne, Portugal, & Allemagne, lesquels ont enseigné aux Turcs tout artifice de main: & la pluspart des boutiques sont des Juifs. Aussi y a force Grecs du païs, & plusieurs chrétiens marchands étrangers, qui trafiquent par tout le païs de levant, c'est assavoir, Vénitiens, Florentins, Ragusois, Chiots, bien peu de François, & plusieurs autres, lesquels habitent tous en une petite ville qu'ils appellent Galatas, dit Péra, loing de Constantinople environ de deux traits d'arc. Et au milieu passe un grand canal de la mer, qui est le port de Constantinople, estimé le plus grand, le plus sur, le plus beau, & le plus aisé, qui soit au monde; où arrivent navires, galéres, marseillanes, & tous autres gros vaisseaux, qui viennent tant de la mer *major* que de la mer de ponant; & abordent contre le lieu mesme, où l'on descend la marchandise, que l'on appelle la douane, & n'y a, sinon une planche de bois pour entrer dans lesdits vaisseaux, tant du coté de Constantinople que de Péra. Les Turcs descendent leurs marchandises à la douane de Constantinople, & les chrétiens à celle de Péra.

Audit Constantinople y a un monastére, où se tiennent le patriarche Grec & des moines, lesquels s'appellent callogiery, qui veut dire bons hommes, qui ne mangent jamais chair; ledit patriarche paye pour chascun an 3000. ducats au grand seigneur; & d'autres petites églises, où y a certains prêtres Grecs, qui sont mariés; & en leurs églises n'y a point d'images relevées, ny en bosse, mais seulement en peinture. Et en la ville de Péra, y a un couvent de cordeliers, & un autre de jacobins, à la façon de ceux d'Italie, ou de France. Les Juifs ont lieu aussi, où ils font leur synagogue; & y a seulement des lampes dedans, & force bancs, & n'y a aucune image de quelque sorte que ce soit; non plus qu'aux mosquées des Turcs; dans lesquelles y a seulement en un endroit le nom de Dieu en écrit, en caractéres Turquesques, & le nom de leur prophéte Mahomet,

Tome I. C

AN. 1547.

qui leur a défendu toute espéce d'idolatrie ; parquoy soit aux murailles de leurs maisons, ou en leurs tapis ou tapisseries, n'ont figure de nulle créature, ne d'hommes ny de bestes.

Mecque.

Et ne me semble hors de propos de dire un mot en passant de ce que j'ai appris de la vie & actions dudit Mahomet ; le sépulchre duquel est en la Mech+, païs d'Arabie, dont il estoit & de riche maison. Son pére estoit payen, & sa mére juive. Avoit fort bon esprit ; & ayant conversé quelques années avec chrétiens, eust intelligence de leurs loix & coutumes : au moyen de quoy inventa une nouvelle secte, & commença à travailler le païs & confins de l'Egypte ; & print Alexandrie, & autres lieux & terres ; & s'acquit plusieurs subjects, plus par finesse, fausseté, tromperie, que par armes. Leur prêchoit que Dieu luy parloit & envoyoit son S. Esprit ; leur feit changer de loix & coutumes, défendant l'idolatrie & ne manger chair de porc ; confirma aux Juifs la circoncision : & aux Sarrasins ordonna se circoncire. Et pour aucunement approuver le baptême, vouloit que les chrétiens se lavassent souvent tout le corps, au lieu de baptiser pour laver & nettoyer les péchés. Permit qu'un chascun pourroit avoir quatre femmes légitimes, & tant de concubines ou esclaves qu'il pourroit nourrir. Commanda que Dieu seul fust adoré & révéré ; disant que Moyse & Jean-Baptiste avoient été grands prophétes de Dieu, & Jesus-Christ le plus grand entre tous les prophétes, & qu'il estoit né de la vierge Marie par vertu divine, & non de semence humaine, qu'il fust porté au ciel, & qu'il n'estoit point mort ; & que Judas le voulant livrer aux Juifs, s'en étoit fui, le prindrent & le crucifiérent au lieu de Christ. Et ordonna par l'alcoran, qu'il composa à l'aide d'un hérétique, d'un arrien, & d'un juif astrologue, que qui seroit trouvé en adultére fust lapidé ; & le larron pour une fois ou deux fust battu, & pour la troisiéme ou quatriéme la main ou le pied coupé : & pour la fin, que Dieu promettoit le paradis de délices à ceux qui observeroient ses loix, auquel il aura tout contentement, viandes délicates, & riches accoutrements, & autres semblables folies dont je me déporte pour revenir à mon propos.

Et que audit Constantinople y a un certain lieu qu'ils appellent Bésestan, qui est comme un grand temple rond, avec quatres portes en croix ; & tout autour boutiques de drap d'or, de soye, velours, ou argent ; & toutes choses de prix se vendent là ; & spécialement les pauvres chrétiens esclaves, vieux & jeunes, tant hommes que femmes ; voire les petits enfans de trois ans, lesquels sont menés par la main par certaines personnes qui font ce mestier comme couratiers ; & tiennent l'esclave par la main, & le meinent continuellement à l'entour de cedit, criants le prix à combien il est ; & le vendent au plus offrant. Si c'est fille ou femme, elle a un voile sur le visage ; & tous ceux qui la marchandent, en un coin luy regardent les dents, les mains, s'enquiérent de son aage, si elle est vierge, & autres choses semblables, tout ainsi comme d'un cheval. Ledit Bésestan est toujours ouvert, sauf le vendredy. Et en toutes les bonnes villes du Turc, y a un beseftan, où l'on fait tels & semblables trafiques.

Il y a encore certain lieu où l'on montre plusieurs bestes sauvages, qui sont fort bien gardées & entretenuës, comme lions, lionnes, loups cerviers, loups sauvages, autruches, en quantité. En un autre endroit se voit une certaine beste que les uns appellent un porc marin, les autres bœuf marin; mais je ne vois point qui ressemble ne à l'unne à l'autre. Elle est de la hauteur d'un grand porceau, la teste comme un bœuf, sans cornes, toutesfois les oreilles petites comme un jeune poulain, qui estoient taillées; la gueule deux fois plus grande que celle d'un bœuf; le corps long & gros; la gueule comme celle d'un porceau; les jambes courtes; la peau rude sans poil, & ressemble presque à un porceau, qui a le poil bruflé. Au demeurant, c'est la plus vilaine, laide & puante beste que je veis jamais: l'on dit qu'elle avoit esté amenée du Nil.

En ce lieu mesme y a deux éléphants grands merveilleusement. Et dit-on que le vieux avoit cent, ou 120. ans, l'autre 30. ou 35. & estoit un peu moindre. Ils sont gouvernés par certains Mores qui en ont le soin, & les laissent voir en donnant quelque argent pour leur vin. Ils leur font faire plusieurs choses gentilhes, qu'ils leur ont appris, avec leur groin qui semble une trompette; de quoy ils se servent comme de mains: car avec cela prenent l'eau, le foin, l'avoine, & autres choses qu'ils mangent. Ils les font coucher & ployer & leur font facilement jetter d'eau, de pierres, bastons, à ceux qui les regardent; avec ceste trompe escriment avec un baston contre le gouverneur; & font autres choses semblables & plaisantes. Comme ce qui advint à un trésorier des galéres François, lorsque lesdites galéres hyvernèrent à l'isle de Chios (40) en Gréce, qui se vouloit joüer à l'un desdits éléphants avec son bonnet de velours, bien ferré de boutons d'or & d'une médaille; duquel donnant sur le museau dudit éléphant, lui tira dextrement sondit bonnet des mains, & l'avalla. De quoy ledit trésorier fut bien fasché & étonné; & au contraire le gouverneur bien aise, s'assurant que ce bonnet seroit pour luy, & qu'il trouveroit bien lesdits boutons & médaille d'or en l'ordure dudit éléphant. Et c'est animal plus doux que tous autres animaux. Toutesfois qu'il n'est pas vray ce que j'avois toujours ouï dire qu'il n'avoit point de jointures & qu'il ne se pouvoit coucher, car j'ay vu le contraire mesmement à un petit éléphant qui fust donné à M. l'ambassadeur, pendant que nous estions au camp du grand seigneur, qui mourut en la ville d'Alep, lorsque y estions. Et le plus grand de Constantinople a de hauteur 10. grands palmes, de longueur 14. sans comprendre la queuë, le museau 9. palmes de long; quant à la premiére jointure des jambes, elle est haute de terre d'un grand pied; & y a de distance jusques à l'autre jointure qui est fort près du ventre, 2. grands pieds & demi ou plus.

Il se voit encore infinis autres animaux aportés d'Egypte & d'autres lieux, desquels l'on ne sçait le nom. Des chameaux & bufles, je n'en escris autrement parce qu'ils sont communs & familiers par tout le levant. Sauf du chameau, que quand on le veut charger, il se met comme à genoux, & s'acommode de telle sorte qu'on le charge beaucoup plus aisément qu'un mulet, ou autre beste. Il porte ordinairement quatre ou cinq quintaux, il a une propriété qu'il se passera quatre ou cinq jours sans boire, & patit la faim semblablement. On les laisse aller par les champs, pour pasturer & mangent chardons, mauvaises herbes, les bois & vignes, & génerallement toute sorte d'arbres & feuilles : & quelquesfois quand ils sont fort las & que l'orge est à bon marché, on leur en donne quelque peu, mais rarement : l'hyver ils mangent de la paille, & toute la nuit ils ruminent. Toutes les marchandises qui se portent par tout le levant, par les Indes, à la Persia, & à Média, & toute l'Asia, se portent par chameaux, & vont en grand nombre.

Il se voit aussi en Constantinople, delà du canal, un certain lieu contenant quatre vingt douze voutes grandes ; où sont toutes les galéres, & fustes, & autres vaisseaux à couvert sur le bord de la mer ; lequel lieu ils appellent Arsenac. Il y a plusieurs personnes, qui tous les jours labourent & travaillent à faire vaisseaux nouveaux, rabiller les vieux, & faire cordage, voiles, & autres équipages de galéres. Et un peu plus loing, d'un autre coté à une des portes de Péra, y a le lieu où l'on fait l'artillerie. Et sur le bord de la mer, y a très grand nombre, tant de Françoises, Vénitiennes, Génnoises, Espagnolles, Sicilianes, que de tous les lieux du monde ; lesquelles ils ont recouvertes, ou par la prinse des villes & cités, ou sur mer, des galéres, fustes, naves, & autres vaisseaux, que journellement ils pillent.

Dans le palais dudit grand seigneur, y a grands bastiments & logis, jardins, & fontaines ; & y a un capitaine qu'on appelle bostangibassy, c'est à dire capitaine & gouverneur de tous les jardins dudit grand seigneur. Dans chascun desquels y a pour le moins 2. ou 300. janissaires, autrement nommés giamoglans, qui portent un petit bonnet jaulne, hault comme pointu, qui besoignoient ordinairement dans lesdits jardins. Et quand ledit seigneur y va à l'esbat, mesmement à ceux qui sont hors la ville, & au bord de la mer, il se met avec deux ou trois personnes seulement, dans une fuste à 24. rames, de laquelle ledit capitaine des jardins guide le timon : & n'y a que luy cependant qui parle & entretient ledit grand seigneur Turc, duquel il est favorisé grandement.

Il tient dans sondit palais 4. ou 500. pages, qu'il a prins de ses subjects chrétiens de Gréce & Natolie, qu'il fait enseigner aux lettres, & à vivre selon la loy de Mahomet ; & couchent trente ou 40. en une chambre : & y a un eunuque au milieu d'eux pour leur garde. Et quand ils sont grands, l'on les met hors de page, & les fait on espahis, c'est à dire comme archers ; & aucuns en plus haut dégré, avec provision honeste. Et de cesdits pages ledit grand seigneur en choisit 25. pour servir à ses chambres ; &

A CONSTANTINOPLE, EN PERSE, &c.

desdits 25. en prend 5. pour servir à sa personne. Et quand il va dehors aux champs ou à la chasse, il y en a trois de ceux cy, qui sont toujours près & derriére luy : l'un porte son arc & fléches ; l'autre son portemanteau ; & l'autre un vaisseau où ledit grand Turc boit ; & tous les accoutrements qu'il laisse sont à cinq pages qui sont fort favorisés : puis quand la barbe leur est venuë, il les fait capitaines avec grand & honeste apointement, & met cinq autres en leur place.

Il y a trois eunuques, le premier s'apelle capiéga, c'est à dire, capitaine général & gouverneur général de tous les sarrails dudit grand Turc, tant de ceux des pages que des femmes ; & n'y a que cettuy cy qui parle à la femme dudit grand Turc & qui entre en ses chambres. Le second s'apelle casnadarbassy, qui veut dire trésorier du trésor du sarrail dudit grand seigneur ; & a en gouvernement tout l'or & l'argent, joyaux, perles, pierres précieuses, accoutrements & autres choses les plus exquises dudit seigneur. Le troisiéme s'apelle chibergibassy, gouverneur de toutes les viandes cuites ou cruës, brevages, fruits, confitures, & toute autre chose qui est pour la bouche dudit grand seigneur. Il y a bien encore plus de 150. autres eunuques qui servent aux autres sarrails ; c'est assavoir à celuy des femmes & filles qui est dans Constantinople ; & à deux de jeunes enfants, qui sont aussi dans ladite ville, & à un autre, qui est du côté de Péra, vers les vignes & jardins. Et à chascun sarrail y a de 3. à 400. enfants. Et à celluy des femmes & filles, elles peuvent estre de 5. à 600. ordinairement : & quand elles viennent en aage, ledit grand seigneur les fait marier avec de ses gens. Et touts sont fils & filles de chrétiens ses subjects ; les fait enseigner la loy mahométane ; & les enfants sont touts circoncis. Et de ces eunuques, y en a de fort riches : & quand ils meurent, tout leur bien est au grand Turc, à cause qu'ils n'ont point d'héritiers.

Après il y a quatre ou cinq bassas, lesquels gouvernent tout son état & empire. Le premier fait presque tout ; & n'y a que luy qui référe au grand seigneur les causes tant de son état que du peuple, & qui prend ses responses. Les autres bassas ne parlent point à luy s'il ne les fait apeller.

Il y a un fort beau lieu dans le palais dudit grand seigneur, où l'on baille audiance à un chascun, quatre jours de la semaine, assavoir les samedys, dimanches, lundys, & mardys, où sont assis les susdits bassas, & deux cadileschery, l'un de la Gréce & l'autre de la Natolie, nommés maistres des sentences ; & ces deux baillent les sentences aux choses qui vont par voye de raison & de justice : & eux mesmes rendent compte audit grand Turc de leur charge ; comme aussi font trois desterdary, c'est à dire trésoriers, lesquels manient & gouvernent tout le revenu & dépences de ces païs & royaumes ; puis y a les sécrétaires, qui escrivent les commandements & ordonnances dudit grand seigneur. Il y a encore deux capitaines qui se tiennent debout à ladite audiance & ont en leur main chascun un baston d'argent; l'un s'apelle ciaoux bassi, c'est assavoir, capitaine de ceux qui portent les masses, & sont environ 300. & l'autre capilargichecaïa, c'est à dire capitaine à 400. lesquels on nomme capigits. Il y a encore quatre capitaines qu'on nomme capigibassi, dont il y en doit avoir deux à l'audiance, durant les quatre jours qu'on la donne; & sont assis à l'entrée de la porte, avec un baston d'argent doré en leur main: & quand les bassas vont vers le grand seigneur, ceux-cy les y accompagnent, & cheminent devant eux; le semblable ils font à tous les ambassadeurs & seigneurs étrangers qui luy vont baiser les mains. Et auprès de ladite audiance y a un autre lieu où l'on éprouve les aspres que l'on aporte auxdits trésoriers des daces, gabelles, & autres revenus dudit grand seigneur, qui est une petite monnoye d'argent, de la valeur de dix ou onze deniers tournois, & a une grande chauferette de fer pleine de charbon où l'on fait chaufer une poële, tant qu'elle vienne rouge; sur laquelle on met lesdits aspres; & s'il s'en trouve de faux jusques à un certain nombre qui est dit, ceux qui les aportent les payeront doublement.

Plus il y a le capitaine des janissaires, qu'on apelle aga. Il commande à touts les janissaires qui sont en nombre de 12. à 15000. & sous luy, y a environ 200. caporals. Et chascun caporal commande à 180. ou à 160. qui plus qui moins de cesdits janissaires, qui portent grande obeïssance à leurs capitaines. Et tous les jeudys de la semaine ledit aga leur donne audiance en sa maison. Ils ont un sarrail audit Constantinople, où aucuns logent. Et touts n'y demeurent pas, parce qu'on en envoye en garnison aux frontières: & selon qu'ils servent bien, on leur croît leurs gages, ou bien on les fait spaïs. Quand le grand Turc fait quelque entreprinse, ou qu'il aille d'une ville en une autre, sesdits janissaires cheminent à pied autour de luy, & portent touts l'arquebuse, & cimeterre ou épée.

Il y en a d'autres qui sont aussi à pied, qu'on apelle soulachi, qui portent arc & fléches: & les laquais ont volontiers une hache en main seulement: ils sont environ trois cents de l'un & de l'autre, au gouvernement des chevaux, mulets, & chameaux dudit seigneur. Y a deux chefs qu'on apelle inretorbassi, qui commandent à toutes les écuries, tant à celles qui sont en Constantinople que aux autres qui sont aux autres terres, qui sont en plusieurs; & y a plus de 10. ou 12000. hommes sous eux, car ledit seigneur a un nombre infini de chevaux & chameaux,& quand il veut monter à cheval, l'un de ces deux luy aide à monter.

Il y a un autre apellé ciarchigibassi, qui veut dire capitaine des esparviers & autres oyseaux de chasse, lequel a plus de 1000. ou 1200. faulconniers sous luy. Et celuy qui a la charge des chiens s'apelle seimenbassi, & commande à plus de 500. hommes qui gouvernent lesdits chiens: car il y en a grand nombre.

Il y a encore deux capitaines des agiamoglans, l'un de Gréce, & l'autre de Natolie, qui ont charge d'aller prendre les enfants des chrétiens subjects dudit grand Turc. Et de trois ans en 3. ans vont en chascune province, & en aménent bien de 6. à 7000. non tout en une fois, mais à plusieurs fois. Et après que l'on a choisi pour les sarrails du grand Turc, le reste on les envoye aux champs pour un certain temps, assavoir ceux qui sont de Gréce, on les passe de la mer en la Natolie, autrement *Asia minor*; & ceux de la Natolie en la Gréce, aux villages des Turcs, qui les reçoivent volontiers, & encore baillent argent à ceux qui les ménent; les font travailler à toutes choses, selon leurs forces. Et quand ils y ont demouré 7. ou 8. ans lesdits capitaines les font venir en Constantinople, & les employent aux bastiments qui se font, & aux navires & galéres. L'on les apelle giamoglans & portent un bonnet jaulne. Et après qu'ils ont servi cinq à six ans, l'on les fait janissaires, & ont de solde pour chascun jour, quatre, cinq, à six aspres, qui plus qui moins.

Ledit grand Turc a plusieurs autres capitaines & officiers de touts étatz & métiers, à ses gages, comme ont l'empereur, roys & autres grands princes; & qui les voudroit icy espécifier, ce seroit chose trop longue & de peu de conséquence. Toutesfois je ne veux oublier y ajouter les principaux des provinces. Prémiérement en la Gréce, y a un lieutenant général du grand Turc, qu'on apelle beglierbey, qui commande en tout ce païs la, & a quarante quatre lieutenants, qu'on apelle sanchiacs, qui sont capitaines ou gouverneurs séparés dans les villes: chascun desquels commande à 4. ou 500. spahis, qui est comme archier, ou un chevau léger souldoyés. Il y a un autre béglierbey à Buda en Hungarie, qui commande à 6. ou 7. sangiacs. Et ledit général de la Gréce est le premier de touts les païs dudit grand Turc & qui a plus de gens de guerre; & après c'est celuy de la Natolie, qui a 25. sangiacsbey, ou lieutenants lesquels ont des archers & chevaux légers comme ceux de Gréce; & ainsi ont touts ceux qui sont dans leurs autres provinces. En sorte que quand ledit grand Turc veut faire quelqu'entreprinse, il ne faut que mander ses beglierbeys, se trouver avec ses gens à un tel temps & à un tel lieu; & incontinent ils sont prêts; car ils n'oseroient sur peine de la vie faillir d'un demi jour.

En ladite Natolie & Arabie y a plusieurs autres beglierbeys, comme en la Carmanie, Capadocie, Mésopotamie, Arménie, Babylone, Assyrie, Syrie, Damas, & autres lieux; qui touts ont des sangiacs; & lesdits sangiacs des spahis: en sorte que quand ils sont assemblés, c'est une compagnie merveilleuse & incroyable. Toutesfois quand ledit grand Turc fait la guerre, il ne dégarnit pas ses confins, ne ses principales villes; mais y a toujours bonne garnison. En la ville du Caire en Egypte, y a un bassa qui commande à plus de 20. sangiacsbeys; c'est un beau gouvernement; il donne audiance quatre jours la semaine, comme l'on fait en Constantinople; & y a un maistre des sentences, qui juge les causes; & un trésorier qui tient compte du revenu & dépense dudit lieu, duquel touts les ans on envoye des grands deniers audit Conſtantinople. Cedit gouverneur ne va point à la guerre.

Il y a encore en Conſtantinople un béglierbey, capitaine général de la mer, qui commande aux terres maritimes, & aux iſles, & à toutes les galéres & autres vaiſſeaux dudit grand ſeigneur ; & a ſous luy je ne ſçay combien de capitaines & ſpahis, qui ſont obligés d'aller ſur mer, quand il s'y fait quelque entrepriſe ; & ne vont point à celles qui ſe font par terre.

Et par toutes les villes dudit grand ſeigneur, y a deux juges ; l'un nommé cadi, qui juge les cauſes civiles ; & celuy des cauſes criminelles s'apelle ſoubaſſi. Il n'y a conſeiller, ny advocat, ny procureur : il faut que chaſcun diſe ſa raiſon, & améne ſes témoins, ou montre quelque eſcrit, ſur quoy juſtice eſt faite & promptement. Et les ſubjects rendent ſi grande obéïſſance à leur ſeigneur, qu'ils ſe donnent bien de garde de contrevenir à nulle de ſes ordonnances ; vivent avec une merveilleuſe paix & concorde, avec bien peu de querelles & débats, en quelque ville que ce ſoit ſubjectes audit grand ſeigneur. Et s'il en advient, & que le magiſtrat en ſoit adverti, punition en eſt faite incontinent : & ſi l'on ne peut trouver les délinquants, l'on s'adreſſe aux voiſins du lieu où la querelle aura eſté faite, & faut qu'ils en reſpondent ; autrement ſont punis & chaſtiés. Et quelqueſfois ſe fait des exécutions de juſtice fort inhumaines & rigoureuſes.

Sur le ſoir chaſcun ſe retire à bonne heure, n'oſant tenir feu en quelque ſorte que ce ſoit en leurs maiſons juſques à certaine heure limitée. Et pour la garde des villes, de nuit y a ſeulement un homme ſeul avec un baſton en une main & une lanterne allumée en l'autre, qui va ſe pourmenant par la ville au quartier qui lui eſt ordonné : & ſelon que la ville eſt grande, ils en mettent : & s'il entend aucun bruit, il le révéle le lendemain aux juges, qui incontinent y donnent ordre ; & ne faut point craindre d'eſtre volé de nuit, car cet homme ſeul avec ſon baſton eſt plus craint & redouté que n'eſt le capitaine du guet de Paris, avec tous ſes archers bien armés. Et la police y eſt ſi bien ordonnée, & la tranquillité ſi grande, que c'eſt choſe quaſi incroyable à qui ne l'a vu.

Ce ſont les choſes plus dignes de mémoire que j'ay pu recueillir & que j'ay trouvé en ladite ville de Conſtantinople.

« En ce temps là un certain Jean Micquez, Portugallois, vint en Conſtantinople, avec lettres de faveur de M. de Lanſac, (41) ambaſſadeur du roy à Rome, pour le favoriſer en quelques affaires qu'il ne voulut pourſuivre aucunement. Il y trouva la ſire Béatrix de Lune, Portugalloiſe, & juifve riche, près laquelle il ſe retira eſpérant en épouſer la fille ; ce qu'il feit après s'eſtre premiérement déclaré juif, & fait circoncire. »

Ne voulant laiſſer en arriére aucunes forces & dextérités que j'ay vu faire

A CONSTANTINOPLE, EN PERSE, &c.

AN. 1547.

faire par aucuns Turcs en la maison du seigneur ambassadeur. Premiérement il y en vint un, lequel aprés avoir fait plusieurs actes de grandissime dextresse & force feit par un sien garçon qui sembloit auprés de luy un nain, & estoit un peu guerche d'un œil, prendre en main 2. arcs tendus, & tous deux ensemble les tirer tant qu'avec la main dont il tenoit la corde, se touchoit l'oreille, encore que lesdits deux arcs fussent de si grand force qu'il ne se trouvoit personne en la court dudit seigneur ambassadeur, qui peut faire ployer la corde d'un d'iceux un doigt. Aprés ce fait ledit Turc son maistre, estant les pieds mis sur 4. cimeterres taillants accoutrés pour cet effect, print un arc, duquel tirant une fléche passe d'un coté à l'autre une piéce de bronze, grosse de deux doigtz; semblablement passe d'un autre coup trois autres piéces de bronze, chascune grosse d'un doigt; puis avec une fléche de bois sans fer passe d'un coté à l'autre un bois rond gros d'une palme; avec une autre fléche qui avoit l'aisle de verre & la pointe de fer, passe d'un coté à l'autre un petit mortier de bronze gros d'un doigt; puis avec aucunes autres fléches perce des œufs d'autruche, balles de verre, vases de pierre sans les rompre ou casser; finablement passe d'un coté à l'autre un soc de fer avec lequel on laboure la terre. Etant espendu par Constantinople le bruit des dextérités & forces par ledit Turc, le jour en suivant, en vint un autre qui feit choses assés plus merveilleuses que n'avoit fait le précédent; cettuy estant les pieds nuds sur quatre cimeterres tranchants, rompt en deux piéces une teste de mouton cruë, estant icelle attachée à une chaine de fer, qu'il tenoit sous les pieds à terre, laquelle aussi étoit liée à ses cheveux; à force desquels il despessa ainsi ladite teste; rompit & mit en piéces semblablement un pied de bœuf à force d'iceux attaché à ladite chaine, comme dit est; rompit aussi la jambe d'un cheval; en un autre la cuisse d'un bœuf sur la cheville du pied & contre le front; en d'autres en rompit assés sur les coudes, sur les épaules, & en autre partie du corps; & entre les autres s'en feit tenir par son serviteur, lequel à course il rompit avec un coup de poing: ultiémement avec le poing nud frapant au milieu d'un pillon de bronze d'un épicier, en quatre coups le rompit en deux piéces: aprés joua avec diverses anténes de galéres qui pesoient deux ou trois cents livres l'une; & tenoit ledit Turc l'une desdites anténes droite sur l'épaule, & la jettoit sur l'une, la retournant encore sur l'autre, & ce douze ou seize fois du moins, avec si grande diligence qu'un vaillant baladin à peine remue t'il si bien les pieds, comme ledit Turc se remuoit les épaules sous ladite anténe; laquelle se jettoit encore sur le menton, & la tenoit ferme quelque peu, & la portoit avec les dents, & se la jettoit sur le front, sans y toucher aucunement des mains: mais ce qui est digne d'aussi grande merveille, c'est qu'il print une paille longue d'une demi-brasse, & la tenoit droite sur une épaule, comme il avoit fait ladite anténe, & se la jettoit de l'une à l'autre; à cette heure la faisoit aller sur le nés, puis sur le front, tantost sur une oreille, &

Tome I.   D tantoſt ſur l'autre, & encore ſur l'eſtomac, & de l'eſtomac la rejettoit ſur le front, ſans lui toucher des mains ; & toutesfois ſe tenoit toujours droite ſans tomber. Puis un ſien ſerviteur leva avec ſes cheveux une pierre de la peſanteur de trois quintaux : cettuy meſme print un fer de cheval & un avant clou, & ayant poing nud frappant ſur ledit avant clou feit pluſieurs pertuis audit fer de cheval. Le tiers jour vint avec cedit Turc un ſien pourſuivant Perſien, ſeit divers jeux de grande dexterité. Premiérement joua d'un arc, lequel il paſſoit le long du corps, l'entrant par la teſte & ſortant des pieds : & retournant en meſme maniére : auſſi balloit avec 2. hommes, qui tenoient à lui l'un ſur l'autre ; leſquels eſtoient plus grands & plus peſants que luy ; & les tenant s'agenouilloit en terre, & puis ſe relevoit, ſans autrement s'aider des mains : puis rompit avec le front 2. os de jambe de mouton, à courſe, l'acolant avec la fourche des 2. doigts : puis après mit une pierre qui peſoit plus d'un quintal deſſus un bois, fait en forme d'une colomne haute de 5. ou 6. pieds ; & avec ladite colomne jouoit comme avoit fait l'autre Turc avec l'anténe, demeurant toujours ladite pierre deſſus icelle colomne ſans s'ébranler ne tomber : rompt encore une pierre avec le coude nud, icelle large d'une palme, longue de 2. & groſſe 4. doigtz étant puis attaché par les cheveux à une gruë de bois, haute de terre, de ſorte qu'il ne pouvoit toucher avec les pieds, tira avec l'arc contre une piéce de bronze, groſſe de deux doigtz, & icelle perça d'outre en outre : davantage eſtant dans cette façon attaché, rompt une groſſe corde qui tenoit liés deux baſtons bien étroitement, ce qu'il mettoit après au col, à la force duquel rompit icelle ; & le feit deux fois, l'une eſtant attaché comme dit eſt, & l'autre étant ſur leſdits pieds en terre ; rompit encore le poing nud un plus gros pillon de bronze que le premier. De l'autre coté, le Turc qui avoit joué le jour devant, joua encore avec une anténe, voirement un arbre qui peſoit ſept cents ſoixante livres, qui ſe le jettant comme les précédentes anténes, ſans autrement s'aider des mains, ſe fit attacher ſur luy, ſix hommes & quatre enfants, leſquels il porta touts. Après tout ce fait, vint un ſerviteur du ſeigneur ambaſſadeur, lequel aporte un pillon de bronze que ledit ſeigneur ambaſſadeur avoit fait faire exprés, long d'une palme & gros quatre doigtz, lequel fut baillé audit Turc qui avoit fait les forces prédictes, à ce qu'il le rompît, ce que incontinent il commença à faire en la maniére deſſus ; en ſorte qu'en 133. coups qu'il luy donna le rompit en deux piéces. Et la ſe feit fin auxdites forces & dextéritès. Depuis au mois d'Octobre enſuivant, vint un autre Turc au logis dudit ſeigneur ambaſſadeur, lequel ayant les mains liées derriére, mit avec les dents la ſelle & bride ſur un cheval, accoutrant les ſangles & poitral, & autres choſes requiſes à l'équipage dudit cheval pour monter l'homme deſſus, & ledit Turc eſtant ſur quatre cimeterres taillants, les pieds nuds, & ayant un enfant ſur les épaules, monta ſur ledit cheval, ſans s'aider des mains : puis en la maniére dite luy ota tout l'équipage : &

A CONSTANTINOPLE, EN PERSE, &c. 27

soudain ayant toujours les mains liées, comme dit, luy mit un bast, lequel il sangla, & après lui bailla la charge en deux paniers, pesante de trois quintaux ou plus; estant ainsi lié que dessus se feit mettre dans un sac & bailler un arc, duquel estant en icelluy sac tenant la corde & la flèche avec les dents, & mettant les pieds sur le bois dudit arc, tira contre une pièce de bronze de deux doigtz d'épais & la perça d'outre en outre. Il y en vint quelques jours après un autre encore qui estoit More ou Tartare, qui avala un œuf de poule sans le rompre; & un quart ou demi heure après le faisoit sortir par le fondement, entier, comme il l'avoit prins. Mais ce jeu ou mistére ne se faisoit pas sans peter, car je ne vis jamais roter, peter, ronfler du cul, comme faisoit ce vilain.

AN. 1547.

Or ayant demouré un an audit Constantinople, l'année suivante que l'on comptoit 1548. le grand seigneur délibéra faire l'entreprinse de la Perse contre le sophi, roy d'icelle & de Médie, Parthie & autres païs; & pour cet effect, il feit assavoir à tous ses capitaines, gouverneurs de provinces qu'ils apellent béglierbey & sangiacs, de se trouver prêts selon son mandement, & en ordre pour marcher à la volte du levant à sesdites entreprinses, & se trouver en certain lieu député pour y faire la revuë & recherche; à quoy il n'y eust faute aucune.

AN. 1548.

Et l'émotion de cette guerre fust par le moyen d'un frére dudit sophi que l'on apelloit Elcas, grand capitaine & bien voulu de tous les peuples & subjects de leur païs, lequel avoit une très belle femme, de laquelle fust amoureux le roy son frére. Et pour parvenir à son desseing qui estoit d'en jouir & l'avoir à son plaisir, envoya ledit Elcas, comme son lieutenant général qu'il estoit & chef de tous ses gents de guerre, faire quelques entreprinses sur les terres des Circasses; & pendant son absence feit tant qu'il eust joüissance de ladite femme & la tint près de luy. De quoy estant averty ledit Elcas, s'en revint de Circassie grandement indigné & courroucé, entra en grosses & rigoureuses paroles avec le roy jusques à user de menaces qui lui causérent quelque soupçon. A cette cause lui ota le royaume de Sirvan (42) qu'il lui avoit assigné pour son vivre, & conspira contre luy de le faire mourir; dont ledit Elcas fut averty par aucuns siens amis. De sorte qu'il fust contraint se absenter & aviser à sa sureté, s'embarqua sur la mer *major*, & s'en vint en Constantinople vers le grand seigneur. Lequel envoya au devant de luy & le reçut gratieusement. Et après que ledit Elcas lui eust baisé les mains, il luy déclara l'occasion de sa venuë, le tort que le roy son frére luy avoit fait, & qu'il estoit recouru à son aide & à sa sauvegarde. Ledit grand seigneur lui feit plusieurs présents, lui donna maison & grande pension. Et journellement ledit Elcas l'incitoit à mouvoir guerre contre son frére, & en faisoit toute la poursuite qu'il lui estoit possible : disoit qu'il avoit été son lieutenant, & qu'il estoit bien voulu par tous ces païs, & avoit promesses des premiers de la court du roy son frére; que si l'entreprinse de la guerre se faisoit, ils seroient pour luy. Finalement il poursuivit

D ij

si bien cette affaire, qu'il en vint à bout, avec quelque volonté sécréte qu'en avoit le grand Turc. Lequel fust bien aise d'avoir semblable occasion de faire ladite entreprinse:& pour ce faire ayant fait préparatif de toutes choses nécessaires pour un semblable voyage, & ayant mandé touts ses capitaines, comme est dit cy dessus, il partit de Constantinople le 29. Mars 1548. (43)

Or il fust commandé par le roy à mondit sieur d'Aramon de le servir en son entreprinse. Et pour ce faire s'équipa tant de provisions pour le camp, que de gentils hommes & autres bien en ordre. Nous avions dix pavillons, 40. chameaux, 18. mulets, & douze chevaux de somme, & une litiére à deux mulets que les Turcs admiroient grandement pour la rareté qu'en est dans leur païs : & pense qu'ils n'en virent que celle-là, & aucuns d'eux malades approuvérent la commodité que l'on en reçoit. Nous estions en tout environ 75. ou 80. personnes bien montés, & en bon ordre, touts portants armes à la Turquesque ; les uns arquebuses, & les autres lances gayes, avec une cornette, semée de fleurs de lis. Et pense, que de nostre temps jamais ambassadeur ne chemina en tel ordre & équipage. Laissant en Constantinople pour les affaires qui pendant le voyage y pouroient survenir, & pour la direction des paquets le sieur de Cambray, chanoine, chevalier de S. Estienne de Bourges, homme de bon esprit, & qui estoit bien aimé en ce païs là pour la diversité des langues qu'il sçavoit; & entr'autres le Grec vulgaire lui estoit aussi familier que le François ; & sçavoit aussi beaucoup du Turc.

Le sieur de Fumel qui attendoit toujours la responce de sa dépêche qu'il avoit envoyée par l'horloger, avoit grande volonté de faire ledit voyage. Mais le grand seigneur ne lui voulut permettre, disant qu'il ne faisoit que revenir de ce païs là ; & qu'il se contentoit que l'ambassadeur y fust, puisque le roy ne luy en avoit escrit que de luy. Ce que voyant ledit sieur de Fumel, & que sa responce qu'il attendoit ne venoit point, s'embarqua sur un navire de Venise & s'en revint en France.

Nous partimes dudit Constantinople le 2. May audit an ; & passames le canal de mer ; & entrames dans l'Asie mineure, aujourd'huy apellée Natolie ; & logeames à Scutari (44) où furent tendus nos pavillons en un fort beau lieu près le port, où fust anciennement Calcidoine; (45) où demouramcs 4. jours, pour parachever nous accommoder & équiper de tout ce qu'il falloit pour un tel voyage.

Le 6. May en partimes ; cheminames le long du canal de mer ; & logeames en costeau apellé en Turquesque Maltepe, (46) qui veut dire montagne de trésors ; auquel lieu l'on dit que les anciens empereurs de Constantinople cachoient leurs finances : & ce lieu là est au commencement du golfe de Nicomédie.

Le lendemain, suivant ledit golfe, arrivames en un lieu apellé Diachidesse. (47) Et 4. milles près, est Libisa, (48) où Annibal s'empoisona ; &

A CONSTANTINOPLE, EN PERSE, &c.

AN. 1548.

dit on que son sépulchre y estoit ; mais les Turcs ruinent & gatent toutes choses. Il n'y a apparence que d'une fosse antique, où y a encore plusieurs grosses pierres & colomnes escrites en Grec.

Le 9. May arrivames à Nicomédie, (49) cité très antique & royale de Bithinie laquelle est toute ruinée, & estoit merveilleusement grande, assise sur montagnes fort hautes, & s'estendoit jusques à la marine: & là finit le golfe dudit Nicomédie. De cette ville vinmes à Sabaugit, (50) sur le bord du lac du mesme nom.

Le lendemain cheminames par certains bois où y a grande quantité de platans; & passames sur un beau pont de pierre, fait par sultan Bayasic, fils de sultan Méhémet, premier seigneur de Constantinople ; où passe le fleuve nommé Zangary, lequel divide de ce coté de levant la Bitinie de la Galatie ; & logeames en un lieu apellé Guyéné ; (51) puis vinmes en une petite ville ruinée nommée Tarachy; (52) de là à Gosénéne, (53) assise sur une montagne fort haute, où se voyent encore de vieilles murailles, que l'on dit estre la ruine d'un chasteau ; & après à Dibec : (54) & à Boly, (55) ville apellée anciennement Abonoménia : ce lieu montre avoir esté quelque belle ville & grande; il a plusieurs antiquités de colomnes & sépulchres, escrites en Grec ; & près de ce lieu environ deux milles, y a de fort beaux bains naturels, où nous fusmes touts baigner, pour estre chose saine ; au milieu dudit bain y a une fontaine d'eau fraiche fort bonne, qui vient de la mesme montagne, dont vient la chaude, qui est chose merveilleuse.

Nous séjournames en ce lieu trois jours & en partimes le 22. dudit mois ; passames Hiérada, (56) cité ancienne ; & arrivames à un casal, nommé Giagaiel ; (57) de là à Caragiola, (58) qui veut dire lac noir; puis vinmes à un autre casal, dit Camauli, (59) près duquel passent trois petites riviéres, dont l'une s'apelle du mesme nom du village, l'autre Ciergues, (60) & l'autre Guiera, (61) qui vont en la mer *major*; de là à Bouzoli (62) sur la rive dudit fleuve Ciergues, laquelle l'on dit l'hiver croître de sorte qu'elle noye tout le païs; de là vinmes à Caraguira ; (63) puis à Cogiassar, (64) qui est en la Paphlagonie ; & ayant passé de méchants & facheux chemins, arrivames en un meilleur païs, & logeames à Tescia, (65) anciennement apellée Théodosia ; & est en un fort beau païs ; nous y reposames un jour.

Le lendemain logeames en une belle plaine, près un canal, apellé Cabouziac ; (66) & passames un fleuve dit Guésilimach, (67) qui veut dire eau rouge, lequel passe par la Capadoce & par la Lydie ; puis entrames en la Capadoce, & vinmes à Ottomangroc, (68) qui est un chasteau fait par Othman, celluy qui a donné nom à la maison Ottomane, qui fust le premier seigneur Turc. Ce chasteau est en un rocher inaccessible & inexpugnable, & a environ deux milles de tour, & au milieu d'iceluy, du côté du midy, le fleuve Quésilimach y passe, sur lequel y a un fort beau pont de pierre, de seize arceaux, & les murailles du chasteau viennent quasi à se conjoindre avec le pont : & y a en ce lieu une religion dont les religieux s'apellent cochiny baba, qui veut dire pere de charité.

Le premier de Juin, arrivames à Cagionde (69) qui veut dire village de pérégrin, le lendemain par le chemin nous rencontrames un faulconier du grand seigneur, qui nous dit que le sophi, roi de Perse, estoit sur les confins du païs dudit grand seigneur, & qu'il avoit prins un chaoux, lequel avoit été envoyé sur les confins à faire provisions de victuailles, & que pour cela ledit grand seigneur se hastoit fort; & le chemin qu'il souloit faire en deux jours, le faisoit en un. Et pour ce ledit sieur ambassadeur s'advisa de laisser le grand chemin, pour prendre autre voye plus courte, afin de joindre plustost le camp; & laissames à main droite trois belles villes principales de la Capadoce, nommées Amassia, (70) Tocquato (71) & Sorats; (72) & tirames droit au levant vers la ville d'Esdron, (73) où alloit ledit grand seigneur; & logeames près un beau casal & grand, nommé Merjoüa, (74) lequel est assis en une très belle plaine, où y a plusieurs villages de chrétiens Arméniens; & c'est un lieu gras, fertile, & plaisant, plus que lieu qu'ayons rencontré encore.

Le lendemain arrivames en un autre village, apellé Ladicq, (75) près duquel y a un lac de mesme nom; puis vinmes à Sépécles (76) & passames par le lieu où passent deux fleuves, qui là se conjoignent ensemble; l'un vient de Damasia, (77) & s'apelle Iris, (78) & divide la Capadoce de l'Arménie *major*; & le passames sur un pont de bois; l'autre s'apelle Bogasquezen (79) qui veut dire coupe-gorge; & à la vérité le passage est dangereux de rencontrer larrons; & logeames en un village d'Arméniens, nommé Agiéti. (80) De là vinmes à Nissar (81) anciennement apellée *Néocéjarea*, ville merveilleusement grande & ancienne, mais elle est toute ruinée, & de telle sorte que toutes les murailles sont abatuës jusques au fondement: le chasteau est assis sur une montagne haute, qui n'est pas du tout ruiné, où y a le sépulchre d'un roy de Perse, nommé Usummassum, qui veut dire Gigum; il y passe le fleuve, anciennement apellé Licus, & s'apelle en Turquesque Chélélyt, (82) qui divide la Capadoce de l'Arménie *major*, & encore l'Arménie *major*, de l'Arménie *minor*, & est conjoint avec les fleuves Damaye susdits (83) & là perd son nom.

En après vinmes à Assarguies; (84) puis passames près d'un chasteau inaccessible, nommé Coynassar, (85) qui anciennement estoit des rois de Perse. A 2. milles près de ce chasteau, passames sur un méchant pont ledit fleuve Licus; & là entrames en l'Arménie *major*, & logeames sur le bord de la riviére. Puis vinmes en une grande vallée, en un village d'Arméniens, nommé Assébédic, (86) qui souloit estre de 3000. feux, & a encore 30. autres villages sous luy. De là vinmes dans un bois dit Girbanambea, (87) Ardincly, (88) Agiadaracly, (89) villages, & à Arzingan, (90) duquel le grand seigneur s'estoit parti, y avoit environ 4. ou 5.

A CONSTANTINOPLE, EN PERSE, &c.

jours. Arzingan estoit anciennement grande ville, comme il appert par la ruine du chasteau & murailles d'içelle; & estoit ruinée par un tremblement de terre; & pour d'autant ont depuis basti des maisons fort basses, & est maintenant rédigée en un grand village assés peuplé & riche. A 2. milles près, y passe le fleuve Euphrates. Nous séjournames en ce lieu 4. jours tant pour nous rafraichir que pour se fournir de vivres & autres commodités pour porter au camp.

Partant de ce lieu, vinmes à Vitavicq (91) & à Gibligy, (92) qui est sur une montagne, fort stérile; & passames le fleuve Euphrates, sur un pont près un village, puis à Chéobane, (93) à Portary,(94) & aux bains naturels, à 8. milles de la ville d'Esdron. Logeames à la campagne près ladite ville d'Esdron, environ 3. ou 4. milles, où estoit le grand seigneur & tout son camp; & à main sénextre voyons les hautes montagnes du païs de Georgie. De là passames par ladite ville, qui est assés grande, située en une belle plaine fort fertile; elle a de beaux fossés & doubles murailles: il y a dedans un magnifique palais, qui étoit anciennement une église bastie par une fille d'un empereur de Constantinople: & sur le portal y a une aigle à deux testes, qui n'est aucunement offensée; chose admirable entre Turcs, d'autant qu'ils ruinent toutes peintures relevées. Il y a tout autour d'icelle ville plusieurs monuments à la Romaine & Gréque, fort magnifiques; les uns l'apellent Esdron, (95) les autres Argirum; & y a un chasteau, qui est assés beau, selon le pays. Et sur le chemin veimes comme l'ouverture d'un puits, où plusieurs personnes s'amusoient, & y en eust de nostre compagnie qui descendirent de cheval pour voir que c'estoit; & un chascun nous dit que c'estoit un abyme: il en sortoit un grand vent, & l'on n'entendoit point cheoir les pierres fort grosses, que l'on y laissoit tomber. Le grand seigneur feit la masse de son camp près ladite ville d'Esdron, y assembla tous ses gents, qui auparavant estoient venus en confusion, sans ordre & ordonnance.

Nous arrivames ce jour-là, qui estoit le 25. Juin, audit camp, où ledit sieur ambassadeur, avec toute sa compagnie, fust voir le premier bassa, qui s'apelloit Rostan, duquel il fust très bien reçu, & luy ordonna loger en son quartier.

Le lendemain nous commençames à cheminer avec ledit camp, lequel logea près Cassuncala, (96) chasteau fabriqué de bois, assis sur une montagne. En ce lieu là vint des seigneurs de Georgie, sur petitz chevaux de ligiére taille, assés bien vestus, selon le païs, qui vindrent baiser les mains du grand seigneur, & faire hommage comme subjects siens, luy offrant leurs personnes, & tout ce qui estoit en leur païs pour son service: ils lui présentérent des moutons, fromages, & fruits: ils sçurent que l'ambassadeur de France y estoit, lequel ils vindrent visiter & s'offrirent à luy, disant que ayant entendu qu'il estoit de la part du plus grand roy des chrétiens, & que pour ce nom eux qui sont chrétiens aussi, il leur avoit prins

An. 1548. volonté de le venir voir, ils nous donnérent quelque reste de fromage de leur païs, & un peu d'orge pour les chevaux ; & pour recompense nous leur feimes boire d'une bouteille de malvoisie qu'avions de reste de nos provisions, qui est un breuvage duquel ils n'avoient jamais gouté ; ils en furent merveilleusement aises & contents, & s'en retournérent joyeux en leur païs qui n'étoit guéres loing de là & à la main sénextre, tirant du côté de la mer *major*. Nous en voyons aisément les hautes montagnes : l'on dit que c'est un païs montagneux & froid, approchant de celluy des Grisons.

Au partir de cedit lieu, passames deux fleuves, qui s'assemblent en un, sous un pont, qui est quasi tout ruiné. Le fleuve s'appelle Arréxéis, (97) & à commençames à entrer au païs de l'ennemy, roy de Perse ; & par plusieurs jours nostre chemin fust par montagnes fort facheuses, & passames beaucoup de fleuves à gué, & entr'autres le Tigre qui est l'un des plus beaux, & qui va plus viste qu'avions vu en ce païs ; lequel va s'assembler près de Babylone avec le fleuve Euphrates où ledit Tigre perd son nom.

Le 6. & 7. Juillet commençames à trouver un peu meilleur païs ; & arrivames en une petite ville du sophi, nommée Argist, (98) qui estoit abandonnée, & n'y avoit personne. Cette ville est assise en une belle plaine, environnée de marais, & a dedans un assés beau chasteau, selon le païs. Il y a un petit fleuve, qui passe auprès, dont je ne pus sçavoir le nom, lequel va tomber dedans le lac de Vastun, à 2. milles près de ladite ville. Ce lac (99) est merveilleusement beau & grand, & dure environ huit ou dix journées de tour ; l'eau n'est ne douce ne salée, mais a un certain goût comme amer ; cedit lac ne produit que d'une sorte de poisson, qui est petit comme harang, & a la chair rouge, & ne se prend qu'une fois l'an, en certaine saison ; mais aussi on en prend grande quantité. Ils en fournissent tout le païs ; il s'en transporte jusques au païs des Georgiens ; il ressemble à harang soret ; nous en avons mangé quelquesfois, & est fort bon. Il tombe dedans cedit lac plusieurs autres fleuves en d'autres cotés où finissent leur course. Le camp séjourna en ce lieu 4. jours, & fust crié que chascun se pourvust de vivres & biscuit pour un mois.

Au départir de cette ville, le camp logea près d'un lac, & commençant à retrouver le plus malheureux chemin du monde en certains païs déserts & inhabités, où passants 2. détroits de montagnes fort dangéreux pour la presse & foule du camp, où moururent plusieurs personnes, & grand nombre de chevaux, mulets, & chameaux, que nous voyons tomber avec leurs sommes & charges de dessus les montagnes, chose facheuse & déplaisante à voir. Toutesfois nous eusmes faveur de passer de bonne heure par le moyen d'un chaoux du grand seigneur, mais à grand difficulté, & Dieu nous ayda là, comme si a t'il en beaucoup d'autres passages.

Après estre sortis de ces mauvais chemins, nous arrivames en un grand

grand & beau village, appellé Coil (100), qui est le plus beau lieu qu'eussions encore trouvé, duquel lieu touts les habitants s'en estoient fuis. Il y a un fort beau parc de jardins, lieu plaisant du roy de Perse, où l'on nous dit qu'il venoit souvent à l'esbat & à la chasse : tout à l'entour n'estoit que jardinages & arbres fruitiers de pommes, poires, & abricots, les plus excellents du monde, & grosses pommes en abondance : nous en mangeames à nostre plaisir par maniere de rafraichissement.

Nous partimes de ce lieu environ vespres, & cheminames toute la nuit jusques au lendemain midy, pour raison qu'il ne se trouvoit point d'eau. Environ trois heures avant jour, l'avant garde rencontra quelques avant coureux, & chevaux legiers des Persiens, & se feit une escarmouche pour une heure, laquelle ne fust d'importance, & y eust plustost lascheté de cœur de ceux qui alloient devant que autre chose, qui se donnérent peur d'eux mesmes sans grande occasion. Nous logeames en un beau lieu, où y avoit de l'eau; & alors un chascun commença à se tenir sur ses gardes, & espéroit-on pour vray bientost avoir bataille : mais le sophi s'en estoit retiré, dans ses païs, bien avant, avec son camp, & toutes les richesses de Tauris, & les personnes riches; & ne se présenta aucunement à donner journée, ainsi que l'on estimoit, ou pour raison qu'il ne se fioit trop en ses gents, pour cause de son frére qui estoit avec le grand seigneur & avoit l'avant garde, ou pour cause de l'artillerie & arquebuserie dudit seigneur qu'ils craignent grandement ; & eux en estoient mal fournis ; car ils n'en usent pas, que l'on dit estre la principale occasion de leur fuite ; autrement l'on les estime fort vaillants que les Turcs sans bastons à feu ; & disent les Turcs mesmes qu'un Persien battra toujours deux & trois Turcs. Et de là arrivames au village nommé Méring (101), fort plaisant & abondant de jardinages & fruitiers.

Le lendemain vinmes à Sophian, (102) une journée près de Tauris ; & passames près de certaines montagnes, où y avoit force sel, & en grand quantité. Et se logea le camp à 3. ou 4. milles de Tauris, où vindrent au devant du grand seigneur le reste du pauvre peuple qui estoit demouré dedans la ville, avec baudies, en signe d'allégresse; & ne leur feit aucun déplaisir, soit en leurs personnes, soit en leurs biens, & on n'eust osé prendre d'eux la valleur d'un œuf sans payer.

Le jour ensuivant, de bon matin, nous passames par dedans ladite ville, qui fust le 28. Juillet 1548. Et se logea icelle armée près ladite ville vers le levant, laquelle nous trouvames presque deshabitée, parce que avant le partement du sophi, la ville avoit esté abandonnée par touts ceux qui avoient moyen s'en aller, & avoient emporté avec eux leurs meubles & marchandises ; & n'y estoient demourés que les plus pauvres artisans qui vendoient de leurs denrées à ceux du camp : de sorte que nous n'y trouvames personne, ny chose digne d'estre vuë, sinon que certaines mosquées, c'est à dire églises, faites nouvellement par ledit sophi, &

son palais où il habitoit, qui eſtoit une des plus belles maiſons de plaiſance que j'aye gueres vuë, où y avoit autant de choſes exquiſes; toutesfois il n'y avoit de meubles; de ſorte que ce fuſt les vitres, feneſtrages, portes & quelques autres commodités de dedans qui fuſt aucunement ruiné par ceux du camp du grand ſeigneur, lequel ayant entendu le démoliſſement & dégaſt qui s'y faiſoit, y envoya des chaoux pour chaſſer ceux qui faiſoient telles choſes, & empeſcher qu'on ne la ruinaſt du tout, comme poſſible ils euſſent fait, s'il ne s'y fuſt oppoſé, eſtant fort courroucé de ce qui s'y eſtoit fait, diſant qu'il n'eſtoit allé là pour ruiner la maiſon de ſon ennemy ny de ſes ſubjects, mais oui bien ſa perſonne, & lui oſter la vie, s'il le rencontroit. Ledit Tauris (104) eſt ville royale du roy de Perſe au païs de Médie, où ordinairement il fait ſa réſidence; les Turcs l'appellent Tébris. Elle eſt fort grande, & contient environ de 12. à 15. milles de tour, y comprenant les jardinages, pour ce qu'il n'y a guéres maiſon qui n'en aye, & eſt toute baſtie & édifiée de terre, ayant ſous terre preſque autant d'édifices que deſſus, & les logis ne ſont guéres hautz élevés: y a une petite riviére qui vient de la montagne, de laquelle on tire l'eau par acqueducs & conduitz, qui fourniſſent toute la ville & l'accommodent par tel moyen & induſtrie qu'il n'y a ſi pauvre maiſon, ne jardin qui n'aye d'eau en abondance. Ledit camp ſéjourna audit Tauris environ 5. jours, & fuſt contraint s'en retourner ſans y faire plus long ſéjour, ny pouvoir ſuivre ſon ennemy plus outre, qui s'eſtoit retiré ſur les montagnes de Caſpiz (105); & auſſi par faute de vivres pour les chevaux, mulets & chameaux, leſquels avoient tant enduré par le long chemin & audit Tauris, que l'on eſtimoit qu'il en eſtoit mort plus de 100000. & n'y euſt mortalité que pour leſdites beſtes, ny guerre que contre la faim, ne s'y eſtant fait aucune faction d'armes d'importance.

Or, le dernier jour de Juillet, ſe partit de Tauris, & print le chemin vers ponant, tirant un peu ſur le midy; & feit cinq ou ſix grandes journées par fort beaux païs en la plaine dudit Tauris, où y a une infinité de beaux villages & gros bourgs, abondants de fruits de toutes ſortes: mais y avoit grande faute d'eau pour un ſemblable camp, où les perſonnes & beſtail patirent beaucoup.

Le 5. jour trouvames un fort beau lac (106) & grand, l'eau duquel eſtoit fort ſalée; & au fond d'icelluy y avoit grand quantité de ſel fort blanc, comme petits poids en façon de dragées de coriandre, qui ſemble choſe artificielle; & au rivage y a de groſſes maſſes de ſel un peu noir. Je ne ſçay le nom dudit lac, ne moderne ne ancien, & ne le puſmes onques ſçavoir, pour ne trouver perſonne à qui le demander; & ce qui m'étonne davantage, c'eſt qu'il ne s'en trouve rien par eſcript dans les cartes d'Aſie, combien que ledit lac eſt fort grand & de longue eſtenduë; & le cotoyames environ 3. ou 4. jours.

Le 13. jour d'Aouſt, ledit camp arriva à Van, qui eſt un chaſteau du

A CONSTANTINOPLE, EN PERSE, &c. 35

sophi merveilleusement fort, assis sur une roche inaccessible, qui est une belle plaine près du lac de Vastan, environ un mille ; & y avoit dedans environ 2000. Persiens, tout svaillants gents & choisis du roy de Perse pour la garde de ce chasteau. Le second jour après que le grand seigneur ayant approché ez tranchées, l'on commença à faire la batterie en deux endroits ; & dura environ neuf jours sans faire aucune bréche, ne prest à la faire, n'eust esté l'ambassadeur qui alla visiter l'assiette dudit chasteau, & advisa que si on le battoit d'un autre coté qui lui sembla estre le plus débile, que l'on en pourroit avoir raison ; ce qu'il feit entendre audit grand seigneur & ses bassas ; & son advis fust trouvé fort bon ; en sorte que le lendemain on commença à faire la batterie, du coté où il avoit advisé, qui donna à penser à ceux de dedans ; lesquels peu de temps après demandérent à parlementer ; ce qui leur fust permis : de manière qu'ils rendirent ladite place, leurs bagues sauves, voyant aussi qu'ils n'estoient secourus par campagne de leur roy & prince : il leur fust tenu foy & s'en allérent en sauveté. Il y avoit quelque peu d'artillerie dedans, dont les Persiens ne se pouvoient guéres bien aider, & vivres pour deux ans qui restérent; qui fust chose bien à propos pour la garnison que y mit le grand seigneur.

Le 28. dudit Aoust, nous partimes dudit Van, & vinmes camper en une certaine plaine près d'un petit lac. Le lendemain à Baudemagny, (107) puis à Argis (108), où avions passé en allant à Tauris. De là logeames près de beaux casals Arméniens sur la rive dudit lac de Vastan. Et le jour ensuivant nous arrivames à Abdigelluis, (109) petite ville fermée, sur la rive dudit lac ; au dessus de laquelle sur un gros rocher, y a un chasteau, & est le reste du lieu fort beau, tant pour la grand quantité de fontaines que de jardins.

En après, vinmes en la plaine de Abdigelluis, près d'un petit lac (110) d'eau douce. Et puis passames un bras dudit Tigre, & entrames en la Mésopotamie. Et logeames à Cononscala, (111) près du petit fleuve Carrachoppry, (112) en une grande plaine, en laquelle y avoit quantité de bestail occis par quelques troupes de Persiens, qui avoient couru jusques là, faisant le gast des vivres. Et de là passames par montagnes, & vinmes à Mouchs, (113) qui est un petit chasteau fort, situé sur montagnes. De là logeames sur la rive d'un autre petit fleuve nommé Carasouy, (114) qui veut dire eau noire. Et le jour ensuivant, logeames près d'un casal, nommé Nossensossillert, (115) auquel y a certains arbres, que les gents de village tiennent en grande révérence, pour ce qu'ils disent qu'un saint les a transmués de pommiers en ormes, & l'ont pour grand miracle. Près de cedit casal, vers le levant, est la montagne de Noë, (116) où l'on dit que reposa son arche, au temps du déluge : & derriére ladite montagne, on dit qu'il y a un lac, qui bouilt incessamment ; de sorte que les pierres de dedans en dancent : & ceux dudit village nous l'ont affirmé pour vray. De ce lieu vinmes à Bithlis (117) qui

E ij

est un chasteau fort, assis sur un rocher, basti par un empereur de Constantinople, ainsi qu'ils disent. Il y a le village au dessous, contenant environ deux mille maisons. De là nous entrames en un détroit, où trouvames plus de difficulté de passer que nous n'avions point encore fait en tout nostre voyage; & le désordre y fust si très grand que nous ne veimes nos chameaux qui portoient tout nostre équipage de huit jours après : & couchames trois ou quatre nuitz sous des arbres, en attendant nos mulets, qui portoient nos pavillons. Puis vinmes à Attéguie, (118) & à Liége, (119) où y a des bains naturels, & y passe une riviére, appellée Arzin. (120) Les jours ensuivants, logeames dans la plaine de Carahémit, (121) principale ville de Mésopotamie, où le 25. Septembre arrivames.

Le camp se logea près ladite ville, environ un mille ou deux, & M. l'ambassadeur & toute sa compagnie, pour avoir plus de commodités & rafraichissements, vint loger dans ladite ville en plusieurs maisons d'arméniens, qui nous reçurent fort gratieusement. Ladite ville est grande, & peut avoir de circuit 4. ou 5. milles, renfermée de hautes murailles, avec un assés beau chasteau de pierres de taille, & les maisons de la ville, de terre, en plate forme, & est presque toute habitée d'arméniens & jacobites, qui sont chrétiens, & y a peu de Turcs. Nous y trouvames de fort bon pain & vin, & autres viandes & fruits en abondance, & des melons les meilleurs qui se puissent manger, & qui se gardent trois à quatre mois après qu'ils sont cueillis. Nous les festoyames bien & fusmes bien aises de tels rafraichissements. Il y avoit environ trois mois que nous n'avions bu vin, parce qu'il ne s'en trouvoit point.

Le grand seigneur séjourna en ce lieu 15. ou 20. jours, attendant nouvelles & advis du sophi; & entendit pour certain que de ses gents estoient entrés bien avant dans ses païs, & qu'ils avoient pillé plusieurs casals & villages qui n'estoient fermés. Et ledit grand seigneur y envoya grand nombre de gents, qu'il sépara en trois parties pour les aller rencontrer & enfermer, s'il estoit possible : on disoit qu'ils pouvoient estre de 30. à 40000. hommes, bien montés, avec peu de bagages; & cheminoient chascun jour 30. ou 40. milles pour le moins, qui est une grande diligence, laquelle fust cause qu'on ne les pust rencontrer. Et ledit grand seigneur après avoir séjourné audit Carahémit, comme dit est, pour rafraichir son camp, s'en partit pour s'en aller vers Sonas (122) en la Capadoce, pour serrer ce passage audit sophi.

M. l'ambassadeur y séjourna deux jours de plus, & délibéra s'en aller droit audit Sonas, par un chemin plus court que celuy que prenoit ledit grand seigneur : & en partimes le 14. Octobre. Vinmes loger en un casal d'arméniens, nommé Bégur, (123) qui est au pied des monts Taurus; sur lesquels cheminames par quatre jours. Et puis arrivames près d'un petit lac appellé Giolgie, (124) où y a au milieu une petite isle, habitée de Turcs, près le fleuve Euphrates, lequel passames le lendemain en barque. Et vinmes coucher à Malatia, (125) païs de Lydie, qui est une petite ville, nommée Carpont. (126) Et sçumes qu'il s'en retournoit audit Carahémit où ledit sieur ambassadeur retourna par un autre chemin que celuy qu'avions fait. Et remontames par quatre jours entiers lesdits monts Taurus, montagnes hautes & facheuses, & entre autres le mont Amannus; (127) au plus haut d'iceluy passames par un petit détroit de rochers, fait en façon de portes, que l'on appelle les portes Amanniques; & començames à descendre par méchants chemins. Et passames l'Euphrates en barque, à deux journées près de Carahémit, où fusmes de retour le 5. Novembre ; & y trouvames le camp qui étoit campé & assis près une petite riviére à 2. milles de la ville. Et là vindrent nouvelles audit grand seigneur que le sophi s'estoit retiré en ses païs.

Lors ledit grand seigneur voyant approcher la saison de l'hyver, retira touts ses gents & délibéra s'en venir en Surie, païs hautz vers Alep. Et pour ce faire, partit pour la seconde fois dudit Carahémit le 9. Novembre. Et cheminames six jours par la plaine, partie de laquelle est fort pierreuse & déserte, l'autre assés forte & fertile. Vinmes à Orpha (128) autrement dite Roha, qui est ville qui démontre plus d'antiquitez que ville que j'aye point vuë. Certains arméniens m'ont dit qu'anciennement s'apelloit Asassia. Cette ville est fort grande, assise partie sur une petite montagne, où est le chasteau : les murailles sont toutes de pierre de taille, fort vieilles, & qui sont en partie tombées. La ville a esté autresfois bien bastie, comme il appert par les vestiges de plusieurs grandes maisons, murailles d'églises, colomnes, & autres bastiments & fondements, desquels se tire de grosses pierres. Le chasteau est assis sur la coste de la montagne, & a de circuit environ deux milles, & tout autour de beaux fossés profonds, taillés dans la roche vive. Au bas dudit chasteau, dans ladite ville, y a une belle fontaine, qui fust comme une piscine, où y a quantité de poisson, que les Turcs font grand conscience de manger. Et près ladite fontaine, y a un lieu comme un oratoire ou chapelle, engravée dans le roc, où ils disent qu'Abraham est né ; & les Turcs gardent ce lieu & le tiennent en grande révérence. Et à une journée de là, y a une ville ruinée, nommée Caran, (129) où se tenoit le pere d'Abraham, nommé Tara. A l'entrée de ladite ville d'Orfa, sur petits costeaux voisins, y a une infinité de grotes & grands cavernes, entaillées dans le roc avec merveilleux artifice ; partie desquelles sont habitées : il y en a de grandes où tiendroient 4. ou 500. chevaux. On dit que le fils de Nembrot étoit seigneur de ladite ville, en laquelle séjournames un jour. Puis cheminames par plaines environ trois journées. Et vinmes en une petite ville qui a un fort beau chasteau sur le bord de l'Euphrates, appellé Vir, (130) anciennement Virsima. Le camp demoura à passer ledit fleuve par barques qui estoient en grand nombre environ trois jours ; les chameaux le passoient à gué. Nous eusmes commodité de passer dès le premier jour par le moyen & faveur d'un capitaine du grand seigneur qui commandoit sur les barques : il nous en feit amener une, sur laquelle tout le train dudit ambassadeur passa sans destourbier ne empêchement d'aucun Turc. Et là commençames à entrer en Surie, où nous sembloit bien advis qu'estions en bon païs, pource que trouvions plus de villages & gros bourgs que n'avions accoutumé, qui estoient abondants de toutes sortes de fruits.

Et finalement, arrivames le 23. Novembre en la ville d'Alep, (131) qui est fort grande, assise en une belle plaine, anciennement apellée Béroas, laquelle est fort marchande; car c'est le port de toutes drogues, soyes, épiceries, & autres choses qui viennent des Indes par la mer de Perse & de Balera, & autres marchandises de draps & soyes, qui viennent de Venise & autres lieux d'Italie. Il y a de grandes fontaines & carvasseras, où se logent toutes sortes & nations de marchands, qui y abordent : il y en avoit beaucoup du païs des Vénitiens qui y tiennent un bayle ou consul. Le grand seigneur se logea dans son chasteau, qui est dans ladite ville, autour duquel y a de grands fossés, pleins d'eau. Et partie de son camp logea dans icelle ville, le reste à Damas, à Tripoly, à Antioche, Aman, (132) & autres lieux circonvoisins où il hyverna. L'Ambassadeur y passa semblablement tout l'hyver, voire davantage, & y séjournames plus de sept mois entiers : pendant lequel temps nous eusmes tout loisir de nous rafraichir, & y prendre autant de commodités qu'eussions pu faire en Constantinople, de vin, viandes, fruits, laitage, & autres choses nécessaires pour la vie de l'homme ; vray est quand nous en partimes, ne s'y pouvoit plus trouver de vin, ny aux villages autour. Il se y trouvoit des raisins qui se conservoient dans de grands vaisseaux de terre que nous faisions pressurer dans un petit pressoir de bois, qui rendoit & distilloit le vin tout clair, le meilleur & autant excellent qu'il est possible de boire. Et le mois de May & Juin, couchions sur les terrasses. Les maisons y sont presque toutes ainsi basties. L'on dit que communément il n'y pleut guéres ; toutesfois l'hyver que nous y estions, il y pleust presque tous les jours, dont les habitants s'étonnoient merveilleusement, & disoient qu'il n'y avoit point mémoire d'homme, qui y eust vu tant pleuvoir pour un hyver. Il n'y géle point ; l'air y est fort doux & gracieux mesmement au printemps, & commencement de l'esté. Il y a force bons fruits, de toute sorte, quantité de grenades & oranges, ris, mil, & autres légumes, & cotton, que l'on séme tous les ans, en la façon presque comme l'on fait le ris.

Je ne veux oublier de faire mention de l'éléphant de l'ambassadeur, qui y mourut, duquel j'ay parlé cy-devant, & par quel moyen il l'avoit recouvert. Est assavoir que le camp du grand Turc s'approchant du païs du roy de Perse, dont l'avantgarde estoit conduite par Elcas, frère dudit roy, sa majesté envoya vers luy quelques messagers pour luy remontrer la faute qu'il faifoit, toutesfois en maniére de moquerie ; car il lui manda dire qu'il eſtoit un gros ſot & beſte, & qu'il ne le pouvoit mieux comparer qu'à une groſſe beſte ſemblable à celle qu'il luy envoyoit, qui eſtoit ledit éléphant. Ledit Elcas le donna à un Capitaine, parent du grand Turc, qui eſtoit avec luy à l'avant garde ; cedit capitaine eſtoit amy de l'ambaſſadeur, duquel ledit ambaſſadeur par le moyen de quelques préſents qu'il luy fcit, retira ledit éléphant, avec intention de l'envoyer au roy Henry ; & avoit eſcrit à ſa majeſté qu'il luy envoyeroit ; ce qu'il euſt fait, s'il n'eſtoit mort. Et la cauſe de la mort d'icelluy eſtoit de regret & mélancolie qu'il avoit de ne voir plus celuy qui le ſouloit gouverner, qui eſtoit mort quelques huit jours auparavant : parce que cet animal l'aimoit, & entendoit ſon parler. Les gents du païs nous dirent & aſſurérent qu'il n'y avoit autre choſe qui l'euſt fait mourir que cela. Nous le feimes écorcher : il n'y avoit rien ſi gras qu'il eſtoit ; & touts ſes os ſont yvoire, auſſy bien ſes grandes dents, que l'on voit par deça & ailleurs.

Or pendant noſtre ſéjour audit Alep, vint un Turc audit ambaſſadeur en ſon logis, qui feit aucunes dextreſſes plus merveilleuſes que celles que j'aye vu faire, tant à Veniſe que à Conſtantinople, qui me ſemble auſſi ne devoir obmettre. Premiérement cedit Turc print un arc en main, & commença à baller avec une grande dextreſſe ; balloit avec deux hommes ſur ſes épaules, leſquels eſtoient auſſi grands & peſants que luy ; & les tenant, s'agenouilloit en terre, & puis ſe relevoit ſans s'aider des mains. Puis l'un d'iceulx ſe coucha en terre, & print ſon compagnon, qui ſe tenoit droit par une jambe avec les deux mains ; mettant l'autre jambe entre ſes cuiſſes, ſe tenoit ferme. Puis le balladin vint paſſer la teſte entre les jambes de celuy qui eſtoit droit, & les léve tous deux, eſtant celuy qui eſtoit couché en terre attaché, comme dit eſt ; & les tenant ainſi, ſe voltroit ſi très fort qu'il étonna les deux autres. Puis icelluy balladin ſe couche en terre, & léve les jambes en haut, ſur leſquelles il ſoutint un long temps deux hommes : pareillement le feit-il ſur une jambe. Et cela fait, print un grand pot de terre plein d'eau, & le mit ſur la teſte, ſe ſied à terre, où commença à faire plus que devant ; ſe baiſa les pieds l'un après l'autre, & touts deux enſemble ; & ſe voltroit ſur le ventre ; & faiſoit le tour entier : puis print cinq grands couteaux, & les mit, c'eſt aſſavoir, aux deux jarrets, à chaſcun coté, l'un & l'autre derriére l'échine attachés à ſa ceinture ; & ſe voltroit en la ſorte que dit eſt, ſans toucher aucunement des mains à icelluy pot, qui ſe tenoit toujours ferme ſur ſa teſte ; & davantage, le print avec les gros doigtz des deux pieds, le mit en terre ; & le reprenant de la meſme façon le remettoit ſur la teſte, & commença à ſe relever pour baller. Ultiémement print cinq petits bois faits en forme de colomnes, & les feit mettre les uns ſur les autres ſur ſa teſte, avec icelluy pot par deſſus, & baiſoit ſes pieds, comme auparavant. Puis ces choſes faites, monta par une colomne de bois miſe exprès pour tenir un

traverſier, auquel eſtoit attachée une corde pendante en bas, en façon d'é-
chelle, où y avoit comme trois dégrés, qui eſtoit de bois ; & icelluy ſe
tenoit avec les deux mains au plus bas deſdits dégrés : puis tout à un coup
eſtoit au plus haut, ſe tenoit avec un bras, tantoſt avec un jarret, tantoſt
avec le bout des talons, pendant la teſte en bas, ſans s'aider des mains;
& y feit pluſieurs autres tours & jeux incroyables, avec une dextreſſe &
ſeureté ſi très grande, que s'il euſt eſté en pleine terre ne l'euſt pu faire
pluſtoſt qu'il faiſoit eſtant ainſi en l'air : finalement attacha audit traverſier une polie, à laquelle y avoit une corde pendante juſques à terre, où
ſe feit lier par ſes cheveux ; & eſtant ainſi attaché luy meſme, ſe monta
juſques au plus haut où il tenoit la corde qu'il tenoit des doigts des pieds;
puis ſe laiſſa venir en terre doucement : & là ſe mit fin auxdites dextreſſes.

Or puis après eſtant venuë la ſaiſon de l'eſté, & y eſtant déja bien
avant, ledit grand ſeigneur feit aſſavoir à touts ſes capitaines & autres gents
de guerre de ſe trouver prêts & en ordre, pour aller encore de nouveau
courir ſur le roy de Perſe, ſon ennemy ; à quoy il n'y euſt faute aucune :
& raſſembla tout ſon camp avant ſon partement d'Alep, qui fuſt le 8. jour
de Juin 1549.

Quoy voyant ledit ſieur ambaſſadeur, & que ſa préſence audit camp
ne pouvoit guéres porter d'utilité à l'expédition de ſa charge, il ſe délibéra d'aller en Damas, Jéruſalem, au grand Caire, Alexandrie : &
pour ce faire partit dudit Alep le dernier jour dudit mois de Juin.

Et avant que m'acheminer plus outre, eſt à notter que l'air de ces païs
de Méſopotamie, Surye, Judée, & Egypte, eſt ſi doux & ſi agréable
que les perſonnes dorment & couchent tout le temps d'eſté à l'air, ſur
les maiſons qui ſont faites la pluſpart en terraſſes, auſſi qu'il n'y pleut
guéres, & que le païs eſt chaud, qui eſt cauſe qu'en leurſdites maiſons,
grandes qu'elles ſoient, n'y a cheminée qu'en la cuiſine. Touteſfois les
Turcs eſtant en la campagne dorment preſque touts à couvert ſous des pavillons : & me ſemble ne devoir obmettre des commodités qu'ils y ont,
meſmement au camp, & des particularités qu'avons vuës en icelluy.

En premier lieu, les pavillons y eſtoient en nombre infini, & eſtoit
choſe admirable d'en voir tant enſemble ; & crois certainement qu'ils
paſſoient le nombre de 80. à 100. mille. Et à ce que pouvions comprendre, ledit camp pouvoit contenir environ 8. ou 10. milles de long ;
car un chaſcun ſoldat ou ſpahy en a un pour le moins ; & y a des chaoux,
qui en ont deux, & n'oſent loger aux villages ne maiſons, qui eſt cauſe
qu'ils s'accommodent fort bien en campagne : & n'y a ſi pauvre eſclave
ou ſerviteur qui ne dorme à couvert. Les pavillons du grand ſeigneur
ſont ordinairement au milieu de ſon camp : il y en a deux ou trois faits
de certains baſtons peints de rouge entrelaſſés enſemble & croiſés ; qui
ſe dreſſent en peu de temps ; puis l'on jette des toiles doubles par deſſus;

&

A CONSTANTINOPLE, EN PERSE, &c.

An. 1549.

& dedans sont tendus tant dessus que dessous des tapis de soye, & drap d'or. Et autour d'iceulx sont autres pavillons, où demourent ceux de sa maison; puis sont environnés de certaines toiles doubles, faites en façon de murailles, avec les carneaux; & semble un chasteau ou petite ville. Et après tout à l'entour des pavillons dudit seigneur, sont tendus ceux des janissaires qui les environnent trois ou quatre fois, & sont fort grands, ensorte que sous chascun de leurs pavillons y loge environ 20. janissaires, avec leur bagage & armes. Et y a après les pavillons des quatre bassas, chascun a son quartier; puis le béglierbey de la Gréce, à main gauche; puis tous les capitaines & grands seigneurs chascun en leur ordre. Estants campés tous cesdits seigneurs, les autres n'avoient quartier assigné, mais se logeoient où ils pouvoient, & les premiers venus choisissoient lieu. Il y a après l'ordy, c'est à dire le marché du camp, où se vendoient toutes choses tant du vivre que habillements, chevaux, mulets, chameaux; & généralement qui vouloit vendre ou acheter alloit là. Puis du coté d'où l'on doute l'ennemy, estoit l'artillerie, en nombre de deux à trois cens piéces de campagne, & environ trente de batterie.

Tel estoit l'ordre dudit camp, auquel on estimoit qu'il y avoit de 3. à 400000. hommes, combattants touts à cheval, sauf 10. ou 12000. janissaires-arquebusiers, & 200. soulaqui-archers; & quelques laquaitz qui vont toujours à pied devant ledit grand seigneur; & tout le reste portoient lances-gayes, arcs, fléches, & cimeterres, sans avoir aucun morion, ne corcellet; & y en avoit bien peu qui eussent la chemise de maille; & marchoient avec un tel ordre & silence, que considérant la multitude, est quasi incroyable. Y ayant noté entre autres choses qu'estant arrivé le camp, un chascun estoit tenu de laisser ses armes en son pavillon & n'aller par ledit camp avec icelles: & en tout le voyage n'avons vu par miracle en si grand nombre de gents, que l'on estimoit, comprenant tout, environ un million de personnes, tirer une épée ou cimeterre l'un contre l'autre; & s'il survenoit quelque question entre eux, c'estoit par injures ou par coups de poing ou de baston, où n'eschoit aucune punition; mais s'ils font sang ou blessent quelqu'un, ils les condamnent à mort, sans rémission. L'on dit que les Turcs & Persiens ne se prennent jamais prisonniers ou esclaves, ne à rençon, pource qu'ilz ne sont d'une mesme loy, mais coupent la teste à ceux qu'ils prennent, & la présentent à leur capitaine & chef qui leur fait accroitre leur solde. Je ne veux laisser en arriére la grande obéissance qu'ils portent audit grand seigneur de ne derober dans les villages, & ne prendre chose que ce soit, sans payer. Et eux mesmes l'ont par grande conscience aussi, par les champs, sur leurs terres & mesme sur celles de leurs ennemis, ne faire manger les bleds verds, ne seulement entrer dedans: & si aucun s'y trouvoit la punition est qu'ils le font mettre en terre, & luy donnent 30. ou 40. coups de baston sur les fesses, ou sous les pieds, qui est la punition & chastiment qu'ils usent en choses légéres qui ne méritent la mort ; mais selon le délit qu'on a fait, ils le multiplient ; de sorte qu'estant bastonnés ne se peuvent aider ne cheminer de deux ou trois mois. Et quelquesfois que nous avons perdu des chevaux, après l'avoir fait crier & publier par le marché dudit camp, ils nous estoient rendus, en payant quelque peu d'argent à ceux qui les trouvoient ; & nous les emmenoient au lieu ou nous estions logés, chose digne de mémoire que Turcs usent de telle fidélité aux chrétiens, ce que chrétiens entre eux mesmes ne font pas. Or pour retourner à mon propos, partant dudit Alep, cheminames pour une belle plaine où y a grande quantité de villages, & logeames à un d'iceux appellé Bargim. (133) Le 2. Juillet nous détournames d'environ un quart de lieue du chemin pour aller voir le sépulchre de Daniel, qui est comme dans une petite chapelle à l'usage des Turcs, lesquels tiennent ledit sépulchre en grand révérence. Nous passames par deux villes fort antiques, nommées Amen (134) & Emps, (135) fort ruinées & peu habitées, puis à un village nommé Elca, habitué de chrétiens, contre lesquels eusmes question pource qu'ils ne vouloient rien bailler pour les vivres de nos chevaux, encore que l'on leur voulust bailler argent auparavant : ils blessèrent deux des nostres ; mais ce ne fust sans revanche, car nous estions plus forts qu'eux, combien que leurs femmes fussent de leur party qui estoient sur les maisons faites en terrasses nous jettant des pierres.

Et voyant que nos chevaux n'avoient que repaitre en ce lieu là, nous en délogeames sur le soir après souper ; cheminames toute la nuit ; & le lendemain au matin arrivames en une ville fort antique, apellée Balbec (136), qui est située en un fort beau païs, dans laquelle y a un chasteau fort bien basti & d'une belle architecture, où y a plusieurs colomnes de grand hauteur, qui se découvrent de fort loing : aucuns disent que le bastiment qui s'y voit aujourd'huy est de Cirus ; autres qu'il a esté fait par Salomon ; & autres l'estiment des Romains, ce qui est plus croyable, à cause d'un sépulchre d'un empereur Romain, qui est fort magnifique, montrant avoir esté pour un grand seigneur. Et de là cheminames par collines & vallons fort beaux & abondants en fruits de toutes sortes ; & sur les chemins nous fust montrée la maison de nostre premier pere Adam, & celles de Caïn & Abel qui sont sur une montagne fort haute ; & veimes aussi le lieu où ledit Cain pleura ses péchés pour l'homicide qu'il avoit fait à son frère Abel.

Et cedit jour, qui estoit le 8. Juillet, arrivames en la ville de Damas, (137) située en une fort belle plaine, l'une des plus belles & plaisantes situations que j'aye point vu en tout le païs du grand seigneur, tant pour la quantité des fontaines, que pour les jardinages & arbres fruitiers qui y sont de toutes sortes en si grand abondance qu'il est impossible de plus, avec prairies, beaux ruisseaux de rivières qui les entourent. Au demourant la ville n'est pas fort peuplée, ny guères bien bastie : Alep est beaucoup plus belle ville, plus riche, & plus peuplée.

Et quatre jours après nostre partement dudit Damas, nous passames sur le pont de Jacob (138) sous lequel passe le fleuve Jourdain; & près dudit pont y a encore quelques vestiges de la maison dudit Jacob; & veimes sur le chemin près d'un carvassera, qu'est une hostellerie à la Turquesque, la cisterne où fust jetté Joseph par ses frères, joignant laquelle y a un oratoire, où son pere le venoit plorer.

Et vinmes coucher cedit jour à Bethsaïde (139) sur la rive de la mer Tibérie, où nous allames avec barques pour aller à des bains naturels qui sont les plus chauds que j'aye jamais vu. Cedit lieu de Tibérie (140) est habité de Juifs, & est dutout ruiné, & par ses vestiges montre avoir esté autresfois une grande isle.

Le lendemain cottoyames assés bonne piéce de ladite mer; sur la rive de laquelle est Capharnaum, (141) où les Juifs feirent payer le tribut à Jésus Christ. En passant tout au pied de la montagne où nostre Seigneur de cinq pains & de deux poissons rassasia 5000. personnes, nous cottoyames le mont Tabor (142) où fust le mystére de la transfiguration nostre seigneur, où y a encore une église qui n'est habitée. Nous allames à Nazareth (143) qui autresfois a esté une petite ville, assise sur une montagne; veimes le lieu où la vierge Marie receut la salutation angélique, qui est une petite caverne ou grotte, dans laquelle y a deux grosses colomnes fort hautes; à l'endroit de l'une desquelles estoit ladite vierge en oraison; & à l'endroit de l'autre s'apparut l'ange devant elle luy disant qu'elle enfanteroit Jésus. De là passames par la campagne où les apostres mangérent les racines, près d'un village ruiné (144) où Jésus Christ guérit un lépreux; où y a quelques vestiges d'une église. Puis vinmes au chasteau d'Hérodes, apellé Sabassy (145) qui est le lieu où ledit Hérodes feit décoler S. Jehan; & veimes la prison où il estoit, & où il fust enterré: & y a eu autresfois une église qu'avoit fait faire S. Héléne, à l'honneur de S. Jehan, qui a esté ruinée par lesdits Turcs, & ont fait d'une partie d'icelle une église à leur mode. Et cedit jour vinmes coucher à Napouleze, (146) anciennement apellée Sichar ou Sichem en la contrée de Samarie, près de laquelle estoit le puits où Jésus Christ demanda à boire à la Samaritaine, qui est à présent tari, & n'y a autre aparence de puits sinon deux petits piliers de marbre, sur l'un desquels on dit que J. C. s'assit pour se reposer, comme lassé du chemin.

Le 17. dudit mois de Juillet, nous arrivames en Jérusalem (147) où l'ambassadeur fust fort honorablement receu par les Turcs, gouverneurs & seigneurs d'icelle, lesquels vindrent au devant de luy environ demi lieue, accompagnés de 170. ou 180. chevaux & de plusieurs autres personnes, gents de pied, arquebusiers; & crus qu'il n'y eust créature humaine dans ladite ville, mesmement des chrétiens, qui n'en sortit hors pour venir au devant dudit sieur ambassadeur, qui estoit attendu des gardien & cordelliers du convent du mont Sion, comme les Juifs attendent leur messie, pour l'espérance qu'ils avoient par sa venue estre mis hors des garbouilles & fascherie que leur faisoient chascun de certains santons, c'est à dire, prestres Turcs, qui tiennent le cénacle, qui auparavant estoit leur église; & depuis quelque temps lesdits Turcs leur ont oté par force, & en ont fait faire une à leur mode que nous appellons mosquée; & faisoient journellement tant d'extorsions auxdits cordelliers qu'ils estoient presque en délibération d'abandonner ledit couvent, & se retirer tous en chrétienté, sans la venue audit lieu dudit sieur ambassadeur, lequel feit tant envers lesdits gouverneurs & seigneurs de la ville, qu'ils chassérent lesdits prestres Turcs qui estoient moteurs de telles menées. Toutesfois j'ay depuis entendu que lesdits cordelliers ont enduré beaucoup plus d'injures, & outrages qu'ils n'avoient encore fait; & ont finalement esté contraints laisser & abandonner ledit couvent, & se retirer en Béthléem: & si je voulois escrire tous les torts & mauvais traitements qu'on leur a faits, & la rigueur qu'on leur a tenue, ce ne seroit que prolixité. Mais pour abbrévier, je vous diray que nous logeames audit couvent (148) qui est hors la ville situé sur le mont de Sion à l'endroit où estoit la maison de David, qui est un lieu fort petit & resserré, à cause que les Turcs leur ont levé & oté ledit cénacle, où J. C. lava les pieds à ses apostres, & où il mangea l'agneau pascal qui estoit leur église, comme dit est, qui les élargissoit beaucoup, tellement que de l'une de leurs chambres en faisoient leur église. Et au dessous dudit cénacle, est le sépulchre du roy David, où les chrétiens entrent avec grand difficulté, pour ce que lesdits prestres Turcs tiennent en grand honneur & révérence ledit sépulchre.

Jérusalem a esté refermée par les Turcs de murailles, mais elle n'a aucun rempart, ne fossé. La ville est de moyenne grandeur, & non fort peuplée; les rues fort étroites & sans pavé. Son assiéte est fort pénible, car elle est toute en pente, & n'y a aucun lieu plein dedans, ne à l'environ que là où est assis le temple de Salomon, qui a esté fait à main & force d'hommes. Le reste tant dedans que dehors ne sont que petites montagnes & païs bossu, maigre, & pierreux. Anciennement toutes les rues & courts des maisons estoient couvertes & faites en voutes, en sorte que l'on alloit toujours à pied sec par toute la ville. Et pour aujourd'huy du coté de la porte *speciosa* du temple, y a encore une rue ou deux, ainsi voutées, où les Turcs tiennent leur marché. Ledit temple de Salomon (149) est au plus bas de la ville, regardant la vallée de Josaphat, & le mont d'Olivet, tout rond fait en coupe, couvert de plomb à galleries tout à l'entour qui sont dudit corps & vaisseau, comme sont les chapelles de nos églises, qui est tout ce qu'on en peut juger; car il n'est permis à aucun chrétien d'y entrer sans dangier de mort, ou pour le moins se faire Turc.

Nous avons vu dans la ville encore plusieurs maisons antiques, fort ruinées, comme celle de Simon, pharisien, où J.C. s'invita d'aller diner, &

où la Magdelaine pleura fur fes pieds. Et près d'icelle eſtoit la maiſon du mauvais riche ; au deſſus de laquelle eſtoit celle de la Magdelaine. Et au carrefour de cette rue, c'eſt le lieu où les Juifs feirent porter la croix de N. S. au bon homme Simon, Cirénéen. Plus haut eſt le lieu où noſtre Dame ſe paſma, voyant ſon fils mener au ſupplice de mort : & là ſouloit avoir une chapelle appellée la chapelle de paſme. De là nous paſſames par deſſus un petit arceau, ſur lequel il y a deux pierres quarrées, ſur l'une deſquelles eſtoit aſſis N. S. quand Pilate le condamna ; & à l'autre eſtoit aſſis Pilate ; & ſur l'une d'icelles eſt engravé ce mot *tolle*. Bien près de là eſt le palais où ſe tenoit ledit Pilate, qui eſt fort déſolé & ruiné. Et vers ce quartier là eſt la porte dorée, appellée la porte S. Eſtienne, près laquelle en la place aux ouellles eſt le lavoir ou probatique, qui eſt maintenant à ſec, lequel a cinq porches, duquel eſt eſcrit en... Et de là nous en retournant au mont de Sion, entrames dans la maiſon de S. Anne, qui eſtoit une égliſe fort belle de monaſtére de femmes, dont la ſœur de Godefroy de Bouillon a eſté abbeſſe, (150) ainſi qu'on nous diſoit ; & eſt maintenant une moſquée, qui veut dire une égliſe, à la mode des Turcs. Puis vinmes à l'hoſtel d'Hérodes où y a 7. ou 8. dégrés à l'entrée, qui montre avoir eſté aſſés belle maiſon ; & là fut envoyé N. S. pour eſtre interrogé dudit Hérodes. Et paſſames devant la maiſon de la Véronique, qui eſt le lieu où elle bailla un linge pour nettoyer la face de J. C. Auſſi fuſmes au lieu où S. Pierre eſtoit en priſon, quand l'ange s'apparut à luy ; & paſſames à la porte de fer ; & entrames en la maiſon de Marie, mere de S. Jehan, ſurnommé Marc, en laquelle S. Pierre ſe retira, après que l'ange l'euſt laiſſé ; & en ce lieu y a une égliſe de Suriens. De là nous vinmes en l'hoſpital S. Jehan, qui eſt deſtruit, que ſouloient tenir les chevaliers de Rhodes. Puis allames en l'égliſe S. Jacques, où ſont preſtres arméniens, où eſt le lieu où S. Jacques fut décapité par commandement d'Hérodes. Et un peu plus haut près les murailles de la ville vers le mont de Sion eſt la maiſon de Anne. Et hors la ville près le couvent du mont de Sion eſt la maiſon de Caïphe, où S. Pierre dit qu'il n'eſtoit point des diſciples ; à l'entrée de laquelle eſt une feneſtre où le coq chanta : & dans ladite maiſon y a une chapelle que tiennent leſdits arméniens, de quoy l'autel eſt de la pierre que les Juifs mirent au monument de J. C. Derrière l'égliſe du S. ſépulchre, eſt le lieu où Abraham vouloit ſacrifier Izaac ſon fils par le commandement de Dieu ; & près de là y a un olivier où Abraham veit l'agneau qu'il immola au lieu de ſondit fils. Ladite égliſe du S. ſépulchre eſt ſituée ſur le mont de Calvaire, (151) qui eſt le lieu plus haut de la ville : & eſt icelle égliſe toujours demourée en ſon entier à cauſe du profit qu'en tire & reçoit le grand Turc touts les ans : car il n'y a pélerin qui ne paye pour y entrer neuf ducats pour teſte, s'il n'eſt preſtre ou Grec, qui ne payent que quatre ducats & demy. Elle eſt fort grande & bien baſtie à merveilles ; & dit-on que S. Héléne la fit faire pour enclorre dedans plufieurs lieux des myftéres de la paffion de N. S. y faire plufieurs chapelles, efquelles fe tiennent chrétiens de diverfes nations, comme Grecs, Arméniens, Georgiens, Cophtiens, Suriens, Jacobites, Maronites, & Abiffins ; & chafcune nation à fa chapelle, pource qu'ils officient diverfement, & y auroit confufion en leur fervice pour la diverfité de leurs langues, s'il n'y avoit féparation. Tous lefquels habitent en ladite églife, avec leurs femmes & enfants, & font tous léans enfermés, fans avoir autre iffue, ne pour acheter leurs provifions, ne pour parler aux perfonnes qui ont affaire à eux, que deux grands pertuis qui font faits expreffément à la porte de l'églife, de laquelle les Turcs ont & portent les clefs ; lefquels ne l'ouvrent fans grand cérémonie, & myf-tére, felon ce que j'ay peu voir. Et le 24. jour de Juillet, y eftant entrés, les Turcs fermérent les portes fur nous, & s'en retournérent en leurs mai-fons ; & après qu'ils s'en fuffent allés, les cordelliers du mont de Sion, qui entrérent avec nous, dirent une meffe à notte ; laquelle dite, feirent une proceffion par touts les lieux qui font en ladite églife ; & en chafcun lieu s'arreftoient, & difoient une oraifon felon le myftére qui avoit été fait audit lieu ; & commencérent au fépulchre de Jéfus, qui eft une petite chapelle, où l'on ne peut entrer que trois ou quatre perfonnes, couverte de pierre de marbre où par deffus la couverture y a une tournelle. Outre ledit fépulchre, y a en traverfant l'églife, deux pierres rondes, fur l'une defquelles fe affit Jéfus, quand il s'apparut à Magdelaine, luy difant, *femme ne me touches point.* Un peu plus avant, eft une chapelle, lieu où l'on avoit éprouvé le bois de la vraye croix, pour fçavoir lequel eftoit des trois, & mis le bois fur une femme morte qu'incontinent reffufcita, ainfi que nous récitoit le beau pere gardien ; & dans cette chapelle eft une feneftre, où eft une piéce de la colomne où Jéfus fuft attaché & battu. De là l'on va derriére le chœur de l'églife, en lieu obfcur, fous une roche, qui eftoit la prifon où N. S. fuft mis & lié à une pierre per-cée, en attendant que les tourments fuffent apreftés pour le faire mourir. Et vinmes en une chapelle où les chevaliers defpartirent fes veftements. Puis defcendimes environ quarante dégrés, fous une groffe roche, qui eft le lieu où fuft trouvée la croix : puis en une chapelle, où y a une groffe pierre, en forme de colomne, où fuft mis Jéfus quand on luy mift la couronne d'épines fur la tefte. Et de là nous montames fur le mont de Calvaire qui eft le mefme lieu, où fuft mife la croix, & où Jéfus fouffrit paffion de mort : & y a un trou rond, qui a environ un pied de profond ; & par-deffus y a une pierre de marbre percée à l'endroit dudit lieu ; & eft ladite pierre enfermée tout autour de cuivre & clouée à gros cloux, afin qu'on ne la gafte, & qu'on n'emporte de la terre du lieu ; car autrement les pélerins euffent emporté dudit mont plus gros que n'eft toute l'églife. Et de là nous vinmes au lieu où J. C. fuft mis & oingt eftant defcendu de la croix ; auquel lieu y a une pierre de marbre noir, rompue en plufieurs

A CONSTANTINOPLE, EN PERSE, &c.

endroits ; & y a sept lampes ardents par dessus. Et en cedit lieu feismes fin à nostre procession. Et dessous le mont de Calvaire, y a une chapelle où est le sépulchre de Godefroy de Bouillon qui fuit roy de Jérusalem, & vendit ses païs pour faire guerre aux infideles, & gagna par force ladite ville.

On nous disoit que le lieu où fust plantée la croix, est le milieu du monde : toutesfois les autres disoient qu'il est au milieu du chœur de ladite église, où il y a un petit pillier de pierre, qui sort dehors de terre environ demy pied; & y a dessus ledit pillier un petit pertuis que Jésus feit de son doigt disant *voyez cy le milieu du monde* : & de cela j'en lerray la dispute à messieurs les théologiens. (152) Mais en passant, je puis dire qu'il n'est point besoing d'aller en Jérusalem pour trouver J.C. pource que l'on le trouve bien en sa maison qui veut : & continueray d'escrire d'autres lieux qu'avons vus, encore que ce ne soit chose d'édification. Mais d'autant que l'on les montre à tous pélerins qui y vont, leur déclarant les pardons qu'ils méritent à les visiter, je ne veux les obmettre.

Nous demourames tout un jour en ladite église, & en sortimes le soir. Le lendemain fusmes hors la ville, au lieu où est le sépulchre de la vierge Marie, (153) qui est une église asses belle, mais fort obscure, & est située en la vallée de Josaphat, en laquelle estoit le torrent de Cédron, qui est demouré à sec, & n'y a aucune eau, si ce n'est par quelque grande abondance de pluye. Et au dessus de cette vallée, est le mont d'Olivet, où N. S. feit l'oraison, & prescha les béatitudes, & plora sur Jérusalem : & à la sommité dudit mont fust élevé & monta aux cieux, devant ses apostres ; où est resté encore imprimée en une pierre la forme & grandeur de ses pieds.

De là nous vinmes en Béthanie, (154) qui est le lieu où Jésus envoya ses disciples querir l'anesse pour aller en Jérusalem : & plus haut y a encore quelques vestiges des maisons de Marie Marthe & de Marie Magdelaine, qui sont environ à deux traits d'arc l'une de l'autre ; au milieu desquelles y a une pierre, sur laquelle N. S. estoit quand la Magdelaine luy annonça la mort du Lazare. Et près de ce lieu est Béthanie, où y a une chapelle, en laquelle est le sépulchre où fust mis ledit Lazare : & en ladite chapelle, y a une grotte ou caverne où Marie feit pénitence.

Le lendemain 25. dudit mois nous allames à Béthléem, (155) qui est à 4. ou 5. milles de Jérusalem, qui par le passé a esté une belle cité, mais maintenant est réduite en un village, situé en une montagnette, en païs pierreux & bossu, où se tiennent ordinairement quatre cordelliers, qui y sont envoyés par le gardien du couvent du mont de Sion, lesquels sont fort bien logés & spacieusement ; & est le lieu assés plaisant & beaucoup plus que ledit couvent de Sion. Il y a une petite église, qui a esté fort belle & grande, laquelle s'en va en ruine, à cause que les Turcs en ont oté & ostent journellement le marbre, & autres pierres qui leur peuvent servir

AN. 1549.

pour enrichir leurs mosquées : & crois que s'ils eussent pu enmen
rante colomnes grosses de marbre, qu'ils s'en fussent servis aussi b
du reste : & au dessous du chœur de ladite église, est la grotte ou
dedans le roc où l'on a fait une chapelle, pour y enclorre dedan
où J. C. naquit, où estoit la créche & où il fust adoré des trois ro
lieu où il fust circoncis. Semblablement y est la sépulture de S. Jér
son estude ; là où il translata la bible d'Hébreu en Latin. Aussi fu
lieu où les anges annoncérent aux pastoureaux la nativité de Jésus
environ un quart de lieue près dudit Béthléem. Et de là nous prin
tre chemin en Hébron, (156) pour voir les sépulchres des saints
ches, & ceux des douze prophétes ; & le lieu où fust créé Adar
grotte ou caverne où luy & Eve fusrent faire pénitence, en laqu
mourérent long temps.

De là nous en retournames en Jérusalem. Et deux jours après
mes pour aller au Caire, (157) païs d'Egypte ; & cheminames
montagneux & bossu ; Et vinmes coucher à un cazal ruiné (158)
habité. Et le lendemain entrames en la plaine & vinmes en un au
lage nommé Roman, (159) de là à Gazare, (160) qui est une pet
ruinée, où Sanson éprouva sa force contre les Philistins, quand il f
ber le palais sur eux, & où il emporta les portes de la ville.

Le lendemain commençames à cheminer sur les sablons, & vir
ger à un carvassera, (161) près de deux gros villages, où il nous
cessaire louer des chevaux pour porter biscuit, avoine, paille
douce, pour six jours que cheminames par l'Arabie sablonneus
serte ; & arrivames à Cattie, (162) qui est un petit chasteau ; auq
trouvames quelques rafraichissements de vivres, tant pour les pe
que pour les chevaux, fors de l'eau qui y est un peu submatié
lieu y a des pigeons, que le capitaine du chasteau tient, lesquels i
au Caire, qui est à quatre journées de là, avec une lettre attachée
quand il a quelque nouvelle ; & pareillement luy en mande t'on du
chose qui nous a esté assurée pour vraye ; & nous fusrent mo
pigeons.

Et de là deux jours après, nous vinmes à un gros village, nom
laye, (163) puis à Langon, (164) où commenceames à trouv
douces, qui nous fust grand plaisir ; & si nous n'eussions fait bon
vision de vin à nostre partement de Jérusalem, nous eussions pati b
de boire, pour les grandes chaleurs qu'il faisoit alors, qui nous
gnoient de cheminer la nuit, & reposer le jour sous nos pavillons.

Finalement nous arrivames au Caire le 10. Aoust 1549. & l
l'ambassadeur en une fort belle maison qui luy fust ordonnée par
dudit lieu. La ville est grande, non partout fermée de muraille
bien en quelques endroits, assise en plaine, & apuyée d'une m
où est situé son chasteau. Il y a un bras de riviére du Nil, qui a

qu'il déborde, passe au dedans. Les bastiments sont fort hautz & élevés, bien faitz, & les fait bon voir par dedans pour les peintures & enrichissements, qui y sont, & qui s'y faisoient au temps de Cyrus; mais les Turcs qui y demourent aujourd'huy ne bastissent plus ainsi, ne n'y font telle dépense. Ladite ville est fort peuplée, & y abondent gents de toutes parts; & les habitants dudit lieu se nomment Mores, qui ont langage à part eux; mais à présent y a tant de Turcs, que on n'y parle quasi que Turquesque. A l'une des entrées de ladite ville, & par celle mesme par laquelle nous y entrames, y a un chemin ou plustost carriére, merveilleusement longue, belle, & droite; aux deux cotés de laquelle sont fort hautes murailles de pierre de taille, ayant les ouvertures faites à ouvrage & à jour, comme fenestres par où l'on peut voir les champs de coté & d'autre. Et environ un mille de ladite ville, vers le couchant, est le vieil Caire, (165) situé sur la riviére du Nil, qui est presque tout ruiné, où y a une église de Grecs; au dessous de laquelle est une voute où demoura la vierge Marie, lorsqu'elle fuyoit la fureur d'Hérodes. Et à demi chemin dudit lieu, y a un beau & haut acqueduc de pierre de taille, à grandes arches & plusieurs endroits, pour passer dessous, allant du Nil respondre au chasteau, & peut contenir en longueur environ demi lieue. Nous avons esté en un autre lieu, appellé la Matarée, (166) qui est à quatre ou cinq milles dudit Caire, où la vierge demoura quelque temps, quand elle vint en Egypte; & qu'elle fuyoit la fureur d'Hérodes; & en cedit lieu, y a une belle fontaine, bien pavée & accoutrée, où l'on dit que ladite vierge lavoit le linge; près de laquelle y a une petite fenestre où elle le cachoit; & icelle fontaine prend son cours au jardin du soudan, qui est là auprès, où sont les plantes & arbrisseaux de beaume.

Le 28. dudit mois d'Aoust nous fusmes voir les pyramides & sépultures des rois d'Egypte, que l'on dit estre une des sept merveilles du monde, qui sont au dela du Nil en Afrique, la plus grande desquelles est quarrée, faite en dégrez où l'on peut monter, qui ont pour le moins chascun 4. ou 5. palmes de haut, & d'iceux y en a 250. & par le bas d'un quarré à l'autre 300. petitz pas. Et de cela ne se faut tant esmerveiller, comme de la matiére de quoy elle est faite, car la moindre pierre qui y soit a pour le moins 7. ou 8. pieds de long, & les autres beaucoup davantage; lesquelles ont été ammenées de l'Arabie pierreuse, qui confine & touche à l'Egypte, & qui est assés loing dudit lieu. L'entrée de cette pyramide est vers le septentrion, faite comme en voulte, de la hauteur d'un homme, qui est une descente faite, comme une allée, qui va toujours en estroississant: puis estant tout au bas d'icelle pour entrer en ladite pyramide, n'y a qu'un pertuis où un homme en pourpoint ne peut aisément passer: & estant entré faut monter sur une grosse pierre, où y a un trou ou deux, pour mettre les pieds; & puis trouvez une montée faite comme ladite descente, mais beaucoup plus longue, ayant le plancher trois fois plus haut, qui est sans dégrés, faite d'une pierre rouge, polie, & fort glissante, en façon que pour monter il faut ouvrir les jambes l'une deçà l'autre delà, & se tenir des mains à des pertuis qui sont dans une basse muraille, faite pour servir de tienmain à y monter. Après vous montez dans une chambre, où y a une cuve qui est d'une seule piéce, qui est de la grandeur d'un homme, qui est d'une certaine pierre, qui résonne comme airain, quand on la frape, & dit-on que c'est le tombeau du roy Pharaon; & quiconque entre dedans, il faut qu'il aye torche ou chandelle, car n'y a vuë ny ouverture pour y voir. Et auprès de cette pyramide sont deux autres, qui ne sont si grandes, ne ainsi faites à dégrez, & sont sans ouvertures. Et aussi y a assés autres tombeaux, de diverses façons.

Et nous en retournant en la ville, passames au lieu, où y a une teste de pierre, la plus grosse, qu'il est possible de voir; l'on l'appelle la teste de Pharaon. Et près de là, en plein chemin, le sieur d'Aubray, enfant de Paris, tomba de dessus une haquenée, sur quoy il estoit monté; à laquelle chute il se rompit le col, dont la compagnie fust fort étonnée & déplaisante.

En cettedite ville du Caire il se trouve beaucoup de sortes d'animaux sauvages. Et entr'autres y a force chats de civettes, desquels ay vu la maniére que on fait pour leur tirer la civette. Aussi y a dedans le chasteau des autruches, & trois giraffes, que tient le bassa, qui est un plus rare, plus beau, & plus haut animal que j'aye point vu. Sa peau ressemble à celle d'un cerf, & les jambes de devant deux fois plus hautes que celles de derriére, le corps plus long que d'un cerf; le col fort long, & la teste petite, selon la proportion du corps, en laquelle y a deux petites cornes; & le front pointu en façon de diamant.

Nous partimes de ce lieu le 2. Septembre, pour aller en Alexandrie; (167) & allames à cheval jusques à Boulac, (168) qui est à deux milles loing de la ville, située sur la riviére du Nil. Et là est l'escale de ladite ville, où se fait la cherche de toutes marchandises qui y arrivent. Et sur les huit heures du soir, le sieur ambassadeur monta sur le brigantin à 24. rames, avec partie de sa compagnie; & le reste sur grosses barques qui nous menérent toute la nuit.

Le lendemain, nous arrestames à un certain village pour diner; & de là vinmes à une ville appellée Fona, (169) où ledit sieur ambassadeur laissa le brigantin, sur lequel il estoit monté, & print une barque afin de passer le canal, qui va de ce lieu jusques aux jardins d'Aléxandrie; (170) où arrivames le 6. jour dudit mois. Et vindrent au devant dudit sieur ambassadeur, le consul des François, & plusieurs autres marchands, qui pour lors y estoient; car là est le port, où touts marchands chrétiens qui trafiquent au païs d'Egypte abordent. Ladite ville est fort désolée, & crois qu'il n'y a maison entiére, pour la grand ruine que le Turc a fait faire d'icelle. Et n'y a autre chose d'entier que les murailles, qui sont très belles, & hautes, & de pierre de taille, avec grand quantité de tours quarrées ; & dit-on que Alexandre le Grand les a fait faire, quand il fonda la ville ; & à la vérité elles sont fort vieilles. Toute ladite ville est à voulte & conduitz par dessous, dont encore aujourd'huy s'en voyent les vestiges à cause d'un canal tiré du fleuve du Nil qui y passe à la saison de son inondation. Le palais dudit Alexandre le Grand (171) est du tout ruiné, & n'y a aucune apparence de maison ; près duquel sont deux éguilles de pierre de chascune une piéce, fort belles, & de grande hauteur ; l'une desquelles est couchée à terre, & l'autre debout, ouvrée & escrite en caractéres Egyptiens, qui a de hauteur environ soixante pieds pour le moins. Hors la ville y a aussi en un lieu fort éminent, une colomne bien grosse & merveilleusement haute, qu'on nomme la colomne de Pompée. Et vers ce quartier, à un mille loing de là, y a un lac, (172) qui donne fort mauvais air aux habitants dudit lieu d'Alexandrie. Auquel séjournames jusques au 16. Septembre que nous en partimes pour retourner au Caire, par le chemin mesme qu'avions fait en y allant.

Et avant passer outre, est assavoir que la campagne & la plaine qui est sur la rive du Nil sont les meilleures terres & les plus abondantes en biens que l'on sçauroit trouver. Et entr'autres choses elle abondoit en sucre, bled, ris, mil, collocasse, & autres légumes & grains. Et la plus grand marchandise qu'ils font, c'est sucre, lin, & pouletz, qu'ils font esclorre en des fours à centaines & milliers, qui n'ont telle saveur que les autres. Il y a grand quantité de villages sur le bord de cette riviére & l'environ ; lesquels sont élevés sur grosses mottes de terre, afin que cedit fleuve n'y advienne quand il déborde. Son inondation commence vers le mois d'Aoust, qui dure sur la terre avant que d'estre du tout retirée, trois mois pour le moins. Et en ce temps, les mariniers mal praticqs de la riviére n'osent volontiers y aller de nuict ; & encore que l'environ dudit Nil soit fertile, si se y voit-il grand pauvreté au temps de l'inondation, pour estre les hommes assiégés en leurs maisons, que par après, que pour l'extrême chaleur qu'ils endurent qui les rend noirs & demi cuitz : lesquels n'ont autrement vestement que de toiles de cotton, & les enfants & filles ne portent aucune chose sur eux, mesmement l'été, qu'ils n'ayent 10. ou 12. ans ; & pour ce ne se faut esbaïr s'ils sont noirs & brulés de la chaleur du soleil ; & aussi qu'il n'y pleut que quasi comme point ; qui est cause que le païs d'Egypte a nécessité d'estre arrosé du Nil. Et communément la terre n'est guéres plus haute que la riviére, qui fait que facilement & avec peu de dépense l'on en mande l'eau par engins arroser jusques en païs loingtains. Et à 10. milles du Caire, cedit fleuve fait deux branches, dont l'une va à Damiatte, & l'autre à Rosetto, qui sont deux petites villes, où y a port de mer. Et sa source vient d'un lac en Ethiopie, païs du Prete-Jehan. L'eau en est toujours trouble, & la

AN. 1549.

faut laisser rasseoir pour en boire de claire; & est bonne & saine, & un chascun en boit; car n'y a audit Caire aucune fontaine, ny eau de puits, bonne à boire. Il se trouve dedans cedit fleuve des crocodilles en grand abondance. J'en ay veu beaucoup, tant de petits que de moyens & de grands, qui avoient encore vie; combien que l'on die qu'estants hors de l'eau, ils ne peuvent vivre plus haut de quinze jours. Et nous fust dit que aucuns Mores en mangent par faute de meilleure viande. Il y a aussi sur la rive de cedit fleuve force caméléons, qui se tiennent dans les arbres & ne vivent. Il se trouve aussi des tires, bestes fort venimeuses,

— *Thériaque.* qui ressemblent à serpents, mais plus courts; l'on en fait la tiriacle, le meilleur qui se trouve en tout le levant.

Nous fusmes de retour audit Caire le 21. dudit mois de Septembre, où séjournames jusques au 26. Octobre. Et l'occasion de nostre séjour estoit que ledit sieur ambassadeur espéroit recouvrer du salpestre de miniére, que se y trouve tous les ans, & l'envoyer en France par des marsillianes qui y estoient lors: & pour ce faire avoit envoyé vers le grand seigneur, duquel y attendoit responce; laquelle fust qu'il n'y avoit guéres que l'on avoit prins ledit salpestre de la miniére, & que si l'on y en prenoit encore, que ce seroit pour gaster & ruiner ladite miniére, qui luy tourneroit à trop grand préjudice.

Au moyen de quoy nous en revinmes sans salpestre; en délibération de venir trouver ledit grand seigneur là part où il seroit; repassames par l'Arabie sablonneuse & déserte; & revinmes en Jérusalem & en Damas, où eusmes nouvelles certaines qu'il s'en retournoit en Constantinople, & estoit ja par le chemin sans avoir fait aucune faction d'armes, ne autre chose de moment & importance à l'encontre de son ennemy, qui ne voulut jamais comparoir, ne venir à combat, & ne feit semblant d'aucunes résistances, mais s'enfuyoit toujours, & en païs, où l'on ne le pouvoit suivre; qui fust cause de la retraite dudit grand seigneur; ne voulant plus perdre temps à telle poursuitte; aussi qu'Elcas, moteur de cette guerre, pendant icelle accommoda ses affaires avec le roy de Perse, son frére, & s'estoit retiré en son païs & royaume de Sirvan. Cesdites nouvelles nous donnérent grand contentement, pour grand désir qu'avions nous retourner en Constantinople, & aussi pour la crainte qu'avions nous retourner une autre fois au camp: car nous estions tant las de voyages, mesmement par ces païs, qu'il n'y avoit personne de nostre compagnie, qui ne désirast & qui n'eust besoing de quelque bon repos.

Nous arrivames audit Jérusalem pour la seconde fois le 9. Novembre, où trouvames maistre Guillaume Postel, (173) qui y estoit venu dès le mois d'Aoust, avec les pélerins, dans la navire de Venise, homme docte & de grands lettres, disant à l'ambassadeur qu'il estoit demouré exprès, afin que par son moyen il pust recouvrer quelques vieux livres du païs. A quoy s'opposa Petrus Gillieus, (174) aussi fort docte, qui avoit fait le

A CONSTANTINOPLE, EN PERSE, &c.

AN. 1549.

voyage avec nous, lequel le feu roy François I. avoit envoyé ez païs de levant, pour y retirer des livres, principalement des langues Grecques & Hébraïques, des plus anciens qu'il y pourroit trouver. Luy & ledit Postel, qui revint en Constantinople avec nous, entroient souvent en dispute; & avoit-on quelquefois bien affaire à les mettre d'accord.

Nous séjournames en Jérusalem 5. ou 6. jours, où je me fis passer chevalier, avec un de mes compagnons, & payames seulement chascun 5. ducats : touts les autres qui le font en payent dix. Et audit Damas séjournames sept jours. Pendant lequel séjour le bassa dudit lieu feit rendre & restituer quelques accoutremens & autres hardes, qui avoient été derobées à un de nos truchements à Balbec, cy devant nommé, par aucuns dudit lieu qui nous avoient esté baillés pour nostre garde, la nuict que y couchames; lesquels furent bastonnés comme ils méritoient. Et avec cela ledit bassa donna deux assés beaux chevaux audit sieur ambassadeur, pource qu'il luy avoit fait quelques présents auparavant que y avions passé. C'estoit un des plus rares, honnestes, & libérals Turcs qu'avions point vu; car il n'y en a guéres qui donnent, mais prennent volontiers.

Nous en partimes le 28. Novembre, prenant nostre chemin vers Tripoli, & passames à un village, nommé Mézidellec, (175) situé en une belle plaine, & fort fertile; puis à Usain. (176) Et vinmes à Baruts, (177) qui est petite ville fort ancienne, située sur le bord de la mer, où y a port de marchands, dans laquelle y a un couvent de cordelliers, dépendant de celuy de Jérusalem : & en ce lieu, il nous fust montré la caverne où dragon se retiroit, & le lieu où S. Georges le défit; & y a esté fait une petite église, fondée à l'honneur dudit saint que tiennent les prestres Grecs.

De la passames à Pétrimo, ville ruinée, montrant par ses vestiges estre fort antique. Et le lendemain arrivames à Tripoli, (178) ville bien bastie, située sur un coutault près la marine, qui est le lieu où touts marchands chrétiens qui trafiquent au païs de Surye, abordent : il y a un consul des François; logeames dans sa maison : & y demourames six jours. Et en partimes le 10. Décembre après diner; & vinmes coucher à un carvassera, environ à 8. ou 10. milles de Tripoli, entre la marine & une riviére.

† Côteau

Et le lendemain cheminames par une grande plaine suivant ladite marine; & passames plusieurs ruisseaux, qui viennent du mont Liban, & autres montagnes circonvoisines. Vinmes coucher à Tortous, (179) anciennement Ortasia, assis sur le bord de la mer, qui est la derniére forteresse, comme disent quelques uns, où se retirérent les François, ayant perdu la terre sainte : & à ce que l'on peut juger par les anciennes ruines & vestiges d'icelle, ce a esté une très belle forteresse. Et partant de ce lieu, suivant toujours la marine, il faisoit si mauvais & fascheux temps que nous fusmes contraints, pour ne pouvoir passer à gué une riviére, de retourner en arriére & aller loger sur les montagnes à main droite, à un pauvre village. Et le lendemain, estant cessé ce torrent, passames ladite riviére ; & vinmes coucher en un autre village ; puis à Gaballa, (180) ville ruinée qui montre par ses vestiges estre fort antique ; & logeames dans un carvassera, joignant lequel y a une mosquée, & un hospital fort beau & net, où journellement se donnent aumones générales & y sont logés & reçus tous passants riches ou pauvres, de quelques nations qu'ils soient : l'on nous y feit l'aumone de ris, potages, & autres viandes assés mal accoutrées, & de gout à nous inaccoutumé, qu'il fallut néantmoins accepter pour ne mépriser le bien de Dieu, & ne mécontenter les gouverneurs dudit hospital ; nous la baillames aux guides qui nous conduisoient, qui en feirent bonne chére.

De là fusmes à Lidichia, (181) qui est une autre ville ruinée, sentant son antiquité ; dans laquelle y a plusieurs vestiges d'églises de chrétiens, habitées de Turcs & Grecs. Et deux jours aprés, arrivames à Antioche, (182) qui a grand apparence d'avoir esté faite autresfois par un puissant prince, & que c'estoit le siége d'un grand seigneur. Aujourd'huy elle est réduite comme en village, ayant la plusspart de ses maisons espanduës çà & là ; & en beaucoup d'endroits elle est vuide & déserte. Il y a des Turcs, Arméniens, & bien peu de Juifs. Et n'y a rien plus digne à voir en icelle, que les murailles qui ont apparence d'avoir esté fort belles, & merveilleusement bien faites ; & sont presque toutes de pierre de marbre. L'assiéte est en pendant ; & comprend la ceinture desdites murailles la sommité de quatre grandes & hautes montagnes, sur l'une desquelles estoit assis le chasteau. De là vinmes loger à coté du chemin, à main sénestre, à un certain casal, qui est sous un petit chasteau, situé sur les montagnes, assés fertile.

Le lendemain 24. dudit mois de Décembre, logeames au dessous d'un petit chasteau, nommé Mergues Calassi, (183) assis sur le pendant de la montagne, accompagné d'une maison ou deux seulement, au découvert, en plaine campagne, en une prairie, près d'une petite riviére, pour mieux nous rafraichir, & pour mieux trembler la fiévre quarte que j'avois, qui m'avoit prins un peu auparavant nostre partement du Caire, qui me dura deux ans. Puis logeames à un carvasséra, & à Seilchoi, (184) qui est un gros village en une belle plaine. Et aprés avoir passé un pont sur une grosse riviére, où y a de chascun coté ruine de villes ou chasteaux, arrivames à une ville, située dans la plaine, qui se nomme Adéna, (185) où y a un petit chasteau & une autre grosse riviére, qui bat au pied d'icelluy ; laquelle vient & descend du mont Taurus. Et lorsque le grand seigneur y passa, qui fust environ 15. jours d'avant nous, s'en retournant en Constantinople, ses janissaires & quelques spahis mirent le feu au plus beau & meilleur d'icelle, qui y feit un très grand domage, la voulant du tout sacager, comme si c'eust esté terre d'ennemy, pour le malcontentement qu'ils avoient de leur en retourner d'un si long & facheux voyage, sans aucun profit; de sorte que pour les appaiser, le grand seigneur leur seit donner à touts en général une grande somme d'argent. Nous y séjournasmes un jour pour prendre vivres & provisions: & au partir de là commençames à cheminer sur le mont Taurus par l'espace de trois jours. Après vinmes loger à une ville non fermée, nommée Héracle, (186) située en une fort belle plaine, où y a grand quantité de beaux villages; & y séjournames un jour.

AN. 1549.

Puis trois journées après, arrivames à Coigne, (187) principale ville de la Carmanie, dont estoit gouverneur sultan Bajazit, second fils du grand seigneur, & faisoit sa demeure audit Coigne, qui est assés bonne ville, assise en une fort belle plaine, bien fermée de murailles; montrant bien d'estre antique. Et à ce que j'ay pu entendre, elle a esté édifiée par les Romains; ce que facilement je crois, d'autant qu'il y a personnages, lions, & aigles de pierre enlevés & taillés sur les portes de la ville. Nous y séjournames trois jours, parce que M. l'ambassadeur espéroit y recouvrer quelques beaux chevaux, pour envoyer à la court.

Et en partimes le 8. Janvier, en temps de neige & merveilleusement froid, en sorte que pour la grand abondance des neiges qui tomboient, & pour les brouillards de la saison, on ne pouvoit remarquer par où l'on passoit. Arrivames à Axar, (188) qui est une petite ville non fermée, située en la plaine, près des montagnes; en laquelle séjournames un jour. Puis vinmes à Quiriajia, (189) à Baracli, (190) villages; & à Esquicher, (191) ville antique, en laquelle y a de fort beaux bains, lesquels fusmes voir. De là, à Eschizac, (192) à Bersugul, (193) & à Biligich, (194) gros villages.

AN. 1550.

Puis arrivames à Isnie, (195) autrement appellée Nicée, ville fort antique, située à une belle plaine, prés d'un lac de son nom, édifiée par les Romains; en laquelle on dit qu'ils ont tenu & fait le premier concile. Après vinmes à la Lingnau (196) passer le canal de mer qui va à Nicomédia; (197) & logeames à un carvasséra, sur la rive dudit canal; puis à Géivise, (198) & à Castalumin. (199)

Et finalement, fusmes de retour en la ville de Constantinople le 28. Janvier 1550. qui nous fust une arrivée de grand consolation, tant pour estre délivrés d'un ennuyeux & si long voyage, que pour y trouver la commodité & rafraichissements, qui nous estoient nécessaires: laissant à penser à un chascun les travaux facheux, & mille autres incommodités qu'avons souffert en icelluy, trop plus grandes que je ne sçaurois escrire, pour estre en païs estrange, & païs barbare, aliéné de toutes civilités & humanités; ausquels si l'on n'a quelque support, il y fait fort mauvais & dangéreux. Et encore que y ayons eu toutes les faveurs & libertés qui se peuvent avoir, pour la présence dudit sieur ambassadeur, si est ce que nous n'avons laissé pour cela y patir beaucoup davantage que ceux qui font ufités plus que nous en tel païs. Et toutesfois je ne voudrois pour rien du monde ne l'avoir vu, pour le contentement que j'en ay, louant Dieu de m'en avoir fi bien ramené.

AN. 1550.

Eftant de retour audit Conftantinople, ledit fieur d'Aramon, ambaffadeur, y continua le fait de fa charge, jufques au mois de Janvier fuivant 1551. qu'il s'en vint en France, dépefché de la part du grand Turc vers le roy, pour l'advertir de l'entreprinfe qu'il délibéroit faire cefte année là fur mer, du coté de la Barbarie, & luy rendre compte du refte de fa légation. Et alors je m'attendois bien retourner en France, mais ledit fieur ambaffadeur ne le me voulut accorder, & me commanda de demourer, enfemble à un vieux fécrétaire, auquel il laiffa la charge des paquets & lettres, qui pourroient furvenir pendant fon abfence ; & à moy qui le fervois de maiftre d'hoftel, y avoit déja quelque temps, le gouvernement de fa maifon & d'une grande partie de fes ferviteurs qu'il y laiffa ; difant que dans quatre mois feroit de retour.

AN. 1551.

Et au mois de May enfuivant, ledit grand feigneur feit partir fon armée de mer, qui eftoit de 100. ou 120. galéres, & plufieurs autres vaiffeaux qui portoient les vivres & munitions, vint affiéger Tripoli (200) en Barbarie. Et pendant le fiége ledit fieur ambaffadeur y arriva, de retour de France, avec deux galéres que le roy luy avoit baillé. Il y demoura environ quinze jours, pource que le général de ladite armée ne vouloit qu'il partift que premiérement il n'euft prins ladite ville, pour en apporter la nouvelle audit grand feigneur : dans laquelle y avoit deux cents chevaliers de Malthe, de plufieurs nations ; & n'y en avoit que cinq ou fix François ; lefquels fufrent touts prifonniers & efclaves, & mis dans les galéres des Turcs. Ledit ambaffadeur feit tant envers le général & fes capitaines, par préfents & autres belles promeffes, que touts lefdits chevaliers lui fufrent donnés, les feit mettre fur fes deux galéres ; & venant en Conftantinople les laiffa en l'ifle de Malthe. Et pour eux, avoit promis faire rendre les efclaves Turcs qui eftoient audit Malthe, détenus par le grand prieur : duquel il n'en peut jamais avoir un : & au lieu de gratifier ledit fieur ambaffadeur de la délivrance de tant de chevaliers, le calomnia, efcrivant au roy qu'il avoit efté caufe de la prinfe dudit Tripoli ; à quoy il n'avoit aucunement penfé, ny aidé, ny de force ny de confeil. Fuft de retour avec fes deux galéres audit Conftantinople, au mois de Septembre ; apporta audit grand Turc la nouvelle de la prinfe dudit Tripoli, dont il fuft fort aife.

Son armée y fuft de retour auffi, fur la fin du mois de Novembre ; ayant laiffé bonne garnifon audit Tripoli ; & amenérent force efclaves, qu'ils y avoient prins, & en Sicile, & autres lieux maritimes. Ladite armée continua trois ou quatre années fubféquentes de faire entreprinfes fur mer. Les galéres du roy fe y trouvérent en l'année 1553. quand Boniface (201) fuft prins : & avoient hyverné auparavant à l'ifle de Chios, qui eft

A CONSTANTINOPLE, EN PERSE, &c.

est une république, toutesfois sous la protection du grand Turc, & qui luy paye par chascun an, 9000. ducats de tribut. C'est où se prend le mastic qui se porte par toute la chrétienté; & est à 400. milles (202) loing de Constantinople.

Auquel lieu estant de retour, comme est dit cy-dessus, ledit sieur ambassadeur, il y continua à faire sa charge. Avoit apporté nouveaux présens pour entretenir les gouverneurs & seigneurs du païs en bonne volonté de vouloir faire service au roy; & mesmement de faire acheminer à la saison ladite armée.

Cependant le Turc vint passer l'hyver à Andrinople, où le suivismes. Auquel lieu vint M. le chevalier de Seure, (203) de la part du roy, pour solliciter ladite armée de mer, dont il eust fort bonne response, qui estoit qu'elle partiroit dans le mois de Juin: s'en revint à la cour. Avec lequel ledit sieur ambassadeur me dépescha pour la sollicitation d'aucunes ses affaires; mesmement pour avoir argent de sa pension, & celles de ses galéres.

Partimes au mois de May dudit Andrinople, 1552. Vinmes à Raguse & Venise; passames le païs des Grisons & Suisses, & trouvames le roy devant Damvillers, (204) qu'il tenoit assiégé; où arrivames dans le 28. ou 29. jour de nostre partement dudit Andrinople, qui ne fust que trop tost pour moy. Car cinq ou six jours après, cheminant avec le camp du roy, je fus blessé à la cuisse, au dessous du genouil, par un Suisse, d'une vieille épée, qui n'avoit point de fourreau par le bout dont je cuiday mourir: & en fus malade au lit plus de huit mois. En sorte qu'il fust nécessaire audit ambassadeur renvoyer un autre pour poursuivre l'affaire qu'il m'avoit donnée en charge: & me escrivit que si je pouvois recouvrer santé, luy fairois plaisir de revenir. Ce que je feis avec un de ses sécrétaires qu'il avoit dépesché, qui me trouva à la court; dont nous partimes au mois de May 1553. avec dépesche de sa majesté, addressante audit sieur ambassadeur & au baron de la Garde, (205) général de ses galéres, qui estoit lors avec celles du Turc.

Et estant arrivés à Venise, fusmes conseillés par M. de Selve, (206) ambassadeur du roy audit lieu, prendre un autre chemin que celuy de Raguse; & que celui de Corfou estoit le meilleur pour rencontrer lesdits sieurs ambassadeur, & baron de la Garde, & que les trouverions en l'armée dudit Turc.

Corfou (.207) est une isle distant de Venise de 700. milles, assés grande qu'anciennement s'appelloit Corcyra, où y a un chasteau imprenable, situés dans la mer, sur une roche inaccessible. C'est une des principales forteresses que les Vénitiens ayent; & le capitaine qui est dedans n'en sort jamais, durant trois ans qu'il est ordonné à la garde d'iceluy. Ils y tiennent un consul pour le fait de la justice & marchandise qui y aborde. Et lorsque le grand Turc avoit guerre contre les Venitiens, ne

Tome I.   H

AN. 1553.

sçut prendre ledit chasteau. La ville fust ruinée par Barberousse; (208) & est maintenant comme un grand village, non trop peuplé : car il amena dudit lieu plus de 10. ou 1200. personnes que hommes, femmes ou enfans. Ladite isle n'est pas fort fertile. L'on y fait du sel en abondance.

Nous y trouvames le capitaine Combas, (209) qui y estoit arrivé un peu auparavant nous, qui y avoit conduit quelques corseletz, morions, & autres armes, pour les soldats des galeres du roy; avec lequel séjournames audit lieu environ quinze ou seize jours, attendant quelque moyen pour nous en oter.

Finalement, le 23. Iuin, le baron S. Blancard (210) y vint avec trois galéres, sur lesquelles nous montames incontinent. Passames près les isles de Céphalonie (211) & Zante (212) peu fertiles; & arrivames à Modon (213) au mesme temps & à la mesme heure que ladite armée du Turc; où séjournames trois jours. Et fusmes bien faschés quand nous entendimes que ledit sieur ambassadeur n'y estoit pas, & qu'il estoit demouré en Constantinople, où ils nous convint l'aller trouver, après que nous eusmes communiqué les lettres du roy audit baron de la Garde, qui estoient communes entre luy & ledit ambassadeur. Nous feimes provision audit lieu de Modon de truchement & chevaux, pour nous conduire & guider audit Constantinople. Vinmes par le Péloponése ou Morée en Lacédémon, (214) ville détruite & ruinée; & par ses vestiges monstre d'avoir esté belle & grande ville : maintenant ce n'est pas grand cas; ne pareillement de Argos; (215) ne aussi de Corinthe, (216) qui est situé sur une montagne haute, & le circuit des murailles contient la sommité tout le haut de ladite montagne, qui ressemble à un mont Olimpe, près la mer & signe de Corinthe. Nous descendimes dans les vignes, pour nous reposer sous quelques arbres, & faire repaistre nos chevaux. Cependant nous envoyames dans ladite ville chercher des provisions ; mais elle est si pauvre & si dénuée de peuple, que l'on n'y sçut trouver, sinon qu'une poule & un peu de mouton; & n'y avoit pas un œuf. Ce que voyant & estant passée la chaleur du jour, sur le soir, nous montames à cheval, & vinmes coucher à quatre ou cinq milles dudit Corinthe à un bon village, au commencement de Listhmos, destroit de terre, que passames le lendemain, laissant à gauche la mer de Corinthe, & à droite celle où est Athénes, (217) ville anciennement renommée, comme chascun sçait, mais maintenant, à ce que j'ay entendu, n'est guéres meilleure que ledit Corinthe. Ayant passé ledit Isthmos, entrames au païs d'Achaïe. Vinmes à Mégara (218) & Thébe, (219) & à l'isle de Négrepont, (220) anciennement appellée Euboca. Laissames à main droite Napolis de Romanie, (221) qui autrefois a esté aux Vénitiens : & lorsque le grand Turc leur faisoit la guerre, furent constraints pour avoir paix, la lui bailler avec la forteresse de Malvaisie. (222)

A CONSTANTINOPLE, EN PERSE, &c.

Il y a d'autres ruines de villes & chasteaux, par où passames, dont je ne fais mention. Me suffira de dire que tout ce païs est si désert que qui le voit maintenant, est quasi incroyable qu'il aye esté si fertile & si renommé, comme les historiographes ont descrit : de ma part, je n'en ai guéres vu de plus rude & aride, ne plein de bocages & d'espines qu'il est.

Et partant de Negrepont, le sangiac ou gouverneur dudit lieu nous seit bailler une galiote, qui nous conduisit environ 60. ou 80. milles jusques à une isle, où primes une barque, avec laquelle ne faisions pas grand chemin : aussi que nous eusmes presque toûjours vent contraire, qui estoit cause que allions près de terre. Et quand nous approchames le destroit de l'Hellespont, nous ne sçusmes y entrer, à cause du vent ; & fusmes constraintz de prendre terre, & chercher chevaux qui nous menérent à Gallipoli (223) en Thrace, au-dessus dudit destroit & des chasteaux de Sexte (224) & Abide, qui se voyent aisément.

Gallipoli est assés bonne ville, située sur le bord de la mer ; toutesfois il n'y a point de port. Elle est habitée de Turcs, Grecs, & Juifs. Nous y demourames un jour & demy, pour nous rafraichir, qui n'estoit sans besoing. Et n'ay jamais fait voyage, qui m'aye plus fasché & ennuyé que cettuy-cy, tant pour l'incommodité & changement de barques & chevaux, qui estoient en assés mauvais équipage que nous estions constraintz changer pour gagner païs, que pour une fiévre quotidienne, qui me revint entiére, laquelle me print au partir dudit Négrepont, & me laissa à une journée de Constantinople avec une difficulté d'haleine, & mal de coté qui me dura encore longuement. Et fus si mal que je cuiday mourir par les chemins, comme feit ledit sécrétaire, qui fust plus malade que moy, qui demoura audit Gallipoli.

Toutesfois je pris si bon courage que je fus de cheval dudit Gallipoli en quatre jours à Constantinople ; où trouvai ledit sieur ambassadeur, qui fust bien aise de ma venue, parce que j'avois l'argent d'une année de sa pension, dont il avoit bon besoing, & qu'il y avoit long-temps aussi qu'il n'avoit eu de nouvelles de la court. Il feit fort bon recueil & bonne chére ; me conta de touts ses affaires qui lui estoient survenus, depuis qu'il ne m'avoit vu.

Il se délibéra de s'en venir en France, d'autant que le grand Turc se préparoit de nouveau à faire la guerre contre le sophi. Et pour cet effet rassembla ses gents, partit de Constantinople le 3. de Septembre 1553. passa le canal de mer ; entra en Azie mineure au dessus de Scutary, beau & gros village, nouvellement basti & amplifié par le Turc où estoient tendus ses pavillons, & près Calcédoine. Il y demoura 3. ou 4. jours, attendant que tous ses gents fussent passés. Nous fusmes audit Calcédoine, (225) qui n'est maintenant qu'un village habité de Grecs : & de ses ruines Constantinople en a esté en partie édifiée. Auquel lieu ledit sieur ambassadeur alla loger pour estre près dudit grand Turc, & de ses bassas, pour plus aisément prendre congé d'eux. Il me présenta à Rostan, (226) premier bassa, me recommanda à luy, le priant m'advertir des choses qui seroient dignes d'estre mandées au roy ; & que de celles de sa majesté, je les lui fairois entendre ; & que pour cet effect il me laissoit en son absence ; attendant qu'il plust au roy envoyer autre ambassadeur.

Estant parti de cedit lieu ledit grand seigneur, & touts ses gents, nous en retournames en Constantinople où ledit sieur d'Aramon ne feit pas longue demeure. Et ayant mis ordre à ses affaires, en partit le 14. jour dudit mois de Septembre prenant son chemin vers Raguse, me laissant pour la direction des paquets & autres affaires, qui pourroient survenir, en attendant que le roy y envoyast quelque autre.

Et un mois après son partement, la nouvelle vint à Constantinople que le grand Turc avoit fait étrangler sultan Mostapha, son premier fils (227) & de sa premiere femme, qui résidoit au païs de Capadoce, dont il estoit gouverneur, par jalousie qu'il avoit de luy qu'il voulut entreprendre sur son état. Et de cette mort s'en ensuivit celle de sultan Janguier, (228) bassa, dernier fils dudit seigneur, qui mourut de deuil d'avoir vu ainsi cruellement traiter son frere. Autres disent que ce fust pour quelques paroles & menaces que lui feit son pere ; & autres qu'il fust empoisonné dans un bain. Et quelque temps après, ledit grand seigneur feit pendre & étrangler à des fenestres le fils dudit sultan Mostapha, âgé de onze ou douze ans seulement, qui est le comble de toute cruauté, la plus inhumaine, estrange & barbare, qu'il est possible d'ouir parler. Il resta 2. fils audit grand seigneur, assavoir Bajazit & Sélim, qui depuis eurent guerre ensemble. Sélim fut favorisé, & Bajazit (229) déchassé, & finalement tué. Et après la mort du pere, ledit Sélim lui est succédé, comme il se voit présentement.

En ce temps de ma demeure audit Constantinople, la ville & forteresse de Boniface fut prinse par l'armée du Turc & des François, dont j'ay parlé ci-devant. Les habitans se rendirent assés légiérement aux François, lesquels promirent de payer aux Turcs 30000. écus, assavoir 10000. pour leurs munitions & pouldres, 10000. à Dragut Bey, lors général de l'armée du Turc, & les autres 10000. à partir entre touts les capitaines des galéres Turquesques. Et pour assurer le payement, envoyerent un neveu de M. de Termes, (230) & le capitaine Mus en Constantinople avec ladite armée Turquesque où estoit le seigneur George Madruce, (231) nepveu du cardinal de Trente, qui y étoit pour 18000. liv. assavoir 12000. liv. pour son frere, le colonel, qui fut mis ez mains des François, & 6000. liv. pour lui ; lesquels on vouloit échanger avec M. d'Andelot (232) & M. de Cipierre, prisonniers à Milan. L'on s'accorda quant à ce fait, mais quant à l'autre des 30000. écus, il ne fust jamais rien payé ; dont il eust du malcontentement, principalement à l'endroit dudit Dragut Bey.

A CONSTANTINOPLE, EN PERSE, &c.   61

Estant donc demouré audit Constantinople, comme dit est, le roi y envoya le sieur de Codignac pour son ambassadeur, qui y arriva au mois de Mars suivant 1554. lequel alla trouver le grand Turc en Asie, là part où il estoit.

AN. 1554.

Ayant fait sa légation, revint audit Constantinople, où il faisoit sa demeure. Auquel lieu, au mois d'Aoust suivant, arriva le sieur de Vilmontés, dépesché du roi vers ledit grand seigneur, qui y fust malade quelque temps d'une fiévre quarte, & pour cela ne laissa d'aller trouver ledit grand seigneur en Asie, où il étoit encore; duquel il eut fort bonne responce & honneste expédition.

Et quand il fust de retour audit Constantinople, je délibéray de m'en retourner avec luy. Ce que je feis, parce que ledit Codignac n'avoit pas à plaisir mon séjour par delà; & au lieu de me continuer à faire le service du roy, il tascha m'en éloigner le plus qu'il put, & me rendre inutile audit lieu. Ce que prévoyant & connoissant sa mauvaise volonté envers mon endroit, je prins la résolution m'en revenir avec ledit Vilmontés.

Nous partimes le 9. Janvier 1555. & vinmes de compagnie jusques à Venise, où estoit lors ambassadeur pour le roy l'évesque de Lodéve. (233) Auquel lieu je feis séjour quelque temps, attendant nouvelles dudit sieur d'Aramon, lequel m'escrivit que le vinsse trouver en Provence où il estoit. J'entendis qu'il n'avoit esté guéres favorisé à son retour à la court, & qu'il s'estoit retiré, sans avoir aucune charge, que de ses trois galéres, dont il en avoit fait faire une à ses dépens audit Constantinople. Ce que voyant, je feis autre délibération, & m'en vins à la ville de Ferrare, où trouvay M. le chevalier de Seure, cy-devant nommé, qui estoit là de la part du roy & pour son service, qui fust fort aise de me voir & entendre des nouvelles du païs de Levant; avec lequel je prins conseil. Et trouva bon le désir que j'avois d'entrer au service de madame Renée de France, (234) duchesse dudit Ferrare, & qui lui en parleroit volontiers; ce qu'il feit. Finalement, ladite dame m'accepta, & me retint pour controlleur de sa maison. Et depuis, lui a plu me donner estat de maistre d'hostel. Je commençai à venir à son service le 1. Mai 1555. que j'ay continué jusques à maintenant, & que j'espére faire encore à l'avenir, aidant Dieu, auquel soit rendu tout honneur & gloire à jamais.

AN. 1555.

† nouvelles

Ledit Chesnau, qui a fait & rédigé par escrit les voyages susdits, a depuis esté créé chevalier de l'ordre S. Michel par la recommandation de madame Renée de France, duchesse de Ferrare:

NOTES
HISTORIQUES ET GEOGRAPHIQUES.

1. *Folembray.*] C'est une maison royale située en Picardie & dans la forêt de Couci. Henri II. s'étant déclaré pour l'électeur de Saxe, & le landgrave de Hesse, & pour la liberté Germanique, contre Charles V. & s'étant rendu maître de Metz, Toul, & Verdun, Marie, reine de Hongrie, gouvernante des pays-bas, envoya en Picardie, au mois de Mai de l'an 1552. un corps de troupes, qui fit beaucoup de ravage, & mit le feu au château de Folembrai, dont Henri II. faisoit ses délices. Quelque dommage que ces troupes y fissent, elles ne le détruisirent pas entierement, comme quelques auteurs paroissent le dire. Henri IV. y etoit au mois de Janvier de l'an 1596. lorsqu'il signa le 22. du même mois les provisions de la charge de maréchal de France, qu'il venoit de créer pour le duc de Joyeuse. Deux jours après, il y signa aussi les articles secrets qu'il accordoit à ce même duc, qui faisoit rentrer (*a*) sous l'obéissance de ce prince la partie de Languedoc qui lui obéissoit. Ce château ayant été négligé sous Louis XIII. il n'y resta plus que des ruines. Louis XIV. en donna le domaine en suplément d'appanage à Philippe, duc d'Orléans son frere. Louis, duc d'Orléans, petit-fils de Philippe, le possede aujourd'hui. Quoique le château de Folembrai soit ruiné, la paroisse ne laisse pas de subsister. Elle est composée de 100. feux, & située dans le diocèse de Laon, à 18. lieues au nord-ouest de Paris, à une petite lieue à l'ouest de Couci, à 4. lieues à l'est-sud-est de Noyon, à 3. lieues au sud de la Fére, à 5. lieues à l'ouest-sud-ouest de Laon, & à 3. lieues & demie au nord de Soissons. Elle est à 20. dég. 57. min. de longitude, & à 49. dég. 32. min. de latitude.

2. *Pizence*] Chesneau a défiguré le nom de cette ville : il falloit dire Bellinzone. La route qu'Aramon tint en traversant la Suisse & les Grisons pour aller à Venise, nous prouve, qu'en partant de Coire, il fut obligé de passer par Bellinzone pour aller à Iseo. Bellinzone est la capitale d'un des trois bailliages Italiens, que les Suisses possedent dans le diocèse de Milan, & dont ils jouissent depuis la fin du XV. siecle. Cette ville est à 101. lieues à l'est-sud-est de Paris. Long 26. d. 27. m. lat. 46. d. 6. m.

3. *Izay.*] C'est le bourg d'Iseo de l'état de Venise, sur le bord méridional d'un lac, auquel il donne son nom, dans le Brescano. Ce bourg est à 121. lieues à l'est-sud-est de Paris. Long. 27. d. 42. m. lat. 45. d. 36. m.

4. *Luna.*] Lonato, bourg de l'état de Venise dans le Bresciano, à 13. milles à l'est de Brescia, à 10. à l'ouest de Peschiera, & à 78. milles à l'ouest de Venise. Long. 28. d. 18. m. lat. 45. d. 27. min.

5. *Venise.*] Chesneau dit que cette ville fut commencée à édifier en 456. Il pouvoit lui donner 35. ans de plus, puisqu'il est certain que l'on commença à y batir en 421. Venise est à 150. lieues à l'est-sud-est de Paris. Long. 29. d. 44. m. 30. s. lat. 45. d. 25. m.

6. *Morvillier.*] Il étoit ambassadeur à Venise lorsqu'Aramon y arriva le 9. de Février de l'an 1547. Il s'apelloit (*b*) Jean, & étoit fils d'Etienne Morvillier, seigneur de Nezement, & de Marie Gaillard. Il naquit à Blois en 1507. & fut envoyé en ambassade à Venise. A son retour, il fut nommé à l'evêché d'Orléans, dont il obtint les bulles en 1552. Il eut beaucoup de part en 1559. à la négociation de la paix de Cateau-Cambrésis. Le roi le contraignit en 1568. d'accepter les sceaux de France, qu'il avoit refusés en 1560. Il les tint trois ans &

(*a*) D. Vaissete, hist. de Lang. tom. 5. preuv. pag. 328. & 347.

(*b*) Le P. Simplicien, hist. des grands officiers, tom. 6. pag. 490.

deux mois, & s'en acquita dignement. Il mourut à Tours le 23. d'Octobre de l'an 1557.

7. *Raguze.*] Cette ville est la capitale d'une république à laquelle elle donne son nom. Elle souffrit beaucoup d'un tremblement de terre en 1667. mais elle fut rétablie très-promptement & beaucoup mieux. L'état de Raguse est sous la protection du grand seigneur, & lui paye chaque année vingt-cinq mille écus d'or. Raguse est à 159. lieues à l'ouest-nord-ouest de Constantinople. Long. 36. d. lat. 42. d. 42. m.

8. *Parance.*] Il falloit dire Parenzo, qui est une ville épiscopale d'Italie, dans l'Istrie, sur la côte de la mer Adriatique, dans une peninsule, vis-à-vis & au nord de l'isle San-Nicolo, entre les embouchures des rivieres de Quito, & de Lemo. Elle se soumit aux Venitiens le 15. de Juillet de l'an 1267. Elle est à 57. milles à l'est de Venise. Long. 31. d. 31. m. lat. 45. d. 22. m.

9. *Paule.*] C'est la ville de Pola, très-ancienne, située dans la partie méridionale de l'Istrie, & sur la côte occidentale. Elle a 72. villages dans son ressort: mais elle n'a que 7. à 800. habitans. On y voit beaucoup d'antiquités. Elle se soumit à Venise en 1267. Elle est à 74. milles à l'est de Venise. Long. 31. d. 59. m. lat. 45. d. 6. m.

10. *Des arénes & théatres non moins grandes & belles que celles de Nismes.*] Le monument de Pola, que Chesneau appelle *des arénes & théatres*, n'est point un théatre, mais un véritable amphithéatre. Voici ce qu'en rapporte M. Spon (*a*) dans ses voyages: « Il est » à peu près de la grandeur de celui de » Rome, & tout bâti de belles pierres » d'Istrie, à trois rangs de fenêtres l'u- » ne sur l'autre, & il y en a soixante- » douze à chaque rang. L'enceinte en » est fort entiere, mais il n'y paroit » aucuns dégrés, & l'on tient aussi » qu'ils étoient de bois. » Quant à celui de Nismes, on sçait que c'est de même un véritable amphithéatre, & l'un des plus entiers de tous les monumens qui nous restent des Romains en ce genre. Au reste Nismes est situé à 100. lieues à l'ouest-sud-ouest de Venise, à 120. lieues à l'ouest de Pola, à 288. lieues à l'ouest de Constantinople, & à 103. lieues, deux tiers, à l'est-sud-est de Paris. Long. 22. d. 1. m. 11. s. lat. 43. d. 50. m. 35. s.

11. *Zare.*] Zara, ville des états de Venise, dans la Dalmatie, au bord de la mer. Elle étoit située dans une péninsule qui s'avance dans la mer, & qui est devenue une isle par le moyen des fossés qu'on a creusés dans l'Isthme, qui attachoit du côté de l'orient la peninsule au continent de la Dalmatie. Ces fossés regnent ainsi d'une mer à l'autre, & se remplissent d'eau aux marées hautes. Elle appartenoit à Ladislas, roi de Naples, qui la vendit aux Vénitiens en 1409. Bajazet II. la leur enleva en 1498. & dans la suite, les Vénitiens la reprirent. Chesneau dit qu'elle est dans le pays d'Esclavonie ; c'est donner une étendue bien grande à ce païs-là, qui pouvoit l'avoir autrefois, mais qui est aujourd'hui plus resserré. Zara est à 198. lieues à l'ouest-nord-ouest de Constantinople. Long. 33. d. 50. m. lat. 44. d. 24. m.

12. *Sibencie.*] Sebenico, ville de la Dalmatie, à l'orient de l'embouchure du Fleuve Cherea. Fichielli, pacha de Bosnie, ayant assiégé cette place au mois d'Août de l'an 1647. fut obligé d'en lever le siége. Elle est à 189. lieues à l'ouest-nord-ouest de Constantinople. Long. 34. d. 17. m. lat. 44. d. 8. m.

13. *Lezina*] C'est la capitale de l'isle de même nom, qui avoit été détruite de fond en comble par le doge Pierre Orseolo, en 994. Elle fut ensuite rebâtie, mais elle est demeurée sans fortifications. Elle est à 177. lieues à l'ouest-nord-ouest de Constantinople. Long. 35. d. 58. m. lat. 43. d. 30. m.

14. *Courfola.*] Curzola, isle du golfe de Venise sur la côte de la Dalmatie. Elle a 25. milles de long, & 5. milles de large. On y voit une petite ville du même nom, & un évêché suffragant de l'archevêque de Raguse, avec cinq villages. La ville de Curzola est à 175. lieues à l'ouest-nord-ouest de Constantinople.

(*a*) Spon, voyage d'Ital. tom. 1. pag. 82.

Long. 35. d. 4. m. lat. 43. d. 13. m.

15. *Trebin.*] Trebigna, ville de Dalmatie sur la riviére de Trebeinoska, à 5. lieues au levant de Raguse. Elle appartenoit autrefois à cette république, mais les Turcs la lui ont enlevée. Elle est à 159. lieues à l'ouest-nord-ouest de Constantinople. Long. 36. d. 4. m. lat. 42. d. 51. m.

16. *Serniche.*] Chesneau le met en Bulgarie, mais c'est un château de Dalmatie, appellé Cernissa, qui appartient au Turc. Il est à 14. lieues au nord-est de Trebigna, & à 150. lieues à l'ouest-nord-ouest de Constantinople. Longit. 36. d. 52. m. lat. 43. d. 17. m.

17. *Fochia.*] Fochia, que Chesneau met dans la Servie, est une ville de la Bosnie, sur la droite du Drin, à 26. lieues au sud-est de Bosna-Seraï, à 142. lieues à l'ouest-sud-ouest de Constantinople. Long. 37. d. 33. m. lat. 43. d. 48. min.

18. *Pleuvic.*] Ce lieu que Chesneau dit être un village de chrétiens, & dont les maisons sont toutes de bois, est Pleusglie que M. de Lisle dans sa grande carte de Hongrie marque comme une ville. Il est situé dans la Bosnie, entre Fochia & S. Saba, à 134. lieues à l'ouest-nord-ouest de Constantinople. Longit. 38. d. 3. m. lat. 43. d. 36. m.

19. *Prepoville.*] C'est un assés beau village, entre Pleusglie & S. Saba. On en peut déterminer la distance de Constantinople, à peu près, à 132. lieues à l'ouest-nord-ouest de Constantinople; & sa position à 38. deg. 14. min. de longitude, & à 43. dég. 35. min. de latitude.

20. *Sancta-Sana.*] S. Saba, capitale d'un duché du même nom qui compose la partie méridionale de la Bosnie. Cette ville, située sur la frontière de Servie, est à 130. lieues à l'ouest-nord-ouest de Constantinople. Long. 38. d. 22. m. lat. 43. d. 35. m.

21. *Milles.*] C'est un petit château & village que Chesneau met entre S. Saba, & Novibasar, & qu'on peut par conséquent déterminer être en Servie, & à 38. d. 42. m. de long. & 43. 30. m. de lat. & éloigné de Constantinople de 126. lieues à l'ouest-nord-ouest.

22. *Novabasar.*] Novibasar, ville de Servie, sur la riviére de Rasca qui se jette dans la Morava. Elle est à 121. lieues à l'ouest nord ouest de Constantinople. Longit. 38. d. 59. min. lat. 43. d. 23. m.

23. *Le mont d'Argent.*] Cette montagne est fort haute, & fort difficile à passer. La route d'Aramon détermine à la placer en Servie, à 113. lieues à l'ouest-nord-ouest de Constantinople. Longit. 39. d. 34. m. lat. 43. d. 30. m.

24. *Nisse.*] Nissa, ville de Servie, sur la frontiere de Bulgarie, sur la Nissava qui se jette dans la Morava, à 100. lieues à l'ouest-nord-ouest de Constantinople. Longit. 40. d. 29. min. lat. 44. d. 20. m.

25. *Morava.*] Cette riviére prend sa source en Bulgarie, & entre ensuite en Servie; elle coule du sud au nord, & se jette dans le Danube au dessus de Semendria.

26. *Mallessiche.*] C'est un grand village près de Sophie, & par conséquent en Bulgarie. On peut estimer sa distance de Constantinople à 77. lieues à l'ouest-nord-ouest. Longit. 41. d. 32. m. lat. 42. d. 35. m.

27. *Sophie.*] Cette ville est la capitale de Bulgarie. Elle est située à quelques lieues au dessous de la source de la riviére d'Isca, qui se jette dans le Danube, entre les riviéres de Lamp & de Lissère. Elle est à 180. lieues à l'ouest-nord-ouest de Constantinople. Longit. 41. d. 30. m. lat. 42. d. 35. m.

28. *Marissa.*] Chesneau dit que la ville de Sophie en Bulgarie est située sur cette riviére, mais il se trompe; car celle qui passe à Sophie s'appelle Isca. La riviére de Mariza passe à Andrinople.

29. *Andrenople en Thrace.*] Andrinople, capitale de Romanie, sur la gauche de la Mariza, à 36. lieues à l'ouest-nord-ouest de Constantinople. Long. 34. d. 18. m. lat. 31. d. 42. m.

30. *A chascun jardin y a une grande roue de bois tournée par un cheval.*] C'est ce qu'on appelle en Languedocien *pouseranque.* Chesneau auroit donné une idée plus exacte de ces sortes de puits, s'il avoit ajouté que tout autour de la roue que fait tourner le cheval sont attachés deux rangs de cordages, ou de

chaines

chaînes de fer, qui servent à porter plusieurs petits pots d'argile, faits en forme de barils, quelquefois aussi de barils même, lesquels s'emplissent d'eau dans les puits, & la versent en remontant dans une auge placée au-dessus du puits, d'où on la fait passer par diverses rigolles dans les planches du jardin. Ces sortes de puits sont fort en usage pour les jardins potagers en Languedoc, ainsi que dans la plûpart des provinces méridionales de France. Monconis donne à la fig. 32. de la planche qui est vis-à-vis la page 266. du 1. vol. de ses voyages, un petit plan de l'un de ces puits, qui étoit dans une métairie près du Caire, où il dina & soupa le 23. Juin 1647. & où il remarqua que les bœufs tirerent l'eau tout le long du jour, contre ce qu'avoit écrit un jacobin dans le voyage de Jérusalem, où il assuroit que depuis le samedi à midi jusqu'au lundi à la même heure, les bœufs ne vouloient pas travailler, quand même on les tueroit. Monconis ajoute qu'ils furent très agréablement sous les orangers, jasmins, & figuiers, entre lesquels on en voyoit un qui avoit dix-sept pas de tour au pied de son tronc.

31. *La mort du roi François I.*] Ce prince mourut à Rambouillet le jeudi avant le dimanche des rameaux, 31. Mars 1547.

32. *Selivrée.*] Selivrée, ville de Romanie, sur le bord de la mer, à 12. lieues à l'ouest de Constantinople. Long. 45. d. 44'. lat. 40. d. 48'.

33. *Petit-Pont.*] C'est un village de Romanie, sur la route d'Andrinople à Constantinople, qui prend son nom d'un pont que l'on a fait sur une riviere, qui se jette peu après dans la mer. Il est à quatre lieues & un tiers à l'ouest de Constantinople. Long. 46. d. 15'. lat. 41. d. 6'.

34. *Grand-Pont.*] C'est encore ici un village de Romanie, sur la route d'Andrinople à Constantinople, sur la gauche d'une petite riviere qui traverse un lac, & va ensuite se jetter dans la mer. Il y a sur ce lac un pont fort long, qui a donné à ce lieu le nom de Grand-pont. Il est à dix lieues à l'ouest de Constantinople. Long. 45. d. 44'. lat. 41. d. 6'.

35. *Pera.*] Ce lieu, qui est comme le fauxbourg de Galata, est bâti au-delà du port de Constantinople, vis-à-vis du Serrail, dans un quartier qui portoit le nom des figuiers que l'on y cultivoit en abondance. Chesnau confond Pera & Galata; mais ils sont séparés. Le palais de l'ambassadeur de France est à Pera. Il est très logeable & fut bâti par ordre de Henri IV. dans le tems que M. de Breves y étoit ambassadeur. Il a été fort augmenté du tems de M. de Nointel. La situation de Pera est charmante. On découvre de là toute la côte d'Asie & le serrail du grand seigneur. On sçait que les ambassadeurs d'Angleterre, d'Hollande & de Venise, ont pareillement leurs palais bâtis dans le quartier de Pera.

36. *Fumel.*] C'est François de Fumel que le roi Henri II. envoya à Constantinople, où il arriva au mois de Juillet de l'an 1547. Il étoit baron de Fumel, qui est une paroisse d'Agenois de 347. feux à la droite du Lot. Elle est du diocèse & a huit lieues au nord-est d'Agen, & à 6. lieues à l'ouest de Cahors. Long. 18. d. 42'. lat. 44. d. 35'.

37. *Le comte de Rocquendolf.*] Aramon le fit sortir des Sept-tours, l'ayant demandé à Soliman de la part du roi, & il le recommanda au connétable de Montmorenci par la lettre qu'il lui écrivit le dernier Fév. 1548. Il s'appelloit Christophe de Rogendorf, qui est une seigneurie dans la basse Autriche. Il étoit aîné de Guillaume de Rogendorf, qui avoit commandé des armées sous Charles V. & d'Elizabeth, fille de Jean, comte d'Oetting. Il étoit né en 1510. & servit avec distinction sous le même prince. Mais ayant eu quelque différend avec sa femme, l'empereur qui la favorisoit beaucoup, ne voulut jamais lui accorder ce qu'il demandoit, & lui ayant ôté presque tout son bien, pour que sa femme en eût davantage, Rocquendolf alla à Constantinople sur les promesses que l'on lui fit de l'employer, & de le laisser vivre dans sa religion; mais ayant été tourmenté pour se faire Turc, il s'étoit enfui, avoit été repris en Candie, & enfermé aux Sept-tours. Comme il témoignoit beaucoup de zéle pour entrer au service de la France, Aramon le demanda au nom du roi au sultan Soliman qui l'accorda. Aramon raconte tout cela dans deux lettres

Tom. I. I

qu'il écrivit (a), la premiere d'Andrinople le 4. Mai 1547. à François I. qu'il croyoit encore vivant, & la deuxiéme de Constantinople le 29. Février 1548. celle-ci est adressée au connétable de Montmorenci, auquel Aramon recommande Rocquendolf. Ce comte étant arrivé en France, Henri II (b) erigea en sa faveur les isles d'Or sur les côtes de Provence en marquisat, par lettres données à Fontainebleau en Décembre 1549. vérifiées au parlement le 19. Juin 1550. Il y est nommé Christophle, comte de Roquendolf & de Gundetrof, baron de Molembourg, seigneur de Condé & de Revaix, grand maître héréditaire d'Autriche, & gentilhomme ordinaire de la chambre du roi. Henri II. voyant que Charles V. faisoit de son mieux pour faire élire son fils roi des Romains, à l'exclusion de son frere, qui l'étoit déja, envoya, étant à Chantilly, le 24. Janvier 1554. le comte de Rocquendolf au roi de Boheme, fils de Ferdinand, roi des Romains, pour lui offrir tout ce qui dépendoit de lui, afin de maintenir ses droits à l'empire, & pour l'assurer que s'il craignoit que le Turc ne tombât sur la Hongrie, il se chargeoit de l'empêcher. Rocquendolf eut aussi ordre de voir en passant le comte Palatin, les ducs de Virtemberg & de Baviere, & les ducs Auguste & de Saxe. Il avoit un régiment de gens de pied Allemands au service de la France, & il se trouva avec son régiment au siége de Thionville, que le duc de Guise prit le 22. Juin 1558. Il étoit allé avec le rhingrave Philippe, au mois de Mai 1562. pour lever de la cavalerie & de l'infanterie en Allemagne. Hubner donne dans ses tables généalogiques la 966. aux comtes de Rogendorf. Il l'a tirée de Bucelinus & la commence en 1383. Il la pousse jusqu'en 1600. & nomme ensuite, mais sans liaison, Maximilien-Louis, comte de Rogendorf, dans la basse Autriche, Charles-Louis, chambellan de l'empereur, tous deux vivans en 1724. aussi bien que Esther de Rogendorf, mariée à Godefroi d'Aversberg.

38. *Constantinople.*] Cette ville est trop connuë. Aussi ne repeterai-je point ici tout ce qu'on en a dit. Delisle fixe la position dans sa carte de Hongrie a 46. d. 33'. de long. & à 41. d. 3' de lat. La connoissance des tems lui donne la long. de 46. d. 33'. 30". & la lat. de 41. d. 0'.

39. *Le sarrail des femmes du grand seigneur.*] On écrit ordinairement serrail; mais M. Otter * dit qu'il faut ortographier (a) serai.

* Jean Otter né en Suede, de l'académie des belles lettres, professeur en Arabe au collége royal, auteur d'un voyage en Turquie & en Perse, où il y a des choses tres curieuses, & qui devoit nous donner la traduction de plusieurs manuscrits orientaux, tres propres a éclaircir l'histoire de ce pays là. Il étoit né en Suede en 1709. & il mourut à Paris le 26. Sept. 1748.

40. *Justinian.*] L'empereur Justinien, qui avoit succedé à Justin son pere au mois d'Août de l'an 527. mourut le 14. Novembre de l'an 566.

40. bis. *L'isle de Chios en Grece.*] Scio, une des isles de l'Archipel, connuë des anciens sous le nom de *Chios*, dont la capitale, qui porte le même nom, est sous le 44. d. 4'. de long. & sous le 38. d. 20'. de lat. & se trouve éloignée de 68. lieues à l'O. S. O. de Constantinople, & de 320. lieues au S. E. de Paris.

41. *M. de Lansac.*] Louis de S. Gelais, dit de Lezignem, (b) baron de la Motte S. Heraye, Sgr. de Lansac, qui est une paroisse de 64. feux, au diocése de Bordeaux, & de Pressy sur Oise, chevalier d'honneur de Catherine de Medicis, fut fait chevalier des ordres à la promotion du 31. Décembre 1579. Il mourut au mois d'Octobre de l'an 1589. Il étoit fils d'Alexandre de S. Gelais, Sgr. de Romefort, chambellan de Louis XII. & de Jacquette, dame de Lansac. Au reste, il ne paroit pas douteux que Jean Miquez, Portugais, qu'Aramon avoit recommandé à Lansac, ne soit le meme Jean Michés, (c) qui s'introduisit dans les bonnes graces de Selim II. lequel l'admit à sa table, but avec lui, & dans les mouvemens d'une joie inconsidérée lui promit de lui donner le royaume de Chipre,

---

(a) Mémoires de Ribiers, tom. 2. pag. 14. 125 & 507.
(b) Robert de Brianson, état de la Provence. tom. 1. p. 182.

(c) Simplicien. hist. des grands officiers tom. 9. p. 66.
(d) J.A. Thuan. hist. lib. 49. tom. 4. p. 41. Londin. 1733. in fol.

dont Michés lui avoit montré la conquête très-aisée. Mais le visir Mahomet, ayant fait appercevoir à Selim qu'il avoit poussé trop loin sa liberalité, Selim voulut que Michés se contentât des Isles de Naxia, d'Andro, & de Tina.

42. *Le royaume de Sirvan.*] Chirvan, grande étendue de pays, qui contient plus de cinq degrés en superficie, entre la riviére de Kur, autrefois le Cyrus & la mer Caspienne. Il est divisé en deux gouvernemens, qui sont ceux de Derbent & de Chamaki : cette derniere ville, qui en est la capitale, est à 70. lieues au N.N.E. de Tauris. Long. 66. d. 59'. lat. 41. d. La meilleure carte que l'on eut pour le Chirvan, étoit celle qui se trouvoit dans la traduction Angloise du voyage d'Olarius, imprimée à Londres en 1662. & faite par Jean Davies de Kidivelly. Mais M. Delisle ayant donné au mois d'Août 1723. la carte des pays voisins de la mer Caspienne, on y trouve le Chirvan beaucoup mieux détaillé. Cette carte au reste & celle de Perse que le même auteur donna en Décembre 1724. me faciliteront les moyens de constater la route de Soliman en Perse; ce que j'aurois eu beaucoup de peine à faire sans le secours de ce geographe : je lui dois ce témoignage de reconnoissance.

43. *Il partit de Constantinople le 29. Mars 1548.*] Ce 29. Mars étoit un mercredi, & le 18. de Saphar de l'an 955. de l'Hegire. Cette date ne s'accorde point avec les annales des Turcs, publiées par Lewnklaw, qui marquent que Soliman passa en Asie le 9. du même mois de Saphar, & encore moins avec la réduction qu'en fait M. de Thou au mois de Juin 1548.

44. *Scutari.*] Scutari ou Eskendar vis-à-vis de Constantinople de l'autre côté du canal, grande & belle ville par sa situation, ses édifices, & ses jardins.

45. *Calcidoine.*] Calcedoine a une lieue au S.E. de Constantinople. Long. 46. d. 35'. lat. 41. d. 0'.

46. *Maltepe.*] C'est un côteau sur la mer, au commencement du golfe de Nicomedie, dans la partie de la Natolie, que l'on appelloit la Bithinie. Les vaisseaux de la mer noire venant au Bosphore, découvrent cette montagne à 80. milles, & s'en servent pour pointer leur course, quoiqu'elle soit plus proche de la Propontide que de la mer noire. Le prince Cantimir dit que Mahomet II. ayant passé le Bosphore, campa sous Maltepe, & que là, agité d'un violent désir de poursser ses conquêtes, son imagination échauffée lui donna la goutte, & que l'attaque fut si vive qu'elle l'emporta dans trois jours, le vendredi 5 de Rabia I. (& non de Sjumada I. 885. de l'hegire, comme on le trouve par une faute d'impression dans l'histoire Ottomane de ce prince,) ce qui revient au jeudi après le coucher du soleil, 3. Mai 1481. Le prince Cantimir ajoute que Mahomet II. vécut 51. ans, & qu'il en régna trente & trois mois : & dans la derniere note sur la vie de ce sultan, il dit que ces 51. ans doivent être reputés lunaires, & faire 49. ans, 7. mois, & 7. jours ; mais que les chrétiens & les Turcs ne s'accordent point sur cette circonstance. Ce prince qui avoit sous les yeux les meilleurs historiens Turcs, & qui s'en sert si bien pour nous apprendre un grand nombre de faits nouveaux & ignorés en Europe, pouvoit d'autant plus aisément fixer le tems précis de la vie de Mahomet II. & de son régne, qu'il le fait pour les autres sultans, en plusieurs endroits de son histoire, & que les historiens Turcs & Arabes sont fort exacts à marquer la chronologie, non-seulement par années, mais par mois & par jours. Voici quelques recherches pour suppléer au peu d'attention que Cantimir a eu sur cet article chronologique. Pocock a donné un catalogue des empereurs Turcs, & le place au devant de sa traduction latine d'Abulpharage. Mahomet II. fut selon cet auteur, proclamé sultan des Turcs, le 16. de Moharam 855. (jeudi 18. Fév. 1451.) étant alors âgé de 19. ans & trois mois lunaires, ce qui compté en retrogradant, revient au 13. Siaban 835. (15. Avril 1432.) Mahomet II. étant mort, le vendredi 5. de Rabia I. 886. jeudi au soir des chrétiens, & vendredi des Mahometans (3. Mai 1481.) Il est évident que Mahomet vécut 50. ans, 6. mois, 22. jours lunaires, ou 49. ans & 20. jours solaires, & qu'ainsi le calcul du prince Cantimir de 49. ans, 7. mois, & 7. jours solaires, ou 49. ans, 2. mois, 13. jours solaires, est moindre que celui de Pocock de 11. mois & 15. jours lunaires, ou de 340. jours. Mais

Guillet, auteur de l'histoire de Mahomet II. plus heureux que Pocock déterra l'horoscope de ce prince, & apprit par cette piéce qu'il étoit né à Andrinople, le samedi 29. Sjumada II. 833. (25. Mars 1430.) Ce fait étant prouvé, Mahomet II. vécut 51. ans, 8. mois, & 5. jours lunaires, ou 51. ans, 1. mois, & 19. jours solaires, un an, un mois, & 12 jours plus que ne dit Pocock, & 2. ans & 27. jours plus que ne lui donne le prince Cantimir.

47. *Diachidesse.*] Aramon y coucha le 7. Mai 1548. C'est un village de Natolie. * Long. 46. d 58'. lat. 40. d. 50'. C'est le meme que Pierre Gilles, appelle Diacybilla & qu'il ne distingue pas de Lybissa, comme fait ici Chesneau, qui met quatre milles de distance entre l'un & l'autre lieu.

48. *Libisa.*] Cybissa, village ou masures en Natolie dans l'ancienne Bithynie. Annibal y mourut au commencement de l'an 571. de Rome, 183. ans avant l'Ere Vulgaire. Calvisius dit que Tire-Live le fait naître en 508-246. & d'autres sept ans plutôt. Lybilla n'existoit plus du temps de Pline. L'itineraire d'Antonin met 39. milles de distance entre Chalcedoine & Lybissa, & 22. entre Lybissa & Nicomedie. Long 47. d. 0'. lat. 40. d. 49'.

49. *Nicomedie.*] Aramon y arriva le 9. Mai 1548. C'étoit la capitale & la métropole de la Bithynie sur la Propontide, entre Chalcedoine & Nicée. Nicomede, roi de Bithynie, fils de Zipaltès, pere de Zela, & grand pere de Prusias, l'augmenta & l'appella Nicomedie, au lieu d'Olbia, nom qu'elle portoit auparavant de la nymphe Olbia, qui en jetta les premiers fondemens. Nicomedie fut une des premieres villes qui reçut la foi chrétienne La persécution de Diocletien y commença le 14 Février 303. & il y eut un grand nombre de martyrs. Un tremblement de terre de deux heures arrivé le 24. Août 358. y causa un incendie qui acheva de ruiner la ville. Le grand Constantin qui étoit né le 23. Février 274. mourut le dimanche de la pentecôte 22. Mai 337 à Acciron, bourg près de Nicomedie. Orchan ayant voulu faire la conquete de Nicomedie, & ayant marché pour l'investir l'an 727. de l'hegire, qui commença le jeudi 27. Novembre 1326. Calojean qui en étoit gouverneur s'enfuit dans le château de Coiunbilar, où ayant été percé d'une fleche, & sa tete montrée aux habitans de Nicomedie, ils se rendirent volontairement au sultan, qui les traita fort bien. Nicomedie est une grande ville, peuplée de trente mille ames, Grecs, Armeniens, Juifs, & Turcs, qui exercent presque tous le commerce de soies, laines, toiles, cotons, fruits, poteries, & verreries. On compte de là à Constantinople cent milles; mais en droite ligne il n'y a pas dix-huit lieues. M. Otter y fut de Scutari en quatre jours & en dix-huit heures de marche. Sa long. est 47. d. 29'. & sa lat. 40. d. 44'.

50. *Sabaugit.*] C'est Chabangi, à 23. lieues à l'est-sud-est de Constantinople. Long. 47. d. 44'. lat. 40 d. 25'. M. Otter (*a*) dans son voyage de Turquie & de Perse, dit qu'il arriva d'Izmid en six heures le 6. Décembre 1736. il appelle Sapandjé, & dit que c'est un bourg situé dans une plaine sur le bord occidental d'un lac de quinze milles de circonférence.

51. *Guyené*] en Natolie dans l'ancienne Galatie, entre Chapangi & Boli. Seroit-ce Guéivé d'Otter à 29. heures de Constantinople & à 6. de Sapandjé. * Long. 48. d. 8'. lat. 40. d. 17'.

52. *Tarachy*] en Natolie, entre Chapangi & Boli. * Long. 48. d. 32'. lat. 40. d. 29'.

53. *Gosenene*] en Natolie, entre Tarachi & Boli. * Long. 48. d. 56'. lat. 40. d. 32'.

54. *Dibec*] en Natolie, entre Gosenene & Boli. * Long. 49. d. 20'. lat. 40. d. 34'.

55. *Boly.*] Boli où Aramon séjourna trois jours, & d'où il partit le 22. Mai 1548. vingt & uniéme jour depuis son départ de Constantinople, est à 50. lieues à l'est de Constantinople. Long. 49. d. 46'. lat. 40. d. 38'. Chesneau dit que cette ville s'appelloit anciennement Abonomeria. La Martiniere, à l'article Bolli, dit que c'est l'ancienne Bullis, mais il ne donne point d'article de Bullis. Boli est un des XLIV. districts de la Natolie. C'est une ville ouverte, qui a quatre mosquées, plusieurs

---

(*a*) Tom. 1. pag. 45.

khans, trois bains, & des thermes. Otter ayant marché 12. heures depuis Gueredé y arriva le 12. Août 1743. & de là en sept jours & en 75. heures il fut à Scutari. Si on ne compte que six journées de Boli à Constantinople, il faut marcher près de 13. heures par jour pour les faire.

56. *Hierada*.] Les noms propres du manuscrit de Chesneau étant presque tous estropiés, & les Turcs marchant ordinairement par les mêmes routes, cela me feroit croire que Hierada de Chesneau est Gueredé, où Otter arriva le 11. Août 1743. après avoir marché 7. heures depuis Bayandir. Gueredé est un bourg dépendant de Boli, qui a dans sa jurisdiction 78. villages. Il est situé dans une plaine unie, a quatre quartiers, deux mosquées, plusieurs kiervanserais, & un bain. Chesneau dit que c'est une ville ancienne, si j'en découvre quelque chose je le mettrai dans les additions. Sa long. est 50. d. 24′ & sa long. 40. d. 37′.

57. *Giagaiel*.] Casal de Natolie, dans le pays de Boli. * Long. 50. d. 9′. lat. 40. d. 37′.

58. *Caragiola*.] ou lac noir, Casal de Natolie, dans le pays de Boli. Caragiola doit être (*a*) Karagueul, ou le lac noir que l'on trouve dans le voisinage de Gueredé, bourg qui a 78. villages dans sa jurisdiction, & qui est à deux journées à l'est de Boli. * Long. 50. d. 32′. lat. 40. d. 36′.

59. *Camauli*.) Casal de Natolie dans le pays de Boli, près duquel passent trois petites rivieres, que Chesneau nomme le Camauli, les Ciergues, & la Guiera. * Long. 50. d. 30′. lat. 40. d. 33′.

60. *Ciergues*.) Riviere de Natolie dans le district de Boli, qui se jette dans la mer noire.

61. *Guiera*.) Riviere de Natolie dans le district de Boli. Seroit-ce celle que Delisle dans la carte de la Grece appelle le Dolup, & qui passe au levant de Gueredé?

62. *Bouzoli*] doit-être (*b*) Bouz-Ouglou, gros village à deux milles de Tcherkiecha, bourg situé dans une grande plaine à 13. heures de marche de Gueredé. Otter partant de Karadjalar arriva en trois heures à Tchierkieche, & de là il fut à Bayadir en neuf heures, le 10. Août 1743. * Long. 50. d. 51′. lat. 40. d. 30′.

63. *Caraguiera*] en Natolie, est dans le district de Boli. Seroit-ce Caragalar de Delisle, à 79. lieues à l'est de Constantinople. Long. 51. d. 40′. long. 40. d. 27′.

64. *Cagissar*] est Cosizar de la Natolie de Delisle, & le Kodje-Hisar d'Otter, gros bourg, situé sur le grand chemin dans un pays uni, où il y a des mosquées, des khans, des bains, & un fort de terre, séparé du bourg par des jardins qui donnent beaucoup de bons fruits. Otter venant de Tousia y passa le 8. Août 1743. & arriva le même jour à Umerlu après avoir marché pendant 12. heures. Long. 52. d. 9′. lat. 40. d. 24′.

65. *Tescia*.] Aramon y arriva le 29. Mai 1548. & il y séjourna. C'est une ville située dans un beau pays, selon Chesneau, qui prétend que c'est l'ancienne Theodosia, ville épiscopale de la Phrygie Capatiane, sous la métropole de Laodicée, mais dont la position ne se trouve pas sur la carte du patriarchat de CP. de M. Danville. Otter dit que c'est une ville de Natolie dans le district de Kianguiri, qui est l'un des quatorze qui composent la Natolie moderne. Elle est petite, & située dans une grande vallée, à une journée au nord de Kianguiri, à huit lieues de chemin d'Odsmangik. Elle a neuf bains, six kiervanserais, & quelques mosquées. Otter venant d'Hadgi-Hamze y arriva le 7. Août 1743. après huit heures de marche. Delisle dans sa carte pour le voyage de Paul Lucas appelle cette ville Toccia, & lui donne pour long. 52. d. 30′ & pour lat. 40. d. 24′. Sa distance à l'est de Constantinople est de 90. lieues. Otter marcha 109. heures en 11. jours pour y arriver, & il avoit mis 6. jours & 34. heures de marche depuis Amasia jusques à Tousia, ce qui fait 143. heures de marche depuis Amasia jusques à Constantinople, en 18. jours.

66. *Cabouziac*] canal dans la Natolie, entre Tousia, & le Ghezelermach, près duquel Aramon campa le 30. Mai 1548. * Long. 53. d. 30′. lat. 40. d. 10.

(*a*) Otter, voyage en Turquie, tom. 2. p. 152.
(*b*) Ibid. pag. 150.

67. *Guesilimach.*] Aramon la passa le 31. Mai 1548. sur un beau pont de pierre de 16. arches, que Cantimir dit avoir été bâti par Bajazet II. & être de 19. arches de marbre, & sur lequel passa aussi Otter. Cette riviére appelée par les Orientaux Kizil-Irmak est l'Halis des anciens, dont Ptolemée met l'embouchure à 64. d. 30′. de long. & à 43. d. 10′. de lat. plus orientale de 10. d. 55′. & plus septentrionale de 2. d. 32′. que la position que lui donne Delisle dans la carte de Perse, où il l'appelle Ghezel-ermach.

68. *Ottomangroc.*] Château bâti par Othman, fondateur de l'empire Turc, où Aramon arriva le 31. Mai 1548. Otter qui y coucha le 5. Août 1743. qui y étoit arrivé en 15. heures de marche depuis Amasia, & qui en mit 16. autres pour aller à Tousia, appelle ce bourg Osmandgik, & dit qu'il est dans la Natolie & la jurisdiction du district de Tchouroum, qui fait partie du gouvernement de Kianguiri, avec un fort bâti sur une montagne, à deux journées à l'ouest d'Amasia. Busbec appelle ce château Osmanlik; & trompé par ses guides, il le met à plus de cinquante lieues à l'ouest de sa véritable position. Le prince Cantimir dit que c'est la seule ville de l'empire des Turcs qui retienne le nom de son fondateur, quoique plusieurs autres ayent été bâties par des sultans. Mais l'usage fondé sur la loi, veut qu'ils ne puissent donner leur nom qu'aux Jami ou Mosquées. La longitude d'Osmangik est, selon Delisle, qui l'appelle Osmangioux, 52. d. 56′. sa lat. 40. d. 11′. & sa distance de Constantinople 97. lieues E. S. E.

69. *Cagionde*] Aramon y arriva le 1. Juin 1548. C'est un mot qui signifie aussi village du pelerin. C'est le même lieu qu'Otter appelle Hadgi-Kievi, qu'il dit signifier aussi village du pelerin. Il y a deux beaux khans; & il est au S. O. de Gumiche, bourg à trois journées, & à l'est d'Osmangik. Otter qui avoit couché près de Merzi-Soun où Aramon fut coucher de Cagionde, y passa après quatre heures de marche, & fut camper à deux heures de là, le 4. Août 1743. Long. 53. d. 18′. lat. 40. d. 5′.

70. *Amassia.*] Amasia, ville de Natolie, capitale d'un district, qui fait partie de la province de Sivas. Aramon la laissa à gauche le 2. Juin 1548. pour arriver plutôt auprès de Soliman, qui étoit campé près d'Erzerom. Amasia est sur l'Iris appellé à présent le Casalmach, sur lequel il y a un pont de bois, si étroit que trois personnes ont peine à passer de front. Pour y faire venir de l'eau de fontaine, on coupa autrefois une lieue de roches, dures comme du marbre. Le meilleur vin, & les meilleurs fruits de la Natolie, sont aux environs de cette ville. Selim I. sultan des Turcs, qui mourut le 28. de Sjaban 982. (13. Décembre 1574.) étoit né à Amasia, l'an de l'hegire 930. qui commença le 10 Nov. 1523. Strabon qui nous a laissé une excellente géographie, remplie de faits historiques, d'une critique judicieuse, & que les François doivent se reprocher de n'avoir pas encore donnée au public dans leur langue, naquit à Amasia, & écrivoit l'an 13. de l'ere des chrétiens.

Busbec s'étant fait un plaisir de donner le journal de son voyage de Constantinople à Amasia, & M. Delisle en ayant fait assez de cas, pour marquer sur sa carte de Grece tous les lieux par où Busbec passa, on a cru devoir donner la table de cet itineraire, avec la long. & la lat. de chaque lieu, & sa distance de Constantinople, comme une chose très-utile à la géographie.

Itineraire de Busbec.

Lieux.	Distance de Constantinople.	Longit. D. M.	Latitud. D. M.
Scutari	2. lieues. E.	46. 39.	41. 4.
Cartali, Hardar	7.	E. S. E. 47. 0.	40. 50.
Gebile	12.	E. S. E. 47. 18.	40. 56.
Nicomedie	16.	E. S. E. 47. 32.	40. 44.
Kazocli	19.	E. S. E. 47. 35.	40. 31.
Nicée	25.	S. E. 47. 45.	40. 14.
Jenizar	29.	E. S. E. 48. 15.	40. 21.
Ackoyuck	35.	E. S. E. 48. 31.	40. 14.
Bazargyk	39.	E. S. E. 48. 47.	40. 9.
Bolovik	....	....	......
Chiausada	43.	E. S. E. 49. 5.	40. 6.
Karaly	47.	E. S. E. 49. 20.	40. 5.
Hazdengry	49.	E. S. E. 49. 28.	40. 0.
Mazathoy	53.	E. S. E. 49. 40.	39. 56.
Mahatly	....	....	......
Zugli	56.	E. S. E. 49. 51.	39. 51.
Chilanlyck	61.	E. S. E. 50. 8.	39. 49.
Jalanchich	63.	E. S. E. 50. 17.	39. 45.
Potuglin	65.	E. S. E. 50. 21.	39. 40.
Ancyre, Angur	68.	E. S. E. 50. 29.	39. 3.
Baligazar	77.	E. S. E. 51. 15.	39. 45.
Zarckuth	86.	E. S. E. 51. 54.	39. 50.

Les six derniers lieux de la route de Busbec, Zernuzii, Halis, Gou-Kurthui, Choron, The-Kilhiol, & Baglilon, ne sont pas marqués sur la carte de Delisle, qui ne s'étend pas jusques à Amasia. Busbec mit trente jours pour aller de Constantinople à Amasia, depuis le 9. Mars jusques au 7. Avril 1554. Aramon en mit autant pour aller à la hauteur de la même ville ; & Otter n'en mit que 18. & 141. heures de marche pour aller d'Amasia à Constantinople.

71. *Tocquato.*] Tocat est à trois journées au N.O. d'Amasia, & plus grande que cette ville sur le Casalmach. Tocat fut pillé l'an de l'hegire 877. qui commença le 8. Juin 1472. par Jusuf, général des troupes d'Ussuncassan, roi de Perse ; mais Mustapha, fils de Mahomet II. qui commandoit dans Amasia, poursuivit Jusuf jusques dans la Caramanie, & le défit. Tocat est sur le Tosanlu qui se jette dans le Casalmach. Long. 54. d. 45'. lat. 39. d. 26'. à 75. lieues au nord d'Alep, & à 156. à l'O.N.O. de Tauris.

72. *Sonari*] Chonac ou Couleissar, ville considérable de Natolie, à l'est de Nilara, & sur le chemin de Tocat à Erzerom. Long. 55. d. 40'. lat. 39. d. 35'. à 82. lieues au nord d'Alep.

73. *Esdron.*] Erzerom, ville d'Armenie, dans une grande presqu'île formée par deux bras de l'Euphrate. Aramon y arriva le 25. Juin 1548. On en dira encore quelque chose à la note 95.

74. *Merjoua*] où Aramon arriva le 2. Juin 1548. doit être Merzijoun, appellé aussi Mansivan, bourg à une journée au nord d'Amasia, & à l'ouest de la montagne de Tachan. La description que Chesneau fait de Marjoua, étant presque la même que celle que M. Otter fait de Merzijoun, ne permet pas de douter que ce ne soit le même lieu.

75. *Ladicq*,] village près d'un lac entre Amasia & Nisara, où Aramon arriva le 3. Juin 1548. Long. 54. d. 58'. lat. 39. d. 52'.

76. *Sépécles*,] village entre Amafia & Nifara, à l'embouchure du Bogalquezen dans le Cafalmach. * Long. 58. d. 8'. lat. 39. d. 51'.

77. *Damafia.*] Amafia, la même ville dont il eſt parlé à la note 70.

78. L'*Iris*,] riviere qui vient d'Amafia, & ſe jette dans la mer noire. On l'appelle aujourd'hui le Cafalmach, & ſon embouchure eſt, long. 54. d. 3'. lat. 40. d. 10'. Ptolemée la met en Cappadoce, & lui donne à ſon embouchure, long. 66. d. 0'. lat. 43. d. 0'.

79. *Bogaſquezen*,] riviere qui ſe jette dans l'Iris près de Sépéles, trois ou quatre lieues au deſſous d'Amaſia. Elle eſt différente & plus au nord, de la riviere qui paſſe à Chonac ou Couleiſſar, & du Tefenlu qui paſſe à Chonac, & plus au midi.

80. *Agicti*,] village d'Armeniens, entre Sépédes & Nicſara. * Long. 55. d. 18'. lat. 39. d. 44'.

81. *Niſſar.*] Nicſara, ville de la Natolie, entre Amaſia & Arzingan. Long. 55. d. 27'. lat. 39. d. 36'. Elle s'appelloit anciennement Neocæſarea. Ptolemée la met dans le Pont-Polemoniaque, & lui donne de long. 77. d. 20'. & de lat. 41. d. 50'. Neocefarée fut érigée en évêché en 240. & S. Gregoire Thaumaturge en fut le premier évêque.

82. *Chelelyt*,] riviere appellée autrefois Licus, qui ſéparoit la Cappadoce de la grande Armenie. Elle paſſe à Nicſara, à Couleiſſar, & va ſe jetter dans le Cafalmach. Deliſle dans la carte des pays voiſins de la mer Caſpienne, met ſon embouchure fort peu au deſſous d'Amaſia, & ſa ſource long. 55. d. 50'. lat. 39. d. 33'.

83. *Damaye.*] C'eſt le nom eſtropié d'Amaſia. Cheſneau veut dire que le Couleiſſar, qu'il prétend être l'ancien Lieus, & qu'il apelle Chetelyt, ſe jette dans la riviere qui paſſe à Amaſia, & qui eſt le Cafalmach d'aujourd'hui, & l'Iris des anciens.

84. *Aſſarguies*,] dans la Natolie, entre Nicſara & Arſingan.* Long. 55. d. 32'. lat. 39. d. 31'.

85. *Coynaſſar*,) château inacceſſible de la Natolie, entre Aſſarquies & Arſingan, à deux milles à la droite de Couleiſſar. * Long. 55. d. 50'. lat. 39. d. 26'.

86. *Aſſebedic*,] gros lieu de 3000. feux, & qui a trente villages dans ſon diſtrict. Il eſt dans cette partie de la Natolie où eſt Amaſia, & dans la grande Armenie d'autrefois, entre Nicſara & Arſingan. * Long. 56. d. 2'. lat. 39. d. 20'.

87. *Girbamunbea*,] bois de la Natolie dans le diſtrict, où eſt Amaſia & l'ancienne Armenie. * Long. 56. d. 15'. lat. 39. d. 15'.

88. *Ardincly*,] village de la partie de Natolie où eſt Amaſia, entre Aſſebedic & Arſirgan. * Long. 56. d. 28'. lat. 39. d. 10'.

89. *Agiadaracly*,] village de Natolie, entre Ardincly & Arzingan. * Long. 56. d. 36'. lat. 39. d. 6'.

90. *Arzingan.*] Aramon y arriva vers le 10. Juin 1548. quatre ou cinq jours après que Soliman I. en fut parti, & il y reſta quatre jours. Cette ville de Natolie eſt conſiderable. Long. 56. d. 44'. lat. 39. d. 2'. Elle eſt à 15. lieues au S O. d'Erzerom, & à 82. lieues au N. N. E. d'Alep.

91. *Vitavicq*,] en Natolie, près & à l'oueſt de l'Euphrate, entre cette riviere & Arzingan. * Long. 56. d. 59'. lat. 39. d. 12'.

92. *Gibligy*,] en Natolie, à la droite de l'Euphrate, & à 15. lieues ou environ au S. O. d'Erzerom. * Long. 57. d. 14'. lat. 39. d. 13'.

93. *Chéobane*,] en Armenie, à la gauche de l'Euphrate, au ſud d'Erzerom. * Long. 57. d. 29'. lat. 39. d. 24'.

94. *Portari*,] peut-être Pretton en Armenie, ſur la route d'Arzingan à Erzerom, à 6. lieues au ſud de cette ville. Long. 57. d. 32'. lat. 39. d. 27'.

95. *Eſdron.*] Erzerom, grande ville d'Armenie, à la gauche & au ſud de l'Euphrate. Il y en a un grand article dans le dictionnaire de la Martiniere. J. A. de Thou, qui s'eſt fait un plaiſir de joindre l'ancienne geographie à la moderne, dit (lib. 67.) qu'Erzerom eſt, ſuivant l'avis de quelques geographes, la Simbra de Ptolemée. Ce geographe écrit Sinibra, ville de la petite Armenie, près de l'Euphrate. Long. 71. d. 0'. lat. 42. d. 30'. La Martiniere dit que le manuſcrit de la bibliothéque Palatine lit Sinera, au lieu de Sinibra. Erzerom eſt à

56. lieues à l'est d'Amasie, à 61. à l'ouest d'Erivan, à autant au nord de Diarbeck, à 72. au nord-ouest de Van, & à 108. à l'O. N. O. de Tauris : long. 57. d. 58. m. lat. 39. d. 55. m.

96. Cassuncala] Assancala, ville d'Armenie, à la gauche & au nord de l'Avas sur la route d'Erzerom à Erivan, à 10. lieues à l'est d'Erzerom : long. 58. d. 25. m. lat. 39. d. 58. m. Aramon y campa le 26. Juin 1548. Les seigneurs de Georgie qui étoient venus rendre leurs hommages à Soliman, lui firent une visite. Aramon leur donna une bouteille de Malvoisie, qu'ils trouverent excellente, & dont ils n'avoient jamais goûté. Ces marques de soumission rendues par les Georgiens à Soliman semblent prouver que le pays étoit en paix, & qu'il n'y avoit aucun mouvement contre Soliman. Cependant le prince Cantimir, (tom. I. p. 207.) dit que l'année précédente 1547. les Georgiens avoient surpris Mustapha pacha, gouverneur de leur pays, dans un défilé, & avoient taillé son armée en piéces ; qu'en 1548. Elkarib, prince Persan, en faveur duquel Soliman marchoit alors en Perse, dont ce prince lui avoit représenté la conquête comme très-aisée, s'étant raccommodé avec le roi de Perse, & voulant l'aller rejoindre, avoit été découvert par Mehemet pacha, & obligé de se refugier en Georgie ; que Soliman ayant ordonné à Mehemet d'entrer en Georgie, Mehemet avoit défait les Georgiens en plusieurs occasions, gagné une grande bataille sur eux, pris sept châteaux des plus forts qu'ils eussent ; qu'après cela, il étoit allé passer l'hiver dans le Diarbeck ; qu'au printems de 1549. il étoit entré de nouveau en Georgie, où il avoit réduit plus de 20. villes sous l'obéissance des Ottomans.

97. Arrexeis] Aras, grande rivière de l'Asie, extrêmement rapide, fort renommée dans l'histoire ancienne sous le nom d'Araxe. La source de cette rivière qui se jette dans celle de Kur a pour long. 58. d. 19. m. lat. 39. d. 53. m. & son embouchure, long. 66. d. 26. m. lat. 39. d. 49. m. Son cours est d'environ 153. lieues.

98. Argist.] C'est une ville de Perse que Soliman trouva abandonnée le 7. Juillet 1548. Il y séjourna quatre jours. Argis est une ville en Armenie, & dans Kochab, république des Curdes, sur le bord septentrional du lac de Van, à cinquante lieues à l'O. S. O. de Tauris : long. 61. d. 25. m. lat. 37. deg. 28. m. Il est singulier que Chesneau qui nous a donné un si grand détail du voyage d'Aramon depuis Constantinople jusques à Assancala, & tous les noms des lieux par où il avoit passé, quoiqu'ils soient presque tous estropiés, n'en nomme aucun depuis Assancala jusques à Argis qui est à 68. lieues au S. O de cette premiere ville. La riviere dont Chesneau ne peut pas sçavoir le nom, & qu'il dit passer près d'Argis, & se jetter à deux milles de-là dans le lac, n'est pas marquée sur la carte de Delisle.

99. Lac de Vastan] ou plutôt lac de Van. C'est un grand lac d'Armenie qui s'étend jusques à la frontiere de Curdistan. Il se joint, par un canal qui est au nord de la ville d'Ouroumi, au lac Chahi ou du roi. Ces deux lacs joints ensemble ont une étendue de 54. lieues depuis le bord qui est le plus proche de Van, jusques à la pointe du lac qui va vers Tauris, & dont il n'est éloigné que de 8. lieues au S. O. Sanson dans sa carte de Turcomanie & de Georgie, sépare ces deux lacs, & met une distance entre deux de 40. lieues. On n'en a eu la véritable position que par la carte des pays voisins de la mer Caspienne que Delisle donna au public le 15. Août 1723. Van est dans le Curdistan, & à l'ouest du lac : long. 60. d. 50. m. lat. 36. d. 55. m. Vastan est aussi une ville du Curdistan au sud du lac : long. 61. d. 10. m. lat. 36. d. 42. m. Chesneau ajoute que ce lac ne produit qu'une sorte de poisson, qui est petit comme un hareng, a la chair rouge, ne se prend qu'une fois l'an, mais en très-grande quantité ; qu'on le transporte en Georgie ; qu'il en avoit mangé, & l'avoir trouvé bon. Le Lexique Géographique Arabe, qui est en ms. à la bibliothéque de Leyden sous le n°. 1703.

& qui a beaucoup servi à Albert Schultens pour éclaircir la géographie de la vie de Saladin écrite en Arabe par Bohadin, fait mention de cette pêche de petits poissons, qui dure deux mois ; & Schultens la rapporte sous l'article Chalata. Tavernier, cité par la Martinière à l'article Van, dit que ce poisson qui est un peu plus gros que nos sardines sort du lac, & entre dans la rivière de Bendmahi, au mois de Mars, quand la rivière grossit par la fonte des neiges ; que les pêcheurs font au plus vite une digue à l'embouchure du Bendmahi, qui empêche le poisson de rentrer dans le lac ; qu'on en prend une grande quantité ; & qu'on en fait un négoce considérable en Perse & en Arménie.

100. Coïl] où l'armée de Soliman arriva vers le 25. Juillet 1548. est, selon Chesneau, le plus beau lieu qu'il eût encore vû dans ce pays, grand & beau village, où le roi de Perse avoit des jardins & un grand parc où il venoit souvent chasser. Les habitans l'abandonnerent à l'approche des Turcs. Coïl est la même ville que Khoï, capitale d'un grand district dans l'Aderbijan en Perse, sur la rivière de Kur, qui se jette dans l'Aggi, & celle-ci dans l'Aras, à quarante lieues à l'O. S. O. de Tauris : long. 62. deg. 0. m. lat. 37. d. 40. m. On y bâtit dans la suite une forteresse, qu'Abdoullah, pacha de Van, l'un des généraux Turcs, assiégea à la fin de Février 1724. & prit d'assaut après deux mois de résistance. Dès le commencement de l'année, Abdoullah étoit entré en Georgie à la tête de trente cinq mille hommes, & y avoit défait dans les montagnes Mehemed-Kouli-kan.

101. Mering] où l'armée de Soliman arriva le 26. Juillet 1548. après quinze jours de marche ou de séjour depuis Coïl. Il y a apparence que Chesneau veut dire Marand, lieu considérable de l'Aderbijan dans le district de Guneistan : long. 63. d. 55. m. lat. 38. d. 30. m. à quatorze lieues au N. O. de Tauris, & à 34. à l'E. N. E. de Khoï. Marand fut pris par Zul Fargar-kan, général d'Abas, roi de Perse, vers le 10. Juin 1605. Abas y campa vers le 10. Août 1605.

102. Sophian] où Soliman arriva avec son armée le 27. Juillet 1548. est Sofiana, gros lieu de Guneistant, district de l'Aderbijan en Perse. Il a de long. 64. d. 5. m. & de lat. 38. deg. 12. m. à huit lieues au N. O. de Tauris, & à un peu moins au S. E. de Marand. Chah Abas ayant surpris la ville de Tauris le 20. Mai 1603. assiégea le château. Ali pacha, gouverneur de Tauris, venant pour le secourir, Abas s'avança à Sofiana, d'où il envoya Zul-Fargarkan, gouverneur d'Ardebil, & Murgant-beg, capitaine de Casbin, qui attaquerent Ali, pendant qu'Ala-kouli-kan le prit par derrière. Ali fut battu & pris avec 700. Turcs : après quoi le château de Tauris se rendit à Abas le 6. Juin 1603. Deux ans après, & le 24. Août, Abas remporta une grande victoire dans les vastes plaines qui entourent Sofiana. Le combat dura tout le jour : les Turcs commandés par Cicala pacha, profiterent de la nuit pour se retirer à Van. Ils eurent 20545. hommes tués dans la bataille ; & les Persans leur prirent 400. canons de campagne & 40000. arquebuses.

104. Tauris] ville royale du roi de Perse, qui y faisoit ordinairement sa résidence. En 1549. son sol étoit de douze à quinze milles, en y comprenant les jardins. Soliman étant arrivé à trois milles de cette ville le 27. Juillet 1548. le peu d'habitans qui y étoient restés vinrent au devant de lui & furent fort bien reçus. On paya absolument tout ce qu'on leur prit, jusqu'à un œuf. Le lendemain 28. l'armée de Soliman traversa la ville, & alla mettre son camp vers le levant. Le palais du roi de Perse que Chesneau dit être une des plus belles maisons de plaisance qu'il eût vues, étoit sans meubles. On avoit commencé à briser les vîtres, les fenêtres, & les portes ; mais Soliman empêcha de continuer, & fut très-fâché de ce qui étoit arrivé. Ce prince voyant que Chah Thamas s'étoit retiré sur les montagnes de Caspis, que les vivres lui manquoient, qu'il avoit perdu plus de

cent mille chevaux, mulets, ou chameaux, partit de Tauris le 31. Juillet, & marcha à Van, dont il se rendit maître le 24. Août 1548. Tauris est la capitale du Tabristan, district de l'Aderbijan, à huit lieues à l'ouest d'Ardebil qui est la capitale de cette province. Sa longitude est 64. d. 30. m. & sa lat. 37. d. 55. m. Cette ville fut fondée l'an de l'Hegire 175. qui commença le mardi 10. Mai 791. Elle fut presque entiérement ruinée par un tremblement de terre en 244. année commencée le mardi 19. Avril 858, & encore plus le vendredi 4. Saphar 433. (3. Octob. 1041.) entre l'heure de vêpres, & celle du coucher du soleil, par un autre tremblement de terre, où 40000. de ses habitans furent ensevelis sous les ruines. Elle fut prise & saccagée par Timur Beg en 795. qui commença le dimanche 17. Novembre 1392. par Soman en 955. qui commença le samedi 11. Février 1548. Tauris essuia d'autres malheurs en 1,585. Osman étant parti d'Erzerom le 13. Août de cette année-là, arriva dans les jardins de Sofiana, & comptant de s'y tranquilliser, fut attaqué par les Persans près d'un pont que l'on avoit fait sur un lieu plein d'eau salée. Il perdit la plus grande partie de ses équipages & sept mille hommes. Emir-emza, fils aîné d'Hodabenda, qui étoit campé à douze milles au-delà de Tauris avec 50000. hommes, avoit eu peine d'obtenir de son pere 10000. hommes avec lesquels il battit Osman. Ali-culi-kan, fils d'Emir-kan, qui avoit été décapité l'année précédente, commandoit dans Tauris avec 4000. hommes. Les Turcomans qui haïssoient Ali-culi, ne voulurent pas le secourir. Osman envoya Sinan pacha, fils de Cidada pacha, & Mehemet, pacha de Caraemir, avec 13000. hommes, qui ayant joint Emza, l'attaqua. Ce prince s'étant défendu pendant deux heures, la nuit survenant, laissa la victoire indécise; mais la perte des Turcs qui alla à 6000. hommes fut plus grande que celle des Persans. Le lendemain (21. Septembre) quarantième jour depuis le départ d'Erzerom, les Turcs s'étant arrêtés à deux milles de Tauris, Ali-culi fit une sortie sur eux, poussa jusques aux tentes d'Osman, & lui tua 3000. hommes. Il attaqua encore la nuit suivante le camp Turc, il en tua plusieurs, & entre autres le pacha de Marasch : après quoi, voyant qu'il n'avoit pas assez de troupes pour défendre une aussi grande ville que Tauris, il alla joindre Holabenda. Les habitans ayant ramassé tout ce qui osa prendre les armes, repousserent les valets & les goujats Turcs qui venoient le lendemain de grand matin pour piller leur ville. Les Persans firent un grand massacre des Turcs; mais furent enfin obligés de céder au nombre. S'étant retirés dans des caves & autres lieux couverts, ils tiroient de-là des coups de mousquets, ou jettoient des fléches sur les Turcs qui pilloient leur ville. Ceux-ci ayant fait un grand butin, & amené beaucoup d'esclaves, retournerent le soir dans leur camp. Osman s'étant ainsi rendu maître de Tauris, fit publier un ban pour qu'on laissât les habitans en repos; & ayant parcouru la ville & les environs à cheval, posa son camp au midi de la ville, & fit jetter les fondemens d'une citadelle dans un lieu tout couvert d'arbres & de fleurs, & arrosé par plusieurs ruisseaux, que l'on nommoit le Paradis. Cet ouvrage fut achevé en 36. jours; à la fin desquels il commença à être attaqué d'une douleur d'intestins, qui le conduisit au tombeau. Minadoï écrit que Tauris fut pris de cette manière-là, fondé sur les lettres du Sangiac d'Aman (Apamea) écrites à Hali, pacha d'Alep. Lewnklau écrit sur les relations envoyées par l'ambassadeur de l'empereur, qu'il fut pris sans effusion de sang ni combat, les habitans étant allés se soumettre au camp des Turcs, parce que cette ville n'étoit pas fermée par des murailles. De Thou prétend que les grands de la Porte, honteux des pillages & des cruautés commises à Tauris, affectoient de publier que cette ville s'étoit soumise volontairement, & qu'en conséquence les Turcs n'y avoient commis aucun désordre. Le cinquième jour de la maladie d'Osman, les pachas & les officiers de l'armée pillerent de nouveau & commirent tous les désordres imaginables dans Tauris ; les habitans ne s'attendant à rien moins qu'à une pareille avanture. Emza s'étant alors avancé, & ayant envoyé 500. hommes, qui allerent escarmoucher jusques dans le camp des Turcs, Cicala, pacha & le pacha de Caraemit assemblerent par ordre d'Osman 33000. hommes, marcherent contre ces 500. Persans qui s'étant retirés pendant huit milles, attirerent les Turcs dans l'armée d'Emza. Ce prince qui avoit 20000. hommes, tombant sur les Turcs, mit d'abord en fuite le pacha de Caraemir. Cicala résista plus long-temps ; mais il fut enfin obligé de se retirer, après avoir perdu tous les drapeaux & 8000. hommes. Emza ayant ensuite fait défier Osman, le pacha quoique mourant, ne refusa pas le combat. Son armée de 60000. hommes fut mise en bataille. Les janissaires & l'artillerie resterent auprès d'Osman. Les Persans étoient au nombre de 40000. Emza s'étant avancé dans la mêlée, tua de sa main le pacha de Caraemir, & fit mettre sa tête au bout d'une lance qu'un de ses gens portoit. La nuit mit fin au carnage. Les Turcs perdirent 20000. hommes. La citadelle de Tauris étant en état de défense, & le commandement laissé à Giaffer, pacha de Tripoli, à qui Osman donna les sangiacs de Bir & de Marasch, 12000. hommes, de l'artillerie & des munitions pour un an ; il partit le 7. Novembre, 87e jour depuis son départ d'Erzerom. Son premier camp fut à Sancazan, à sept milles de Tauris. Les Turcs étoient occupés à dresser leurs tentes, lorsque le prince de Perse, à la tête de 19000. hommes tomba sur eux, & enleva les chameaux, les mulets, & les autres bêtes de charge qui portoient le butin fait à Tauris, & les vivres nécessaires à l'armée. Ayant fait escorter ce butin par 6000. chevaux, il continua à massacrer les Turcs, & alloit entrer dans la tente d'Osman, prêt à rendre l'ame, lorsque les janissaires firent tirer l'artillerie sur Emza. Alors les Persans contens d'avoir mis en sûreté leur butin, & d'avoir tué 20000. Turcs, se retirerent. Osman mourut de la dyssenterie le même jour, & nomma pour son successeur Cicala. Les Persans apprirent le même jour sa mort, par trois jeunes Turcs auxquels Osman avoit confié la garde de ses pierreries, & de ce qu'il avoit de plus précieux, & qui passerent avec les meilleurs chevaux de ce général dans le camp des Persans. Emza voulant profiter de la mort d'Osman, poursuivit les Turcs avec 14000. hommes. Sçachant que l'artillerie étoit à l'aile droite, il attaqua la gauche, & voulut pousser les Turcs dans un marais desséché & puant ; mais Cicala conseillé par Maxud-kan & Daut-kan, étendit le front de son armée, poussa les Persans eux-mêmes dans le marais desséché, & leur tua 3000. hommes. Ce fut le seul combat des cinq que les Persans donnerent aux Turcs en peu de jours, où ils eurent du désavantage. Le prince retourna joindre son pere. Les Turcs arrivés à Salmas, la mort d'Osman y fut divulguée. De Salmas on alla à Van, où l'on fit la revuë de l'armée, qui de 85000. hommes étoit réduite à 45000. Emza alla assiéger la nouvelle citadelle de Tauris ; mais les Turcomans n'ayant pas voulu le joindre, il fut obligé de lever le siége. Chah Abas ayant surpris la ville de Tauris par le moyen de Cazikan, prince des Curdes, qui demeuroit à Salmas, assiégea le 20. Mai 1603. le château. Ali, pacha de Tauris, marcha au secours. Abas s'avança à Sofiana à six lieuës de Tauris, d'où il envoya Zulphargar-kan, gouverneur d'Ardebil, & Murgani-beg, capitaine de Casbin, qui attaquerent Ali, pendant qu'Ali-culi-kan le prit par derriere, & le firent prisonnier avec 700. hommes. Le château de Tauris, bâti par Osman en 1585. & défendu par le fils d'Ali, se rendit le vendredi 6. Juin 1603. Abdoullah, pacha de Van, assiégea avec 25000. hommes à la fin d'Août 1724. la ville de Tauris, où il n'y avoit ni murailles, ni artillerie. Les Turcs ayant donné l'assaut, & s'étant rendus maîtres de tout un quartier de la ville, les habitans accoururent, enfermerent dans les ruës 4000. hommes, & les taillerent en piéces. Le pacha fit ensuite donner differens assauts d'un côté où les jardins le couvroient, & fut toujours repoussé. Averti que les habitans se disposoient à l'attaquer la nuit suivante, qui étoit celle du 20. au 21. Septembre, il décampa & laissa ses tentes dressées. Les assiégés au nombre de 20000. étant sortis sur les onze heures du soir, suivirent les Turcs jusques au lendemain à midi, & ne purent les joindre ; mais ils massacrerent les malades & les traineurs. Le pacha se retira à Tassou, ville à 20. lieues de Tauris, sur la rive septentrionale du lac Chahi. Vingt mille habitans de Tauris vinrent vers le 10. Octobre 1724. pour l'obliger d'abandonner ce poste. Le pacha averti, sortit de Tassou à la tête de huit mille hommes qu'il avoit encore ; mais en ayant perdu la plus grande partie dans le combat, il se retira avec le débris à Khoï. A la fin de Mai 1725. Abderrahman-bey, fils d'Abdoullah, pacha de Van, battit du côté de Tauris les Persans qui venoient de défaire un corps de Turcs dans ce même quartier. Le 30. Juillet 1725. Abdoullah Cuproli, pacha de Van, étant arrivé devant Tauris avec 100000. hommes, en battit 30000. qui sortirent de cette ville. Les Turcs ayant suivi les Persans qui rentrerent dans Tauris, trouverent neuf quartiers de cette ville retranchés. Ils donnerent pendant quatre jours & quatre nuits des assauts continuels pour se rendre maîtres de ces quartiers. Le 3. Août 35. ou 40000. Persans qui défendoient les deux autres, se rendirent vie & bagues sauves. Les persans perdirent à ce siége plus de 60000. hommes, & les Turcs 20000. du nombre desquels fut Osman, pacha d'Ourfa.

105. Montagnes de Caspiz] où Chah Thamas s'étoit retiré à la fin de Juillet 1548. doivent être au nord de Tauris.

106. Lac beau & grand] que l'armée de Soliman trouva le 5. Août 1548. Ce lac est fort salé. Chesneau dit qu'il n'en sçait ni le nom moderne ni l'ancien, & qu'il ne s'en trouve rien dans les cartes d'Asie, quoique ce lac soit fort grand, & que l'armée le cotoya pendant trois ou quatre jours. Chesneau étoit assez instruit de la géographie de son temps, & d'un peu de l'ancienne, mais il ne pouvoit pas sçavoir ce qui n'a été bien connu que depuis que Delisle nous a donné dans sa carte des pays voisins de la mer Caspienne la véritable figure & la position du lac d'Ouromi, qui est celui dont parle Chesneau. Le 13. Août, l'armée de Soliman arriva à Van, qui est un château du sophi très-fort, situé sur une roche inaccessible, à un mille du lac de Vastan, & qui étoit défendu par deux mille Persans. Les généraux de Soliman ayant fait dresser deux batteries contre ce château, ces batteries tirerent pendant neuf jours sans faire bréche. Aramon étant allé examiner la situation de ce château, remarqua l'endroit foible, & l'ayant dit à Soliman, le lendemain on changea la batterie, qui eut bientôt fait une bréche ; ce qui obligea les assiégés à proposer de rendre la place. Soliman leur permit de sortir, vie & bagues sauves. Ainsi Van ne se rendit pas, parce que les assiégés furent frapés de la bravoure Othomane, mais parce qu'ils virent une bréche qu'ils ne se sentoient pas en état de défendre, & qui ne fut point attaquée par Soliman, comme le prétend Cantimir. On peut tirer de la narration de Chesneau, que Van se rendit le onziéme jour après l'arrivée de Soliman devant ce château. Ce onziéme jour tombe au 24. Août, puisque Soliman arriva devant cette place le 13. & ce 24. Août est appellé par les Turcs 19. Resjeb de l'an de l'Hegire 954. Ainsi la narration des historiens Turcs est très-conforme à la relation de Chesneau. Van est connu dans l'histoire de Perse par deux grandes batailles qui s'y donnerent, le lundi 21. Mai 1605. & le lendemain mardi. Dans la premiére Alaverdi-kan battit Mir Charoffo, général Curde, qui campoit avec douze mille chevaux dans les jardins des environs, & qui étoit soutenu par l'armée de Cicala, général des Turcs. Les Curdes perdirent 3000. hommes. Le lendemain Cicala ayant assemblé son armée, qui étoit de 60000. hommes, attaqua Alaverdi-kan. Le combat dura six heures, depuis dix heures du matin jusqu'à quatre heures du soir. Les Turcs

ayant perdu 5000. hommes rentrerent dans Van. Ruſtem-kan, général des Perſans, ayant aſſiégé Van en 1632. & l'ayant fort preſſé, cette place étoit prête à ſe rendre, lorſque le Begler-beg de Romelie arriva avec les troupes d'Europe, força les Perſans dans leurs lignes, & délivra Van. Les Perſans l'aſſiégerent de nouveau en 1636. La place fut défendue par Abaza pacha, qui en étoit gouverneur. Il ſoûtint le ſiége pendant quatre mois; mais étant venu à mourir, Van fut emporté d'aſſaut par les Perſans. J'ignore le temps auquel les Turcs reprirent cette place. J. A. de Thou dans ſon LXVIIe liv. dit, que le lac ſur lequel eſt ſitué Van, s'appelloit autrefois Margiana Palus, & étoit preſqu'auſſi grand que la Palus Méotide; que ce lac s'appelloit de ſon temps Actamar; & que ſur ce même lac étoient ſituées les villes de Coi, Salmaſt, & Sereſul; qu'outre ce lac qu'il met dans l'Armenie, il y en avoit un autre appellé Thonitis ou Arcena, qui portoit le même nom en 1577. que le Tigre le traverſoit avec beaucoup de rapidité, & ſans mêler ſes eaux avec celles du lac; que Jean-Thomas Minadoi, de Rogigo, qui a donné une très-bonne hiſtoire de la guerre qu'Amurath III. fit à la Perſe, paroît confondre Arcena Palus avec le lac que Strabon appelle Spanta; que ce lac mis par Strabon dans la Médie Atropatene, eſt différencié par cet auteur de deux autres lacs qui ſont dans l'Armenie; qu'il croiroit plutôt que ce lac Spanta eſt le même que Minadoi a placé ſur ſa carte géographique, & auquel il donne le nom de Giol, & qui a au levant la ville de Loré. La géographie de la Georgie & de l'Armenie étoit preſque inconnue avant la carte des pays voiſins de la mer Caſpienne, que Deliſle fit paroître en 1723. La carte que Minadoi a miſe à la tête de ſon hiſtoire Italienne de la guerre de Perſe, donne beaucoup de poſitions; mais la plûpart tranſpoſées. Sanſon qui eſt venu après, en a corrigé quelque choſe dans ſa carte de Turcomanie, de Georgie, & de Commanie; mais il n'y a qu'à la comparer avec celle de Deliſle pour en ſentir tous les défauts. Voici ce que l'on peut dire de plus apparent pour concilier Strabon avec la carte de Deliſle: Le lac Spanta eſt le lac du roi, où Chahi Deriaſi dans l'Aderbijan, ſur la côte ſeptentrionale duquel eſt Salmaſt, que M. de Thou place ſur le lac de Van ou d'Actamar. Coi ou Khoi eſt éloignée de ſix à ſept lieues au nord de ce lac. A l'égard de Sereſul, on ne le trouve ni ſur le lac, ni dans la carte de Deliſle. De Thou prétend que le lac Spanta de Strabon eſt le lac appellé Giol par Minadoi. Cette conjecture ne lui eſt venue que par l'idée qu'il s'étoit toujours faite que la Médie Atropatene étoit à la gauche de l'Araxe, & non à ſa droite: ce qu'il n'auroit pas cru, s'il avoit lû avec attention le texte de Strabon. Le lac Spanta étant donc dans la Médie Atropatene, il eſt très-différent du lac Giol près de la ville de Loré, qui eſt à 75. lieues au nord de Salmaſt. Le lac appellé Giol par Minadoi eſt le lac de Sevan, qui a près de 20. lieues de l'eſt au N. E. & 7. lieues de large. Il eſt à huit lieues au ſud de Loré, & dans le diſtrict de Salcunuſtuer dans la province d'Erivan. Minadoi, & de Thou après lui, ont cru que Giol étoit le nom propre de ce lac: au lieu que Giol ou plutôt Ghul eſt un mot générique qui ſignifie lac. Sanſon a connu ce lac de Sevan; mais il lui donne une figure toute différente de celle qu'il a. Il ſépare le lac de Van ou d'Actamar d'avec un autre lac ſur lequel il met Maraga au N. E. Salmaſt au ſud, & ce lac au S. S. O. de Tauris. Ce lac eſt le même que le lac du roi de Deliſle, mais très-mal placé.

107. Baudemagny.] Soliman y campa avec ſon armée le 29. Août 1548. Bendmahi eſt une rivière du Curdiſtan, qui ſe jette dans le lac de Van au nord de cette ville, & à 12. lieues de celle de Berlis.

108. Argis.] Soliman qui y avoit paſſé le 8. Juillet en venant en droiture d'Erzerom, y retourna au commencement de Septembre 1548. Il alloit apparemment dans les lieux qui pouvoient plus aiſément fournir des vivres à ſon armée qui étoit très-nombreuſe; & huit ou dix jours après, il étoit à Berlis qu'il

avoit laissé sur sa gauche en allant de Van à Argis : long. 61. d. 25. m. lat. 37. d. 27. m.

109. Abdigelluis] petite ville fermée sur le bord du lac de Van, où Soliman arriva vers le 4. Septembre 1548. peut avoir pour longitude 61. d. 12. m. & pour lat. 37. d. 27. m. La route de Soliman qui s'éloigne de la Perse, semble l'indiquer. Ne seroit-ce pas Adelgiaoux, ville qui avoit un prince, qui se soumit à Timur-bec en Avril 1387. La marche de Timur n'est point contraire à cette position.

110. Lac d'eau douce.] La route de Soliman peut faire mettre sa long. à 61. d. 2. m. & sa lat. à 37. d. 26. m. Chesneau dit qu'ils passerent ensuite un bras du Tigre ; mais cette rivière étoit bien loin de-là, suivant la carte de Delisle.

111. Cononscala] * long. 60. d. 59. m. lat. 37. d. 25. m.

112. Carrachoppry,] rivière entre Conoscala & Mouchs. La carte de Delisle n'indique rien qui puisse aider à donner à cette rivière une position, même conjecturale. Il y a près de cette rivière une plaine dans laquelle on trouva du bétail tué par les Persans qui avoient couru jusques-là. Ne seroient-ce point ces mêmes Persans que Cantimir (Hist. Othomane, tom. II. pag. 328.) dit avoir été mis en déroute par Soliman après la prise de Van, & près de Amze ?

113. Mouchs,] petit château sur une montagne, où Soliman arriva vers le 9. Septembre 1548. * long. 60. d. 36. m. lat. 27. d. 24. m.

114. Carasouy,] petite rivière entre le château de Mouchs, & le casal de Nossensosillert.

115. Nossensosillert,] casal près duquel l'armée de Soliman arriva vers le 11. Septembre 1548. & dont la position peut être, long. 60. d. 12. m. lat. 27. d. 17. m. Ce nom est sûrement mal ortographié ; peut-être se trouvera-t-il dans la suite des temps quelqu'un qui en découvrira la véritable ortographe & la position.

116. Montagnes de Noé.] Chesneau dit que ces montagnes sont au levant, & près du casal de Nossensosillert. La marche de Soliman déterminant la position de ce casal dans l'endroit à peu-près où je le mets, il faut que la montagne que Chesneau dit être celle de Noé, soit différente de celle que tous les voyageurs appellent le mont Ararat, ou la montagne sur laquelle on croit que s'arrêta l'arche de Noé. Cette montagne est à la droite de l'Aras dans l'Armenie, & dans le district de Bayazet, république des Curdes, à quarante-sept lieues au N. O. de Tauris, & à cinquante lieues au N. N. E. du casal de Nossensosillert : long. 60. d. 0. m. lat. 39. d. 26. m.

117. Bithlis.] Betlis, ville capitale du Curdistan, où Soliman arriva vers le 14. Septembre 1548. Chesneau l'appelle un village, & dit qu'il est composé de deux mille maisons, avec un château fort, situé sur un rocher, à la droite de la rivière de Bendmahi, qui se jette dans le lac de Van à 72. lieues à l'ouest-S. O. de Tauris : long. 60. d. 0. m. lat. 37. d. 22. m.

118. Atteguie.] Soliman y arriva vers le 21. Septembre, après avoir passé par des défilés très-difficiles : * long. 58. d. 30. m. lat. 37. d. 12. m.

119. Liege,] où il y a des bains naturels : * long. 57. d. 55. m. lat. 37. d. 8. m.

120. Arzin,] rivière qui passe à Liége, & qui ne doit pas être loin de celle de Barema, qui est le Tigre oriental, & qui se joint au Tigre occidental entre Diarbekir & Geziré. Il y avoit une ville près de cette rivière, dont Ali étoit prince, lequel se soumit à Timur le 29. Janvier 1394.

121. Carahemit.] Soliman y arriva le 25. Septembre 1548. & y séjourna jusques au 12. d'Octobre. Aramon en partit le 14. du même mois pour aller joindre Soliman à Chonac ; mais étant arrivé à Carputh, & y ayant appris que Soliman n'étoit plus à Chonac, il retourna à Carahemit, où il arriva le 5. Novembre. Carahemit est la même ville que Diarbekir, capitale du Diarbeck entourée à l'ouest, au nord, & à l'est par le Tigre, à 115. lieues à l'ouest de Tauris : long. 57. d. 21. m. lat. 37.

d. 8. m. Cette ville qui étoit extrêmement forte, à ce que dit l'auteur de l'histoire de Timur qui y avoit été, fut prise d'assaut en moins de trois jours le 29. Avril 1394.

122. Sonas,] Chonac, ou Couleissar, ville de Natolie: long. 55. d. 20. m. lat. 39. d. 38. m. Comme elle est près de 60. lieues au nord de Diarbekir, Soliman n'alla pas jusques-là; il n'avoit garde de faire faire à son armée une course aussi inutile.

123. Begur, casal d'Armeniens, où Aramon partant de Carahemit arriva le même jour 14. Octobre 1548. * 56. d. 55. m. lat. 37. d. 6. m.

124. Giolgie,] lac auprès & à la gauche de l'Eufrate, au milieu duquel il y a une petite isle habitée par des Turcs, où Aramon après avoir marché pendant quatre jours sur des montagnes que Chesneau appelle les monts Taurus, arriva vers le 20. Octobre 1548. * long. 55. d. 48. m. lat. 37. d. 30. m.

125. Malaria.] Aramon y arriva le 21. Octobre 1548. Chesneau dit que c'est une ville du pays de Lydie. Il est difficile de comprendre ce qu'il entend par-là. Malatia est dans la Natolie, à la droite de l'Eufrate, qui reçoit un peu au dessous, le Curason, ou Mirakiab: long. 55. d. 40. m. lat. 37. d. 40. m. à 138. lieues à l'ouest de Tauris.

126. Carpont] Carputh, château de Natolie, à la droite de l'Eufrate, à 123. lieues à l'ouest de Tauris: long. 56. d. 39. m. lat. 38. d. 44. m.

127. Mont Amanus.] Chesneau dit que ces montagnes sont fort hautes & fâcheuses; qu'au plus haut il faut passer par un petit détroit de rochers fait en façon de portes, que l'on appelle les portes Amanniques. La position de ces portes semble être, * long. 56. d. 10. m. lat. 38. d. 8. m. Elles sont bien éloignées du mont Amannus en Cilicie, sur lequel Ciceron qui avoit en partage la Cilicie, & qui par-là étoit devenu général d'armée, battit les Ciliciens le 15. Août, cinquante-trois ans avant l'Ere vulgaire, & prit plusieurs châteaux sur cette montagne, après quoi il vint camper aux autels d'Alexandre, ou à Issus, où Alexandre avec 47000. hommes avoit battu vers le 13. Octobre, 333. ans avant J. C. Darius qui en avoit plus de cent mille. Païs que l'on met aujourd'hui à la place de l'ancienne ville d'Issus, a pour long. 54. d. 14. m. & pour lat. 36. d. 46. m. dans la carte de Syrie que M. d'Anville vient de nous donner, la plus détaillée & la plus travaillée que l'on eût encore eu.

128. Orpha] Ourfa, où Soliman arriva le 15. Novembre 1548. est une ville du Diarbeck, à la droite de la rivière de Giallab, à 139. lieues à l'O. S. O. de Tauris: long. 56. d. 6. m. lat. 36. d. 17. m. Chesneau dit qu'il apprit des Armeniens qu'Ourfa s'appelloit anciennement Arsacia. Mais Arsacia que Ptolémée met dans la Médie, est selon ce géographe, 15. d. 50. m. plus à l'orient qu'Edesse, qui sûrement est Ourfa: & par conséquent Arsacia ne peut pas être Edesse. Dire comme Guillaume de Tyr (tom. IV. p. 2.) qu'Edesse est la même ville que Ragès; où Tobie le père envoya l'an 682. avant l'ere de J. C. Tobie, son fils, pour retirer dix talens qu'il avoit prêtés à Gabelus, est une idée toute opposée aux notions géographiques que nous avons. Ragès étoit au-delà d'Ecbatane par rapport à Ninive d'où Tobie partoit; & Ecbatane qui selon toutes les apparences est Amadan, se trouve à près de quatre-vingt-dix lieues à l'orient d'Edesse ou d'Ourfa. Edesse se soumit volontairement à Timur-bec. Son prince nommé Ghuzel l'avoit abandonnée, & s'étoit enfui dans les montagnes. Timur y resta 19. jours en Janvier 1394. Cherefeddin Ali, auteur de la vie de Timur, rapporte que tous les édifices de la ville d'Edesse étoient de pierre de taille. Ourfa est le lieu de résidence du pacha de ce district, qui s'appelloit autrefois le district de Racca, grande ville anciennement nommée l'astronome Araeta, & où Albategnius faisoit ses observations en 882. Racca ayant été ruinée, le pacha alla résider à Ourfa, dont le district s'étend sur treize cantons. Osman qui en étoit pacha en 1725. & qui commandoit l'aile droite de l'armée dont Abdoullah Coprouli, pacha de
Van

Van, étoit général, fut tué à la prise de Tauris, qui se rendit après cinq jours d'une très-grande résistance le 3. Août de la même année. Chesneau ne détaille point la route qu'Aramon fit depuis Ourfa, d'où il partit le 15. Novembre 1548. jusques à Alep, où il arriva le 23. du même mois. Tavernier qui fit cette route en allant d'Alep à Ourfa, partit d'Alep le 6. Mars 1644. & coucha à Arabkoui le 7. à une lieue de Tilbechar ; le 8. à Mazara ; le 9. il passa l'Eufrate à Bir, le 10. à Charmeli ; & le 11. à dix-heures du matin il arriva à Ourfa. Thevenot qui partit d'Alep le dimanche 29. Juin 1664. coucha le 30. dans la campagne de Sanmaia près de la rivière d'Alep ; le 1. Juillet dans la campagne de Cherauli ; le 2. à Mazar; grand village, où il vit une belle cascade de huit à dix étages ; le 3. il passa l'Eufrate à Bir ; le 4. il campa près des ruines de la ville d'Aidar-Ahmet ; le 5. à Tchamalic ; & le 6. à deux heures du matin, il arriva à Ourfa. Otter qui voyageoit avec Abdul-Baki-Khan, ambassadeur de Nadir-Chah, & qui retournoit de Constantinople à Ispahan, n'alla pas si vîte. Il fut neuf jours pour aller d'Alep à Bir, le 3. Mars 1737. jusques au 13. & il marcha pendant ces neuf jours trente six heures. Il partit de Bir le 14. & marcha pendant dix heures pour arriver à Tcharmels, d'où il fut le lendemain à Ourfa. Il trouva la vallée des Oliviers près de Bir abondante en sources & en arbres fruitiers.

129. Caran,] que Chesneau dit être une ville ruinée, à une journée d'Ourfa, & où se tenoit Tharé, père d'Abraham. Delisle, dans sa carte des pays voisins de la mer Caspienne, met une ville, qu'il appelle Charran, à 5. lieues au sud d'Ourfa, à la droite de la source de la rivière de Bali, qui est la fontaine d'Abzabar : long. 56. d. o. m. lat. 36. d. 2. m. à 141. lieues à l'O. S. O. de Tauris. Tharé, qui habitoit Ur des Chaldéens, sa patrie, la quitta, & amena Abraham son fils à Haran, l'an 1922. avant l'ère vulgaire. Il y mourut, & Abraham alla dans le pays de Canaan, & s'avança jusques à Sichem, & à la vallée illustre. La Martinière, qui a donné au public un très-bon dictionnaire géographique, mais qui l'auroit pû donner encore meilleur, examine si Charran ou Harran, dont il est ici question, est Carrhæ, ou Carrhes, ville de Mésopotamie, près de laquelle Surena, général des Parthes, défit Crassus, général des Romains, le 8. Juin (12. Avril Julien) 701-53. de Rome, & est pour l'affirmative.

130. Vir,] château où Aramon arriva vers le 18. Novembre 1548. & où il passa l'Euphrate. C'est Bir à la gauche & sur le bord de cette rivière, dans le Diarbeck, à 150. lieues à l'O. S. O. de Tauris : long. 55. d. 29. m. lat. 36. d. 10. m. Chesneau prétend que Bir s'appelloit autrefois Virsima : il falloit nous expliquer ce que c'étoit que Virsima, & dans quel ancien auteur on trouvoit ce nom-là, sans quoi c'est prouver son ignorance, & donner à plaisir de l'embarras à ses lecteurs. Le château de Bir, qui étoit très-fort, fut assiégé, & pressé par Sanguin, prince de Ninive, dont le vrai nom étoit Omadodden. Zengi, fils d'Ocsenkar, & père de Nour-Eddin, qui s'étoit rendu maître d'Edesse, appellée par les Orientaux, Roha, l'an de l'hégire 539. qui avoit commencé le mardi 4. Juillet 1144. Zengi étoit prêt de se rendre maître de Bir, lorsqu'il apprit que Nasiroddin avoit été tué dans Mosul, ville qui lui appartenoit : ce qui l'obligea de lever au plus vîte le siège de devant Bir, & d'aller à Mosul. Les Francs qui étoient dans Bir, craignant le retour de Zengi, aimèrent mieux céder ce château à Noimoddin, seigneur de Merdin, le 25. Septembre 1145. Zengi, qui assiégeoit le château de Jaabar, fut tué par ses esclaves. Abulpharaje appelle Joabar le même château que Guillaume de Tyr nomme Calogenbar, & qu'il dit être sur l'Euphrate. Otter qui passa à Bir le 13. Mars 1737. dit que ce district, qui dépendoit autrefois d'Alep, avoit alors son gouverneur particulier, & que la vallée des Oliviers, qui en étoit proche, abondoit en sources & en arbres fruitiers.

131. Alep,] où Aramon arriva le 23. Novembre 1548. & d'où il partit le 30.

Juin 1549. pour aller à Jerusalem & au Caire. Alep est la plus grande ville de Syrie, & la plus célébre par son commerce. Elle a plus de trois milles de circuit. Elle est habitée par 250. mille personnes, dont près de 40000. sont chrétiens. On trouve la suite des souverains dans les tables généalogiques Allemandes, de George Lohmeier, augmentées par Jean-Louis Levin Gebbardi, professeur à Lunebourg, imprimées dans cette ville en 1730. (Tab. X. de la III. partie.) Il y a un bon article de Nour-Eddin, mais la date de sa mort n'y est pas exacte. On la fixe au mois de Mai 1173. & il est sûr que Nour-Eddin mourut le mercredi. 11. Sjawal 569. de l'hégire; ce qui revient au 15. Mai 1174. L'auteur de la table a suivi Guillaume de Tyr, sans faire réflexion que les éditeurs de ce grand historien ont donné sa chronologie telle qu'ils l'ont trouvée défigurée par ses copistes. Saladin se saisit d'Aleph sur Ezzedin, fils de Nour-Eddin, le 5. Juin 1183. ayant fait un traité avec celui qui commandoit dans cette ville, & ayant cédé Senjar, qui étoit près de Mosul, & quelques autres places. Alep fut pris par Timurbec le 30. Octobres 1400. le même jour qu'il défit l'armée de Farudge, soudan d'Egypte, commandée par Temourtach, gouverneur d'Alep, & Chadoun, chefs des émirs de Damas, & qui campoit hors d'Alep, pour couvrir cette place. Il y eut un grand massacre dans la ville, qui ne fit aucune résistance, & qui fut entiérement pillée. Le château d'Alep se défendit pendant quelques jours, au bout desquels Chadoun & Termoutach se rendirent prisonniers de guerre. Timur resta quinze jours dans le château d'Alep, & en laissa le gouvernement à 8. émirs. Ce Prince, qui alla prendre Damas & y passa l'hiver, revint à Alep à la fin d'Avril 1401. & en retira ses troupes, après avoir fait raser les murailles & brûler les maisons, tant de la ville que du château. Timur avoit entrepris cette guerre contre Farudge, soudan d'Egypte, fort fâché contre lui de ce qu'il avoit fait mettre en prison à Alep les ambassadeurs qu'il lui avoit envoyés, & étoit d'ailleurs très-fâché contre Bacouc, père de Farudge, qui gardoit dans une prison au Caire Atilmich Coutchin, gouverneur de Van pour Timur, que Cara-yousès, prince des Turcomans, lui avoit envoyé après l'avoir pris prisonnier dans une bataille qu'il avoit gagnée sur lui, pendant que Timur faisoit la guerre en Capchac. Selim I. prit Alep sur Kansul-al-Gouri, après avoir défait le soudan d'Egypte, le 25. Resjeb 922. (Dim. 24. Août 1516.) à Marj-Dabek, près d'Alep. Kansul fut écrasé par les pieds des chevaux, étant tombé de cheval. Il avoit régné 15. ans, 9. mois & 29. jours depuis le premier Sjawal 906. (20. Avril 1501.) Otter, qui arriva à Alep le 14. Février 1737. dit qu'on comptoit dans cette ville quatorze quartiers, 14000. maisons, & beaucoup de mosquées.

132. Aman,] Hamah, où partie de l'armée de Soliman hiverna à la fin de 1548. C'est la même ville où Cotovic arriva sur le soir du 4. Décembre 1598. étant parti d'Hems ou d'Emese, le matin quatre heures avant jour, ayant passé à trois heures du soir à Resta, grande & ancienne ville, où il ne vit que des restes de bâtimens, & nuls habitans. On y passe l'Assi, ou l'Oronte, rivière très-rapide, que cette ville a au Nord, sur un pont de pierre de taille de 16. arches, long de 200. pieds, & large de 16. avec des gardes-foux très-bien bâtis. On marche ensuite à la droite de l'Oronte par un chemin pierreux, & qui va en montant. On traverse une belle plaine assez cultivée, & l'on passe le mont Bellabei avant d'arriver à Amah. La marche fut de 14. heures. Amah étoit en 1598. après Damas & Alep, la ville d'Assyrie la plus grande, la plus peuplée, & située dans un des meilleurs terreins de ce pays. Elle est dans le fond d'un vallon, entouré de collines couvertes d'arbres fruitiers. On n'apperçoit Amah que lorsqu'on y est arrivé. L'Oronte la partage en deux, & fournit de l'eau aux maisons, & pour arroser les prairies des environs, par le moyen de plusieurs machines à roue, qui vont puiser l'eau dans le lit de la rivière, & l'élèvent jusques dans

A CONSTANTINOPLE, EN PERSE, &c.

la ville, où elle est distribuée dans différens canaux. On dit a Cotovie qu'il y en avoit plus de 100. La Roque, dans son voyage de Syrie, les réduit à 18. Monconis, qui étoit parti de Tripoli le premier Janvier 1648. arriva a Hamah le 5. à nuit close. Il dit que cette ville est assez grande, mais mauvaise, située au fond d'une plaine, & au fond d'un vallon ; que les Turcs y faisoient ce jour-là, 5. Janvier, la fête du Corban, qui est l'onzième jour de leur douziéme lune, dite *di el Heghe* ; qu'il y séjourna le 6. que le 7. il en partit avant le jour ; qu'il passa devant une grande roue que l'eau fait tourner dans cette ville ; que cette roue porte l'eau dans un haut aqueduc, mais qu'il ne put pas bien voir la façon de cet artifice, à cause qu'il étoit nuit ; qu'il arriva à deux heures après midi à un grand Khan, dans un fond au bout d'une grande campagne, qui dure depuis Hamah ; que le 8. après sept heures de marche, il arriva a Mharra grand village ruiné ; le 9. en dix heures, à un Khan très-mal-propre dans un village ; le 10. en 10. à 11. heures, dans le Khan de Jam, à 2. l. d'Alep : de manière que Monconis fut 4. jours & 2. heures pour aller d'Hamah à Alep, & que la marche fut d'environ 30. heures. Les géographes, & même les meilleurs, qui se copient souvent, avoient cru jusques à présent qu'Apamée étoit Hamah ; mais M. Delisle ne donna pas dans cette erreur, & distingua très-bien, dans sa carte de l'Egypte & de la Nubie, Hamah de Famié, qui est l'ancienne Apamée, & qui aujourd'hui n'est pas à beaucoup-près si considérable que Hamah. La Martinière, qui n'a guères manqué de profiter des découvertes de Delisle, n'a pas fait usage de la distinction d'Hamah d'avec Famié, & croit qu'Hamah est l'ancienne Apamée, quoique celle-ci soit à 9. l. au nord-ouest d'Hamah. M. d'Anville n'a pas suivi le torrent des anciens géographes, & il a distingué Famié d'Hamah. Il donne pour long. a Hamah 55. d. 0. m. & pour lat. 34. d. 45. m. & à Famié, long. 54. d. 40. m. lat. 35. d. 5. m. dans sa carte de Syrie. Il l'avoit aussi distinguée dans sa carte pour servir aux voyages de M. Otter. Ce voyageur (1. 85.) donne un assez grand détail du lac d'Esania, où l'on pêche beaucoup d'anguilles. Hamah avoit des Princes dans le XIII. & le XIV. siécle. Abulfeda, à qui l'histoire & la géographie de l'Orient ont de si grandes obligations, fut fait prince de Hamah l'an 709. de l'hégire, qui commença le 11. Juin 1309. Le soudan d'Egypte le nomma & le reçut comme Sultan de Hamah, dans son palais au Caire, le Jeudi 28. Février 1328. & Abulfeda fut reçu dans la même dignité à Hamah, le samedi suivant 8. Mars. Il mourut l'an de l'hégire qui commença le mardi 22. Sept. 1332. âgé de 60. ans. Il étoit de la même famille que Saladin, qui prit Jerusalem ; & avoit pour trisayeul Sjahensjac, frère puîné de Saladin. Delisle dans la carte qu'il a faite pour le voyage de Paul Lucas, met la long. d'Hamah a 55. d. 1. m. sa lat. a 35. d. 19. m. & sa distance au sud-est de Constantinople de 177. lieues, de vingt au degré.

133. Bargim,] où Aramon coucha le 30. Juin 1549. étant parti le même jour d'Alep ; & ayant passé une belle plaine, dans laquelle il y a voit quantité de villages : peut avoir pour long. 55. d. 8. m. & pour lat. 35. d. 15. m.

134. Amen,] c'est la même ville que Chesneau appelle Aman, & dont on a parlé à la note 132. Son véritable nom est Hamah. Aramon y passa le 2. Juillet 1549. après s'être détourné un quart de lieue de chemin, pour voir une espèce de chapelle que les Turcs appellent sépulcre de Daniel. Quelque recherche que l'on ait faite, on n'a pû trouver aucun voyageur qui ait parlé de ce sépulcre de Daniel. La Martinière, qui a donné 19. articles de différens sépulcres, ne fait pas mention de celui-ci.

135. Emps,] ville fort ancienne & fort ruinée, où Aramon passa le 2. Juillet 1549. & que Delisle, dans sa carte pour le voyage de Lucas, appelle Heme, & le place au 55. degré 15. m. de long. 34. d. 50. m. de lat. & à 186. l. au S. E. de Constantinople. Aramon passant par Elca, village habité par les Chrétiens, y eut une querelle avec les habi-

L ij

tans, qui refuferent du fourrage à fes chevaux, ce qui l'obligea de continuer fa route pendant la nuit. On peut fuppofer la long. d'Elca 55. d. 1. m. de long. & 34. d. 40. m. de lat.

136. Balbec,] où Aramon arriva le matin du cinq Juillet 1549. Continuant fa route, on lui montra, fur une montagne fort haute, la maifon d'Adam, & celles de Caïn & d'Abel. S. Jerôme, cité par Dom Calmet, (Genefe, p. 120. 121.). dit que la tradition des Hébreux étoit que Caïn & Abel demeuroient aux environs de Damas, & que la ville de Damas prenoit fon nom de *Dam-Sa*, fac de fang, parce qu'elle avoit été abreuvée du fang d'Abel. Monconis partit de Damas au point du jour, le jeudi 19. Décembre 1647. marcha les trois quarts du chemin par les montagnes, qui fe joignent de manière, que l'on croiroit que le paffage a été fait de main d'homme, ou par le ruiffeau qui y coule, & qui eft fort gros. Il arriva dans un fort beau & long vallon, au milieu duquel paffe le même ruiffeau. Il y a quelques villages contre les montagnes de deux côtés, & au fond Zebdani, où Monconis coucha mal à fon aife, fous la porte d'une maifon. Il partit le 20. trois heures avant jour, paffa deux grandes montagnes, & après dans une belle, large & longue campagne, qui a au couchant le mont Liban, au levant les montagnes qui la féparent de celle Damas, & au fond, vers le nord, la petite ville de Balbek, qui eft dans une belle fituation. Monconis y refta trois jours complets, & en employa la plus grande partie à examiner le château & les temples, bâtimens renommés, & dont il donna une defcription affez détaillée. L'article de Balbek, dans la Martinière, contient trois pages de 90. lignes chacune. Quoique Balbek eût un château très-fort & très-bien bâti, elle fe rendit fans réfiftance à Timur, qui trouvant le climat de cette ville, où il pleuvoit & neigeoit beaucoup, trop froid, en partit le 20. Déc. 1400. pour aller prendre Damas & y paffer l'hiver. Balbek eft 54. d. 3. m. de long. & 34. d 1. m. de lat. à 44. lieues au fud d'Antioche, & à 45. & demie au N. N. E.

de Jerufalem, & à 184. au S. E. de Conftantinople.

137. Damas.] Aramon y arriva le 8. Juillet 1549. Il étoit parti d'Alep le 30. Juin: & paffant par Bargim, Aman, Ems, Elca, Balbec, à la vuë de ce qu'on appelle la maifon d'Adam, & de celles de Caïn & d'Abel, il arriva à Damas le 8. Juillet, neuvième jour de fa route. Cotovie, dans fon voyage de Jerufalem, donne le journal de fon voyage de Damas à Alep. Il partit de Damas le 28. Novembre 1598. & arriva à Alep le 8. Décembre; ayant couché à Refta, à Hadra, au khan de Coteife, & à ceux de Naph & d'Hafdia, à Chems, à Hama, au khan de Sechan, à celui de Sinan Pacha, & à Sérach. Aquilante Rocchета, qui étoit né à Sanfli, dans le marquifat de Renda, & au diocèfe de Cofenza en Calabre, fit un pélerinage à Jerufalem, & mit dix jours de marche d'Alep à Damas. Il partit d'Alep le mercredi 10. Mars 1599. & arriva à Damas le dimanche 21. ayant couché aux trois khans, Tucuman, Séraclep, & Zecchie, a Aman, où il féjourna le 14. à Pfirin, à Omps, au khan Afcia, à Derithea, au khan Sinan, & être entré à Damas à la vingt-deuxième heure d'Italie. Monconis fit auffi ce voyage, & partit de Damas le 19. Décembre 1647. & arriva à Alep le 11. Janvier 1648. mais il ne fuivit pas la même route qu'Aramon & Cotovie. Ses couchées furent à Zebdani, à Balbec, a Ainate, à Hennebe, après avoir vû les cedres du mont Liban; à Tripoli, dans une chaumière, a un couvent Grec de S. George, dans un village, après avoir paffé des montagnes, à Hama, à Merra, dans un vilain khan, & à celui de Jam, qui n'eft qu'à deux lieues de Damas. Damas exiftoit dès l'an 1912. avant J. C. 2802. de la période Julienne. Abraham avoit pour intendant de fa maifon un affranchi qui étoit de Damas; & cette année-là il pourfuivit Codorlahomor, & les cinq rois ligués, jufques à Hoba, qui étoit à la gauche de Damas. David vainquit Adad, roi de Damas, & Adarèfer, roi de Saba; & affujettit leur pays. Razin, fils d'Elcada, fecoua le joug des rois de Juda, & rétablit le

royaume de Damas fur la fin du régne de Salomon. Ben-Adal, fils d'un autre Ben-Adal, affiégea Samarie, & fut obligé de lever le fiége ; & l'année fuivante il fut vaincu par Achab. Il fit la guerre à Joram, fils d'Achab : il affiégea Samarie, & ne put pas prendre cette ville. Etant tombé malade à Damas, Hazael l'étouffa dans fon lit, & régna à fa place. Ben-Adal, fils d'Hazael, fit la guerre aux rois d'Ifraël & de Juda. Mais Joachas, roi d'Ifraël, le battit en trois rencontres, & l'obligea de lui rendre les villes qu'Hazael avoit prifes fur fon pere. Jeroboam II. roi d'Ifraël, conquit Damas. Après la mort de Jeroboam, Razin prit le titre de roi de Damas, & fit la guerre à Achaz roi de Juda, qui ne fe fentant pas affez fort, envoya demander du fecours à Teglatphalaffar, roi d'Affyrie. Celui-ci prit Damas, la ruina, & fit mourir Razin. Damas fe rétablit. Holoferne la prit du temps de Manaffé, roi de Juda. Nabuchodonofor l'affujettit, ainfi que les autres villes de Syrie. Les généraux d'Alexandre en firent la conquête. Jonathas Machabée, frère de Simon, prit auffi Damas. Pompée faifant la guerre à Tigranes, y envoya Metellus & Lélius, qui s'en faifirent. Cette ville demeura fous la domination des Romains, jufques à ce qu'elle tomba entre les mains des Arabes. Obodas, père d'Arétas, roi d'Arabie, dont parle faint Paul, étoit maître de Damas fous Augufte ; mais foumis aux empereurs Romains. Après la divifion de l'empire Romain, elle fut foumife aux empereurs d'orient. Omar, calife & fucceffeur de Mahomet, s'étant rendu maître de l'Arabie & de la ville de Bofra, marcha à Damas, défit, le mardi 25. Août 634. Théodore, frère de l'empereur Héraclius, qui avoit une armée de 40. mille hommes ; & fe faifit de Damas, où il laiffa habiter les chrétiens. L'empereur Conrad III. & Louis VII. roi de France, étant allés à la feconde croifade, affiégerent Damas en Mai 1148. mais cette ville ayant été deftinée à Théodoric, comte de Flandres, les grands du royaume de Jerufalem, voyant qu'elle ne devoit pas leur refter, ne fe fouciérent pas beaucoup de la prendre. Le fiége fut levé. Saladin, appellé par les habitans de Damas, y fut reçu en 1174. Ses defcendans en jouirent toujours, & enfuite les Mamelues, foudans d'Egypte. Damas fut pris le 9. Janvier 1401. par Timur, qui, le 5. du même mois, avoit battu au fud de cette ville Farrudge, foudan d'Egypte. Farrudge avoit attaqué Timur pendant qu'il négocioit la paix, & avoit été bien battu ; de manière qu'il prit le chemin d'Egypte la nuit du 8. au 9. mais il ne put pas faire affez de diligence pour que les troupes de Timur ne tombaffent fur fon arrière-garde, & ne lui tuaffent bien du monde. Yezdar Coutual ayant voulu défendre le château de Damas, fut fi fort preffé & dérouté, qu'il fortit lui-même pour porter les clefs du château aux généraux de Timur, qui ne lui donna pas pour cela la vie. Le 17. Mars, Timur toujours porté à la cruauté, fit entrer dans Damas des troupes, qui y firent un grand maffacre, prirent un nombre infini d'efclaves, & enleverent une quantité prodigieufe de richeffes. Le lendemain le feu ayant pris par hazard à quelques maifons de cette malheureufe ville, les confuma prefque toutes ; les feconds & les troifiémes étages étant de bois vernifté, il fut aifé aux flammes d'y faire un grand ravage. Le 20. Timur partit du Coubacbut, pour aller à Goura, & de-là affiéger Bagdad, qu'il prit après 46. jours de réfiftance, le 9. Juillet 1401. Le foudan Ferradje voulant fe fauver fur le Tigre, fe noya avec fa fille.

138. *Le pont de Jacob.*] Le Jourdain coule fous ce pont. Aramon y paffa deffus le 13. Juillet 1549. 4. jours après être parti de Damas. Le même jour il coucha à Betfaïde. Le chemin le plus court de Damas à Jerufalem, eft de paffer le Jourdain fur le pont de Jacob. Cotovie, qui avoit couché au Khan de Dothaïm le 9. Novembre 1598. & qui en étoit parti le 10. trois heures avant le jour, n'arriva qu'après le lever du foleil au pont de Jacob. Il dit qu'il eft tout de pierres, de trois arches, long de 60. pas avec des parapets, & large de 16. qu'il eft entre la mer de Tibériade & le lac

de Samechon, à un mille de ce lac, & à huit de la mer de Tibériade ; qu'avant de passer le pont à pied, lui & les autres pélerins étoient descendus, suivant la coûtume, dans le Jourdain, où ils s'étoient lavé le visage & les mains, & avoient bû de l'eau de cette rivière. Cotovie dit que le cours en étoit très-rapide, le lit peu profond, large de vingt pas, & ayant beaucoup de petits cailloux noirs & très-durs ; que les deux bords étoient couverts de *salice*, de tamaris, d'agnus-castus, & sur-tout de grandes cannes, dont les Arabes faisoient des lames. Ce voyageur ayant passé le pont à pied, vit à midi une grande campagne vers l'orient, où, pendant tout l'été, il y a une foire, dont les tentes sont en si grand nombre, qu'elles ressemblent à une grande ville, ou à un camp d'armée, & que les guides lui dirent être les tabernacles de Cédar, dont il est parlé dans les cantiques & dans les pseaumes. Il arriva, le soleil étant près de se coucher, au khan de Connatrim, où il passa la nuit. Ce fut près de ce pont de Jacob, où Nour-Eddin, auquel Baudoin IV. roi de Jerusalem venoit de faire lever le siége de Pancas, s'étant mis en embuscade, tomba le lendemain sur Baudoin, qui avoit campé la veille près de la Melcha, & qui marchoit vers lui ce jour-là 19. Juillet 1156. ne s'imaginant pas de le trouver. Nour-Eddin n'eut pas beaucoup de peine à le défaire ; mais le roi en eut beaucoup à gagner une montagne voisine, sur laquelle étoit le château de Sépher, où il fut en sûreté. Ce fut aussi près de ce même pont de Jacob, situé à dix milles de Pancas, à la droite du Jourdain, que Baudoin IV. roi de Jerusalem, fit construire au mois d'Octobre 1178. un fort sur une colline peu élevée, & qui fut bâti d'une manière très-solide, & élevé à une hauteur convenable, au mois d'Avril 1179. Saladin ayant battu au mois de Juin suivant Baudoin IV. auprès de Beaufort, & ayant pris Odon de S. Amanel, maître du temple, qui mourut peu après Hugues de Rames & Hugues de Tibériade, assiégea quelque temps après le fort de Jacob. Le roi Baudoin, qui après la perte de la bataille s'étoit retiré à Tyr avec le comte de Tripoly, & qui avoit reçu un renfort, lequel lui avoit été mené par Henri, comte de Troyes, Pierre de Courtenay, frère de Louis VII. roi de France, & Philippe, évêque de Beauvais, assembla toutes ses troupes pour aller secourir le fort ; mais en allant à Tibériade, il apprit que le fort avoit été pris par Saladin, la garnison passée au fil de l'épée, ou prise, & le fort rasé jusqu'aux fondemens. Abulfeda dit que l'an de l'hégire 575. qui commença le vendredi 8. Juin 1179. Saladin prit le fort que les Francs avoient construit sur le gué du Jourdain, près de la maison de Jacob, & pas loin de Pancade. Ce gué de Jaboc servit aussi de passage à toutes les troupes du royaume de Jerusalem, que Baudoin assembla sous le comte de Tripoli, le 15. Décembre 1182. pour aller faire une course dans la plaine de Bettigene jusques à la vuë de Damas, laissant le mont Liban à gauche. Ces troupes s'avancerent jusques à Daria, à 4. ou 5. milles de Damas, le pillerent, & tous les villages des environs, dont les habitans avoient fui dans le mont Liban. Le roi, à son retour, alla à Tyr passer les fêtes de Noël, avec l'archevêque Guillaume, le même qui a si bien écrit l'histoire du royaume de Jerusalem. Ce grand historien, en racontant les évenemens arrivés auprès du pont de Jacob, prétend que cet endroit du Jourdain s'appelloit le gué de Jacob, & que c'étoit le même endroit, où Jacob, allant en Mésopotamie l'an 1759. avant l'ére vulgaire, avoit passé cette rivière à gué étant seul, & n'ayant que son bâton, & qu'en revenant en 1739. il l'avoit passée à la tête de deux troupes. Il n'y a qu'à lire le texte de la Genese, pour être convaincu que Jacob passa le Jourdain bien plus au sud que le pont de Jacob. La Genese ne nomme point l'endroit où Jacob passa le Jourdain, le gué de Jacob. C'est ce patriarche qui dit au Seigneur qu'il avoit passé le Jourdain avec son bâton, & qu'il le repassoit avec deux troupes. Moïse dit ensuite, que Jacob s'étant levé de grand matin, fit passer à ses femmes & à ses enfans le gué de Jaboc. Le Jaboc étoit un torrent, qui se jettoit dans le Jourdain, & à sa gauche. Delisle, dans la petite carte de la Syrie, n'a pas donné dans l'erreur de Guillaume de Tyr, & place le gué de Jacob, long. 53. d. 48. m. & lat. 32. d. 14. m. 36. sec. ou 12. lieues plus au sud que le pont de Jacob. M. d'Anville, dans sa carte de Syrie & de Palestine, qu'il fit en Décembre 1750. pour la dissertation de M. Falconnet sur les Assassins, & où l'on trouve un grand nombre de positions de lieux qu'aucune carte n'avoit pas encore données, appelle le pont de Jacob de son nom Arabe *Geser Jacub*, & le place sous la long. 53 d. 38. s. & lat. 32. d. 50. m. La Martinière distingue le gué du Jaboc & celui du Jourdain d'avec le pont de Jacob, mais il ne parle pas de ce pont mentionné dans tant de voyageurs.

139. Bethsaïde,] sur la mer de Tibériade, où Aramon coucha le 13. Juillet 1549. le même jour qu'il avoit passé le Jourdain sur le pont de Jacob, & le quatrième jour après son départ de Damas, est la même Bethsaïde où Cotovic (p. 367.) étant parti du khan Ain & Tuchiar avant l'aurore, arriva à une heure après midi, le 9. Novembre 1598. Il fut obligé d'y rester jusqu'à quatre heures, pour donner le temps à la caravane Turque, avec laquelle il marchoit, de se laver dans la mer de Tibériade : action que les Turcs regardent comme un acte de religion, & à laquelle ils n'oseroient manquer. De peur qu'on ne les vît nuds, ils firent mettre au bord de l'eau des tentes qui les cachoient. La caravane partit après quatre heures, & arriva à soleil couchant au khan de Dorhaïm, dans une vallée, à quatre milles de Bethsaïde, que Cotovic dit être un petit mauvais village, composé de quelques maisons habitées par des Maures, & situé à la pointe de la mer de Galilée, qui forme un angle vers le nord, dans une campagne agréable & fertile, arrosée par la seconde branche d'un ruisseau qui prend sa source dans la montagne, appellée *Mensa Christi*, la table de J. C. & se partage en trois branches, qui vont se jetter dans la mer de Galilée. La seconde passe à Bethsaïde; & la troisième entre le village & le lieu où étoit situé Capharnaüm. Cotovic ne manque pas de répéter ce que les pélerins & les Maures qui les conduisent disent, que le miserable village qu'ils appellent Bethsaïde, est la même Bethsaïde où étoient nés les apôtres S. Pierre, S. André, & S. Philippe, & où N. S. guérit miraculeusement de la fiévre la belle-mère de S. Pierre. Il guérit aussi hors de ce village un aveugle, à qui il rendit la vuë. S. Marc, en racontant le miracle, n'appelle Bethsaïde qu'un bourg ou village. Ainsi, ce n'étoit pas une belle & grande ville de la Galilée, & l'une de celles qui composoient la Décapole. Bernard Lamy, père de l'Oratoire, forme des doutes sur la position de Bethsaïde, & prétend que Joseph, en disant que le tétrarque Philippe décora tout le village de Bethsaïde au bord du lac de Genesareth, & lui donna le nom de Julias, en l'honneur de Julias fille de Tibere, détermine la position sur le bord oriental du lac de Genesareth. Mais le père Lamy n'a pas fait attention, que Joseph ne dit point que Bethsaïde fût sur le bord oriental. C'est lui-même qui le tire de ses conjectures & de ses raisonnemens. Il tâche de répondre à ce que dit S. Marc, qui place Bethsaïde en Galilée, & qu'on ne sauroit expliquer qu'en supposant Bethsaïde sur le bord occidental du lac; mais il ne vient pas à bout de satisfaire un lecteur éclairé, & qui ne cherche que le vrai.

140. Tibériade,] où Aramon passa le 14. Juillet 1549. Cette ville étoit habitée par des Juifs, & toute ruinée. La bataille de Tabarie pouvoit s'éviter; & si le roi Gui, de Jerusalem, avoit voulu suivre les conseils du comte de Tripoli, il n'auroit peut-être pas perdu son royaume. Il falloit laisser faire à Saladin le siége de Tabarie, qu'il n'auroit peut-être pas pris, & qu'il importoit plus au comte de Tripoli, qui y avoit dedans sa femme avec quatre de ses enfans, de conserver; mais le roi Gui, toujours mal conseillé, voulut secourir cette place. La trahison du comte de Tripoli, & ses intelligences avec Saladin, sont de ces faits historiques, qui ne se débrouillent

que par hazard. Les hiftoriens prévenus n'avoient fait que fe copier les uns les autres. Heureufement pour le comte de Tripoli, un hiftorien habile, infatigable, & amateur du vrai, a juftifié ce comte 546. ans après fa mort. Le véritable lieu où fe donna la bataille de Poitiers, ne s'eft découvert qu'en 1743. 287. ans après qu'elle s'eft donnée. Combien de faits hiftoriques enfevelis, ou falfifiés par des hiftoriens ignorans, prévenus, & pareffeux, nous reftent-ils à déterrer! Il faut efpérer, que comme on travaille avec plus de fagacité que jamais, on en découvrira un plus grand nombre. La bataille de Tabarie ne fe donna pas près de cette ville, mais près du village de Hitten, à deux parafanges à l'oueft de Tabarie.

141. Capharnaüm.] Chefneau dit qu'Aramon cotoya la mer de Tibériade, le 14. Juillet 1549. & que fur la rive de cette mer eft Capharnaüm : mais il ne dit point qu'on leur montrât ni maifons, ni mafures, qui puiffent défigner la fituation de cette ville, qu'en difant que ce fut là où les Juifs firent payer le tribut à J. C. il pouvoit ajouter que J. C. avoit fait fa patrie de Capharnaüm, depuis que les habitans de Nazareth l'avoient reçu. Toinard, dans fon harmonie évangélique, dit que N. S. a fait neuf voyages à Capharnaüm. Le premier fut après les noces de Cana, l'après midi du mardi 29. Mars, de l'an 30. de l'ére vulgaire, & qu'il y fit plufieurs miracles ; qu'il y revint au mois de Février 31. & qu'il y établit fa demeure ; qu'il y fit fon troifiéme miracle, en guériffant un démoniaque. Le troifième fut à la fin du même mois, & il y fit fon huitième miracle, en guériffant un paralytique. Le quatrième fut à la fin du printemps ; & il y fit fon onzième miracle, en guériffant le ferviteur du centenier, qui étoit paralytique. Le cinquième fut au mois de Septembre ; & il y guérit un démoniaque, fourd & muet, ce qui fit fon quatorzième miracle. Le fixième fut le famedi 5. Avril 32. & il y refta plufieurs jours. Ce fut pendant ce voyage que l'on demanda le tribut à S. Pierre, circonftance dont Chefneau fait mention.

Le huitième fut au retour de Jerufalem, après Pâques ; & il foupa le famedi 14. Juin chez un des chefs Pharifiens. Le même jour il y fit fon trente-quatrième miracle, en guériffant un hydropique ; ce qui déplaifoit fort aux Pharifiens, qui ne vouloient pas qu'il fût permis de guérir un malade le jour du Sabbat. Le neuvième & dernier fut au mois de Juillet fuivant, ou, comme les Pharifiens & les Scribes murmuroient de ce qu'il recevoit les pécheurs, il leur dit les paraboles des quatre-vingt-dix-neuf brebis laiffées, pour chercher la centième perdue ; de la neuviéme dragme perdue, fans fonger aux neuf autres ; & de l'enfant prodigue, fi bien reçu par fon père, lorfqu'il revint de fes égaremens. La guérifon de la fille du chef de la Synagogue, CXVIII. miracle (p. 46.) doit avoir été faite à Capharnaüm. Toinard, quoique extraordinairement exact, a oublié de compter le feptième voyage que N. S. fit à Capharnaüm, vers le jeudi premier Novembre 31. & où il fit deux miracles, en guériffant une femme qui avoit une perte de fang depuis 12. ans, & en reffufcitant la fille de Jaïre, chef de la Synagogue. Arculphe, évêque François, qui fut à la terre fainte au VII. fiécle, & qui vit Capharnaüm d'une montagne voifine, dit qu'elle n'avoit point de murailles, qu'elle étoit refferrée dans un efpace étroit, entre la montagne & le lac, & qu'elle s'étendoit en longueur fur le rivage d'occident en orient. L'itinéraire de S. Guillebaud (Givillibaldus,) qui mourut évêque d'Aichftett, le 7. Juillet, & que Canifius a fait imprimer dans fes *antiquæ lectiones*, (tom. II. p. 3.) dit que Capharnaüm n'étoit en 763. qu'un village, & qu'on n'y remarquoit que des maifons, & une grande muraille. Guillaume de Bandetifel, feigneur de Bavarois, qui fit le voyage de la terre fainte en 1336. & qui, à la prière du cardinal de Talairan, en avoit écrit une relation, qu'il avoit achevée le 29. Septembre 1337. dit qu'il fut à Nazareth, au mont Thabor, & à la mer de Tibériade ; mais il ne parle point de Capharnaüm. Baumgarten, qui venant de Jerufalem, paffa le 7. Janvier 1508. fur la côte gauche

gauche du lac de Maron, ne dit rien de Capharnaüm: il remarque que ce lac, que la chaleur delſeche en été, devient une forêt d'arbuſtes, où les ours, les lions, & les autres bêtes féroces vont habiter. Barthelemi de Salignac, protonotaire du ſaint ſiége, juriſconſulte François, que Gabriel Delez appelle *Biturigum ſublime decus*, qui arriva à Jeruſalem le mardi 23. Juillet, qui reſta un mois à Rhodes, pendant que Philippe de Villiers de l'Iſle-Adam, en étoit grand-maître, parle bien de Capharnaüm; mais il n'y fut point: il ſe contente de répéter ce que le moine Borchart en avoit écrit; & il copie les fautes de cet auteur, qui met Capharnaüm à deux lieues de l'endroit où le Jourdain entre dans la mer de Galilée, & qui dit que dans le temps qu'il écrivoit, il ne reſtoit de Capharnaüm que huit mauvaiſes cabanes. Cotovie dit qu'étant parti avant le jour le 9. Novembre 1598. du khan Aïn & Tuchiar, à trois milles du mont Thabor, à midi il avoit paſſé une vaſte plaine, après laquelle on deſcend vers la mer de Tibériade; qu'il traverſa une vallée très-belle, & qui ſeroit très-abondante ſi elle étoit cultivée, d'autant plus qu'elle eſt arroſée par un ruiſſeau, qui, ſe diviſant en trois branches, va ſe jetter dans la mer de Tibériade. Il reſta dans un village compoſé de quelques maiſons de Maures, qu'il appelle Bethſaïde. Il en partit après quatre heures, & arriva avant le coucher du ſoleil au khan de la vallée de Dothaïm. Il ajoûte que ſur le bord de la mer, & à la rive occidentale du Jourdain, eſt ſitué Capharnaüm, qui conſiſtoit alors en quatre ou cinq petites cabanes (*tuguriola*) de Maures. Cotovicus, *itinerar. Hieroſolymit*. pag. 356-361. qui fit imprimer en 1635. une relation du voyage de des Hayes, ambaſſadeur de Louis XIII. à Conſtantinople, & qui fut à Jeruſalem pour y maintenir les cordeliers dans la poſſeſſion du ſaint Sépulchre que les Arméniens avoient tenté de leur ôter, raconte que des Hayes fut à Nazareth & au bord de la mer de Tibériade le 9. Novembre 1621. & qu'on lui montra le long du rivage, & à la gauche, huit ou dix pauvres maiſons, habitées par des Maures réduits à la miſere. Monconis, qui arriva au bord de la mer de Tibériade le 18. Novembre 1647. dit que Capharnaüm étoit preſque au bout de cette mer, du côté du nord. Thevenot dit qu'étant ſur le bord de la mer de Tibériade, où il s'étoit baigné le vendredi 10. Mai 1658. on lui montra ſur le bord de cette mer, à main gauche, les ruines de la ville de Capharnaüm. Tous les voyageurs que je viens de citer, ne diſent donc rien ſur quoi l'on puiſſe conſulter la poſition des ruines ou de la place où a été Capharnaüm. Mais ce qu'il y a de plus particulier là-deſſus, c'eſt que le P. Nau, Jeſuite, qui a viſité avec un ſoin extraordinaire tous les lieux de la Terre ſainte où notre Seigneur a été, ne parle point de Capharnaüm; & il en parleroit ſûrement, s'il avoit trouvé quelque choſe qui pût déterminer ſa ſituation. Capharnaüm exiſtoit encore au ſeptième ſiècle. On peut fixer la poſition de Capharnaüm à *53. d. 56. m. de long. & 32. d. 50. m. de lat. & par conſéquent ſa diſtance de Jeruſalem à 23. lieues N. N. E. & de Damas 16. ſud oueſt. Cheſneau dit qu'Aramon allant de Bethſaïde où il avoit couché le 13. Juillet 1549. à Nazareth, paſſa au pied de la montagne où notre Seigneur raſſaſia cinq mille perſonnes, avec cinq pains & deux poiſſons; & ce miracle fut fait dans le déſert de Bethſaïde, le jeudi 3. Avril de l'an 32. de l'ére vulgaire. Une autre fois Notre-Seigneur nourrit quatre mille hommes avec ſept pains & deux poiſſons, & ce ſecond miracle arriva au pied d'une montagne ou ſur la montagne même, que Sanſon place ſous le 67. d. & 44. m. de long. & ſous le 32. d. 47. m. 20. ſ. de lat. & la carte de Sanſon, corrigée par Robert, 54. d. 9. m. long. 32. d. 50. m. lat. ce qui revient, ſur la carte de Syrie de G. de l'Iſle pour l'hiſtoire de Malthe, long. 53. d. 50. m. lat. 32. d. 48. m. Déſert de Bethſaïde, long. 53. deg. 55. min. lati. ud. 32. deg. 20. m. diff. 5. lat. 18.

142. Mont Thabor, qu'Aramon co-

roya le 14. Juillet 1549. & où il ne fut point, est la plus haute montagne de Galilée. Sur la fin de Novembre 66. Joseph l'historien est envoyé par les Juifs en Galilée, pour y réparer & fortifier les places, & les mettre en état de résister aux Romains (Usser. 643.) Joseph défend Jotapata contre Vespasien pendant quarante jours. Cette ville est prise d'assaut, démolie, & brûlée. Joseph, caché dans une caverne, est pris le premier Juillet 67. par Vespasien, qui lui donne la vie, mais le retient prisonnier. Thabor est appellé par Joseph Atabyrium, Itabyrium, Itabirius; & par Polybe, Mastoïm. En 4436-218. le même été qu'Annibal passa en Italie, Antiochus le grand fit une irruption en Palestine : ayant ordonné à Diognetes, son amiral, d'aborder avec sa flotte à Tyr, il marcha avec son armée de terre à Philoteria, sur le bord du lac de Tibériade. Il prit cette ville & celle de Bethsan, y mit garnison, & monta sur le mont Atabyrus, dont la cime est haute de quinze stades. Il assiégea la ville, située sur le penchant de la colline ; il commença a lasser les habitans par plusieurs escarmouches, & les attirer dans une embuscade, où il y en eut beaucoup de tués. Il les suivit ensuite lui-même, & prit leur ville a la première attaque (Polybe, p. 413.) Urbain IV. étant à Naples, donna par sa bulle du premier Avril 1262. aux hospitaliers de saint Jean de Jerusalem le mont Thabor, où il y avoit un monastere, bâti en guise de château, abandonné par l'abbé & les moines, a cause des courses des Sarasins ; à condition d'y bâtir une forteresse, pour mettre en sûreté les Chrétiens vassaux de l'abbé, qui y habitoient, dès qu'ils seroient en paix ou en treve dans l'espace de dix ans; d'y tenir quarante chevaliers en garnison, outre les soldats ; & de donner à l'abbé & aux moines, leur vie durant, de quoi se nourrir & s'habiller, suivant la décision de l'archevêque de Tyr & de l'abbé de Sainte-Marie, de la vallée de Josaphat. (Bosio l. 212.) Le 15. Juin 1646. il se donna un combat au pied du mont Thabor. Les villageois des environs de Nazareth & de saint Jean d'Acre s'étant soulevés a cause du mauvais traitement qu'ils recevoient du pacha de Safet & de Bethalie, & ayant formé un petit corps d'armée, avec l'assistance de plusieurs Arabes, défirent le pacha, qui avoit ramassé tous les soldats de son gouvernement, & en tuérent beaucoup (Gaz. de France, 1646. p. 1105.] Long. 53. d. 31. m. lat. 32. d. 45. m. Le samedi 11. Mai 1658. Thevenot, qui avoit couché dans la plaine à la belle étoile, près du village de Sabbato, en partit à 5. heures du matin, arriva demi-heure après à Eunegiar, château quarré, & muni d'une tour à chaque coin, dans lequel on dit que Joseph fut vendu par ses freres à un marchand Ismaëlite : de là il fut au mont Thabord, appellé par les Arabes Gebet-Tour, au pied duquel il arriva une heure après, il y monta a pied, & arriva au haut sur les neuf heures. Il dit que la montée étoit aisée ; mais qu'elle avoit demi lieue de hauteur ; qu'elle est faite en pain de sucre, & toute couverte d'arbres, la plûpart chênes verds. Il en descendit sur les dix heures du matin ; & prit le chemin du couvent de Nazareth, où il arriva a une heure après midi.

143. Nazareth] ville de Galilée, où habitoit la sainte Vierge, lorsque l'ange Gabriel lui apparut, & lui annonça qu'elle seroit la mere de J. C. Toinard, dans son harmonie évangélique, détermine ce jour-là au 25. Mars 1410. de la période Julienne, quatre ans avant l'ére vulgaire. Notre-Seigneur y fit son habitation depuis son retour d'Egypte, vers le 15. Avril 4711-3. Ce fut pour cela qu'il fut appellé Nazaréen. Etant entré dans la Synagogue de Nazareth, & y expliquant un passage d'Isaïe, les Nazaréens le méprisant, & disant que c'étoit le fils de Joseph, charpentier, le chasserent de leur ville, & le menerent au haut d'une montagne voisine pour le précipiter, mais il s'échappa au milieu d'eux. J. C. quitta Nazareth, & vint demeurer à Capharnaüm, en Janvier 31. Constantia s'étant fait chrétien l'an 311. & en même temps sainte Helene sa mere, cette princesse eut

A CONSTANTINOPLE, EN PERSE, &c.

une attention particuliére à faire bâtir des églises dans la terre sainte. La maison de la sainte Vierge a Nazareth, où étoit arrivé le mystere de l'incarnation, fut changée par sainte Helene en église. Le bâtiment, fait avec beaucoup de magnificence, se voit encore, mais extrêmement délabré par les Sarasins & les Turs, qui n'osent pas le détruire. Les Chrétiens redevenus maitres de la terre sainte, Nazareth fut érigé en archevêché. Le patriarche de Jerusalem, & tous les autres évêques s'y assemblerent, en Décembre 1154. pour délibérer si on recevroit en qualité de légat, le cardinal Jean, envoyé par le pape Alexandre 3 & l'on se détermina à le recevoir. Baudoin IV. roi de Jerusalem, qui étoit attaqué de la lépre, y fut fort malade, & se croyant à la veille de mourir, remit, en présence de sa mere & du patriarche, le gouvernement du royaume à Gui de Lusignan, mari de sa sœur, comte de Joppé & d'Ascalon ; mais étant revenu en santé, cette disposition n'eut pas lieu. Saladin étoit alors entré sur les terres des Chrétiens, & s'étoit avancé jusqu'à la fontaine de Tabania. Tout-à-coup il se retira vers Bethsan. Ses troupes pillerent le petit Gerin, dont la plûpart des habitans s'étoient enfuis ; d'autres allerent au village de Forbelete, qui fut aussi pillé. Ce qui surprit le plus, c'est qu'un détachement de l'armée de Saladin alla sur le mont Thabor, & attaqua Saint-Elie, monastere des Grecs. Mais les religieux qui étoient dedans, & leurs domestiques, se trouvant dans un poste entouré de bonnes murailles & de tours, repousserent les infidèles. Une de leurs troupes parvint jusqu'au dessus des montagnes où est situé Nazareth. Les habitans qui étoient dans cette ville s'enfuirent au plus vite. Saint Louis fut en pélerinage à Nazareth. Il y arriva la veille de l'annonciation de N. D. 24. Mars 1252. étant parti d'Acre, & ayant été au mont Thabor. Il y fit célébrer le 25. tout l'office divin, matines, la messe, & les vêpres. Il communia de la main du légat Eudes de Châteauroux, évêque de Tusculum & cardinal, qui y fit à cette occasion un sermon fort touchant. Selin I. ayant fait la conquête de la terre sainte, Nazareth fut fort maltraité ; & les Chrétiens n'oserent plus y aller en pélerinage. Aquilante Rochera, qui avoit été le dimanche des rameaux, 24. Avril 1599. au mont Thabor, coucha le lendemain à Geneim, où il arriva en vingt-trois heures. La crainte d'être maltraité par les Arabes, l'empêcha d'aller à Nazareth. Cotovic, qui y fut avec d'autres pélerins le 8. Novembre 1598. y fut fort maltraité ; ainsi que les pélerins, ses confreres, que les Maures, habitans de ce lieu-là battirent & rançonnerent à deux ou trois reprises. Ils eurent beaucoup de peine à regagner le village de Buria, qui en est éloigné de huit milles, & situé au pied des montagnes de Nazareth. Cet évenement, qui n'étoit pas ignoré des moucres, conducteurs des pélerins, fut cause que Rochera ne s'exposa pas à un pareil traitement. Pietro della Valle fut à Nazareth, le lundi 15. Avril 1616. du khan d'Ain & Tugiar, où il avoit couché, & où il retourna passer la nuit suivante. Il dit que Nazareth, appellé par les habitans du pays Nasra, étoit tout ruiné ; qu'on n'y voyoit que quelques cabanes ; qu'il étoit sur une belle colline, située fort agréablement & commodément, à cause des sources d'eau qu'on y trouvoit ; qu'en y allant il avoit toujours trouvé de petites montagnes, mais fertiles, & tellement chargées d'arbres, qu'il y avoit plaisir à les voir. Les cordeliers avoient trouvé moyen d'y avoir un couvent, par la permission de l'émir Feuhrredin, qui aimoit fort les Chrétiens, & qui leur permit d'en bâtir un le 29. Décembre 1620. Le P. Eugene Roger, récollet, qui demeura dans la terre sainte plusieurs années, & à Nazareth vingt mois, donne dans son ouvrage de la terre sainte, un plan de la ville de Nazareth, & de l'église bâtie par sainte Helene. Il dit que quoiqu'il ait parcouru plusieurs provinces en Asie, en Afrique, & en Europe, il n'avoit point vû de terroir comparable à celui de Nazareth ; que dès le mois de Décembre jusques en Avril, toutes les collines, les campagnes & les bords des chemins, étoient émaillés d'anemones, de calcédoines, de renoncules, de narcisses, de syclamens, d'iris de toutes sortes de couleurs, de moli, de lavande, de sétas, d'ambroisie, de serpolet, de marjolaine, d'origan, de nepeta, de scordium, & de beaucoup d'autres petites fleurs, entremêlées d'arbres & d'arbrisseaux toujours verds. Il ajoute, que l'air y est fort tempéré, & qu'on n'y voyoit presque point de malades. D. C. qui a écrit la relation du voyage du Levant, que des Hayes fit à Constantinople & à Jerusalem, par ordre du Roi, en 1621. dit que des Hayes étant parti de S. Jean d'Acqs, & qu'ayant fait neuf lieues, il arriva à Nazareth le 1. Novembre 1621. que Nazareth est un village situé sur le penchant d'une montagne, en un lieu fort désagréable; que la vuë en est fort bornée; qu'il est tout environné de montagnes; que le pays est tellement sec & brûlé, qu'il n'y croissoit point d'arbres. Une pareille description, si opposée à celle du P. Roger, mettroit dans le doute les lecteurs, s'ils ne faisoient pas réflexion que le pere Roger, qui avoit demeuré vingt mois à Nazareth, est infiniment plus croyable que celui qui n'avoit fait qu'y passer. D'ailleurs, les autres voyageurs sont plutôt de l'avis du P. Roger que de celui-ci, qui se contredit, en ajoutant que le terrein des environs de Nazareth est très-fertile & excellent, & qu'il est très-fertile en grains; que ce village consiste en trente maisons, qui sont bâties de bonnes pierres & en terrasses, dont il y en a vingt-huit des Mores, & deux de Chrétiens; que les habitans y sont assez accommodés, & qu'ils payent deux mille livres tous les ans à l'émir Feuhrredin, qui est le seigneur du pays. Bernardin Surius, récollet, qui étoit parti du couvent de Bootendacel à une heure de boussole, le 25. Avril 1644. arriva le premier Avril 1645. à Nazareth, à neuf heures du soir, venant d'Acre. Il y fut reçu par André de Luca, qui en étoit gardien. Il n'y avoit alors à Nazareth que soixante maisons ou ménages, quatre Maronites, douze Grecs, & le reste Maures, Arabes, & Turcs. Il y resta six semaines; il y retourna & en partit le 11. Février 1646. pour aller à Tibériade, & de-là à Damas, où il arriva le premier dimanche du carême, 5. Mars. Monconis venant de Sebaste, & ayant couché le 6. Novembre 1647. au village de Lenin, appartenant à l'émir Tarabé, qui y avoit un assez beau château, & qui avoit campé sous des figuiers, arriva à Nazareth à dix heures du soir, le 7. Novembre 1647. étant parti de Lenin d'abord après minuit. De Nazareth il alla à la mer de Galilée, & y retourna coucher le 8. & où il arriva à dix heures du soir. Il trouva cette ville presque déserte. Il logea dans le couvent, qui étoit assez joli & commode. Il en partit le jeudi 9. à trois heures après midi, pour aller voir les lieux de dévotion aux environs. Il fut de retour au couvent à cinq heures du soir. Il en partit le vendredi 10. Mai, à cinq heures du matin, pour aller à la mer de Galilée. Antoine Morison, chanoine de Bar-le-duc, qui partit de Genes le 26. Août 1697. & qui arriva à Alexandrie en Egypte, d'où il fut au Caire, où il fut très-bien reçu par Mayette, consul de France, fut au mont Sinaï, & puis à S. Jean d'Acre, où il trouva le gardien de Nazareth, qui étoit un Espagnol, & qu'il engagea à aller avec lui à Nazareth. Il dit que Nazareth est une ville assez grande, fermée de murailles, & située sur le penchant des montagnes, qui forment une espèce de croissant, & qui ont à leur pied un vallon ouvert, entre l'orient & le nord; qu'il n'y avoit alors à Nazareth que vingt ou vingt-cinq familles chrétiennes, & autant de familles Turques ou Mauriques.

144. Village ruiné,] où J C. guérit un lépreux, & où Aramon passa le 15. Juillet 1549. Ce village est appellé par Cotovic, Guinum. Cet écrivain y arriva au soleil couchant le 7. Novembre 1598. étant parti de Sichem où Napolis de Syrie avant jour, après une marche de douze heures. Ginum est, selon ce voyageur, le dernier bourg de la Samarie, vers le nord. Il est situé auprès d'une montagne, qu'il appelle Ephraïm, à douze mille pas de la ville de Samarie. Il est assez peuplé; beaucoup de Maures, peu de Chrétiens, & encore moins de Turcs. Il n'est point muré. Ses environs sont des campagnes agréables & fertiles. Il y a un

khan très-vaste; dans les deux cours duquel il y a une mosquée, qui a très-grande apparence, & qui étoit autrefois une église de chrétiens; une belle maison, où loge le Cadi, & une fontaine. La Martinière, à l'article de Sebaste, dit a peu-près la même chose de ce lieu, qu'il appelle Geni. La tradition est que notre Seigneur y guérit les dix lépreux: & l'harmonie évangélique de Nicolas Toinard fixe ce miracle, que cet auteur appelle le trente-sixième de J. C. au mardi 16. Décembre de l'an 32. de l'ére vulgaire. La position de Ginum peut être estimée *53. d. 21. m. long. 34. d. 36. m. latit. 15. lieues au nord de Jerusalem. Chesneau dit qu'avant d'arriver à ce village, Aramon passa par le champ où les apôtres mangerent des racines, & où il y a des vestiges d'une église. Cotovic confirme ces circonstances, & ajoûte que ce champ, où sont les restes d'une église, est à quatre milles de Ginum. Les Pharisiens ayant trouvé mauvais que les disciples de J. C. passant dans un champ, prissent des épics, les froissassent, & les mangeassent, Notre-Seigneur les justifia par l'exemple de David, & fit voir aux Pharisiens, que quoiqu'ils se prétendissent docteurs de la loi, ils ne l'entendoient pas. Cet évenement est marqué par Toinard, au samedi 31. Mars de l'an 31. * la long. du champ des épis doit être 53. d. 20. m. & sa lat. 34. d. 39. m.

145. Sabassi] château d'Herode, qui y fit décoler S. Jean-Baptiste. Le P. Lamy dit dans son harmonie évangélique, qu'il avoit d'abord cru que S. Jean-Baptiste avoit été décolé à Macheronte, & que ce château étoit le séjour d'Herode Antipas, ou Herodium, château voisin; mais dans la suite il changea d'opinion, & crut avoir trouvé que Tibériade, la ville royale & le séjour d'Herode, étoit le même lieu où S. Jean fut arrêté, ou bien à Ennon, où il baptisoit. Le P. Lamy dit que cet évenement arriva le samedi 2. Février de l'an 32. Ce fut Herode qui voulut que Samarie prit le nom de Sebaste, en l'honneur de l'empereur Auguste. Qui auroit imaginé, qu'en voulant faire connoître Sivas en Natolie, chef-lieu d'un gouvernement d'où dépend Tocat, qui s'appelloit autrefois Sebaste, on lui eût appliqué tout ce qui convient à Samarie, dont Herode changea le nom en celui de Sebaste? Sivas est, selon les tables Arabiques, a 71. d. 30. m. de long. & 39. d. 30. m. de lat. Bajazeth le prit en 1394. & Tamerlan en fit le siége, suivant Tournefort, d'une maniere singuliere. Il fit creuser les fondemens de la place, & les fit soûtenir par des piéces de bois, à mesure qu'on en tiroit des pierres. Les ouvriers passoient par des soûterrains, dont l'ouverture étoit a plus d'un mille de la ville, sans que les habitans en eussent aucun soupçon. L'ouvrage fini, Tamerlan fit sommer les habitans, qui ignorant l'état de leurs murailles, refuserent de se rendre. Sur cela on mit le feu aux piéces de bois, & les murailles tomberent: on entra dans la ville, & l'on traita cruellement les habitans. La longitude de Sebaste est 53. d. 20. m. & sa lat. 32. d. 24. m. & celle de Sivas ou de Sebaste en Natolie, est de 54. d. 31. m. & sa lat. 38. d. 51. m. de maniere qu'il y a 1. d. 11. m. de long. dont Sebaste de Natolie est plus orientale que Sebaste de la terre sainte; & 4. d. 20. m. de lat. ou 87. lieues, dont Sebaste de Natolie est éloignée vers le nord de Sebaste de la terre sainte.

146. Napoulese] Naplouse, où Aramon coucha le 15. Juillet 1549. Chesneau dit qu'elle s'appelloit anciennement Sichar ou Sichem; qu'elle est près du puits où J. C. demanda à boire à la Samaritaine; qu'il n'y avoit alors aucune apparence de puits, sinon deux piliers de marbre, sur l'un desquels on dit que J. C. s'assit.

147. Jerusalem,] où Aramon arriva le 17. Juillet 1549. Les Turcs, suivis de 180. chevaux & de beaucoup d'infanterie, & les Chrétiens vinrent au devant de lui; & il fit dans cette ville une entrée triomphante. Les Turcs firent les difficiles, lorsque des Hayes, ambassadeur de Louis XIII. à Constantinople passa par Jerusalem.

148 Couvent des cordeliers] hors la ville, situé sur le mont Sion, à l'endroit où étoit la maison de David. Aramon y logea le 17. Juillet 1549. Les religieux de S. François furent chassés vers l'an

1561. de ce couvent par les Turcs, qui en firent une mosquée, & permirent à ces religieux de s'établir à Jerusalem sur le mont Sion. Cet autre couvent fut appellé S. Sauveur, & éloigné de deux cents pas de l'église du S. Sépulchre.

149. Temple de Salomon,] qui est au bas de la ville de Jerusalem, regardant la vallée de Josaphat & le mont des olives, tout rond, fait en coupe. M. d'Anville, dans sa dissertation sur Jerusalem, a ramassé bien des choses sur l'étendue du temple qui est dans le sud-est de la ville; & a fait voir qu'elle étoit de vingt-cinq toises. La Mosquée, qui remplace à Jerusalem le temple de Salomon, est singuliérement respectée par les Mahometans, qui ont presque autant de vénération pour elle que pour leur sanctuaire de la Méque. Omar ayant pris Jerusalem l'an 15. de l'hégire, qui commença le mercredi 14. Février. 636. jetta les fondemens de cette mosquée, qui reçut de grands embellissemens du calife Abd-el-Melik, fils de Mervan.

[150. Maison de sainte Anne,] dont la sœur de Godefroi de Bouillon étoit abbesse. Il ne paroit pas que Godefroi de Bouillon eût eu des sœurs. Chesneau, peu sçavant dans l'histoire, est plus occupé à décrire les tours de batteleurs qu'il voyoit à Constantinople & ailleurs, qu'à faire des recherches sur l'histoire du levant. Ne voudroit-il pas parler d'Ivete, quatriéme fille de Baudoin du Bourg III. roi de Jerusalem, & de Morsie de Meletin en. Arménie? Elle naquit en 1120. & étoit religieuse à Jerusalem, dans le monastere de sainte Anne, mere de la sainte Vierge, lorsque Melissende, reine de Jerusalem, sa sœur aînée, ayant eu la dévotion de fonder un monastere de filles, & de le placer à Bethanie, qu'elle regardoit comme un château qui avoit appartenu a Marie, à Marthe, & à Lazare leur frere, & où N. S. J. C. avoit logé plusieurs fois. Elle exécuta ce projet en 1142. y plaça plusieurs religieuses, & leur donna pour mere une religieuse âgée & d'un zéle reconnu. Elle y fit passer sa sœur, & la supérieure étant morte, Ivete en fut nommée abbesse, du consentement du patriarche de Jerusalem & des religieuses, & y mourut en 1173. Les Turcs devenus maitres de Jerusalem, changerent cette église en mosquée. Cotovic vit cette maison le 16. Octobre 1598. Pour aller à cette ancienne église il faut traverser le cloître, & monter un escalier de bois. Il est situé près de la porte S. Etienne, & au nord du temple de Salomon. Il est marqué sur le plan du voyage de Cotovic au n°. 24. On y voyoit encore au mois de Juin 1719. de très-beaux restes de murailles qui étoient très-hautes & très-épaisses. (Ladoire, pag. 179.)

151. L'église du S. Sépulchre] située sur le mont Calvaire au nord du temple de Salomon. Cotovic en donne trente-huit plans assez bien gravés aux pages 154. 165. 166. 172. 179. 182. 186. & 188. de son *itenerarium Hierosolymitanum*. Le P. Paul de Moglionico, gardien du couvent de S. Sauveur à Jerusalem, dessina a l'âge de 80. ans en 1688. un plan de l'église du S. Sépulchre sur une échelle de 16. lignes pour 6. toises, qui fut gravé par Randon, & que l'on a sur une feuille de 21. pouces de hauteur sur 33. de largeur. Le comte de C. en a un modèle en nacre de perle, dont le couvent de Jerusalem lui fit present. Le grand dôme de cette église étant prêt à tomber, le marquis de Bonnac, ambassadeur de France auprès du grand Seigneur, en obtint un ordre pour le faire rebâtir. Les Mograbis, descendans de ces Maures qui avoient été chassés du royaume de Grenade, s'assemblerent au nombre de 300. pour s'y opposer. On les dissipa, & la réparation fut faite.

152. Le lieu où fut planté la croix dit le milieu du monde.] Question pour les théologiens, à ce que dit Chesneau; mais c'est plutôt une question pour les géographes. Les théologiens ne seront point embarrassés de répondre à Chesneau, & ils lui diront que cette idée est fondée sur le pseaume 78. où il est dit que Dieu a opéré le salut du monde. Si Chesneau qui veut se mêler de parler de théologie eût sçu tant soit peu sa religion, il n'auroit pas inséré dans sa relation un fait qui n'est pas vrai, & qu'il ne

peut avoir ouï dire à Jerusalem qu'à des ignorans, qui est que J. C. fit un petit trou avec son doigt, & qu'il dit que c'étoit là le milieu du monde. Chesneau ajoûte: ce n'est pas besoin d'aller à Jerusalem pour trouver J. C. le trouve bien en sa maison qui veut. Si cette proposition ne tend qu'à établir que l'on peut faire son salut sans aller à Jerusalem, les théologiens en conviendront. Mais s'il prétend par-là blâmer les pélerinages, on lui répondra qu'il ne sçait pas sa religion, & que l'église ayant décidé que les pélerinages étoient de bonnes œuvres & des œuvres de pénitence, Ce n'est point à un ignorant comme lui de lâcher de pareilles propositions.

153. Sépulchre de la vierge Marie.] Eglise assez belle en la vallée de Josaphat. Le 14. Octobre 1598. Cotovic étant sorti de Jerusalem par la porte de S. Etienne, & ayant laissé à droite la porte dorée, par laquelle N. S. entra dans Jerusalem le jour des rameaux, & que les Turcs ont fait fermer, & qui est à 150. pas au midi de celle de S. Etienne ; & ayant fait 130. pas, il fut au lieu où S. Etienne fut lapidé, à 140. pas ou environ de ce lieu. Il fut, après avoir passé le torrent de Cedron, à l'église du sépulchre de la sainte Vierge, à l'que sainte Helene avoit fait bâtir, qui étoit fort grande & fort belle, au pied du mont des olives, mais qui étoit enterrée dans des ruines ; de manière que lorsque le Cedron déborde, il passe par-dessus. Il reste une chapelle dans laquelle on descend par 50. marches. Il y a un autel sur lequel les seuls catholiques disent la messe, & 20. lampes toujours allumées. En 1719. un cordelier y alloit tous les jours dire la messe, & tout l'office la veille & le jour de l'assomption. Il y a trois plans dans Cotovic (pag. 259. 260. 262.) qui en font très-bien connoître l'emplacement.

154. Bethanie,] où Aramon fut le 24. Juillet 1549. Cotovic continuant son pélerinage, fut le 14. Octobre 1598. de l'église du Sépulchre de la sainte Vierge à Bethanie, dont il donne une espece de plan (pag. 275.) Il n'y trouva que quelques vilaines maisons des Maures, & beaucoup de ruines. Il fut d'abord au tombeau de Lazare, sur lequel sainte Helene avoit fait bâtir une belle église, qui existoit, mais que les Turcs avoient changée en mosquée. L'entrée au tombeau étant devenue impraticable, le gardien des cordeliers de Jerusalem y en fit faire une autre, quelques années avant 1598. sous le côté occidental de l'église. On tailla dans le roc 22. marches par lesquelles on arrive dans ce tombeau qui est de deux cellules l'une sur l'autre. Il y a dans la haute un autel fait de la pierre que l'on dit être la même que celle qui ferma le tombeau lorsque Lazare y étoit, & sur laquelle les seuls catholiques disent la messe. Cotovic sortant de-là & marchant vers le Sud, fut à des ruines que l'on dit être les restes du château de Lazare ; & à trente pas de là il trouva un grand bâtiment ruiné, & dont quelques chambres servent d'étable aux Maures, que l'on lui dit être la maison de Simon le lépreux. Montconis qui y fut le 23. Octobre 1643. dit à peu près la même chose : long. 53. d. 59. m. lat. 33. d. 49. m.

155. Bethléem] à quatre ou cinq milles de Jerusalem, où Aramon fut le 25. Juillet 1549. Le 10. Octobre 1598. Cotovic étant parti de Jerusalem, dès qu'il fut jour, & ayant laissé a gauche le village de Caïphe ou du mauvais conseil, composé de quelques cabanes de Maures, & celui des Pasteurs, habité par des Maures extrêmement pauvres, allant presque nuds, & logeant pour la plûpart dans des cavernes, il arriva, par plusieurs détours, à Bethléem, après quatre heures de marche. Chesneau dit que la sépulture de S. Jerome, & son étude où il translata la Bible d'Hebreu en Latin, est dans l'église de Bethléem. Cotovic marque l'une & l'autre à l'I & au K du plan qu'il donne à la page 234. de l'antre où N. S. naquit. Ce voyageur dit que Bethléem à 7. milles de Jerusalem étoit bâtie sur le penchant d'une colline, s'étendant d'occident en orient, & n'ayant que cent maisons habitées par des Maures & par un petit nombre de chrétiens Grecs, qui sçavent tous l'Italien, pour pouvoir être de quelqu'utilité aux religieux du couvent qui leur don-

nent à vivre : long. 53. d. 11. m. lat. 41. d. 47. m.

156. Hebron] où Aramon fut le 25. Juillet 1549. & où Chesneau dit qu'il fut pour voir les sépulchres des patriarches, ceux des douze apôtres, & le lieu où fut créé Adam. Cotovic qui partit de Bethléem le 11. Octobre, & qui passa par le village de Buticella tout habité par des Grecs, dit qu'à 500. pas de-là est un monastere de S. George, où il y a plusieurs religieux ; qu'on trouve au-delà une fontaine très-abondante, dont l'eau va par un aqueduc jusques au temple de Salomon ; que cette fontaine sert à arroser un jardin plein d'arbres & de verdure, situé dans un vallon entouré d'affreuses montagnes, que l'on dit être le jardin de Salomon, dont il est parlé dans les Cantiques : qu'il fut aussi aux piscines de Salomon destinées à ramasser l'eau de la pluie, & la conduire par un aqueduc au temple de Salomon ; qu'il n'y avoit point d'eau dans ces piscines, parce qu'il y avoit vingt mois qu'il n'avoit pas plu. Le P. Nau dit dans son voyage de la Terre sainte, où il pouvoit être en 1672. que n'ayant pas pû voir Hebron, il avoit appris d'un de ses amis qui y avoit long-temps séjourné, que pour y aller en partant de Bethléem, on passoit par les piscines de Salomon, sur une montagne & dans son forêt par une petite vallée cultivée & semée, au travers d'une plaine, & au village d'Ain Halhout ; & que de-là jusques à Hebron ce n'étoient que des vignes qui portoient de gros raisins, & des jardins plein d'arbres fruitiers ; qu'Hebron étoit une ville presqu'aussi grande que Jerusalem, mais sans remparts & sans murailles ; que les maisons y étoient bâties de bonnes pierres; que la mosquée au milieu de laquelle étoient les sépulchres d'Abraham & de Sara, étoit grande, belle, & ornée ; que les Mahométans y faisoient des pélerinages ; qu'à deux ou trois cents pas de-là vers l'ouest il y avoit une belle mosquée nommée des 40. Martyrs ; que les Arabes venoient trafiquer à Hebron ; que cette ville avoit douze villages dans sa dépendance ; & qu'il y avoit à l'entour beaucoup de montagnes couvertes de bois : long. 53. deg. 12. m. lat. 31. d. 36. m.

157. Le Caire.] Maabad Muaz Lidinilla, troisième successeur de Mehadi qui avoit établi un nouveau califat à Cairoan le 25. Octobre 910. & qui mourut le 4. Avril 934. envoya en 969. Gheuhar son général, qui entra en Egypte le 3. Mai. Le 6. du même mois Muaz fut proclamé calife dans toute l'Egypte, & on cessa de prier au nom des Abassides. Gheuhar bâtit ensuite le Caire, où Muaz arriva en personne le vendredi 2. Juin 971. & ainsi réunit le califat de Cairoan avec celui d'Egypte (Elmacin liv. 111. chap. IV. cité par J. P. Baratier sur Benjamin de Tudele , T. II. p. 86. 87.)

158. Casal ruiné & déshabité,] où Aramon partant de Jerusalem le 28. Juillet 1549. coucha le même jour. De trois voyageurs qui nous ont laissé la relation de leurs voyages, Thevenot est celui qui semble le mieux désigner le Casal où Aramon coucha. Cet auteur dit qu'étant parti de Rama le jeudi 11. Avril 1658. il arriva à huit heures & demie, & campa près d'une masure, qui étoit autrefois un couvent des religieuses de S. François ; & que le lendemain 12. Avril il arriva en six heures à Jerusalem. Pietro della Valle coucha à Emmaüs, & arriva à Jerusalem en sept heures le mardi saint 29. Mars 1616. Aquilante Rochetta qui étoit à Jerusalem, & qui vouloit aller à Gaza partit de Jerusalem le jeudi 6. Mai 1598. à midi, & fut en cinq heures à Calendar, hameau où il n'y avoit que huit maisons de terre, habitées par des Arabes.

159. Roman,] village qu'Aramon vit en allant à Gaza. Seroit-ce Rama, lieu moins ruiné que les autres ; qui est à une journée de Jerusalem, & à une demi-journée de Jaffa, port de mer le plus proche de Jerusalem ? Rama est aussi sur la route de Gaza. Les trois voyageurs cités à la note précédente, qui y passerent, doivent faire croire qu'Aramon fut aussi par la même route.

160. Gazare,] où Aramon passa en allant au Caire le 30. Juillet 1549. est un nom estropié par Chesneau ou ses copistes. On doit écrire Gaza, ville de

la

la Terre Sainte sur la mer Méditerranée. Philippe Auguste, & Richard, roi d'Angleterre, ayant pris le 11. Juin 1191. Ptolemaïs, qui étoit assiégée depuis deux ans, Saladin fit raser les fortifications des villes maritimes, Porphiria, Césarée, Joppé, Ascalon, Gaza, & Darum. (Sanut. pag. 198.) Mais l'hiver suivant, le roi Richard fit rétablir & fortifier Ascalon & Darum, & il rendit aux chevaliers du temple Gaza, qu'il avoit fait fortifier de nouveau. Ensuite au printemps 1192. ce prince s'étant avancé jusques à Bethnoble, comme s'il alloit assiéger Jerusalem, se détermina tout-à-coup à retourner en Europe, & fit une trêve avec Saladin, qui lui laissa Joppé & Ptolemaïs, à condition qu'il feroit raser Ascalon, Gaza, & Darum. Selim I. s'étant rendu maître d'Alep, de Damas, & de Jerusalem, passa à Gaza à la fin de 1516. & continuant sa marche en Egypte, prit deux petites villes où il laissa ses malades. Les habitans de Gaza persuadés que Selim ne pourroit pas résister aux Mamluks, égorgerent tous les malades laissés dans ces deux villes. Mais Selim ayant pris le Caire & Alexandrie, arriva à Gaza vers le premier Septembre 1517. fit passer tous les habitans au fil de l'épée, & ruiner entiérement leur ville. (Cantimir, T. I. pag. 165. 168.)

161. Carvassera] près de deux gros villages, où Aramon coucha le 31. Juillet 1549. & où il fit des provisions pour passer le désert qui a six jours de marche. Thevenot après être parti de Riche, qui a un château bien bâti, coucha à Zake, le lendemain à Cauniones, dernier lieu de l'Egypte, & où il y a un fort beau château. Le jour suivant 6. Avril, il fut en moins de six heures à Gaza. La Valle passa aussi à Cauniones, qu'il appelle Chanionos. Rochette fut de Gaza au Carvansera de Garubbe, & le lendemain à Riche.

162. Cattie,] petit château, où Aramon arriva le 6. Août 1549. Il y trouva des vivres. Il vit le capitaine du château, qui élève des pigeons, auxquels il attache une lettre au col qu'ils portent au Caire; & du Caire, on lui envoie la réponse par d'autres pigeons élevés de la même manière. Aramon vit les pigeons. L'usage de se servir de pigeons en guise de couriers est très-ancien & très-général. Pline dit que D. Brutus qui défendoit Mutina contre Marc-Antoine, trouva moyen d'avoir des couriers qui passoient par les airs, en attachant une lettre au pied d'un pigeon, qui la portoit aux consuls Pansa & Hircius, & de rendre inutiles les travaux qu'Antoine avoit faits pour lui fermer le passage de la terre & de l'eau de la rivière. Pansa ainsi averti que Brutus étoit fort pressé, attaqua Antoine le matin du 14. Avril 711-43. & ayant été blessé à mort, laissa l'avantage du combat, qui se donna sur la voie Emilienne, dans un endroit où elle avoit à droite & à gauche des marais, entre Bonoma & Mutina, mais beaucoup plus près de cette derniére ville. Hirtius averti de son côté que les pigeons, partit de son camp sur la rivière de Scultenna, & attaqua le soir du même jour Antoine qui avoit battu Pansa le matin, & le battit. Antoine passa la nuit à Forum Gallorum (Castel Franco); & retourna le lendemain au point du jour devant Mutina qu'il continua de presser. Brutus demanda avec empressement du secours. Mais le consul Hirtius & Octavien, qui fut ensuite l'empereur Auguste, quittérent leur camp de Scultena, & attaquerent Antoine. Hirtius fut tué. Octavien battit si bien Antoine, que celui-ci désespérant de prendre Mutina, leva le siége, & alla dans la Gaule Narbonnoise. Le Comte Roger ayant battu à Michelmir en 1068. les Sarrasins qui venoient au secours de Palerme, dont il faisoit le siége (Gaufredus Malaterra, liv. 2. chap. 41. 42.) trouva dans le camp des Sarrasins plusieurs cages, où il y avoit des pigeons dressés à porter des lettres qu'on leur attachoit au col, ou sous les ailes; & s'en servit pour apprendre aux habitans de cette ville que ceux qui venoient à leur secours, avoient été battus, en attachant aux ailes de ces mêmes pigeons des lettres toutes tachées de sang. Timur voulant assiéger Bagdad, & surprendre le sultan Ahmed; & étant arrivé de Chehrezour à Ibrahim-Lic, éloi-

gné de vingt-sept lieues de Bagdad, trouva que les habitans avoient donné avis de sa marche, en faisant partir un pigeon, sous l'aile duquel ils avoient lié un billet avec de la soie. Il fit d'abord partir un pigeon avec un avis contraire, écrit par ceux qui avoient écrit le premier avis; se mit en marche; arriva, sans descendre de cheval, le 30. Août 1593. devant Bagdad, qu'il trouva abandonné, & dont il se saisit. Au mois de Mars 1573. les habitans de Harlem assiégés par le duc d'Albe, se servirent de pigeons pour avoir des nouvelles de Sasseim, de Leyden, & de Fuick. Les Hollandois voulant attaquer le fort de Lammen pour secourir Leyden, assiégé par les Espagnols, envoyerent un pigeon avec des lettres dans la place; mais les Espagnols abandonnerent le fort le 3. Octobre 1574. Aquilante Rochetta étant arrivé à Alep le mercredi 23. Décembre 1598. y vit les pigeons, qui servoient de couriers, & remarqua qu'ils étoient plus gros que les autres, & qu'ils avoient une marque blanche sur le bec. Le P. Avril, jésuite, qui débarqua à Alexandrette le............ vit partir un de ces pigeons, qui arriva à Alep éloigné d'Alexandrette de cent milles d'Italie, en moins de trois heures de temps: long. 51. d. 12. m. lat. 30. d. 50. m.

163. Sallaye,] à deux petites journées de Catrie, & à deux grandes du Caire, où Aramon passa le 8. Août 1549. Sallehia est un bourg environné de bois de tamarins, qui sont beaux & agréables, & à vingt-six heures de marche des Caravanes du Caire: long. 50. d. 28. m. lat. 30. d. 26. m.

164. Langon,] où Aramon passa le 9. Août 1549. & où il trouva de l'eau douce. De-là, il fut au Caire où il arriva le 10. Août 1549.

165. Le vieil Caire] sur le Nil, presque tout ruiné, où il y a une église des Grecs: long 49. d. 14. m. lat. 30. d. 5. m.

166. La Matarée] à cinq milles du Caire. La Martinière dit qu'il est à l'est du Caire, à la distance de deux heures de chemin d'un homme à cheval, & qu'il y a un jardin célèbre où l'on plantoit autrefois les arbrisseaux qui distilloient le baume. Au dehors de ce jardin & du village on voit une aiguille plantée dans un champ, qu'on dit être la place de l'ancienne Heliopolis, & que ce fut dans ce champ que Selim I. campa avec son armée, lorsqu'il donna la bataille au sultan Cajed-Bey, dernier roi des Mamluks; & qu'on y voit encore le retranchement de son camp: long. 49. d. 16. m. lat. 30. d. 10. m.

167. Alexandrie] où Aramon alla, étant parti du Caire pour ce voyage, le 2. Septembre 1549. long. 47. d. 58. m. lat. 31. d. 14. m.

168. Boulac,] sur le Nil à deux milles du Caire, où Aramon arriva le 2. Septembre 1549. On voit la position de Boulac, fauxbourg de l'ouest du Caire, & son port sur le Nil, vis-à-vis de l'isle des Melons, dans une carte ou vuë du Caire & des environs que M. Fourmont, neveu de M. l'abbé Fourmont, a mis dans sa description des plaines d'Heliopolis & de Memphis, qu'il a publiée en 1755. M. Fourmont a fait un long séjour en Egypte. Il y alla avec M. de Lenoncourt, nommé consul de France en ce pays-là à la fin de l'an 1746. M. Fourmont avoit voyagé avec l'Abbé son oncle en Grèce en 1729. & 1730.

169. Fona.] Aramon y étant arrivé le 3. Septembre 1549. laissa son brigantin, & prit une barque pour aller à Alexandrie. Vansleb, religieux dominicain, qui étoit en Egypte en 1672. l'appelle Fuva, & dit qu'elle est appellée en Grec Metelis, & dans les dictionnaires Coptes Messel; que c'est une ville fort ancienne, grande & considérable, située sur le bord oriental du Nil, à sept heures de chemin de Rosette; qu'elle est environnée de campagnes délicieuses & de beaux jardins, dont les fruits sont fort estimés en Egypte.

170. Les jardins d'Alexandrie.] Chesneau veut apparemment parler des jardins modernes d'Alexandrie, près desquels Aramon débarqua. Les anciens jardins de cette grande ville ne subsistent plus, & je ne connois aucun voyageur qui en fasse mention.

171. Le palais d'Alexandre le grand.] Aramon arrivant à Alexandrie le 6. Septembre 1549. le trouva tout ruiné. Chesneau ajoûte que hors la ville, & dans un lieu fort éminent, il y a une colomne fort grosse & fort haute, qu'on nomme la colomne de Pompée. M. Dalton étant avec quelques autres Anglois à Alexandrie, fit faire avec beaucoup de soin un dessein de cette colomne, & le fit graver à Londres en 1753. Il y joignit une explication, qui dit que ce monument subsiste dans le même état qu'il a été construit ; qu'il est tout de granit & de quatre pierres seulement. Pocok prétend que cette colomne n'a été érigée que sous Tite & Adrien, parce que Strabon n'en fait nulle mention. M. Dalton & ses compagnons ayant trouvé quatre lettres du nom d'Antoine sur une inscription, conjecturent que cette colomne pourroit bien regarder Antoine, qui fit un long séjour à Alexandrie. Tous les sçavans conviennent que ce n'est point Cesar qui a fait ériger cette colomne en mémoire de ses succès contre Pompée. Monconis étant à Alexandrie le 26. Janvier 1647. fit mesurer la colomne de Pompée, qui est à la portée du mousquet de la ville : elle a cent treize pieds & cinq pouces de hauteur, & huit pieds de diametre.

172. Lac,] qui donne fort mauvais air aux habitans d'Alexandrie. C'est le lac Sebaca, appellé par les anciens *palus Mareotis*. Il est au sud & au sud-ouest de la ville. Son eau est salée, & son sel amer. Il se forme par les eaux du Nil, qui s'y écoulent, lorsqu'il déborde, & qui y restent, à cause qu'elles n'ont pas d'issuë. Il est peu profond & fort grand. On peut à peine d'un côté discerner le rivage opposé. (Vansleb, relation d'Egypte, pag. 182. 183.) long. 48. d. lat. 31. d.

173. Guillaume Postel] qu'Aramon de retour à Jerusalem le 9. Novembre 1549. trouva dans cette ville, & qui y étoit venu dès le mois d'Août par Venise pour y recouvrer, par le moyen de l'ambassadeur, de vieux livres du pays. De Thou dit que Guillaume Postel né à Barenton, village de Normandie, étant à Venise, s'y entêta d'une vieille fille, & soûtint que la réparation des femmes n'étoit pas encore achevée, & qu'il enseigna cette erreur à Paris dans des leçons publiques ; ce qui fut cause qu'on lui interdit la chaire ; & que continuant à vouloir soûtenir ses idées, on l'enferma au prieuré de S. Martin à Paris, où il mourut le 7. Septembre 1581. âgé de près de cent ans, étant né en 1510. Sallengre, Niceron, & l'abbé Sallier ont donné de très-bons memoires sur la vie & sur la doctrine de cet homme singulier. Je crois que son voyage à Constantinople & à Jerusalem, & sa recherche de manuscrits ont été ignorés. Barenton n'est pas un village, puisque cette petite ville qui a 569. feux, habités de 1563. personnes, est la plus considérable de l'élection de Mortain, dont elle dépend. Elle est située une ou deux lieuës au dessous de la rivière de Celane, qui passe à son N. O. & qui se jette dans la mer au dessous d'Avranches, & vis-à-vis le mont S. Michel. Barenton est à une lieuë & demie à l'E. S. E. d'Avranches : long. 16. d. 45. m. lat. 48. d. 45. m.

174. Petrus Gilliens] qui avoit fait le voyage avec Aramon prétendit être chargé de la recherche des manuscrits, & eut des disputes vives avec Postel, qu'Aramon avoit assez de peine à pacifier. Pierre Gille né à Albi en Languedoc en 1490. voyagea pendant quarante ans en Grece, en Asie, & en Afrique, pour y ramasser des manuscrits & des livres Grecs, par ordre de François I. & pour connoître la situation des anciennes villes. Le cardinal George d'Armagnac, grand protecteur des sciences, & chargé des affaires du roi à Rome, le prit chez lui, afin qu'il eût le temps & la commodité de mettre en ordre les relations qu'il avoit faites en voyageant. Il mourut chez ce cardinal en 1555. & fut inhumé dans l'église de S. Marcel.

175. Mezideflec,] village situé dans une plaine, où Aramon étant parti de Damas pour aller à Tripoli, passa le 28. Novembre 1549. La long. de ce village peut être estimée 54. d. 18. m. & sa lat. 34. d. 15. m.

176. Ufain,] où Aramon paſſa le 29. Novembre 1549. & dont la long. peut être eſtimée * 53. d. 56. m. & la lat. 33. d. 44. m.

177. Baruts,] petite ville fort ancienne, ſur le bord de la mer, où Aramon paſſa le premier Décembre 1549. Baruth ou Berythe, aſſiégé par Baudouin, roi de Jeruſalem, qui y fut aidé par Bertrand, comte de Tripoli, le 4. Mars 1110. & non en Février, & pris le 17. Mai ſuivant après ſoixante-quinze jours de ſiége. Près de cette ville, & au nord-eſt on trouve le reſte d'un palais de Facardin. Il y a à l'entrée une fontaine plus belle qu'elles ne le ſont ordinairement en Turquie. Le palais eſt compoſé en dedans de pluſieurs cours preſque toutes ruinées. Les écuries, les cours pour les chevaux, les loges des lions & autres bêtes ſauvages, les jardins étoient preſque tous auſſi beaux que ceux de l'Europe. L'orangerie étoit un quarré diviſé en ſeize autres plus petits, quatre de front avec des allées entre deux. Les allées étoient ombragées d'orangers d'une grandeur extraordinaire & de la plus grande beauté. Au tronc & à la tête ils paroiſſoient tous couverts d'or, le jeudi 28. Mars 1697. que Maundrell les vit, qui ajoûte que les pommes ne ſont jamais ſi abondantes en Angleterre. Chacun des ſeize petits carrés de ce jardin étoit bordé de pierre; & l'on y avoit formé de petits réſervoirs, qui ſervoient à conduire l'eau par-tout le jardin, & à l'arroſer par le moyen de petits tuyaux qui paſſoient à côté de chaque arbre. Il y avoit deux terraſſes à l'orient de ce jardin, qui s'élevoient l'une au-deſſus de l'autre, chacune de 12. degrés. Elles étoient remplies de beaux orangers propres à donner de l'ombre, & aboutiſſoient au nord dans des berceaux & autres appartemens très-agréables.

178. Tripoli,] où Aramon demeura ſix jours, d'où il partit le 10. Décembre 1549. après dîné, & d'où il alla coucher à un Rhan à dix milles de là entre la Marine & une rivière. Tripoli fut pris par Bertrand de Toulouſe le 10. Juin 1109. Bertrand fut enſuite fait comte de cette ville & d'une aſſez grande étenduë de pays. Il mourut vers la fête de pâques 1112. & Tancrede huit mois après ce comte, & dans l'avent. La principauté de Tripoli appartenoit à Guillaume d'Anduſe, baron d'Hierles, & à Philippe d'Anduſe, femme d'Amalric II. vicomte de Narbonne, comme enfans de Pierre de Bermond, ſeigneur d'Anduſe & de Joſſerande de Poitiers, & petits-enfans, par Pierre de Bermond, de Conſtance, ſœur du comte de Toulouſe; & ils la donnerent à Aimeri, fils aîné d'Amalric, vicomte de Narbonne, leur fils & neveu, en l'émancipant à Beziers le 13. Mars 1259. devant Guillaume Biſot, juge de Beziers. (D. Vaiſſette, hiſt. de Lang. tom. III. p. 466. Pr. 538.] Tripoli fut aſſiégé par Melec Meſſer, ſoudan de Babylone, qui arriva devant cette place le 17. Mars 1288. Elle lui fut rendue; & le 26. il fit démolir les murailles & mettre le feu aux maiſons. On lui céda le château de Nephen pour la rançon de quelques chrétiens; & il le fit raſer. Nephen étoit à cinq milles de Tripoli à l'échelle de Tripoli où tous les négocians de l'Europe envoient leurs marchandiſes, fut transferée par les Veniriens en 1591. à Alexandrette, les Turcs faiſant continuellement des vexations aux négocians. Quelques François & Anglois abordoient encore à Tripoli en 1599. Les autres nations alloient aborder à Alexandrette, & y débarquoient leurs marchandiſes que l'on portoit ſur des chameaux à Alep. On épargnoit quatre journées en abordant à Alexandrette, n'y ayant de ce lieu-là à Alep que trois journées, & y en ayant ſept de Tripoli. On payoit huit talers pour chaque chameau de Tripoli à Alep; & on n'en payoit que quatre d'Alexandrette. Aramon avant d'arriver à Tripoli avoit paſſé le 2. Décembre à Petrimo, ville ruinée, & montrant par ſes veſtiges être fort antique. Petrimo eſt un nom eſtropié par les copiſtes de Cheſneau. C'eſt Patron. Du temps de Guillaume de Tyr, Patron s'appelloit Botrion, & étoit le ſeptiéme évêché ſuffragant de l'archevêché de Tyr.

179. Tortous,] où Aramon coucha le

13. Décembre 1549. Chesneau dit qu'elle s'appelloit anciennement Ortasia, & que ce fut la dernière retraite des François après avoir perdu la Terre sainte. Le lendemain Aramon partant de ce lieu-là essuya un si mauvais temps, que ne pouvant passer à gué une rivière, il fut obligé de retourner en arrière, & d'aller loger sur les montagnes, à main droite, dans un pauvre village ; & le jour suivant le torrent étant devenu guéable, il coucha encore dans un village. Orthosia étoit le huitième évêché suffragant de l'archevêché de Tyr. Tortose étoit à vingt milles de Margath. On l'appelloit aussi Anteradum, parce qu'elle étoit bâtie vis-à-vis de l'isle d'Aradium, à une demi-lieue d'Anteradium, vers l'orient : il y a quelques montagnes, habitées par des Sarrasins, & appellée la terre des Assasens, qui étoit sous la domination du Vieux de la montagne. Ptolémaïde, appellée à présent Acra, le dernier refuge des chrétiens dans la Terre sainte, fut prise d'assaut le vendredi 18. Mai 1291. par Seraf, soudan de Babylone, fils & successeur de Melec Messer. Le même jour Tyr fut abandonné par ses habitans, & les Sarrasins y entrerent le lendemain. Les Templiers, qui s'étoient retirés à Sydon, voyant que l'amiral Segis amenoit des vaisseaux à Licia pour les assiéger, se retirent dans l'isle de Tortose, comme le dit Chesneau. Peu après ils abandonnerent cette isle, & allerent s'établir en Chypre.

180. Gabbala,] ville ruinée, avec beaucoup de marques d'antiquité, où Aramon logea le 17. Décembre 1549. dans un carvassera, & où on lui présenta du ris & d'autres viandes fort mal accoutrées, & de goût à eux inaccoutumé ; mais qu'il fallut accepter, pour ne pas mécontenter le gouverneur de cet hôpital. La Martinière en donne un bon article à Gabela 1. Giblet, ville située sur la côte, entre Antioche & Archos, à deux journées de l'un & de l'autre, assiégée par le duc Godefroy & le comte de Flandres, qui étoient partis d'Antioche le premier Mars 1099. & de Laodicée avec vingt-cinq mille hommes. Le gouverneur de Giblet pour le soudan d'Egypte, à qui elle appartenoit, fit offrir six mille écus d'or à Godefroy, s'il vouloit lever le siége, mais ce duc refusa cette offre. Le siége tirant en longueur, le duc Godefroi & le comte de Flandres se retirent après avoir fait un traité très avantageux avec le gouverneur de cette place, qui leur donna une grosse somme & leur fit divers presens.

181. Lidichia,] ville ruinée, sentant son antiquité, où Aramon passa le 19. Décembre 1549. Du temps des croisades, on appelloit cette ville Laodicée. Albert d'Aix la met à six milles d'Antioche, & dit que Wenemand de Boulogne, capitaine de pirates, s'empara de cette ville, qui appartenoit à l'empereur Alexis, & la remit à Raimond, comte de Toulouse, après la prise d'Antioche, arrivée le jeudi 3. Juin 1098. Raimond la céda d'abord à Alexis. Boëmond, prince d'Antioche, l'assiégea. Le comte de Flandres, le duc de Normandie, & le comte de Toulouse étant à Giblet, lui envoyerent des ambassadeurs pour le sommer de lever le siége de cette ville. Boëmond reçut très-mal cette ambassade : mais Dagbert, archevêque de Pise, légat du pape Paschal II. s'étant trouvé dans le camp de Boëmond, obligea la flotte des Pisans & des Genois, sur laquelle il étoit arrivé, & qui s'étoit jointe à Boëmond pour l'aider à faire le siége de Laodicée, à ne plus suivre ce prince dans cette entreprise ; ce qui le mit dans la nécessité de discontinuer. Les trois princes s'étant approchés pour attaquer Boëmond, trouverent le siége levé, & furent très-bien reçus par les habitans. Le comte de Toulouse mit cinq cents hommes de ses troupes dans la forteresse, & y demeura quinze jours avec le comte de Flandres & le duc de Normandie. Boëmond les y vint voir, & l'on se réconcilia. Ce comte & le duc Gaston de Bearn, & Conon de Montaigu, s'embarquerent vers le premier Octobre 1099. au port de Laodicée, & allerent à Constantinople. Le comte de Toulouse resta à Laodicée. Abulfeda met la long. de Ladikié, à 6. d. 40. m. & sa lat. à 35. d. 55. m. Otter cite Kias, qui dit que l'on boit à Ladikié de l'eau de citerne, à cause que cette ville est sur le bord de la mer ; qu'il y a un bon port, & un endroit appellé Farons, où l'on

voit de beaux édifices. Azizi, autre auteur cité par Otter, représente Ladikié comme une grande ville des dépendances de Hins, à douze milles de Dgebde, & à quarante-huit d'Antioche : il ajoûte qu'elle est forte & bien bâtie, & qu'elle a un grand port : long. 53. d. 27. m. lat. 35. d. 27. m. à 155. lieues au S. E. de Constantinople.

182. Antioche,] ville autrefois très-puissante, & réduite en village lorsqu'Aramon y arriva le 22. Décembre 1549. Antioche, capitale de Syrie, fut assiégée par l'armée de la première croisade, qui étoit arrivée devant cette ville le mercredi 21. Octobre 1097. elle fut prise le jeudi 3. Juin 1098. Boëmond, prince de Tarente, fils de Robert Guiscard, duc de la Pouille, qui s'étoit signalé à cette conquête, en fut fait prince. Cette principauté, assez étendue, faisoit à-peu-près la quatriéme partie du royaume de Jerusalem. Louis VII. roi de France, arriva à Antioche avec la reine Eléonor sa femme, le 19. Mars 1148. après une périlleuse navigation. Il s'étoit embarqué à Attalie, après avoir été battu par les Turcs, qu'il avoit défaits peu auparavant, & passé malgré eux le Méandre. Bendocdar, sultan d'Egypte, étant entré dans Antioche sans aucune résistance, le 29. Mai 1268. y fit massacrer dix-sept mille personnes, & en emmena cent mille en esclavage. Ainsi Antioche, qui avoit été cent soixante & dix ans au pouvoir des chrétiens, retourna aux mahometans. Long. 53. d. 57. m. lat. 36. d. 2. m. à 153. lieues au S. E. de Constantinople. Aramon alla d'Antioche coucher à un casal sous un petit château situé sur des montagnes assez fertiles. Le journal de la marche d'Aramon par Chesneau est fort brouillé. Ce qu'on en peut conjecturer, est qu'il arriva à Antioche le 22. Décembre 1549. puisqu'il coucha le 24. à Mergues Calassi, & qu'il paroît vouloir dire que la veille de ce jour 24. il étoit parti d'Antioche, & avoir couché dans un casal sous un petit château. Chesneau ne donne plus aucune date jusqu'au 8. Janvier 1550. qu'il dit qu'Aramon partit de Coigne. Pour donner une narration exacte, il faut déterminer les jours auxquels Aramon passa ou coucha à Seilchoi, à Adana, où il séjourna, les trois jours qu'il mit à passer le mont Taurus, son arrivée à Heracle, & son séjour, les trois jours qu'il mit d'Héracle à Coigne, où il resta trois jours, & qui furent le 5. le 6. & le 7. Janvier, puisqu'il en partit le 8. Ainsi le 25. Décembre il coucha à Seilchoi, le 26. à Adana, y séjourna le 27. fut trois jours (le 28. le 29. & le 30.) à passer le mont Taurus, & arriva le même jour 30. à Heracle, y séjourna le 31. mit trois jours entre Heracle & Coigne, & y arriva le 4. Janvier 1550. y séjourna le 5. le 6. & le 7. & en partit le 8.

183. Mergues Calassi,] petit château, au dessous duquel Aramon coucha le 24. Décembre 1549. Sa position peut être estimée * à 35. d. 45. m. de long. & à 36. d. 46. m. de lat.

184. Seilchoi,] gros village en une plaine, où Aramon coucha dans un khan, le 25. Décembre 1549. Seilchoi est un nom estropié par Chesneau, qui dit qu'Aramon, avant d'arriver à Adena, passa sur un pont une grosse rivière. Cette rivière doit être le Dgeihan, (le Peramus des anciens) qui passe à Misis, autrefois Mopsuestia, & la partage en deux quartiers, qui communiquent par un pont de pierre : * long. 53. d. 15. m. lat. 35. d. 26. m.

185. Adena,] ville dans une plaine, où il y a un petit château, & une grosse rivière, qui descend du mont Taurus, où Aramon coucha le 26. Décembre 1549. Il avoit passé auparavant sur un pont une grosse rivière. Il y séjourna un jour (27. Décembre :) long. 52 d. 45. m. lat. 37. d. 6. m. à cent vingt-quatre lieues de Constantinople. Adena est à douze milles à l'E. N. E. de Tarsous, sur le bord occidental du Seihan, appelé par les anciens, Sarus : rivière qu'on y passe sur un beau pont de pierre. Elle se joint au Dgeihan, auprès d'Eyas & de Berendi, & va se jetter dans la mer, entre Eyas & Tarsous. L'air est fort mauvais à Adena en été. Les habitans passent cette saison à deux journées de-là, sur les montagnes de Ramadan-Ouglon, où ils ont des maisons écartées du grand chemin. (Otter, voyage en Turquie & en Perse, tom. 1. pag. 67. 68.

186. Heracle,] ville non fermée, où Aramon arriva, après avoir été trois jours (le 29. le 30. & le 31. Décembre) à passer le mont Taurus, le 31. Décembre 1549. il y séjourna un jour (1. Janvier 1550.) Eregle est une ville de Natolie, dans la Caramanie : long. 51. d. 45. m. lat. 38. d. 35. m. à 95. lieues au S. E. de Constantinople.

187. Coigne,] principale ville de la Caramanie, ou le sultan Bajazeth II. fils de Soliman, faisoit son séjour. Aramon y arriva le 4. Janvier 1550. trois jours après être parti d'Heregle. Il y resta trois jours, & en partit le 8. Janvier 1550. Chesneau ne donne plus de date du voyage d'Aramon depuis Coigne jusqu'a Constantinople, où il dit qu'il arriva le 28. Janvier, & se contente de nommer confusément douze villes, villages, ou Khans, où Aramon coucha, selon toutes les apparences. Il employa vingt-un jours à faire cette route. Le seul moyen de fixer les dates de ces vingt-un jours, c'est de les comparer avec la route d'Abdul-Baki-kan, ambassadeur de Perse à Constantinople, détaillée par jours & par heures de chemin, par Otter, qui marchoit avec l'ambassadeur. L'émir Mehemet Caraman étoit prince de Coigne sous le régne de Bajazeth I. qui l'avoit dépouillé de sa principauté. Timur ayant été battu & pris prisonnier, Bajazeth à la bataille d'Angouri, donnée le vendredi 21. Juillet 1402. mit en liberté Mehemet Caraman, & lui rendit sa principauté d'Iconium. En reconnoissance, Mehemet vint saluer Timurbec, qui arriva à Akcheher vers le premier Mars 1403. & lui fit des presens très-considérables. Long. 51. d. 26. m. lat. 37. d. 56. m. à quatre-vingt-dixneuf lieues au S. E. de Constantinople.

188. Axar,] où Aramon arriva le 14. Janvier 1550. & y séjourna le 15. Axar doit être Achara, ville de la Caramanie dans la Natolie, que Delisle place dans sa carte de Grece sous le 50. d. 13. m. de long. & 37. d. 56. m. de lat. à quatrevingt-cinq lieues au S. E. de Constantinople. Bajazeth, empereur Ottoman, mourut à Akcheher le jeudi 8. Mars 1403. Timurbec y étoit arrivé peu de jours après avoir pris Egredur, qu'il avoit assiégé le 10. Février 1403. & Nasibine. Il en partit après la mort de Bajazeth, & se rendit en trois jours à Carahissar, où son fils le Mirza Mehemet, sultan, mourut le 13. Mars 1403. n'étant âgé que de dix-neuf ans.

189. Quiriaja,] où Aramon passa le 16. Janvier 1550. Long. * 40. d. 20. m. lat. 39. d. 15. m.

190. Baracli,] village où Aramon passa le 17. Janvier 1550. * long, 48. d. 49. m. lat. 39. d. 29. m.

191. Esquicher,] ville antique, où il y a de fort beaux bains, où Aramon arriva le 18. Janvier 1550. Long. 48. d. 13. m. lat. 39. d. 43. m.

192. Eschizac,] gros village, où Aramon arriva le 19 Janvier 1550. * Long. 48. d. lat. 39. d. 50. m.

193. Bergusul,] gros village, où Aramon passa le 20. Janvier 1550. * Long. 47. d. 40. m. lat. 39. d. 58. m.

194. Biligich,] gros village, où Aramon passa le 20. Janvier 1550. Otter y coucha avec Abduc Baki-kan, ambassadeur du Chah Nadir, ortographie ce nom Belid-gik, & dit que c'est un gros bourg, & jurisdiction de sultan - Eugni. * Long. 47. d. 41. m. lat. 40. d. 6. m.

195. Isnie.] Isnie, ou Nicée, ville fort antique, près d'un lac de son nom, où Aramon arriva le 24. Janvier 1550. Long. 47. d. 33. m. lat. 40. d. 14. m.

196. Lingnau,] où Aramon passa le canal de mer qui va à Nicomédie, le 25. Janvier 1550. * Long. 47. d. 41. m. lat. 40. d. 26. m.

197. Nicomédie.] Aramon passa le canal de Nicomédie, qui est un bras de mer, & coucha dans un khan sur le rivage de ce canal, le 27. Janvier 1550. Long. 47. d. 30. m. lat. 40. d. 39. m.

198. Geivise,] où Aramon passa le 27 Janvier 1550. C'est Gibise : long. 47. d. 17. m. lat. 40. d. 48. m.

199. Castalumin,] où Aramon passa avant d'être a Constantinople, où il arriva le 28. Janvier 1750. Cette marche d'Aramon peut faire estimer la position de Castalumin, * long. 46. d. 54. m. lat. 40. d. 54. m.

200. Tripoli] en Barbarie, assiégé par

l'armée de Soliman en Mai 1551. Aramon venant de France, y arriva pendant le siége, & ne fut de retour à Constantinople qu'au mois de Septembre suivant. Chesneau raconte une bonne partie de ce qu'Aramon fit avec les Turcs pendant le siége de Tripoli ; mais comme Aramon fit faire une relation fort détaillée de ce voyage, par Nicolas Nicolaï, qu'il mena avec lui, & que la relation de Nicolaï n'est pas trop commune, j'ai cru devoir en donner ici un extrait, où tout ce qui est dans Nicolaï se trouvera resserré, mais bien détaillé. Je joins à cet extrait de Nicolaï une lettre d'Aramon, écrite de Bonne le 28. Juillet 1551. & copiée sur l'original, où il y a plusieurs circonstances omises par Nicolaï ; une lettre d'Henri II. copiée aussi sur l'original, & écrite de Joinville le 25. Mars 1551. (1552.) au sultan Soliman ; & enfin un mémoire envoyé par Aramon en Juin 1552. à saint Veran son beau-frere. On trouvera dans ces trois piéces plusieurs faits curieux & inconnus.

LES NAVIGATIONS, PEREGRINATIONS, & VOYAGES faits en la Turquie par Nicolas de Nicolay, Dauphinois, seigneur d'Arfeuille, valet de chambre & géographe du roi de France. *Anvers, Silvius*, 1577. *in-4°.* pag. 305.

A la fin de 1550. Aramon, qui avoit été plusieurs fois ambassadeur de François I. & d'Henri II. auprès du sultan Soliman, fut envoyé par le même Soliman en France. Etant parti de Constantinople, il traversa la Thrace, la Macédoine, & la Bulgarie, passa le mont Rhodope, que le vulgaire appelle Mont-d'argent, à cause des mines d'argent que l'on y trouve. Il continua sa route par la Moravie, la Bossne & la Servie ; & étant arrivé à Raguse, il s'embarqua sur un brigantin, & cotoya la Dalmatie, la Sclavonie, & la peninsule d'Istrie jusques à Venise. Continuant sa route par terre, Aramon passa à Padoue, Vincence, Verone, Bresse, les Grisons & les Suisses, & arriva à Lyon. Il fut de là à Rouane, où il s'embarqua sur la Loire & arriva à Blois, où il trouva le roi. Il exposa au conseil les raisons pour lesquelles Soliman l'avoit envoyé : & le conseil décida que pour plus grande sûreté de son voyage, il s'en retourneroit par mer. Le roi Henri II. voulant le récompenser, le nomma gentilhomme ordinaire de sa chambre, lui donna deux galères, des meilleures & mieux équipées qu'il y eût au havre de Marseille ; & chargea le chevalier de Seure de l'accompagner avec sa galere bien armée. Nicolas de Nicolay, Dauphinois, seigneur d'Arfeville, valet de chambre & géographe du roi, auteur de cette relation, eut ordre aussi de Henri II. d'accompagner Aramon, & de ne rien négliger pour lui être utile pendant tout le voyage.

Aramon partit de Hoyron, belle & magnifique maison en Poitou, appartenant à M. de Boissy, chevalier de l'ordre du roi, & grand écuyer de France, sur la fin de Mai 1551. Etant arrivé à Lyon, il s'y embarqua sur le Rhone, pour descendre à Avignon ; auquel lieu madame d'Aramon attendoit avec très-grande impatience son mari, qu'elle n'avoit pas vû depuis dix ans. Les gentilshommes & demoiselles d'Avignon & des environs, & les parens & alliés d'Aramon l'y vinrent visiter & bien *viegner*. Le cinquième jour l'ambassadeur ayant envoyé son train par eau, partit par terre, accompagné de ses parens & de ses gentilshommes, & alla trouver le comte de Tende, gouverneur de Provence, en sa maison de Marignane : & le jour ensuivant tous deux arriverent à Marseille, & logerent au logis du roi : auquel lieu, peu de jours après, l'ambassadeur fut surpris d'une griève maladie, qui le persécuta si violemment, que l'on désespéroit de sa vie. Toutefois il fut si diligemment secouru, & de Dieu & des hommes, qu'avant que le capitaine Coste son lieutenant eût donné ordre à l'équipage de ses galères, & le chevalier de Seure à sa galiote, il eut recouvert sa santé ; tellement que le 4. Juillet 1551. environ les vêpres, étant, l'ambassadeur & sa troupe, embarqués dans ses galères, les ancres levées à force de rames, Aramon alla donner fonds à l'isle d'If, distante d'un mille de Marseille : à la forteresse de laquelle le comte de Tende, accompagné du grand prieur de Rome, du sieur de Carses, du capitaine Marce, & du capitaine Pierre Bon, capitaine de ladite forteresse, & de plusieurs autres gentilshommes, capitaines, & soldats, & de quinze galères, avoit fait préparer le souper. Puis les tables levées, les congés pris d'une part & d'autre, le comte de Tende retourna avec sa compagnie à Marseille ; & Aramon, à la premiére garde, navigea droit au port de Carry, distant de l'isle d'If douze milles ; auquel lieu on fit aiguade d'eau douce pour les galères, & revûe des gentilshommes & autres qui y étoient embarqués. Les principaux étoient le chevalier de Seure, avec sa galiote ; le sieur de Montenard,

tenard, Dauphinois, homme d'armes de la compagnie du comte de Tende, avec une frégate, pour accompagner l'ambassadeur, & rapporter de ses nouvelles. Le capitaine Coste, lieutenant de l'ambassadeur sur ses galeres, un sien neveu, nommé Erasme, le sieur de S. Veran, frere de madame d'Aramon, le jeune baron de Loudon, & le sieur Fleuri, tous deux neveux de l'ambassadeur, le chevalier de Malliane, le seigneur de Cotignac, valet de chambre ordinaire du roi, lequel pour avoir longuement voyagé en Levant pour le service de sa majesté, après ledit sieur d'Aramon, y fut fait ambassadeur en chef, (mais oubliant son devoir, il se retira avec le roi d'Espagne,) le seigneur de Virailh, aussi valet de chambre ordinaire du roi, gentilhomme docte & de singuliére expérience, lequel, pour sçavoir la langue Teutonique, outre la Latine & quelques autres vulgaires, fort familiéres, a depuis été par plusieurs fois, sous le règne & commandement du roi Henri, honorablement & heureusement employé en charges grandes & honorables auprès des princes & potentats de la Germanie & du sacré empire, trois gentilshommes de Gascogne freres, nommés Tuecses, le sieur de sainte Marie, le sieur de la Motte, autrement Châteauregnaud, les capitaines laCastelle, Barges, &Barthelemi d'Avignon, Guillaume de Grantroye, neveu de M. de l'Aubespine, à présent délégué & envoyé à Constantinople, ainsi que les autres ambassadeurs, & un mien neveu nommé Claude de Bayard. La revuë faite & les voiles déployées, on navigea vers le cap de Créo en Catalogne, que les Espagnols appellent cap de Creuses, & de-là vers Mayorque & Minorque.

La longueur de la fromentiere en laquelle nous jettames les ancres pour renouveller notre aiguade, est de trente milles vers le levant. La plûpart de nous descendîmes en terre pour voir l'isle, laquelle est basse, sablonneuse, & non habitée, pleine de merte, lentisque, & lézards. On voit une tour ronde sur une longue colline, au milieu de l'isle, & au côté droit de la cité de Ievise: on y fait la garde jour & nuit, de peur des corsaires & pirates d'Alger, qui sont ordinairement aux aguets pour attraper les Espagnols & autres marchands, qui se viennent fournir de sel. Vrai est que les gardes se tiennent le jour en embusche là au plus près, dans un bois de sapin; ne délaissent pour cela d'y travailler, car ils tirent grande abondance de poix-resine desdits sapins. Joignant la mer, se voit de petits marais abreuvés du dégorgement de la mer, qui se congelent & croustent en sel très-blanc, duquel en portai trois ou quatre grandes piéces à l'ambassadeur, qu'il trouva très-belles & bonnes.

Nous étant rembarqués, nous accostâmes la Barbarie le septième jour après notre partement de Marseille, à l'apparition de la Diane; & donnâmes fonds au cap des Cassines, distant d'Alger par l'onent quinze milles. La nuit approchoit. L'ambassadeur envoya Cotignac sur la frégate commandée par Montenard, pour aller vers le roi d'Alger lui signifier notre venue; mais comme nous découvrîmes deux fustes en pleine mer, fîmes toute la nuit bon quart en armes: le matin à la pointe de la Diane, voguans à force de rames vers Alger, rencontrâmes Cotignac, qui revenoit avec un chiaous du roi de cette ville, lequel récita à l'ambassadeur comme les deux fustesques que nous avions vues, l'avoient pillé & dévalisé; mais que l'un des capitaines ayant reconnu qu'ils étoient François, avec grand regret lui avoit rendu ce qu'il lui avoit ôté. Néanmoins les pauvres mariniers perdirent la plûpart de leurs hardes, & y furent assez inhumainement traités.

A l'approche d'Alger on para les galetes de leurs flammes, bannières, & gaillardets: on chargea l'artillerie & arquebuserie: les soldats furent mis à leurs rangs, & les gentilshommes en poupe, bien armés & habillés. En entrant au port on mit le feu à l'artillerie, & puis à l'arquebuserie. La ville répondit de quelques piéces. Cotignac fut renvoyé avec le chiaous au roi; & d'abord après, plusieurs chiaous, capitaines, & janissaires, vinrent recevoir l'ambassadeur, & lui présenterent un beau cheval Turc enharnaché à la genette, pour le porter au palais, qui est au milieu de la ville. Y étant arrivés en bon ordre, entrâmes en la basse-cour, d'où le chiaous venu avec Cotignac nous fit passer à une autre cour plus petite, au milieu de laquelle y avoit un petit vivier quarré, avec ses sièges pavés de carreaux émaillés: & au bout qui regarde le midi, y avoit contre la muraille une grande fontaine pour le service de la maison, & en un coin un grand escalier de bois, qui répondoit dans une longue galerie soûtenue par colonnes, les unes de divers marbres, & les autres de pierres blanches: & au milieu du pavé qui étoit émaillé, bouillonnoit une petite fontaine de forme octogone, n'étant plus haut élevée que le pavé fors d'une molure, qui l'environnoit. Le roi, vêtu d'une robe de damas blanc, étoit assis au bout d'icelle galerie sur un bas siège de marqueterie; & un peu loin de lui, étoit son capi-aga, qui est le capitaine de sa porte, vêtu d'une longue robe de velours cramoisy, avec un grand turban en tête, & en sa main tenoit un long bâton d'argent; auprès de lui tous ses capigis, qui sont portiers, chacun portant en sa main un bâton peint de couleur verde; puis un peu plus bas étoient en rang les esclaves du roi, tous portans en tête la zarcolle de velours cramoisy, & au devant du front le tuyau d'argent, embelli d'un pennache & de quelques pierreries d'un petit prix. L'ambassadeur fit la révérence au roi, lui baisant la main; le roi le fit asseoir auprès de lui: & après quelques devis, l'ambassadeur lui montra sa créance; & ayant pris congé de lui, retourna sur ses galeres. Tout le reste du jour fûmes visités d'un grand nombre de Turcs & Maures. Quatre jours durant, le roi nous envoya chacun jour six bœufs, & vingt-un moutons. Les capitaines des galeres d'Alger, & autres Turcs & Maures, nous apporterent des poires, pommes, figues, raisins, & melons d'excellente bonté, & quelques pains sans levain, ressemblans à gâteaux ou tourteaux: à chacun d'eux étoit donné quelque écu. Nous demeurâmes une semaine en toute liberté, amitié & grande familiarité, durant lequel temps le chevalier de Seure fit espalmer sa galiote; & pour cet effet, le roi lui prêta une de ses galeres pour retirer sa chorme, & lui fournit gratuitement le suif & autres choses à ce nécessaires.

Le jeudi 16. du même mois de Juillet, un esclave chrétien, de l'une des sustes qui avoient dévalisé Cotignac, s'étant jetté à la mer, pour nager à notre galere, un Turc d'une autre galere se lança pareillement dans la mer, lui monta sur le dos, & l'auroit fait noyer, sans le secours de nos mariniers qui le tirerent demi-mort en notre galere. Le maître de cet esclave y étant venu, & désesperant de la vie de son esclave, nous le laissa pour dix écus. Un jeune neveu du capitaine Coste, qui étoit esclave du plus riche marchand d'Alger, fut apperçu lorsqu'il montoit sur la patrone. Plusieurs Turcs vinrent avec de grands cris pour le recouvrer. L'ambassadeur prévoyant le danger où cela l'alloit jetter, alla deux fois parler au roi pour avoir sa dépêche & son congé, afin de suivre son voyage. D'un autre côté, les raiz & azapis des galeres demandoient avec instance qu'on leur rendît leurs esclaves, & assuroient en avoir perdu plus de vingt depuis notre arrivée. Le dimanche 19. ces raiz revinrent en notre galere demander leurs esclaves, spécialement le neveu du capitaine Coste, & userent de fort rudes & outrageuses paroles à l'endroit de l'ambassadeur, lequel s'excusoit, leur assurant qu'il ne savoit ce que c'étoit, & les prioit de chercher à leur plaisir dans ses galeres & galiotes. A quoi pourlors ne voulurent entendre, parce que leur but étoit de nous faire décharger nos galeres en terre, & par-là avoir moyen de nous saccager. L'ambassadeur ayant connu leur projet, ne voulut y acquiescer, & dépêcha le chevalier de Seure, Cotignac & moi, pour aller se plaindre au roi: mais dès que nous fûmes débarqué, le chevalier de Seure me pria de retourner en diligence à sa galiote, & y donner ordre sur le compte des esclaves, de la perte desquels on se plaignoit. Ayant exécuté ce que le chevalier de Seure souhaitoit, & voulant l'aller rejoindre, un autre esclave se jetta dans mon esquif, avec un coffin plein de figues & raisins, qu'il disoit vouloir porter au patron d'une autre galere. Je ne voulois le lui permettre, lorsqu'un Turc l'ayant apperçu se jetta dans mon esquif, & à grands coups de bâton, chassa l'esclave dans le sien; puis le fit monter dans une galiote, & changeant en un instant de propos, le ramena dans mon esquif, lequel malgré moi il fit passer, joignant la poupe de la galere royale, où il fit monter l'esclave. Et quant à moi, quelque résistance que je sçusse faire, ils m'enleverent de force, & autant en firent ils à mon alier, ou maître marinier de l'esquif, lequel sur le champ en ma présence fut attaché par les pieds à la chaîne. Ils me dirent alors, que je ne sortirois de leurs mains qu'ils n'eussent recouvert tous leurs esclaves. Mais je leur fis si bien sentir le tort qu'ils faisoient à l'ambassadeur, & que le roi de France étoit assez puissant pour s'en faire faire raison, qu'ils me laisserent aller, mais ils retinrent mon alier, & il me fallut moi seul conduire mon esquif jusques à notre galere, où je dis à l'ambassadeur ce qui m'étoit survenu. Il en fut fort troublé, & m'envoya sur le champ au chevalier de Seure & à Cotignac, afin de faire le tout entendre au roi. Je les trouvai revenant avec le caïch (qui est leur grand-prêtre) & qui avoit charge de faire des excuses au nom du roi, qui n'avoit aucun pouvoir dans Alger, qui est une espèce de république. Le jour suivant le roi fit mettre tous ses gens armés, & envoya grand nombre d'arquebusiers & sagittaires, tant sur les poupes & rambades de ses galeres, fustes & galiotes, que en terre, tout le long du môle. Il fit aussi charger & braquer toute l'artillerie de la ville & des galeres, contre nos galeres; après quoi l'on vint avec fureur demander leurs esclaves. Alors Seure & Cotignac, qui étoient en terre, voulurent aller de nouveau parler au roi; mais il ne voulut pas les voir. Ce qui obligea l'ambassadeur, qui s'étoit fait mener en terre, d'aller droit au palais; mais on lui en refusa l'entrée; & en même temps le roi envoya son lieutenant & autres capitaines en nos galeres, pour avoir le capitaine Coste & son neveu Erasme, pour être mis à la chaîne au lieu de l'autre neveu qui avoit été dérobé. Combien que le soir précédent on l'avoit renvoyé à son maître par un Turc, qui lui bailla son turban & sa robe, afin qu'il ne fût apperçu des autres, parce qu'il avoit promis qu'il ne lui seroit fait aucun mal: on ne put pourtant les appaiser qu'en leur livrant Erasme, qu'ils condamnerent sur le champ à être pendu & étranglé à l'entenne de la galere; ce qu'ils alloient exécuter, si l'ambassadeur, connoissant l'insatiable avarice de ces barbares, n'eût modéré leur fureur & rage avec force d'argent: leur promettant en outre, qu'en leur présence Erasme seroit mis à la chaîne jusques à Constantinople. Au moyen de ces promesses il fut rendu, après avoir reçu plusieurs bâtonades des Turcs, & incontinent mis à la chaîne. Malgré cela le tumulte ne fut pas appaisé, le nombre des soldats & du peuple armé, augmentoit à tout moment ; & il étoit à craindre qu'ils ne retinssent prisonnier l'ambassadeur, qui étoit encore à terre. En effet, ils le firent monter avec toute rigueur en la galère royale, & ne l'en laissèrent sortir qu'après qu'il eut payé comptant deux cents écus. Les barbares départis, nous levâmes les ancres, pour aller dîner à la rade : & puis après, à force de rames, vînmes surger au-delà du cap de Matafuz, qui est à trente milles d'Alger, où nous séjournâmes jusques au lendemain.

Le matin le vent étant contraire, il fallut aller donner fond auprès du cap de Teddele, où il y a dans un grand rocher une caverne profonde de deux bons jets d'arc, dans laquelle la mer entre jusqu'au fonds. Nous y entrâmes avec notre esquif jusques à demi chemin ; mais le grand nombre des chauve-souris qui y séjournent nous persécuterent si fort, que nous fûmes contraints de retourner en arrière. Sur le soir nous prîmes eau fraîche en un puits un peu au dessus de nos galères : & le matin, ayant doublé le cap, passâmes joignant la ville de Teddele, qui est une cité de deux mille feux, sur la mer Méditerranée, à soixante milles d'Alger. Elle est au pied d'une montagne, à la pente d'un grand rocher. Sur le milieu de la montagne y a un petit château, depuis lequel s'étend une longue muraille jusques à celle de la ville. Les habitans de cette ville sont sous la même obéissance & justice que ceux d'Alger.

Abandonnans la côte, nous nous jettâmes en pleine mer : & tant navigâmes, que le 24. Juillet sur le soir, nous découvrîmes la cité de Gigery : mais une furieuse & soudaine bourrasque nous auroit mis en grand danger d'être tous abîmés, sans l'habileté de nos mariniers. Notre frégate, attachée à la galère, périt devant nos yeux, faute d'avoir coupé vitement le cable ; tous les hommes se sauvèrent à la nage dans nos galères. Le 25. sur les vêpres, arrivâmes au port de Bonne, & après y avoir ancré, l'ambassadeur envoya saluer le caddi, qui tient la ville à grand tribut, sous le roi d'Alger. Ce caddy, qui étoit chrétien renié, outre le rafraîchissement qu'il nous donna, envoya à l'heure du souper à l'ambassadeur deux grands plats de maiolique pleins de leurs viandes, accoutrées fort proprement à leur mode, qui étoit une espèce de menade, faite de pâte avec oignons & poulles grasses ensemble, quelques gâteaux ; le tout de très bon goût & saveur.

Le 26. après soleil couché, nous partîmes de Bonne & traversâmes le golphe, qui dure environ dix-huit milles au cap de Rose ; passâmes à la vue des isles de la Galite & des Zimbolos, & doublâmes le cap Bon le jour de sainte Marthe, 28. judit mois ; & arrivâmes à l'isle de Pantalarée ; où, parce que le vent étoit contraire, nous donnâmes fonds à une plage.

La nuit suivante nous vînmes ancrer en une autre plage de l'isle, à six milles de la cité : & le matin un des gardes pensant que nous fussions Impériaux ou Maltois, vint en notre galère faire present à l'ambassadeur d'une bonne quantité de raisins & de figues, qu'il portoit dans une peau de chèvre sur son dos. Ce present aussi-tôt remuneré que prins, notre trompette fut envoyé avec cette garde pour demander au lieutenant de l'isle deux esclaves Provençaux, qui le jour précédent s'en étoient fuis de la galiote du chevalier de Seure, quoiqu'il les eût délivrés de la captivité d'Alger avec le danger que j'ai déja raconté. On renouvella l'aiguade dans les citernes ; & sur le soir la garde & trompette revinrent sans aucune nouvelle des esclaves : mais ils dirent à l'ambassadeur, de la part du lieutenant, que l'armée Turquesse étoit à Malthe, & qu'elle avoit saccagé la ville d'Auguste en Sicile, & qu'Antoine Dorie voulant passer de Sicile en la ville d'Afrique, pour fournir la place de soldats & munitions, la nuit du 6. Juillet, par mauvaise conduite & inadvertance, s'alla tellement investir & hurter contre l'isle de Lampedose, que de quinze galères qu'il y avoit, les huit se perdirent ; sçavoir est sa capitainesse, & deux autres qui étoient siennes ; desquelles lui & un sien esclave seulement se sauvèrent, & deux qui appartenoient au marquis de Terreneuve, la patronne de Cigalle, la patronne de Molego, & la Galisse de Sicile avec tous ceux qui étoient dedans.

Le 30. Juillet nous partîmes de Pantalarée, isle qui a trente milles de longueur, & environ dix de large. Le 31. Juillet, après avoir passé l'isle de Goze, vînmes surger, environ les vêpres, à la rade de Malthe, où incontinent fûmes visités par les chevaliers Parisot & Villegagnon. L'ambassadeur ayant fait entendre au maître sa venue, la chaîne du port ouverte avec salutation accoutumée de part & d'autre, entrâmes dans le port ; sur le bord duquel plusieurs chevaliers, venus de la part du grand maître, nommé Omede, de nation Espagnole, reçurent l'ambassadeur, en lui présentant un mulet, sur lequel il monta ; & puis l'accompagnèrent jusques en la grande salle du château, où le grand maître, avec grande compagnie de chevaliers, l'attendoit ; & après lui avoir fait la révérence & dit partie de sa créance, étant la nuit prochaine, ayant pris congé, se retira en ses galères. Le lendemain le grand maître lui donna dîner magnifique, où les plus anciens & notables chevaliers de la religion avoient été invités : & là fut publiquement récité, comme Sinan, bacha, capitaine général de l'armée Turque, avoit prins & saccagé le château de la ville

O ij

d'Augute en Silicie; & que de-là étant venu surgir à un port de Malthe, nommé Méchetto, voisin de celui du château, avoit mis gens en terre, & ravagé & pillé avec beaucoup de cruauté tous les environs; que Guimeran, chevalier Espagnol, capitaine d'une galère de la religion, ayant assemblé quelque nombre de souldats, & Insulains, leur avoit dressé tant d'embûches & donné tant de cargues, qu'il les avoit contraints de déloger de ce lieu: que de-là ils étoient allés à la calle S. Paul, ils avoient débarqué de l'artillerie & fait des tranchées pour assiéger la cité: qu'ayant trouvé le lieu rude & raboteux & plein de rochers, & voyant défaillir & mourir leurs hommes de la chaleur extrême qu'il faisoit, ils avoient levé le siége, & s'étoient rembarqués avec leur artillerie, après avoir tué, prins & saccagé tout ce qu'ils purent rencontrer à leur avantage: qu'ensuite ils étoient allés saccager l'isle de Goze; qu'ils avoient prins le château par deceptive composition, & qu'ils avoient mené en esclavage tous les habitans, au nombre d'environ six mille trois cents: que le bacha ayant rembarqué son armée avec tout le butin, étoit parti le 27. de Juillet pour aller en Barbarie assiéger le château de Tripoli. Le dîner fini, l'ambassadeur dit que le roi trèschrétien auroit un grand déplaisir, apprenant le dommage que les Turcs avoient fait à l'isle; & assura que s'il étoit arrivé plutôt, il n'auroit rien négligé auprès du bacha pour le faire déloger. Le grand maître lui ayant fait de grands remerciemens, lui dit qu'il étoit encore temps de rendre un grand service à l'ordre, moyennant que selon la volonté du roi, & l'offre qu'il lui venoit de faire, il lui plût naviguer à Tripoly, pour engager les Turcs à lever le siége: car il craignoit que la place, qui étoit petite & peu forte, & laquelle obstant la pauvreté du thrésor de la religion (à ce qu'il disoit) n'avoit pû être fortifiée ni secourue, ne pût longuement tenir contre une si grande armée. L'ambassadeur s'y accorda volontiers; & la religion lui bailla une frégate pour nous y guider. Nous ne séjournâmes que deux jours dans l'isle de Malthe, qui a vingt-deux milles de l'ouest à l'est, de lat. 11. & de circuit 60. nous frétâmes nos galères, & nous prîmes eau fraîche & autres rafraichissemens.

Le dimanche 2. Août, comme le soleil déclinoit à son occident, nous sortîmes du Ravre, doublâmes le cap de Marche-Siroch, naviguâmes jusques au mardi suivant sur le défaillement du jour, que nous apperçûmes la côte de Tripoly; mais pour éviter le danger de la nuit, la côte étant basse & sablonneuse, & pour n'entrer à heure indue en l'armée des Turcs, nous temporisâmes jusques à la Diane du lendemain; mais par l'ignorance de nos pilotes, qui n'avoient pas pris garde à la courante, nous nous trouvâmes à trente milles de notre droit chemin, & fûmes contraints de reprendre par Lébech, au cap de Taïvre, à deux milles de la ville de Taïvre, & à douze milles de Tripoly. Nous saluâmes quatre galiotes de l'arrière garde de l'armée Turquesse, qui étoient en cap; & tirâmes droit à l'armée, qui étoit à un mille de Tripoly. Cotignac y fut envoyé avec la frégate, pour annoncer notre venue au bacha. Il fut aussi-tôt renvoyé avec un raïz de galère, & un janissaire, pour recevoir l'ambassadeur & le conduire à la galère royale. L'ambassadeur étant entré dans son esquif, lui alla baiser la main; & lui fut fait bon recueil par le bacha, montrant avoir agréable sa venue. L'entretien ayant été court, l'ambassadeur retourna en ses galères, où d'abord après le bacha lui envoya présenter vingt-cinq moutons, & quelques autres rafraichissemens. Le lendemain 6. l'ambassadeur envoya ses présens au bacha, qui étoient deux belles pièces de fine écarlate de Paris, une pièce de fine toile d'Hollande, & un petit horloge, lequel reçut le tout en fort grand contentement & plaisir. Cotignac, qui avoit porté le présent, étant revenu, l'ambassadeur, accompagné de ses gentilshommes, lui alla exposer la cause de sa venue, en lui priant au nom & à la faveur du roi de se vouloir divertir de telle entreprise; ce que le bacha ne lui voulut accorder, & lui dit que le grand seigneur se doutoit de ce que les chevaliers ayant juré à la reddition de Rhodes, de ne porter jamais armes contre la nation Turquesque, avoient aidé l'Empereur à la prise de la ville d'Afrique sur Dorgut, & qu'eux-mêmes faisoient à sa hautesse journellement la guerre, & tout le pis qu'ils pouvoient, & que pourtant, irrité de cela, avoit fait dresser cette armée pour les chasser de tout hors d'Afrique. Le bacha se plaignit encore de Leon Stroze, prieur de Capue, lequel combien qu'il fût au service de S. M. très chrétienne, avoit envoyé sa galère à la religion, pour aller à la guerre contre eux; & il trouva étrange & mauvaise ce que nous avions amené une frégate de Malthe. L'ambassadeur voyant que par prières & autres moyens il ne pouvoit divertir ledit bacha de son dessein, délibéra d'aller en diligence à Constantinople, dans l'espérance d'obtenir du grand seigneur ce que son lieutenant venoit de lui refuser; mais il ne sçut non plus impétrer du bacha son congé: ainçois le pria de vouloir là temporiser jusques à la réussite de son entreprise. Ce qui grandement contrista l'ambassadeur, qui se voulut fort excuser sur la hâte de son voyage; mais ce fut en vain, car il fallut obéir & s'armer de patience. Le bacha & Dorgut faisoient diligenter leurs tranchées, & approches pour y conduire leur artillerie; mais ceux du château, qui avoient nombre de bonne artillerie, & les meilleurs canoniers du monde, ne tiroient point de coups perdus, & contraignoient les Turcs de reculer, & de revenir par plus longues tranchées. Le 7. Août le bacha descendit en terre par faire conduire le reste de son artillerie aux tranchées ; pourquoi manda prier l'ambassadeur de venir voir l'assiette de son camp, & le lieu où il faisoit ses approches ; ce qu'il n'osa refuser, de peur de le mettre en quelque défiance ; & mena avec lui pour l'accompagner, le sieur de S. Veran, Cotignac, les chevaliers de Seure & de Malliane, le sieur Caïus de Wirail, sainte Marie, le sieur de Monteizard, le capitaine Coste, & moi. Il trouva le bacha auprès de la mer, sous un pavillon, que pour l'ardeur du soleil il avoit fait dresser : & après qu'il eut passé quelque temps avec lui, il le mena sur une colline, de laquelle on voyoit aisément la ville & le château, l'assiette de leur camp, & leurs approches, que par longues & tortueuses tranchées, ils avoient conduites d'environ trois milles, jusques à quatre cents pas de la cité, quoique grandement endommagés par l'artillerie, les courses & escarmouches des chevaliers qui défendoient la ville, & dont vingt étoient venus le même matin escarmoucher jusques auprès du pavillon du bacha.

Les Turcs ayant la nuit assis leurs gabions, qui sont des planches épaisses de trois doigts, qu'ils portent dans leurs navires, & qui étant dressées en forme de lozange, les boulets ne font que glisser dessus, & braqué leur artillerie, ils commencerent au lever du soleil du 8. Août à canonner le château. Le bacha pria l'ambassadeur de ne laisser descendre personne des siens ; de peur que les Turcs ne leur fissent quelqu'outrage, les prenant pour ceux du château. La batterie continua jusques à midi ; mais celle du château tua quatre des meilleurs canoniers de l'armée, deux chiaous, & quelques raiz de galères. Elle emporta la main de l'écrivain général de l'armée, qui étoit homme de grande estime, & fort favorisé du bacha ; & elle tua ou blessa un grand nombre des Janissaires, rompit la meilleure piece des assiégeans, & en démonta quatre autres : de manière que les Turcs furent obligés de cesser la batterie, & ceux du château tirerent toujours. La nuit suivante les Turcs continuerent leurs approches : à l'aube du jour les assiégés firent une sortie, & les Turcs recommencerent leur batterie avec huit pieces à la fois, au lever du soleil, qu'ils ont en grande révérence. Sur les vêpres le feu prit à leur poudre, brûla trente Turcs, & en blessa un plus grand nombre.

L'ambassadeur continuant à demander son congé avec instance, le bacha y consentit d'abord ; mais s'étant ravisé, il lui envoya un eunuque son dragoman, pour le prier de temporiser deux jours, dans lequel temps il espéroit prendre le château. Ce message tant fâcheux, mit en non moindre perplexité d'esprit que colere l'ambassadeur, tant à cause de son retardement, que pour la diminution de nos munitions, qui commençoient tout à se pertisser ; mais il fallut dissimuler. Le 11. Août le seigneur Wirail & moi, allâmes voir les tranchées de Salaraiz, qui étoient à cent cinquante pas du château, & dont la batterie avoit huit grosses pieces. Morataga, eunuque de Ragufe, qui étoit au fait de guerre, de fort bon esprit & jugement, gouverneur de Taïvre & de tout le pays circonvoisin de Tripoly, & qui avoit fort sollicité le grand seigneur d'envoyer assiéger Tripoly, pour se délivrer des chevaliers de Malthe qui lui faisoient journellement la guerre, me fit appeller par un canonier Espagnol renié, appellé Cazamata, qui m'avoit connu sur nos galeres, & qui lui avoit dit que j'étois ingénieur du roi. Morataga me fit plusieurs questions sur l'attaque & sur la force de la place ; mais je lui répondis en fort peu de mots, & le contraire de ce qu'il vouloit que je lui dise. Il s'en apperçut, & me dit en souriant qu'il voyoit bien que je dissimulois. Dorgot étoit vingt cinq à trente pas plus loin que Salaraiz, qui avoit une batterie de huit grosses pieces, les Janissaires & Azapis étoient à main gauche, dans leurs tranchées, avec leurs arquebuses prêtes, arcs & fleches, rondelles & pavois. La batterie avoit déja rasé jusques au cordon la muraille de la grosse tour du Coing : mais ce qu'ils abbattoient de jour étoit refait de nuit par les assiégés. On en étoit-là, lorsqu'un soldat, natif de Cavaillon, qui avoit appris la langue & servi d'espion aux Turcs, corrompu par Pesune*, s'enfuit au camp, déclara aux Turcs qu'à la droite du logis du gouverneur & ayant vûe sur le fossé, au-dessous étoient les celiers à retirer les munitions, qui n'avoient pû être remparés ni fortifiés. Le bacha fit d'abord baisser ses batteries vers les voutes & celiers ; & elles percerent bientôt la muraille, qui commença à s'ébranler, le haut étant chargé des remparts. Les soldats effrayés, & laissant l'honneur en arriere, dirent à leurs capitaines, que voyant les choses désespérées du secours & de pouvoir plus longuement tenir, ils ne devoient trouver mauvais s'ils pensoient à leur sûreté. Le gouverneur nommé Vallier chevalier Dauphinois, étant averti par l'Argosin, soldat Espagnol des plus vieils, & autorisé de là dedans au nom des autres Espagnols & Impériaux, vigoureusement sollicité d'entendre à composer avec l'ennemi, avant que la muraille fût plus endommagée, se trouva fort épouvanté. Un sage & vaillant chevalier François nommé Poissieu, comme le plus ancien, au nom des autres chevaliers, leur remontra que la brèche étoit encore défensable, & il s'offrit de soutenir l'assaut ; mais le gouverneur, sans cesse sollicité & quasi contraint par l'Argosin, se trouva défailli de cœur & de fortune, & désemparé des soldats, consentit qu'on levât une banniere blanche, & envoya un Turc, qui se présenta au bacha, pour traiter touchant la reddition de château. Le bacha y ayant consenti, on y envoya un brave Espagnol nommé Guivare, & un chevalier de Mayorque, pour offrir le château avec l'artillerie & munitions au bacha, moyennant qu'il leur fournît des navires pour les conduire tous à Malthe avec leurs bagues & hardes sauves. Le bacha demanda les frais de l'armée, & que tous ceux du château demeureroient esclaves à l'exception de deux cents. Les messagers désespérés s'en retournoient, lorsque Dorgut & Salaraiz les arrêterent en leur disant qu'ils alloient radoucir le bacha. Ils y furent en effet, & lui dirent qu'il falloit tout accorder, & que lorsqu'il auroit le château & les hommes en sa dévotion, il en pourroit disposer comme bon lui sembleroit. Le bacha trouvant le conseil bon, fit rappeller les deux messagers, & leur dit, qu'en faveur de Dorgut & de Salaraiz, il leur accordoit leur requête, & jura par la tête de son seigneur & de la sienne, d'inviolablement observer tout ce qu'il leur promettoit. Les messagers croyant la réponse du bacha sincere, l'allerent d'abord annoncer au gouverneur.

Le bacha envoya sur le champ un Turc très-subtil, pour persuader au gouverneur de venir avec lui conclure le traité de la reddition & des vaisseaux qu'il faudroit pour les conduire à Malthe, lui offrir de demeurer en ôtage, & cependant considérer la mine & l'assurance des assiégés. Ce Turc parla de manière au gouverneur, qu'il se laissa persuader d'aller trouver le bacha. Le Turc, qui avoit pris le devant, dit au bacha que l'épouvantement des assiégés étoit tel, qu'en tenant bon il les auroit à telle composition qu'il voudroit. Sinan ainsi prévenu, fit appeller le gouverneur Vallier, & lui ayant reproché sa grande témérité, lui dit qu'il ne vouloit délivrer que deux cents personnes de la garnison. Vallier fort troublé, lui dit que ce n'étoit pas ce qu'il avoit promis aux députés du château, & qu'il laissât retourner dans la place, pour prendre l'avis des assiégés. Sinan fit alors mener Vallier sur une galère, & lui mettre les fers aux pieds: il laissa pourtant retourner au château un chevalier, que Vallier avoit amené avec lui. Ceux du château ne sçachant que faire, renvoyerent le lendemain le chevalier au bacha, qui fit d'abord amener devant lui Vallier, auquel il proposa, ou de payer les dépens de l'armée, ou d'être prisonnier avec tous ceux du château. Vallier lui répondit qu'étant esclave, il n'avoit plus de droit sur sa garnison, & qu'il ne pouvoit conseiller que de s'en tenir au premier traité. Sinan craignant le désespoir des assiégés, prit Vallier par la main, & affectant un visage riant, lui promit de mettre toute sa garnison en liberté, & qu'il pouvoit les faire tous sortir; mais le gouverneur, qui avoit été si grossièrement dupé, lui dit qu'il n'avoit plus de pouvoir dans le château, & qu'il pouvoit s'adresser aux chevaliers que ceux qui étoient dedans lui avoient envoyés.

Alors Sinan jurant sur la tête du grand seigneur & sur la sienne, qu'il observeroit le premier traité, dit au chevalier d'aller chercher la garnison; ce que croyant le chevalier, leur alla signifier ces bonnes nouvelles, qu'ils reçurent avec telle allégresse, qu'ils accouroient à la foule avec leurs femmes, enfans, & meubles plus précieux, à qui sortiroit le premier; mais à peine furent-ils dehors, que les Turcs les dépouillerent & dévaliserent, & menerent les chevaliers, les uns aux galères, les autres au bacha. Vallier ayant alors sommé Sinan de la foi qu'il avoit deux fois donnée, ce bacha lui répondit qu'il ne gardoit pas la foi aux chiens, qu'ils avoient eux-mêmes rompue les premiers, après la reddition de Rhodes. Le château pris & pillé, & deux cents Maures du pays, qui étoient au service des chevaliers, taillés en pieces avec de grands cris & huées, l'ambassadeur accourut au bruit, & fut au désespoir de voir ainsi traiter le gouverneur, contre la foi donnée, & plusieurs autres chevaliers, gisans à terre comme demi désespérés. L'ambassadeur alla trouver Sinan, qui ne lui répondit que sur le manque de foi de la capitulation de Rhodes. Il consentit pourtant que le gouverneur, quelques chevaliers, & le reste, jusques à deux cents des plus vieux & inutiles fussent mis en liberté. Il fit mettre à la chaine les chevaliers Espagnols, & quelques jeunes François, dont l'ambassadeur obtint enfin la liberté à force de presens qu'il fit au bacha & à ceux qui étoient autour de lui, & en se rendans plége de lui faire rendre trente Turcs esclaves qui avoient été pris à Malthe, lorsque l'armée y passa. Un chevalier François, qui étoit avec trente soldats dans la tour que les Espagnols édifierent à l'entrée du port quand ils prirent la cité, amusa les Turcs, en faisant semblant de se vouloir rendre, assez long-temps pour avoir une barque, dans laquelle il descendit lui & ses gens, & se retira en nos galères. Le bacha fit entendre à l'ambassadeur, qu'il lui convenoit porter cette désolée compagnie à Malthe, & parce qu'il fit approcher ses galeres (qui tout le long du siége avoient demeuré en une plage quatre milles loin de Tripoly) pour les recevoir; & qu'il ne permit à aucun des siens de descendre en terre, ce qui fut accordé & exécuté. Le soir furent amenés dans notre capitanesse par un capitaine des Janissaires, le gouverneur Vallier & l'Argosin Espagnol; puis peu de temps après on amena dans une barque grande partie des chevaliers & soldats promis. Vallier en tenoit le rôle, & ceux qui vouloient se trop hâter étoient repoussés par les Turcs à coups de bâton, & plusieurs dépouillés en chemise. Les chevaliers furent mis en notre galère, & les soldats à la patrone. Le lendemain 15. d'Août, par le moyen d'une robe de fin drap d'or frisé, que l'ambassadeur donna en présent au bacha, il obtint licence d'aller voir la ville & le château, & mena avec lui son beau frere de S. Veran, ses deux neveux, Fleuri, Lodon, Montenard, le capitaine Barthelemi, & moi, avec son Janissaire nommé Moustapha, & le dragoman. Le château se trouva fermé, & celui qui en avoit la garde, averti que l'ambassadeur avoit la licence du bacha pour y entrer, après s'être fait long-temps attendre, parut sur le pont, étant sorti de du guichet, chargea à coups de bâton des Turcs qui étoient-là, & repoussa très-rudement & avec paroles injurieuses l'ambassadeur, qui envoya faire ses plaintes au bacha. Nous vîmes cependant les fossés du château, qui sont larges, profonds, & à fond de cuve, & la ville qui étoit ruinée, lorsque Charles V. la remit aux chevaliers : mais où il y a pourtant de très-hautes, belles & fortes murailles, un arc triomphal de marbre blanc à quatre faces sur quatre colomnes Corinthiennes quarrées, un chariot tiré par deux griffons, & un autre chariot, qui portoit une Pallas. Nous vîmes aussi une inscription, où l'on déchiffroit encore le nom de Publius Lentulus.

Le bacha ayant envoyé un chiaous, avec ordre de laisser entrer l'ambassadeur avec cinq ou six personnes, l'ambassadeur fut reçu avec les sieurs de S. Veran, Fleuri, Montenard, Barthelemi, le dragoman, & moi. En entrant nous rencontrâmes Morataga & le capitaine qui avoit la garde du château, qui nous firent conduire sur les remparts, & après avoir le tout bien visité du haut en bas, connûmes au terrain que le tout étoit bien remparé, muni & garni de trente-six pièces d'artillerie, grandes ou petites, & qu'il y avoit encore grand nombre de lances, grenades & pots à feu prêts à jetter, abondance de tous vivres & autres munitions, bons puits & fontaines : que lorsque le siège y fut mis, il y avoit en chevaliers ou soldats six cents, & les meilleurs canoniers du monde. C'est honte irréparable à ceux qui si pusillanimement le rendirent à ces barbares, sans aucune raison de guerre. Retournés en nos galères, le bacha envoya prier l'ambassadeur de se trouver le lendemain au dîner solemnel qu'il prétendoit faire pour la réjouissance de sa victoire & prise du château, & que avec lui amenât Vallier ; ce qu'il ne voulut refuser, espérant de trouver l'occasion de faire mettre en liberté le reste de deux cents chevaliers & soldats. Le lendemain 16. Août 1551. l'ambassadeur, accompagné du gouverneur Vallier, du chevalier de Seure, de Cotignac, du capitaine Coste, de Montenard, & de moi, alla trouver le bacha dans le fossé au droit de la bréche du château, (où étoient pour une magnificence tendus deux pavillons, l'un pour lui, joignant une belle fontaine, & l'autre pour l'ambassadeur & sa compagnie) l'ambassadeur ayant envoyé ses présens, (car on ne peut négocier avec ces barbares que de cette manière) fut conduit au pavillon qu'on lui avoit préparé, & aussi-tôt servi avec toute magnificence, honneur, & superfluité de viandes, tant de chair que de poisson, diversement accoutrées selon leur mode, même de vins excellens. Et se faisoit le service avec son de tous leurs instrumens, & par officiers en nombre plus de cent, habillés la plûpart de grandes robes de fin drap d'or, frizé & figuré, & les autres de velours. Quant au bacha, il ne fut si-tôt assis, que toute l'artillerie des galères, fustes, & galiotes de l'armée (qui étoient en tout cent quarante, sans le grand gallion & deux mahomez) fut tirée avec tel bruit & tintamare, qu'il sembloit que le ciel & les astres dussent profonder en la mer. Les tables levées, l'ambassadeur & le gouverneur Vallier se rendirent dans le pavillon du bacha, lequel en la fin accorda de délivrer les deux cents hommes qu'il avoit promis, & d'abondant en donna vingt à l'ambassadeur, sous la promesse de lui faire rendre les trente Turcs restés esclaves à Malthe. Ceux qui furent délivrés étoient quasi tous Espagnols, Siciliens, & Calabres, peu de François ; la plûpart d'eux furent mis au rang des péchés effacés. Ce jour furent apportés en nos galères les coffres de Vallier, dans lesquels furent trouvés quelques habillemens, un sac de monoie, & une tasse d'argent, de reste, comme il disoit, de plus de deux mille écus, que les Turcs avoient retenus & pillés ; ensemble deux pavillons, qu'il estimoit trois cents écus. Les Turcs se divertirent à inventer des cruautés pour faire mourir un vieux canonier du château, nommé Jean de Chabas, natif de Romans en Dauphiné, qui d'un coup de canon tiré du château avoit emporté la main de l'écrivain général de l'armée. A huit heures du soir furent allumées à toutes les galères, galliotes, fustes, & autres vaisseaux, tout le long des cordages, entennes, prouës & poupes, à chacune plus de trois cents chandelles ; & avec leurs cris & hurlemens accoutumés, son de leurs tambours & autres instrumens. Pour la fin de tous leurs triomphes mirent derechef le feu à leur artillerie. Le lendemain 17. le bacha envoya présenter une robe de drap d'or figuré à l'ambassadeur, & par ce même moyen lui donna son congé tant désiré ; mais ce ne fut pas sans faire bon présent à celui qui la lui apporta, & à plusieurs autres officiers du bacha.

Le 18. Août, sur l'absconsement du soleil, nous étant embarqués, les ancres levées, prîmes la route de Malthe. Après avoir navigué soixante milles, environ minuit, se leva un vent de tramontane, si froid & si contraire, que nous fûmes contraints de retourner à Tripoly. Le bacha averti, lui envoya dire qu'il étoit le très-bien revenu, & qu'il lui avoit bien prédit qu'il trouveroit vent contraire en mer ; ce néanmoins, quand il trouveroit le temps commode pour départir il le pourroit faire, fût de jour ou de nuit, sans autrement le saluer. Nous séjournâmes là jusques au 21. matin, durant lequel temps recouvrâmes eau fraîche & quelque peu de vivres : puis avec vent propice découvrîmes les isles de Lampedose & Linose, qui fut un samedi 22. lequel jour mourut de fièvre pestilentieuse Jean Raimond, patron de notre galère, bon pilote & homme de bien. Le dimanche 23. approchans de Malthe, nous envoyâmes la frégate du côté de Goze, pour découvrir s'il n'y avoit point de galères de Genes : & lorsque nous l'eûmes revue, & qu'elle nous eut fait signe qu'il n'y avoit aucun péril, nous arrivâmes à Malthe, ayant navigué entre cette isle & celle du Goze. Il étoit tard, & la bouche du port fermée. L'ambassadeur envoya son lieutenant avec l'esquif au grand-maître lui signifier sa venue, & le prier de nous faire ouvrir le port ; lui faire pareillement entendre qu'il avoit dans ses galères le gouverneur & autres chevaliers de Tripoli ; mais il se trouva si dépité & courroucé d'entendre la prise de Tripoli, qu'il manda qu'il n'en feroit rien jusqu'au matin, qu'il assembleroit son conseil pour sçavoir ce qu'il auroit à faire ; puis lui feroit entendre sa volonté. Le chevalier Parisot envoya incontinent quelques rafraîchissemens de pain, vin, & eau fraîche, qui furent reçus de meilleure part que la réponse du grand-maître. Vallier & les autres chevaliers allerent coucher au bourg. Le lendemain matin le port fut ouvert, dans lequel nous entrâmes sans aucune salutation. Néanmoins le grand-maître envoya Parisot & quelques autres vieux chevaliers pour recevoir l'ambassadeur, qui se montra fort indigné. Etant venu au château, il fut reçu avec fort maigre chère du grand-maître, en récompense d'avoir retiré & amené à sauveté, avec grands frais & dépens, mort & mésaise des siens, les chevaliers & soldats de Tripoli, lesquels sans lui & ses presens fussent tous demeurés esclaves des Turcs : ce qui ne peut être persuadé à ce grand-maître, qui contre tout droit & vérité montroit avoir opinion que sans sa faveur les chevaliers ne se fussent jamais rendus ; & quant aux 30. Turcs esclaves que Vallier, sous la réponse & caution de l'ambassadeur, avoit promis de faire rendre au bacha, il n'y voulut onc consentir. Le conseil de la religion fut tenu par trois fois, où l'ambassadeur donna de bonnes raisons au grand-maître pour le convaincre de sa fausse opinion ; mais il n'en voulut jamais revenir. Au contraire, malicieusement suscita & irrita les chevaliers Espagnols & Italiens contre nous, voire que jusques-là les uns disoient que nous étions venus à Malthe pour épier la place & la faire remettre ès mains des Turcs ; & outre plus que de tous les maux qui est les Turcs nous étoient survenus, nous en étions le vrai motif. Telle fut l'ingrate récompense de tous les biens & services que l'ambassadeur & sa compagnie avoient faits à la religion. Au partir du château il alla dîner chez le chevalier Parisot, où Vallier étoit aux arrêts, attendant que son procès lui fût fait. Le reste du jour fut employé à faire des dépêches pour renvoyer le chevalier de Seure à la Cour raconter au roi ce qui s'étoit passé pendant notre voyage. Le grand-maître expédia trois frégates en Sicile, Afrique, & Naples, pour les avertir de la perte de Tripoli ; ou bien, ainsi qu'étoit le commun bruit, pour avertir A. Dorie (qui nous attendoit au passage avec cinq galères d'élite) du jour de notre partement, & du chemin que nous pourrions tenir ; car nous faisions toute diligence pour sortir hors de ses mains. Néanmoins fîmes donner demi-suif à nos galères, & si recouvrâmes avec grande difficulté quelque peu de vivres & bois pour la cuisine. Nous nous pourvûmes d'un pilote de l'isle de Chio, au lieu de celui qui étoit mort. Le chevalier de Seure ayant préparé sa galiote pour retourner en France, embarqua avec lui les sieurs de S. Veran, Montenard, le chevalier de Malliane, Vestric, Flamerin, & quelques autres (aucuns desquels ayant ouï parler que A. Dorie nous attendoit au passage, ne se voulurent mettre au hazard de combattre ni de tomber ès mains des ennemis) le 26. d'Août sur les vêpres, les ancres levées avec vent propice, dressa sa navigation droit à Marseille.

A l'entrée de la nuit, nous étant élargis de vingt-cinq à trente milles en mer, trouvâmes un vent maîstral à tramontane, qui nous fit faire cette nuit soixante milles. Le lendemain 31. Août eûmes vue, à senestre de notre chemin, des Isles de Zefalonie & de Zante, toutes deux sujettes aux Venitiens, & tributaires au grand Turc. Le même jour vers midi découvrîmes un grand navire ou griffo Candiot, chargé de malvoisie & vin muscat pour Venise : l'ambassadeur lui ayant fait croire qu'il étoit de Sicile, le patron avec sa barque vint baiser la main à l'ambassadeur, lequel bientôt après il reconnut pour lui avoir souvent fourni du vin à Constantinople, & partant lui fit present d'un grand baril de muscat, d'un mouton, & de plusieurs poncilles, citrons, & oranges, en le priant de le secourir d'un baril d'eau fraîche, qui lui fut incontinent délivré. Continuans notre navigation vers l'isle de Sapience, distante de Malthe cinq cents cinquante milles, à laquelle nous touchâmes, mais suivîmes la côte de la Morée, pour passer le cap Malée, grand ennemi des navigans, qui s'étend cinquante milles en mer, & où les vents sont presque toujours contraires. La mer qui se jette contre Malée est si furieuse & tempêtative, qu'elle ne peut qu'avec grande peine & long circuit être surmontée. Nous nous y trouvâmes en grand péril, à l'entrée de la nuit, comme nous étions sur le point de doubler

A CONSTANTINOPLE, EN PERSE, &c.

blet le cap, il s'éleva un vent de Grec & tramontane, qui nous contraignit d'aller relâcher trente milles en arrière à l'isle de Cerigo, où nous séjournâmes huit jours pour la contrariété des vents. Un jour au port de san Nicolo, où premièrement abordâmes, & sept jours au dessous du château & forteresse appelée Capsali, où nous vinsmes surgir à la faveur & prières du provediteur, lequel, incontinent que nous fûmes ancrés, fit visiter & saluer l'ambassadeur avec rafraîchissement de chair de mouton, volailles, & pain frais; & commanda à tous les habitans de l'isle nous administrer toute sorte de leurs vivres pour notre argent: ce qui nous fit d'autant plus de plaisir, que nous étions sur le point de peser le biscuit aux forçats & aux mariniers. L'ambassadeur l'envoya remercier par son lieutenant & autres siens gentilshommes. J'allai par devers lui deux fois. S'étant informé de mon état & profession, il me combla de politesses, & me fit montrer toute la forteresse & les munitions du château situé sur un haut & inaccessible rocher, & environné de grandes & profondes vallées devers la terre. Il n'y a qu'une porte au château, qui est gardée par vingt soldats Italiens. Il y a dans la Isle du provediteur, nommé Jean-André Cuirini, les armoiries de ses prédécesseurs depuis l'an 1502. Au dessous du château est la bourgade située en pente & de difficile accès, n'y ayant qu'une rue entaillée dans un mur & glissant rocher de marbre noir. L'isle est à trente milles du cap Malée, & a soixante mille pas de circuit.

Secondé par mon nepveu, j'allois voir des bains, dont l'ouverture étoit bouchée par de gros buissons & arbrisseaux silvestres qu'il fallut tailler & découper. L'ambassadeur ayant fait aller ses gardes sur la montagne S. Nicolo, qui est fort haute, pierreuse, & difficile à monter, j'y fus voir deux chapelles, qui sont sur la sommité. Le pavé de la plus grande fait à la Mosaïque, a figures de veneurs à cheval, cerfs, lions, ours & chiens. Le 7. Septembre mourut d'une dissenterie un jeune gentilhomme de notre galère nommé Poliny, parent de Sainte-Marie. Sur la deuxième garde de la nuit le vent commença à s'appaiser; à la troisième garde nous sortîmes du port, & à voiles déployées doublâmes le cap san Nicolo de la même isle, & après le cap Malée; traversâmes les isles de l'Archipelague; & approchans de l'isle de Tino, abordâmes deux grandes nefs Ragusiennes, dont le patron nous envoya un Chiot passager dans une petite barque, qui dit à l'ambassadeur que ces deux nefs étoient parties depuis cinq jours de Messine en Sicile, d'où Antoine Dorie étoit sorti & retourné deux fois cinq galères bien armées pour nous attraper au passage. Après quoi nous poursuîmes notre route droit à l'isle de Chio; & sur la nuit ayant passé le cap Mastic, vinsmes surgir le matin à huit milles de la cité.

Le matin 10. Septembre, après avoir mis en ordre nos galères de leurs tendarts, bannières, flambes, & gaillardés, & mis en rang les gentilshommes & soldats, tirâmes droit au port de Chio, à l'entrée duquel fut tirée toute l'artillerie & arquebuserie: puis au son des trompettes & clairons entrâmes tout auprès du môle, où tout le peuple accourut avec grande allégresse. L'ambassadeur fut aussi-tôt visité par les principaux & plus anciens de la seigneurie, l'un desquels le harangua, & le pria instamment de venir se reposer dans la cité. L'ambassadeur le remercia, s'excusa sur son indisposition, sur ce qu'il étoit pressé d'arriver à Constantinople, & leur promit qu'au retour il se réjouiroit pendant quelques jours avec eux. Ces seigneurs retournés en la ville envoyerent un esquif chargé de douze paires de perdrix privées en douze cages, douze paires de gros chapons, plusieurs paniers pleins de citrons, poncilles, oranges, grenades, pommes, poires, prunes, & raisins, dont il y en avoit de si gros, qu'ils pesoient jusques à six ou sept livres, quantité de pains frais, quelques veaux & moutons. Sur le soir, ils envoyerent une quantité de tous fruits avec cent poulets, deux bottes de bon vin Chiois, deux carreaux de vin muscat, qui sont un peu moindres que nos demi queues; douze boîtes de mastic, quatre vannes (qui sont loudiers de satin piqué, car là on en fait des milleurs & plus précieux qu'en aucun autre lieu du Levant) quatre tapis Turquois, douze gros flambeaux de cire vierge, & bonne quantité de chandelles de suif. Le consul François, nommé Joseph Justinian, fit aussi de sa part de beaux présens à l'ambassadeur. Un vent de Grec & tramontane s'étant levé sur le soir nous contraignit de rester jusqu'au 13. Les habitans qui sont extrêmement polis, nous en donnerent les plus grandes preuves.

L'isle de Chio a 128500 pas de tour. Elle est à 50. mille de Lesbos à présent Metelin, à 90. de Delos & à 80. de Lango. Le mont Pelinée, le plus haut de toute l'isle, fournit quantité de beau marbre. On voit dans cette isle les villes de Peparque, Menaleto, sainte Helene, Vichio, Pino, Cardanella, S. Angelo, & Arvisio, lieu fort rude & moustrueux.

Le 13. Septembre, au coucher du soleil nous navigâmes côte à côte de l'isle, à Lisolot S. Stephano, qui est à la bouche du Porto Delphin, & de-là à Cardamille, distante de Porto Delphin dix milles, & vingt milles de la ville de Chio. Prenant notre route au golfe de Caloni de l'isle de Metelin, distante de Cardamille trente milles, pour être la nuit prochaine, navigâmes trente milles terre à terre au port de Segre, qui est vingt milles au dessous du golfe, & y reposâmes jusques à la Diane.

De Metelin nous navigâmes le long de la Natolie ou petite Asie au promontoire Sigée

Tome I.   P

appellé de Modene, cap de Magistere, vis-à-vis duquel à dix milles est l'isle de Tenedos. Le long de cette côte, entre le port de Sigée & le fleuve Xanthus, autrement Scamander, se voient les ruines de Troye. De là nous entrâmes dans le détroit de l'Hellespont, pour la garde duquel il y a deux forts châteaux édifiés par Mahomet II. Les gardes nous ayant à haute voix invités d'aborder, allâmes jetter l'ancre auprès du château; en quoi nous voulant imiter notre patrone prenant le dessus de la courante (qui est là si ravissante, qu'il n'y a si bon marinier qui n'y fût bien empêché,) ne trouvant assez de fond, fut si furieusement jettée contre l'éperon de notre galère, qu'elle le froissa entièrement; & par le contour que la courante lui fit faire, outre le danger auquel nous fûmes tous d'être péris, rompit une partie de la palemente; quoi ayant vû les gardes, nous vinrent incontinent avec petites barques aborder; & après avoir veu le sauf conduit de l'ambassadeur, & reçu de lui quelques ducats, nous racoutrâmes notre palemente, & allâmes le même jour donner fonds à un grand casal nommé Mayton, qui est du côté de Seste, & y demeurent Grecs tous filleurs de laine & de couton. Ce casal contient de deux à trois cents feux, & est situé en la pente d'une montagne joignant la mer, & est sur la croupe d'un côteau. Les environs abondent en beaux & fructueux jardinages, grand pays de vignoble, produisant grande abondance de bons vins, lesquels ils conservent dans de grandes urnes de terre cuite poissées, qu'ils enterrent dedans la terre. Le long de la marine se voient trente-six moulins à vent, ayant chacun dix ailes. Le lendemain matin on chargea le vin que l'on avoit pris pour nos galères, & partîmes l'après diner; & ayant le vent en poupe, naviguans le long de la Gréce, passâmes le château des Veuves sur un côteau, mais ruiné, à trois milles de Mayton. Les Grecs disent que c'est par-là où premièrement les Turcs passerent de l'Asie en la Gréce, par le moyen de deux Genevois qui les passerent dans leur navire, moyennant un ducat pour tête; mais les Turcs étant passés, tuérent tous les hommes du château. Sur les cinq heures du soir arrivâmes devant la cité de Galipoli, qui est à trente milles par-delà ce château. Cette ville est dans le Chersonnese de Thrace, à la pointe qui regarde le Propontide vis-à-vis la cité de Lampsaque, qui est en l'Asie mineure. Elle contient 600 feux, & les principales habitations sont ruinées.

Son cap, qui s'étend dans la mer, a un fanal au haut d'une tour octogone; à où se payent deux tributs ordinaires pour tête, tant hommes, femmes, que enfans; l'un desquels qui est en aspre, s'appelle le piginte; & celui qui le tient afermé en paye tous les ans trente mille ducats, & y gagne beaucoup, sans ce qu'il dérobe. On paie deux aspres pour l'autre, appellé le capitanat, qui porte soixante mille ducats. Le vent étant propice, continuâmes notre voyage, suivans le rivage de Thrace par le Propontide, passant devant Macrotique, puis à la cité de Byzante, à présent Rodolto, laquelle est sur le milieu d'un golfe, qui a trente milles de traverse, en laissant les isles Proconoises, des modernes appellées Mormora, & les Besbiques, aujourd'hui Colonio, à la main droite. De-là naviguâmes à la cité de Perinthe, vulgairement Heraclée, dont le vestige démontre la figure triangulaire. Elle est sur la pointe d'un promontoire, qui se jette fort dans la mer, & dont une partie est toute pleine de ruines déshabitées. Nous nous reposâmes là une nuit, sans descendre en terre; & le matin à la Diane étant sortis à la rame hors du port, trouvâmes un vent frais, qui nous mena à la voile jusques au golfe de Selimbrie, aujourd'hui Selivrée. Nous traversâmes ce golfe, malgré la tramontane: & ayant passé les bouches des fleuves Athiras (qui est aussi appellé l'Idaras), & à présent Ponte Picciolo) & de Bathynias, des vulgaires Pontegrande. De-là allâmes donner fonds à un beau casal, nommé Flora, lequel est édifié sur le bord de la mer dans un bocage de cyprès & autres arbres d'hiver. Ici l'ambassadeur dépêcha à son secrétaire Phebus, qu'il avoit là laissé pour agent; & cela fut un samedi 10. Septembre. Nous allâmes ensuite à force de rames au casal san Stephano, lequel a un bon port, & fait un petit cap. La pluie nous y surprit avec grande impétuosité & violence. L'après-souper la pluie ayant diminué, nous côtoyâmes à force de rames jusques au droit du premier angle de la cité de Constantinople, auquel lieu sont les sept tours, château très fort, appellé par les Turcs Jadicula. Là nous vinrent trouver avec une barque un cordelier Calabrez, nommé frere Jean, avec un Grec, tous deux de la maison de l'ambassadeur, qui lui apporterent une lettre de son secrétaire, par où il apprit que tout alloit bien chez lui. Vers les douze heures s'éleva un gros vent froid & une grosse pluie, qui dura jusques au matin. Alors l'ambassadeur envoya à Pera le cordelier: & comme nous poursuivions le long de la cité à force de rames, pour gagner la pointe du Sarail, qui fait le second & plus éminent angle, le vent & la pluie redoublerent: l'envie que l'ambassadeur avoit d'arriver, engagea la chiourme à faire telle force, qu'elle gagna la pointe du Sarail, malgré la furie de la mer; mais la courante qui vient du Bosphore Thracien étoit si violente & ravissante, qu'elle nous empêcha d'entrer dans le canal, & nous contraignit, non sans grand danger, de traverser vers Calcédoine en la Natolie, & passer près la tour de

Garde, (qui est dans la mer, appellée la tour des Janissaires,) pour gagner le dessus de la courante, en faisant telle force de rames, que nous entrâmes dans le port, & saluâmes de notre artillerie le sarail. Nous allâmes prendre port du côté de Constantinople, sur le bord duquel le premier dragoman du grand seigneur, nommé Hibrahim, gentilhomme Polonois, mahumetisé, & plusieurs autres grands personnages Turcs, vinrent recevoir l'ambassadeur, si-tôt qu'il fut descendu en terre, accompagné du seigneur de Cotignac, du jeune baron de Lodon, sainte Marie, le jeune Jueusse, Serres, & moi ; & l'ayant fait monter sur un beau cheval, qu'on lui avoit amené, fut conduit à l'hôtel de Rostant, bascha, qui le reçut avec grande caresse. Puis après, étant retourné en le galere, traversa le canal en Pera, où il fut pareillement reçu, avec signe de grande joie & allégresse de tous les habitans chrétiens, qui la plûpart l'accompagnerent jusques dans son logis ; & cela fut le 20. de Septembre 1551. & le soixante & dix-huitiéme jour après notre partement de Marseille.

LETTRE D'ARAMON A HENRI II.

Sire, je arrivai en Alger le 13. du présent, qui fut huit jours après mon partement de Marseille, pensant, comme la raison le vouloit, y trouver pour roi une personne qui fust de tel sens & esprit que le lieu le requiert, & si encliné à votre amitié, & à reconnoître votre grandeur, que les biens & plaisirs qu'il a receus de vous, & son devoir l'obligent ; mais à vous en dire, sire, la vérité, j'ai trouvé ung homme sans sentiment, considération, ne jugement, servant plustost d'umbre que de roi, avec lequel ayant, sur le point de mon arrivée, conféré tout ce qu'il vous avoit pleu me commander, & lui ayant usé de tous les artifices dont je me peus adviser, pour lui monstrer de combien il vous demeuroit toujours redevable, pour autant que vous, sire, recherchiez par toutes les occasions sa grandeur, & n'y épargniez chose du monde ; il en feit aussi peu de compte, comme son sens lui donnoit de jugement : quoi voyant, & pensant que ce fust pour tenir plus de grandeur & réputation, & pour avoir son conseil sur ce qu'il me debvoit respondre, & que l'heure estoit tarde, il remit la suite du propos au lendemain ; le priant qu'il lui pleust me donner un peu de longue audience, à ce que je le peusse informer des négoces pour lesquels j'estoys venu, & des choses qui concernoient l'amitié d'entre vous, sire, & le grand seigneur, & par conséquent de lui, ce qu'il me dist lui seroit, & qu'il me feroit sçavoir l'heure. Toutefois, ce ne fut que deux ou trois jours après ; & crois que, sans l'importunité que je lui en feis, je en feusse encores là. Toutefois, à la fin il m'accorda que je vinsse devers lui ; ce que je feis : & commençant de nouveau, lui tournai réciter tout ce que je lui avois dit auparavant, afin qu'il peust mieux comprendre toutes choses ; mais ce feut en vain : car comme depuis je me suis apperçeu, son cerveau ne pesche pas si avant ; & pour autant, sire, que à mon arrivée je trouvai qu'il y avoit entre les mains, ou des Mores & corsaires qui sont audit lieu, plus de deux cents François esclaves, prins ou à la coste de Prouvence, ou dans les navires qui trafiquent marchandises ç'a & là, par vaisseaux de cours, ou des corsaires qui sont en son obéissance, je lui voulus bien remonstrer le tort qu'il avoit d'endurer qu'il en feust usé de cette sorte, & que, outre le revanche que vous, sire, en pouviez prendre ; quand vous le feriez entendre audit grand seigneur, il ne le trouveroit jamais bon, & plutôt demeureroit mal-content & indigné contre lui, ce qui ne seroit guaires à son advantaige, veu l'estat auquel estoient ses affaires près dudit grand seigneur. mesmes par la relation qu'il en pouvoit avoir eue d'un nommé Sujacbey, son négociateur près dudit grand seigneur, que environ quinze ou vingt jours auparavant ma venue, étoit arrivé audit lieu d'Alger, avec quatre galeres & une galiote d'icelui grand seigneur, en conserve de celle que le roi d'Alger avoit envoyée à Constantinople auparavant mon partement dudit lieu ; & que vous, sire, m'aviez commandé lui prier de votre part, jugeant bien que cela ne procédoit de lui, mais desdits corsaires & ministres qui sont sur ses vaisseaux, coustumiers ne faire autrement que mal, sans avoir respect à ceulx qu'ils doibvent se me feust content, usant du debvoir d'amitié, faire mettre en liberté ceulx qui sans raison & occasion estoient prins & détenus, & que vous n'espériez pas moings, qu'il deust plus estimer votre amitié & faveur, comme chose qu'il connoissoit estre assez plus profitable que la valeur de deux cents pauvres esclaves, prins sur la foi & amitié, mesmes en portant présens & rafraichissemens aux corsaires ; & de mon cousté, estant ambassadeur, je ne pouvois faire de moings, pour autant que mon office est d'entretenir mon roi, seigneur & maître, en l'amitié de tous les princes où il lui plaist m'envoyer ; & de le supplier qu'il lui pleust faire ensorte que vous, sire, en demeurissiez satisfait ; ce qui retourneroit toujours à son advantaige ; lui monstrant combien il pouvoit plus espérer en vous que audit grand seigneur, ne autre ; tant pour ce, sire, que vous estes bien près de lui, que par les services que lui aviez faicts & offerts faire en temps que icelui grand seigneur ne monstroit pas lui donner grand aide ;

& que s'il y avoit en ceci quelque difficulté, qu'il lui pleust me la communiquer, je m'offrois le mettre en chemin par où les affaires se pourroient tenir en bon estat, comme celui qui estoit informé à plain de la bonne affection que vous, sire, lui portiez; le priant qu'il lui pleust, sur toutes choses, se résoldre & me donner briefve responce, à ce que je peusse continuer mon voyage en Constantinople, suivant votre commandement, & vous advertir du tout. Toutefois, quelque moyen que je tinsse, je ne sceus tirer autre chose de lui, sauf après avoir débattu les plaintes des Mores prins par le capitaine Morette, & de la galiotte qui fut désarmée de Tollon, fors qu'il verroit de prendre sur le tout quelque détermination, & qu'il me dépêcheroit; mais je ne feus pas si tost hors de sa présence, & retiré en galere, qu'il envoya de ses gens, pour pratiquer, & voir s'il envoyoit ung navire à Marseille, en vous priant, sire, lui envoyer des remmes, pouldre, boullets, & munitions, s'il en seroit gratifié; me demandant aussi cependant lui en vouloir bailler huit ou dix quintaulx de pouldres, pour galeres, & le reste des remmes & boullets que je pouvois avoir de réserve. A quoi, sire, je feis responce qu'il n'estoit besoing que je lui donnasse autre assurance de votre amitié, que celle qu'il en avoit eue par expérience par le passé; mais que je l'asseurois que, en faisant telle démonstrance en votre endroit qu'il estoit requis, & mettant dans ung navire les esclaves François qui estoient ici, ou la plus grande part d'iceulx, que je le voulois asseurer sur mon honneur, que vous ne l'en refuseriez, ne de plus grande chose; mais aussi, sans cela, je ne le voulois asseurer quelle satisfaction vous, sire, en pourriez avoir; me semblant qu'il estoit bien raisonnable que ayant connu tant de fois votre bonne volunté & affection, il vous fist connoître une fois la sienne; & quant à lui bailler remmes, poudres, & boullets, c'estoit chose que je ne pouvois faire, si je ne voulois par trop faillir à votre service & à mon devoir, pour la nécessité que j'en pourrois avoir durant ung si long voyage que cellui que je faisois; n'en ayant prins seulement que ce qui estoit nécessaire pour fournir lesdites galeres, & que je ne lui en pouvois bailler si peu, que je ne vinsse à les désfournir; lesquelles j'avois à garder comme ma vie, & mieulx: le priant, qu'il m'eust pour excusé en cela. De sorte, sire, que je ne sçai si, irrité d'estre recherché de la délibération de ses esclaves, ou de ce que je lui refusai de lui bailler ce qu'il demandoit des galeres, qui en ce cas fussent demeurées dépourveues, ou d'autre mauvaise volunté & menée conduite par les réniés qui sont auprès de lui, la plûpart Espagnols, & Goanatins, il ma faict, & permis être faict tant d'ennuis & facheries, que je ne puis faire

moings de les vous réciter; ayant été en telle créance & nécessité, que j'eus doubte cinq ou six fois que nos galeres fussent désarmées & saccagées, cherchant tous les moyens possibles pour avoir quelque honneste excuse de ce faire. Et pour commencer, sire, dès le lendemain étant descendus en terre, deux gentilshommes des galeres, comme ils avoient accoustumé, feurent enfermés, & conduits par ces réniés à estre faits Turcs, & par autres seit pratiquer la plûpart des chenomes, leur donnant entendre s'ils se pouvoient sauver en terre & se faire Turcs, qu'ils seroient francs & libres; de sorte que jusques au nombre de deux s'enfouirent, lesquels arrivés en terre, incontinent seurent fait faicts Turcs, & ne me les voulut jamais rendre, quelque instance & remonstrance que je sceus faire, non à lui, car il ne voulut permettre dès l'heure que je lui parlasse, mais à ses ministres; ausquels je feis entendre une couverture pour désarmer vos galeres; pour autant que tous les forçats, qui estoient presque tous condamnés à mort, ne se soucieroient se faire Turcs, pour sauver leur vie & sortir de servitude; & que s'il en vouloit user ainsi, seroit beaucoup milleur qu'il prinst les galeres qui estoient entre ses mains, sans permettre y vinst ung tel désordre; & que pour le moings en devoit-il user comme autrefois avoit faict ce grand seigneur en Constantinople, qui eut semblable cas, les avoit renvoyés aux galeres à coups de bâton, considérant qu'il ne vouldroit que ces esclaves réniés, ou les Turcs, dont il fait ses chenomes, se rendissent chrétiens, & que cela pourroit tumber pour l'advenir, autant à son désavantage comme au vôtre. Toutefois n'y eust-il remede; de sorte que sollicitans les Mores, que je ne pouvois défendre de venir en galere, voulant par ce moyen induire les forçats se rendre Turcs pour l'exemple des autres, m'ont tenu en grande peine, & ce pendant qu'il m'entretenoit avec espérance de jour à autre me devoir donner responce & dépesche, tant pour vous, sire, que pour Constantinople. Il me brassa une autre allarme, qui estoit qu'ils meizrent en avant qu'il y avoit quinze ou vingt esclaves cachés dans les galeres, voulant que les cheurmes feussent mises en terre, en descharger lesdites galeres, pour les chercher à leur plaisir; faisans desseing, estant icelles cheurmes en terre, qu'ils obtiendroient leur intention, de les faire tous rénier, & de saccager la robe; chose qui me feust advenue sans nul doute; car leurs fins ne tendoient à autre effect, veu l'insolence & peu d'obéïssance que lui rendent les Mores & les corsaires; de façon, quelque raison que je leur sceusse dire, encores que je leur offrisse faire visiter icelles galeres, je me feis par cinq ou six des principaulx d'eulx; lesquels ayant visitées, & n'y trouvant rien, persistoient toujours à les faire désarmer : & n'y avoit moyen de les contenter : & pour avoir quelque couleur à leur faict, feurent le jour, & suivant ung jeune homme qui se disoit parent d'ung soldat desdites galeres ; mais ce feur en plain midi, afin que chacun eust occasion de le voir, & qu'ils peussent collorer par-là leur faict : & combien que les officiers de la galere où il s'adressa le refusassent, si est ce qu'il estoit si bien apprins, qu'il ne s'en voulut partir, encore que tout incontinent je le feisse rendre à son maître ; mais ce nonobstant ils vinrent avec telle furie qu'ils sont coustumiers, pour les saccager & désarmer : toutefois, aimant mieulx pâtir tous les maulx du monde que si cela feust survenu ; je descendis en terre, leur remonstant que je vouloisparler à leur roi, & lui dire ma raison, & que en après il en ordonneroit selon sa volunté ; lequel ne me voulut jamais entendre, ne permettre que je parlasse à lui, comme celui, à mon jugement, qui ne désiroit ung plus beau jeu que celui là, & qu'il vinst de mon cousté quelque résistance qui peult donner couleur à son desir;ce que congnoissant bien, je prins pour parti de veoir si la corruption auroit plus de force en eulx que la raison ; de manière, sire, que, avec l'aide de cinq cents escus ou environ, & la remonstrance que je leur feis, que les choses qu'estoient aux galeres estoient présents, que vous, sire, envoyiez au grand seigneur, dont il faudroit qu'ils rendissent compte, il me fut permis me tirer hors du port, au large, pour attendre la responce qu'il disoit me vouloir faire, & les lettres qu'il vous vouloit escripre, & à la Porte ; & despuis lui ayant fait entendre qu'il me mandast, s'il vouloit que je allasse devers lui pour les prendre, il me manda, qu'il n'avoit autre chose à resoudre, ni à despêcher, & que je m'acheminasse quand il me plairoit : & que je feis sur l'heure ; ayant demeuré audit lieu en ce bon traitement l'espace de dix jours, sans m'avoir voulu permettre plustôt partir, me tenant toujours en espérance de me donner résolution & responce, jusques à cette heure-là, combien qu'il n'en eust aucune voulunté, comme il l'a bien monstré.

Sire, quant à sa nature, je vous en ai au commencement de la présente discouru ce qui en est : mais pour parler du pouvoir qu'il a, ce n'est pas grand chose ; car en premier lieu, il est si mal obéï, que les Mores commandent d'un cousté, & les coursaires de l'autre partie ; de sorte que le plus grand advantaige qu'il ait, s'estend seulement sur les Turcs, qui est la moindre partie. Et pour vous monstrer, sire, son obéïssance, le jour que je arrivai audit Alger, me trouvant à douze ou quinze milles près, je dépêchai Codignac avec la frégate, pour l'advertir de ma venue, comme il est requis à une ville de respect ; lequel lui ayant faict entendre la charge, & s'en retournant devers moi pour me donner responce, leur ensemble tous ceulx de ladite frégate à quatre milles de port, & à la vuë de la ville, saccagé de deux fustes de corsaires ; dont jamais n'y a eu ordre, quelque instance que j'en aye sceu faire, que son autorité ait eu tant de force leur faire faire raison de ce que leur avoit été prins ; encore que par toutes les fois que je parlai à lui, je l'en requisse ; qui me fait aussi juger, que pour satisfaire aux ungs & aux autres, il soit si pauvre de sens que de bon sens, & ce que m'en donne plus grande certitude, est que celui qui a emmené les galeres de Constantinople, est venu en partie pour se faire rembourser d'une somme de deniers que a fournis Rostant bascha, pour lui à la Porte, dont il n'a le moyen de ce faire, sans attendre la venue d'aucunes galeres qu'il a en cours ; ensemble de celles qu'il délibere y envoyer présentement ; pour autant qu'il fault qu'il envoie avec ledit argent audit Rostant bascha, trois cents esclaves François ; & pour cette cause, ainsi que j'ai entendu, vouloit-il me dessaisir de pouldres, & de rémes, n'ayant moyen de promptement pourvoir ses galiottes & fustes pour le fait ; lesquelles sont à présent dans le port, en nombre de quatorze ou quinze, tant siennes, que des corsaires, qu'il espere armer pour faire cet exploit, & croy qu'ils passeront aussi-tôt qu'ils auront nouvelles quel chemin auront prins les galeres qui sont ensemble pour accompaigner le prince d'Espaigne, & que les quatre galeres de Constantinople & la galiote attendront leur retour ; n'estant venus pour autre affaire par-deça que de lui avoir porté quelque nombre de Turcs, qui sont volus venir à sa solde, & rapporter les esclaves qu'il doibt envoyer avec l'argent ; desquels je n'ai sceu entendre, ne moings dudit roi d'Alger, autres nouvelles de l'armée de mer du grand seigneur ; fors qu'ils avoient laissé, venans deça, le frere de Rostant bascha, capitaine de l'armée, à Chion, avec une partie des galeres qu'il esparmoit audit lieu, & le reste étoit à la Valonne, hormis quelque nombre que Sala Rays menoit en ça pour se rencontrer avec Dorgin Rays, à Lépantho.

Sire, je pense certainement que, nonobstant ce dont ledit roi d'Alger a usé envers moi, il prendra ceste hardiesse vous requérir ; & néantmoins pour autant qu'à mon partement je ne lui envoyai que bonnes paroles, monstrant que pour cela il ne se debvoit garder de rechercher de vous ce qu'il avoit délibéré, & que nonobstant toutes choses, je ne ferois que mon office & ferois bien d'opinion, encore que bon advis en doibve être receu, que vous, sire, ne lui faissiez pour cela responce aigre ; mais plutôt lui accorder une partie de ce qu'il vous demandera ; & là où il seroit plainte de moi, m'en donner quelque coulpe ; car cela pourra servir en quelque endroit à l'advenir, soit pour le divertir de quelque meute qu'il pourroit avoir avec l'empereur, comme je doubte, ou bien pour vous saisir de la place en temps & lieu ; ce qui seroit à mon jugement facile, quand votre service le requerroit ; ou quand pour revanche, l'empereur vous vouldroit donner en autre endroit récompense de telle importance que cela seroit à lui : tut quoi je me réserve vous faire plus ample discours, jusques à ce qu'il vous plaise me le commander, & que l'occasion s'en présente : & si faut-il bien garder que ung qui est à la suite de votre cour, qui poursuit service pour lui, ne descouvre rien de votre volunté ; car je suis adverti qu'il lui escrit tout ce qu'il peult entendre. Sire, depuis mon partement d'Alger, j'ai trouvé les vents si contraires par la coste de Barbarie, qui ont toujours esté Grec & Levant, que j'ai tardé à venir jusques ici l'espace de sept jours ; ayant été constraint y toucher, pour acheter une frégate, ou lieu de celle que monseigneur le comte de Tende m'avoit baillée, qui se perdit pour raison du mauvais temps deux jours auparavant mon arrivée en ce lieu, à ce que j'eusse moyen de renvoyer ce gentilhomme qu'il m'avoit baillé, & vous advertir de tout ce qu'il est passé, comme je ferai aussi, incontinent que je trouverai l'armée ; & quand je serai arrivé à Constantinople : vous assurant, sire, que je ne perds pas une heure de temps en ce voyage, tant pour l'importance de la tardité, que aussi pour le danger qui est de longuement demourer en chemin. Sire, sur le point que je voulois partir de ce port, est arrivée une nef Turquesque, venant des Gerbes ; qui dist pour certain, que s'estant parti d'Antoine Dorye de Naples & de Sécile, avec seize galeres, pour porter deux cents soldats de renfort en Afrique, & la paie de tous, pour quelque temps, estant à la Lampedouze, il avoit eu si grant fortune de mer, qu'il avoit perdu huit galeres ; & l'asseurent ceulx de ladite nef pour chose vraie ; ayant veu quelques pièces de bois du naufrage en s'en venant : & de l'armée du grand seigneur, disent avoir entendu ou lieu d'où ils viennent, qu'elle avoit faict descente en Pouille, & prins Brindes, & deulx ou trois places fortes. Je ne sçai si cela est véritable : toutefois j'espère, sire, bientôt, à l'aide de Dieu, vous en clarifier. Je ne veulx pas aussi oublier vous faire entendre, comme à mon arrivée en ce lieu de Bonne, trois heures avant, ung corsaire y avoit amené une barque de Marseille, chargée d'huiles & d'autres marchandises ; mais cela n'est pas seul ; car je vous puis asseurer, sire, qu'ils en ont prins plus de quarante de vos subjetz, ne faisant les corsaires, difficulté d'en prendre comme sur les ennemis : & les amenent, puis après de deça, afin qu'il ne s'en entende d'autres nouvelles ; & quand l'on en demande raison à ceulx qui ont la charge de la coste, ils s'en remettent au roi d'Alger ; & lui, pour le proufit qu'il en a, ne s'en soucie pas beaucoup. Je serois bien d'advis que vous, sire, feissiez entendre à mondit seigneur le comte. & aux capitaines de vos galeres, qu'ils veillassent pour en attraper, & leur donner ung tel chastiment, que ce que l'honnêteté ne peult faire envers eulx, la crainte le fasse ; & ce que je vous en escripts, sire, n'est que pour avoir veu à l'œil le grand dommaige qu'ils font à vos subjets, tant en coste de Prouvence, que autres lieux où ils trafiquent. J'espere bien, à mon arrivée à la Porte du grand-seigneur, en faire plainte ; toutefois je sçai qu'il ne me sera répondu autre chose, lors que le grand seigneur ne commande aux corsaires, que si l'on peult prendre ceulx qui font tels maulx, qu'ils soient chastiés.

Sire, je supplie le Créateur vous donner, &c. De Bonne, en Barbarie, ce 18. de Juillet 1551.

Très-haut, très-excellent, très puissant, très-magnanime, & invincible prince, le grant empereur de Monsurmans, sultan Soliman Sarch, en qui tout honneur & vertu abondent, notre très-cher & parfait ami, Dieu vous veuille augmenter votre grandeur & haultesse, avec fin très-heureuse. Nous avons entendu, par ce que nous a faict sçavoir le seigneur d'Aramon, gentilhomme de nostre chambre, & ambassadeur devers vous, la délibération que vous avez prinse, quant au faict de vostre armée de mer, que vous voulez tenir entière, pour exploiter ès lieux & endroits que vous verrez être plus à propos, ce que nous trouvons bon, puisque vous le voulez ainsi. Toutefois, nous n'avons voulu laisser d'en escripre encore notre advis audit sieur d'Aramon, & lui donner charge expresse de sçavoir votre résolution, afin que nous y puissions correspondre au temps, & ainsi qu'il nous fera sçavoir sans laisser passer l'occasion. Ne voyant aucune apparence que vous deviez craindre ne doubter que l'on coure sus à vos pays maritimes, & que l'on y fasse aucune entreprinse, pour les causes & raisons que vous dira plus amplement ledit sieur d'Aramon, lequel nous vous prions, autant affectueusement que faire pouvons, vouloir croire en cest endroict, comme vous voudriez faire notre propre personne ; & au surplus ordonner à cellui qui commandera sur votre dite armée, ce qu'il aura à faire en notre faveur, & de ce en bailler commandement certain & exprès entre les mains de notre dit ambassadeur, qui a charge de nous de suivre votre dite armée, tant pour consulter avec le chef d'icelle, de ce qui sera nécessaire à la journée, que pour nous tenir adverti des occurences. Estant au demourant si bien & si particuliérement inftruit de tout ce qui dépend de notre voulonté, qu'il ne refte que à vous prier de lui prêter la foi, telle que en tel cas eft accoutumé de fe donner aux miniftres qui ont pouvoir de leur prince, fi ample & fuffifant qu'il a de nous ; & pour ce qu'il vous fçaura rendre très bon compte de l'eftat & difpofition de nos affaires, enfemble de nos amis, alliés, & confédérés, conféquemment du faict de notre entreprinfe commune, nous ne vous en ferons autre plus long difcours, nous remeftant en ceft endroit fur fa fuffifance : priant à tant le Créateur, très-haut, très-excellent, très puiffant, très magnanime, & invincible prince, notre très-cher & parfaict ami, qu'il vous ait en fa très-fainte & digne garde. Efcript à Joinville, le 26. jour de Mars 1552.

INSTRUCTION D'ARAMON, à M. de S. Veran.

Priérement le partement de l'armée du grand-feigneur, qui parte de ce lieu le 2. Juin, laquelle eft nombre de cinquante-fix à foixante galeres fur laquelle eft pour chef Droge Bei.

De la conclufion que je prins avec lui d'avant fon partement, où l'armée du roi fe devroit conjoindre avec celle du grant-feigneur, ainfi que me réfolis que ce feroit à Château-Roux, à Negrepont ; de quoi je donnai foubdain advis à M. de la Garde, afin qu'il fe acheminaft audit lieu & fe préparaft à y aller.

Ledit Droge devoit féjourner trois ou quatre jours à Galipoli, & quelques jours auffi à l'ifle de Métélin, pour lever quelque nombre de gens fur fes galeres, qu'ils menent à Sapiz ; n'ayant ordonné, le grand-feigneur, que trois ou quatre cents Jennifaires ; n'ayant voulu ledit Droge aucuns fpalhes, qui ne font qu'empêchement de galere.

L'affection que montre ledit Droge avoir de faire quelque bon exploit pour le fervice du roi ; ce que j'efpere qu'il fera, s'il eft continué en la bonne volonté en quoi il eft parti.

L'ordre qui a été donné par le grand-Seigneur audit Droge, c'eft de devoir aller en compagnie de l'armée du roi à Sienne, & autres lieux néceffaires pour le fervice de fa majefté & dommaige de l'ennemi, ainfi qu'il fera advifé par fains advis des chefs defdites armées.

Et qu'il n'y a eu ordre gaigner ce point envers le grand-feigneur, qu'il deuft yverner dehors ; lui ayant commandé très-expreffement qu'il eût à revenir paffer la faifon & le temps que lui peult naviguer ici en Conftantinople avec fa dite armée.

Comme je m'attendois bien, avant que ladite armée fût partie, avoir la dépefche du roi, que j'avois envoyé rechercher par Pierre, mon fecretaire, ayant très-bien cogneu negotiant réfolution que j'envoyois par mondit fecretaire, qu'il y auroit grande difficulté gaigner ce poinct, fi ce n'eftoit par lettres expreffes du roi ; moyennant laquelle il y eût moyen réïterer l'inftance audit grand-feigneur, & que attendant ladite dépefche, j'avois fait arrefter une galere pour m'attendre, & pris ce terme de huit ou dix jours pour partir ; lequel efcheu, ne pouvant plus delayer, arriva un duplicata de la dépefche qui a été baillée à mondit fecretaire, qu'il m'a fait tenir de Venife, où il s'eft arrefté pour la feureté d'icelle, par l'advis de M. de Saline ; m'en ayant envoyé le duplicata pour les raifons qu'il fçait.

Comme ayant veu ce que le roi m'efcript par la fufdite dépefche, me remettant à autre que doit porter le capitaine Cabaffole, qui devoit partir le lendemain, je prins foubdain réfolution attendre veoir ce qui me feroit commandé par icelle, pour voir de gaigner le poinct de l'iverner de l'armée, comme le plus important qu'il foit en cefte négociation, & de dépefcher incontinent la galere, qui m'attendoit pour porter à M. de la Garde en meilleure diligence & plus feurement la dépefche que le roi lui faifoit, & ofter l'occafion à l'armée de m'attendre, ou d'autre retardement pour gaigner temps ; efpérant, fi ladite dépefche arrivera à temps, qu'il y ait moyen gaigner ce point de l'iverner de ladite armée, l'aller trouver s'il eft befoin par mer, ou par terre ; mefme eftant adverti, comme je fuis, des endroits où elle a de fe exploiter.

Que j'euffe donné dès le lendemain du partement de ladite armée advis au roi, ne feuft que j'attendois par un mefme moyen & même dépefche, de lui donner advis de ce que j'aurois à faire pour faire iverner ledit Droge dehors ; m'ayant tenu le baffha en quelque efpérance durant huit à dix jours ; mais je me fuis apperceu qu'il n'en feroit rien fans la priere bien eftroite du roi ; encore n'en voudrois-je affurer.

Comme je fuis en peine de qui laiffer en ce lieu pour le maniement des affaires, ne fçachant fi Codignac, qui fe trouve avec M. de la Garde, reviendra ou non, qu'il n'eft encore comparu ; ayant efcript par deux ou trois fois audit fieur de la Garde de me refpondre ; toutefois s'il ne vient pour veoir d'y laiffer perfonne la plus apte que je pourrai faire, comme il eft requis pour continuer, à la venue des ambaffadeurs d'Hongrie, les remonftrances que j'ai faites fur le négoce de la paix, & veoir comme il fe terminera.

Des advis différents que l'on a ici du côté de Hongrie, publient les uns la venue de la reyne & jeune roi de Tranfilvanie, en fon payis, qui eft le feul poinct d'où fe peut enfuivre la paix; & d'autre côté, que ils se sont attachés les Hongrés avec les gens du Tronne au bascha, a esté mis audit lieu, nommé Thaigon, y estant demeuré un bon nombre de Turcs: ce qui est véritable, veu que d'autre côté a entrepris un fort bon desseing.

Il dira aussi l'estat en quoi je me treuve, estant en mauvais parti: s'il m'eust fallu departir de ce lieu avant l'arrivée de mon secrétaire, qui m'apporta quelques sommes d'argent.

Et le travail aussi en quoi je suis de contenter ceux qui m'ont fait l'avance des deniers parti, que j'ai eu par le baron Corsart, & que pour les contenter j'ai esté contraint prendre un de leurs gens, & lui avec, venir pour attendre à Lyon le remboursement, & qu'il plaira au roi, à monseigneur le connestable, & messeigneurs de son conseil, accorder le remboursement, en cas par la sollicitation du baron Corsart n'eust été dépesché.

La grand despense que j'ai esté constraint de faire depuis l'arrivée de l'armée jusques au partement d'icelle pour la nourriture des capitaines & soldats, comme besoing que je ne pouvois voir pour la reputation de la navigation endurer.

Fera aussi entendre comme les quarante escus que le roi envoya dernierement par-deçà, pour estre distribués selon les occurrences, ne sont point parvenus entre ses mains; mais ils ont esté distribués au plaisir de celui qui les portoit, de quoi j'ai bien voulu donner advis, afin que l'on ne pensast qu'il me soit remis, voires mesmes ne dont j'aie à rendre compte; aussi m'a bien fait cest homme, celui qui les portoit, qu'il avoit commandement de les distribuer lui-mesme, & ne me les bailler, qui n'a pas esté petite defense à ces peines avec les autres que l'on m'a faites, qu'il sçait trop bien; & là-dessus vous fault dire, parlant comme en doubte, & de vous-mesme ce que je vous ai dit.

Dira aussi comme après avoir esté entretenu légèrement en paroles & promesses de Suran bascha, capitaine de la mer, pour le recouvrement du coronel Mandruche, voyant le trait qu'il avoit fait de le faire embarquer, & le bailler à un de ses gens pour aller prendre Séni Rastat, ou prendre l'un des ennemis; ayant défendu à son dit commis, qu'en tout événement, il ne le délivrast ès mains des François. J'ai tant fait avec Rustant bascha, son frere, qu'il l'a fait condescendre à faire taille avec moi laquelle a esté résolue à quarante quatre escus pour lui, & quatre des siens, comme ledit Rustan bascha escrit au roi par lettre, qui est traduite en Italien; ayant ledit bascha envoyé à la galere que j'ai envoyée à l'armée, un commandement à Droge Bei, & fait escripre par Suran bascha, une lettre à son commis, nommé Cabéibéi, de le délivrer à celui qu'il plaira au roi & à monseigneur le connestable y envoyer pour le recevoir: s'estant les deux freres baschas voulu gratifier de l'octroyer à la requeste que j'en ai faite au nom de sa majesté, & faire qu'il parvint entre ses mains; craignant peult être que j'en voulusse faire mes besognes: de quoi j'ai esté fort aise, d'autant que lui s'est saisi des personnes, plustost que faire la délivrance des deniers qui doit être faite à Constantinople.

Comme la malice & colere de Suran bascha procede pour ce qu'il a eu opinion que j'aie esté celui qui aie gardé d'être chef de nombre de galeres qui est sortie, voulant en toutes façons y aller; & ce qui lui a esté plus d'occasion, ce a esté qu'il a veu que, par autres négociations, l'on a recherché qu'il y allast chef: par où clairement il s'est peu confirmer en ceste pensée, qu'il procédoit de moi, & non de ceux qui s'en sont voulu gratifier avec lui.

Et quant au frere du coronel Mandruche, je n'y ai voulu toucher, pour ce qu'il n'est cogneu parmi les Turcs pour tel, & qu'il est compris en nombre de quatre, pour qui avec lui, ledit coronel a fait offre de raison des quarante escus, lesquels se doivent recouvrer; quant & lui faisant se nommer, le jeune frere pour estre plus ingénieux, Giorgio de Trento & les autres, se nomment, Julio Amadeo, Sforza Alamano, Zzorfador Alamano, desquels il plaira à monseigneur le connestable, & à monseigneur le cardinal de Châtillon, que l'un des autres trois qui sera plus à propos, serve pour recouvrer le capitaine Cuftre, lieutenant de mes galeres, qui fut pris l'an passé, portant une dépesche au roi de Ceylan: & cela me sera grand faveur, ne doubtant pas qu'avec le moindre de ceux se puisse faire eschange, veu qu'il n'est prisonnier de guerre, ayant esté pris d'avant la rupture d'icelle: dira aussi toutes autres particularités, que je lui ai dit à bouche, à monseigneur le connestable devers lequel premièrement s'adressera, lui faisant le récit bien par le nom de tout.

Quant à mon particulier, quant aux choses de la court, se gouvernera par le conseil & advis de mes amis; employant ceux qu'il sçait, & que l'on lui fera entendre me faire faveur: me donnant advis dans deux ou trois jours après avoir esté arrivé à la cour, comme il aura esté veu, & de l'espérance qu'il aura d'estre redépesché, & de toutes particularités importantes, & sect quant au fonds d'icelles.

Poursuivra aussi envers monseigneur le cardinal de Châtillon les quarante-quatre escus; envers lequel fera, & à monseigneur l'admiral, les remonstrances, que sans tenir ladite somme, j'aurois quelque difficulté à partir d'ici pour Lyon, sans laisser hostage: & là où ils lui assigneront ladite somme, suivant ce que j'en escripts

A CONSTANTINOPLE, EN PERSE, &c.

escripts, la prendra pour la m'apporter aux mêmes especes : en quoi il se gouvernera si prudemment, qu'il est coustumier faire en autres endroits ; & de cela longuement discourira à mondit seigneur le connestable, dont est procédé par lui & que ledit coronel ne s'est eu pour beaucoup meilleur pris.

Estant arrivé à Lyon, si par fortune Jehan Esteve n'estoit audit lieu, il lui fera tenir par la poste mes lettres; lui escripvant que pour l'exécution d'icelles il ne faille s'en venir audit Lyon en toute diligence, où il aura à demeurer, attendant l'expédition de ce qu'aurez présenté à la court, touchant le remboursement de mes partis, restes de mes estats & quartiers de galeres, lui ayant baillé quatre blancs signés, pour les bailler auxdits Regnaulx, ou par leurs advis les portera quant & lui, pour servir au recouvrement desdites sommes & partis susdits : lesquelles si-tost este recouvertes & parvenues és mains desdits Regnaulx, fera faire le payement à l'homme du marquis Péréli de la somme de cinquante un escus, sans le retarder, & que aussi en défaut que les sommes n'ayent été délivrées, attendant la poursuite que fera M. de S. Veran à son arrivée à la court, lui faire la meilleure promesse qu'il sera possible, pour l'entretenir à ce qu'il m'escripve chose de malcontentement à ses maistres, & recouvert ayant lesdites sommes, en faire le payement susdit, & faire selon le contenu de ma lettre.

Et quant à la partie des douze escus qui se doivent payer en Décembre, les priera bien fort en accepter les lettres de change, de quoi ils ne peuvent jouer qu'à la boulle veue; attendant que par la seureté qu'ils feront de toute ladite somme de mes deniers, ils viendront à se rembourser avant le terme du payement, ce qu'il me fait espérer qu'ils ne feront difficulté me faire ce plaisir; mesme que si le vaisseau vient à sauvement, que j'espere qu'il le fera avec plaisir de   vauldra bonne somme; fera le discours à monseigneur le connestable de ce que lui a dit le bassa au partir, touchant le fait du capitaine Rousset, auquel il fera entendre l'envie qu'ils ont d'être gratifiés, de la requête qu'ils ont faite au roi, & la promesse qu'ils me font d'en attendre une résolution : m'ayant dit Rustan bassa souvent qu'il estoit délibéré en faire escripre par le grand-seigneur au roi ; mais je l'ai toujours asseuré que monseigneur le connestable y tiendroit la main, ne fusse que pour raison du bon office qu'il a fait pour le recouvrement dudit coronel, & poursuivre ladite affaire par tous les moyens qu'il pourra adviser, pour porter une bonne résolution à l'avantage d'icelui Rousset, y employant tous mes amis.

Au dernier priera lesdits Regnaulx vouloir ensuivre le contenu de ma lettre, tant en cet endroit que autres y contenus, desquels il recevra soixante escus, & les remboursera de deux cents escus payés de son voyage à la court ; & dira auxdits Regnaulx & Jean Esteve, qu'ils présentent tous les autres qu'ils ont de rembourser les voyages.

Fera aussi tenir à Mademoiselle d'Aramon mes lettres, & deslivrer sa pension.

Fera aussi entendre à icelui Esteve, qu'il me doibve faire entendre l'estat en quoi se treuvent mes galeres, & ainsi de mes isles d'Yéres, quel ordre il y a donné, & ce que j'en peux espérer.

201. Boniface pris :] on trouve un grand détail de ce siége, & de la guerre des François en Corse en 1553. dans l'histoire Italienne des Corses, de Filipini, imprimée à Tournon en Vivarez, & que les troubles actuels qu'il y a dans cette Isle, ont fait extraordinairement renchérir.

202. Chio, à quatre cents mille de Constantinople :] cette distance demanderoit d'être mesurée plus exactement. C'est le calcul par estime des pilotes.

203. Le chevalier de Seure,] envoyé par Henri II. arriva à l'entrée de l'hiver de 1551. à Andrinople, où étoient Soliman & Aramon. Il obtint du Sultan que son armée de mer partiroit au mois de Juin suivant, & partit d'Andrinople au mois de Mai 1552. avec Chesneau, qu'Aramon envoyoit en France. Ce chevalier de Seure est apparemment Michel de Seure seigneur de Lumigni au dioc. de Meaux, reçu en 1539. chevalier de Malte. Il servit en Ecosse lors de la guerre que les François y firent au commencement du régne de Henri II. Charles IX. (qui étoit au château de Madrid le 9. Août 1568.) l'envoya peu aprés aux protestans. Etoit de retour lorsque Téligni rejoignit les mêmes protestans, qui l'avoient envoyé à Charles IX. Il étoit grand prieur de Champagne le 6. Mars 1584. Il dit ce jour-là, suivant le journal d'Henri III. à Benoît Milon, seigneur de Videville, premier intendant des finances, & qui étoit intendant des ordres du roi depuis le 27. Décembre 1580. qu'il surchargeoit trop le peuple, & qu'il lui faisoit payer prés du double des dettes du roi. Henri III. survint. Seure voulut engager ce prince

à être de son sentiment, & lui ayant parlé très-librement, le roi en fut très-piqué, & maltraita fort Seure. J'ai dit plus haut que ce Michel de Seure étoit apparamment le même Michel de Seure de Lumigni, qui fut reçu chevalier de Malte en 1559. mais je n'ose l'assurer. Il est singulier qu'une famille qui a donné un grand-prieur de Champagne, ne soit pas plus connue. Avoit-il quelque affinité avec Jean de Seure, seigneur de Gavre, d'Arras, qui épousa Marguerite de l'Isle-Adam, & dont la fille, Yonne de Seure, épousa le 15. Septembre 1425. Jean, bâtard de Sanguen, seigneur de Villemeau, de Maffliers, de la Mallemaison, & d'Ormesson. Il mourut le 13. Novembre 1468. & sa femme le 22. Mars 1480.

204. Damvilliers] assiégé. Il se défendit quinze jours, & se rendit le 16. Juin 1552. à ce que dit le père du Londel dans ses fastes des rois de la maison d'Orléans & de celle de Bourbon. On ne sçauroit écrire l'histoire avec trop de précision ; mais avant de fixer une date, il faut l'avoir bien examinée & calculée. Piguerre, qui a écrit l'histoire de France depuis 1550. jusqu'en 1581. & qui avoit lû & extrait toutes les relations du temps, fixe beaucoup mieux que du Londel le commencement & la fin du siége de Damvilliers, dont la garnison sortit le 11. Juin, huitiéme jour du siége, & non le quinziéme, comme le dit l'auteur des fastes. Damvilliers fut reconnu le samedi 4. Juin, investi le 5. la tranchée ouverte le 6 la grande batterie de trente canons tira le vendredi 10. contre le grand boulevard. Estoges faisoit battre les défenses du château avec six doubles canons, depuis la pointe du jour jusqu'à sept heures du soir. Le clocher étoit battu avec seize piéces. Le même soir la garnison capitula, les officiers prisonniers de guerre, & les soldats avec un bâton blanc, eurent permission de se retirer où bon leur sembleroit. La garnison sortit le 11. elle étoit composée de dix-huit cents soldats, & de deux cents chevaux légers. (Piguerre, hist. Franc. de notre temps, pag. 100-103.)

205. Baron de la Garde,] Antoine Escalin, dit le capitaine Paulin, auquel Louis Adhemar, baron de Grignan, donna le 28. Juillet 1543. la baronie de la Garde, & qui mourut dans le château de la Garde, le vendredi 30. Mai 1578. est un de ces hommes plus connus par les services rendus aux rois leurs souverains, que par leur origine. On n'a pas encore pû ou sçû déterminer qui il étoit, les noms de son pere & de sa mere, & où il étoit né. Si on cherchoit avec soin dans les archives du château de la Garde, dans les titres qui étoient autrefois au château de Grignan, & dans ceux des châteaux, ou même des particuliers du voisinage, on feroit des découvertes sur cet homme singulier ; mais personne ne veut faire des recherches pénibles, & qui n'ont d'autre utilité que de satisfaire les curieux. Il y a au château de la Garde un portrait du capitaine Paulin, qui meriteroit mieux d'être gravé, que je ne sçai combien d'autres qui paroissent tous les jours. Henri II. étant à Rheims le 23. Novembre 1552. écrivit à Soliman pour le remercier du bon accueil que Sinan bassa beglierbey de la mer, & tous les autres chefs de l'armée de la hautesse avoient fait à la Garde, capitaine général de ses galeres & armées de mer, & gentilhomme ordinaire de sa chambre, comme le même la Garde, & Aramon son ambassadeur & gentilhomme ordinaire de sa chambre, l'en avoient averti par lettres. (Ribier, lettres & mémoires d'état tom. II. pag. 409.) La Garde est une paroisse de Dauphiné, du diocèse de saint Paul Trois-châteaux.

206. M. de Selve,] Odet de Selve, cinquiéme fils de Jean de Selve, premier président du parlement de Paris, mort en 1541. fut président au grand conseil, ambassadeur en Angleterre en 1547. & en 1548. L'extrait manuscrit de cette ambassade se trouve parmi les manuscrits du chancellier Seguier, qui sont à l'abbaye de saint Germain des Prez. Il étoit ambassadeur à Venise en 1553. & à la fin de l'année, il alla en ambassade à Rome, où il étoit encore le 30. Avril 1558. Babon, évêque d'Angoulême, lui avoit succédé

dès le 11. Juin de cette année. Ribier a fait imprimer neuf de ses lettres. Il avoit été reçu conseiller au Parlement de Paris le 31. Décembre 1540. conseiller au grand-conseil en 1542. maître des requêtes & puis conseiller d'état. Il mourut le 11. Mars 1564. & gît à l'église de saint Nicolas du Chardonnet, avec le premier président son pere.

207. Corfou, a sept milles de Vinise.] Corfou, capitale de l'isle de ce nom, est à cent trente-quatre lieues à l'ouest de Constantinople : long. 37. d. 50. m. latitude 39. d. 41. m.

L'isle de Corfou s'étend le long de la côte de Chimera, du nord-ouest au sud-ouest. Elle a cent vingt milles de circuit, & est habitée par soixante mille ames. Il n'y a que deux villes, Cassopo & Corfou, & cent villages. Elle est divisée en quatre départemens, Oros, Agira, Mezzo, & Alefchimo. Elle fut long-temps sous la puissance des rois de Naples ; mais les habitans se donnerent à la république de Venise le 8. Juin 1386. & Ladiflas, roi de Naples, lui en céda tout son droit en 1401. pour trente mille ducats. Les Turcs ne purent pas la prendre au commencement d'Août 1571. Elle étoit défendue par le proveditéur Louis Georgi.

Les Turcs entrerent dans le canal de Corfou le 5. Juillet 1716. Le 3. Août ils étoient maitres du port du mont d'Abraham, qui s'étoit défendu pendant 5. jours, & de celui de saint Silvestre. Le général Schalembourg, qui défendoit Corfou avec cinq mille hommes, avoit fait sortir le colonel Sala avec neuf cents hommes, qui attaqua les Turcs, & leur tua ou blessa près de trois mille hommes. Les assiégés de Corfou continuerent à se bien défendre ; & le 15. Août les Turcs n'étoient pas plus avancés.

Ayant donné un assaut à la contre-escarpe de la nouvelle forteresse, ils furent repoussés, avec perte de plus de deux mille hommes. On les avoit laissé loger à un poste sous lequel il y avoit des mines, que l'on fit jouer dans le moment, & qui le firent sauter. Ils se rembarquerent avec précipitation la nuit du même jour, 21. Août 1716. & abandonnerent plus de cinquante canons, & toutes leurs munitions. Il resta un grand nombre de Turcs que l'on fit esclaves.

208. Barberouffe ruina Corfou.] Barberouffe affiégea en 1537. Corfou par ordre de Soliman. Jerôme de Pesaro, général de l'armée des Vénitiens, ayant prévu le dessein des Turcs, mit beaucoup de troupes dans cette place ; & ceux qui commandoient dans la ville firent abbatre les fauxbourgs pour une plus grande précaution. Ils firent aussi sortir de la ville un grand nombre des habitans, que Barberouffe fit esclaves, & vendre à Constantinople à vil prix. Cette espèce de cruauté sauva la place, & Barberouffe fut obligé d'en lever le siége.

209. Le capitaine Combas] étoit à Corfou vers le premier Juin 1553. Ce capitaine Combas seroit-il le même Combas qui l'année suivante se trouva dans Siéne, & qui contribua, avec Gaspar Pape, seigneur de saint-Auban, Lussan, & Blacons, tous trois amis de saint-Auban, à la reprise de la porte Camollia, la nuit de noel 1554. Montluc accusoit saint-Auban de n'avoir pas empêché les troupes du marquis de Marignan de s'emparer de ce poste : & il le força de le reprendre, quelque péril qu'il y eût à l'entreprendre. Autre question à faire : Ce capitaine Combas seroit-il Louis Pelet, baron de Combas, au diocèse d'Usez, qu'Antoine de Bourbon, roi de Navarre commit le 8. Septembre 1557. pour lever une compagnie de trois cents hommes? Il commandoit dans le diocèse de Mende & en Gevaudan en 1573. Il mourut au mois de Décembre 1616. & vers le 20. de ce mois-là, pouvant être âgé de quatre-vingt-six ans. (De Thou, trad. Fr. tom. II. pag. 534. 35. 36. Simplicien, hist. des grands officiers de la couronne de France, tom. VII. pag. 789.

210. Le baron de saint-Blancard, qui arriva à Corfou le 23. Juin 1553.] Bernard d'Ornesan, baron de saint-Blancard, fils de Bertrand d'Ornesan, baron de S. Blancard, qui avoit été pourvû de la charge de général des galeres en 1521. & qui mourut près l'an 1538. & de Jeanne de Comminges-Puiguilhem, qu'il avoit

épousée le 14. Septembre 1505. ne mourut qu'après l'an 1560.

211. Cephalonie.] Cephalonie, ville capitale de cette isle, est à cent trente-quatre lieues de Constantinople: long. 38. d. 28. m. lat. 38. d. 28. m. Cette ville avoit été inutilement attaquée par les Vénitiens en 1499. Elle fut prise d'assaut après une longue défense, par Benoît de Pesaro, général des Vénitiens, & par le grand capitaine Gonçale de Cordoue, le 31. Décembre 1500. Ils soumirent aussi toute l'isle.

212. Zante.] Zante, sa capitale, est à cent trente-trois lieues à l'O. S. O. de Constantinople: longitude 38. d. 55. m. latitude 37. d. 55. m.

Jerome Contarini, capitaine de l'armée navale des Vénitiens, qui avoit succédé à Melchior Trevisani, mort à Céphalonie pendant le siége de Modon, en Juillet 1500. étant allé attaquer l'armée navale des Turcs, pour les obliger de lever le siége de Modon, leur causa beaucoup de dommage, mais ne put pas les vaincre : le combat finit avec la nuit, & il se retira à Zante. Contarini n'ayant pas pû faire lever le siége de Modon, y envoya cinq galeres, pour y porter des hommes & des vivres. Quatre de ces galeres passerent à travers l'armée des Turcs, & entrerent dans le port malgré la difficulté qu'elles y trouverent, les habitans de cette ville ayant fermé leur port avec une digue, & n'y ayant que l'ouverture pour qu'une seule galere pût y entrer. Ce secours fut la perte de la ville : les assiégés étant accourus pour le recevoir, Bajazeth profita de cette circonstance, fit donner l'assaut & emporta la ville, qui fut très-mal défendue, le dimanche 9. Août 1500.

213. Modon,] ville de Grece dans la Morée, à cent trente-neuf lieues à l'O. S. O. de Constantinople : long. 39. d. 20. m. lat. 36. d. 56. m. Bajazet II. ayant assiégé Modon, & ayant perdu beaucoup de monde à deux assauts, en fit donner un troisième, & emporta la place le dimanche 9. Août 1500. Coron ne voulut pas essuyer une pareille disgrace, & se soumit. Le château de Zonchio, à dix milles de Modon, en fit de même. Gon-

çalo de Cordoue envoya au secours des Vénitiens, & reprit Modon au mois de Décembre suivant.

On apprit à Venise par un courier de l'armée navale, arrivé le 23. Septembre 1715. que les Turcs étoient entrés dans Modon le sabre à la main. Ils avoient donné un grand assaut au côté de l'attaque de terre ; & les assiégés l'avoient soutenu durant plusieurs heures avec beaucoup de courage : en même tems quelques traîtres ouvrirent la porte du secours ; & ayant ainsi surpris la garnison, ils taillerent en piéces & firent esclaves tous ceux qui la composoient, soldats, ou officiers parmi lesquels se trouvoient les nobles Pasta, Quirini, Cornaro, & Balti. Le général Giensich fut fait prisonnier. Les garnisons du château de la Morée, de Patrasso, de Chielefa, de Zarnata, & des autres places de la Morée, dont les Turcs s'étoient rendus maîtres, étoient arrivées à Zante avant le départ du courier. (Gaz. de Fr. 1715. pag. 498. 499.

Les Atheniens ayant battu la flotte des Abeniens l'an 423. avant l'ére vulgaire, mirent des troupes dans Methon pour faire des courses dans tous les environs.

214. Lacédemon.] Les ruines de Lacédemone se voient dans la Morée à 123. lieues au sud-ouest de Constantinople : long. 40. d. 20. m. lat. 37. d. 13. min.

215. Argos.] Argo, château de la Morée à 108. lieues & demi à l'O. S. O. de Constantinople : long. 40. d. 52. m. lat. 37. d. 50. m.

216. Corinthe] dans la Morée. Corinthe, Thebes, & Athenes se rendirent à George de Ladonila, amiral de Roger, roi de Sicile, que ce prince envoya en 1148. en Gréce, pour faire la guerre à l'empereur Manuel Comnene, qui avoit fait mettre en prison à Constantinople les ambassadeurs du roi Roger. L'amiral George fit un butin très-considérable dans ces trois villes. Il ramassa en Gréce les ouvriers en soie qu'il y trouva, & les mena à Palerme, où le roi Roger établit une manufacture qui fut la première que l'on vit en occident.

M. de Thou dit (liv. 129. p. 140-142.) qu'Henri IV. qui après avoir donné la paix à son royaume, ne travailloit qu'à l'enrichir, établit au mois de Mai 1603. des manufactures de toutes sortes d'ouvrages, & entre autres, de soyeries. Il ajoûte que ce fut le roi Robert, qui étoit de la famille royale des ducs d'Anjou, au retour de son expédition à la terre sainte, ayant pris Athenes, Thebes, & Corinthe, transporta à Palerme tous les ouvriers en soie qu'il trouva dans ces trois villes ; que ce furent eux qui enseignerent aux Siciliens à travailler la soie, comme on l'apprend d'Othon de Frisingues. Si M. de Thou, au lieu de copier ce fait dans un petit livre qu'Olivier de Serres (& non Serran,) comme le nomment les traducteurs de M. de Thou, publia alors pour encourager les manufactures en soie, avoit voulu le lire dans Othon de Frisingues, qu'il cite, il l'auroit attribué à Roger, roi de Sicile, & l'auroit raconté comme j'ai fait. Il n'auroit pas dit que ce fut Robert, roi de Sicile, de la maison d'Anjou, qui amena les ouvriers en soie de Grece à Palerme, à son retour de la terresainte. Robert d'Anjou, roi de Naples, qui régna depuis le 6. Mai 1309. jusques au 16. Janvier 1343. qu'il mourut à Naples, ne fut point à la Terresainte ni en Grèce, & ne se trouva pas à une expédition arrivée cent vingt-huit ans avant qu'il pût être venu au monde. Il ne posséda jamais la Sicile, où tous les François qui y étoient avoient été tous tués le mardi de pâques 31. Mars 1282.

Le 30. Août 1687. on apprit à Venise la prise de Corinthe & de Castel Fornese, & la capitulation de Misetra. (Gaz. pag. 520.

Le 20. Août, le généralissime Morosini ayant pris Castel-Fornese s'avança dans le golfe de Corinthe, le comte de Kœnigsmarck arriva en même temps avec la cavalerie devant Corinthe, où le seraskier qui s'y étoit sauvé après sa défaite près de Patoas le 24. Juillet, fit mettre le feu en plusieurs endroits, & sauter une partie des fortifications. On éteignit d'abord le feu qui étoit aux maisons. Les principaux Grecs firent leurs soumissions au généralissime, qui envoya des troupes dans Corinthe. Deux compagnies entrerent dans la citadelle, d'où le dizdar s'étoit retiré. Il y avoit encore plusieurs maisons qui n'avoient point été endommagées du feu. On trouva dans la place quarante six piéces de canon de bronze, & plusieurs de fer, avec des munitions & des vivres en grande abondance. Angelo Michieli fut nommé proveditéur extraordinaire de la ville, & un noble Padouan, gouverneur de la citadelle. (Gaz. de Fr. 1687. pag. 520. 531.) On résolut de faire construire un fort de chaque côté entre Corinthe & la mer.

Les Turcs étant entrés dans la Morée le 21. Juin 1715. envoyerent un corps de troupes qui assiégerent le château de Corinthe, & qui y ayant donné deux assauts vers le 2. Juillet, furent repoussés avec perte. (Gaz. de Fr. 1715. pag. 402. 426.) La garnison de ce château ne continua pas à se bien défendre, & capitula vers le 5. du même mois de Juillet.

Les Corinthiens ayant eu l'imprudence dans l'assemblée des états généraux de l'Achaïe, qui se tenoit dans leur ville, de faire résoudre la guerre contre les Romains, & de soulever contre eux l'Achaïe & le Peloponese, maltraiterent encore leurs députés, & firent main basse sur les Lacedemoniens qui se trouverent à Corinthe, & qui étoient sous la protection des Romains. Le consul L. Memmius fut envoyé contre eux; & ayant défait Dicus leur général, il prit la ville de Corinthe, au son des trompettes, fit emporter tout ce qu'on trouva, & ensuite mettre le feu à la ville; en 1608-146.

Corinthe rendu aux Achaïens avec une garnison Romaine laissée dans la forteresse. (Tit. Liv. lib. XLIII. p. 1104.

Corinthe étoit fondée depuis 955. ans, lorsqu'elle fut rendue, selon l'épitome de Tite Live.

Corinthe est à 102. lieues & demie à l'O. S. O. de Constantinople : long. 40. d. 58. m. lat. 38. d. 11. m.

217. Athenes] ville de Grèce en Li-

vadie, à 93. lieues, au sud-ouest de Constantinople : long. 41. d. 56. m. lat. 38. d. 3. m. Les Venitiens prirent cette ville le 29. Septembre 1687. sixiéme jour du siége.

Athenes fut prise par Lysander en 3600-404. Il en fit abbattre les murailles, & y établit trente tyrans, que Thrasibule chassa trois ans après.

Athenes fondée 2848-1556. devint tributaire des Romains en 78.

218. Megara, ville de Gréce en Livadie, à 97. lieues à l'O. S. O. de Constantinople : long. 41. d. 27. m. lat. 38. d. 9. m.

Le seraskier Mahomet abandonnant la Morée, & se retirant à Thebes après sa défaite près de Patras, fut poursuivi par les Albanois jusques à Megare, vers le 16. Août 1687. Il eut nombre de soldats tués ou pris, & on lui enleva tout le bétail qu'il amenoit.

219. Thebes.] Thiva, ville de Gréce en Livadie, à 91. lieues & demie à l'O. S. O. de Constantinople : long. 41. d. 39. m. lat. 38. d. 23. m. fondée par Cadmus, fils d'Agenor, roi de Phenicie, l'an 1430. avant J. C. Thesée fit la guerre à cette ville en 1211. Les Pelasgiens ayant chassé les Béotiens de leur pays, ceux ci furent à la guerre de Troye ; & soixante ans après la destruction de cette ville (1123.) leurs descendans rétablirent Thebes. Alexandre le grand attaqua cette ville, & la ruina 788. ans après. Phœbidas, chef des troupes de Sparte, se saisit du château de Thebes ; ce qui déplut aux Grecs. Les Spartiates punirent Phœbidas, mais ne rendirent pas Thebes. En 382. Alexandre ayant obligé les Atheniens & les Thebains à lui envoyer des ambassadeurs, & s'étant fait élire général des Grecs contre les Perses en 336. les Thebains se mutinerent contre lui. Il les appaisa, revenu de son expédition de Thrace en 335. & voyant que les Thebains ne vouloient pas lui obéir, il marcha contre eux, défit leurs troupes, & prit en même temps leur ville. Il y eut six mille hommes tués, & trois mille pris. Ayant assemblé le sénat de la Gréce,

il y fut décidé unanimement que Thebes seroit détruite, & entiérement rasée, les prisonniers vendus, & que personne ne donneroit la moindre aide aux exilés. Thebes fut détruite du temps de la fête des mystères d'Athènes, qui arrivoit dans la pleine-lune, & vers le 20. du mois Bœdromion, qui se rencontra cette année-là 335. le 4. Octob. Julien. (Diod. Sicul. apud Calvisium.)

Alexandre envoya ensuite à Athenes dire que si on ne lui livroit pas dix de leurs orateurs, il leur feroit la guerre. Les Atheniens craignant le même sort de Thebes, lui envoyerent Domades & quelques autres ambassadeurs. Domades appaisa Alexandre, & les réconcilia avec ce prince.

Cassandre ayant recouvré le Peloponese passa en Béotie, assembla le reste des Thebains, dont la ville avoit été détruite vingt ans auparavant par Alexandre, & la rétablit en peu de temps avec le secours du voisinage. En 315. D. prise par Demetrius. En 291. B. Philippe assiégea Thebes dans le temps de la bataille de Thrasimene. 217. A. G.

Calvisius dit que Troye fut prise le 23. de Thargeleon, vingt-sept jours avant le solstice d'été, vingt jours avant la fin de l'année Attique 1183. D. Θ 3.) 16. l'équinoxe étant au 31. Mars.

220. Negrepont,] isle de l'Archipel. Negrepont sa capitale est à 85. lieues à l'O. S. O. de Constantinople : long. 42. d. 3. m. lat. 38. d. 31. m.

Mahomet II. qui auroit voulu conquérir tout l'univers, envoya une flotte assiéger Negrepont. Cette flotte sortit du détroit le 3. Juin 1476. Le 5. les Turcs prirent le château d'Imbro. Mahomet ayant joint son armée navale fit donner un assaut, qui fut suivi de quatre autres, où ses troupes furent toujours repoussées : mais le 12. Juillet, Negrepont fut emporté d'assaut à deux heures après midi. Les Venitiens ayant pris le 24. Juillet 1687. Patras & le château de la Morée, après que le comte de Konigsmarck eut défait le seraskier de ce pays-là, Lepante & le château de Romelie s'étant rendus eux deux jours après, &

A CONSTANTINOPLE, EN PERSE, &c.

les Turcs leur ayant abandonné le reste de la Morée, voulurent l'année suivante poulser leurs conquêtes plus loin. Ils assiégerent Negrepont ; mais ayant resté inutilement quatre mois devant cette place, & perdu 1500. hommes dans un seul assaut, ils leverent le siège le 20. Octobre 1688.

221. Napoli de Romanie,] ville de Gréce dans la Morée, à cent huit lieues au sud-ouest de Constantinople : long. 40. d. 59. m. lat. 37. d. 43. m.

Bajazet II. ayant pris Modon, assiégea Napoli de Romanie ; mais ayant appris que Benoît de Pesaro, nouveau capitaine général des Venitiens, étoit arrivé à Zante, & que son armée augmentoit tous les jours, il leva le siège, & retourna à Constantinople. Pesaro suivit l'armée des Turcs jusques au détroit de Gallipoli, & lui enleva plus de vingt bâtimens. Le capitaine Venitien alla ensuite piller plusieurs places des Turcs, & reprit l'isle d'Egina, que les Turcs avoient prise peu de jours auparavant. Etant retourné chargé de butin à Zante, il y trouva Gonçalo Fernandez de Cordoue que le roi Ferdinand envoyoit au secours des Venitiens avec 7000. hommes portés par cinquante bâtimens. Les Venitiens ayant battu près cette ville les Turcs qui perdirent quatorze cents hommes le 29. Août 1686. Napoli capitula le lendemain.

Napoli de Romanie se défendit pendant dix jours contre les Turcs qui perdirent un grand nombre de soldats, & sur-tout à une sortie que les assiégés firent du côté du mont Palamida ; mais le grand visir ayant fait donner un assaut à la place le dixiéme jour, elle fut emportée l'épée à la main. On sçavoit cet événement à Venise le 7. Septembre 1715. (Gaz. de Fr. 1715. pag. 461.)

222. Malvaisie.] Monembasia, ou Napoli de Malvasie, ville de Gréce dans la Morée, à cent quinze lieues au sud-ouest de Constantinople : long. 41. d. 15. m. lat. 37. d. 1. m.

George de Ladonila, amiral de Roger, roi de Sicile, prit Malvasie au commencement de la campagne de 1148. après s'être emparé de Corfou. Cette ville appartenoit alors à Manuel Comnene, empereur de Constantinople.

Napoli de Malvasie fut rendue aux Venitiens le 9 Août 1690. après deux ans de blocus ou de siége.

Les Venitiens voyant qu'ils ne pouvoient pas être secourus par l'empereur Charles V. & par François I. qui ne pouvoient pas rester long-temps en paix, & ne pouvant soûtenir seuls la guerre contre les Turcs, envoyerent en 1539. à Constantinople Louis Badoaro pour faire la paix. Le conseil de dix lui donna pouvoir, mais avec le plus grand secret, de céder Napoli de Malvasie, s'il ne pouvoit pas obtenir la paix sans cette cession. Badoaro arrive à Constantinople, offre une grande somme d'argent au-lieu de Napoli. Soliman bien instruit que Badoaro avoit le pouvoir de céder Napoli, ne voulut jamais accorder la paix qu'à cette condition. Lorsque Badoaro voulut dire qu'il n'en avoit pas le pouvoir, Soliman lui répliqua qu'il ne parloit pas sincérement, & qu'il le feroit mourir, & lui montra les avis qu'il en avoit reçus de Venise. Badoaro voyant le secret de ses maîtres découvert, & craignant pour sa vie, céda à Soliman non-seulement Napoli de Malvasie, mais encore Nadino & Laurana, châteaux en Dalmatie, & signa la paix. De retour à Venise, la noblesse ignorant le pouvoir qu'il avoit, fut fort indignée contre lui ; mais on lui rendit justice, après qu'on eut vû pendre sur la place de S. Marc les secretaires Cavalza, Abondio, & Valeiro, bâtard d'un noble, & condamné au plus rude exil Maffeo Leoni, gentilhomme, qui avoit pris la fuite. (Bartolomeo Dion. Fano : hist. del Monde, T. V. p. 106.

223. Gallipoli,] ville de Romanie, à trente une lieues à l'O. S. O. de Constantinople : long. 44. d. 35. m. lat. 40. d. 29. m.

Soliman, fils d'Urchanes, sultan des Turcs, passa en Thrace avec quelques soldats en 1357. & se rendit maître d'un château peu de temps après la moisson. Il lui arrive des soldats dont il se sert pour fortifier ce château. Il combat contre le gouverneur de Galliopolis ; & le bat. Il oblige Galliopolis à se rendre à lui par accord. L'empereur Jean méprisa cet événement, jusques à dire qu'il n'avoit perdu que *vini amphora*, & une étable à cochons. (Annal. Turc. apud Calvisium. 1357.) Marc, despote de Bulgarie, assiégea l'empereur Jean en 1360. Jean demanda du secours aux Turcs, qui lui en donnerent volontiers. Les Turcs chasserent le despote, & obtinrent ensuite le consentement de l'empereur Jean pour retenir Galliopolis. Peu après le gouverneur d'Andrinople s'enfuit, & se retira à Cenum. Personne n'étant dans Andrinople, le Turc l'obligea de se rendre à lui, & y fit bâtir un palais l'an de l'hegire 761. qui commença le mercredi 11. Novembre 1360.

224. Seste & Abyde.] Les ruines de Sestos sont dans la Romanie à trente-quatre lieues à l'O. S. O. de Constantinople : long. 44. d. 28. m. lat. 40. d. 20. m. & celles d'Abydos sont dans la Natolie à trente-cinq lieues à l'O. S. O. de Constantinople : long. 44. d. 27. m. lat. 40. d. 15. m.

Le château d'Abyde se rendit vers le 10. Juin 1203. à Alexis que les croisés François & Venitiens mirent sur le thrône de Constantinople, après avoir pris cette ville, & le firent couronner le jour de S. Pierre 1203.

225. Calcedoine.] Les ruines de Calcedoine sont dans la Natolie, à deux lieues au S. S. E. de Constantinople : long. 46. d. 35. m. lat. 40. d. c. m.

226. Rostan, premier bassa.] Aramon voulant aller en France lui présenta vers le 8. Septembre 1553. Chesneau qui restoit chargé des affaires de France ; & il partit le 14. du même mois. Rostan étoit fort aimé de Soliman qu'il servoit suivant son goût, en lui amassant beaucoup d'argent. Le sultan parut le disgracier après la mort de Mustapha ; mais ce ne fut qu'une feinte.

227. Mustapha, premier fils de Soliman, que ce prince fit étrangler, & dont la nouvelle arriva à Constantinople le 14. Octobre 1553. De Thou donne un détail trop long de cette mort, qu'il a copié de Lewnclauw & de Busbec.

228. Janguir,] dernier fils de Soliman, étranglé, ou mort de chagrin du meurtre de son frere, ou empoisonné. C'est ainsi que s'expriment les historiens, qui non contens d'apprendre au public ce qu'ils sçavent, veulent lui apprendre encore ce qu'ils ignorent, & lui donnent des possibilités au lieu de réalités. De Thou l'appelle Ziangir, mot qui selon lui, veut dire bossu, & ajoute que Soliman lui ayant fait dire de venir dans sa tente voir son frere, Ziangir étoit accouru, & que voyant ce cher frere qu'il aimoit tendrement étendu par terre, il avoit fait les plus vifs reproches à son pere de sa cruauté ; qu'il s'étoit poignardé, & qu'il étoit tombé mort sur le corps de son frere. Cette narration que M. de Thou orne de toutes les graces de son style, ne tient-elle pas un peu du merveilleux, & ne ressemble-t'elle pas à une tragédie représentée sur un théatre ? De Thou convient lui-même que Busbec que Ferdinand, roi de Hongrie, envoya l'année suivante à Soliman, assure que Ziangir étoit à Constantinople, lorsqu'il apprit la mort de son frere Mustapha, & qu'il en mourut de douleur. De Selve, ambassadeur de France, dans la lettre qu'il écrivit à Henri II. le 17. Novembre 1553. ne parle point de la mort de Ziangir.

229. Bajazet,] fils de Soliman, est chassé, & finalement tué. Les événemens de la vie de ce prince sont détaillés dans l'histoire de de Thou & dans Busbec. Bajazet par sa figure & par ses manieres insinuantes se faisoit autant aimer que Selim, son frere aîné, laid, gros, le visage rouge, les joues bouffies, qui passoit sa vie à boire & à dormir, & dont les manières étoient féroces & impolies, se faisoit haïr. Ce prince passionnément aimé par Roxolane, sa mere, & soutenu par Rustan, confident de la sultane, résolut de périr plutôt les armes à la main contre son frere, que d'être étranglé par les ordres de ce frere devenu son souverain. Ses émissaires trouverent un imposteur qu'ils firent passer pour être Mustapha que Soliman avoit fait mourir ; mais cette entreprise ne réussit pas. Les troupes envoyées par ordre

ordre de Soliman, marcherent contre Muſtapha, qui fut abandonné par les ſiennes, pris, mené à Conſtantinople, & jetté dans la mer pendant la nuit. Roxolane fit pardonner à Bajazet, que Soliman vit, & auquel il pardonna, après lui avoir fait ſentir combien il méritoit d'être puni. Roxolane mourut deux ans après. Bajazet n'ayant plus cet appui, n'en devint pas plus ſage. Il étoit gouverneur de Curaige, & Selim de Magneſie. Il entra à main armée dans le gouvernement de ſon frere, & maltraita ſes officiers.

230. *Un neveu de M. de Termes.*] Paul de la Barthe, ſeigneur de Termes, avoit deux ſœurs mariées, Matilde avec le ſeigneur d'Orbeſſan, & Paule avec le ſeigneur de Bazordan. Le neveu étoit apparemment fils de l'une ou de l'autre. Paul de la Barthe étoit ſeigneur de Thermes en Aſtarac, du chef de ſa mere Jeanne de Peguilhem, qui avoit épouſé Jean de la Barthe, ſecond fils de Bernard, ſeigneur de Giſcaro.

231. *George de Madruce.*] neveu du cardinal de Trente. Le colonel Nicolas Madruzzo, frere de George, tous deux neveux de Chriſtophe Madruzzo, cardinal & évêque de Trente, qui mourut à Tivoli le 7. Juillet 1578. le même jour qu'il étoit né, 66. ans auparavant, avoit été fait priſonnier au combat de l'iſle de Ponza, où Dragut avoit pris le 5. Août 1552. à André d'Auria ſix galeres ſur leſquelles étoient 700. Allemands, dont étoit Nicolas Madruzzo. De Thou (pag. 292. du II. vol. de la traduction Françoiſe) dit que Nicolas Madruzzo mourut peu de jours après des bleſſures qu'il avoit reçues dans ce combat. La rançon de Nicolas Madruzzo ayant été réglée à Conſtantinople à la fin de l'an 1553. & Dragut ayant été content de l'arrangement que l'on prit là-deſſus, Nicolas Madruzzo n'étoit donc pas mort en Août 1552. comme le dit de Thou, puiſqu'il paya ſa rançon à la fin de 1553. Madruzzo eſt un bourg & château de l'évêché de Trente.

232. *Andelot & Cipierre,*] priſonniers à Milan, que l'on vouloit échanger en Novembre 1553. avec George Madruce & le colonel ſon frere. Andelot & Cipierre furent pris dans une eſcarmouche, qui arriva vers la fin de Juin 1551. Le combat doit s'être donné du côté de Soragna, & dans le duché de Plaiſance, Ferdinand de Gonzague étant allé attaquer la garniſon de Parme, qui avoit fait un grand butin dans ce pays-là. C'eſt tout ce qu'on peut tirer d'un livre qui a pour titre: L'hiſtoire Françoiſe de notre temps (pag. 58.) Paris, Jean Poupy 1581. *in-fol.*

233. *L'évêque de Lodève,*] qui étoit ambaſſadeur de France à Veniſe en Janvier 1555. Dominique de Gabre, Gaſcon, en faveur duquel le cardinal Gui Aſcagne Sforce ſe démit de l'évêché de Lodève en 1547. Gabre mourut le 2. Février 1558. & eut pour ſucceſſeur dans ſon ambaſſade de Veniſe François de Noailles, évêque d'Acqs. Ribier a donné dans ſes mémoires d'état cinq lettres de cet évêque de Lodève, une de 1556. & quatre de 1557. Il ſignoit D. évêque de Lodève.

234. *Renée de France.*] Elle étoit fille de Louis XII. & épouſa le 30. Juillet 1527. Hercule d'Eſt, duc de Ferrare, qui mourut le 3. Octobre 1558. Elle revint en France; & pendant les guerres civiles des huguenots, elle favoriſa toujours leur parti, & mourut à Montargis le 12. Juin 1575. Elle avoit pris à ſon ſervice le premier Mai 1556. Jean Cheſneau, auteur de la relation de ce voyage: & enſuite elle le fit faire chevalier de l'ordre de S. Michel.

TABLE CHRONOLOGIQUE
DU VOYAGE DE G. D'ARAMON
à Constantinople, en Perse, &c.

1546.

DECEMBRE. François I. étant à Folembray renvoie Aramon à Constantinople. Jean Chesneau entre à son service pour l'un de ses secrétaires.

1547.

5. Janv. Aramon part de Paris pour Lyon, où il reste cinq jours.

19. Janv. Il part de Lyon, passe à Genève, Lausane, Soleure, Zurich, & Coire.

Il continue sa route par Bellinzone, Iseo, Brescia, Pescara, Verone, Vicence, Padoue; & arrive à Venise, où il demeure quinze jours. Il y est reçu par Morvilliers, ambassadeur de France.

Jeu'. 24. Fév. La seigneurie de Venise prête à Aramon trois galères, dont le capitaine s'appelloit Christophe de Canal, pour aller à Raguse.

Lund. 28. Fév. Aramon passe à Parenzo & à Pola.

Il arrive à l'isle de Zara.

2. Mars. Il passe à Sebenico, à Lezina, près de l'isle de Curfola, & arrive à Raguse.

13. Mars. Il part de Raguse, & couche à Trebing.

A Sernice, à Fochia, à Pluvic, à Prépoville, à Santa-Saba, & au château de Milles.

A Novi-Bazar, passe le mont d'Argent haut & fâcheux, arrive à Nissa, passe la Morava.

A Malesiche près de Sophie.

6. Avril. Aramon arrive à Andrinople après avoir passé la Mariza sur le pont Monstapesa.

François I. meurt. Henri II. envoie ses lettres à Aramon par le secrétaire Valenciennes.

Aramon a audience de Soliman, & lui présente une grande horloge faite à Lyon & beaucoup de pièces de drap d'or & d'argent. Les maîtres d'hôtel du Turc lui donnent un grand repas à la Turque; mais il ne s'accommode point des mets qu'on lui présente.

Aramon part d'Andrinople, & passe à Selivrée, Grand-Pont & Petit-pont.

13. Mai. Il arrive à Constantinople, & va loger à Pera.

Juillet. Fumel envoyé par Henri II. arrive à Constantinople pour renouveller l'alliance.

Le comte de Roquendolf s'enfuit de Constantinople, passe le détroit de Gallipoli, & arrive à Chio. Un corsaire Turc l'arrête près de l'isle de Candie. Il est mis aux sept tours prisonnier. Soliman permet à Aramon de l'envoyer visiter. Celui-ci lui sert de pere pendant 4. mois, & au bout de ce temps-là obtient sa liberté. Roquendolf passe en France, & entre au service d'Henri II.

Jean Micquez, natif de Portugal, arrive à Constantinople avec des lettres de recommandation de Lansac, ambassadeur du roi à Rome. Il y trouve Beatrix de Luna, Juive Portugaise, riche; & il en épouse la fille après s'être fait Juif lui-même.

1548.

Le sophi de Perse amoureux de la femme d'Elcas, son frere, l'envoye faire la guerre aux Circasses.

Elcas averti que sa femme ne lui étoit pas fidéle, retourne au plus vîte auprès de son frere, lui parle avec vivacité, & le menace.

Le sophi lui ôte le royaume de Chirvan, qu'il lui avoit assigné pour son entretien, & se détermine a le faire mourir.

Elcas averti du projet s'embarque sur la mer noire, & arrive à Constantinople, où il est très-bien reçu par Soliman.

Elcas ayant assuré le sultan qu'il avoit un grand parti en Perse, Soliman se détermine à faire la guerre au sophi.

20. Mars. Le sultan part de Constantinople.

Aramon ayant eu ordre du sultan de le suivre, fait un équipage de dix pavillons, 40. chevaux, 18. mulets, 12. chevaux de somme, & une litiére à deux mulets, que les Turcs admirerent, n'en connoissant pas l'usage. Sa suite étoit de 75. à 80. personnes.

Cambray, chanoine, chevalier de S. Etienne de Bourges, qui parloit le Grec vulgaire, est laissé à Constantinople par Aramon, pour avoir soin des affaires de l'ambassade.

Fumel a envie de suivre le grand-seigneur qui ne veut pas le lui permettre.

2. Mai. Aramon part de Constantinople, & arrive à Scutari.

6. Mai. Aramon passe le côteau de Maltepe aux approches du golfe de Nicomédie.

7. Mai. Il arrive à Diachidesse.

9. Mai. A Nicomédie, & de-là à Sabaugi sur le bord d'un lac.

10. Mai. Il passe le Zaugari, & loge à Guyene.

Il continue sa route par Tarachy, Gozenene, Dibec, & Boly.

22. Mai. Aramon part de Boly, passe à Hierada, à Giagadel, à Caragiola, à Camauli, à Bouzoli, a Caraguila, à Cogiassar en Paphlagonie, & loge à Tescia.

Il continue sa route le long du canal de Cabouziac, passe le Guesilimach, & arrive à Ottomangroc;

1. Juin. A Cagionde.

2. Juin. Il loge à Merjoua.

3. Juin. Il arrive à Ladic, passe à Sepecles, sur un pont, la riviére de Bogasquezen, qui veut dire coupe-gorge: (en effet le passage est dangereux.) Il loge à Agieti.

A Nissar, où Ussum Cassan, roi de Perse, est enterré.

Il continue sa route par Assarguies, le château de Coynassar, à Assebedic, village Arménien de 300. feux, par le bois de Girbananbea, par les villages d'Ardinely, d'Agiadaracly, & arrive à Arzingau, où il séjourne quatre jours.

Aramon part d'Arzingau, passe à Vitavicq, à Gibligy, traverse l'Euphrate sur un pont, continue sa route par Cheobane, Portary, & des bains naturels à huit milles d'Erzeron.

25. Juin. Il arrive au camp de Soliman à Erzeron, & va saluer Rostan, premier Pacha, qui le fait loger dans son quartier.

26. Juin. Le camp se met en marche, & loge près d'Assancala, château situé sur une montagne, & bâti de bois.

L'armée passe l'Araxe & ensuite le Tigre.

7. Juillet. Elle arrive à Argis, petite ville appartenant au sophi & près du lac de Vastan.

12. Juillet. Le camp loge près d'un lac, & continue sa marche par un chemin affreux. Plusieurs chevaux, mulets, & chameaux tombent dans des préci-

pices. Un chaoux du grand-feigneur fait paller des premiers Aramon & fon équipage.

Aramon arrive à Coil, où le roi de Perfe a un beau parc.

22. Juillet. L'avant-garde rencontre, vers les trois heures du matin, des coureurs & des chevaux-legers des Perfans qui font bientôt mis en fuite.

Le fophi fe retire dans fon pays, & emporte toutes les richeffes de Tauris.

L'armée arrive au village de Mering.

A Sophian à une journée de Tauris, après avoir paffé des montagnes où il y avoit beaucoup de fel. L'armée campe à 4. milles de Tauris, où la partie du peuple qui y étoit reftée vient au devant de Soliman.

28. Juillet. Le fultan traverfe Tauris qu'il trouve prefque déferte, & fait camper fon armée au levant de cette ville.

31. Juillet. Soliman voyant qu'il avoit déja perdu plus de dix mille chevaux, mulets, ou chameaux, & que le fophi de Perfe s'étoit retiré fur les montagnes de Cafpiz, & qu'il n'avoit plus de fourage, ne va plus en avant, & fe tourne vers le fud-oueft.

5. Août. Il cotoye pendant trois ou quatre jours un fort beau & fort grand lac, dont l'eau étoit falée, & dont les cartes d'Afie ne faifoient aucune mention.

13. Août. L'armée arrive à Van, château très-fort & bâti fur une roche inacceffible, à un mille du lac de Vaftan, & défendu par deux mille Perfiens.

14. Août. Les Turcs ouvrent la tranchée devant Van, & dreffent deux batteries qui tirerent pendant neuf jours, & ne firent aucune bréche.

Aramon va reconnoître la fituation du château de Van, propofe à Soliman de changer la batterie du côté qui lui paroiffoit le plus foible; fon avis eft fuivi.

24. Août. La batterie ayant été changée, & ayant commencé à tirer, la garnifon demande à capituler, & obtient la permiffion de fe retirer bagues fauves.

28. Août. L'armée part de Van, & campe dans une plaine près d'un lac.

29. Août. A Baudemagny, puis à Argis, où l'on avoit paffé en allant à Tauris.

30. Août. Le camp arrive à Abdigelluis fur le même lac & au-deffous d'un château.

L'armée paffe un bras du Tigre, & loge à Conon-Scala,

A Mouchs, château-fort fur une montagne;

Près de la rivière Carafony, qui veut dire eau noire;

Près du cafal Noffenfoffillerz, qui a au levant la montagne de Noé;

4. Septembre. A Bithlis, château fort.

Aramon paffe un défilé très-difficile, & eft huit jours fans voir fon équipage. Il arrive à Arteguie & à Liége.

25. Septembre. L'armée arrive à Carahemit, capitale de la Méfopotamie. Soliman y féjourne quinze ou vingt jours.

L'armée va à Sonas, en Cappadoce.

14. Octobre. L'ambaffadeur arrive à Sonas, & loge à Begur, cafal d'Arméniens, au pied du mont Taurus.

Il arrive près du lac de Giolgie, où il y a une ifle habitée des Turcs.

Il paffe l'Euphrate en barque, & couche à Malatia.

Il tourne pendant 4. jours le mont Taurus, & le mont Amannus, & paffe les portes à Amannigues.

Il paffe l'Euphrate en barque.

5. Novembre. Aramon arrive à Carahemit, où il trouve Soliman & fon armée.

9. Novembre. Il part de Carahemit, & marche pendant six jours dans une plaine.

Il arrive à Orpha, dite aussi Roha, où il y a beaucoup d'antiquités.

Aramon continue sa route pendant trois jours, & arrive a Bir, château sur l'Euphrate, que l'armée fut trois jours à passer.

23. Novembre. L'ambassadeur arrive à Alep. Soliman se loge au château.

1549.

Aramon reste pendant sept mois à Alep.

8. Juin. Soliman part d'Alep avec toute son armée.

30. Juin. Aramon en part aussi, & loge à Bargim.

2. Juillet. Il va voir le sépulchre de Daniel que les Turcs reverent beaucoup.

Il passe près d'Amen & d'Emps, villes fort antiques, mais ruinées, & ensuite au village d'Elca, habité par des chrétiens.

Il arrive à Balbec, ville fort antique.

8. Juillet. A Damas.

12. Juillet. Il passe le pont de Jacob sur le Jourdain, & voit la citerne où Joseph fut jetté par ses freres ; & il couche à Bethsaïde sur la mer de Tiberiade.

Il cotoye cette mer sur le bord de laquelle est Capharnaüm. Il cotoye le mont Thabor, va à Nazareth, près du village où J. C. guérit un lépreux ; à Sabassy, où Herode fit décoller S. Jean-Baptiste ; & le même jour il couche à Naplouse ou Sichem.

17. Juillet. Aramon arrive à Jerusalem, où il est très-bien reçu par les commandans Turcs.

24. Juillet. Il entre au S. sépulcre.

Il va au sépulcre de la vierge Marie, & à Béthanie.

25. Juillet. A Bethléem à 5. milles de Jerusalem, & de-là à Hebron. Il retourne à Jerusalem.

28. Juillet. Il part de Jerusalem pour le Caire, & couche à un casal ruiné.

29. Juillet. Il va à Roman & à Gazare, où Samson éprouva ses forces contre les Philistins.

30. Juillet. Il continue sa route sur les sablons, & loge à un carvansera près de deux gros villages, où il loue des chevaux pour porter du biscuit, de l'avoine, de la paille, & de l'eau douce pour six jours qu'il employe à passer l'Arabie sablonneuse. Il arrive à Cattie, où il y a des pigeons que le capitaine de ce petit château envoye au Caire, à quatre journées de là avec une lettre attachée au col, & dont ils rapportent la réponse.

7. Août. Aramon arrive à Sallaye, gros village ; & puis à Langon.

10. Août. L'Ambassadeur arrive au Caire, où le pacha le fait loger dans une fort belle maison.

Aramon va à la Matarée, à quatre ou cinq milles du Caire, où la Vierge fuyant la fureur d'Herode, demeure quelque temps. Il y a un jardin où sont les arbrisseaux du baume.

28. Août. Aramon va au-delà du Nil voir les pyramides & les sépultures des rois d'Egypte, l'une des sept merveilles du monde. En retournant, il passe près d'une très-grosse pierre, appellée la tête de Pharaon. En chemin, Aubray, enfant de Paris tombe de dessus une haquenée, & se rompt le col.

2. Septembre. Aramon part du Caire pour aller à Alexandrie. Il va à cheval jusqu'à Boulac, à deux milles sur le Nil. A huit heures du soir il monte sur un brigantin à vingt-quatre rames.

3. Septembre. Il dîne dans un village, & puis va à Fona, où il laisse le brigantin, & prend une barque pour passer le canal qui va jusqu'aux jardins

d'Alexandrie, où il arrive le 6. Le consul des François & plusieurs autres marchands viennent au devant de lui.

21. Septembre. Aramon est de retour au Caire, où il séjourne jusqu'au 26. Octobre, pour y recouvrer du salpêtre de minière, & l'envoyer en France par des Marsillianes. Le grand-seigneur ne voulut pas permettre qu'on y en prît, ainsi Aramon partit sans salpêtre.

9. Novembre. Aramon arrive à Jerusalem pour la seconde fois, & y trouve Guillaume Postel, venu dès le mois d'Août avec les pèlerins dans la navire de Venise, pour recouvrer quelques vieux livres du pays. Petrus Gillius, fort docte, venu avec Aramon, & envoyé par François I. pour y retirer les livres en langue Grecque & Hébraïque, s'y oppose, & se querelle souvent avec Postel. On a beaucoup de peine à les raccommoder.

Aramon séjourne cinq ou six jours à Jerusalem ; & ceux de sa suite ne payerent que cinq ducats pour être reçus chevaliers : les autres en payerent dix.

Il reste sept jours à Damas : le pacha lui fit rendre ce qu'on lui avoit dérobé à Balbec ; & lui donna deux beaux chevaux.

28. Novembre. Il part de Damas pour aller vers Tripoli, passe à Mezedellec, à Usain, & arrive à Baruth.

A Petrino, ville ruinée ; & arrive le lendemain à Tripoli, où il demeure six jours chez le consul François.

10. Décembre. Après dîner Aramon part de Tripoli & couche à un carvansera entre la marine & une rivière, à 10. milles de Tripoli.

11. Décembre. Il traverse une grande plaine, passe plusieurs ruisseaux venant du mont Liban, & couche à Tortous.

Partant de Tortous, & ne pouvant passer à gué une rivière, il retourne en arrière, & loge à un pauvre village sur les montagnes.

Le lendemain il passe cette rivière qui étoit diminuée, & couche à un autre village, puis à Gaballa.

Il va à Lidichia, ville où il y a plusieurs antiquités.

Deux jours après il arrive à Antioche ;

A un casal à gauche sous un petit château situé sur les montagnes.

Le lendemain 24. Décembre, il loge sous Mergues-Calassi, petit château sur le penchant de la montagne ;

A un carvansera, & à Scilchoï, gros village dans une belle plaine ; passe un pont sur une grosse rivière, & arrive à Adena, où il y a un petit château & une grosse rivière. Il y séjourne un jour.

Il chemine sur le mont Taurus par l'espace de trois jours, & puis loge à Heracle, ville non fermée.

Trois jours après il arrive à Coigne, principale ville de la Carmanie, où le sultan Bajazet faisoit son séjour. Il y reste trois jours.

1550.

8. Janvier. Aramon part de Coigne, & arrive à Axar, ville non fermée, où il séjourne un jour ;

A Quiriajia, à Biracli, villages, & à Esquicher, ville antique ;

A Eschizac, à Bersugal, & Biligich, gros villages.

Il arrive à Isnic, autrement Nicée.

A Lingnau, où il passe le canal de mer qui va à Nicomedie, & loge à un carvansera sur la rive du canal ; à Giuise, & à Castalamin.

28. Janvier. Aramon est de retour à Constantinople.

1551.

Janvier. Aramon vient en France, dépêché par le grand-Turc, pour rendre compte au roi de sa légation.

Mai. Le grand-seigneur envoye 140. galeres assiéger Tripoli en Barbarie.

Aramon arrive au siége de Tripoli, & y demeure quinze jours. Il obtient la liberté de 200. chevaliers de Malte pris dans cette ville. Il les mene à Malte, où le grand-maitre lui refuse les esclaves Turcs qu'il s'étoit engagé de rendre, & le calomnie en écrivant au roi qu'il avoit été cause de la prise de Tripoli.

1552.

Mai. Chesneau part d'Andrinople, passe à Raguse & Venise, & trouve le roi qui assiégeoit Damvilliers. Il y arrive le vingt-huitiéme ou le vingt-neuviéme jour depuis son départ d'Andrinople.

1553.

Mai. Chesneau retourne à Constantinople avec un des secrétaires d'Aramon, lui portant des dépêches, & au baron de la Garde.

Chesneau arrive à Venise, est conseillé par Selve, ambassadeur de France, de ne pas passer à Raguse; mais à Corfou, à 700. milles de Venise, & dont la ville avoit été ruinée par Barberousse. Il y trouve le capitaine Combas, & y demeure quinze ou seize jours.

23. Juin. Le baron de S. Blancard arrive à Corfou avec trois galeres. Chesneau s'y embarque d'abord, passe près de Cephalonie & de Zante, & arrive à Modon à la même heure que l'armée de France & celle du Turc y arriverent. On y séjourna trois jours. Aramon étoit alors à Constantinople.

Chesneau va par le Peloponese ou Morée à Lacédémone, ville détruite & ruinée. Il passe à Argos & à Corinthe, & se repose dans les vignes sous quelques arbres. Sur le soir il monte à cheval, & couche à un village à cinq milles de Corinthe, & là où commence l'isthme.

Le lendemain il passe cet isthme ou détroit de terre entre les mers de Corinthe & d'Athenes.

Il va à Megare, Thebes, & à l'isle de Negrepont, & laisse à droite Napoli de Romanie.

Le sangiac de Negrepont lui fait bailler une galiote qui le conduit à 80. milles, à une isle où il prend une barque. Le vent contraire l'empêche d'entrer dans le détroit de l'Hellespont. Il prend terre, & trouve des chevaux qui le menerent à Gallipoli en Thrace, où il séjourne un jour & demi.

Chesneau quoique tourmenté par une difficulté d'haleine & mal de côté, va en quatre jours de Gallipoli à Constantinople, où il trouve Aramon.

3. Septembre. Aramon part de Constantinople, passe le canal, & entre en Asie mineure au-dessus de Scutari. Le Turc avoit ses gens près de Calcédoine, où Aramon resta trois ou quatre jours, attendant ses gens. Il présenta Chesneau à Rostan, premier pacha.

14. Septembre. Aramon qui étoit retourné à Constantinople, en part & prend son chemin vers Raguse.

14. Octobre. La nouvelle vient à Constantinople que le grand-Turc avoit fait étrangler Mustapha, son fils aîné. Janguier, dernier fils du sultan, mourut de chagrin de la mort de son frere.

La ville & forteresse de Boniface prise par l'armée du Turc & des François qui promirent de payer aux Turcs 30000. écus, & donnerent en ôtage le neveu de Termes & le capitaine Mus. L'on convint de l'échange de George Madruce; mais les 30000. écus ne furent jamais payés.

1554.

Mars. Cotignac, ambassadeur de France, arrive à Constantinople, va trouver le grand Turc en Asie, & retourne à Constantinople.

Août. Vilmontés, dépêché par le roi de France, arrive à Constantinople, & va trouver le Turc en Asie.

1555.

9. Janvier. Chesneau voyant que Cotignac ne s'accommodoit pas de lui, part

de Constantinople, & arrive à Venise, où il séjourne quelque temps.

Aramon lui écrit de Provence de l'y aller trouver. Chesneau sçachant qu'il n'étoit guère favorisé à la cour, va à Ferrare, & y trouve le chevalier de Seure, qui le fait entrer le 1. Mai au service de Renée de France, duchesse de Ferrare, en qualité de contrôleur de sa maison. Renée de France le fit faire chevalier de S. Michel.

PIECES FUGITIVES
POUR SERVIR
A L'HISTOIRE
DE FRANCE.

HISTOIRE *des guerres du comté Venaiſſin, de Provence, de Languedoc &c. par* LOUIS DE PERUSSIS.

AVERTISSEMENT.

LE titre que Peruſſis a donné à ſon ouvrage ſur les guerres arrivées de ſon temps, ne ſemble annoncer que l'hiſtoire d'un très-petit pays; mais l'auteur ne s'eſt pas reſſerré dans les limites de quelques provinces, il avoit trop d'envie de raconter des hiſtoires, & ſurtout de faire des leçons aux hérétiques, pour ne compoſer qu'un petit volume. Comme il étoit en ſituation d'avoir de très-bonnes relations de toutes les provinces de France, d'Italie, d'Eſpagne & des Païs-Bas, & qu'il ne manquoit point d'écrire tout ce qu'il avoit ramaſſé dans la journée, il y a dans ſon ouvrage un très-grand nombre de faits qui ſervent à l'hiſtoire de France, d'Italie, & d'Eſpagne, & qu'on ne ſçauroit trouver nulle part: il fait connoitre pluſieurs perſonnes, dont le nom n'auroit point paſſé à la poſterité ſans ſon ſecours. Il eſt d'ailleurs très-exact pour les dates.

Comme ſa grande paſſion étoit d'écrire, & d'écrire d'une maniére très-diffuſe, & qu'après avoir mis en ordre les relations qu'il avoit ramaſſées, il n'étoit pas encore ſatisfait de ſon travail, il ſe jettoit alors dans des lamentations ſur les malheurs du temps, faiſoit un ſermon aux proteſtans, & leur diſoit des injures parce qu'ils ne

Tom. I. Peruſſis. A

vouloient pas reconnoître la vérité de la religion catholique, & qu'ils faifoient la guerre à leurs fouverains. Tout cela eft écrit d'une maniére extrêmement comique. Peruffis continua ce travail pendant dix-fept ans fans fe laffer; mais le 24. d'Octobre 1578. Magdelaine de Pane fa femme étant morte, il fut fi touché de cette perte, qu'il abandonna fon travail, après avoir fait un très-long difcours fur l'état où il fe trouvoit, & n'avoir oublié aucune phrafe pour exprimer la douleur dont il étoit accablé; mais cette douleur étoit trop vive pour durer long-tems, il fe confola & recommença à écrire; ce qu'il continua jufqu'à la fin d'Août 1580.

Il n'eft pas furprenant qu'avec une pareille méthode, il ait employé plus de 2000. pages *in folio* à écrire l'hiftoire de 19. ans. On auroit crû manquer à la déférence qu'on doit au public, fi on lui avoit donné un pareil ouvrage dans toute fon étendue, & l'on n'a pas héfité à entreprendre le travail long & pénible de faire un extrait d'un ouvrage fi diffus; mais en faifant cet extrait on a eu une attention particuliére à conferver tous les faits, toutes les circonftances effentielles, les dates fur-tout, & les noms de toutes les perfonnes & de tous les lieux. On n'a pas crû devoir faire la moindre attention à un préjugé qui n'eft que trop répandu, & que les auteurs qui aiment à donner au public de gros volumes fans qu'il leur en coûte beaucoup de travail, fortifient tous les jours, que c'eft tronquer un MS. que d'en retrancher le verbiage, & les inutilités dont l'auteur l'a rempli. Peruffis a un ftyle fingulier qu'on a prefque toujours confervé foigneufement. L'art des tranfitions lui étoit inconnu.

Ce qu'il avoit d'abord écrit de cette hiftoire fut imprimé fous fes yeux en 1563. Il la commençoit à la fin de l'an 1561. & ne la pouffoit que jufqu'au 16. de Septembre 1562. ce qui ne donnoit pas une année complette. La continuation finit au mois d'Août 1580. & forme par conféquent une fuite de dix-huit ans: elle eft demeurée en manufcrit. Il fembloit d'abord que cette continuation devoit fe trouver dans les archives de Caumont; mais par une fatalité qui n'eft que trop ordinaire, & qui apparemment ne finira pas fitôt; ceux qui font le plus intéreffés à conferver les ouvrages manufcrits ou imprimés des perfonnes qui les touchent de plus près, font ordinairement ceux qui les négligent le plus, & qui ne craignent pas de les laiffer périr. Cependant comme dans tous les fiécles il y a des curieux attentifs à recueillir & à faire paffer à la poftérité ces mêmes ouvrages que les intereffés négligent fi fort, l'illuftre M. de Peirefc qui au commencement, & au milieu du XVII. fiécle brûloit du zele fi néceffaire & fi utile à la république des lettres,

DU COMTE' VENAISSIN, DE PROVENCE, &c.

de ramasser les ouvrages prêts à se perdre, fut assez heureux pour acquérir, & sans beaucoup de peine le manuscrit de Perussis.

Jerome de Lopis, seigneur de Mondevergues, écrivit d'Avignon le 8. de May 1614. à M. de Peiresc, que le signor Zanobio avoit un manuscrit fort épais de Louïs de Perussis, seigneur de Caumont pour la moitié, frere du prévôt de Cavaillon, mort environ depuis 30. ans, contenant les mémoires des guerres du païs d'Avignon ; que s'il prioit Zanobio de lui prêter ce livre, non-seulement il le feroit, mais qu'il le lui donneroit tout-à-fait ; que s'il lui envoyoit une lettre pour cela, il croyoit le retirer facilement. Mondevergues ajoutoit que ce livre étoit plus ample que l'imprimé qu'il n'avoit pas pu trouver ; que Perussis étoit homme de robe courte, portant l'épée sans avoir servi, que la moitié de Caumont valoit plus de 40000. écus, que Perussis étoit mort âgé d'environ 60. ans, laissant une seule fille héritière que le sieur de Brissac avoit épousée en premiéres nôces, & dont il avoit eu une seule fille héritière de sa mere, âgée alors d'environ 31. ans. M. de Peiresc profita de l'avis de Mondevergues, & eut le MS. qui passa dans la bibliotheque du président de Mazaugues : cette bibliotheque appartient aujourd'hui, aussi-bien que les MSS. à M. l'Evêque de Carpentras, qui en facilite l'usage à tous les gens de lettres. Le président de Mazaugues en qui la connoissance des médailles, des titres & de tous les monumens qui appartiennent à l'histoire, étoit des plus étendues, & qui fut toujours la personne du monde la plus obligeante & la plus communicative, envoya en 1719. le manuscrit de Perussis à un de ses amis, qui en fit faire une copie entiére & exacte, sur laquelle a été fait l'extrait qu'on donne au public : copie qu'on est prêt à communiquer aux curieux qui souhaiteront de la voir.

Il seroit inutile de joindre à cet Avertissement une généalogie de la maison de Perussis, après ce qu'un moderne (*a*) en a donné; nous dirons seulement que Louïs de Perussis étoit cousin au troisiéme dégré de Paul de Perussis, baron de Lauris, quatriéme ayeul de Louïs-Elizabeth, marquis de Perussis, enseigne de la premiére compagnie des mousquetaires, maréchal de camp de la promotion du 2. de Mai 1744. qui par son goût pour les belles lettres, & par le choix des bons livres qu'il ramasse, est un exemple de plus qui prouve qu'on peut allier la science & la profession des armes.

(*a*) Pithon-Court, hist. de la noblesse du comté Venaissin, tom. 2. pag. 376. & suiv.

+ *Pithon-Cur.*

A ij

DISCOURS *des guerres de la comté de Venayscin & de la Provence, ensemble quelques incidents: le tout dédié à l'illustrissime & excellentissime, seigneur & chevalier, monseigneur Fr. Fabrice de Serbellon, cousin-germain de N. S. P. & son général en la cité d'Avignon & dite comté: Par le seigneur Loys de Perussiis, écuyer de Coumons, subjet & vassal de sa sainteté. Imprimé en Avignon par Pierre Roux 1563.*

AN. 1561.

Les églises de Nismes, Montpellier, Mende & Cazac ayant été pillées par la populace protestante; & del Bene, évêque de Nismes, chassé de sa résidence, le bon peuple prit en quelque lieu sa revanche, mettant à mort aucun desdits ministres, la plûpart par les mains des enfants & innocents, suivant ce que Dieu a dit, que sa puissance seroit mieux manifestée par les personnes innocentes. Le jour de S. Jean & fête de Noël 1561. un sçavant & catholique prêcheur étant allé prêcher à Villeneuve-lez-Avignon, les adversaires au sortir de l'église lui tirerent quelques arquebusades; mais Dieu donna tant bonne force aux gens de bien qu'ils tuerent aucun desdits adversaires. François de Castellane, abbé de S. André, & con-seigneur de Villeneuve, & Agaffin, capitaine dudit lieu, en firent faire des informations que l'on brûla quand l'on sceut la vérité. Un huguenot de Villeneuve, qui avoit voulu faire changer de religion à sa femme, fut tué dans cette occasion.

Les adversaires firent une nouvelle demande, requerant que les armes fussent ôtées à ce bon peuple, & sur-tout à Flassans-Pontevez, premier consul d'Aix, qui avoit assemblé ses parens & ses amis pour se mettre en sûreté contre les protestans, qui vouloient l'oprimer parce qu'il ne vouloit pas consentir que leurs ministres prêchassent scandaleusement. Ils obtinrent que Crussol, chevalier de l'ordre & capitaine de 50. hommes d'armes, fût mandé en Lyonnois, Languedoc, Dauphiné & Provence pour y faire cesser les troubles.

La source du mal fut qu'avec Crussol vinrent deux commissaires, jeunes, suspects aux catholiques, qui furent Fumée, conseiller de Paris, & Ponat, conseiller de Grenoble, qui soutenus par les dévoyés du parlement d'Aix, vouloient faire agir Crussol à leur mode.

AN. 1562.

Crussol s'arrêta peu de jours à Lyon & en Dauphiné, & le samedi 10. Janvier 1562. arriva à Villeneuve-lez-Avignon, où à un instant beaucoup de suspects s'assemblerent; mais ils trouverent que Crussol ne se soucioit de leurs prêches, & oyoit tous les jours la messe.

Les bannis

Les foruscits d'Avignon, à l'instigation de Perrinet Parpaille, doc-

DU COMTE' VENAISSIN, DE PROVENCE, &c.

teur en Avignon, firent entendre au roy, à la reyne mere & au roy de Navarre que Mrs. d'Avignon conspiroient contre S. M.; mais cette ville toûjours fidelle au roy de France, assura de nouveau le roy de sa fidelité en lui écrivant, & lui envoyant Pierre d'Anselme, seigneur de Janaz, leur bon citoyen.

Ils y avoient été engagés par monseigneur illustrissime, & excellentissime monseigr. Fabrice de Serbellon, chevalier & cousin-germain de N. S. P. qui depuis le 19. de Novembre étoit arrivé en Avignon, mandé par le Pape avec très ample puissance pour y pacifier les troubles, & passer ensuite en Espagne. Les procedures étoient d'abord envoyées par Fabrice au cardinal Hipolite de Ferrare, légat en France, qui les communiquoit d'abord au roy.

Cela avoit été prévû par Alexandre de Guidiccion, évêque de Luques sa patrie, neveu du cardinal de Guidiccion, alors vice-légat, & qui de toutes choses donnoit ample information à nôtre légat, au cardinal Borromée, & au cardinal de S. George, celui-cy frere, & l'autre cousin de Fabrice.

Servit aussi beaucoup en ces troubles Claude des Bertons, seigneur de Crillon, lors premier consul de la cité, François Levancit, & François Salvadour, second & tiers consul, l'éloquent orateur Elzias de Cadenet, assesseur.

Joseph de Panisse, prevôt de Cavaillon, François des Galiens, seigneur des Essarts, le baron de Rochefort, de Coumons des Sceptres, Pierre de Riciis, seigneur de Lagnes, François de Fogasses, seigneur de la Bartelasse, capitaine de la cité, le docteur Parisi, & Bernardin Laurens, tous députés par le conseil, avec faculté de pourvoir à toutes affaires, & sur-tout à celles de la guerre ; aussi bien que Honoré Henry, secretaire de la cité.

Se sont aussi dignement portés, tant en conseil qu'autres affaires ; François Vidal, conseiller de S. M. & secretaire de la légation, Augustin Floréventus, Jean Nicolai, chanoine de l'église cathedrale, Jean Laurenti, recteur de S. Martial, & Jean de Valence, commandeur de S. Anthoine, les quatre auditeurs du sacré palais apostolic, Etienne de Robins, seigneur de Gravesons, Pierre de Baroncellis, seigneur de Javon, Dominique, écuyer des Panisses, Richard de Perussiis, écuyer de Lauris, François Bon, seigneur de Theze, Pierre des Girards, seigneur d'Aubres, Alexandre, chevalier de Cambis, Accursy, seigneur de l'Isle, Faret, Cesar Cantelme, seigneur de Nions, Alexandre des Grillets, seigneur de Brissac, Paul Antoine des Gadagnes, capitaine de Château-neuf de pape, Nicolas Tertully, seigneur de Bagnolx, Loys, escuyer d'Anselme, Jean de Cambis, seigneur d'Orssan, Pierre, escuyer de Donis, Joachin de Rolandi, seigneur de Bortz, l'escuyer de Borlivio, capitaine des clefs des portes, Loys Achard, escuyer de la

HISTOIRE DES GUERRES

AN. 1562. Baume, Claude Achard, seigneur de la Baume, Barthelemy Achard, seigneur de Valobres, l'escuyer de Puget, seigneur de Chastuel, Jacques Ninis de Claretis, docteur, Antoine de Navarins, maistre de l'estat de la ville, Jacques de Navarins, docteur, & comte Palatin, seigneur de Venasque, Manaud de Guillens, docteur, Jean de Guillens, docteur, le capitaine de Cocio Agaffin, Antoine Clerici, docteur, la maison des Tulles, Charles de Fortia, capitaine du pont de Sorgue, François Fortia, Pomponi Fortia, docteur, Jean Marie de Francia, docteur, Marc de Paretz, Jean Baptiste de Paretz, Jacques Serre, Thomas Serre, Jean Alfonse, seigneur de Mimars, Reymond Alfonse, dépositaire de la légation, François Bus, clavere de N. S. P. Antoine François Banqui, l'escuyer Pol, seigneur de S. Tronquet, Claude Guerin, Micheau, & Jean Villelles, François Lopis, seigneur de Mommirail, Jean de Lopis, Bernardin de Rueddes, Jean de Rueddes, Barthelemi de Rodes, Anthoine Romieu, Marc Romieu, Julien Collin, docteur, Phelippes Garnier, docteur, le maistre Bourdini, Celeuco de Cusans, Antoine & Jean Cay, docteurs, Loys Pomard, Claude Bernard, Micheau Croset, Laurens Casal, Jean Labia, François Labia, Barthelemi Labia, le visiteur, Barthelemi du Baye, Jean du Roure, docteur, André Sissoine, docteur, Jean Joannis, docteur, Jean Pierre de Monté, Rodigue Rapale, Pierre Vassol, Jean Ferrier Benet, Acursy Roland, Jacques Gardiole, Paberani, docteur, Villiardi, docteur, Bodard de Renis, Jean Antoine de Magis, Peregrin Tonduti, Loys Barrier, la maison de Hugues de Acqueria, docteur, Simeon Philieul, docteur, Nicolas de Ceps, Balthezar de Ceps, Jean Zemiffren, Micheau le Noble, les maisons de Lauzes, les maisons des Beaux, Jean Massilhan, Melchior Massilhan, Jean Zanobi, Bernard Borcelet, Demarefis, docteur, François Moriny, Laurens Borrel, Laurens Royret, Jean Cambaud, Antoine de Bedarrides, Jacques de Brye, Antoine Fort, Antoine Aliberti, le chevalier Granet, Pierre de S. Sixt, Gabriel Serre, Pebre, Jean Paillard, Jaumet Boet.

Crussol ayant connu que tout ce qui avoit été proposé au conseil du roy par les ennemis de la cité d'Avignon & de son repos, & s'en étant éclairci par le raport de l'Estrange, mandé de sa part pour visiter le palais apostolique, étoit faux, dina dans ledit palais avec ledit Fabrice, & le vice-légat, partit pour aller à Usez, où en entendant les doléances du peuple, il vit que les ministres tâchoient toûjours de emnichiler l'authorité de S. M. & que ceux de Montpellier & de Nismes ne vouloient s'abstenir de battre & de meurtrir les prêtres qui disoient la messe, se détermina à poursuivre son entreprise de Provence: il alla à Tarascon accompagné de plusieurs seigneurs de la nouvelle religion, & capitaines, les catholiques n'osant gueres y comparoître. Ils délibererent de dresser 18. compagnies de gens à pied, avec les 4. de cavallerie du comte de

Tende, du prince de Salerne, du comte de Rouſſillon & de Clermont.

Pendant que la meſſe ſe dreſſoit, Cruſſol demeura à Salon de Crau, & à Marignane, où ceux de la nouvelle religion vouloient attirer Flaſſans pour l'y calomnier; ſurquoi Flaſſans ſe détermina de quitter Aix, & de ſe retirer à Barjoulx, lieu populé & riche, où il y avoit une belle égliſe collegiale, & bien ornée. Il y mena ſes amis.

Cruſſol ayant amené ſes forces, & quelques piéces d'artillerie marche à Aix, & de là traverſant la plaine de Trez arriva à S. Maximin, où l'on le ſollicita fort d'aller aſſiéger Flaſſans. Flaſſans ayant ſçû cette déliberation, partit avec ſa compagnie pour ſe retirer aux montagnes, nud & dépourvû de toutes munitions de guerre: en partant d'Aix il n'avoit pas une livre de poudre. Flaſſans ſortant par une porte de Barjouls le 6. Mars, les adverſaires entrerent par l'autre à force ſimulée & par échelles, ils paſſerent tout au fil de l'épée, & mirent tout à ſac, ſans oublier les égliſes & reliquaires: il y eut de 900. à 1000. perſonnes de tuées.

Senteran enſeigne du prince de Salerne, & bon catholique, ſauva un crucifix qu'un ſoldat vouloit rompre, pour le loger dans la chapelle de ſon château.

Entrages, de la maiſon des Guiremans fort noble, fut pris & envoyé à Aix où ils lui firent trancher la tête, auſſi-bien qu'au viguier de Barjouls.

Peu de jours après, Cruſſol partit de Provence, & retourna à la cour. Ponat retourna auſſi chez lui, diſant que ſa femme étoit accouchée.

Ceux de Marſeille & d'Arles députerent à la cour pour être exempts de recevoir leſdits commiſſaires. Le roy envoya à Arles le baron de Gordes, chevalier de l'ordre, & lieutenant du connétable, qui ayant trouvé les affaires bien diſpoſées, y laiſſa quelques compagnies ſous la charge de Nicolas d'Aiguieres, capitaine, & ſe retira à Gordes, & de là à ſa maiſon de Laval près de Grenoble.

Le vice-légat, évêque de Luques, ſe trouvant mal diſpos, à cauſe d'une indigeſtion d'eſtomach, eut beaucoup de peine à obtenir ſon licentiement de Rome.

Sa ſainteté & le légat envoyerent à ſa place Laurens, gentil-homme Florentin, de la famille des Leneis, évêque de Fermo, qui avoit été ambaſſadeur en France, vice-légat à Bologne, & commiſſaire à la guerre du Royaume de Naples.

Il arriva à Avignon le ſoir du 16. Avril, & le lendemain ayant fait faire lecture de ſes facultés, il fut reçû vice-légat & commiſſaire général, à l'occaſion de quoi l'aſſeſſeur de Cadenet fit une oraiſon éloquente.

Quelques jours après, l'évêque de Luques ayant rendu ſon ſyndicat, s'embarqua ſur le Rhône le 23. Avril, & fut accompagné juſques à Arles par Crillon, S. Jeurs, eſcuyer de Lauris, capitaine Bauchamps, mon frere & moi. Il fut receu à Arles par le premier conſul Beines, & le

AN. 1562.

second Baſtonis. Il logea chez madame d'Oppede, préſidente de Provence, qui le reçut fort bien ; & le lendemain matin il s'embarqua ſur ſes bateaux, prenant le chemin de Bouch, pour entrer en mer.

Peu de jours avant étoit auſſi parti d'Avignon François de Peruſſiis, baron de Lauris, & préſident en Provence, pour aller à la cour en vertu d'une lettre de cachet que ceux de la nouvelle religion avoient obtenuë contre lui. Ceux-cy voyant que la chanſe tournoit, déſiroient que Peruſſiis n'y allât pas ; mais le préſident fut à Grenoble, & de là à la cour où il fut très-bien reçû, & d'où cinq mois après il raporta charge fort honorable pour le ſénat, & pour ſes affaires particuliéres.

Ceux de la nouvelle religion vouloient avoir tout le pays du Dauphiné favorable, & ne le pouvoient à cauſe de la Motte-Gondrin, chevalier de l'ordre, capitaine de 50. hommes d'armes, & lieutenant du duc de Guiſe : ils vouloient auſſi ſe venger ſur lui de la juſte pourſuite qu'il fit avec François de la Baume, ſeigneur de Suze, gentil-homme ordinaire de la chambre de S. M. & lieutenant lors de la compagnie du prince de Salerne, aux mois d'Août & Septembre 1560. pour la délivrance de Malaucene dans le comté de Venaiſcin, occupé par Montbrun & Seguirani d'Aix, & ſecourus de nôtre ſainte mere l'égliſe. La comté fit une grande dépenſe ſoûtenant la guerre, à laquelle meſſieurs mes capitaines de ſainte Jaille & de Roſſet firent ſi bien leur devoir, & tous les vaſſaux du pays, enſemble le capitaine Melchior de Peruſſiis de Coumons, qui étoit commiſſaire de l'artillerie. Loys d'Ancezune, ſeigneur de Caderouſſe, Thomas de Paſſis de Paniſſes, ſeigneur d'Aubignan, Crillon, Orſan, Novezan, & moi fumes élus & députés pour aller audit Malaucene, pour entendre la volonté de Montbrun, qui nous détint. L'évêque de Luques, vice-légat, eut des grandes peines & travaux, & fit pluſieurs voyages pour aſſembler les états du pays pour l'expugnation de Montbrun : il fut imité par Paul Sadolet, neveu du cardinal Jacques Sadolet, évêque de Carpentras, Barthelemy Mancino, ſecretaire de l'évêque de Luques.

Le 29. Avril, les adverſaires s'étant aſſemblés à Valence où la Motte-Gondrin faiſoit ſa réſidence, il y eut quelque émotion qu'il pacifia ; mais étant augmentée il ſe retira à ſon logis, où il fit fermer les portes que l'on tenta de forcer ; alors ſe mettant aux fenêtres il leur parla pour les faire rentrer dans leur devoir ; voyant que ſes affaires alloient mal, il s'arma, & par deſſus ſon hauſſe-col, il prit ſon grand collier, avec l'ordre pendu, & de rechef ſe mit à la fenêtre : tout fut vain, les adverſaires fermerent les portes, entrerent dans la baſſe-cour du logis, & voyant la grande réſiſtance qu'il faiſoit, lui demanderent de ſe rendre, l'aſſurant qu'il ne recevroit que courtoiſie & humanité. La Motte-Gondrin s'étant rendu, ils le prierent de ſe déſarmer ; mais à l'inſtant il fut meurtri de pluſieurs coups, pendu à une des fenêtres, traîné par la ville, & ayant

ôté

DU COMTÉ VENAISSIN, DE PROVENCE, &c.

ôté l'ordre du col, laisserent le corps à la discretion des bêtes ; après quoi les adversaires se rendirent maîtres de la ville & de l'artillerie.

AN. 1562.

Les protestans de Languedoc voulurent faire une entreprise contre le cardinal Laurent Strozzi, qui étoit évêque de Beziers ; mais les gentils-hommes du maréchal Strozzi qui étoient auprès du cardinal prirent bien-tôt juste revanche.

Peu de jours après, & le 3. de May, Lyon leur fut rendu par intelligence, avec les forteresses & munitions de guerre. Ils démolirent toutes les églises, & en chasserent les chanoines & comtes.

Le seigneur Fabrice, général, de concert avec les députés d'Avignon, fit renforcer les gardes & dresser nouvelles compagnies de gens à pied, avec celle par avant faite & conduite sous le seigneur de la Bartelasse, capitaine de la cité, élû par les députés, lesquels prierent M. de Crillon d'en prendre une ; il s'en contenta, & honora Melchior de Perussis de Coumons de sa lieutenance, & le capitaine Joly Jean de son enseigne. L'autre compagnie fut donnée à S. Jeurs, de la maison de Castellane, qui prit pour son lieutenant le capitaine Cailhe, & pour enseigne Paul Bellon, qui mourut au siége d'Orange, & fut remplacé par le capitaine Berton : ces compagnies furent payées, une moitié par le pape, & une autre par le corps de la cité.

Le vice-légat & Fabrice firent sortir d'Avignon les suspects ; mais sans faire nul dommage à leurs familles ; ce qui ne les empêcha pas de se jetter dans le camp des adversaires, & d'exploiter toutes vengeances & cruautés contre les personnes & biens de messieurs les citoyens, qui ne maltraiterent pas pour cela leurs femmes & leurs enfans.

Fabrice assistoit deux fois le jour à la maison-commune, & le vice-légat s'y trouvoit souvent. On fit nettoyer les fossés vieux de la cité, & en faire des neufs du côté du Rosne, avec la terre desquels on forma des parapets, on abatit des tours, & on les mit en plate-formes ; l'artillerie fut montée à neuf, & il s'en trouva 42. piéces. On en envoya emprunter au comte de Sommerive à Marseille. Bernardin Laurens leur amena deux canons par eau jusques à Arles ; on fit faire grande quantité de caques de poudre, édifier quatre moulins à vent sur la montagne de S. Martin, & en placer à eau près la porte de la Leigne. Pierre de Bisqueris, évêque de Nicopoli, prêta une grosse somme d'argent à la ville, & fut imité par plusieurs autres. Les piéces rompues des reliquaires furent mises en écus & testons, avec les armes du pape, du légat, de Fabrice & du vice-légat, fort bien insculpées par les coings, gravés par Bernardin Mesiéres, tailleur & orphévre de ladite cité. Le clergé donna des cloches rompuës pour faire des piéces de campagne & de couleuvrines. On manda à Milan & à Brescia pour en faire aporter corselletz, morrions, piques & hacquebuttes, dont partie furent cedées pour le service de S. M. au siége de Sisteron. Fabrice fit abattre plusieurs maisons des citoyens pour

†arquebuses

Tom. I. Perussis. B

AN. 1562.

faire les tranchées, & couper tous les arbres à portée du canon: la prompte exécution en fut admirable dans une cité ayant de tout tems vécu en paix.

Fabrice fit à ses dépens couper la vive roche de S. Martin, afin que les soldats peussent tournoyer toutes les murailles sans passer par les degrés de Ste. Anne.

Ainsi Avignon qui étoit prede & prenable, au dire des adversaires, se rendit forte & défensable, & plusieurs gentils-hommes du Languedoc, Provence, Dauphiné & Vivarais y vinrent habiter avec leurs femmes & filles, chassés de leur ancienne & comode demeure par les adversaires qui prirent Grenoble & l'artillerie, & y démolirent les images & églises.

Monseigneur de Crussol étant parti de Provence, quelques compagnies de gens à pied des reliques de l'éxécution de Barjoulx demeurerent, & furent mises en garnison ez lieux de l'isle du Martegue, Salon de Craux, S. Remi, & Noves à Senas, quelque fanterie & cavallerie commença à faire rompre les images & croix, & ne permettoit que la sainte messe s'y chanta: ils vivoient aux dépens du pauvre peuple, dont le vigueriat de Tarascon receut une fort grande playe, & s'en plaignit à S. M.

Le roy voyant la plûpart de ses grandes cités, & places usurpées par les adversaires, ses finances retenuës, les chemins & passages fermés, doutant du pis, par le conseil de la reine mere, du roy de Navarre, & des ducs de Guise & de Montmorency, envoya en Provence le comte de Sommerive, sénéchal audit pays, commander en l'absence du comte de Tende son pere.

Le comte de Sommerive assisté de Carces, lieutenant des galeres sous le grand prieur de France, se trouva en peu de jours un camp de 5. à 6000. hommes à pied, 1000. chevaux, & la plûpart de la noblesse de Provence, & deux pieces de campagne: il marcha pour jetter hors les capitaines & soldats adversaires. A sa compagnie étoit Montdragon, lieutenant de la compagnie du comte de Tende, lequel avoit aussi eu mandement de S. M. & eut un régiment. Monseigneur de Cental, seigneur très-bon en conseil, & aux exécutions, & qui a fort grande suite des gentils-hommes, quatre de la maison de Ventabren, Flassan, capitaine de cavallerie & d'infanterie, les seigneurs de Montagut, de Meyrargues, de Moriers, du Chatelet, de Beaujeu d'Arles, de Fourbin, Rosier & capitaine Fabri.

Les adversaires sachant qu'il faloit déloger à leur grand regret, ayant été plusieurs fois sommés, sortirent & allerent se joindre à ceux qui étoient à Senas, laissant dans le château quelques soldats; ils passerent la Durance, & furent au fort de Merindol: de là ils furent à Lauris, où ils pillerent, & mirent à sac le beau château, & riches meubles de monseigneur le baron président, & emporterent ses fruits. De Lauris ils marcherent à Pertuis & l'assiégerent, leur capitaine Mauvans les y joignit avec les forces de la haute Provence; dans peu de jours ils se trouverent 4000. hommes de pied, & 500. chevaux. Les soldats de Marseille envoyés par Sommerive dans Pertuis, y soutinrent le siége trois semaines.

Sommerive voulant aller au secours ne pouvoit pas passer la Durance, grosse & impétueuse, & prête à déborder; tous les ponts, excepté celui d'Orgon, ayant été rompus par les adversaires.

Le 20. Mai, Sommerive & tout le camp passa au pont d'Orgon, & se campa au bord de la riviére, en un lieu fort de sa nature, & près de Cavaillon, & où l'on fit des tranchées du côté de Merindol, contre la garnison duquel lieu on fit des courses, en attendant l'arrivée du régiment de M. de Montagut. Un dimanche, Fabrice étant venu voir les seigneurs au camp, Carces alla attaquer la cavallerie des adversaires, conduite par Mauvans, parquée sur un côteau en vuë de Merindol: les catholiques l'attaquerent avant qu'il fût dans la campagne du port de Malemort, le capitaine Beaujeu tira une pistoletade à la jument que montoit Mauvans, qui se trouvant blessé, & ayant reçû perte d'aucun des siens, se retira à son fort.

Peu de jours après, notre cavallerie voulant s'exerciter, la pistole du capitaine Usanne d'Arles blessa casuellement le capitaine Mejanes, un de ses principaux amis, qui mourut peu d'heures après, & fut enterré dans la chapelle de ses ancêtres dans l'église cathédrale de Cavaillon. Audit camp de Cavaillon vint un jour visiter mondit seigneur le comte, madame la comtesse de Sommerive sa femme, accompagnée de mesdames Marguerite de Pontevez, dame de Cabanes & de Senas, Catherine de Joyeuse, dame d'Oise, & Claire de Meyniers, dame de Pourrieres.

Du côté de Toulouse, les seigneurs de Terride & de Montluc, chevaliers de l'ordre, faisoient extrême diligence pour châtier les gens de la nouvelle religion, qui s'étoient saisis de toute la cité de Toulouse, dont le 19. de Mai mesdits seigneurs entrerent dedans, avec telles forces que durant 15. jours l'on y compta 8. à 9000. personnes mortes, qui fut une terrible carnasserie, & une belle & prompte exécution.

Ayant sceu S. M. avec grand regret la mort de son bon chevalier, le seigneur de la Motte-Gondrin, envoya Maugiron, lieutenant du maréchal de Brissac, avec pouvoir de commander en Dauphiné en l'absence du duc de Guise, que les adversaires ne voulurent admettre ni recevoir. Incontinent Maugiron assembla le peu de forces qui lui furent possibles, avec lesquelles il entra dans Grenoble, où il fut gracieusement receu & admis; & y ayant fait interiner ses facultés, en chassa hors quelques seigneurs & autres suspects.

Le camp des adversaires craignant que le camp de Cavaillon, qui étoit fort incommodé par un grand vent & poudre de la riviére, & où leurs

AN. 1562.

sentinelles des montagnes de Merindol & de Leberon avoient remarqué du feu allumé, ne marchaſſent contr'eux, leverent le ſiége de Pertuis, & marcherent à Siſteron, l'une des clefs de Provence, ayant au levant la Durance, & à la tramontane le Buech; ils y menerent leurs richeſſes, & beaucoup de gains & meubles des égliſes pillées. De Pertuis, leur camp paſſa à la Tour d'Aigues, une place amene & forte de celles de monſeigneur de Cental, où il y a un ſuperbe, riche & fort château, pourveu de toutes comodités requiſes, & entr'autres d'un ſomptueux & ſpatieux jeu-de-paume, de beaux étangs, parcs, jardinages, garenes, prairies, pigeonniers, moulins, labirinthes, allées, & un rare jeu de palemar, fait avec grand artifice, le tout à vuë du château, avec une belle & ample campagne, & quelques côteaux à l'aſſemblance de ceux de Toſcane & de Montferrat. De là les adverſaires logerent à Manoſque, & puis à Peirués ſur le rivage de Durance, fort & beau château de M. de Faucon, qui a tour joignant Châtau-Arnoux, fort beau édifice. Ils rompirent toutes les égliſes, & firent des maux innumerables; ils rompirent auſſi les chemins & ponts.

Sommerive voulant pourſuivre les adverſaires, fut prié par Fabrice d'exécuter l'entrepriſe d'Orange pour la purger, & châtier des incurſions, pilleries & larcins que aucuns des habitans & foruſcis y commetoient ſous couverture de leur aſſemblée, ayant brulé le corps de S. Eutrope, & rompu la ſepulture de Cauſans, leur gouverneur, n'ayant voulu recevoir leur évêque, ny permetre que ſon égliſe fût ſervie.

Suze étoit arrivé au camp de Cavaillon peu de jours avant cecy, le roy lui ayant donné la compagnie des gens-d'armes, vaccante par la mort de la Motte-Gondrin; y étoit auſſi arrivé Charles des Grilhets, ſeigneur des Taillades, gentil-homme ordinaire de la chambre de S. M. & vaſſal de S. S. ils paſſerent par le Piémont & Nice, les chemins étant fermés & occupés par les adverſaires, qui leur enleverent leurs chevaux & hardes. Le camp de Cavaillon en partit le 4. Mai pour Orange; Sommerive conduiſit la cavallerie, & Carces la fanterie, avec deux canons de batterie & deux moyennes, envoyées peu de jours auparavant de Marſeille par le baron de Meuillon, capitaine des galeres de S. M. Fabrice paſſa par Avignon pour y faire dreſſer tout ce qui eſt néceſſaire pour une auſſi haute entrepriſe. La nuit, & les portes de la cité étant fermées, ce grand & ſecret ſeigneur apella à ſoi M. de Crillon & moi, lequel ſuivimes juſques au logis de M. des Eſſarts, où étant & dans la ſale-baſſe, il fit fermer les portes, & nous fit jurer ſur les ſaintes évangiles de ne point dire ſon ſecret juſques à entiére perfection de ſon œuvre, qui étoit de ſe rendre maîtres d'Orange dans vingt-quatre heures, & de ne quitter ſes bottes qu'il n'eût fait ſon oraiſon dans l'égliſe d'Orange. Il ordonna à Crillon de faire partir ſa compagnie à minuit, donna les autres à des Eſſars & à moi, & un mémoire écrit de ſa main; il fit auſſi marcher la compagnie de S. Jeurs. Sa diligence fut si vehemente qu'à l'aurore il arriva à la vuë d'Orange où toutes les troupes assemblées & campées faisoient les aproches: les piéces de baterie furent braquées au même lieu où les adversaires avoient brulé les os de Mr. S. Eutrope leur protecteur. Ils firent premierement sommer les occupateurs de se rendre à l'obéïssance, leur promettant vie & biens sauves; mais ils étoient trop obstinés & endurcis. La baterie ayant tiré, & la bréche faite dans un moment, Fabrice étant avec Carces, & le capitaine Bouquenegre, apuyé sur une des rouës des canons, receut deux arquebusades qui lui brulerent les moustaches, dont il resta incommodé pendant 15. jours. L'on monta à l'assaut, & la ville fut d'abord emportée, aussi-bien que le château. Les assiégeans ne perdirent que 10. à 12. hommes, & les adversaires de 900. à 1000. Peu d'intervale après, un soldat ayant brulé sa flasque, le feu se mit dans quelque vieille maison, & continua dans toutes les autres maisons, au grand regret des seigneurs commandants. Cette exécution fut faite le matin 6. de Mai; les prisonniers furent le capitaine jeune Coste, le seigneur de la Caritat, & un de la Raïz, qui furent menés au château de Tarascon, sous la charge de Benoît Bertrand, gentil-homme de Venise. Fabrice & Sufe mirent dans Orange la Tour, gentil-homme mandé par monseigneur le prince, & retournerent à Avignon, aussi-bien que les compagnies; le comte de Carces & le camp de Provence refirent leur chemin par Vedennes, Château-neuf & Coumons, & furent camper à Baumettes en Provence.

Peu devant cette expugnation d'Orange, son président M. Parpaille en sortit une nuit avec soldats, conduisant mosquets ou petards, poudres & cordages pour surprendre le château de Château-neuf du pape; mais les soldats que l'archevêque d'Avignon, à qui ce château apartient, y avoit mis, se défendirent si bien que Parpaille se retira honteusement; y laissant ses piéces & cordages; peu de jours après, il fit une entreprise sur S. Laurent des Arbres, où il permit que l'église fût déperie; s'étant fait donner par les principaux d'Orange l'or & l'argent des reliquaires de la cité, il alla les porter à Lyon; d'où revenant sur des bateaux chargés d'armes, d'hardes & en bon équipage, il fut arrêté près du bourg & fait prisonnier, de là conduit au château de Montdragon au comte de Sommerive, qui l'ayant mené à Coumons, le vice-légat le vint demander, comme sujet du pape; Sommerive le lui remit, & il fut mené prisonnier dans le palais apostolique d'Avignon. Le roi & la reine écrivirent peu après à Sommerive pour lui dire qu'ils étoient fort aises de la prise de Parpaille; ils en écrivirent aussi au vice-légat, souhaitant que les démérites de Parpaille fussent châtiés.

Les adversaires assemblerent de grandes forces du côté de Valence & de Montelimar, pour entrer dans le Comtat, & emporter d'emblée Carpentras; ils assiégerent d'abord Pierrelatte, dans laquelle étoit le capitaine Richard de Vaureas avec quelques soldats mal pourvus, qui se deffendirent quelques jours, & tuerent beaucoup des adversaires, qui avoient chacun un rameau de chesne à la tête, & qui étoient conduits par des Adrets : ils se retirerent dans le château, où les adversaires ne pouvant les forcer, leur promirent la vie & les biens sauves; mais le capitaine & les soldats étant sortis du château furent tous tués & meurtris.

Le pape averti par les lettres que Fabrice écrivoit aux cardinaux Farnese, légat, Borromée, neveu de S. S. & S. George son frere, de l'affliction du peuple d'Avignon, manda en poste Raymond de Perussiis, gentil-homme de la maison du cardinal Farnese, qui arriva dans cinq jours à Avignon, y assura que S. S. ne faisoit moins d'estime d'Avignon que de Rome & de Boulogne. Perussiis interrogé par le gouverneur de Sisteron, lui répondit qu'il venoit de Piémont pour se retirer à sa maison, & lui montra une lettre ouverte qu'il avoit écrite, le gouverneur le laissa passer.

Les adversaires reprirent Grenoble, & acheverent de dissiper les églises : ils allerent aussi à la grand' Chartreuse, en un lieu fort apre & austere, où ils prirent les reliquaires à l'estime.

Les députés d'Avignon voyant que le clergé de cette ville ne payoit point la gabelle, les convoqua de l'authorité de Jean-Pierre Forteguerre, vicaire & official de Gaspard du Pont, vicegerent & auditeur du palais, & de Perrinet de Rovillasc, seigneur dudit lieu, & prévôt de l'église cathedrale, il fut accordé que tous payeroient la gabelle pendant neuf ans.

Autant en fut résolu par le college des docteurs regents, assemblés par l'authorité de leur primicier Barthelemy Serre.

Le peuple d'Aix mémoratif des oppressions à eux faites par les huguenots du sang de Barjoulx, & s'apercevant que dans leur cité il y avoit des gens suspects, quelques apparens voulurent les faire mourir ; mais la comtesse de Sommerive, & Bagarris que le comte son mari lui avoit donné pour conseil, tirerent des mains de la populace ces suspects, dont un conseiller avoit été tué, & les firent mettre en sureté dans la conciergerie au nombre de 80.

Les adversaires ayant pris Pierrelatte, assiégerent Boulene, où il n'y avoit que 30. soldats de la compagnie de la Bartelasse, qui se défendirent de leur mieux ; mais qui enfin furent forcés, emportés d'assaut, & tous passés au fil de l'épée.

Un secretaire du duc de Guise, nommé Marseille, fut arrêté prisonnier à Valence & maltraité.

Le capitaine Parisot, gentil-homme d'Arles, mandé à la cour pour les affaires de sa cité, dont il étoit un des consuls, fut pris par les adversaires, qui lui ôterent toutes ses depêches, & le firent pendre.

Suze voyant que le camp des adversaires se renforçoit, résolut d'aller camper à Orange avec les compagnies que Fabrice lui fournissoit, qui s'assemblerent à Sarrian avec deux petites piéces de campagne, & les vassaux de la comté assemblés en arriére-ban; mais les adversaires en triple nombre des nôtres, & munis de grosses piéces, vinrent le 5. jour de Juillet se presenter devant Suze près de la riviere d'Ouveze joignant Orange. Sainte Jaille les ayant découverts, ils attaquerent & sentirent la force du bras de mondit seigneur de Suze, & se mirent en fuite avec perte de 400. des leurs; se trouverent en cette journée Montdragon, sainte Jaille qui perdit toutes ses hardes, Monteinard, capitaine de cavallerie, dont la cornette étoit portée par l'escuyer de Nions, Glandages, Venterol, maître de camp, duquel étoit lieutenant le capitaine Serveri, & enseigne le capitaine Joachim de Cambis d'Orsan, la Couronne, sergent-major, le Pegue, Arces, Raillon, Pignan, la Roquette, Arzac, Chessan, Baudon, Hugon, dont l'enseigne étoit portée par l'escuyer d'Anselme, Laval, Donnine, Ycard, Beauchamps, Grenier de Cavaillon, Propiac, Claude Jean de Bedoin, Baptiste de Seps, le Cadet de l'Isle, le Dagot, Jean Daxy, seigneur de Flassan, de la Comté, facture du seigneur Rence, & dont l'histoire de Marco Guazzo fait mention, Morelli, Henri & Pierre Serres, freres, & Sarpillon. Le capitaine Beauchamp avec un spadon à deux mains fit grand carnage des adversaires, & prit pour impresse à son enseigne le feu & l'escoube.

Suze voyant la difficulté de rester près d'Orange par le manque des vivres, & par le peu d'assurance des habitans de cette ville, dans le château de laquelle il laissa le capitaine Hugon avec sa compagnie, alla camper au pont de Sorgues le 6. Juillet, où Fabrice, qui lui envoyoit toutes choses nécessaires, le vint visiter plusieurs fois.

Le 8. les adversaires qui étoient maîtres de Boulene, Vaureas, Visan, le S. Esprit & Bagnols, allérent assiéger Mornas & son château, une des clefs de la comté, flanqué par le Rhône, & fort de sa nature, mais tombant en ruine depuis la résidence des papes, & la citerne sans eau. Malgré ces incommodités le capitaine la Combe, enfant dudit lieu, y demeura avec quelques soldats; mais il ne sceut tant faire que les adversaires n'entrassent dans la ville par la brêche; alors il se retira dans le château avec ses soldats au nombre de 100. avec quelques habitans : les adversaires monterent sur le sommet du rocher, haut & difficile, & là gagnerent les avenuës & sorties avec perte grande des leurs; ensuite ils offrirent la vie & les biens sauves à la Combe, qui sans se souvenir du traité fait au capitaine Richard, leur rendit la place. Les adversaires entrés, en un instant le capitaine la Combe fut mis à mort avec tous ses soldats & gens du lieu. Plusieurs furent precipités du haut du rocher en bas; l'un d'eux s'étant recommandé à Dieu & à la sainte Vierge, demeura pendu de ses mains à demi rocher, & fut secouru par les adversaires. Les corps du capitaine & autres aparens dépouillés furent mis dans un bateau sans timon ou guide, avec un écriteau disant à ceux d'Avignon, Laissés passer ces pourteurs, car ils ont payé le péage à Mornas.

Les habitans de Caderousse, Piolenc, Orange, Courteson, Bedarrides & Château-neuf du pape voyant cela, laisserent leurs habitations, femmes & enfans à l'abandon, se retirerent à Avignon, Carpentras, l'Isle & Vaison, laissant leurs grains à la prede des adversaires, qui y entrerent tous en un instant, & rompirent tous les autels, croix & oratoires qu'ils bruloient dans les églises, & n'oublioient pas de tirer l'or & l'argent qui se trouvoit dans les cendres. Les Comtadins campés au pont de Sorgues faisoient des courses sur les adversaires, & prirent près de Nions les seigneurs de Pierreruë & de Simiane, sortis de Sisteron pour aller en Dauphiné: ils furent menés dans le palais d'Avignon; mais la femme de Pierreruë qui étoit avec lui fut incontinent mise en liberté.

Sommerive s'étant aproché avec beaucoup de peine de Sisteron, à cause des ponts & chemins rompus, & des embuches qu'ils mirent dans le lieu de Lurs, & l'abbaye de Gannagobie, où ils receurent perte de leurs gens, où se trouverent les seigneurs de Flassans, de Ventabren, & commandeur de Cuges. Le 10. de Juillet, les nôtres camperent près de Sisteron au midi, & près de l'Observance démolie, où nôtre artillerie fut braquée. Le 11. la batterie fit une fort mal aisée breche: on donna l'assaut; mais Sommerive & Carces firent retirer leurs troupes.

Le seigneur de Puy S. Martin portant la cornette blanche de Sommerive, la Verdiere, Mireval, & le capitaine Bouquenegre, lieutenant de M. de Flassan, qui s'étant mis dans le lieu de Pepin pour reposer, y fut surpris par les adversaires qui forcerent l'huis de sa chambre, & le prirent malgré sa résistance; on le mena à Sisteron, où peu de jours après il fut pendu à une croix par des femmes (à ce que j'ai oüi dire.) Le jeune capitaine Coste fut exécuté en représailles le 15. du même mois de Juillet dans le château de Tarascon, & mourut fort chrétiennement.

Le 13. le camp des adversaires abandonna les lieux de Caderousse, Orange, Piolenc & Château-neuf du pape, & se mit en partie dans Boulene & Mornas.

Suze avoit soigneusement pourvû à la garde & tuition de son fort & superbe château, & y avoit mis des soldats commandez par un capitaine Italien, gendarme de la compagnie du prince de Salerne, que les adversaires n'oserent jamais essayer.

Le 17. Suze partit du pont de Sorgues, & se présenta devant les enfermés de Boulene qui le receurent à coups de mousquets, l'un desquels blessa le seigneur de Rossieu, capitaine, dont il mourut tôt après, & l'autre blessa à la joüe le capitaine Gauchier de Ventabren, seigneur de Mejanes, qui avoit voulu écrire le nom de sa maîtresse aux murailles

murailles de Boulene. La frégate d'Avignon commandée par les capitaines Imbert & Luquin, enlevoit aux adversaires les vivres & munitions qu'ils faisoient descendre par le Rhône.

Le 19. je fus mandé par le vice-légat & Fabrice au camp de Sisteron porter lettres du roy, de la reine mere, & du duc de Savoye.

L'entreprise de Boulene n'ayant peu se faire aisément, Suze marcha à la Volte de Vaureas, que le capitaine André de Vaureas abandonna la nuit du 23. au 24. après y avoir perdu quelques-uns des siens. Le 25. les adversaires renforcés par des Allemands venus de Lyon, se camperent près de Vaureas en un lieu fort avantageux, & demanderent bataille; Suze les attaqua avec tant de fureur, qu'en un instant il y eut 1500. hommes des adversaires de tués, & cinq de leurs enseignes prises.

Les Comtadins ne perdirent que 200. hommes; le meilleur cheval de Suze fut tué sous lui; il étoit suivi par Ferranté Pagano, gentilhomme Napolitain, guidon de la compagnie du prince de Salerne, qui fut blessé d'un coup de pique à la bouche, Taillade blessé d'un pareil coup, Aubres blessé à la cuisse d'une arquebusade, Pierre Vive, gentilhomme de Chieri, d'un coup de pique au col, Jean-Baptiste Copola, & Oratio Viquari, gentilshommes Napolitains, blessés, Noguier son cheval tué, le chevalier d'Olon de Remusat, enseigne de Glandages, & le capitaine de Seps d'Avignon tués. Vrai est que par désastre notre artillerie tomba aux mains des adversaires, au grand regret de mondit seigneur de Suze, & de messeigneurs de sa suite, qui étoient Mondragon, Monteinard, Glandages, Laborel, Truchesnu, & Belle. L'écuyer de la Jardine du Thor étant descendu de son cheval pour dresser la bourguignote de Suze, faillit à être pris par les adversaires.

Fabrice averti de cette journée, en receut une extrême douleur, tant pour le grand travail de Suze, que pour la blessure de tant de vaillants seigneurs. Cette journée se doit dire perdue pour l'aliénation de l'artillerie; mais gagnée, les adversaires s'étant mis en route & en fuite, & n'ayant pas peu se tenir de dire que le bras de Suze étoit par trop pesant & fort, & qu'ils y avoient eu 1700. hommes tués.

En Languedoc, le comte de Joyeuse tua ou défit 3000. des adversaires dans la plaine de Montagnac, & réduisit en l'obéïssance une province toute révoltée.

Le 19. Juillet, les assiégés de Sisteron firent une sortie où le chevalier d'Ansois, capitaine, tua de son poignard un robuste soldat adversaire, avec lequel il lutta. Le continuel travail de ce siége, & les autres obstacles firent résoudre de loger le camp au lieu de les Mées près de la Durance, pour y attendre les autres canons, & les fougages de la Provence. Mouvans sortit de Sisteron, & s'avança vers les Mées qui en est éloignée de trois lieues. Il attaqua les nôtres à l'Escale, & receut une pistoletade lâchée par le capitaine Ventabren à la cuisse, & s'il ne se fût enfui, Ven-

AN. 1562.

*(La Camargue est une
Isle de Provence où
paissent des taureaux
sauvages)*

tabren le prenoit au corps, désirant essayer sa force, & le renverser, ainsi qu'il fait souvent les non-domptés toureaux de la Camargue.† Auxdites sorties fut blessé la Verdiere, vaillant & bon capitaine de cavalerie, dont il mourut tôt après.

L'après la journée de Vaureas, beaucoup des nôtres se retirerent en leurs maisons ; quoi voyant les adversaires, après avoir demeuré quelques jours en Dauphiné, où ils s'étoient aussi retirés, ils délibérerent de prendre Carpentras, en étant toujours incités & provoqués des foruscis. Ils firent crier par toute la province le sac d'Avignon, Carpentras, & de toute la Comté, ce qui fut cause qu'ils se trouverent en un instant beaucoup plus forts, & en meilleur équipage qu'ils ne l'avoient encore été. Le 28. Juillet, ils camperent au pont de Sorgue, ayant premierement repris Caderousse, Bedaride, Orange, Courteson, Sarrian, Piolenc, & Château-neuf du pape ; & ne sachant Fabrice à quelle fin cela se faisoit, ne se perdit jamais en soi, & anima tous ceux de la cité : il ne se reposoit presque jamais ; le vice-légat monté sur un cheval du Regne marchoit la nuit par la cité, suivi de Philippe Berardi, capitaine, Pierre de la Lune, David Priorini, Mario Casalini, Vincent Porti, Scapiglie, Blaise Cordella, Louis Gabrieli, Baptiste Trecassali, Jean Bavet, gentilhomme de sa maison, Marc Tule Garganello, gentilhomme Bolonois, Vedenes, Alures, & Farnes, consuls modernes, Crillon, la Bartalasse, & S. Jeurs, capitaines de la cité, le prevôt de Panisse, les capitaines des paroisses, à savoir, le chevalier de Cambis, de Faret, écuyer de Lauris, d'Orsan, de Novarins, de Chastuel, de Varegis, Bordini, Seps, Salvadour, Gardiolle, de Rodes, de Bux, de Mimaz, & de Pebre. Il y avoit dans la ville sept corps-de-gardes, 7 à 8000 hommes, & à chaque maison au moins une lampe ardente pendue aux fenêtres.

Fabrice prenoit un plaisir admirable de voir cet ordre, & couchoit vêtu aux corps-de-gardes de la maison commune, ensemble tous les députés, Crillon à la porte S. Lazer, la Bartalasse sur les murailles, S. Jeurs à son quartier, Anselme, & la Baume, maîtres de l'artillerie. Oratio de Cospi, gentilhomme Bolonois des reliques de monseigneur de Luques, & alors de la maison de Fabrice, faisoit l'office de sergent major ; ensemble les capitaines & engineurs# Giulleo Savoia, Georgio de Rustici, Galeazzo de Roma, Prosper de Lodi, capitaine, André de Bersigella, Emilio de Marsilli, Ferlino de Niza, Francesco-Benedux de Granadona, François de Nismes, Guido-Antoine Arsimboldo, capitaine, Leonard de Romme, & le capitaine Salustio de Perussiis, souverain enginneur de N. S. P. qui tous étoient de la maison de mondit seigneur Fabrice.

Ingénieurs

On démolit alors & on abattit l'hôpital des pauvres hors la cité, & on les logea à S. Rus, hors la ville. On commença les trenchées, & plateformes de S. Bernard, œuvre belle, forte, & admirable, conduite par Jean Nani, gentilhomme Florentin.

DU COMTÉ VENAISSIN, DE PROVENCE, &c.

Pierre de Sazo, seigneur d'Agoult, moderne viguier d'Avignon, & moi, fûmes députés à Arles, & à Tarascon, pour les prier de venir à nôtre secours avec le plus grand nombre de cavalerie qu'ils pourroient, offrant de leur rendre la pareille en semblable occasion. Mesdits seigneurs s'offrirent libéralement de venir à notre aide, quoiqu'ils fussent bien empêchés à garder le fort château de Fourques, qu'ils avoient gagné sur les adversaires, & qu'ils eussent tous les jours la guerre contre ceux de Beaucaire.

Les adversaires sachant les grandes provisions d'Avignon, craignant que sainte Jaille, gouverneur de Carpentras, n'en fit de même; craignant aussi tous les fougages du pays qui s'assembloient, & que Fabrice & Suze ne leur tombassent dessus avec tous leurs gentilshommes, partirent du pont de Sorgue le 1. Août, & marcherent à Entraigues & à Montigus, où ils brûlerent les églises, & le beau couvent de S. François, & allerent camper près de la cité de Carpentras, au-dessous des arcs des fontaines, & assez loin de la portée du canon. Etant-là campés, ils attendoient qu'on leur aportât les clefs des portes, ainsi que les foruscis leur avoient donné à entendre, ils faisoient semblant de travailler aux trenchées, & aux gabions. Pendant la nuit, ils firent une course à Mazan, d'où se sauverent à peine Jean de Saze, président pour S. M. à sa chambre des comptes de Provence, & Esprit d'Astoaud, beaux-freres, & seigneurs dudit lieu, qui se retiroient aux lieux forts pour ne se trouver parmi tels adversaires.

Laurent Tarascon, protonotaire du saint siége, recteur & vice-gerent de la Comté, le seigneur de sainte Jaille, gouverneur, les capitaines la Coronne, Bodon, Beauchamps, Claude-Jean de Bedoin, Jean d'Albert de Mourmoiran, & Thomas Saffetto, qui tous avoient leurs compagnies dans Carpentras, travailloient à la deffense de cette ville, de même que André Beneditti, & Antoine Paul, consuls, Sufren Guillermi, procureur du pays, Marc Fortia, thrésorier de N. S. P. les seigneurs de Blauvac, de Lirac, de Grignan, de Patris, Pascal Guillermi, Pascal Philieul, de sainte-Marthe, de Mornas, de Chauffande, Raphaëlis, Propriac, de Seguins, de la Plane, de Dorie, Gerentons, de Nalis, d'Allemandi, & de Centenare. Ils ôterent l'eau de la fontaine à l'adversaire, s'en privant eux-mêmes, & se servant de l'eau des puids qui n'est guère bonne, jettant du sablon rouge dans l'eau de la riviere, achevant l'esplanade des arbres & maisons hors la ville, qui furent mises par terre, faisant des parapets de la terre des fossés, & une posterne pour faire les sorties à couvert, dans une desquelles Venasque & Ciciliano, lieutenant & enseigne du gouverneur, tuerent beaucoup de monde aux adversaires. Un de nos canoniers ayant braqué un mousquet, & tiré, porta la bale près de la tente des Adretz, qui sachant que le lendemain Fabrice devoit venir l'attaquer, dit aux foruscis, Si c'étoit-là les clefs de Carpentras qu'on lui aportoit. Après la minuit du 2. Août, des Adretz s'achemina à grand pas vers Cortezon, au grand regret de Fabrice qui les avoit ja en main. Ceux de Carpentras leur enleverent une charette de boulets de canons, & ceux de Mazan, de Caromb, de Baumes, de Crillon, de Mormoiron, de Villes, & de Bedoin, prirent bonne revanche de leurs églises brûlées, & de leurs maisons pillées. Ils avoient pris dans l'église de Mazan la valeur de 600. écus.

Le 5. Août, Fabrice accompagné de Crillon, de François de Perussiis, capitaine Barjoulx, & de sa compagnie à cheval, de Marc de Fortia, thrésorier du pape, & de moi, partit d'Avignon, & étant arrivé à Montieux, fut fort fâché en voyant le couvent de l'Observance brûlé & démoli, & la croix que M. d'Aubres avoit faite dresser tout joignant. Fabrice étant dans la sale de la rectorie de Carpentras, bailla au gouverneur une chaîne d'or, les clefs pendantes, & autant aux capitaines la Coronne, Baudon, Beauchamps, Claude de Bedoin, Jean de Mourmoiron, Ceciliano & Venasque, qui les porterent entrelassées en leurs cols. M. Vaucluse vint faire la révérence à Fabrice, & tous ensemble souperent chés le gouverneur.

Le 6. Août, Luc-Antoine de Terni, colonel de cinq compagnies Italiennes envoyées par le pape, gentilhomme fort experimenté en l'art militaire, arriva à Cavaillon.

Le 8. Fabrice étant arrivé à Cavaillon, fit la revuë de ses compagnies composées de 900. hommes; Suze, Mondragon, d'Oise, & Venterol, s'y trouverent.

Le 10. Fabrice partit avec deux de ses compagnies pour le camp de Sisteron. Crillon mena les trois autres au pont de Sorgue. Il fit ce jour-là si grand froid & vent, que l'on fut contraint de porter les fourrures.

Le 17. la compagnie du capitaine Turcot alla à Avignon.

Le 18. les compagnies de S. Jeurs & de sainte Jaille partirent de Carpentras pour aller à Sisteron. Flassan partit d'Aix pour mener à Sisteron 1000. hommes, 500. payés par Marseille, & 500. par Aix.

Le 19. les adversaires descendirent à Caderousse, & à Château-neuf du pape, & se présenterent devant le château du pont de Sorgue, d'où les soldats Italiens les repousserent à coups d'arquebusades.

Le 22. Suze étant à l'isle de Venaïscin, y fit montre de seize compagnies de son régiment, & les deux compagnies de gens à cheval, qui furent payées de l'argent fourni par le pays.

Le 24. Suze partit de l'isle avec ses compagnies pour aller à Sisteron y joindre Sommerive.

Les adversaires ayant apris que la Comté étoit dépourvuë de ses forces principales, passerent le Rhône, & assiégerent S. Laurent des Arbres, battirent les murailles avec de l'artillerie, entrerent à force, mirent au fil de l'épée 80. personnes, & le lieu à sac, & se retirerent au château de Roquemaure. Ce fut le 26. Août.

Le 27. la fregate d'Avignon prit quatre prisonniers des adversaires. De Roquemaure, les adversaires allerent au pont de Sorgue. Fabrice partit d'Avignon la nuit du 28. avec 200. chevaux, & 300. hommes à pied, tous en camisade, mais il trouva les adversaires partis.

Le lendemain les adversaires tenterent de prendre la tour du pont de Villeneuve-lez-Avignon, & le fort de S. André, mais ils furent repoussés par les gens d'Antoine-François Scarfi, gentil-homme Florentin, maître des ports pour S. M. qui firent si bien que le secours envoyé par Fabrice arriva. Les adversaires se retirerent après avoir perdu 25. à 30. de leurs soldats, & les catholiques n'y perdirent que le maître de la poste de Serignac, qui avoit fait la guerre aux adversaires, & tenu le lieu de Domazan tout l'hiver passé. Le seigneur Barthelemi de Paretz y reçut plusieurs coups mortels. A ladite faction, les compagnies des capitaines S. Christol, Ledenon, de Gorcio, & Barjac du régiment de Joyeuse, aiderent fort. On aprit que Tavanes avoit réduit Macon par le moyen de quatre chariots de foin, comme Turin avoit failli autrefois à être pris. On aprit aussi que nôtre camp provençal avoit le 27. réassiégé Sisteron, & que le roy avoit mandé au comte de Sommerive le capitaine Barges, avec des lettres du 2. Août, pour l'exhorter à achever l'expugnation des rebelles & séditieux. Le capitaine Barges porta l'arrêt donné à Paris le 27. Juillet, par lequel les rebelles étoient déclarés criminels de leze-majesté. Le roi mandoit à Sommerive qu'après l'entreprise de Provence achevée, il allât joindre Tavanes près de Lyon.

Les adversaires s'étant saisis du château royal de Roquemaure pour le peu de suffisance du capitaine, faisoient des courses jusques à Château-neuf du pape, Fargues, & le Pontet.

Le 29. Août, les adversaires avec une coleuvrine, une moyenne, & deux piéces de campagne, 3000. hommes à pied, & 400. chevaux, assiégerent le château du pont de Sorgue deffendu par vingt-cinq soldats Italiens du capitaine Turquot: les ayant battus tout le jour, ils firent bréche, ils furent repoussés au premier assaut, & perdirent 112. hommes; mais ils entrerent dans le château, & les nôtres gagnerent le haut des tours, où ils se deffendirent, & se sauverent n'ayant perdu que deux hommes. Les adversaires ayant mis le feu au château, il fut tout brûlé par le grand vent qu'il faisoit: c'étoit un des beaux & superbes édifices du pays, & digne du pape qui l'avoit fait faire.

Le 30. Fabrice sortit d'Avignon avec le capitaine Crillon, & les compagnies & cornettes de François de Perussis, Jean de Martini, seigneur de S. Auban, d'Agar, Turquot Italien, les seigneurs Ferrand Pagano, de Taillade, de Montfaucon, & Maligeay son frere, l'escuyer de Lauris, d'Aubres, de Velleron, de Modene, le commandeur de Venasque, Decio Pagano, Jean-Baptiste Copola, Dragonet de

Fogasse, Martin Suarez, Cesarello, gentils-hommes Napolitains, en nombre de 200. chevaux, & de 100. hommes à pied des compagnies de Crillon, conduites par le capitaine Sauvin & Mallon, ses lieutenant & enseigne. Lorsqu'on fut arrivé à la vûë des adversaires, on les trouva en bataille; on les envoya reconnoître par Crillon, Velleron, chevalier du Pujet, Copola, l'escuyer Jean Roux, seigneur de Lamanon, lieutenant de François de Perussiis, qui reçut un coup d'arquebuse qui lui perça le bras, & gantelet gauche. Le capitaine Perussiis étant allé à son secours, découvrit que les adversaires marchoient pour nous couper la retraite du Pontet; alors Fabrice se retira lentement dans Avignon, & perdit dans les vignes sept ou huit soldats, entre lesquels furent Bochasson, gentil-homme, soldat de Crillon, Gaspard de Raimondis, soldat aragolesc dudit Perussiis, & un prêtre de Coumons, nommé messire Pierre. Les adversaires y perdirent beaucoup de gens, mais cacherent leur perte en jettant les corps dans le Rhône. Fabrice trouva à l'entrée de la porte du Rhône le prévôt de Panisses, & M. de Javon. Les adversaires ont dit depuis que s'ils eussent suivi, ils seroient entrés pêle-mêle dans Avignon, & y auroient dîné; mais le dîner étoit mal prêt pour eux; & si on avoit voulu permettre au peuple de sortir, la digestion du dîner leur auroit été trop pernicieuse.

Le 1. Septembre, les adversaires ayant achevé de brûler le château du pont de Sorgue, & ce qui étoit demeuré de l'église & couvent des FF. gentilins, où il y avoit des belles sépultures des cardinaux, de celui de Clermont, légat d'Avignon, & doyen, & d'un des Ursins, archevêque de Florence, brûlerent aussi les loges & cabanes, & marcherent à Vedenes, S. Savournin, Château-neuf, Mossen-Girauld, où ils brûlerent l'église & le prieuré dépendant de S. Ruf de Valence, envoyerent brûler l'église du Thor. Tout le camp passa à Coumons, où il brûla les églises; partie du camp qui étoit restée derriére, mit le feu aux quatre portes du château de mon seigneur & pere Clement de Perussiis, mais le peuple étant accouru, le feu fut éteint en peu d'heures. Le feu avoit été mis sans le sceu du seigneur des Adretz, qui marchant à l'arriére-garde, & voyant les pauvres femmes porter de l'eau pour l'éteindre, les exhorta à continuer, en disant que s'il savoit les facteurs de tels cas, il les feroit pendre.

Le même soir à cinq heures, les adversaires arriverent à Cavaillon; l'infanterie logea à la campagne, & la cavalerie dans la ville. L'église cathédrale régie par Pierre de Guinuciis, neveu du cardinal, fut brûlée. André de Guinuciis, chevalier de l'épée, son neveu, reçut une grande perte dans sa maison; les adversaires mettoient leurs chevaux dans les églises, & y faisoient leurs ordures. Ils déterrerent à Cavaillon le corps d'Arnaud Agar, & le jetterent dans le puys des chanoines,

Le baron de Lauris, préſident de Provence, dépêché par la reine mere, arriva à Aix, & alla trouver Sommerive devant Siſteron.

En même temps 3000. Italiens envoyés par le roy catholique, paſſerent le Mont-Cenis, & allerent joindre le camp de Tavanes; on en attendoit 4000. autres, & de la cavalerie legere pour la Comté, conduite par le marquis Balthaſard Rangon.

On aprit que M. de Fourquevaulx s'aprochoit de Montpellier avec 6000. hommes à pied, 600. chevaux & quelques canons, tous des régimens de Joyeuſe.

S. André, gouverneur d'Aiguemortes, défit près de Frontignan 300. adverſaires, où le capitaine Labeaut d'Avignon ſe diſtingua. Henry II. en parlant de ce S. André, dit qu'il avoit deux S. André fort fideles & vaillants, l'un des gens à cheval, & l'autre à pied, & il confia à celuy-cy la garde d'Aiguemortes que les adverſaires déſiroient fort.

Les adverſaires campés à Cavaillon, firent des courſes, & brûlerent les lieux & les égliſes de Lagnes, Robion, Maubec, & Taillade. Le beau château de Maubec apartenant à Annemond de Brancas, ſeigneur d'Oiſe, vaſſal du pape & du roy, beau-frere de Joyeuſe & de Cars, reçut une grande perte. Il voyoit de ſon château paſſer leur camp ſans doubter leur artillerie.

Le 2. Septembre, les adverſaires avertis que de la cavalerie d'Arles venoit paſſer la Durance à Orgon, paſſerent à gué la riviére qui étoit fort baſſe, tomberent ſur cette cavalerie débandée, en tuerent 200. parmi leſquels ſe trouva Jean de Varadie, ſeigneur de Gaubert, gentil-homme d'Arles: ils firent enſuite des courſes juſqu'au terroir de S. Remy, où ils brûlerent les granges du chapitre, & au terroir d'Orgon celle de M. de Leone d'Aix, conſeiller pour S. M.

En Vivarais, S. Chaumont & S. Bonnet forts en campagne, s'acheminoient pour joindre Tavanes.

Ceux de l'Iſle craignant d'être aſſiégés, faiſoient tranchées par dehors leur ville, mettoient l'eau de la Sorgue aux environs à la portée du canon, faiſoient l'eſplanade des arbres, & mettoient par terre moulins & autres édifices qui pouvoient nuire à la défenſe de leur ville.

Meſſieurs de Carpentras joüoient auſſi à boule-vuë, & ne ceſſoient de ſe fortifier. Le recteur requit les élus du pays d'aſſembler les fougages, partie deſquels mirent dans l'Iſle.

Le 4. Septembre, le camp des adverſaires compoſé de 4500. hommes à pied, 900. chevaux & 7. piéces d'artillerie partit de Cavaillon, paſſa à Goult, où il brûla l'égliſe, & campa devant Apt, où toute la nuit & le lendemain tirerent contre la place 55. coups de leurs piéces; on leur répondit à coups de mouſquets & d'arquebuſades, animés par leur évêque, de la maiſon de Gorde, fils de cette & tant catholique & chrétienne dame, Pierre de Pontheyez dame de Cabane. Les capitaines Jordani & Jean Deloſt montrerent en ce ſiége leur induſtrie & ſuſiſence, & l'amour qu'ils portoient à leur patrie. Les adverſaires y perdirent le maître de leur artillerie.

Le vendredi 5. ſur la nuit, les adverſaires aprirent que le mercredi précédent 2. du mois, Montbrun avoit été défait & rompu par les nôtres près du lieu de la Gran, venant ſécourir les aſſiégés de Siſteron.

Sommerive ayant apris par l'oncle de Mouvans, fait priſonnier par les nôtres, que Montbrun devoit le jeudi ſur la diane, entrer dans Siſteron avec 1200. arquebuſiers, deux canons & quelques piéces de campagne, 30. charrettes de vivres ou de munitions, & 200. chevaux, poſa ſur les avenuës des ſentinelles, qui devoient l'avertir en tirant deux coups d'arquebuſe. Le ſigne fait, Suze partit avec 200. arquebuſiers, & trouvant les adverſaires qui vouloient ſe jetter ſur lui, les attaqua avec ſa cavalerie, qui dans un inſtant en tua 900. prit cinq enſeignes, & une cornette. Montbrun ſe ſauva à toute bride dans la ville de Vaupierre avec l'artillerie. Le bagage & les munitions demeurerent aux catholiques, qui ne perdirent que deux hommes, l'un deſquels fut un fils de M. de Labourel.

Les adverſaires ayant apris cette nouvelle, partirent d'Apt le dimanche avant jour 6. de Septembre, & vinrent à toute bride camper au Thor, Coumons, & Château-neuf, Moſſen-Girault, ayant fait huit lieuës ſans s'arrêter, & ayant été fort incommodés ſur leur queuë par ceux de Bonieulx & de Menerbe. Etant arrivés en ces trois lieux, la groſſe pluye les prit, & auſſi la nuit. Ils acheverent de diſſiper les égliſes, la belle chapelle des diſciplinans de Coumons, & aux maiſons rompant portes & coffres, & emportant tout.

Le lundi 7. toute la cavalerie mena l'artillerie de Coumons au château de Roquemaure, l'infanterie reſta en allarme toute la nuit dans ces trois lieux, & craignant la compagnie du capitaine François de Peruſſiis, dit aragoles, qui étoient venus prendre langue au couvent de Bompas, joignant Coumons.

Le lendemain 8. ſur les onze heures du matin, on fit marcher toute l'infanterie qui alla à grand pas à Velleron, Pernes, Mazan, Viles, & camperent à Mormoiron.

Le mercredi matin, ils partirent de Mormoiron, paſſerent par Caromb & Baumes, & allerent coucher à ſainte Cecile, qui eſt une grande traite; ſur la minuit ils allerent à Boulene, où ils laiſſerent trois compagnies; de là ils allerent au S. Eſprit, d'où ils envoyerent trois autres compagnies à Roquemaure, le reſte fut mis à Bagnols, & à Pierrelatte, & la cavalerie alla à Valence.

Il n'y a eu égliſe dans la Comté qui n'ait été pillée, brûlée ou abbatuë, excepté celle de Bompas près Coumons, que le pape Jean XXIII. donna aux chartreux il y a 244. ans. Le premier fondateur étoit

DU COMTÉ VENAISSIN, DE PROVENCE, &c.

un gentil-homme hermite, qui fit faire une petite chapelle joignant le pont de Durance, s'étant fait donner pour deux ans les péages de Coumons, de Cabanes & de Noves, & assurant les chemins aux passants dans cet endroit appellé Maupas qu'il nomma Bompas. Dans cette église il y a quatre riches sépultures de cardinaux, Simon Langhen, archevêque de Cantorbery, mort en 1376. deux de la maison de Selva, natifs de Pampelune, & Cabassole, évêque de Cavaillon. Les seigneurs de Coumons ont fait beaucoup de bien à cette église. Le capitaine Coumons empêcha pendant l'hiver précédent, les adversaires qui étoient à Noves, d'entrer dans la Comté.

Les adversaires étant à Coumons & à Château-neuf au retour d'Apt, dirent que sainte Anne avoit rendu vains les coups que leur artillerie avoit tiré contre les murailles d'Apt.

Le vice-légat rendoit la justice après les vaccations faites par Augustin Floraventus, auditeur du palais, Jean-Baptiste Forteguerre, auditeur de camp, Vasquin Phileul, François Besard, avocat du pape, Pierre Berardi & Jacobini, secretaires. Les crimes de Parpaille furent clarifiés, mais on ne voulut pas proceder à sentence diffinitive.

Le même jour à 10. heures du matin, arriva à Avignon un laquais du baron de Lauris, qui aporta de bouche à la présidente sa femme la nouvelle de la prise de Sisteron, assurée par les lettres de Sommerive à Fabrice.

Le vendredi 4. la batterie de neuf piéces d'artillerie tira du côté du Ponent, & fit une brêche susisante, 300. des deffenseurs y périrent. Le samedi matin 5. les nôtres y entrerent, trouverent quelque résistence & tuerent 100. hommes de ceux que Mouvans y avoit laissés le soir précédent, s'étant sauvé avec quelques troupes, au grand regret du comte & de Carces.

Le colonel des Italiens fut blessé à l'assaut, avec le capitaine Lucio, le capitaine Albert tué. Girard des Bertons, chevalier de Malthe, & Louis son frere, seigneurs escuyers de S. Savournin, & Vedenes freres se distinguerent à ce siége. L'archevêque d'Embrun remit à ses diocésains la décime pour quelques années pour fournir aux frais de la guerre. Les Seigneurs de Gargas, de Monestié, de Venton, de la Casette, Jean de Gaye, de Carpentras, & le seigneur de Labourel, quoique sur ses vieux ans, se porterent dignement à cette guerre.

Le comte laissa à Sisteron pour gouverneur Montagut, avec un régiment de 7. compagnies, & fit refaire les murailles que 726. coups de notre artillerie avoient mis par terre. Les adversaires y perdirent le capitaine Braz, l'oncle de Mouvans, & un Seguiranni de Draguignan. On n'y trouva que des livres reprouvés, & une infinité de coins pour faire toute espece de monnoye.

Montbrun ayant laissé dans Vaupierre deux canons, dont l'un étoit celui qui avoit été pris à la journée de Vaureas, Sommerive y envoya Glandage avec le capitaine Dagot & ses aragolez de la Comté; Montbrun se retira, & y laissa ses chevaux sellés & bridés, gagnant le haut de la montagne. Les deux canons furent menés à Sisteron. Le conseiller Ponat qui s'étoit fait conducteur de mille hommes de Pragelas pour le secours de Sisteron, s'enfuit.

Le soir du jour de N. D. on tira toute l'artillerie d'Avignon; on fit des feux de joye dans les places, & des prieres dans les églises.

Le lendemain, ayant été fourni le procès du docteur Parpaille, il eut la tête tranchée, & mourut en reconnoissant Dieu & son église. On pendit auprès de lui un potier nommé Antoine; on donna au peuple le sac & le pillage de sa maison, qui fut rasée & mise en place publique.

Outre Sisteron on réduisit en l'obéissance de S. M. Gap, Vaupierre, & Talard. Sommerive, Suze, Carces, & Montdragon, se mirent en chemin pour la Comté. Le mercredi 9. de Septembre l'avant-garde de dix-huit enseignes & cinq cornettes arriverent à l'Isle ayant passé par Apt.

Les consuls d'Avignon députerent pour féliciter Sommerive M. de Crillon & moi, qui partîmes d'Avignon le jeudi matin avec monseigneur illustrissime Fabrice. A mi-chemin le capitaine Coumons, lieutenant de Crillon, fut envoyé pour me faire mettre en bon équipage les compagnies & l'artillerie.

Ledit jour jeudi 10. à 1. heure après-midi, Suze partit de l'Isle, & alla coucher à Entraigues; le comte coucha à Avignon avec Fabrice, & deux compagnies de chevaux des capitaines Perussis & Agar: en chemin Caderousse & le baron du Thor son neveu leur firent la révérence. Ils furent reçûs près d'Avignon par le vice-légat, les consuls, & assesseurs de la cité, Guillaume de Panisses, baron de Montfaucon, le vicaire, les juges, François Vidal, conseiller, Fabrie de Bennimbene, damire de la légation, l'auditeur Floreventus, Paul-Antoine de Gadagne, & le docteur Fortia, & l'accompagnerent au grand palais, où il logea à la chambre de Jesus; mais avant d'y monter, il alla visiter & feliciter madame de Suze, qui deux jours auparavant avoit accouché d'un garçon.

Le vendredi matin, les consuls accompagnés de M. de Javon, d'Anselme, & de Donis, allerent faire la révérence & complimenter le comte. Le même jour sur les 10. heures du matin, arriva à Avignon Carces accompagné de la Mole, de Moissac, & de Vins, & logea chés Fabrice, étant freres de forme & condition. Au même instant Lers envoya visiter tous ces seigneurs, & offrir sa personne. On lui envoya quelques soldats pour assurer son fort château de Lers près de Roquemaure desiré des adversaires; en cela se montrant fort catholique, & ressemblant son bon oncle M. Laurent d'Arpajon, baron de Rochefort.

Le douziéme jour après-dîner, le comte & mademoiselle de Lers tinrent en baptême le fils de Suze dans l'église S. Agricol, où assisterent Fabrice, vice-légat, Carces, Montdragon, & Vauclufe. Le foir il y eut un grand fouper chez Suze. Le même jour arrivèrent à Coumons les compagnies Provençales & Italiennes, conduifant 6. piéces d'artillerie bâtardes venant de Sifteron. Le lundi 14. les deux bâtardes, & deux de campagne furent conduites à Avignon par le feigneur de la Font, maître de l'artillerie, & le capitaine Agar. Les deux autres piéces de campagne furent conduites en Provence par les foldats de Mairargue, maître de camp.

Le même jour, arriva à Avignon Teftu revenant de la cour où il avoit été mandé par Suze, & qui aporta la nouvelle de la prife de Bourges, & de Tornus, & qu'en Forêt les feigneurs de S. Chaumont, de S. Forgeux, & le grand prieur d'Auvergne, étoient en campagne pour S. M. Ledit jour 14. Septembre 1562. partit d'Avignon le comte, & alla coucher à Tarafcon, & de-là à Arles. Carces alla coucher à Coumons, d'où le lendemain il envoya les compagnies Provençales en garnifon.

Voici l'ordre du camp devant Sifteron: Le comte de Sommerive, général pour S. M. Carces, colonel de toute la fanterie, la Font, maître de l'artillerie, Mauriers, maréchal de camp, Mairargues, maître de camp, capitaine Naz, fergent-major, de Ulmo, auditeur de camp; capitaines de cavalerie, les feigneurs de Flaffan, de Ventabren, de la Verdiere, le baron des Arcqs-Villeneuve, le commandeur de Cuge, le commandeur de Salerne-Caftelane, & le prevôt d'Aix; capitaines des gens à pied, le feigneur de Flaffan ayant le régiment de 7. compagnies, capitaine Foros, un autre régiment, le feigneur de Montaigut, un autre régiment, Moiffac, régiment des élus, Caftelet de Caftillon, régiment, chevalier de Briançon, régiment, Meirargues, deux compagnies, le chevalier d'Anfouis, une compagnie, Ventabren, une c. le fecretain de Ventabren, une c. Foz Percelet, une c. Foz la Verdiere, une c. capitaine Cilons, une c. Imperial, une c. Bauquier, une c. Lamanon, une c. Geen, une c. Blain, une c. Barrelier, une c. Cadelier, une c. Entrevaux, une c. le cadet de Mirabel, une c. le Motet, une c. Mengarde, une c. Aux, une c. Foulques, une c. la Garde, une c. Pignoli d'Aix, bleffé à l'affaut de Sifteron, une c. la Baftide, une c. Bucci, une c. Mirabel de Provence, une c. Chaftuel, une c. Briançonet, une c. Taurelles, une c. Turris, une c. Chenerilles, une c. Tallamelli, une c. Lamotte, une c. Merindol, une c. Cenier, une c. Raphelon, une c. Grenier de Toulon, une c. Dextret d'Arles, une c. Romoles, une c. Bertrand, une c. Mazin de Graffe, une c. Neyron, une c. Redortier de Manofque, une c. & Bafodin, une compagnie; font en tout fept de cavalerie, & cinquante de fanterie. Fourbin fuivoit le camp, & le capitaine Taillade de Lambefc; qui fut bleffé deux fois dans les trenchées. Il y avoit auffi les compagnies de Ste. Jaille & de S. Jeurs, celle de Montaimard, celle du capitaine Ycart d'Arles, & celle du capitaine d'Agot de l'Ifle, fanterie;

Venterol, maître de camp, la Couronne, sergent-major, Glandages, Arces, la Roquette, Pignan, Arsac, le Pegue, Rallon, Berre, Sesart, Molans, Baudon, Beauchamps, Faviers, Dagot, Jersan, & Esteve Pie. Fabrice étant allé trouver Sommerive à Arles, y allerent aussi Tailliade, le baron de Montfaucon, Truchenu, Ferrante-Pagano, Decio son frere, Pierre Vive, qui étoit toujours avec Taillade, Jean-Baptiste Copola, & il Cesarello. Manti ayant voulu aller au commencement de ces troubles à la cour fut pris par les adversaires, & mené dans le château de Beaucaire; après sa délivrance il travailla à l'expugnation de Sisteron. Le capitaine Barthelemy de Lesca fut pris portant un paquet à la cour. Cadenet étois secretaire de Sommerive, Blaise du vice-légat, & Martin de Suze.

Le Comte & Suze étant à Arles, aprirent que la cavalerie des adversaires au nombre de huit à neuf cent, étoit passée de-là le Rhône pour aller contre Forquevauls qui étoit à Lattes près Montpellier, surquoi Suze fit que le 15. les régimens qui étoient encore à Entraigues passerent sur le pont du Rhône, & allerent loger à Villeneuve-lez-Avignon.

Fabrice envoya à Arles les cornettes du capitaine François de Perussiis-Barjouls, du capitaine Lucain Geoffroi de Bonieux, & du capitaine Agart de Cavaillon, & deux de santerie du capitaine Turquot Italienne, & du capitaine Coumons, dont Crillon s'étoit volontairement démis, voulant faire un voyage en Italie. Coumons donna sa lieutenance au capitaine Joli-Jean.

La compagnie du capitaine Caille qui avoit été à S. Jeurs avec le capitaine Berthon, son lieutenant, alla à Villeneuve & dans S. André, & les compagnies des seigneurs S. Christol, de Fornie, Ledenon, & Barjac, qui y étoient, passerent à Arles; ensemble celle de M. de Convertis, qui étoit à Aramon & à Valabregues, toutes des régimens de Joyeuse. Sept compagnies passerent le 16. le port de Château-Renard, & allerent loger hors la ville de Tarascon, & le lendemain se trouverent à Arles, où le comte ayant fait assembler l'arriere-ban du vigueriat de Tarascon, ceux qui tenoient le fort château de Baux l'abandonnerent. La cavalerie fut logée à Trinquetaille de-là le Rhône, & la santerie dans la cité d'Arles, où messieurs de la cité la défrayerent pendant quelques jours. Les consuls & M. de Beines prirent beaucoup de peine. Ce camp de trois mille hommes & de quatre cens chevaux alla camper à Fourques à une lieue d'Arles, lieu où prend sa source la grande fosse du Rhône, faite manuelement par Caïus Marius, & apellée dans les histoires, *Fossa Mariana*, laquelle cercle toute la Camargue qui a sept lieues de long & trois de large. Elle fut faite pour tranchée ou rempart au camp dudit Marius, contre celui des Vicegots & Hunz, que puis il défit au plan de Très près de Pourriere, que l'on apelle aujourd'hui le Triomphe de Pourriere, & où l'on voit une forme de pyramide.

Ici commence la partie qui est demeurée en manuscrit.

Au mois de Septembre de l'année 1562. les comtes de Sommerive & de Suze, & Mondragon, s'étant rendus à Arles après avoir pris Sisteron, & chassé les huguenots de la Provence, y rassemblerent leur armée pour aller secourir Forquevaux, qui étoit alors près de Montpellier, assés embarassé par les forces des ennemis qui lui étoient supérieures, & dont la cavalerie venue de Dauphiné & de Provence, avoit déja passé le Rhône sur le pont S. Esprit, pour éviter la rencontre de la nôtre. Pour passer plus aisément nôtre armée, il falloit se rendre maître de la ville de S. Gilles, occupée par le parti contraire; & pour y réussir nous jettames un pont de bateaux sur le Rhône du côté de Fourques.

Le dimanche 27. du même mois & de la même année, ces seigneurs passerent ce fleuve avec leur cavalerie, conduite par les capitaines Ventabren, & Beaujeu, cousins, comme aussi avec toute leur fanterie, deux grosses piéces de canon, & une moyenne, dans le dessein de prendre cette ville de S. Gilles, & se répendre ensuite dans toute la province.

Les ennemis ayant eu avis de leur marche, & voulant jetter dans S. Gilles 300. arquebusiers qu'ils firent apuyer par 800. chevaux, s'aprocherent pour exécuter leur entreprise; mais ils furent découverts par Dupuy-S. Martin, le capitaine François de Perussiis-Barjoux, & ses aragoulez, qui ayant été détachés pour les reconnoître, & prévoyant par leur contenance, & par leur grande force en cavalerie & fanterie, le dessein qu'ils avoient de les faire enveloper par trois bataillons postés à cette intention, furent d'avis de se retirer, de prendre mieux leur temps, d'entrer dans le bois de la Pinede, ou bien se retrancher en deçà d'une chaussée qu'on a construite pour résister aux inondations du Rhône; leur avis ne fut pas suivi; l'ardeur des nôtres l'emporta sur leur obéissance & leur devoir, en sorte qu'ayant attaqué si mal à propos les ennemis, ils furent mis en déroute, & les huguenots en firent un horrible carnage. Le désordre fut si grand parmi les nôtres, que s'étant jettés dans le Rhône pour échaper à la fureur du vainqueur, la plûpart ne sachant nager, ou surchargés par leurs hardes, périrent miserablement, & se noyerent au nombre de 1000. ou environ, entr'autres le seigneur Gabriel de Panisses, baron de Montfaucon, l'un des gentils-hommes de son temps le plus brave & le plus accompli, & par l'exercice des armes, & par les belles lettres qu'il possedoit parfaitement; le commandeur de Gellays de la maison de Cogollen, les capitaines S. Christol, & Barjac; le seigneur Cesarello, Napolitain, furent aussi tués, le capitaine Ledenon, & autres faits prisonniers; les deux grosses piéces de canon resterent aux ennemis, & la moyenne avec ce qui put se sauver des nôtres, fut ramenée à Arles, où ces seigneurs arriverent avec le seul regret d'avoir été défaits. Dans cette déroute les seigneurs de Taillade, du Rousset, de Maligay, frere du baron mort, Jean-Baptiste Copola, de Pierrevive, Decio Pagano, & plusieurs autres coururent un grand danger; le seigneur Ferrante-Pagano, qui après avoir combattu vaillamment avoit eu son cheval tué sous lui, & le capitaine Turquot, Italien, passerent le Rhône à la nage; ce dernier, & le capitaine Coumons qui commandoient les deux compagnies à pied de Fabrice, perdirent 300. hommes, & le capitaine Besaudin, presque tous les siens, pour avoir voulu rester des derniers, & sauver l'artillerie; tous les capitaines enfin y perdirent presque tous leurs soldats, armes & bagages, & arriverent la plûpart nuds à Arles. Dans cette défaite se trouva aussi S. André, gouverneur à Aigues-mortes.

Peu de jours après, le comte de Sommerive partit d'Arles pour aller à Aix, où ayant mis sur pied les compagnies, marcha vers Autibal dans le dessein de pourvoir à quelque danger dont il avoit eu avis. Suze & Mondragon se retirerent à Avignon avec le reste de leurs troupes. On donna d'abord après des nouvelles commissions pour refaire les compagnies, & on en assigna les quartiers aux lieux de Carumb & de Baumes dans la Comté; au capitaine Coumons, le lieu du Thor; à Turquot, Pernes; au capitaine la Coronne, le lieu de Noves; au capitaine Baudon, Orgon; au capitaine Beauchamps, Berre; & dans ces divers lieux chacun y fit ses levées d'hommes & d'armes.

Environ ce temps-là, le capitaine Cheffan, gentil-homme plein de bravoure & de mérite, mourut à Avignon des blessures qu'il avoit reçuës au siége de Sisteron; il fut enterré avec tous les honneurs possibles dans l'église S. Agricol, au côté droit du grand autel.

Les huguenots enflés de leur victoire & de nôtre déroute, firent des courses bien avant dans le Languedoc, même jusqu'aux portes de Villeneuve-lez-Avignon, où ils escarmoucherent assés souvent avec les soldats du capitaine Caille qui commandoit alors dans la Tour, comme le capitaine Beston, son lieutenant, dans le fort S. André, sur les ordres qui en avoient été envoyés à Fabrice par le vicomte de Joyeuse, lieutenant du roy.

Mais la fortune souvent sujette à des revers tourna bientôt le dos aux ennemis, qui abusant de leur victoire, & sur la foy de leur dernier succès; ayant voulu batailler contre les troupes de Joyeuse qui étoient déja près de Mompellier, en furent si rudement accueillis, qu'ils y perdirent 1200. hommes morts sur la place, savoir 900. de pied, & 300. de cavalerie; du sort desquels fut Merles du Thor, l'un de leurs capitaines; sur le champ de bataille resterent six casaques de velours brodées d'or & d'argent, apartenans sans doute à leurs principaux commandans,

DU COMTE' VENAISSIN, DE PROVENCE, &c.　31

& les armures de 1000. hommes ou environ. Le baron des Adrets ne se trouva pas dans cette action; car avant la journée de S. Gilles, il étoit allé secourir ses gens à Vienne & à Beaurepaire, qui étoient déja comme investis par l'armée du duc de Nemours, prince fort cheri & de grande valeur, qui avoit alors avec lui Mangiron.

An. 1562.

En ce temps même, les habitans d'Apt en Provence, de Bonieux en la Comté, & autres lieux voisins, firent une sortie si vigoureuse sur ceux de Jocas, qu'ils en tuerent 47. en un instant, & eussent passé sans doute tous les autres au fil de l'épée, s'ils n'avoient été prompts à se retirer dans le château.

Deux jours après, le chevalier d'Ansoys qui avoit sa compagnie dans Cucuron, & le capitaine Pignolly la sienne dans le lieu de la Coste, firent une pareille sortie sur ceux de Lurmarin, en tuerent 55. & acheverent ainsi de dérouter si fort les ennemis en Provence, que ne trouvant plus de retraite assurée, ils se virent contraints de s'aller cacher dans le bois, d'y vivre, & d'y manger comme les bêtes & les sauvages, jusques-là que leurs chiens qu'on trouvoit morts, ou demi enragés par la faim, donnoient un témoignage certain de l'extremité où ils étoient réduits.

Le vendredi 16. Octobre de la même année, le pape envoya dans la Comté cent salades en 200. chevaux, conduites par Balthezar de Rangon, marquis de Longian, & Prosper Raspon. Ils furent logés dans Cavaillon, & y séjournerent jusqu'au mardi suivant 20. dudit qu'ils firent leur entrée dans Avignon en fort bel équipage, belles armes, beaux chevaux & riches habits, en sorte que leur arrivée rassura très-fort le pays.

On eut avis alors que le baron des Adrets étant dans le S. Esprit, y rassembloit beaucoup de gens de pied & à cheval, pour marcher à Romans & Valence, sur ce qu'il avoit apris la défaite du seigneur de Montbrun, & de sa cavalerie, par le duc de Nemours.

Fabrice envoya le 22. du même mois la compagnie refaite de Coumons, à la Volte-dez-Entraigues, où celle de Turquot s'étoit déja renduë, & y arriva bien-tôt lui-même, avec toute la cavalerie Italienne, conduite par le marquis de Longian. Ils allerent ensemble à Caderousse, où Fabrice resta six jours, & d'où il fût plûtôt parti s'il n'y avoit été retenu par les grandes pluyes; il en partit donc pour Avignon, laissant à Caderousse la cavalerie, & deux compagnies de gens de pied; la compagnie du capitaine Cicilliano, qui avoit été autrefois de sainte Jaille, demeura quelques jours à Bedarride, & fut ensuite se loger à Piolenc.

Le duc de Nemours ayant mandé au comte de Suze de se rendre en Dauphiné avec ses troupes, & les joindre aux siennes, il partit sur le champ d'Avignon, & passant par Caderousse prit 30. salades pour l'escorter jusques dans sa maison; les compagnies de son régiment partirent aussi des lieux de Carumb, de Baumes, de Masan, & furent se loger à Orange. On eut avis alors que le baron des Adrets avoit été défait par le duc de Nemours, près du bois d'Auberive, & y avoit perdu 400. chevaux.

La ville d'Avignon ayant délibéré dans ce même temps d'envoyer un ambassadeur au pape, pour lui représenter ses troubles, sa misere, & ce qu'elle souffroit à l'occasion de cette guerre, pour lui demander aussi la confirmation de ses privileges, députa en cette qualité le seigneur de Crillon, qui muni de ses instructions, & d'un entier pouvoir, partit d'Avignon le jeudi 29. Novembre, prenant le chemin d'Aix, & de Nice pour éviter le danger qu'il y avoit encore de passer par le droit chemin.

Quelque temps après, on fit publier que tous voyageurs portassent la croix blanche en lieu apparent, pour être reconnus vrais catholiques, sur peine d'être mis en prison & de payer la taille; on fit aussi des nouveaux emprunts, des impositions, & on créa des pensions nouvelles sur le corps des villes, pour subvenir aux frais des fortifications, & de l'artillerie, & on fit fraper des medailles d'or & d'argent; on y voyoit d'un côté l'effigie de Fabrice, dont le corps étoit armé, & la tête nuë, avec ces mots: *Fr. Fabricio à Serbellon Mediol. Pon. Praef,* & de l'autre côté la cité d'Avignon, & ces mots: *Reipu. Avenion. Servatori ac Liberatori.* †

Les compagnies du comte de Suze, après avoir fait quelque séjour à Orange, marcherent à Mornas & Mondragon, & le 11. Novembre on eut avis que le baron des Adrets étant au S. Esprit avec 3000. hommes, les menoit au secours de Valence, qui étoit comme bloquée par le duc de Nemours; l'armée de ce dernier étoit très-belle & brillante par une nombreuse noblesse, parmi laquelle on remarquoit le seigneur de Vinay, de la maison d'Ancezune, lieutenant du comte de Suze, & qui dans ces guerres se distingua beaucoup. Nous aprimes alors que le prince de Montpensier avoit joint les troupes de Montluc, qui avoit déja battu & défait celles du seigneur de Duras, & pris lui-même prisonnier, & que l'artillerie de Toulouse marchoit à Montauban, occupé par les huguenots, & dont on vouloit faire le siége.

Le 13. Novembre de la même année, nous aprimes que la ville de Bourg, située sur le Rhône, avoit été reprise sur les ennemis par l'intelligence du capitaine Sigismond, zelé catholique, qui en avoit été ci-devant gouverneur. Dans cette occasion périrent les seigneurs de Combas & Baucolles, comme aussi le même Sigismond y fut tué par trahison.

Le comte de Suze étant parti d'Avignon le 15. Novembre suivant, fut joindre Sommerive à Aix, où les états furent assemblés pour déliberer sur la destination qu'on feroit des troupes que ce comte étoit d'avis d'envoyer

DU COMTE' VENAISSIN, DE PROVENCE, &c. 33

d'envoyer en Dauphiné pour y joindre celles du duc de Nemours; mais les ennemis étant soupçonnés alors de méditer quelque entreprise, par les nouvelles provisions de biscuits qu'ils faisoient, on convint de mettre vingt-cinq compagnies dans le pays, cinq dans Sisteron, cinq à Manosque, cinq à Apt, autant à Salon, & les cinq restantes à Tarascon, ce qui fut exécuté : deux compagnies de cavalerie de 100. chevaux chacune, furent envoyées à la haute Provence, & six autres de 50. chacune, mises à Arles & à Tarascon.

AN. 1562.

Le roy ayant pris sur les huguenots Roüen & Dieppe, fait passer tous les rebelles au fil de l'épée, & trancher la tête à un président, & plusieurs conseillers : le vice-légat & Fabrice en firent faire des feux de joye dans Avignon. On aprit le même jour la prise de Vaureas remise sous l'obéissance du pape par un stratageme des catholiques, qui y entrerent victorieux après avoir tué soixante de ses habitans.

Le capitaine Scipion Vimercat qui commandoit 200. salades, s'étant joint à l'armée du duc de Nemours, rentra en France dans un très bel équipage. Le premier jour de Décembre suivant, le baron des Adrets fit une trève de douze jours avec ce dernier, laquelle fut prolongée d'autant, & ce baron n'en fit pas en vain la proposition, puisqu'il se voyoit enfermé entre Lyon & Vienne, & abandonné de Soubize, chevalier de l'ordre, qui ayant été déja battu en plusieurs occasions, ne le vouloit plus secourir. Vaureas fut repris alors par les huguenots, Mondragon, & Piolenc : on eut encore avis de la mort du roy de Navarre, tué d'un coup d'arquebuse qu'il avoit reçû aux tranchées de Roüen, & dont il mourut 11. jours après.†

† *Antoine de Bourbon pere d'Henri IV. (ob. 24. 9bre 1562.)*

Peu de jours après, sainte Jaille se retira à Carpentras, les compagnies de Cicilliano & Claude de Bedoin au lieu d'Entrechaux, à leur retour de Dauphiné. Environ ce même temps, les huguenots de Merindol feignant de se rendre à nous, & ayant attiré dans leur ville, sous ce prétexte, les capitaines Fellon du Thor, de l'Isle, & plusieurs autres, les maltraiterent impitoyablement ; le capitaine Venasque fut blessé, & retenu prisonnier sans avoir aucun égard à leur parole, & aux loix de la guerre. Sur ces entrefaites Mondragon ayant été pourveu du gouvernement d'Arles, & Dupuy-S. Martin de celui de Tarascon, cinq compagnies de Baudon, Beauchamps, & autres, sortirent de Tarascon & d'Aramon, & s'étant jettées les armes à la main sur ceux de Beaucaire qui étoient entrés dans une isle pour y enlever des bestiaux, en tuerent 40. Ces compagnies passérent depuis en revuë devant le seigneur Antoine de Glandevez du Puget, seigneur de Pourrieres, commissaire de guerre en Provence, gentil-homme plein de bravoure & d'expérience ; notre cavalerie étant partie alors de Caderousse, la compagnie du marquis de Longiano alla à Pernes & à Carpentras ; celle de Prosper & de Coumons à Bedarrides ; partie de celle de Turquot se rendit à Avignon, le reste à Carpentras ; huit compagnies

Tom. I. Perussis. E

AN. 1562.

d'infanterie Françoise & de Piémont furent joindre l'armée du duc de Nemours en Dauphiné, sous la conduite du comte de Brissac, colonel, de Murs, de Blanc-fossé, d'Evennes, du Fort-Merens, Belleville, & la Tour.

Nous aprimes bien-tôt après par la voye du seigneur Tesoro, Florentin, la victoire que le roy venoit de remporter sur les huguenots à la bataille de Dreux, donnée le 19. Décembre 1562. après laquelle défaite le seigneur de S. Auban, qui conduisoit de France dans le Comtat cinq compagnies de pied, ayant été rencontré au-dessus de Lyon, battu & mis en déroute par Tavanes, fut fait lui-même prisonnier, comme aussi son fils qui demeura depuis en otage à la place de son pere, mais qu'on renvoya tous deux bien-tôt après, sans leur avoir fait la moindre peine.

Les états du Languedoc s'étant tenus cette année à Carcassone, en présence du vicomte de Joyeuse, lieutenant du roy, cette province accorda au roy 300000. livres par dessus le don ordinaire, pour le secours & continuation de la guerre qu'il faisoit aux huguenots. Ces derniers voulurent aussi à leur tour tenir à Nismes leur consistoire, pour y prendre leurs mesures contre les interêts de S. M. mais tous leurs projets ne les mirent pas à l'abri d'être battus & défaits à la Coste S. André dans le Dauphiné, où quatre de leurs compagnies furent mises en déroute par l'armée du duc de Nemours.

AN. 1563.

Le 19. Janvier 1563. Fabrice partit d'Avignon pour aller à Aix, & y voir Sommerive & Carces qui y tenoient les états de Provence; 300. chevaux montés par les principaux seigneurs du pays, vinrent au-devant de lui à une lieuë de cette ville, & le conduisirent pompeusement, & avec tous les honneurs possibles, jusques dans la maison de Carces, où il fut très-bien receu, & magnifiquement logé. Il y resta onze jours, pendant lesquels il y fut regalé de plusieurs fêtes; après quoi le comte de Sommerive, pour lui faire honneur en son particulier, le mena à son beau château de Marignane, où il lui fit present d'un très-beau cheval, & le fit conduire par Fourbin, un de ses gentils-hommes, jusqu'aux frontiéres de la Provence & de la Comté; il receut enfin par-tout des honneurs infinis, le peuple accourant de toutes parts pour le voir, & lui souhaiter toutes sortes de félicités. La conclusion de ces états fut que le pays entretiendroit & payeroit encore pour quelque temps seize compagnies d'infanterie, & 200. chevaux sous quatre cornettes, & le tout fut divisé, & mandé aux garnisons accoûtumées.

Les ennemis, ou le parti du baron des Adrets, l'ayant soupçonné de leur devenir suspect, & de penser à faire sa paix avec le Roy, le firent prisonier dans Valence, & le conduisirent au château de Nismes.

Cependant notre cavalerie faisoit de grandes courses sur les ennemis, plusieurs furent faits prisonniers, qui se trouvant sujets du pape, furent menés à Avignon où ils furent punis du dernier suplice ; après quoi le comte de Suze ayant mis sur pied sa compagnie de gens-d'armes & une d'infanterie à Aubignan dans la Comté, en leva sept autres à Malaucene qui y firent quelque séjour.

Le 30. Janvier de cette même année, Laurens de Lenzi, évêque de Ferme, vice-legat, & commissaire général d'Avignon & de la Comté, fut en procession générale bénir la place, où étoit située la maison de feu le docteur Parpaille, la nomma place Pie, fit mettre dans les fondements quelques pieces d'or & d'argent, frapées au coin du pape Pie IV. & plusieurs autres aux armes du cardinal Alexandre de Farnes, vice-chancelier du saint Siége, & légat d'Avignon, du même vice-legat, de Fabrice de Serbellon, cousin germain de sa sainteté, & son lieutenant général dans la Comté ; comme aussi les armes de la ville d'Avignon y furent insérées. Cette cérémonie qui se passa en présence de Fabrice & des consuls, fut encore accompagnée d'un grand concours de peuple, & on y tira plusieurs coups de canon.

Le comte de Suze étant alors parti d'Avignon pour aller à Aubignan voir & faire la revuë de ses compagnies, en partit le 7. du mois de Fevrier avec douze cents arquebusiers & trois cents chevaux, & prit le chemin pour aller en Dauphiné.

Les huguenots de Baignols & de Laudun ayant fait quelques sorties sur nos gens qui labouroient dans les isles du Rhône, en furent si mal accueillis, qu'ils y laisserent la plûpart leur vie & leurs bestiaux. Dans ce même temps nos habitans d'Aramon s'étant attroupés jusqu'au nombre de trois cents, ne traiterent pas mieux ceux de Montfrin, Fournez, Valleguiere, Thesiez, & autres lieux voisins. Le jeudi 11. Fevrier, Luc-Antoine de Terni, colonel des compagnies Italiennes, partit du Comtat pour s'en retourner à Rome, & ce fut à notre grand regret, car il étoit fort aimé dans le pays, & très-capable d'y commander.

Le 13. du même mois, le capitaine Joffred de Bonnieux étant sorti de la Ville-Dieu avec ses aragoulez, battit les huguenots de Visan près la riviere d'Eigues, en tua plusieurs, & revenant victorieux, trouva encore sur ses pas près de Vinsobres cent paysans armés qui conduisoient leur ministre : ils furent tous mis en déroute, leur ministre pris prisonnier & tué presque sur le champ ; de notre côté il n'y eut pas de morts, à la reserve d'un seul qui fut blessé à la main.

Le dimanche 14. on baptisa dans l'église N. D. de Doms un Juif Romain, qui étant soldat dans la compagnie de Julio, avoit donné des marques d'une sincere conversion par sa persévérance, & par les soins qu'il avoit pris de se faire instruire de nos mysteres ; Fabrice & le trésorier du Pape pour la guerre furent ses parrains, ses marraines furent la dame de Laudun & sa belle-fille ; on lui donna le nom de Fabrice Venaissin par raport au caractere de chrétien qu'il venoit de recevoir dans le même pays ; la cérémonie fut très-solemnelle, & le vice-légat y assista.

Le lendemain 15. les huguenots de Roquemaure & des environs, au nombre de quatre cens fantassins & soixante-dix chevaux, vinrent assiéger dans S. Laurent-des-Arbres le capitaine Paillet, natif d'Avignon, qui n'avoit alors avec lui que vingt-cinq ou trente soldats ou capitaines, qui firent si bien leur devoir, que nonobstant la brêche faite par les ennemis, & cinq assauts vigoureusement donnés & vigoureusement soutenus, les obligerent de lever le siége après leur avoir tué soixante hommes, & pris une de leurs enseignes. Trois cents de nos soldats bien armés qui venoient alors au secours, sous la conduite des capitaines Turquot, Caille, Julio, & Jolly Jean, lieutenant de Coumons, Millon, lieutenant de la Bartalasse, & Odin, sergent-major des Italiens, s'avancerent jusqu'au lieu de Pigeau, où ayant eu avis de la retraite des ennemis, s'en retournerent à Avignon, après avoir vuidé leurs poires à poudre qu'ils envoyerent à nos assiégés.

Deux jours après, le 17. Fevrier, Fabrice leur envoya encore trente soldats, cent livres de poudre, autant de plomb sous la conduite de trente salades du marquis de Longiano, commandées par Vidal, son lieutenant, homme de valeur & d'expérience, & qui soutint bien long-tems l'attaque de cent chevaux & de trois cents hommes des ennemis; mais enfin les nôtres voyant qu'il étoit impossible de conserver cette place, & d'en soutenir plus longuement le siége, se retirerent tous sans autre perte que de sept soldats Italiens du capitaine Julio qui furent tués; les ennemis y perdirent environ quinze fantassins & huit chevaux ; ils entrerent dans S. Laurens, dont ils acheverent de ruiner les murailles, & les nôtres se retirerent à Avignon; nos frégates alors venant chargées de bois pour les moulins à vent, reprirent celle que les ennemis nous avoient enlevée près de Caderousse, qu'ils retrouverent attachée près de Roquemaure; d'où elle fut conduite par nos gens à Avignon.

Le dimanche 21. du même mois, le seigneur du Peret, de la maison de Castellane, & de Laval, un des siens, & Ventabren, gentilhomme de la maison de Quiqueran, & de Beaujeu, furent blessés à mort dans l'église cathédrale de S. Trophime d'Arles ; ces premiers vêcurent encore quelques heures, & le dernier mourut quatre jours après.

Le 22. huit compagnies de fantassins & deux cents chevaux des ennemis, gens ramassés de leurs garnisons de Bolene, Serignan, Piolenc & autres lieux, vinrent mettre le siége devant Orange sous le commandement du seigneur de Montbrun ; ils commencerent d'abord à nous batre en courtine avec deux pieces de campagne & à donner l'assaut ; mais les assiégés, qui étoient au nombre de deux cents, se deffendirent si vigoureusement, que les ennemis ayant levé le siége, s'en retournerent avec la seule honte de leur entreprise, ayant laissé dans les ravelins de cette ville neuf échelles, dix-huit morts & quelques blessés. Dans cette action huit falades du feigneur Profper, qui après être allées batre la campagne, s'étoient alors heureufement renfermées dans Orange, y furent d'un grand fecours, ayant vivement repouffé les ennemis, & renverfé des murs avec leurs lances.

AN. 1563.

Fabrice voulant enfuite pourvoir fes places, & favorifer par cette précaution la garnifon d'Orange, fit marcher le 24. Février 1563. à Château-neuf du pape la moitié de la compagnie de Turquot, & l'autre à Bedarride.

Sur ces entrefaites, les huguenots du côté de la Valmafque faifant partout des courfes, prirent le château de Jocas en Provence, précipiterent un commandeur de Malthe, qui en étoit feigneur, & paffant de cet endroit à Goult, qu'ils penferent furprendre avec des échelles; allerent à la Cofte dans le deffein d'y maffacrer le feigneur qu'ils ne trouverent pas; mais ils déchargerent leur rage fur fes deux freres, l'un commandeur de Gap, & l'autre protonotaire: ils tuerent le premier & blefferent l'autre. De-là, traverfant la montagne de Leberon, & s'étant rendus à leur fort de Merindol, ils pafferent à Gué la Durance, pillerent & firent plufieurs maffacres dans les lieux de Senas, Lamanon, & autres granges des environs : ils avoient alors parmi eux quelque cavalerie qui leur étoit venue des montagnes de Provence.

Le 1. du mois de Mars, Fabrice partit d'Avignon à minuit, à la tête des compagnies Italiennes de Georgio & de Julio, avec trois piéces de canon de munitions, & quelques échelles. Etant arrivé à Bedarride à la pointe du jour, & y ayant joint Coumons qui y étoit avec fa compagnie, ils marcherent enfemble à Camaret dans la Comté, pour joindre leurs forces à la cavalerie du marquis de Longiano, & à la compagnie de Turquot, lefquels depuis le grand matin avoient mis le fiége devant ce lieu. On commença de batre cette place avec ces piéces de canon fur l'heure de midy, en attendant la groffe artillerie, qui arriva bien-tôt après d'Avignon, fous la conduite du capitaine la Coronne, & de Millon, lieutenant de la Bartalaffe, qui commandoit une de ces efcadres. Les feigneurs du Puy-S. Martin, de Vauclufe, d'Arbres, Berton & le chevalier fon frere, le chevalier de Puget, Dragonnet de Fougaffes, & plufieurs autres officiers & foldats, étant bien aifes de fe trouver à ce fiége & d'en partager la gloire, partirent d'Avignon pour s'y rendre; comme auffi fainte Jaille & plufieurs autres de Carpentras. Les compagnies de Cicilliano, Claude de Bedoüin, Pignan, Pajani, la garnifon d'Orange, le gros canon, & plufieurs autres troupes de cavalerie & infanterie ramaffées dans le Comtat, arriverent prefque en même temps à Camaret, & le tout par la diligence & les foins du vice-légat, qui pour ne pas démentir dans cette occafion fon zéle & fa vigilance ordinaire, travailla nuit & jour à pourvoir le camp de toutes les munitions qui lui étoient néceffaires.

La deffense des assiégés fut opiniâtre, & ils soutinrent nos attaques jusqu'au vendredy 5. du même mois, que Camaret fut pris avec perte de quarante-cinq hommes de la part des ennemis que les nôtres y tuerent dedans, & quarante-deux autres à la campagne qui fuyoient dans la nuit.

Fabrice après cette victoire, mit en garnison dans Camaret les compagnies d'infanterie de Coumons, Turquot & Cicilliano; & celles de Claude de Bedouin, Pignan, & Pajani, dans le lieu de Serignan, qui profitant de ce dernier exemple, & pour ne pas essuyer le même traitement que Camaret, se remit d'abord sous l'obéïssance du pape. La cavalerie du marquis de Longiano retourna à Pernes & à Carpentras, & celle de Prosper à Bedarride. Nous perdîmes à ce siége Turquot, qui ayant été blessé à la tête d'un coup d'arquebuze, vint mourir peu de jours après dans Orange, & de là son corps porté & inhumé pompeusement dans l'église des cordeliers à Avignon. Maurice Trivulce, parent & grand ami de Fabrice, allant porter quelque avis au marquis de Longiano, fut envelopé sur sa route par les ennemis, qui après l'avoir massacré, le dépouillerent & le mirent tout nud, ensorte qu'ayant été reconnu quelques jours après par les nôtres, il fut porté & enterré à Serignan. Coumons & Rolland Constans de Menerbe, son enseigne, furent blessés à leurs cuisses d'un coup d'arquebuze à la brêche, & ce dernier malgré sa blessure & une grêle de pierres dont il fut accablé, raporta son drapeau dans notre camp. Les ennemis y perdirent aussi le seigneur de Clerc, beaufrere de Montbrun, qui après avoir offert quatre mille écus de sa rançon, mourut, & ne put échaper de ses blessures.

Le même jour 5. Mars, les ennemis au nombre de cent fantassins & avec quatre piéces d'artillerie, étant venus metre le siége devant le lieu d'Aramon en Languedoc, s'y arrêterent peu par la crainte où ils furent d'être surpris par le secours de deux frégates bien armées que le vicelégat nous envoyoit, ce qui les obligea d'avoir leur unique recours à la fuite, après avoir laissé deux cens des leurs tués devant cette place: leur dessein avoit été d'abord de causer par ce siége la diversion des troupes de Fabrice qui assiégeoit alors Camaret, mais qui n'en voulut partir qu'après l'avoir réduit sous son obéïssance, comme aussi Serignan & Piolenc. Trois jours après, Fabrice étant parti d'Avignon marcha vers Aramon, rasseura les habitans & les pourveut de tout ce qui pouvoit être nécessaire à leur deffense.

Du côté d'Apt en Provence, Meïrargues avec ses deux compagnies, & Mouriers, suivi d'une partie de ses aragoulez, s'étant présentés devant Jocas, attirerent par feinte les huguenots qui y étoient renfermés, & dans une sortie qu'ils firent, leur tuerent quatorze hommes, en blesserent beaucoup d'autres, & leur capitaine Goult, fort estimé parmi eux, se trouva du nombre de ces derniers.

Le 9. du même mois de Mars, le pere dom Eloy Guigonis, vicaire d'Orange, & docteur en théologie, faisant la visite de l'ancienne église de S. Simphorien hors du lieu de Coumons, où il préchoit le carême, s'aperceut & trouva près du grand autel que les huguenots avoient abatu & démoli quelques mois auparavant, le 8. Septembre 1562. les ossemens & reliques du même S. Simphorien, patron de cette église; celles des S. Fauft & de Ste. Auguste, de S. Procule, des SS. Nij & Francon, évêques; le tout renfermé & plié dans du santal rouge, qui répandoit une très-bonne odeur, & dans lequel on trouva un écriteau de carte membrine, avec ces mots :

Hæ sunt reliquiæ beati Simphoriani, martiris, & beati Fausti, & beatæ Augustæ matris ejus, & beati Proculi, episcopi & martiris, Nij, episcopi & confessoris, & beati Franconti, episcopi & confessoris.

Ces reliques étoient auparavant, & depuis fort long-temps dans un pertuis au-dessus de la couverture du grand autel; elles furent alors prises avec beaucoup de respect & de cérémonie, par le même pere dom Guigonis, qui accompagné de tout le clergé & du peuple, alla en procession, & les transporta dans la grande église, dédiée au même S. Simphorien, où elles reposent depuis, & sont en grande veneration.

Nous aprimes peu de jours après la funeste mort de François de Lorraine, duc de Guise, pair de France, grand maître, grand chambellan, & lieutenant-général de S. M. assassiné & tué d'un coup de pistolet par le nommé Jean Poltrot, lequel par arrêt de la cour, après avoir été tenaillé, fut tiré à quatre chevaux dans Paris le 18. Mars 1563. L'église fit sans doute alors une grande perte, & on peut assurer qu'elle se trouva dépourvue d'un des plus braves & des plus zélés de ses deffenseurs : cette mort fut suivie vingt jours après de celle de François de Lorraine, grand prieur de France, & capitaine général de l'armée de S. M. aux mers du Levant. Ces deux princes furent fort regrettés; mais malgré tout le mérite de leurs vertus, & les larmes qu'on donnoit à leur mémoire, il se trouva un huguenot aussi malin, qu'imprudent & hardi, lequel ayant apris la mort du duc de Guise, & voulant témoigner plus précisément que les autres de son parti, la satisfaction qu'il en avoit, mit sa tête hors la fenêtre, & cria à haute voix, Voilà la figue pour les papistes, car leur maître est mort, tant de nas... Il n'eut pas prononcé ces mots que plusieurs enfans indignés d'un pareil procédé furent le tuer dans sa maison, ce qu'ils exécuterent à l'instant, quelques efforts qu'on pût faire pour le leur arracher des mains.

Les huguenots continuoient toujours leurs désordres du côté de leur fort de Merindol en Provence : ils passoient souvent à gué la Durance pour aller assassiner les passans, jusques là que le comte de Sommerive à son retour de Marro, ayant apris que dans une de leurs courses ils avoient

AN. 1563. tué deux hommes dans une grange près de Malemort, & étranglé un petit enfant dans le berceau, envoya la cavalerie du seigneur de Flassan à Orgon, & celle du seigneur de Vins à Malemort pour contenir ces rebelles, & rendre les chemins plus assurés. Les comtes de Sommerive & de Carces furent faits alors chevaliers de l'ordre du roy, en récompense de leurs services. Peu de jours après, la cavalerie de Flassans ayant passé la Durance pour aller à Apt y joindre les compagnies de Merargues, ils furent ensemble prendre le château de Jocas, qui fut rendu au commandeur de Cuges, de la maison de Glandevez à qui il apartenoit; & une grande quantité de bled qui se trouva dedans fut distribuée aux soldats.

Sur l'avis qu'on eut ensuite que 2000. fantassins, & 600. chevaux des ennemis venoient du Dauphiné dans le dessein d'assiéger Serignan, où les compagnies de Claude de Bedoüin, Pignan, & Pajani étoient en garnison, Fabrice partit d'Avignon le 17. Mars, suivi des compagnies Italiennes de Julio & Georgio : il alla coucher à Orange, d'où il envoya au secours de Serignan sainte Jaille avec la cavalerie du marquis de Longiano & de Prosper, quelques aragoulez des capitaines Joffred & Pusque, & les compagnies de Coumons & Blaise, ce dernier avoit succedé à Turquot. Ils trouverent les ennemis devant Serignan, contre les murailles duquel ils avoient déja braqué deux piéces de canon, & leur cavalerie qui formoit trois escadrons, fort serrée, & prête à combattre. Ils fondirent d'abord & si vigoureusement sur nos troupes, que les nôtres se voyant inferieurs, ne penserent qu'à soutenir ce premier choc, & à se battre ensuite en retraite vers Orange. Les assiégés profitant de cet intervale, firent une rude sortie sur les ennemis, enleverent leurs canons & leurs poudres, & en firent une si horrible boucherie, qu'il en resta plus de 400. morts sur la place, aux pieds des murailles, ou à la poursuite des nôtres vers Orange. Dans cette occasion nous primes prisonnier l'abbé de Feuillans, frere du comte de Crussol, mais qui pour avoir combattu trop vaillamment avoit receu plusieurs blessures, dont il mourut à Orange bien-tôt après, il y fut enterré dans le cimetiére. Le baron d'Aigremont fut aussi fait prisonnier, & conduit dans le palais d'Avignon le 19. du même mois. Le nombre de nos morts fut de 150. entre lesquels furent compris les capitaines Blaise, Joffred, Luquin de Bonnieux, & Milon, lieutenant de la Bartalasse : le capitaine Georgio fut aussi fait leur prisonnier. On peut dire & assurer que tous les capitaines, & Odin, sergent-major, n'auroient pû s'acquiter mieux de leur devoir qu'ils le firent dans cette occasion. Fabrice partit le même jour d'Orange ramenant avec soi les compagnies, après en avoir établi gouverneur le seigneur de la Tour, & y avoir laissé le capitaine Rochas, & plusieurs soldats.

Les ennemis ayant veu la retraite de nos compagnies, recommencerent le lendemain samedy 20. Mars de battre Serignan avec deux autres
piéces

piéces de canon, & un renfort de troupes qu'ils avoient fait venir de Roquemaure, en sorte que les assiegez, après avoir essuyé 350. coups de canon, & soutenu plusieurs assauts qui avoient déja couté la vie à plus de 200. assiégeans, se virent forcés de capituler, & de se rendre aux huguenots, qui y entrerent le lundy 22. Mars, & qui au préjudice de leur parole & des loix de la guerre, passerent au fil de l'épée la plus grande partie des habitans, prirent prisonniers les capitaines Pignan, Mormoiron, Claude-Jean de Bedoüin, Pajani & son frere; ces trois derniers furent tués & massacrés de sang froid; après quoi les ennemis ayant mis le feu en plusieurs endroits de Serignan, ne traiterent pas mieux le château de la duchesse de Valentinois qu'ils détruisirent & ruinerent de fond en comble; ils se jetterent ensuite dans Orange qui venoit d'être abandonné par ses habitans, de même que Bedarride, Caderousse, & Corteson, dont la terreur avoit été si grande, qu'ayant laissé leurs maisons & leurs biens aimerent mieux aller mandier leur pain dans Avignon & ailleurs, que de courir le risque de tomber entre les mains de gens qui avoient si peu de foy & d'humanité.

Les huguenots continuerent leurs violences dans Orange, dont la désertion nous couta bien cher; car après y avoir brulé les maisons des catholiques, & commis tout ce que leur ferocité leur inspira de faire, furent ensuite prendre Caderousse, Piolenc, Pont de Sorgue, & Château-neuf du pape, dans les greniers duquel ils trouverent une grande quantité de sel qu'ils firent charrier, & vendre en Dauphiné; ils ne trouverent pas plus de résistance à Bedarride & Corteson, dont ils s'emparerent avec la même facilité : sur l'avis de tout ces désordres, on députa pour y remedier Pierre de la Lune, gentil-homme Florentin, aux comtes de Sommerive & de Carces; comme aussi leur fut envoyé Richard de Perussis, escuyer de Lauris, au nom du corps d'Avignon, pour obtenir d'eux quelque secours, & les obliger à tenter le passage des 1000. Italiens, & 200. chevaux que le pape tenoit déja tout prêts pour notre défense; on envoya encore plusieurs députez en France, en Italie, & en Provence; & Pierre de la Lune qui y fut mandé, fit une si grande diligence, que presque en un instant les compagnies Provençales furent levées, mises sur pied, & se rendirent au lieu d'Orgon, sur les bords de la Durance, prêtes pour entrer dans la Provence; la cavalerie étoit de Vins, & l'infanterie des capitaines Beauchamps & Grenier de Thoulon; tout le reste de nos forces fut rassemblé, & mis dans Avignon, Carpentras, & l'Isle, & les fortifications en furent continuées avec une grande diligence.

Le 22. Mars, Antoine de Lenzi, frere du vice-légat, arriva à Avignon bien-tôt après son départ de Rome; le même jour Taillade partit pour se rendre en cour, ayant eu avis que le roy marchoit aux ennemis pour recouvrer ses places qu'ils occupoient; sainte Jaille partit de Carpentras pour se rendre à Molans, d'où il devoit conduire quelques compagnies en Dauphiné, & les joindre au régiment de Maugiron; le marquis de Longiano fut alors fait gouverneur de Carpentras. Une des fregates d'Avignon ayant quitté en même temps le port pour aller porter du secours au château de Lers, qu'on soupçonnoit devoir être assiégé par les ennemis, fut obligée de combattre sur sa route, & y perdit un homme; mais étant de retour, & deux autres frégates étant parties du même port, elles prirent si bien leur revanche que plusieurs huguenots furent tués ou noyés, & ceux qui échaperent du danger, dispersés dans les isles du Rhône.

Les ennemis après avoir vendu le sel de Château-neuf du pape, & mis le feu au superbe château de l'archevêque d'Avignon, le 27. Mars, firent transporter quatre piéces d'artillerie à Caderousse, & les autres au lieu de Piles dans la Comté, qui sous la bonne foy s'étant rendus sur le champ, furent néantmoins la plus grande partie passés au fil de l'épée, & le château du seigneur brulé. De Piles, ils marcherent au lieu d'Entrechaux, laissant par-tout après eux des marques de leurs injustices, & de leurs violences; tantôt ils feignoient d'aller assiéger Carpentras, tantôt Baumes; pendant que leur infanterie gardoit Orange, Caderousse, & Piolenc, leur cavalerie défendoit Château-neuf du pape, Corteson, Sarrian & Jonqueiretes; ils faisoient ensuite des frequentes courses sur les lieux d'Entraigues, Pont de Sorgue, Monteux, Autignan, Bedarride, jusques au Pontet d'Avignon, après quoi ils se retiroient à Roquemaure, & à Bagnols au-dela du Rhône.

Fabrice qui ne cessoit point de pourvoir à tout, & se méfiant du long séjour que les huguenots faisoient dans la Comté, fortifia & munit ses places des troupes nécessaires, mit dans Avignon la cavalerie de Prosper, & les trois compagnies d'infanterie de la Bartelasse, Julio & Georgio; à Villeneuve, celle du capitaine Caille; à Carpentras, la cavalerie du marquis de Longiano, les argoulez d'Aimar de Vassadel, escuyer de Vaqueiras, deux compagnies Italiennes d'Antonio & Jacob Antonio, & trois Françoises de Joly-Jean, Propriac, & Verot; à Cavaillon, la comagnie de Coumons; à l'Isle, celle de Dagot; à Menerbe, la cavalerie de Vins, & l'infanterie de Grenier; à Goult en Provence, la cavalerie de Flassan; à Oppede dans la Comté, la cavalerie du commandeur de Cuges; à Robbion, l'infanterie de Beauchamps; à Apt en Provence, les deux compagnies d'infanterie de Meirargues; à Orgon pour la seureté du port, celle du capitaine Baudon; & les habitans de la Viguerie de Tarascon furent envoyés à Aramon.

Le marquis de Magra, de la maison de Malespine, beau-frere de Fabrice, se rendit alors à Avignon pour l'aider dans ses fonctions, & le soulager dans les soins continuels qu'il se donnoit pour la seureté & le repos du peuple.

Le 8. Avril, les ennemis conduisant à Caderousse le capitaine Georgio qu'ils retenoient prisonnier depuis la prise de Scrignan, furent attaqués par nos habitans de Lers qui le leur ôterent des mains, & qui ayant fait venir le lendemain nos fregates bien armées, le firent embarquer & porter ainsi à Avignon avec plus de seureté.

Le 9. les compagnies de Vins, du commandeur de Cuges & Dagot furent jusqu'aux portes de Bedarride, & y firent deux prisonniers qui étoient du nombre de ceux qui avoient été surpris dans Carpentras.

Le 10. les compagnies des disciplinans d'Avignon firent une aumône considerable & générale à tous les catholiques qui avoient abandonné leurs maisons d'Orange, Caderousse, & autres lieux.

Le 12. deux coleuvrines nouvellement faites à Avignon furent benites sur la roche de Doms par le pere Jean-Pierre Forteguerre, vicaire de cette ville.

Le 17. le capitaine David venant de la cour arriva à Avignon, & y aporta les articles de paix signés par le roy à Ambroise le 27. du mois précédent; il étoit passé par Lyon, & s'y étant embarqué sur le Rhône, il vint descendre à Avignon, où les habitans en furent d'autant plus surpris, qu'ils n'avoient encore vû arriver une seule barque depuis onze mois. Le même jour, le comte de Sommerive partit d'Aix pour aller joindre à Antibal le baron de la Garde, chevalier de l'ordre, qui déja commençoit à moyenner quelque accomodement pour mettre fin aux troubles de Provence.

Le 19. le comte de Carces étant arrivé à Avignon, y resta auprès de Fabrice jusqu'au 21. nôtre cavalerie alla démanteler alors le lieu de Monteux, & brisa les portes pour ôter par là une retraite aux ennemis, passa à Sarrian dont elle brula les fauxbourgs, & marcha droit à Vaqueiras, dont elle n'auroit pas mieux traité les habitans s'ils avoient osé tenir la campagne.

Le 22. le seigneur Mario, parent du vice-légat, accompagné du seigneur de Vaux, escuyer du Prince de Condé, arriva à Avignon, il étoit mandé de la cour par le roy pour faire restituer au pape les places qui lui avoient été enlevées par les huguenots; sçavoir, Caderousse, Vaqueiras, Sarrian, Pont de Sorgue, Entraigues, Monteux, Serignan, Camaret, Bedarride, Château-neuf du Pape, Vaurias, Visan, Ville-Dieu, S. Roman de Malegarde, S. Roman en Viennes, Boisson, Pomeras, Faucon, Rastel, Cayrane, Bochet, Richerengues, Grillon, Rousset, Montsegur, Arbres, les Piles, Valosé, Lorel, Bolenne, la Palux, Morriax, Piolenc, Roche-Agude, & sainte Cecile; & de la principauté d'Orange, Orange, Corteson, Jonquieres, Causans, Violez, & Malijay.

Ces huit premieres places étoient de la judicature de Carpentras; les deux suivantes de l'archevêché d'Avignon; les vingt-cinq suivantes de la judicature de Vaurias.

Le 26. du même mois, la compagnie de Coumons étant partie de Cavaillon alla à Château-neuf-Moffen-Giraud trois jours après à l'Ifle, d'où elle partit trois heures après pour se rendre incontinent à Carpentras.

Les aragoulez du capitaine Vaqueiras, & l'infanterie du capitaine Verot étoient alors dans Pernes; à Mafan l'infanterie du capitaine Propriac; à Carpentras les deux compagnies d'Antonio & Jacob Antonio, & deux autres compagnies Françoifes de la Coronne & Joly-Jean; & dans le couvent des chartreux de Bonpas-lez-Coumons, vingt-cinq foldats du capitaine la Bartelaffe pour affurer le paffage du pont de la Durance; toutes ces précautions néantmoins n'empêcherent pas les ennemis de bruler peu de jours après les portes d'Entraigues & de Vedenne, dont ils volerent les habitans.

Le 1. jour de May, deux pièces d'artillerie que la ville de Carpentras avoit fait faire à Avignon, en partirent conduites par la cavalerie de Profper jufques à l'Ifle, & de là à Carpentras par les aragoulez de Dagot; les feigneurs de Vaux, Mario, & le capitaine David furent joindre Cruffol au S. Efprit; & quoyqu'en y arrivant ils euffent fait publier dans tous les lieux occupés par les huguenots, qu'ils euffent à ne plus fortir de chez eux pour faire des courfes, & continuer les troubles précedens; les huguenots eurent fi peu d'égard à cette défenfe, qu'étant allés de nouveau à Entraigues, ils le faccagerent entiérement; & le cinquiéme jour du même mois, ayant pris le lieu de Seguret par efcalade, y pafferent 130. payfans au fil de l'épée. Le 10. fuivant ils prirent cinq hommes dans Morieres, du nombre defquels étoit le curé, défolerent ce village, emmenant avec eux le bétail & les prifonniers à Bedarride, où peu de jours après ayant fait revêtir ce bon prêtre des ornemens facerdotaux, & le chargeant de mille injures, le pendirent impitoyablement.

L'armée du duc de Nemours ayant été divifée, le régiment de Suze fe rendit en Dauphiné; Fabrice mit dans Château-neuf-Moffen-Giraud, la compagnie de Raillon que le vice-légat avoit retenue à fa folde peu de jours auparavant, & que Flaffan alla voir avant fon départ pour Rome. Peu de jours après, les feigneurs de Vaux & Mario fe mirent en chemin pour aller rendre compte au roy de la défobéiffance des huguenots, & du refus obftiné qu'ils faifoient de rendre les places qu'ils occupoient dans la Comté. Ces derniers tinrent alors leurs eftats en Dauphiné, & en Languedoc à Montpellier, y conclurent de fortifier Orange, & d'y entretenir, tant en paix qu'en guerre, 400. hommes & 100. chevaux, qui feroient payés par leur confiftoire, comme auffi de dépenfer 1000. livres, ou les employer aux fortifications de cette ville.

Le 11. du même mois, ils vinrent affiéger avec deux pièces de campagne le lieu de Gigondaf; les affiégez & la garnifon de Vaifon fe

DU COMTE' VENAISSIN, DE PROVENCE, &c. 45

défendirent jusqu'à la derniere extrêmité, & tuerent un grand nombre des ennemis dans leurs sorties ; mais ne pouvant enfin résister plus long-tems, & sans espoir du moindre secours, armés de la plus forte résolution, ils rompirent un corps de garde, & se sauverent dans la nuit : les huguenots étant entrés dans cette place, y commirent leurs violences ordinaires, en pillerent les maisons ; celle du capitaine Rousset ne fut pas des moins maltraitées ; après quoi ils furent mettre le siége devant le lieu de Sablet qu'ils prirent, de même que Malaucene & le fort château de Barroux, dont ils se rendirent les maîtres par l'intelligence & la trahison du châtelain Barthelemy de Belon : ils brulerent encore l'abbaye S. André de Ramieres, lieu recommandable par le concours des fideles qui y alloient en dévotion, & dont une dame très vertueuse de la maison de Suze étoit alors abbesse. Ils se répandirent ensuite en grand nombre dans la Comté, dont ils saccagerent & pillerent plusieurs lieux, empêchant le passage des chemins, & massacrant tous ceux qu'ils rencontroient sur leurs pas, sans avoir le moindre égard à la derniére amnistie que le roy venoit de leur offrir, à condition qu'ils rentrassent dans leur devoir comme dans leurs biens, vivants catholiquement, selon le concordat passé entre le roy & le légat du pape, sur lequel S. M. avoit écrit & adressé des lettres au vice-légat & à Fabrice, dattées de Chenonceau du 17. Avril 1563. Villeneuve, gentil-homme de la chambre du roy, étoit alors à Aix, où il étoit arrivé de la cour, & chargé des articles pour la pacification des troubles, qu'il fit publier en Provence après les avoir donnés au comte de Sommerive, & au parlement qui les fit enregîtrer ; ses lettres de créance étoient dattées du 1. Avril. Marc de Branges aporta des nouvelles lettres du roy, par lesquelles S. M. deffendoit & interdisoit absolument les prêches & l'exercice de la religion des huguenots en Provence ; le tout fut enregistré. Toutes les églises d'Avignon firent en même temps des processions pour obtenir du ciel la fin de ces troubles, & une paix entiére & si désirable. Hipolite, cardinal de Ferrare, légat en France, qui poussé du même zele, s'étoit donné des soins & des peines infinies pour y réussir conjointement avec plusieurs doctes prélats, entr'autres Paul de Sadolet, evêque de Carpentras, renommé par sa grande éloquence, finit sa legation avec le regret de n'avoir rien avancé, & passa en Italie ; il fit quelque séjour à Turin, où il fut très-bien receu du duc de Savoye, & s'y embarqua sur le Pô le 18. May avec les cardinaux, Louis d'Est & François de Mante.

Le vice-légat ayant mandé les états de la Comté, ils s'assemblerent le 15. de May dans le palais du pape à Avignon ; les consuls & le peuple y furent présens, car il s'agissoit de l'interêt public. Il y fut résolu que chacun contribueroit selon ses forces aux fraix de la guerre, qu'il falloit soutenir malgré nous contre les huguenots, pour les forcer en même temps d'obéir, & d'accepter les articles que S. M. leur offroit

AN. 1563.

F iij

& dont ils refusoient si constamment l'exécution. A cet effet, on députa Vauclufe, feigneur dudit lieu, au comte de Suze, chevalier de l'ordre, & gouverneur de Lyon, Aubignan au comte de Cruflol, chevalier du même ordre, le protonotaire de Sceptre & Louis de Peruffiis aux comtes de Sommerive & de Carces, & aux meffieurs les eftats de Provence, pour leur remontrer & leur rendre compte du danger évident où l'opiniâtreté des huguenots alloit mettre la Comté, & lesquels n'avoient demandé une fufpenfion d'armes que pour mieux prendre leurs mefures, & la ruiner plus fûrement, qu'ainfi elle avoit effentiellement befoin de leur fecours & de leurs forces dans une néceffité fi preffante. Ces députés eurent une audience favorable, leur requête fut reçuë d'un commun accord, on leur promit l'exécution de tout ce qu'ils demandoient, & il fut convenu par délibération que le clergé du pays donneroit 120000. livres par deffus les charges ordinaires, pour contribuer à l'entretien de 35. compagnies qu'on alloit lever pour la deffenfe du pays; on députa en même temps en cour la Motte, Pourrieres, & Duranti, affeffeur d'Aix, pour refter auprès de la perfonne du roy.

Les huguenots obftinés dans leur rebellion, continuerent leurs violences, firent en plufieurs lieux affembler les catholiques, ils fommerent ceux qui vouloient vivre dans la religion Romaine de lever la main, & voyant que ce nombre excedoit de beaucoup le leur, ils envoyoient loger dans leurs maifons leurs foldats les plus déterminés & les plus inhumains, & leur faifoient effuyer par là des cruautés inoüies.

Ils furent enfuite camper près de Vaifon dans le deffein d'en faire le fiége, mais cette place étant forte & bien munie, ils y furent fi mal receus, que connoiffant la témérité de leur entreprife ils fe retirerent plus loin après avoir été battus, & nous avoir laiffé quelques prifonniers de conféquence, entr'autres la cornette de Montbrun, que la cavalerie de Vias avoit enlevée; ils conduifirent leur artillerie dans une grange près de Villedieu, brulerent quelques maifons à la campagne; de là ils marcherent le 27. May au nombre de 3000. hommes & de 400. chevaux vers le lieu d'Entrechaux, & y étant entrés par une fauffe porte de la maifon du feigneur que les catholiques poignarderent à l'inftant, fur le foupçon qu'ils eurent de fon intelligence avec les ennemis, ces derniers vengerent fa mort par le maffacre de 42. payfans qu'ils pafferent au fil de l'épée; de là ils furent au lieu de Crillon, dont la frayeur avoit chaffé les habitans, pillerent & défolerent entiérement le château du feigneur.

Le tems de la moiffon étant alors fur le point d'arriver, les eftats de la Comté s'affemblerent encore une fois pour délibérer fur la délibération de ceux de Provence, & il y fut réfolu en attendant, de faire des nouvelles levées pour augmenter nos forces, qui n'étoient pas fuffifantes pour repouffer l'ennemi; cette affemblée fe tint le 28. du même mois de May; Fabrice y convint de fournir & de payer 2000. hommes, le clergé & les habitans d'Avignon autant, & 50. cavaliers entretenus pendant un mois, ces derniers n'y entrant que pour le tiers de la dépense. Cette délibération fut portée par le seigneur de la Lune aux estats de Provence qui devoient fournir autres 2000. hommes, & qui durent dez lors colonel de leurs compagnies, Bernard d'Ornesan, baron de Montagut, & gouverneur de Sisteron.

Le comte de Sommerive après la publication générale des articles de la pacification ordonnée par le roy, partit d'Aix accompagné d'une nombreuse noblesse pour aller au-devant du comte de Tende, son pere, qui revenoit en Provence. Peu de jours après, les troupes de Provence passerent la Durance pour entrer dans la Comté; la cavalerie étoit conduite par le même baron de Montagut, le commandeur de Cuges, de S. Jeurs & de Cordes, la fanterie par le commandeur de la Palu, d'Aux, d'Ansouis, la Coronne, Baudon, Grenier, Beauchamp & Redortier de Manosque; ces troupes furent d'abord logées à Cavaillon, au Thor, & à Coumons. Elles se diviserent ensuite à Pernes avec la compagnie d'Adrian Pol, pour aller couvrir le lieu de Mazan dont on craignoit la surprise. En effet le 3. Juin suivant, une partie de la cavalerie des huguenots qui venoit de prendre Bedoüin, s'étant présentée devant les murailles de Mazan avec deux piéces de campagne, y fut si mal reçuë, Propriac qui y commandoit se deffendit si bien, & Coumons vint au secours si à propos, que les ennemis furent obligés de se retirer après y avoir perdu 100. hommes, & trois de leurs capitaines; Clou y fut tué & son frere blessé: nous perdîmes de nôtre côté un cheval leger du marquis de Longiano, nommé Joachim: ainsi Mazan fut mis en seureté, & pourveu d'une garnison suffisante. L'Isle fut en même temps fortifiée par les soins de Rousset & de Saluste de Perussiis qui étoient dedans: & ce fut alors aussi que le baron des Adrets sortit du château de Nismes, & fut mis en liberté par ceux de son parti qui l'y avoient retenu prisonnier.

Le 5. de Juin, la dame Françoise de Malespine, épouse de Fabrice, arriva à Avignon pour y revoir son mari dont elle étoit séparée depuis un an & huit mois; elle venoit d'Italie accompagnée du marquis de Malgra son frere, & de plusieurs autres gentils-hommes & demoiselles: plusieurs seigneurs d'Avignon & la cavalerie legére furent au-devant d'elle jusqu'au port de la Durance près de Bonpas; le vice-légat fut la recevoir à la porte Ymbert, suivi des consuls & d'un grand nombre d'habitans, & de-là elle fut conduite au bruit du canon, des tambours, & au son des trompettes, jusqu'à la maison de Richard de Perussiis où Fabrice vint la recevoir à la porte, avec toute la joye & la tendresse d'un véritable époux. Le lundy suivant, les consuls & les habitans furent lui faire visite, & lui firent présent de deux chaînes d'or, enfermées dans un étuy, couvert d'un côté de ses armes, & de l'autre des armes de la ville.

Le 8. Montagut, colonel du régiment de Provence, suivi de plusieurs capitaines, arriva à Avignon, ou trois jours après arriverent aussi trois députés des huguenots, qui étoient partis de Mornas sur un sauf-conduit qu'ils avoient obtenu de nos généraux. Dans ce dernier lieu, treize compagnies de leur fanterie qui venoient de Lyon étoient débarquées, & quatre cens hommes de cheval dans le dessein de s'établir dans le pays, & y séjourner jusques à l'arrivée du maréchal de Vieilleville, qui étoit à Lyon depuis le 5. du même mois de Juin. Ces députés exigeoient par leurs demandes, que le pays fournit les vivres nécessaires à ces troupes, & faisoient entendre, quoiqu'avec peu de sincérité de leur part, qu'ils étoient disposés à rentrer dans leur obéissance; mais comme on comprit aisément leur feinte, & le dessein qu'ils avoient de s'établir sous ce prétexte dans le pays, on leur refusa leurs demandes, & ils s'en retournerent dans leur retraite. Ils firent prisonnier Mario, après lui avoir pris cinq cens écus, toutes les dépêches & lettres qu'il aportoit à nos généraux; & nonobstant le sauf-conduit & passe-port qu'il avoit, ils le conduisirent à Orange.

Le 14. Fabrice étant parti d'Avignon alla coucher au lieu du Thor, où par l'ordre de Rousset, son meftre de camp, il passa en revue les troupes Provençales qui furent payées sur le champ. Le même jour, les huguenots de Provence étant de retour à Mornas, furent prendre leur logement à Corteson, ceux de Corteson à Bedarride; ceux-ci vinrent de nuit à Monteux, où ils acheverent de brûler le couvent des cordeliers, & marcherent ensuite vers Entraigues; le baron de la Garde, chevalier de l'ordre du roy, se rendit en même tems à Avignon.

Le 16. nous démontelames le lieu de Velleron pour en ôter l'azile aux ennemis, qui auroient pû par ce moyen nous couper le passage de Lisle à Carpentras; & le 19. deux de leurs compagnies cavalerie & infanteterie, furent prendre, & s'établir dans Vedene; ceux de Monteux en étant sortis au nombre de cent trente, & s'étant venus retrancher dans l'hôpital de Carpentras, dont ils tâcherent de surprendre une porte: notre garnison fit sur eux une sortie si vive, ayant à sa tête Vaqueiras, qu'après avoir batu & vigoureusement repoussé les assiégeans, leur avoit pris un cheval en vie, & plusieurs blessés, du nombre desquels étoit la jument de leur capitaine Mouvans; ils délogerent dans la nuit suivante, & marcherent vers Sarrian.

La veille de Saint Jean, on fit la nomination du viguier & des consuls d'Avignon; Jean-François Sadolet, seigneur de Blovac, fut créé viguier; Pierre de Girard, seigneur d'Aubres, Jean-Ferrier Benet, Pierre de saint Sixte, consuls; & Jean-Marie de Francia, docteur assesseur.

Le jour de la fête de S. Pierre 29. Juin, la compagnie de Caille étant
partie

partie de Villeneuve-lez-Avignon se rendit à Coumons, Oratio de Colpi, gentilhomme de la maison de Fabrice, fut établi dans la Tour du pont, & Ambroise de Marseille, caporal de la Bartalasse, fut mis dans S. André pour garder ces deux postes jusqu'à nouvel ordre.

Les huguenots cependant couroient, & ravageoient toujours la campagne enlevant les bestiaux, pillant les châteaux, granges & villages; ils emmenerent prisonniers plusieurs prêtres & chanoines de l'Isle, & le 3. du mois de Juillet, ayant pris par escalade le lieu de Métamies, y massacrerent cinq paysans, & se rendirent en même temps maîtres du lieu de Mormoiron; Fabrice qui craignoit pour les lieux de Venasque, & de Malemort, établit le capitaine Métamies dans le premier, & Paul Galimbert pour la deffense du second.

Les ennemis ayant mis ensuite le siége devant Crestet, au diocèse de Vaison, lieu assez fort par sa situation, avec quinze cents fantassins, cinq cents chevaux, & quatre piéces de canon, l'attaquerent si rudement, qu'en peu de temps la bréche fut assés grande pour donner l'assaut; ce fut le premier qu'ils oserent monter de tous les siéges qu'ils avoient déja faits; mais ils n'eurent pas lieu d'en être satisfaits, & quelque opiniâtreté qu'ils y fissent paroître, ils furent repoussés si vigoureusement qu'ils furent contraints de se retirer, & d'abandonner leur entreprise, après avoir laissé cent de leurs hommes dans nos fossés. Le capitaine Benasc, Piémontois, qui commandoit dans cette place, s'aquita parfaitement de son devoir. Dans ce siége, les femmes même deffendoient leurs murailles, accabloient de pierres les assiégeans, & nos soldats après cette action vive rapelloient les ennemis, leur offroient la restitution de toutes leurs bales & boulets, à condition qu'ils remonteroient à l'assaut, joignant ainsi la raillerie à l'insulte. Ceux de Monteux ne furent pas mieux traités dans les courses qu'ils firent près de Carpentras qu'ils avoient dessein de piller; car le marquis de Longiano qui en étoit gouverneur, indigné de leurs fréquens aproches, ayant fait sortir sa cavalerie le 6. Juillet, & celle de Vaqueiras, dont la compagnie de Coumons soutenoit les aîles, fondit si vivement sur eux, & la mêlée fut si chaude, qu'après avoir été mis en déroute ils furent encore poursuivis, & battus jusques aux portes de Monteux; ils eurent trente hommes tués dans cette occasion, plusieurs blessés, & nos troupes ayant pris prisonier un de leurs plus braves soldats natif d'Aix, & qui étoit en assez bon équipage, le leur renvoyerent sans aucun mal, peu de jours après, sur la promesse qu'il fit de nous payer sa rançon. Les huguenots n'en usoient pas si humainement envers nos soldats lorsqu'ils les prenoient prisonniers, souvent ils faisoient écorcher les uns tous vifs, & étrangler les autres; faisoient mourir les uns à petit feu, & précipiter les autres des plus hautes tours pour le seul plaisir de les voir écrafés dans leur chûte, & n'en honoroient jamais un seul de la sépulture.

Le dimanche 11. Juillet, jour de la fête de S. Pie pape, Montagut, colonel, s'étant rendu à Avignon, Fabrice y régla le département des troupes en la maniere suivante; il fut ordonné que les compagnies de ce colonel, & celles d'Adrian Paul, & Grenier de Thoulon, resteroient établies pour la garde de l'Isle; qu'on envoyeroit à Thor celles de Vins, saint Jeurs, Anfoüis, & Aux; à Pernes, les capitaines Rousset, Flassan, Cordes, Baudon, & Beauchamps; à Masan, les capitaines Redortier, & la Couronne; à Coumons, le capitaine Caille; & à l'Aigues, le capitaine Dagot: dès-lors ces troupes qui se trouvoient à la fin du mois prescrit, commencerent à vivre sans payement, en attendant l'arrivée du maréchal de Vieilleville, qui étoit parti de Lyon sur le Rhône le 4. de ce même mois; le taux des officiers & soldats fut ainsi réglé, on donnoit tous les jours au capitaine, outre le pain & le vin, trois livres dix sols Tournois; au lieutenant, une liv. quatorze sols; à l'enseigne, une liv. quatre sols; au sergent, quatre sols & demi; au caporal, trois sols; & à chaque soldat, un sol & demi; au fourrier, trois sols; au tambour, trois sols; & au fifre, trois sols.

François de Scepeaux, seigneur de Vieilleville, & maréchal de France, arriva le vendredi 16. suivant à Villeneuve-lez-Avignon, accompagné des gentils-hommes de sa maison, & de cinquante arquebuziers à cheval, commandés par S. Colombe, & fut logé dans la chartreuse. Fabrice lui députa le marquis de Longiano, les capitaines Coumons, Propriac & plusieurs autres gentilshommes: plusieurs huguenots de Languedoc, Dauphiné, Provence, & de la Comté, s'y étant rendus dans l'espérance de pouvoir s'introduire dans Avignon, à la faveur & à la suite de ce maréchal, décheurent de leurs prétentions; car ce maréchal qui s'étoit aperceu de leur dessein, y fit son entrée le lendemain par la porte du Rhône, ne voulant être suivi que des gentilshommes, & des seigneurs d'Aix & de Caylus; il fut conduit avec pompe au grand palais, au bruit de l'artillerie qui étoit sur la plate-forme de la roche de Doms, toute la garnison étant sous les armes: il y dîna, & soupa avec le vice-légat & Fabrice, & reçut dans cette ville des honneurs infinis. On avoit lieu d'espérer que son arrivée mortifieroit assez les huguenots pour les rendre moins entreprenants; mais il n'en fut pas de même, ils pousserent encore plus loin leur fureur & leurs insolences, jusqu'à s'aprocher des murailles de la ville, y vomir mille injures contre le pape & ses officiers, chantant leurs pseaumes, se mocquant de nos peines & de nos miseres; l'impiété d'un de leurs soldats le porta jusqu'à lâcher son ventre dans le benitier de la chapelle S. Nicolas, qui est sur le pont du Rhône, & quelques-uns ayant eu la hardiesse d'entrer dans Avignon, furent saisis, & mis en prison dans le palais; mais pourtant relâchés quelques jours après sans aucun mal. Le maréchal de Vieilleville ayant été visité dans le palais par tous les gentilshommes de la ville, & autres seigneurs de la Comté, revint à Villeneuve; & pendant le séjour qu'il y fit, les huguenots, sans respecter nullement sa présence, commirent des cruautés inoüies.

Ce maréchal étant parti de Villeneuve le 19. Juillet, prit le chemin de Montfrin, où la demoiselle de Lers le régala dans son château. Il alla coucher à Beaucaire, fut dîner le lendemain à Tarascon, où le comte de Sommerive étant venu le joindre, suivi d'une nombreuse noblesse de Provence jusqu'au nombre de trois cents chevaux, ils y restèrent ensemble quelques jours, & passèrent à Arles pour revenir à Tarascon. La foire de Beaucaire se tint au jour accoûtumé, mais ce ne fut pas sans crainte & sans danger; & par cette raison elle fut très-déserte, & peu abondante: les huguenots coupoient souvent les chemins, ravageoient la campagne, en arrachoient les arbres fruitiers, abbatoient & brûloient les églises après les avoir pillées, foulé aux pieds les reliques; ils mettoient à leur usage les ornemens & les habits sacerdotaux.

Le maréchal étant parti de Tarascon, arriva à Marseille un vendredi 30. Juillet, après avoir passé par Orgon, par Salon de Craux, par Marignane, où le comte de Sommerive l'avoit receu magnifiquement, & par Aix, où il séjourna deux jours. Il fut receu dans cette ville de Marseille avec tous les honneurs imaginables; les viguier, consuls, juges & députés furent au-devant de lui, accompagnés de deux mille hommes de la ville qui se présenterent sous les armes, & en fort bon ordre; l'artillerie des forts & des galères fit grand feu, & il marcha au son des trompetes & des hauts-bois jusqu'à . . . . où après avoir fait quelque séjour, il fut loger, pour être plus comodément, hors de Marseille, dans la maison du baron de Meuilhon. Le lendemain il alla visiter le comte de Carces qui étoit malade dans sa maison; & de là s'embarquant sur une galère, alla dîner à la tour d'Yf, accompagné des comtes de Sommerive, & de Fiesco, & des dames leurs épouses. Le dimanche 1. Août il revint à Aix, où le comte de Tende se rendit le 4. suivi de cent quarante gentilshommes: le maréchal alla au-devant de lui avec les gens de sa garde; le comte de Sommerive, suivi des seigneurs de Montdragon, du Puy-saint Martin, le vicomte de Cadenet, chevalier de l'ordre, Cental, Mons, Suffron, Guillem, procureur du pays de la Comté, Louis de Perussiis, & plusieurs autres gentilshommes, au nombre de trois cents chevaux.

Truchon, premier président de Grenoble, qui venoit pour aider & suivre le maréchal, arriva presque en même tems à Aix.

Le 25. Août, les huguenots ayant assemblé leurs états dans la ville de S. Cecile, dont ils avoient élu un gouverneur au nom du roy, ils y prirent les délibérations du monde les plus violentes; ils lacerent des lettres ajournatoires contre les vassaux ou seigneurs feudataires du pape, les sommant de comparoître devant leur tribunal & conseil politique. Ils nommerent trois commissaires pour aller faire abatre toutes les cloches de la Comté, & annoter les biens de ceux qui refusoient d'obéir à leur ordonnance; ils continuoient toujours de courir la campagne, d'enlever les catholiques,

& leurs bestiaux, établirent dans les lieux de Mornas & de Corteson plusieurs scélérats, qui ne manquoient jamais d'arrêter tous les muletiers qui venoient du côté de Lyon, dont ils fouilloient la charge pour les piller, & brûler les livres catholiques; ils enlevoient l'argent des voyageurs, retenoient les bateaux qui descendoient sur le Rhône, exigeoient les gabelles & les péages, & bien souvent massacroient les bateliers.

Les huguenots de Provence ayant rassemblé toutes leurs troupes de Bedarride, Monteux, Entraigues, Château-neuf du pape, & Vedennes, se trouvant au nombre de quatre cents chevaux & de cinq cents arquebuziers, se retrancherent pendant la nuit dans le bois de Thouzon-lez-le-Thor. Le lendemain matin une partie de leur cavalerie s'étant détachée sous prétexte, & faisant mine de vouloir enlever quelques bestiaux, se présenta devant les murailles du Thor, pour en attirer à eux la garnison, & l'entraîner insensiblement dans le piége. Vins qui commandoit dans la place en sortit avec quatre-vingt chevaux & quelques arquebuziers du chevalier d'Ansoüis, fondit vivement sur les ennemis, qui feignant de fuir, l'attirerent dans l'embuscade; car en étant venus aux mains près du bois, & les troupes des ennemis en étant tout-à-coup sorties, le combat fut opiniâtre, quoique fort disproportioné. Vins qui se reconut alors engagé, après un combat de deux heures, fit une retraite insensible, mais des plus honorables, & rentra dans le Thor: nous y perdîmes dix hommes cavaliers ou fantassins; les ennemis en eurent autant de tués, beaucoup de blessés, & deux prisonniers que nous fîmes sur eux, furent conduits au Thor. Vins se battit dans cette occasion avec une fermeté & un courage incroyable, sa retraite fut aussi sage que nécessaire, & le capitaine Ansoüis, après avoir soutenu fort long-tems dans une grange voisine le choc des ennemis, les contraignit de lui abandonner le champ de bataille, & de se répandre dans le terroir d'Avignon.

Notre garnison de Carpentras faisoit cependant de fréquentes sorties, battoit souvent les ennemis, & faisoit sur eux plusieurs prisonniers. Le marquis de Longiano qui y commandoit nos troupes, ne perdoit aucune occasion de leur nuire, il étoit soutenu de plusieurs braves officiers, & nonobstant la faim & la soif que soufroient les habitans de cette ville, dont les ennemis coupoient les vivres, & avoient détourné & empoisoné les fontaines, il prenoit quelquefois avec usure sa revanche sur eux. Mouvans, leur capitaine, revenoit un jour, monté sur une belle jument, d'un lieu de Provence, où il étoit allé faire baptiser une de ses filles, il étoit accompagné d'un ministre qui venoit d'en faire la cérémonie, & de plusieurs cavaliers, lorsqu'il fut rencontré par le brave Vaqueiras, qui étant sorti de Carpentras avec quelque cavalerie, le chargea si vigoureusement, qu'après l'avoir contraint de prendre la fuite, & le poursuivant sans se rebuter, Mouvans qui se vit serré de près, & sentant afoiblir les forces de sa jument, s'avisa fort-à-propos d'en descendre pour sauver sa

DU COMTE' VENAISSIN, DE PROVENCE, &c. 53

An. 1563.

vie ou sa liberté, & de prendre le cheval d'un de ses soldats, sur lequel il se sauva bien vîte ; mais ce dernier fut pris avec la jument, de même que le ministre & quatre autres soldats des ennemis qu'on emmena prisonniers, huit des leurs resterent encore morts sur la place ; & si nos troupes mal-à-propos ne se fussent pas amusées au butin, comme elles firent dans cette occasion, il n'eût pas échapé un seul des ennemis. Dans cette action Vaqueiras & ses cavaliers se distinguerent beaucoup, & après leur victoire se retirerent sains & sauves dans Carpentras ; on peut assurer aussi que Mouvans ne se battit pas avec moins de bravoure. Sa jument fut vendue 390. livres, & cet argent fut distribué aux soldats victorieux.

Nous aprîmes alors que le roy avoit repris le Havre de Grace sur les Anglois, & à cette occasion le vice-légat & Fabrice en firent faire un feu de joye le 7. d'Août, comme aussi en action de graces d'une session du concile de Trente qui se tenoit alors, & qui venoit de confirmer & de relever plus que jamais l'authorité du pape ; ils assisterent le lendemain à une messe solemnelle qui fut chantée dans l'église métropolitaine d'Avignon, & à une procession générale qu'on fit ensuite dans toutes les principales rues de cette ville.

Le même jour, nos troupes de Carpentras ayant fait une sortie sur ceux de Bedouin, tuerent quarante de ces derniers ; le capitaine Redortier de Manosque se distingua fort dans cette occasion ; on fit encore sur eux plusieurs prisonniers ; notre garnison de Baume étant pareillement sortie pour repousser les insultes des ennemis, laissa douze hommes de leurs morts sur la place.

Le 8. Août, le maréchal de Vieilleville étant à Aix, le comte de Tende donna publiquement le collier de l'ordre au comte de Sommerive, Honorat de Tende son fils ayné, & à Jean de Pontevez, comte de Carces : la cérémonie s'en fit dans l'église métropolitaine de S. Sauveur, il y avoit plus de six mille personnes dans cette église, & le peuple occupoit encore plusieurs ruës. Le maréchal, le comte de Fiesco, le vicomte de Cadenet, chevaliers du même ordre, & le président Truchon, furent présens à cette solemnité ; ce dernier y fit la lecture de l'institution de l'ordre, & de son ordonnance ; le comte de Tende voulut en signe d'amitié troquer son épée avec celle du comte de Carces, & ils en firent l'échange sur le champ. L'après-dînée, il y eut un conseil composé du maréchal, des comtes de Tende, de Sommerive, de Fiesco, de Carces, & de Cadenet, du premier président de Grenoble, du baron de Trez, & de Lauris 2me. & 3me. présidens, de Central, de Meuilhon, & quelques autres conseillers du même parlement. Cette assemblée fit une ordonnance de onze articles sur la pacification des troubles, & en conséquence sur la liberté qu'on donnoit aux huguenots de rentrer dans leurs biens ; elle fut signée par du Carloys, secrétaire du même maréchal. Ce conseil étant fini, tous ces seigneurs se rendirent à Salon de Crau pour y

G iij

AN. 1563.

traiter des affaires qui reſtoient encore à régler. Le comte de Sommerive en partit le 11. pour aller à Arles, & y voir la dame d'Urfé ſa ſœur. Le lieutenant de prévôt revenant de la Comté y arriva en même temps, après avoir envain eſſayé de remettre dans leur devoir les huguenots qui y étoient encore par-tout répandus.

Le 16. deux cents de leurs cavaliers, après avoir couru tout le terroir d'Avignon, vinrent camper près du port de Bonpas ſur la Durance, & l'un d'eux ayant paſſé cette riviere pour amener le bateau qui étoit à l'autre bord, le capitaine Caille qui étoit dans Coumons en ſortit avec cinquante arquebuziers, & les attaqua ſi bruſquement, qu'il les contraignit d'abandonner ce port, dont ils s'étoient déja rendus les maîtres, emmenant avec eux pluſieurs beſtiaux qu'ils y avoient enlevés; mais ſans avoir eu le tems d'exécuter le deſſein qu'ils avoient d'y ſurprendre & piller la chartreuſe.

Les troubles étoient encore ſi grands, que nonobſtant toutes les offres, les précautions & les menaces qu'on avoit mis en uſage pour remettre les huguenots dans leur devoir, ils en faiſoient ſi peu de cas qu'il n'y avoit aucune ſûreté pour nous à la campagne; & les habitans d'Avignon, pour ſe procurer chez eux l'entrée des denrées qui leur étoient néceſſaires, furent obligés de faire entrer dans la Durance les bateaux qu'ils avoient ſur le Rhône, & de la remonter à force de voiles, ou à force d'hommes juſques à Cavaillon. Ces bateaux qui étoient chargés de tonneaux & de cordages, raportoient en redeſcendant le bled, le vin & l'huile dont ils avoient un abſolu beſoin : cet expedient n'étoit pas ſans doute des moins difficiles, car outre que cette riviére étoit fort baſſe à cauſe de la ſechereſſe des trois ports qu'elle avoit les plus voiſins d'Avignon, il n'en reſtoit qu'un de libre; c'étoit celui de Château-Renard, le paſſage de ceux de Bonpas & d'Orgon étant abſolument fermé, par les courſes continuelles que les ennemis y venoient faire pour nous ſurprendre.

Le 19. nos fregates d'Avignon ſe trouvant au-deſſus de Cadérouſſe, y prirent quelques charges de vin ſur les ennemis qui avoient coutume de le porter dans la Comté, d'où ils raportoient du bled & d'autres denrées.

Le même jour, le maréchal de Vieilleville qui auroit ſouhaité avant ſon départ de Provence de pacifier les affaires, envoya ſainte Colombe, capitaine de ſa garde, au lieu de Vedennes dans la Comté avec quelques arquebuziers pour y joindre 300. chevaux des ennemis, qui ayant déja eſſayé pluſieurs fois de paſſer au-delà de Château-neuf - Moſſen-Giraud, en avoient été empêchés par Raillon, qui s'y trouvoit avec ſa compagnie, & qui par une vigoureuſe réſiſtance les avoit contraints de retourner ſur leurs pas. Sainte Colombe s'étant abouché avec eux, ils réſolurent de députer un gentil-homme de leurs troupes au

DU COMTÉ VENAISSIN, DE PROVENCE, &c. 55

maréchal, pour lui demander une suspension d'armes, pendant laquelle on traiteroit d'accommodement. Cette trêve dont on convint le 21. leur fut accordée jusqu'au 25. & comme on se flattoit dans ces cinq jours de trouver un expedient pour remettre le pays dans sa premiére tranquillité, Fabrice envoya ordre à Rousset, son mestre de camp, de contenir ses soldats, de leur deffendre toutes sortes de voyes de fait, & les moindres violences contre les ennemis ; mais ces derniers usant de mauvaise foy, & respectant peu les loix de la guerre, firent la nuit suivante des courses vers Château-neuf, brûlerent les portes du château de Thouson, & de là étant passés à S. Savournin, ils en emporterent la cloche de l'église.

AN. 1563.

Cependant les huguenots de Provence jugeant à propos d'accepter les offres du maréchal, & profiter de la liberté qu'il leur donnoit de se retirer chez eux, abandonnerent la Comté, & en partirent le mardi 24. Aoust au nombre de 400. hommes de cavalerie, 1200. d'infanterie, & 300. femmes, après avoir mis tout leur bagage sur des charrettes ou sur des mulets. Ils prirent d'abord le chemin de Château-neuf - Mossen-Giraud, & Coumons, allerent camper dans la plaine de Cavaillon, & le lendemain ayant passé la Durance, & s'étant répandus dans les lieux d'Orgon, Senas, Alein, & Malemort, ils s'y diviserent ensuite, pour prendre chacun le chemin qui les conduisoit chez eux ; dans leur retraite, ils ne commirent pas le moindre désordre ; & pour les prévenir ou leur en ôter le prétexte, Fabrice avoit déja pourveu à leur subsistance en leur faisant fournir l'étape pendant toute leur route. Il s'empara d'abord après des lieux de Monteux, Entraigues, & Vedennes, & voulant pourvoir ses autres places, il mit dans Cavaillon le capitaine Vaqueiras & l'infanterie de Dagot; dans Mazan le capitaine Coumons, qui sortit alors de Carpentras; à Monteux la cavalerie du marquis de Longiano, & l'infanterie de la Corone & de Joly-Jean ; dans le Thor la cavalerie de Mutio-Rasponi, & la moitié de l'infanterie du capitaine Caille ; & Caille avec le reste à Coumons ; à Château-neuf & à la chartreuse de Bonpas le capitaine Raillon.

Le 26. Montagut étant parti de l'isle de Venise, après avoir rapellé toutes ses troupes dispersées dans la Comté, les rassembla à Coumons, passa la Durance, & se retira en Provence.

Les huguenots de Provence qui ne s'étoient pas encore retirés dans leurs maisons, comme il leur avoit été ordonné, s'étoient rassemblés dans le lieu d'Orgon, se promettant d'y avoir le libre exercice de leur religion : le maréchal de Vieilleville en eut avis, & le comte de Tende, qui se trouvoit alors à Salon avec lui, s'étant rendu incessamment à Orgon pour leur remontrer l'inutilité de leurs prétentions, & qu'ils agissoient contre l'intention de S. M. ils en partirent le 29. & se retirerent ; mais ce fut après que quelques-uns des moins dociles eurent fait publiquement leurs prieres, & chanté leurs pſeaumes, pouſſant même leur inſolence juſqu'à faire rouler du plus haut de la montagne une ſtatue de pierre, qui repréſentoit la Vierge, & qui parvint juſqu'au bas ſans ſe briſer nullement. Montagut ayant apris leur départ, licentia ſes troupes qu'il tenoit encore aſſemblées à Noves par ordre du maréchal, qui voulut faire obſerver les articles accordés. Le comte de Suze, chevalier de l'ordre, venant alors de la cour arriva à Avignon; il y étoit mandé par le roy au ſecours du maréchal, & pour l'aider dans ſes fonctions s'il en étoit beſoin; il étoit ſuivi de pluſieurs gentils-hommes, & d'un fort bel équipage.

Les huguenots qui venoient de ſe retirer dans les lieux de Bedarride & de Sarrian, recommencerent leurs courſes & leurs violences, enlevant les payſans dans la campagne, ſe ſaiſiſſant de leurs charrettes, & vendangeant les vignes. Leurs forces s'augmentoient tous les jours par les troupes qui leur venoient de Provence, du Dauphiné, & du Languedoc. Fabrice pour remedier à ces nouveaux déſordres envoya d'abord au lieu d'Entraigues la cavalerie de Mutio Raſponi, & l'infanterie de Joly-Jean. Les huguenots de Sarrian ayant couru ſur nos vendangeurs de Carpentras le 2. de Septembre, en furent ſi mal receus qu'ils furent contraints de prendre la fuite après avoir laiſſé pluſieurs des leurs ſur le champ de bataille. Les compagnies de Coumons, la Couronne, & Paul, étant ſorties le lendemain des lieux de Pernes, Mazan, & Malemort, ne traiterent pas mieux ceux de Mormoiron & de Bedoüin, dont ils tuerent pluſieurs.

Fabrice qui voyoit tous les jours de nouveaux troubles, & qui craignoit peut-être d'en voir beaucoup de plus grands, ſe perſuada qu'il étoit temps d'uſer d'un remede proportionné au mal, il partit donc d'Avignon le dimanche 5. Septembre, à la tête de 300. chevaux & de quelques compagnies d'infanterie, qui conduiſoient deux piéces de canon, & s'étant d'abord arrêté à Entraigues, où quelques autres troupes le vinrent joindre, il marcha en premier lieu vers Bedarride dans le deſſein de le canoner, & d'en punir exemplairement la garniſon qui lui en évita la peine, en ſortant de cette place ſans y attendre ſon arrivée; celle de Sarrian en uſa de même, & ſe retira dans Orange & dans Malaucene; Fabrice laiſſa Joly-Jean dans Bedarride pour le garder; continuant ſa marche il alla coucher le 6. à Carpentras, & fut mettre le ſiége devant Mormoiron. Cette place qui avoit été fortifiée avec quelque ſoin, fut opiniâtre dans ſa deffenſe; mais notre attaque qui ne le fut pas moins, dérangea fort la confiance que les aſſiégés avoient en leurs murailles: ils avoient démoli une chapelle, & abatu les armes du pape en mépris de la religion & de leur ſouverain; ils commettoient mille extorſions & violences contre les habitans catholiques, & les lieux voiſins éprouvoient tous les jours leurs injuſtices & leur mauvaiſe foy:

leur

DU COMTE' VENAISSIN, DE PROVENCE, &c. 57

leur garnison n'étoit composée que de scélérats & des bandits, & ce fut une nouvelle raison à Fabrice pour s'attacher avec plus d'attention à la prise de cette place. Il y arriva le lendemain 7. Septembre avec ses troupes, qui avoient grossi en chemin de sept cornettes de cavalerie, dont le marquis de Longiano étoit le général, & commandées en particulier par les seigneurs de Flassan, de Vins, S. Jeurs, Vaquéiras, Raspon, & Cugges, de onze compagnies d'infanterie bien armée, dont les capitaines étoient Coumons, Propriac, Ansoüis, Jacopo, Antonio, Caille, Adrien-Paul, Raillon, la Corone, George la Couronne, Dagot, & Paul Galimbert, plus de partie de celles de Julio, de Georgio, & de Joly-Jean. Cette petite armée ayant été disposée dans ses quartiers par du Rousset, mestre de camp, S. Jeurs, maréchal de camp, & la Coronne, sergent-major; Fabrice voulant user en premier des voyes de la douceur, envoya sommer par un trompette les assiégés de se rendre, mais ces derniers ne lui ayant donné pour toute réponse que des coups d'arquebuze, on commença de faire jouer l'artillerie, qu'ils essuyerent d'abord avec une obstination si étonnante, que bien loin d'en être humiliés & de prévoir leur ruine prochaine, ils chantoient pouilles à nos troupes, les défiant & les chargeant de mille injures : mais ils se virent contraints le lendemain de changer de langage ; car après avoir essuyé 120. volées de canon, la brêche étant déja raisonnablement grande, & désesperant de recevoir aucun secours, après avoir fait plusieurs fois, & toûjours en vain, les feux & les signes dont ils étoient convenus avec leurs alliés, ils se virent contraints de rompre leurs portes, & d'abatre leurs murailles dans la nuit suivante, & fuirent à toutes jambes dans la campagne. Nos troupes entrerent alors par la brêche, & par les portes de la place qu'ils remirent sous l'obéïssance du pape : ils n'y tuerent personne de sang froid, mais la perte des ennemis tués sur les remparts pendant le siége, ou dans leur retraite, fut de 150. hommes, sans compter les blessés qui furent en grand nombre ; deux de leurs ministres y périrent aussi, l'un par un boulet de canon qui lui emporta la tête & son arquebuze, & l'autre fut massacré avec douze fuyards par un de nos partis qui les rencontra du côté de Vaison. Leur enseigne nous resta : de notre côté nous y eumes douze hommes de tués, du nombre desquels fut Adrian Paul, & Aemilio de Marsigli, gentil-homme Siennois, chevaux legers de la compagnie du marquis de Longiano. Ces deux officiers avoient donné des grandes marques de bravoure en plusieurs occasions, & furent fort regrettés ; Villeneuve, lieutenant du capitaine Caille, & Pailler, lieutenant de Joly-Jean, furent blessés ; ce dernier mourut peu de jours après dans Avignon de ses blessures.

Fabrice rétablit Flassan, cornette de Durand de Pontevez, dans la seigneurie de Mormoiron, que le pape lui avoit inféodé, & qu'il avoit fait en même temps chevalier de son ordre, en récompense de ses bons

Tome I. Perussis. H

58 *HISTOIRE DES GUERRES*

An. 1563.

services; il laissa aussi dans cette place la compagnie de Paul, & du Rousset y resta quelques jours pour y remettre les choses en ordre, & dans leur premiére tranquilité.

Plusieurs seigneurs du Comtat avoient suivi Fabrice dans cette expédition bien armés, & dans un très-bel équipage, & c'étoit autant pour faire honneur à ce général qu'ils aimoient & respectoient beaucoup, que pour ne pas démentir la fidelité & le zele qu'ils devoient à leur souverain & à leur patrie; c'étoient les seigneurs de Vaucluse, d'Arbres, Flassan, Veleron, Venasque, Roys, Brantes, Berton, Coumons le jeune, Baudon, Servery, Beaulieu, Moffié, Antoine de Pernes, Bartolomé Tarascon, Louis Berton, Dragonet de Fogasses, Alexandre d'Arbres, S. Paul, & plusieurs autres, qui se distinguerent fort pendant ce siége.

Les huguenots de Bedoüin allarmés par la prise de Mormoiron qu'ils avoient regardée jusques là comme impossible, n'oserent concevoir la même opiniâtreté, & pour prévenir leur punition prochaine, ils abandonnerent & laisserent la place entre les mains des consuls, qui en étant venus incessamment porter les clefs à Fabrice près de Mormoiron, se rangerent sous son obéissance après avoir imploré sa miséricorde, & obtenu le pardon de leur derniére revolte : les lieux de Crillon & les Métamies en userent de même, & tout ce vallon fut ainsi remis sous l'obéissance du pape.

Fabrice marcha d'abord avec son armée & quatre piéces d'artillerie droit à Carpentras, où ses troupes furent rafraichies : il y fit le département de ses compagnies qu'il dispersa dans les lieux d'Aubignan, Sarrian & Carumb : la garnison de Barroux qui en avoit déja délogé dans l'aprehension d'un siége, y rentra avec un secours qu'elle avoit rencontré dans sa retraite, & Fabrice se disposoit à les aller punir plus rigoureusement que tous les autres de leur rebellion, lorsqu'il receut des lettres du maréchal de Vieilleville, qui lui mandoit de Provence de suspendre son entreprise, que cette démarche étoit essentielle, & qu'il lui répondoit de la prochaine réduction des rebelles : en sorte que Fabrice ne voulant pas s'oposer aux volontés de ce lieutenant de roy, se retira à Avignon après avoir laissé ses compagnies dans les lieux de Carumb, Vaqueiras, Aubignan, Mazan, Bedarride, Sarrian, & Entraigues.

Les estats du Comtat furent alors tenus à Avignon, & le motif de cette assemblée, ne fut autre que celui de donner des marques de reconnoissance au maréchal de son secours, & des soins infatigables qu'il se donnoit pour remettre la paix dans ce pays. Les discours sur cette reconnoissance furent prononcés par le vice-légat & Fabrice.

Le prince de Florence & de Sienne étoit dans ce même tems à l'Isle de Martegue avec une cour fort brillante : il venoit de celle d'Espagne,

& s'en retournoit en Italie fur neuf galeres ; Antoine de Lenzi y fut le viſiter de la part du vice-légat.

AN. 1563.

Le maréchal de Vieilleville après avoir fait ſa tournée par Arles, S. Remy, & Taraſcon, laiſſa le comte de Tende dans cette derniére ville ; & accompagné du vicomte de Cadenet, du préſident de Lauris, & du gouverneur de Montpellier, il alla dîner à Barbentane chez Mondragon le 15. Septembre. C'eſt ici que Fabio Beninbenc, dattaire de la légation, vint offrir le palais d'Avignon au maréchal, qui ſe mit en chemin l'après dînée pour y aller loger avec le préſident Truchon. Il y fut conduit & receu avec beaucoup d'honneur par le vice-légat, Fabrice, le marquis de Maleſpine, & Rangon, & les conſuls qui étoient venus le prendre à la porte de la ville ; il y attendit les députés des huguenots juſques au 21. qu'ils arriverent au nombre de ſeize à Villeneuve-lez-Avignon, & ce Maréchal s'y étant rendu pour y traiter avec eux de la pacification, les y trouva fort diſpoſés à la recevoir. Dans cette croyance il fit ordonner l'aſſemblée dans le palais d'Avignon, & ce conſeil fut compoſé du vice-légat, de Fabrice, des comtes de Suze, & de Cadenet, de deux marquis, de deux préſidents, l'un de Grenoble, & l'autre d'Aix, du baron de Lauris, de Tenalles, neveu du Maréchal, de Meuillon, & de Mondragon. Ces ſeigneurs ayant pour ainſi dire épluché tous les expédiens qui pouvoient procurer la paix, & convenir à l'un & à l'autre parti, ſans préjudicier néanmoins au bien de l'égliſe, & à l'authorité du pape, convinrent enfin le 23. des articles ſuivans : c'eſt à ſavoir, que les huguenots ne pourroient habiter dans le Comtat, les lieux qui ſont en deçà la riviére d'Eigues, & qu'ils ne pourroient même y venir ſans la permiſſion des magiſtrats ; qu'ils habiteroient au contraire les places qui ſont au-delà de la même riviére, dans leſquelles le pape mettroit telle garniſon qu'il pourroit juger à propos ; qu'ils ne pourroient y jouir du libre exercice de leur religion, & qu'enfin ils mettroient les armes bas entre les mains des gouverneurs. Ce traité ne devoit durer que ſix mois, ou juſqu'à ce que le pape y eût pourvû, ou en eût ordonné autrement. Les articles en furent ſignés par tous ces ſeigneurs, & lorſqu'il fut queſtion de les faire ſigner par les députés des huguenots, qui en avoient donné verbalement un ample pouvoir au maréchal, ils refuſerent de tenir leur parole, & partirent de Villeneuve ſans faire le moindre cas de la ſommation que ce maréchal leur envoya faire par un de ſes gentils-hommes. Le maréchal partit d'Avignon le ſamedi 25. Septembre, alla coucher à Roquemaure, où il fit celebrer la meſſe le lendemain, & de là fut coucher à Caderouſſe. Il y trouva les ennemis fort occupés à fortifier ce lieu : Truchon en ayant queſtionné pluſieurs ſur la mauvaiſe foy qu'ils venoient de faire paroître, en refuſant de ſigner le traité, ils lui répondirent que ce n'étoit pas leur faute, que le maréchal devoit s'en prendre à lui-même ; & que s'ils avoient été apellés dans cet

H ij

AN. 1563.

acommodement ils en auroient souscrit volontiers les propositions : ce n'étoit pourtant qu'une fourberie de leur part, puisqu'ils étoient eux-mêmes du nombre des députés à Villeneuve ; mais le président Truchon se confiant encore une fois mal à propos à leurs belles paroles s'en retourna sur le champ à Avignon pour en conférer avec le vice-légat, & Fabrice, qui quoique fort surpris de cette nouveauté, & soutenant opiniâtrement que les huguenots de Caderousse étoient les mêmes qui avoient été à Villeneuve pour y traiter avec le maréchal, ne laissérent pas que d'écouter encore une fois leurs propositions ; & Mondragon mandé par le maréchal à leurs excellences, étant arrivé le lendemain pour l'amplification des articles du traité, il fut convenu par une nouvelle grace qu'on faisoit aux huguenots, qu'ils continueroient d'habiter les lieux qu'ils occupoient en-deçà de la riviére d'Eigues, jusqu'à ce qu'ils en eussent reçeu une permission plus particuliére de sa sainteté. Mondragon étant reparti pour Caderousse avec ce nouvel accord, le seigneur de Ville revint le lendemain à Avignon avec trois copies des articles signés déja par le maréchal, & quelques autres seigneurs de notre part, & par les députés des huguenots ; le vice-légat & Fabrice qui les signerent à leur tour en retinrent une copie, la seconde fut remise au maréchal, & la troisiéme au parti contraire. Ce traité qui contenoit onze articles fut passé & achevé de signer le dernier jour de Septembre ; le baron d'Aigremont qui étoit retenu prisonnier dans le palais depuis l'affaire de Serignan, fut alors mis en liberté.

Il ne sera pas hors de propos de remarquer ici, que pendant tout le temps de ces derniéres guerres civiles, & depuis le commencement de l'été, la chaleur avoit été si extrême qu'on ne pouvoit la suporter : elle avoit été causée par une secheresse étonnante, & la poussiére qu'elle produisit devint si épaisse qu'elle endommagea considérablement la moisson, & les autres fruits de la terre ; on ne pouvoit la cultiver qu'avec une grande peine ; les fleuves & riviéres pouvoient se passer à gué ; toutefois l'air étoit fort serein, & s'il y avoit quelques maladies, c'étoit seulement dans les endroits où l'armée des huguenots de Provence avoit séjourné.

Il ne restoit donc après la signature du dernier traité qu'à prendre une possession paisible de quarante-neuf places, qu'il étoit convenu par ces articles devoir rester uniquement aux catholiques, & que les huguenots ne pouvoient venir habiter sans une permission expresse. Cet article n'étoit pas des moindres qu'ils eussent à digérer, & comme il en obligeoit plusieurs, de chefs ou commandans qu'ils étoient en dernier lieu, d'aller reprendre leurs premiers metiers de tailleur, de cordonnier, ou de labourer la terre pour gagner désormais leur vie, privés d'ailleurs de la liberté de piller, ou de vivre dans leur fainéantise aux dépens d'autruy, ce leur fut un prétexte, & une raison pressante pour donner, comme ils firent bien-tôt, de nouvelles marques de leur mauvaise foy.

Ville, qui après avoir fait signer ce dernier traité par le vice-légat & Fabrice, s'en étoit retourné à Caderouffe pour le reporter au maréchal son maître, le trouva dans une occupation bien nouvelle & bien imprévuë. Les huguenots s'étoient fortifiés dans cette place, & s'étoient trouvés tout à coup en nombre de 600. arquebuziers, plusieurs d'entr'eux ayant attaqué & tué à coups de piftolet un des domeftiques du maréchal, & le bruit de cette action ayant obligé le maréchal de fe mettre à la fenêtre, on lui tira deux coups d'arquebuze, qui heureufement ne porterent pas felon l'intention de ces fcélérats, mais qui infpirerent néanmoins à ce général une crainte affés fage pour le déterminer à une prompte retraite. Il partit fur le champ pour fe rendre au château de Suze, où il refta quelques jours, & prit enfuite le chemin de Lyon, abandonnant ces rebelles à leur propre ferocité, & les foins de leur punition aux magiftrats & autres gouverneurs du Comtat : il écrivit en même-temps au comte de Tende, de ne permettre pas aux huguenots de Provence d'en fortir, pour les empêcher par cette précaution de fe joindre avec ceux du Comtat.

Le feigneur de Flaffans vint vifiter alors à Avignon le vice-légat & Fabrice, pour les remercier des bons fervices que leurs excellences lui avoient rendus auprès de fa fainteté, à fon dernier voyage de Rome, au fujet de l'inveftiture de la feigneurie de Mormoiron, dont il alla prendre alors la poffeffion, accompagné du pere François de Caftellane, abbé de S. André-lez-Avignon, commiffaire à ce député par le pape, & de plufieurs autres feigneurs ou capitaines du Comtat. Après fon inftallation il fe rendit à Carpentras, & y prêta l'homage & ferment de fidelité entre les mains du pere Laurent de Tarafcon, prothonotaire du faint fiége, & receveur du Comtat.

Le 5. Octobre, Crillon revenant de fon ambaffade de Rome, arriva à Avignon, après avoir fait un féjour de onze mois dans cette première Ville, & y avoir travaillé avec beaucoup de fruit pour les affaires de fa religion & de fa patrie.

Peu de jours après la retraite & le départ du maréchal de Vieilleville, les huguenots firent de nouvelles courfes en plufieurs lieux du Comtat, détournerent le cours des fontaines de Carpentras, & commirent mille autres défordres. Fabrice en eut bien-tôt avis, & n'ayant communiqué fon deffein qu'à peu de perfonnes, il partit d'Avignon le 18. du même mois, & fut coucher à Carpentras fuivi de fa cavalerie, & de fon infanterie : il manda en même temps à Coumons qui étoit à Carumb, de marcher en diligence avec fa compagnie vers le lieu de Barroux, occupé & fortifié par les huguenots. Coumons ne manqua pas de s'y rendre, & nos troupes y ayant été raffemblées prefque en même temps, avec l'artillerie, les fauxbourgs furent emportés d'emblée, & le château, qui réfifta opiniâtrément jufques au 20. après avoir été le témoin de la prife du village, & défefperant de recevoir aucun fecours, fe rendit à difcretion.

AN. 1563.

Coumons y entra avec quelques soldats pour empêcher le reste des troupes de le mettre à sac : les prisonniers furent mis à part & en lieu de seureté ; on fit seulement mourir le châtelain nommé Belon, & un soldat Italien, le premier parce qu'il avoit trahi son souverain, & livré ce lieu aux huguenots, & le dernier pour avoir abandonné sa religion pendant cette guerre, & pris celle de Calvin. Nous eumes plusieurs blessés à ce siége, entr'autres le capitaine Jacopo Antonio, qui mourut dans Carpentras quelques jours après de ses blessures : il étoit brave, & fut fort regretté. Malaucene & Caderousse suivirent le sort de Barroux, & ne voulant pas l'imiter dans sa deffense, les consuls en vinrent incessamment porter les clefs à Fabrice, & implorer sa miséricorde. Ce général les traita en genereux vainqueur, & content de leur soumission passa outre, & marcha au lieu de sainte Cecile qui n'hésita point à lui ouvrir les portes, de même que Bolenne, Vaurias, Visan, Quairane, Tullete & plusieurs autres lieux du Comtat qu'il restoit encore à soumettre, & qu'il remit généralement tous sous l'obéïssance du pape.

Fabrice, après une si belle expédition, crut qu'il étoit de sa prudence de pourvoir à la conservation de toutes ces places, & de leur donner autant de gouverneurs pour les tenir en toute sûreté : il disposa donc ainsi des gouvernemens ; celui de Bolenne fut donné à Vaucluse, qui retint auprès de lui les compagnies de Vaqueiras, Coumons & François Binase ; celui de Vaurias à du Rousset, avec les compagnies de Cugges, Vins, Jean la Coronne, & Raillon : il mit à Caderousse pour gouverneur Mousier, natif du même lieu, avec les compagnies de S. Jeurs & de Joly-Jean ; à Malaucene le commandeur d'Aulan, avec les compagnies de Flassans & Dagot ; à Tullette, les compagnies d'Ansoüis & de Paul Galimbert, qui tua ce premier dans une dispute qu'ils eurent ensemble, de sorte que la compagnie d'Ansoüis fut donnée au capitaine Venasque qui s'étoit fort distingué dans ces derniéres guerres ; à Mornas, Limans avec la compagnie de George la Coronne ; à Bedarride les compagnies de Mutio & de Caïlle ; à Sarrian, celle de Propriac ; à Bedoüin, le capitaine Lelio ; à Carpentras, son gouverneur ordinaire, le marquis de Longiano, avec sa compagnie, & celle d'Antonio ; à l'Isle & à Mormoiron, la compagnie du capitaine Mathé Fapoco ; à Vaison, Baumes, & Crestet, les compagnies de Jacopo Antonio & Corzo Italiens ; à Barroux, Entrechaux, & autres lieux, quelques autres commandans avec des troupes suffisantes.

Fabrice ayant mis ainsi l'ordre & le repos dans le Comtat, s'en retourna suivi de ses lauriers à Avignon : le vendredi 29. Octobre, il y avoit déja établi les trois belles compagnies de la Bartalasse, capitaine de la cité, de Georgio, & de Julio.

Le capitaine David étant parti en poste, environ ce même tems, de Provence, chargé pour le roy de plusieurs lettres de grande importance, fut arrêté & mis à mort entre le pont S. Esprit & la Palu par quelques huguenots, qui l'attendoient en cet endroit, sur l'avis qu'ils avoient déja eu de son départ; ils lui ôterent ses dépêches, son argent & ses hardes, après avoir blessé très dangereusement le postillon qui le conduisoit.

Peu de temps après, dix compagnies d'infanterie furent envoyées en Dauphiné pour la sûreté de cette Province, sous la conduite de Romouilles, gentil-homme Provençal, & très-zelé catholique : on en établit trois à Valence, trois à Romans, une au Pont de Beauvoisin, les autres en divers autres lieux, & dès-lors on commença de dire la messe dans tous ces endroits.

Dix autres compagnies d'infanterie allerent en Languedoc, conduites par Sarlabons, meître de camp, pour y joindre Henry de Montmorency, seigneur de Damville, chevalier de l'ordre du roy, colonel de sa cavalerie legere en Piedmont, gouverneur & lieutenant-général de S. M. en Languedoc, & capitaine de cent hommes d'armes de son ordonnance, qui y étoit déja arrivé avec sept compagnies d'hommes d'armes ; savoir la sienne, celle du vicomte de Joyeuse, son lieutenant, de dom Francisque d'Est, du prince de Mantouë, du Consín de la Mirande, de Terride, & de la Vallette; il avoit encore la compagnie de chevaux legers de Scipion-Vimercat, escuyer de S. M. & son commissaire aux fortifications de Piedmont. S'étant mis en marche avec ses troupes, il réduisit bien-tôt cette province entiére sous l'obéissance du roy, après s'être rendu maître, & avoir fait son entrée dans les villes de Carcassonne, Beziers, Montpellier, Nismes, Pezenas, Alby, Castres, Usez, Bagnols, S. Esprit, & dans toutes les autres, sans y trouver beaucoup de résistance. Il fit remettre l'artillerie de tous ces lieux dans leur arsenal, ou autres endroits ordinaires, établit de bons gouverneurs, & des garnisons suffisantes dans les places les plus importantes, rétablit les prêtres dans leurs fonctions, les ecclésiastiques dans leurs dignités & dans leurs biens, & par ce moyen la messe en plusieurs endroits, où elle n'avoit été dite depuis trois ans, & le baptême à plusieurs enfans qui vivoient depuis vingt-deux mois privés de ce Sacrement. Il fit rendre partout la justice à ceux qui venoient la lui demander. Les catholiques prévenus déja du repos dont ils alloient jouir, lui donnoient hautement mille bénédictions, & 5000. personnes se trouverent à la premiére messe qu'il fit dire au S. Esprit : c'est dans cette ville qu'un de ses prévôts fit exécuter deux des assassins qui avoient trempé dans la mort du capitaine David, dont on a parlé ci-devant, & il en partit après y avoir laissé Montdragon pour gouverneur, avec 300. arquebuziers commandés par le capitaine Ventabren : le gouvernement de ce premier s'étendoit encore à Viviers, au Bourg, à Bagnols & à Roquemaure.

Le 23. de Novembre, Taillades, gentil-homme de la chambre du roy, arriva à Avignon ; il étoit mandé en qualité d'ambassadeur de S. M. au duc de Savoye, qui se trouvoit alors dans sa ville de Nice.

Le 26. Pourrieres, gentil-homme de la même chambre, & eslu de la Provence, se rendit aussi dans cette ville; il alloit dans cette province chargé d'une patente du roy pour l'exemption des prêches des calvinistes, & y portoit plusieurs autres dépêches.

La ville d'Avignon voulant prévenir l'arrivée de Damville qui venoit du S. Esprit, & lui préparer une magnifique reception, nomma Richard de Perussiis, escuyer de Lauris, & Louis de Perussiis, escuyer de Coumons son cousin, pour aller au-devant de ce seigneur le féliciter sur son arrivée, lui offrir tout ce qui dépendoit d'elle, & du service de tous ses habitans, & lui demander pour eux la même protection que le connetable leur pere leur avoit ci-devant toujours accordée. Damville répondit très-gracieusement à l'honnêteté des députés; & s'étant rendu à Villeneuve-lez-Avignon le 27. il y receut le soir la visite du vice-légat, & de Fabrice, qui furent presens au feu d'artifice qu'on fit jouer sur le Rhône par les soins de Saluste de Perussiis, & Nanni, Florentin, qui en avoient conduit tout le travail: l'artillerie fit grand bruit sur la roque de Doms, & cette fête fut accompagnée de plusieurs trompettes, hauts-bois, & autres instrumens très-agréables.

Le lendemain, Fabrice se rendit à Villeneuve & à la Chartreuse, pour y donner le bon-jour à Damville, & le conduire à Avignon, où on l'attendoit impatiemment: il y fut receu avec tous les honneurs imaginables par le vice-légat, le viguier, les consuls, & autres seigneurs qui furent le prendre à la porte de la ville; il y entra donc avec le comte de Suze, Joyeuse, & l'Estrange, qui étoient partis avec lui de Villeneuve, & fut conduit au grand palais au bruit des tambours, des trompettes; & de l'artillerie; toute la garnison se trouva sous les armes, & fit plusieurs décharges de mousqueterie, les ruës étoient tapissées, pour ainsi dire, d'une infinité de seigneurs, & de belles dames, qui furent ensuite lui rendre visite, entr'autres les comtes de Sommerive, & de Carces, Cental, Montagut, Manty, premier consul d'Aix, Meirargues, Cugges, Vins, & plusieurs autres seigneurs de Provence jusqu'au nombre de 130. chevaux, & ils partirent tous ensemble le lendemain 29. pour aller dîner à Montfrin chez la demoiselle de Lers, de là coucher à Beaucaire, d'où Damville continua sa tournée dans toutes les autres villes de son gouvernement.

Le vice-légat & Fabrice travaillerent ensuite au bon ordre de la police & des fortifications d'Avignon; ils embellirent cette ville de quelques grandes ruës, & de quelques nouvelles places.

Le 25. de Decembre, nous eumes avis de la fin & clôture du concile de Trente, terminé depuis le 4. du même mois, & receu d'un commun accord, & du consentement de tous nos prélats & députés; on fit en action de graces une procession générale dans Avignon, un feu d'artifice, & plusieurs autres réjoüissances. Il y avoit eu dans ce concile sept cardinaux,

trois

DU COMTE' VENAISSIN, DE PROVENCE, &c.

trois patriarches, 32. archevêques, 226. évêques, 18. ambaſſadeurs d'empereur, roys, princes, & républiques, pluſieurs abbés, & une infinité de docteurs & théologiens.

AN. 1562.

Le 25. Janvier de l'année 1564. les eſtats généraux du Comtat Venaiſſin furent mandés & tenus dans ſa ville capitale de Carpentras. Le vice-légat voulut les prévenir par une harangue fort belle & fort circonſtanciée, dans laquelle il remontra avec beaucoup d'eſprit & de force les occurrences du temps préſent, & le beſoin eſſentiel qu'on avoit de prendre de bons expediens, & d'en convenir par de meures délibérations dans cette aſſemblée. Ce diſcours produiſit tout l'effet qu'on devoit en attendre ; les eſtats y convinrent tout d'une voix de pluſieurs articles, entr'autres de trois principaux dont voici le contenu : en premier lieu qu'on commenceroit par rendre graces à Dieu notre pere commun, & ſouverain bienfaiteur, & à Pie IV. ſon ſucceſſeur, & leur prince ſouverain, de ce que par la miſericorde de l'un, & par les ſoins & la vigilance de l'autre, ils ſe voyoient alors délivrés, & preſque tout à coup, des guerres civiles derniéres, comme auſſi de ſe voir rétablis dans leurs biens, & dans leur ancien repos; qu'ils en témoigneroient encore leur reconnoiſſance à leurs excellences, le légat, le vice-légat, & Fabrice, auxquels on devoit après Dieu tous ces avantages ; & qu'en renouvellant leur fidelité envers eux, ils leur offriroient avec leurs ſervices juſqu'à leurs biens & leur propre vie; qu'on ſuplieroit S. S. de pourvoir à la ſeureté du Comtat, avec les moindres fraix ou dépenſes qu'il ſeroit poſſible de le faire, pour ſoulager ainſi une province de ſes eſtats, qui n'étoit déja que trop détruite, & foulée par les derniers troubles, & les impoſitions ordinaires ; qu'on ne permettroit plus aux huguenots de revenir ou d'habiter dans le Comtat ; qu'il étoit eſſentiel de les en tenir éloignés, & qu'aux dépens de leurs biens on releveroit les égliſes qu'ils avoient prophanées & démolies. Les autres articles ne furent pas de moindre importance pour le maintien des loix & de la diſcipline.

AN. 1564.

Après avoir établi de ſi bons ordres, le vice-légat avant que de s'en retourner à Avignon voulut faire ſa viſite dans quelques lieux du Comtat, y remit le bon ordre, & y termina pluſieurs anciens procès, ou autres querelles de grande conſéquence. Quelques jours après étant de retour à Avignon, Fabrice pour ſuivre ſon exemple, fut viſiter à ſon tour & reconnoître les garniſons de toutes ſes places, accompagné de Vaucluſe & de Vaqueiras qui avoient été nommés élus du pays ; il confera ſouvent avec eux ſur les moyens qu'il y avoit à prendre pour diminuer ou retrancher les dépenſes que le pays étoit obligé de faire pour l'entretien des Troupes, & qu'il n'étoit plus en état de ſuporter à cauſe de ſa grande miſere. Il écouta favorablement ſur ce ſujet tous les députés qui lui furent envoyés, leur promit tous les ſecours poſſibles : & à cet effet, étant parti

Tom. I. Peruſſis. I

pour Caderousse où il receut plusieurs requêtes du peuple, il retrancha la garnison de ce lieu, & celle de Bedarride, n'y laissant uniquement que les troupes absolument nécessaires pour les garder; il en usa de même le lendemain 7. Fevrier à Mornas, & les jours suivans à Bolenne, Vaurias, Vaison, Malaucene, Sarrian, & généralement dans tous les autres lieux du Comtat, ne faisant qu'une bonne compagnie des deux, & retranchant en son particulier un quart de la dépense qu'il étoit obligé d'y faire tous les jours, pour avoir égard à la pauvreté des habitans, & les soulager dans leurs miseres. Le pays se ressentit considerablement, & bien-tôt, de cette visite; & la religion catholique ne tarda guere à trouver auprès de lui ses avantages particuliers.

Fabrice fit publier ensuite une ordonnance, par laquelle il étoit enjoint à toutes sortes de personnes non mariées, & enfans non baptisés selon les formes & les ceremonies requises par l'église catholique, apostolique & Romaine, de se presenter à leurs curés dans le terme de trois jours pour être réhabilités dans ces deux sacremens, sous de grosses peines; comme aussi à tous ceux qui voudroient rester dans leur obstination & leur fausse croyance, & ne pas reconnoître le pape pour leur souverain, de vuider dans le même terme, & sortir des terres de son obéissance. Une ordonnance si importante fut bien-tôt suivie de son effet; plus de 1000. enfants furent portés à l'église pour y recevoir les ceremonies du baptême, & la plupart des chefs de maison soupçonnés d'heresie, furent se reconcilier à leurs curés, & leur promettre avec les aparences les plus sinceres qu'ils assisteroient déformais à la messe & autres offices divins, avec la même ferveur qu'auparavant. C'est ainsi que Fabrice se rendit maître des cœurs dans le Comtat, & fut comblé de mille bénédictions après y avoir rétabli la religion, remis cette province sous les loix de son légitime souverain, & ses habitans dans leur premiére tranquillité.

Le calme, la justice, & le bon ordre avoient succédé aux troubles du Comtat Venaissin, lorsque Romolles, gentil-homme Provençal & zelé catholique, qui venoit du côté de Lyon, arriva par bateaux & sur le Rhône à Villeneuve-lez-Avignon le 22. Fevrier de la même année 1564. suivi de huit vieilles compagnies de gens de guerre: il devoit entrer en Provence avec ses troupes, qui y étoient mandées pour soutenir l'exécution des arrêts, & des procedures qu'on alloit faire contre les autheurs des guerres civiles de cette province. Ces compagnies, qui composoient ou faisoient en tout le nombre de 400. hommes, après avoir passé en ordre de bataille sous les murailles d'Avignon, & en présence de Damville, furent coucher à Tarascon, & de là se rendirent à Pertuis, pour y attendre qu'on eût déterminé le lieu où devoient se tenir les estats: il y eut sur cet article plusieurs contestations entre les catholiques & les huguenots de Provence.

Les premiers en demandoient l'assemblée à Aix, comme ville capitale;

ces derniers la vouloient à Riez ou à Manofque pour en être plus à portée, ou y trouver mieux leurs avantages. Sur ces entrefaites, & le 11. de Mars, le comte de Tende, & Biron, chevalier de l'ordre, & capitaine de 30. lances, se rendirent à Manofque : ce dernier avoit été envoyé dans ce pays de Provence, & y étoit arrivé peu de jours auparavant pour y pacifier quelques conteftations. Peu de jours après, la comteffe de Tende qui n'étoit pas revenue en Provence depuis les premiers troubles de Barjoux, le comte de Sommerive, fils aîné du comte de Tende, & Gordes, chevaliers de l'ordre du roy, plufieurs autres feigneurs, & les députés des communes, arriverent auffi à Manofque : ces derniers étoient en petit nombre par le peu de feureté qu'il fembloit y avoir pour eux, & à caufe de la crainte que leur infpiroit l'arrivée recente de deux commiffaires nommés la Magdelaine & Boquemar, venus de France en cette province pour informer contre les principaux autheurs de la derniere rebellion. Carces s'arrêta à Aix avec un des confuls de cette ville, & plufieurs autres gentils-hommes de ce pays. Les eftats y furent enfin affemblés, & tenus après beaucoup de difficultés, & plufieurs proteftations faites de la part du clergé & de quelques autres corps qui s'y oppofoient, fous prétexte que le lieu n'étoit pas fi commode, & du peu de fureté que plufieurs trouvoient dans cette ville. Le don ordinaire y fut accordé au roy, plus 6000. livres de gratification au comte de Tende, 4000. liv. à Sommerive, & autant à Biron ; il y fut conclu que les huguenots n'auroient point de prêches, ni le libre exercice de leur religion qu'ils demandoient. Le gouverneur Montagut, & la garnifon catholique qui avoient été mis dans Sifteron en furent ôtés à force, car Biron fur le premier refus qui lui en fut fait, en ayant fait emprifonner quelques-uns de cette ville, abatu le roüage de l'artillerie, & menacé de la renvoyer à Marfeille, y établit pour nouveau gouverneur Beaujeu de Bourgogne, qui en avoit ci-devant lui-même foutenu le fiége pour les huguenots : cette circonftance pour fa nouveauté intrigua fort les catholiques ; les huit compagnies dont on a parlé ci-deffus étoient alors en garnifon, partie à Manofque, partie à Pertuis, à Grand-Bois, & aux environs de Sifteron.

Environ le même temps, deux commiffaires venus de Flandres, & mandés par les princes, arriverent à Orange. Ils y firent d'abord dire une meffe & prêcher à la catholique ; mais les fuites répondirent fi mal à ces commencements, qu'après avoir banni ou chaffé de ce comté plufieurs prêtres & autres catholiques, ils firent des fréquentes courfes dans le Comtat Venaiffin, firent dans Orange des confuls huguenots, maltraitant fort les catholiques, protégeant au contraire les plus vagabonds, & les ceremonies des baptêmes, & des mariages felon la forme de Geneve, où ils ne manquoient prefque jamais d'affifter.

Le 5. d'Avril, Marfane, préfident de Paris, homme docte & très-habile dans les affaires de droit, & cinq confeillers de cette même capitale arriverent à Avignon pour aller de là tenir leur siége de justice à Aix, & dès lors l'ancien parlement fut entiérement cassé & suprimé. Peu de jours après, le comte de Tende, sa femme & Biron se rendirent dans cette derniere ville, & y firent entrer les huit compagnies, qui furent payées & entretenuës aux dépens du pays, nonobstant les murmures du peuple, qui sous prétexte d'être, disoit-il, assés soumis & fidele au roy, prétendoit être déchargé par cette raison de toutes ces troupes. A peine ce président & ces conseillers y furent arrivés, qu'ils firent emprisonner plusieurs catholiques accusés, expedierent plusieurs causes civiles anciennes & de conséquence, sans prendre même des épices; mais la province qui prévoyoit les désordres, & les bouleversemens que cette nouvelle chambre de justice alloit causer, députa incessamment Manty, consul d'Aix, qui étant passé par Avignon, y confera long-tems avec Damville, qui y faisoit alors son séjour ordinaire, & qui y fut visité le 15. Avril par Carces, le Marquis de Trans, Montagut, & Vins.

Le 3. May, Fabrice étant parti d'Avignon fut à Bolene, Vaurias, & autres lieux du Comtat, pour y proceder à la nouvelle élection des consuls, qui furent pris & choisis parmi les catholiques. Passant à Serignan, il fut tout à coup attaqué dans la campagne par 150. huguenots fugitifs du Comtat, qui s'y étoient mis en embuscade pour le surprendre & le massacrer; mais sa cavalerie fit une deffense si vigoureuse & si à propos, qu'elle les mit en déroute après en avoir blessé la plus grande partie, & fait plusieurs prisonniers, qui ayant été conduits à Avignon, & confessé leur crime, y furent bien-tôt punis du dernier suplice. Fabrice étant à Vaurias, fit razer la maison du capitaine André, huguenot, parce qu'on y trouva sur une cheminée un tapis d'autel qu'il avoit aparemment volé, & duquel il se servoit pour en couvrir le manteau.

Le 11. Biron vint à Arles avec 100. arquebuziers à cheval pour y faire inhumer le corps du sieur de Perés, & après avoir assisté à tous les honneurs funebres avec les deux commissaires, s'en retourna à Aix par la route de Tarascon.

Les habitans de Lyon prévenus de l'entrée prochaine que le roy devoit faire dans leur ville, & où il ne s'acheminoit que pour y faire construire une citadelle qui pût les tenir en bride, & leur ôter l'envie d'une nouvelle rebellion, empoisonnerent les puits & le sel pour y introduire la peste par une invention si malheureuse, & détourner par là le roy de venir dans une ville qui lui étoit d'une si grande importance, & de laquelle ils vouloient absolument rester les maîtres.

Le nouveau parlement commençoit alors de faire punir à Aix quelques catholiques, & en dernier lieu deux huguenots convaincus d'avoir détruit nouvellement une église dans le terroir de Marseille: la severité de ces magistrats obligea plus de 2000. catholiques à quitter la Provence pour se jetter dans le Comtat, protestant par tous les lieux où ils passoient que ces juges leur étoient suspects, qu'ils n'étoient coupables d'aucun crime, & qu'ils n'avoient commis d'autre mal que celui qu'on fait nécessairement à la guerre pour y soutenir les interêts du roy & du légitime souverain. Le comte de Tende, Biron, & le parlement, mirent le prevôt à leurs trousses, avec ordre d'en arrêter quelques-uns à Avignon & à Carpentras, sur l'agrément qu'ils en avoient eu déja du vice-légat & de Fabrice.

Ce dernier fit encore une seconde tournée dans les judicatures de Vaurias & de Carpentras le 1. Juin, & ne manqua pas de revenir à Avignon le 5. pour se trouver aux joutes, tournois, & au combat feint que Damville y fit faire de deux armées, dont les camps ne pouvoient être mieux ordonnés. Cette fête dura trois jours, & fut celebrée en deux endroits de la ville, savoir à la fusterie, & devant le petit palais : elle étoit composée de trois chefs, Damville, Joyeuse, & Suze, qui faisoient autant de parties differentes.

Les contributions du Comtat furent réduites en ce temps à cinquante-cinq écus en argent pour chaque jour, & ce par les soins de Fabrice qui ne perdoit pas une seule occasion de suprimer les dépenses, autant qu'il lui étoit possible, pour le soulagement du peuple.

Le 8. Juin, le baron de la Garde arriva à Avignon ; il venoit de Mascon où il avoit laissé le roy qui s'aprochoit de Lyon : S. M. avoit déja donné commission aux seigneurs de la Molle & de Murs, pour lever deux nouveaux régiments en Provence de 1000. hommes chacun ; & ces deux colonels après avoir fait choix de cinq capitaines pour chaque régiment, se tinrent prêts en y attendant de nouveaux ordres du roy.

Le samedi 10. Juin, le roy & la reine sa mere entrerent dans Lyon sur un coche, & le mardi suivant leurs majestés y firent leur entrée publique : on y mit les armes bas, tant du côté des catholiques, que du côté des huguenots ; l'artillerie fut remise en la puissance du roy, & les ingenieurs commencerent à faire bâtir sans délai la citadelle du côté de S. Just. Le duc de Savoye & son épouse s'y rendirent en même tems avec 2000. hommes de cavalerie ; l'exercice des prêches ou des temples y cessa, & à cinq lieuës à la ronde, selon l'édit du roy, qui se retira bien-tôt après à Cremieu, à cause de la peste qui augmentoit dans Lyon par la malice de plusieurs huguenots qui la semoient, disoit-on, dans les ruës ; & dans cette croyance le duc de Nemours en fit pendre deux. A peine eurent-ils perdu de vûe S. M. qu'ils recommencerent les exercices de leur religion, & de prêcher dans leurs temples, malgré l'avancement des travaux de la citadelle, à laquelle 3000. hommes étoient employés tous les jours en présence du duc de Nemours, lieutenant du roy de cette province, & de Lansac : Losses, chevalier de l'ordre, ancien officier, & zelé catholique en fut nommé gouverneur.

Le 7. Juillet, Damville, Sommerive, Carces, Suze, Mondragon,

Cental, & plusieurs autres seigneurs de Languedoc, Provence, & Dauphiné, étant partis d'Avignon au nombre de mille ou douze cents chevaux, se rendirent à Cremieu le 14. & y furent fort bien receus du roy. Joyeuse, lieutenant de Damville, se tenoit cependant au S. Esprit, & y donnoit tous les ordres nécessaires; les huit compagnies étoient toujours à Aix pour la sûreté du comte de Tende, de Biron, des commissaires, & du nouveau parlement, qui continuoient d'y faire punir & exécuter plusieurs catholiques. Jean Lanose, juge de Cental, accusé d'avoir assassiné quelques jours auparavant le prévôt du pays, y fut pendu; mais il persista jusqu'au dernier soupir à désavoüer le crime dont on le chargeoit, ce qui donna occasion à la Provence presque entiere, aux villes & communes principales de députer au roy, & lui porter plainte des injustices & de la tyrannie que ces magistrats exerçoient tous les jours sur eux. La Garde fut envoyé peu de jours après par le roy à Avignon, pour remettre les huguenots du Comtat en possession de leurs biens.

Fabrice suivi de plusieurs élus & députés, se rendit à Carpentras le 23. il y fit un nouveau réglement pour la garde du pays, cassa les aragoulez, deux compagnies d'infanterie, & plusieurs gouverneurs du Comtat, réduisit toute la dépense d'argent, vin, pain, & viande à cinquante écus par jour, & en excepta même les villes de Carpentras, Vaison, l'Isle, Crestet, Entrechaux, & Mormoiron; plusieurs autres jusqu'au nombre de vingt, qui, comme places de garde, n'entrerent pour rien dans le payement de cette contribution. La dame de Sommerive partit alors pour la cour, où elle suivit la reyne mere. Fabrice fut à l'Isle le 24. mit la premiere pierre aux fondements de la nouvelle église des cordeliers, qui fut élevée dans la propre maison de Gabriel Isnard, huguenot fugitif: dans cette pierre on enferma quatre médailles, une d'argent, & trois de bronze, en présence des consuls, du juge, & de plusieurs autres habitans de l'Isle; cette cérémonie de laquelle il fut retenu acte par notaire, fut suivie d'une procession solemnelle au bruit de l'artillerie & des tambours.

L'empereur Ferdinand étant mort à Vienne en Autriche le 25. Juillet, Maximilien, roy des Romains son fils, lui succéda. En ce même temps Biron, & l'un des commissaires apellé la Magdelaine, partirent de Provence pour se rendre en cour.

La peste qui augmentoit tous les jours en Espagne & en Languedoc, après s'être répandue à Montpellier, Nismes, Usez, passa jusqu'à Grenoble, & de-là à Avignon, & Château-neuf du pape: elle fit beaucoup de ravages, & plusieurs villes devinrent inhabitables. Le roy qui par cette même raison fut contraint de s'éloigner de Cremieu, se changea avec toute sa cour à Roussillon sur le Rhône; & ce fut alors que le duc de Ferrare suivi de plusieurs gentilshommes de ses états, y arriva avec un équipage des plus riches & des plus brillans.

La récolte du bled fut très-mauvaise, & principalement en plusieurs endroits du Comtat. Cette denrée se vend jusqu'à dix livres la salmée.

AN. 1564.

Le 2. Août, René de Lorraine, marquis d'Elbeuf, chevalier de l'ordre, général des galères de France, & capitaine de cinquante hommes d'armes, arriva à Avignon, & y fut très-bien receu par le vice-légat & Fabrice, qui le comblerent d'honneurs : il alloit à Marseille, & ayant joint à Cavaillon le comte de Carces qui l'y attendoit, ils allerent coucher à Orgon, & continuerent leur voyage jusqu'à cette premiere ville.

Le roy ayant quité Roussillon à cause de la peste, se retira à Valence en Dauphiné, y nomma pour son lieutenant Gordes, chevalier de son ordre, en l'absence de la Roche sur-Yon, honora de son ordre & en fit chevaliers Maugiron, & Bressieu, & y traita enfin de plusieurs autres affaires qui concernoient le pays. Le 24. Août, il y eut un tremblement de terre sur le soir qui dura fort peu : & le 28. Fabrice étant parti d'Avignon pour aller voir le roy & la reyne qui lui en avoient écrit, arriva le 30. aux Granges-lez-Valence, suivi de vingt-cinq arquebuziers que Damville lui avoit donnés. Il y trouva la Garde, Mondragon, & S. André, que le roy lui avoit envoyés au-devant pour le recevoir, & le conduire ensuite dans un hôtel qu'on lui avoit déja préparé dans Valence. Le lendemain il alla faire la révérence à leurs majestés qui le receurent très-gracieusement en présence des cardinaux de Bourbon, de Guise, & d'Armagnac, du connétable, de sainte Croix, nonce du pape, & de plusieurs autres princes ou seigneurs : l'après-dînée il entra au conseil du roy, & alla souper chez le cardinal de Bourbon ; le lendemain 1. Septembre, il dîna chez le cardinal d'Armagnac en compagnie de plusieurs prélats : le repas en fut très-beau, servi à l'Italienne, & en fort bon ordre, & le cardinal de Bourbon y épuisa son éloquence en faveur de Fabrice, dont il vanta fort la bravoure, & les grands services qu'il avoit rendus, & rendoit journellement dans tout ce pays.

Le matin de ce même jour, le nonce du pape & Fabrice, ayant présenté à Damville le bref de sa sainteté, par lequel elle le remercioit de tous ses soins, de son zéle pour la religion, & des bons services qu'il rendoit actuellement à l'église, lui firent présent en même temps de sa part & lui remirent une croix pleine de reliques du bois de la vraye croix, & de plusieurs autres saints, & un rocher de dix diamants, estimés deux mille écus, que le pape lui envoyoit pour récompense, & en signe de son amitié. Damville accepta l'un & l'autre avec un grand respect, & beaucoup de reconnoissance ; il mit d'abord la croix à son col, & de ce pas fut la montrer à leurs majestés, & au connétable son pere. Le lendemain 2. Septembre, Fabrice étant rentré au conseil, y rejetta vigoureusement les requêtes & demandes des huguenots du Comtat, qui consistoient à vouloir être remis dans leurs biens, & dans le libre *excercice* *exercice* de leur religion, & les renvoya sans leur laisser la moindre espérance d'obtenir la seule grace de leur derniere rébellion. La peste s'étant alors répanduë dans Valence en chassa le roy, qui fut coucher à l'Etoile, deux lieuës au-delà de cette ville. Fabrice en étant parti sur le même temps, s'embarqua sur le Rhône au bourg, & se rendit le dimanche suivant, trois de ce mois à Avignon avec toute sa troupe, composée de S. Jeurs, viguier d'Avignon, de Vaucluse, de Flassan, Propriac, Roys, Louis de Perussiis, & plusieurs autres gentilshommes des compagnies du marquis de Rangon, & de Mutio Rasponi. A peine y fut-il de retour, que le vice-légat & lui se mirent en état, & se donnerent des mouvemens infinis pour recevoir le roy dans leur ville, lequel devoit s'y rendre nonobstant que la peste y fût tout comme ailleurs : elle avoit déja fait un si grand ravage dans Lyon, qu'il y étoit mort plus de douze mille personnes, jusques-là que s'étant prise aux soldats, la ville & la citadelle furent abandonnées, ensorte que Philippe Strozzi & Losses, furent contraints de quitter le roy pour s'y rendre incessamment.

Le 4. Septembre, la foudre étant tombée sur le clocher des FF. prêcheurs d'Avignon, y tua un jeune garçon, & étant entrée ensuite dans une sale basse de la maison de Fabrice, y renversa deux suisses de sa garde, sans leur faire aucun mal. Dans cette même ville le 11. Damville donna l'ordre du roy au vicomte de Joyeuse.

Le comte de Sommerive & Ludovic de Birague, eurent en ce même temps chacun la moitié de la compagnie de gens-d'armes, vacante par la mort de M. de Nevers, qui venoit de mourir de maladie près de Lyon.

Le 14. Vaucluse & Vaqueiras, élus du Comtat pour la noblesse, plusieurs autres gentilshommes, & les consuls de Carpentras, de l'Isle, Vaurias, Cavaillon, Vaison, Bolene, & Pernes, s'assemblerent à Carpentras, pour y délibérer sur les présens qu'on devoit offrir au roy, & sur la maniere dont on devoit aller au-devant de S. M. & la recevoir au nom du Comtat.

Le 15. le duc de Savoye & son épouse se rendirent à Villeneuve-lez-Avignon, pour y attendre le roy : ils y furent visités le lendemain par le vice-légat & Fabrice, & étant entrés le 21. à Avignon, furent conduits & logés dans le petit palais.

Ce même jour, le connêtable Anne de Mommorency arriva dans cette ville, & fut logé dans la maison du roy René, près de sainte Claire.

Le roy qui venoit après, passa par la Garde, S. Paul, & Suze, où S. M. tint sur les fonts baptismaux avec la reyne sa mere, la fille du comte de Suze, à laquelle ils donnerent le nom de Charlotte-Catherine. De-là il vint à Bolene, premier lieu du Comtat, où le marquis de Rangon s'étant trouvé, lui présenta les clefs de la part du pape, ensuite à Mornas, où le gouverneur lui ayant présenté N. . . . . . . natif du même lieu, que les huguenots avoient précipité du rocher en bas en 1562. S. M. lui

DU COMTE' VENAISSIN, DE PROVENCE, &c.

lui donna 40. écus, & son entretien pendant toute sa vie dans l'abbaye de S. André-lez-Avignon. Le roy continuant sa marche, fut coucher le 23. au Pont de Sorgue, y dina le lendemain 24. & le soir fit son entrée dans Avignon par la porte S. Lazare, alla droit aux changes, se rendit ensuite dans l'église N. D. de Doms pour y faire sa priere, & y trouva le vice-légat qui l'y attendoit, revêtu de ses habits pontificaux; il y oüit vêpres & complies, & jura sur la croix que lui présenta le vice-légat, qu'il protégeroit & deffendroit toujours le saint siége, à l'exemple de ses prédécesseurs : après quoi, toujours suivi de Fabrice, du viguier, des consuls, & autres députés de la ville, qui avoient été prendre S. M. à la porte S. Lazare, sous un riche poile de satin cramoisi, parsemé de fleurs de lys de drap d'or en broderie, il fut conduit ainsi en cérémonie, & logé avec la reyne sa mere, & le duc d'Orleans son frere, au grand palais, comme aussi les cardinaux de Bourbon, & de Guise; une fille apellée Antoinette Manand, fille de Manand Guillen, avoit déja eu l'honneur de présenter les clefs de la ville au roy. On avoit élevé des théâtres en plusieurs endroits, un près des augustins, un autre près de Guerin; aux changes, on y voyoit un Neptune; une pyramide au puits des bœufs; plusieurs arcs de triomphe, chargés de trophées; & à la porte du palais, où logeoit S. M. une riche & magnifique feuillée, dressée sur le modéle de l'arc de S. Remy, ornée de festons, colonnes, architraves, chapitaux, & soubassements d'or clinquant : on remarquoit encore en plusieurs endroits les armoiries du pape dans les milieux, & celles de France, & de Medicis à ses deux côtés; & sur les bases, celles du cardinal de Farnes, légat; & aux côtés, celles du vice-légat & de Fabrice.

+ Farnese, ubique.

Le lendemain matin, les consuls & députés d'Avignon allerent faire la révérence au roy, & lui firent présent d'une coupe d'or pesant 200. écus, remplie de deux cents médailles d'or du poids de deux écus la piéce, qui d'un côté représentoient le buste du roy en couronne de laurier, ou triomphale, & de l'autre la ville d'Avignon, avec ces mots, *Avenionis munus.* Le roy garda les médailles, & fit donner au comte de Suze la valeur de ce présent. Il fut ensuite oüir la messe à N. D. de Doms; & le 28. veille de S. Michel, qui étoit la grande fête de son ordre, S. M. assista à l'office de vêpres, qui furent chantées dans la même église, où se trouverent aussi la reyne sa mere, Marguerite de France sa sœur, la duchesse de Savoye, & les cardinaux de Bourbon & de Guise, qui furent placés dans le chœur, à la main droite; du côté de N. D. du Chapelet étoit le vice-légat, évêque de Formie, qui officia pontificalement & avec beaucoup de solemnité.

+ fermo.

Dans la nef à main droite, près la chapelle de Tertully, étoit le roy sous son poile, après lui le duc d'Orleans son frere, le prince de la Rochesur-Yon, & le maréchal de Bourdillon; au côté gauche, étoient les places & les armoiries des roys d'Espagne & de Dannemarc; ensuite

Tom. I. Perussis. K

AN. 1564.

celles du connêtable, qui étant malade n'avoit pû se trouver à cette cérémonie, du duc de Savoye, de Damville, & plusieurs autres chevaliers de l'ordre qui n'avoient pas leurs manteaux. Le lendemain, le roy & le duc de Ferrare y furent entendre la grande messe chantée par le vice-légat, & S. M. donna 13. écus à l'offrande : on y chanta encore le soir, & le 30. au matin, l'office des morts en grande cérémonie pour les chevaliers de l'ordre. Le roy & les cardinaux étoient en habit violet, & les autres en habit noir à queuë traînante. S. M. en sortant de l'église, toucha plusieurs malades attaqués des écrouelles; elle fut quelques jours après avec la reyne sa mere visiter la chapelle des pénitents blancs, & le connêtable & le prince de la Roche-sur-Yon qui y allerent ensuite, se firent écrire & signerent dans le livre de la confrairie.

Le roy fit désarmer en ce même temps les habitans d'Orange, & les força de lui remettre quatre piéces d'artillerie, qui étoient aux armes du duc de Savoye, auquel il les rendit, & en fit présent. Plusieurs seigneurs, le procureur & les élus du Comtat s'étant assemblés alors dans l'église N. D. de Doms, y délibérerent de faire présent à S. M. d'un chapeau de cinquante écus, autour duquel il y avoit un camail valant 500. écus, enrichi de diamants & de perles : on en donna un autre au duc d'Orleans sans camail; le roy, pour faire honneur à ce présent, porta le sien le lendemain joüant à la paume. Flassan eut l'honneur de lui faire la révérence, & lui fut présenté par Fabrice qui le racommoda & les fit embrasser en même temps avec Crussol. S. M. ne daigna pas écouter ni recevoir les placets des huguenots, qui firent de vains efforts pour obtenir le libre exercice de leur religion, & la joüissance de leurs biens; le roy leur ayant répondu constamment qu'il n'avoit garde de contraindre en rien les volontés & l'autorité du pape : ils se virent donc absolument déchus de leurs espérances, quoiqu'elles fussent favorisées par certaines personnes de la cour.

Le roy partit enfin d'Avignon le 16. Octobre, passa la Durance sur un pont de bateaux qu'il avoit fait dresser quinze jours auparavant, vis-à-vis du port de Château-Renard, où il alla dîner, & le même soir coucher à S. Remy. Le duc & la duchesse de Savoye, après avoir accompagné S. M. une partie du chemin, prirent leur route par Coumons, allerent coucher à Cavaillon, dîner & coucher à Lauris, ensuite à Sisteron, d'où ils se rendirent en Piémont, suivis d'un train riche & des plus superbes. Le duc de Ferrare, qui avoit quitté le même jour Avignon, alla coucher à l'Isle avec cent trente chevaux de louage, & reprit le chemin de l'Italie.

Le 18. le vice-légat & Fabrice firent publier à son de trompe, & par des affiches dans tout le Comtat, qu'à la priere de S. M. & par grace spéciale du pape, il étoit permis à tous les huguenots fugitifs, qui ne seroient absens du pays que pour cause de religion seulement, & non pour autres crimes, d'y revenir avec des sauf-conduits qu'on leur accorderoit, & d'y rentrer dans la possession de leurs biens; que ceux qui avoient été déja vendus pour le rétablissement ou réparation des églises, resteroient bien vendus, & ne pourroient être répétés, comme aussi la quatriéme partie de leurs fruits de cette même année 1564. seroit employée à continuer les réparations de leurs derniers désordres: il fut porté encore par le même cri public que le commerce du Comtat avec les habitans d'Orange seroit renouvellé, mais à condition que ces derniers ne pourroient y venir qu'en nombre de dix à la fois, armés de leurs épées ou dagues.

AN. 1564.

Le roy étant parti de S. Remy, & ayant passé par Thouret, Salon de Craux, & Lambesc, arriva & fit son entrée à Aix, le jeudy 19. de ce même mois.

Le 25. Fabrice partit d'Avignon pour aller visiter une partie du Comtat qu'il n'avoit pas encore vuë, & qu'on apelle la frontiere de la Valmasque. Il passa d'abord par Mornas, sainte Cecile, & plusieurs autres lieux, s'arrêta à Carpentras, où il avoit déja mandé les élus de la noblesse & des communes qu'il y assembla, pour procéder au retranchement des compagnies, & des garnisons du pays. Après celles d'Avignon, de Carpentras, & de Vaison, que le pape payoit, il n'en restoit plus que trois, savoir, celle de Rousset, à Vaurias; de Coumons, à Bolenne; de Propriac, à Malaucene; & quelques capitaines cassés, dont les seules personnes étoient entretenues; ensorte que toute la dépense, y compris pain, vin, & viande, ne montoit qu'à cent soixante & une liv. deux sols par jour, dans laquelle il fut conclu de faire entrer du 1. de Novembre prochain, Carpentras pour quatre liv. l'Isle pour autant, & le Thor pour huit l. chaque jour, lesquels lieux en étoient auparavant exempts par raport à la guerre & aux garnisons qu'ils entretenoient. Fabrice ayant laissé dans Carpentras le marquis de Rangon, & Jean-Baptiste Petricciolo, fils de Jean-François de Lerici, colonel de l'infanterie Italienne, continua sa marche & sa visite dans les lieux de Laignes, Cabrieres, Bonnieux, Menerbe, passa dans les terroirs d'Oppede & Maubec, où la peste l'empêcha d'entrer à Roubion, fut dîner le 1. Novembre à Cavaillon, & se rendit sur le soir à Avignon.

Le roy qui avoit resté quelques jours à Aix, en étoit déja parti pour aller voir à S. Maximin la tête de sainte Magdelaine, passa ensuite par Brignolles, Hieres, Toulon, & plusieurs autres places maritimes. Avant son départ d'Aix, il avoit fait procéder à l'élection des nouveaux consuls; & le temps ou terme des sieurs de .... de Manty, de la Bastide, Seguiran, & .... étant fini, le sieur de Pourrieres fut nommé premier consul, & après lui, d'autres sujets distingués, & fideles à S. M.

La peste étoit alors à Salon de Craux, à Arles, Beaucaire, Orgon, Senas, Carumb, Mornas, Oppede, Maubec, Menerbe, & Sarrian,

AN. 1564.

lieux du Comtat ou de Provence. Le roy après avoir visité ses places maritimes, revint sur ses pas, prit son chemin par Marseille, où il fit sa première entrée le lundi 6. Novembre, en partit le 13. alla coucher à Marignane, le lendemain à l'isle de Martegue qui renferme trois villes, l'Isle, Jonquieres, & Ferriéres, dans lesquelles il séjourna jusqu'au 16. du même mois qu'il en partit pour aller coucher & faire son entrée à Arles. Le vice-légat fut y rendre visite à S. M. & pendant le séjour qu'il y fit, on y brûla un batteleur, accusé & convaincu du crime de sodomie, commis en la personne de son propre fils & de sa propre fille.

Les estats de Provence qui avoient été mandés à Tarascon le 21. du même mois, y furent tenus, & accorderent aux religionnaires un prêche dans le lieu de Merindol seulement, sous le bon plaisir de S. M. qui s'y étoit rendue le 7. du mois de Decembre. La Durance qui avoit alors inondé & qui tenoit en largeur depuis Coumons jusqu'à S. Andeol, rompit tous les ports, emporta plusieurs ponts, entra dans Noves, & fit d'autres ravages étonnants; le pont de bateaux fut également brisé; & cet évenement joint à la continuation de la peste, détermina le roy à ne pas retourner à Avignon, mais plûtôt à passer le Rhône le 11. du même mois pour se rendre à Beaucaire, & ensuite à Remoulins pour y voir le pont du Gard, d'où S. M. continuant sa marche, arriva à Nismes, & entra par cette ville dans sa province de Languedoc.

Le régiment de Philippe Strozzi passa le Rhône, & fut se loger à Montfrin; celui de Romolles fut s'établir pareillement dans les lieux de Graveson & de Mailhane: le premier qui étoit composé de 600. soldats, étoit auparavant à Noves, & le dernier à S. Remy; celui-cy retourna depuis contre la Provence, & y demeura en garnison.

Fabrice qui avoit été à Beaucaire prendre congé de S. M. étant de retour à Avignon, témoigna aux principaux de cette ville & du Comtat, qu'après les avoir servis & deffendus jusques alors, autant & le mieux qui lui avoit été possible, il souhaitoit enfin d'aller à Rome, & y faire désormais sa résidence auprès de S. S. qui lui avoit accordé son congé, & permis en même temps de laisser sa charge entre les mains du marquis de Longiano. On s'oposa d'abord à sa résolution, & pour déliberer sur ses propositions, les élus manderent les députés des communes, qui s'assemblerent par deux fois à Carpentras. Dans la première assemblée, il fut conclu de faire present de 1000. écus à Fabrice au nom des trois estats, dans laquelle contribution la noblesse du pays entreroit à raison de huit pour cent, selon la coûtume, & qu'on manderoit suplier le pape de révoquer le congé accordé à Fabrice, comme aussi d'interesser pour cela auprès de S. S. par des lettres particuliéres, les cardinaux Farnes, legat d'Avignon, & de Ferrare, protecteur de la France; ce qui fut exécuté regulièrement, & le tout remis entre les mains du capitaine Mutio Rasponi, qui partit en poste pour se rendre incessamment dans cette capitale de la chrétienté.

Mais Fabrice qui vouloit absolument exécuter sa premiére résolution, s'étant rendu le 18. du même mois à Carpentras, où les élus étoient alors assemblés pour la seconde fois à son occasion, apuya des plus fortes raisons son dessein, & la nécessité indispensable de son retour à Rome, en sorte qu'ils furent contraints de ne plus s'y opposer, Fabrice les ayant alors remerciés de leurs bonnes intentions, comme aussi des 1000. écus qu'il refusa constamment.

Quarante huguenots de Serignan armés d'arquebuzes s'étant presentés alors devant ce lieu pour y entrer de force, Fabrice, au premier avis qu'il en eut, pria le marquis de Longiano de s'y rendre, ce qu'il fit sans perdre tems; & pour authoriser par un exemple son expedition, il fit raser à Serignan la maison du chef de cette rebellion, & en même temps celle d'un autre complice des plus notables à Camaret.

Le roy passa les fêtes de Noël à Montpellier, & le froid étoit alors si insuportable que plusieurs personnes en moururent dans les chemins, comme aussi beaucoup d'autres par les inondations; le Rhône fut glacé par trois fois. Du côté d'Arles, les orangers, oliviers, bleds, & autres grains perirent, & les plus furieux vents ravagerent toute la campagne.

Le lundy 15. Janvier, Fabrice partit d'Avignon fort regretté des habitans de cette ville, & de ceux du Comtat. Ces premiers lui firent present de 500. écus, qu'il accepta plûtôt par complaisance que par interêt; après quoi il fut coucher à Cavaillon, où son épouse l'attendoit depuis quelques-jours. Ils passerent ensemble la Durance le lendemain au port d'Orgon, prirent le chemin d'Aix, passerent à Pourrieres, à Carces, à Nice où ils firent quelque séjour dans une maison hors la ville à cause de la peste: ils étoient accompagnés de quelques chevaux legers, Italiens, & tous armés, selon la permission qu'il en avoit euë de S. M. comme aussi des seigneurs de Crillon, Rousset, S. Jeurs, la Bartelasse, d'Aubres, de Flassan, Peruchon & Louis de Perussiis.

Le 3. Fevrier, le marquis de Longiano qui avoit pris la place & le rang de Fabrice, partit d'Avignon pour aller faire sa visite des places fortes & autres lieux du Comtat; reforma considérablement les dépenses, taxa les ecclesiastiques selon le revenu de leurs bénéfices, pour la reparation des autels & des églises, & fit plusieurs autres biens considerables.

Le 12. Avril, Fabrice arriva à Rome auprès du pape Pie IV. duquel il fut très-bien receu. S. S. donna le lendemain en plein consistoire la légation d'Avignon à Charles, cardinal de Bourbon, & celle de Viterbe au cardinal de Farnes avec 2000. écus de pension annuelle sur les légations de Bologne & de Rimini. Sabbateri, comme agent du cardinal de Bourbon, fut chargé des dépeches, & fut à son nom le 3. May suivant, prendre possession à Avignon de sa nouvelle dignité.

Vaucluse, Sebastien-Seguin, & Rochefort partirent alors pour la cour;

AN. 1563.

le premier étoit député par la noblesse, le second par les communes, & le troisiéme par la ville d'Avignon; & tous de concert & dans la même intention, pour féciliter & témoigner leur joye à leur nouveau légat.

Le mardy 26. Juin, le marquis de Longiano étant parti une seconde fois d'Avignon pour aller visiter les places du Comtat, accompagné de ses chevaux legers, & de plusieurs seigneurs du pays, alla coucher à Caderousse, le lendemain à Bolenne, passa ensuite par Serignan, y visita Diane de Poitiers, baronne dudit lieu, & duchesse de Valentinois, qui y étoit arrivée le jour précedent avec la duchesse de Bouillon sa fille, l'archevêque d'Embrun, & l'évêque de Meaux: il en fut bien receu, & fort caressé. De là il fut coucher à Malaucene, & le 30. à Carpentras, où il commença d'abord la reforme générale des garnisons, & de la dépense du pays qu'il réduisit par moitié, puisque de 40. écus que le pays payoit tous les jours de contribution, il ne fut taxé dès-lors qu'à 18. écus & 36. sols. Il congédia les trois gouverneurs des villes principales, & plusieurs autres officiers, ne retint que les trois compagnies de Rousset à Vaurias, de Coumons à Bolenne, de Propriac à Malaucene, & tout au plus environ 135. soldats dispersés dans les lieux de Caderousse, Mornas, sainte Cecile, Vizan, Bedarride, Camaret, Entrechaux, Mormoiron, Crillon, & Bedoin; il conserva encore les deux compagnies des chevaux legers, la sienne & celle de Mutio Rasponi, l'infanterie Italienne des capitaines George, & Tobie Rangon, & celle du capitaine la Bartalasse à Avignon: il fit donner ensuite aux officiers licentiés, c'est-à-dire, seulement aux chefs, une chaîne d'or à chacun; trois desquelles étoient de 40. écus piéce, & six autres de 25. écus: le tout fut payé de l'argent du pape; & par le moyen de cette réduction, il remit tout le pays dans une plus grande abondance, & dans son premier repos.

Le vendredi 13. Juillet, l'évêque de Fermo, vice-légat d'Avignon, partit de cette ville pour aller trouver le marquis de Longiano à Carpentras, au sujet de l'inféodation de la seigneurie de Pernes que le pape venoit de donner à ce général, étant commissaire député par S. S. pour le mettre en possession de cette ville, & de sa jurisdiction; ce qui fut exécuté conjointement avec lui par les évêques de Carpentras & de Cavaillon, & du grand vicaire de Vaison, sans avoir nul égard aux oppositions des habitans de Pernes, qui s'excusoient sur leurs privileges, & qui refusoient absolument de le recevoir pour seigneur. Les estats à cette occasion furent mandés le 26. à Carpentras, comme aussi pour y recevoir le nouveau légat, & lui faire le don accoutumé du pays de 1000. écus, qu'on vouloit pousser en sa faveur jusqu'à 1500. La question de la nouvelle seigneurie de Pernes devoit y être agitée, & cette ville pour conserver sa liberté prétendoit avoir été rachetée du tems du pape Benoît XIII. qui l'avoit inféodée pour 40000. liv. d'or à Boucicaud, maréchal de France. Il y avoit encore un troisiéme motif de la tenue de ces estats qui n'étoit pas moins preſſant, ce pays voulant repréſenter au pape les dépenſes & pertes exceſſives qu'il avoit faites & ſuportées depuis la priſe de Malaucene en 1560. & leſquelles on faiſoit monter juſqu'à 200000. écus d'argent & au-delà, ſans y comprendre les vivres & autres dépenſes ou contributions portées, puiſque depuis la pacification des premiers troubles, le pays ſe trouvoit engagé pour 65662. écus une liv. & 53. ſols.

Au commencement du mois d'Août, le conſeiller député du parlement de Provence, qui avoit été en cour au ſujet des exécutions qu'on faiſoit journellement à Aix contre les catholiques compris dans les derniers troubles, revint en Provence, & y aporta une amniſtie, & un pardon général de la part du roy pour tous ceux qui pouvoient avoir été accuſés, convaincus, ou retenus priſonniers avant l'édit de pacification, enſorte que les priſons furent dès-lors ouvertes, & les criminels mis en liberté.

En ce même temps, le pays du Comtat députa au cardinal de Bourbon, qui étoit alors en cour, les ſeigneurs de S. Sauveur, & Laurent Garnier de Cavaillon, pour lui porter la concluſion des eſtats derniers; & la communauté de Pernes fit partir avec eux le capitaine Antoine Mugel, pour ſoutenir ſes interêts en qualité d'habitant, & de leur envoyé: cette derniere ville ne voulant rien oublier pour la conſervation de ſes privileges, fit partir en même tems pour la cour de Rome les docteurs Laurenti & de Ripariis pour ſoutenir ſa cauſe auprès de S. S.

Le dimanche 30. Septembre, Pierre Sabbateri, abbé commandataire de N. D. de Caleis, partit d'Avignon pour ſe rendre à Carpentras, & y prendre poſſeſſion de l'office de recteur du pays du Comtat qu'il venoit alors d'obtenir du légat, à ſon retour en Avignon qui fut quelques jours après. Dans le mois d'Octobre, ſur quelques ordres nouvellement reçûs du pape, le vice-légat, le marquis de Longiano, & les élus du pays s'y aſſemblerent pour délibérer ſur le licentiement de la cavalerie legere des garniſons, & des compagnies Italiennes & Françoiſes que S. S. prétendoit être fait; & le 12. du même mois, ces mêmes élus s'obligerent, pour & au nom dudit pays, envers ces ſeigneurs, de faire ratifier dans huit jours par tous les lieux du Comtat la volonté du pape, de pourvoir à la deffenſe de ſes places, d'en interdire l'entrée aux rebelles ou autres gens ſuſpects par leur religion ou autrement, de ne permettre ou tolérer que le ſeul exercice de la religion catholique, apoſtolique, & Romaine, de députer à chaque lieu un chef qui ſeroit nommé par ces ſeigneurs, & d'entretenir à leurs frais & dépens un capitaine de campagne, & vingt-cinq arquebuziers à cheval pour contenir le pays ſous l'obéiſſance du pape; qu'en cas que quelque lieu vînt à s'en écarter, tout le reſte du Comtat s'éleveroit en armes contre lui, & le forceroit, après l'avoir ſoumis, à le rembourcer de toute la dépenſe qu'il auroit faite pour

AN. 1565.

le réduire à son devoir; les élus s'obligeoient de faire exécuter toutes ces conditions pendant l'espace de trois années : on écrivit en conséquence des lettres par tout le pays, au nom & de l'ordre du nouveau recteur, pour exiger la ratification des communes, & leur enjoindre en même temps le payement de tous les arrérages qui pouvoient être deus jusques alors aux compagnies : tous ces articles furent exécutés.

Le 14. Octobre, les procureurs de Fabrice prirent possession à son nom de la baronnie de Mornas que le pape lui avoit donnée & inféodée jusqu'à sa troisiéme génération, & en défaut d'enfants mâles transmise à Gabriel Serbellon son frere, en récompense des grands services par lui rendus à l'église pendant les dernieres guerres civiles qu'il avoit soutenues contre les protestans. S. S. lui accorda outre cela 50. écus qui furent payés par la chambre apostolique, séparant du Comtat la terre de Mornas, dont il devoit à l'avenir prendre & percevoir les revenus, qui montoient compris le péage, à 1000. florins, sous la censive ou redevance que Fabrice feroit à l'avenir & ses successeurs, d'une livre de cire en cierges à la même chambre apostolique, le jour & fête de S. Pierre chaque année : la bulle de cette investiture ou inféodation étoit dattée de l'église de S. Marc à Rome, aux Kalendes de Septembre 1564. & l'évêque de Cavaillon, l'un des commissaires nommés par S. S. pour cette affaire, commit à cause de son indisposition, Jean-Pierre Forteguerre, vicaire d'Avignon.

Environ le même temps, le légat d'Avignon, par lettres patentes dattées à Xaintes du 3. Septembre 1565. réduisit en faveur des communes, pour une année, ses pensions à sept pour cent.

Le 26. Novembre, George, cardinal d'Armagnac du titre de S. Nicolas, archevêque & gouverneur de Toulouze, conseiller du roy en son conseil privé, & en dernier lieu par lettres patentes du cardinal de Bourbon, dattées de Château-briant, nommé son lieutenant général, coadjuteur, & collegue dans sa légation, arriva à Avignon, où il fit une entrée des plus magnifiques par la porte du Pont, & revêtu de ses habits pontificaux, fut conduit au son des trompettes, & des haut-bois, avec tout le clergé en procession, & par le viguier & les consuls, à l'église N. D. de Doms, & ensuite au grand palais où son logement étoit déja préparé; il y fut visité le lendemain par tous les corps de la ville, & c'est dans cette occasion qu'il fit la lecture de ses patentes & de son nouveau pouvoir.

AN. 1566.

Le jeudy dernier Janvier 1566. Balthazar de Rangon, marquis de Longiano, sur la nouvelle qu'on avoit déja eue de la mort du pape Pie IVe & de la création de Pie Vme partit d'Avignon pour se rendre chez lui à Modene, & de là à Rome où il fut suivi le 5. Fevrier par Laurent de Lenti, évêque de Fermo, & vice-légat d'Avignon; le lendemain on

receut

DU COMTE' VENAISSIN, DE PROVENCE, &c.

reçeut la nouvelle du couronnement du nouveau pape à Rome, & que S. sainteté avoit donné dans cette occasion un festin superbe à cinquante quatre cardinaux, n'y en ayant eu que quatre d'absens par leurs indispositions; S. S. leur fit des présens à chacun pour la valeur de cinq cents écus.

An. 1566.

Le 10. Février, selon l'ancienne coûtume observée dans toutes les nouvelles créations du pape, on fit à Avignon une procession générale, composée de tous les corps, & des couvens de la ville; de ce nombre entr'autres furent Laurent d'Arpajon, baron de Rochefort, viguier; Claude de Bertons, seigneur de Crillon, premier consul; François de Lovency & Jacques Gardiolle, second & troisième consuls; Elzias de Cadenet, assesseur; Jean-Marie de Francia, primicier; & Jean-Pierre Forteguerre, vicaire général de l'archevêque d'Avignon; Antoine Possevin† Jésuite Italien, l'un des premiers Jésuites qui vinrent s'établir à Avignon, fut le prédicateur ou l'orateur de cette fête.

Le 22. Sabateri, recteur du Comtat, partit d'Avignon pour se rendre en cour auprès du cardinal de Bourbon, & de-là à Rome, pour certaines affaires de ce légat. François de Castellane, abbé de S. André-lez-Avignon, lui succéda en sa place de recteur, qu'il avoit déja ci-devant occupée du temps de cardinal Farnes. Ce dernier étant mort le 22. du mois de Mars suivant, Jean de Roquelaure, prothonotaire du saint siége, & l'un des gentilshommes du cardinal d'Armagnac, fut nommé recteur, & se rendit à Carpentras le 24. pour y servir en cette qualité.

Le 23. Avril, Claude, comte de Tende, lieutenant général pour le roy, & gouverneur de Provence, capitaine d'hommes d'armes, & le second chevalier de l'ordre de S. M. mourut à Caderache sur les deux heures après-midy, âgé de cinquante-huit ans, après avoir été pendant quarante-cinq gouverneur de cette province. Le comte de Tende, son fils aîné, lui succéda en toutes ses charges, & fit son entrée à Aix au commencement du mois de May.

Le 16. le cardinal d'Armagnac fit publier dans Avignon une bulle; qui établit dans cette ville une nouvelle cour de la rotte, semblable ou sur les mêmes fondemens de celle de Rome. On y nomma pour auditeurs Guillaume le Blanc, chancelier de . . . . Jean Nicolaï, Jean Valence, Antoine Parisii, & Elzias de Cadenetto, auxquels outre les esportallus accoûtumées, il fut ordonné de prendre cinq pour cent des parties succombantes, un écu pour chaque bulle bénéficiale, & trois sols sur chaque cartel. Ce cardinal leur fit dresser à ses dépens, un grand & beau tribunal en forme ovale dans la sale de l'audience du palais, peint & enrichi de plusieurs dorures; comme aussi une autre sale & quelques chambres, où les auditeurs pussent plus commodément examiner les cas, & régler les procès.

Le 23. Juin, veille de S. Jean-Baptiste, on procéda le matin, selon la coûtume, dans Avignon, à l'élection des nouveaux consuls; Richard

Tom. I. Perussis.

HISTOIRE DES GUERRES

AN. 1566.

de Peruffis fut nommé premier conful ; Louis Alures & Pierre Roffet, fieur de Fargues, deux & troifiéme confuls ; Tulles, docteur, affeffeur ; & l'après-dînée on élut pour viguier Efprit d'Oftrand, fieur de Vauclufe.

Environ la fin du même mois, le cardinal d'Armagnac fit mettre des garnifons aux portes d'Avignon, defquels Joly-Jean fut fait capitaine, & on envoya des garnifons à Bolenne, Vaurias, & autres lieux les plus voifins du Comtat ; précaution d'autant plus néceffaire, qu'on foupçonnoit alors quelque nouvelle furprife de la part des huguenots.

Le mardi 2. jour de Juillet, Michel Noftradamus, ce fameux pronoftiqueur, mourut à Salon de Craux avec de vrais fentimens de chrétien, & après avoir fait ouvrir lui-même fon tombeau, fit faire fes propres funerailles un jour avant fa mort.

Quelques jours après, le cardinal d'Armagnac receut un bref du pape, par lequel il lui étoit mandé de réformer les monafteres de filles, & par un autre qu'il receut en même temps, ordonné aux juifs de porter le bonet ou chapeau jaune, de ne plus commercer en marchandifes neuves, & de ne poffeder aucuns biens propres ou ruraux, comme ils faifoient auparavant ; car ils s'étoient alors déja fort étendus dans le terroir d'Avignon, & dans le refte du Comtat.

Le Jeudi 24. Octobre, François Fabrice de Serbellon de Milan, mourut à Rome ; il étoit germain du feu pape Pie IV. & frere du cardinal de S. George ; il fut fort regretté du pape régnant, qui dans cette occafion donna des marques vifibles de fa douleur, & de reconnoiffance pour les grands fervices que ce feigneur avoit rendus à la religion. La ville d'Avignon, à qui fa perte ne fe fit pas moins reffentir, donna des larmes à fa mémoire, lui fit faire un fervice funèbre des plus folemnels, comme auffi des prieres publiques & particulieres dans toutes fes églifes.

Sur la fin de Decembre, le cardinal d'Armagnac, qui veilloit toujours à la fûreté d'Avignon & du Comtat, fit publier un ordre à tous les vagabonds & gens fans aveu, de fortir des terres du pape, comme auffi une deffenfe générale fur le port des armes, à l'exception des feuls gentilshommes ; & ce n'étoit pas fans raifon qu'il prit cette fage précaution.

AN. 1567.

Au commencement de Février 1567. ce prélat eut avis de plufieurs côtés, que les proteftans tramoient une confpiration qui devoit les rendre maîtres de fa perfonne, de la ville d'Avignon, & de tous fes habitans catholiques qu'ils avoient réfolu de maffacrer. Environ le même temps ils tenterent une affemblée du côté d'Orange, enforte qu'on fe précautionna contre des fuites plus funeftes ; & fur un foupçon qui n'étoit pas des moins fondés, on arrêta dans le palais Beaufort, Spinaffe, & Mondardier, capitaines du parti contraire ; on furprit fur eux quelques lettres fufpectes ; & cette circonftance rendart cette ville encore plus avisée, elle prit dès-lors cent hommes à sa solde pour la garde de ses deux portes, sous le commandement de Crillon, & de la Bartalasse. Elle établit encore trente hommes pour la sûreté de la personne du cardinal d'Armagnac, qui se tinrent toujours à la sale de Jesus, & on travailla d'abord à faire de nouvelles levées dans tout le pays.

Le 26. Avril, les états du Comtat furent mandés à Carpentras par le cardinal d'Armagnac, & Jean de Roquelaure, prothonotaire, & alors recteur du pays; il y fut conclu qu'on entretiendroit une milice de deux mille hommes sous la conduite d'un colonel, & de dix ou douze capitaines, un prévôt de campagne avec douze archers, & on y convint de plusieurs autres articles non moins importans, & qui furent incessamment exécutés; le cardinal en partit le 29. & s'en retourna à Avignon.

A la fête S. Jean-Baptiste, on fit l'élection des nouveaux consuls d'Avignon; saint Jeurs fut nommé viguier; Jean de Cambis, sieur d'Orsan, premier consul; Louis Pomard & Antoine Fort, second & troisiéme consuls.

Dans le temps que le Comtat & les provinces voisines pensoient joüir du plus doux repos, & d'une longue tranquillité, que les deux partis contraires, à l'ombre des édits du roy, & des sages précautions du pape leur souverain, sembloient vivre de concert, & sans aucune intention de se nuire mutuellement, un mardy 30. Septembre de la même année 1567. les protestans, sans autre raison que celle de leur fureur, sortirent dans la nuit de leurs maisons, où ils avoient vécu jusqu'alors en paix, depuis la derniere pacification & amnistie, & parurent en armes à cheval & à pied, dans le Languedoc, Provence, & Dauphiné. Ils commencerent leur premiere expédition par la surprise des villes d'Aramon, Beaucaire, & Nismes; ils furent chassés des deux premieres par les catholiques qui s'y trouverent les plus forts; mais il n'en fut pas de même à Nismes, dont après s'être rendus les maîtres, ils y égorgerent les chanoines, prêtres, consuls, & autres personnes, sans distinction d'âge ni de rang, y assiégerent le château du roy, & le palais de l'évêque, apellé Bernard d'Elbene, qu'ils laisserent libre après lui avoir fait payer sa rançon; mais les mauvais traitemens qu'il en avoit déja reçus, firent dans son sang une telle révolution, qu'il en mourut à Arles le 27. Mars de l'année suivante 1568. Joyeuse fut en même temps assiégé dans le fort de Montpellier. Ils pillerent tous les environs; Usez, Bagnols, Viviers, plusieurs autres lieux du Languedoc, Sazes, Rochefort, Bargeac, Tresques, Laudun, S. Laurent des Arbres, le S. Esprit, n'eurent pas un meilleur sort; leurs églises, prêtres, & autres catholiques furent pillés, & massacrés. Mornas fut dans la même nuit pris par escalade, & plusieurs de ses habitans y furent tués. Ils en auroient fait de même à Bolenne, Vaurias, & autres places frontieres, sans la bonne conduite & prévoyance du cardinal d'Armagnac. Dans l'Albigeois & Dauphiné,

AN. 1567.

ils surprirent une infinité de places. Du côté de Provence, Merindol n'auroit pas été mieux traité, si le comte de Tende, qui étoit alors à Aix, le cardinal de Strozzi son oncle, & Carces n'y fussent accourus sans délay ; le baron de la Garde, & Fureau, président d'Aix, s'y rendirent pareillement dans le dessein de faire expliquer les ennemis sur leurs intentions ; mais la prise de Sisteron qu'ils venoient de faire ralumant leur fierté, ils ne daignerent répondre à leurs repréſentations.

Le comte de Tende ayant repris sur eux le port de Cadenet, dont ils s'étoient déja rendus les maîtres, fit abatre tous les autres ports à l'exception de celui de Château-Renard, manda les Etats à Aix, le ban & arriere-ban, pour délibérer sur les mesures qu'il y avoit à prendre, tous les passages étant fermés de France, & du Dauphiné, enſorte qu'on ne pouvoit avoir la moindre nouvelle de la cour.

Le cardinal prévoyant les ſuites funeſtes de ces déſordres, fit faire à ſes dépens des levées d'hommes à cheval & à pied, pour la ſûreté des terres du pape, auquel on envoya ſur le champ trois députés pour l'en inſtruire, un de la part de la ville d'Avignon, & deux autres de la part du Comtat, apellés Laurent de Maudenne, & le chanoine Aget, lesquels étant partis le 14. Octobre, furent de retour le 10. du mois de Décembre ſuivant.

Le comte de Suze fut alors nommé, de l'autorité du cardinal, gouverneur & général des troupes du Comtat.

Le comte de Tende qui ne voyoit venir aucune nouvelle de la cour, & s'apercevant tous les jours des nouveaux progrès des proteſtans, lesquels s'étoient déja rendus maîtres des lieux de Forcalquier, Sault, Joccas, Sederon, Peyruis, Château-Arnoux, les Mées, Lescalle, Vaupeyre, Tallard, Puymichon, Soreſte, Seyne, & pluſieurs autres, après s'être ménagé de la maniere du monde la plus prudente pour éviter une guerre ouverte, ſe réſolut enfin à faire rompre le port de Château-Renard, & fit rétablir celui d'Orgon, où il mit bonne & ſûre garde.

Le cardinal avoit déja mis ſur pied pluſieurs compagnies qu'il avoit diſperſées ſelon l'ordre & dans les lieux ſuivans ; dans Pernes on avoit établi Vaqueiras avec cinquante chevaux aragolez ; à Vaurias, Truchenu, avec deux cents hommes d'infanterie ; au Thor, Coumons, avec deux cents fantaſſins ; à Château-neuf, Raillon, avec ſa compagnie ; à Coumons, Girard, avec deux cents hommes de pied ; à Cavaillon, S. Jeurs, avec deux cents hommes ; à Carpentras, le capitaine Sauvin, avec cinquante hommes, & la garde de la ville ; comme auſſi des garniſons dans l'Iſle, Malaucene, Bolene, & autres lieux du Comtat ; Crillon, & la Bartalaſſe, chacun avec cent hommes, furent établis dans Avignon.

Les choſes étoient ainſi diſpoſées, ſans pourtant qu'il y eût encore de guerre ouverte de la part des catholiques, qui ſe tenoient uniquement ſur la deffenſive, lorſqu'enfin le Lundy 13. Octobre, le ſieur d'Entrechaux, fils aîné du comte de Grignan, arriva de la cour, après avoir passé par plusieurs chemins détournés, porta des ordres au comte de Tende pour faire de nouvelles levées pour la sûreté de la Provence, & de la couronne : il avoit pouvoir lui-même de lever & de se choisir quatre compagnies d'infanterie; & Taillades qui se trouvoit alors à Avignon receut par cette même voye la commission & patentes de S. M. pour lever & faire une compagnie de 200. chevaux legers, dont il devoit être le chef ou le capitaine.

Les estats du Comtat furent tenus dans le même temps à Carpentras; Roquelaure, recteur, y présida : on y conclut d'emprunter 6000. écus, savoir le clergé 1000. les communes 4000. & les Juifs 1000. pour les employer chaque mois à l'entretien de ces mêmes compagnies, qu'on venoit de lever & d'établir, pour la deffense & conservation du pays.

Le comte de Tende avoit déja assemblé les forces de Provence, qui consistoient alors en sa compagnie de gendarmes, la noblesse du pays, & quatorze compagnies d'infanterie; & sur les ordres qu'il avoit receus du roy, & qu'il communiqua aux habitans de Sisteron & autres lieux occupés par les ennemis, les uns se retirerent dans leurs maisons, & les autres suivirent ce général.

Le 23. Octobre, tous les arquebuziers du Comtat, au nombre de 1200. chevaux, partirent en bon ordre pour Avignon, où ils devoient joindre le cardinal, & le comte de Suze, leur général, desquels ils furent très-bien receus; le comte de Tende, & le cardinal Strozzi partirent en même temps de Provence, & marcherent à S. Remy avec 1000. arquebuziers, & 300. chevaux ; & tous ces mouvemens tendoient à une grande entreprise, que les uns & les autres avoient concertée, laquelle se réduisit ensuite à donner du secours à 50. soldats catholiques qui deffendoient le château de Nismes : 300. arquebuziers qui s'étoient encore assemblés à Entraigues, sous le capitaine Baudon, se joignirent aux troupes de Provence, & du Comtat, lesquelles au nombre de 500. chevaux, & de 2000. arquebuziers, entrerent en Languedoc par Beaucaire, après avoir passé le Rhône à Tarascon; mais ayant trouvé contre leur attente les ennemis en grand nombre, fortifiés & retranchés extraordinairement, tant en dedans qu'au dehors de la ville de Nismes, elles furent contraintes de se retirer, quoiqu'en fort bon ordre, le lundy suivant 27. sans autre perte que d'y avoir eu les capitaines Bertons, & Mejanne, seigneur de Ventabren, blessés; ce dernier mourut de sa blessure à Tarascon le 28. Novembre suivant, & y fut fort regretté.

Le samedy premier jour du mois de Novembre, & le dimanche suivant, les compagnies de Coumons, Raillon, Giraudet, & S. Jeurs étant parties du Thor, de Château-neuf, & de Coumons, marcherent au Pont de Sorgue pour y joindre le comte de Suze; & les huguenots qui s'étoient déja avancés jusqu'au lieu de Piolene, sentant leurs aproches en partirent sans coup férir, & se retirerent en Languedoc; ceux de Provence, au nombre de 2000. fantaffins, & 400. chevaux, les y joignirent après avoir laiffé de bonnes garnifons dans les lieux de Lus, Sifteron, & Sault, & paffé le pont S. Efprit le 9. du même mois.

Le comte de Tende ayant alors raffemblé fes forces, leva vingt-deux compagnies d'infanterie commandées par des gentils-hommes, fur la bravoure defquels on pouvoit compter, & compofa ainfi un corps de 4000. hommes de pied, & de 200. chevaux : il avoit encore fa compagnie d'hommes d'armes, & celle de Carces de 50. lances que le roy lui avoit donnée, avec 10. piéces d'artillerie qu'il avoit fait monter à Marfeille.

Le cardinal & le comte de Suze firent alors publier & afficher plufieurs ordonnances pour la difcipline des troupes : le comte de Tende fit marcher les fiennes à Peyruis, à Manofque, & à Château-Arnoux le 13. du même mois, s'aprochant ainfi de Sifteron pour y mettre le fiége.

Le dimanche 16. le comte de Suze, Scipion de Vimercat, & leur cavalerie, les capitaines Crillon, la Bartalaffe, & S. Jeurs, avec les trois compagnies d'infanterie de la garnifon d'Avignon, & fix piéces d'artillerie, marcherent au Pont de Sorgue, où les autres troupes du Comtat, & les pionniers les attendoient, pafferent par fainte Cecile, & tous enfemble allerent attaquer le Pont S. Efprit, dont ils emporterent d'emblée la premiere & feconde tour, malgré tous les retranchemens, & la vigoureufe réfiftance des huguenots de Languedoc, & de Provence qui y étoient enfermés. Ces derniers perdirent plufieurs hommes, & cinq moufquets dans l'attaque de la feconde tour apellée S. Nicolas. Les catholiques y établirent d'abord deux compagnies qui fe relevoient par intervale, & nonobftant le fecours que les ennemis receurent alors, & firent entrer dans la ville, les affiégeans animés par la gloire, & la néceffité d'emporter un pofte de fi grande importance, l'attaquerent avec tant de valeur qu'ils s'en rendirent les maîtres, & prirent ce pont en deux jours, le 18. & le 19. La communication fut ainfi coupée aux ennemis, qui ne pouvant paffer le Rhône, fe trouverent dans l'impoffibilité d'aller au fecours de Sifteron : ils tenterent le port d'Aramon, mais en vain par les foins judicieux du cardinal qui y avoit déja envoyé plufieurs frégates, & quelques compagnies d'arquebuziers pour empêcher leurs aproches en cotoyant le Rhône.

Le comte de Suze fit fortifier le Pont S. Efprit après la prife, principalement du côté droit de la chapelle S. Nicolas, y établit 300. arquebuziers ; & les vents & pluyes de l'hyver qui étoient déja furvenues, mettant un obftacle abfolu à de nouvelles entreprifes dans ce pays, on renvoya le 24. fuivant l'artillerie en Avignon, fous la conduite de Scipion Vimercat.

Au commencement du mois de Décembre, le comte de Tende s'aprocha de Sifteron avec fes troupes qu'il avoit fait camper aux environs, &

voulant tenter de s'en rendre le maître avant d'y faire conduire l'artillerie qui passoit alors la Durance, on parlementa de part & d'autre, on donna réciproquement des ôtages ; mais les huguenots qui n'avoient sans doute en cela d'autre vuë que celle de gagner du temps, proposerent des conditions si peu recevables qu'il ne fut rien conclu. Cependant leurs troupes de Provence & de Languedoc qui n'avoient pu passer le Pont S. Esprit, ni par le port d'Aramon pour leur venir donner du secours, prenant un chemin plus long & plus fâcheux, furent passer au port de Viviers, après avoir assemblé & joint à eux dans la ville du S. Esprit quelques Gascons & Bearnois, avec lesquels ils prirent, chemin faisant, un lieu apellé S. Martial, favorisés d'ailleurs par la trahison de plusieurs personnes qu'ils y avoient à leur dévotion, y tuerent d'abord le capitaine la Roquette, & son pere, & passerent au fil de l'épée hommes & femmes généralement, & tous les enfans qui s'y trouverent au dessus de l'âge de huit ans. Le comte de Suze ayant apris tous les mouvemens que se donnoit le comte de Tende pour la prise de Sisteron, qui étoit alors la seule place qui restoit aux huguenots dans toute la Provence & le passage que les huguenots venoient de s'ouvrir en Dauphiné par le port de Viviers, craignant de leur part un blocus dans le fort S. Esprit, fit sans perdre temps, la montre générale de ses troupes, brûla le même fort après l'avoir abandonné, laissa chemin faisant une partie de ses troupes dans Bolenne & Vaureas, & ayant ensuite fait la visite de Vaison, & autres places fortes du Comtat, arriva enfin à Avignon accompagné de Scipion qui l'avoit toujours suivi dans sa route. Le séjour des catholiques au fort S. Esprit couta aux huguenots environ 400. hommes morts ou blessés.

Le 9. Décembre, le docteur Benèt qui avoit été mandé à Rome pour Avignon, arriva en cette ville chargé de plusieurs lettres du cardinal Alexandrin, neveu du Pape : S. S. y exhortoit par mille bénédictions ses sujets à lui être fideles, & à combattre toujours généreusement & avec zele, les ennemis de la vraye religion, promettant de leur donner tous les secours possibles, & leur faisant don de mille écus pour soldoyer les troupes. Le pape leur accorda encore un jubilé, dont la célébration fut suivie d'un grand nombre de prieres, & de plusieurs processions.

Environ le même temps, deux partis contraires s'étant rencontrés du côté de Vaureas, les huguenots perdirent 23. hommes dans ce petit combat, & du côté des catholiques S. Paul de Pernes, cornette de Velleron, y fut tué.

Le jeudy 1. Janvier 1568. donna de grandes pluyes & vents austraux. L'armée de Monsieur étoit de 40000. fantassins, & de 15000. chevaux : Joyeuse se renforçoit en Languedoc, & Gordes en Dauphiné vers la Coste S. André.

AN. 1568.

Le samedy 3. Suze & Scipion sortirent d'Avignon, & firent remonter sur le Rhône quatre piéces d'artillerie jusques vers la traille. Suze fit surprendre par stratageme Courtezon & Jonquiéres dans la principauté d'Orange, & y mit garnison. Scipion Vimercat, Italien, se distingua dans cette occasion ; les huguenots venant du S. Esprit & de Pierrelatte s'étant presentés à Bolenne, furent combattus & repoussés près du pont du Letz par les capitaines Coumons & Roquart, qui s'y trouvoient en garnison.

Le mercredy 7. le comte de Tende ayant sceu que Laborel & Glandage descendoient du Dauphiné du côté de Serres, venant du Briançonnois à Sisteron, avec neuf compagnies d'infanterie, où étoit la Casette, partit d'Apt avec six piéces d'artillerie qui étoient à Pertuis, pour assiéger Sisteron de son côté, pendant que Gordes l'attaqueroit du sien : ce siége ne réussit pas, la place ayant été secourue du côté de Taulignan, Nions, & Vaupierre ; l'artillerie fut remise à Manosque.

Le samedi 10. le Cardinal Strozzi, & le baron de la Garde arriverent à Avignon, & en partirent le 13. pour retourner à Apt. Ce jour-là il fit une grande tremontane, & pendant cet hyver, qui fut extrêmement pluvieux, il ne gela que deux nuits vers la S. Martin, & la sainte Catherine. Les huguenots de Languedoc ayant menacé Beaucaire, le cardinal d'Armagnac y envoya le 14. Janvier le capitaine la Garde avec sa compagnie qui étoit à Villeneuve, ce qui empêcha les ennemis d'y venir. Le parlement de Paris enregistra le 15. Décembre 1567. les lettres patentes du roy du 10. qui confisquoient les biens des huguenots. 7000. écus que le pape fournissoit pour le payement de sa gendarmerie arriverent alors, & ce fut la premiere paye venue de Rome : toutes les villes & lieux du Comtat eurent ordre de fournir des pionniers pour fortifier Courtezon.

Le 21. le Cardinal receut des lettres du roy du 3. qui mandoit que son frere étoit campé à Vitri avec 60000. hommes de pied, & 22000. chevaux ; on sceut aussi que Ponsenas, rebelle, avoit été défait près de Ganap+ en Auvergne, & qu'il y avoit été tué avec le vicomte de Bourniquel & Mouvans. Les catholiques étoient conduits par S. Heram+ qui y fut blessé, Urfé, Montaret, Apchon, S. Chaumont, Bressieux qui y mourut au second rencontre, Vinay, & le baron de Lupé qui y mourut aussi : on aprit encore que Clarice Strozzi, fille du feu maréchal, & femme du comte de Tende, étoit morte à Paris. Le 22. jour de S. Vincent, les pluyes cesserent.

+(Gannat, en Bourbonnois)
+ S.t Herem

Les protestans ayant reparé la bréche de Sisteron, occuperent les lieux de l'Escalle, de Mées, d'Oraison, d'Entranens, jusqu'à Digne, & ils étoient maîtres de Sault, Lormarin, & Merindol.

Scipion Vimercat étoit allé trouver Joyeuse en Languedoc, où les huguenots faisoient des courses jusqu'à Villeneuve, & tenoient Bagnols, Laudun,

DU COMTE' VENAISSIN, DE PROVENCE, &c.

Laudun, & autres joignant les postes. Le 4. Fevrier, on envoya d'Avignon en Provence des chevaux pour tirer l'artillerie.

AN. 1568.

Le jeudy 5. Fevrier, Orsan, premier consul d'Avignon, y arriva de retour de son ambassade vers le cardinal de Bourbon, légat, où il avoit été quatre mois & vingt-quatre jours; il eut à cause de cela la Viguerie pour l'année suivante. Le 6. le comte de Tende étant à Riez obligea les huguenots de repasser la Durance; le cardinal d'Armagnac ayant envoyé Terlan, l'un de ses gentils-hommes, en Languedoc à Joyeuse, partit d'Avignon le vendredi 13. avec l'évêque de Viviers & Vimercat, & arriva à Cavaillon. Le lendemain, le cardinal Strozzi & le baron de la Garde s'y rendirent de Marseille, & l'après dînée le comte de Tende y arriva d'Apt avec sa compagnie d'hommes d'armes, & une d'aragolez sous le capitaine Privat d'Arles qui alla coucher à Coumons : cinq piéces d'artillerie venant de Lauris & Merindol arriverent aussi fort tard, ce qui fut cause que les soldats firent de grands désordres aux arbres fruitiers & aux jardins. Meirargues, mestre de camp de la Provence, conduisoit cette artillerie; & Glandage, la Casette, & Laborel, les troupes de Dauphiné. Suze étant malade à Avignon ne put se trouver à cette assemblée qui alla dîner le 15. à Avignon. On aprit que Joyeuse s'avançoit avec 2000. hommes de pied, 400. chevaux, & quatre canons; Carces demeura en Provence avec dix compagnies d'infanterie, & se rendit à Barjoulx après le départ du comte. Gordes assiégeoit la Coste S. André en Dauphiné avec trois piéces d'artillerie, & 5000. hommes; il prit cette place, & y fut blessé d'une arquebuzade à l'épaule; le baron des Adrets, colonel de l'infanterie du pays, étoit avec lui.

Les comtes de Tende & de Suze partirent d'Avignon le mardy 17. & ayant receu neuf piéces d'artillerie, les compagnies de Venterol, de Truchenu, & du capitaine Coumons, les firent camper à Serignan : ils assiégerent ensuite Tullette en Dauphiné, qui apartient au prieur du S. Esprit, & est enclavé dans le Comtat. Cette place ayant essuyé trente volées de canon, se rendit le 19. au matin : les capitaines Baudon de Carpentras, & Baillon de Marseille y furent tués, & le capitaine Valavoire du régiment de Provence y receut un coup de pique qui lui fit perdre l'œil. L'armée marcha de là contre Monts en Dauphiné, où Mirabel, Vinsobres, & autres lieux, vinrent porter leurs clefs. Tende & Suze ayant sceu que d'Acier† étoit arrivé au S. Esprit pour y faire passer le Rhône à ses troupes, firent marcher leur armée vers le pont qu'ils firent battre le vendredy 21. & le dimanche suivant jusqu'à l'heure de vêpres : alors les deux tours du pont furent obligées à la barbe des ennemis de se rendre, & après avoir essuyé 120. volées de canon, ils y laisserent pour la garde du pont 300. hommes, qui l'occupoient jusqu'à la porte de la tour de l'hôpital, & s'oposoient aux huguenots, maîtres de la ville du S. Esprit. On mit aussi garnison dans Tullette & Vinsobres. On attendoit

† (Crussol)

Tome I. Perussis.   M

AN. 1568.

toujours Joyeufe à qui on avoit envoyé Terlan ; il étoit du côté de Beziers, & il falloit qu'il paffât par Aiguesmortes, Arles, & Tarafcon, mais les ennemis s'opoferent à lui au pont de Ceffonde; les cardinaux Strozzi & d'Armagnac lui envoyerent des fregates pour favorifer fa venue.

On receut des lettres du roy du 8. Fevrier qui marquoient que le camp étoit à Sens & à Troyes, & les proteftans à Auxerre avec 18000. hommes.

Les proteftans de Provence au nombre de 1000. affiégerent cependant Valenfolle, le prirent à compofition, & y firent pendre quelques foldats Italiens de la garnifon : Carces envoya quelque cavalerie à Riez pour s'opofer aux courfes qu'ils faifoient jufqu'à S. Paul de la Durance, & Cadarache.

Le vicomte de Joyeufe après beaucoup de peine s'étant rendu maître de la tour ditte la Motte près de S. Gilles, & ayant paffé à Arles & à Tarafcon, arriva le mardy 24. à Avignon avec 150. chevaux, & le lendemain 500. chevaux de fes troupes arriverent auffi. Il y confera avec les cardinaux d'Armagnac & Strozzi, & le baron de la Garde qui y étoit venu du camp fur ce que l'ennemi ayant paffé le Rhône vers Viviers vouloit fe camper à Pierrelatte près de Bolenne. La Molle, chevalier de l'ordre, étoit à Courtezon avec 50. chevaux pour couvrir les convois contre la garnifon d'Orange. Le 26. Vimercat arriva à Avignon avec le refte du régiment de Joyeufe, qui faifoit douze enfeignes d'infanterie bien armée, & qui foupa à Villeneuve. Le 27. Joyeufe partit d'Avignon avec fa cavalerie, & alla joindre le comte de Tende à Bolenne : huit fregates qui portoient quatre gros canons, les munitions de fon armée, 50. pionniers, & 100. chevaux d'artillerie arriverent le même jour au port d'Avignon. Les catholiques de Bolenne faifoient des courfes vers la Palu, Pierrelatte, & Mornas, dans l'une defquelles près de Mornas, Entrages & le capitaine Dominique, gentils-hommes du comte, furent tués. Le dimanche 29. & dernier de Fevrier, les quatorze compagnies du régiment de Joyeufe partirent d'Avignon, & de Villeneuve pour fe rendre au camp. Le Comtat fourniffoit alors en pain, vin, & avoine, mille écus par jour, fans les autres dépenfes extraordinaires. L'armée alla affiéger Mornas dans le Comtat, qui fut emporté d'affaut après 130. volées de canon, le lundy 1. Mars jour de carême entrant, & fort froid : on y perdit Venterol de la maifon d'Urre, meftre de camp du régiment de Suze des forces du Comtat, & le capitaine Hugues Caille de Calas en Provence, qui avoit fervi fous Serbellon & le marquis de Rangon. C'étoient les bannis d'Avignon ou du Comtat qui occupoient Mornas depuis cinq mois. Après la prife de la ville ils fe retirerent au château fitué fur une éminence très-difficile, où ils s'étoient bien fortifiés. On y mena le canon le mercredy des cendres 3. Mars, & la nuit du jour fuivant, la garnison au nombre de 150. abandonna le château pour se retirer dans le bois, mais ils furent pris & précipités en partie du rocher en bas, en vengeance de l'exécution faite par les protestans le 18. Juillet 1562. La Pourriere, traceur de Carpentras, l'un de leurs chefs, y fut fait prisonnier, & conduit à Avignon où il fut étranglé le samedi 6. s'étant converti : un ministre des huguenots pris à Courtezon fut brulé vif, & deux autres pendus.

AN. 1568.

Cependant la cavalerie du Comtat étoit à Bolenne, commandée par Joyeuse. Le capitaine Rousset fut blessé d'un coup de pierre à la tête en reconnoissant le château, & il en mourut le 6. Le dimanche 7. partie de la cavalerie, & quatre compagnies d'infanterie ayant passé le Rhône sur le pont d'Avignon, remirent sous l'obéissance du roy Laudun, Orsan, & autres lieux. Le cardinal Strozzi & le baron de la Garde allerent alors à Tarascon ; & le roy donna son ordre au marquis de Rangon son pere, qui avoit pris Savaillon en 1536. & deffendu Quiers en Piémont. Morier, gouverneur d'Apt, détacha quelques arquebusiers qui se rendirent maîtres du lieu de Joucas, ce qui mit en sureté la Valnasque.

Le camp étoit toujours à Bolenne, Mondragon, & Tullettes ; & voici l'ordre dont il étoit composé:

REGIMENT DE SUZE.

Suze, chevalier de l'ordre, colonel.
Ste. Jaille, compagnie d'aragolez escuyer de Vaqueiras . . 1.
Capitaine Icard d'Arles . . 1.

INFANTERIE.
12. *Compagnies.*

Crillon . . . . 1.
S. Jeurs, mestre de l'artillerie . 1.
La Bartalasse . . . . . . 1.
Capitaine Coumons . . . 1.
Truchemu . . . . . . 1.
Roche, à feu capitaine Raillon 1.
Capitaine Roquart le jeune, à feu Venterol . . . . . . 1.
Capitaine Dagot . . . . 1.
Capitaine Propriac, à feu capitaine Boudon . . . . . . 1.
Capitaine Lacroix . . . 1.
Capitaine Rochefort, celle de la garde de M. de Suze . . 1.

REGIMENT DE PROVENCE.

Le comte de Tende, sa compagnie d'armes, capitaine Privat, aragolez . . . . 1.

INFANTERIE.
17. *Compagnies.*

Meirargues, mestre de camp Provençal deux compagnies, ayant pour lieutenants capitaines Michel d'Aix, & Aux. . . 2.
Entrecastel, colonel de quatre compagnies, sous les capitaines Aux, Mazin, feu Caille, & Tornerii 4.
Le jeune marquis de Trans . 1.
Capitaine Nas, sergent-major. 1.
Capitaine Grenier de Thoulon 1.
Duport . . . . 1.
Chevalier de Briançourt . 1.
Vauclause . . . . . . 1.
Capitaine Privat, à feu capitaine Mejanes . . . . . . 1.

M ij

AN. 1568.

Capitaine Michel . . . . . 1.
Capitaine Valavoire . . . . 1.
Capitaine Angelo, Italien, compagnie d'Italiens . . . 1.
Capitaine Camille, Italien, compagnie Italienne . . 1.
Capitaine Michel, Florentin, maitre de l'artillerie de Provence.

RÉGIMENT DE LANGUEDOC.
Cavalerie 9. Compagnies.

Le vicomte de Joyeufe, chevalier de l'ordre, capitaine de 50. hommes d'armes, & lieutenant du roy en Languedoc, avec ladite compagnie . . . . . . 1.
Le maréchal de Damville, sa compagnie d'hommes d'armes, guidée par Caftelnau, son enfeigne 1.
Scipion Vimercat, escuyer d'écurie du roy, commiffaire général aux fortifications de Piémont, & capitaine de 50. hommes d'armes, sa compagnie d'hommes d'armes . . . . . . 1.
S. André, gouverneur d'Ayguesmortes, une d'aragolez. . 1.
Sarlabous, meftre de camp, une d'aragolez . . . . . 1.
Le jeune Caftelnau, une d'arag. 1.
Breffac, une d'aragolez. . 1.
Chefac, une d'aragolez. . 1.
Montledier, une d'aragolez 1.
Portant la plûpart lances.

Infanterie, 17. Compagnies.

Sarlabous . . . . 1.
S. André . . . . 1.
Capitaine la Garde . . . . 1.
Rochegude . . . . . . 1.
La Coronne . . . . . . 1.
Capitaine Chaux . . . . . 1.

Les deux Barnaux, chacun une. 2.
Capitaine Anfelme . . . 1.
Phorien, une régie par Boiffiére, son lieutenant . . . . . 1.
Capitaine Loynes . . . . 1.
Nebon . . . . 1.
Soleil . . . . 1.
Tilhoux . . . . 1.
Barrau . . . . 1.
Baron de Ledenon . . . 1.
Meynault . . . . 1.

RÉGIMENT DE DAUPHINÉ.
Glandage & Labourel respectivement.

Infanterie, 12. Compagnies.

Labourel . . . . 2.
Villefranche, son frere . . 1.
Veras, son autre frere . . 1.
Cries . . . . 1.
Capitaine Jean de la Glieze, Piémontois, une d'Italiens . 1.
La Cazette, ayant pour lieutenant Mayres . . . . 2.
Moneftier, ayant pour lieutenant Charançonnet . . . . 1.
Capitaine Guilhermet . . 1.
La Tourre . . . . . . 1.
Bonneri . . . . 1.

Somme.
Gendarmerie à cheval 16. compagnies . . . . . . 16.
Infanterie 58. compagnies . 58.
Flaffans.
Jean Raxii, commiffaire général du camp au Comtat.
Capitaine Mornas, pour la fuite du baron de la Garde, général des galeres, suivi de plufieurs gentils-hommes armés, & montés en bel équipage.
La Molle de Provence, chevalier

de l'ordre, ayant été à sa garni- & armés à nos dépens, suivant
son de Courtezon. M. de Suze au camp.
Nous vassaux de la Comté, montés

AN. 1568.

La brêche de Mornas ayant été réparée, Suze y laissa en garnison les capitaines Coumons, Dagot, & la Croix, & le mercredi 10. Mars, il arriva avec le comte de Tende & Joyeuse à Avignon ; les troupes de Provence & de Languedoc passerent sur le pont, mais celles du Dauphiné ne voulurent pas passer le Rhône, demandant d'être payées & de faire montre. Les compagnies de Languedoc qui gardoient le Pont S. Esprit furent envoyées à Bolenne, que l'ennemi menaçoit d'assiéger par le chemin de N. D. d'Eplans.

Le vendredi 12. les compagnies du Dauphiné partirent du Pont de Sorgue, & le lendemain elles marcherent vers Baumettes & Goult, excepté 200. Italiens qui resterent à Roquemaure avec Scipion de Vimercat. Carces laissa Barjouls, & alla aux Mées près de Sisteron. Le camp étant parti de Bolenne, les huguenots vinrent en diligence vers N. D. d'Esplans pour surprendre ceux de la garde du pont, les y enfermer & affamer. Sabateri, abbé de Calers se retira alors en Gascogne à sa maison.

Le dimanche 14. les comtes de Tende & de Suze, & de Joyeuse avec la cavalerie, & 1000. arquebuziers passerent en Languedoc, où ils virent les forces des ennemis vêtus de chemises près du bois de Lescours, entre Roquemaure & Bagnols. Le mardi 16. le comte partit d'Avignon en poste pour aller trouver le cardinal Strozzi à Marseille ; on receut des lettres du roy le 5. Fevrier, publiées à Paris le 8. & en Provence le 18. Mars, pour ordonner à ses sujets de se rendre au camp du duc d'Anjou, ou vers les gouverneurs des Provinces en armes & équipages.

Le 19. on vit un feu clair courant par l'air avec grande clarté qui ne dura pas long-temps ; & le même jour le comte de Tende fut à Avignon de retour de Marseille : le mercredi 23. ces trois seigneurs partirent la nuit avec huit piéces d'artillerie pour aller assiéger Aramon : la place fut battuë de l'isle de Pousquiéres dans le Rhône ; mais comme il falloit aller à l'assaut par bateaux, on envoya chercher à Avignon deux autres canons. Les adversaires ayant soutenu l'assaut, & tué un neveu du capitaine Chaux, ce lieu & le château furent rendus à l'obéissance du roy par composition le mercredi 24. Mars au soir : les catholiques y entrerent le jeudi au jour, & firent prisonnier Pousquieres dudit lieu, & Formigieres d'Orange. Baudiné venoit avec 300. chevaux, & quatorze enseignes d'infanterie courant au galop pour secourir Aramon ; les catholiques lui allerent au devant dans la plaine vers Montfrin, mirent sa cavalerie en fuite après leur avoir tué 40. hommes : Baudiné se jetta dans Theziers, & la cavalerie dans Montfrin, son infanterie abandonnée eut

800. morts sur la place, & fut mise à vau de route: la cavalerie ayant été vingt-quatre heures sans manger ne put pas la poursuivre; Suze alla coucher le 25. à Avignon après avoir laissé à Aramon la compagnie du capitaine Nebon, & une autre.

Carces fortifioit en Provence le lieu de l'Escalle, qui fut ensuite repris par composition par les adversaires; le capitaine Turris & son fils menés à Sisteron, furent ensuite tués de sang froid. Montluc avoit battu près de la Rochelle quelques compagnies des adversaires, & pris sur eux sept piéces de campagne. Le vendredi 26. le camp revint d'Aramon; il ne se trouvoit point de foin, de paille, ni d'avoine; le quintal de foin se vendoit à Avignon 20. sols tournois, & dans le Comtat quinze; la salmée avoine dix livres; la paille quatre, six, & sept sols le quintal. Le broc du charbon en pierre dix-huit sols, ce qui ne se vendoit auparavant que six. On tira devant Aramon 250. volées de canon. On aprit du Dauphiné que Gordes & le baron des Adrets avoient défait quelques troupes qui vouloient se jetter dans Romans. Piegu, fils du sieur de Rousset, fut blessé dans une course contre la garnison d'Orange, & mourut ensuite à Avignon.

Le comte de Tende partit d'Avignon le 1. Avril par le chemin d'Apt. Les estats du pays avoient été mandés à Aix; l'église de cette ville vaquoit parce que l'archevêque suivoit le parti des adversaires. On demanda aux estats du Comtat 5000. écus, mais les estats requirent un retranchement de 450. hommes sur toutes les compagnies; ce n'étoit pas un temps à diminuer les forces. Le comte de Tende alla de Manosque à Riez trouver Carces, parce que la garnison de Sisteron ayant été renforcée, faisoit des courses jusqu'aux Mées & à Oraison. Le jeudi 8. seize enseignes d'infanterie partirent sous Entrecastaux, mestre de camp de Gravesons & de Maillane, pour aller à Sisteron. Le 9. Suze partit d'Avignon pour visiter Caderousse, Mornas, & Vaureas. Le mardi 13. Joyeuse partit d'Avignon pour rentrer en Languedoc. Le 15. on receut 5000. écus que le pape envoyoit pour la troisiéme paye des garnisons du Comtat.

Le vendredi saint 16. Paul Sadolet, évêque de Carpentras, prit possession de l'état de recteur du Comtat, à la place du protonotaire Roquelaure. On aprit le même jour que la paix avoit été accordée à Paris le 23. & publiée le 27. pareille à l'édit de S. Germain du 17. Janvier 1561. & à celui d'Amboise du 19. Mars 1562. Le cardinal de Bourbon envoya à Testut, l'un de ses secretaires, avec une lettre du 13. Avril aux consuls d'Avignon, les exhortant à avoir soin de la garde de leur ville, & à recourir à lui en cas de besoin. Le samedi saint 17. un bateau de Lyon arriva au port d'Avignon, ce que l'on n'avoit pas vû depuis huit mois. La paix ayant été publiée en Dauphiné, Gordes entra à Romans, où il trouva les églises rasées, aussi-bien qu'à Va-

DU COMTE' VENAISSIN, DE PROVENCE, &c.

lence, Gap, Die, Montelimar, Lauriol, Pierrelatte, le Buis, Vaupierre, & tous les lieux qui avoient été occupés par les huguenots : le baron des Adrets étoit avec Gordes lorsqu'il entra dans Valence. Les huguenots avoient fait de même en Languedoc dans les trois cents lieux où la prise de Castres, Montpellier, Nismes, Viviers, Usez, le Pont S. Esprit, & Bagnols, leur avoit donné le moyen de dominer.

Le 24. le comte de Tende étant encore à Riez avec Carces, la paix fut publiée à Aix, & le baron de la Garde fut à Sisteron pour persuader aux adversaires de rendre cette place. Le comte de Suze alla visiter tout le Comtat; Paul Sadolet convoqua les états de ce pays à Carpentras pour le 3. de May, afin d'y délibérer des moyens de rendre dix mille livres au cardinal qu'il avoit avancées pour cette guerre. On aporta des Maries un veau marin en vie, ayant dix pans de longueur, le poil souris, la tête, les yeux, & la bouche comme un veau, deux pertuis au lieu d'oreilles, quatre pattes assés grandes, la queue d'un esturgeon : il crioit comme un veau quand on le touchoit, il mangeoit du poisson, étoit fort gros, & avoit le regard farouche.

Sisteron fut remis le 7. May au comte de Tende, qui y mit en garnison Dupuy-S. Martin avec cinq compagnies, & y entra. Le comte de Suze partit d'Avignon le 8. sur ce que les adversaires étoient entrés à Mirabeau en Dauphiné. Le Pont S. Esprit ayant été rendu au roy, il y mit le capitaine Roquart de Bolene, & le gouvernement en fut donné à M. de Laval de S. Marcel d'Ardeche. Le mardy 11. le chevalier Galingue, mandé de M. de Ferrare en Espagne, passa & fut le premier courier qui vint par le droit chemin & par Sisteron; il n'en étoit point passé depuis le 18. Septembre 1567. Le même jour, le baron de la Garde passa à Avignon venant de Provence, & allant à la cour. Le samedy 15. le cardinal de sainte Croix arriva à Avignon, allant à son archevêché d'Arles ; peu de temps après avoir été fait cardinal, il avoit failli à être tué près de S. Vallier par les adversaires lorsqu'ils vouloient aller saluer le roy. Tout le Dauphiné & la Provence ayant été réduits à l'obéissance du roy, on mit des garnisons dans Grenoble, Valence, Die, le Crest, Gap, Romans, Sisteron, Riez, Forcalquier, Manosque, Lux, & Banon. Mouvans retourna en même temps d'Orleans, & laissa quelques troupes dans Viviers, qui tenoit encore pour les huguenots, aussi-bien que Montpellier, Nismes, & Soissons en France. Le 17. Viviers fut rendu au roy : on y prit S. Auban, natif de là, qui n'avoit pas voulu rendre cette place depuis la paix; on le conduisit dans les prisons de S. André de Villeneuve. Le 26. les élus du Comtat s'étant assemblés à Avignon, & à Carpentras, licencierent la gendarmerie, le pays n'étant plus en état de l'entretenir. Le 28. Testut, sécretaire du cardinal de Bourbon, arriva portant ordre de la licencier, & l'ordre du roy aux seigneurs de sainte Jaille & de Montenard ; en même temps cet ordre fut

AN. 1567.

donné à Aix aux seigneurs de Montdragon, d'Entrecastel, de Perrieres, Mairargues, & baron de Arcs; en France, aux seigneurs de Vaucluse, & d'Aubignan, vassaux du pape, qui étoient alors à la cour; & en Dauphiné, à M. de Vinay: partout ailleurs furent faits autres chevaliers tous catholiques. Le dimanche 23. Suze donna le susdit ordre à Avignon aux seigneurs de sainte Jaille & de Montenard. On porta dans le même temps sur le Rhône à Avignon, les deux canons que les ennemis avoient dans le S. Esprit, & de-là à Aiguesmortes. S. Romain, Caderousse, & Testut furent alors à Orange pour engager le gouverneur à remettre sa place; mais ils ne purent rien obtenir de lui. On porta en même temps un arrêt en estampe donné à Toulouse le 7. May, portant peine de la vie contre ceux qui détenoient encore en Languedoc les places du roy, & défense aux officiers de la nouvelle religion d'exercer leurs offices ou dignités, & aux ministres & diacres de prêcher, ni faire aucun exercice; signé du Tornoir. Suze, sa femme, & son train partirent en même temps d'Avignon, & on ne laissa que de médiocres garnisons à Vaureas, Bolene, Mornas, & Cortezon.

Le comte de Tende alla à Arles, & y passa les fêtes de la Pentecôte qui fut le 6. & donna l'ordre à M. Dupuy-S. Martin; en même temps il fit désarmer les protestans. Vers la mi-Juin, Lunel-vieil, à deux postes de Montpellier, fut surpris par le capitaine la Garde, qui avoit fait latiter ses soldats du régiment de Languedoc en moissonneurs. Montpellier & Nismes n'avoient point encore voulu recevoir la garnison du roy. Le 19. Juin, le comte de Tende étant arrivé à Arles de retour d'Aiguesmortes, partit de grand matin pour aller à Aix, ayant apris que les huguenots s'étoient assemblés vers Besse en armes: il y avoit encore dix-sept compagnies d'infanterie à Sisteron, Riez, Manosque, Forcalquier, Banon, & Lux. Sur la fin du mois, le cardinal collegat & le gouverneur d'Orange convinrent de quelques articles pour la perception des fruits; Aubignan fut alors nommé par le cardinal, gouverneur de Cortezon & de Jonquieres. Le baron de la Garde arriva le dernier du mois, & le lendemain il alla à Caderousse avec Scipion de Vimercar, pour parlementer avec ceux d'Orange sur la volonté du roy.

Rambouillet, évêque du Mans, arriva à Avignon le 2. Juillet, allant à Rome ambassadeur du roy vers le pape. Il partit le 5. pour aller à Salon de Craux joindre le cardinal de sainte Croix; ils s'embarquerent tous deux à Marseille sur des galères. On aprit le 4. que René de Savoye, seigneur de Cipierre, autrefois abbé de Soreze, avoit été tué à Frejus, le mercredy 30. Juin, avec six ou sept de ses gentilshommes, cela arriva par une émotion populaire, Cipierre ayant voulu y commander comme lieutenant de roy, & y portant des armes à feu contre les édits. Le parlement de Provence ayant envoyé des commissaires à Frejus, ils trouverent que le tumulte étoit arrivé, parce que les gens de Cipierre avoient battu un homme, qui ayant tenu leur parti, s'étoit réduit à l'obéissance de l'église l'églife, & du roy. Le 5. le baron de la Garde donna à Avignon dans l'églife de S. Pierre de Luxembourg l'ordre du roy à Cornelio Fiefco, capitaine des galères. Le cardinal affifta à la cérémonie. Joyeufe trouva moyen de faire recevoir deux compagnies d'infanterie dans Montpellier, & autant dans Nifmes.

An 1568.

Le prince d'Orange ayant été déclaré rebelle, & fes biens confifqués à la chambre du roy Philippe, Charles IX. vouloit fe faifir de cette principauté.

Le baron de la Garde fit fi bien que les habitans convinrent de fe rendre, pourvu que le roy les fît fommer une feconde fois; on envoya un exprès à la cour, & cependant ils licencierent les étrangers, & donnerent en ôtage à la Garde, Serre, la Rays, & le fils du préfident Calviere de Nifmes; & la Garde leur donna Pierre d'Anfelme, fieur de Jonas; après-quoi il retourna à Avignon, d'où il partit le dimanche 11. pour aller en Provence, & enfuite à la cour. Vauclufe élu du Comtat retourna alors de la cour, où il avoit été député pendant dix mois: le pays lui fit un préfent de quatre cents écus, outre trois cents qu'il en avoit reçus en partant. Sur le 20. de Juillet, on découvrit à Lyon une conjuration pratiquée avec la Combe, capitaine d'une des portes de la ville, qui devoit s'exécuter le jour de la Magdelaine. La Combe fut poignardé dans la prifon le 23. & fon complice exécuté. C'étoit le préfident Birague qui commandoit à Lyon.

Le cardinal d'Armagnac aprit alors que les adverfaires s'affembloient à Alais, & que Mouvans pratiquoit à Orange. D. Charles, prince d'Efpagne, mourut alors à Madrid. Le cardinal & le recteur envoyerent le 27. à tous les lieux du Comtat, de fe bien garder jour & nuit, fous peine de rebellion; le 29. on aprit que le Maréchal de Coffé avoit défait quelques adverfaires à S. Valery.

Le 3. Août, on aprit que le duc d'Albe avoit remporté une victoire en Flandres, que le préfident de Birague avoit fait exécuter à Lyon huit des complices de la derniere conjuration, & qu'il avoit obtenu du roy, qu'on n'y prêcheroit plus à l'huguenote; le confeiller Vidal député du Dauphiné, avoit obtenu la même grace pour Grenoble. Vers le 4. on cria à Aix, & par toute la Provence, que tous les huguenots fortis de leurs maifons euffent à y retourner fous peine de confifcation de leurs biens. Jean de Valette✝, grand-maître de Malte, y mourut vers le 21. & 4. jours après, Pierre de Monte, neveu du pape Jules III. & prieur de Capoue, fut élu à fa place. Joyeufe venant de mettre garnifon dans Montpellier & Nifmes, arriva à Avignon le 23. d'où il alla au Pont S. Efprit avec fa compagnie de gens-d'armes, & celles du marquis Rangon, & Scipion Vimercat, & les chevaux-légers de Julio Centurion. Les huguenots prirent alors les armes en Languedoc, vers Alais & aux Cevenes; en Dauphiné, vers Gap, Tallard, & Veines; & en Provence, vers

✝ la Valette-Parifot, illuftre par le Siege de Malthe qu'il foutint en 1565. pendant 4. mois contre les Turcs qui furent obligés de fe retirer avec perte de plus de 2000 hommes.

Tom. I. Peruffis.

Merindol, Lormarin, Sinergues, Joucas, & Gignac, sous les ordres de Paul de Mouvans, & ils se mirent en chemin. Sur cela le cardinal envoya dans le Comtat Roquelaure; le 27. il donna ordre de lever des troupes, & quatre jours après, d'envoyer des hommes armés dans Carpentras.

Les vassaux du Comtat se trouverent à Carpentras le 2. Septembre suivant l'ordre de Paul Sadolet du 30. Août. La Motte étoit arrivé à Avignon sur la fin d'Août de la part du roy pour entrer gouverneur à Orange; les huguenots de cette ville sortirent pour aller trouver Mouvans vers Gap. Le prince de Condé & l'admiral étoient partis en vitesse de Noyers le 23. Août, suivis par le capitaine Boas avec dix compagnies; à Ancone sur le Rhône il y avoit troupes d'huguenots qui voloient & massacroient les passans. Le président Birague reçut une forme de serment que le roy lui envoya du château de Boulogne le 15. Août, & on en fit prêter un autre aux huguenots. Le comte de Tende partit de Provence le 6. Septembre, & arriva en poste à Avignon, & de-là au S. Esprit pour y conférer avec Joyeuse qui y étoit déja. Les huguenots étant entrés dans S. Laurent des Arbres, y prirent quelques soldats & chevaux du régiment de Sarlabous. Tende retourna en Provence le 8. Joyeuse en Languedoc, & Gordes en Dauphiné, résolus de donner sur la queuë de Montbrun & de Mouvans qui vouloient passer le Rhône pour joindre Acier, & ensuite le prince de Condé. La Molle étoit à Caderousse pour tâcher d'entrer dans Orange, d'où les huguenots étant partis le 8. les catholiques y entrerent le 9. On aprit alors que Rapin, maître-d'hôtel du prince de Condé, avoit été exécuté à Toulouse, & que S. Auban de Vivier y avoit eu la tête tranchée, & ses biens condamnés à payer 60000. liv. pour réparer l'église de Viviers qu'il avoit pillée plusieurs fois.

Le 8. Septembre, jour de N. D. je reçus l'ordre de ~~cavalerie~~ du pape Pie V. en vertu de son bref donné à Rome le 14. Août, que le cardinal d'Armagnac me conféra dans la chapelle du palais, assisté de trois chevaliers de l'ordre du roy; sainte Jaille me ceignit l'épée; Cornelio de Fiesco, & Trivulce, marquis de Vigeve, la Baume, Achards, & Jonas Anselme me donnerent les éperons; Orsan, viguier, Agar, & Flandria, juges, S. Sixt, & l'Eglise, consuls, Laurentii, assesseur, Guillaume le Blanc, chancelier, & lieutenant général du cardinal, Gaspar de Ponte, vice-gerent, le président Panisse, les auditeurs de la rotte, Parisii, de Cadenetto, de Valensquia, Nicolaï, & le sécretaire Bianquetti y assisterent. La Garde arriva de la cour le 13. ayant beaucoup risqué, parce que les huguenots tenoient la campagne; ils étoient maîtres de plusieurs ports sur le Rhône, & entr'autres de ceux d'Ancone, d'Andance, de Charmes, du Pouzin, & de Baïs-sur-Baïs. Le lendemain il alla voir Orange, & retourna le 15. à Avignon, d'où il alla coucher à l'Isle pour y voir le comte de Tende; il paſſa de là à Marſeille pour y faire préparer les galères, en cas qu'on voulût les envoyer à la Rochelle : le camp du roy ſe dreſſoit à Etampes.

Mouvans & Cereſte ayant fait diligence, paſſerent de-là le Rhône ayant Lauriol pour leur rendez-vous : ceux qui étoient ſortis d'Orange au nombre de cinq cents les avoient joints, & ils étoient en tout trois mille ; Joyeuſe étoit au S. Eſprit, & Gordes à Montelimar. Le comte de Tende qui marchoit à leur queuë, entra avec ſa cavalerie à l'Iſle le 15. il en partit le lendemain, & Carces avec ſa compagnie d'hommes-d'armes, & les compagnies d'infanterie de Camille, Florentin & Paul Emile, Italien, qui venoient de Lagnes ; ils repaſſerent la Durance à Bonpas pour aller coucher à Cabanes, parce que les ennemis avoient paſſé le Rhône au port de Baïs-ſur-Baïs, & avoient fait des tranchées : Mouvans avoit les régimens de Montbrun, d'Ancone, de S. Romain, de Virieu, de Blacons, de Mirabel, de Chelard, & d'Oroſe, qui tous marchoient ſous Acier, & avoient leur rendez-vous à Alais. Le pape envoya au cardinal d'Armagnac un bref du 10. Août, par lequel il déſiroit que Flaſſans fût gouverneur d'Avignon au fait de la guerre, & que le capitaine Coumons mon frere fût l'un de ſes capitaines entretenus. Le comte de Tende étant logé à Cabanes la nuit du 16. reçut lettres du cardinal, qui lui donnoient avis que Suze revenant de la cour étoit à Montelimar, & que les ennemis, empêchés par les catholiques & les frégates, n'ayant pû paſſer le Rhône, s'étoient retranchés à Lauriol ; que Suze & Gordes déliberoient de les attaquer, ayant envoyé querir pour cet effet des forces à Lyon, & que le comte feroit bien de s'y rendre. Sur cela Tende alla coucher au Thor avec ſa cavalerie ; les compagnies d'infanterie de Paul Emile, Fieſco, & celle de Camille Giantini, à Coumons: celle du capitaine Bezodun faite de nouveau à Noves, alla coucher au Pont de Sorgue, & le lendemain 18. ils partirent tous pour Camaret ; mais le comte ayant ſçû le paſſage de Baïs avec bateaux, où les ennemis avoient fait des forts, partit du Thor, & alla coucher à Orgon ; l'infanterie alla à S. Remy & à Noves. La Garde étoit arrivé le même jour à Avignon pour ſe trouver à la même entrepriſe ; mais il s'en retourna en Provence le 21. Joyeuſe étoit au Pont S. Eſprit avec ſa compagnie ; celles de Scipion, du marquis Rangon, & de Julio Centurion, & les chevaux-légers & arquebuziers de Sarlabous ; le cardinal Strozzi étoit à Aix, travaillant pour les affaires en l'abſence du comte de Carces. Les vaſſaux de la Comté commandés par d'Oiſe, chevalier de l'ordre, & l'un des dix vaſſaux, furent de retour le 20. dans leurs maiſons ; ils avoient été poſtés à Vaureas, Malaucenne, & Belenne, pour s'opoſer à Montbrun & à Mouvans : les légionaires y étoient commandés par Roquelaure, gentilhomme de la maiſon du cardinal ; ils étoient au nombre de cent cinquante, & furent licentiés après vingt jours de ſervice. Le 20. Suze arriva à Avignon. Le

AN. 1568.

21. il donna l'ordre du roy à M. des Essarts dans l'église des Jacobins. Le 22. Joyeuse arriva à Avignon, & il en partit le 23. pour retourner en Languedoc. Les huguenots s'étoient rendus maîtres de l'Isle-Jourdain, Gaillart, Marsillac, Milhaut, & la Tour-S. Christophle; le président de Birague donnoit des avis continuels au cardinal qui y répondoit avec la même exactitude; Bellegarde étoit gouverneur de Toulouse, & le baron de Rieux de Narbonne.

Le roy étant malade fit vœu de ne permettre en son royaume que la religion catholique, & de visiter neuf jours durant la sainte Chapelle. Il donna un édit le 25. Septembre, qui défendoit à tous les officiers de justice huguenots, d'exercer leur charge en Bretagne. Martigues deffit une cornette & deux enseignes de Dandelot; Ourches du Dauphiné, enseigne de Martigues, se distingua dans cette occasion, & mourut bien-tôt après. Les huguenots avoient déja pris Falaise, Alençon, & avoient les troupes des sieurs de la Coignée, du Chesne, de la Nouë, du Coudray, Rambouillet, de Montigean, de Bretagne, de Lavardin, de Minbray, de Sey, de Bressault, de Rabendange, de Verger, de la Garde, de la Minquetiere, & de l'Orme. La reyne de Navarre avoit écrit le 15. Octobre 1568. par Chatellier à la reyne d'Angleterre, qui lui refusa le secours qu'elle demandoit. S. Heram, S. Chaumont, & Urfé, étoient en armes en Forez & Beaujolois. Le comte de Tende dressoit vingt-trois compagnies d'infanterie, & trois cents chevaux en Provence, dont les estats s'étoient tenus à Aix, sur la fin de Septembre; le ban & arriereban du pays fut mandé en même temps; la province donna 2000. liv. pour la gendarmerie de pied, & onze compagnies d'aragolez sous le commandeur de Cujes. Les huguenots sortis de Provence & de Dauphiné sous Montbrun, Mouvans, & Moreau, étoient encore en Languedoc. Jacques de Savoye, duc de Nemours, gouverneur du Lyonnois, arriva à Lyon le 5. Octobre pour y résider, & le président René de Birague retourna auprès du roy. Le cardinal d'Armagnac fit fortifier Avignon, & le chancelier de l'Hôpital se retira dans sa maison en Auvergne. Le roy alla en procession le jour de la S. Michel, le S. Sacrement fut porté par le cardinal de Lorraine, ce qui ne s'étoit point vû depuis S. Louis vers l'an 1226.

Vers le 8. Octobre, l'évêque de Carpentras manda les trois judicatures de Carpentras, l'Isle, & Vaureas, afin qu'elles donnassent l'état de ce qu'elles devoient. Montbrun, d'Acier, & Mouvans avoient pillé Pradelles & Langogne, & Joyeuse marchoit vers Carcassonne avec 40. enseignes d'infanterie sous Sarlabous. Le 12. Octobre, le cardinal d'Armagnac ordonna à tous les consuls du Comtat de donner dans dix jours des estats de toutes les armes qui s'y trouveroient; il mit 50. hommes pour la garde des portes à Avignon, sous le capitaine la Bartalasse; à Courtezon, S. Jaille, chevalier de l'ordre, avec sa compagnie de 50.

chevaux legers; & 50. hommes à pied à Mornas, Limans; & capitaine la Croix avec 100. hommes à pied, à Vaureas; capitaine Moffié avec 50. hommes à Piolenc, sous Jean Pons trois hommes, le tout aux dépens du pape qui payoit 312. hommes, & 50. chevaux. Le cardinal fit publier le 16. une deffense de sortir sans son congé; il partit le même jour pour aller visiter Orange, Courtezon, & Mornas, & il fut de retour à Avignon le jeudi 21. Ce même jour, le prince d'Orange se joignit aux adversaires François qui avoient passé la Sambre; & la Coche fut défait par le duc d'Aumale le 12. Novembre. Le 3. Octobre, Izabelle de la Paix, reyne d'Espagne, mourut à Madrid âgée de 23. ans, six mois, & trois jours, & on aprit cette nouvelle le 21. Le 26. Fiesco, chevalier de l'ordre, arriva en poste de la cour, avec ordre au régiment de Provence de marcher à Lyon. Mutio Frangipani, gentilhomme Romain, receut en même temps l'ordre du roy; il épousa ensuite la niéce du cardinal Strozzi, fille de feu Robert son frere. Frangipani suivit le comte de Tende, & receut une arquebuzade au bras le jour de la bataille. Le 13. Octobre, Angouleme deffendu par le capitaine Mezieres, fut pris par les adversaires après sept assauts. Le 28. le Cardinal envoya sainte Jaille dans le Comtat pour faire un état des hommes capables de porter les armes; Vaqueras, l'un des élus du pays, partit en même temps pour aller à Rome, ayant été honnêtement licentié de sa charge, & de la compagnie qu'il tenoit dans Bolenne: il en revint en Mars portant l'ordre de S. S. Joyeuse étoit alors arrivé à Toulouse avec 800. chevaux, & on aprit que le duc d'Albe avoit encore défait 1500. reîtres du prince d'Orange.

Le comte de Tende ayant demandé passage par le Comtat, on lui envoya le 5. Novembre Roquelaure pour conferer avec lui sur cette marche; Blovac lui porta à Orgon le 8. une lettre du cardinal Strozzi, afin qu'il se contentât de deux couchées dans le Comtat, la premiére à Bedarride & à Sorgue, & le lendemain à Mornas & à Piolenc, chaque jour coutant au pays 700. écus. Le comte de Tende s'étant contenté de cela fit montre à Orgon le 8. Suze étoit alors à Avignon se préparant à conduire au roy les forces du Dauphiné, au nombre de 2000. hommes, dont le baron des Adrets fut fait mestre de camp. Un courrier du roy aporta alors la nouvelle de la défaite de Mouvans à Messigrac, le 25. Octobre, où il perdit la vie & 2000. hommes, & les catholiques seulement 34. Le comte de Tende étant à Orgon donna le 10. Novembre l'ordre du roy à Durand de Pontevez, seigneur de Flassans, qui avoit aussi l'ordre du pape. Le même jour Suze arriva à Orgon, où ils convinrent que les compagnies iroient le premier jour à Coumons & à Château-neuf-Mossen-Giraud, & le lendemain à Villeneuve-lez-Avignon, puis en Vivarais droit à Lyon. Il y avoit déja sept compagnies d'infanterie, & une de cavalerie, à Noves, S. Ardiol, Cabanes, Aiguallier, & Château-renard: le comte

HISTOIRE DES GUERRES

An. 1568.

se laissa persuader par le cardinal d'empêcher les troupes de s'arrêter à Coumons & à Château-neuf, se contentant de passer la Durance à Bonpas pour aller droit à Villeneuve; j'en remerciai le comte de la part du cardinal. Le 11. le cardinal Strozzi & le baron de la Garde partirent d'Orgon, & vinrent coucher à Avignon. Le lendemain vendredi 12. le comte & Carces passerent la Durance, & vinrent coucher à Coumons avec trois compagnies, les cinq autres étant allées à Château-neuf. Le samedi 13. ces huit se joignirent aux sept autres, & allerent coucher à Villeneuve, où le pays du Comtat porta des vivres pour elles, pour les gendarmes du comte, & pour les aragolez du jeune marquis de Trans, chevalier de l'ordre, & du capitaine Bosqueti, dont la compagnie avoit été au commandeur de Cuges. Ces troupes, avec deux compagnies faites à Marseille, faisoient 3000. hommes en tout, le moindre homme avoit coûté huit livres, leur chef étoit le comte de Tende, Entrecastel, sergent-major, le capitaine Granier de Thoulon, & capitaine Mirabel, marechal de camp. Carces resta en Provence avec sa compagnie de gendarmes, & dans Sisteron une compagnie d'infanterie. Le comte partit de Villeneuve le mercredi 17. & toute la cavalerie alla coucher le même jour à Caderousse aux dépens du Comtat, à qui il en coutoit plus de mille écus par jour; il y avoit un tiers d'Italiens dans le régiment du comte; Pietro-Paolo Tosini, Florentin, chevalier de l'ordre, étoit colonel de deux compagnies; Michel de Candi & Camille Giontini, Florentins, & Paul Émile Fiesco, Genois, en avoient deux autres. L'archiduc d'Autriche, frere de l'empereur Maximilien, allant en Espagne avec quatre galeres du duc de Savoye, & quatre de Genes, débarqua à Marseille le mardi 16. Novembre; les deux compagnies faites à Marseille passerent la Durance le 20. le comte de Tende étant à Grignan fit démanteler les murailles, & Suze en fit faire autant à S. Paul-trois-Châteaux. Le cardinal Strozzi & le baron de la Garde ayant suivi le comte jusques à Grignan furent de retour en Provence le 24. en même temps sainte Jaille partit du Comtat avec sa compagnie de chevaux legers, & d'arquebuziers à cheval, prenant la route de Lyon. La Trimouille passa alors

La Trimoille

à Lyon, allant de la part de Charles IX. en Espagne faire des complimens à Philippe II. sur la mort de son épouse: il fut de retour à Avignon le 18. Décembre suivant, & le dernier du même mois il donna un magnifique souper. Le 28. Novembre, on aprit par les lettres de Lyon du 25. que le 17. le duc d'Anjou avoit défait près de Luzignan huit enseignes des adversaires.

Le passage d'Espagne à Rome par terre fut ouvert le 4. Décembre. Le duc de Nemours dressoit un camp pour le roy vers Roane, & Joyeuse étoit déja arrivé au camp de Monsieur vers Luzignan, celui du roy étoit à Melun pour marcher en Picardie, & s'oposer à l'entrée du prince d'Orange & du duc de Deux-Ponts. Le mercredi au soir 8. le cardinal de

DU COMTÉ VENAISSIN, DE PROVENCE, &c.

Guife venant de Lyon par le Rhône, arriva, le 10. il partit pour l'ifle de Martigues, où il s'embarqua fur des galeres qui le porterent en Efpagne où il alloit en ambaffade. Le baron de la Garde partit alors de Marfeille pour aller trouver le roy à Melun. Le famedi 11. commença un grandiffime froid qui vint tout foudain, le Rhône fut glacé, la Durance prefque prife, les ports d'icelle fermés ; il y eut neige, vent & verglas, & pluye froide ; le pain, vin, œufs, oranges, & encre, tout fut gelé ; cela dura jufqu'au 20. Il arriva alors un jubilé de Rome pour demander à Dieu bonne victoire au roy. Le 31. on licentia les 60. foldats pour la garde des portes, payés de l'argent du pape, fous la conduite de la Bartalaffe. On aprit alors la mort du comte Martinengo avec 80. chevaux legers. Le maréchal de Damville étoit alors malade à Chantilli. Plufieurs nations s'étoient revoltées contre le grand feigneur. Nemours & Aumale côtoyoient la Bourgogne avec 10000. hommes, où étoit Suze & le régiment de Dauphiné du baron des Adrets, & plus de 4000. Suiffes pour s'opofer au prince d'Orange qui étoit déja arrivé à Troïes. Le comte de Tende prit le chemin de Boni, & alla joindre le camp du duc d'Anjou en Poitou après avoir falué le roy. Ge... mourut à Berg-Zabern. Sur la fin de Fevrier 1568. le froid fut fi violent que la plûpart des orangers, des lauriers, & d'autres arbres, moururent ; plufieurs foldats perdirent le fentiment, & d'autres fe rompirent les bras & les jambes en tombant.

AN. 1568.

Le Blanc, commiffaire député par le cardinal de Bourbon, vint faire un état des biens des huguenots fugitifs du Comtat, pour les incorporer à la chambre apoftolique : on eftima ces biens 100000. écus. Le roy fit dreffer un camp à Châlons pour s'opofer au prince d'Orange, où fe trouverent le duc de Nemours, le régiment du Dauphiné fous Suze, 20000. hommes de pied, & 10000. chevaux, ce qui fit retirer le prince d'Orange. Le duc d'Anjou étoit campé près de Tours, & les adverfaires à Loudun. Quelques huguenots fortis de Geneve fe faifirent d'un lieu de la domination du duc de Savoye. Les adverfaires firent quelques courfes en Cevennes, & fur le grand chemin de Montpellier, Lunel, & Uchau ; mais S. André y remedia. Le cardinal d'Armagnac aprit vers la mi-Fevrier, par des lettres du roy, que le prince d'Orange s'étoit retiré en Allemagne. Le froid commença alors bien plus fort qu'auparavant. Le pape fit affembler 4000. fantaffins & 2000. chevaux dans fon état, au lieu del Borgo près d'Alexandrie : le comte de fanta Fiore, Romain, étoit général de ces troupes, & Laurent Lanti, évêque de Fermo, commiffaire général, le tout aux dépens du pape, outre 500. gentils-hommes Italiens volontaires, bien montés. La fin de Fevrier fut très-pernicieufe pour les biens de la terre, à caufe des vents continuels qui durerent plus de douze jours, & du froid à toute extremité. On

AN. 1569.

aprit alors la mort de Scipion Vimercat, chevalier de l'ordre, & capitaine de gendarmerie : il mourut de maladie à Châlons où étoit la cour. Le roi alla à Metz, & à Joinville; Valfeniére mourut pour lors au siége de Bourgueville, & Piles se saisit de l'isle de Medoc, longue de seize lieuës, & large de cinq. Taillades fut en poste du camp de Monsieur à celui du roy qui lui donna 2500. reîtres.

Le 2. & 3. Mars, les vents furent terribles, & ils durerent jusqu'au 22. Le baron de la Garde revenant de la cour arriva en Provence le 9. Mars, & donna l'ordre du roy à Pierre de Sade, sieur d'Agoult. Le roy étoit alors à Metz avec M. & Madame de Lorraine. Nemours avoit un camp à Langres, Aumale vers Sancerre, le duc d'Alençon à Paris, & le duc de Nevers à Nevers. Le mercredi 23. le cardinal d'Armagnac receut la nouvelle de la bataille de Jarnac, par le capitaine Bagatel, venant de Metz à Marseille ; du côté des huguenots furent tués le bâtard Stuard & Chatellier. Le roy en ayant receu la nouvelle à Metz le 20. Mars par Lesses, alla quoiqu'il fût minuit, faire chanter le *Te Deum* dans la grande église : le cardinal de Bourbon qui étoit près de lui, se réjoüit comme bon serviteur du roy, de la mort du prince de Condé, quoique son frere; le duc d'Anjou avoit auprès de lui le vicomte de Joyeuse, qui peu avant lui avoit mené un bon secours du Languedoc, avec lequel fut pris Mirabeau & son château, où la Borde, capitaine huguenot, fut tué ; Enemond Ogier, de l'ordre de Jesus, bon prédicateur, étoit aussi près de lui. Le Cardinal d'Armagnac fit chanter le *Te Deum* pour cette victoire, & le 25. il alla en procession par Avignon. Le 28. il fit faire un feu de joye, dont il y a estampe. Le camp de Monsieur étoit de 19500. hommes, & de quatorze piéces d'artillerie ; la paire de souliers y valoit un écu, le mouton trois écus, la perdrix trente sols, autant la poule & la becasse, le conil vingt-quatre sols, le pot de vin trois sols, le pain commun trois sols, l'hémine d'avoine trente sols, quatre fers de cheval vingt écus.

Le comte de Carces, lieutenant du roy en Provence, en l'absence du comte de Tende, ayant découvert que les huguenots de Provence vouloient remuer, les fit tous arrêter le dimanche des rameaux 3. Avril : Gordes en fit autant en Dauphiné. Le 4. le cardinal d'Armagnac fit publier le bref donné à Rome le 26. Fevrier par le pape Pie V. qui ordonnoit à tous les Juifs de sortir dans trois mois de ses estats, excepté de Rome & d'Ancone. Les huguenots du Languedoc furent arrêtés aussi depuis le Pont S. Esprit jusques à Aiguesmortes, vers Nismes, Montpellier, & autres lieux, où S. André, chevalier de l'ordre, & frere de Mondragon, commandoit en l'absence de Joyeuse. Le baron de Rieux commandoit dans Narbonne, Mandelot à Lyon en l'absence du duc de Nemours, & Chambery dans la citadelle. Le cardinal d'Armagnac sachant qu'il y avoit aux Cevennes grand nombre de rebelles, qui de

peur,

DU COMTÉ VENAISSIN, DE PROVENCE, &c.

AN. 1569.

peur, & à leur ignominie, s'étoient absentés de leur camp de Xaintonge, & qui là faisoient congrégations, manda dans tout le Comtat Vaqueiras élu pour la noblesse, nouvellement revenu de Rome, afin qu'on se précautionnât partout, & à Aix, vers M. de Carces, Roquelaure, l'un de ses gentils-hommes. L'archiduc d'Autriche, frere de l'empereur Maximilien, revenant de la cour du roy Philippe, s'embarqua à Barcelonne aux fêtes de Pâques, sur les dix galeres d'André Doria; il passa à la vuë de Marseille le 17. Avril, il débarqua à Savonne, où le duc de Savoye le fut voir, & puis à Livourne pour aller à Florence voir sa sœur la princesse. Vers la mi-Avril, vingt-quatre galeres d'Espagne, sous les ordres du grand commandeur, & portant 4000. soldats Espagnols, arriverent aux isles de Marseille; elles venoient d'Italie, & alloient en Espagne faire la guerre aux Maures qui s'étoient soulevés en Grenade au nombre de 12000. En même temps trois galeres de France revinrent de Corse où la Garde les avoit envoyées; elles porterent à Toulon 300. soldats Corses, sous leur colonel Alphonse, *fils de San-Pietro; douze desdites galeres périrent au port de Narbonne par la tempête le 24. Avril. Le pape receut la nouvelle de la bataille de Jarnac le 31. Mars, & le marquis de Rangon dépêché par le duc d'Anjou, lui en aporta le détail le 5. Avril; un chevalier de l'ordre y aporta le 21. douze cornettes, dont les deux blanches du prince de Condé & du prince de Navarre, qui ensuite furent mises dans l'église de S. Pierre. Les vicomtes de Burniquel & autres de Bearn, avec 1200. chevaux & 3000. fantassins, cherchoient à se joindre avec l'amiral vers Alby & les Cevennes; les rebelles y faisoient mille maux, surprenant quelques lieux où ils mettoient les catholiques au fil de l'épée. En même temps Exiles en Dauphiné fut surpris sur le capitaine Jean de Goye; Gordes s'y étant porté, l'archevêque d'Embrun, Rousset, & la Casette le reprirent. Les ennemis du Languedoc surprirent Calvisson, qui fut recouvré quelques jours après; ils surprirent aussi quelques autres lieux où ils firent carnage. Le marquis de Trans, vicomte de Maillé, arriva à Avignon sur la fin d'Avril, dépêché par le roy à Marseille pour y recevoir le duc de Nagera qui venoit d'Espagne avec le cardinal de Guise; ce prélat étoit parti le 8. Avril de Madrid; Philippe II. lui avoit donné douze chevaux, une cadenne d'argent, & 6000. écus de rente sur une abbaye. Le Languedoc leva en même temps les fouages, ce qui fit 30000. hommes, suivant la conclusion des estats tenus à Narbonne; & on dressa un camp sous S. André à Nismes au commencement de May. En même temps le Parlement de Toulouse fit décapiter quatre gros de Nismes & jadis conseillers, dont fut Charles Roselli & Marguerites, en punition des meurtres & assassinats commis par eux, ou de leur conseil, contre les catholiques; on assigna sur leurs biens 9000. livres aux enfants de Gras, meurtri par eux, aussi-bien que du sacristain Paperani.

*(d'Ornano)

*(chaîne) catena.

×furent
*(tué.)

Tom. I. Perussis. O

An. 1569.

Le cardinal d'Armagnac receut des lettres de Toulouze au commencement de May, disant que les vicomtes de Bearn étoient retournés à Montauban; Montluc s'étant opofé à eux lorfqu'ils avoient voulu paffer le Lot; peu après ils fortirent de Montauban au nombre de 6000. hommes de pied & de 600. chevaux, & quelques piéces d'artillerie, pour aller affiéger Montech qu'ils ne purent pas prendre, & où Arpajon de Roüergue, conducteur de l'entreprife, fut tué. Le roy partit alors de Metz, & vint à Rheims & à Paris; fon camp de 26000. hommes, fous les ducs de Nemours & d'Aumale; les comtes de Retz & de Suze fuivoient le duc de Deux-Ponts, qui fe jetta dans le pays du roy fur la fin de May avec 25000. hommes: un jour le comte de Suze prit la cornette de du Bar. Le cardinal d'Armagnac fit alors embellir le palais des papes à Avignon, conftruit par Benoît XII. en 1336. par Clement VI. en 1343. & par Clement VII. en 1379. c'étoit une groffe maffe de pierre dont les murailles étoient fortes, épaiffes, & hautes, toutes les fenêtres grillées, les chambres petites & obfcures, les chapelles & les fales belles & grandes; l'une de ces dernieres ayant été brulée, fut mife en jeu de paume par le cardinal Farnefe, légat; le cardinal y fit faire des galeries, des paffages commodes, des fales, des chambres, des garderobes, & des cabinets bien éclairés; il fit embellir extraordinairement la grande chapelle d'enhaut, le tout à fes dépens; il fit féparer les prifons, & redreffer les moulins à fang qui y étoient prefque réduits en poudre; on les y avoit dreffés du temps que les papes y faifoient leur réfidence, & qu'il y avoit des guerres civiles pour la faction & parti des SS. peres; quelques antipapes y furent affiégés, & entr'autres Pierre de Luna, dit Benoît XIII. lequel fe fauva premierement au fort du Donjon d'Oppede, qui pour lors étoit tout à la chambre apoftolique, & puis à Panifcola en Efpagne, où il mourut en 1424. ayant tenu le pontificat vingt-deux ans. Le duc de Nemours arriva alors à Lyon pour y donner ordre aux troupes que le pape envoyoit, & qui étoient déja arrivées en Dauphiné. De 3000. Provençaux qui étoient au camp du duc d'Anjou, il n'en refta que fix compagnies fous le régiment de Strozzi, il en mourut plus de 500. & les autres retournerent chez eux. Lers, de la maifon d'Arpajon, y mourut après la bataille de Jarnac. Le duc d'Anjou prit Villereal près de Montpenfier, & affiégea enfuite Mucidan, où le comte de Briffac fut tué le 25. Avril; Pompadour, fon beau-frere, y périt auffi avec le capitaine Barreletti; Sarlabous y fut bleffé. Charles IX. fit alors faifir, par le comte Martinengo & le chevalier de Ville-gagnon, la maifon de Châtillon-fur-Loin, où l'on trouva 400000. écus en vaiffelle d'argent, où autres chofes précieufes. Le Maréchal de Damville étant venu en convalefcence, fe rendit au camp du duc d'Anjou à la Rochefoucault avec 400. chevaux. On pendit un archer de la garde de Monfieur qui l'avoit voulu tuer d'un coup de piftolet. On aprit que Montluc

& fon fils, le chevalier, avoient rompu quelques arquebuziers des ennemis. Le 26. May on publia dans le Comtat la prolongation que le pape accordoit aux Juifs jufqu'au 15. d'Aouſt, à la requête d'Avignon. Sur la fin de May, le fecours envoyé par le pape, au nombre de 1000. chevaux legers, & de 4000. hommes de pied, commandés par le comte de Santa-Fiore, & ayant pour commiſſaire général l'évêque de Ferme, arriva à Lyon : ils marcherent en belle ordonnance, fans déſordre & fans jouer, & payoient partout ; il y avoit encore 500. gentils-hommes Italiens à cheval, pour leur plaiſir & à leurs dépens, faiſant plus de 1000. chevaux : ce fecours conduit par le duc de Nemours, marcha vers Roane.

Le 4. Juin, le duc de Nagera allant en cour pour le fait des mariages pratiqués par le cardinal de Guiſe, arriva en Avignon ; le cardinal arriva le mardi 7. & le 9. ayant aſſiſté à la proceſſion de la fête-Dieu, alla coucher à Caderouſſe. On publia en même temps le bref du pape donné à Rome le 26. Mars pour que tous les biens des huguenots du Comtat fuſſent employés à réparer les égliſes : le cardinal l'ayant reçeu l'envoya ouvert à l'évêque de Carpentras, recteur, qui manda le publier par fes lettres du 3. Juin, ſignées Bartoquini. Vers la mi-Juin, le roy fit publier un mandement en Provence pour que tous les penſionnaires, chevaliers de ſon ordre, gentils-hommes de fa chambre, & autres gentils-hommes, capitaines & foldats qui n'étoient pas ſexagenaires, euſſent à ſe trouver le 20. du mois à ſon camp en armes : ce même mandement donné à S. Maur des Foſſés le 26. May, & publié à Lyon le 6. Juin, le fut auſſi en Languedoc. Suze arriva alors à fa maiſon, malade, revenant du camp du roy. On receut auſſi pluſieurs brefs du pape à l'archevêque d'Avignon, & aux évêques de Carpentras, de Cavaillon, & de Vaiſon, de prendre garde à leur peuple, réformer les gens d'égliſe & tous eſtats, & veiller foigneuſement, viſitant leurs dioceſes, & de tout en donner avis à S. S. L'archevêque d'Avignon receut auſſi un bref pour s'informer de la façon de vivre de quelques laïques. Ceux d'Avignon s'y opoſerent, & il y auroit eu de l'émotion fans la prudence du cardinal d'Armagnac : le peuple croyoit qu'on vouloit établir une nouvelle inquiſition, & que cela ſe faifoit à la requête d'Antoine Poſſevin, jeſuite, qui pour lors étoit à Rome, ce qui fit que ceux de ſon college à Avignon riſquerent ; on tint ſur cela un conſeil général le 18. Juin ; il y eut du tumulte, mais à la fin tout s'apaiſa. Quelques compagnies furent en même temps pour reprendre le Pouſin que les huguenots poſſedoient depuis ces derniers troubles, & qui incommodoient fort la navigation du Rhône, mais elles n'exécuterent pas pour lors leur entrepriſe. Les deux camps du roy s'étant aſſemblés à Limoges, le roy s'y trouva avec les cardinaux de Bourbon & de Lorraine. La compagnie du prince de Savoye, fous Morette, fon lieutenant, paſſa lors les Monts. Le maréchal de Damville fut mandé à Toulouze pour venir en Languedoc donner ordre à fon

AN. 1569.

gouvernement, avec pouvoir de lever des troupes, & de commander en Languedoc, Guyenne, Provence, & Dauphiné. On aprit le 20. Juin la mort du duc de Deux-Ponts, d'un catarre causé par un trop désordonné apetit. Les ennemis du Languedoc & ceux des Cevennes coururent vers Usez, Alais, Montpellier, & Nismes: ils bloquerent Alais, où étoit le capitaine la Couronne, & l'affamerent, & ils se saisirent de quelques mulets qui portoient des bleds à la garnison, peu de jours avant la S. Jean; enfin ils firent crier le sac d'Alais: ils s'assemblerent le même jour au nombre de 3000. avec des échelles, mais la garnison les repoussa après leur avoir tué 130. hommes, & blessé plus de 300. ils se retirerent ensuite; c'étoient quelques Dauphinois qui avoient laissé le camp de l'amiral vers Perigord, & vouloient se jetter ça bas sous Montbrun & Mirabel. Huit galeres de France & quelques barques avec les soldats Corses & Provençaux au nombre de 600. partirent sous le baron de la Garde le 30. Juin, pour les isles du château d'If, d'où le 3. Juillet elles firent voile vers la Rochelle.

Les ennemis ayant levé le siége d'Alais, S. André, gouverneur d'Aiguesmortes, l'alla ravitailler avec un camp volant de 4000. hommes & de 300. chevaux, entre lesquels étoient les hommes d'armes de Carces. Il fit ensuite venir d'Aiguesmortes quelques piéces d'artillerie, avec lesquelles il alla emporter d'assaut le lieu de Combas; ceux de la garnison qui ravageoient tout le voisinage qui n'y furent pas tués, furent menés prisonniers à Nismes; S. André se rendit maître aussi de quelques autres petits lieux aux environs.

Au commencement de Juillet, on receut la nouvelle du combat de Rochelabeille, où furent tués S. Loup, lieutenant de Strozzi, Roquelaure, Valon, & Camille Giantini, Florentin; les adversaires y perdirent les capitaines Peirol & la Murie, avec 50. soldats, & ils y auroient eu bien plus d'avantage sans le comte de sainte Fleur† qui les arrêta. Il y eut à Orange une émotion entre les gens de la Molle, gouverneur, & ceux de la ville, dont un des consuls fut tué, aussi-bien que Chevrilles du côté de la Molle, qui se retira au château, & quelques mois après alla retrouver le roy. Sansac ayant assiégé la Charité à la fin de Juillet, fut obligé de lever le siége; mais il emporta d'assaut Noyers en Bourgogne. Le maréchal de Damville assembloit alors son armée vers Toulouze, & lorsqu'il eut receu les compagnies qui étoient* en garnison le long du Rhône, il alla camper à Muret le 4. Septembre avec 10000. fantassins & seize compagnies de gens d'armes. Montluc vouloit assiéger Navarrens où étoit Mongommery & les vicomtes. Les adversaires des Cevennes battoient de temps en temps l'estrade vers les chemins de Montpellier à Nismes, où ils pilloient & tuoient les passants: le cardinal Strozzi vint alors à Avignon, ayant été fort malade à Aix.

Au commencement d'Aoust, le cardinal d'Armagnac fit crier à

† Santafiore

* (étoient)

Avignon, que l'intention du pape étoit que les chrétiens ne payassent pas aux Juifs les dettes decennaux, & qu'à l'égard des modernes, ils en payassent la moitié à présent, & le reste dans un an sans interêt, moyennant quoi les Juifs pourroient rester à Avignon jusqu'à la S. Michel 1570. Il étoit mort à la guerre de Grenade jusqu'à la fin de Juillet, de part ou d'autre, plus de 22000. personnes : le 4. Aoust le roy d'Espagne gagna sur eux une grande victoire. On vendit alors en France pour 50000. écus de rente du bien temporel de l'église, suivant la permission du pape. Il y eut 2000. écus sur la Provence, qui ne furent guere employés suivant la volonté du pape. Annibal Ruccellay, Florentin, qui fut ensuite évêque de Carcassonne, voyagea fort pour cette négociation. On prit en Espagne quelques gens qui avoient voulu mettre le feu à la porte du cardinal, grand chancelier, & à l'écurie du roy, & on présumoit qu'ils y avoient été envoyés par les huguenots de France. Les rivieres étoient fort seches au mois d'Aoust, & il y avoit beaucoup de fiévres chaudes en France. Le vendredi 26. le comte de Tende arriva à Avignon, & coucha chez le cardinal Strozzi; le 29. il alla coucher à Orgon, ayant été absent de Provence neuf mois & dix-huit jours. L'archevêque d'Avignon receut alors un bref du pape pour faire la visite des églises, cités, & lieux du Comtat, en faire son procès verbal, & l'envoyer clos & scellé ; il receut aussi ordre de faire observer les fêtes, ce qu'il fit publier par une estampe. Cinq compagnies d'infanterie du Dauphiné passerent le Rhône, & à Bagnols, pour aller en garnison à Montpellier, jusques où les ennemis faisoient des courses depuis Sargnac, de maniére qu'on fut obligé de changer les postes qui vont en Espagne ; celle de Nismes, à Trinquetaille d'Arles ; celle de Sargnac, à Tarascon ; celle de Bagnols, à Caderousse dans le Comtat ; & celle du S. Esprit, à Mondragon. Les ennemis surprirent alors Vauguey sur l'estang d'Aiguesmortes près de Lunel: nos gens y furent pour le reprendre, mais ne purent y réussir. Bonnivet, adversaire, fut alors pris près de Châtelleraud, & sa compagnie défaite. En Vellay, les adversaires prirent la chartreuse de Bonne-foy, où ils firent mourir cruellement le dom prieur & trois freres religieux: l'évêque du Puy y envoya des troupes qui la reprirent soudain. La Roche & la Bessonniére couroient alors pour les huguenots l'Auvergne, où ils prirent Aurillac ; ils surprirent aussi en Dauphiné le château de Beaufort près du Crest ; mais Gordes y ayant envoyé des troupes, on le prit avec quatre de leurs capitaines qui furent menés prisonniers à Grenoble. Mongommeri ayant surpris Terride en Bearn, reprit toute cette province que les catholiques avoient été dix mois à réduire. Terride mourut le 7. Aoust étant prisonnier.

Le cardinal Strozzi partit d'Avignon pour la Provence le 15. Septembre : Matteo Girardi, maître des postes du pape à Rome, y étoit arrivé la veille pour pourvoir à la cherté des vins & des bleds qui étoit

AN. 1569.

à Rome; ce qui fit que le cardinal fit publier une deffense dans tout le Comtat, de laisser sortir les grains & les vins jusqu'au 13. de Novembre, l'ordre signé par Senerac, l'un de ses secretaires. Castelnau, gouverneur de Montpellier, découvrit sur la fin de Septembre une conspiration formée par Barry, capitaine de cette ville, pour livrer la place à l'ennemi pour de l'argent; Barry avoüa son crime & fut exécuté. L'amiral fit aussi pendre Dominique d'Albe, Gascon, l'un de ses valets de chambre, qui l'avoit voulu trahir. Le maréchal de Damville s'étant voulu rendre maître de Fiac par composition, alla assiéger Mazeres, deffenduë par 7000. hommes qui endurerent un assaut furieux: les catholiques y eurent quarante capitaines blessés, aussi-bien que François de Baroncellis, fils de Javon, qui mourut peu après; la place capitula le lendemain: Monluc prit de son côté le mont de Marsan.

L'amiral avoit assiégé Poitiers dès le 19. Juillet, Paul Sforce, Romain, frere du comte de S. Fleur, étoit dans la place avec quelque cavalerie: l'amiral se retira de devant le 5. Septembre; les catholiques perdirent à ce siége Charles du Grillet, seigneur de Taillade, à qui le roy venoit de donner son ordre & une compagnie de gens d'armes, les capitaines Vacherie, Calverac, Prunay, Guascourt, chevalier de l'ordre de Malthe, Passac, Bourch, Montal, Antoine, Herason Romain, Honoux, Briançon, & dix autres gentils-hommes avec 80. soldats. Les ennemis y perdirent 2000. hommes, & entr'autres Changy, maréchal de camp, le fils de Briquemault, & sainte Marie du Dauphiné. Le 21. Septembre, on aprit la nouvelle de la levée de ce siége à Avignon, où le cardinal fit faire des prieres publiques & des processions. Le 13. Septembre, le parlement de Paris donna un arrêt contre l'amiral, à la place duquel on nomma Honoré de Savoye & de Tende, marquis de Villars. La Garde ayant passé avec ses galeres vers la Rochelle, & pris quelques vaisseaux où étoient des rebelles au roy, entra dans le port de Bourdeaux dont il demeura gouverneur. La nuit du 13. Septembre, le feu prit à l'arsenal de Venise, & à plusieurs églises, monasteres, & maisons, avec un fracas épouvantable: il y eut en même temps des incendies à Padouë, à Vicenze, à Trevisi, & à Chiogy, ville de l'état de Venise. La peste étoit alors à Geneve. Le prince d'Orange, qui avoit suivi le duc de Deux-Ponts, partit à la mi-Septembre de Faye la Vineuse, il passa déguisé à la Charité & à Vezelay pour se retirer en Allemagne. Le duc de Savoye retourna alors à Thurin, de Chambery où il avoit resté quelque temps à cause des fortifications qu'il faisoit faire à Rumilly. Le tonnerre tomba dans la juifverie d'Avignon, où il enterra & tua neuf Juifs le 24. Septembre.

L'évêque de Carpentras, recteur du Comtat, ayant fait faire la revuë des bleds au commencement d'Octobre, on enleva à Cavaillon, l'Isle, Pernes, Coumons, & le Thor, 4000. salmées qui furent delivrées à

DU COMTE' VENAISSIN, DE PROVENCE, &c. 111

Matteo Girardi, commissaire du pape, à onze florins la salmée: on les porta sur le Rhône & au Pontet, où elles furent embarquées pour Rome. Le roy étoit à Tours: Entrechaux de Malaucenne au Comtat, lequel prit Montbrun aux premieres guerres, Aubricourt, & autres, furent tués à la bataille de Moncontour; d'Acier, qui auparavant portoit pour devise en sa cornette un hydre de plusieurs têtes de cardinaux & moines, avec ces mots, *qui casso crudeles*, Jacques de Crussol, & la Noue, y furent faits prisonniers. Les princes s'étant retirés à Niort, y receurent un secours de cent chevaux Anglois, commandés par Henry Chapernou, seul secours qu'ils receurent d'Angleterre pendant cette derniere guerre. Montbrun & Mirabel ayant voulu passer la Dordogne à Souillac, les catholiques les chargerent, & firent prisonniers Quintel du Dauphiné, Mormoiron du Comtat, Merle de Courteson, & Sarras du Vivarais. S. Jean d'Angely ayant été assiégé & receu un secours le 18. Novembre par S. Severin, sans que celui que S. Auban du Dauphiné y menoit y pût entrer, se rendit le 3. Décembre: Guitinieres en fut fait gouverneur: & Sebastien de Luxembourg, comte de Martigue, étoit mort à la batterie le 29. Novembre. Le cardinal de Bourbon dépêcha Burlon de la ville d'Aix, un de ses valets de chambre, au cardinal d'Armagnac, & en Provence; & le roy lui écrivit du Plessis le 6. Octobre par l'abbé de Belle-étoile qui arriva à Avignon le 13. L'évêque de Carcassonne en avertit le pape par un courrier qui y arriva le 14. & le 17. celui de l'évêque de Gaiazzo, nonce de S. S. aporta les particularités. Les cornettes gagnées sur les ennemis par les Italiens, furent portées à Rome. Luzignan ayant été repris, on y trouva dedans le marquis de Rangon fait prisonnier dans Mirabeau où il étoit malade. L'amiral se jetta en Quercy, & entra à Cahors, où ceux de son parti lui porterent quelque argent; le maréchal de Damville étoit vers Grenade & Mazere.

S. André, gouverneur d'Aiguesmortes, étant allé à Nismes pour voir ce qui s'y passoit, il y trouva des montagnards qui y étoient venus des Cevennes, où ils enduroient la faim, parce que c'étoit le temps où l'on cueilloit les olives. Ces cevenols presque tous huguenots, ayant conféré avec leurs complices, qui vivoient dans la ville en liberté & en assurance sous les édits du roy, gagnerent un valet de S. André qui s'étoit marié & retiré dans la ville; celui-ci & un serrurier, donnerent moyen de limer à la sourdine une grille qui bouche le trou par où sort l'eau qui passe dans Nismes: la grille ayant été coupée le 15. Novembre, quelques troupes huguenotes descendues des montagnes & du côté d'Anduze, entrerent par cet aqueduc dans l'eau jusqu'à la ceinture: un des corps-de-garde de S. André ayant été égorgé, ils enfoncerent une porte par où leur cavalerie entra, & s'étant rendus maîtres de la ville, ils massacrerent les prêtres & religieuses, & près de trois cents personnes; ils

An. 1569.

An. 1569.

blesserent S. André, le mirent au lit, où ils allerent ensuite le tuer de sang-froid; ils firent plusieurs prisonniers qui se rachererent par de grandes sommes: ils y trouverent plus de seize mille charges de bled, une grande abondance d'huile, de laine, & de draps, toute sorte de fruits & de marchandises. La ville fut mise à sac, & les huguenots y firent un butin inestimable: la ville commençant à se faire bonne, & les villages des environs y avoient aporté leurs meilleurs effets. Il y avoit dedans deux compagnies de soldats à pied qui ne firent pas trop bonne garde; on dit que S. André avoit été averti de la conspiration, mais il se perdit par trop de confiance. Le capitaine Auscour se retira dans le château avec soixante soldats. Le pillage attira dans la ville en peu de jours plus de deux mille huguenots, qui tenoient la place sous S. Romain, autrefois archevêque d'Aix. Dès que le cardinal d'Armagnac eut sçu cette nouvelle, il envoya à ses propres dépens des troupes dans le Pont S. Esprit, à Bagnols, à Roquemaure, & à Aramon, quoique les huguenots lui tinssent alors plus de 60000. liv. de rente en Bearn, & en Gascogne, de son patrimoine, ou du bien de l'église: il fit assembler à Avignon les élus du Comtat, où se trouva l'évêque de Carpentras, recteur; on y dressa deux compagnies d'infanterie sous les capitaines Buysse & Nicol, tout aux dépens du pays. Avignon leva trois cents hommes pour la garde de la ville sous la Bartalasse; le cardinal envoya ces deux compagnies, & deux cents hommes d'Avignon à Marguerites pour tenir en frein les huguenots de Nismes, & en haleine les nôtres assiégés au château. Les estats de Provence tenus à Aix le 22. Novembre, accorderent une levée de deux mille hommes; le comte de Tende y fit son entrée comme sénéchal & lieutenant de roy, & la ville lui fit un présent de cinq cents écus; Marseille, où il alla ensuite, lui en donna six cents. Le mercredy 26. Novembre, le cardinal Borromée étant en oraison dans sa chapelle à Milan, & disant ces mots, *Non turbetur cor nostrum, neque formidet*, quelque méchant, & peut-être hérétique, lui lâcha un coup de pistolet par derriere, qui ne fit que percer son habit & sa chemise; le saint prélat ne discontinua pas son office. Les Juifs voyant qu'ils ne pouvoient pas obtenir un plus long délay pour rester dans le Comtat, envoyerent trois cents des plus pauvres à Marseille, où ils avoient promesse de s'embarquer pour Barut; mais comme le vaisseau ne se trouva pas prêt, ils y resterent long-temps aux dépens des gros satellites qui étoient restés à Avignon au nombre d'environ huit cents. Le cardinal d'Armagnac sachant que le comte de Tende se préparoit pour aller secourir le château & recouvrer la ville de Nismes, écrivit le 9. Décembre à tous les vassaux du pape de se tenir prêts à marcher pour cette expédition. Alors Anne de Guise qui avoit été conduite en Espagne avec la feuë reyne Isabelle de France, arriva d'Espagne, & resta deux mois & demi logée au palais. On découvrit alors à Naples une assemblée de femmes, où assistoient de grandes dames, qui de nuit

faisoient

faifoient leurs prieres ayant des hommes, & aux chandelles éteintes ufoient de la charité à l'Epicurienne; le viceroy en fit emprifonner plufieurs, & le cas avéré en fut fait exécution. Le comte de fainte Fleur & les gens du pape repafferent à Lyon à la fin de Décembre pour retourner en Italie. Marie Sforce, frere du général, étoit colonel du duc de Florence, qui avoit mandé deux cents chevaux, & mille hommes à pied payés; Paul Sforce, fon troifiéme frere, étoit général de l'infanterie du pape; Ange de Cefis, Romain, qui mourut de maladie à Tours, étoit colonel de trois cents chevaux; Jean Urfin étoit colonel de trois cents; le comte Gentil Saffatello de Lamarque, en commandoit cinquante; Jerôme Gabrieli, cinquante; Jordan Urfin, cinquante; Pierre Malvezzi de Boulogne, deux cents; & Lucio Malvezzi fon frere, cinquante: Saporozo de Fermo étoit capitaine de deux cents hommes de pied; Scipion Corbinelli Florentin, de deux cents; Jean-Matteo Palavicin, de deux cents; Bargello de Fabriano, de deux cents; & Claudio de Folino, de deux cents; l'évêque de Fermo, commiffaire général.

AN. 1569.

Le 2. Janvier 1570. le comte de Tende paffa la Durance au port de Bonpas avec grande difficulté, parce qu'elle étoit prefque prife, par le grand froid qu'il avoit fait durant trois jours; des laquais moururent par le froid delà Orgon. Il fe rendit à Avignon, où fe trouva auffi Suze pour conférer avec le cardinal d'Armagnac fur le recouvrement de Nifmes; Gordes étoit à Valence, & les frégates du cardinal fatiguoient continuellement la garnifon du Pouzin. Le roy & la reyne partirent du camp, devant Noël, pour aller à Angers. Le maréchal de Damville étoit à Touloufe; Coligny, à Montauban; Montgommery & les vicomtes, à Condom. Ils avoient un pont fur la Garonne à Sigulhi, que le maréchal de Damville rompit à leur barbe. Le froid fut caufe que l'on leva le fiége de Niort; les ennemis entrerent dans Auch le jour de la Touffaints, ils y tuerent les prêtres, & y laifferent le capitaine Gimont avec quatre cents hommes; ils étoient maîtres de toute la Gafcogne, excepté des villes de Leytoure, & d'Agen, & de Florence & Mirande. Le dimanche 8. Janvier, Chriftophe Scoti, Parmezan, fit fon entrée à fon évêché de Cavaillon, & fuccéda à Pierre de Guinucciis qui avoit gouverné cette églife vingt-huit ans. Le 12. Janvier, Laurent d'Arpajon, feigneur de Lers, prit poffeffion de fon gouvernement d'Orange qu'il obtint du roy; la Molle, fon prédéceffeur, étoit en cour, où il mourut de maladie. Le pays du Comtat nonobftant fa pauvreté, donna mille écus pour payer le fecond mois pour entretenir les foldats dudit pays fous les capitaines Buiffe & Nicol, qui étoient de-là le Rhône au pays du roy, & au lieu de Marguerites pour tenir le frein aux ennemis de Nifmes. On aprit que Montbrun étoit venu de Montauban avec quatre cents chevaux, & s'étoit jetté dans Nifmes, où commandoit S. Romain. Le 14. trois cents chevaux des ennemis fe

AN. 1570.

Tom. I. Peruffis.

présentèrent vers la belle Croix sur le côteau de Villeneuve, de maniere qu'on les voyoit de la Roche de Domps. Le cardinal d'Armagnac écrivit à tous les vassaux du Comtat de se rendre armés, & montés à Avignon. Le lundy matin 16. entr'autres s'y trouverent le baron du Thor; Crillon, premier consul d'Avignon, qui laissa sa charge à Richard de Perussiis, écuyer de Lauris; Aubres, & le cadet son frere; S. Sivornin & Vedennes le capitaine Coumons & le chevalier mes freres; Vaqueras, Velleron, Maudenes, capitaine Mornas, Brantes, Venasque, Entraigues, Urban, Barrony, Propriac, Orsan, Gravesons, Roussieu, Molans, Haitzé, Roquart, la Baume, Cavaillon, le capitaine la Plane, Guinucciis, la Magdelaine, Durand, cadet de Bavaneau, & plusieurs autres au nombre de deux cents vingt chevaux qui allerent loger à Beaucaire: la Bartalasse partit aussi d'Avignon avec trois cents soldats, & alla loger à Valabregues. Peu de jours après passerent sur le Rhône deux cents soldats du Vivarais mandés par Lavernade, & quelques chevaux du sieur d'Osel; partirent aussi d'Avignon deux coleuvrines avec grand attirail que le cardinal manda, & qui lui coûta plus de 15000. liv. deux cents quintaux de poudre, quatre cents porcs salés, soixante charretées de pain, foin, & avoine en quantité; le comte de Tende faisoit venir de l'artillerie de Marseille & d'Arles; il alla à Tarascon avec Carces: Gordes envoya du Dauphiné trois cents cinquante santassins qui descendirent le Rhône. Le 23. Castelnau, gouverneur de Montpellier, envoya deux cents vingt chevaux, & deux cents arquebusiers à pied; on eut encore deux cents fugitifs de Nismes; cependant le cardinal fit faire des processions générales où il assista. Le dimanche 22. la messe fut dite aux Prêcheurs; le lundi & mardi à l'Observance des Célestins, les boutiques fermées. Le même jour 22. les ennemis de Nismes sortirent avec croix blanches, ce qui leur donna moyen de surprendre & de tuer le capitaine Mondon avec cinquante de ses soldats, allant de Besousse à Ledenon; cependant les ennemis minoient, & sapoient le château de Nismes, faisoient tranchée, couvroient les rues d'ais & de linceuls pour se mettre à couvert du château. Cependant le roy alloit de Poissy à Amboise, & faisoit vendre les biens des huguenots; ces derniers voulurent surprendre Bourg-en-Bresse au duc de Savoye, ils blesserent le gouverneur; mais ils furent découverts: ils prirent Cremieu à huit lieues de Lyon. Plusieurs abandonnerent Nismes pour se rendre au camp de Beaucaire. Les disciplinans firent plusieurs processions à Carpentras, Cavaillon, & Vaison, allant d'un lieu à l'autre en grande dévotion. Le comte de Tende étant à Tarascon avec Carces, attendoit de Provence son infanterie au nombre de onze mille. Le cardinal voyant que le camp ne bougeoit de Beaucaire, envoya au comte le Blanc, son chancelier. Deux piéces de campagne partirent d'Avignon le 29. pendant que Baux pratiquoit quelque chose avec S. Romain & Montbrun qu'on disoit être dans Nismes avec mille chevaux, & deux mille hommes à pied pour faire prendre à merci, & sauver la garnison du château. Baux & la dame de S. Privat ayant ménagé les conférences des députés du comte, & de ceux de Nismes; Tende envoya le 31. Janvier quelques gentilshommes des siens autour du château, dire aux capitaines & soldats qu'ils en sortissent; mais eux craignant quelque trahison, faisoient quelque difficulté; enfin ils sortirent bagues sauves, armes & enseignes déployées, passant parmi la troupe des ennemis de Nismes qui les vouloient retenir & caresser; mais ils ne voulurent pas s'y fier. Auscour, leur capitaine, alla trouver le comte à Tarascon avec cent vingt soldats, en y comprenant le secours que le cardinal leur avoit envoyé; quinze soldats moururent à ce siége; la garnison avoit encore des vivres; mais les tours étoient si ébranlées par les mines des assiégeans, qu'à peine pouvoient-elles se tenir droite: les ennemis de la ville n'étoient pas en si grand nombre qu'ils paroissoient. Alors toutes les troupes du Comtat, du Languedoc, & du Dauphiné, se retirerent en leur premier logis: le comte étoit à Tarascon, & les troupes de Provence n'avoient pas passé le Rhône; quelques-uns disoient que si l'on étoit allé droit à Nismes, on l'auroit emporté; mais il ne faut pas entreprendre ni dire contre les supérieurs qui ont les avis bons, & savent ce que portent leurs charges. On aprit alors que dès le mois d'Octobre précédent les catholiques d'Angleterre s'étoient soulevés, & on écrivit à Rome qu'il y avoit déja plus de vingt mille hommes en armes.

Le comte de Tende étoit convenu avec ceux de Nismes d'une tréve de huit jours, pendant laquelle il mit S. Jeurs, mestre de camp, dans Beaucaire avec deux compagnies; à Marguerites, deux compagnies; à Aramon, le capitaine Eaux avec une compagnie; à Valabregues, le capitaine Guillaumet, avec une compagnie; à Montfrin, les capitaines Spinasse & Vaubelle, deux compagnies de Marseille: Mirabeau, avec deux compagnies, le capitaine Grenier de Thoulon, avec deux compagnies, demeurerent deçà le Rhône, à Gravesons & à Maillanes. Ainsi tout notre camp fut en peu de jours débandé, l'artillerie retournée à Avignon, ceux du Dauphiné & du Vivarais chez-eux, aussi-bien que la cavalerie des gentilshommes d'Arles conduite par Beynes, chevalier de l'ordre du roy. Le capitaine Verdure qui avoit été lieutenant de S. André à Nismes, & qui par sa mort avoit eu sa compagnie, fut mis dans le lieu de Besousse; le comte alla à Arles y faire son entrée comme lieutenant du roy, le cardinal d'Armagnac y avoit fait trouver tous les vasseaux du Comtat avec plusieurs gentilshommes, plus de sept cents soldats, & beaucoup de munitions un jour avant le terme, & il n'épargna rien pour que cette entreprise réussit, y ayant envoyé de sa maison Caussade son neveu, Roquelaure, Terlan, Brianquet, le Renez, capitaine Pruel, & autres seigneurs de sa suite: il eut un chagrin extrême lorsqu'il aprit que le camp s'étoit débandé sans prendre la cité, ou au moins sans l'avoir

AN. 1570.

assiégée; le baron de la Roche, neveu du commandeur de la Roche, & le commandeur de Chabrillan, s'étoient aussi rendus d'Avignon au camp. Le cardinal fit assembler le 9. Février les seigneurs au palais, pour prendre leurs avis sur les ravages que l'amiral faisoit aux environs de Toulouse, & pour prendre des mesures sur ce qui devoit passer dans le bas Languedoc; c'est pourquoi il entendoit que tous les vivres des lieux du Comtat fussent portés dans des lieux forts. Le recteur du Comtat fit assembler à Carpentras les élus des communes. Le mardy 14. on fit aussi crier de la part du cardinal dans Avignon, que tous les hommes, depuis dix-huit jusqu'à soixante ans, eussent à prendre les armes, & se pourvoir de chevaux, & aux consuls de faire provision de cinq cents quintaux de poudre, foin, paille, & avoine. L'amiral avoit quatre mille chevaux & cinq mille hommes à pied. Les 400. soldats faits & payés par le Comtat sous les capitaines Buisse & Nicol, furent licenciés alors; Vaqueras & ledit Nicol firent de nouvelles compagnies, payées de l'argent que le pape avoit envoyé. En même temps sainte Jaille fut de retour de France, & reçu gouverneur à Orange de la part du roy, qui lui donna la seigneurie de Nions en Dauphiné; le pape envoya six mille écus pour le payement des compagnies faites depuis la prise de Nismes. Vers la mi-Février, on reçut des lettres de Rome qui aprenoient la mort du cardinal de la Bordesiere*; [*la Bourdaisiere (Babou)] que le pape avoit fait le duc de Florence grand-duc de Toscane, auquel on donnoit dès-lors le titre d'altesse; & que le Turc avoit pris Thunis, & tué tous les chrétiens qui y étoient. Le comte de Tende arriva alors à Avignon allant au S. Esprit pour y mettre garnison, aussi-bien qu'à S. André de Villeneuve, suivant le pouvoir que lui en avoit donné le maréchal de Damville son cousin; il conféra à la Palu avec Gordes & Carces, retourna à Aix où étoit le cardinal Strozzi. Le dimanche 19. Christophe Scot, comte Plaisantin, & évêque de Cavaillon, y dit sa premiere messe pontificale, pour laquelle le pape avoit accordé une indulgence pléniere, & à laquelle plus de cinq mille personnes assisterent. Le 23. le comte de Tende passa sur le Rhône allant à Arles. Ceux du S. Esprit, où le capitaine Meynaud commandoit, n'avoient pas voulu recevoir les compagnies Provençales sans un ordre exprès du maréchal de Damville. La bize régna fort pendant le mois de Février, & endomagea les bleds. Le bruit courut que le roy accordoit la paix à ses rebelles, dont il parut des articles dattés d'Angers le 4. Février, & que les catholiques d'Angleterre avoient remporté une victoire contre leur reyne.* [*(Elizabeth)]

Au commencement de Mars, les fregates d'Avignon prirent quelques huguenots près du Pouzin. Le dimanche 5. il neigea; le froid & la bize durerent plusieurs jours. On aprit que les huguenots s'assembloient au Pouzin au nombre de 2000. hommes à pied & de 600. chevaux, pour passer le Rhône sur des bateaux qu'ils y avoient ramassés & pris sur les passagers venant de Lyon ; Gordes fit alors des tranchées au bord du Rhône, & il y couchoit avec 1200. hommes à pied, 250. chevaux, & trois piéces de campagne qui tiroient contre les bateaux de l'ennemi, dont ils coulerent quelques uns à fond. Vaqueras qui étoit à Boulenne avec une compagnie d'infanterie, alla joindre Gordes. La charge de bled de 300. livres valoit déja dix-sept florins ; on aprit à la mi-Mars que Cosme de Medicis, second duc de Florence & de Sienne, étoit arrivé à Rome le 15. Fevrier, & que le samedi 18. il y fit son entrée publique. Les artisans d'Avignon présenterent requête au cardinal pour que les Juifs ne pussent obtenir un plus long délai pour demeurer dans le Comtat. Gordes étoit toujours à Lauriol, & couchoit souvent aux tranchées ; il prit enfin leur fort construit au rivage du Rhône, & quelques uns de leurs bateaux. Les ennemis des Cevennes & de Nismes surprirent un matin, à l'ouverture des portes, le lieu d'Orsan près de Bagnols où étoient 50. aragolez à cheval de la compagnie du capitaine Vours, qui y furent taillés en piéce. Ceux de Merindol, de la Motte, & autres lieux de la Valnasque, s'y assembloient alors, sous prétexte d'y faire leur Cene ; ce qui obligea le cardinal d'avertir les habitans de ladite Val de faire garde jour & nuit. La galere du capitaine Beaulieu se rendit alors aux huguenots qui tenoient Blaye, qui donnerent la liberté aux forçats & mirent le feu à la galere. Les huguenots firent une conjuration à Villefranche de Nice pour surprendre la ville & les galeres du duc de Savoye ; mais ils furent découverts & justiciés. L'hyver fut fort rude jusqu'au 22. Dans ces jours saints le cardinal fut averti que l'amiral s'aprochoit de Beziers ; le comte de Suze & plusieurs chevaliers de l'ordre étoient à Avignon pour y faire la pâque & assister aux compagnies des disciplinans. Le cardinal fut averti par le gouverneur de Pezenas, & Castelnau, gouverneur de Montpellier, & le 25. de bouche par Ferrante Pagano & capitaine Mattheo Fapoco qui venoient de Toulouze devers le maréchal de Damville, que les princes de Navarre & de Condé, & l'amiral étoient à Capestang, à deux lieuës de Beziers avec 4000. chevaux & 3000. arquebuziers, & cinq piéces, déliberés de venir dans les terres de N. S. P. le pape ; ce qui fit résoudre les gens d'Avignon de soldoyer 1000. hommes ; le cardinal manda à M. de Carpentras, recteur, de se trouver à Avignon le lundi 27. avec les élus ; & le comte de Tende qui étoit à Arles promit 3000. hommes pour garder le Rhône ; Gordes en fit autant en Dauphiné, & l'on pourvût à Roquemaure & au S. Esprit où alla Roquelaure, & puis Ferrante Pagano. Le 27. Laurent Bianquetti, mandé par le cardinal au pape pour l'avertir du péril où étoit le Comtat, partit en poste. Le 29. M. de Carpentras, recteur, arriva à Avignon, & le même jour Gordes envoya au cardinal en poste pour lui donner avis que Montbrun avec 11. enseignes d'infanterie & 400. chevaux avoit passé le Rhône au port de la Voute, étoit entré en

Dauphiné, avoit tué Boutiéres. Son guidon & partie de ses gens qui étoient en garde vis-à-vis le port du Pouzin, y avoient été blessés, & partie mis en déroute; Gordes monta alors à cheval, & attaqua les ennemis qui se trouverent les plus forts, & maintinrent le port malgré les fregates; le cheval de Gordes fut blessé, & Rousset, son lieutenant, fait prisonnier, pour la sûreté duquel on envoya une garde à la dame de Montbrun, & à ses enfants au château de Montbrun. Cette nouvelle étonna fort le petit peuple du Comtat; mais le cardinal, sans se laisser abattre à la fortune adverse, fit dresser huit compagnies de 150. hommes chacune, que les élus promirent de soldoyer en attendant l'argent du pape; elles furent levées en huit jours, sous les capitaines Coumons, Velleron, Maudennes, Brantes, Buisse, Crochans, Donnino, & le cadet de Mormoiron; il y en avoit deux de Vaqueras & de Nicol pour la garde d'Avignon, outre les 300. hommes de la Bartalasse: on en leva encore 800. sous les seigneurs d'Aubres, S. Sivornin, & S. Sixt. Le cardinal demanda de fortifier Avignon, Carpentras, l'Isle, Bolenne, Vaureas, & autres lieux forts du pays, fit mener tous les moulins & bateaux, qui étoient sur le Rhône, du côté du Languedoc deçà le bord du fleuve, & que dans trois jours on portât tous les vivres & munitions de guerre dans les villes & lieux forts; le cardinal pourvoyoit encore aux places d'Aramon, de Villeneuve-lez-Avignon, de Bagnols, du S. Esprit, de Roquemaure, & de Lers; Gordes manda qu'il rassembloit ses forces. En effet, tout le Dauphiné prit les armes; il avoit receu les gens d'armes de Suze, de Maugiron, & de Boutiers; deux des chevaux legers, de sainte Jaille & de Mattheo Fapoco; il faisoit dresser quelques barques & engins, & il attendoit de Lyon des forces & quatre piéces d'artillerie. Pendant que les ennemis se fortifioient au droit de la Voute, à Baïx sur Baïx, & au Pouzin; le comte de Tende étant à Arles, pourvut à Beaucaire, à Fourques, à Tarascon, & à Bourbon; il alla à Aigues-mortes, & fit retourner quelques compagnies, qui ayant abandonné Marguerites, se retiroient en Provence.

Le comte arriva à Avignon le 2. Avril, où se trouva Suze que le cardinal nomma général des troupes du Comtat: le comte retourna ensuite en Provence, d'où il envoya deux compagnies à Montdragon; celle de S. Jeurs, chevalier de l'ordre, & une autre demeurerent à S. André de Villeneuve; le capitaine Grenier de Toulon & un autre à Tarascon: il fit encore marcher les gens d'armes & les arquebuziers à cheval de sa garde, sous le capitaine Beauchamps. Carces, lieutenant général du comte, alla à Aix où étoit le cardinal Strozzi; il retourna ensuite à Tarascon, & l'on manda les souages de Provence, qui à deux hommes par feu, devoient faire 7000. hommes; le cardinal manda aussi les souages du Comtat des trois Judicatures; de Carpentras, sous le capitaine Meynier; de l'Isle, sous les capitaines Haitzé & de Vaureas. Le maré-

DU COMTE' VENAISSIN, DE PROVENCE, &c. 119

An. 1569.

chal de Damville, qui avec douze cornettes & trente enseignes, suivoit les ennemis, manda par une poste qu'il avoit défait trois enseignes d'infanterie & quelques cornettes vers Montpellier ; il envoya cinq compagnies d'infanterie du Dauphiné & de son régiment, qui passerent le Rhône & la Durance pour se rendre à Pierrelatte, où devoit se trouver aussi le baron de Caderousse, & deux piéces de campagne sorties d'Avignon. Les ennemis avoient assiégé inutilement Lunel.

Le grand duc de Toscane avoit été créé tel le 5. Mars par le pape; il étoit parti de Rome le 13. & étoit retourné à Sienne & à Florence, où en arrivant il avoit épousé Camille Martelli. La salmée de bled se vendoit en Provence vingt florins, mais elle n'en valoit dans le Comtat que douze ou quatorze; on ne trouvoit pas pour de l'argent, du foin ni de paille; l'avoine valoit neuf florins, & le seigle onze. Le 7. Avril, le cardinal fut averti que le 3. Castelnau, gouverneur de Montpellier, avoit envoyé ses deux freres avec un détachement d'arquebuziers à S. Brez & Colombier, où ils avoient défait & tué 130. huguenots, amené plusieurs prisonniers avec leurs chevaux & butin, & fait la même chose dans plusieurs cassines du voisinage où ils avoient mis le feu. Le maréchal de Damville écrivit de Montpellier le 5. la même chose au cardinal; l'amiral étoit entre Montpellier, Nismes, & Anduze qui tenoit pour eux; le prince de Navarre étant tombé malade entra dans Nismes; le cardinal distribua pour lors des indulgences. Le 9. le capitaine Fogasses, envoyé par le maréchal de Damville, demanda passage pour dix compagnies d'infanterie qui alloient à Beaucaire, Aramon, Bagnols, Roquemaure, & au S. Esprit; l'amiral avoit perdu 500. soldats ou pionniers au siége de Lunel, qu'il retourna attaquer à cause du bled qui y étoit, & dont il avoit grand besoin. Tende, Gordes, & Suze étoient au camp de Lauriol, qui le 10. Avril étoit composé de 5000. hommes de pied & de 600. chevaux; les ennemis n'avoient que 400. hommes, qui tenoient bonne contenance dans leurs forts de terre, où Mirabel, chevalier de l'ordre, fut blessé en allant le reconnoître. Le 11. les huguenots rencontrerent le capitaine Barrans allant de Valabregue à Montfrin, & lui tuerent 50. hommes. Les Merindoliens commençoient à remuer la tête; '400. chevaux avoient pris le haut des montagnes vers Nions, le Buis, & étoient entrés à Veines près de Gap. Maugiron étoit arrivé au camp de Lauriol, où la compagnie des gens d'armes du comte de Bene & quelque infanterie envoyée de Lyon par Mandelot étoient arrivées; la garnison du fort avoit receu un secours de 25. hommes du Pouzin; on résolut de faire un contrefort pour battre le leur avec six piéces, deux d'Avignon, deux de Lyon, & deux de Valence, & par eau avec les frégates, & cinq autres venuës de Lyon; mais on manquoit partout de vivres. Le 13. il fit un vent impétueux, & il gela jusqu'au 18. Le cardinal mit le capitaine Coumons dans Carpentras; Velleron & capitaine Brantes, à Bolenne ; Buiſſe & capitaine Mormoiron, à Vaureas ; Maudenne & Doiſe, à Malaucenne ; capitaine Crochans, à Mornas. Vaqueras étoit encore au S. Eſprit, & capitaine Nicolano au camp de Lauriol. L'ennemi laiſſa pour la ſeconde fois Lunel après y avoir tiré 80. volées & avoir eu deux piéces crevées, perdu 700. hommes & pluſieurs bleſſés, outre 500. à la premiére attaque ; le commandeur de S. Criſtol, de la maiſon de Perles, l'avoit deffenduë avec 700. hommes : Montgommeri y fut bleſſé du côté des aſſiégeans. Quelques troupes du maréchal, qui alla cependant à Lunel, entrerent dans le Comtat le 15. pour aller au camp de Lauriol, qui ſe débanda le 16. laiſſant en liberté le Pouzin & les ennemis, à cauſe, diſoit-on, que les ennemis paſſoient à grand' force vers la Voute & Andance. Le comte de Tende deſcendit par le Rhône à Avignon & à Arles ; Gordes alla à Valence, Suze à Avignon, & Vaqueras à Bolenne : les compagnies du Comtat ayant alors fait montre, on bailla à chacune 500. écus de teſtons : incontinent après l'ennemi courut à plaiſir par le Dauphiné. Carces étoit à Taraſcon qu'il fortifioit, & Flaſſans ſon frere côtoyoit la Durance. Les princes & l'amiral étoient aux environs du château de S. Privat ſur le Gardon, & ils prirent alors S. Hilaire & Theziers. Le 19. Avril, Laurent Bianquet, l'un des ſecretaires du cardinal, arriva de Rome, & le lendemain, le chevalier de Coumons, mon frere, partit en poſte pour y aller. En même temps les ennemis ſurprirent le château de Javon dans les montagnes, entre Sault & Mus, & leur cavalerie s'étendit juſqu'à Cereſte, paſſant par la combe de Simiane & au deſſous de Viens ; ceux qui étoient de-là le Rhône, s'écarterent tenant les lieux de Pigeau, Rochefort, les Angles, Freſques, juſques à Villeneuve où Suze ſe rendit d'Avignon ; les compagnies d'Aubres & de S. Sivornin entrerent dans ladite cité. Caderouſſe & le Thor ſe fortifierent, & le commandeur de Chabrillant entra pour gouverneur à Carpentras, avec deux compagnies nouvelles d'infanterie, & trente arquebuziers à cheval. Damville paſſa par Aiguesmortes, Arles, & Taraſcon ; & le dimanche 23. il arriva à Avignon, où l'on tira l'artillerie pour ſa bien-venuë, & où étoient les comtes de Tende & de Suze. Le lundi 24. quarante chevaux & trente arquebuziers des ennemis vinrent de nuit du côté de Merindol, & firent des priſonniers aux granges du terroir de Cavaillon ; au jour, ils paſſerent deſſous Taillades, Ronbion, Maubec, Oppede, Menerbe, prirent des chevaux & mules aux Baumettes, & ſe retirerent le pas au château de Javon. En même temps, les ennemis ſurprirent Lauris ſur la Durance ; le ſoir du 24. quelque cavalerie & infanterie du maréchal, ſous la Crozette, partit d'Avignon & de Villeneuve, ſurprit à Pigeau les ennemis, leur tua pluſieurs hommes, & emmena plus de 100. chevaux avec douze priſonniers ; ceux qui étoient reſtés mirent le feu à Pigeau, & nous perdîmes dans cette occaſion deux capitaines ; le lendemain les catholiques

retournerent

retournerent à la guerre près de la riviere de Gardon, & y eurent de l'avantage. Les princes & l'amiral étoient toujours autour de S. Privat vers le pont du Gard & de Laudun faisant faire du biscuit; ils brûlerent la grange du baron du Thor dans l'isle du Coudoulet, faisant semblant d'y vouloir passer le Rhône, ce qui obligea Suze de les y aller reconnoître d'Avignon. Le 28. le maréchal dit à messieurs de la ville qu'il avoit reçu des lettres du roy qui lui recommandoit la ville & le Comtat comme la prunelle de l'œil; & il leur témoigna dans cette occasion qu'il ne les aimoit pas moins que le connétable son pere. Sur la fin du mois, les capitaines Laval, Mattheo Fapoco, Olivier, & autres des garnisons du Bourg & de Pierrelatte escaladerent Donzere où étoit le régiment de Piles dont ils défirent 300. hommes. Incontinent après, Mirepoix, Clerac, & la Crozette, maréchal de logis de Damville, donnerent sur la queue du camp de l'ennemi, qui ayant abandonné Laudun, marchoit le long du Rhône vers le S. Esprit; ils passerent l'Ardeche avec peu d'infanterie & environ 3000. chevaux; Mirepoix, la Crozette, & Clerac leur prirent 37. charettes chargées de poudre & de cordages, & 400. chevaux ou bœufs. Le maréchal partit le 30. d'Avignon, ses forces avoient été logées à Coumons, Entraigues, & autres lieux du Comtat, où l'on ne trouvoit plus à manger; le bled valoit 16. florins, le seigle 10. l'avoine 10. & le quintal de foin 10. sols; en Provence le bled 24. florins, à Nice & à Gennes 15. ou 16. écus.

Le 1. Mai, les ennemis qui étoient à Javon & à Lauris, se rendirent à Merindol par les bois & la plaine de Bonnieux; le lendemain, ils arriverent pour la dînée à Joucas, ils avoient déja mis le feu à Javon, & de là ils allerent au Pouzin joindre l'amiral. Le 1. Mai, Torquato Conti, baron Romain, arriva à Avignon envoyé par le pape pour commander à la guerre dans le Comtat Venaissin; il mena avec lui Fabio Farneze, chevalier de Malthe, son neveu, Marcel de sainte Croix, César Mainer, Fabricio Aligone, Jean-Baptiste de Palombara, Victorio Almerigo, Alexandre Fantini, Antonio Montarelio, trésorier; ils vinrent en poste. Les ennemis de Mus & de Joucas au nombre de 150. chevaux, & de 200. hommes à pied avec des échelles, se rendirent la nuit près de Mormoiron où Chabrillan avec les capitaines Coumons & Donnino s'étant jettés de Carpentras avec quelques arquebuziers, firent manquer l'entreprise; le 5. Conti alla visiter le pont de Sorgue, & y laissa quelques arquebuziers, les ennemis étoient campés entre le Bourg & Viviers, avec un corps vers Pierrelate & la Palu, & quelque Artillerie dans une isle du Rhône; les deux princes étoient dans Aubenas avec les reîtres; le lundi 8. Conti partit d'Avignon pour aller visiter Carpentras d'où il revint le 9. ayant passé par l'Isle & le Thor: outre la garde des deux portes ouvertes, il y avoit par la ville jour & nuit sept corps de gardes ordinaires; le comte de Tende dressa en Provence 32. compagnies d'infanterie; le maréchal de Damville

AN. 1570.

en avoit 22. avec 800. chevaux, & dans le Comtat il y en avoit 22. avec 30. arquebuziers à cheval; Gordes en avoit 22. & il étoit maître de Valence en haut. L'ennemi qui étoit maître de Lauriol, Pierrelate, la Garde, Taulignan, & Vaupeyre, leva le siége de Montelimar vers le 10. après y avoir perdu 400. hommes; les élus du Comtat résolurent de payer la gendarmerie encore un mois de l'argent du pape, & ils licencierent 200. soldats des compagnies d'Avignon, les trois capitaines furent payés pour 200. hommes chacun; on resolut de tirer de Carpentras chaque semaine 100. salmées de bled pour le secours des pauvres villages; Avignon fournissoit tous les jours 5000. pains aux troupes du maréchal de Damville; la garnison de Vaureas défit les ennemis de Nions. Le 12. Mai, veille de la Pentecôte, le maréchal écrivit au cardinal que ses troupes avoient défait deux cornettes de cavalerie, & 8. d'infanterie du régiment de Rouvrai qui étoit à Baïx sur Baïx; le lendemain, l'ennemi ayant encore voulu revenir, fut battu: Suze partit d'Avignon avec sa compagnie, & Aubres, maître de camp des troupes du pape, avec 10. compagnies d'infanterie pour se rendre à Bolenne. La Tivolliere commandoit dans Montelimar avec 6. piéces de batterie, les ennemis en abandonnerent le siége après 317. volées, marchant vers Lauriol après avoir abandonné saint Paul, Pierrelate, Taulignan, Condorcet, la Garde, & autres lieux qu'ils avoient surpris en Dauphiné, pour aller joindre l'amiral qui campoit alors à la Voute & à Charmes. Conti, comme général du pape, entra en la compagnie des disciplinans blancs d'Avignon, & assista à la messe les premiers jours des fêtes; il leva une compagnie pour sa garde, dont il fit capitaine Fabio Farneze, son neveu. La cité d'Avignon fit abatre la sommité des belles tours des murailles qui étoient hautes & couvertes de bois & de tuiles, en quatre pantes, ayant des fenêtres regardant aux quatre vents; par l'avis de Burlon d'Aix, chambrier du légat, ces sommités furent réduites à la premiere hauteur des murs, en forme de cazematte vers la porte des Miracles, où Champfleuri tirant contre l'isle de Faretz, fut démoli.

Laurent d'Arpajon, seigneur de Lers, chevalier de l'ordre, étoit viguier, Claude de Berton, baron de Crillon & de S. Jean de Vassoux, Jacques Gardiol, & Pierre Beau, étoient consuls. Carpentras fit aussi abatre la sommité de ses belles tours.

L'amiral étoit encore le 16. à la Voute, & le Comte Ludovic de Nassau au Pouzin le 19. Avril; le maréchal partit de Viviers le 19. Mai pour se rendre à Villeneuve de Berg; Grane & la Roche en Dauphiné furent alors mis entre les mains des ennemis qui laisserent dans le premier de ces endroits 4. piéces d'Artillerie. En même temps les compagnies du Comtat partirent de Montelimar, passerent à Lauriol, à Valence, & le Rhône à Tournon pour aller joindre le maréchal de Damville. Le mardi 23. le cardinal fit faire une procession générale à Avignon pour remercier Dieu de ce que l'ennemi n'étoit point entré dans le Comtat. Le grand

DU COMTÉ VENAISSIN, DE PROVENCE, &c. 123

seigneur envoya un Chiaoux à Venise le 28. Mars, demandant le royaume
de Chipre. Le Pape envoya 30 galeres sous Marc-Antoine Colonne qui
prit son étendart le 11. Juin ; Philippe II. en fit armer en Sicile 55. &
des Vénitiens en mirent en mer 152. 12. grosses, & 20. nefs de guerre
qui avoient 20000. Italiens de débarquement. Le 23. Mai, un courier de
Rome arriva en poste portant la nouvelle que le 17. le pape avoit fait
cardinaux l'évêque de Sens, l'évêque du Mans, ambassadeur du roi,
Matthéo, dattaire, Rustichzzi, secretaire, Sevillo & Taragone Espagnols, Cesis, évêque de Narni, sainte Severine, Grossis, gouverneur de
Rome, Montalte, l'évêque de Plaisance, Napolitain, un Allemand, Aldobrandin, Florentin, auditeur du palais, Aquaviva, Napolitain, Albane, &
le général de la Minerve, de l'ordre de S. Dominique, Génois, de la maison
Justiniani. Les princes de Navarre & de Condé partirent avec les réïtres
pour se rendre en Vellay, l'amiral les suivit, & partit de la Voute le 22.
Mai laissant 32. piéces au Pouzin qu'il fit fortifier ; les ennemis coururent jusqu'à la croix haute, & jusqu'au bois de Ramieres près de Gigondas, où ils prirent des marchands qui alloient à S. Eutrope à la foire
d'Orange. Le samedi 27. le maréchal de Damville arriva à Avignon par
le Rhône venant du S. Esprit, avec Joyeuse, ayant suivi le camp ennemi
jusqu'en Forez ; il avoit mis ses troupes vers Nismes, le S. Esprit, Viviers, & le Pouzin, pour mettre à couvert la récolte ; Conti visita le maréchal qui ayant donné l'ordre du roi dans le palais à la Bartalasse, se rendit à Beaucaire pour pourvoir aux sorties que faisoient ceux de Nismes
sur les lieux circonvoisins tenus par les catholiques.

Le maréchal envoya à Avignon le 2. Juin demander de l'artillerie,
des poudres, des bales, & des munitions ; on lui en envoya trois piéces
par le Rhône, elles servirent à battre deux églises de S. Gilles où les adversaires s'étoient fortifiés, & qui furent prises le soir du 5. Ainsi S. Gilles
rentra sous l'obéissance du roi, aussi bien que la tour du Pont, & le moulin
de Lunel, que les ennemis occupoient, & où ils perdirent beaucoup de
leurs gens. Le même jour, arriverent à Marseille 5. galéres du grand duc
de Toscane portant les soldats Italiens que le pape envoyoit pour la deffense du Comtat ; ils étoient au nombre de 800. sous quatre capitaines,
Mario Mellini, Romain, lieutenant de Conti, Virginio Orsino, Rotilio
de Gallicano, & Francesco Saccocho d'Ascoli. Le 5. les compagnies qui
étoient montées vers le Forez, furent de retour à Bolenne, & l'on aprit
en même temps que les ennemis du Dauphiné s'étoient saisis du château
de Pomeras dans le Comtat, appartenant à Barri, qu'ils saccagerent &
abandonnerent ensuite. Le 8. le Maréchal prit par force Bellegarde près
de S. Gilles, après l'avoir fait battre pendant deux jours, & il continua
à se rendre maître des autres lieux aux environs de Nismes, où il perdit
les capitaines la Verdure, Grenier de Toulon, sergent major des troupes Provençales, & la Gemuse. Le comte de Tende y fut présent avec

Q ij

son régiment Provençal ; les ennemis furent si obstinés dans cette tour, qu'ils s'y laissèrent brûler ; cette tour de Bellegarde tenoit par les Albigeois en 1215. & fut prise par les gens de Simon, comte de Montfort. Le même jour Mario Mellini arriva à Avignon avec 150 soldats ; Suze arriva à Avignon de retour de Dauphiné & Forez. On licentia les compagnies du Comtat, excepté celles de la Bartalasse ; on donna à chaque capitaine 150. écus. Le maréchal, le comte de Tende, les vicomtes de Joyeuse, & Cadenet, arriverent à Avignon le 10. avec l'artillerie : 14. hommes & 2. femmes avoient défendu cette bicoque de tour qui avoit essuyé 140. volées, sans pouvoir y faire brêche, & où ils montrerent une fermeté extraordinaire. La garnison de S. Hilaire en Languedoc sommée de se rendre, fit bonne contenance, & se retira le soir pour se jetter dans Nismes. Briquemaut avoit amené quelques troupes de la Charité au camp des princes, & les vicomtes s'en étoient départis avec 1500. hommes pour aller en Béarn ; le maréchal de Cossé étoit vers Moulins avec 4000. chevaux, & 13000. hommes à pied ; & Biron avec les adversaires en Forez ; Gordes étoit à Voiron, & ses adversaires, qui s'embusquoient souvent dans le bois de Pacoulette vers le Comtat, à Granecour. Le 13. le comte de Tende partit d'Avignon pour Tarascon ; on licentia les 10. compagnies de Provence, & Suze alla à sa maison ; le même jour les compagnies Italiennes partirent de Cavaillon, l'une pour Avignon, & les trois autres pour Carpentras. La garnison de Cavillargues sortit sur les gens de Damville qui la tenoit demi-assiégée, & en tua quelques-uns. Le 14. Conti partit d'Avignon pour aller faire la revuë des trois compagnies Italiennes à Carpentras ; il alla ensuite à Malaucene, à Vaison, à Vaureas, & à Visan, où il laissa les trois compagnies en garnison ; il retourna par Carpentras à Avignon, où il arriva le jour de S. Jean ; on y mena quelques huguenots pris près de Vensobres. La veille, Louis Anselme fut fait viguier, Richard de Perussiis, écuyer de Lauris, consul avec Louis Alphonse, & Jean Ferrier Benest, Julien Coulin, docteur, fait assesseur. Le maréchal de Damville ayant appris à Avignon que les vicomtes faisoient des courses jusqu'aux portes de Toulouse, y envoya quelque cavalerie ; il en partit le 26. pour Beaucaire.

Le samedi 1. Juillet & le 3. il plut extraordinairement. Le 4. vingt-cinq des ennemis entrerent dans l'abbaye de S. Hilaire, ordre de N. D. des Carmelitans au terroir de Menerbe, où ils firent prisonniers l'abbé & les religieux. Peu après, ils se rendirent maîtres du château de Joucas en Provence, qu'ils ne garderent que 10. ou 12. jours. Le lundi 10. dix-huit chevaux ennemis partirent de Vensobres en Dauphiné, passant par le bois de Serignan, la place de Vaqueras, vers Aubignan, Baumes, & le Barroux, se retirent du côté de Malaucene, en menant des prisonniers & du bétail. Fabio Farneze leva à l'Isle & à Mazan une compagnie de 100. chevaux-legers pour le pape, qui fut licentiée au retour du siege de

DU COMTE' VENAISSIN, DE PROVENCE, &c.

Lauriol, où il s'étoit fort distingué. Les deux compagnies qui étoient à Avignon sous les capitaines Caussade & la Bartalasse furent alors licentiées. François Pisani, Vénitien, fait cardinal le 1. Juin 1517. mourut à Rome, étant doyen du sacré collége : le cardinal Louis Pisani, évêque de Padoue, son neveu, mourut peu de jours avant lui. Le maréchal étant à Beaucaire & ses forces aux environs de Nismes, apprit que les adversaires de Guyenne avoient repris Mazeres près de Toulouse, dont ils s'étoient rendus maîtres l'hyver précédent avec grande peine & perte de ses gens. Peu de jours après, quelques troupes de Nismes attaquerent la cavalerie legere du capitaine Mattheo Fapoco près de Marguerites; ils défirent quelques chevaux legers, & prirent le capitaine Bernard de Lagnes. En même temps la Rochefoucaut étant sorti de la Rochelle, défit le régiment du comte de Brissac, & quelques Flamands s'emparerent de l'isle de Rhé; il y eut défaite d'aucuns soldats à pied en Auxerrois; & le baron des Adrets arrêté en Dauphiné de par le roi, fut mené à Lyon au château de Pierre-Cize. Le roy revenant du mont S. Michel de Normandie, alla à Gaillon, & de là à S. Germain en Laye. Conti partit d'Avignon le 17. pour aller à Carpentras, & de là à Malaucene, où fut pendu un homme du lieu qui peu de jours auparavant avoit promis aux adversaires de Vinsobres & de Merindol, de leur livrer Malaucene. Le dimanche suivant, Gargas vint de son gouvernement du Buis visiter Conti à Malaucene, qui étant allé à Vaureas, ordonna à deux compagnies Italiennes, à quatre Françoises, & à cent chevaux legers, sous Fabio Farneze, d'aller joindre à Voiron Gordes qui avec le cardinal & Conti avoient résolu peu de jours auparavant l'entreprise de Lauriol. Pendant la marche, les soldats du capitaine Favier eurent dispute avec les Italiens, & il y eut quelques morts ; ce qui obligea Conti d'y envoyer le capitaine Haitzé. Le 20. Alexandre Fantini, agent de Conti, revint de Rome, & lui porta un crucifix d'or, & une couronne de *Pater noster* avec des indulgences, lorsqu'il la diroit ; il porta aussi des lettres pour 10000. écus destinés au payement des soldats. Le maréchal & le comte de Tende furent se visiter à Beaucaire & à Tarascon. Fantini porta au maréchal un bref du pape en congratulation de ses hauts faits contre les huguenots. Le camp du Dauphiné ayant voulu se rendre maître de Corp, ne réussit pas. Guillaume d'Avanson, archevêque d'Embrun, guettoit les adversaires qui tenoient la Baume de Fraissinieres, grande caverne où l'on n'entre que par un trou. Mon frere le chevalier de Coumons arriva d'Avignon de retour de Rome le dimanche 30. & porta au cardinal cinq brefs du pape, pour donner son ordre, avec cinq chaînes & cinq paires d'éperons dorés à Claude de Berton, seigneur de Crillon, Richard de Perussiis, écuyer de Lauris, François de Fogasse, seigneur de la Bartalasse, Pierre de Gerard, seigneur d'Aubres, & Jean de Cambis, seigneur d'Orsan, Joachim de Simiane, seigneur de Château-neuf Mossen-Giraud receut le même ordre à Rome. Le comte de Tende ayant

AN. 1570.

fait fêtoyer le maréchal à Tarascon, où il se trouva le jour de sainte Marthe, alla avec lui à Avignon le 2. Aoust, pendant que Gordes assiégeoit Lauriol.

Les élus du Comtat s'étant assemblés vers le même jour, résolurent que les Juifs quitteroient le Comtat le 15. Octobre suivant, & ils en firent faire des criées. Gordes manquant de poudre, leva le siége de Lauriol; la brêche de 30. pas avoit été faite par 130. coups de canon, mais une tour qui battoit les assiégeans en flanc n'ayant pû être emportée, ils receurent un secours que 300. chevaux ennemis leur amenerent; ces 300. chevaux ayant été ensuite rembarrés jusqu'à Grane, il y eut là une mêlée, où le cheval de Fabio Farnese, & le capitaine Lacroix, du Dauphiné, furent tués; les catholiques avoient donné l'assaut le dimanche 30. Juillet: Conti pendant tout le siége fut à Vaureas, ce qui assura la récolte; il fut de retour à Avignon le 11. Aoust, & le lendemain le comte de Tende en partit pour retourner en Provence. Montluc emporta d'assaut Rabasteins & la Valette, un fort près de Montauban. Le cardinal d'Armagnac donna le 14. l'ordre du pape à Crillon dans la grande chapelle du palais, avec beaucoup de ceremonie. Monestier, la Cazette, &c. leverent le siége de Corp que Montbrun secourut. La ligue entre le pape, le roy d'Espagne, & Venise, résolut d'avoir 200. Galeres, 100. nefs, 50. mille hommes, & 6000. chevaux; le pape fournissoit par mois 50. mille écus, Philippe II. 200. mille, & Venise 250. mille. Les Venitiens assiégerent le 7. Juin Soppota en Albanie, qui se rendit le 10. L'armée du roy d'Alger surprit trois Galeres de Malthe, sur lesquelles étoient 200. chevaliers. La paix avec les huguenots fut criée le 17. Aoust sur le pont du Rhône, entre Avignon & Villeneuve, en la jurisdiction du roy, & non en celle du pape qui ne consentit point à cette paix. Le maréchal de Damville étant encore à Avignon, y receut un gentil-homme du roy, & un des princes de Navarre & de Condé, pour faire publier cette paix en Languedoc, & il partit le vendredi pour aller coucher à Beaucaire. Sainte Jaille, gouverneur d'Orange, alla trouver le roy avec les députés de la ville, & S. Jean, gentil-homme du cardinal de Bourbon, vint féliciter Conti sur son arrivée.

Le cardinal d'Armagnac partit d'Avignon le 1. Septembre, alla à Cavaillon, à l'Isle, au Thor, & retourna à Avignon, où la compagnie du capitaine Rotilio vint joindre celle de Saccoco; Mellini demeura à Carpentras, & Virginio Orsin à Vaureas. Dès-lors le Comtat donna à chaque soldat Italien pour le bien vivre, outre la paye du pape, douze deniers petits par jour. Les postes de Rome en Espagne furent rétablies à Saze, Nismes, Lunel, & Montpellier, au lieu de Tarascon, Arles, le Baron, & Aiguesmortes, où elles avoient été pendant la guerre; les bateaux de Lyon à Avignon passerent librement au Pousin, quoique les huguenots y fussent les plus forts, aussi-bien qu'à Nismes. Le cardinal étant retourné à Avignon, Conti alla à Carpentras où il se plaisoit fort, parce qu'il y joüoit librement à la paume, au mail, à l'arquebuze, & à l'arbaleste, & qu'il y avoit trouvé ses armoiries peintes à l'église cathedrale & dans le palais épiscopal, ses devanciers en ayant été abbés plus de quatre-vingts ans avant que Carpentras eût été érigé en évêché. Le Pape Innocent III. qui avoit été de la famille, en étoit sorti ; ils ont eu dans leur famille quatre-vingt cardinaux. Le maréchal étant à Beaucaire, 50. habitans de Nismes vinrent l'y trouver pour le prier d'y aller, & de les maintenir sans soldats sous la protection du roy ; ils avoient fait sortir les plus mutins, & ceux qui avoient tué S. André, leur gouverneur de par le roy ; le maréchal vint à bout de leur persuader de le recevoir avec sa garde, deux compagnies d'infanterie & une de cavalerie. En même temps le baron de Cereste, l'un des chefs des huguenots de Provence, ayant ramassé 200. Provençaux qu'il fit sortir du Dauphiné, surprit le château de Manne, joignant la ville de Forcalquier, où ils prétendoient planter leur prêche suivant l'édit de paix ; mais le comte de Tende, qui avoit sa compagnie de gens d'armes dans Forcalquier, sceut si bien mener le baron, qu'il se retira en son lieu de Cereste, entre Apt & Manne ; sa suite se dispersa dans les lieux de son habitation, en attendant le retour de leurs députés ; Valavoire le cadet, un autre de leurs chefs, ne voulut pas si-tôt se retirer de Grane en Dauphiné, dont il avoit été fait gouverneur, & de l'artillerie que les princes y avoient laissée. Les adversaires démolirent alors le fort qu'ils avoient fait en Dauphiné vis-à-vis le Pousin ; il étoit de terre & fagots, peu fort ni haut, & encore moins proportionné à la derniére attaque que quelques jeunes gentils-hommes, entre lesquels étoient Glandages, Roussel, & Pracontal, du Dauphiné, y allerent faire, & qui monterent jusqu'à la sommité du fort ; S. Ange, capitaine du fort, y receut une blessure, de laquelle il mourut ensuite ; Lauriol fut ouvert & abandonné par les adversaires. La paix étoit en vogue par le Dauphiné, excepté à Grane ; les adversaires rançonnerent deux fois les marchandises qu'ils avoient corbinées vers Corp aux marchands d'Avignon & de Provence qui les faisoient venir de Lyon, & passer par là pour éviter Lauriol & le fort du Pousin. Les vendanges furent très-abondantes dans le Comtat & en Provence. Le maréchal de Damville qui tenoit lors les états à Montpellier, rétablit la messe dans les endroits occupés par les adversaires. Le 31. Août, l'édit de paix fut crié à Toulouze, à la requête du procureur du roy, & enregistré par la cour, attendu l'exprès commandement de S. M. & sans aprobation de la nouvelle religion ; signé du Tornoir. En même temps Philippe II. fit publier un pardon général, donné à Madrid le 16. Novembre 1569. en faveur du peuple de Flandres, dans lequel il y avoit beaucoup d'exceptions. Pie V. fit assembler à Rome une congrégation de Cardinaux le 7. Septembre, où fut mandé de son château de Caprarolo, le cardinal Farnese. On y délibera si Torquato Conti résideroit à Rome ou dans le Comtat, avec le peu de forces

An. 1570.

Italiennes qu'il y avoit laissées pour garder Avignon, Carpentras, Vaureas, Bolenne, Visan, Malaucene, & quelques autres lieux, & non pour offenser personne. Alexandre Fantini arriva en poste de Rome à Avignon le 7. Octobre, porta la résolution de cette congrégation avec 9000. écus pour payer la gendarmerie, & une croix d'or avec du bois de la vraye croix, que le maréchal de Damville receut avec tant de dévotion, que les larmes lui en vinrent aux yeux. Conti manda le 6. Octobre du côté de Bolenne, parce que dix-sept enseignes d'infanterie, & quatre cornettes de cavalerie des adversaires, au nombre de 1000. conduisant femmes & enfants, venant de la Rochelle pour se retirer en leurs maisons, ils étoient conduits par des commissaires. Le pape donna un jubilé à l'occasion de la guerre de Chypre; Conti ayant assisté à la procession qui se fit pour cela à Avignon, en partit le 12. Octobre pour Caderousse à cause que madame de sainte Jaille, gouvernante d'Orange en l'absence de son mari, n'avoit pas voulu y recevoir les huguenots. De là il se rendit à Carpentras. 800. Juifs se retirerent le 15. à Orgon & à Marseille: le pape permit pourtant à Avignon d'avoir encore trente maisons de Juifs, & au Comtat quinze, avec des restrictions très-dures. Ils furent chassés de France en 1393. mais ils rentrerent en Provence sous le regne de Charles IX. Tende partit de Provence le 20. Octobre pour aller en Piémont, & Conti alla de Carpentras à Bolene où il n'avoit pas encore été. Ceux d'Aubenas n'ayant pas voulu recevoir la garnison du roy, Damville les envoya assiéger par Laval, du Vivarais, ce qui les obligea peu de temps après à laisser entrer les gens du maréchal. Les princes de Navarre & de Condé, l'amiral, & Ludovic de Nassau, se retirerent à la Rochelle.

Damville vint passer la Toussaints & le jour des morts à Avignon, où Conti arriva; il alla ensuite à Beaucaire où les états du Languedoc étoient mandés. Les députés d'Orange étant de retour de la cour, on sceut que le prince avoit donné le gouvernement du château à Crest, d'Orange, huguenot, mais les gens de la ville ne l'ayant pas voulu recevoir, Damville y envoya, d'Avignon, S. Geran, frere de la Guiche, gentil-homme de la suite catholique, que le peuple receut. Peu de jours après, sainte Jaille fut de retour de la Cour, & se retira à Carpentras avec sa femme qui étoit restée dans le château d'Orange, & tous ses meubles; Crest retourna à la Rochelle trouver le comte Ludovic de Nassau, & les catholiques lui députerent le vicaire Serre qui mourut à son retour. Vers la mi-Novembre, Pompée Colonne passa en poste dans le Comtat, allant rendre compte au roy d'Espagne du succès de l'armée Chrétienne en Chypre; Jean-André Doria partit aussi de Naples pour aller se justifier; Jean Orsin & Julio Scala moururent à ce voyage, dans lequel le Turc obligea Nicosie de se rendre le 9. Septembre. En même temps Philippe II. épousa Anne d'Autriche, fille aînée de l'Empereur

Scala

Maximilien,

Maximilien, son cousin germain, à Segovie. Les états du Languedoc s'étant tenus à Beaucaire, le maréchal de Damville vint à Avignon, d'où il partit le 18. Novembre pour aller à Marseille & à Aix; il alla voir le château de la tour d'Aigues de M. de Cental; il revint par Cadenet, & & rentra par le Comtat le dimanche 26. & le lendemain à Avignon: Carces l'avoit accompagné dans toute la Provence. Le 19. on fit deffenses à Avignon & dans le Comtat de donner aucune aide ni secours aux huguenots, suivant le mandement du pape du 20. de Novembre.

AN. 1570.

Le mardi 5. Decembre, le Rhône déborda de maniére qu'il entra dans Avignon, il rompit les chauffées vers Arles, & inonda la Camargue: dès le 2. ce fleuve avoit emporté à Lyon à la Guillottière plus de deux cents maisons, & rompu les arches du pont, dont l'on abattit deux pour lui donner passage; il avoit encore rompu un arc du pont de Vienne. L'équipage du cardinal Loüis d'Est, frere du duc de Ferrare, passa venant d'Italie. Le comte de Tende revenant de Piémont arriva à Avignon le 12. Décembre, où il prit congé du maréchal son cousin, qui partit d'Avignon le jeudi 14. prenant la route d'Orange, de Grignan, & de la cour: avant de partir il donna l'ordre du roy à Crillon & à Aubres, chevaliers de l'ordre du pape, & à MM. de S. Sivornin & de Laval d'Ardeche. Le roy donna un édit le 8. Octobre, qui deffendoit de garder des livres qui ne fussent aprouvés de la faculté de Paris. Le 16. le 25. & le 27. Novembre il y eut un tremblement de terre furieux à Florence; un peu après le Pô déborda. Un Juif de Carpentras fut baptisé dans la grande église de cette ville le 21. Décembre, il fut nommé Toussans du nom de son parain, & François pour son surnom que lui donna Françoise de Sade, dame de Vaucluse, sa maraine. Le roy envoya en Dauphiné un régiment d'infanterie sous le mestre de camp l'Isle des Isnards, de Carpentras; il arriva sur la fin de Janvier, & fut mis en quartier dans les baronnies vers le Buis & Nions.

Auquerio de S. Vidal, comte Parmezan, évêque de Viviers, mourut à Avignon le 5. Janvier 1571. & fut enterré dans l'église de S. Agricol. La nuit du 10. il tomba de la neige en beaucoup plus grande abondance qu'on n'avoit vû depuis plus de cinquante ans; dans la campagne il y en avoit un pan & demi, & en plusieurs endroits calmes, de la hauteur d'une pique; un vent austral tramontant s'étant ensuite levé, on ne voyoit guére le ciel, & personne n'osoit marcher en campagne: le menu bétail mourut, & un fils de M. de Vaqueras âgé de vingt ans; le froid fut si terrible que les moulins cessèrent de moudre, même ceux de la Sorgue, quoique eau chaude & de fontaine. Le 30. il neigea encore, & la neige resta plus de soixante jours sur la terre; d'Apt & de trois lieues au-delà, on venoit moudre à l'Isle au Pont de Sorgue; les moulins d'Avignon &

AN. 1571.

Tom. I. Perussis. R

ceux du Rhône furent de même, & fort clos; & le cardinal d'Armagnac fut obligé de permettre que le moulin à fang du palais travaillât, il ne voulut pas que perfonne payât le droit de mouture. Une partie du Rhône fe prit; les loups, mujols, anguilles, & autres poiffons, venoient morts de froid fur l'eau, ce qu'on n'avoit pas veu depuis 77. ans; les oliviers, lauriers, figuiers, grenadiers, & abricotiers, moururent la plûpart; & le pauvre peuple ceffa de travailler plus de deux mois; les bêtes à dos ne pouvoient aller; le mal fut bien plus grand vers Grenoble, Romans, en Gapençois, & en Languedoc.

Guillaume, natif d'Ecoffe, évêque d'Umblane, fait évêque de Vaifon à la place de Jacques, patriarche d'Alexandrie décédé depuis peu dans le pays, arriva de Rome à Avignon le 1. Fevrier. Un grand nombre de huguenots s'étant affemblé à Orange, réfolut de donner fur les catholiques le 2. Fevrier, & affiéger quinze ou vingt hommes, qui étoient dans le château de la part du maréchal de Damville. Ils vouloient encore faire prêcher à l'huguenotte, mais les catholiques s'étant réveillés fe leverent, tuerent 30. huguenots, & obligerent les autres au nombre de 200. de fe retirer dans des maifons, où ils fe fortifierent. Ils y furent affiégés, & perdirent en plufieurs jours près de 130. perfonnes, le refte fe fauva de nuit en defcendant les murailles avec des cordes. Les chefs des catholiques étoient Moret de Balme, le cadet dudit Orange, & le capitaine Bataillard de Villeneuve. Le cardinal d'Armagnac, M. de Carpentras, recteur, & Conti, firent partir pour Rome le 6. le chevalier de Peruffiis de Coumons, mon frere, afin d'avertir S. S. que le tout s'étoit fait à leur infceu. Joyeufe qui fe trouvoit pour lors à Avignon, avertit le roy de la même chofe. En même temps mourut en Provence Senas, qui avoit dépenfé beaucoup de bien à la querelle des huguenots. Le dimanche 11. Conti fit fon entrée à Avignon, il alla enfuite à Menerbe, & puis à Carpentras. Huit jours après l'exécution faite à Orange, un huguenot prit querelle à Gap contre un catholique qu'il tua; le peuple courut fur les huguenots qui fe promenoient dans la place, tuerent douze des chefs, parmi lefquels furent les fieurs de S. Bonnet & de Montfort. Un Flamant huguenot mandé par Loüis de Naffau, pour être gouverneur d'Orange, arriva fur ces entrefaites à Nifmes. Le mauvais temps duroit encore, le Tibre enfla à Rome; & il y eut un tremblement de terre à Ferrare, qui obligea le duc d'aller loger fous des tentes dans la campagne. L'Océan déborda en Flandres; les pluyes & les neiges qu'il y eut en Guyenne & en Languedoc, empêchoient qu'on ne fortît des maifons. Marc-Antoine Colonne revenant de Chipre, courut grand rifque avec fes galeres vers Raguze, & le Turc perdit plufieurs galions par naufrage. Le quintal de foin valoit dans le Comtat vingt fols, & l'avoine dix-huit fols l'hémine; cette année peut fe dire celle des groffes amandes, vieux proverbe du pays. Le roy caffa 120. compagnies d'hommes d'armes, & tous les régimens d'infanterie, excepté celui de Strozzi, & deux autres: il fit maréchaux de France Honorat de Savoye, marquis de Villars, & Tavannes; ainsi ils furent six, ce qui ne s'étoit pas encore vû. Dans ce mois arriva à Rome S. Goart, mandé par le roy pour intercéder pour le fils naturel de Gayazzo, Napolitain, ou au moins de la famille San-Severino, qui étoit à la solde, & colonel de l'infanterie Italienne, lequel fut pris à Parme, conduit prisonnier à Rome, & mis à la sainte Inquisition. Le pape envoya alors en France l'évêque Salviati, Florentin, pour régaler S. M. du mérite de la cause qui fut terminée au mois de Septembre suivant; le comte de Gayazzo fut absous à l'Inquisition, & trouvé net.

AN. 1572.

Le dimanche premier du carême, & 3. jour de Mars, on vit un grand feu dans l'air semblable à l'arc d'alliance, & mêlé d'une rougeur épouvantable, allant du septentrion au levant; ce fut vers les neuf heures. Suze revenant de la cour arriva à Avignon vers la mi-Mars. Gordes arriva à Orange le 19. pour faire informer contre les coupables du dernier fait; il avoit avec lui la Porte, second président de Grenoble, Boqueron, conseiller, & Boffin, avocat du roy; l'Isle-des-Isnards de Carpentras, mestre de camp, y entra avec cent arquebuziers, & quelques hommes d'armes de la compagnie de Gordes, qui quelques jours après le mit dans le château à la place du capitaine Rogean, que le maréchal de Damville y avoit mis. Gordes travailla jusqu'au Samedy, veille des Rameaux, qui fut le 7. Avril; il partit ce jour-là après dîner, laissant la garde du château à Arces avec cinquante soldats payés, vingt-cinq par le Comtat, & vingt-cinq par le Dauphiné; le gouverneur mandé par le prince d'Orange se jetta dans Courteson. Le 22. je reçus dans l'église d'Orange, après avoir oüi la messe, l'ordre du roy que Gordes me donna en vertu des lettres de S. M. du 19. Décembre; l'Isle-des-Isnards, chevalier dudit ordre, la Porte, Boqueron, Boffin, Rochefort de Novesan du Dauphiné, Serre d'Orange, & Haitzé de l'Isle-Cavaillon y furent présents. Le cardinal & Conti ayant avis que les huguenots vouloient s'assembler sous prétexte de faire leur céne, cela fit que Haitzé, Nicol, & Antoine de Pernes, capitaine des légionnaires furent mandés; en effet, les huguenots s'assemblerent à Lourmarin, Cadenet, & Merindol, & deux cents chevaux avec le gouverneur du Prince d'Orange à Courtezon qu'ils commencerent à fortifier.

Le jour de S. George 23. Avril, Philippe Strozzi passa à Avignon allant voir le cardinal son oncle qui avoit passé l'hyver à Hieres, & il fut de retour à Avignon le dimanche 20. May. En même temps dix mille hommes s'assemblerent à Milan pour assiéger Final. Le cardinal établit un bureau pour l'hôpital de S. Bernard-Rascassi à Avignon. L'amiral ayant rassemblé à la Rochelle les ministres, témoigna de se vouloir retirer à Geneve; mais eux s'y opposerent, & Beze† lui dit qu'en conscience

†(Théodore) Chef des Calvinistes après Calvin. Il étoit né à Vézelay, et mourut à Genève le 13. Oct. 1605. à 86. ans. On a de lui plusieurs ouvrages en prose et en vers.

An. 1571.

il pouvoit retenir la forteresse de la Rochelle, & faire de nouveau la guerre. Leurs états durerent jusqu'au 15. de May ; Marc-Antoine Colonne étant de retour de Venise à Rome le 20. May, la ligue y fut publiée cinq jours après. Le Vendredy 8. Juin, Louis de Gonzague, duc de Nevers, arriva à Avignon allant en Italie. Le 11. Juin on trouva à Coumons de la neige bien gelée, & d'une extrême froideur, couverte de terre. Le 18. on publia un bref du pape du 4. May, pour que les dettes décennaux des Juifs se prissent du jour de l'obligation. Le 12. May, le roy donna à Anet des lettres patentes pour deffendre sous peine de la vie le port d'arquebuzes, pistolets, & arbalêtres ; elles furent publiées à Lyon le 19. Juin. Les compagnies d'hommes d'armes au nombre de soixante-huit, les autres ayant été cassées, eurent ordre de se trouver dans leur garnison le 10. Juillet. Sur la fin de Juin, le pape donna la croix au cardinal Alexandrin, son neveu ; le roy envoya pour le recevoir S. Goart, qui prit la poste le 6. Août pour aller au-devant du légat vers Sisteron & Embrun. Dom Jean d'Autriche venant de Barcelonne, passa avec vingt-deux galères à la vuë de Marseille à la fin de Juillet. On ne recueillit presque pas la semence en Languedoc, Provence, & Dauphiné ; la salmée valoit à l'aire vingt florins, les chaleurs & la sécheresse avoient été fort grandes. Le cardinal d'Armagnac envoya au-devant du légat Bianquet jusques à Embrun, & Conti y envoya Trivulce, marquis de Vigeve. Le cardinal Strozzi se rendit à Avignon le 8. Août, aussi-bien que Suze, le vicomte de Cadenet & Cental. Le légat arriva à Sisteron, accompagné de l'Archevêque d'Embrun, & du capitaine la Casette d'Ours mandé par Gordes ; il prit le chemin de Pertuis parce que les huguenots prêchoient à la Verriere, à Valsainte, à Forcalquier, & à Cereste. Le dimanche 12. Août il dîna à Lauris : le même jour le cardinal d'Armagnac arriva à Cavaillon avec les évêques de Carpentras & de Vaison, Suze, & Cadenet ; & le légat y vint coucher du côté de Merindol ; il avoit avec lui Alexandre Riario, patriarche d'Alexandrie, Hippolyte Rosso, évêque de Pavie, les évêques de Sarno & de Terni, de l'ordre de S. Dominique, le duc de Gandie, alors général des Jésuites, l'abbé Baston, le prothonotaire Guislier Graffis, San-Georgio, & Aldobrandino Polanco, jesuite, Gallo, prédicateur Dominicain, Pirrus Tarus, fameux avocat de Rome, Centerel, François, dattaire du cardinal, Vespasien, majordome, Lodovico Goasco, camerier-major, Tarucco, maître de chambre, Antonio-Mario Peleta, sécretaire, Rinaldo Savalericio, & Toares, fourrier, Ascanio Caffarello, Romain, deux cents chevaux ou mules, quarante mulets de bast, & trois cents bouches ordinaires. Le lundi matin après la messe, le légat accompagné des évêques de Cavaillon & de Rodez, prit le chemin de Coumons, où il fut salué de fauconneaux & mousquets, puis de-là à Bompas, chartreuse ; Conti lui fit la révérence, aussi-bien que Chastuel, viguier d'Avignon, d'Orsan, premier consul, Clement de Rupale,

& Jacques de Savono, second & troisiéme, Sarpillon, assesseur. Le légat entra à Avignon par la porte S. Laze, les rues étoient tapissées ; le cardinal Strozzi, & l'évêque d'Albi son neveu, lui firent aussi-tôt la révérence, puis l'archevêque d'Avignon avec son clergé, deux envoyés d'Apt, l'un de Gordes, l'autre de Montluc y vinrent aussi ; Sarpillon récita une oraison en Latin. Le mardi il fut à la messe aux Jacobins ; le 15. il dit la messe à la grande chapelle du palais, où le soir le pere Gallo prêcha : ce jour-là il soupa chez le cardinal Strozzi, & le vicomte de Joyeuse arriva. Le 16. le légat alla par le Rhône coucher à Beaucaire ; le comte de Tende étoit à Tarascon pour le recevoir : il prit le chemin de S. Gilles & de Lunel, ne passant par Nismes à cause des huguenots qui y étoient en grand nombre, quoique la garnison du roy y dominât. Peu de jours après le capitaine Roblio se retira en Italie, & sa compagnie fut donnée au jeune marquis de Vigeve ; Flaminio eut celle de Mario Mellini, qui se retira aussi en Italie ; Aubres fut fait alors mestre de camp des compagnies Italiennes. Le roy ordonna qu'Orange fût rendu au gouverneur que le prince y avoit envoyé, & qu'il retirât les revenus qui alloient par an à trois mille écus, outre mille écus pour les charges ; cela fut exécuté le jour de S. Marcel, mardi 4. Septembre, après que l'artillerie eût été conduite en Dauphiné. On vit alors une terrible comète. Le Blanc, Italieno-Siepole, Napolitain, qui avoit été cuisinier du feu prince de Salerne Ferdinand de S. Severin, & du meilleur goût de ce temps-là, entra au service du maréchal de Damville, & étoit alors au service du vicomte de Joyeuse, qui étoit à Avignon le 4. Septembre de retour de la frontiere d'Espagne, où il avoit accompagné le cardinal Alexandrin. Ce cuisinier avoit épousé la fille de Jacques de Valois, sellier d'Avignon, assez belle, & de bonne proportion, de laquelle il avoit trois enfans ; il étoit grand ami du pannetier de Joyeuse, beau & de belle taille, qui logeoit chez lui : le soir du 4. le cuisinier s'étant éveillé, & n'ayant pas trouvé sa femme auprès de lui, il se leva, & l'ayant cherchée dans la maison, il la trouva dormant à côté du pannetier, & les perça tous deux de son épée ou de son poignard. Le duc de Nivernois fut de retour des bains de Luc le 11. Septembre à Avignon, il fut voir la fontaine de Vaucluse ; il alla de-là à Suze, & puis à Vienne, où Maugiron l'attendoit pour faire baptiser un de ses enfans. Le comte de Tende alla en poste à la cour, le cardinal Strozzi & Conti à Carpentras. Il y eut quelques émotions à Plaisance & à Naples, entre le peuple & les Espagnols qui eurent du pire. Le duc d'Albuquerque, gouverneur du Milanois, & Aragon, marquis de Pascaire, viceroy de Sicile, étoient morts. Le cardinal de Granvelle étoit viceroy de Naples, & recherchoit par le menu les péchés & les crimes. L'amiral arriva à Blois le 18. Septembre, où les Guises ne se trouverent pas. Gondin, prêcheur du cardinal d'Armagnac, venant de Paris fut pris sur le Rhône, & mené au Pouzin, où on lui prit toutes ses lettres.

Dom Jean d'Autriche avec deux cents dix galères, se présenta devant Corfou le 4. Septembre; le pape envoya le cardinal Corregio & Luc-Antoine de Terni vers les places maritimes. L'évêque de Paris arriva à Avignon, & y séjourna quelques mois. Le seigle valoit treize florins, le foin vingt sols le quintal, & l'huile quatre-vingt-dix florins la charge.

Le cardinal donna dans la grande chapelle du palais le 22. Octobre l'ordre du pape au baron du Thor, à S. Sivornin, chevalier de l'ordre du roy, à Velleron, à la Broyere, & à son frere, à Entraigues, & à du Puget; Conti leur donna ensuite à dîner au petit palais. Un prêtre révéla au pape qu'il avoit eu vision que l'armée des infidelles avoit été défaite; on écrivit cela de Rome le 6. Octobre, & on reçut les lettres à Avignon le 25. Le lendemain on aprit la nouvelle de la victoire de Lepante; mais on n'en fit des réjoüissances que le 7. Novembre, jour auquel le capitaine Crillon mon cousin arriva venant de ladite bataille: le chevalier de la Manon, mon cousin germain, y fut tué.

Le premier Novembre, le cardinal d'Armagnac, & les évêques de Paris & de Cavaillon sacrerent dans la grande chapelle du palais François de Simiane, évêque d'Apt, auparavant prieur de la Chartreuse de Villeneuve-lez-Avignon, & Guillaume le Blanc, évêque de Toulon, auparavant chancelier de l'université de Toulouse, & président de la rotte d'Avignon. Les huguenots obtinrent alors la permission de prêcher dans la Guillotière de Lyon; mais tôt après on leur brûla le lieu. Vers le 20. Novembre, Conti ayant reçu ordre du pape de retourner en Italie avec les compagnies, on tint conseil à Avignon le 22. & on envoya en poste au pape, Orsan, premier consul, & la Bruyere, pour prier S. S. de ne pas ôter les troupes du Comtat; les élus firent la même priere à Conti le 26. Le 27. il partit d'Avignon avec les Italiens; & alla coucher à Carpentras, après avoir demeuré dans le pays un an, & cinq mois moins cinq jours; le 29. il coucha à Malaucene, continuant sa route par le Dauphiné. On aprit que le pape avoit dit la messe dans l'église de S. Pierre le 28. Octobre; les élus du Comtat ayant travaillé à leurs comptes à Carpentras, trouverent que la guerre contre les huguenots coûtoit au pays depuis l'an 1562. jusqu'au 15. Novembre 1571. 580817. florins, 6. sols Tournois, sans y comprendre les ruines ou ravages causés par les huguenots, les gardes ordinaires, les fortifications, &c. Philippe II. eut alors un fils de sa nouvelle épouse.

Marc-Antoine Colonne fit son entrée à Rome en grande cérémonie le 4. Décemb. En même temps Ascanio de la Cornia, vieux & expérimenté guerrier, neveu de Jules III. mourut à Rome étant de retour de la bataille. François de Gerard, cadet d'Aubres, jeune gentilhomme, mon cousin, mourut quatorze jours après le combat dans l'Isle de sainte Maure des blessures qu'il y avoit reçues. Laurent de Lenti, évêque de Ferme, & auparavant vice-légat d'Avignon, mourut à la fin de Novembre au

DU COMTE' VENAISSIN, DE PROVENCE, &c. 135

gouvernement de la marche d'Ancone. Le cardinal de Clervaux, général de Cîteaux, mourut alors à Rome; & le cardinal Strozzi à Avignon. Le 14. le commandeur Romegas fut loger avec les siens au palais du pape, & fort caressé. Le maréchal de Vieilleville mourut, & eut pour successeur Tavannes. Le duc de Guise étant arrivé bien accompagné à Montargis, l'amiral qui étoit à Chatillon se fortifia; & Lignerolles, du conseil privé, fut alors tué en cour. Le jour de Noël le cardinal d'Armagnac fut averti d'une conjuration formée contre Avignon; Gordes qui étoit dans sa maison de Gordes lui en écrivit, & Suze vint pour cet effet à Avignon. Malras, ambassadeur du roy, arriva à Rome le 15. Décembre, & prit sa place dans la chapelle le 23. avec les honneurs dont avoit joui feu monsieur de Villeparis, son prédécesseur. Le grand commandeur d'Espagne étoit alors à Rome, venant de la bataille, d'où il alla à Génes sur les galeres de Jean André Doria, afin de se retirer à son nouveau gouvernement de Milan. Le duc de Ferrare alla en poste à la cour de l'Empereur, où le pape envoya Odescalchi & Salviati en France.

AN. 1571.

Le cardinal d'Armagnac partit d'Avignon le 4. Janvier 1572. pour aller à Suze tenir en baptême avec madame de l'Estrange un des fils de M. de Suze. Six compagnies de gens de pied venant de la Rochelle & Blaye se disant du régiment de Sarlabous, passerent à Villeneuve; c'étoient des huguenots qui se retiroient en Vivarais & Dauphiné. Le 26. il fit un terrible vent de bize; la saison fut fort douce jusqu'à la fin de Fevrier que les vents, neiges, & extrêmes gelées durerent 15. jours. Le cardinal Alexandrin, legat, partit de Madrid le 2. Janvier avec 20. chevaux de poste, & arriva à Blois-le-Ferrier; il arriva en poste à Lyon le 5. Mars, & ayant passé le Mont-Cenis, il entra à Rome le 26 La reyne de Navarre arriva à la cour le 4. Mars. Le grand maître de Malthe mourut, & eut pour successeur Jean de la Cassiere, de la langue d'Auvergne, maréchal de la religion. Le 26. Fevrier Paul Sadolet, évêque de Carpentras, y mourut: lui ou le cardinal Sadolet, son oncle, tinrent cet évêché plus de 50. ans: il fut enterré dans l'église cathedrale, l'évêque de Vaison y officia le 1. Mars, & l'évêque de Cavaillon y assista le même jour. Gaspard de Pontet, vice-gerant d'Avignon, fit son entrée à Carpentras, & prit possession du rectoriat; peu après Guillaume le Blanc fit la sienne à Toulon. Le Cardinal reçut des lettres du Pape avec ordre de lui obéir pour la garde. La salmée de bled valoit dans le Comtat sur la fin de Mars 20. florins, & le seigle 16. à Tarascon le bled 26. & le seigle 22. en Languedoc le bled 30. & 31. on défendit dans le Comtat de vendre le bled plus de 18. florins, mais il étoit presque tout sorti. Fourquevaux revint d'Espagne de son ambassade & eut pour successeur S. Goart: l'ambassadeur d'Espagne s'en alla, craignant pour lui, parce qu'il avoit entrepris plus que sa charge ne portoit. Au commencement de Mars, deux neveux du grand seigneur, & 40. Turcs de réputation

AN. 1572.

AN. 1572.

pris à Lepante, entrerent comme prisonniers & esclaves à Rome. M. de Savoye étoit alors à Nice, & le prince d'Urbin alla à Messine à l'armée de la Ligue. Le commandeur major d'Espagne, & le cardinal Cervantes de Taragone s'étant embarqués à Civita-Vecchia sur les galeres de Negron, arriverent à Genes. Alexandre Cazale, gentilhomme de la Boulogne, & maître de la chambre du pape, envoya en Espagne pour féliciter le roy sur la naissance de son fils, s'embarqua aussi, il passa à Avignon d'où il partit le 22. Avril. Pendant tout ce mois il plut, & le bled valoit au mois de May 30. florins. Pierre de Gondi, évêque de Paris, partit d'Avignon pour aller en Piémont. Les huguenots d'Orange y ayant fait dresser un échafaut de pierre, pareil à celui d'Aix, y firent décapiter & pendre les catholiques qu'ils avoient fait prisonniers. 200. ministres huguenots tinrent en Avril un synode à Nismes où Beze présida. Le pape, quoiqu'un peu indisposé, donna la bénédiction au peuple le jour de Pâques 6. Avril, le 21. il visita 7. églises, & le 1. May il mourut à 22. heures d'Italie 6. heures après midi : il avoit été créé le 7. Janvier 1566. Son corps fut porté à la chapelle de Sixte. 67. cardinaux de 71. qu'il y en avoit alors, entrerent au conclave le 12. May, & le 13. à 22. heures & demie, Hugues Boncompagni, de Boulogne, fut créé pape après 16. heures & demie de conclave : il prit le nom de Gregoire XIII. Le cardinal d'Armagnac reçut la nouvelle de cette élection un jour avant son départ. Le 13. les obseques du pape furent faites à Avignon dans l'église de S. François, où assisterent le cardinal, Chastuel, viguier, & Orsan, premier consul, qui peu de jours avant avoient tous deux reçu l'ordre du roy par les mains de Joyeuse. L'archevêque d'Avignon dit la messe, & Pionic, Jésuite, prononça l'oraison funébre. Le jeudi 22. & le lundi 26. on fit le service & les réjouissances pour la nouvelle création, où Pionic prêcha aussi. Le jour de la Pentecôte, le cardinal de Lorraine arriva à Avignon allant s'embarquer à Marseille sur une galére de Carces, menant trois de ses neveux; il assista à la procession du 26. & puis partit pour Orgon. Le même jour le cardinal de Pellevé arriva à Avignon, & le 27. il alla par eau coucher à Arles. On imprima une lettre de M. de Montinez gentilhomme Albanois, dattée de Constantinople le 10 Mars, marquant que le 5. il y étoit arrivé un grand tremblement de terre & de la grêle pesant deux livres, que la foudre avoit renversé plusieurs édifices & entre autres le temple de Marguareta, dans les fondemens duquel on trouva une pierre de marbre blanc, où étoit représentée la tête de Soliman, dixiéme roy des Turcs, avec cette inscription hébraïque : *Le tems est proche, il ne sera plus qu'un pasteur & une bergerie & une générale regénération par le baptême, par quoi je te commande de te faire baptiser ; c'est la sentence de l'Eternel.* Les armes du pape Pie V. qui étoient attachées dans la commune maison de Cavaillon, où l'abbé de la Jeunesse faisoit faire le bal le 1. May, tomberent à terre toutes seules. Le
dernier

DU COMTE' VENAISSIN, DE PROVENCE, &c.

dernier May le comte de Tende entra en Provence revenant de France, s'étant marié en secondes nôces dans la maison de Turenne ; incontinent après les compagnies d'infanterie d'Alphonse Corse passerent du Dauphiné en Provence, où Tende fit fortifier Marseille. Gregoire XIII. fut couronné le jour de la Pentecôte 25. May ; & le 2. Juin, il tint consistoire & donna son chapeau de cardinal à Philippe Boncompagni, son neveu, & l'évêché de Carpentras à Jaques Sacrato Sadolet, cousin du feu évêque. Le roy ayant fait lever 40. compagnies d'infanterie sous Strozzi pour aller trouver le baron de la Garde à Bourdeaux, Tallard du Dauphiné eut un régiment de 5. compagnies ; celles des capitaines Anselme d'Avignon, Fraissinet, & la Combe de la Roche, furent levées en Dauphiné ; & celles de la Molle & de Limans de 100. hommes chacune en Provence : le capitaine Crillon en fit aussi dresser, quoiqu'il dût commander un vaisseau sur mer. Plusieurs gentilshommes se mettoient en équipage pour faire ce voyage qui étoit tenu fort secret : le bruit couroit que c'étoit pour aller aux Isles Fleuries ; sur quoi Philippe II. envoya un ambassadeur au roy qui arriva en cour à 20. chevaux de poste, & qui trouva leurs Majestés bien disposées à conserver l'alliance avec le roy son maître ; le roy lui déclara que s'étoit contre son commandement que ses sujets avoient suivi le prince d'Orange & Ludovic son frere. La reyne de Navarre mourut à Paris au mois de Juin de pleuresie ; le roy son mari étoit mort à Rouen le 20. Novembre 1562. Le président Calviere de Nismes, grand persécuteur des catholiques, mourut aussi alors : il avoit montré sa mauvaise volonté contr'eux en dernier lieu dans Orange où il étoit président. Les huguenots sujets du roy qui avoient du bien dans le Comtat, obtinrent du roy de faire sequestrer les biens que les sujets du pape avoient dans le royaume, ce qui fut cause qu'on envoya d'Avignon à la cour Coulin, qui obtint une suspension pour six mois ; cependant le cardinal déclara que les sujets du roy joüiroient de leur bien par procureur catholique. Le gouverneur d'Orange fit faire semblables représailles, & quelques prisonniers dans les terres de S. S. ce qui fut cause que le cardinal lui envoya Vaqueras.

La reine de Navarre étant morte, le prince de Vendôme prit le titre de roi de Navarre, & arriva à Paris accompagné du prince de Condé, & de plusieurs seigneurs portant chappes de Bearn doublées de velours rouge ; mais il ne parut que vêtu de deuil. Philippe II. fit assurer le roy qu'il vouloit entretenir la paix avec lui. Les navires du comte Ludovic prirent des vaisseaux de Portugal richement chargés ; mais il ne put empêcher le duc de Medinaceli de débarquer avec les 3500. soldats qu'il amenoit d'Espagne. Les huguenots obtinrent du roy de pouvoir jouir des biens qu'ils avoient dans le Comtat, que la chambre apostolique avoit confisqués. La ville d'Avignon envoya en cour Coulin qui obtint suspension pour six mois, pendant lesquels l'évêque de Gayazze, nonce du

Tome I. Perussis.

AN. 1572.
pape auprès du roy, ayant fait part des intentions de S. S. le cardinal collegat déclara que les sujets de S. M. jouiroient des fruits de leurs biens par procureurs catholiques, & non autres. Les Orangeois voyant qu'on ne vouloit pas les traiter comme les François, firent des courses sur le Comtat. Le Cardinal envoya à Orange Vargueran; mais on ne put convenir de rien. L'armée de la Ligue étoit à Messine pendant le mois de Juin, & devoit être jointe par le duc de Sesse qui étoit à Barcelone, d'où Jean André Doria passa en Italie avec une seule de ses galeres. L'armée de Messine passa en Juillet à Palerme, & celle des Vénitiens à Corfou. Cependant Sarra Martinengo qui étoit fort attaché à la France, & qui étoit allé servir la république avec des troupes Françoises, assiégea le fort de Castel-nuovo en Dalmatie, mais il fut obligé de lever le siége. Cette place avoit été prise par Barberousse en Août 1539. Le baron de la Garde, Strozzi, & Clermont Tallard étoient à Bourdeaux pour y faire embarquer 3000. hommes qu'ils avoient levés, sur sept galeres & autres bâtimens, afin d'aller piller l'isle de Madere. Philippe II. sachant que Charles IX. ne vouloit pas lui faire la guerre, envoya ordre à Jean d'Autriche de joindre les Vénitiens, & le duc de Nagera au pape pour lui prêter l'obéissance.

Il régna des maladies pendant tout le mois d'Août. La poste qui alloit à M. de Joyeuse en Languedoc pour lui apprendre le massacre de la S. Barthelemi, & qui avoit averti Gordes en Dauphiné, arriva à Avignon le 28. Août, d'où le cardinal envoya en poste Noguier au comte de Tende en Provence. On apprit qu'il y avoit d'offices vacants à Paris pour 400000. écus, & qu'on en trouva 300000. chez l'amiral. Françoise de Foix, comtesse de Tende, & ses demoiselles furent saccagées. Mandelot ayant fait emprisonner plusieurs chefs huguenots, le peuple tomba sur les autres, & il y en eut 1300. de tués.

Le cardinal fit ordonner au commencement de Septembre qu'aucun huguenot ne se retirât à Orange, fit redoubler la garde d'Avignon sur le bruit qui couroit que les huguenots devoient assassiner le roy & toute la famille royale le 7. Septembre, & envoya en poste à Caderousse. Le comte de Tende qui étoit malade à Salon de Craux, envoya le prevôt de campagne à Senas, Aiguieres, Lourmarin, Merindol, & Forcalquier, pour y défendre aux huguenots d'y continuer leur prêche. Ces dévoyés se mirent alors à prendre la fuite pendant la nuit vers la Coste, Sault, Aramon, & Orange.

La revuë de l'armée de la ligue, sous Jean d'Autriche, fut faite à Messine le 31. Juillet, & elle arriva le 7. Août à la fosse de S. Jean: elle étoit de 25470. personnes, sur les vaisseaux suivants, galeres 64. savoir la réale & la patronne, 35. de Naples, 4. *del cargo* de Gil Andrada, 4. de dom Diego de Mendozza, 15. de Sicile, 3. de Malthe, & une de Bandinelli Sauli; plus 33. nefs de 1500. salmes, & barques &

DU COMTE' VENAISSIN, DE PROVENCE, &c.

navires 34. 62. piéces de grosse artillerie de volée, du poids de 60. 50. 35. 25. & 16. livres; 28861. balles; 6140. quintaux de poudre; 3500. boutes de vin; 4050. quintaux de chair salée; 8000. quintaux de fromage; 5000. quintaux de jonne; 1500. quintaux de ris; 1275. sommées de chiches; 3570. coffins d'huile; 600. boutes de vinaigre; 7000. quintaux de biscuits; & se trouvoit près de plus de 26000. quintaux de biscuits; à 250. livres par chaque quintal; & 130. chevaux legers: & en cette ordonnance arriva à Otrante le 8. Aoust tirant à Corfou, trouver Marc-Antoine Colonne, général de l'armée du pape, & Jacques Foscarino, général de celle de Venise, composée de 142. galeres, 24. nefs, 6. galeasses, 20. galiottes ou fustes, & 20000. personnes, qui étoient parties delle Gomenizze le 29. Juillet, pour aller combattre Ochiali, général du Turc, qui étoit à Negrepont. Toute l'armée de la ligue étoit de 45470. hommes, 130. chevaux, 206. galeres, 57. nefs, 6. galeasses, & 54. fustes ou fregattes. Les volontaires de cette flotte furent le marquis du Maine, Alexandre Farneze, Paul Jordano Orsino, le marquis de Trevico, le marquis de Brieusse, Jean d'Avalos, le comte de Vicari, Jules Gesualdo, Cecco Loffred, Jean de Guevara, le prieur d'Hongrie, le comte Landriano, & Antoine Doria, suivis de 1245. personnes. Don Jean laissa à Messine 8000. soldats, & 30. galeres, pour aller en Barbarie sous le duc de Sesse. Colonne & Soranzo découvrirent le 10. Aoust Ochiali au cap del Maina, mais il ne voulut pas accepter la bataille; & le 18. il prit la route de l'isle de Zante pour aller au devant de Jean d'Autriche. Le pape ayant reçu la nouvelle de la défaite des huguenots dans Paris, alla en rendre graces à Dieu dans l'église de S. Loüis, où la Messe fut dite par le cardinal de Sens. Torquato Conti, baron Romain, mourut en Aoust à sa maison de Poli près de Rome; & Diego Spinosa, cardinal, à la cour d'Espagne. L'archevêque d'Avignon partit de cette ville pour Rome le 27. Septembre, & coucha à Cavaillon, & le lendemain à Apt. Le même jour Jacques Sacrato, gentilhomme Ferrarois, fils de la sœur du cardinal Sadolet, arriva à l'Isle, d'où le lundi il fut à Avignon faire la révérence au cardinal; & le mardi 31. Septembre, il fit son entrée à Carpentras pour y demeurer au régiment des ames de son diocese.

Le 2. Octobre, arriva à Avignon Flavio Orsino, cardinal légat vers le roy. Etant à Chamberi, il reçut deux couriers qui se trouverent freres, & ils arriverent à la même heure, pour que le légat se rendît à Avignon, & y demeurât jusqu'à nouvel ordre. Il avoit à sa suite l'évêque d'Aquaviva, frere du duc d'Atri, & celui de Savonne, de la maison de Fieschi, Scipion Lancellori, auditeur de rotte, avocat consistorial, qui avoit été au concile de Trente, le protonotaire Savello, Martho Orsino, Julio Riccio, Sigismundo de Sasso-Ferrato, dataire.

Le 3. l'abbé Alexandre Cazalle revenant d'Espagne de porter la

AN. 1572.

roze à la reyne catholique, arriva à Avignon, & en partit le lendemain pour Rome.

Le dimanche 5. Jean de Tulles, natif d'Avignon, y fut sacré évêque d'Orange par le cardinal collégat, & les évêques de Cavaillon & de Toulon. Les protestans de Nismes s'étant armés au nombre de cinq ou six mille, refuserent de recevoir la garnison royaliste que leur vouloit mander Joyeuse, qui pour lors étoit à Lunel, au retour des états du pays tenus à Beziers, & qui envoya à Alais le baron dudit lieu, de la maison de Cambis, & le baron de Portes, pour se rendre maîtres de la ville au nom du roy. Les huguenots qui y étoient en grand nombre s'y deffendirent pendant plusieurs jours, mais après un grand massacre, ils en furent chassés.

Le 18. Septembre, on exécutoit encore à Paris les rebelles à Dieu & au roy; ce fut un évident miracle, qu'en une heure matutine & sans effusion de sang catholique, il y eut plus de 250. chefs & fauteurs huguenots de tués.

Les compagnies de la Molle & de Limans firent démolir le temple des huguenots à Forcalquier. On tua à Sisteron vers le 5. Octobre cinq chefs huguenots, dont la nouvelle fut portée au comte de Tende, qui étoit à Avignon avec Joyeuse, les comtes de Carces, & de Suze & Montdragon. Carces partit le 10. pour retourner en Provence, & empêcher le peuple de continuer le massacre des huguenots; car c'étoit ce peuple qui avoit commencé à châtier l'insolence des hérétiques en 1561. & 1562. & si l'arbre de Pin qui étoit à la porte de S. Jean d'Aix pouvoit parler, il en diroit quelque chose.

Le samedi 2. Octobre à cinq heures du soir, mourut à Avignon Honoré de Savoye, comte de Tende, qui étoit là arrivé pour aller prendre sa nouvelle femme: son corps fut déposé dans l'église du monastere sainte Praxede.

Le dimanche 17. Noguier, gentil-homme du cardinal, partit pour aller recevoir les compagnies d'Alfonce d'Ornano, qui devoit faire deux couchées dans le Comtat, en allant de Provence en Dauphiné. Le 3. Octobre, le roy de Navarre & le prince de Condé écrivirent au pape pour lui demander l'absolution. On donna aux freres de Condé, pour gouverneur, & pour les instruire dans la religion catholique, Dragonet de Fogasse d'Avignon.

Le maréchal de Damville partit de Lyon, & continua sa route le long du Rhône, accompagné de Gordes & du président de Belliévre. Joyeuse fut le recevoir à l'entrée de son gouvernement, & entra avec lui au S. Esprit le 20. Octobre, menant avec lui la maréchale & la veuve comtesse de Tende, que puis par le Rhône passerent lez-Avignon le 25. sans y entrer par la douleur récente de la mort dudit sieur comte.

Le 21. les adversaires de Nismes allerent de nuit, conduits par Heustache de Montpellier, surprendre la cité d'Usez, où ils rançonnerent

DU COMTÉ VENAISSIN, DE PROVENCE, &c. 141

les catholiques. Le fort dit S. Firmin dudit Uſez tint encore bon. Bouillargue & S. Coſme commandoient dans Niſmes, & les adverſaires ſe fortifierent dans Uſez, Aubenas, Privas, & Anduze. Damville alla à Avignon le 26. & fut reçu à Villeneuve par le cardinal ; le lendemain il aſſiſta au ſervice qui fut fait dans l'égliſe S. Praxede pour le comte de Tende ; l'après dînée il fut voir le cardinal, & coucher à Beaucaire, où il devoit conferer avec le comte de Carces, Lauris, préſident au parlement de Provence, & Leone, conſeiller en ladite cour. Peu de jours après, le maréchal fit brûler les moulins à vent de Niſmes. Le 29. on fit à Avignon l'ouverture du jubilé, où aſſiſterent les cardinaux Urſin, & d'Armagnac, collégat, & Annibal de Ruccelaï, évêque de Carcaſſonne, qui venoient de Rome. Le cardinal Corregio mourut à Rome le 9. Septembre. Le maréchal envoya d'Avignon à Orange Baſordan pour demander au gouverneur ſon intention ſur le fait des repréſailles.

Le 1. Novembre, le cardinal Urſin partit d'Avignon pour Lyon, où on lui fit une entrée pontificale, malgré le froid extrême qu'il faiſoit : la glace avoit commencé dès la mi-Octobre, & la Durance étoit à demi priſe. Le 2. Novembre, l'armée de la ligue prit le fort & le ravelin de Navarrino, & tint Ochialli aſſez long-tems aſſiégé dans Modon : elle fut renforcée par Jean-André Doria & Gabriel Serbellon, qui partirent le 6. Octobre de Meſſine, où le duc de Seſſe étoit malade. L'armée, après avoir débarqué dans l'iſle de la Sapience, ſe retira en Italie, n'ayant pas fait grand'choſe par le deffaut des vivres. La ducheſſe de Ferrare, fille de l'empereur Ferdinand, mourut ; & la reyne de France accoucha à Paris d'une fille le 27. Octobre, le même jour que Cavagnes & Briquemault furent exécutés. Châtillon fut razé, & à la place on mit un pilori, avec une lame de cuivre ſur laquelle étoit gravé l'arrêt du 13. Septembre 1569. Le maréchal de Tavannes fut fait lieutenant général en Provence & amiral des mers du Levant. Le comte de Carces, nommé grand ſénéchal, en prit poſſeſſion à Aix vers la fin de Novembre. Il eut auſſi la moitié de la compagnie du feu comte de Tende, dont l'autre moitié avoit été donnée au comte de Turenne.

Niſmes ! ton roy eſt Charles IX. & non la reyne d'Angleterre, tu devrois te reſſouvenir de ton jadis *cabrier*.✝ Les adverſaires étoient maîtres en Languedoc de Niſmes, d'Uſez, d'Anduze, de Privas, & du Chaila. Ceux de Niſmes ſortirent de nuit vers le 28. Novembre, à la faveur & conſpiration du capitaine qu'avoit été du château de Sommiéres, entrerent en ce lieu, où ils défirent la compagnie de M. de Joyeuſe, prenant vingt chevaux ; après quoi ils ſe retirerent dans une tour, où ils furent aſſiégés. Le maréchal partit d'abord de Beaucaire pour les aller ſecourir. D'Avignon partirent le 30. Novembre pour ce ſecours deux piéces de canon deſcendant par le Rhône, comme firent auſſi de Château-Renard les trois compagnies d'infanterie de la Molle, de Limans, dont

AN. 1572.

le capitaine Cavaillon étoit lieutenant, & du capitaine Fabri, de Marseille. Mais pendant que Damville faisoit tous ces préparatifs, il aprit que les assiégés de Sommiéres s'étoient rendus à l'ennemi. Quoique le froid fût très-violent, il n'empêcha que les adversaires de Nismes ne fissent faire pendant la nuit des courses près de S. Gilles, & des granges des environs : ils étoient le soir du 28. près de Beaucaire, où le maréchal se tint au corps de garde, ayant deux compagnies de Corses d'Alfonse d'Ornano.

Ces désordres furent cause que le maréchal renforça le blocus de Nismes : il y fit venir les gendarmes du comte de Suze, en attendant le retour de Lombés, de la maison de Clermont-Lodeve, chevalier de l'ordre du roy, qu'il avoit envoyé à ce prince. Lombés retourna en Décembre avec des lettres du roy qui lui donnoient pouvoir de dresser nouvelles compagnies, huit canons de batterie & quatre couleuvrines.

Le 3. Décembre, veille de la fête de S. Siffredi, patron de Carpentras, Jacques Sacrato, évêque de cette ville, prit possession de la charge de recteur du Comtat. L'évêque de Cavaillon receut un bref du pape du 14. Novembre, mandant de recevoir tous les dévoyés héretiques. Le 7. Décembre, deux galeres partirent de Marseille pour aller querir à Rome le cardinal de Lorraine. Aubres, chevalier de l'ordre, s'embarqua sur ces galeres, qui n'allerent qu'à Genes où étoit le cardinal, pour aller prêter obéissance au pape, au nom d'Avignon. Le maréchal de Damville s'aprocha de Nismes pour resserrer cette place. La galere de Paul Aemile de Fieschi fut prise par les Rochelois, & lui blessé. Strozzi & Biron se rendirent maîtres de Cognac.

Le dimanche 14. Damville arriva à Avignon, avec Joyeuse & Mondragon ; Suze y arriva de son côté. Le trompette qu'il avoit envoyé pour sommer ceux de Nismes, vint lui rapporter que la réponse des protestans étoit qu'ils ne vouloient se fier à aucune promesse depuis qu'on les avoit deceus à Paris. On aprit à la mi-Décembre la mort du cardinal de Ferrare, évêque de Narbonne, Hippolyte d'Este, créé cardinal, en Mars 1539.

Le 29. Décembre, j'écris ceci à Coumons. La nuit précédente, la Durance a été toute prise, & un laquais de M. de Cental est mort du froid.

AN. 1573.

Au commencement de Janvier, Marc-Antoine Colonne, général du pape contre le Turc, débarqua à Marseille, & traversa en poste le Languedoc pour aller en Espagne : il fut de retour par le même chemin, & partit de Marseille le mardi 17. Mars. Peu après, passa à Avignon le seigneur de Duras, ambassadeur du roy de Navarre, pour aller prêter obéissance au pape, suivant la trace d'Antoine de Bourbon, son pere, & Jeanne d'Albret, sa mere, qui prêterent la même obéissance à Pie IV. par Antoine Muret, leur ambassadeur, le 14. Décembre 1560.

Les obstinés de Nismes en sortirent au nombre de 100. chevaux & 800. fantassins pour aller secourir les assiégés du château de Calvisson.

Le 12. Janvier, Damville partit de Beaucaire avec le comte de Suze pour aller à Montpellier, où il arriva le 15. En chemin faisant il prit Lunel le vieux, & le lieu de Teissargues, près le pont de Lunel que les ennemis avoient pris, & tué des prêtres & catholiques; après quoi il fit assiéger le château de Calvisson, où cinq piéces de canon venues d'Avignon par le Rhône à Aiguesmortes, arriverent à Lunel le 16. La garnison de Nismes surprit le poste catholique de Bouillargues. 100. huguenots qui étoient dans le château de Calvisson, voyant que le canon aprochoit, & que les catholiques étoient déja maîtres du bourg, se rendirent au roy vie sauve. Le canon fut mené de là à Leques, qui fut emporté d'assaut après qu'on en eût tiré trois coups. Monpezat se rendit après en avoir essuyé 120. coups; les catholiques y perdirent quinze hommes; & Villeneuve, lieutenant de la compagnie de Joyeuse, fit pendre 100. huguenots de la garnison, & razer le château. Sur la fin de Janvier, 500. hommes envoyés de Lyon par Mandelot, avec quatre canons, descendirent le Rhône, & arriverent à Beaucaire. Le Dauphiné leva aussi quatre compagnies d'infanterie, & la Provence deux, sous les capitaines Leone d'Aix, & Spiart d'Arles. Savignac levoit un regiment du côté de Toulouze. La garnison de Nismes détacha l'un de ses habitans, nommé Chaisse, avec 60. hommes pour aller secourir S. Geniez; mais étant tombés dans un parti de cavalerie catholique, ils furent tous tués. Montluc laissa alors la Guienne pour aller trouver Monsieur, qui étoit parti de Paris en Janvier pour aller assiéger la Rochelle. Le cardinal de Lorraine arriva alors à la cour, & le cardinal Ursin, légat, pour retourner à Rome.

Sur la mi-Fevrier, partirent d'Avignon M. de Vaqueras, & le seigneur de Rousset-de Vaureas, pour le Comtat Venaissin, & un des jumeaux Coulin d'Avignon, pour aller en cour prier le cardinal-légat de faire rester dans le Comtat le cardinal d'Armagnac, collégat. On écrivit à Rome à M. d'Aubres pour demander la même chose au pape. Le légat connut la nécessité de la demande, & l'accorda; on l'aprit par le retour de Coulin, qui arriva à Avignon le vendredi saint 20. Mars. Un petit fils de l'amiral de Coligny, conduit par le seigneur de Rogien d'Aix, & âgé de neuf ans, passa par Avignon, & fut confiné dans une abbaye de Provence.

Le Maréchal de Damville ayant rassemblé trente-six enseignes d'infanterie, mit le siége devant le château de Sommiéres qui est en haut, posé sur la ville, & fort de sa nature, le tout à une dînée de-là à Nîmes. Le mercredi 13. Fevrier, l'assaut fut donné, & les nôtres repoussés; on y perdit les capitaines Limans de Provence, Mireval, fils au sieur de Landun.

An. 1573.

Le seigneur de Montpeiroux, guidon de M. de Joyeuse, & le lieutenant de M. de S. Veran, mestre dudit camp, Gremian, & Sengla, commandoient dans la place. Le jeudi 19. la garnison de Nismes fit une course jusqu'à Beaucaire, & faillit à le surprendre. Le 25. Fevrier, on receut à Avignon des lettres écrites de Rome le 8. Janvier, par lesquelles on aprit que le 14. Décembre le provediteur Soranzo, Paul Orsini, & Prosper Colonne, s'étoient emparés des forts faits par les Turcs à la bouche de Cataro, où 400. Turcs & dix-sept canons furent pris; j'en fus averti par des lettres de Pierre Alfonse, natif d'Avignon, qui s'étoit retiré à Florence, & puis à Rome. La ville d'Agubio se révolta alors contre le duc d'Urbin.

Pendant que Damville battoit le château de Sommiéres, & avoit été renforcé par vingt-deux compagnies d'infanterie venuës de Narbonne, quatre de cavalerie legere, & quelques canons, on aprit que les ennemis du côté du Vivarais avoient surpris le lieu du Pousin, qui ja nous a tant travaillés. Il entra quelque secours dans Sommiéres avec de la poudre. Le mardi 3. Mars, l'on donna un assaut où l'on fut repoussé jusqu'à cinq fois.

Cependant les ennemis surprirent Villeneuve de Berg en Vivarais, & alloient en Languedoc.

Je me souviens qu'en 1545. étant jeune enfant, nous fumes mandés contre l'expugnation de Cabriéres.

Gordes envoya deux compagnies de cavalerie, & 300. soldats, pour dresser un fort au bord du Rhône, pour s'oposer aux ennemis postés dans le Pousin. Le 15. Mars, le comte de Candale mourut, & Damville fut renforcé par la compagnie de Maugiron.

La semaine sainte, Damville battit furieusement Sommiéres & la tour de Vignasse, & fit de nouvelles tranchées de la part du Bourguet. Le samedi saint, les assiégés voyant une bréche de quatre-vingt pas, demanderent à parlementer: nous leur donnâmes pour ôtages les capitaines Dones & Tervant, & eux donnerent le seigneur de Mandiol de Calvisson, & Porquieres; mais leurs demandes étant exorbitantes, elles furent rejettées. Les assiégés receurent ensuite de la poudre du côté du pont, & il falut recommencer pour la troisiéme fois. Cette derniére conference fit connoître que les huguenots dans Sommiéres étoient au nombre de 500. & qu'ils avoient pour chefs, Gremian pour le principal, Senglas, Porquieres, Mandiol, la Burre, Mingette, & S. Raby. Quelques rebelles de Nismes dresserent trahison pour y surprendre les nôtres, feignans de leur donner entrée. Sainte Jaille ayant 300. chevaux & 600. arquebuziers sous Sarlabous & la Croisette, s'y achemina; mais il rejoignit le camp de Sommiéres après y avoir perdu 12. soldats.

Le vendredi 27. Mars, Claude de Perussiis, fils unique à François, baron de Lauris, âgé de vingt ans, passa docteur dans le palais archiepiscopal, en présence du cardinal d'Armagnac, des évêques de Castres, de Toulon, d'Orange, & de Lescar, de Jean Suarez, chancelier de l'archevêque, du comte de Sault, de son frere, de S. Marc, & de Montmiral, conseillers au parlement d'Aix. La veille, le docteur Elzias de Cadenetto, l'un des auditeurs de la rotte, avoit fait un discours à sa louange; & le 18. Novembre 1575. il fut receû président au parlement d'Aix, après la mort de son pere.

600. Corses arriverent alors à Toulon, & allerent joindre les 400. qu'Alfonse commandoit au camp de Sommieres; 800. Suisses arriverent aussi à Fontainebleau pour la garde du roy.

Au commencement du mois d'Avril, le comte de Carces fit rompre le port de Malemort, & posta des arquebuziers sur les autres de la Durance.

Le samedi 4. le maréchal fit recommencer à battre Sommieres, ce qui obligea les assiégés à demander à capituler, & on leur accorda de sortir avec armes & bagages. Ils donnerent pour ôtages S. Raby & Sengla; & ils receurent Monbasin pour se rendre le lundi suivant. Le même jour samedi, le seigneur de Villeneuve, lieutenant de la compagnie de Joyeuse, mourut des blessures qu'il avoit reçuës peu de jours avant. La compagnie de gendarmes du comte de Candale fut partagée entre Mondragon & Sarlabous. La veuve de Gaspard de Coligny ayant demandé permission d'aller parler au duc de Savoye, fut conduite par l'ordre de ce prince dans le château de Nice; on dit que ce prince lui ayant proposé d'épouser un de ses sujets, elle lui répondit qu'elle épouseroit l'amiral qui avoit la seigneurie de Coligny en Bresse.

Les assiégés de Sommieres ayant fait de nouvelles difficultés de sortir, & demandant pour ôtages Arques, fils de Joyeuse, & Sarlabous, on ne leur accorda que ce dernier. Le jeudi 9. ils sortirent au nombre de 700. prenant la route de Sauve, & précedés par leur bagage qui occupoit une lieuë. Le maréchal ayant mis dans la place trois compagnies, & six à Vieille-Ville, alla sommer ceux de Quissac, & du pont de Beaufort, église sur le pas des Cevennes, qui se rendirent vies & bagues sauves: le siège de Sommieres coura 600. hommes tués, & autant de blessés, & 3000. volées de canon; les ennemis n'y perdirent que 200. hommes.

Le 5. & le 6. Avril, les huguenots de Provence à la gauche de la Durance & de Terreneuve se souleverent, arrêterent la poste de Milan, & la conduisirent à Chorges en Dauphiné, à S. Bonnet, à Pontais, & à Dieu-le-fit. Ils se saisirent de Vaupierre, & furent joints par Montbrun, sainte Marie, S. Auban, & Mirabel. Le même jour 6. ils voulurent surprendre le Buis, mais ils furent repoussés par les catholiques. 800. huguenots du Vivarais, conduits pas Peyregourde, passerent le Rhône pour surprendre le fort bâti à l'oposite du Pousin, mais ils furent repoussés par Julio Centurione, capitaine d'hommes d'armes qui étoit à

Granc, & ils se retirérent après avoir eu 24. hommes tués ou pris.

Ceux d'Orange, renforcés par ceux de la Valmasque & des Baumettes, pillerent les voituriers, & prirent 60. mulets chargés d'épiceries & de draps de soye, qui alloient de Marseille à Lyon, de quelque argent monnoyé, & des hardes de M. de Vaucluse, qui de Lyon venoit çà-bas. Le cardinal envoya Patris, l'un des gentilshommes de sa maison, au gouverneur d'Orange, pour se plaindre de cette infraction de paix; Patris n'eut d'autre réponse du gouverneur, qu'il ne pouvoit contenir ses gens. Ils continuerent leurs courses jusqu'au 17. du mois.

Le comte de Grignan mourut alors, & fut succedé par Entre-Casteaux, gendre du comte de Carces.

Le 13. Avril, l'ouverture des états du Comtat se fit à Carpentras; le cardinal y présida, les trois évêques de Carpentras, de Cavaillon, & de Vaison s'y trouverent; on y jura l'observation du concile de Trente; on y résolut de lever 150. hommes pour augmenter la garde de la frontiére; Vaucluse y fit publier des lettres de naturalité obtenuës du roy en 1571. On écrivit au pape pour lui demander son secours, & on adressa les lettres à M. d'Aubres, mon cousin, & au chevalier de Coumons, mon frere; on choisit pour élus Mrs. de Venasque & de Brantes; on confirma pour procureurs du pays, Syffron & Guilhem. Le cardinal licentia les états le jeudi 16. & retourna le même jour à Avignon avec une grosse escorte. Crillon, qui commandoit dans la ville, lui vint au devant: deux jours après il receut une lettre du comte de Carces, qui lui mandoit que les huguenots vouloient surprendre Avignon, ce qui fut cause qu'on en augmenta la garde.

Le 21. les huguenots voulurent surprendre Venasque; mais n'y ayant pas réussi ils se retirerent par le bois & la Combe des Abeilles; ils furent suivis par les capitaines Mormoiron & Bedouin. Ce dernier fut pris dans une occasion où il y eut 20. hommes de tués de part ou d'autre, & échangé avec le neveu de Pontais.

Le cardinal Othon Truchsés créé en Décembre 1544. mourut à Bonn sur la fin de Mars. Les Vénitiens firent leur paix en secret avec les Turcs. Le camp de Quissac y resta en attendant Monbasin que le maréchal avoit envoyé en cour; on conclut une tréve que les ennemis n'observerent pas.

Monbrun, S. Auban, & Mirabel, un mois après avoir manqué Venasque, escarmoucherent avec les catholiques dans le bois de Sault, & se retirerent par Brantes à Monbrun, d'où ils allerent prendre Saillans en Dauphiné, ce qui obligea Gordes de s'avancer à Montelimar.

Dom Raymond Audibert, chartreux de Villefranche, me raconta que 17. huguenots commirent pendant la premiere guerre des cruautés horribles dans une métairie près de Paris, & de S. Antonin en Roüergue.

Les huguenots du Dauphiné manquerent Die, & prirent Serre, & non le château.

Le vendredi 8. May, Cahiste, du lieu de Venasque, fut rompu vif à Carpentras, pour avoir voulu livrer Venasque aux huguenots.

L'ambassadeur de Venise ayant voulu faire part au pape qui étoit à Frescati le lundi 13. Avril, de la paix conclue entre les Vénitiens & les Turcs le 7. Mars, en fut très mal reçu.

Le comte de Carces envoya à Monbrun les seigneurs de Baux, senechal de Nismes, & de S. Esteve, d'Aix, qui se rendirent à Sisteron, d'où ils députerent à Monbrun pour l'engager à mettre les armes bas; mais Monbrun étoit trop obsedé pour écouter de pareilles propositions. Gargas ayant ramassé un gros de catholiques pour aller secourir les assiégés du château de Serre, fut défait le vendredi 8. May par Monbrun qui lui tua 150. hommes, avec les capitaines Eux & Guilhaumet, & fit beaucoup de prisonniers. Le lendemain samedi, le capitaine Bouchalhes qui avoit déja reçu quelque secours de l'archevêque d'Embrun, rendit le château de Serre aux huguenots. Gargas qui avoit pris la route dans laquelle il fut défait malgré lui, alla joindre le camp de l'archevêque d'Embrun qui se dressoit à Gap.

Les huguenots de Bearn s'étant soulevés, le roy de Navarre y envoya Gramont pour les appaiser; mais ils l'arrêterent vers le 15. d'Avril, & brulerent Vic-Bigorre, & faillirent à prendre le cardinal de Lorraine.

Le maréchal de Damville allant à Avignon vers la mi-May, & dinant à Boulbon il y apprit que ceux de Nismes s'étoient saisis du lieu de Milhau; cela l'obligea de retourner à Beaucaire, où il fit si bien que les huguenots abandonnerent Milhau. Monbasin y retourna de la cour, & remit au maréchal les lettres du roy qui approuvoient tout ce qu'il avoit fait. Damville alla à Marguerites pour soutenir une entreprise que l'on faisoit pour lui rendre Nismes; mais comme on le trahissoit, il faillit à être tué ou pris par une embuscade d'arquebuziers qui s'étoient postés sur le chemin de Nismes, & qui tuerent du Passage, lieutenant de la compagnie de Maugiron, & blesserent le fils de sainte Jaille.

Les ennemis de Toulouse prirent le capitaine Pruel, de la maison du cardinal, qui lui portoit bonne somme d'écus de ses revenus.

Le maréchal de Damville arriva à Avignon le samedi 23. Mai, pour se trouver au sacre d'Antoine de S. Nectaire, évêque du Puy, qui porte aussi les armes pour l'amour de Dieu contre les dévoyés. Il fut sacré par le cardinal, & les évêques de Cavaillon & de Toulon. Le maréchal & Joyeuse qui s'y trouverent allerent le lendemain coucher aux Cours, maison dudit seigneur de Joyeuse, & puis au S. Esprit pour conferer avec M. de Gordes. Le maréchal fut de retour le dimanche suivant à Avignon, d'où il se rendit à Beaucaire; & l'autre dimanche il se trouva à Barbantane pour y conferer avec le cardinal. Ce prélat donna commission à Rostan Cadard d'Ancesune, baron du Thor, & seigneur de Caderousse, pour aller visiter tout le Comtat; sa tournée dura 15. jours,

AN. 1573.

& il rapporta au cardinal qu'il y avoit dans le pays 12277. hommes propres à porter les armes, 4618. arquebuzes, & 2552. armes d'haste.

Le mercredi 27. les ennemis sortirent d'Usez, & surprirent le fort de Chatillon, non guéres loin de là; les ennemis surprirent aussi Usset près de Villeneuve de Berg en Vivarais.

Le 29. May de nuit, ceux de Corteson en la principauté d'Orange enleverent au terroir de Sarrians 8. chevaux, & allerent joindre Monbrun en Dauphiné.

(hire de Labourse) Le cardinal esborça de ses deniers pour dresser ici forces qui furent quatre compagnies de gens à pied, sous un colonel qui fut M. de Lisle des Ysnards, de Carpentras, chevalier de l'ordre, & mestre de camp.

L'archevêque d'Embrun ayant ramassé 3000. hommes avec ce que Carces lui envoya, marcha pour aller reprendre sur Monbrun, Serre, Corp, & Mens. Le cardinal donna commission à Venasque-Thesan de lever 50. chevaux à Pernes.

Les Vaudois d'Angrogne & de Pragelas, firent une entreprise pour s'emparer de Pignerol, dont le roy fit avertir Carlo Birague, lieutenant au marquisat de Saluces. Mongommery débarqua à Belisle & la saccagea.

Le dimanche 21. Juin, le cardinal assista à la procession pour rendre graces à Dieu de l'élection du roy de Pologne.† 300. vaisseaux du grand Seigneur périrent dans les mers de Constantinople le 25. Avril.

† *(depuis Henri III. Roi de France)*

Le maréchal voulant assiéger Nismes trouva que la garnison de cette ville avoit fossoyé une grange, & y avoit mis 500. arquebuziers pour faciliter leur recolte ; il fallut faire venir du canon pour les chasser de là. Le mercredi 24. Juin, son camp composé de 3000. fantassins & de 400. chevaux, s'approcha de Nismes, & eut une escarmouche fort vive avec la garnison de la ville.

Les protestans du Dauphiné firent une course jusqu'à deux lieues de Grenoble, où ils tuerent de sang-froid le chevalier de la Motte-Verdeyer ; ils prirent ensuite Undit, Sauve, & Condorcet. Le cardinal ordonna que les moissonneurs n'entrassent dans chaque lieu qu'au nombre de cinq, & que les chefs des maisons couchassent dans leurs habitations, & non en campagne ; cet ordre fut publié à la fin de Juin dans le tems qu'il souffloit un vent de tremontane si violent, que l'on crut devoir faire des oraisons pour en demander à Dieu la discontinuation.

Les quatre compagnies d'infanterie & de cavalerie marcherent vers Vaureas, Villedieu, & Pomeras, pour s'opposer aux ennemis du Dauphiné, qui la nuit du 2. Juillet surprirent Nions par un trou fait à la muraille. Ils surprirent ensuite Chabeuil ; Gordes y accourut accompagné de Gargas, des Adrets, de Monestier, & de Pigeron, avec 28. enseignes, 7. ou 800. chevaux, parmi lesquels étoit la compagnie du prince de Piémont ; la ville fut reprife, les proteftans taillés en piéce, & le feigneur de Comps pris prifonnier. Gordes alla de là affiéger Manas que Monbrun tenoit. Le camp de Nifmes ne négligeoit rien pour que les ennemis ne fiffent la récolte ; mais ils furent renforcés de cavalerie par un comte de Béarn, & auffi d'infanterie, de maniere qu'il y avoit tous les jours des efcarmouches, où beaucoup de perfonnes étoient tuées.

AN. 1573.

Le 3. Juillet, Marc-Antoine Martinengo, de Breffe, comte de Villeclaire, chevalier de l'ordre du roy, fils du feu comte Æneas, lieutenant-général pour les armes avec grande autorité, arriva à Avignon ; la Bartalaffe, qui étoit viguier, lui étant allé au devant.

Le duc de Savoye n'ayant pas pû obliger la veuve de Gafpard de Coligny à abjurer, la fit conduire de Nice à Turin par dix chevaux legers.

Lodeve, dont étoit pafteur Alfonce Verceil, feigneur Italien, favori de la maifon de Ferrare, fut furprife des huguenots qui corrompirent le gouverneur.

Le comte de Gayaffe, colonel de l'infanterie Italienne en France, eut mandement de S. M. de conduire à Montauban 5000. Suiffes, 8. compagnies Françoifes, 16. de cavalerie, 2. canons, & 2. piéces de campagne ; le refte du camp de la Rochelle confiftant en 80. enfeignes d'infanterie & 19. de cavalerie fut caffé. Le roy de Pologne écrivit de Bologne le 6. Juillet au maréchal de Damville campé près de Nifmes, que le comte de Gayaffe s'acheminoit vers lui pour faluer à contrepoil ceux de Nifmes & d'Ufez.

Gordes qui bloquoit Serre & Manas avoit avec lui 200. gentilshommes volontaires, Ourches, colonel de fon infanterie, le baron des Adrets ayant un régiment, Gargas 6. compagnies, & l'Eftang fut requis du feigneur de Monbrun qui venoit au fecours dudit Manas, de venir en quelque accord ; Monbrun avoit dans fa troupe le fils de Glandage, colonel de fon infanterie, les feigneurs de Mirabeau, de Comps, de S. Auban, Quintel, Roiffels, Leponet, Baumos le chevalier de Malthe, Champouillers, Chatillon, d'Orange, Criftou, & Deydier, de Nions. La fufpenfion d'armes fut conclue par Gordes dans fon camp de Manas le 18. Juillet, & cette place remife fous l'obéiffance du roy ; Monbrun fe retira le 20. du même mois à fa maifon, les autres à Orange, à Condorcet, & à Nions, où s'étant fortifiés ils fe mirent à faire des courfes le long de la riviere d'Aigues qui paffe par le Comtat à Vaifon, & près le pont de la riviere d'Oveze.

Le comte de Villeclaire étant venu à demi pofte de Rome, fut joint le 21. Juillet par ceux qu'il avoit mandés, entre lefquels furent Caderouffe, Vaucluze, Aubignan, Crillon, Velleron, Brantes, Durban, Blovac, Sevolhan, de Roys, Baumettes, moi pour Mgr. de Coumons

T iij

mon pere, Berton, de Guinucciis, de Buiffe, Propriac, Crochans, Niolans, le jeune, Châteauneuf, Mirabel, les capitaines Cavaillon, conduifant 45. arquebuziers pour la garde du comte, Seguin de Carpentras, Buiccv de Pernes, Capdet d'Orange, Bouchet, Meynier de Pernes, Novarin d'Avignon, maréchal de logis du comte. Cette troupe compofée de 100. chevaux partit d'Avignon le mercredi 22. Juillet, trouva au pont de Sorgue, avec les chevaux legers, Venafque qui fe mit aux aifles dudit comte. Le lendemain on dîna chez M. de Caderouffe; après dîner on paffa à une lieue d'Orange fur les terres de S. S. on fut à Piolens & à Mornas, & on coucha à Bolene, d'où le lendemain on partit après dîner; le comte vifita en paffant à Suze la comteffe dudit lieu, paffa par Bouchet, & arriva à Vaureas, où M. de Truchenu, gouverneur de la ville, lui fut au devant, il y vifita les compagnies des capitaines Bernard & Faviers.

Le lendemain paffant par Vifan où étoit la compagnie du capitaine Mormoiron, on aprit que l'ennemi étoit parqué en un lieu pour nous y attaquer fur le paffage de la riviere d'Aigues, au bord de laquelle étoient en bataille les compagnies des capitaines Horatio Cono & Felice Mateucci, auffi bien que le colonel de l'Ifle & le fergent de bataille Bardoni de Monteus; nous paffames ladite riviere fans que l'ennemi fe montrât, & fumes à Boiffon & Villedieu, où étoit la compagnie de M. d'Haitzé, chevalier de N. S. P. & de là allames coucher à Vaifon. Le lendemain vifitant S. Romans le vieux, Pomeras, où étoit la compagnie du capitaine Coumons, mon frere, Faulcon, Entrechaux, nous nous rendimes dans Malaucene, où fut mis le 27. Juillet ledit capitaine Coumons, mon frere. Le lendemain le comte arriva à Carpentras après avoir vifité en paffant le Barroux & Aubignan; il déchargea le pays de la folde de 152. foldats deftinés à la garde de Carpentras, Caderouffe, Vaqueras, Seguret, Monteus, Sorgue, Bedouin, Venafque, les Mettamis, Malemort, Flaffans, Bauffet, Mornas, Bolene, Pomeras, Crillon, Entrechaux, fainte Cecile, & Sarrian. Le comte partit de Carpentras le 29. & arriva à Avignon, dont il confia la garde aux capitaines Felice & Horatio Cono.

Le 25. Juillet, le maréchal de Damville averti que les huguenots avoient dreffé une embufcade de 600. hommes entre Nifmes & Milhau, monta à cheval, les attaqua, les défit, en tua plus de 60. entre lefquels fut reconnu Mafcaron, qui trahiffant le feu fieur de S. André, gouverneur de Nifmes pour le roy, avoit limé le treillis de fer, pour donner entrée aux ennemis. Le maréchal avoit 2700. hommes & une belle cavalerie où fe trouvoient les neveux de M. de Joyeufe, Chalabre, Campendu, & Chattes, qui toujours cambattirent fort bien, & fur tout dans cette défaite. La garnifon huguenotte de Nions prit, dans une courfe qu'elle fit fur le Comtat, la Rochette, de la maifon d'Aulans de Malaucene.

L'archevêque d'Avignon y fut de retour de Rome le 29. Juillet. Le maréchal de Tavannes étant mort à sa maison, le comte de Retz fut fait amiral du Levant, & lieutenant du roy en Provence.

Les ennemis du Languedoc prirent Cornillon près Bagnols, & ceux d'Orange au commencement d'Août Anselme le vieux, d'Avignon, le trésorier Rostagni, le capitaine la Magdelaine, & Bornareau ; ils coururent jusqu'à Monteus, & se retirerent par Flassans à Monbrun ; en passant près de Visan, ils prirent le capitaine Cornachio, & le tuerent de sang froid.

Vingt-deux galéres d'Espagne porterent de nouvelles troupes à Dom Jean d'Autriche qui étoit à Naples avec 172. galeres & 40. autres vaisseaux. On prit deux galiotes Turques à Porto-Hercole, & Pagan Doria en prit une à Monte-Circelli.

Le 17. Août, les ennemis coururent dans le Comtat de la part de la Valmasque, pillerent la tour de Sabran en prenant Cornillon qui est fort de soi, & tuerent le capitaine Vaus, & Parpalhe, son enseigne.

La treve accordée par le maréchal à ceux de Nismes & du Languedoc, & qui finissoit le lundi 15. Août, fut prolongée pour six semaines.

Les huguenots avoient tenu un synode à Nismes, où ceux du Dauphiné étoient arrivés en passant par le Pousin ; on fit une tréve avec ceux d'Orange ; Gordes en négocioit une en Dauphiné, & étant à Montelimar il y receut la compagnie d'hommes d'armes du duc de Nemours.

Le jour de la fête S. Bartelemy, en commemoration de la défaite des huguenots dans Paris, fut faite procession générale à Avignon, où assisterent le cardinal & le comte de Villeclaire. Les postes furent ôtées du chemin du Dauphiné pour la route d'Embrun, de Briançon, & de Turin, & furent remises par l'Escaramouche, courier en terre neuve, pour l'ancien, & plus commode chemin, de plus d'épargne pour les couriers qui ne vouloient plus aller pour l'estrade dudit Turin. Fuveau, second président de Provence, mourut à Aix, & fut succedé par Lauris. La tréve étant accordée à ceux de Nismes, le cardinal congédia trois compagnies; quoique tout fût en paix en France, les ennemis ne laisserent pas que de paroître en armes près de Cabrieres le 27. Août ; le même jour Villeclaire alla voir le maréchal à Beaucaire.

- Le duc d'Usez étant mort, Lansac fut nommé chevalier d'honneur de la reyne à sa place. Le capitaine la Plane qui étoit parti de ce pays le 14. Juillet, & arrivé à Rome le 28. trouva le pape disposé à entretenir cent cinquante hommes pour la garde d'Avignon, & à payer la moitié des troupes destinées à garder le Comtat.

- Le 28. on députa au cardinal de Bourbon S. Sixt, pour qu'il engageât le cardinal d'Armagnac, qui vouloit se retirer à son église de Toulouse, à rester dans le Comtat. Sebastien Seguin, docteur, & premier consul de Carpentras, fut envoyé à Rome pour le même effet, & pour demander au pape de soulager le pays de la moitié de la dépense pour l'entretien des troupes.

Les huguenots de Provence passerent la Durance pour joindre ceux de Joças, & pillerent la Valmasque.

Gauterii d'Aix porta des lettres de la cour au comte de Carces de continuer son estat. Peu après on publia l'édit de paix.

Le cardinal & le comte de Villeclaire mirent des gouverneurs dans les villes du côté de la Valmasque, joignantes la montagne du Leberon; à Cavaillon, Guinucciis, chevalier des ordres du pape & du roy; à Bonnieux, Pierre-Antonio Franciotti, de Verone; à Menerbe, Pierre Monto de Bresse; à Château-neuf-Mossen-Giraud, le capitaine Camot de Cavaillon; à Vaison, le capitaine Baldoni; & à Lagne, le jeune Camot.

Le 5. Septembre, le maréchal arriva à Avignon, conféra avec Villeclaire, & retourna à Beaucaire.

Le 12. Villeclaire fut à Cavaillon, le lundy 14. à Roubion, & le 15. par la Chartreuse de Bonpas à Avignon. Le 13. le chevalier la Plane fut retour d'Avignon; la nuit du 16. les ennemis furent à la tour de Sabran, & pillerent les marchands qui revenoient de la foire de Briançon; ils retournerent vers Joças, & de-là à Chorges, & prirent S. André de Rozans.

Le barral de vin ne valoit que trois florins.

Le 17. Septembre, M. d'Aubres fut de retour de Rome où il avoit resté neuf mois. Joyeuse partit de Roquemaure pour aller à Avignon faire part au cardinal des avis qu'il avoit que les huguenots vouloient surprendre cette ville le 20.

Le dimanche 20. Alfonse Verceil, Italien, évêque de Lodeve, qui toute sa vie avoit été employé aux affaires des cardinaux de Ferrare, oncle & neveu, & pour cet effet suivi la cour du roy, arriva le matin de Lyon par le Rhône, malade de fiévre, mandé pour être vice-légat sur les instances du cardinal collégat qui vouloit se retirer. Il ne publia pourtant pas aucune sienne puissance, & sa maladie augmentant, il entra en rêverie, & le soir, veille de S. Jérôme 30. Septembre il rendit l'ame à Dieu, Son corps fut inhumé à l'église N. D. métropolitaine, & ses entrailles à celle de la Magdelaine, qui est la paroissiale du grand palais où il étoit logé.

Le peuple Romain fit présent de deux bassins d'or, & d'une médaille de valeur de trois mille écus à Jacques Boncompagni, fils naturel du pape, né avant que S. S. fût cardinal, & en état d'église, lequel seigneur étoit Castellan, & gouverneur général de l'église, & d'abondant il le créa gentilhomme Romain.

On aprit par les lettres de Venise du 21. Août, que le neveu de l'évêque d'Acqs, ambassadeur pour le roy à Constantinople, y étoit arrivé.

La paix de la Rochelle fut publiée à Villeneuve-lez-Avignon, ce qui n'empêcha n'empêcha pas les ennemis de continuer leurs pilleries, & de prendre M de Lers, chevalier de l'ordre du roy revenant de la cour, & de le garder au Pouſin. Quelques jours auparavant fut fait priſonnier par les gens du roy le fils du mort préſident Calviere de Niſmes, qui venoit de Germanie où il étoit allé pour lever des reîtres.

Le jour de la fête S. Michel, le comte de Villeclaire donna dans l'égliſe métropolitaine d'Avignon l'ordre du pape, le pendant d'or, & les éperons dorés, à Eſprit d'Aſtraud, ſeigneur de Vaucluſe, chevalier de l'ordre du roy, & à Gauchier des Iſnards, ſeigneur de Brantous.

Le lundy 14. Septembre, le roy de Pologne fit ſon entrée à Paris. Sur l'aſſûrance que Guillaume, ſeigneur de Barchons, gouverneur d'Orange donna au cardinal, & à Villeclaire, ils licencierent Venaſque, & ſa cavalerie légere, & alloient licentier les capitaines Coumons, & Faviers, lorſqu'ils aprirent que de nuit les adverſaires avoient pris le lieu de Menerbe, lieu fort dans cette Comté, ſitué joignant la montagne de Leberon, lieu riche, & non jamais de notre âge ſurpris; ce fut le 2. jour d'Octobre dudit an 1573.

Les adverſaires prirent auſſi Vinſobres en Dauphiné. Le cardinal reçut un bref du pape du 24. Septembre, qui lui commandoit de ne quitter le pays; le baron de la Garde paſſa alors à Avignon allant à Marſeille. On leva ſept cents hommes pour la deffenſe du Comtat. Peu de jours auparavant mourut à Orange Gabriel Yſnard, docteur en loix, natif de Carpentras, qui dès le premier trouble s'y étoit retiré, s'étant fait huguenot, & puis miniſtre.

Le 16. Octobre, les adverſaires continuerent à piller, & prirent des mulets qui alloient à Lyon. Le capitaine Coumons, mon frere, partit de Mormoiron avec 70. hommes, & ſe rendit à Oppede, & le capitaine de Georgins dans Roubion avec autant: chaque ſoldat avoit huit livres Tournois par mois. La tréve fut publiée en Languedoc le 14. Octobre, pour durer juſques au 25. de Novembre, le Comtat y fut compris. Le 18. S. Sixt fut de retour de Rome à Avignon. Le 21. Villeclaire fut à Bedarride, & à Sarrian, & retourna le lendemain à Avignon. Le cardinal envoya le chevalier Noguier, & Villeclaire le capitaine Guinucciis, pour aller à S. Paul en Dauphiné conférer avec le comte de Gayaſſe, de la maiſon de S. Severin, colonel des Italiens en France, au ſujet du paſſage que les Suiſſes demandoient par le Comtat. Gayaſſe & le colonel des Suiſſes, ſe rendirent d'abord à Avignon, où l'on fit ſi bien, qu'on leur perſuada de reſter encore en Dauphiné. On convint que Gayaſſe & le colonel des Suiſſes, nommé Jans-Jeyet de Fribourg, iroient à Montpellier conférer avec le maréchal de Damville, pendant lequel temps on enverroit aux Suiſſes, qui étoient au nombre de 4000. ou 6000. valets, goujats, &c. 32000. pains, & des vivres par les communautés voiſines, que les Suiſſes payeroient à un prix modique. Monbrun qui avoit été renforcé par quelques troupes du Languedoc qui avoient passé le Rhône au Poüsin, voulut attaquer les Suisses au bois de la Barre, ce que n'ayant pas fait, il entra dans le Comtat pour y piller. Le comte de Sault, Vins son beau-frere, & la Molle, étant revenus du camp de la Rochelle à Avignon, le premier assista à l'assemblée des vassaux du Comtat, qui le 27. Octobre nomma pour procureurs Venasque & Brantes, écrivant du tout Cohorno, notaire, greffier desdits estats. Le 30. on arrêta des gens qui avoient voulu donner moyen aux huguenots de s'emparer de Lagnes & de Bedarride. Le même jour, Gayasse & Jeyet furent de retour de Montpellier à Avignon. On aprit que S. Romans en Vincennes près de Vaison avoit repoussé les huguenots. Valavoire & Seguirani d'Aix firent contribuer Oppede quarante écus par mois, & Maubec trente, & envoyerent piller Vauclufe, & les moulins de Galas sur la Sorgue. Les adversaires du Dauphiné manquerent la Mure. Le samedy 31. Pierre le Blanc, auditeur du cardinal, assisté des auditeurs de rotte, condamna à être rompumassé Bertrand-Vastineau de Caderousse, qui avoit promis de livrer cette place aux huguenots moyennant cinq cents écus.

Après la Toussaints, Montarentio alla dans le Comtat payer les sept cents fantassins.

Le 3. Novembre, le cardinal & Villeclaire confererent avec les évêques de Cavaillon & de Toulon, & quatre chevaliers de l'ordre qui furent, Crillon, S. Jeurs, Javon & moi, pour voir les moyens qu'il y avoit pour conclure une tréve avec Montbrun, qui faisoit piller continuellement le Comtat. Le 4. Horatio Cono, qui avoit été envoyé à Rome après la prise de Menerbe, fut de retour à Avignon.

D. Jean d'Autriche prit Tunis le 8. Octobre à dix heures, & Biserte le 13.

Hugues de Lere, fils de Glandage, s'empara du château & de la cité d'Orange le jeudy 5. Novembre, & se saisit du gouverneur, personne ne lui ayant fait résistance que un sien page, nommé S. Côme, qui tira son épée.

Le seigneur de Lers, chevalier de l'ordre du roy, décéda au lieu du Poüsin où les ennemis le tenoient prisonnier; il s'apelloit Laurent des Harpagons : ses funérailles furent faites avec grande solemnité dans l'église de l'Observance d'Avignon où son corps fut mis le lundy 16. Novembre; l'évêque de Toulon y officia. Les murailles de la Tour de Sabran qui avoient été abattues en 1545. furent relevées.

Le dimanche 8. Novembre, Caderousse, Aubres, Felice, & Horatio-Coño, voulurent se rendre maîtres de Jonquieres; mais les habitans ne voulurent pas les recevoir. Montbrun arriva alors à Orange. Le mardy 10. Villeclaire fut voir à Aix le comte de Carces, il y fut reçu par Flassans du Bar, & l'écuyer de Beaujeu d'Arles, tous chevaliers de l'ordre. Le lendemain il retourna en poste à Avignon accompagné de Venasque,

DU COMTE' VENAISSIN, DE PROVENCE, &c.   155

de Flaſſans, dudit pays, de Javon, de S. Juers, de la Royere, de Reoville, & de moi. Champoleon & Leſdiguieres étoient alors vers Freſſinieres. Bataillard, l'un de nos capitaines de riviere, entreprit de fortifier la grange de la Rays au terroir d'Orange près du Rhône; mais les adverſaires avertis, tomberent ſur les travailleurs qui étoient de Piolenc, & en tuerent plus de ſoixante.

Le duc d'Albe leva le ſiége d'Alcmar, & le comte de Boſſu fut défait par les gueux en une bataille navale le 11. Octobre.

Le cardinal demanda aux comtes de Carces & de Suze, leurs compagnies de gens-d'armes, & à ſainte Jaille la ſienne de chevaux-légers.

Le chevalier de Noguier fit deux voyages vers Montbrun, pour lui demander les raiſons qu'il avoit pour avoir fait occuper Menerbe; & il répondit, que cela avoit été fait afin de faire rendre aux exilés du Comtat les biens qu'on leur avoit confiſqués: il demanda que l'on envoyât des députés à l'aſſemblée que l'on devoit faire ſuivant le mandement du roy donné à Villiers-côte-Retz le 21. Octobre, pour que les altérés du Languedoc & du Dauphiné y envoyaſſent pour entendre la volonté de S. M. qui devoit y être raportée par le duc d'Uſez & Caylus, chevalier de l'ordre.

Montbrun & Glandage, ayant conféré enſemble s'avancerent à Nions. Gordes écrivit alors à Villeclaire que les adverſaires ne gardoient ni tréve, ni paix. Les Suiſſes ayant reçu 100000. écus, eſcortés par ſainte Jaille & gens du comte de la Mirande, étoient partis de S. Paul pour Lyon. Glandage s'arrêta à Venterol à une lieue de Vaureas, où le lundy au ſoir 16. Novembre, le capitaine Favier le fit attaquer par cent hommes qui faillirent à le tuer, & lui enleverent quatre-vingt chevaux: en reconnoiſſance le cardinal & Villeclaire lui envoyerent par Paul de Guinucciis une chaîne d'or. Le vicomte de Joyeuſe qui étoit pour lors à Avignon lui en témoigna auſſi ſa ſatisfaction: les ſoldats au lieu de pourſuivre Glandage bleſſé d'un coup de hallebarde, ſe mirent à piller, & Glandage ſe ſauva à Nions où étoit Montbrun. Les adverſaires firent fondre à Serre deux piéces de canon de huit livres.

Le duc d'Uſez & Caylus aſſembloient leur armée près de Bagnols; & les adverſaires s'emparerent de la Roche près de cette ville, & de Florenzac près de Pezenas, où ils enleverent quelques chevaux de la compagnie de Puimerals; à Javon ils enleverent le bétail du ſeigneur.

Le 25. Novembre, Villeclaire donna l'ordre du pape à Noguier, & reçut des préſents de dévotion de S. S. Villeclaire qui étoit alors âgé de 28. ans, parloit Latin, Italien, & François; il avoit du Grec & de l'Eſpagnol; il étoit muſicien, bon ſonneur d'inſtruments, peintre, architecte, deſſinateur, & ingénieur: il portoit d'or à l'aigle éployé de gueulles; on tient qu'il deſcend de la maiſon des marquis de Brandebourg, & que Cuppa de Brandebourg, ſecond connêtable de France en 575. étoit de ſa maiſon; ſa mere étoit Colonne.

V ij

Les adversaires revenant de Nions, descendirent à Orange, Mornas & Piolenc. Le 29. Novembre, ils tuerent quelques femmes près du moulin d'Egulhe peu éloigné de Vedene.

On aprit par une lettre du comte de Carces, que le 27. six cents soldats sous les capitaines Pompée, Catelino d'Arieti, Gaspard Bruno de Dolcive, chevalier de Malte, & Camille de la Penna de Peruse, envoyés par le pape, étoient débarqués à Marseille.

Le dimanche 29. Novembre, Villeclaire donna l'ordre du pape au capitaine Paul de Guinucciis, son enseigne. Le 30. l'évêque de Grasse, Etienne Deodet, neveu du baron de la Garde, fut sacré dans la chapelle du grand palais par les évêques de Cavaillon, de Toulon & d'Orange.

Le pape envoya Pompée de Lanoy, prince de Sulmone, complimenter Philippe II. sur la mort de la reyne doüairiere de Portugal sa sœur. Les adversaires attaquerent le lieu de Tourret près de Montelimar, & pillerent la ville de Baïs-sur-Baïs en Vivarais, sans pouvoir prendre le château. Les députés pour traiter de la paix arriverent à Montpellier, & le comte de Carces conféra inutilement avec Seguirani d'Aix, ayant donné pour ôtage sainte Croix d'Aix.

L'Ange, avocat de Bordeaux, fut député pour le tiers-estat aux estats d'Orleans en Janvier 1561. avec Quentin qui parla le premier.

Les adversaires s'assurerent du bourg & tour de S. Maurice en Dauphiné, sur la riviere d'Aigues près de Ville-Dieu.

Barchon envoya Montan à l'assemblée des députés qui se devoit faire à Nismes, ou à Milhau.

Le 5. Décembre, le maréchal de Damville écrivit de Montpellier à Villeclaire, qu'il espéroit de recouvrer Florensac, que la tréve étoit prolongée jusqu'au 15. Février, & qu'il avoit donné ordre à Truchenu, lieutenant de la compagnie du comte de Suze, de la lui ramener.

L'évêque du Puy reprit Fain. On découvrit une conjuration faite pour surprendre Montpellier. Malras étoit pour lors ambassadeur à Rome. Suze qui étoit revenu de la cour, envoya un trompette à Montbrun pour lui proposer une conférence que celui-ci refusa. Suze ayant voulu aller le 7. Décembre à Avignon, fut attaqué par cinquante chevaux commandés par Glandage, & obligé de s'en retourner au plus vîte dans son château; mais ayant été joint par Truchenu, son lieutenant, la Pierre, Rochefort, Donnine, & Entraigues, il se rendit à Mornas, y prit un bateau, & arriva à minuit à Avignon.

Le mardi 8. Décembre, le cardinal d'Armagnac nomma Charles Patrice, pour se trouver en son nom aux états du Languedoc.

Le roy nomma trois lieutenants au duc de Villars, gouverneur de Guyenne, qui furent Biron, la Valette, & Caylus.

La nuit du mercredi 9. Décembre au 10. les adversaires de Jocas,

DU COMTE' VENAISSIN, DE PROVENCE, &c.

commandés par Tracheti d'Apt, surprirent la Roque sur Pernes, & l'abandonnerent le 17.

AN. 1573.

Le lundi 14. 300. chevaux & 500. fantassins assiégerent S. Romans à Vienne dans le Comtat, qui fut très-bien deffendu par Antoine Bouquet dudit lieu, qui obligea les adversaires de se retirer avec perte de 30. hommes.

Le 17. le comte de Suze donna l'ordre du roy à Paul de Thezan, seigneur de Venasque.

Antoine Montarentio alla à Bedarride payer les chevaux legers du comte de Villeclaire, dont étoit commandant Louis Bens, des seigneurs de Sentena de Quiers.

Le cardinal envoya le capitaine la Jardine pour reconnoître la Roche sur Pernes; mais les adversaires l'ayant abandonnée, Villeclaire fut coucher le dimanche 20. à Pernes, & y mit pour gouverneur le capitaine Berton. Le lendemain matin, il fut à la Roche S. Didier, au fort château de Baucet, à Pernes, & coucha à Avignon.

400. Italiens, mal en ordre, arriverent à Avignon, & Villeclaire envoya le capitaine Cavaillon au maréchal Damville, pour excuser la venuë de ces troupes que le roy ne vouloit point; ils avoient passé la Durance à gué près Merindol, aux pins de Lamanon, Peagieres de Senas, au bois de Taillade, & de Lambesc, où fut pris Alexandre Bux de Cavaillon. Il y eut une rencontre près de Serignan vers sainte Cecile le jour de Noël, contre la cavalerie d'Orange, où il y eut treize hommes de tués de ceux du Comtat.

Le maréchal Damville battoit, avec quatre canons, Pomerols; il y perdit un capitaine Corse nommé Antoine, la garnison capitula, & se retira à Florensac.

Venasque fut envoyé alors auprès de Damville.

Le 31. Décembre, les adversaires d'Orange étant entrés dans le Pont de Sorgue par la trahison de l'hermite, attaquerent le château; mais Camille de la Penna, Julio Ciochino, & Capdet de Selon, s'y deffendirent si bien qu'ils obligerent les adversaires à se retirer. L'attaque de l'église & de la maison de Gentilly ne lui réussit pas mieux.

Jerome Scot, chevalier de Plaisance, homme rare en divinations & en l'art illusoire, arriva alors à Avignon, & y fit des choses admirables. Madame de S. Jeurs, femme du chevalier de l'ordre, lui ayant demandé sa fortune, il lui répondit qu'elle mourroit avant son mari qui se remarieroit, ce qui lui déplut parce qu'elle aimoit son mari. L'hyver fut extrêmement doux.

Le dimanche 3. Janvier, le comte de Villeclaire donna l'ordre du pape à Barthelemy de Baroncelli, seigneur de Javon, chevalier de l'ordre du roy. Thomas de Pazzis de Panisses, seigneur d'Aubignan, aussi

AN. 1574.

chevalier de l'ordre du roy, l'avoit receu quelques jours auparavant.

Le 6. Janvier, Monbrun écrivit au cardinal, paroissant disposé à conclurre une trêve.

L'assemblée de Milhau fut tenuë le 5. Décembre jusqu'au 16. & composée de plus de 1200. personnes, qui s'unirent toutes pour leur commune deffense; ils mirent leurs conventions dans une estampe qui fut signée par Paulin, Laumagne, Castelpers, & Gourdon; leurs demandes ayant été portées au maréchal de Damville à Montpellier, il les envoya au roy par Belloi, qui partit d'Avignon le 16. Janvier.

Le samedi 9. Montbrun partit d'Orange pour aller à Cortezon, pour engager le gouverneur d'Orange, qui s'y étoit retiré, de lui remettre cette place, mais il n'en voulut rien faire. Le même jour, le capitaine la Croix étant sorti de Caderousse avec 32. hommes, s'avança vers Orange; mais il fut défait par la garnison, perdit 23. hommes, & fut fort blessé.

Le 11. le comte alla visiter le Pont de Sorgue, & le baron de la Garde arriva de Marseille à Avignon. Mous en Vellay fut pris par les adversaires.

Le 13. la compagnie d'hommes d'armes du maréchal de Retz, dont Montperou étoit lieutenant, passa sur le pont d'Avignon. Venasque fut de retour de Montpellier le 13. & Noguier d'Orange, Montbrun n'ayant pas voulu faire cesser les courses de ses troupes à moins de dix mille livres.

La nuit du 13. au 14. les adversaires prirent Maudenne.

Le 17. Janvier, arriva à Orange le cadet Alein, gentilhomme d'Arles, qui suivoit Ludovic de Nassau, & par lui envoyé à Montbrun & à Glandage, pour faire que le château & ville d'Orange fussent rendus à Guillaume de Barchon, premier gouverneur, avec ordre à lui Alein, de le tenir au nom du prince.

Les adversaires abandonnerent Maudenne. Le capitaine Nicol, de Carpentras, avec 400. hommes, rompit le moulin de M. de Crillon, & tua le capitaine Laffon de Sault.

Il y eut un combat près de Ville-Dieu où les adversaires perdirent 13. hommes, & nous autres plus de 20.

Les états du Languedoc se rassemblerent à Montpellier le 20. & les adversaires manquerent Embrun, Castres, & Clermont de Lodeve.

Le 25. Villeclaire donna l'ordre du pape au capitaine Jean de Faviers.

Le 29. le cardinal & Villeclaire firent ouvrir une nouvelle ruë, que l'on nomma ruë Gregoire, au dessous du roc du Rhône, au lieu de Canqueras de Gaffins, où il y a lisse au trou de la sortie de la Duransole.

Le samedi 30. le moine Politre de Manosque, qui avec le prêtre de Voulx, surprit Menerbe, fut tué dans une course au-delà de la Durance par Jacques André de Menerbe. Les adversaires faillirent à surprendre

Bagnols par escalade, & s'emparerent de Spally-lez-le-Puy, & de cinq autres forts.

Le 2. Fevrier, le capitaine Roquart le jeune détacha 50. arquebuziers, qui battirent près de Serignan les Orangeois qui avoient pris vingt-trois mulets chargés; le jeune S. Auban du Dauphiné fut tué dans cette action, avec Gaspard Aliez, & le bâtard d'Aramon y fut blessé à mort. Le même jour, les adversaires prirent le château & le lieu de Montferrand à deux lieuës de Montpellier.

Salviati étoit alors nonce en France. Horatio Cono retourna alors de Rome, & raporta que le pape avoit accordé 18000. livres par mois pour la tuition du Comtat. Les Orangeois prirent quelques bateaux aux isles de Caderousse sur le Rhône. Le samedi 11. Juillet 1573. Maugiron arriva à Avignon.

Le seigneur de Montagut en Rouergue fut tué dans son château avec sa femme, par ceux qu'il nourrissoit. Peu de jours y a, mademoiselle de Convertis de Beaucaire, allant avec son beau-frere, son beau-fils, & ses filles, de ladite ville conduire une desdites filles en mariage furent rencontrées en chemin près de Lodeve, où les assassineurs tuerent le sieur de S. Veran, & autres de ladite compagnie, volerent les joyaux, bagues, chevaux, & armes.

Le jeudi gras 18. Fevrier, on courut la bague devant le petit palais d'Avignon; le comte de Villeclaire fut le chef de la partie, ayant prié le comte de Suze d'être son assistant & protecteur. Arques, fils aîné du vicomte de Joyeuse, courut, aussi-bien que le baron de Lers, second fils de Suze, Paliers, des Essarts, Saunac, Château-neuf, le baron de la Roche, Javon, Vedenes, Anselme, la Bartalasse, le fils d'Artigajoux d'Usez, le capitaine Jarnier, & Octavie, escuyer de Joyeuse, qui gagna la bague donnée par madame de Joyeuse; le cardinal assista à la fête. Le matin du même jour, les Orangeois surprirent Serignan, & l'abandonnerent le lendemain. Les Menerbiens auroient surpris Cavaillon, si la sentinelle de l'hermitage de S. Jaume n'eût découvert la trahison. Les adversaires manquerent le Crest & Tullete en Dauphiné.

Le lundi 1. Mars, on aprit que Barchon, ancien gouverneur du château d'Orange, l'avoit repris, & en avoit chassé le jeune Glandage.

La trêve fut prolongée en Languedoc jusqu'au 15. d'Avril.

Gourdon, Serignac, & le vicomte de Paulin, prirent les armes en Guyenne.

Le jeudi matin 11. Mars, Villeclaire partit de Cavaillon pour reconnoître Menerbe.

Les adversaires sortis d'Orange & de Nions pour prendre Crest, s'emparerent d'Ostes, Livron, Ruinas, le Puy S. Martin, Alez, Montolieu, la Vache, Chelly, Pontais, Bordeaux, le Poyet de Laval, le

AN. 1574.

Poyet-Sala, & autres lieux le long du Rhône, pour fermer le passage de Lyon en bas. Gordes ramassa ses forces à Valence, & peu de jours après il y eut une escarmouche près Montolieu sans avantage ; mais la place resta au prince Dauphin ; après quoi les ennemis au nombre de 1500. arquebuziers, & de 400. chevaux, camperent à Lauriol, à Mirmande, & à Livron.

Le duc d'Albe arriva alors à Genes pour repasser en Espagne.

Le 22. Mars, la cavalerie quitta Vienne, arriva à Avignon ; & le 24. le mestre de camp Alexandre fut à Vaureas, & Cesar Palazuolo de Milan, à Visan.

Le 26. Mars, Suze & Maugiron partirent d'Avignon, pour aller assister le maréchal Damville qui étoit revenu de Pezenas à Montpellier. Les adversaires remuoient fort en Languedoc.

Merindolet en Dauphiné, lieu assez fort, & voisin de cette comté, fut pris par les adversaires.

Gordes envoya à Avignon Ourches, son beau-fils, pour demander que nos forces montassent vers Nions pour chatouiller les adversaires qu'il avoit sur les bras à Lauriol, où étoient les troupes de Montbrun, Glandage, Mirabel, Roisses, & Lesdiguieres.

Le seigneur de Peraud, sur le Rhône en Vivarais, se déclara pour les adversaires,& fit arrêter des bateaux qui avoient payé le péage au Pousin, & qui portoient pour plus de 100000. liv. de marchandises,& il s'empara de Serieres, & de Sablon en Dauphiné.

Le lieu de S. Quentin près d'Usez fut assiégé par 300. huguenots qui prirent la bourgade. Ourches retourna vers Gordes le 28. Mars, avec promesse du cardinal & du comte, de le gratifier en tout ce qu'il pourroit.

L'évêque d'Orange étoit à Avignon.

Le lundi 29. Mars, partit d'Avignon le vicomte de Joyeuse avec plusieurs de ses neveux, pour s'acheminer vers Toulouse, où le roy l'avoit destiné, & où la Valette endommageoit fort les adversaires.

Homme vivant n'avoit vû le vin aussi cher, le pot valoit deux sols deux deniers.

Les adversaires ne tiennent que vingt lieux ou bourgs en Dauphiné, la Rochelle, & Rochelois, Nismes, Montauban, Usez, Lodeve, & Alais, cités en Languedoc, & 100. lieux dans la même Province ou ailleurs.

Le grand prieur d'Auvergne défit quelques troupes d'huguenots montés là haut, & sortis de Nismes, sous Bouillargues & Bimar.

La déclaration du duc d'Alençon, dattée du bois de Vincennes du 24. Mars, & pareille du roy de Navarre, par laquelle il paroissoit qu'ils n'avoient aucune part à la conspiration de S. Germain en Laye, parut alors.

Le jour de pâques, les ennemis du Dauphiné prirent par escalade le lieu de Grane. Le cardinal & le comte firent proclamer la trêve avec les Orangeois.

AN. 1574.

Le dimanche 18. Avril, Robert de Girard fut sacré évêque d'Usez par le cardinal d'Armagnac, l'archevêque d'Avignon, & les évêques de Toulon & d'Orange.

La seigneurie de Venize envoya à Brescia Soranzo pour reprimer quelques habitans qui pilloient les environs de cette ville. Soranzo en fit pendre quelques uns.

Le 22. Avril, Villeroy & S. Sulpice, gouverneur du duc d'Alençon, destinés pour assister à la conférence de paix qui devoit se faire à Beaucaire, arriverent à Avignon, après avoir fait quelque séjour à Valence, pour ne tomber ez mains des adversaires ramassés autour de Lauriol, de Grane, de Peraud, & du Pousin. Montbrun alla avec quelque cavalerie à Nions visiter sa femme malade, & à Menerbe.

Les ennemis prirent le lieu & château de Saze au royaume, non distant de Villeneuve-lez-Avignon, qu'ils saccagerent & laisserent. Ils projetterent aussi de s'emparer de Baulmes de cette comté, & de Touzon, Château-lez-le-Thor, lieu de l'abbé de S. André-lez-Avignon, auquel & aux lieux voisins, je pourvois par ordre du cardinal; & en après mon frere le capitaine Coumons y envoya des soldats le 28. Avril de nuit; projetterent aussi sur Ville-Dieu & sur Boisson. Le comte de Suze fut de retour en Avignon la semaine sainte, & M. de Maugiron le 27. Avril d'auprès de M. le Maréchal, ayant presque perdu l'espérance de l'accommodement.

Furent découvertes les conspirations brassées contre Beziers & Narbonne, où le maréchal fut, & de Montelimart ou Orches pourvût, & fit pendre Condilhac & Devesc.

Le prince Dauphin, nommé lieutenant général en Dauphiné, arriva à Vienne où toute la noblesse le fut voir. S. Chaumont venant de Forez & de Lyon, assiégea le lieu de Peraud.

Le maréchal reprit le château de Montferrand par intelligence; & peu de jours après, les adversaires prirent Massillargues, lieu de conséquence, qu'ils fortifierent pour être de belle & forte assiette.

Le mercredi d'après Pâques, le commandeur majeur deffit au passage de la Meuse 1500. chevaux, & 5000. fantassins Flamands. Le comte Ludovic de Nassau y fut blessé, Frederic, fils de l'électeur Palatin, & Jean de Nassau, fils de Ludovic tués; 34. enseignes y resterent, & la bataille dura huit heures.

Le vicomte de Joyeuse leva auprès de Toulouse 4000. hommes, & 1000. chevaux.

Le 4. May, Jean Serom, natif de Villeneuve près Manosque, prêtre & curé de Voulx, qui surprit Menerbe, & qui y commanda pendant

Tom. I. Perussis. X

quelques mois, ayant voulu se trouver au ravage de Lardiers, le capitaine Borrillon, Provençal, l'y reconnut & l'arrêta; mais en passant la Durance au port d'Orgon, Serom, qui étoit lié & garrotté, se jetta dans l'eau & se noya.

L'évêque du Puy, & le baron de S. Vidal en Vellay, reprirent sur les adversaires sept places fortes.

La Valette, Montluc, S. Orrens, & Montferrand, faisoient la guerre contre le baron de Paulin, & reprirent Tarbes, Sarlat, & cinq ou six autres places.

Le Vaugion, Pompadour, Urfé, & Bordeille reprirent Bassac, & autres places le long de la Charante.

L'arrivée du prince Dauphin en Dauphiné fut si heureuse, que le lieu de Peraud ayant été assiégé le 7. Mars, & battu par cinq canons, où se trouverent S. Chaumont & la Bastie, fut pris aussi-bien que Serriéres & Monnenal: ceux qui se sauverent se remirent dans Quintenas; le seigneur de Peraud se sauva; il est fils d'un pere qui ja en l'an 1562. conspira de prendre la ville de Lyon, avec ses complices S. Sire, la Riviere, Bourguignon, Château-neuf de Provence, Belime, Malcant, & autres.

Le 10. May, le comte Sarra Martinengo, chevalier de l'ordre, arriva à Avignon, & y fut de retour d'Aiguesmortes & de Montpellier le dimanche 16. May, auquel jour Jacques de Crussol, duc d'Usez, arriva aussi avec sainte Jaille, Lombez, Collias, & Roche-Agude; il avoit tenu le parti des protestans en la bataille de Moncontour, en la plaine de Cron, où il avoit été pris; il partit d'Avignon le 18. après dîner, & alla coucher à Bagnols, & de là au S. Esprit, pour assurer les places à S. M. Montbrun qui dès le 5. Avril 1573. s'étoit levé en armes, se tint calme.

Quelques huguenots de Provence s'étoient levés sous Cabriez & Stoblon; Cabriez se sauva aux terres de M. de Savoye, à l'altesse duquel le comte de Carces l'envoya demander.

Le baron de Rieux courant la poste, envoyé par le maréchal Damville au roy, arriva à Avignon le 18. May. On disoit que le prince Dauphin devoit commander en Languedoc.

La Roche près du Buïs en Dauphiné, quoique secouru par le capitaine Baumettes & Subroche du Buïs, fut obligé de se rendre aux adversaires.

Le capitaine Louynes, qui commandoit dans le château de Beaucaire, assura cette place au roy.

Un poste Espagnol fut détroussé dans la Camargue près le Baron; mais Romieu, gentilhomme d'Arles, Alein & Usanne, consuls de cette ville, firent arrêter les brigands, & rendre l'argent à l'Espagnol.

Vers le 21. May, les ennemis surprirent le lieu de Barret, près de

Sault en Provence. Le vendredi 28. May, partirent d'Avignon le duc d'Uſez, S. Sulpice, Villeroy, Suze, Maugiron, Caylus, Mondragon, du Puy - S. Martin, avec 200. chevaux pour aller joindre le prince Dauphin.

Le 1. Juin au ſoir, il plut horriblement. Le lendemain mercredi, quatre enſeignes du régiment d'Alfonce, Corſe, qui avoit pour meſtre de camp Antonio, & pour capitaines Marco, Simone, Rutilio, & Gaſparino, furent poſtées au Thor: Franceſco, frere d'Alfonce, étoit dans ces troupes. Le comte de Villeclaire renforça les poſtes de Bonnieux & d'Oppede, pour tenir plus ſerrés les ennemis de Menerbe.

Le ſamedi 5. Juin, arriva à Aix Honoré de Tende, marquis de Villars, avec ſes niéces les comteſſes de Tende & d'Urſé, venant de Piémont, pour la deffenſe du comte de Tende.

La Provence, qui accorda la levée de 200. arquebuziers, fit une trêve avec Montbrun pour un mois; les adverſaires députerent le comte d'Eſſe & Rouſſet en Allemagne avec 16000. écus; mais les gens du duc de Nemours les arrêterent lorſqu'ils paſſoient près d'Anecy.

Les troupes du prince Dauphin eſſuyerent quelque ſurpriſe au Pont de Royans, & eurent quelques enſeignes d'enlevées; elles étoient compoſées de 1200. chevaux, & 7000. Fantaſſins, dont 800. Suiſſes avec huit canons de batterie. Le prince Dauphin prit Anſe, Alez & Oſte, & continuant ſa victoire aſſiégea Livron, dans lequel étoit Roiſſe, beau-fils de Montbrun, avec bonnes forces. La place fut battuë rudement. Alors tous les chefs huguenots du Dauphiné s'aſſemblerent partans de Lyon, d'Orange, & de Montbrun, après qu'ils eurent été obligés de lever le ſiége de Die, deffenduë par Glandage le pere. Les aſſiégeans y eurent beaucoup de bleſſés, & entr'autres Blacons, Bompar, Boyer, du Buïs, & l'enſeigne de Pavin morts avec 30. autres. Les chefs deſdits aſſiégeants étoient Montbrun, Glandage, le fils, Stoblon de Provence, Comps, Gouvernet, ſainte Marie, Pontevez, Provençal, Gertajen, les deux Blacons, Codebec, capitaine des franchiments qui étoient en leurs bandes à ce ſiége. Montbrun eut un differend avec le jeune Glandage, l'accuſant de n'avoir pas pouſſé ſon attaque, comme il devoit, pour favoriſer ſon pere. Cette diſpute fut cauſe que Glandage ſe ſépara des troupes Dauphinoiſes, & paſſa le Rhône avec celles de Languedoc. Dans Bordeaux commandoit pour les obſtinés le ſeigneur de Mirabeau, l'un des premiers levés en l'an premier des troubles, qui tombant des murailles ſe tua; il étoit très eſtimé parmi eux.

Le ſecours que ceux de Menerbe avoient demandé en Dauphiné, leur vint en toute diligence par le chemin de Sederon, Murs, Joncas. Il étoit de 200. hommes arquebuziers, à cheval pour la plûpart, commandés par Stoublon, qui avoit ſous lui F. de Pontevez, Cadenet, le chevalier de Buoux, Archimbaud, Paul de Selon, Bajoni de Pertus,

Roziers, Honorat Bernus, Panin, le cadet Flechon, un Burgos, Jean Frances, & autres Provençaux. Sur ce mouvement, le comte de Carces partit de Cavaillon le 14. Juin 1574. & étant à Oppede, il entendit les ennemis qui calloient le col de Gordes. La cavalerie legere catholique étoit commandée par Cesar Palazol, Milanois, ayant 50. salades, & Louis Beons de Sentena, lieutenant de 20. autres, Crillon, de l'Isle, Mestre de camp. Cette cavalerie devoit être soutenue par cent arquebuziers ; mais elle se hâta trop pour aller attaquer les huguenots, qui descendoient d'Oppede, & étoient de-là le coulon en terre de la tour de Sabran & de Maubec. La cavalerie catholique passa sur un pont du fossé du moulin dudit Maubec. Elle rompit d'abord la premiere & seconde troupe ennemie ; mais ne s'étant pas ralliée, les huguenots plus nombreux défirent le reste. Claude de Bertons, seigneur de Crillon, chevalier du pape, & de l'ordre du roy, cousin de Perussiis, y fut tué, son corps porté à Maubec, & de là à Avignon. Les seigneurs, le peuple, & les battus blancs, dont il étoit, assisterent à sa pompe funebre, où il y avoit 400. torches. Silvestre de Cornetto, lieutenant de Palazol, & sept chevaux legers y furent tués. Raphael d'Assise, alfier de Palazol ayant été fait prisonnier, fut tué sur le chemin de Menerbe par les huguenots qui s'aperçurent qu'ils avoient perdu dans l'action Detrant de S. Martin de Castillon. Le baron de Rieux, qui avoit été dépêché de la cour par le maréchal de Damville, fut de retour à Avignon. Le même jour 14. le baron de Rieux revenant de la cour arriva à Avignon, & raporta que Charles IX. étoit mort le 30. May, entre trois ou quatre heures du soir, & que le maréchal de Damville pouvoit aller à la cour de M. de Savoye, comme il avoit demandé, pour se justifier.

Le secours venu à Menerbe ne s'y put guere arrêter, étant leur besoin en Dauphiné ; parquoi le 9. ils partirent, & rebrousserent vers Jocas, laissant pour commander à Menerbe, Pontevez & Archimbaud ; & Pavin & Brecheti à la Coste.

Baumes de Transsy fut surpris par un huguenot de Tullette, nommé Bayard ; Alexandre Legoan, mestre de camp de la cavalerie Italienne, & commandant à Vaureas, y accourut & le reprit.

Pontevez, commandant à Menerbe, fit contribuer Cavaillon, Bonnieux, Oppede, Robbion, Cabrieres, & autres. Montbrun donnoit des sauve-gardes adressées à ceux qui s'oposoient à la furie des massacreurs des personnes de la religion reformée.

Drago Comneno, gentilhomme grec, de la race de trois empereurs, étoit alors cornette du comte de Villeclaire.

Le cardinal pourvût à la sûreté du fort S. André, de la tour de Villeneuve, de Bagnols, & de S. Quentin. Le pain valoit en Dauphiné quatre sols la livre, & le pot de vin sept sols. On aprit vers le 4. Juillet, que le prince Dauphin avoit cessé de battre Livron, ayant été averti que Montbrun avoit été renforcé par S. Romain, ja archevêque d'Aix; Gordes & Suze étoient avec le prince Dauphin.

Le 8. Juillet, le comte de Carces donna avis au cardinal que les huguenots de Provence s'étoient emparés de la cité de Riez & de Puymoiſſon; ſurquoi Carces ordonna au capitaine Eſpiart, à qui il avoit déja donné ordre d'aller joindre le prince Dauphin, de reſter. Son lieutenant Vaupierre brûla 30. hommes de Jocas dans une caſſine.

Les adverſaires pillerent Greaix.

Le maréchal de Damville ſe rendit à Beaucaire pour conferer avec l'amiral, ſon oncle, qui s'y rendit par Taraſcon; madame de Joyeuſe s'y rendit auſſi d'Avignon. Le 11. Juillet, l'amiral fut de retour à Avignon, & deux jours après retourna en Provence. Le comte de Suze revenant de l'armée du prince Dauphin arriva à Avignon.

Ceux de Niſmes & d'Uſez attaquerent S. Quentin, mais le ſecours que le cardinal y envoya les obligea de lever le ſiége vers le 9. Juillet.

Le capitaine Eſpiart, congedié de Provence, fut mis par le cardinal à Oppede.

Le capitaine Vignoli, envoyé par Carces pour mettre garniſon dans la Coſte, fut pris par les adverſaires. Le comte de Sault allant joindre Carces, paſſa par Avignon auſſi-bien que Louis Adhemar de Monteil, comte de Grignan, ſon gendre. S. Jeurs & le commandeur de la Roche, à qui Puymoiſſon apartient pour être membre de ſa commanderie, allerent auſſi joindre Carces. Le prince Dauphin étoit à Valence, & les adverſaires à S. Paul trois châteaux.

Le baron de la Garde deſcendant le Rhône eſſuya pluſieurs arquebuzades des adverſaires vers S. Eſteve de Coudolet, fut à Avignon, à Taraſcon, & confera à Beaucaire avec le maréchal. Le pape fit faire les obſeques de Charles IX. le 22. Juin, où l'oraiſon funebre fut prononcée par Moret, & il envoya complimenter Henry III. par l'évêque de Gayaſſe.

Le cardinal ordonna que l'on rompît le port de S. Eſteve ſur le Rhône.

Le duc d'Uſez arriva au S. Eſprit pour commander en Languedoc de la part du roy, & le maréchal de Damville étoit avec la maréchale ſa femme vers le 20. de Juillet dans le château de Beaucaire. Flaſſan & le baron des Arcs ramaſſoient des forces pour aller attaquer les adverſaires à Riez & à Greoux.

Le ſamedi 17. Juillet, Henry III. qui étoit arrivé à Vienne le 23. Juin, arriva à Veniſe. Le mercredi 21. mourut à Rome Jules d'Aquaviva, cardinal, fils du duc d'Atri.

Gouvernet s'avança à Barret-lez-Sault, continua ſa marche par Murs, Jocas, Menerbe, Laval d'Aigues deçà la Durance, s'empara du port de

Pertuis & de Cadenet, & pilla les lieux d'Anfouïs & de Lauris. Le camp catholique fous Flaffans fe rendit à Brignolles, & celui du comte de Carces à Barjoux: Vins étoit avec lui, & le comte de Grignan alla commander à Tarafcon.

Le maréchal de Damville alla vifiter Valabregues & Aramon, où il laiffa garde d'arquebuziers. Au même inftant fut prife l'abbaye de S. Romans de S. Mozi près de Beaucaire.

Le mardi 3. Aouft, S. Romans de Mallegarde fur Aigues, riviére près de Vifan, fut furpris par les adverfaires. Le comte de Suze & le préfident Truchon ayant pris congé du maréchal de Damville, partirent le 6. Aouft pour le Dauphiné. Gerente de la Bruyere, chevalier de N. S. P. empoifonné à Senas par les huguenots vint mourir à Avignon.

Le 7. Aouft, le capitaine de Leuca de Villeneuve-lez-Avignon, qui fe vantoit d'avoir tué 100. catholiques, fut mis à mort dans une émotion arrivée entre les foldats du capitaine Lacombe qui y étoit logé par ordre du duc d'Ufez.

Henry III. étant arrivé à Ferrare, écrivit le 1. Aouft au maréchal de Damville, à l'amiral, & au comte de Carces. Damville à qui le roy permettoit d'aller trouver le duc de Savoye, fon oncle, s'embarqua à Beaucaire le 13. Aouft pour fe rendre à Bouc, où il trouva une galere qui le porta à Savonne, d'où il alla par terre à Turin. Joyeufe commanda en l'abfence du maréchal, dans les endroits où il commandoit. Fourquevaux étoit décedé dans fon gouvernement de Narbonne. Le comte de Suze étant parti de fa maifon pour aller trouver le roy, fit attaquer une grange entre Montelimar & Lauriol, où 50. huguenots furent tués, mais il y fut bleffé.

Il y eut une rencontre à Puymoiffon où les ennemis eurent du pire, fors qu'ils regagnerent le lieu.

Le 16. Aouft, le comte de Sault & le baron du Thor partirent d'Avignon pour aller trouver le roy. Le duc d'Ufez y arriva le 20. & le 21. il y eut une pluye extraordinaire qui dura quatre jours.

Le comte de Carces retourna de Barjoux à Aix; & Montbrun partit de fa maifon pour aller à Vaupierre, & en Trieves, où ils s'affemblerent au nombre de 1200. pour y déliberer de leurs befognes.

Le mercredi 25. Aouft, la reine régente arriva à Lyon.

La cavalerie Italienne qui gîta à Coumons, ne payoit le quintal de foin que quatre fols, l'hémine d'avoine autant, & la paille rien.

Les adverfaires prirent le Bouchet entre Boulenne & Vaureas. Montbrun prit le château & le lieu de Saffenage; mais il perdit la Roquette fur le Buïs, que Quinfon livra à la garnifon du Buïs.

En Provence, les adverfaires furprirent quelques lieux à la val d'Aigues de la jurifdiction de M. de Gental, & le lieu de Montjuftin près de Forcalquier, où fut tué le capitaine Bonfils.

DU COMTE' VENAISSIN, DE PROVENCE, &c.

Le lundi 6. Septembre, le roy arriva à Lyon; il avoit fait son entrée à Chambery le 2. où les 800. chevaux legers du duc de Savoye furent congediés. Les 4000. Italiens, arquebuziers, sous le comte de Bene, général, & Foyer Scalengo, colonel, commandés par le marquis de Crevacore, Philippe d'Est, gendre du duc, accompagnerent le roy jusques à Lyon.

Le 20. Septembre, les adversaires de Menerbe ayant voulu surprendre Cabrieres, en furent repoussés par les soldats du capitaine Coumons qui y sont en garnison.

Le roy fit maréchal de France surnumeraire Bellegarde, fils du feu gouverneur de Toulouse. Montluc le fut aussi âgé de 74. ans, ayant porté les armes 51. commandé 49. & receu 6. arquebuzades. On découvrit alors une conspiration contre Toulouse.

Les adversaires sentant que Carces faisoit aprocher l'artillerie pour battre Riez, delibererent de la surprendre, mais ils furent prévenus & pris près de Martigues, d'où aucuns furent menés à Aix, entre autres le chef nommé l'Etoille; audit Aix prirent fin telle qu'ils méritoient, Bras, neveu de Paul de Mouvans, qui fut mis sur la roüe, & le chevalier de S. Esteve, frere du sieur d'Estoublon, & Ouset autre leur frere, y fut tué d'une pistoletade, & autres y furent pendus & étranglés.

Le comte de Carces, pour reprimer les courses des adversaires, fit loger la cavalerie du seigneur d'Eaux à Alein, & border la Durance par l'infanterie, pour barrer Merindol, Lauris, & Cadenet.

Le mercredi 15. Septembre, Marguerite de Valois, duchesse de Savoye, mourut à Turin; Charles Pascal prononça son oraison funebre. Le roy envoya complimenter le duc par le grand prieur de France, & Sauve, pour lui faire rendre Pignerol & Savillan.

Guillaume Blanc, évêque de Toulon, fit une ode Latine sur le retour d'Henry III. en France.

Le Prince Dauphin assembla en Dauphiné 6000. Suisses, 4000. François, 4000. Italiens arquebuziers de la gendarmerie, & des reîtres. Chabeuil se remit sous l'obéissance du roy. Le vicomte de Cadenet obtint du roy un pardon pour ses deux enfans, l'évêque de Riez & le baron d'Oraison.

Le maréchal Damville fut de retour de Piémont vers le 5. Octobre à Montpellier, & la maréchale étoit à Beaucaire. Le baron de Rieux porta des lettres du roy du 20. Septembre au duc d'Usez pour lui ordonner de remettre toutes les villes du Languedoc ez mains de ceux que sadite majesté lui nommoit, pour y commander sous le prince Dauphin, sous lequel & sur onze dioceses de ladite province commanderoit le duc d'Usez, & sur les autres onze, le Vicomte de Joyeuse. Cela donna si grand mécontentement à M. le maréchal, que dez-lors il commença à s'unir, & à se retirer, prenant le parti de l'union: non qu'il laissasse de montrer sa catholique vie, ni qu'il permisse que les catholiques fussent vexés en leur saint exercice, ni qu'il se nommasse autre si bon serviteur du roy; mais il publioit qu'il vouloit garder sa vie, l'authorité qu'il avoit eüe, de laquelle ne devoit être démis, n'ayant forfait, comme il disoit.

César Pallazuol, & le capitaine Paulo de Guinucciis, surprirent un parti de la garnison de Jocas, le deffirent; & prirent Picorlin, fameux voleur qu'ils envoyerent à Lagnes.

Le roy envoya Montluc maréchal surnumeraire en Guienne pour y commander.

Baron, natif de Villeneuve de Berg, commandoit dans le Pousin, il y fut investi par le prince Dauphin & Bellegarde vers le 13. Octobre.

Le lieu de Cavillargues fut remis sous l'obéïssance du duc de Montmorenci, par la pratique du sergent de Montmiral, frere du baron de Combas, vers le 15. Octobre.

Le dimanche 17. on divulgua la nouvelle de la perte de la Goulette, & en même tems la prise du Pousin emporté d'assaut le soir du vendredi 15. où l'on trouva des marchandises qui valoient par an aux adversaires plus de 150000. écus ; Gremian s'y étoit jetté dedans avec 200. hommes ; la place essuya 1400. coups de canon, & on mit le feu à la ville. Les adversaires du Dauphiné abandonnerent S. Paul où commandoit Gouvernet, & S. Rustique.

Le jeudi 21. Octobre, le cardinal de Bourbon legat, arriva à Avignon qui l'avoit envoyé complimenter au S. Esprit par la Bartalasse & d'Orsan, chevaliers de l'ordre du roy.

Les adversaires délogerent du Bouchet, de S. Romans, de Mallegarde, & de S. Laurens des Arbres, où commandoit Memeran & Poissac.

Le duc d'Usez qui étoit au S. Esprit, & qui avoit envoyé au siége du Pousin M. de Laval d'Ardeche avec 1000. arquebuziers, prit par escalade le lieu de S. Maximin près d'Usez.

Le dimanche 24. le legat envoya un secours à Valabregues; & ceux de l'union qui tenoient le fort se soumirent au roy.

Le duc d'Usez, avec lequel étoit Françoise de Clermont sa femme, prit Cavillargues par la pratique du Sergent de Montmiral, frere au baron de Combas, & alla peu après à Avignon.

Un soldat nommé Gaillard de Caudiez, secouru par le baron de Castries, se saisit du château & de la ville de Pezenas, dans lequel étoit la fille du maréchal de Damville.

Isabeau de Fortia presenta les clefs d'Avignon au cardinal legat lorsqu'il y fit son entrée le mardi 26. Octobre.

Damville fit fortifier Beaucaire & Montpellier, & fut abandonné par Jannin son écuyer, Ferrante Pagan, Jean-Baptiste Coppola, & par

Agoult,

DU COMTE' VENAISSIN, DE PROVENCE, &c. 169

A goult, natif d'Arles, de la maison des Suzes d'Avignon, nourri page
du connêtable, qui commandoit dans Sommieres.

AN. 1574.

L'hermite du pont de Sorgue prit pour les adversaires S. Sivornin.

Le prince Dauphin prit le château de Grane, le Puy-S. Martin, Oste, Alez, & Roynas.

La compagnie de Secure, grand prieur de Champagne, postée dans Theziers lieu à demi démantelé, fut mal menée par un détachement de Parabere, & Romilli, qui en étoit lieutenant, tué.

Le 6. Novembre, le vicomte de Cadenet vit ses deux enfans dans la plaine entre Cavaillon & Merindol, pour les ramener à leurs devoirs.

Le dimanche 7. Suze arriva à Avignon.

Le mardi 16. les cardinaux de Lorraine & de Guise arriverent à Avignon, & le lendemain le roi y fit son entrée. Un batteau sur lequel étoit Gondy, maître d'hôtel de la reyne de Navarre, périt au dessous du pont S. Esprit. Le samedi 20. l'amiral alla à Beaucaire conferer avec Damville son neveu qui fit décapiter le capitaine Girardon de Montpelier.

Plusieurs des gens & chevaux suivant la cour furent pris, tués, ou volés, vers Pierrelate.

Vins prit la ville de Digne, & força le fort de l'Eglize.

Le 23. Novembre, Jean Castillon, natif du Comtat, fut pendu, & mourut catholique.

Bellegarde arriva le même jour à Avignon.

Damville alla à Montpellier, & avoit pour assistant Clausone de Nismes, Montvailhent des Cevennes, S. Florent d'Usez, & d'Anduze, président des comptes à Montpellier; cette négociation fut ensuite remise à Belloi qui alla souvent d'Avignon en Languedoc.

Le 25. Novembre, S. M. vêtue de son habit de discipline en blanc assista à la messe de la confraternité, donna des torches à la chapelle, & icelle lui donna une discipline de fil d'argent avec les rouzettes d'or.

Les députés de Nismes arriverent à Avignon, & eurent ordre de suivre le roy à Lyon.

Le roy apprit à Avignon le 8. Décembre, que les gens de l'union de Languedoc avoient pris S. Gilles avec quelques piéces tirées de Beaucaire.

Le maréchal de Retz reprit Riez.

Les adversaires prirent par escalade Crestet près de Vaison, mais non le château; le roy y envoya le duc de Guise qui partit d'Avignon le 9. Villeclaire le suivit; mais à leur aproche les adversaires se retirerent; il y avoit à Villeneuve 300. reîtres sous le comte Charles de Mauffert.

Le 19. Décembre, le cardinal de Lorraine étoit fort bas, & receut le viatique des mains de l'archevêque d'Embrun.

Le maréchal de Bellegarde avec les forces du Languedoc sous le duc

Tom. I. Perussis, Y

AN. 1574.

d'Ufez, fe préparoit pour affiéger Livron; Baumes & Duchelart, députés du prince de Condé, partirent d'Avignon le 18. pour Montauban & Nifmes.

Le 20. Décembre, le capitaine Roche, de Sifteron, fut pendu à Avignon.

Les Etats du Languedoc s'affemblerent dans la chartreufe de Villeneuve, où le roy propofa; ils continuerent au couvent des Auguftins d'Avignon, où préfida le cardinal d'Armagnac, archevêque de Touloufe; il avoit pour fon auditeur général, Guillaume Patris; le roy pardonna à Cabris.

Douze cents réîtres fous Baffompierre logés à Monteux délogerent le 22. & pafferent le Rhône fur le pont d'Avignon.

Le pays de la comté envoya une barque chargée de prunes, &c. & en donna la conduite au fire Barthelemy Carichon, de l'Ifle, pour être menée à Rome & prefentée au pape. On apprit alors la mort du duc d'Urbin.

La nuit du 23. au 24. Décembre, Horatio Cono, enfeigne de Pallazuol, alla piller le bourg de Menerbe. Tullio Griffon, gentilhomme Romain, capitaine de 50. chevaux legers, arriva à Cavaillon le 26. Décembre venant du camp du maréchal de Retz.

Mourut à Rome le cardinal Alexandre Crivelli le 11. Janvier.

Le 26. Décembre à quatre heures du matin, le cardinal de Lorraine mourut à Avignon dans la maifon de Guadagne, où auffi étoit decedé feu le cardinal Strozzi.

On fent de cette comté le foudre des canons battans Livron quinze lieues d'ici.

Monjuftin, Montfort, Barret, & Jocas étoient encore du parti des adverfaires.

Le comte de Carces avoit fervi au Gaft de Provence en 1537. avec Germain d'Urre, feigneur de Molans.

Le maréchal de Retz ayant pris Riez, arriva à Avignon le 29.

Le roy voulut voir frapper à la rape, paffe temps vieux où l'on fe donne de lourds coups de poing.

L'évêque de Riez, le baron d'Oraifon, & le capitaine Seguirani arriverent alors à Avignon. Delifle, frere du baron d'Allemagne, & Ferrier furent mis dans Menerbe pour y commander.

Le cardinal d'Efte arriva de Lyon à Avignon. Le lundi 27. le corps du cardinal de Lorraine fut dépofé dans la chapelle des battus blancs. Duchelart revint en cour.

AN. 1575.

Le 1. Janvier le corps du cardinal de Lorraine partit pour Rheims.

L'évêque de S. Papo, de la maifon de Salviati, nonce du pape auprès

St Papoul

du roy, arriva de Lyon un peu avant les rois. La compagnie du prince de Piémont & celle de Maintenon traverserent la Comté venant de Provence; celle du comte de Suze, 600. réitres, & les Suisses furent destinés à suivre le roy. Les états de Provence assemblés à Tarascon offrirent d'entretenir 500. chevaux & 1200. arquebuziers, à raison de 30000. livres par mois.

Le lundi 10. le roy partit d'Avignon & alla coucher à Caderousse, escorté par trois compagnies des chevaux legers du pape, 500. arquebuziers conduits par M. d'Aubres, le capitaine Coumons, & l'enseigne du comte de Villeclaire. Ces troupes se trouverent au rang vers le Campordis de la grange de Leurs, coucherent à Caderousse, le lendemain à Pierrelate, & l'autre à Montelimar, d'où elles furent licentiées par le roy qui se rendit à Romans, où les états du Dauphiné devoient s'assembler. S. M. apprit en chemin la perte d'Aiguesmortes, dont Sarlabous, vieux capitaine étoit gouverneur. Près de cette place est l'isle de Languillade en mer, & en terre en a une autre qui est entre la fourche du Rhône qu'on nomme Sticades, & si a pour voisin le lieu dit Maguelonne qui est dans ladite isle Sticades; nos gens y retenoient quelques tours esperant du secours. Cette pitoyable nouvelle fut apportée le matin du 13. Le roy renvoya le capitaine Crillon en poste pour demander du secours pour cette place. Le même jour 13. partit d'Avignon M. de Foix, ambassadeur à Rome, s'embarqua au port de Marseille, & séjourna quelque tems à Mont-Alein. François Rogier, baron de Ferrals, & seigneur de Malras, qui résidoit ambassadeur à Rome, y mourut de mort soudaine, prêt à partir.

Le cardinal sachant que la tour de Constance tenoit à Aiguesmortes, ordonna à Tullio Griffon, à Palazuol, & au capitaine Coumons de marcher au secours. Le 18. ils se rendirent à Avignon, mais ils furent contremandés, la tour s'étant rendue à Gremian pour les huguenots, & non pour le maréchal. Les soldats de la tour de la reyne se rendirent aussi. La messe y dura quelque temps, mais tôt après leur prêche y resta seul. A l'instant fut aussi prise la tour de la Carboniere à une lieue d'Aiguesmortes, qui ferma le commerce d'Arles.

Le cardinal & le comte envoyerent à la réquisition du capitaine Crillon du secours au duc d'Usez qui étoit vers Aramon & Monfrin. Le duc avec le secours qu'il eut de cet état, & avec M. d'Aubres prit Descuses de là le Rhône. Le camp dudit seigneur duc étoit de 2000. Suisses, 600. réitres du régiment du comte Tobia, sa compagnie d'hommes d'armes, celle du comte de la Mirandole, la compagnie des chevaux de M. de sainte Jaille, l'infanterie du Languedoc, & deux piéces bâtardes qu'il avoit eues du Comtat.

Audit tems le comte de Gayasse, Italien, & de la maison de S. Severin, fut tué par les ennemis entre le Montelimar & Darbieres, étant parti du camp de Livron pour voir l'Evêque d'Agde son parent ; là il fut attrapé & meurtri, nonobstant la résistance qu'il fit ; aussi furent morts quelques uns des siens, & autres prisonniers ; il étoit colonel de l'infanterie en France, & mestre de camp.

Mondataire commandant à Aiguesmortes écrivit le 16. Janvier à ceux d'Arles, Les menaçant de courir sur la Camargue. Gremian écrivit la même chose le 21. Les adversaires manquerent de surprendre Gordes, & les catholiques abandonnerent le siége de Livron après y avoir donné trois assauts.

Le 19. Janvier, le roy arriva à Lyon : l'hyver étoit fort doux.

Le capitaine qui tenoit Bouillargues près de Nismes ayant été pratiqué par le baron de Paulin l'attrapa, & lui tua plusieurs des siens ; mais les gens du maréchal Damville étant venus attaquer ce poste avec du canon le prirent, & massacrerent presque toute la garnison.

Le 27. le capitaine Crillon partit pour aller rejoindre le roy, & fut escorté par Truchenu jusqu'à Montelimar. Le roy partit de Lyon le 24.

Les adversaires de la Valmasque ayant gardé prou de mois le commandeur, seigneur de Jocas, qui étoit fort vieux, le tuerent dans son château. Ils prirent le château de Gargas appartenant à M. de Gordes, y trouverent beaucoup de bleds qu'ils porterent à Menerbe. Ceux d'Apt commandés par M. de Baumettes étant sortis pour aller reprendre ce château furent défaits par les adversaires commandés par Borgos, dit Rabailhe, perdirent plus de 250. hommes ; Baumettes y fut blessé à la cuisse. Un peu devant, les gens d'armes de Maugiron tuerent plus de 200. hommes de la garnison de Livron.

Le baron d'Allemagne conduisant la cavalerie adversaire fit tuer quelques hommes du Roussillon, ravagea le terroir de Bonnieux dans la Valmasque. La Coste & Goult rompirent les moulins le long du Coulon, passerent à gué la Durance près de Merindol, & le 4. Fevrier ils ravagerent les plaines d'Orgon, d'Aigalliers, de Sénas, de Mallemort, de Lamanon, de Vernegue, d'Aleir, & de Lambesc, jusqu'aux Martigues.

Les reîtres du duc d'Usez défirent quelque cavalerie ; le camp de ce duc étoit de 9000. hommes & de 1200. chevaux ; il battit & força Vauvert, se fit rendre Queilac & la Riviere, força S. Genez ; il étoit maître de la campagne & avoit du canon. Cependant les adversaires prirent Alais, ville ez Cevennes, dont le château se défendit ; ils prirent aussi Baumes, Transsy, & puis Andance sur le Rhône.

Le 20. Fevrier, le capitaine Coradin Vacha, Italien, avec 150. de ses soldats licentiés du Dauphiné, fut mis dans la grange Merletade entre Cavaillon & Merindol, qui fut de feu M. de Taillade.

La garnison de Livron se voyant libre du siége, eut une rencontre avec les nôtres entre Montelimar & Livron, dans laquelle mourut M. de Laval, du Dauphiné, fils aîné de M. Gordes, & héritier de feue madame de Laval fa mere, qui étoit dame de Laval, & de la maifon des Allemans.

AN. 1575.

Le comte de Carces fe logea vers Merindol & Lurmarin, avec Vins fon neveu, & y fut joint par 1000. Corfes de nouveau débarqués fous le feigneur Alfonce. Les ennemis manquerent de furprendre Goult où commandoit le capitaine Balthafar de Leone. Vins fomma le château de Lurmarin qui ne voulut ni fe rendre à lui, ni au comte de Sault qui en étoit feigneur. Jean Paulo de Cere-Urfin fut plus heureux en 1537. & prit par efcalade ce château fur les Efpagnols.

Henri III. qui avoit été facré roy de Pologne le 21. Fevrier 1574. le fut de France le dimanche 13. Fevrier, & le 15. il époufa Louife de Lorraine.

1575.

La nuit du famedi 26. Fevrier, les adverfaires de Merindol brûlerent la Baftide Merlettade, dite la gran Baftide. Nicolas Dumas, de Caftelane, baron d'Allemagne, qui étoit dans Menerbe le 11. Fevrier, prenoit dans les fauf-conduits qu'il donnoit la qualité de commandant en Provence pour le prince de Condé & en l'abfence du maréchal Damville.

Le 23. Fevrier, un courrier du duc de Savoye arriva à Avignon, portant des lettres pour le maréchal Damville que le comte de Villeclaire lui envoya par Florementus fon fecretaire; il le trouva à Lunel regretant le fieur de Montbazin fon beau fils ayant époufé fa fille naturelle, étant mort par la bleffure reçue au bras près du pont dudit Lunel.

Le 9. Mars, partit d'Avignon le comte de Villeclaire après avoir conferé avec le duc d'Ufez, dont les réîtres ne vouloient point marcher pour aller fecourir le château d'Alais fans avoir été payés; le cardinal d'Armagnac lui fit trouver de l'argent, après quoi il alla au S. Efprit, & fon camp à Roquemaure. Le pape faifoit payer par Antonio Montarentio fon commiffaire & tréforier 8000. écus par mois pour l'entretien des forces du Comtat.

Vins ayant paffé la Durance à Rems trouva près d'Oraifon les ennemis conduits par Torrettes, leur tua près de 100. hommes & prit 100. chevaux; le colonel Alfonce en défit une douzaine.

Le Jeudi 10. Mars, Mandelot, gouverneur de Lyon, reprit Andance; la Meauffe qui y commandoit fut pris, & mis à 10000. écus de rançon. Philippe II. fit rendre au Duc de Savoye Aft, S. Germain, & Santia.

Le dernier de la Lune de Fevrier porta un grand froid, & vents exceffifs & inopinés.

La baronie de Baulmes en la comté Venaifcin fut remife à Céfar, fils naturel du maréchal Damville, en vertu d'un bref du Pape. La chambre apostolique s'en étoit saisie, depuis que le maréchal s'étoit déclaré pour les huguenots.

Les adversaires prirent le lieu d'Orrau, appartenant au comte de Sault.

Le 22. Mars, les élus des communes de la Comté imposerent 36000. florins pour le payement des réîtres. La tour de Baumettes quoiqu'en Provence, étoit gardée par les troupes du pape.

La semaine sainte, Lurmarin fut quitté par les ennemis, & la Camargue d'Arles étoit pillée par les adversaires d'Aiguesmortes.

Baïs sur Baïs, villette en Vivarais le long du Rhône, fut pris par la pratique des adversaires qui se saisirent des portes & du château le jour des Rameaux, ainsi que le peuple en étoit sorti hors pour la procession.

Les Suisses partirent de Villeneuve pour aller au camp du duc d'Usez, qui se préparoit à secourir les nôtres ja serrés dans les tours d'Alais.

Les catholiques perdirent le lieu de S. Geniez.

Le lundi 4. Avril lendemain de pâques, les adversaires prirent le château & fort du Pousin.

Marc-Antoine, cardinal Bobba, de Cazal, mourut à Rome le 18. Mars.

Les adversaires ayant le canon de Serres, prirent le lieu des Ussais appartenant à M. de Laborel, où ils firent bon butin.

La veille de Pâques, le château d'Alais se rendit au maréchal de Damville après neuf semaines de deffense. La Baronne qui y fit actes dignes de louange, son beau-frere, & le capitaine dudit fort, qui étoit Corse, y demeurerent prisonniers, les soldats étoient bien amaigris ayant été obligés de manger de l'avoine ; cette acquisition & la perte de S. Geniez porta grande commodité à ceux de l'union ; dès lors toutes choses en Languedoc leur augmenterent, & sembla que les forces du duc d'Usez vinssent à moins.

Le jeudi au soir 7. Avril, les huguenots d'Orange voulurent escalader le château de ladite Ville.

Le 12. cinq enseignes de Corses du Régiment d'Alfonce passerent la Durance & le Rhône, & coucherent à Villeneuve, & le 13. à Roquemaure, où l'écuyer de S. Andiol se rendit aussi avec ses arquebuziers à cheval. En Avignon furent mises une escadre de la compagnie du capitaine Coumons, & une des Italiens du colonel Pompée Catilina pour garder une des portes, après que M. d'Aubres eût congedié sa compagnie.

Le duc d'Usez après avoir pris à force le lieu de S. Laurens de la Vernede & Sabran, se prépara pour mener ses gens d'armes, 300. réîtres, & 2000. arquebuziers contre Baïs sur Baïs ; Sainte Jaille fut détaché avec les 300. réîtres pour aller ravitailler Sommieres.

Le 16. Avril, Montbrun, le baron d'Allemagne, Stoublon, le che-

DU COMTÉ VENAISSIN, DE PROVENCE, &c. 175

valier du Buous allerent avec le baron d'Oraison pour reprendre ses deux filles qui étoient à Corbieres gardées par le capitaine Rostaing, ce qu'ils exécuterent, & allerent ensuite à Nions.

Le 23. Avril, Horatio Cono attaqua les adversaires dans la terre d'Oppede ; mais il fut battu & fort blessé, aussi bien que Jerome de Guinucciis, chevalier de l'ordre du pape & du roy, natif de Cavaillon, mais originaire de Sienne, qui mourut de ses blessures. Cono porté à la cité rendit l'ame le lundi 25. il étoit natif de Brescia & sa mere étoit des Manellis de Florence; il étoit alfier de César Palazuol. Le même jour les adversaires ayant trouvé hors du château d'Oppede le capitaine Gilles de Grignan, de Menerbe, le tuerent.

Sainte Jaille ravitailla Sommieres malgré les adversaires, dont il tua quelques uns.

Le dimanche 1. May, le duc d'Usez entra à Baïs sur Baïs que les rebelles abandonnerent pour se retirer dans le château, dont ils s'étoient rendus maîtres en tuant le capitaine. Le duc avoit aussi pris quelques villettes. Les nôtres ayant voulu surprendre Cornillon de Bagnols y eurent plus de 100. hommes proditoirement meurtris.

Le 3. May, Camaret le Gras dépendant de la baronnie de Serignan, qui est aux héritiers de la duchesse de Valentinois, & different de Camaret le Maigre, situé en Dauphiné, vers le Comtat, fut pris de nuit par les adversaires. Ce lieu avoit été assiégé par Serbellon le 1. Mars 1563. & pris le 5. Le jeudi 5. May, les comtes de Villeclaire, de Suze, & de Sault, & Sainte Jaille, partirent d'Avignon pour aller attaquer Camaret ; mais les adversaires en dénicherent la nuit suivante. Le samedi 7. le comte de Suze fit battre le village de Baume-Transsy, qui fut abandonné par les adversaires qui se retirerent dans le château, & le dimanche 8. le château, où le canon fit brêche, fut emporté d'assaut ; le comte d'Es, Allemand de nation, que Montbrun y avoit mis fut sauvé par les réîtres ; l'hermite du pont de Sorgue qui avoit fait assiéger le château de Sorgue le 31. décembre 1573. y fut tué.

Salles en Dauphiné envoya ses clefs, mais Vinsobres ne voyant pas venir du canon demeura endurci, après quoi notre camp se débanda.

Montbrun malgré les divisions du baron d'Oraison & d'Allemagne, alla attaquer la Motte-Chalençon au dessus de Nions, & le força le 5. May.

Pierre Magnan, le gouverneur, qui avoit ja tenu le parti huguenot fut écorché & mutilé. Simeonis, juge d'appel du comte de Sault, auroit donné lieu aux adversaires de prendre Sault, s'il n'avoit été prévenu & arrêté par M. de Chevrilles & le capitaine Nicol.

Les réîtres, desquels Stobi étoit colonel, firent de grands ravages en traversant le Comtat, escortés par Mappelin fils de Sainte Jaille, capitaine d'infanterie.

Le comte de Sault alla après le 15. May commander la cavalerie du camp de Provence qui se rendit maître de l'Escalle, & de Lespinouze de la Durance.

Montbrun prit S. André de Rosans où commandoit le capitaine Sallettes, qui endura cent volées de canon & deux assauts.

Le duc d'Usez fit dresser ses forces à Baïs-sur-Baïs pour freiner les châteaux tenus encore par les adversaires qui s'étoient emparés de notre artillerie, à une furieuse charge qu'ils firent où mondit seigneur fit si bien son devoir mettant pied à terre, qu'ils la laisserent à leur perte & confusion. Le duc ayant laissé dans ce fort le capitaine Ferrand d'Avignon, s'embarqua sur le Rhône avec son artillerie, & arriva à Avignon le 12. Juin. Les Suisses de son armée allerent en Dauphiné, & ses forces étoient fracassées par la maladie & mortalité, le long travail, & manque de payement.

Le 31. May, madame de Joyeuse partit d'Avignon prenant la descente du Rhône pour entrer en mer, & se rendre à Toulouse à M. de Joyeuse son mari. Elle ne reçut aucun mal des arquebuzades que lui tirerent les ennemis le long du fleuve au terroir de S. Romans, qui est une abbaye de la dépendance de S. Mozi, entre Avignon & Beaucaire.

Le comte de Carces ayant pris l'Escalle, l'Espinouze, & Goubert, fit passer la Durance à son artillerie, & alla assiéger Montfort, défendu par Verdalet de Forcalquier, & par Vanelli de Sisteron, qui furent pendus à des amandiers, après que ce lieu qui essuya deux cents volées de canon eût été forcé. Le camp s'achemina à Montjustin vers Cereste que les adversaires abandonnerent, & de-là à Grandbois par la Valdagne. Un détachement entrant à la Valmasque, ceux de Jocas s'enfuirent après avoir brûlé le château, & emporté les meubles à Menerbe.

Les arquebuziers à cheval du capitaine Guasqui de Manosque, repasserent la Durance au port de Bonpas le 4. Juin; ainsi il ne resta plus aux adversaires qui apelloient M. de Carces le muet, que Seyne, Merindol, & quelques lieux à la comté de Sault.

Le 3. Juin, on publia à Avignon la mort du maréchal de Damville; que le capitaine Parabere, qui quoique catholique, tenoit le parti du maréchal, s'étoit retiré au château de Beaucaire; & qu'il y avoit eu des altercations entre les huguenots, la Crouzette, & Mandataire.

Le jeudy 9. Juin, petite fête-Dieu, un moulin à poudre, auquel un flambeau de la procession mit feu, sauta sans blesser personne.

Le comte de Carces dilata son camp dans la Valdagne, & se saisit de Pepin, S. Martin, Cabreirettes, & la Motte, & tout cela fut troussé à la malle; de-là il fut vers Pertuis où Vins tomba malade.

Cependant le duc d'Usez sollicitoit les réîtres qui partirent le 10. Juin de Lauris pour entrer dans le Comtat, d'aller secourir le fort de S. Firmin-d'Usez, que les adversaires battoient depuis quelques jours; il y envoya M. d'Ambres, qui sans attendre les réîtres qui rasloient tout le

DU COMTE' VENAISSIN, DE PROVENCE, &c.

AN. 1575.

bétail du Comtat, tomba fur les adverfaires qui y perdirent cinq piéces de canon & cent foixante hommes. Ladite troupe adverfaire fe plaignit de ce défaftre qui arriva dans la femaine de faint Barnabé ; ils voulurent l'imputer à la faute du fieur de la Guiguerie qui commandoit dans Ufez ; mais lui s'en excufa, alléguant qu'on ne lui manda pas le fecours promis pour prendre S. Firmin.

Les adverfaires abandonnerent pour la cinquiéme fois le lieu de Merindol. Catilina y fut le famedy 11. Juin avec trois cents foldats, & acheva de faire rafer le fort ; il retourna à Cavaillon ; mais peu après il y revint, redreffa le tombé, le fortifia, & y laiffa cent cinquante foldats Italiens. Ceux d'Orange coururent le 8. Juin au pas du Lampordier, & aux terroirs de Caderouffe & de Château-neuf du pape.

Le camp du comte de Carces qui étoit de 1200. chevaux, 1200. fantaffins, & quatre piéces de batterie fe débanda vers la S. Barnabé.

Quelques députés du parti de l'union en Languedoc furent à Villeneuve pour faire figner la fufpenfion d'armes qu'ils portoient fignée de la main du maréchal Damville quatre jours auparavant, quoique depuis 12. on débitât fa mort.

Les réitres trouverent fi bon le féjour du Comtat, qu'ils n'en voulurent partir jufques au mercredy 15. Juin. Le duc d'Ufez les avoit follicités inutilement. Le famedy ils furent à Villeneuve menant avec eux le comte d'Aes.

Le maréchal de Bellegarde, & d'Elbene furent alors envoyés, le premier en Piémont, & le fecond en Pologne.

Le comte de Suze étant à Avignon, donna l'ordre du roy à meffieurs de Crillon & de Vedene. Les Menerbiens voulurent fe remettre dans Jocas ; le capitaine Spiart fut mis dans Goult à la place du capitaine de Leone. Le colonel Pompée & le capitaine Coumons menerent le 18. Juin des vivres dans le fort de Merindol. Le même jour on pendit deux hommes qui avoient voulu furprendre Venafque.

Montbrun ayant voulu affiéger Châtillon en Dauphiné, Gordes qui avoit été renforcé par les Suiffes partis de Baïs-fur-Baïs, l'alla attaquer ; mais il y perdit trois cents Suiffes, & l'artillerie qu'il avoit prife aux ennemis ; craignant que les adverfaires ne s'arrêtaffent devant Die, il envoya çà-bas M. d'Orches fon beau-fils pour demander forces.

Rabaille, l'un des chefs des voleurs, fe jetta avec trente chevaux dans Jocas, & s'y fortifia.

Quelques feigneurs ayant pris en Guienne le parti du maréchal Damville, la Vallette s'y opofa avec une belle cavalerie ; le vicomte de Joyeufe & Cornuffon, fénéchal de Touloufe, reprirent vingt-fept lieux occupés par les adverfaires fur le grand chemin de Narbonne à Touloufe.

Le dimanche 26. Juin, quatre cents chevaux, & cinq enfeignes d'infanterie conduites par M. de Vaqueras pour aller au fecours de Gordes,

Tom. I. Peruffis. Z

passerent la Durance au port de Bonpas en présence du comte de Carces, & allerent coucher au pont de Sorgue.

Le duc d'Uſez avoit ſes forces dilatées aux environs de Niſmes.

Gordes étoit dans Die aſſez mal pourvû pour réſiſter aux forces de Montbrun, à qui il auroit été obligé de ſe rendre, ſi M. d'Orches, ſon beau fils, n'eût dépêché chemin pour le ſecourir; mais Dieu ouvra ſi bien & ſi à propos que Montbrun ſe trouva bleſſé, & pris des catholiques, le lundy 4. Juillet, en une charge qu'il fit ſur iceux entre Oſte & Mirabel.

Les catholiques eſcortoient cent cinquante mulets chargés de vivres & de munitions pour le ſecours de Gordes. Les forces de Provence étoient alors arrivées à Creſt. Il y avoit Chaudon, fils de Tournon de Riez, Aiguieres, le colonel Alphonſe, & Roſſet, lieutenant de la compagnie de Gordes. Montbrun perdit Barry ſon neveu, qui portoit ſa cornette où étoit écrit: *Mont bruira du ſeigneur la louange.* Comps, & de l'Iſle, frere du baron d'Alemagne, furent faits priſonniers. Les catholiques perdirent Roſſet, Chaudon, Onoffre de Albizzi, le capitaine Volpergne de Viſan, qui mourut depuis ſes bleſſures, & Brancas qui fut tué en revenant au port d'Ancone. L'Iſle, Morges, Leſdiguieres, Oraiſon, Gouvernet, Champoleon, Stoblons, Blacons, Montorſier, Vercoiran, le Poët, S. Auban, Aſpremont, Condorcet, Chamel, Athienne, Pontevez, le Mas, Rouſſet, Ferrier, & Montront étant à Mens, écrivirent à Gordes le 5. Août, pour lui marquer que ſi on traitoit Montbrun autrement qu'en priſonnier de guerre, ils en auroient leur revanche, non-ſeulement envers les priſonniers qu'ils tenoient en grand nombre, mais par le feu, & tous autres moyens les plus cruels qu'ils pourroient penſer; qu'ils étoient-là aſſemblés à la Roquette de la demoiſelle de Montbrun pour traiter une tréve, & attendre ſes intentions. Ils écrivirent du même ton & le même jour au parlement du Dauphiné. Le 7. Août, Juſtine des Champs, femme de Montbrun, paſſant au Moneſtier de Clermont, écrivit au parlement pour lui offrir de la part de meſſieurs de la Religion de remettre au roy Serres & Livron, s'il vouloit les aſſûrer de la vie de Montbrun, & lui repréſenter qu'une de ces places étoit bien plus utile au roy que la mort de Montbrun, ſans la crainte des déſaſtres qui en pourroient arriver. Le 8. le parlement ayant reçu cette lettre, les deux chambres étant aſſemblées, décida d'abord qu'il ne devoit pas faire réponſe à Leſdiguieres, & à Morges; mais il crut, malgré la lettre de Gordes écrite de S. Marcelin le 7. Août, devoir faire attention à la propoſition de la femme de Montbrun. Gordes repliqua au parlement qu'il connoiſſoit d'où procédoient leurs longueurs, que ce n'étoit pas continuer les procédures que de lui envoyer la copie des lettres de mademoiſelle de Montbrun pleines de promeſſes conditionnées & de menaces, que s'ils étoient de ſi bon jugement, ſujets & ſerviteurs de S. M. & ſes officiers, qu'ils ſuivroient ſa volonté à eux aſſez connue par ſes lettres du 9. & du 19. du paſſé à lui écrites,

& dont il leur avoit envoyé copie. Le vendredy 12. jour de sainte Claire, Montbrun condamné par le parlement de Grenoble, fut décapité dans cette ville, & reçut trois coups dans l'exécution. Au mois d'Août 1560. il avoit pris Malaucene avec sept ou huit cents Vaudois de Cabrieres & de Merindol. Sur cela Tarascon, recteur sous le cardinal Farnese, légat, lui députa de Carpentras le prévôt de Caderousse, qui étoit seigneur de S. Romain de Malegarde en Août 1575. Aubignan, Crillon, & Perussiis. Ils partirent de Carpentras & de l'évêché, le matin de la saint Laurent 10. Août. Orsan & la Baume d'Avignon marcherent avec eux; étant arrivés au cabaret de Malaucene, ils se mirent à table, le capitaine Novezan de Dauphiné dit que trois cents hommes défroient* aisément les soldats de Montbrun, qui n'étoient que des paysans dévêtus. Montbrun ayant assemblé son consistoire à son de cloche, & entendu leur légation, leur dit qu'il avoit bien pris ce qu'il tenoit; il avoit une pistole en main, & étoit vêtu de noir, & avec l'esgarrade au visage qu'il avoit reçue à Carpentras; sa troupe étoit autour de lui le feu au serpentin, & les rouets affûtés, il conclut en leur disant qu'ils étoient libres, mais que Novesan seroit pendu aux creneaux pour avoir parlé à table contr'eux. On allégua d'abord le droit des ambassadeurs, & Montbrun consentit qu'il ne seroit pas pendu pour les discours tenus à table, mais pour s'être exercé à tuer les protestans à Amboise; il ne le nia pas, on le prit, on lui mit la corde au col, & quoiqu'on ne l'exécutât pas, on le tint si long-temps dans cet état qu'il mourut enflé & hydropique, & sa chair noire & changée. Fabrice Serbellon lui donna état. Le capitaine Seguirani d'Aix, qui faisoit l'office & état de sergent-majeur auprès dudit Montbrun, fit faire courtoisie aux députés; mais comme Montbrun aprit qu'Aimar de Vassadel, seigneur de Vaqueiras, leur avoit enlevé quelques mulets venant de Geneve chargés d'armes, on députa Perussiis au recteur qui les fit rendre. Crillon fut encore retenu jusqu'à ce que la Motte-Gondrin eût relâché Marron. Le château de Montbrun fut démoli par la Motte-Gondrin; le comte de Suze y étoit en personne avec les forces du Comtat.

* se seroient

La récolte fut si petite que le bled valoit à l'aire seize ou dix-sept liv. L'infanterie du côté de Vaureas prit le château & le seigneur d'Ilanson, où se porta bien le capitaine Auzille de Cavaillon.

Le comte de Carces envoya Forbin à Avignon pour offrir deux mille hommes de pied, deux cents chevaux, & trois piéces de canon pour la réduction de Menerbe.

Le duc d'Usez étoit malade à Arles, où le comte de Carces le fut voir pour tâcher de conclurre la paix avec les adversaires qui demandoient une tréve, & qui défirent alors quelques réîtres des nôtres, & tous les aragolez de M. d'Agoult. Le duc s'en retourna à Sommieres, & vers Lussan, & les nôtres défirent quelques ennemis à la fin de Juillet. On vit les pierres de l'église de Fournez au royaume, de-là le Rhône, toutes sanglantes & pleines de gouttes de sang.

AN. 1575.

Du Chailar & Melleti, députés pour les adversaires de l'assemblée de Lunel, furent envoyés à M. le duc d'Uſez & au comte de Carces étant en Arles, demandant tréve, ce qui ne leur fut accordé, mais une ſuſpenſion d'armes pour un mois, depuis le 5. Août juſqu'au 5. de Septembre. On convint de cela à Arles le 26. Juillet; mais les adverſaires ne la voulurent point accepter.

Henry III. fut confirmé roy de Pologne pour tout le mois de Septembre: ce prince envoya en Pologne 30000. écus.

Le 2. Août, Anrias de Baume, & Antoine Forto de Vaureas, donnerent moyen à Tullio Griffon de ſurprendre vingt-ſept huguenots pendant la nuit, dans une grange à une lieue de Sarrian.

Alfonce, colonel des Corſes, & S. Martin étant à Pertuis, déſirent quelques troupes de Provençaux deſcendus de Dauphiné.

Vingt-cinq mille hommes prirent les armes dans Gennes, ſe rendirent maîtres du Mole, & obligerent les vieux nobles d'abandonner la ville; le roy y envoya Mario Birague, qui ayant conféré avec le cardinal Moron, légat, s'en retourna le 11. Juillet. On pendit à Avignon pendant le mois d'Août les vingt-ſept huguenots pris dans la grange de Sarrian, excepté Jean Dailhe d'Aramon, qui avoit ſervi pour les catholiques en Languedoc.

Le 9. Septembre, le duc d'Uſez, encore mal diſpoſé, arriva à Avignon du camp de S. Gilles, & le comte de Suze y arriva de l'autre côté.

Le chevalier de Buoux, qui avoit ſervi pour les adverſaires, fut ſoupçonné par ceux de Menerbe, qui écrivirent à ceux qui tenoient le fort du Buoux de ne l'y laiſſer entrer, de maniere que le chevalier ſe prenant de paroles avec Cailhet, des gens du baron d'Allemagne, fut tué par lui, qui l'ayant enſanglanté le précipita. Ce Cailhet fut enſuite mis dans Menerbe par le baron d'Allemagne, lorſqu'il en ſortit pour aller vers Tallard.

Gabriel de Serbellon devenu priſonnier à Conſtantinople, fut alors mis en liberté.

Charles Patris, conſul de Carpentras, revenant d'Arles à Avignon ſur le Rhône à la fin d'Août, reçut un coup d'arquebuze au bras. Le terroir d'Arles produiſit cette année 300000. ſalmées, qui font 900000. ſextiers de leur meſure.

M. d'Agoult, depuis ſon rencontre ſiniſtre, vint trouver le cardinal & le duc d'Uſez en Avignon, pour délibérer de Sommieres qui n'avoit plus gueres de vivres ni de commodités, ayant les ennemis pris le lieu de Ville-vieille lez-ladite-Ville; on lui donna de l'argent avec lequel il alla ſe jetter dans ladite ville, non ſans danger de ſa perſonne.

Ferrier ayant voulu entrer dans Menerbe, le baron d'Allemagne qui y commande ne l'y laiſſa entrer; moins entra-t-il à Jocas où Rabaille étoit.

Le 29. Vaqueras & Alfonce reprirent le pillage que les adverfaires avoient fait près de Senas. Audit an fut pris en Avignon Hermet de la Haye, l'un des grands miniftres des adverfaires, qui avoit été au cardinal de Châtillon, il avoit été de l'ordre de S. Dominique, prêtre abjuré, & puis apoftat, & marié.

Arriverent en Avignon, pour aller à M. le duc d'Ufez, les députés de la Rochelle, & en partirent le 24. Aouft. Du Chailar, député pour le Dauphiné, mourut de maladie à Nifmes.

Les vins de cette année furent gâtés, & le barral du bon valoit à Avignon treize florins.

Le roy fit rendre au maréchal Damville fa fille détenuë depuis la prize de Pezenas; Venafque la lui mena par ordre du duc d'Ufez; on lui reftitua auffi les dames baronne d'Alais, Ores, vicomteffe, & Sarlabous. Peu de jours après, le maréchal eut un fils de la maréchale, il n'en avoit point encore. Le duc d'Ufez rechut malade en Avignon, de fièvre tierce double, ce qui n'empêcha pas la réfolution d'aller fecourir M. d'Agoult que les adverfaires avec 400. chevaux & 1800. fantaffins preffoient; il fut réfolu que fainte Jaille y iroit avec les forces du Languedoc, les Gendarmes du comte de Carces, & de Montdragon, & Alfonce avec quelques Corfes.

Après l'exécution de Montbrun, les adverfaires élurent pour leur chef en Dauphiné Lefdiguieres, & en Provence le baron d'Oraifon, qui s'empara fur le baron d'Allemagne, du lieu de Barret à la val de Sault, & où les lieux voifins portoient 3000. livres de contribution. En Dauphiné ils brulerent beaucoup de maifons autour de Grenoble en vengeance de la mort de Montbrun.

Le feigneur de Venterol, frere puis-né d'Oraifon, fe retira dans notre parti, difant qu'il n'avoit jamais été huguenot; Caderouffe le préfenta au cardinal. Gignac près d'Apt, fut pris par les adverfaires, auffi bien qu'Aimargues en Languedoc près d'Aiguesmortes; le château tint quelques jours de plus.

Le comte de Carces envoya au commencement de Septembre Vaqueras à la cour, où l'on fit juftice d'un fecretaire venant d'Allemagne, mais on y trouva feable Peloux, ja guidon à M. le comte de Tende.

Julien Parabis de Cavaillon ayant voulu livrer la tour de Villeneuve-lez-Avignon, où il étoit en garde, aux adverfaires, fut pendu.

Le 2. Septembre, un fils de l'amiral de Châtillon, qui depuis la mort de fon pere étoit refté en Allemagne ou à Berne, arriva accompagné de 14 perfonnes à Serre, dont Gouvernet étoit gouverneur. Les adverfaires firent rafer les deffenfes du lieu de S. André de Rofans, de la tour voifine, & d'Effais, & fortifierent le lieu du Poüet.

Le capitaine Gouberti, gouverneur de Creftet près de Vaifon, fut tué vers le 10. Septembre, dans une courfe, par les adverfaires qui tinrent leur affemblée à Serre le 11. Le 16. le baron d'Allemagne partit de Menerbe pour aller renforcer les affiégeans de Tallard. Cuges, gouverneur de Sifteron, défit vers le 19. à la Vallone quelques troupes adverfaires.

Venterol, fils d'Antoine d'Oraifon, vicomte de Cadenet, qui venoit de fe rendre au cardinal d'Armagnac, Entraigues du Languedoc, fon coufin germain, Cambis, & deux autres, fe jetterent dans Sommiéres, où la grande troupe arriva qui la vituailla le 19. Septembre, non fans la perte de plus de 100. des adverfaires qui furent rencontrés en chemin, tout près dudit Sommiéres. Des nôtres n'y refta que deux ou trois bleffés, entre lefquels fut le feigneur Alfonfe, colonel des Corfes, qui fut porté à Avignon, & vifité par le cardinal; Entraigues auffi fut bleffé. Beaujeu, le baron de la Roche, & Croze, fe diftinguerent dans cet avituaillement, qui fut donné non tel que la neceffité le requeroit. Ce fait notre camp fe débanda. Stouby, colonel des reîtres, s'achemina vers le Vivarais, & de là vers le Lyonnois, après que Gordes les eut un peu arrêtés pour le fervice du roy; ne ceffa pourtant le maréchal de tenir Sommiéres encore affiégé, & continua fon deffein qu'étoit de l'avoir.

Le 22. Septembre, le comte de Villeclaire partit d'Avignon, & coucha à Coumons; il fut de là à Oppede où il mit garnifon Italienne dans le château, chofe que onques par avant n'avoit été.

Le comte de Suze, fes enfans, fes domeftiques, fes amis, partirent d'Avignon pour aller fecourir le roy, intrigué de ce que fon frere étoit parti de Paris incognito le 16. Septembre, ce que l'on aprit à Avignon le 28.

Le baron d'Oraifon, foi difant chef pour le parti adverfaire en Provence, prit le lieu d'Oreau en la Comté, qui avoit été ja pris & repris. Sainte Croix de Reillane faifoit des courfes vers Viens & Cerefte; le comte de Carces envoya contre lui Aux, fon guidon, & le capitaine Pierre. Les adverfaires avoient 200. chevaux, & deux troupes d'infanterie. Quelque valeur que nous y aportaffions, comme nous étions moindres, nous ne pûmes empêcher que Aux, & le capitaine Geoffre de l'Ifle Venaifcin, lieutenant de M. d'Oyfe, ne fuffent tués; le comte de Carces donna enfuite fon guidon à Oyfe, fon neveu. Les adverfaires manquerent le 23. Septembre de furprendre le lieu de S. Martin.

Le capitaine Efpiart qui commandoit à Goult, ayant voulu attaquer Jocas en fut repouffé avec perte.

Le 11. Octobre, Hermet de la Haye fut pendu; & le même jour, l'Ange de Beaucaire prit le château & village de Fourques-lez-Arles. Les adverfaires manquerent d'efcalader Roquemaure, Bagnols, & le St. Efprit, mais ils prirent Perigueux.

DU COMTE' VENAISSIN, DE PROVENCE, &c. 183

AN. 1575.

Le vendredi 14. Octobre, Agoult qui commandoit pour le roy à Sommiéres, ayant mandé qu'il étoit à l'extrémité, au duc d'Usez malade encore de fiévre à la tour de Villeneuve, rendit cette ville au maréchal de Damville, qui lui donna pour ôtages Gremian & Bernardin. Il se retira avec sa garnison à Fourques, & de là à Arles.

Le 10. Octobre, Henry, duc de Guise, défit l'avant-garde des réîtres, leur tua 500. hommes, & n'en perdit que huit; Thoré se retira lui cinquantiéme. Le capitaine Anselme porta cette nouvelle au cardinal, le 20. Le maréchal de Retz se distingua dans cette action qui se passa près de Dormans. Les réîtres voulant passer la riviére de Marne, le duc de Guise y fut blessé à la joüe. Le roy en avertit par ses lettres du 12. le cardinal, & le duc d'Usez.

Le baron d'Allemagne prit Annot vers Guillaume, & retourna à Menerbe le 29. Octobre.

Le 1. Novembre, les adversaires coururent à Senas, cuidans prendre l'église qui est écartée du village.

Jean Doria, qui étoit hors de Gennes avec le parti des vieux, par mer troubloit le dedans de la ville, qui se disoit la république, qui soudoya 10000. soldats qu'elle fit venir à Sarzana. Les Uscits prirent avec leurs galeres les ports & lieux de Veneré, Sestri, Rapallo, Nove, Chiaveri, & battirent Porto-fino. Gabriel Serbellon sorti de l'esclavage des Turcs, arriva à Rome le 1. Octobre.

Les prélats de Narbonne & de Carcassonne, arrivés en leurs églises, reprirent sur les adversaires quelques places de leurs dioceses.

Le 2. Novembre, le cardinal accorda des passeports à Porchieres de Provence, & à Marguerie, enfant de l'Isle de Venaiscin, que le baron d'Allemagne envoyoit à la cour pour y traiter de la paix, & qui partirent le 10. Lisle, frere du baron d'Allemagne, étoit retourné en Dauphiné contre Chorges, & la Bastide blanche qu'ils avoient assiégée & prise.

Sous le pape Nicolas, le Tibre déborda, & surpassa de quatre pieds l'autel de N. D. la Rotonde.

Le pape aprit le 28. Octobre la défaite des réîtres, & sécourut le roy de 4000. Suisses entretenus pour six mois, à raison de 2000. écus par mois.

Prospero Fatinante de Vivari, l'un des agrégés, fut élû doge de Genes le 18. Octobre.

Survint alors la mort avancée par sinistre occasion à Simon Vigor, ja curé de l'église de S. Paul à Paris, prêcheur ordinaire du roy, & archevêque de Narbonne.

Le 21. Novembre, Cesar Pallazuol & S. Jeurs partirent de Cavaillon pour aller renforcer le comte de Carces, qui prit la Tour de S. Martin après quarante canonnades.

An. 1575.

Vers la S. André, le duc d'Usez fit passer deçà le Rhône, sur le pont d'Avignon, sa compagnie conduite par son guidon, le baron de la Roche, & celle du comte de Mirande, & quelques aragolez du régiment dudit pays, entre lesquels furent ceux du seigneur de Cabries. L'hyver étoit extrêmement beau & doux.

Le soir du jeudi 1. Décembre, les adversaires brûlerent plusieurs maisons de la bourgade de Senas & de Cabanes, où ils n'avoient jamais été.

Le Turc prit, dans le pays de l'archiduc Charles, Bice, château, avec 600. hommes, & assiégea Seing en Dalmatie.

Le duc d'Alençon envoya un de ses secretaires, qui arriva à Rome le 8. Novembre, pour justifier sa conduite au pape, qui lui répondit par l'archevêque de Nazareth, ja évêque de Gayasse, son nonce en France.

Le maréchal Damville, qui faisoit rebâtir les églises à Montpellier, & y oyoit tous les jours la messe, acquit Maguelonne que lui octroya le sieur de S. Brés, & autres places; il écrivit aussi au pape pour lui rendre compte de sa conduite.

Le comte de Carces, qui avoit dans son camp M. de Cental, 900. chevaux presque tous de la noblesse de la province, autant d'Infanterie, & trois canons, s'aprocha de Vallone que les adversaires abandonnerent, aussi bien que Theze qui apartenoit au comte de Sault, qui étoit le second dans ce camp qu'il commandoit en l'absence du comte de Carces. Le 8. Décembre, l'on prit le Poüet en Dauphiné, que les adversaires abandonnerent après l'avoir pris. Ils prirent la Roche, & les catholiques Gignac.

Borgos, dit Rabaille, cardeur ja de laine, de Murs, & Ores commandant à Jocas, tomba dans une embuscade que lui dresserent ceux de Roussillon, où il fut tué. Jocas abandonné fut démantelé par ordre de Vins.

Le samedi 17. Décembre, le comte de Villeclaire partit d'Avignon pour se rendre à Apt, pour y conferer avec le comte de Carces sur l'entreprise de Menerbe; ce qui n'eut plus lieu par la nouvelle de la trêve concluë par la reyne mere avec le duc son fils, à Marigny le 8. Novembre, publiée à Champigny le 21. & à Lyon le 10. Décembre, & qui devoit durer depuis le jour du retour de M. de Brion jusques à la S. Jean-Baptiste.

Le 21. Décembre, arriverent à Avignon Bogier, valet de chambre du roy, & François de Montmorency, seigneur de Halot, pour aprendre au cardinal que le Comtat étoit compris dans la trêve, avec ordre au duc d'Usez & à Damville de la faire observer. Le comte de Carces qui étoit à Apt aprit cette nouvelle le 22. il y laissa son artillerie à la garde des Corses, son camp se débanda, & il se rendit à Aix par Pertuis. Le comte

DU COMTÉ VENAISSIN, DE PROVENCE, &c. 185

comte de Sault arriva à Avignon la veille de noël ; & à Villeneuve, les compagnies d'hommes d'armes du duc, & du comte de la Mirande. Le cardinal & Villeclaire envoyerent le jeune Jauffaud au comte de Carces.

AN. 1575.

La Duchesse d'Urbin, veuve, & sœur du cardinal Farneze, arriva à Rome le 24. Novembre. La peste se dilatoit à Venise, Verone, & Mantouë. Jean-André Doria prit maison à Luques pendant les tumultes de Genes.

Ceux de Menerbe n'observoient guères la tréve, ni en Languedoc, où les adversaires se saisirent de plusieurs lieux avec les forces qu'ils avoient en campagne; & avec artillerie sur le Rhône, ils prirent des vaisseaux de combat de ceux d'Arles & de Tarascon.

Le 2. Janvier, Ferrier partit de Nions, & ayant couru le long de la riviére d'Aigues, voulut surprendre le lieu de Vaqueras, & n'y réussit pas. Le comte de Carces ayant voulu intimer à ceux de Menerbe la tréve, ils répondirent qu'ils ne vouloient ni tréve ni paix.

AN. 1576.

Il y eut un naufrage considérable à Constantinople le 23. Octobre, où plus de 20000. hommes périrent.

L'empereur donna le titre de grand duc au duc de Toscane.

Les calvinistes de Hollande perdirent le 6. Novembre la Tour de Romel; Chiappin Vitelli mourut.

Halot, qui avoit été chez le maréchal de Damville, fut de retour à Avignon à la fête des Rois. Peu de jours après, d'Oise défit à la Val d'Aigues vingt-cinq adversaires, commandés par le capitaine Jacques de Forcalquier que le comte de Carces fit pendre à Aix, où les états de la province se tinrent, & où assisterent le comte de Carces, Vins, & le colonel Alfonce.

Sur la fin de Janvier, le maréchal de Damville prit par escalade Domasan à deux lieuës d'Avignon, & manqua Frontignan.

Le dimanche 29. Janvier, le duc d'Usez, qui avoit toûjours la fiévre d'accès, donna dans l'église des jacobins d'Avignon, l'ordre du roy à Virieu, gentilhomme de sa suite. Le comte de Villeclaire, Aubignan, Ambres, des Essarts, Javon, & Dorsan, y assisterent, portant cierges de cire blanche avec leurs armoiries, avec pareil ordre. On aprit alors la mort de M. de la Valette.

Les Polonois élûrent pour leur roy l'empereur, & cette nouvelle fut portée à Vienne le 16. Décembre.

Le duc d'Alençon écrivit le 28. Décembre de Charroux au roy, à qui l'on présenta des articles remonstratifs.

Le 31. Janvier, 10. Galeres firent naufrage dans le port de Villefranche.

Jean d'Autriche fut à l'Aquila, à Lorette, & à Parme, voir la duchesse sa sœur.

Tom. I. Perussis. A a

Le mardi 31. Janvier, Jacomo Boncompagni épousa à Rome la fille du feu comte Sforce de sainte Fleur, avec 50000. écus de dot. Le pape donna à cette dame un fil de perles de la valeur de 8000. écus.

Le 15. Fevrier, le capitaine Anselme arriva de Paris à Avignon en six jours.

Le 28. le comte de Carces, François-Louis d'Agoult, comte de Sault, & Vins, arriverent à Avignon pour y conferer avec le cardinal, & le duc d'Usez.

Le même jour, ceux de Saumane reprirent le butin fait par ceux de Menerbe.

Le roy de Navarre partit de la cour le 3. Fevrier.

On aprit au commencement de Mars que le fort de Viviers, cité en Vivarais, le long du Rhône, avoit été pris. Ce fort est l'église & l'habitation des chanoines, qu'on dit le chapitre, qui durant ces troubles avoit été pris & repris plusieurs fois; les adversaires y étoient entrés par les privés lieux dudit château; mais le capitaine Montaut, gouverneur de la cité, se parca près dudit château avec 400. hommes qu'il eut du Dauphiné, du S. Esprit, de S. Marcel d'Ardeche, & du bourg, & en chassa bien-tôt les adversaires, dont le chef nommé Gaydan fut blessé.

Les adversaires prirent quelques jours après le lieu de Pigeau près Villeneuve, & le saccagerent. Ils furent aussi courir sur ceux de Roquemaure, qui receurent perte de quarante hommes: le colonel Alfonce courut jusques aux portes de Menerbe.

Le samedi 10. Mars, le comte de Villeclaire alla à Carpentras pour voir de recouvrer Brantes, où les ennemis avoient mis 50. hommes commandés par sainte Croix; mais le mardi il fut de retour à Avignon, d'où le duc d'Usez partit le 10. pour le S. Esprit.

L'armée des reîtres étoit dans la Limagne d'Auvergne, pays long de vingt lieuës, & large de huit, où l'an 5. de Childeric il plut pendant douze jours.

Le 15. Mars, Cesar Pallazuol, & d'Urban, son enseigne, dresserent une embuscade à la garnison de Menerbe, & lui tuerent 15. hommes.

Le duc d'Usez retourna à Avignon; Orches, gendre de Gordes, venant de conferer avec Carces s'y rendit aussi.

Le 20. Mars, les diocésains de Cavaillon presenterent une requête à leur évêque contre ceux de Menerbe. Le même jour, ledit évêque Christiam Scotto écrivit une lettre Italienne à l'auteur, chevalier de l'ordre du pape & du roy.

Les consuls de Cavaillon lui écrivirent aussi, & mirent sur le dessus de leur lettre; A. M. M. l'escuyer de Coumons, chevalier de S. S. & de l'ordre du roy, à Coumons.

M. d'Orches partit consolé d'Avignon. Les adversaires prenoient les lieux autour de Grenoble.

S. Privat, petit lieu en Languedoc, diocèse d'Usez, cité antique, & qu'on dit être cité des Voices aux Tectosages, fut alors pris par les adversaires, & non encore le château, comme a été pris le lieu de Fournez, non gueres loin de là, en ladite province, voisin d'Avignon, de-là le Rhône. Joignant S. Privat passe le Gordon, riviére belle & claire, sur laquelle & près dudit lieu est le pont du Gard, fait par les Romains pour dériver les eaux des fontaines à Usez, & non à Nismes. L'ancienneté du lieu de S. Privat se voit aux édifices dudit pont, & à quelques masures, & pierres gravées & écrites, trouvées dans & sur terre; entre lesquelles est celle où est écrite l'épitaphe que le seigneur dudit lieu, homme de lettres, a mise à l'entrée de son château, que j'ay en autre lieu dessinée:

L. Silvius Paternus uxori rariss. exempli, cùm quâ vixit ann. XXXII. sine ullâ animi læsurâ &c. S. V. P.

S. Denis se fortifioit. Le duc de Guise étoit lieutenant-général pour S. M. le duc du Maine, son lieutenant, & le comte de Suze, son lieutenant.

Le vendredi 23. Mars à l'heure de vêpres, le baron d'Allemagne quitta Menerbe, & alla par Murs coucher à Montbrun; son bagage sur six mulets fut escorté par quarante cavaliers, & vingt fantassins.

Les capitaines Dagot & Jacon furent commandés pour lever 200. hommes que l'on posta à la tour de Sabran & à Baumettes. Le comte de Villeclaire fut le jeudi 5. Avril à Cavaillon. Gordes avec quelques troupes de Mandelot assiégeoit alors Muretel, pris peu auparavant par les adversaires. Le 8. Villeclaire retourna à Avignon, & l'entreprise de Menerbe fut différée: Glandage fut blessé dans une escarmouche près Menerbe.

Vers le 15. Avril, Jordan, enseigne du capitaine Espiart d'Arles, qui commandoit à Valabregues, qui est entre deux bras du Rhône, s'embusca avec 40. hommes, entre Valabregues & le Gardon, pour surprendre le capitaine Parabere, qui étoit lors pour M. le maréchal à Beaucaire, & qui changeoit de lieu à autre avec un mulet chargé d'argent, mais il fut défait & tué.

Les adversaires firent ensuite des courses près de Villeneuve-lez-Avignon, & briserent la belle croix. Le capitaine la Garde de la sale, de Bedarride, qui avoit été page du maréchal Damville, fut à Menerbe conferer avec Villeneuve & Ferrier. Le comte de Sault & Vins reprirent Oreau à Laval de Sault. Gordes reprit Muretel qui empêchoit la communication de Lyon en Italie, & alla à Valence où il reprit quelques villages des environs.

Patris, auditeur général du cardinal, étoit recteur des Pénitens noirs, & le duc d'Usez étoit à Avignon. Les adversaires du Languedoc ayant paru en armes le soir du 25. Avril ; le fort S. André, où commandoit le capitaine Noguier, se mit en deffense, & la Tour du pont tira quelques piéces contr'eux : c'étoit Bouillargues qui avoit 200. hommes, & beaucoup de préparatifs pour surprendre Villeneuve.

Le 26. Avril, M. de la Coste manda à M. l'évêque de Cavaillon que le Comte de Sault & M. de Vins avoient défait 120. chevaux des adversaires dans Majastres & Tortonne, où furent tués le sieur de l'Isle, frere aîné du baron d'Allemagne, le fils du chevalier d'Andrea de Pertuis, & l'Espagnolet de Bonelles.

Le capitaine Anselme revint de la cour à Aix, où cent gentilshommes signerent un écrit, par lequel ils vouloient obéir au roy sous le comte de Carces.

Le dimanche de Quasimodo 29. Avril, on aprit que le château de Serignan avoit été pris par les adversaires, & repris peu d'heures après. Villeclaire fut à la Pallu que les adversaires avoient voulu surprendre. Le 16. l'archevêque de Tolede abjura devant le pape, & fut confiné dans les jacobins avec douze mille écus.

Crillon & Agoult partirent avec cinquante chevaux pour aller en France.

Un barbier huguenot empoisonna M. de sainte Jaille qui étoit à Marguerites & qui en guérit.

Les adversaires deffirent quelques catholiques vers Simiane.

Le 21. de Mai, le comte de Suze revenant de France arriva à Avignon, où le baron de la Roche, envoyé au roy par le duc d'Usez, étoit déja arrivé.

L'archevêque de Tolede sortit du château S. Ange, & mourut peu après.

Quelques adversaires de la Roque & de Saumerane, villages non clos, le long de la Durance furent battus ; d'autres firent des courses jusqu'aux portes de Montclus.

Le maréchal de Damville avoit un camp de 3000. hommes, & de 400. chevaux avec de l'artillerie, avec quoi il assiégeoit Pezenas, & côtoyoit Beziers, & prenoit plusieurs villettes & châteaux.

Le dimanche 27. Mai, le duc d'Usez ayant fait quelque séjour au S. Esprit & à Viviers, retourna à Avignon.

Les adversaires faillirent à prendre Gap.

Charles, fils de Gaspard de Coligny, qui avoit resté prisonnier dans N. D. de la Garde de Marseille pendant trois ans, fut remis au baron de Meuillon.

Les adversaires voulurent petarder Visan près de Nions, où commandoit pour les adversaires le sieur de Mons ; mais Carlo de Hergani, Piémontois, qui commandoit dans Visan, les obligea de se retirer avec perte de leur pétard, & leurs échelles.

Le dimanche de la pentecôte 2. Juin, le capitaine la Garde de Bédarride, gentilhomme du maréchal de Damville, fut de sa part conferer avec Ferrier, pour l'engager à rendre Menerbe & Brantes.

Le 14. Juin, le maréchal de Damville étoit à Montpellier avec M. de Thoré son frere, & Chatillon son cousin : par la paix tout le monde le reconnut pour commandant au nom du roy.

Le dimanche 17. Juin, le capitaine Jacon partit de la Coste avec sa compagnie, & alla à Robion dans le Comtat.

Le 20. Hugues de Glandages, qui avoit un bras en écharpe à cause d'une blessure, partit de Menerbe avec huit hommes à cheval, & alla trouver le maréchal Damville ; il avoit un frere nommé Chaudebonne qui avoit été tué pour le service du roy en deffendant Livron.

Le maréchal Damville faisoit bâtir le château d'Alais, érigé en vicomté, qu'il avoit aquis de la maison de Cambis, & se préparoit pour faire baptiser son fils à Montpellier.

Le 21. Juin, on conclut à Alais avec le maréchal une tréve pour trois mois avec ceux de Menerbe & de Brantes, à condition de donner 10000. livres à Ferrier, & que les protestans auroient le passage libre par la Comté : cette tréve fut ratifiée à Avignon le 26.

Le 27. mourut à Avignon M. d'Ambres, chevalier de l'ordre du roy, & parent du duc d'Usez, qui lui fit faire de belles obseques à l'observance.

La Roche-Posay, ambassadeur du roy à Rome, y arriva en poste vers le 10. Juin, & y releva M. de Foix qui retourna en France.

Les adversaires s'emparerent peu auparavant d'Aubres & de Piles dans la Comté, vers la liziere du Dauphiné.

Le 1. Juillet, arriva à Avignon Pierre de Gondi, évêque de Paris, & assista le lendemain avec le duc d'Usez & le comte de Suze à la messe célébrée par l'évêque d'Usez.

Ferrier ne voulut faire publier la tréve à Menerbe que le 27. Juin : il avoit dans cette place 125. arquebuziers à roüet & 20. chevaux. Il alla ensuite dehors, & laissa pour commander dans cette place Meynard de Merindol.

Les gens de la cour de Nismes qui tenoient leur barreau par intervales à la chapelle S. Nicolas, sur le pont lez Avignon, quitterent alors Avignon leur refuge. Madame de Bressieu de la maison d'Oraison & ses deux fils, les sieurs de Beaujeu & de Pomet quitterent aussi Avignon, de même que le duc d'Usez qui en partit le 9. Juillet avec madame sa femme, de la maison de Clermont Tallard, & toute sa maison qui s'acheminerent à la cour trouver le roy, lequel étoit parti de Paris sur la fin de Juin allant vers Dieppe.

On ne pouvoit accorder les barons d'Oraison & d'Allemagne.

La comtesse de Carces allant à la cour traversa le Comtat Venaissin le

AN. 1576.

16. Juillet; & l'évêque du Puy qui s'étoit trouvé au baptême du fils du maréchal Damville à Montpellier, arriva à Avignon. Le comte de Sault alla en poste à la cour.

Damville que le vicomte de Joyeuse vint voir à Montpellier, diminua ses troupes, & en mit dans le S. Esprit, & dans Bagnols le capitaine la Bartalasse. Le jour de la fête de la Magdelaine il fut à la foire de Beaucaire, où plusieurs seigneurs d'Avignon & de la Comté le furent voir : il les receut parfaitement bien ; il frequentoit toujours le divin office, & aimoit, cherissoit, & protegeoit les catholiques. Lesdiguieres, Champoleon, Comps, Morges, Gouvernet, Sainte Marie, Vercoiran, Blacons, Verone du Poncet, & autres gentilshommes protestans du Dauphiné l'y vinrent aussi voir.

Le mardi 24. Juillet, arriva à Cavaillon le maréchal de Bellegarde venant de Piémont par le chemin d'Apt, ce que l'on n'avoit pas vû depuis deux ans & neuf mois ; le lendemain il fut à Avignon, d'où il partit pour aller voir le maréchal Damville, & de là se rafraichir à sa maison.

Au commencement d'Août, le baron de la Garde arriva à Avignon, & le 2. de ce mois le maréchal de Damville à Villeneuve. Le 3. le cardinal, Villeclaire, & un grand cortége furent voir le maréchal ; le même jour la maréchale dîna & soupa dans le palais avec le cardinal Thoré son beau-frere, Chatillon son cousin, madame de S. Romain, & autres. Le 8. le maréchal partit de Villeneuve pour Bagnols & le S. Esprit. Il y eut plusieurs conférences, & on y regla que le fils de Montbrun seroit gouverneur de Serres au lieu de Vercoiran & de Gouvernet qui prétendoient ce poste. On ne put convenir de rien sur Menerbe, quoique Forbin-Souliers arrivât alors de la cour, & apportât des lettres du roy & de M. qui ordonnoient à Menerbe de se soûmettre. Le baron d'Oraison partit alors de la campagne du maréchal pour aller en Provence, & traversa le Comtat en toute assurance, aussi bien que Pontevez & autres de leur parti. M. de Cental partit de la Tour d'Aigues & fut à Bagnols visiter le maréchal. L'évêque de Paris qui étoit arrivé à Rome le 23. Juillet, n'y resta gueres, retourna à Génes par mer., d'où il fut par terre à Turin y voir S. A. & la comtesse de Pancalier sa sœur ; il fut de là rendre compte au roy de sa négociation, qui étoit d'obtenir du pape la permission d'aliener du bien d'église pour payer les reîtres.

Le pape envoya un bref au maréchal Damville comme Pie IV. lui en avoit mandé un en 1564. & Pie V. en 1570. il lui permit aussi de jouir toujours de la baronie de Baumes, & de faire mettre ses armes sur les portes.

Le 15. Août, mourut à Avignon Antoine Parisii, auditeur de la rotte d'Avignon, qui eut pour successeur Joseph Suarez.

Jean-Michel Pertus fut au S. Esprit négocier la restitution de Menerbe, de Spire, & de Brantes, avec le maréchal Damville, qui après le départ de la maréchale sa femme qui étoit allée à la cour, faisoit fortifier & refaire quelques tours pour la défense du pont & du logis du capitaine Luynes, qui y fut laissé avec 100. hommes. Le maréchal répondit qu'il faloit conferer avec les députés des protestans. Nos députés s'y acheminerent, qui furent Venasque & Aubignan qui ne purent que prolonger la tréve depuis le 21. Septembre jusqu'au 12. Octobre. Le maréchal retourna vers Bagnols qu'il avoit acheté du comte d'Alais, aussi bien que cette comté : il faisoit édifier par tout lieux pour habiter ; & fut de retour à Beaucaire ; & au château de la ville fut laissé le capitaine Parabere avec 100. hommes ; d'Aiguesmortes, en furent 200. à S. Romain. Thoré fut à la garde de Montpellier : & le maréchal étant au S. Esprit fut avec la maréchale à N. D. Desplans oüir la messe, & rendre le vœu qu'il avoit fait étant malade. Lorsqu'il fut à Beaucaire, il receut la nouvelle par Elzias Rastelli, abbé de Senanque, de la venuë du maréchal de Retz. Chatillon partit en poste pour Geneve & la Suisse. Oraison mandé par le maréchal se rendit à Beaucaire bien accompagné ; mais Allemagne avec qui on vouloit l'accommoder ne vint point.

Au commencement de Septembre, Louis Just, seigneur de Tournon, comte de Roussillon, arriva à Avignon avec 35. gentilshommes & 70. chevaux ; il fut à Beaucaire voir le maréchal, & de là en cour.

Jean d'Autriche laissa Milan où étoit la peste, & s'embarqua à Nice pour passer en Espagne. Le 6. Septembre, Felicien Capitone, archevêque d'Avignon, en partit pour aller à Rome. Chartier, secretaire du maréchal Damville, fut à Avignon pendant l'assemblée des états du pays. Le roy de Navarre fut en Bearn & en Guyenne. Le prince de Condé n'entra point dans Tours, & fut à la Rochelle. Le gouverneur de Serres ne voulut pas remettre ce château au fils de Montbrun suivant le résultat de Beaucaire, quoique Lesdiguieres y fût pour le lui persuader. Le 7. Septembre un courier Italien passa par la grande route allant en Espagne, chose qu'on n'avoit pas vûe depuis trois ans ; le même jour passa d'Avignon en Provence le comte de Sault revenu de la cour.

Le lundi 10. Septembre, passa par la Comté venant de Regusse & de Murs le baron d'Allemagne vêtu de deuil pour la mort de son frere, avec une troupe de 60. chevaux, y étant les sieurs de Stoblon, de Remoles, & autres tant catholiques que protestans pour aller trouver le maréchal Damville à Beaucaire, d'où ja étoit parti tirant vers Alais.

Le baron de la Garde vint de Marseille à Avignon pour y voir le maréchal de Retz, qui fut receu à Lyon par Gordes, à Tournon par le comte de Roussillon, descendit par le Rhône à Avignon, où il dîna, & coucha à Tarascon le samedi 15. Septembre ; il y vouloit conferer avec le maréchal Damville qui n'ayant pû se rendre qu'à Marguerites, le maréchal de Retz y fut avec le baron de la Garde. Le dimanche 16. les maréchaux dînerent ensemble & confererent, après quoi chacun retourna dans son quartier. Le maréchal de Retz avec lequel étoit le président des Arches, venu de Paris avec ample pouvoir de S. M. pour y terminer les

AN. 1576. affaires, fut de retour à Tarascon à 10. heures du soir, & y trouva le comte de Carces. Le comte de Grignan qui avoit vû le maréchal de Retz à Montelimar, retourna à Grignan; le mardi 18. le maréchal de Retz arriva à Avignon.

Il y avoit de la division entre le comte de Carces, le comte de Sault & autres de Provence. Ceux de Menerbe refusoient de recevoir l'argent convenu pour observer la tréve. Chartier alla pour cet effet à Menerbe le 20. & le 21. ils accepterent la tréve. M. de la Garde fut à Grignan parler à M. le Comte, & l'engagea à aller voir le maréchal de Retz à Villeneuve; Grignan y fut accompagné de 70. chevaux, & dîna avec le maréchal & le cardinal d'Armagnac à la chartreuse, dont étoit prieur Dom Jacques de Censavoir, de la maison des Borriques au diocèse de Chartres. La Garde ayant fini sa légation retourna le même jour à Marseille. Le baron d'Oraison, Vinterol son frere, & le seigneur de Glandage, allerent visiter le Maréchal.

Le 22. les comtes de Carces & de Sault partirent de Tarascon pour Aix; le baron d'Allemagne ayant rendu sa visite à Damville, passa le Rhône au Pont de Coudolet-lez-Caderousse, & retourna chez lui par Murs.

Le dimanche 23. Sept. au soir, le cardinal, Villeclaire, & les députés signerent la paix avec Menerbe, on en envoya les articles au maréchal Damville pour les approuver: Chartier & le docteur Sobiras les lui apporterent, & partirent d'Avignon le 25. L'instant d'après Lenoncourt, évêque d'Auxerre, envoyé par le roy pour cette paix, arriva & alla trouver le maréchal à Montpellier. Une des filles de S. Sixt épousa alors un conseigneur de Velleron, du nom de Castronovo; le cardinal, quelques évêques, le maréchal de Retz, les comtes de Villeclaire, de Suze, de Sault, & de Grignan, le vicomte de Cadenet avec quatre de ses fils, le baron de Riez, Venterol, & de Barles, assisterent à ses nôces.

Le 29. Septembre, le maréchal de Retz partit d'Avignon & alla coucher à S. Remy; il dîna le lendemain aux Baux où le festoya le Sénéchal de Beaucaire, chevalier de l'ordre, au neveu duquel, Vers d'Arles, le maréchal donna le guidon de sa compagnie. Il soupa à Aiguieres d'où il continua sa route à Aix, Gordane & Tretz, où étoient 300. chevaux & 1000. arquebuziers du parti des Caillanés, contraire à M. de Carces, qui étoit à Salon; mais tout montra d'obéir au maréchal.

Le dimanche 30. le comte de Villeclaire donna l'ordre du roy au colonel Pompée Catilina un des capitaines des forces à pied du pape en ce pays. Le docteur Sobiras revint avec les articles approuvés par Damville; mais à condition que Ferrier resteroit dans Menerbe.

Le 5. Octobre, Chartier secretaire du maréchal, alla trouver Ferrier, & revint le lendemain samedi 6. apportant la nouvelle de la conclusion de la paix, dont on rendit solemnellement graces à Dieu.

Le maréchal de Retz étant à Gardane y vit les chefs oposés à Carces, les barons des Arcs, du Bar, & de Torrettes, qu'il amena avec lui à Aix, & fit congédier leurs troupes; cette faction étoit composée des communes de Draguignan & de Fréjus qu'on nomme le Cailhanez; ils se font nommer les rasez, parce qu'ils portent les barbes rasées à la Turquesque.

An. 1575.

Madame de la Roche-Posay, femme de l'ambassadeur à Rome, arriva à Avignon allant joindre son mari. Le jeune baron de Lauris mon cousin s'embarqua avec elle pour passer en Italie. Chartier fut à Brantes & aux Pilles pour engager les occupateurs à les rendre : voyant qu'ils n'en vouloient rien faire, on leur dénonça la guerre dans Avignon le dimanche 14. Octobre.

Tripoli fut pris en Août 1551. & l'histoire en a été écrite par Nicolas de Nicolaï, seigneur d'Arfeuille, Dauphinois, qui y fut présent. Le maréchal Damville alloit à Narbonne.

Le 17. Octobre, Guillaume de Patris, auditeur général du cardinal, homme éloquent & bien accompli en vertus, alla conférer de la part du cardinal avec Ferrier, & eut de la peine à passer la riviere de Caulon, qui étoit fort haute & mal guéable parce qu'il avoit plu tout ce jour là. Ferrier sortit de Menerbe & vint au lieu dit à S. Auban avec 30. chevaux & 100. piétons, hommes furibonds, non sujets ne dociles. La douceur attractive de Paris ne put rien obtenir de cet homme farouche, qui prétendoit avoir été surpris au traité de paix, & disoit que s'il tenoit Chartier & Juriani le ministre il les feroit pendre; ce qui l'obligea de retourner à Avignon. A Brantes commandoit sainte Croix, & aux Pilles Guittard de Caderousse.

+ Patris

Etienne, prince de Transilvanie, fut couronné roy de Pologne à Varsovie. Marc-Antoine Colonne partit de Rome & s'embarqua pour l'Espagne. La peste faisoit de grands progrès à Venise, & à Milan, où le cardinal Borromée alloit en procession ayant la corde au col, le sac aux épaules, & les pieds déchaux.

++ (Battori) Il avoit été élû le 15. Déc. 1575. Il régna glorieusem.t en paix et en guerre, et mourut à Grodno le 13. Déc. 1586.

Le 4. Novembre, le Rhône, la Durance, le Lez, l'Oveze, la Nasque, le Coulon, & la Sorgue, étoient débordées. Deux arcs du pont d'Avignon avoient été emportés par le Rhône en 1471. & cette rivière fut aussi haute qu'elle l'avoit été le 11. Novembre 1548. après trois jours & quatre nuits de pluye. Il en coutoit alors au Comtat, à cause de la guerre, plus de 100000. florins d'augmentation par an.

Le maréchal Damville congédia six compagnies; & le duc de Savoye visitoit ses pays de Bresse & de Savoye.

Le maréchal de Retz fit rompre tous les ports de la Durance jusqu'à celui de Bonpas. Jean-Michel Pertus, d'Avignon, & Maron, secrétaire du maréchal Damville, partirent en poste le 10. Novembre pour aller à Rome représenter au pape l'état du Comtat.

Tom. I. Perussis   Bb

La messe avoit été rétablie dans Nismes; mais à peine deux ou trois prêtres osoient ils l'y dire, & dans une petite grotte, toutes les églises étant par terre.

Le capitaine Beauchamp, Provençal, mandé par le duc d'Anjou, alla conférer avec Ferrier, & n'obtint rien de lui.

Chatillon revenant d'Allemagne, accommoda en Provence les barons d'Allemagne & d'Oraison, & alla joindre le maréchal Damville en Languedoc. Mon cousin d'Agoult, gentilhomme de la chambre du roy & de la maison du duc d'Anjou, arrivant de la cour, a dit que le roy & le duc d'Anjou s'embrasserent & se caresserent à Olinville le 7. Novembre.

Le prince de Condé entra dans S. Jean d'Angely. Le roy de Navarre fut au Avillarez où le maréchal Damville fut le voir. Le capitaine Luynes que le maréchal avoit ôté du château de Beaucaire & mis au S. Esprit, alla en cour parler à S. M.

Les adversaires de Brantes prirent un lieu lez S. Lizier, en cette Comté, que le chevalier Brun qui demeuroit à Carpentras reprit avec 400. arquebuziers.

La comtesse de Carces revint de la cour bien caressée, & trouva son mari à Aix. Le maréchal de Retz fut à Toulon, à Frejus, à Riez, & à Draguignan, pour pacifier les rasés.

Le 7. Décembre, Ferrier ménagé par le capitaine Beauchamp catholique, & par le P. en Dieu lieutenant & gouverneur d'Orange, signa avec Beguin, secretaire du Cardinal, une tréve qui fut publiée à Menerbe le 16. & à Avignon le 17. & Ferrier receut 1300. livres pour le payement de ses 100. hommes; le maréchal désaprouva les difficultés que Ferrier avoit faites.

Le dimanche 9. Décembre, le capitaine Luynes étant revenu de la cour, il y eut quelque émeute dans le S. Esprit; Thoré sortit de nuit par une poterne & gagna Bagnols sur un bateau; Usez s'arma; les gens de Parabere qui étoient dans le château de Beaucaire, Nismes, & Marguerites, prirent garde à eux, mais tout cela n'eut point de suite.

Le dimanche 16. Décembre, Cannegiani, nouvel archevêque d'Aix, y fit son entrée; un Carme de Narbonne y prêchoit.

Le roy envoya Sauvin, l'un de ses maîtres d'hôtel, en Languedoc à l'occasion de l'émeute arrivée au S. Esprit. Pertus & Marion arriverent de Rome. On découvrit une trahison de ceux de Nismes pour surprendre Arles & Tarascon, à cause de quoi le maréchal de Retz se rendit à Arles le 30. Le lundi 31. Pontevez de Cadenet & Paul de Salon de Crau surprirent avec 40. hommes Lauris sur la Durance. L'émeute du S. Esprit empêcha sainte Croix & Guittard de rendre Brantes & les Pilles, moyennant les 3000. écus qu'on devoit leur donner.

Le maréchal Damville mit garnison au Bourg & à Viviers; le capitaine Espiart d'Arles soupçonné du complot se retira à Beaucaire. On arrêta pour le même fait à Avignon le docteur Labeo, nommé François Berard; & le maréchal de Retz envoya en cour pour la même chose Mouquain président au parlement de Provence, & Vers, son guidon, au maréchal Damville.

AN. 1576.

Jean d'Autriche traversa la France en poste inconnu, & arriva à Luxembourg.

Gouvernet assembla quelques troupes, & prit Tullette près de sainte Cecile, Visan, & Peirelongue; d'autres adversaires prirent le Puy-S. Martin, & Livron. Le maréchal Damville fut à Bagnols, & puis à Alais.

AN. 1577.

Le maréchal de Retz eut un catarre à Cannes à six lieues d'Antibes, il perdit l'ouïe, & devint paralytique.

Le capitaine Fogasse, d'Avignon, gouverneur du marquis de Conti, venant de la cour, & allant trouver le maréchal Damville, arriva à Avignon vers le 20. Janvier; la maréchale de Damville arriva en même temps, & trouva son mari à Alais.

Le 21. on aprit à Avignon la mort de Felicien Capitonus, archevêque d'Avignon, décédé en sa maison en Italie le 25. Décembre précédent: il avoit été religieux, & grand prédicateur. Le pape donna l'église d'Avignon au cardinal d'Armagnac, qui en reçut la nouvelle le 26. Janvier, & en fit prendre possession par Patris, son procureur.

Les adversaires rendirent alors Pilles & Brantes, moyennant 3000. écus. Baumes, par ce moyen, fut mis à la dévotion du maréchal Damville, qui mit dans le château le capitaine la Garde de Bedarride, l'un des siens.

Le 23. Janvier, cinq traîtres, dont trois étoient de Nismes, voulurent livrer la maison & tour du roy de Villeneuve aux adversaires; mais ils furent découverts par les gens du maître des Ports Antonio Scarffi, gentilhomme Florentin, & par son lieutenant qui y fut tué. On mit sept cents cinquante hommes dans Villeneuve.

Les estats ayant résolu qu'il n'y auroit qu'une religion en France, l'évêque du Puy & Rochefort de Bourgoin, furent faire part de cette résolution au maréchal Damville en Languedoc, où tout étoit en rumeur. Les huguenots étoient ébranlés, & en armes; les passages le long du Rhône étoient fermés; Thoré résidoit à Bagnols, & escarmouchoit souvent avec les gens de Luynes du S. Esprit, qui essayerent d'attraper le fort de S. Esteve du Codolet; ils y tuerent quelques-uns de l'union, mais le fort fut secouru. Aubignan & Lauriol son fils furent arrêtés sur le Rhône; le fils fut mis en liberté le 19. Février, & le pere retenu malgré les ordres du maréchal.

Donzere, vis-à-vis de Viviers, fut surpris par les adversaires. Sainte-Croix étant sorti de Brantes, se jetta dans Viens près d'Apt, lieu apartenant au seigneur de Foulcon, & s'y fortifia.

Bb ij

Le dimanche 10. Février, le cardinal d'Armagnac fit son entrée à Avignon en qualité d'Archevêque. Le 11. l'évêque du Puy & Rochefort revenant de conférer avec le maréchal Damville, arriverent à Avignon, & continuerent leur route vers Paris.

Les ennemis du Languedoc surprirent le lieu des Angles près de Villeneuve, qui n'avoit pas encore été pris, le pillerent & le quitterent. Quelques gens à cheval passerent le Rhône vers Aramon, & enleverent dans la terre de Château-Renard le seigneur de Molans couché.

Le président des Arches vacqua quelques jours à Arles à la découverte de la conjuration, alla à Aix, & de-là à Brignolles, où il y eut une assemblée pour les dépenses du pays, qui favorisa les razés, & les huguenots unis.

Le maréchal de Retz, dont la santé ne se remettoit point, alla de Cannes à S. Honorat de Lerins, d'où il partit sur la fin de Février pour les bains de Luques.

On aprit alors que ceux du Languedoc s'étoient saisis du lieu de Laudun & du château des Cours, tous apartenans à M. de Joyeuse, & manquerent Orsan.

Le 18. Février, le capitaine Bernard, natif de Lagnes, introduisit dans Entrechaux, où commandoit le sergent Coutier, les adversaires du Dauphiné. Le général des capucins, Italien, prêcha le carême à Avignon. Laudun & les Cours furent abandonnés. Sainte Croix assiégé dans Viens par des troupes où étoient Montperou, lieutenant de la compagnie du maréchal de Retz, capitula moyennant quelques écus que les habitans lui donnerent.

Les adversaires du Languedoc voulurent surprendre Noves dans le vigueriat de Tarascon; mais Mondragon, gouverneur de ce vigueriat, les en empêcha. Les adversaires menaçoient de piller la Camargue; ce qui obligea ceux d'Arles à mettre dans le Baron, les Maries, & Trinquetailles, des soldats Corses du seigneur Alfonce Corsé, dont le jeune frere Francesco avoit été tué n'agueres à Rome par quelques-uns qui lui avoient été compagnons & amis.

Antoine Masse, natif d'Arles, s'étant fait huguenot, & retiré à Nismes, se convertit ensuite.

Sagnons lez-Apt fut escaladé le 24. Février par Ferrier qui en fut chassé l'instant d'après par ceux d'Apt. Le même soir, ceux de Languedoc ayant passé le Rhône vers Aramon, faillirent à prendre les Baux, l'une des plus fortes places de Provence; cette troupe de trois cents hommes de pied & de quelques chevaux, passa par le terroir de Tarascon, comme si de rien n'étoit.

Le comte de Villeclaire alla avec trois cents chevaux & douze cents fantassins investir Entrechaux, rompit le moulin, contourna le château, & retourna le 26. à Carpentras.

DU COMTE' VENAISSIN, DE PROVENCE, &c.

Gouvernet qui étoit à Tullette, défit quelques hommes de Visan. Le seigneur d'Allieres, neveu de Montbrun, fut pris & mené à Grenoble. En Languedoc, il y avoit de la défiance entre le maréchal, & ceux de la nouvelle opinion qui se saisirent de Montpellier, & y respecterent peu la maréchale. Sengla y commandoit sous Châtillon.

L'évêque de Paris passa par Lyon allant voir le duc de Savoye, & le maréchal de Retz son frere à Luques. Sarra Martinengo arriva avec son régiment à Lyon, d'où Mandelot partit le 20. Février, avec cinq compagnies d'hommes-d'armes & de l'infanterie, pour aller assiéger une ville près de Montbrizon, prise depuis peu par la Meausse & le Merle. Sainte Jaille arriva en Dauphiné, mandé par le roy pour lever forces.

Le comte de Villeclaire fit lever dix compagnies, dont le chevalier de Coumons, l'un de mes freres, du Poüet, Durban, & autres, furent les capitaines, pour reprendre Entrechaux. Le jeune Parabere, conducteur de l'entreprise pour surprendre les Baux, fut pris au commencement de Mars, & mené à Tarascon au comte de Carces; on prit une de ses échelles de 47. pans.

La peste baissoit à Milan, où l'on fit une procession à l'église de S. Sebastien, où pour l'aumône furent trouvés 16000. écus; 50000. personnes y moururent. Le capitaine Luynes reprit sur la fin de Février la ville du Bourg, & quelques lieux voisins; le roy lui envoya par Antonio, viguier de Marseille, 2000. écus; on dressa un fort en tranchée au camp devant Entrechaux.

Ceux de l'union passoient le Rhône vers Aramon, ayant fait un fort dans l'isle de Posquieres, où commandoit pour eux Sabran d'Aiguieres.

Ferrier tua près le col de Gordes Marvezin, habitant d'Avignon, & lui prit cent écus.

La maréchale de Damville, échapée des mains des huguenots, raconta à son mari tous les mauvais traitemens qu'elle en avoit reçus. Eux se méfiant du maréchal, élurent pour leur chef Châtillon. Le baron de Caderousse empêcha alors que les adversaires ne surprissent cette terre.

Le samedi 23. Mars, on fit un traité, par lequel Bernard & Bolme devoient rendre Entrechaux moyennant 3500. écus; mais Lesdiguieres leur ayant mené du secours, le traité fût rompu, & notre camp débandé. On fit ensuite une suspension d'armes avec eux; le duc d'Anjou envoya alors en Provence la Molle, son chambellan.

Les adversaires de la Motte en Languedoc auroient surpris le baron dans la Camargue où commandoit Agoult pendant la semaine sainte, si le comte de Carces qui étoit à Arles ne s'y étoit opposé.

Le dimanche 7. Avril, jour de pâques, le cardinal d'Armagnac célébra sa premiere messe. Le roy de Navarre, & Biron firent une tréve devant Marmande le 1. Mars.

Qzellet pris.

Le capitaine de Renis, gouverneur de Roquemaure, fut démis de ce gouvernement par le maréchal Damville, qui mit à sa place le capitaine Ange de la Sale, dit de la Garde de Bedarride ; mais pendant une nuit quelques chanoines & autres le surprirent, le prirent prisonnier, & s'emparerent de Roquemaure. Ceux de l'union abandonnerent alors Ozeller & quelques-autres isles, où ils s'étoient retranchés pour empêcher le passage du Rhône.

La Barge défit en Auvergne trois cents arquebuziers commandés par Merle.

Le samedi 13. Avril, le maréchal de Bellegarde venant du Piémont, arriva en Avignon, & le 16. il fut à Barbantane, en attendant de pouvoir s'aboucher avec le maréchal Damville.

Agoult s'étant mis volontairement dans Aiguesmortes, offrit de s'y remettre, & d'y garder cette place pour S. M. au péril de sa vie.

Deux cents maisons furent brûlées à Roque du pape, & 70. personnes y périrent.

Luynes défit près du Bourg cinquante des adversaires, commandés par Dailhe d'Aramon, qui fut tué & jetté dans le Rhône.

Le roy envoya à Menerbe Borrique de Censavoir, l'un de ses maîtres d'hôtel. On fit un fort en étoile dans la Camargue d'Arles sous le Baron, pour empêcher l'entrée aux adversaires du Languedoc, dans lequel fut mis pour chef le sieur d'Agoult, dudit Arles. Au Baron fut mis le capitaine Chavari ; & ez Maries le sieur de Grille. Le comte de Sault pourvut à cette œuvre, & se fit ensuite porter à Avignon blessé à une jambe par la chûte de son cheval.

Aubignan délivré par les adversaires de Bagnols en payant ou perdant 25000. liv. arriva à Avignon sur la fin d'Avril. Les huguenots du Languedoc disoient, que si le maréchal Damville vouloit être de leur parti, il falloit qu'il congédiât sa femme qui parloit mal d'eux, qu'il fît pendre Chartier & Marion, ses sécretaires, qu'il ne fît rien sans le consentement de quatre des principaux huguenots, qu'il se contentât de 6000. liv. par mois, Thoré en ayant 2000. & Châtillon, gouverneur de Montpellier 1000.

Damville ne voulant pas augmenter l'ombrage des huguenots, n'alla pas à Beaucaire conférer avec Bellegarde ; mais il lui envoya une bonne escorte, avec laquelle il arriva à Pezenas où ils conférerent ensemble.

Le samedy 27. Avril, arriva à Avignon, venant par Marseille, Dominique Grimaldi, gentilhomme Genois d'illustre maison, nommé recteur de la comté de Venaissin, & successeur de l'évêque de Carpentras.

Biron & Richelieu furent vers le prince de Condé ; Marion alla en cour par mer, passa à Marseille avec le viguier Antonio, & de-là en Piémont.

Le 6. May, on fit un traité avec Ferrier, commandant à Menerbe.

DU COMTÉ VENAISSIN, DE PROVENCE, &c. 199

Les adversaires qui occupoient Gap occuperent Tallard, lieu sur le fleuve de Durance, où y a un beau château à la maison de Clermont ; mais Avanson, archevêque d'Embrun, fit secourir ce château par le capitaine Salletes, qui obligea Gouvernet qui avoit quitté Tullette de lever le siége ; mais les adversaires s'y opiniâtrerent faisant des forts ; le capitaine Bastian qui y commandoit dedans, & qui avoit été de leur parti, se défendit vigoureusement, & fit des sorties où il leur tua plus de deux cents hommes. Blacons voulant avec sa troupe de chevaux se jetter dans Donzere, fut défait près du port d'Ancone par d'Orches, gouverneur de Montelimar. La Charité fut prise par le duc d'Anjou. Deslandes, gouverneur, la Nocle le jeune, & Veremille, y furent tués, du côté des adversaires ; & Sarra Martinengo, du nôtre. Ce fut le 11. qu'on aprit la prise de la Charité ; & le 12. Sauvines, maître d'hôtel du maréchal Damville, arriva à Avignon, & assûra le cardinal que son maître avoit pris le parti du roy.

Le maréchal Damville se mit en campagne avec seize compagnies qu'il avoit déja, & dix-huit compagnies qu'il dressa. Le premier lieu qu'il attaqua fut Desas.

Joyeuse qui étoit vers Toulouse, prit quelques places, & la cité de Pamiers ; puis se campa à Bruguerolles & à Monréal.

Le maréchal de Bellegarde retourna à Arles le 13. May. Guillaume de Montmorency, seigneur de Thoré, resta chef du parti de l'union, & Châtillon des huguenots.

Le frere de Châtillon, nourri à N. D. de la Garde de Marseille, étant allé à Montpellier, fut enfermé par les huguenots pendant douze jours.

Le 15. May, l'évêque de Vaison arriva à Avignon de retour de Rome. Le 16. Vincentio Mattheucii, dit Saporoso de Fermo, colonel, arriva avec quelques capitaines Italiens, & quarante soldats à Cavaillon, & le lendemain à Avignon : il avoit avec lui Concetto Mattheucii de Fermo, son cousin germain, & Pierre de la Lune, Florentin. Saporoso de Fermo étoit âgé de plus de soixante ans, blanc & chenu, chopant de la jambe droite pour les playes reçues au service de François I. Henry II. & Charles IX. commanda ez troupes Italiennes mandées par le S. Pere en France, & à la bataille de Moncontour. Le nom de Saporoso lui a été mis par ses plus familiers, à cause de sa douceur & saveur dès sa jeunesse. Le 19. Saporoso fit lire le bref du pape qui ordonnoit qu'il fût reçu à Avignon, & que le comte de Villeclaire retournât à Rome sur la galère qui l'attendoit au port de Marseille. Villeclaire partit le 22. passa à Cavaillon, & coucha à Salon ; il avoit resté à Avignon trois ans, dix mois, & dix-neuf jours ; il y étoit arrivé le 3. Juillet 1573.

Le cardinal alla à Carpentras le 20. & Roger de Bellegarde, maréchal de France, qui étoit à Avignon, y levoit des troupes, & donna commission d'un régiment à M. de Laval d'Ardeche.

AN. 1577.

An. 1577.

Deux heures après le départ du comte de Villeclaire, le comte de Carces venant d'Aix, arriva à Avignon avec M. de Vins son neveu, & M. de Meirargues.

Les adversaires, après la levée du siége de Tallard en Dauphiné, abandonnerent Donzere. Les catholiques se saisirent du lieu de Clansayes lez-S. Paul-trois-châteaux.

Le vendredy 24. les ministres du roy furent dîner à la chartreuse de Villeneuve, pour y honorer le dom prieur frere Jacques de Censavoir, qui y avoit aussi son frere M. de Borriques venu de Marseille. Sur le soir, arriva de Carpentras M. le cardinal; les estats avoient choisi pour leurs élus messieurs de Caderousse, baron du Thor, & de Velleron.

Gouvernet qui depuis la retraite de Tallard s'étoit retiré à son gîte de Tullette, remonta vers la Mure assiégée par le baron de Gordes, avec lequel étoit l'écuyer de Glandage, qui avoit quitté le parti des adversaires à la persuasion de son pere, & de M. du Puy-S. Martin, qui peu auparavant avoit épousé en secondes noces la fille du vieux Glandage.

Ceux d'Aiguesmortes enduroient pour n'avoir des grains, & tant plus parce que le capitaine François Charriers commandant à la Fregatte du sieur de la Mosson, leur prit une barque chargée de bled, & le capitaine Topheme du Dextret, d'Arles, au fort de Hanne Reaul, près des Maries deux lieuës, défit quelques huguenots. Le maréchal de Bellegarde ayant fait embarquer quatre canons sur le Rhône se rendit à Tarascon.

Le maréchal Damville prit Mauguio, tailla en piéces la garnison, & en fit pendre douze.

Le Lundi 3. Juin, cinq compagnies du régiment de M. d'Aubres passerent le Rhône, & allerent au gîte aux Teullieres de Villeneuve; le lendemain elles se rendirent devant Montfrin, occupé par les rebelles de S. M. devant lequel lieu étoit ja la troupe de Parabere, capitaine de Beaucaire, cottoyant ledit lieu; cependant que nos troupes contournoient le lieu de Montfrin, la partie qui se débanda, qui étoient gens du régiment de Parabere, prit celui de Besousse par escalade de nuit.

Les Menerbiens prirent au-delà de la Durance M. de Champstercy, gentilhomme bien né, & plein de vertu, qui portoit 1400. écus d'Avignon à Aix, pour une paye du mariage de sa sœur; il fut mené à Menerbe, où furent aussi-tôt vendus ses chevaux, & lui mis à 700. autres écus de taille.

Luynes aprocha Bagnols, & prit une grange, nommée Carmignan, que les rebelles faisoient fortifier pour faire leur récolte.

Le jeune Glandage prit Corp en Dauphiné, & les adversaires s'opiniâtroient devant Tallard.

Le samedy 8. Juin, Mandelot passa au S. Esprit, avec les régimens de Crillon, Larchant, & du feu comte Zarra Martinengo. Crillon, mestre de camp, fut en Avignon, où Mandelot arriva le lundy 10. Ses forces passerent

passerent par Villeneuve, allant avec les autres qui ja étoient au lieu de Marguerites en dix enseignes, & la cavalerie du pape & celle de M. de sainte Jaille, qui ja avoient vû & aproché Nismes, dans laquelle ville se trouvoit le sieur de Thoré, sur lequel les adversaires avoient conçu méfiance, & lui non guere assûré parmi eux.

Le lundy 17. Juin, fut de retour du camp de Marguerittes à Avignon Cezar Pallazuol, rapellé par les courses de ceux de Tullettes & d'Orange.

Ceux de Vauvert, rebelles encore, porterent la perte à nos gens.

La compagnie d'hommes d'armes du maréchal de Bellegarde arriva à notre camp, aussi-bien que celles de M. de Savoye, du comte de Bené, & de la Barche.

Le cardinal d'Est arriva de la cour de France à Rome, où le pape accorda de fournir pendant six mois cinquante mille écus par mois, pour la solde de la sainte guerre contre les hérétiques.

Le moulin du sieur Viart, près de Montpellier, fut abbatu, & les occupateurs troussés à la male. Vauvert a reconnu sa faute, & pris par douceur aux obstinés rebelles; mondit sieur ne fit pas tant de grace à ceux-là, & usa de justice. Le maréchal de Bellegarde prit Clarensac, & fit prisonniere la garnison; il fit ravager les environs d'Usez.

Le capitaine Agar, de Cavaillon, blessé devant Nismes, fut porté à Beaucaire, de là à Avignon sur le Rhône à contremont, où il receut consolation de ses pere & mere, & du cardinal, & puis à Cavaillon, où il expira le soir du 23. Juin.

Les moulins à vent qui sont près de Nismes furent assaillis par les nôtres, deffendus par les rebelles, enfin abandonnés, & puis brûlés, & le bled qu'étoit dedans pris pour notre usage. Guidon du Thor, enseigne du capitaine Dagot, fut blessé dans cette attaque.

Les adversaires s'étant emparés du lieu de Pilles, qui avoit été rasé par le comte de Villeclaire, Colombaud, leur chef, s'y fortifia. Saporoso partit d'Avignon le 23. Juin avec plus de 600. arquebuziers, & de la cavalerie, & alla attaquer ce poste; mais dans le temps qu'on étoit prêt à le forcer, un trompette d'une compagnie Italienne sonna la retraite, & tout le monde se retira. Grimaldi, recteur de la Comté, étoit à cette attaque.

Gouvernet, dont sa femme avoit été rançonnée, se mit à la tête de 100. chevaux, & alla brûler la grange de Jean de la Selle, de Carpentras, à Lauriol près de Sarrian.

Pierre de Guinucciis, évêque de Cavaillon, étoit grand persécuteur des dévoyés vaudois.

Plus de quarante places portoient contribution aux Menerbiens. Le comte de Carces fut voir à Beaucaire le maréchal de Bellegarde, qui s'y étoit venu rafraîchir du camp devant Nismes, où il y avoit plusieurs escarmouches, dans l'une desquelles le mestre de camp de Crillon fut blessé au jarret, & son sergent mort. Monsieur, frere du roÿ, aprochoit son camp du Puy en Vellay, dit communément en Auvergne.

Bellegarde alla voir & embrasser le maréchal de Damville près de Montpellier. Les gendarmes de Montdragon, & le régiment de M. d'Aubres de la Comté, renforcerent l'armée du maréchal de Damville, aussi bien que les régimens du capitaine Parabere, & du capitaine Laval, de S. Martin d'Ardeche.

Le maréchal de Retz revenant des bains de Luques, sur une de ses galeres, avec M. de Paris, son frere, encore paralytique d'un pied & d'une main, & privé de l'oüie, fut à Arles.

Bernard, conseillé par M. de Vaucluse, remit Entrechaux à Cesar Pallazuol le 10. Juillet au soir; de l'un des châteaux sortit Baumes, & dans le plus fort entra le sieur de Mazan, fils aîné de Vaucluse. Bernard qui receut en exécution du traité qu'il avoit fait 4500. écus, alla habiter le château de Vaucluse que le seigneur lui prêta, & il y porta ses meubles, & tout ce qu'il avoit gagné à Entrechaux.

Le comte de Villeclaire arriva à Rome le 7. Juin.

Ferrier manqua Vachieres où il avoit quelque intelligence. Gordes prit Lambert, Alliéres près de Grenoble, & Armieu.

Notre camp de Nismes voulant changer de Caissargues & de Rodillan, où ja manquoient les commodités au soldat, la garnison de Nismes voyant le feu mis aux loges, sortit & donna sur notre queuë; mais Mandelot & ses chevaux legers les repoussa jusques dans une église aux champs de Caissargues. Le maréchal de Bellegarde les y fit d'abord investir, & on y fit conduire une piéce de l'artillerie, gardée par le régiment du capitaine Anselme. L'église fut prise par le bas, & le dessus fait en voute battu. Les régimens de Larchant & de Combelles, qui avoit été à Martinengo, les y forcerent. Bellegarde en fit pendre grand nombre aux arbres, & refusa la rançon qu'ils offroient. Le seigneur d'Agoult y fut blessé d'une pierre à la tête qui le fit retirer à Arles, où il fut en danger de mort.

Mandelot ayant été quelques jours à Avignon en partit le 26. Juillet, avec partie de ses forces, prenant la route du S. Esprit. Le maréchal de Retz étoit à Arles, y conferant souvent avec Bellegarde, Carces, & Sault; le maréchal de Damville étoit à la Verune.

Ceux de Nismes ayant reçu un renfort des Cevennes, délibererent de secourir Montpellier, & en attendant, de donner une camisade aux nôtres qui étoient à Bouillargues. Ils y arriverent le dimanche 28. Juillet sur la diane, au nombre de mille arquebuziers & de trois cents chevaux, qui à l'impourvu donnerent dans le lieu, y mettant le feu. Le capitaine Berton, frere du mestre de camp de Crillon, rassura les soldats surpris, & repoussa les adversaires; mais on y perdit quelques soldats, les malades François dudit régiment, & les femmes des vivandiers. Le baron de Lers, second fils du Comte de Suze, fut tué à la prise d'Issoire.

Thion Haunon entra à Bolene en 1458. & il fallut dresser forces pour l'en chasser; & en 1481. il fallut aussi en chasser Bernard de Gorlans; une bonne ville de cet état ne contribua à la dépense qu'il fallut faire pour cela que vingt-cinq florins de monnoye. Le ducat d'or ne valoit alors que trente-deux sols Tournois.

Les gens d'armes du comte de Suze, commandés par Truchenu, son lieutenant, passerent du Dauphiné en Languedoc.

Thoré ne commandoit pas absolument dans Nismes; il avoit des conseillers, & entre autres S. Cosme. Pontevez de Cadenet, & Amiel Paul de Salom, fils de Loüis, moururent dans Nismes des blessures qu'ils receurent à la deffense de cette place.

Mille arquebuziers, & beaucoup de cavalerie, sortirent le lendemain. Le seigneur de Laval, d'Ardeche, qui étoit à Margueritres avec partie de son régiment, & Anselme avec le sien, s'avancerent pour leur couper chemin, & se parquerent au pont de Caissargues, où le choc dura quatre heures; Laval fut blessé au col d'une arquebuzade; Anselme soûtint l'entrée du Pont, & fut blessé à la cuisse.

Le maréchal de Bellegarde étoit à Beaucaire. L'écuyer de Buous Pontevez, qui étoit avec ses arquebuziers à cheval en garnison à S. Martin de Castillon près Cereste, alla avec 25. chevaux en attaquer 25. autres de la troupe du sieur de Stoublon, commandée par Marion; il y en eut quatorze de tués, parmi lesquels fut Marion.

Le maréchal de Retz arriva en Avignon le 6. Aoust, où la veille étoit arrivé l'évêque de Valence qui venoit avec le grand prieur, qui passa à Caderousse, & coucha au château le même jour 6. Le 8. le grand prieur tint en baptême l'aîné du baron de Caderousse, & de Magdelaine de Tournon; la maraine fut madame de Crillon. Le maréchal de Bellegarde étoit indisposé à Beaucaire. Le grand prieur passant à cheval devant Livron, la garnison fit tirer quelques piéces sur lui.

On aprit que Viviers s'étoit remis sous l'obéïssance du roy.

Mille arquebuziers & 300. chevaux des adversaires ayant assiégé le château de Crussol qui est très-fort, le grand prieur qui étoit à Valence envoya contre eux Orches, gendre de Gordes qui les attaqua d'abord, les défit, leur tua 250. hommes, & n'en perdit que deux. Le baron de la Roche, guidon du duc d'Usez, s'y distingua, & Châteauneuf-Mossen-Giraud, y fut blessé.

Le 13. Aoust, Cesar Pallazuol, envoyé par le cardinal partit pour Rome. Bellegarde se disposoit à venir en Avignon. Les adversaires en Languedoc étant renforcés, & se jactant d'assiéger & prendre Codolet, y vouloient faire passer les forces du Dauphiné, & secourir Montpellier.

Ferrier acheva d'abattre les murailles des fauxbourgs de Menerbe,

& rompit la tour ancienne des Baumettes. Le pape manda en ce pays des poudres & balles pour cinq cents volées, & le maréchal de Retz en commanda à Genes. Bernard étant au château de Vaucluse, le réparoit, & r'habilloit la Cisterne, ce qui faisant craindre qu'il ne voulût s'y fortifier, on l'obligea de donner ses enfans en ôtage à Mazan.

Le sacré college des cardinaux résidant à Avignon, nommerent pour capitaine général de la Comté en 1399. Guy de S. Martial, baron de Lers. Le sénéchal, qui se nommoit George de Merle, étoit capitaine de Tarascon. Pons de Langeac, damoiseau du diocese de Clermont, étoit recteur à Carpentras en 1394.

Les adversaires de Languedoc reprirent Blausac-lez-Usez.

Le dimanche 18. Août, le grand prieur de France partit d'Avignon, & alla coucher à S. Remy. Le comte de Montafier, Piémontois, étoit lieutenant de sa compagnie. Le comte de Suze partit du camp de Monsieur, & revint chez lui. Caderousse fut au secours de Codolet menacé par les adversaires; Concetto Mattheucii y fut avec les chevaux legers du pape le lundi 19. & sainte Jaille s'y rendit d'un autre côté.

Le samedi 23. les Menerbiens allerent faire des courses à Rouret, apartenant à la comtesse de Porrieres-lez-Cavaillon, & à Château-Renard, dont le comte de Sault étoit seigneur, aussi-bien que d'Airagues. Bellegarde envoya des troupes à Caderousse pour renforcer la garnison de Codolet.

Le dimanche 1. Septembre, le grand prieur arriva à Cavaillon avec 200. charges de munitions de guerre. Les régimens de Larchant, de Combelles, & d'Anselme, y arriverent aussi; le maréchal de Retz dans une litière, Saporoso; le recteur de la Comté, avec cinq pièces de batterie aux ordres du commandeur du Puget d'Avignon; le comte de Sault avec ses salades, celles de Balagni, & le régiment du mestre de camp de Crillon. Toutes ces troupes furent destinées pour le siége de Menerbe que l'on envoya sommer.

On aprit vers le 7. Septembre, que d'Orches, gendre de M. de Gordes, étoit décédé dans son lit de maladie naturelle.

Jean de Monluc, évêque de Valence, fut au camp devant Menerbe, aussi-bien que le vicomte de Cadenet, le bailly de Manosque, commandeur de S. Andiol, Baumettes, l'escuyer de la cité, & d'Aubignan.

Le 11. Septembre, mon frere le chevalier de Coumons arriva au camp, venant de celui du maréchal de Damville devant Montpellier. Damville qui avoit été joint par Joyeuse, demandoit de la cavalerie au maréchal de Retz, & aux comtes de Carces & de Sault, pour s'oposer au secours que les adversaires vouloient jetter dans Montpellier. On lui envoya les compagnies de Carces & de Suze, celle de Mont-

DU COMTE' VENAISSIN, DE PROVENCE, &c. 205

dragon, & les arquebuziers à cheval du capitaine Sabran, gouverneur d'Aramon.

AN. 1577.

Quelques soldats de Malaucene prirent par escalade, sur les adversaires, le lieu de Lezignan en Dauphiné à trois lieuës de là.

Le comte de Villeclaire ayant obtenu avec peine de saluer S. S. elle le licentia; il revint à Turin, sans toucher à Brescia sa patrie à cause de la peste; il arriva à Avignon le 13. Septembre.

Le colonel Pompée Catilina fut blessé devant Menerbe. Mrs. de Cental, de Senas, & de Patris, joignirent le camp où S. Sixt voyageoit beaucoup pour la fourniture des vivres, & des autres munitions. On envoya dans Menerbe Cabanes, frere de Gordes, pour induire Ferrier à rendre cette place.

Le mercredi 28. on mit dans le canon une balle chauffée à la forge, qui étant tirée, mit feu à une feniére. Le capitaine Jean Seguirani, sergent-major du régiment de Crillon, reconnoissant Menerbe, receut un coup d'une arquebuze chargée de deux balles, dont il mourut sur le champ; son corps fut porté à Oppede. Il avoit servi pour les adversaires dans le temps que Valavoire prit Menerbe; il servoit dans Montbrun à la prise de Malaucene en Août 1560. ayant été pris par les nôtres, le comte de Sommerive lui sauva la vie; il étoit frere d'Honorat Seguirani, capitaine dans le régiment Provençal de S. Martin, & de Pierre Seguirani, conseiller au parlement d'Aix, fort catholique.

Gordes prit en Dauphiné Urre.

Le mercredi 18. on proposa une trêve; mais le 20. le grand prieur fit recommencer à tirer; alors les Menerbiens proposerent de se rendre, & donnerent deux ôtages, pour lesquels on envoya à Orange Thomas de Pazzis de Panisses, seigneur d'Aubignan, chevalier de l'ordre du pape & du roy, & Joachim de Simiane, seigneur de Château-neuf-Mossen-Giraud pour y rester jusqu'à ce que Ferrier & sa troupe fussent sortis de Menerbe & arrivés à Orange. Ce traité conclu, on aprit que le chevalier Delli Oddi étoit arrivé à Nice, envoyé par le pape avec 15000. écus, 2000. balles de canon, 100. barils de poudre, & 100. caisses de salpêtre. Le dimanche 22. le maréchal de Retz se retira à Avignon. Le grand prieur resta au camp avec Saporoso, Grimaldi recteur, & Patris, & fit changer son quartier, & l'artillerie du haut du mont de Ganiac en bas vers le levant aux prairies, afin que la garnison pût sortir plus librement; ce fut le 23. On vendit à S. Sixt plus de 1000. salmées de bled & 100. charges de vin. Ferrier sortit à cheval jusques hors la tranchée, mit pied à terre, & ayant avec lui Derranque, Lanfrin, & autres ses plus aparens, fit la reverence au grand prieur, lui dit en Provençal qu'il lui tiendroit ce qu'il lui avoit promis, & rentra dans le lieu. Le mardi 24. la femme de Ferrier qui sortit de Menerbe avec le carriage qu'elle voulut, fut rendue en toute sureté dans le château de Murs, assistée par l'écuyer de Murs, & de Javon. On avoit tiré jufqu'au jeudi précédent 967. volées de canon. Le 26. deux cents fantaffins Italiens arrivèrent à Cavaillon, & la compagnie de chevaux légers fous le chevalier Delli Oddi.

Le 28. notre camp s'étant éloigné de Menerbe, l'artillerie mife en bas près la riviere de Coulon, & nos gens prêts à aller camper à la tour de Sabran; S. Auban avec une troupe de Dauphinois entra dans Menerbe, fe faifit du commandement après que Ferrier eut été bleffé, & fit tirer fur nous. Le grand prieur voyant cette trahifon, envoya le capitaine Siroque à Murs arrêter la femme de Ferrier.

Le dimanche 29. Septembre, fut délibéré au confeil de battre le Caftelet, maifon des hoirs de Manaud Guillen, grand médecin d'Avignon, à la part de la trémontane bien reparée & fortifiée par ledit Ferrier, hors & féparée du lieu, parce qu'elle ne pouvoit ôter l'entrée d'une des portes, & empêcher les affiégés d'aller prendre de l'eau à la fontaine Soberane, & au puits.

Le mardi 1. Octobre, le comte de Suze arriva au camp, où il ne put longuement demeurer, les ennemis de Tullettes cotoyant fa maifon; les adverfaires fe faifirent de S. Paul & de Château-double que le roy avoit donné au feigneur Centurion, qui y perdit fes meubles & hardes.

En Provence on reprit Corbons, Monfailler, & Montfroc près Forcalquier. Le mercredi 2. Octobre, le meftre de camp Crillon, encore boiteux, arriva au camp. Le même jour on donna un affaut, où furent bleffés le grand prieur Balagni, le capitaine Coumons, & Javon; la Verriere coufin du maréchal de Retz s'y trouva.

Le jeudi au foir, on donna un autre affaut, où le capitaine Cofme Stozzi du régiment de Combelles receut une arquebuzade, Senas de la maifon de Gerente, Provençal, y fut tué d'une piftole au bras qui lui traverfa le corps; fon corps porté par fon frere le fieur de Bras, qui auffi fut bleffé, à Senas inhumé dans leur chapelle.

Le lundi 7. Octobre, George de Glandevez, feigneur de S. Martin, étant parti de notre camp bien accompagné, arriva à Aix au logis de la cloche; s'approchant du comte de Montafier, de Piémont, marié en France, un des fiens bleffa ce comte à la tête, & un autre lui tira une piftole; mais avant d'expirer, S. Martin fut tué. Le comte fit encore teftament & fit héritieres fes deux filles; fon corps & fon cœur furent portés à Marfeille, pour les faire paffer en Italie.

Le 8. le régiment d'Anfelme, feigneur de Jonas, entra dans le fort des Italiens vers le levant. Le 10. on avoit tiré contre le Caftelet 907. volées de canon. Le 13. le jeune capitaine Buoux arriva au camp avec une bonne troupe; & le 14. la compagnie d'hommes d'armes de M. de S. Chaumont, venue de Forez & de Vellay. Le 15. partit pour l'Italie Alexandre Leguan, Bolonois, capitaine des chevaux legers du pape. Le 16. arriva la compagnie d'hommes d'armes du comte de Suze, conduite par le fieur d'Alein, venant du Languedoc.

DU COMTÉ VENAISSIN, DE PROVENCE, &c.

Sept cents chevaux, trois mille arquebuziers, & trois cents mulets chargés de deux sacs de farine, & quelques bœufs conduits par Thoré, Chatillon, S. Romain, & le vicomte de Paulin, entrerent dans Montpellier le 1. Octobre; & étant sortis sur le champ avec deux piéces de canon, ils battirent S. Mozi, l'emporterent d'assaut, passerent au fil de l'épée 100. soldats, & firent prisonnier le capitaine Massane, qui y commandoit.

Le maréchal Damville receut en même temps la nouvelle de la trêve par la Noüe, venu d'Agen où étoit le roy de Navarre. Duquel pays on aprit la mort de Blaize de Montluc, maréchal surnumeraire de France, âgé de 80. ans+; les états duquel furent donnés à M. de Biron de la maison d'Ornezan, & partie de sa compagnie à M. de Balagni, qui ça bas la commandoit en notre camp.

La Verriere & Anselme partirent du camp de Menerbe pour la cour; d'où arriverent Poigny de Rambouillet qui passa en Languedoc, & Antonio, viguier de Marseille.

Le 19. notre camp alla à Avignon, & le recteur Grimaldi, Vignancourt, gentilhomme & favori du grand prieur, & un mandé de M. de Gordes ça bas pour adresser Jaques Segur, qui d'Agen étoit venu en Dauphiné mandé du roy de Navarre, faire entendre à Lesdiguieres la paix accordée à Poitiers le 17. Septembre en exécution de la convention de Bergerac. Segur me dit que les terres occupées à sa béatitude lui devoient être restituées, & que Lesdiguieres devoit se contenir à Serres, Vercoirans à Nions, & Gouvernet à Tullettes. Lesdiguieres donna un des siens à Segur pour faire entendre à Jaques Pape, seigneur de S. Auban, commandant dans Menerbe de se segreger des autres Menerbiens & Vaudois. Vignancour, Segur, & Aubignan, furent le 22. à la porte de Menerbe avec lettres pour Ferrier afin qu'il rendît cette place, & celle des Pilles à S. S. S. Auban répondit que Lesdiguieres l'avoit envoyé pour commander dans cette place, qu'il y étoit entré le matin du 28. Septembre, & qu'alors Ferrier avoit été démis; qu'il ne vouloit pas tenir cette place contre la volonté du roy de Navarre & du prince de Condé; mais qu'il vouloit en avertir leur assemblée qui se tenoit à Gap. Sur cela Segur s'achemina à ladite assemblée avec un exprés du maréchal de Retz & un de Gordes. S. Auban parut desirer une trêve; mais le grand prieur ne voulut l'accorder, & continua de faire parachever ses forts.

Le 13. Octobre, fut enterré en Avignon S. Maxelin, fils aîné de M. de Sainte Jaille, mort d'une blessure qu'il avoit reçeüe* en Languedoc; il avoit été page du cardinal d'Armagnac. Le 25. Alfonce d'Ornano, colonel des Corses, partit du camp de Menerbe pour aller à la cour. Le samedi 26. partit d'Avignon pour aller au camp du grand prieur le président des Arches. Menerbe n'est qu'une bicoque pour n'y avoir eu en sa fleur & avec sa bourgade que 150. maisons, son sit bossu & montueux, aspre &

An. 1577. aride d'eau, son terroir pourtant beau. Les habitans de ce lieu avoient autrefois forcé leur seigneur Pierre de Castronovo, des seigneurs d'Entraigues & de Mologez; Charles son fils naturel poursuivit son droit à Rome, & ne put recouvrer sa seigneurie; il eut pour successeur son cousin légitime, Laurens fils de Jean de Castronovo, seigneur de Molegez, qui après bien des chicanes fut obligé de ceder son droit au S. Siége apostolique. Ce lieu est du diocese de Cavaillon, & le prieuré est annexé au chapitre de S. Agricol d'Avignon.

Le jour de S. Simon, de Gla & Megiveu sa enseigne guidon de la compagnie du grand prieur, partirent de Noves, & furent remplacés par le sieur de S. Maximin-lez-Usez de la maison de Thezan & par le baron de la Roche. La compagnie de M. de S. Chaumont partit aussi du camp, où l'on continuoit à élever les forts pour aller à Aiguieres; la compagnie du comte de Suze alla aussi à Cacuron. Le 31. Octobre, Balagni partit aussi avec sa compagnie allant à Gravezon; mais n'ayant pas pû passer la Durance à cause de sa grosseur, il coucha à Coumons. Le même jour, on receut la réponse de Lesdiguieres & de l'assemblée de Gap, qui marquoit que si notre camp se levoit d'autour de Menerbe, S. Auban & les siens seroient rappellés. Jaques Segur ne retourna pas, parce qu'il ne fut gueres bien receu à l'assemblée de Gap, où l'autorité du roy de Navarre ne fut guere bien respectée. Lesdiguieres, Champoleon, & Forniez, firent bâtir des maisons à Gap, qu'ils rendirent suivant l'édit de paix.

Le dimanche 3. Novembre, on publia la paix dans le camp; & le lundi 4. le camp fut levé d'autour de Menerbe, où il avoit été campé deux mois & un jour. Le grand prieur alla coucher à Avignon, son train à Coumons, où arriverent aussi les régimens de Crillon; tout cela nous demeura sur les bras, le soir & le mardi matin à dîner, ensemble quatre canons de batterie & son attirail; ce qui ne fut sans une grande incommodité, malgré la providence du grand prieur qui y laissa les sieurs de S. Maximin & Montperou, maréchaux de camp. Saporoso & le recteur demeurerent dans nos forts faits contre Menerbe, avec le régiment Italien, & mon frere le chevalier de Coumons avec sa compagnie de 200. hommes. Les régimens d'Anselme & de feu S. Martin allerent à S. Remy. Le mestre de camp Crillon alla à Beaucaire trouver le maréchal de Bellegarde, qui en Languedoc, & depuis Montpellier en haut contremont, commandoit, pour avoir moyen d'entretenir les trois régimens François. Le mercredi 6. le grand prieur passa la Durance, coucha à S. Remy, & de là à Aix pour y faire publier la paix. Les compagnies de S. Chaumont & de Balagni retournerent en France. Poigni de Rambouillet fut en Avignon, de retour d'auprès du maréchal Damville, à qui il avoit porté le don du marquisat de Salusses que le maréchal avoit refusé, & en avoit remercié le roy en envoyant en cour Seigneuret, l'un de ses secretaires. Les Suisses avoient tenu ce marquisat, qui fut rendu à son seigneur

gneur naturel après la bataille de Pavie ; le comte Jean-Baptiste de Lodrone reprit ce marquisat, d'où le marquis Michel Angelo se sauva au château de Roel ; François, marquis de Saluffes, fut tué d'un coup de mousquet au siége de Carmagnole en 1537. Ce marquisat est ressortable au parlement de Grenoble ; mais depuis la restitution du Piémont, le roy a tenu audit marquisat un parlement auquel préside M. de S. Julien, Embrunois.

AN. 1577.

Le 9. Novembre, les trois régimens François partirent de Villeneuve pour Bagnols & le S. Esprit ; & le 10. partit de S. Simon de Theix-lez-Apt la compagnie du comte de Suze dont la Verdiere étoit lieutenant, Buoux enseigne, & l'écuyer de Mazan, fils aîné de Vaucluse, guidon. Le 14. le comte de Suze partit pour la cour.

Le mercredi 13. jour de S. Veran, évêque de Cavaillon, Saporoso voulant se retirer à Avignon laissa le commandement des forts contre Menerbe au recteur. Il paroissoit depuis quelques nuits une comete.

Thoré retourna commander à Bagnols.

Le maréchal de Retz se retira d'Avignon au château du pont de Sorgue.

Le dimanche 17. Novembre, le maréchal de Bellegarde arriva de Beaucaire en Avignon par le Rhône ; le maréchal Damville y arriva d'abord après.

Buoux revenant d'escorter le comte de Suze jusqu'à Valence, défit quelque cavalerie d'Orange près de Lampourdier & du Rhône au dessous de Château-neuf du pape, où commandoit Caderousse.

Le cavalier Oddi, capitaine des chevaux legers du pape, battit quelques troupes de Gouvernet vers la frontiere du Dauphiné. Le cadet d'Aspres, neveu de Gouvernet, fut tué dans ce choc. Palliers envoyé par le cardinal au roy de Navarre pour presser la reddition de Menerbe, en porta l'ordre que S. Auban éluda.

Anselme revenant de la cour arriva en Avignon, dit que M. de Damville demeureroit seul en Languedoc ; S. M. ayant trouvé sa requête raisonnable, son régiment fut réduit à peu de soldats ; Agoult le commandoit en son absence, & il fut mis à S. Martin de Castillon.

Montfroc fut rendu.

Le maréchal de Retz ayant receu quelque meilleurement en l'oüie par sa diette faite au château du pont de Sorgue, retourna en Avignon, où il receut lettres du roy pour s'acheminer en cour.

Le 3. Décembre, le maréchal de Bellegarde alla faire son séjour à Tarascon.

Le 4. le grand prieur arriva à Apt pour y favoriser la contrée de la Valmasque & nos forts contre Menerbe ; car encore Monsailler ni Buoux n'étoient rendus.

Laurent Agar, gentilhomme de Cavaillon, alla à Aiguesmortes négocier avec Thoré & S. Romain la restitution de Menerbe; un de leurs ministres Bauffen alla de Bedarride à Menerbe le 5. Décembre; mais de 130. endiablés qui gardoient ce lieu, il n'en trouva que quatre de raisonnables; il s'en retourna tout confus. Il persuada la princesse de Salerne, belle-mere de S. Auban, qui encore étoit à Avignon, d'aller parler à son beau-fils; elle s'achemina à l'un de nos forts, dit la nouvelle Menerbe, où résidoit le recteur; elle arriva le 9. au soir fort tard & coucha audit fort. Le soir S. Auban sortit inopinément de Menerbe accompagné de 30. hommes, & emmenant avec soi Ferrier & son neveu Peyre prisonniers; il laissa pour commander dans ledit lieu Bernus, natif de Sault. Meynard étoit au lit fort blessé du canon; S. Auban emporta l'ar- + tant de la cause, que des rançons des prisonniers catholiques.

+ l'argent

Le 10. Décembre, le maréchal de Retz partit d'Avignon pour la cour, & avant son départ on arrêta à Avignon compte de la dépense faite au camp contre Menerbe; elle monta à 322508. liv. 14. s. 3. den. la Provence en supporta les deux tiers, & le pape & le Comtat l'autre tiers par moitié.

Marc-Antoine Martinengo, comte de Villeclaire, ayant accommodé ses affaires, retourna en Italie; la ville d'Avignon lui donna 300. écus pour présent qu'il ne prit pas, ouy un horloge de moindre prix.

Saporoso se rendit à la nouvelle Menerbe, où dès l'heure qui fut la veille de S. Thomas fut commencé le quatrième fort contre les assiégés, qui fut porté entre le grand fort & celui où étoient les Corses en bas vers le levant; on mit l'eau du ruisseau des fontaines au dedans nos fossés où cent hommes pouvoient être à leur aise. Saporoso retourna en Avignon le 23. Les assiegés Menerbiens firent quelques sorties comme endiablés, en l'une desquelles l'enseigne de mon frere receut deux arquebuzades mortelles; il fut porté à Bonnieux, lieu de sa naissance, où peu de jours après il expira: il s'appeloit Julien de Perussiis, fils légitime de feu seigneur Jean de Perussiis, dit de Lesca, parce que celui-ci fut fils naturel à feu Boniface de Perussiis, évêque de Lesca, oncle paternel de monseigneur de Coumons mon pere. Cet évêque mort en 1509. l'avoit eu avant qu'il fût évêque, protonotaire, prêtre ni sacré. M. de Lauris étoit frere dudit évêque; ce fils naturel fut nourri à la maison de la Coste, se maria à Bonnieux, & eut entr'autres enfans ledit feu Julien.

Les adversaires manquerent d'escalader Sablet, & de prendre Javon & Bonnieux. Le 31. Décembre régnoit depuis quinze jours le vent de bize & le froid clair. L'évêque de Valence descendit çà bas mandé par S. M. en Languedoc pour y faire laisser les armes à ceux de contraire parti. L'évêque leur ayant voulu prêcher sur ce ton là, quelques huguenots lui dirent qu'il n'avoit pas toujours parlé ni pensé de même; à quoi l'évêque leur répondit: Si j'ay prêché, ça été contre quelques ministres mal vivans, & non contre la puissance de l'église ni contre celle du roy.

+ Jean de Montluc frere du Maréchal. Il favorisoit les Calvinistes, et s'est marié secretement étant évêque. Il mourut bon Catholique et repentant le 13. Avril 1579. à Toulouse...

DU COMTÉ VENAISSIN, DE PROVENCE, &c.

L'évêque retourna ensuite à Valence. Le maréchal Damville licencia tout, fors le capitaine Luynes au S. Esprit, & Parabere au château de Beaucaire. Le grand prieur partit de Marseille le 28. Décembre & fut à Arles.

AN. 1577.

Ferrier mené prisonnier par S. Auban jusqu'à Montbrun y trouva faveur; on le mena à Gap, où il se justifia devant Lesdiguieres, qui le fit mettre en liberté; revenant de Gap, il passa à Montbrun; & s'étant abouché avec S. Auban, ils mirent l'épée à la main, mais la dame de Montbrun les apaisa, & Ferrier se retira à Cereste : pendant qu'il commandoit à Menerbe il avoit 150. livres par mois, & sa compagnie coutoit par mois 1811. livres.

AN. 1578.

Sainte Croix de Reillane qui peu devant avoit délaissé le lieu de Monsallier moyennant quelque argent que les habitans lui donnerent, projetta de s'emparer de Javon; mais le recteur y mit le 12. Janvier vingt soldars Italiens.

Les écus d'or sol valoient en Languedoc 72. sols, & ceux d'Italie 70. & en Avignon 68. & 66.

Le grand prieur étant à Arles fit embrasser plusieurs gentilshommes qui avoient querelle ensemble. Son excellence se rendit en Avignon pour y déliberer de la reddition de Menerbe; Lesdiguieres se rendit pour cela à Nions, & S. Romain à Bagnols.

Pierre Bon, natif d'Avignon, baron de Meuillon, chevalier de l'ordre, capitaine de galeres, gouverneur de Marseille, y mourut le 10. Janvier âgé de 80. ans, laissant un fils baron de Meuillon & de Montauban.

La peste cessa à Milan, où l'on fit une procession le 20. Janvier.

Sabran, l'un des bien-vûs du maréchal Damville, ayant eu querelle avec le capitaine Nicole, Napolitain, étant aux troupes des Albanois du régiment dudit sieur maréchal, & étant parti en poste de Beziers pour Montpellier, fut atrapé par le capitaine Nicole, & mis à mort avec deux de sa compagnie; les Albanois se sauverent par mer. Quelques jours après, déceda le capitaine Bernardin, Albanois d'origine, fils à feu capitaine Theode Bedin, enseigne de la compagnie dudit maréchal.

Le 27. Janvier, les adversaires finissant leur assemblée de Nions; donnerent pouvoir à Lesdiguieres, gouverneur de Serre, S. Romain, gouverneur d'Aiguesmortes, & S. Auban, gouverneur de Menerbe, de négocier l'affaire qui regardoit cette ville. S. Romain & Morges du Dauphiné qui avoit part à la conseigneurie de Caderousse, se rendirent à Avignon ledit jour, & furent logés au palais; ils y confererent avec le cardinal, le grand prieur, Saporoso, le recteur, & le président des Arches; on leur accorda une tréve de six semaines avec une quantité de vivres par jour, & 120. écus pour aller vers le roy & le roy de Navarre; Morges en alla avertir Lefdiguieres, & ils nommerent pour aller faire leur remontrance au roy ledit Morges, Louis Merle, & Chambaud ; cette réfolution fut prife le 29. après quoi S. Romain paffa en Languedoc.

Le 1. Fevrier, fon excellence partit d'Avignon pour la Provence, ayant donné ordre de mettre des Corfes dans le lieu de la Cofte.

Peu devant, à Lunel les adverfaires tuerent le bon & catholique chevaucheur y tenant la pofte pour S. M. en haine qu'il avoit tenu ladite ville contre les forces & defcente du feu Amiral.

Les députés des adverfaires étant arrivés en Dauphiné, demanderent 200. écus pour faire le voyage au roy de Navarre, & 2000. livres pour la folde des affiégés de Menerbe, contre lequel il y avoit un fort nouveau nommé de l'Aigue.

Le marc d'argent valoit 14. liv. 8. f.

Le duc de Seffe, Pierre de Medicis, frere du grand duc, & le marquis de Pefcaire, pafferent par mer d'Italie en Efpagne; le duc de Savoye étoit à Nice, & Alexandre Farnefe, prince de Parme, alla en pofte d'Italie en Flandre.

Le lundi 17. Fevrier, le maréchal de Bellegarde arriva en Avignon venant de Tarafcon ; le roy lui avoit donné la demeurance au château, & le revenu de la ville pour neuf ans, avec un pouvoir fort ample pour aller en Dauphiné faire mettre les armes bas aux adverfaires.

On réfolut de faire fept nouveaux petits forts contre Menerbe. Cezar Pallazuol revint de Rome le 18. Le grand prieur renvoya à Ferrier fa femme & fa niéce, qui avoit demeuré quelque tems en Avignon.

La comteffe de Carces ramena plufieurs razés au parti de fon mari pendant les états de Marfeille.

Le 22. Fevrier, le recteur avec 400. hommes battit la queue de la cavallerie adverfaire dans Lurmarin, au-delà du Leberon & au midy de Menerbe. Le lundi jour de S. Matthias, le recteur fut en Avignon pour y voir le maréchal de Bellegarde; Pierre de Merle, natif d'Avignon, député des adverfaires vers le roy de Navarre pour la reftitution de Menerbe, partit pour cette négociation.

Le vendredi 21. Fevrier, Bertrand de Simiane, baron de Gordes au diocèfe de Cavaillon, commandant en Dauphiné en l'abfence du prince Dauphin, né en Provence, mourut à Montelimar, où il étoit venu pour conferer avec Bellegarde quoique malade: Il avoit eu de grands regrets par le décès de madame Laval fa femme, du baron fon fils aîné, & de M. d'Orches fon beau-fils ; il écrivit fes actions comme un journal & commentaire, afin d'être prêt d'en rendre compte s'il eût été recherché. Ainfi ai entendu que le faifoit feu le comte de Grignan, de la maifon d'Adhemar, auffi Provençal, qui fut lieutenant de roy à la Provence, vexé en fon tems & recherché, mais forti & mort en honneur, & regretté

DU COMTE' VENAISSIN, DE PROVENCE, &c. 213

AN. 1578.

L'évêque de Valence passa en Avignon allant en Languedoc au commencement de Mars : & le 2. du même mois, le maréchal de Bellegarde alla d'Avignon coucher à Carpentras, pour de là s'acheminer au Buis, où les adversaires ne voulurent pas se rendre ; il les y envoya solliciter par Anselme qui n'en rapporta que des excuses ; le maréchal retourna en Avignon le samedi 8. & fut de là à Tarascon.

Le chevalier d'Oddi qui étoit en garnison à sainte Cecile, fit une trapassade par la campagne Orangeoise, & fut jusqu'aux jardins de cette ville, où il tua quelques huguenots.

Il y eut de grandes fêtes à la cour pour le mariage de S. Luc avec mademoiselle de Brissac. Monsieur fut à Angers où la reyne sa mere alla le voir.

Les douze galeres d'Espagne qui portoient les seigneurs d'Italie, furent obligées de s'arrêter à la Tour du Bouc-lez-Martigues ; le prince de Florence avoit été obligé de s'y arrêter en Septembre 1563.

La nuit du jeudi 13. au 14. Mars, il tomba de la neige, les amandiers étant fleuris. La neige étoit aussi tombée le 12. Mars 1563. jour de la mort du duc de Guise.

Les adversaires prirent en Languedoc quelques places sur le Rhône, & entres autres, Charmes.

Le lundi au soir 17. Mars, les rebelles de Menerbe sortirent pour gagner la tranchée du fort d'Aqua, tenu par le colonel Pompée, d'où ils furent repoussés.

Le mardi 18. on cria à Avignon les écus sol à soixante sols, ceux d'Italie, & autres pistoles à cinquante-huit, & les testons à quatorze sols six deniers.

Le lundi 24. la compagnie de Pallazuol s'embusca dans le Leberon, & abatit quelques huguenots de Merindol.

Les mulets du grand prieur furent pris & volés.

Les adversaires voulurent surprendre Avignon vers Toulouse ; mais le roy de Navarre permit que les attentateurs, qui avoient été pris, fussent pendus.

En Dauphiné, Dupuy-S. Martin fit trousser Moru, ministre, près le Crest.

Le docteur Sobiras, premier consul de Carpentras, & Buguier, viguier de Cavaillon, envoyés du Comtat, Merle & Chambaud, envoyés des protestans pour la restitution de Menerbe & des Pilles, trouverent le roy de Navarre à l'Isle-Jourdain, & conclurent cette affaire à Pamiers le 26. Mars, & que dans cinq jours partiroit de la cour du roy de Navarre, le vicomte de Turenne, neveu du maréchal de Damville, avec toute autorité pour terminer cette affaire, & se rendroit auprès du maréchal.

Le 1. Avril, les députés arriverent en Avignon avec cette réponse ;

Dd iij

on résolut d'envoyer au pape Sadolet, seigneur de Blovac, pour lui représenter que la Comté devoit 800000. écus.

Les douze premiers jours du mois d'Avril, il gela.

Le 3. Avril, Merle de Cortezon se saisit du château d'Orange, & en donna avis au maréchal de Damville, qui y envoya pour gouverneur, à la place de Barchon, Moissac avec 1200. liv. d'état, & Merles au château avec 600. liv.

Le comte de Carces quitta alors Tarascon pour aller à Carces ; étant à Salon il y aprit que Maugiron avoit été nommé Lieutenant de roy en Dauphiné à la place de Gordes, dont la compagnie fut donnée à Tournon, comte de Roussillon.

Baptiste Turgon, dit Fusterii, qui avoit été secretaire de Ferrier, habitant & marié à Grignan de Provence, abjura l'héresie entre les mains de l'évêque de Carpentras.

Les adversaires voulurent escalader Vaison, brûlerent quelques maisons à Ville-Dieu ; Gouvernet de Tullette molestoit tout son voisinage. Le comte de Carces, qui s'étoit logé au château de Salon de Crau, beau lieu, & bien airé pour le chaud, écrivit au roy en faveur d'Anselme. La noblesse qui lui étoit attachée, lui représenta qu'il étoit lieutenant & gouverneur en Provence en l'absence du maréchal de Retz, & que s'il avoit cedé au grand prieur de France, ce n'étoit que comme prince & du sang, & qu'il ne devoit pas obéir au comte de Suze, comme le roy lui mandoit par sa lettre écrite à Paris le 3. Avril, & que Moncalm lui aporta. D'autres plus pacifiques étoient d'avis que Carces patientât, surtout à cause du grand procès contre les razés. Sur cela le 22. Avril, tous les gentilshommes, vassaux, & les députés aux états, signerent & jurerent de courir la même fortune que le comte de Carces, non contre le roy, mais contre le lieutenant général qui viendroit pour commander en Provence, & déposseder ledit comte de Carces. Il y avoit alors à Salon 300. gentilshommes, & 500. chevaux qui étoient nourris à leurs dépens ; le vigueriat de Tarascon payoit vingt-cinq hommes pour la garde de la personne du comte de Carces ; & la province envoya pour parler en sa faveur au roy Agoult & Montcalm. Le cardinal craignant l'événement de cette association, envoya au comte de Carces, Aubres pour le dissuader de rien attenter ; Carces donna de belles paroles en réponse.

Le recteur Grimaldi fit faire des tranchées contre Menerbe par les Terralhons de Monteux, qui couterent 700. écus.

Le capitaine Parabere, commandant au château de Beaucaire, découvrit que les adversaires vouloient surprendre ce château.

Nicolas de Ponté, âgé de 86. ans, fut élu doge de Venise le mardi 18. Mars.

Le lundi 5. Mai, Dominique Grimaldi, recteur, montrant les tranchées à monsieur de Cavaillon, du fort triangle, fut blessé d'une arquebuzade tirée de Menerbe.

DU COMTE' VENAISSIN, DE PROVENCE, &c. 215

Le capitaine Serverii revint le 20. Mai du Dauphiné, & raporta que Lesdiguieres avoit receu une somme d'argent pour le détriment de sa maison bâtie à Gap, ou pour la restitution du fort de la Mure, mais qu'on ne vouloit point entendre à celles de Menerbe & des Pilles. Catherine, grand-mere de Sebastien, roy de Portugal, & la grande Duchesse de Florence, moururent, celle-ci le 10. Avril.

Espiart, capitaine des huguenots, voulut surprendre Besousse, & y perdit 40. hommes. Le maréchal Damville assiégea Montagnac, & ne put pas le prendre.

Salviati, nonce du pape vers le roy, ayant fini son temps, eut pour successeur Dandin, neveu de Jerôme Dandin de Cesere, évêque d'Imola, créé cardinal en Décembre 1551.

Le 19. May, partit de Provence le président des Arches pour retourner en France, ayant laissé à Aix le grand prieur, prié par le parlement d'y sejourner pour éviter tout sinistre évenement. Le comte de Sault nouvellement fiancé en France, revint alors de la cour.

Coumons, *Mons concavus*, étoit autrefois beaucoup plus grand, & est fort ancien.

Les adversaires délibererent à Sommieres de secourir Menerbe, devant lequel les tranchées furent achevées vers le 15. May; elles étoient longues de 1806. cannes, à deux florins par canne, dix pans de large, & six de profondeur, sans le parapet, outre douze petits forts.

Sainte Croix de Reillane fut tué au Revest de Brousse près de Forcalquier.

S. Auban de son château mandoit faire des courses dans le Comtat; sa troupe étoit favorisée par ceux de Merindol, de S. Falez & de Buaux.

Les adversaires du Languedoc s'assemblerent à Barjac & dans les Cevennes pour secourir Menerbe; sur quoy le cardinal envoya au seigneur de Caderousse, pour qu'il prît garde aux passages du Rhône, entre son château & le S. Esprit. Le maréchal de Bellegarde étant alors en Avignon, fut prié d'assister de ses moyens pour empêcher le secours de Menerbe. Blovac revenu de Rome raporta que le pape, outre les 600000. écus déja fournis, secourroit encore le Comtat.

Antoine Escalin, baron de la Garde, mourut alors dans son château de la Garde-Adhemar; il avoit servi en Piémont sous le seigneur de Baugé.

Du Bar, Provençal, de la maison de Villeneuve, riche de biens, & élevé dans la maison du connetable de Montmorency, servit d'abord le roy, passa ensuite dans le parti du baron des Adrets, rentra dans celui du roy qui l'honora de son ordre, & lui donna la capitainerie du château d'Antibes : au commencement de Juin, il eut quelques paroles avec un de ses domestiques nommé le capitaine Jaumet, qui se jetta sur lui & le poignarda.

AN. 1578.

Le roy de Navarre écrivit au cardinal, lui faisant esperer l'arrivée du vicomte de Turenne, & la restitution de Menerbe; le cardinal envoya cette lettre en Dauphiné le 26. Juin. Le 24. Pallazuol & Oddi avoient défait la garnison de Tullette.

Le 23. au matin, les adversaires prirent le bétail de Cabrieres, qui fut repris.

S. Romain, de la maison de S. Chaumont, ja archevêque d'Aix, & à présent marié, gouverneur d'Aiguesmortes, mourut de maladie, non sans soupçon de venin; il auroit mieux fait de suivre l'exemple de M. de S. Chaumont, son frere encore vivant.

Déceda aussi Bernardin Bedin, fils à feu Theode, capitaine d'Albanois, enseigne de la compagnie du maréchal Damville, & nourri chez lui; piquant des chevaux près d'une riviere, la terre faillit au-dessous, qui le fit précipiter dedans, où il finit ses jours.

Le dimanche 29. Juin, le capitaine Francolin de Ferme, neveu de Saporoso, commandant dans Boulene, perdit 36. hommes que les adversaires tuerent.

Agoult, dont S. Vallier étoit lieutenant, suivoit le parti du grand prieur.

Le colonel Combelle, qui s'étoit mis au service du duc d'Anjou, se logea à Barlaimont le 18. May: ce prince arriva à Mons le 12. Juillet, & le 26. il prit le château d'Havré, & ensuite les villes de Soignies & de Reux.

Les habitans de Borgo de Val-di-Taro se revolterent contre le comte Claudio Landi de Plaisance, poursuivi par le duc de Parme pour avoir fait tuer le capitaine Anguisciola: le duc envoya le comte Carlo Scoti de Plaisance avec 3000. hommes & de l'artillerie qui obligea le château de se rendre.

Les bains de Balaruc étoient en grande réputation.

Le recteur, avec 300. arquebuziers & 400. chevaux, alla coucher à Javon, & le lendemain marcha vers S. Auban, distant de quatorze lieuës des forts contre Menerbe, pour surprendre ce château; mais il revint sans rien entreprendre; on mit seulement le feu à quelques bleds, mais le recteur en fut marri, & me le dit; il n'avoit d'autre intention que de prendre S. Auban, rebelle & perturbateur de la paix.

Le pape envoya un bref de félicitation au maréchal de Bellegarde qui résidoit à Tarascon, & Gayasse, évêque de Nazareth, pour faire des remontrances au roy, que le duc d'Anjou ne devoit pas aller attaquer dom Jean d'Autriche; sur quoi le roy fit deffenses le 6. Juillet à ses sujets de sortir de France.

Gouvernet manqua d'escalader Seguret, où commandoit Aloys Grande de Monterano de Fermo le 30. Juillet. Seguret n'a que soixante maisons, mais il a une forteresse d'importance posée sur une hauteur, au bas

de

de laquelle passe l'Ouvesc. Le jeune Vassadel, frere de Vaqueras, fut tué dans cette action; d'un autre côté, & de celui de Gouvernet, son frere, & Castellet y furent blessés.

AN. 1578.

Saporoso, commandant des armes du pape, mourut dans la commanderie de S. Jean-lez-S. Agricol à Avignon, le samedi 2. Aoust, au défaillir de la Lune, qui fut sur les quatre heures après midi; il étoit âgé de soixante-six ans, & il avoit commandé dans le Comtat un an, deux mois, & dix-sept jours; il étoit arrivé dans le Comtat le 17. Mai 1577. il fit héritier Octavien Mattheuccii, résident à Fermo, son frere, pere de Cesar qu'il avoit avec lui; il fut enterré dans l'église de S. François de l'Observance le mardi 5. le deuil étoit mené par Paul de Roubin, seigneur de Graveson, viguier de la ville, & par Rurs, maître d'hôtel du cardinal.

Balagny & Baudiman, Provençal, leverent deux régiments en Dauphiné & en Provence pour Monsieur frere du roy, sans tambour ni étape: le neveu de Luynes fut un des capitaines de ce régiment, ce qui causa une émeute dans le S. Esprit, où Luynes, gouverneur, fut obligé de se retirer dans son fort, d'où il sortit, & se retira à Mornas avec sa femme & son train: le peuple alteré & fâché, sur-tout de ce que Luynes prenoit trois pour cent sur les marchandises pour payer ses soldats, abatit, malgré les remontrances de Palliers, le fort dressé vers le pont par le maréchal de Damville.

Lesdiguiéres fut à Grenoble conferer avec Maugiron, & ne rendit point Die, la Mure, Livron, & Gap.

Le Borgne de S. Cannat, nommé Monier, fut arrêté à Lurmarin par ordre du comte de Sault, & fut écartelé à Aix; il avoit tué plus de 70. catholiques.

Patris, par ordre du cardinal, fit arrêter Cambis, Siroque, & Sobiras.

Châtillon écrivit au cardinal pour avoir un passeport pour ceux qui devoient aller en Avignon traiter de la composition de Menerbe: le cardinal envoya la copie de la lettre du roy de Navarre au recteur, qui se rendit à Avignon le 20. Aoust; l'évêque de Lescar, de la maison du cardinal, arriva d'abord après avec des lettres du roy de Navarre pour la négociation de Menerbe, qui se feroit à l'arrivée de son secretaire Yolet qui étoit à Nismes, & qui arriva à Avignon avec l'envoyé de Châtillon le 27. Aoust. Grimaldi, recteur, fut nommé par le pape, sur la fin d'Août, referendaire des deux signatures.

Yolet fit plusieurs allées & venuës à Nismes, vers Thoré & Châtillon; Sobiras & Laurent d'Agar furent nommés pour aller négocier avec Lesdiguiéres & S. Auban.

Le 8. Septembre, Cesar Mattheuccii, neveu de Saporoso, ayant receu à Tarascon des mains du maréchal de Bellegarde l'ordre de S. Michel, en récompense des services de son oncle, partit pour l'Italie avec Concetto Mattheuccii, cousin-germain de son-pere.

Tom. I. Perussis.   E e

Baccon pilloit avec sa troupe les environs de Montagnac & de Pezenas: Le roy de Navarre ordonna à Thoré, & à Châtillon de punir ces voleurs, mais il n'étoit pas aifé d'en venir à bout.

Le grand prieur remit son commandement de la Provence au parlement d'Aix, & fut sur les galeres vers les isles d'Hieres. Le comte de Carces étoit au château de Salon; il receut des lettres du roy avec un arrêt du conseil datté du 2. Juin, qui le déclaroit innocent des recherches que les razés avoient faites contre lui. Le comte de Suze, nommé par le roy pour commander en Provence, par la démission du maréchal de Retz, fut à Lyon, à Suze, & à Avignon, où il arriva le 9. Septembre, & où Cental, le vicomte de Cadenet, & Montdragon, furent le voir; le parlement lui envoya les conseillers Dardaillon, Montmiral, & Castelas qui après passa en cour pour donner compte à S. M. de l'état de Provence, & du doute qu'étoit qu'il n'y eût de la rumeur.

Parabere, Gascon, élevé page du maréchal de Damville, fut commis par lui à la garde du château de Beaucaire lorsque Luynes, Provençal, en fut dépossedé. Parabere fut très attaché au maréchal tant qu'il suivit le parti de l'union, mais lorsque le maréchal se remit au service du roy, Parabere le délaissa, & se tint absolu dans le château de Beaucaire, imposant tribus & subsides. Il étoit jeune, & il devint arrogant, fier, excessif en habits, & désordonné au jeu: il se rendit amoureux de la demoiselle veuve au sieur de la Tourrette, & à S. André, gouverneur d'Aiguesmortes, tous deux tués dans ces guerres, qui étoit fille au gouverneur ancien de Montpellier, Bourdic de Villeneuve: ce fut tant qu'on estimoit qu'ils fussent promis, si découverte étoit leur familiarité. La haine que le peuple portoit à Parabere, augmenta si fort que le dimanche matin 7. Septembre, en sa presence fut mise à mort sa maitresse, acte casuel: à l'instant Parabere alla dans la ville pour joindre son corps de garde qu'il trouva par terre & mort, dont il s'effraya; & tout blessé gagna une maison, où suivi fut achevé, massacré, & tout poinçonné, & la tête ôtée du corps, mise avec une bigue sur l'une des portes, accoutrée en matassin. Le peuple tua encore Durand de Tarascon, qui étoit comme l'un des proditeurs d'Arles. Espiard d'Arles, qui étoit aussi l'un des proditeurs, fut blessé, pris, & livré à quelques gentilshommes d'Arles, qui fit une entrée non pensée à la cité, où l'auditeur Suarez vint l'interroger. Arbaud se sauva dans le château, où se renferma Baudonnet, lieutenant de Parabere, qui avoit d'abord tenu la faction des huguenots, & qui puis s'étoit remis à la messe, résolu de se deffendre; le frere de Parabere, & le capitaine la Garde, la Salle de Bedarride, étoient alors à Tarascon.

Le 15. Septembre, le maréchal de Damville arriva à Beaucaire, & fit sommer Baudonnet, qui refusa, & continua de tirer contre la ville. Le maréchal manda des soldats d'Avignon, & le cardinal lui envoya 50.

Italiens du colonel Pompée; puis lui en furent mandés autres 50. étant lui à Montfrin. Baudonnet mit le feu dans Beaucaire avec des bales enflammées, & nuisit beaucoup à la ville.

Le 16. Septembre, Gouvernet battit entre Nions & Mirabel la compagnie du chevalier Oddi, qui perdit 45. hommes. M. de Bucisse prit de notre côté le seigneur de Pigeon prisonnier.

Le cardinal engagea le comte de Suze d'envoyer son fils aîné visiter le maréchal de Damville, lui faire part de sa nomination par le roy au gouvernement de Provence: il envoya aussi voir le maréchal de Bellegarde & le comte de Carces à Salon; Truchenu & Alein, membres de sa compagnie, négocierent à ces voyages; le cardinal y joignit Torlon, gentilhomme de sa maison.

La querelle entre M. de Vins & le baron d'Allemagne s'échauffa, & on prit les armes: les troupes levées par Baudiman allerent à Besse, Vinon, Entrecasteaux, où entendant que son frere cadet étoit assiégé par Allemagne dans le Cannet, il y dépêcha le capitaine Gueymard, qui s'y jetta dedans, Allemagne ayant voulu l'y forcer par échelles où il y eut meurtre de part & d'autre. Le roy accorda sa grace au capitaine Espiard, prisonnier à Arles; mais le peuple ne voulut pas le laisser en aller.

Le cardinal partit d'Avignon le 23. Septembre, pour aller à Montfrin voir le maréchal de Damville, qui alla à Avignon le 30. du même mois: le maréchal de Bellegarde étant indisposé ne put l'y aller voir. Damville fit lever en Avignon des compagnies, sous Mrs. de Convertis, Serverii, Ledignan, Chabert, & Gondable, lieutenant à feu Sabran, pour le siége du château de Beaucaire, & partit d'Avignon le 5. Octobre.

Le comte de Suze restoit à Avignon; Mairargues, premier consul d'Aix, vint le prier de ne point entrer en Provence à cause des divisions: Suze donna encore huit jours; il ordonna aux seigneurs de Tournon & de S. Jeurs son frere, de lever des soldats pour la garde de la ville de Riez. Les troupes de Vins & de Baudignan ayant voulu entrer dans Pignan, y receurent perte. Les huguenots du Languedoc vouloient secourir Baudonnet, & le maréchal de Damville, qui étoit à Montfrin, tâcha d'y obvier; il receut en même temps des lettres de la reyne mere, qui lui faisoient part de son voyage vers le roy de Navarre, qui la receut à la Reole.

L'assemblée faite à Nismes par Yolet, Sobiras, & Laurent d'Agar, sur la restitution de Menerbe, se termina en rien.

Le conseiller Somati, dit de Castellas, raporta que le roy vouloit que le comte de Suze commandât en Provence, malgré l'opposition alleguée qu'il falloit que ce fût un du sang royal.

Vauvenargues, gentilhomme & docteur signalé d'Aix, fit un Sommaire sur les droits de la Provence, pour son gouverneur.

Vins & Baudiman, qui avoient dans leurs troupes 400. chevaux,

& 1500. arquebuziers, receurent quelque perte au siége de Pignans.

Le 17. Octobre, le recteur s'achemina aux forts devant Menerbe, & mena avec lui Bernard de Nions, qui étant entré le lendemain dans la place, y fit signer douze des principaux de garder tout ce que S. Auban qui étoit à Nismes promettroit.

Châtillon ayant pris les troupes de Baçon, serrurier, de Forvier, & de Poltron, cordonnier, tous trois coureurs de chemins en Languedoc, & ayant avec lui Gremian, arriva le dimanche 29. Octobre devant Beaucaire pour jetter des vivres dans le château; Baudonnet receut le secours, & sainte Jaille qui commandoit dans la ville fit une sortie sur Châtillon qui y receut quelque perte. Le maréchal de Bellegarde & le comte de Suze envoyerent du secours à Baudonnet, d'Avignon & de Tarascon.

Les députés des Provençaux étant à Avignon, accorderent avec le comte de Suze qu'il logeroit sa compagnie d'hommes d'armes dans le vigueriat de Tarascon, & que 600. arquebuziers qu'il avoit fait venir de Dauphiné & de Vivarais, sous le chevalier de Clavezon & sous le sieur de Conflans, iroient les derniers à Beaucaire pour le secours des nôtres, & les premiers à Mourjers-lez-Avignon, où ils firent grande dépense, ne pouvant passer la Durance parce qu'elle étoit trop haute, & qu'elle avoit débordé; ce fut en la semaine avant la Toussaints. Le dimanche 29. Octobre, MM. de Patris, de Velleron, élû de la noblesse, de Sobiras, Laurent d'Agar, Quintin, & autres partirent d'Avignon sous le passeport du seigneur de Châtillon, qui en écrivit aussi au cardinal. Le même jour, le cardinal receut un gentilhomme venant de S. Remy de la part de Montagut, mandé par le pape pour général ez armes en cet état; il étoit descendu à la Tour de Bouc de dessus quatre galeres, avec 500. arquebuziers Italiens. Le recteur qui étoit au fort de Menerbe, s'achemina le 31. pour l'aller recevoir; il fit passer les bateaux d'Avignon à Mourre-Frech; Montagut, des comtes de Montagut[+] en Toscane, s'y embarqua, & arriva le même jour à Avignon avec les 500. soldats Italiens, commandés par Barthelemy son fils, & le capitaine Joseph Corsini: ils avoient été dix-sept jours sur mer. Montagut avoit servi sous François I. & sous Henry II. en Picardie, & en Piémont; il avoit été favori du maréchal Strozzi à la guerre de Sienne, & avoit ensuite servi le grand duc de Toscane. La chambre apostolique manda un million d'écus.

Les gens de l'adversaire parti à l'assemblée de Nismes, voulurent avoir un de Menerbe pour y traiter leurs intérêts: Agar & Bernard y furent & amenerent un des Meilhe, descendu des anciens Meilhe de Bonnieux, & de la Valmasque, qui en partit en assez débile équipage, & mal vêtu.

Le parlement d'Aix embarassé des troupes de Vins & de Baudiman, & de quatre cents arquebuziers levés dans le vigueriat de Tarascon, qui

[marginal notes: AN. 1573. ; + Monte-acuto]

s'étoient saisis de Grans-lez-Salon, apella le comte de Suze, qui partit d'Avignon le vendredy au soir 7. Novembre ; il passa la Durance au port de Bonpas sur le bateau, & sans la corde mise, mais à rames, & d'une traite se rendit à Aix qui furent douze lieues.

AN. 1578.

Les Carcistes prirent Gravezon, & manquerent Orgon.

Le maréchal Damville arriva à Toulouse pour y saluer la reyne qui envoya par Convertis argent pour le recouvrement du château de Beaucaire ; le maréchal retourna en bas-Languedoc.

Patris travailla beaucoup pour régler les quarante-deux articles proposés par les adversaires à l'assemblée de Nismes : l'accord s'ensuivit, où assisterent Thoré, Châtillon, Yolet le puîné, & de Vaches, commissaire du roy de Navarre, & où furent présents pour les adversaires S. Auban, Clausonne, Cleran, Archimbaut, & Chambaud. Les articles furent rejettés, ou accordés en partie par Patris, abbé de la Grace, Velleron, Sobiras, Agar, & Seguirs pour notre part, le 8. Novembre 1578. Ce fait, nos députés furent en Avignon de retour le dimanche 9. Novembre; d'où après Sobiras, & Agar avec Bernard, & Meilhe pour ceux de Menerbe, furent au camp trouver le recteur, où la tréve fut publiée le 12. aussi-bien que dans Menerbe, d'où Paul de Salon sortit pour visiter le recteur. Liotard, secretaire du maréchal de Retz, partit d'Avignon en poste pour aller prier le roy d'autoriser l'accord.

Montagut fut le jeudy 13. à Carpentras faire enregistrer ses facultés.

Le vendredy 24. Octobre 1578. à deux heures après-midy passa ma Dame ; son cœur fut mis en l'église S. Dominique d'Avignon, & le lendemain son corps fut porté à S. Dominique à Cavaillon, cité de sa naissance. Elle avoit les yeux gris & verts. J'ai servi & honoré pendant dix-huit ans moins dix jours ma Dame qui m'a délaissé si destitué de consolation, sinon que je l'espere de Dieu. Elle décéda revenant des bains de Balaruc, où elle étoit allée, après avoir été cinq ans & plus dans une chambre sans pouvoir cheminer, pour la tumeur venue sur son genou gauche.

+ C'étoit sa femme. Voy-ci dessous, p. 347.

Le Samedy 15. Novembre au soir, le château de Cabanes fut pris par les Carcistes.

Le temps n'ayant pas permis au cardinal de se rendre à Carpentras, Patris, son auditeur général, y fut le 22. pour présider aux estats ; il fut de-là à Mormoiron pour voir S. Auban, & tâcher de l'induire à se jetter dans Menerbe. S. Auban, assuré par la lettre de l'abbé de la Grace, qui fut aussi signée par Aubres, Velleron, Berton, & capitaine Coumons, se rendit à Sault, où lesdits sieurs se rendirent aussi avec toute la grande pluye, Montarentio, & le chevalier Oddi. S. Auban averti de ce que ceux de son parti brassoient contre lui se jetta dans Menerbe. Sur la fin du mois, Velleron, & Orfan se rendirent en ôtages au lieu de S. Auban : Bueysse alla à Vaureas porter 13000. liv. Tournois à madame de Venterol, veuve, pour les tenir au nom de S. Auban, en déduction des autres. Le recteur assistoit au camp, & S. Auban pratiquoit librement & en assûrance, recevant vivres pour lui, & pour sa table dans Menerbe. Outre ce qui étoit arrivé à Nismes, il naissoit d'autres difficultés: Meynard, Bernas, Pierre-Paul, le capitaine Sederon, Meilhe, Lambert Gros, Terredol, & autres assiégés, alloient & venoient pour les lever. Cependant Leotaud arriva avec les lettres patentes du roy pour l'autorisation de cet accord, le pardon de S. Auban & des siens, & pour la représaille en cas de nécessité; le tout signé par le roy à Olinville le 18. Novembre. L'abbé de la Grace ayant été au camp, retourna à Carpentras pour achever les estats, qui furent serrés le 2. Décembre, qu'il se rendit à Avignon, où le Rhône & la Durance avoient porté dommage. Nos estats n'eurent loisir de traiter autre chose que la restitution de Menerbe & des Pilles; ils ratifierent l'accord arrêté à Nismes; & pour le parachever, l'abbé de la Grace retourna au camp le lundy 8. Décembre, où presque l'espérance étoit perdue que les assiégés voulussent sortir. Enfin, après toutes leurs nouvelles demandes accordées, s'arrêterent de ne vouloir sortir sans que les lettres de S. M. fussent enterrinées aux parlemens de Provence & de Dauphiné, & y registrer les noms & surnoms de tous ceux qui furent cent vingt hommes & cent dix femmes, filles, & petits enfans; ils se contenterent enfin qu'elles fussent enterrinées à Aix, où fut envoyé sécretement le capitaine Berton qui en revint le 11. Les assiégés ayant reçu de nous tout ce qu'ils demanderent, tant en commodité de charettes, bêtes à dos, & autres assûrances en faits, & paroles, commencerent à faire porter hors le mardy 9. quelques bleds, son, & meubles; auquel jour sur le tard fut publiée la paix dans notre camp par les trompettes & tambours, qui après furent la publier dans Menerbe, où les du dedans montrerent signes de joye, tirant leurs mousquets, arquebuzes, & par voyes démonstratives. Le mercredy 10. tout le jour, jusqu'à deux heures après-midy, charierent tout ce qui leur sembla à propos, firent sortir les femmes, & hardes, & eux après, l'enseigne déployée, le tambour battant, armés de trente forchines, trente morions blancs, & le reste arquebuzes la plûpart à roue, S. Auban en tête, passerent en my de nos deux petits forts, & allerent coucher à Murs à deux grandes lieues de-là, ayant pour ôtages nôtres Aubres & Velleron, & escortés par le cavalier Brun, Italien, & le capitaine Faviers avec deux cents soldats. Ils eurent avis que Ferrier vouloit les attraper en campagne, fâché de ce qu'il avoit travaillé, & qu'un autre avoit la récompense; ils prierent l'abbé Patris de les favoriser de sa présence jusqu'à Murs, ce qui n'étoit de nécessité; il en fut content, & le suivirent M. de Terlan, le capitaine Coumons, de Blovac, & autres seigneurs. A Murs furent portées les 12000. liv. restantes, afin que S. Auban les distribuât aux siens à sa volonté, & 2500. écus sol faisant 7500. liv. pour les distribuer à Meilhe, & autres, en déduction de leurs pertes faites à Cabrieres en 1544. & 1545. fait qui avoit été fort altercaffé à Nifmes, outre 800. liv. pour les jours employés à traiter l'accord : on promit à part à la princeffe de Salerne, belle-mere de S. Auban, 2000. liv. pour elle, fon beau-fils, & fon fils, le fieur de Pon....... S. Auban arrivé à Murs, eut un peu d'embarras pour la diftribution de 12000. liv. cela fut caufe qu'il rebrouffa à l'Ifle au gîte le 11. dudit mois en compagnie de M. de la Grace, & de meffieurs Crillon & Aubres qui eurent congé de revenir. Auffi-tôt que l'entérination leur fut rendue par le capitaine Berton à Murs, l'ecuyer de Murs, la Cofte, l'ecuyer fon fils, Cabanes, Baumettes, & le fecond Buoux, feigneurs de marque de Provence, & voifins dudit Menerbe, fe pofterent amiablement & en la faveur de la délivrance du malheur de cet eftat. Les huguenots furent maîtres de Menerbe pendant cinq ans, deux mois & huit jours entrant au neuviéme.

Il y avoit encore 2000. liv. pour expédier à Colombaud de Pomeras qui occupoit encore le lieu des Pilles dans cette comté, qui étoit compris au traité d'accord à Nifmes, ce qui en après fut accompli, le lieu rendu, & le fort razé & démantelé. Audit accord étoit auffi entré le fieur Gouvernet du Dauphiné qui tenoit Tullette; de façon que cet eftat devoit jouir du benefice de la paix, vû que les huguenots natifs ou originaires du Comtat, recouvroient leurs biens confifqués dès l'an 1560.

Les Carciftes prirent Molegez, & fe fortifierent dans Cabanes & Roquemartine ; & Vins mit Tourves à fa dévotion.

S. Auban fut ramené dans fon château par Aubres, le capitaine Coumons, Blovac, & Berton, où arrivés nos ôtages Velleron & Orfan furent mis en liberté; les nôtres paffant au Buïs, ils reçûrent faveur du feigneur de Rebeyret qui y commandoit pour le roy.

Montagut, & le recteur furent le 18. & le 19. Décembre à Menerbe, où arriva de Genes Thomas Grimaldi, frere dudit feigneur, qui venoit de commander la compagnie des chevaux-légers qui avoient été à Concetto Mattheuccii, & auparavant à Tullio Griffon. La garde de Menerbe fut confirmée au colonel Ludovic avec 190. hommes.

Le maréchal de Bellegarde partit du château de Tarafcon fuivi de plus de cent chevaux : il alla à Salon où le comte de Carces le feftoya, de-là prit fon droit à Saluces fuivi de quelques gentilshommes du pays.

Velleron & Sobiras partirent pour Rome, & furent fuivis le 19. Décembre par Miguel de Pertus, fecond conful d'Avignon, pour rendre compte au pape de la reddition de Menerbe.

Le baron d'Oraifon avec huit cents hommes paffa la Durance vers Pertuis ; Vins, qu'on nommoit le Matinier, y fut prefque auffi-tôt, en défit quelques-uns, & s'en retourna.

Voici l'épitaphe de ma Dame.

HISTOIRE DES GUERRES

AN. 1578.

D. O. M.

Magdalena de Pane, majorum imaginibus illustris, vultûs morumque elegantiâ conspicua, virtutum ac gratiarum alumna, quæ dùm prodesse cunctis, obesse nemini studet, diem supremum functa, toto illachrymante populo, hîc conditur die XXIV. *Octobris* 1578.

Qui, eâ, mærens, orbatus est, ejusque spem habet revisenda, hunc tumulum erigi curavit. M. M. M. M. M. Δ. Δ. Π.

Ses armoiries furent mises au-dessus de l'épitaphe en pierre, & pour son timbre, l'éclair tombant du ciel, avec ces mots : *Velociter transit*, & plus bas : *Nec tempus, nec ætas*.

Nous avons donc la paix créée par lettres patentes de monseigneur le cardinal d'Armagnac, collegat & archevêque, en date du 15. Décembre, tout ainsi que portent les articles accordés à la conférence de Nismes du 8. Novembre, permettant que les forscits rentrent à la jouissance de leurs biens.

Le président des Arches retourné de la cour est en Avignon, ne pouvant passer en Provence à cause des troubles.

AN. 1579.

Le Capitaine la Croix, de Caderousse, commandant au château de Mornas, découvrit un complot pour surprendre ce château ; les proditeurs attrapés prirent fin à Avignon.

Le parti des contrarians à M. de Suze demanda du secours à Lesdiguieres uni avec Vins, qui leur en envoya ; ils eurent aussi quelques troupes du Dauphiné sous Broussalhes, beau-frere de S. Auban. Les autres dudit parti s'emparerent de Malliane près de Tarascon ; plus haut fut pris le lieu de Correns : la Verdiere se saisit du lieu du Puech, lieu fort en sa nature, & fourni de bled. Le parti des razés commença à se refroidir. Le comte de Suze voyant que le parlement n'étoit pas uni, résolut de quitter Aix le 14. Janvier. Il passa la Durance en quelque danger, ayant seulement sa compagnie d'hommes-d'armes, coucha à Cadenet, & le 16. se rendit à Avignon : ses mulets, & coffres passerent sans empêchement. Le 22. les compagnies de Claveson quitterent la Provence. Truchenu, lieutenant du comte de Suze, revint de la cour ; le grand-prieur partit de Marseille par mer pour aller à Toulouse trouver la reyne mere, laissant la conduite de sa maison à M. de l'Isle.

Le comte de Grignan, & M. de Vers d'Arles vinrent de la cour pour la pacification de Provence, & partirent le 18. Février pour y retourner.

Vins maître de la campagne assiégea Lorgues qui fut secouru par Verdache, huguenot, & du parti des razés.

Le 18. Février, le château de Beaucaire se rendit à sainte Jaille, qui demeura gouverneur de la ville, & le capitaine Serverii au château.

Les adversaires en Languedoc prirent le lieu de Besousse, où les
pauvres

pauvres catholiques reçurent grande perte, tant en sang qu'en leurs biens.

AN. 1579.

Les catholiques & les huguenots paisibles du Dauphiné s'unirent; chose de dangereuse conséquence, lorsqu'elle n'est pas autorisée par son seigneur. Ils prirent le lieu des razés; l'union tirant contre le sieur de Rousset, vassal de N. S. P. & bien catholique, il fut blessé casuellement, & en mourut ensuite. Vins continuant ce camp, marcha contre le fort de Château-double, où la Prade s'étoit mis & emparé; il capitula, & il reçut assûrance de Maugiron, qui pour retenir le peuple s'étoit fait chef de la ligue.

L'écuyer de Baudiman, fils aîné de M. de Cuers, de la maison de Glandevez, fut tué, reconnoissant le lieu de Grimault, dont la part du sieur de Vins son cousin reçut grande perte : il étoit grand courtisan pour avoir été nourri en cour.

Vins rencontrant les razés, il ne séjourna guéres, & retourna vers le roy avec autres députés pour les razés.

Le maréchal de Bellegarde étant arrivé à Carmagnole, voulut en qualité de maréchal de France être obéi partout; mais Carlo Birago s'y oposa. Le maréchal se saisit de quelques places, & envoya en Provence Anselme & Goult qui y leverent mille hommes, & le rejoignirent d'abord; le duc de Savoye tâcha de pacifier les choses en faisant donner de l'argent aux gens du maréchal.

Le 27. Mars, le seigneur de Graveson trouva moyen de rentrer dans sa place occupée, & où commandoit le capitaine Merigon.

Le roy envoya au cardinal d'Armagnac, collégat, d'aller commander en Provence pour pacifier cette province.

Le 2. Avril, le président des Arches & l'abbé de la Grace allerent à Salon voir le comte de Carces qui résidoit au château dans son ménage; mais ses beaux-fils, neveux & cousins agissoient, & Vins étoit maître de la campagne avec quatre cents chevaux, & trois ou quatre mille hommes. Draguignan & le Cailhanez étoient du parti des razés.

Le 2. Avril, les razés se raviserent, & s'unirent à l'assemblée de Fréjus.

Le 4. Avril, Meirargues, premier consul d'Aix, arriva à Avignon pour prier le cardinal de se rendre à Aix, suivant la volonté du roy par ses lettres données à Paris le 14. Mars, aportées par M. de Grignan, chevalier de son ordre, & de Vers, gentilhomme ordinaire de sa chambre.

Le cardinal ayant laissé pour gouverneur de la légation Dominique de Grimaldi, référendaire des deux signatures de S. S. & recteur de la Comté, ce qui fut confirmé par un bref du pape du 7. Avril, se mit sur le Rhône, & arriva le mardi au soir 7. Avril à Tarascon; il fut à Arles, & de-là à S. Remy, où le comte de Carces vint le voir; il coucha à Orgon.

Le roy marquoit par ses dépêches qu'il vouloit envoyer en Provence

Tome I. Perussis.   Ff

AN. 1579.

le maréchal de Retz, qui pour lors étoit en Bretagne. Le président des Arches eut ordre d'accompagner le cardinal; la conférence que le comte de Carces eut avec lui à Orgon, fut suivie de l'évacuation de Cabanes, de Molegez, d'Aiguieres, de Lamanon, & de Maillane; ce qui arriva le jeudi saint 16. Avril. Messieurs de Crose & d'Aiguieres se montrerent obéissans. La comtesse de Carces visita le cardinal à Lambesc le mercredy saint.

Les razés ayant voulu surprendre Cuers, messieurs d'Oise, de Villars, son frere, de S. Andiol, & de la Verdiere, furent si diligens à prendre les armes, qu'ils évaderent. Les chevaux de la Verdiere y resterent.

Velleron, ambassadeur à Rome, en revint, & fut suivi par le docteur Sobiras, qui arriva à Avignon le 10. Avril.

Cezar Pallazuol & le colonel François Saccoccio retournerent en Italie.

Le peuple de Provence avoit ombrage que Mrs. de Montdragon, de Caderousse, de Baux, de l'Isle, & de Beaujeu l'escuyer, entrassent dans Aix, le vendredi saint 17. Avril, qui se ressentoit du froid de la nuit précédente, qu'il avoit gelé & neigé. Le cardinal partit de Lambesc, & arriva à Aix, où il fut receu à la porte des augustins par Alphonce, colonel de Corses. La Coste, Aubres, & Vers, furent à Salon pour engager le comte de Carces à restituer le Puech. Carces inclinoit à la paix, mais il ne vouloit pas le premier mettre les armes bas. Le cardinal envoya Noguier, capitaine de S. André-lez-Avignon, à ceux du Puech pour les contenir; il y envoya ensuite le capitaine Vallon. Le peuple encore ombrageux, demanda que Mrs. de l'Isle & de Vers sortissent d'Aix, & le cardinal y consentit; il fut fort content du président de Lauris; il entra au parlement le 28. Avril, & on y arrêta que les deux partis mettroient les armes bas un jour après. Le vicomte de Cadenet & Castillon de Beines arriverent à Aix. La faute des vivres fit descendre Vins à S. Jocquerie, non guere loin d'Aix, dont le peuple prit ombrage. Arriverent Paillers & Severac, venus de vers la reyne mere par mer, craignant la peste qui étoit fort enflammée à Nismes & Aiguesmortes. Arriva aussi à Aix M. de Flassans; & en cour alla encore M. de Vers. Le président des Arches & Patris, abbé de la Grace, furent destinés le 2. May pour aller à Salon négocier avec le comte de Carces, qu'ils trouverent prêt à poser les armes, pourveu que les autres commençassent; mais pour témoigner sa bonne volonté, il envoya au service du roy son fils unique âgé de douze ans; il l'achemina en cour bien accompagné, lui donnant le train convenable à sa maison, & pour compagnie de pareil âge, le petit marquis de Trans, neveu de Carces le jeune, du baron d'Entrevaux, & du capitaine Claude, fils naturel au commandeur de Cuges, qui tous partirent de Provence le lundi 4. May, prenant le plus droit en Avignon, où ils furent bien vûs pour la beauté, douceur, &

bonne expectation de ce jeune seigneur, qui portoit en son être l'effigie du pere; il s'arrêta à Grignan, avec son beau-frere M. le comte, quelques jours, & jusqu'à ce que la reyne mere partît de Grenoble: lors il s'achemina à la suite de S. M.

AN. 1579.

Le 4. May sur le soir, la paix fut arrêtée, & le lendemain confirmée & publiée; mais comme il y eut des difficultés pour la restitution du Puech & de S. Paul, le cardinal alla le 9. à S. Cannat entre Aix & Lambesc. Le 10. le comte de Carces l'y fut voir, rencontré en chemin par Aubres, Terlan, l'écuyer de la Fare, de la maison de Forbin, beau-fils de mon cousin le président de Lauris, & le capitaine, mon frere. Carces consentit en cette visite, que Montdragon entreroit dans le Puech avec 100. hommes, & M. de Baux, sénéchal, dans S. Paul, avec 100. autres, pour les tenir jusques à ce que les razés missent les armes bas, ce qu'ils promirent de faire dans huit jours. Le cardinal retourna à Aix, & le comte à Lambesc; sur l'instant y arriva un gentilhomme de la maison de la reyne mere, nommé Vesac, venant de Carcassonne, d'où la reyne étoit prête à partir; l'abbé Guadagne alla vers S. M. venant de Paris.

Mourut à Toulouze Jean de Montluc, évêque de Valence & de Die, en âge vieux, & qui avoit eu en sa vie de belles & grandes charges; il fit une partie autant sainte & loüable que son ame pouvoit désirer.

Le lundi 20. Avril, il géla. Les adversaires firent une entreprise sur Brantes qui ne réussit pas. Le cardinal de Bourbon, légat, nomma le recteur, vice-légat.

La Mole courut en cour pour la partie des razés. Il y eut à Aix une espéce d'émeute, dont le colonel Alfonce prévint les suites.

Le lundi matin 18. May, le cardinal partit d'Aix, & alla coucher à Lambesc, d'où il continua sa route à Arles par Salon & les Baux.

Les conditions arrêtées à S. Cannat n'ayant pas plû au peuple d'Aix, Baux & Montdragon remirent le Puech & S. Paul à ceux qui les avoient auparavant.

Le maréchal-duc de Montmorency étant mort, Damville lui succéda; & Matignon fut fait maréchal de France.

Le cardinal d'Armagnac fit séjour à Arles jusqu'à la veille de l'ascension, qu'il vint à Tarascon voir le cardinal de Bourbon, notre légat, qui étoit arrivé à Beaucaire où il passa. La reyne mere venoit par Agde, & évitoit les lieux où il y avoit de la contagion, elle apaisoit les differends du Languedoc, comme elle avoit calmé ceux de la Guyenne, par la conference de Nerac, signée le dernier Fevrier 1579. par elle, Henry, roy de Navarre, Biron, Bouchard pour le prince de Condé, Joyeuse, Turenne, Lansac, Quitry, Dufort, Pibrac, Scorbiac pour la généralité de Bourdeaux, Lamothe-Fenelon, Yolet pour le Roüergue, Clermont, de Vaux, & Duranti.

Les adversaires ne sont jamais contens; ils ont eu en Guyenne jus-

Ff ij

ques au 1. Août prochain, Bazas, Puymirel, & Figeac; & en Languedoc jusques au 1. Octobre, Revel, Britexte, Alet, sainte Greve, Baïs sur Baïs, Bagnols, Alais, Lunel, Sommieres, Aimargues, & Gignac.

Le vendredi 29. May, le cardinal de Bourbon, légat, entra en Avignon par la porte du Pont venant de Beaucaire par le chemin du royaume, & ayant avec lui ses neveux, le marquis de Conti, & le comte de Soissons. Le 30. on pendit deux hommes qui avoient voulu se saisir du château d'Oppede pour les huguenots. Le même jour, la reyne mere, malgré les vents tramontains, arriva à Beaucaire. Cental venant de la Tour d'Aigues à Aix, fit arrêter quelques-uns de la garnison du Puech.

Le mardi au soir 2. Juin, la reyne passa le Rhône, & coucha à Tarascon; le lendemain elle dîna au Mas du Brau, & coucha à S. Thomas; le jour suivant à Marignane, & celui d'après à Marseille, où le grand prieur n'oublia rien pour la bien recevoir.

Le cardinal d'Armagnac fut de retour à la cité le mercredi 3. tôt après arriverent à Avignon le duc & la duchesse du Maine, allant prendre possession du comté de Tende; ce duc fut de là à Genes & à Ferrare. Le vendredi saint, le cardinal de Bourbon partit d'Avignon pour Marseille; la veille, le recteur ayant fini sa vice-légation étoit retourné à Carpentras.

Le baron de Trans fut tué dans son château avec 40. des siens qui y étoient assiégés; aussi fut tué le sieur de Stoblon audit lieu, qui fut cause que les razés firent mourir à sang froid ledit baron.

Espiard, détenu prisonnier à Arles pour le fait de la conspiration, trouva moyen vers le 9. Juin d'échaper par la mine qu'il fit, & déguisé se rendit au marquisat de Saluces, vers le maréchal de Bellegarde; le peuple d'Arles émeu fit pendre son neveu le capiscol, fils à François Olivier, qui tôt après fut pendu; le docteur de Varadier & Antoine Icar furent aussi arrêtés, & menés ensuite au château de Tarascon.

Le 13. les Carcistes poserent les armes par ordre de la reyne mere, & abandonnerent le Puech, S. Paul, Valensole, & autres places. Les razés mirent aussi les armes bas, mais après avoir rasé la maison de Vins à Brignolles, Souliers, & Cuers.

Le cardinal de Granvelle passa de Rome en Espagne.

Le 28. Juin, Perier, huguenot, rendit à S. Martin, catholique, Tullette surprise le 16. par les capitaines Raymond d'Usez, Magnavi, & & Claret de Tullettes, sur Gouvernet qui étoit à Saluces auprès de Bellegarde. Carces étant à Marseille, & y voyant beaucoup de razés que l'on connoissoit à la façon & couleur de leur chapeau, se retira à Salon le 21.

Le vicomte de Joyeuse, & madame sa dévotieuse & aumôneuse femme, arriverent en Avignon venant du Languedoc.

DU COMTE' VENAISSIN, DE PROVENCE, &c.

Le jeudi 25. la reyne partit de Marseille, & alla à Marignane.
Le même jour, le grand prieur fit son entrée à Aix comme lieutenant de roy. Le samedi 27. la reyne entra à Aix, & voulut aller à Beauvoisin, qui est une belle grange du trésorier Borrilly d'Aix, où le 1. Juillet la paix prit commencement.

Le même jour 1. Juillet, Chabert, natif & des bien aisés d'Orange, jetta du château Merles de Corteson qui le tenoit en garde.

Les adversaires manquerent de surprendre Molans.

Le 14. Juin, le maréchal de Bellegarde partit de Carmagnole avec 600. chevaux & 600. arquebuziers, ou des siens menés de Provence & de Piémont, ou de ceux que Gouvernet, Bourchailles, & autres, lui avoient amené du Dauphiné, dix canons, deux coleuvrines, & deux bâtardes, & arriva devant Saluces, où Carlo Birague étoit avec dix-neuf enseignes, & quelque cavalerie; mais comme il n'avoit point de vivres, il se retira aussi-tôt; ceux de la ville porterent les clefs au maréchal. Dans le château étoit le capitaine Lussan, Gascon, & vaillant, étant mestre de camp du régiment du comte de Brissac, qui y avoit 20. François & 80. Italiens, qui ne voulurent essayer la rigueur de la fortune, mais après avoir enduré 50. volées, se rendirent à composition favorable : le maréchal mit dans Saluces, Agoult avec douze compagnies.

La reyne envoya Belliévre & le commandeur de la Roche à Grenoble pour pacifier le Dauphiné, où ceux de la ligue étoient quelquefois aux mains avec ceux de Gouvernet.

Les Franciscains ayant tenu leur chapitre général à Paris, y furent nourris, honorés, logés, respectés, & gratifiés, de maniére que tous les religieux partirent contens, prêchant partout d'avoir trouvé en France pieté & religion, autrement que les étrangers lointains ne cuidoient.

Le lundi 6. Juillet, la reyne mere partit d'Aix, & alla loger à la Tour d'Aigues, lieu de Cental.

Le mercredi 8. elle vint à Cavaillon; & le jeudi 9. à dix heures du matin, fit son entrée à Avignon par la porte S. Lazare. Le 11. elle termina la réconciliation des principaux de Beaucaire, qui fut signée par Roubiac, viguier. Elle fut en procession le dimanche 12. à N. D. de Doms, & au couvent de S. Dominique. Le lundi 13. elle dîna chez le vicomte de Joyeuse, & mit fin à l'accord des communes de Provence.

Vins se présenta à S. M. avec une belle, grosse, & noble troupe; fit une belle harangue, & de telle grace qu'il fut jugé brave guerrier, grave orateur, & placable gentilhomme; & le sang Provençal fut encore mieux connu doux & débonnaire.

Le mardi 14. la reyne partit d'Avignon, & alla coucher à Serignan, place & baronnie de la Comté, où là visita le comte de Suze.

Montmorency incommodé ne put partir d'Avignon avec la reyne. Il

AN. 1579.

il fut à Villeneuve le 18. conferer avec Thoré son frere, qui quoique catholique résidoit à Bagnols avec les huguenots. Le 19. il retourna à Avignon, où arriva de Dauphiné le grand prieur, retournant à son gouvernement de Provence, avec le président des Arches, & Alfonce, colonel des Corses. Le 20. Elzias de Rastrelli, évêque de Riez, sacra en Avignon la nouvelle église des capucins, fondée par Pierre de S. Sixt, son beau-frere. Le 23. M. & madame de Montmorency partirent d'Avignon pour aller trouver la reyne mere à Grenoble, où le 20. Septembre l'Isere déborda, & où le duc Savoye vint saluer la reyne.

Le grand duc se remaria à Blanche Capelle, gentilfemme de Venise, fille à feu Barthelemy Capelle.

Montmorency descendit çà-bas, s'arrêta au pont S. Esprit, se saisit entiérement du château de Roquemaure, pour le remettre au vicomte de Joyeuse, l'ôtant au capitaine de Renis, & arriva à Avignon le 21. Septembre; auquel temps on eut avis que les huguenots avoient voulu surprendre la cité de Rodez en Rouergue.

L'année fut si stérile, & la peste fit tant de progrès en Languedoc, Auvergne, & Vivarais, que M. de Coumons de Sceptres, chevalier de l'ordre du roy, premier consul d'Avignon, eut beaucoup de la peine & de l'honneur en son état, en préservant la ville de la famine & de la peste.

Le pape ayant résolu de rapeller le comte de Montagut, lui donna pour successeur le seigneur Pirro Malvezzii, comte, gentilhomme d'illustre maison, & au rang des premiers de Boulogne. Arrivé qu'il fut ez terres du roy, manda au grand prieur qui étoit à Brignolles, Spirite Malvezzii, son neveu, & mon frere le chevalier de Coumons, pour avoir un passeport: ainsi tout débarqué à Marseille le 14. Octobre, entra dans Cavaillon; & en même jour sa personne entra dans Avignon, où les soldats le suivirent le lendemain 15. ce fut le jour que Blacon du Dauphiné, gouverneur de Livron, entra armé dans Orange, attiré par son beau-frere Chabert qui tenoit le château.

On craignoit la guerre à Avignon pour la descente à Gap, à Serres, & à la Mure, du maréchal de Bellegarde, & pour l'assemblée qui s'y fit à cause des lettres que mondit sieur écrivit de Gap le 5. & 6. Octobre au cardinal & à la ville d'Avignon, sur le fait des prisonniers encore détenus ne absous au palais; le cardinal envoya Revest, son maître d'hôtel, porter ses lettres à la reyne mere à Lyon.

Le vendredi 16. Octobre, le comte de Montagut partit d'Avignon pour Marseille, après avoir commandé les armes dans le Comtat onze mois & seize jours.

La reyne mere ayant reglé ses affaires à Grenoble, fut à Lyon, & de là à Montluel, où elle eut une conference avec le maréchal de Bellegarde, qui y arriva suivi de grande cavalerie, & qui en raporta le gouvernement absolu, & sur-intendance des provinces de Provence, Dauphiné, &

DU COMTÉ VENAISSIN, DE PROVENCE, &c.

L'yonnois, avec ample rémunération pour sa personne, & pour tous les siens recommandés, le baron de la Roche, Dauphinois, qui eut des gens d'armes, Anselme, l'un de ses colonels d'infanterie, & le capitaine Donine, qui en après eut le commandement du château de Tarascon, ôté aux Corses. Bellegarde content & consolé, retourna à son gouvernement de Saluces, ayant toûjours promis fidele service à la couronne. La reyne mere retournée à Lyon, en partit le samedi 24. Octobre pour se rendre auprès du roy son fils, & congédia M. de Foix, l'un des principaux de son conseil, qui l'avoit suivie & assistée dans tout son voyage, & qui s'en licentia pour aller baiser les pieds à N. S. P. à Rome.

Montmorency châtia les mutins de S. Hibery après l'avoir pris; il fit pendre une vingtaine de la garnison: celle de Caux l'abandonna à son aproche.

Malvezzi visita toutes les places de la Comté.

La peste se réchauffa à Nismes, & fut portée de Cannes à Arles. Un homme, natif de Velleron, voulut surprendre le chartreuse de Bonpas.

Le 11. Décembre, mourut à Carmagnole le maréchal de Bellegarde de gravelle, mal qui depuis long-temps l'avoit travaillé, ou par effet de naissance, ou par les grands travaux & excès que de sa jeunesse il avoit eus & faits. Il avoit été abbé d'Ours en Dauphiné. Sa maréchaussée fut donnée à M. d'Aumont, & la compagnie d'hommes d'armes au baron de Bellegarde son fils, qui étoit alors au marquisat de Saluces.

Thoré qui étoit à Bagnols en fit sortir les ministres, & rentrer les prêtres & autres catholiques. Les adversaires continuoient à lever les impots, péages, & tailles, sur les passans catholiques, tant aux granges que aux Isles du Rhône, au Pousin, & à Baïs-sur-Baïs.

La nuit de noël, Merles, enfant d'Usez, cardeur de laine, bon soldat entre eux, & qui a beaucoup gagné, surprit Mende.

Le cardinal d'Armagnac fut averti d'une conjuration faite contre Rodez par un chanoine de cette ville, nommé la Broü, duquel l'abbé de la Grace, grand vicaire du cardinal, s'étoit défié; le messager que le cardinal envoya à Rodez y arriva la veille des roys & de l'éxécution.

On fit à Orange des échelles que l'on disoit destinées pour surprendre le château de Suze, à cause de l'absence du comte qui étoit malade plus outre en Dauphiné, où l'étoit allé voir la comtesse sa femme; mais on découvrit que c'étoit pour donner l'escalade à Roquemaure, où lors résidoient les gens de la cour de Nismes, qui à ce bruit délogerent & se retirerent à Avignon & à Villeneuve.

Chantelles près Moulins en Dauphiné fut aussi pris par les huguenots.

Thoré étant à Bagnols & se défiant des huguenots, receut quelque cavalerie & 200. arquebuziers que Aubres lui amena, & se saisit d'une des portes qui fut gardée depuis par les catholiques; le capitaine Serverii

AN. 1579.

AN. 1580.

reprit pour eux le lieu de Castillon là voisin, & en dénicha le voleur Rey.

Le grand prieur quitta Marseille où la peste étoit, pour aller assister aux états de Provence qui se tinrent à S. Maximin, & où l'evêque de Riez préfida; il envoya S. Maximin, son lieutenant, à Manosque, pour accommoder les habitans de cette ville avec le baron d'Oraison.

Les dettes de la Comté passoient 800000. écus. L'abbé de la Grace, lieutenant du cardinal, ne cessoit de bien travailler ; & Robert de la Croix, vice-gerent, exerçoit la justice.

M. de Coumons de Sceptres, mon beau-pere, chevalier de N. S. P. & de l'ordre du roy, travailloit beaucoup dans la maison commune d'Avignon, qui n'étoit jamais sans assemblée pendant cette année turbulente, à cause de la guerre, de la peste, & de la famine.

Le Rhône fut si bas que plus de trente personnes se perdirent près de Viviers, entr'autres la dame de la Battie & le sieur d'Iserable; du Dauphiné, marié & habitant en Avignon.

Les huguenots de Provence se faisirent de S. Vincent & de Montfroc. Maugiron ayant été joint par Mandelot attaqua les troupes de la ligue à Moiran, où il y en eut beaucoup de massacrés. Tournon, comte de Roussillon, en fit perir plusieurs en ses places avec sa compagnie, ou par sa justice.

Le grand prieur se rendit à Apt, & fit bloquer par les Corses S. Vincent & Montfroc. Il fut à l'Isle & à Carpentras, où le docteur Grimaldi le receut, & l'accompagna à Caromb, où il fut receu par le Comte de Sault. Son excellence retournant à Carpentras avec l'escorte du recteur, fut rencontrée de quelques gentilshommes suivis de plus de soixante hommes armés & bien à cheval, qui à ce qu'on disoit par querelle particuliere contre le grand prieur les chargerent en moyen que l'issue termina par la mort de Thomas Grimaldi, frere du recteur, & capitaine de chevaux legers pour le pape ; il fut trouvé le lendemain 25. Mars dessous un olivier tout déchiquetté ; cinq Italiens y furent aussi tués ; les assaillans dont plusieurs furent blessés se retirerent en Provence. Son excellence rebroussa, & de nuit se rendit en Avignon déplaisante du fait ; & le 4. Avril lendemain de paques elle alla à Tarascon.

Le Rhône ayant haussé, Berton qui avoit été envoyé acheter des bleds en Bourgogne pour Avignon, y en fit descendre de Lyon plus de 18000 salmées.

Le prince d'Orange manda le seigneur de Minet pour commander à sa principauté ; mais Blacon & Chabert ne voulurent pas le recevoir ; & Minet se retira à Corteson, où Blacon introduit par un ministre huguenot l'alla prendre prisonnier avec Mutonis, & se rendit maître de Corteson.

Le capitaine Rey, de Castillon près Bagnols, faisoit des courses près de de cette ville, & d'Usez, il s'empara de Serviez au mois d'Avril; mais comme le fort tenoit la ligue jurée entre les catholiques & huguenots pacifiques, il y envoya du secours : un jeune garçon tira une arquebuzade d'une fenêtre, & tua Rey; le secours y survint, & fit prisonniers le reste des libertins soldats de Rey.

AN. 1580.

Mandelot après la défaite de Moiran, se retira à Lyon, où on doutoit de quelque surprise; ce qui donna du courage à la ligue Dauphinoise, qui se dilata vers l'Embrunnois, & le Briançonnois.

Le 15. Avril la garnison d'Orange fit une course jusqu'aux portes de Carpentras. Blacon monta d'Orange vers Livron; & de là pour aider à ceux des ligues, eut une rencontre par M. le comte de Tournon, qui lui donna grande perte; il faillit à être pris.

Châtillon se mit en campagne vers Lunel, Usez, Alais, & courut jusques près Beaucaire : un des siens nommé Molard fut attrapé, & conduit à Fourques lez-Arles, où ceux de la cité le firent pendre; il étoit condamné comme complice d'Espiard.

Biron & Duras prirent la Reolle, où Lavardin favori du roi de Navarre fut tué. Le parlement de Toulouse donna un arrêt contre les huguenots infracteurs de la paix le 15. Avril.

Le monastere de S. George fondé pour les religieuses repenties en Avignon par le cardinal d'Armagnac, étant achevé, l'église fut sacrée par Pierre des Girards évêque d'Usez. Le recteur Grimaldi ayant obtenu un congé du pape, partit sans rien dire de Carpentras, le vendredi 13. Mai, escorté par les chevaux-legers de feu son frere, & dont Grifalco étoit capitaine, jusques à Valence, où il arriva le lendemain, & où il prit la poste par Lyon. Le cavalier Oddi défit quelques adversaires vers Nions; & le capitaine Verdelin du Thor, qui commandoit à Caderousse pour le baron de Thor, attrape-villes, & Bourson, tous deux natifs de cet état, mais des plus grands adversaires, ils prirent fin.

Le cavalier Oddi étant revenu en Avignon, eut ordre du général Malvezzi d'aller à Bedarride exécuter à mort Guillaume Patris, abbé de la Grace, grand-vicaire, & lieutenant du cardinal d'Armagnac, qui y étoit allé, le lundi 16. Mai, au baptême de l'enfant de la fille de S. Sixt. Oddi alla à Bedarride avec sa compagnie de chevaux-legers le 17. au matin : s'étant arrêté à la porte de la ville, il fit dire à l'abbé qu'il avoit des lettres à lui rendre; l'abbé venu vers la porte, & la lettre lue, ils se promenerent tous deux, & parlerent; alors un chevau-leger Italien qui étoit démonté, donna à l'abbé le premier coup de poignard, qui fut suivi de sept autres jusqu'à ce qu'il eût expiré. Le cavalier monta & tira vers Menerbe. Ce fait nouveau & incongité fut porté à Avignon, où le cardinal montra visage de grand déplaisir, & non sans cause; mais comme très-prudent & bien avisé,

+ incogité

Tome I. *Perussis.* Gg

AN. 1580.

porta cette douleur patiemment ; & plus lorsqu'il fut averti que le seigneur Pierre disoit tout clair qu'il avoit ordonné cette exécution, & pour le bénéfice & service de N. S. P. & de son état, il en manda la nouvelle à Rome par courier exprès : le corps mort, fut enseveli aux Gentilins du pont de Sorgues.

Le 14. Juin mourut Pierre de S. Sixt à Avignon, de la blessure qu'il eut à l'épaule par une pistole, le jour de l'abbé de la Grace. Le général avoit défendu de toucher autre que l'abbé ; mais la résistance fut telle, que six chevaux-legers y furent tués.

Le comte de Carces partit par Salon pour Aix, pour y terminer la réconciliation avec les razés, & fut de-là à sa maison de Carces.

Le duc de Savoye envoya un courier au cardinal & à Malvezzi, pour les avertir de la venue du cardinal Alexandre Riarrio, légat en Portugal, à Lesdiguieres, & à Châtillon, pour avoir des passeports, au grand prieur & à Montmorency, afin d'avoir plus d'assurance.

Le cardinal escorté par la cavalerie du duc de Savoye, arriva par le pays de Terreneuve en Dauphiné, où Gouvernet l'accompagna de la part de Lesdiguieres : il passa la Durance au port d'Orgon ; arriva à Cavaillon le 26. Mai, & le 27. à Avignon, où les rues furent tapissées & les toiles tendues : il refusa le poële : & le 1. Juin il s'embarqua sur le Rhône par les Maries, & fut à Narbonne.

Gouvernet ayant quitté le cardinal, alla vers Sisteron, où il surprit Pomet ; le fils du sieur de Villefranche y fut tué. Celui qui tenoit S. Vincent le remit à Gouvernet après avoir défait quelques Corses qui vouloient rompre le moulin. Lesdiguieres assiégeoit Tallard avec des forts & des tranchées.

La petite salmée de la Comté valoit à la fin de Mai 36. florins. Les habitans d'Usez demanderent aide à Montmorency contre Châtillon. Le colonel Alfonce & S. Maximin, lieutenant de la compagnie du grand prieur, allerent jetter du secours dans Tallard.

La Coqueluche fait beaucoup de mal en France depuis trois mois. J'ai une fiévre lente, folâtre, & dangereuse. Il mourut à Rome plus de 6000. personnes. Le cardinal se retrancha dans le palais, & le général au petit palais.

Le recteur Grimaldi retourna dans la Comté par ordre du pape, & sur deux de ses galeres, avec 200. soldats Italiens & le capitaine Capisucchi Romain : ils arriverent à Avignon le 2. Juillet : le recteur avoit débarqué à la Cieutat, & passé inconnu par Aix.

Le cavalier Oddi profita du retour desdites galeres pour se retirer en Italie ; non qu'il doutât d'être repris de la mort de l'abbé de la Grace, ayant eu ordre de le tuer ; mais comme gentilhomme qu'il est, peut-être se sentoit consolé d'avoir obéi à son général, & d'autre part pensif pour l'avoir commise. Son lieutenant soupçonné d'avoir donné

DU COMTE VENAISSIN, DE PROVENCE, &c.

le coup à S. Sixt, étoit ja parti par terre. Le roy redonna au cardinal l'abbaye de la Grace.

Le pape forma deux états, l'un de maître de l'artillerie qu'il donna à des Iffards, avec 100. liv. par mois; & l'autre de colonel de l'infanterie à Aubres, avec pareil état.

Le 25. Août le Rhône parut comme une montagne, portant pailles, gerbiers, batteaux rompus, & moulins brifés, quoique le jour fût clair & serein. Le grand prieur fut en Avignon, où on lui accorda des munitions & 100. foldats fous le jeune Briffac, d'Avignon, pour le fiége de S. Vincent.

M. de Tournon donnoit beaucoup de trouble aux adverfaires avec fa compagnie ordinaire de lances. Le duc du Maine en arrivant prit Château-double; affiégea, prit, & raza Beauvais l'opiniâtre. Il donna de la cavalerie fous M. de Tavanes, qui avec fa compagnie & celle du feu M. de S. Chaumont, & du jeune Glandage tout catolizé, & allant à la meffe, & 3000. hommes de Provence, alla faire lever le fiége de Tallard, où le château eft un beau édifice, a autant de fenêtres que des jours en l'an; & appartient à la maifon de Clermont de Dauphiné. Tavanes repaffa par cette Comté le 30. Septembre.

Le 27. Août mourut Emmanuel-Philibert, duc de Savoye, après trois jours de maladie, dans le lieu Giannonon, qu'appartient au Cardinal de Verceil où S. A. étoit allée, fuyant la contagion univerfelle de la coqueluche, nommée de-là les monts caftrone: il étoit âgé de 52. ans depuis le 8. Juillet; il avoit un catarre, mal de reins, & un grand afthme.

L'entrée du duc du Maine en Dauphiné, ayant donné du foupçon à ceux d'Orange qui firent entrer dans leur ville 500. étrangers armés. Août fut prefque tout confit en grande & groffe pluye, tonnerres, grêles, éclairs. La pefte étoit à Marfeille, Aix, Lambefc, S. Cannat, Arles, Pernes, Avignon & Carpentras: elle pénétra dans la famille du cardinal d'Armagnac, qui fe retira à Bedarride à 2. lieuës d'Avignon, lieu de fon archevêché, & fit très-bien.

FIN.

NOTES
HISTORIQUES ET GEOGRAPHIQUES.

Pag. 5. *l.* 18. **C**Laude des Berrons, seigneur de Crillon, qui étoit premier consul d'Avignon en 1562. fut tué au combat de Menerbe le 14. Juin 1574.] Il étoit frere aîné de Louis de Berton; si connu sous le nom du brave Crillon, qui étoit né à Murs en Provence, diocèse de Carpentras le 5. Mars 1543. qu'Henri III. nomma chevalier de ses ordres en 1585. & qui mourut à Avignon le 11. Décembre 1615. Le brave Crillon avoit pour frere aîné Thomas de Berton, qui fut seigneur de Crillon après Claude son aîné, trisayeul de Jean-Louis de Berton, né dans le diocèse de Cavaillon, évêque de S. Pons en 1714. archevêque de Toulouse en 1727, d'où il fut transferé à celui de Narbonne dans le consistoire du 19. Décembre 1739. Il fut reçu chevalier des ordres du roi le 13. Mai 1747. Il mourut à Avignon le 5. Mars 1751. La gazette de France dit qu'il étoit âgé de 75. ans; ce qui seroit 6. ans de plus que ne lui donnent les notices de Rome qui s'impriment toutes les années chez Chracas. Il étoit frere de François-Felix de Berton, en faveur duquel le pape Benoît XIII. érigea Crillon en duché par bulles du 27. Septembre 1725. & pere de Louis de Berton, marquis de Crillon, maréchal de camp le 2. Octobre 1746.

5- 21. François des Galiens, seigneur des Essars.] Il étoit aussi seigneur de Vedenes, & de S. Savornin diocèse d'Avignon, chevalier de l'ordre du roi, conseiller ordinaire de l'hôtel de ville d'Avignon en 1562. Il mourut sans enfans. Son frere Louis qui testa le 12. Mai 1567. fut le cinquième ayeul de Charles-Hiacinthe des Galiens, marquis des Issars, ambassadeur en Pologne & à la cour de Saxe lors du mariage de madame la Dauphine, conseiller d'état d'épée en Mai 1754. mort à Avignon le 17. Août 1754. âgé de 37. ans.

5- 23. Pierre de Rieiis, seigneur de Lagnes, se distingua fort pour la défense d'Avignon pendant les troubles de 1561. 1562. & 1563. aussi-bien que des Essars, Graveson, Brissac, Bagnols, Mimars.] Il étoit apparemment pere de Françoise de Rieiis, dame en partie de Lagnes au diocèse de Cavaillon, qui épousa Antoine de la Faleche, chevalier de l'ordre du roi. Leur fille Georgette de la Faleche, dame de Lagnes, épousa le 16. Mai 1583. Louis de Cambis, seigneur d'Orsan au diocèse d'Usez.

5- 32. Etienne de Robins, seigneur de Graveson.] Il fut aussi seigneur en partie de Barbentane, & testa le 22. Janv. 1566. Il avoit épousé le 21. Septembre 1525. Louise d'Aiguieres-Mejanes, & en avoit eu Antoine Robin, seigneur de Graveson, ayeul d'Antoine Robin, seigneur de Graveson, qui se maria en 1635. & Marguerite Robin mariée vers l'an 1540. avec Pierre Bon, seigneur de Meuillon, dont Helene Bon qui épousa 1°. Charles Gondi, seigneur de la Tour, général des Galeres de France; 2°. Charles de Balsac, de Clermont sous Biran, capitaine de cent archers de la garde du roi, nommé chevalier du S. Esprit en 1585.

5- 38. Alexandre de Grillet, seigneur de Brissac.] Il étoit né à Nice: & il testa le 30. Avril 1598. Il rendit hommage en 1584. au roi & à l'évêque de Montpellier, pour les seigneuries de Copiac, Casillac, Valois, & saint Etienne de Saussac. Sa généalogie ne dit point comment il devint seigneur de Brissac, & si ce Brissac est la même seigneurie que Brissac paroisse de 120. feux du diocèse & à près de six lieues au N. N. O. de Montpellier; long. 21. d. 22. m. 15. s. lat. 43. d. 52. m. 32. s. Brissac appartenoit à François de Roquefeuil, baron de la Roquette, qui testa le 26. Août 1622. Il fut l'ayeul de François-Joseph de Roquefeuil, prêtre & chanoine de l'église de Montpellier, dernier marquis de la Roquette & seigneur de Brissac, mort au château de Brissac, en Fév. 1725. Depuis sa mort, le château de Brissac a été en litige entre N... de Pavée, seigneur de Villevieille, neveu de l'abbé de la Roquette, & N... de Roquefeuil, seigneur de Londres, à qui il est resté en 1754. La seigneurie de Brissac appartenoit en 1189. en partie à Vierne, veuve de Raimond Pierre, seigneur de Ganges, à Bernard, seigneur d'Anduse, & a Raimond, seigneur de Roquefeuil, freres & sœurs.

p. 5. *l.* 40. Nicolas Terrully, seigneur de Bagnols.] Il étoit fils d'Etienne Terrully, maître des requêtes de l'hôtel du roi Charles VIII. Sa généalogie dit qu'il étoit seigneur de Bagnols, de Verfeuil, de Cornillon, & de Montolivet en Languedoc. Il pouvoit avoir des portions dans ces seigneuries. Mais il est sûr qu'il n'en possedoit pas la plus grande partie.

6- 1. Claude Achard, seigneur de la Baume.] C'étoit apparemment un des ancêtres d'Elzear-François des Achards de la Baume, né à Avignon la fête de saint François de Sales 29. Janvier 1679. Il entra dans le séminaire de S. Charles à Avignon à l'âge de 16. ans, y en passa six, prêcha le panégyrique de la plus grande partie des Saints avant l'âge de prêtrise. Ordonné prêtre il se livra aux missions de campagne dans le Comtat, la Provence, le Languedoc, & le Dauphiné. Il fut ensuite fait prevôt de la cathédrale d'Avignon. Il donna de grandes preuves de sa charité, de son zéle, & du mépris de sa propre vie en 1721. pendant la peste d'Avignon qui dura six mois. Benoît XIII. le nomma évêque d'Halicarnasse. Clement XII. l'envoya visiteur apostolique à la Cochinchine. Cet évêque ne craignit pas à l'âge de 58. ans d'entreprendre une course de plus de douze mille lieues. Il partit d'Avignon le 15. Octobre 1737. fut à Paris où il resta trois semaines ; de-là au Port-Louis. S'étant embarqué sur le Fulvi, vaisseau commandé par M. Torrel, il doubla le cap de Finistere le 1. Février 1738. Il entra dans l'empire de la Chine le 15. Juillet 1738. Il s'embarqua à Macao le 16. Mars 1739. a une heure de nuit, & dans deux jours il fut a Canton. Il partit de cette ville où il s'embarqua le 7. Avril. Après 24. jours de mer & de diette il alla mouiller à la baye de Coulan, & monta ensuite au port de Fayfo dans la province de Cham, l'une des douze de la Cochinchine. De-là il se rendit a Ketha. Etant dans ce lieu le 26. de la quatrième lune qui répondoit au 2. Juin 1739. il y publia une lettre pastorale. Il continua ses visites dans la province de Cham : & ayant remis aux missionnaires François la chrétienté de Con-uc, il alla à Hué, capitale de la Cochinchine, & qui est à 30. lieues de Ketha ; & il y étoit déja arrivé le 17. Juin 1739. L'évêque d'Halicarnasse mourut à Hué le jour de pâques 2. Avril 1741. entre 3. & 4. heures du soir. Un prêtre Chinois prononça à Hué en langue Anamitique son éloge funébre lors de la cérémonie de son enterrement.

6- 10. Jean Alfonse, seigneur de Mimars.] Il avoit servi sur les galeres & sur les vaisseaux de François I. Il étoit premier consul d'Avignon en 1546. & marié vers l'an 1530. J'ignore la position de sa seigneurie de Mimars.

7- 16. Seinteran, enseigne du prince de Salerne, sauva un crucifix qu'un soldat vouloit rompre à la prise de Barjols le 6. Mars 1562.] Jean de Montmorin, seigneur de Saint-Herem, après la mort de Gaspar son frere aîné qui vivoit en 1564. donna trois quitances, sçavoir, le 7. Mai 1560. le 13. Juillet 1563. & le 29. Mars 1564. & est qualifié dans ces quitances chevalier, porte-enseigne de la compagnie de trente lances, sous la charge de M. le prince de Salerne. Il épousa Gabrielle de Murol, dame du Broc, & fut le quatrième ayeul de Jean Baptiste-François de Montmorin, marquis de Saint Herem, gouverneur de Fontainebleau, marié le 15. Février 1724. avec Constance Lucie de Valois de Villette. Jean de Montmorin avoit pour bisayeul, Jacques de Montmorin, seigneur d'Auzon & de Rellac, qui épousa le 28. Mai 1421. Jeanne Gouge, dite de Charpaigne, dame de Saint-Herem, niéce de Martin Gouge, évêque de Clermont, chancelier de France. Saint-Herem est une grosse paroisse d'Auvergne. J'ignore quel saint on a voulu désigner sous le nom de Herem. Chatellain n'en parle pas dans le martyrologe universel.

p. 7. *l.* 19. Entrages, de la maison des Guiremans fort noble, fut pris à Barjols le 6. Février 1562. & envoyé à Aix, où il fut décapité.] J'ai cherché fort inutilement quelle étoit cette maison des Guiremans, & cet Entrages. Nostradamus ni Bouche n'en font nulle mention, non plus que Gaufridi qui a rapporté une circonstance de la prise de Barjols, dont je doute fort, c'est que le baron des Adrets y mena des troupes. De Thou (trad. T. 4. p. 308.) dit : Guillerame, d'Entrages, & Laidé furent conduits à Aix, où les juges commis par le roi les condamnèrent à avoir la tête tranchée. De Thou donne une description géographique de Barjols; & dit que cette ville est située au pied d'une montagne très escarpée dans un lieu bas, & qui va en penchant. Elle a, continue de Thou, derrière elle des collines de difficile accès, & au devant des coteaux escarpés, qui forment une espèce de théatre. Ses murs sont bons, & défendus par un ruisseau qui coule dans la vallée, laquelle est fort étroite. Elle a au dessus un château qui la domine. La carte de Provence de Delisle donne quelque idée de ces montagnes qui entourent Barjols, & du ruisseau qui y passe; mais pour sçavoir si la description de Thou est bien juste, il faudroit avoir un plan de Barjols, & de ses environs. Le roi fait lever actuellement la carte de la France dans la plus grande étenduë, & la plus juste précision. Si parmi les habiles ingénieurs que l'on occupe à un travail aussi utile, il y en avoit quelqu'un qui eût du goût pour l'histoire, il ne manqueroit pas l'occasion de lever exactement les lieux, & leurs environs, où il sçauroit qu'il est arrivé quelque événement historique. Ce seroit un excellent moyen pour perfectionner l'histoire.

7- 27. Gordes que le roi envoya à Arles en Mars 1562. & qui ayant trouvé toutes choses bien disposées, alla dans son château de Gordes.] Il s'appelloit Bertrand-Raimbauld de Simiane. Il étoit né le 18. Novembre 1513. Il étoit déja chevalier de l'ordre en 1562. Il fut fait lieutenant-général en Dauphiné, & il mourut à Montelimar le 21. Février 1578. à 5. heures du soir.

7- 28. Laval, château de Gordes qui y établit sa résidence a la fin de Mars 1562.] C'est une paroisse du diocèse, & a l'E. N. E. de Grenoble.

8- 1. Madame d'Oppede, chez laquelle Alexandre de Guidiccion, évêque de Loques, vice-legat à Avignon, retournant à Rome, logea à Arles le 23. Avril 1562.] Anne Mainier, dame d'Oppede, fille de Jean, premier président au parlement de Provence, & de Jeanne de Vintimille étoit alors mariée avec François de Perussis, baron de Lauris, second président au parlement de Provence, qui mourut à Aix, & qui fut enterré dans l'église des cordeliers. On y voit son épitaphe qui nous dit qu'il fut président pendant 44. ans, & qu'il vécut 72. ans; mais qui ne jugeant pas à propos d'y ajouter la datte de sa mort, ne nous apprend que la moitié de ce que nous voudrions sçavoir. L'épitaphe d'Anne Mainier, où l'on lit l'an 1587. ne nous dit pas non plus que c'est l'année de sa mort. Belle exactitude dans ces monumens publics!

8- 41. La Motte-Gondrin, chevalier de l'ordre, lieutenant du duc de Guise en Dauphiné, que les protestans tuèrent à Valence le 29. Avril 1562.] Il s'appelloit Blaise de Pardaillan. Il étoit chef d'une branche de la maison de Pardaillan, duc d'Antin depuis le mois de Mai 1711. Son article rapporté dans l'histoire des grands officiers (T. V. p. 186.) est assés détaillé pour ses emplois; mais il est surprenant que l'auteur ne dise rien de ses faits militaires, & encore moins de sa mort tragique. Il ne nous donne pas non plus le nom de sa femme, mais il nous apprend qu'il étoit bisayeul de Renaud de Pardaillan, marquis de la Motte-Gondrin, marié le 23. Mai 1661. avec Catherine d'Audric de Basillac.

9- 16. Saint-Jeurs eut une des deux compagnies que Serbellon, commandant dans le Comtat, fit lever vers le 5. mai 1562.] Honoré de Castellane, seigneur de Saint-Jeurs, de Garcin, & de Châteauneuf, chevalier de l'ordre du roi par une lettre de Charles IX. du 12. Février 1569.

testa le 11. Mars 1587. & fut le quatrième ayeul de Jean-Baptiste de Castellane, marquis de Grimaud, baron de S. Jeurs, colonel du régiment d'Eu, infanterie, marié en 1741. avec Françoise-Pauline de Castellane, fille unique de Jean Baptiste, marquis de Norante, capitaine de galeres, & de Marie-Anne Rouillé. Marie-Anne Rouillé étoit veuve d'Henri-François Tiercelin, marquis de Brosse, mort en Novembre 1713. & d'Antoine-Louis Rouillé, comte de Vouy près Versailles, secrétaire d'état de la marine, & fille de Louis Rolin-Rouillé, maître des requêtes, & d'Angelique d'Aquin. Saint-Jeurs est une paroisse de Provence dans la viguerie de Moutiers, du diocèse & à 2. lieues & demie au N. N. E. de Riez: sa long. est 24. d. 1. m. 36. s. & sa lat. 43. d. 57. m.

p. 11. l. 8. Le port d'Orgon ou Sommerive passa la Durance le 20. Mai 1562. & où il campa près Cavaillon.] Orgon est un bourg de Provence dans la viguerie de Tarascon, du diocèse & à 5. lieues & un tiers au S. E. d'Avignon: long. 24. d. 48. m. lat. 43. d. 47. m. 30. s.

12- 2. Pertuis dont les protestans leverent le siége.] Le comte de Tende qui favorisoit les protestans l'assiégea; mais comme il n'avoit point de canon, il leva le siége vers le 30. Mai après dix-huit jours d'attaque. Pertuis est une petite ville de Provence dans la viguerie & le diocèse d'Aix, à 3. lieues & un tiers au N. N. E. de cette ville: long. 23. d. 15. m. 30. s. lat. 43. d. 43. m. 35. s.

12- 4. Le Buech, rivière près de laquelle les protestans camperent vers le 15. Juin 1562. & qu'ils mirent à la tramontade, ayant au levant la Durance.] Elle prend sa source vers Aspres en Dauphiné; passe à la petite ville de Serre; & va se jetter dans la Durance sous la citadelle de Sisteron. Elle a un assés joli pont de pierre. Ses eaux restent quelque espace sans se mêler avec celles de la Durance.

12- 6. La Tour d'Aigues, beau & superbe château avec de grands dehors appartenant à. Cental, où les protestans camperent vers le 3. Juin 1562.] Jean-Baptiste-Jerôme de Bruni, baron de la Tour d'Aigues, fut reçu conseiller au parlement d'Aix le 13. Janvier 1744. La Tour d'Aigues est une paroisse de Provence au diocèse & a 4. lieues, au N. N. E. d'Aix, dans la viguerie de Forcalquier: long. 23. d. 18. m. lat. 43. d. 44. m. 20. s. La reine Catherine de Medicis y coucha le 6. Juillet 1579. le 8. a Cavaillon, & le 9. à Avignon.

12- 14. Peiruis, fort & beau château de M. de Faucon, joignant château-Arnoux, où les protestans camperent, & où ils firent beaucoup de désordre vers le 6. Juin 1562.] M. de Faucon étoit Gaspar de Glandevez, seigneur de Faucon, Viens, Villemurs, Sainte-Tulle, Mirabeau, Redortier, Gignac, Oppedete, Thoises, Mairargues, Palieres, Rougon, & Châteauneuf. Il n'eut que des filles, dont l'aînée apporta ces terres à François de Foresta, seigneur de Ragier. Paul de Fortia, seigneur de Costechaude, gouverneur de Château-d'If & des isles de Marseille, acquit en 1689. la baronie de Peiruis; & fut grand-pere d'Alfonse de Fortia, baron de Baumes & de Peiruis, appellé le marquis de Piles, lieutenant de roi en Provence, & viguier perpétuel de Marseille, vivant en Avril 1754. Peiruis est une paroisse du diocèse & à 3. lieues au S. de Sisteron, sur la droite de la Durance: long. 23. d. 41. m. lat. 44. d. 4. m. 30. s.

12- 22. Causans qui avoit été gouverneur d'Orange, & dont les protestans briserent la sépulture avant le 4. Mai 1562.] Louis de Vincens, seigneur de Causans, avoit pour bisayeul Jacques de Vincens qui rendit hommage pour la seigneurie de Causans à Louis de Châlon, prince d'Orange, le 12. Mai 1447. Louis testa le 13. Janvier 1529. & fut pere de Guillaume de Vincens, seigneur de Causans, nommé gouverneur d'Orange par Guillaume de Nassau à Bruxelles le 20. Mars 1561. testa le 21. Mars 1567. & fut trisayeul de Claude de Vincens, en faveur duquel Guillaume-Henri de Nassau, prince d'Orange, érigea Causans en marquisat le 28. Août 1667. Claude de Vincens fut grand pere de Jacques de Vincens, marquis de Causans, qui a pour fils Jean-Joseph, né en 1725. & capitaine de cavalerie dans le régiment de Conti. Causans est une paroisse du diocèse & à 2. petites lieues à l'E. S. E. d'Orange: long. 22. d. 38. m. 35. ⸺ lat. 44. d. 7. m. 40. ſ.

p. 12. *l.* 27. Taillade arriva au camp de Sommerive à Cavaillon vers le 31. Mai 1562.] Il s'appelloit Charles Grillet, étoit fils de Julien Grillet, ſeigneur de Taillade, & d'Helene de Gondi. Il fut chancelier de l'ordre du roi, capitaine de 50. hommes d'armes le 29. Juillet 1569. & tué le 25. du même mois au ſiége de Poitiers.

12- 37. Des Eſſars, auquel Serbellon fit part du projet de s'emparer d'Orange le 5. Mai 1562.] Il s'appelloit Melchior de Galien: il rendit hommage à Henri III. pour les Iſſars le 22. Novembre 1584. & il reſta à Avignon le 21. Avril 1585. Il fut le biſayeul de François de Galien, marquis de Salernes, ſeigneur des Iſſars, auquel le prince de Conti vendit vers le 1. Août 1698. le titre de comté qui étoit ſur Aleſt, avec l'entrée aux états de Languedoc, pour le prix de cent mille livres. Ce titre devoit être mis ſur la terre des Iſſars dont il eſt ici queſtion; mais cette vente n'eut point d'exécution.

13- 16. Orange pris par Serbellon le 6. Juin 1562.] & non le 6. Mai comme on l'a mis par erreur. C'eſt une ville capitale d'une principauté, compoſée de 7. paroiſſes.

13- 23. Baumettes, où Serbellon fut campé après la priſe d'Orange le 7. Juin 1562.] eſt une petite paroiſſe de Provence, mais du diocèſe de Cavaillon, à 3. lieues au N. N. E. de cette ville: long. 22. d. 59. m. lat. 43. d. 53. m.

13- 43. Pierrelatte, défendu par Richard de Vaureas, & vendu au baron des Adrets vers le 8. Juin 1562.] C'eſt une ville de Dauphiné dans le diocèſe de S. Paul-Trois-châteaux, à 2. lieues au N. O. de cette ville: long. 22. d. 20. m. 30. ſ. lat. 44. d. 15. m. 30. ſ.

14- 34. Boulene fut pris d'aſſaut par les proteſtans le... Juin 1562.] C'eſt une ville du Comtat, habitée par 2700. perſonnes, du diocèſe & à 1. lieue un tiers au S. S. O. de S. Paul-Trois-châteaux: long. 22. d. 29. m. lat. 44. d. 16. m. 27. ſ.

15- 5. Ouveze, rivière, entre laquelle & Orange Suze bâtit le baron des Adrets le 5. Juillet 1562.] Il n'eſt pas poſſible de fixer par la narration de Peruſſis le champ de bataille où ſe paſſa le combat de l'Ouveze: l'endroit où cette rivière s'approche le plus d'Orange, en eſt éloigné de près de 2. lieues. L'Ouveze prend ſa ſource en Dauphiné dans les Baronnies, à près d'une lieue au deſſus de Montauban: elle paſſe au ſud; & au deſſous de ce lieu au nord de S. Auban, au ſud de Vercoiran, entre Ste Euphemie, & à la Roche, a l'eſt du Buis & de la Penne, au ſud de Pierrelongue, tout-contre & au ſud de Molans. D'abord après elle entre dans le Comtat & dans le diocèſe de Vaiſon. Elle paſſe entre cette ville qu'elle laiſſe à ſon ſud, & l'ancien Vaiſon qui eſt à ſon nord. A une lieue de là elle tourne ſon cours, qui avoit preſque toujours été eſt & oueſt, vers le ſud-oueſt. Elle paſſe entre Roais & S. Juſt, entre le Rateau & Seguret. Elle laiſſe a quelque diſtance de ſa gauche Seguret, & entre dans la principauté d'Orange, qu'elle traverſe preſque toute nord & ſud, & qu'elle ſépare pendant 2. lieues du Comtat; rentre dans ce pays un peu au deſſus de Sauvins, qu'elle a à ſa droite. Elle paſſe à quelque diſtance de Bedarride qui eſt à ſa droite; & à un quart de lieue de ce lieu, elle ſe jette dans la Sorgue groſſie par la rivière de Mede qui l'avoit été une lieue au deſſus par le Bregoux, lequel avoit reçu vis-à-vis de Sarrians la Saillette. L'Ouveze reçoit dans ſon cours & à ſa droite un ruiſſeau qui vient un peu d'au-deſſus de Benivai & de Beauvoiſin; & ce ruiſſeau deſcend de Puimeras. Au deſſous de l'abbaye de S. André de Ramieres, on a tiré de l'Ouveze un canal qui paſſe à la gauche du château de Violez; traverſe une palus au deſſus de Jonquières; paſſe à la gauche de Courtezon; porte enſuite le nom de Seille, & va ſe jetter dans la Sorgue, à une demi-lieue au deſſous de Bedarride. L'Ouveze reçoit à ſa gauche un ruiſſeau qui vient d'Aulan au deſſous de Molans le Tolorenc, rivière qui prend ſa ſource à une lieue à l'eſt de Plaiſian, qui paſſe à un quart de lieue au ſud de Savoillans, & à un peu plus au ſud de Brantes, au deſſus de Vaiſon le Granſel petite rivière qui prend ſa ſource à Granſel,

prieuré

prieuré où le pape Clement V. a fait quelque séjour, & le ruisseau qui vient de Gigondas. On passe l'Ouveze sur un pont dans un petit espace qu'il y a après qu'elle a reçu la Mede, & avant qu'elle se jette dans la Sorgue. Cette rivière est rapide, & dangereuse en hiver à passer à gué. On la passe en bâteau au port de Beauregard, en allant de Sarrians à Jonquières. Elle a 15. lieues ou environ de cours, en mesurant ses sinuosités.

p. 15. l. 9. *Montenard, capitaine de cavalerie, se trouva au combat de l'Ouveze le 5. Juillet 1562.*] François de Montenard, seigneur de Montenard, de l'Argentiere, & de Chalencon, mourut après l'an 1582. Sa branche s'éteignit par ses deux petites filles. Louise de Montenard, l'aînée, dame de Chalencon épousa le 23. Octobre 1620. Louis de Simiane, seigneur de Truchenu. Magdeleine-Sophie de Simiane, leur arriere petite-fille, dame de Chalencon, épousa en Juin 1723. Alexandre Gaspar de Villeneuve, marquis de Vence.

15- 11. *Venterol, mestre de camp qui se trouva au combat de l'Ouveze.*] Il semble que ce doit être Louis d'Urre, seigneur de Venterol, que l'abbé Pithoncourt dit avoir perdu la vie au siége de Mornas, étant mestre de camp du régiment de Suze. Venterol, paroisse de Dauphiné dans le diocèse de Vaison, à 9. lieues au N. N. E. d'Avignon : long. 22. d. 50. m. 30. s. lat. 44. d. 25. m.

15-16. *Propiac se trouva aussi au même combat.*] C'étoit Etienne de Rainoard, seigneur de Propiac, citoyen de Carpentras. Il épousa Isabelle de Rousset de Saint-Sauveur, & n'eut que deux filles. Marguerite de Rainoard, l'aînée, dame de Propiac, épousa à Carpentras le 30. Novembre 1561. François de Vincens, seigneur de Savoillans. Louis de Vincens, leur second fils, fut seigneur de Propiac, pere d'Henri de Vincens, religieux recollet, dit le pere de Propiac, mort à Avignon en odeur de sainteté le 4. Août 1689. & d'Antoine de Vincens, seigneur de Propiac, qui eut pour fille Françoise de Vincens, mariée le 22. Décembre 1649. avec Scipion de Blegiers, seigneur de la Vi-

lasse près Vaison. Propiac est une paroisse du Dauphiné & du diocèse de Vaison, à 8. lieues & un tiers au N. E. d'Avignon : long. 22. d. 39. m. 30. s. lat. 44. d. 16. m. 35. s. a 1. lieue à l'ouest du Buis.

15- 17. *Jean Raxi, seigneur de Flassan, se trouva au combat de l'Ouveze le 5. Juillet 1562.*] Jean Raxis, & non Raxi, comme on l'a estropié dans le texte, étoit un gentilhomme originaire de Grece, qui avoit tout abandonné pour conserver la foi de ses peres, suivant les propres termes du bref du pape Clement VII. qui lui donna par ce même bref du 23. Juillet 1536. la seigneurie de Flassan. Jean de Raxis servit avec distinction dans les guerres du Comtat contre les protestans en 1562. & 1563. Son grand âge ne lui permettoit plus, dès le 10. Décembre 1565. de supporter les fatigues de la guerre. Il fut le quatrième ayeul de Joseph-Dominique de Raxis, qui vivoit en 1746. mais qui ne paroissoit pas posseder alors la seigneurie de Flassan. C'est une paroisse de 180. habitans, du Comtat, du diocèse & à près de 3. lieues à l'E. N. E. de Carpentras : long. 22. d. 48. m. 55. s. lat. 44. d. 6. m. 30. s. Pierravon, seigneurie du diocèse de Carpentras, que Louis de Raxis, son arriere petit fils, possédoit en 1662. n'est point marquée sur la carte du Comtat, qui d'ailleurs est très-exacte & très-détaillée.

15- 20. *Le capitaine Beauchamp qui se distingua au combat de l'Ouveze le 5. Juillet 1562. avoit pris pour impresse à son enseigne le feu & l'escoube.*] L'*escoube* est un terme provençal & languedocien, qui signifie un balais pour balayer. Il n'est pas aisé de trouver le cap. Beauchamp dans sa généalogie. Seroit-ce Baltazar de Merles, sgr. de Beauchamp, qui épousa le 21. Fév. 1567. Helene de Perris?

15- 28. *Mornas défendu par la Combe, & rendu le 8 Juillet 1562. au baron des Adrets, qui y commit des cruautés affreuses.*] C'est une ville du Comtat, habitée par 900. personnes. Son château étoit plus fort par sa situation que par les ouvrages qu'on y avoit faits. Mornas est à 2. lieues au N. N. O. &

Tome I. Perussis.

du diocèse d'Orange : long. 22. d. 28. m. 30. f. lat. 54. d. 14. m. 48. f.

p. 16. l. 12. Pierrerue, près de Nions pris par les Comtradins vers le 9. Juillet 1562.] Pierrerue étoit apparemment Claude de Bouliers, seigneur de Pierrerue, de Niozelles, & de Rosset, qui avoit épousé Marguerite de Porcelet, qui fut prise en même temps que son mari ; mais remise en liberté dès qu'elle fut arrivée à Avignon. Ils n'eurent qu'une fille, Anne de Bouliers, mariée le 19. Novembre 1599. avec Louis Adhemar de Castellane, seigneur d'Entrecasteaux, à qui elle apporta ces trois terres, & qui fit la branche de Castellane-Pierrerue, qui subsistoit au commencement du XVIII. siécle. Niozelles est une paroisse du diocèse de Sisteron, & Rosset du diocèse de Riez. Pierrerue est apparemment de ce côté, & a été omis par les géographes ignorans, ou peu soigneux. Pierrerue est dans la viguerie de Forcalquier, & a 516. habitans.

16-18. Lurs où les protestans avoient mis des troupes que Sommerive battit le 9. Juillet 1562.] Sainte-Marie de Lurs, abb. de l'ordre de Cîteaux, fut fondée en 1172. confirmée & dotée par Guillaume, dernier comte de Forcalquier, de sa race en 1191. confirmée par le même comte en 1207. Innocent III. en fait mention dans une lettre qu'il écrivit en 1198. à Gaudemar, abbé de Biscaudon. Le dictionnaire de la France donne à Lurs 210. habitans. Ce lieu est sur une montagne à quelques centaines de toises à la droite de la Durance, à 5. lieues au S. de Sisteron, & à 1. & demie à l'E. de Forcalquier : long. 23. d. 37. m. lat. 43. d. 59. m.

16-18. Gannagobie, abbaye, où les protestans avoient mis des troupes que Sommerive battit le 9. Juillet 1562. & où se trouverent les seigneurs de Flassans, de Ventabren, & le commandeur de Cuges.] Notre-Dame de Gannagobie est un monastere de l'ordre de Cluny près de Lurs, au diocèse de Sisteron, fondé par Jean, évêque de Sisteron, du temps de S. Mayeul, Provençal, quatrième abbé de Cluny. Boniface, seigneur Provençal, lui donna en 1013. ce qu'il avoit *in villâ Petraxo*, que Bouche conjecture être Peiruis, & confirma la donation faite par Lambert, son pere, & Galburge, sa mere, au même monastere. S. Mayeul du temps duquel Gannagobie fut fondé, est cru être né à Valentole, paroisse de Provence du diocèse de Riez, & de la viguerie de Moustiers, entrant aux états de la province, & ayant un couvent d'augustins depuis 1600. & des religieuses ursulines.

16-24. Le seigneur du Puy S. Martin qui portoit la cornette blanche de Sommerive au siége de Sisteron le 11. Juillet 1562.] Il étoit de la maison d'Urre, & s'appelloit Louis. Il testa le 2. Mars 1592. & eut de sa seconde femme Rostaing-Antoine d'Urre, seigneur d'Aiguebonne, qui fut fort employé sous le régne de Louis XIII. & sous la minorité de Louis XIV. nommé chevalier des ordres du roi le 8. Mai 1654. mort à Paris le 9. Mai 1656. & enterré dans le cloître des augustins. Le Puy S. Martin est une paroisse & un château de Dauphiné, dans le diocèse & à 7. lieues & demie au S. S. E. de Valence : long. 22. d. 36. m. lat. 44. d. 36. m. 30. f. Aiguebonne est un village & un château que le dénombrement de la France de 1720. joint à Alex, auxquels il donne environ 11. feux de compois. Le dictionnaire de la France donne 813. habitans à Alex ; & le dénombrement de 1709. 183. feux. Le dénombrement de 1720. appelle Aiguebonne Aubonne ; mais son véritable nom est Aiguebonne. Caffet n'a point donné la position d'Aiguebonne dans sa carte de Dauphiné. Nul autre géographe ne l'a donnée. Tous placent Alex, que Delisle dans sa carte du moyen âge de Dauphiné appelle Aleusia & dont il donne la position, à 4. lieues trois quarts au S. de Valence. Il est dans le diocèse de cette ville : long. 22. d. 32. m. lat. 44. d. 41. m. 5. f. Alex est sur la droite de la Drome, & sur le chemin qui va de Livron à Crest. Aiguebonne est une minute plus oriental qu'Alex, & à peu-près la même latitude. Cette seigneurie fut achetée en 1735. 84000. l.

16-40. Le seigneur de Rossieu capitaine, qui fut tué à l'attaque de Boulene

DU COMTE' VENAISSIN, DE PROVENCE, &c. 243

le 17. Juillet 1562.] Guillaume Bouvard, originaire de Bourgogne, s'établit à Vaureas au Comtat, & épousa en 1530. Clemence de Chabestan, fille de Bertrand, seigneur de Chabestan, de Ribeirer, de Sorbiers, de Rosans, de Roussieu, & de Montarsine d'Alauzon. Clemence eut en dot la terre de Roussieu, située dans le duché de Champsaur au Gapençois. Il resta en 1562. La carte du Dauphiné de Caffet ne met point de Roussieu dans le Champsaur; mais elle en met un dans le bailliage, & le diocèse de Gap, qui n'est pas loin de Rosans, de Montferrand, & de la Fare. Roussieu est mal ortographié sur la carte de Jaillot, Roussie. C'est une paroisse du diocèse & à 11. lieues à l'O.S.O. de Gap : long. 26. d. 4. m. 30. s. lat. 44. d. 19. m.

p. 16. l. 41. Gaucher de Ventabren, seigneur de Mejanes, qui fut blessé en voulant écrire le nom de sa maîtresse aux murailles de Boulene, étoit extraordinairement fort: ne craignoit point d'attaquer les taureaux furieux de la Camargue, & venoit à bout de les renverser.] La ville d'Arles & les environs se font un amusement de ces sortes de combats. Les Espagnols en font encore plus de cas; d'autres personnes regardent ces fêtes comme très ennuyantes, & très-dangereuses. Le capitaine Mejanes, qui marcha au secours du château de Nismes, fut blessé en reconnoissant les protestans qui assiégeoient ce château le 27. Octobre 1567. & mourut des suites de cette blessure à Tarascon le 28. Novembre suivant. On trouve dans la Camargue la tour de Mejanes, du diocèse & à 3. lieues un quart au S.O. d'Arles, sur le bord septentrional de l'étang de Vacarés. Long. 22. d. 9. m. lat. 43. d. 36. m.

17-10. Vaureas, où il y eut un combat le 25. Juillet 1562. entre Suze & le baron des Adrets.] La plûpart des historiens donnent l'avantage à des Adrets; mais Perussis veut que Suze qui y perdit son canon, fut victorieux. Nostradamus a la même idée que Perussis. La victoire de part ou d'autre fut plus imaginaire que réelle. Vaureas habité par 2700. personnes, est du diocèse & à 3. lieues au N. de Vaison : longitude 22. d. 46. m. 25. s.

latitude 44. deg. 24. m. 30. s.

17- 34. La plaine de Montagnac où Joyeuse battit 3000. protestans le 20. Juillet 1562.] Le combat se donna au nord de Pesenas, & non dans la plaine de Montagnac. La date du 20. Juillet est confirmée dans l'histoire de Languedoc. De Thou ne la détermine point. Montagnac est une paroisse de 503. feux, & de 2275. habitans, du diocèse & à 3. lieues un tiers au nord d'Agde : long. 21. d. 9. m. 5. s. lat. 43. d. 29. m. 10. s. Pesenas est une ville de 1594. feux, & de 4921. habitans, du diocèse & à 3. lieues au N.N.O. d'Agde : long. 21. d. 5. m. 20. s. lat. 43. d. 27. m. 50. s. Lesignant de la Cebe, lieu entre lequel & Pesenas se donna le combat du 20. Juillet 1562. est du diocèse & à 4. lieues au N.E. de Besiers : long. 21. d. 6. m. 5. s. lat. 43. d. 29. m. 40. s.

17- 39. Les Mées près de la Durance, où Sommerive alla camper le 19. Juillet 1562. après avoir levé le siége de Sisteron.] Les meilleurs vins de la Provence sont dans le terroir des Mées. Ce lieu est posé sous des rochers formés en pyramides très-hautes, qui s'étendent de l'E. à l'O. Ces espèces de pyramides peuvent avoir fait donner le nom à cette paroisse (Metæ en latin.) Au milieu d'un des plus hauts de ces rochers, est un trou où deux grosses poutres forment une espèce de croix, sans qu'on puisse se figurer d'où & comment elles y ont été portées. Cette seigneurie anciennement au marquis de Canillac, s'est rachetée pour se donner au roi. De Thou en détaillant la position du camp de Sommerive, a pris pour des montagnes ces rochers fort élevés dont on vient de parler. Il dit que ce camp avoit d'un côté une rivière qui se jettoit dans la Durance, & qu'il ne nomme point. Cette rivière s'appelle la Bleaune ; passe à l'ouest de Digne, & entre dans la Durance à demi-lieue au nord des Mées. Cette paroisse est dans la viguerie de Digne, du diocèse & à 5. lieues au N.O. de Riez: long. 23. d. 43. m. lat. 44. d. 4. m. La Durance passe à l'ouest & à un gros quart de lieue. Le dictionnaire de la France lui donne que 318. habitans. Le dénombrement lui donne 14. feux. Bouche

H h ij

qui lui donne le nom latin de *castrum de Medes*, dit, sans compter les feux, que c'est un bourg assés grand, qui entre dans les assemblées des états de la province. Il paroît par des chartes de l'abbaye de Montmajour, qu'il existoit dès l'an 1000. Mison dans la viguerie de Sisteron, & dans le diocèse de Gap, 27. feux dans le dénombrement, & 368. habitants dans le dictionnaire. Suivant cette proportion, les Mées qui ont 14. feux, devroient avoir 736. habitants, & le dictionnaire ne lui en donne que 318. Coloubrieres, dans la viguerie d'Hieres & le diocèse de Toulon, n'a aussi que 7. feux, évalués dans le dictionnaire 368. habitants ; ce qui prouve que le nombre des habitants des Mées est trop diminué.

p. 18. *l.* 3. La Verdiere, capitaine de cavalerie, qui reçut une blessure dont il mourut bientôt après, dans le temps que Sommerive étoit campé aux Mées à la fin de Juillet 1562.] Philibert de Castellane, seigneur de la Verdiere, fut père de Louis Honoré de Castellane Besaudun, & de Baltazar de Castellane-Ampus, qui suivirent le parti de la ligue en Provence avec beaucoup de vivacité. Leurs actions militaires sont détaillées dans les historiens de Provence, depuis l'année 1589. jusqu'en 1594. que Besaudun fut tué. La Verdiere est une paroisse du diocèse & à 7. lieues un tiers à l'E. N. E. d'Aix, dans la viguerie de Barjols : long. 23. d. 41. m. lat. 43. d. 41. m. 40. s.

19- 6. Fourques, château que les catholiques d'Arles prirent vers le 25. Juillet 1562.] Je ne connois point d'historiens qui parlent de cette prise de Fourques par les catholiques. Fourques est une paroisse du diocèse & à une petite lieue au N. N. O. d'Arles, sur la rive droite du bras du Rhône qui entoure la Camargue à l'ouest, & que l'on a cru faussement être *fossa Mariana*. Fourques a un pont sur ce bras du Rhône. Il est habité par 706. personnes ; & on y compte 157. feux. Il est pour le temporel du Languedoc, du diocèse & à près de 5. lieues au S. E. de Nismes : long. 22. d. 16. m. 45. s. lat. 43. d. 41. m. 46. s.

19- 13. Entraigues & Monteous, dont les protestans brûlerent les églises le 1.

Août 1562.] Entraigues est une paroisse du Comtat, où il y a 750. habitants, a 2. lieues à l'E. N. E. d'Avignon & dans son diocèse : long. 22. d. 40. m. 45. s. lat. 44. d. juste. Monteous a 625. habitants, au diocèse & à une grande demi-lieue à l'O. S. O. de Carpentras : long. 22 d. 44. m. 50. s. lat. 44. d. 2. m. 20. s.

19- 17. Carpentras, que les protestans vouloient assiéger le 2. Août 1562.] Ils se camperent au dessous des arcs des fontaines. Ces arcs, où cet aqueduc a été refait vers 1740. il est très-beau, & on l'a gravé. Carpentras est une ville épiscopale & capitale du comté Venaissin, où il y a 4000. habitants : long. 22. d. 47. m. 30. s. lat. 44. d. 3. m. 30. s. a 103. lieues au S. S. E. de l'observatoire de Paris.

19- 21. Mazan.] Les protestans qui vouloient assiéger Carpentras le 2. Août, firent une course qui obligea Jean de Sade, & Esprit d'Astoaud, beaux-freres & seigneurs du lieu de Mazan, de s'enfuir au plus vite. Jean de Sade, seigneur de Saumane, & en partie de Mazan, de Cabanes, & d'Istres, fut premier président aux comptes, aides, & finances d'Aix. Il mourut dans cette ville le 8. Janvier 1600. Il fut le quatriéme ayeul de Jean-Baptiste-François-Joseph, comte de Sade, seigneur de Saumane, la Coste, & en partie de Mazan, capitaine héréditaire des ville & château de Vaison ; & colonel général de la cavalerie du comté Venaissin, chargé en 1733. par le cardinal de Fleuri, d'une commission secrete à la cour de Londres ; lieutenant général de Bresse, Bugei, Gex, & Valromei en 1737. envoyé auprès de l'électeur de Cologne en 1740. & 1741. Il épousa le 12. Décembre 1733. Marie-Eleonor de Maillé, fille de Donatien marquis de Kermen. Françoise de Sade, sœur de Jean, premier président des comptes d'Aix, avoit épousé en 1552. Esprit Saignet, dit d'Astoaud, seigneur de Vaucluse, & de l'autre partie de Mazan : & c'est ce qui fait dire à Perussis, que Jean de Sade & Esprit d'Astoaud étoient beaux-freres.

20- 40. S. Laurent des arbres.] Les protestans le prirent d'assaut le 26. Août

DU COMTE' VENAISSIN, DE PROVENCE, &c.

1562. Le baron des Adrets les commandoit ; & il fit battre la place avec trois pièces d'artillerie. C'est une paroisse de 155. feux, du diocèse & 24. lieues & demie à l'E. N. E. d'Usez pour le temporel, & de celui d'Avignon pour le spirituel : long. 22. d. 22. m. 44. f. lat. 44. d. 3. m. 53. f.

p. 21. *l.* 5. La tour du pont de Villeneuve lès-Avignon, & le fort de S. André, que les protestans tenterent de prendre le 29. Août 1562. mais d'où ils furent repoussés par Antoine-François Scarfi, gentilhomme Florentin.] Dom Vaissete met l'attaque de la tour du pont de Villeneuve au 17. Villeneuve est une ville de 530. feux, & de 2390. habitans. en Lang. diocèse d'Usez pour le temporel, & d'Avignon pour le spirituel, à 5. lieues un tiers à l'est d'Usez. Elle n'est séparée d'Avignon que par le Rhône qui y forme deux branches : long. 22. d. 27. m. 54. f. lat. 43. d. 58. m. 10. f. La tour du pont est une minute plus orientale, & près de deux minutes plus méridionale que le centre de la ville. Le fort S. André est sur une hauteur au bord du Rhône, près de deux minutes plus à l'est, & une minute plus au nord que la ville.

21- 25. Roquemaure, les protestans s'en saisirent vers le 24. Août 1562.] C'est une ancienne baronnie dont Anne-Marie-Joseph de Lorraine, prince de Guise, rendit hommage au roi le 31. Octobre 1722. Cette ville est en Languedoc sur le Rhône, de 710. feux, & de 3196. habitans : pour le temporel du diocèse & à 5. lieues & demie à l'est d'Usez, & pour le spirituel d'Avignon : long. 22. d. 26. m. 54. f. lat. 44. d. 3. m. 52. f.

21- 30. Le pont de Sorgues, château défendu par 25. soldats Italiens du capitaine Turquot, qui tuerent 112. hommes aux protestans, & qui se sauverent n'ayant perdu que deux hommes.] Le pont de Sorgues est à 1. lieue au N. N. O. d'Avignon ; & est habité par 350. personnes : long. selon la carte du Comtat de M. d'Anville, reçu à l'académie des belles lettres le.... Mai 1754. 22. d. 36. m. 6. f. lat. 44. d. 3. m.

21- 40. Ferrand Pagano, se trouva à la sortie d'Avignon que Serbellon fit le 30. Août 1562. & qui ne lui réussit pas.] Pagano étoit fils de Thomas Pagano, qui suivit en France Ferdinand de San-Severino, prince de Salerne, lorsque ce prince abandonna le royaume de Naples après l'an 1547. il servit dans les guerres du Comtat & de Languedoc contre les huguenots : fut chevalier de l'ordre du roi, lieutenant des gendarmes du connétable de Montmorenci. Il servoit depuis 25. ans la France, lorsque Henri III. lui donna le 5. Octobre 1576. une pension de 3000. liv. Henri IV. lui écrivit le 22. Mai 1593. une lettre datée de Tours. Il fut ayeul de Blaise-François de Pagano, seigneur de l'Isle & de Merveilles, chevalier de l'ordre du roi, maréchal de camp, né à Avignon le 3. Mars 1604. & qui traduisit de l'espagnol la relation de la rivière des Amazones. On dit que quoiqu'il fût aveugle, il dressa lui-même la carte de cette rivière qui est jointe à sa traduction. Il mourut à Paris le 18. Novembre 1665. & gît dans l'église des religieuses de la Croix fauxbourg S. Antoine à Paris. La famille de Saurras à Avignon a hérité des biens du comte de Pagan.

22- 29. Coumons, dont les églises furent brûlées par l'armée du baron des Adrets le 1. Septembre 1562.] Alfonse-Jourdain, comte de Toulouse, faisant un traité de paix avec Raimond-Berenger, comte de Barcelonne, la comtesse Douce sa femme, leur fils & leurs filles le 15. Septembre 1125. retint le château de Valebregues, la moitié de la ville d'Avignon, & les châteaux du pont de Sorgues, de Caumont, & du Thor. Caumont, Valabregues, & le pont de Sorgues, sont caractérisés *castrum*, & nommés en latin *Caumonum, Vallobrega, pons de Sorgia, & Tor*, dans ce traité de partage que dom Vaissete a fait imprimer bien plus correct que tous ceux qui avoient paru jusqu'alors, (hist. de Lang. T. II. pr. col. 438. 442.) Michel des comtes de Valpergue au diocèse de Turin, frere de Louis de Valpergue, seigneur de Ropoli, étoit seigneur d'une partie de Caumont, qu'il donna par le testament qu'il fit à Avignon le 22. Octobre 1483. à Boniface de Perussis, évêque de Lescar, à Louis. &

Julien de Peruffis, fes freres. Louis de Peruffis, confeigneur de Caumont, mort le 5. Octobre 1518. & enterré dans l'églife de Caumont, eft nommé dans l'épitaphe que l'on y lit, LUDOVICUS DE PERUSSIIS, DOMINUS DE CAVISMONTIBUS, & fut pere de Clement de Peruffis, confeigneur de Caumont, marié en 1521. avec Blanche-Vidal, fille de Raimond, viguier d'Avignon en 1518. & qui eut pour fils Louis de Peruffis, auteur de l'hiftoire des guerres du comté Venaiffin, que l'on éclaircit par ces notes. Louis de Peruffis eut pour feconde femme Françoife de Seitres, fille de Louis, feigneur de l'autre partie de Caumont, & qui fe remaria le 15. Août 1585. avec Jean de Fortia, feigneur de Montreal au diocéfe de Sifteron, dont une partie eft du comté Venaiffin. Blanche-Richarde de Peruffis, leur fille, époufa le 27. Novembre 1608. Gabriel Grillet, feigneur de Briffac, qui tefta le 30. Mars 1638. Louife-Françoife de Grillet, leur fille, dame d'une partie de Caumont, époufa le 13. Juin 1622. Louis de Seitres, feigneur de l'autre partie de Caumont, qui tefta le 21. Août 1640. Louis de Seitres avoit pour quatriéme ayeul Jean de Seitres, feigneur de Novefan & de Châteauratier en Dauphiné au diocéfe de Vaifon, qui époufa le 27. Novembre 1441. Dauphine-Spiafani, dame en partie de Caumont, fille de Baltazar, & niéce de Gui Spiafani, évêque d'Avignon en 1420. mort en 1423 Elle étoit parente de Pierre Spiafani, damoifeau, auquel le pape Calixte III. donna la terre de Roque fur Perne, & une partie de celle de Caumont vers l'an 1434. Il y a des auteurs qui appellent Dauphine Spiafani, Dauphine Spifame; ils fe trompent. Un memoire dreffé avec foin en Juin 1713. par Charles d'Hozier, mort le 13. Février 1732. à 92. ans moins 15. jours, l'un des hommes du monde le plus fçavant dans les recherches généalogiques, prouve que la famille Spiafani de Luques, établie à Avignon dans le XV. fiécle ortographioit fon nom Spiafani, & non Spifame. Paul de Seitres, fils aîné de Louis, & de Louife-Françoife de Grillet, devenu feul feigneur de Caumont; du chef de fon pere & de fa mere, n'eut point d'enfans. Louis-François de Seitres fon frere, mort vers le 29. Septembre 1688. qui époufa le 17. Septembre 1684. Marie-Catherine de Fortia Montreal, morte en Février 1739. eut pour fils Jofeph de Seitres, marquis de Caumont, ainfi qualifié par le pape, & qui naquit à Avignon le 29. Juin 1688. Le goût naturel qu'il eut toujours pour les lettres, le détermina à s'y livrer entiérement. Son goût s'étendit à tous les genres de recherches qui pouvoient lui procurer des connoiffances amufantes. Il étoit fort communicatif; il étoit en commerce avec prefque tous les gens de lettres de l'Europe; & il étoit devenu le centre d'un commerce litteraire entre les fçavans de France, d'Italie, d'Efpagne, & d'Angleterre. Il fut reçu en 1736. dans l'académie des infcriptions & belles-lettres, fous le titre de correfpondant honoraire étranger, agregé en 1740. à la fociété royale de Londres; & en 1743. fes poëfies Italiennes le firent recevoir dans l'académie des arcades de Rome, fous le nom de Rodnio, par allufion à fon féjour à Avignon fur les bords du Rhône. Il mourut dans cette ville à la fin du mois de Septembre 1745. Son éloge dans l'hiftoire de l'académie des infcriptions, (T. XVIII. 409-412.) eft un chef-d'œuvre, & mérite d'être lû. Le marquis de Caumont époufa en 1722. Elifabeth de Doni de Beauchamp, & en a eu Jofeph-François-Xavier de Seitres, marquis de Caumont, né le 4. Décembre 1726. marié le 21. Septembre 1751. avec Marie-Anne-Genevieve de Montboiffier, née le 8. Janvier 1730. & fille de Philippe-Claude, marquis de Montboiffier, lieutenant-général des armées du roi, commandant de la feconde compagnie des moufquetaires, & de Marie-Anne-Genevieve de Maillé, morte le 7. Juin 1742. & Louis-Auguftin-Cafimir de Seitres, né le 18. Octobre 1731. reçu chanoine & comte de S. Jean de Lyon en 1751. Caumont eft une paroiffe murée, habitée par 660. perfonnes, & un château du comté Venaiffin, dans le diocéfe & à un lieue deux tiers au N: O. de Cavaillon: long. felon la carte de M. d'Anville, 22. d. 42. m. 40. f. lat. 43. d. 52. m. 50. f.

DU COMTE' VENAISSIN, DE PROVENCE, &c.

p. 23. *l.* 17. Maubec, beau château appartenant à Enemond de Brancas, seigneur d'Oise, auquel les protestans de l'armée de des Adrets causerent beaucoup de dommage le 1. Septembre 1562.] Gaucher de Brancas, seigneur d'Oise, grand-père d'Enemond, acquit Maubec le 7. Février 1477. & en rendit hommage les 19. Janvier & 7. Février 1499. au pape Alexandre VI. entre les mains de Galeas de la Rovere, évêque de Savone, recteur du comté Venaissin. Maubec est une paroisse de 220. habitans, du diocèse & à une lieue deux tiers à l'est de Cavaillon : long. 22. d. 50. m. 20. s. lat. 43. d. 49. m. 1. s.

23- 39. Apt, assiégé le 4. Septembre 1562. par le baron des Adrets, qui se retira avec précipitation le dimanche 6.] Apt est à 7. lieues au nord d'Aix : long. 23. d. 9. m. lat. 43. d. 55. m.

24- 6. Le Grand, ou Montbrun, qui vouloit secourir Sisteron, fut défait par le comte de Suze le 2. Septembre 1562.] Il faut corriger le texte le vendredi 4. Septembre, & ôter le 5. La Gran est une paroisse du diocèse & à 7. lieues à l'O. S. O. de Gap : long. 26. d. 23. m. lat. 44. d. 15. m. en supposant Gap 26. d. 49. m. de long. & 44. d. 3. m. de lat.

24- 36. Sainte-Cecile, où les protestans de l'armée des Adrets venant de Mourmoiron, arriverent le 9. Septembre 1562. après une grande traite.] C'est une paroisse de 900. habitans, du diocèse & à deux lieues un tiers au N. E. d'Orange : long. 22. d. 37. m. 50. s. lat. 44. d. 15. m.

24- 42. Bonpas, donné aux chartreux par Jean XXIII. en 1318. & dont l'église fut épargnée par les protestans le 7. Septembre 1562.] Bonpas, chartreuse à l'ouest de Caumont, dans le diocèse & à deux lieues au N. O. de Cavaillon : long. 22. d. 42. m. lat. 43. d. 53. m.

25- 21. Sisteron, pris par Sommerive le 5. Septembre 1562.] Mauvans en étoit sorti la nuit précédente. Perussis raconte avec complaisance la prise de Sisteron & ses suites. Beze dans son histoire de ces guerres, ne pense qu'à faire une belle description de la retraite de la garnison de Sisteron. Cette retraite est très-curieuse & digne d'admiration. Elle prouve ce que peuvent faire les hommes, lorsqu'ils veulent l'entreprendre.

25- 30. Girard de Berton, qui se distingua au siége de Sisteron le 5. Septembre 1562.] La généalogie de Berton dit qu'il étoit quatrième fils de Gilles de Berton, seigneur de Crillon & de S. Jean de Vassols, & de Jeanne de Grillet-Taillades ; qu'il fut reçu chevalier de l'ordre de Malte en 1566. blessé à la bataille de Lepante, puis ambassadeur de son ordre à la cour de France ; & qu'il mourut étant commandeur de Canabières en Rouergue.

25- 34. Le seigneur de Gargas, qui se trouva au siége de Sisteron, pris le 5. Septembre 1562.] C'étoit apparemment Balthasar de Simiane, fils aîné du seigneur de Gordes, qui fut ensuite lieutenant de roi en Dauphiné ; & qui y commanda jusques en Février 1578. qu'il mourut. Gargas, l'une de ses terres, est en Provence, à deux feux de Provence, & 214. habitans, dans la viguerie & le diocèse d'Apt, à la gauche d'un ruisseau qui se jette dans le Calaon, au N. N. O. d'Apt, au sud de Villars, duché à la maison de Brancas : long. 23. d. 7. m. lat. 43. d. 56. m. à deux lieues à l'E. N. E. de Gordes.

25- 35. Le seigneur de Labourel, qui quoique vieux, se distingua au siége de Sisteron, pris le 5. Septembre 1562.] Jean de Gruel-Labourel, étoit chevalier de Malte en 1530. & autre Jean en 1610. Jean de Gruel de Villars fut reçu comte de Lyon en 1730. & vivoit en 1754. Labourel est du diocèse de Gap, à six lieues un tiers à l'O. S. O. de Tallard : long. 23. d. 24. m. 30. s. lat. 44. d. 21. m. 36. s.

26- 39. Lers, château près de Roquemaure, où l'on envoya d'Avignon quelques soldats pour l'assurer contre les protestans le 11. Septembre 1562.] Lers est un château bâti dans une île du Rhône, à l'est de Roquemaure, du diocèse & à deux lieues au N. N. O. d'Avignon : long. 22. d. 31. m. lat. 44. d. 4. m.

26- 43. Le fils de Suze, présenté par le comte de Sommerive, & mademoiselle de Lers, dans l'église de Saint-Agricol à

Avignon le 12. Septembre 1562.] Il étoit né le 10. du même mois. Mademoiselle de Lers étoit Marguerite de Levis, dame de Villeneuve la Cremade & de Montredon, qui épousa le 31. Janvier 1541. Antoine d'Arpajon, baron de Lers & de Montbrun. Elle devint bientôt veuve, & vécut très-long-temps; puisqu'elle ne fit son testament que le 1. Juillet 1603. On ne sçauroit deviner lequel des cinq garçons que Suze eut de Françoise de Levis sa femme, est celui qui fut baptisé à Avignon le 12. Septembre 1562.

p. 27. l. 30. Cadelier commandoit une compagnie d'infanterie au camp qui assiégea Sisteron, qui fut pris le 5. Septembre 1562.] Il étoit connu sous le nom de capitaine Cadelier, & Honorat de Tende, comte de Sommerive, grand sénéchal, gouverneur & lieutenant-général du roi en Provence, en l'absence du comte de Tende, son pere, étant au camp près de Signe le 1. Août 1562. lui donna une commission pour lever & conduire 300. hommes de pied, afin de s'opposer aux grandes assemblées que ceux de la nouvelle religion faisoient. Cadelier étoit un nom de guerre: son véritable nom étoit Pierre Couteron. Il étoit né à Cabanes paroisse de Provence, & du diocèse d'Avignon; & étant allé habiter à Airague, il y mourut. On voit son tombeau & son portrait dans une chapelle qu'il y avoit fait construire. Oriane Couteron, sa fille, épousa à Tarascon en 1575. Pons Gras, d'une famille qui a donné cinq chevaliers de Malte, nommés dans le catalogue de la langue de Provence, inséré dans l'histoire des chevaliers faite par l'abbé de Vertot. Pierre Couteron fut le quatrième ayeul de Claude Couteron, chapelain de la chapelle de S. Charles, au château d'Aubaïs.

28-26. Convertis, qui avoit une compagnie dans le régiment de Joyeuse, & qui passa à Arles le 15. Septembre 1562.] Ce paroît être Honoré de Roquefeuil, seigneur de Convertis, qui mourut avant le 20. Février 1566. Convertis est une seigneurie qui est du côté de Vresols, paroisse du diocèse de Vabres en Rouergue, qui a donné son nom à une branche de la maison de Roquefeuil.

28-37. Fossa Mariana.] Perussis prétend que c'est le canal du Rhône qui forme la Camargue du côté de Languedoc. C'étoit l'opinion vulgaire de son temps; mais la critique a fait connoître que le retranchement de Marius étoit a Foz en Provence, & à l'est du Rhône. Dès le commencement du quatrième consulat de Marius en 652-102. on apprit à Rome que les Cimbres n'ayant pas pû s'établir en Espagne, étoient en marche pour repasser les Pyrénées, & qu'ils s'étoient joints avec les Teutons, & divers autres peuples Celtes, pour entrer en Italie par différentes routes. Alors Marius partit, & fit une grande diligence; arriva sur le bord du Rhône; étendit & fit camper son armée sur le long de ce fleuve, depuis l'embouchure Massiliotique en remontant vers sa source. Il fit ensuite élever un ouvrage qui servoit de retranchement à son camp, & lui assuroit la liberté de la navigation. L'entrée du Rhône étant difficile, & dangereuse pour les vaisseaux, par la quantité de vaze & de gravier que les courans de la mer y entraînoient, Marius fit creuser un fossé large & profond, & dans lequel il détourna une partie de cette rivière. C'est le canal que les anciens appelloient Fossa Mariana, du nom de Marius qui l'avoit fait construire. Perussis n'est pas plus habile, lorsqu'il dit que Marius défit au plan de Tretz, près de Pourières, les Visigots & les Huns, peuples très-inconnus du temps même de Marius. Ce consul défit les Cimbres, les Ambrons, & les Teutons, qui avoient assiégé son camp au bord du Rhône, & qui n'ayant pû l'obliger d'en sortir, prirent le parti de se retirer, après avoir attaqué son camp pendant trois jours: ils se partagèrent en trois corps, & défilèrent sous les yeux des Romains pendant six jours de suite. Marius les suivit d'abord après; & les ayant joints auprès d'*Aquæ-Sextiæ*, il les défit en deux combats donnés dans trois jours. On prétend que ces barbares eurent 200,000 hommes tués sur le champ de bataille, & qu'on fit sur eux 86000. prisonniers. Il y a grande apparence que ce nombre est exagéré. Marius faisoit un sacrifice aux dieux, lorsqu'un messager lui apporta la nouvelle de son élection pour

DU COMTE' VENAISSIN, DE PROVENCE, &c. 249

le cinquième consulat qu'on lui avoit déféré à Rome.

p. 29. l. 19. S. Gilles. Les protestans battirent près de cette ville Sommerive le 27 Septembre 1562.] Ce fut plutôt une déroute qu'un véritable combat. Les historiens protestans n'ont rien négligé pour faire valoir cette journée, qui ne leur servit qu'à empêcher la prise de la ville de Saint-Gilles.

29-35. Gabriel de Panisse, baron de Montfaucon, se noya au combat de Saint-Gilles le 27. Septembre 1562.] Il étoit fils aîné de Guillaume de Panisse, baron de Maligeai, seigneur d'Oiselet, & de sa première femme Jeanne de Montfaucon, qu'il avoit épousée le 22. Novembre 1527. & qui étoit fille de Jean, baron de Montfaucon au diocèse d'Usez, & d'Antoinette l'Escuyer de Moline, & petite-fille de Gabriel, baron de Montfaucon, & de Marie Stuart d'Aubigni.

29-40. Le commandeur de Gellays, de la maison de Cogollen, le capitaine Barjac, qui furent tués, & le capitaine Ledenon, qui fut pris au combat de Saint-Gilles le 27. Septembre 1562. étoient dans l'armée de Sommerive.] On ne trouve point de commandeur dans le catalogue des chevaliers de la langue de Provence, ni aucun memoire sur sa famille. Cogollin est une paroisse du diocèse & au S. O. de Fréjus, à l'ouest de Saint-Tropez. Berrias, paroisse de la commanderie de Jalès, est dans le diocèse & à six lieues un tiers au N. N. O. d'Usez : long. 21. d. 51. m. 20. s. lat. 44. d. 22. m. 57. s. Le capitaine Barjac n'est pas connu : on ne trouve rien dans la généalogie de Barjac qui puisse lui convenir. Le capitaine Ledenon étoit peut-être Pierre d'Aramon, baron de Ledenon, qui épousa le 23. Février 1577. Gabrielle de Rodulph, fille de Louis, seigneur de Saint-Paulet, & de Domergue de Sarras, dame de Gaujac, qui se remaria le 31. Août 1582. avec Antoine de Georges, seigneur de Taraux. Elle eut de son premier mari Domergue d'Aramon, dame de Ledenon, qui épousa Gédéon des Rois. Elle testa le 11. Mars 1631. & le 14. Janvier 1645. & fit héritier François de Georges, fils de Louis son frere uterin. François de Georges, baron de Ledenon, avoit pour frere Jacques de Georges, né le 30. Novembre 1642. reçu chevalier de Malte le 2. Mars 1655. commandeur de Salliers, bailli de Manosque, mort à Nismes le 12. Mai 1721. enterré dans l'église de Ledenon. Marie de Georges, dame de Ledenon & de Clausone, joli château dans le diocèse d'Arles, née à Nismes le 12. Mars 1701. épousa en 1723. Jean-François-Toussaint de Romieu de Milani de Cornillon, conseiller au parlement d'Aix, reçu le 12. Janvier 1720. Leur fils étoit marié en Septembre 1753. avec N. d'Egrigni, sœur de N. d'Egrigni, seigneur de Maruejols lès-Gardon, qui avoit épousé la fille de Barthelemi de la Farelle, commandant à Usez, & de Magdeleine de Louet-Calvisson.

30-26. Le bois de la Pinede, où un gros de l'armée du comte de Sommerive vouloit se poster le 27. Septembre 1562.] C'est une petite forêt de pins, qui a plus d'une lieue de long, ouest & est, & une petite demi-lieue, nord & sud. Le centre de cette Pinede est à un peu moins de trois lieues au S. S. O. de Saint Gilles : long. 21. d. 59. m. lat. 43. d. 34. m. 30. s.

31-21. Baltasar de Rangoni, marquis de Longian, envoyé par le pape avec cent salades & deux cents chevaux : arriva à Cavaillon le 16. Octobre 1562.] Baltasar Rangoni, marquis de Longiano & de Romagnano, seigneur de Perne au Comtat, par don de Pie IV. chevalier de S. Michel, par Charles IX. fut général des troupes de la république de Venise en Candie. Il étoit fils de Gui Rangoni, qui avoit servi la France & la république de Venise, & d'Argentine Pallavicini, des marquis de Corte Maggiore. Il avoit pour sœur Lavinie Rangoni, morte le 18. Mai 1576. qui épousa 1°. en 1547. Sigismond de Gonzague, seigneur de Vescovato ; 2°. François Pusterla. Le marquis de Longiano épousa Julie Orsini de Lamentana ; & n'en eut que Blanche Rangoni, mariée à son cousin du troisième au quatrième degré Louis Rangoni, marquis de Ghibello & de Roccabianca.

32-3. Auberive, près duquel lieu & d'un bois, le duc de Nemours battit des Adrets, & lui tua 400. chevaux, vers le

20. Octobre 1562.] Auberive est sur la grande route de Lyon en Languedoc & en Provence, à une poste & demie au sud de Vienne. Le village est bâti sur un penchant très-rude, qu'il faut monter en venant de Vienne & descendre en y allant. C'est le passage le plus difficile qu'il y ait sur cette route. Il est honteux qu'on ne l'ait pas encore rendu plus aisé. Des chemins bien plus difficiles sont devenus très-beaux depuis quelques années. Auberive avec Chessieu qui en dépend, a 676. habitans; & il est du diocèse & à deux lieues un quart au S. S. O. de Vienne : long. 22. d. 24. m. 30. s. lat. 45. d. 27. m. 20. s.

1563.

p. 34. l. 30. Marignane, beau château au comte de Sommerive, qui y reçut vers le 4. Février 1563. Fabrice Serbellon qui l'y venoit voir.] Le premier seigneur de Marignane que je connoisse est Cecile, dame de Marignane, qui épousa Raimond de Baux, seigneur en partie de Meirargues en 1268. & seigneur de Puiricard & de Sambuc, auquel Charles I. roi de Naples, comte de Provence, assigna en 1291. des rentes sur le péage d'Arles, & sur l'île de Saint-Geniès, en payement de 1500. liv. de couronnés, qu'il lui devoit pour la dot de sa mere. Raimond de Baux étant lieutenant-général en Sicile, fut battu en Septembre 1267. par Frederic de Castille, & Conrad d'Autriche. Il mourut après le 13. Décembre 1309. Raimond de Baux, son second fils, fut seigneur de Marignane; & resta à Aix le 7. Juin 1348. il mourut sans enfans légitimes. Guillaume de Baux, son fils naturel, étoit seigneur de Marignane; & mourut avant 1389. Il épousa une fille de Guillaume-Raimond, du bourg du Thor au Comtat. François de Baux, seigneur de Marignane, vivant en 1395. n'ayant en que deux filles, eut pour successeur, dans la seigneurie de Marignane, Guillaume de Baux son frere; mais qui avoit pour mere, Belendone Hugolin. Ce Guillaume de Baux, fut seigneur de Marignane, de la Roque, Janson, Villeneuve, & Trois-Eimines, & en partie de Maillane, de Lambesc, & de la Barbent. Il étoit viguier d'Arles en 1421. & 1428. Il vendit à Yolande d'Aragon, femme de Louis, roi de Naples, comte de Provence, la terre de Marignane, que cette princesse donna le 2. Février 1427. à Barthelemi Valori, son maître-d'hôtel. Le nom du marquis de Marignane vivant en 1755. est Covet: il est aussi marquis des îles d'Or. Marignane est une paroisse de Provence de 541. habitans, dans la viguerie d'Aix, 8. feux de compois, du diocèse & a près de deux lieues à l'E. S. E. d'Arles : long. 22. d. 54. m. lat. 43. d. 24. m.

35- 32. Eigues, rivière du Comtat, près de laquelle le capitaine Joffred de Bonnieux, sorti de la Ville-dieu, battit les huguenots de Visan le 13. Fév. 1563.] La rivière d'Eigues prend sa source au sud-ouest du village de Lens en Provence, qui est enclavé dans les Baronnies, district de Dauphiné. Elle coule d'abord vers le nord-ouest, & se tourne ensuite au sud-ouest; laisse Nions & Serignan à sa droite, & se jette dans le Rhône à une petite lieue d'Orange, entre Cairol & le péage d'Orange.

35-41. La dame Laudun & sa belle-fille, marraines avec Serbellon d'un Juif, qui fut baptisé à Avignon le dimanche 14. Février 1563.] Jeanne de Grasse, fille de Jean, seigneur du Bar, & de Sibille de Quiqueran, avoit épousé vers l'an 1523. Christophe des Astars, seigneur de Laudun, lieutenant de la compagnie des gendarmes du vicomte de Joyeuse, qui étant à Besiers le 10. Octobre 1561. chez le viguier Sorgues, y fut assiégé par les protestans. Il engagea Jean Lyon, greffier de Besiers, de le venir trouver avec quelques autres dans la tour au plus haut de la maison, où il s'étoit refugié. Lyon n'ayant pas voulu le laisser sortir tranquillement, il se jetta sur lui, le poignarda, & jetta son corps sur la populace mutinée qui étoit dans la rue. Joyeuse ayant envoyé des troupes à son secours, il sortit de la ville. Il avoit un fils, nommé François, qui avoit épousé Gabrielle de Cambis, non placée dans la généalogie de Cambis. Ce fut cette Gabrielle de Cambis, & Jeanne du Bar, sa belle-mere, qui furent marraines avec Serbellon à Avignon le 14. Février 1563.

37- 10. Jocas, pris par les huguenots de la Valmasque : le commandeur de Malte

DU COMTÉ VENAISSIN, DE PROVENCE, &c. 251

qui en étoit seigneur, précipité vers le 27. Février 1563.] Jocas, paroisse du diocèse, de la viguerie, & a deux lieues & demie à l'O. N. O. d'Apt: long. 23. d. juste; lat. 43. d. 58. m. 10. s.

p. 37. l. 13. La Coste, où les huguenots de la Valnasque tuérent le commandeur de Gap, frere du seigneur de ce lieu, vers le 28. Février 1563.] François de Simiane, seigneur de la Coste, fut chevalier de l'ordre, gouverneur du château d'If; testa le 20. Octobre 1587. & avoit pour frere Marc de Simiane, chevalier de Malte, commandeur de Gap, qui est celui que Perussis dit avoir été tué à la Coste. François de Simiane, seigneur de la Coste, épousa Anne de Simiane, dame de Châteauneuf au Comtat; & en eut Diane de Simiane, dame de la Coste, qui épousa Jean-Baptiste de Sade, seigneur de Saumane, & en partie de Mazan, pere de Cosme de Sade, marié en 1669. avec Elisabeth de Louet de Calvisson. Gaspar-François, leur fils, mort en Février 1740. épousa en 1699. Louise Aldonse d'Astoaud-Murs, dont est venu Jean-Baptiste-François-Joseph, comte de Sade, seigneur de Saumane, la Coste, & en partie de Mazan. La Coste est une paroisse du diocèse & à une lieue au S. O. d'Apt: long. 23. d. 6. m. 40. s. lat. 43. d. 53. m. 8. s.

38- 2. Camaret, assiégé par Serbellon le 1. Mars 1563. pris le 5. du même mois.] C'est une paroisse du Comtat de 450. habitans, du diocèse & à une lieue au N. E. d'Orange: long. 22. d. 34. m. lat. 44. d. 10. m. 50. s.

38- 15. Maurice Trivulce, parent de Serbellon, massacré par les protestans vers le 4. Mars 1563. & enterré à Serignan.] On ne trouve point ce Maurice Trivulce dans la généalogie de cette maison, qu'Imhoff a inserée dans son volume des XX. familles d'Italie; & par conséquent il n'est pas possible de déterrer son degré de parenté avec Serbellon.

38- 23. Le seigneur de Clerc, beau-frere de Montbrun, pris au siége de Camaret; qui se rendit le 5. Mars 1563. mort de ses blessures.] Jeanne du Puy, troisiême fille d'Aimar du Puy, seigneur de Montbrun & de Ferrassières, & de Catherine Valette de Parisot, épousa Gaspar de Theys, seigneur de Clelles, que Perussis appelle Clerc. La seigneurie de Cleiles ne se trouve pas dans la carte de Dauphiné de Caffer.

39- 3. S. Simphorien, ancienne église hors du lieu de Caumont, abbatuë & démolie par les protestans le 8. Septembre 1562. où Eloy de Guigonis, vicaire d'Orange, faisant la visite le 9. Mars 1563. trouva des reliques de S. Simphorien, patron de cette église.] Voilà un fait pour l'histoire ecclésiastique, & la position d'une église que l'on ignoreroit, si Perussis n'avoit eu l'attention de nous l'apprendre.

40- 20. Serignan, assiégé par les protestans. Sainte-Jalle, envoyé par Serbellon, ayant voulu secourir cette place, fut battu par les assiégés, qui l'obligerent de se retirer le 18. Mars 1563.] Perussis, quoique zélé catholique, donne ici une preuve qu'il ne dissimule pas les pertes de son parti. Serignan est une paroisse avec un château du Comtat, du diocèse & à une lieue un tiers au N. N. E. d'Orange: long. 22. d. 33. m. 30. s. lat. 44. d. 13. m.

40- 29. Feuillans, dont le frere du comte de Crussol étoit abbé: il fut blessé au combat de Serignan le 18. Mars 1563. & mourut à Orange.] Charles de Crussol, cinquième fils de Charles, sire de Crussol, vicomte d'Usez, étoit abbé de Feuillans dès l'an 1550. L'histoire des grands officiers se trompe, en disant qu'il fut tué au siége d'Orange, ville qui avoit été prise par Serbellon le 6. Juin 1562. Feuillans est une abbaye, du diocèse & à 4. m. 55. s. au nord de Rieux: long. 21. d. 8. m. 12. s. lat. 43. d. 23. m. 55. s. Elle est à 500. toises au N. N. O. de la Louge, rivière qui se jette dans la Garonne, immédiatement au dessous de Muret; & à 951. toises à l'E. S. E. du Touch, autre rivière qui se jette dans la Garonne au dessous de Toulouse. Rieux est marqué sur la carte du diocèse de Toulouse, comme ayant de long. 21. d. 9. m. 30. s. & de lat. 43. d. 19. m. sans aucune seconde. La long. de Toulouse est 21. d. 20. m. 5. s. & sa lat. 43. d. 35. m. 33. s. Mais la carte des triangles de France détermine la long. de Toulouse 19. d. 6. m. 13. s.

& fa lat. 43. d. 35. m. 54. f. Ce qui donne la longitude trop occidentale dans la carte du diocèfe de 2. d. 3. m. 17. f. & la latitude trop méridionale de 16. m. 54. f. correction à faire fur toutes les pofitions de cette carte.

p. 40. *l.* 32. Le baron d'Aigremont, pris au combat de Serignan le 18. Mars 1563.] Thomas de Rochemore fut le quatrième ayeul d'Henri-Louis de Rochemore, né le 14. Avril 1717. vicaire-général du diocèfe de Nifmes, nommé par le roi, le dimanche 7. Avril 1754. à l'abbaye de Franquevaux, dans le même diocèfe, & que les nouvelles publiques appellent l'abbé de Rochemer.

42- 13. Piles, rendu aux proteftans, qui pafferent au fil de l'épée la garnifon, & brûlerent le château vers le 28. Mars 1563.] Alfonfe de Fortia, baron de Baumes, vendit en 1742. Piles, & une partie de la feigneurie d'Aubres, à Paul-François d'Andrée, dont la généalogie fe trouve dans l'hiftoire de la nobleffe du Comtat. Paul de Fortia, bifayeul d'Alfonfe, & né à Carpentras en 1560. eft le premier feigneur de Piles que je connoiffe. J'ignore comment il l'étoit devenu; & je ne connois pas les feigneurs de Piles qui l'avoient précedé. Piles eft fitué dans un détroit de deux montagnes, nommées Jarrigié & Devez, jointes par un pont, petit, fort élevé, & fous lequel paffe la rivière d'Eigues. La partie du village qui eft à la gauche de cette rivière, & qui eft la plus petite, eft du Dauphiné. Cette paroiffe de 220. habitans, eft du diocèfe & à 11. lieues & demie à l'O. N. O. de Sifteron, à fept lieues au N. N. E. de Carpentras: long. 22. d. 58. m. lat. 44. d. 24. m.

43- 20. Antibal, où Sommerive partant d'Aix joignit le 17. Avril 1563. le baron de la Garde, chevalier de l'ordre.] C'eft apparemment Antibes.

43- 25. Monteous, démantelé le 21. Avril 1563. pour ôter une retraite aux proteftans.] C'eft une paroiffe de 625. habitans, du diocèfe & à deux milles à l'O. S. O. de Carpentras : long. 22. d. 44. m. 50. f. lat. 44. d. 2. m. 20. f.

43- 26. Vaqueiras: la cavalerie d'Avignon n'ofa point attaquer ce lieu défendu par fes habitans le 21. Avril 1563.] Péruffis qui veut que les troupes du Comtat aient toujours fait la guerre d'une manière brillante, & n'aient jamais manqué par leur faute de remporter la victoire, raconte l'aventure de Vaqueiras fur fon même ton. Vaqueiras eft une paroiffe avec un château dans le Comtat, à deux lieues un tiers a l'eft d'Orange : long. 22. d. 40. m. 39. f. lat. 44. d. 8. m. 30. f. Le dictionnaire de la France, dans l'article du comté Venaiffin, a oublié Vaqueiras.

44- 23. Seguret, pris par efcalade par les proteftans le 5. Mai 1563.] Seguret eft une paroiffe du Comtat de 450. habitans, du diocèfe & à une lieue au S. O. de Vaifon: long. 22. d. 45. m. 20. f. lat. 44. d. 13. m. 15. f.

44- 43. Gigondas, pris par les proteftans le 11. Mai 1563.] C'eft une paroiffe de la principauté d'Orange, du diocèfe & à deux lieues au S. O. de Vaifon : long. 22. d. 42. m. 5. f. lat. 44. d. 10. m. 20. f.

45- 8. Sablet, pris par les proteftans vers le 13. Mai 1563.] C'eft une paroiffe du Comtat de 450. habitans, du diocèfe & à une lieue deux tiers au S. O. de Vaifon : long. 22. d. 43. m. lat. 44. d. 12. m. 10. f.

45-8. Malaucene, pris par les proteftans vers le 14. Mai 1563.] C'eft une paroiffe du Comtat, habitée par 1800. perfonnes, du diocèfe & à une lieue deux tiers au S. E. de Vaifon : long. 22. d. 54. m. lat. 44. d. 11. m. 10. f.

45- 9. Barroux, château fort, pris par les proteftans qui avoient une intelligence avec le châtelain Barthelemi de Belon vers le 15. Mai 1563.] Barroux, appellé Aubaroux dans la carte du Comtat de M. d'Anville, eft une paroiffe du Venaiffin de 660. habitans, du diocèfe & à deux lieues un tiers au S. S. E. de Vaifon : long. 22. d. 51. m. 36. f. lat. 44. d. 8. m. 30. f.

45- 11. Saint-André de Ramières, abbaye, lieu de dévotion dont N.... de la Baume-Sufe étoit abbeffe, brûlé par les proteftans vers le 16. Mai 1563.] On trouve dans une généalogie manufcrite de Moreton-Chabrillan, faite le 12. Août 1518. par Jean de Jarfains, fecretaire de

François de Moreton, seigneur de Chabrillan, & continuée jusques au 19. Octobre 1631. quatre abbesses de Saint-André de Ramières, qui ne sont pas bien marquées dans le *Gallia christiana*. Claire, sœur de Charles de Moreton, seigneur de Chabrillan, qui testa le 21. Décembre 1561. & qui fut pere de Louise de Moreton, abbesse de Saint-André de Ramières, après Claire, sa tante. Ragonde de Moreton le fut ensuite, & fut succedée par Charlote de Moreton, fille de Jacques, seigneur de Chabrillan, cousin-germain de l'abbesse Claire. L'abbesse de Saint-André, que Peruffis dit avoir été de la famille de la Baume-Suse, est appellée dans la généalogie de cette famille, Catherine, religieuse de Montfleuri, abbesse de Notre-dame des Plans, diocèse d'Orange, & troisième & derniere fille de Pierre de la Baume, seigneur de Suse, d'Eirieu, & de Rochegude, & de Françoise Alois, de Vassieu. Saint-André de Ramières est, selon la carte du Comtat de M. d'Anville, à l'O. S. O. de Sablet, dans le diocèse & à deux lieues à l'O. S. O. de Vaison : long. 22. d. 40. m. 30. s. lat. 44. d. 11. m. 35. s.

p. 45. *l.* 21. Chenonceaux, d'où Charles IX. écrivit le 17. Août 1563. au vice-legat & à Serbellon, pour faire exécuter le contrat passé entre lui & le legat du pape.] Chenonceaux est une paroisse du diocèse & à 5. lieues un tiers à l'est de Tours : long. 18. d. 44. m. lat. 47. d. 19. m. 30. s.

46- 2. Le comte de Sault, gouverneur de Lyon, auquel les états du Comtat députerent Vaucluse.] François-Louis d'Agout, comte de Sault, seigneur de Vesc, de la Tour-d'Aigues, de Montlor, de Grimaud, chevalier des ordres du roi à la promotion du 31. Décembre 1585. mourut à Sisteron à la fin de Nov. 1586.

46- 4. Le protonotaire de Sceptre.] Je n'ai pas sçu trouver ce protonotaire dans la généalogie de Seitres de l'histoire de la noblesse du Venaissin.

46- 32. Entrechaux, pris le 27. Mai 1563. par 3400. huguenots, qui y entrerent par une fausse porte. Les catholiques poignarderent dans l'instant le seigneur, dans la crainte qu'il ne fût d'intelligence avec eux.] Entrechaux, paroisse du Comtat de 270. habitans, du diocèse & à une lieue à l'E. S. E. de Vaison : long. 22. d. 53. m. 30. s. lat. 44. d. 14. m.

46- 36. Crillon, dont le château fut pillé & désolé par les protestans vers le 29. Mai 1563.] Crillon, paroisse & château du Comtat, du diocèse & à deux lieues un tiers au N. E. de Carpentras : long. 22. d. 55. m. 25. s. lat. 44. d. 8. m. 10. s. La notice du Comtat dans le dénombrement de la France, lui donne 450. habitans; & place ce lieu mal-à-propos dans le diocèse de Vaison.

47- 6. Bernard d'Ornezan, baron de Montagut, gouverneur de Sisteron, nommé par les états de Provence vers le 28. Mai 1563. colonel de 2000. hommes, qu'ils envoyoient au secours du Comtat.] Il étoit fils de Magdelon d'Ornesan, commandant quatre galeres du roi, lequel étoit troisième fils de Jean d'Ornesan, seigneur de Saint-Blancard, vivant en 1511. & de Jeanne d'Astarac, dame de la Barthe, de Sauveterre, de Gaujac, & de Savailhan. Il disputa la succession de la maison de Saint-Blancard, & ne réussit pas : il prétendoit qu'elle étoit substituée aux mâles, à l'exclusion des filles. On trouve une paroisse de Montagut à une lieue à l'est d'Auch, & une autre dans le diocèse de Tarbe, sur un ruisseau qui se jette dans l'Arrats-Montagut, au diocèse d'Auch, est à trois petites lieues au nord d'Ornesan. Quand une de mes conjectures ne se trouveroit pas vraie, n'aurois-je pas lieu d'être bien satisfait, si cette conjecture en donnant l'envie à quelqu'un de me critiquer, faisoit appercevoir une vérité & une position qui auroit été totalement négligée sans cela?

48- 40. Jean-François Sadolet, seigneur de Blovac, créé vignier d'Avignon le 23. Juin 1563.] Il étoit né à Modene, & fut attiré dans le Comtat par le cardinal Sadolet, son oncle. Il mourut après l'an 1592. Blovac dans le Comtat est une paroisse du diocèse, & à deux lieues à l'est de Carpentras: long. 22. d. 56. m. 40. s. lat. 44. d. 2. m. 36. s.

49- 8. Metamies, pris par les protestans le 3. Juillet 1563.] Cette seigneurie appartenoit à Geoffroi & à Rostaing de Venafque, qui en rendirent hommage en Février 1275. à Pierre Roftagni, évêque de Carpentras. Geoffroi de Venafque empêcha le 8. Septembre 1404. que des gens foûtenus par Reforciat d'Agoult, feigneur de Vergons, & Fouquer d'Agoult, feigneur de Forcalqueiret, fon frere, ne s'emparaffent de fon château de Metamies. Raimond de Venafque, feigneur de Venafque, Saint-Didier, & Metamies, n'eut que deux filles. Siffreine, héritière de fon pere, époufa le 3. Février 1483. Elzear de Thezan, feigneur de Caftanet, fecond fils de Pons de Thezan, feigneur de Pujols, au diocèfe de Beziers. Paul de Thezan, fon arrière-perit-fils, étoit feigneur de Metamies lorfque les proteftans la prirent. Metamies, paroiffe de 130. habitans, du Comtat, du diocèfe & à trois lieues à l'E. S. E. de Carpentras: long. 22. d. 30. f. lat. 44. d. 1. m. 20. f.

p. 49 *l.* 13. Creftet, que les proteftans affiégerent inutilement, & où ils perdirent cent hommes vers le 4. Juill 1563.] C'eft une paroiffe de 660. habitans, du Comtat, du diocèfe & à deux tiers de lieue de Vaifon: long. 22. d. 50. m. 10. f. lat. 44. d. 13. m. 45. f.

50- 17. François de Scepeaux, feigneur de Vieilleville, maréchal de France, envoyé pour pacifier le Comtat, arriva le 16. Juillet 1563.] Le maréchal de Vieilleville prenoit fon nom de la terre de Scepeaux, (de Cepellis) dans la paroiffe & à 900. toifes au nord d'Aftillé, au comté de Laval, entre Craon & Laval. Scepeaux a une chapelle au nord dont il eft féparé par le ruiffeau de Galpie, qui fe jette dans le Vicoin, & le Vicoin dans la Mayenne. Aftillé eft une paroiffe de l'élection de Laval, de 340. feux, & de 1536. habitans, qui, felon la carte du Maine, de Delifle, a de long. 16. d. 46. m. & de lat. 47. d. 48. m. La carte du diocèfe du Mans, qui eft extraordinairement détaillée, & qui paroît avoir été levée avec beaucoup de foin, donne la long. d'Aftillé de 16. d. 48. m. 35. f. & fa lat. de 47. d. 58. m. 12. f. & la diftance au S. O. de Laval, de deux lieues & demie. Le lieu de Vieilleville n'eft pas fi aifé à trouver. Il paroit que c'étoit un port fur la rivière du Loir, puif-

que Henri II. unit à fa baronnie de Duretal & de Mathefelon, les feigneuries de Lezigné, de Saint-Bernard, de Barnée, & le port de Vieillevile le 6. Février 1559. Il mourut empoifonné, dit-on, en fon château de Duretal le 30. Novemb. 1571. Marguerite de Scepeaux, comteffe de Duretal, dame de Vieilleville, baronne de Mathefelon, morte à Rennes le 28. Mars 1603. époufa Jean, marquis d'Epinay, en Bretagne. Françoife d'Epinay, leur fille, fœur & héritière de Charles, fon frere, époufa le 23. Novembre 1598. Henri de Schomberg, comte de Nanteuil, mort à Bordeaux le 17. Novembre 1632. Le père du maréchal habitoit à Vieilleville; & lui, ayant fuivi Lautrec à Naples âgé de 18. ans, doit être né vers l'an 1509. Après le facre du roi à Rheims en 1548. il alla en fa maifon de Saint-Michel du Bois en Anjou, à quatre lieues & demie au S. S. O. de Craon, & à 6. au nord d'Ancenis. Après la paix avec l'Angleterre en 1550. & vers le mois de Juin, Henri II. alla faire fon entrée à Angers. Ce prince fut cinq jours à Duretal, où Vieilleville le feftoya magnifiquement avec toute fa cour.

52- 13. Le Thor. Vins, qui y commandoit avec 80. chevaux & quelques arquebufiers, fit une fortie vers le 28. Août 1563. fur 900. proteftans retranchés dans le bois de Thouzon; & après un combat de deux heures, il fit une retraite très-honorable.] Le Thor., paroiffe de 900. habitans, du Comtat, du diocèfe & à 2. tiers de lieue au N. N. O. de Cavaillon: long. 22. d. 44. m. 6. f. lat. 43. d. 55. m.

53- 11. Le Havre de grace, repris par le roi fur les Anglois.] Le comte de Warwic qui la défendoit, capitula le 28. Juillet 1563. après 8. jours de fiége. Le Havre de Grace a, felon la méridienne de France, pour long. 17. d. 45. m. 57. f. lat. 49. d. 29. m. 9. f. Il eft à 91237. toifes, ou près de 22. lieues, de 20. au dégré, à l'oueft de Paris.

53- 42. Carlois, fecrétaire du maréchal de Vieilleville, figna l'ordonnance fur la pacification des troubles que le maréchal donna à Aix le 8. Août 1563.] Carlois a compofé une hiftoire du maréchal de Vieilleville fort détaillée, & où il

DU COMTE' VENAISSIN, DE PROVENCE, &c.

y a beaucoup de faits curieux. Elle mériteroit d'être donnée au public, en y retranchant les inutilités & les prolixités dont un auteur croit devoir embellir son ouvrage, & qui ne servent ordinairement qu'à le rendre ennuyeux & obscur. Le P. Augustin du Pas *a donné, dans son histoire généalogique de Bretagne, un extrait de l'histoire du maréchal de Vieilleville, faite par Carlois. Quoique cet extrait soit fort bon & fort utile, on pourroit en faire un meilleur, & donner au public bien des circonstances qu'il a omises. Du Pas dit que Carlois avoit été secrétaire du roi, & secrétaire du maréchal de Vieilleville, pendant 36. ans; qu'il étoit mort âgé de 82. ans, & qu'il auroit fait imprimer son ouvrage si les guerres civiles ne l'en avoient empêché. Vincent Carlois fut reçu secrétaire du roi le 6. Octobre 1569. & il se démit le 20. Février 1571.

p. 54. l. 2. La dame d'Urfé, sœur du comte de Sommerive, qui l'alla voir à Arles le 11. Août 1563.] Renée de Savoye, marquise de Baugé, fille de Claude de Savoye, comte de Tende & de Sommerive, avoit épousé le 23. Mai 1554. Jacques, seigneur d'Urfé, de la Bastie, & de Saint-Just, mort le 23. Octobre 1574. Elle eut pour cinquième fils Honoré d'Urfé, dont elle accoucha à Marseille le 11. Février 1567. & qui fut auteur du roman de l'Astrée.

55-10. Saint-Savournin, où les huguenots emportèrent la cloche de l'église le 26. Août 1563.] C'est une paroisse de 1020. habitans, du diocèse & à 2. lieues à l'est d'Avignon: long. 22. d. 41. m. 46. s. lat. 43. d. 57. m. 35. s.

56-23. Mormoiron, que Serbellon assiégea le 7. Septembre 1563. Cent vingt coups de canon y firent une brèche, qui engagea la garnison d'abandonner la place la nuit suivante.] Serbellon y rétablit Durand de Pontevez, seigneur de Flassans, dans la seigneurie de ce lieu que le pape lui avoit inféodée. C'est une paroisse habitée par 1500. personnes, du diocèse & à deux lieues à l'E. N. E. de Carpentras: long. 22. d. 56. m. lat. 44. d. 5. m.

58-41. Le prince de Florence venant d'Espagne & retournant en Italie sur neuf galères, étoit à l'île de Martegue vers le 10. Septembre 1563. & y fut visité par le vice-legat Antoine de Lenzi.] François-Marie de Medicis, fils aîné de Cosme de Medicis, duc de Toscane, né le 25. Mars 1541. mort le 9. Octob. 1587. fut père de Marie de Medicis qui épousa Henri IV.

59-6. Barbantane, où le maréchal de Vieilleville dîna chez Montdragon le 15. Septembre 1563.] Paul d'Albert, seigneur de Montdragon, chevalier de l'ordre, capitaine de 50. hommes d'armes, après l'an 1576. Barbantane est une paroisse de Provence de 661. habitans, du diocèse & à une lieue un tiers au S. O. d'Avignon: long. 22. d. 29. m. 56. s. lat. 43. d. 54. m. 15. s. La carte de M. d'Anville marque que c'est *Bellinum* de l'itinéraire de Jerusalem.

59-19. Tevalles, neveu du maréchal de Vieilleville, fut un de ceux qui composèrent l'assemblée qui se tint pour la pacification des troubles dans le palais d'Avignon le 21. Sept. 1563.] Jean, seigneur de Thevalle, d'Auvri, & de Bouillé, comte de Créance, chevalier des ordres du roi, à la promotion du 31. Décembre 1581. il ne laissa qu'une fille Jacqueline de Thevalle, héritière de sa maison, qui épousa le 24. Novembre 1597. Charles de Maillé, seigneur de Brezé & de Milly, dans le diocèse du Mans, & au comté de Laval. Thevalle, château à la droite de l'Ervé, qui se jette dans la Sarte immédiatement au dessus de Sablé, doyenné de Sablé, au midi de Saint-Pierre d'Ervé, au S. E. de Chemeri le Roi.

62-25. Le commandeur d'Aulan, nommé gouverneur de Malaucene vers le 28. Octobre 1563. par Serbellon.] Louis de l'Espine, reçu chevalier de Saint-Jean de Jerusalem en 1525. devint commandeur du Bastil-Dieu, qui peut être la commanderie que Robert de Briançon appelle le Bastil, & dit être en Provence, & fut grand-prieur de Saint-Gilles. Il étoit quatrième fils de Michel de l'Espine, seigneur d'Aulan, & de Marguerite Arnaud de Montauban. Aulan est une paroisse de Dauphiné, dans le diocèse de Gap, à près de neuf lieues au N. E. d'Avignon: long. de la carte du Comtat 23. d. 5. m. 30. s. lat. 44. d. 13. m. 35. s.

-62-26. Ansois, sa compagnie ayant

été mise par Serbellon dans Tulette le 28. Octobre 1563. il y fut tué par Paul Galimbert, dans une dispute qu'ils eu ent ensemble.] Seroit-ce Heilon de Sabran, baron d'Ansouis, marié 1º. en 1529. avec Delfine de Sabran-Beaudinar, 2º. avec Catherine de Bouliers de Vaugine ? Ansouis est une paroisse de Provence, du diocèse & à quatre lieues un tiers au nord d'Aix, dans la viguerie d'Apt : long. 23. d. 14. m. 10. s. lat 43. d 46. m. 25. s.

p. 63. l. 6. Romoulles, gentilhomme Provençal, envoyé vers le 1. Novembre 1563. en Dauphiné, pour la sûreté de cette province.] Romoulles est une paroisse du diocèse & à demi-lieue au N. E. de Riez sur l'Auvestre, qui est la même rivière qui passe par cette ville : long. 23. d. 59. m. lat. 43. d. 52. m.

1564.

65-37. Vaqueiras, nommé élu du Comtat en Janvier 1564.] Sa généalogie dans la noblesse du Comtat, le nomme Aimar de Vassadel, détaille ce qu'il fit dans le Comtat ; mais ne donne pas son degré de filiation avec les seigneurs de Vaqueiras. Vaqueiras est une paroisse de 360. habitans, avec un château du Comtat dans le diocèse d'Orange, à deux lieues a l'est de cette ville : long. 22. d. 40. m 30. s. lat. 44. d. 8. m. 30. s.

67 3. Biron, chevalier de l'ordre, & capitaine de 30. lances, envoyé pour pacifier quelques contestations en Provence, arriva à Manosque le 11. Mars 1564.] Ce fait qui doit entrer dans la vie du maréchal de Biron, n'est point rapporté dans aucun autre historien. Biron est une paroisse de Perigord dans le Sarladois & le diocèse de Sarlat, à 7. lieues & demie au S. S. O. de cette ville : long. 18. d. 36. m. lat. 44. d. 43. m. 12. s.

69-22. La Mole & Murs avoient un peu avant le 8. Juin 1564. commission de lever deux régimens en Provence, de mille hommes chacun.] Jacques Boniface, seigneur de la Mole & de Colobrières, chevalier de l'ordre, capitaine de galères, gouverneur de Grosseto en Toscane, fut tué au siège de S. Jean d'Angeli en Octobre ou Novembre 1569. Il avoit eu un frere aîné, nommé Joseph, qui fut tué à la bataille de Cerisoles le lundi de pâques 14. Avril 1544. Ils étoient tous deux fils de Jean-Boniface, seigneur de la Mole & de Colobrières, qui épousa Honorade de Benaud, fille de Jean, seigneur de Villeneuve, & de Catherine de Villeneuve, fille d'Arnaud de Villeneuve, baron de Trans, & d'Honorade de Baschi, fille de Bertholde, seigneur du Castellar. Murs étoit ou François d'Astoaud, seigneur de Murs, qui testa en 1567. ou Aimar d'Astoaud, son fils, qu'il avoit eu de Catherine Grillet de Taillades, sa femme. Aimar d'Astoaud, seigneur de Murs, de Bezaure, & de Saint-Lambert, épousa le 1. Décembre 1569. Melchionne de Baschi, fille de Louis, seigneur de Saint-Esteve, & il testa en 1585. La Mole est un château de Provence, du diocèse & à cinq lieues au S. O. de Fréjus : long. 24. d. 14. m. lat. 43. d. 15. m. Murs est une paroisse de Provence, mais du diocèse & à trois lieues à l'E. S. E. de Carpentras : long. 22. d. 59. m. lat. 43. d. 15. m.

69-30. Saint-Just, quartier de Lyon, où Charles IX. fit commencer une citadelle vers le 14. Juin 1564.] Saint-Just est la plus ancienne paroisse de Lyon. Elle est située dans la partie méridionale de la ville, & entre le bourg de Saint Irenée & la Saone qui coule vers son levant.

69-34. Cremieu, où Charles IX alla le 9. Juin 1564. la peste l'ayant obligé de quitter Lyon.] Jouan remarque que Charles IX. resta 25. jours à Lyon, mais qu'avant d'en partir la peste augmenta, & y causa une grande mortalité. Cremieu est du diocèse & à sept lieues un quart au N. E. de Vienne : long. 22. d. 51. m. 50. s. lat. 45. d. 47. m.

70-40. Roussillon sur le Rhône, où Charles IX. que la peste chassa de Cremieu, arriva le 17. Juillet 1564. Le duc de Ferrare l'y vint voir.] Charles IX. étoit parti de Lyon le dimanche 9. Juillet, & il avoit couché le même jour à Cremieu, d'où il partit le 16. pour aller coucher à Septeme, & le 17. à Roussillon. Il y séjourna 29. jours. Ce château n'est point sur le Rhône, mais à une lieue à l'est de cette rivière sur une hauteur, & dans la paroisse du Peage sur le grand chemin de Lyon, dont il est éloigné vers le nord-est

DU COMTE' VENAISSIN, DE PROVENCE, &c.

nord est d'un quart de lieue. Ce château ne paroît pas digne aujourd'hui 1755. de recevoir un roi de France & toute sa cour. Just, seigneur de Tournon, frere ainé du cardinal, se qualifioit comte de Roussillon dans son testament du 10. Mai 1557. & dans un codicille de 1563. Just-Louis, seigneur de Tournon, son fils, est qualifié seigneur & baron de Tournon, comte de Roussillon, baron d'Arlenc, de Seriere, de Mahum, d'Ay, de Seray, &c. Il étoit aussi seigneur de Thein, de Vion, de Deiras, de Mauves, & de Glun; capitaine de 50. hommes d'armes, dans la relation de l'entrée que Magdeleine de la Rochefoucaud, sa femme, fit à Tournon le dimanche 24. Avril 1583. L'auteur de cette relation est Honoré d'Urfé, chevalier de Malte, qui étoit alors pensionnaire au collège des jésuites de Tournon: il la dédia au baron de Tournon, & la data de son étude le 2. Juillet 1583. C'est lui qui dans la suite fut si connu par son roman d'Astrée. Ce premier ouvrage du chevalier d'Urfé, n'est presque point connu. Ce jeune auteur n'avoit alors que 16. ans 4. mois & 21. jours, puisqu'il étoit né à Marseille le 11. Février 1567. Le comté de Roussillon fut acquis en 1673. des créanciers de François de Levis, duc de Ventadour, par François-Alfonse de Clermont-Chaste, mort après l'an 1695. & qui de Claire de Morges, dame de Noyers, sa seconde femme, eut Charles-Balthazar de Clermont-Chaste, comte de Roussillon, mort après l'an 1740. Marie-Charlotte de Clermont-Chaste, sa fille unique, & de Marie Butler, sa seconde femme, née le 16. Janvier 1731. fut mariée le 4. Août 1750. avec Louis Caillebot, marquis de la Salle, lieutenant-général des armées du roi, & sous-lieutenant des gendarmes de la garde. Le duc de Ferrare qui vint voir Charles IX. à Roussillon, étoit Alfonse-d'Este II. du nom, V. & dernier duc de Ferrare, mort sans enfans le 27. Octobre 1597.

p. 72. l. 2. René de Lorraine, marquis d'Elbeuf, général des galères de France, arriva à Avignon le 2. Août 1564.] Il étoit né le 14. Août 1536. & il mourut en 1566. Elbeuf en latin *Elbovium*, sur la Seine, à quatre lieues au dessus de Rouen, & à deux du Pont de l'arche. Ce lieu est situé au pied d'une montagne, couverte d'un bois. Il appartenoit à la maison d'Harcourt, & puis à celle de Rieux. Louise de Rieux l'apporta en se mariant en 1554. à René de Lorraine, septième fils de Claude de Lorraine, duc de Guise, & d'Antoinette de Bourbon. On y établit en 1667. une manufacture de draps dans une grande & belle maison. On y fait aussi des tapisseries en manière de point de Hongrie. Un petit ruisseau qui sort de la côte, fait tourner ses moulins avant de se rendre dans la Seine. Ce lieu a deux paroisses, l'une dans le diocèse d'Evreux, & l'autre dans celui de Rouen. La manufacture étoit composée avant 1700. de trois cents métiers, & faisoit par an neuf à dix mille pièces de draps de cinq quarts, façon d'Hollande & d'Angleterre, & qui valoient plus de dix millions.

72-12. Maugiron & Bressieu, faits chevaliers de l'ordre à Valence par Charles IX. vers le 20. Août 1564.] Maugiron fut nommé lieutenant de roi en Dauphiné, après que la Motte-Gondrin eut été assassiné par les protestans à Valence, dans la maison du président Plouvier le lundi 27. Avril 1562. Il fut rétabli après la mort de Gordes arrivée à Montelimar le 21. Février 1578. & il fit son entrée à Grenoble le 2. Avril. François de Maugiron, son fils, étoit en grande faveur auprès d'Henri III. Le père mourut vers le mois de Septembre 1588. Laurent de Maugiron épousa Jeanne de Maugiron, dame de la Tivoliere, & en eut Scipion, baron de Morlat, marié avec Magdeleine Lugoli. Louis de Maugiron, leur fils, baron de Morlat, épousa Louise, dame de Pierregourde, en Vivarez. Leur fils, François de Maugiron, comte de Montleans, baron d'Ampuis, en Lyonnois, diocèse de Vienne, grand bailli de Dauphiné, épousa en Août 1680. Marie-Therèse de Sassenage, fille de Charles-Louis Alphonse, baron de Sassenage, & de Christine de Salvaing-Boissieu; & en eut N......

marquis de Maugiron, marié avec N...... de S. Prieſt, & père de Louis-François, comte de Maugiron, meſtre de camp de cavalerie, brigadier des armées du roi du 20. Mars 1747. marié le 2. Octobre 1739. avec Marie-Françoiſe de Saſſenage, fille aînée de Charles-François, marquis de Saſſenage, qui épouſa en Août 1718. Marie-Françoiſe-Camille, marquiſe de Saſſenage. Breſſieu qui fut fait chevalier de l'ordre de S. Michel en même temps que Maugiron, s'appelloit François de Meuillon de Grolée; il ſervoit dans les troupes des catholiques, & il commandoit la cavalerie au combat de Cognac en Auvergne, donné le 6. Janvier 1568. Il y fut tué au premier choc; & ſa troupe défaite par le baron de Paulin, ſecondé par le vicomte de Paulin, ſon frere, & Pontcenat. Breſſieu avoit épouſé Marguerite de Gaſte-Lupé. Il n'eut qu'une fille dont les deſcendans hériterent de Breſſieu, Catherine de Meuillon, dame de Lupé & de S. Julien en Forez, qui épouſa Roſtaing de la Baume, comte de Suze, maréchal de camp, & qui devint veuve en 1622. Louis-François de la Baume, comte de Suze, ſon arrière petit-fils, fut marquis de Breſſieu. Il étoit né en 1681. Il épouſa en 1709. Marie-Alix de Roſtaing du Mouchet, morte le jour de Noël 1752. & mère de Louis-Charles de la Baume, comte de Suze, vivant en Mars 1754.

p. 72. l. 16. Les Granges lès-Valence, où Serbellon allant ſaluer le roi à Valence, logea le 30. Août 1564.] Ce ſont quelques maiſons ſituées vis-à-vis Valence, ſur la droite du Rhône: long. 22. d. 29. m. 15. ſ. lat. 44. d. 57. m. à 9. lieues un tiers au N. N. E. de Viviers.

72-22. L'Etoile, à deux lieues de Valence, où Charles IX. coucha le 2. Septembre 1564.] Chef lieu du duché de Valentinois; le château avoit un parc qui exiſtoit lorſque Charles IX. y fut; mais qui fut détruit dans la ſuite, & on n'en voit à préſent que des reſtes. Le péage de l'Etoile, Brun, & Charmau, avec les terres de Creſt, Grane, Sauzet & Savaſſe, les domaines des villes de Montelimar & de Romans, les châteaux & maiſons qui en dépendent, la terre & baronnie de Bins, & le ſeſterrage de Valence, érigés en duché & pairie par lettres de Louis XIII. données au camp devant Perpignan en Mai 1642. furent donnés a Honoré Grimaldi, prince de Monaco, qui avoit quitté le parti d'Eſpagne pour s'attacher à la France.

72-23. M. de Nevers, mort de maladie près de Lyon vers le 8. Septembre 1564.] Jacques de Cleves, duc de Nevers, après la mort de ſon frere aîné le 1. Octobre 1544. mourut à Montigny près de Lyon le 6. Septembre 1564. Ce Montigny que je ne trouve point aux environs de Lyon, ne ſeroit-il pas Montagny la Tour, paroiſſe & château à quatre lieues au S. S. O. de Lyon? La négligence avec laquelle la plûpart des auteurs écrivent le nom des lieux, m'autoriſe à hazarder cette conjecture: Montagny, première baronnie du Lyonnois, & dans ſa dépendance Millery. Anne-Jeanne-Magdeleine de Grolée-Virville, veuve de François Olivier, ſeigneur de Senozan & de Roſmi, en étoit dame en 1754.

72-31. Villeneuve lès-Avignon.] Peruſſis aſſure que le duc & la ducheſſe de Savoye y arriverent le 15. Septembre 1564. pour y attendre le roi; que le lendemain 17. le vice-legat & Fabrice Serbellon furent le viſiter; que le 21. le duc & la ducheſſe entrerent à Avignon, & furent conduits & logés dans le palais. Ce narré paroît bien clair & net; mais celui de Guichenon dans ſon hiſtoire de Savoye (pag. 686.) eſt bien différent. Cet hiſtorien, l'un des plus exacts que nous ayons, dit que Charles IX. & la reine Catherine de Medicis, ſa mère, s'étant mis en chemin pour viſiter le royaume, prierent le duc & la ducheſſe de ſe trouver à Lyon au paſſage de leurs majeſtés: que le duc & la ducheſſe ſe rendirent à Montluel, en Breſſe, & de-là à Lyon, où le roi & la reine qui y étoient déja, leur allerent au rencontre juſqu'à Mirebel au mois de Juillet, & les menerent à Lyon. Guichenon ajoûte que l'hiſtorien Buttet, qui dit que cette entrevuë ſe fit à Rouſſillon, ſe trompe; & que le roi ayant pris

DU COMTE' VENAISSIN, DE PROVENCE, &c.

le chemin de Dauphiné & de Provence, le duc & la duchesse reprirent celui de Turin, où son altesse avoit laissé le prince auprès de l'archevêque de Turin & des comtes de Stroppiane & d'Arignan. L'entrevuë du roi avec le duc de Savoye à Mirebel, est confirmée par Abel Jouan, qui dit, que Charles XI. alla de Lyon dîner à Mirebel le jeudi 4. Juillet 1564. pour aller au-devant du duc & de la duchesse de Savoye, & que tous ensemble allerent coucher à Lyon. Jouan dit que Charles IX. arriva à Avignon le 24. Septembre, & qu'il y séjourna 21. jours. Il ne dit rien du duc & de la duchesse de Savoye, que Guichenon dit positivement être retournés de Lyon à Turin. Comment concilier Guichenon, historien exact, & Perussis, qui ne raconte que ce qu'il voit de ses propres yeux, & qui écrit chaque jour ce qu'il a vû? Dire que le duc & la duchesse de Savoye retournés a Lyon à la fin de Juillet, vinrent à Avignon, où ils étoient, selon Perussis, le 21. Septembre; cela paroit difficile à constater, selon le narré de Guichenon. C'est pourtant le seul moyen de concilier Guichenon & Perussis. Guichenon n'aura point pensé au second voyage du duc de Savoye; & les princes qui aiment assez à aller, ne se feront pas fait une peine de faire un second voyage pour revoir à Avignon Charles IX. & la reine sa mère.

p. 72. *l.* 37. Suze.] Charles IX. & la reine sa mère y arriverent le 21. Septembre 1564. Ils y tinrent en baptême la fille du comte de Suze, qu'ils nommerent Charlotte-Catherine. Le même jour le roi alla coucher à Boulene.

73- 14. Antoinette Manaud, fille de Manaud Guillem, présenta à Charles IX. les clefs d'Avignon, lorsque ce prince fit son entrée dans cette ville le 14. Septembre 1564.] La mère d'Antoinette s'appelloit Marguerite de Roquefeuil, & étoit fille d'Antoine, seigneur de Convertis & de Sillette de Porceler. Elle avoit épousé en 1540. Manaud de Guillens, seigneur du Castellet; & Antoinette, leur fille, dont il est ici question, épousa François Comte, dit de Ca-

bassolle. Pierre de Guillens, seigneur du Castellet, frere d'Antoinette, n'eut qu'une fille Elisabeth, dame du Castellet, mariée le 24. Octobre 1605. avec Jean-Vincent de Galien de Vedenes. Ils furent les bisayeuls de Charles-Felix-Hiacinthe de Galien, seigneur du Castellet, colonel du régiment d'infanterie du Castellet, mort sans enfans en 1719. La seigneurie du Castellet est a l'ouest nord-ouest de Menerbe, à deux lieues un tiers à l'est de Cavaillon, dans le Comtat: long. 22. d. 59. m. lat. 43. 50. m.

75- 10. Thouret, où Charles IX. passa le 17. Octobre 1564.] Touret est une maison seule entre S. Remy, où Charles IX. avoit couché, & Salon de Craux, où il alla coucher. Il dîna à Touret le mardi 17. Octobre.

76- 4. L'Isle de Martegues, où Charles IX. arriva le 14. Novembre 1564. & où il séjourna le 15. & le 16.] Jouan dit que Charles IX. ayant dîné au château de Marignane le mardi 14. Novembre, s'embarqua sur un étang de mer, qui a deux lieues de large & quatre de long, & s'appelle l'étang de Martegues; & que le même jour il coucha à Martegues, qui sont trois petites villes contigues. La première appellée Jonquières, celle du milieu l'Isle, & la troisième Martegues. Le roi coucha le 14. dans cette derniere, y dîna le 15. & s'étant embarqué sur l'étang, il alla coucher à S. Chamas, après avoir passé sous un rocher percé, & qui a 30. toises de large. Le château de S. Chamas est sur une montagne. C'est une paroisse du diocèse & à sept lieues à l'E. S. E. d'Arles: long. 22. d. 48. m. lat. 43. d. 34. m. 30. s.

76- 15. S. Andeol, jusques où s'étendoit la Durance, qui avoit débordé, rompit tous les ports, & le pont de bateaux, sur lequel Charles IX. l'avoit passée le 16. Octobre 1564. vis-à-vis le port de Château Renard. Elle entra dans Noves; c'est ce qui obligea Charles IX à aller en Languedoc le 11. Décembre 1564. par Tarascon & Beaucaire.] Jouan ne dit rien du débordement de la Durance; mais il rapporte que Charles IX. resta 21.

jours à Arles, depuis le 16. Nov. jusqu'au 7. Décembre, s'y trouvant assiégé par les grandes eaux. S. Andeol est une paroisse de la viguerie de Tarascon en Provence, du diocèse & à trois lieues & demie d'Avignon : long. 22. d. 41. m. 10. s. lat. 43. d. 49. m. 50. s.

p. 76. *l*. 19. Beaucaire, où Charles IX. ayant passé le Rhône, arriva le 11. Décembre 1564.] Il avoit séjourné à Tarascon trois jours, le 8. le 9. & le 10. Décembre, pour faire passer tout le train de sa cour le fleuve du Rhône. Jouan dit que tous passerent en bateau, & que c'est un fâcheux passage. Cet auteur n'auroit pas dit cela, si Charles IX. & toute sa cour avoient passé le Rhône sur un pont de bateaux comme Bouche (hist. de Prov. T. II. p. 649.) l'assure ; quoiqu'il eût devant ses yeux le journal de Jouan, dont il a tiré tout ce qui concerne la Provence, & l'a inséré dans son histoire. On est si accoûtumé à voir & à passer sur ce pont de bateaux, qui facilite la communication de Tarascon à Beaucaire, qu'on ne croiroit pas que Charles IX. eût passé le Rhône en bateau, si Jouan qui en fut témoin ne l'assuroit.

77- 19. Remoulins, où Charles IX. fut pour voir le pont du Gard vers le 12. Décembre 1564. & de-là il alla à Nismes.] Le narré n'est pas exact. Charles IX. ayant dîné à Beaucaire, alla coucher à Saragnac le lundi 11. Décembre. Le 12. il passa dessous un des bouts (une des arches) du pont du Gard; & alla dîner à S. Privat. L'après-dîné il revint voir le pont du Gard, où le comte de Crussol fit présenter au roi & à toute la cour, une collation de confitures, que des nymphes qui sortirent d'un antre qui est sur la droite de la rivière, & près du pont, présenterent. Le même soir Charles IX. alla coucher à Nismes ; ainsi il ne passa pas à Remoulins, qui est sur la droite du Gardon, & au nord du pont du Gard.

1565.

78- 7. Serignan où Diane de Poitiers, baronne dudit lieu, duchesse de Valentinois, arriva le 26. Juin 1565. & où elle fut visitée le lendemain par le marquis de Longiano, qui commandoit dans le Comtat depuis le départ de Serbellon.] Diane de Poitiers, duchesse de Valentinois, & baronne de Serignan, avoit été mariée avec Louis de Brezé, grand sénéchal de Normandie. Françoise de Brezé, leur fille aînée, baronne de Serignan, épousa Robert de la Marck, duc de Bouillon. Louise de la Marck, sa fille unique, baronne de Serignan, épousa Maximilien Echalart, seigneur de la Boulaye en Poitou. Ils eurent pour fille Louise-Magdeleine Echalart, dame de Serignan, qui épousa Henri de Durfort, duc de Duras. Henriette-Julie de Durfort, leur fille, baronne de Serignan, épousa Procope-Marie Pignatelli, comte d'Egmont, mort le 11. Mai 1743. Henriette-Nicole Pignatelli d'Egmont, fille de Procope & d'Henriette de Durfort, épousa le 27. Avril 1738. Marie-Charles-Louis d'Albert, duc de Chevreuse. Serignan, première baronnie du comté Venaissin, fut donnée en Mai 1237. par Raimond VII. comte de Toulouse, avec Camaret & Travaillan, à Raimond de Baux, second fils de Guillaume, prince d'Orange & d'Ermengarde de Sabran, à condition de lui en rendre hommage, à cause de son comté Venaissin. Raimond de Baux rendit hommage à Cavaillon, aux commissaires du pape Gregoire X. pour les seigneuries de Serignan, Camaret, Travaillan, Barbaras, & Frigolet, en Février 1274. Il mourut en 1282. âgé de 80. ans. Bertrand de Baux, son fils, fut seigneur de Serignan ; & testa le 20. Juillet 1314. Il eut pour fils Guillaume, qui mourut avant lui, & qui fut père de Guillaume de Baux, seigneur de Serignan, de Camaret, de Rochegude, des deux Barbaras, de Guisan, de Gumiane, & de S. Ferreol : il épousa le 28. Avril 1328. Marquise Albaron, fille de Robert, seigneur de Lers, Montfrin, Meine, Thesiers & Bassargues. Il donna quittance à sa femme de 3000. livres le 15. Juin 1344. Leur fils, Jean de Baux, seigneur de Serignan, rendit hommage au pape pour les deux Barbaras en 1363. & 1368. Catherine de Baux, sa fille, dame de Serignan, Camaret, & Cor-

DU COMTE' VENAISSIN, DE PROVENCE, &c.

nillon épousa Raimond de Laudun. Ils eurent pour fils Guillaume de Laudun, seigneur de Serignan, de Camaret, & de Cornillon, qui étoit mineur de 17. ans, & sous la tutelle de son père en 1401. Il étoit alors marié avec Catherine de Roquefeuil, que Jeanne Albaron, baronne de Montfrin, institua son héritière par son testament, fait au château de Serignan le 2. Décembre 1401. Guillaume de Laudun & Catherine de Roquefeuil, eurent pour fils Albaron de Laudun, seigneur de Serignan, Lers, & Montfrin, qui vendit par acte du 7. Mars 1418. la baronnie de Serignan, à Nicolas Ruffo, marquis de Cotrone en Calabre. Polixene Ruffo, sa fille, dame de Serignan, fut la seconde femme de Louis de Poitiers, seigneur de S. Vallier, qui testa le 24. Janvier 1428. Elle fut mère de Jean de Poitiers, seigneur de S. Nazaire, de Flandenes, & de Chevrieres, baron de Serignan, qui testa le 1. Février 1474. Aimar de Poitiers, seigneur de S. Vallier, marquis de Cotrone, baron de Chalencon & de Serignan, fils de Charles, & petit-fils de Louis de Poitiers, & de Catherine de Giac, & non de Polixene de Ruffo, testa le 9. Sept. 1510. & fut père de Jean de Poitiers, seigneur de S. Vallier, marquis de Cotrone, baron de Clerieu, de Serignan, de Chalencon & de Florac, père de Diane de Poitiers, qui fut baronne de Serignan, & arriva dans ce lieu le 26. Juin 1565. Elle mourut le 26. Avril 1566. âgée de 66. ans & trois mois 27. jours; ce qui fixe sa naissance au 31. Décembre 1499.

p. 78. l. 21. L'infanterie Italienne des capitaines Georges & Tobie Rangon, conservée par le marquis de Longiano, dans la réforme qu'il fit à Carpentras le 1. Juillet 1565.] Tobie Rangoni est apparemment le même que Tobie Rangoni, fils aîné de Louis Rangoni, de la sixième branche de cette maison, qui mourut sans enfans de Laure Settori, sa femme, & fils aîné de Louis Rangoni, né le 15. Août 1525. & d'Antoinette Carandini. Tobie Rangoni avoit pour neuvième ayeul, suivant la généalogie imprimée dans le supplément de Moreri en 1749. Guillaume Rangoni, qui fut choisi en 1249. l'un des capitaines pour gouverner la ville de Mantoue, qui testa en 1266. & qui avoit épousé en 1238. Alde, fille de Louis de Castelvetro, & d'Herminie Oreaffi. Le marquis de Longiano avoit pour septième ayeul le même Guillaume qui étoit le neuvième de Tobie Rangoni. A l'égard de Georges Rangoni, je ne le trouve point dans la généalogie imprimée de Moreri.

1566.

88-8. Laurent d'Arpajon, baron de Rochefort, viguier, assista à la procession que l'on fit le 10. Février 1566, pour la création de Pie V.] Laurent d'Arpajon, baron de Rochefort, étoit fils d'Antoine d'Arpajon, baron de Lers & de Montfrin, & de Marguerite de Levis, dame de Villeneuve la Cremade, & de Montredon. Marguerite de Levis se maria le 31. Janvier 1541. & étoit encore en vie le 1. Juillet 1603. qu'elle fit son testament. Rochefort, dont Laurent d'Arpajon se qualifioit baron, est une paroisse pour le temporel du diocèse & à quatre lieues à l'E. S. E. d'Usez : long. 22. d. 21. m. 45. s. lat. 43. d. 58. m. 45. s. J'ignore comment la seigneurie de Rochefort passa à André-Joseph de Brancas, marquis de Courbons, qui mourut en Juin 1709. André-Joseph, son fils, étant mort à Avignon le 27. Octobre 1748. âgé de 60. ans, ses héritiers ont vendu la terre de Rochefort.

81-22. Antoine Possevin, jésuite, prédicateur ou orateur de la fête d'Avignon le 10. Février 1566. pour la création du nouveau pape Pie V.] Possevin naquit à Mantoue en 1533. entra chez les jésuites en 1559. prêcha devant les états de Languedoc assemblés à Beaucaire le dimanche 17. Novembre 1566. jour de la procession ; & mourut à Ferrare le 26. Fevrier 1611. Sa vie par le P. Dorigni, jésuite, fut imprimée à Paris en 1712. in-12.

81-25. Cadarache, où le comte de Tende mourut le 23. Avril 1566.] C'est un lieu de Provence que le dictionnaire de la France dit s'être appelé *castrum de Cadaraca*, & avoir 310. habitans.

Le dénombrement du royaume n'en fait point mention. Delisle dans sa carte de Provence le marque comme un hameau du diocèse d'Aix, & de la viguerie de Barjols: long. 23. d. 30. m. lat. 43. d. 44. m. à cinq lieues & un tiers au N. E. d'Aix, & à cinq & demie au N. O. de Barjols, sur la gauche de la Durance, qui reçoit trois quarts de lieue au dessus le Verdon; à une lieue à l'O. S. O. de Vinon, village très-connu par le combat du 16. Décembre 1591. où la Valette, quoique beaucoup plus foible, battit Charles-Emmanuel, duc de Savoye, qui n'avoit pas pû prendre la bicoque de Vinon.

p. 82. l. 3. Vaucluse, élu viguier d'Avignon le 23. Juin 1566.] Il est appellé par Perussis Esprit d'Ostrand. Sa généalogie dans la noblesse du Comtat, l'appelle Esprit Sagnet, dit d'Astoaud, à cause de la mère Louise d'Astoaud, sœur & héritière de Jean d'Astoaud, seigneur de la Fare & en partie de Mazan, rapporte qu'il reçut le collier de l'ordre de S. Michel au mois d'Août 1573. & qu'il vivoit fort vieux en 1581. Esprit Sagnet étoit, selon cette même généalogie, petit-fils de Guillaume Sagnet, seigneur de Vaucluse, sénéchal de Beaucaire & de Nismes, mort peu avant le mois de Mai 1446. Philippe Sagnet-d'Astoaud, est dit par la même généalogie seigneur de Vaucluse, & mort en 1591. François de Seitre, mort le 1. Juillet 1646. étoit seigneur de Vaucluse. J'ignore comment cette seigneurie lui étoit venue. Il fut père de Melchior, ayeul de Gaspard, bisayeul de Joseph-François de Seitres, seigneur de Vaucluse, qui épousa en Juillet 1717. Marie-Baltazare Doni, vivante en Septembre 1755. fille aînée, & cohéritière de Louis, marquis de Beauchamp, & de Françoise de la Croix-Castries. Vaucluse est appellée en latin, par le dictionnaire de la France, *Vallis clusa*; diocèse de Cavaillon, judicature de l'Isle, & a 130. habitans. La carte du Comtat lui donne de longitude 22. d. 52. m. & de latitude 43. d. 54. m. 35. s. Ce seigneur de Vaucluse signa la ratification du traité pour la pacification du Comtat du 8. Novembre 1578. réglé à Nismes par Monmorenci, Chatillon, Patris, Velleron, Yolet le Jeune, Sobeiras, Clausonne, Seguins, Agard, S. Auban, G. d'Airebaudouse, dit Clairan, Basang, M. de Colombaud, Blansy, & Archambault. Il est nommé le cinquième, & immédiatement après Jacques Sacrato, évêque de Carpentras. Christophe Scotto, évêque de Cavaillon, Guillaume, évêque, administrateur de Vaison, Rostang de Cadar, seigneur de Caderousse & baron du Tor, élu des sieurs vassaux, lorsqu'on signa la ratification de ce traité dans la grande salle de la maison épiscopale de Carpentras, pardevant Guillaume de Patris, lieutenant & auditeur général du cardinal d'Armagnac, collegat & archevêque d'Avignon, le 30. Novembre 1578. Les noms de ceux qui se trouverent au traité de Nismes & à la ratification de Carpentras, sont fort estropiés. Vaucluse y est nommé Esprit des Estrants, seigneur de Vaucluse, & conseigneur de Masan; ainsi il ne faut pas être surpris si Perussis l'appelle Esprit d'Ostrand. De Thou qui avoit la copie du traité de Nismes, appelle Velleron qui signa le traité, *Thomas Strantius Valero* (Thomas des Estrants de Valeron:) ainsi il a suivi l'ortographe des noms du traité. Ce Thomas des Estrants de Valeron étoit Thomas d'Astoaud, seigneur en partie de Velleron, cousin-germain de Vaucluse, fils d'une tante de Thomas. De tout cela on peut conclure que le nom d'Astoaud, qui étoit le véritable nom de famille de Velleron & de la mère de Vaucluse, ne s'est pas toujours ortographié d'une manière uniforme, sur-tout à la fin du XVI siècle.

§ 82- 20. Serbellon.] Fabrice ne portoit pas le nom de François, comme dit Perussis, en racontant sa mort arrivée à Rome le jeudi 24. Octobre 1566. Il étoit troisième fils de Pierre Serbellon & d'Elisabeth Rainoldi. Cecile Serbellon, sœur de son père, fut la mère de Pie IV. Jean-Antoine, son frere puîné, fut le premier cardinal que le pape créa. Pie IV. avoit fait revenir d'Avignon Fabrice pour être général de l'église. Il mourut dans le palais du cardinal, son

DU COMTE' VENAISSIN, DE PROVENCE, &c.

frere. Il étoit avec Gabriel, son frere aîné, baron de Mornas sur le Rhône. Il épousa Françoise Malaspini, sœur du marquis de Malgrado. Fabrice Serbelloni, qui étoit nonce à Vienne en Juin 1753. & né à Milan le 7. Novembre 1695. fut fait archevêque de Patras le 6. Août 1731. & créé cardinal le 26. Novembre 1753.

1567.

p. 83. l. 14. Orssan.] Jean de Cambis, seigneur d'Orsan, & non d'Orssan, élu premier consul d'Avignon le 25. Juin 1567. que l'on dit avoir été envoyé au pape Sixte V. & à Henri III. épousa le 25. Avril 1555. Françoise Clerici, & fut le sixième ayeul de Jacques-François de Cambis, appellé le comte de Cambis, mestre de camp d'un régiment de cavalerie de son nom, & né à Avignon le 11. Mars 1727. Orsan est une paroisse du diocèse d'Usez, & du doyenné de Bagnols, à quatre lieues un tiers à l'E. N. E. d'Usez : long. 20. d. 20. m. 40. s. lat. 44. d. 8. m. 10. s. Il y a un vieux château habitable, 48. feux & 219. habitans.

83- 32. Bernard d'Elbene, évêque de Nismes, fut au moment d'être jetté dans le puits de l'évêché, par les protestans le mercredi 1. Octobre 1567. à onze heures du matin ; mais le sénéchal Grille obtint de ces furieux la vie de l'évêque & la permission de sortir de la ville : il en profita, & se retira à Arles, où il mourut le 27. Mars 1568.] Jean-Baptiste l'Hermire de Soliers a donné, dans sa Toscane Françoise, un long article del Bene, où il ne fait nulle mention de l'évêque de Nismes. Bernard del Bene étoit le quatrième frere d'Albizzo del Bene, qui passa en France sous le régne de François I. & qui fut seigneur du Perron & panetier du roi. Il épousa Lucrece Cavalcanti, l'une des dames de la reine Catherine de Medicis, fille de Barthelemi Cavalcanti, & d'Eleonor de Gondi ; & il en eut Alexandre del Bene, né à Lyon le 7. Mai 1554. auquel Henri IV. accorda le 15. Mai 1596. un brevet pour être reçu chevalier du S. Esprit à la première promotion. Le 5. Juin suivant, le roi nomma commissaires pour faire ses preuves, les seigneurs de Rambouillet & de Liancourt, & écrivit au grand duc de Toscane, pour le prier de faire informer par les voies juridiques & accoutumées de l'origine & noblesse de ceux qui portoient les armes & le nom del Bene. Les preuves ayant été faites, le grand duc Ferdinand étant à Pise le 12. Novembre 1604. les signa & les envoya au roi. La promotion des chevaliers du S. Esprit ayant été renvoyée au couronnement de la reine Marie de Medicis, qui ne se fit que le 13. Mai 1610. Alexandre del Bene ne put pas être reçu, étant mort en 1607. Alexandre del Bene, son fils, seigneur de la Motte-Tilly, donna ses papiers à l'Hermire-Soliers, qui dressa la généalogie del Bene à sa mode, & l'insera dans sa Toscane Françoise imprimée à Paris le 20. Mai 1661.

84- 4. Fuveau.] Louis de Puget, seigneur de Fuveau, second président du parlement de Provence rétabli, & qui recommença ses séances à Aix le 14. Avril 1564. Fuveau est une paroisse du diocèse d'Aix, de 260. habitans : long. 23. d. 22. m. lat. 43. d. 30. m.

84- 25. Sederon, Puymichon, & Soreste, pris par les protestans vers le 1. Octobre 1567.] Sederon est une paroisse de 146. habitans, en Provence, dans la viguerie & à quatre lieues & demie à l'ouest de Sisteron : long. 23. d. 17. m. lat. 44. d. 14. m. Pimoisson, & non Puymichon, est une paroisse de 516. habitans, du diocèse de Riez, à une lieue & demie au nord de Riez, à un peu plus à l'ouest de Moustiers, sur un ruisseau, qui s'étant joint à l'Auvêtre, rivière qui passe à Riez, va se jetter dans le Verdon à un grand quart de lieue au sud-est de Gretoux : long. 23. d. 57. m. lat. 34. d. 54. m. Bouche prétend que Pimoisson, diocèse de Riez, est la patrie de Guillaume Durandus, surnommé *Speculator*†, évêque de Mende, & que rien ne le prouve mieux que son épitaphe, que l'on voit dans l'Eglise de la Minerve à Rome, où il mourut le 1. Novembre 1296. âgé d'environ 64. ans. Cette même épitaphe qui est

† à cause de son ouvrage intitulé *Speculum Juris*.

tronquée dans Bouche, dit qu'il étoit natif du diocèse de Besiers. Plusieurs autres auteurs ont pensé comme Bouche & Nostradamus le père. Echard, dans sa bibliothéque des auteurs de l'ordre de S. Dominique, a examiné cette question beaucoup mieux que tous ceux qui l'avoient précédé ; mais ce qu'il a dit de géographique n'est assurément pas digne de lui. D. Vaissette dans son histoire de Languedoc (T. IV. note VIII.) a démontré que Durandus étoit né à Puimisson, paroisse du diocèse de Besiers, & que Durandus dit lui-même, dans un endroit de ses ouvrages, qu'il étoit du diocèse de Besiers ; & dans un autre de Puimisson (*de Podio Missone*.) Cereste, & non Soreste, est une paroisse de 360. habitans, du diocèse d'Apt, & de la viguerie de Forcalquier.

p. 84. *l.* 42. Entrechaux, fils aîné du comte de Grignan, arriva à Avignon le 15. Octobre 1567. par des chemins détournés] Entrechaux est une paroisse de 586. habitans, du diocèse à sept lieues à l'O. N. O. de Fréjus, dans la viguerie & a l'est de Barjols : long. 24. d. 1. m. 24. s. lat. 43. d. 34. m. 20. s. à une petite lieue à l'est de Cotignac, à la droite de la petite rivière qui vient de Sillans, & qui se jette dans l'Argents, au dessus de Lorgues. Jean-Baptiste Bruni, seigneur d'Entrechaux, fut reçu président au parlement d'Aix le 27. Juin 1733.

85- 27. Nismes, dont le château étoit défendu par 50. soldats catholiques, & que 2500. hommes des troupes du Comtat & de Provence voulurent secourir le 25. Octobre 1567. mais ils furent obligés de se retirer, & le capitaine Mejanes mourut à Tarascon le 28. Nov. d'une blessure qu'il y reçut.] Le journal de Pierre Bompar, avocat du roi au présidial de Nismes, imprimé dans les preuves de l'histoire de cette ville par M. Ménard, (T. IV. p. 10. col. 1.) dit que la garnison du château de Nismes se défendit pendant 6. ou 7. semaines ; que M. de Suze avec le cap. Reboul & Mejanes d'Arles, vinrent de Beaucaire avec 300. chevaux & 1200. hommes de pied, pour y faire entrer des vivres ; qu'ils furent repoussés par ceux de la ville qui étoient aux tranchées ; que Cipierre vint ensuite avec 6000. Provençaux au secours de la ville ; & que le château se rendit deux jours après par composition.

86- 20. Le pont S. Esprit, attaqué par le comte de Suze le 16. Novembre 1567. Il ne put d'abord prendre que la premiere & seconde tour ; mais le 18. & le 19. il acheva de se rendre maitre de tout le pont.] Ce pont, l'un des plus hardis qu'il y ait en Europe, fut commencé en 1265. après que D. Jean de Tyranges, prieur du monastère de S. Saturnin du Port, de l'ordre de Cluni, & seigneur de la ville en pariage avec le roi, qui avoit son opposition à la construction de cet ouvrage, l'eût levée. Les principaux habitans de S. Saturnin l'en avoient sommé le 30. Août 1265. Le prieur posa lui-même le 12. Septembre suivant la premiere pierre de la premiere arche de la rive gauche du fleuve. Depuis ce jour-là on continua le travail sans interruption pendant 45. ans : le pont n'ayant été achevé qu'à la fin de l'an 1309. les quêtes que l'on fit fournirent à la plus grande dépense. Philippe le Bel ordonna le 25. Février 1310. que les aumônes des fideles seroient employées à l'avenir à l'entretien du pont ; & ce prince pour contribuer lui-même à cet entretien, accorda aux recteurs du pont le droit du petit blanc, qui consiste dans la levée de cinq deniers tournois pour chaque minot de sel qui remonte le Rhône ; ce qui produisoit en 1737. 8. à 10000. liv. tous les ans. Le pont S. Esprit, dont la ville de S. Saturnin du Port avoit déja pris le nom en 1450. a 425. toises de long, depuis l'angle flanqué du bastion de S. Michel de la citadelle, qui fait un des pieds droits de la première arcade du côté de la ville, jusqu'au bout de la rampe qui termine la derniere arcade de l'autre côté du Rhône. Il est large de 12. pieds dans œuvre, & de 17. pieds hors d'œuvre, y compris l'épaisseur des parapets, Il est soûtenu par 26. arches d'une inégale largeur, sçavoir, 19. grandes & 7. petites. Les plus grandes ont 18. toises d'ouverture. Il y a 257. toises fondées sur le roc, &

153. fur des pilotis. Cette defcription eft copiée de l'hiftoire de Languedoc de D. Vaiffette (T. III. p. 505-506.) Le profil & l'élévation du pont y font entre les pages 506. & 507.

p. 87. l. 8. Le port de Viviers, où les proteftans pafferent le Rhône vers le 8. Décembre 1567. ce qui obligea Suze à abandonner le pont S. Efprit.] Le port de Viviers n'étoit pas alors, non plus qu'aujourd'hui, fort fréquenté ; & il fallut que les proteftans fe donnaffent bien des mouvemens pour ramaffer affez de bâteaux pour y faire paffer toutes leurs troupes.

87- 11. S. Martial, pris par les proteftans vers le 11. Décembre 1567.] C'eft S. Marcel d'Ardeche qui fut pris par les proteftans. Il n'y a point de lieu dans le diftrict du Vivarez qui s'appelle Saint-Martial.

1568.

88- 7. Roquart, qui repouffa près du pont du Letz les huguenots, venant du S. Efprit & de Pierrelatte le 4. Janvier 1568.] Il s'appelloit Gafpar, & étoit, felon fa généalogie qui paroit prouvée par des titres, feigneur de Malijac & de Paulian en Languedoc, & époufa Anne de Fortia, qui étoit veuve le 3. Décembre 1633. Le pont du Letz doit être au nord de Boulene.

88- 31. Ponfenac, défait près de Ganap en Auvergne.] Peruffis zélé pour le parti catholique, & perfuadé que tout ce que l'on difoit en fa faveur étoit vrai; écrivit que les catholiques avoient défait Ponfenac, parce que Ponfenac ayant été tué à la fin de l'action, & les royaliftes ayant eu quelque avantage dans le combat, ne manquerent pas de publier qu'ils avoient battu les proteftans. Les royaliftes ne firent attention, & ne raconterent que les circonftances du combat qui avoient été à leur avantage ; mais il eft conftant que le plus grand avantage fut du côté des proteftans. Les quatre vicomtes de Bruniquel, de Montclar, de Paulin, & de Caumont, & Serignac, frere de Terride, allerent avec Acier en Dauphiné, faire lever le fiége de S. Marcellin à Gordes, qui délogea de Chaftes, château éloigné d'un quart de lieue de S. Marcellin, le 30. Novembre 1567. Acier refta en Dauphiné, & les quatre vicomtes repafferent le Rhône vers le 22. Décembre, & continuerent leur route pour aller joindre le prince de Condé. Une partie de leurs troupes fut battue par les communes du Vivarez près de Ste Agreve ; mais comme les vicomtes avoient encore quatre mille hommes, ils allerent paffer la Loire au pont S. Rambert, & l'Allier au pont de Vichi le 4. Janvier 1568. continuant leur marche le mardi 6. entre Gannat & le village de Cognac. Ils trouverent les royaliftes commandés par S. Herem, S. Chamond, Laftic, Urfé, l'évéque du Pui, Hautefeuille, & Breffieu, poftés pour s'oppofer à leur paffage. Les proteftans firent d'abord attaquer par le baron de Paulin, le vicomte, fon frere ; & par Ponfenac, la cavalerie de Breffieu, qui fut tué au premier choc ; & fa troupe mife en déroute. Le vicomte de Bruniquel ayant attaqué en même temps la troupe de S. Herem & de Hautefeuille, la mit en fuite, & Hautefeuille fut tué. Ponfenac détaché pour pourfuivre les royaliftes, fut tué par les fiens. Les vicomtes ayant paffé la nuit fur le champ de bataille, brûlerent le lendemain le château de Hautefeuille ; & continuant leur route joignirent le prince de Condé qui affiégea Chartres, & qui fit fa paix avec le roi. Jacques Gaches, zélé religionnaire, a donné dans fes memoires des événemens arrivés à Caftres depuis 1560. jufqu'en 1610. un grand détail de ce combat de Cognac ; & n'a rien négligé pour le faire paroître très avantageux à fon parti. Il y a quelques fautes dans fa narration. Il met parmi les chefs des catholiques Gordes, qui étoit alors en Dauphiné où il commandoit. Il appelle Saint-Herem, S. Geran ; & il dit que Mauvans pourfuivant les catholiques, fut tué par les fiens ; mais ce fut Ponfenac. Le baron de Laftic, que D. Vaiffette dit avoir été un des chefs des catholiques dans ce combat, étoit Thibaud de Laftic, feigneur de Laftic & de Rochegonde, chevalier de l'ordre. Sa fille porta la baronnie de Laftic dans la maifon de la Guiche ;

Tome I. Peruffis. L l

& Louife de la Guiche, dame de Laſtic & de Rochegonde, épouſa le 10. Mars 1611. Louis-Antoine de la Rochefoucauld, ſeigneur de Chaumont, de Langeac & de S. Ilpiſe. Breſſieu qui fut tué au combat de Cognac, doit être François de Grolée de Meuillon, ſeigneur de Breſſieu, qui épouſa le 2. Septembre 1550. Catherine d'Oraiſon, dame de Ribiers, & en eut Aimar-François de Meuillon, marquis de Breſſieu, baron de Serve, de Ribiers, de Laraigne, de Cornillon, d'Arzilliers, de Pomets, de Beaujeu, & de Riants, marié avec Marguerite de Gaſte, dame de Luppé & de S. Julien en Foreſt, au dioceſe de Vienne, fille d'Antoine de Gaſte, ſeigneur de Luppé, & de Françoiſe de Joyeuſe. Sa fille, Catherine de Meuillon, dame de Luppé & de S. Julien, devint veuve en 1622. de Roſtaing de la Baume, comte de Suze, maréchal de camp. Leur petit-fils, Joachim-Gaſpar de la Baume, étoit marquis de Breſſieu en 1676. Hautefeuille, tué dans le combat de Cognac, s'appelloit Jean Motier; & étoit ſecond fils d'Antoine Motier de la Fayette, ſeigneur de Pontgibault, maître de l'artillerie de France, mort le 22. Août 1531. & de Marguerite de Rouville. Jean Motier fut le quatrième ayeul de Marie-Magdeleine Motier, marquiſe de la Fayette, dame de Nades, de Hautefeuille, & de Beauregard, qui épouſa le 13. Avril 1706. Charles-Louis-Bretagne de la Tremoille, duc de Thouars, prince de Tarente. Le château de Hautefeuille, brûlé par les proteſtans après le combat de Cognac, doit être au nord-oueſt de ce lieu; mais il n'eſt pas marqué ſur aucune carte. Le plan de la rencontre des armées Françoiſes à Cognac près de Gannat en Auvergne le 6. Janvier 1568. gravé en bois par T. Periſſim, & qui eſt le vingt-huitième du recueil que Periſſim & Jean Tortorel graverent à Lyon en 1570. repréſente le château de Hautefeuille comme n'étant pas fort éloigné de Cognac. On voit auſſi ſur ce plan la chapelle que les enfans perdus du vicomte de Montclar, conduits par le capitaine la Beſſonniere gagnerent. Cognac en Bourbonnois eſt une parciſſe du diocèſe de Clermont & de l'archiprêtré de Limagne, & une communauté de l'élection de Gannat, qui jointe avec Lionne a 100. feux & 450. habitans. Sa longitude eſt ſur la carte de la généralité de Moulins de Jaillot 24. d. 13. m. 50. ſ. & ſa latitude 45. d. 53. m. ſa diſtance eſt à ſept lieues au N. N. E. de Clermont. Moulins étant ſur cette carte à 24. d. 11. m. de long. & à 46. d. 21. m. de lat. & la méridienne de Paris l'ayant déterminé long. 20. d. 59. m. 59. ſ. lat. 46. d. 34. m. 4. ſ. il eſt trop oriental de 3. d. & de 12. m. & trop méridional de 13. m. 4. ſ. Ainſi Cognac doit être 21. d. 1. m. 50. ſ. & ſa lat. 46. d. 6. m. 4. ſ. Ponſenac s'appelloit Jacques de Boucé: il étoit auſſi ſeigneur de Changi, dans le château duquel lieu il fut enterré. Il avoit épouſé Eleonore Palatine de Dio, & il n'en eut point d'enfans. Anne de Boucé, ſa ſœur, épouſa Antoine du Maine, ſeigneur du Bourg, & mourut ſans enfans. Jacques de Boucé avoit pour quatrième ayeul Guillaume de Boucé, ſeigneur de Boucé, qui épouſa Alix de Ponſenat, fille de Gilbert, ſeigneur de Ponſenat & de N. de Chitain, & qui fut triſayeul de Françoiſe, dame de Boucé, qui apporta cette terre à ſon mari Jacques Thomaſſin, ſeigneur de Montmartin au comté de Bourgogne. On ne trouve la poſition de Ponſenat que ſur la carte du Bourbonnois, qui eſt la trente-huitième du théatre géographique de Jean le Clerc, & que la fille de ce géographe dédia à Louis XIII. en 1632. Ponſenat y eſt marqué comme château à l'oueſt de S. Geran, & à l'eſt de Varennes. Sa diſtance eſt à ſept lieues & demie de l'échelle de cette carte au S. S. E. de Moulins. Il a au nord Montagu le Blin, au ſud Ciernac, & à l'oueſt Lagni. J'ignore le nom de famille du baron de Ponſenat, qui ſçachant que le baron de la Queulle s'étoit emparé du château de Montagu le Blin, entre Moulins & la Palice, appartenant au duc d'Angoulême, l'alla d'abord inveſtir avec toute la nobleſſe des environs qu'il put ramaſſer, & y fut joint le 22. Septembre 1651. par Jean-François Lomet, ſeigneur de

DU COMTE' VENAISSIN, DE PROVENCE, &c.

Culleat, lieutenant-général en la prévôté de la généralité de Moulins, avec les archers des paroisses dépendantes de la seigneurie de Montagu & de celles de Billi & de Varennes. La Queulle n'ayant pas voulu se rendre, & ayant fait tirer deux couleuvrines qui étoient placées sur la terrasse de Montagu, les assiégeans firent un trou à la muraille de la basse-cour ; y entrerent & s'en emparerent. L'attaque ayant duré quatre heures, un trou fait à une casemate, & le feu prêt à être mis au pont-levis, la Queulle promit de se rendre dans une heure. Les assiégeans ayant cependant trouvé le moyen de s'introduire dans le château, & de parvenir sur la terrasse, y trouverent la Queulle qui voulut se défendre ayant un mousquet à la main, & qui fut tué à coups de pistolets & d'épées. Chorier (T. II. p. 620.) appelle Ponsenat, Borel-Ponsenas ; confondant une famille & une seigneurie du diocèse de Grenoble, avec une du Bourbonnois. S. Herem pouvoit être Gaspar de Montmorin, seigneur de S. Herem, d'Auzon, de Rillat, d'Elpitat, de Breon, de Chassignoles & de Botheon, chevalier de l'ordre du roi, gouverneur de la haute & basse Auvergne, qui donna une quittance le 23. Août 1564.

p. 89. L. 22. La Côte de S. André, prise par Gordes vers le 21. Fév. 1568.] Gordes investit cette place le 3. Février 1568. & fut joint le même jour par le baron des Adrets qui étoit en garnison à Ornacieu avec son régiment composé de plus de 2000. hommes. Le 6. Gordes fit donner l'assaut, qui dura plus de trois heures. Il fut repoussé, & perdit Cesar de Grolée, baron de Viriville. Gordes fut ensuite blessé, mais légèrement, d'un coup d'arquebuse, & continua son siége avec plus de précaution jusqu'au 14. Février, que Claude Beranger, seigneur de Pipet, qui défendoit la place, l'abandonna trois heures avant le jour (Chorier, T. II. p. 621.)

89- 29. Tulette en Dauphiné, qui appartient au seigneur du S. Esprit, mais qui est enclavée dans le Comtat, prise par Tende & Suze le 19. Février 1568.] Celui que Perussis appelle seigneur du S. Esprit, est le prieur. Gui de Clermont, prieur de S. Saturnin du Port ou du pont S. Esprit, & son monastère, conclurent un traité de pariage avec le roi Philippe le Bel en Mars 1302. (1303.) par l'entremise de Jean d'Arablay, sénéchal de Beaucaire. Le prieuré de S. Saturnin du Port, de l'ordre de Cluni, fut fondé par l'évêque Geralde en 939. la fondation confirmée par le pape Agapet II. en 949. Gui de Clermont qui en étoit prieur acheta en 1302. les domaines de Sarrians, Tulette, & la Motte, du prince d'Orange ; & le prieur Walbert de Serras acheta la haute seigneurie de Tulette & des îles de Mondragon, & transigea en 1335. sur les limites des territoires des îles du S. Esprit & de Mondragon. On prétend qu'Alexis de Paganucis de Ferrare en étoit prieur en Octobre 1557. lorsque le baron des Adrets fit mettre le feu à ce monastère. Ce ne fut point en Octobre 1557. que le baron des Adrets fit brûler les titres du prieuré du S. Esprit ; mais dans le mois de Juillet 1562. que des Adrets étoit maître du Esprit.

89- 34. Mirabel & Vinsobres se soumirent à Tende & à Suze le 20. Février 1568.] Mirabel est une paroisse de Dauphiné, du diocèse à une lieue & demie au nord de Vaison, à sept lieues & demie au N. N. E. d'Avignon, sur une hauteur ; au bas de laquelle passe un ruisseau qui coule vers l'ouest, & qui se jette dans l'Eigue qui entre dans le Rhône, entre Orange & Piolenc: long. 22. d. 50. m. 40. s. lat. 44. d. 19. m. Vinsobres est une autre paroisse du même diocèse, & à deux lieues au nord de Vaison : long. 22. d. 49. m. lat. 44. d. 20. m. 50. s. à huit lieues au N. N. E. d'Avignon.

90- 3. Le pont de Cessonde, dont les protestans étoient les maîtres vers le 20. Février 1568.] Le port de Cessonde, & non le pont, est sur le Rhône au-dessous d'Arles ; mais ce nom est estropié, & demande des recherches pour être trouvé.

90- 10. Valensole, pris par les protestans vers le 20. Février 1568.] Valensole est une paroisse de Provence de

359. habitans, au diocèse & à trois lieues à l'ouest de Riez : long. 23. d. 49. m. lat. 43. d. 53. m. Bouche ne fait nulle mention de la prise de Valensole. Son année 1568. est presque toute remplie d'événemens, qui ont plus de rapport à l'histoire de France qu'à celle de Provence : défaut ordinaire de la plûpart des historiens des provinces & des villes. Ils veulent faire un gros volume, & le remplissent d'inutilités, parce qu'ils ne veulent pas se donner la peine de chercher les faits qui doivent entrer dans l'exécution de leur projet. Ces recherches leur donneroient trop de peine.

p. 90. *l.* 15. La tour de la Motte, près de S. Gilles, prise par Joyeuse vers le 23. Février 1568.] La Motte est sur la droite de la brassière ou bras du Rhône, que l'on a coupé au-dessus d'Arles, & au-dessous de Fourques, & qui enferme la Camargue à l'ouest. La Motte est à une grande lieue au S. S. O. de S. Gilles : long. 22. d. 6. m. lat. 43. d. 29. m.

90. 34. Mornas, emporté d'assaut par les catholiques le 1. Mars 1568. Venterol, de la maison d'Urre, mestre de camp du régiment de Suze, y fut tué.] George d'Urre, seigneur de Venterol, épousa 1°. en 1555. Marguerite de Broyes, comtesse de Nanteuil, veuve de Henri de Lenoncourt; 2°. le 17. Avril 1558. Anne Brottin, dame de Paris, S. Nazaire, & Guisan ; & eut son second fils Louis d'Urre, seigneur de Venterol, que l'on prétend être celui qui fut tué devant Mornas le 1. Mars 1568. mais Louis d'Urre, second fils de George d'Urre, ne pouvoit avoir le 1. Mars 1568. que 8. ans ; son père s'étant marié en 1558. & lui n'étoit que son second fils. A 8. ans on n'est pas mestre de camp d'un régiment, sur-tout pendant les guerres civiles.

90- 38. Calas en Provence, partie du capitaine Hugues Caille, qui fut tué à la prise de Mornas le 1. Mars 1568.] Calas est une paroisse de 956. habitans, du diocèse & à quatre lieues au N. O. de Fréjus, à demi-lieue à l'ouest de la rivière d'Inde qui se jette dans l'Argents, à une petite lieue à l'ouest de Fréjus : long. 24. d. 20. m. lat. 43. d. 36. m.

91- 14. Le roi donna son ordre vers le 8. Mars 1568. au marquis de Rangon, qui étoit alors à son service, comme avoit été le comte Gui de Rangon son père, qui avoit pris Savillan en 1536. & défendu Quiers en Piémont.] La ligne qui est dans la parenthèse ayant été oubliée dans le texte le rend inintelligible. On a mis Savaillon au lieu de Savillan. Il y a une bonne généalogie de Rangoni dans le supplément de Moreri de 1749. Gui Rangoni, père du chevalier de S. Michel, étoit cinquième fils de Nicolas Rangoni, & de Blanche Bentivoglio. Il avoit pour frere aîné Hercule Rangoni, cardinal en 1517. mort en 1527. & il étoit neveu de Gabriel, aussi cardinal en 1477. mort en 1485.

91- 17. Joucas, pris par Morier, gouverneur d'Apt, vers le 10. Mars 1568, ce qui mit en sûreté la Valnasque.] Joucas, paroisse de 286. habitans, du diocèse & à deux lieues à l'O. N. O. d'Apt, sur la lisière du comté Venaissin, à l'est d'un ruisseau qui se jette dans le calaon, entre Baumette & Goult : long. 23. d. lat. 43. d. 58. m. La Valnasque qui fut mise en sûreté par la prise de Joucas, & dont Perussis parle si souvent, n'est point marquée sur aucune carte. Ce doit être un vallon pour entrer de Provence dans le Contat, & qui doit aboutir vers Venasque, & la rivière de Nesque, qui apparemment a donné ce nom à ce vallon. Joucas est la patrie de Pierre Mege, cardeur de laine, soldat sur les galères, qui y naquit vers l'an 1660. & qui a donné pendant huit à dix ans une scène au public, en voulant être le fils de Scipion de Brun, seigneur de Caille au diocèse de Vence, refugié, & mort à Vevay le 6. Mars 1709. & qui ne fut déclaré imposteur & être Pierre Mege, que par un arrêt de la grand'chambre du parlement de Paris du 17. Mars 1712.

91- 38. Le chevalier de Briancour, qui avoit une compagnie d'infanterie dans le régiment de Provence, de Meirargues, en Mars 1568.] Robert de Noirefontaine, seigneur de Briancour, de

Baricour & de Noire-fontaine, enseigne de la compagnie d'hommes d'armes du duc de Bouillon, & lieutenant de la garde Suisse du roi, mourut à Avignon le 1. Octobre 1557. & fut enterré dans l'église des cordeliers. Le chevalier de Briancour pouvoit être son fils. Françoise de Noire-fontaine, sa fille, épousa le 27. Avril 1570. Bernardin de Vese, seigneur de Beconne. Alain de Vese, leur second fils, fut la tige de la branche des seigneurs de Briancour, & fut le bisayeul d'Augustin, seigneur de Briancour & de Roaix, capitaine au régiment de la Suse, vivant en 1720. J'ai cherché inutilement Briancour & Baricour sur les cartes de France, de Lorraine, & de Luxembourg. Noire-fontaine est un village de 56. habitans en Franche-comté & au baillage de Baume; mais je ne sçaurois dire s'il appartenoit à Robert de Noire-fontaine, seigneur de Briancour.

p. 92. l. 16. Labourel commandoit avec Glandage le régiment de Dauphiné, qui étoit au camp de Boulene en Mars 1568. Il avoit outre cela deux compagnies dans le même régiment; & ses deux freres, Villefranche & Veras, chacun une.] La généalogie de Gruel-Labourel, dressée par Allard, que je n'ai pas sous les yeux, nous apprendra peut-être le nom de baptême de Labourel & de ses deux freres, Villefranche & Veras, & peut-être quelque particularité sur leur compte. On doit pourtant se défier beaucoup d'Allard, en se servant de ses généalogies. Il ne se faisoit aucune difficulté de joindre des filiations qui n'avoient aucune affinité entr'elles; & à voir toutes les branches d'une famille qu'il arrange très-bien dans ses tables & ses discours, on croiroit avoir une généalogie bien prouvée, & on se tromperoit fort.

93-11. *Notre-dame d'Esplan.*] Notre-dame des Plans est une chapelle de dévotion sur la droite du Lez, qui à un quart de lieue de-là se jette dans le Rhône. Elle est dans le Comtat, mais du diocèse & à deux lieues & un tiers au N. N. O. d'Orange.

93-18. *Calers*, dont Sabateri étoit abbé en Mars 1568.] Il s'appelloit Pierre, & il vivoit encore en 1584. Cette abbaye, qui est dans le diocèse de Rieux, fut donnée vers le 20. Mars 1751. à l'abbé Monbalen, grand-vicaire de l'archevêché de Bordeaux.

93-22. *Le bois de Lescours, entre Roquemaure & Bagnols.*] C'est une détermination bien vague, puisque Roquemaure est à plus de trois lieues au S. E. de Bagnols. La carte du Comtat de M. d'Anville, faite avec beaucoup de soin & de recherches, & où l'on trouve Lascours & Roquemaure, ne marque point le bois de Lascours.

93-31. *Aramon, pris par Tende, Suze, & Joyeuse le 24. Mars 1568. La batterie avec laquelle on avoit fait brèche, étoit dans l'île de Pousquiere, formée par le Rhône.*] Cette île doit être celle que M. d'Anville a placée dans sa carte du Comtat, au sud d'Aramon, & qui paroit avoir une demi-lieue de long.

93-37. *Formigieres d'Orange, pris dans Aramon le 24. Mars 1568.*] Antoine-Henri de Montagut, marquis de Bousols, qui épousa le 7. Février 1662. Gasparde de Beaune, étoit seigneur de Fromigieres. Le grand-maître de Malte donna le 21. Juill. 1625. à Antoine de Montagut de Fromigieres la commanderie de Grandel. Le chevalier de Fromigieres, qui servoit sous la Valette en Provence, s'étant joint avec Castillon & Ramefort, prit Lurs en Août 1591. Tous ceux-ci ont-ils quelque affinité avec Formigieres dont parle Perussis. Fromigieres est un village & château de Dauphiné, du diocèse & à cinq quarts de lieue à l'ouest de S. Paul Trois-châteaux, à sept lieues & un tiers au N. N. O. d'Avignon: long. 22. d. 25. m. lat. 44. d. 20. m. Fromigieres joint la gauche du Rhône, & étoit peut-être autrefois dans une île formée par cette rivière; auquel cas il seroit en Languedoc, comme plusieurs autres terreins que le Rhône en se retirant a laissé devenir terre-ferme, & sur lesquels on a bâti & des maisons & des châteaux.

93-41. *Montfrin, dans la plaine duquel lieu les catholiques commandés par Tende, Suze, & Joyeuse, battirent Beaudiner le 25. Mars 1568. & lui tuèrent*

800. hommes.] Beaudiner étoit Jacques de Cruſſol d'Acier, qui fut enſuite duc d'Uzès & très-catholique, quoiqu'il eût été très-huguenot. Le combat de Montfrin ſe donna entre ce lieu & Remoulins, à la gauche du Gardon. L'infanterie religionnaire ſe retira dans Theſciers & Remoulins, & la cavalerie dans Montfrin, qui par conſéquent étoit alors dans le parti proteſtant.

p. 94. l. 7. Montluc, battit près de la Rochelle quelques compagnies proteſtantes vers le 12. Mars 1568.] Il faut que ce fait ne ſoit pas vrai, puiſque Montluc n'en dit mot dans ſes commentaires. Il n'auroit eu garde de ne pas raconter une de ſes victoires. Il dit que le roi lui avoit ordonné de faire le ſiège de la Rochelle; mais ſans lui en donner les moyens. Il veut perſuader à ſes lecteurs, que pour peu qu'on l'eût aidé il auroit pris cette ville.

94- 17. Piegu, fils de Rouſſet, bleſſé par la garniſon d'Orange, mourut à Avignon vers le 30. Mars 1568.] Il y a apparence que c'étoit René des Alris, ſeigneur de la Pene & de Rouſſet, qui épouſa le 12. Janvier 1541. Honorade d'Urre, dame de la Baume-Cornillane, & qui rendit hommage le 30. Mars 1558. de la terre de Pegu, qu'il avoit acquiſe de Gui de Diez.

95- 12. Les Maries, d'où on apporta à Avignon vers le 5. Mai 1568. un veau marin. Les Maries ſont appellées dans une bulle de Calixte III. de l'an 1223. & dans une d'Innocent IV. de 1204. Sancta Maria de mari. On y trouva pluſieurs corps ſaints en Novembre 1448. Le roi René fit dreſſer les actes de l'invention & de la tranſlation, qui fut faite avec beaucoup de ſolemnité en ſa préſence & celle de la reine, de l'archevêque d'Aix, de douze évêques, & de trois abbés. Bouche dans ſon hiſtoire de Provence (T. II. p. 459. 460.) donne un grand détail de la recherche de ces corps ſaints, de leur invention, & de leur tranſlation. C'eſt le lieu plus conſidérable de la Camargue, & la ſeule paroiſſe de cette île; où il y a cependant d'autres lieux qui n'ont point titre de paroiſſe, mais où l'on adminiſtre les ſacremens dans le beſoin. Les Saintes-maries, ou Notre-dame de la mer, ne ſont point dans le dénombrement de la France: long. 22. d. 2. m. lat. 43. d. 27. m.

95- 21. Le pont S. Eſprit ayant été rendu au roi vers le 4. Mai 1568. le gouvernement en fut donné à Laval de S. Marcel d'Ardeche.] François Blou, ſeigneur de Meires, S. Andiol, conſeigneur de S. Marcel, lieutenant-colonel au régiment des gardes, teſta le 29. Janvier 1593. épouſa le 4. Mars 1558. Iſabeau de Gourdon, & en eut Jean-Antoine Blou, ſeigneur de Laval, conſeigneur de S. Marcel d'Ardeche, marié le 19. Janvier 1597. avec Hippolite de S. Nectaire, qui étant veuve teſta le 5. Mai 1612.

96- 4. Vinay, fait chevalier de l'ordre vers le 18. Mai 1568.] Aimar d'Ancezune, ſeigneur de Vinay, fils de Giraud, tué à la bataille de Marignane le 12. Septembre 1515. & de Jeanne des Serpens-Chitain, épouſa Marguerite de la Baume, qui ſe remaria à Annet de Maugiron, ſeigneur de Leiſſins.

96- 36. René de Savoye, ſeigneur de Cipierre, autrefois abbé de Soreze, tué à Fréjus le 30. Juin 1568.] Ceci ſervira à éclaircir les hiſtoriens qui ont appellé René de Savoye, tantôt Cipierre, tantôt Soreze; & ceux qui ont cru que c'étoient deux perſonnes différentes; & fera voir que l'arrêt du parlement de Toulouſe du 18. Mars 1569. le nomme mal-à-propos, Pierre au commencement de l'arrêt, par lequel ſes biens ſont confiſqués & affectés au payement des ſommes accordées aux veuves de ceux qui avoient été maſſacrés à Niſmes le 30. Septembre 1567. mais il n'eſt point nommé parmi ceux qui furent condamnés à mort. Les juges qui rendirent cet arrêt, n'ignoroient pas apparemment qu'il y avoit plus de ſix mois qu'il avoit été tué à Fréjus. (M. Ménard, hiſt. de Niſmes, tom. V. aux preuves, p. 70- 74.)

97- 5. Niſmes reçut vers le 6. Juillet 1568. une compagnie d'infanterie envoyée par Joyeuſe.] La paix du 23. Mars fut publiée à Niſmes après bien des difficultés le 15. Juin, & après que le

DU COMTE' VENAISSIN, DE PROVENCE, &c. 271

30. Mai précédent on eut délibéré dans un conseil de ville extraordinaire, de se conformer aux ordres du roi & du vicomte de Joyeuse. On tint un autre conseil le 18. Juin, où présida Denis Brueis, seigneur de Pouls, lieutenant-criminel de la sénéchaussée de Beaucaire, où il fut unanimement délibéré de recevoir la garnison que Joyeuse vouloit leur envoyer, & de députer à ce vicomte. Joyeuse vint lui-même à Nismes; & ayant convoqué un conseil extraordinaire de ville, il y assista le 12. Août 1568. retablit l'exercice de la religion catholique dans la ville; destitua les consuls qu'on avoit élus après la Michelade; & retablit ceux qui l'étoient auparavant. (M. Ménard, hist. de Nism. tom. V. p. 35-38.)

p. 97. *l*. 29. Le 3. Août 1568. on apprit que le duc d'Albe avoit remporté une victoire en Flandres.] C'est la bataille de Gemmingen, donnée le 21. Juillet. Louis de Nassau & Juste comte de Schaumbourg qui la perdirent, se retirerent à Embden, après avoir passé avec beaucoup de peine, & dans un petit bateau l'Embs. Le duc d'Albe qui ne perdit que huit soldats, retourna à Groningue. Nassau eut 7000. hommes tués. On lui prit seize piéces de canon & tous ses bagages. (De Thou, T. V. p. 458. 461.)

97. 37. Pierre de Monte, neveu du pape Jules III. élu grand-maître de Malte quatre jours après la mort de Jean de Valette, qui arriva le 21. Août 1568.] La généalogie du pape Jules III. n'étant point connue, j'ai cru faire un plaisir aux curieux de ces sortes de recherches de leur en donner ici une suite dressée avec soin:

I. Antonio di Piero Giochi eut pour enfans 1. Fabiano Giochi, qui suit, & 2. Bastiano Giochi, qui eut pour enfans Ulisse Giochi, qui fut père de Bastiano Giochi, lequel eut six garçons vivans en 1531. & Cesarea qui épousa Marc de Simone Baldi Bastiano, fils d'Antonio; fut aussi père de Jean, posthume, évêque de Cagli.

II. Fabiano Giochi, grand jurisconsulte; avocat consistorial, gouverneur d'Urbin, prit le nom de Monte, sa patrie, & mourut en 1498. Il épousa 10..... 20. Christophle Saracini de Siene. Il eut de sa première femme 1. Antoine de Monte, lieutenant de la rote, évêque de Citta di castello, archevêque de Siponto, cardinal en Mars 1511. légat de Rome, mort en 1533. 2. Vincent de Monte, qui suit. 3. Pierre-Paul de Monte, qui épousa N.... Soggi, originaire de Florence, née à Marciano; & il en eut Gaspar, Antoine, camaldule au monastère des Anges à Florence, évêque de Civita, Constance, Laurence qui épousa à Anghiari, le capitaine Bastiano Giulti. 4. Marguerite de Monte, femme de Checco di Christofano Guidaloti, qui eut pour enfans Christophle, évêque de Cagli, cardinal, Jean-Pierre, grand-maître de Malte, mort le 28. Janvier 1572. Frederic Fabien, qui épousa Catherine Rosseti, & Laure, mariée à Laurens Galletti. 5. Catherine de Monte, qui épousa Fabiano Pucci de Monte-Pulciano. 6. Andrée de Monte, mariée à Jean-Didier Tulloneche; & de sa seconde femme, 7. Jean-Marie. 8. Baudouin. 9. Louise, & 10. Jaqueline de Monte.

III. Vincent de Monte épousa Catherine Saracini de Siene; & il en eut 1. Jean-Marie, né à Rome *in parione* le 10. Décembre 1497. dit Aretino, parce qu'il étoit du diocèse d'Arezzo, archevêque di Siponto, vice-légat de Perouse, gouverneur de Rome, cardinal en 1536. légat au concile de Trente, élu pape par 47. cardinaux, à trois heures de nuit du 7. Février, 1550. couronné le 18. mort au Vatican le 23. Mars 1555. ayant vécu 57. ans 3. mois & 13. jours. 2. Baudouin de Monte, qui suit. 3. Louise de Monte, qui épousa Robert de Nobili de Monte Pulciano, père de Vincent de Nobili, qui eut pour enfans Robert de Nobili, cardinal, & Catherine de Nobili, mariée à Ascanio-Sforce, comte de Santa-Fiore, seigneur d'Arquaro, chevalier de la toison d'or, mort en 1577. âgé de 55. ans: & 4. Jaqueline, qui épousa 10. Dominique Galletti; 20. à Perouse, Francia, dit Bernardo della Cornia, dont Ascanio della Cornia, né en 1516. mort à Rome le 4. Décembre 1571.

IV. Baudouin de Monte, nommé comte de Monte San Savino, Gargonza, Palazuolo, Verniana, & Berro, le 25 Juillet 1550. par Cosme, duc de Florence, épousa Julie Mancina d'Orvieto, & il en eut 1. le capitaine Fabien, mort en Picardie au service de France avant 1550. 2. Jean-Baptiste del Monte, général de l'armée du pape & de celle de l'empereur; fut tué devant la Mirandole le jeudi-saint 26. Mars 1551. à 54. ans. Il épousa Erjilia Cortesi de Modene. 3. Fabien, comte de Monte San Savino en 1556. alla avec le prince de Florence en Espagne, & y tua le comte Crivello, fils du nonce qui fut ensuite le cardinal Crivello. Fabien fut colonel des troupes envoyées en France par Cosme, duc de Florence, & mourut des blessures qu'il reçut à l'assaut de Chatelleraut le 7. Septembre 1569. 4. Jules, & 5. Leonard, morts jeunes. 6. Christophle de

Monte, qui suit. 7. Orsola, femme de Lattancio Lattancii, qui étoit évêque de Pise en 1581. & 8. Marie-Magdeleine, religieuse à sainte Catherine d'Arezzo.

V. Christophle del Monte épousa avant 1551. Antonio Simoncelli; & il en eut 1. Jules, 2. Belisaire Simoncelli, l'un des neuf capitaines de l'infanterie envoyée au secours de la ligue en France, par le pape Gregoire XIV. & qui firent leur revuë à Lodi au commencement de Juillet 1591. 3. Jérôme, cardinal, mort le 21. Février 1605. 4. Jean-Baptiste. 5. Scipion Simoncelli, seigneur de Veceno, qui épousa Hipolite Piccolomini, fille d'Enée, seigneur de Sticciano, & de Victoire Piccolomini de Monte - Marciano. 6. Simoncelli, qui suit, & 7. Adrienne Simoncelli, qui épousa François de Baschi, comte de Baschi, reçu chevalier de l'ordre de S. Estienne en Toscane le 5. Mai 1613.

VI. Simoncelli, héritier de la famille de Simoncelli, originaire d'Espagne, dont étoit Carvajal Simoncelli, évêque de Soana, mort en 1596. étant doyen de tous les évêques catholiques de la chrétienté, étoit marié en 1581. avec Settimia Orsini, fille de Nicolas, comte de Pitigliano, mort en 1594. âgé de 84. ans. Il eut de son mariage 1. Baudouin del Monte, & 2. Jean-Marie de Monte. La famille Giochi avoit pour armoiries trois épées. Celle del Monte d'azur, à trois monts d'or, & une bande de gueules, chargée aussi de trois monts d'or, & accostée de deux couronnes de poëtes ou impériales d'or. Jules III. les changea, & fit mettre deux rameaux de laurier, & pour cimier une Minerve ou la sagesse, avec ce mot MERITO. Augustin Fortunio, né à Florence, camaldule au monastère des Anges, composa l'histoire de son ordre, & celle de la ville de Monte San Savino, qui fut imprimée à Florence en 1583. in-4o. & qui ne contient que 63 pages. C'est dans ce dernier ouvrage que l'on trouve les principales circonstances de la généalogie du pape Jules III. inserée ci-dessus.

p. 98. l. 1. Sinergues & Gignac, pris par les protestans vers le 25. Août 1568.] Sivergues, & non Sinergues, est une paroisse de 310. habitans, du diocèse d'Apt, & qui n'est point dans la carte de Provence de Delisle. Gignac, autre paroisse du même diocèse, & à deux petites lieues au N. N. E. d'Apt, a 198. habitans: long. 23. d. 12. m. lat. 43. d. 58. m.

98- 24. Rapin, maître-d'hôtel du prince de Condé, exécuté à Toulouse vers le 4. Septembre 1568.] Rapin fut un des commissaires envoyés dans les provinces après la paix du 23. Mars 1568. pour faire désarmer les peuples, & eut le département de Montauban & du haut Languedoc. Le parlement de Toulouse l'avoit condamné par contumace à être décapité, parce qu'il avoit été un des principaux de la conjuration de Toulouse en Mai 1562. Rapin étant allé descendre à une maison de campagne qu'il avoit auprès de Grenade sur la Garonne, y fut arrêté prisonnier. Le premier président Daffis ordonna aux capitouls de l'aller prendre, & de l'amener à la conciergerie ; ce qui fut exécuté. Le parlement lui fit aussi-tôt son procès; & il fut décapité trois jours après, où le 13. Avril 1568. malgré l'amnistie que le roi lui avoit accordée. On voit par ce narré qui est exact, que la mémoire avoit manqué à Perussis, qui place l'exécution de Rapin cinq mois après qu'elle a été faite. De lui descendoit Jacques Rapin-Toiras, qui épousa une sœur de Paul Pelisson, de l'académie françoise, mort en 1693. & en eut Paul Rapin-Toiras, né à Castres le 26. Mars 1681. mort à Wesel dans le duché de Cleves le 16. Mai 1725. auteur d'une histoire d'Angleterre, qui a été imprimée plusieurs fois, & traduite en anglois. Les Anglois l'ont critiquée : ceux qui veulent une grande exactitude & encore plus de l'impartialité, ne les trouveront pas dans l'ouvrage de Rapin.

98. 33. Trivulce, marquis de Vigeve.] C'étoit apparemment Jean-Jacques Trivulce, marquis de Vigevano, qui mourut sans enfans, & qui avoit épousé Antoinette d'Avalos, fille d'Alfonse, marquis del Vasto. Il étoit fils de Jean-François, marquis de Vigevano, & de Julie, fille de Theodore Trivulce. Vigevano, capitale du Vigevanasco, évêché depuis l'an 1530. sur la droite du Tesin : long. 26. d. 30. m. lat. 45. d. 13. m. à 22. milles à l'est de Verceil, à 12. & demie au S. E. de Novare, & à 10. au N. E. de Mortare.

99- 14. Virieu, Blacons, Mirabel & Chailar, avoient chacun un régiment dans les troupes qui allerent au secours du prince de Condé en Septembre 1568.] Jean de Fay, second fils de

Noël

DU COMTE' VENAISSIN, DE PROVENCE, &c.

Noël de Fay, seigneur de Peraud, mort en 1528. & de Françoise de S. Gelais-Lansac, épousa Louise de Varey, dame de Virieu, & prit le nom de la terre de sa femme. Les quartiers de Pierre, marquis de Villars, son arriere petit-fils, ambassadeur à Turin, à Madrid, & à Coppenhague, chevalier du S. Esprit en 1688. qualifient Virieu de chevalier de l'ordre, & de baron de Malleval. Ils laissent en blanc les noms du père & de la mère de Louise de Varey, dame de Virieu, qui devoient remplir les sept & huitième quartiers des seize du marquis de Villars. François de Fay, seigneur de Virieu, fils de Jean & de Louise de Varey, dame de Virieu, vivoit en Septembre 1592. Virieu, auquel le dictionnaire de la France donne 1215. habitans, est dit dans le dénombrement de ce royaume, être de l'élection de S. Etienne, & avoir 267. feux. L'almanach de Lyon dit que Virieu est dans le Forez, & dépend de la chatellenie de Malleval; & que Malleval est une chatellenie avec titre de baronnie; que cette chatellenie fut échangée avec la terre de Marignac & Gignat, par contrat du 26. Septembre 1517. passé entre Anne de France, Charles de Bourbon, & Susanne de Bourbon, son épouse, & Varcy, seigneur de Balmon & de Marignane; ce qui fut confirmé par François I. le 9. Juillet 1533. Jeanne-Anne-Magdeleine de Grolée-Viriville, veuve de François Olivier, seigneur de Senozan & de Rhoni, étoit en 1755. dame & baronne de Malleval & de Virieu. Virieu, quoiqu'un très-gros lieu, n'est point nommé comme paroisse dans aucun des quatre archiprêtrés, Condrieu, Annonay, le bourg-Argental, & S. Felicien, que le diocèse de Vienne a à la droite du Rhône. Jean de Serres, dans son discours de la troisième guerre civile (pag. 228.) dit que Virieu étoit oncle de S. Romain. La parenté de Virieu avec S. Romain, le nom & la famille de la femme de ce dernier, ne se trouvent pas aisément dans les historiens & les généalogistes: voici ce que j'en ai pû déterrer: Suivant la généalogie de S. Chamond, composée par Favre, chanoine & aumônier du chapitre de S. Chamond, & augmentée en 1729. par Royer, chanoine & sacristain du même chapitre; Jean de S. Chamond épousa l'héritière de S. Romain, qui étoit une des plus belles dames de son temps. Il n'en eut point d'enfans : & elle se remaria à N...... de Bron, seigneur de la Liegue, dont elle eut postérité. Une généalogie manuscrite de la famille de Fay, seigneurs de Peraud, de Virieu, & d'Estable-S. Romain, appelle cette dame de S. Romain Jeanne; & dit qu'elle étoit fille de Noël de Fay, seigneur d'Estable; qu'elle avoit un frere nommé François, & un autre frere nommé Antoine de Fay-S. Romain-d'Estable, grand-prieur d'Aquitaine, tué au siége de Malte en 1565. & qu'elle fut mere du comte de la Liegue, vivant alors, c'est-à-dire, vers l'an 1625. Ces circonstances éclaircissent le narré de Royer, qui n'est pas assez détaillé ni complet. Des extraits de titres originaux de Bron-la-Liegue, de Sassenage, & d'Apchon, font beaucoup mieux connoître la femme de S. Romain, qui s'appelloit Claude, & non Jeanne; & qui épousa après la mort de Jean de S. Chamond, arrivée en 1578. Antoine de Bron, seigneur de la Liegue, le même que de Thou, qui ignoroit, & son nom de baptême & celui de sa famille, dit être entré à Lyon avec Alphonse d'Ornano le 7. Février 1594. jour que cette ville prit le parti d'Henri IV. Claude de Fay mourut avant le 17. Juin 1598. que Louise de Bron, sa fille, se maria. La parenté de Virieu que Serres dit être oncle de S. Romain, s'établit de cette manière. Claude de Fay, dame de S. Romain, mariée avec Jean de S. Chamond, étoit fille de Jean de Fay, seigneur d'Estable, & petite-fille de Guillaume de Fay, seigneur d'Estable, & de Jeanne de Fay, sœur de Noël de Fay, seigneur de Peraud, père de Jean de Fay, qui épousa Louise de Varey, dame de Virieu, & qui prit le nom de Virieu du chef de sa femme. Ainsi Jean de S. Chamond, mari de la dame de S. Romain, nièce, à la mode de Bretagne, de Jean de Fay, dit de Virieu, pouvoit être dit

Tome I. Perussis.

neveu de S. Romain, quoiqu'il ne fût réellement que mari de la niéce, à la mode de Bretagne, de Viriéu. La table suivante fera mieux comprendre ce que je viens de dire:

Hector de Fay, seigneur de Perauld, épousa le 19. Juillet 1476. Catherine de Roche-Saint-Marsal. A. B.

A. Noël de Fay, seigneur de Perauld, mort en 1528. épousa en Juin 1518. Françoise de S. Gelais-Lanzac. A.

A. Jean de Fay, épousa Louise de Varey, dame de Viriéu; & prit le nom de Viriéu.

E. Jeanne de Fay, épousa Guillaume de Fay, seigneur d'Estable. B.

B. Noël de Fay, seigneur d'Estable. B.

B. Claude de Fay, dame de S. Romain par la mort de ses deux freres, épousa 1°. Jean de Saint-Chamond, 2°. Antoine de Bron, seigneur de la Liegue.

Blacons doit être Jacques de Forest, seigneur de Blacons, reçu chevalier de Malte en 1540. avec Mathieu, son frere ainé. Il servoit sous Monluc au siége de Siene; & il commanda une troupe à une sortie qui se fit le 25. Décembre 1554. Monluc dit qu'il mourut huguenot en Saintonge: ce qui ne peut être arrivé qu'après la bataille de Montcontour, puisqu'il y commandoit un regiment d'infanterie. Videl, dans l'histoire du connétable de Lesdiguières, dit que Mirabel étoit un des principaux capitaines des troupes de Montbrun, qui avoit ramassé 200. chevaux & 800. fantassins, avec lesquels il s'assura du passage du Rhône, & battit Gordes le 26. Mars 1570. Videl ajoûte que Mirabel fut ensuite appellé Blacons. Ce qui prouve que Blacons du régne d'Henri III. est différent de Blacons du régne de Charles IX. Le premier s'appelloit Hector; & il ajoûta à Mirabel son nom de famille, celui de Forest, lorsqu'il eut succedé au capitaine Blacons, mort en Saintonge. Du Chailar étoit Louis Sauvain, mort à Nismes le 8. Août 1575.

p. 99. l. 28. Bezaudun avoit une compagnie dans les troupes du comte de Tende, & coucha le 17. Septemb. 1568.

au pont de Sorgues.] Louis-Honoré de Castellane, seigneur de Besaudun, tué au combat d'Orgon le 23. Avril 1564. Il étoit frere puiné de Jean de Castellane, seigneur de la Verdiere, chevalier de S. Michel en 1570. & frere aîné de Balthasar de Castellane, seigneur d'Ampus, qui servit en Provence le parti de la ligue avec distinction, & qui mourut dans Tarascon le 11. Janvier 1590. d'une blessure qu'il avoit reçue la veille, en voulant surprendre cette ville. Besaudun est une paroisse de Provence, du diocèse & à trois lieues au nord de Vence, de la viguerie & a trois lieues & un tiers au nord de S. Paul: long. 24. d. 49. m. lat. 43. d. 50. m. Ampus est une paroisse du diocése & à cinq lieues & demie au N. O. de Fréjus, de la viguerie & à deux lieues & demie au N. de Draguignan: long. 24. d. 11. m. lat. 43. d. 37. m.

100. 12. Ourches, blessé dans le combat, où Martigues défit deux enseignes d'Andelot vers le 20. Septembre 1568. mourut bientôt après.] Il s'appelloit Gaspard d'Urre, & étoit fils aîné de Geraud d'Urre, seigneur d'Ourches, gouverneur de Crest, qui testa le 24. Août 1556. & de Louise de Fay, fille de Jean, seigneur de S. Jean-d'Ambournay. Il eut pour successeur Rostaing, son frere puiné, dont Perussis raconte plusieurs faits militaires, & qui mourut d'une blessure le 30. Août 1577.

101. 7. Le 21. Octobre 1568. le prince d'Orange se joignit aux François qui avoient passé la Sambre; & la Coche fut défait par le duc d'Aumale le 11. Novembre.] De Thou dit que le prince d'Orange ayant été battu au passage de la Géete, alla à Judoigne, où il fut joint par 2500. François que lui amenoit Genlis, qui y étoit venu par Tillemont. Genlis en traversant le Luxembourg avoit pillé & mis le feu à l'abbaye de S. Hubert qui est en très-grande vénération dans ce pays-là, & a *Andagiense monasterium* dans la forêt d'Ardenne, après avoir passé entre Dinant & Charlemont. Cette narration est difficile à entendre. Qu'est-ce qu'*Andagiense monasterium*? De Thou se faisoit une occupation de donner des noms anciens

aux noms modernes qu'il croyoit pouvoir être les mêmes lieux ; & il se le persuadoit sur la moindre apparence. Comme il sçavoit l'histoire de France jusqu'aux moindres particularités, il se rappella, dans le moment qu'il écrivoit la marche & les pillages de Genlis, le monastère d'Andenne (*Andagiense monasterium*) fondé en 680. par Begghe, fille du B. Pepin, dit le vieux, & de Landen, ayeule de Charles Martel, & veuve d'Anchise, domestique du roi Sigebert II. qui y avoit été enterré l'année précédente : & il ne doura pas que Genlis n'eût passé par-là & n'eût pillé le monastère. Andenne est à présent une abbaye de chanoinesses à la droite de la Meuse, & à laquelle le père Christophe Maire, jésuite, dans sa carte de la principauté de Liége, donne pour long. 22. d. 54. m. & pour lat. 50. d. 31. m. Du Pui, dans son *index Thuani*, prétend qu'il faut traduire *Andagiense monasterium* par S. Jangay. Il avoit lû dans les commentaires Espagnols de Bernardin de Mendoça de la guerre des Pays-bas, que le prince d'Orange ayant été battu le 20. Octobre, alla à S. Jangay près de Tirlemont, & qu'il y fut joint par les François. De Thou & Mendoça s'accordent assez pour la jonction du 21. Octobre ; puisque le premier dit qu'elle se fit à Judoigne, & le second S. Jangay, qui n'est qu'à une petite demi-lieue au nord-est de Judoigne ; mais l'erreur de du Pui, est d'avoir dit qu'*Andagiense monasterium* que de Thou dit avoir été pillé par Genlis est S. Jangay ; au lieu que Mendoça dit que la jonction des deux troupes se fit à S. Jangay. S. Jangay est un nom estropié par Mendoça, qui entendant prononcer en Flandre S. Jean-guest, qui s'ortographie S. Jean-Geest, l'ortographia en Espagnol, S. Jangay, en retenant la prononciation Flamande, & ignorant l'ortographe, ou la composant lui-même d'imagination. S. Jean-Geest est une paroisse du Brabant, du diocèse & à cinq lieues & demie au nord de Namur : long. 22. d. 41. m. lat. 50. d. 42. m. selon Delisle dans sa carte du Brabant. Louis Laguille, jésuite, donne dans son histoire d'Alsace (T. II. p. 50.) un très-bon détail de la défaite de la Coche. Ce détail rectifiera la narration de Perussis, & encore plus celle de de Thou. La Coche, gentilhomme du Dauphiné, marchant dans le dessein de joindre le duc des Deux-ponts, entra en Alsace, & ravagea les villages de l'évêché de Strasbourg & du comté de Salm. Le duc d'Aumale en ayant été averti, s'avança avec 8000. hommes dans la vallée de la Breusch, rivière qui passe à Strasbourg. Les protestans s'étant emparés de Neubourg, petit village près de la source de la Breusch, le duc d'Aumale les en fit chasser par Goas, à la tête de son régiment le 5. Novembre 1568. & d'abord après il attaqua la Coche qui se défendit en désespéré ; mais qui fut obligé de céder au grand nombre. Il se rendit prisonnier avec plusieurs colonels & capitaines & tous ses soldats, à la réserve de soixante qui furent tués les armes à la main. Les soldats qui ne se trouverent pas au combat de Neubourg, furent presque tous assommés par les paysans. Ossonville, Clermont, le marquis de Renel, & Cartier, forcerent les passages de Ste Marie-aux-mines, qui étoient gardés par des paysans, & se retirerent à Strasbourg. La Coche fut mené à Metz ; mais comme on le ramenoit pour l'échanger, il fut tué le 5. Janvier 1569. avec Michallon, son enseigne. Tel est le narré de Laguille, qui ne cite que de Thou ; mais qui diffère avec lui de la date du jour du combat & du lieu. De Thou dit que le combat se donna le 12. Novembre, & il se donna le 5. Il fait une place de Neubourg ; & ce n'est qu'un village d'Alsace, à neuf lieues à l'O. S. O. de Strasbourg, sur les frontières de Lorraine, entre S. Diey au S. O. & Raon au N. O. long. 24. d. 51. m. lat. 48. d. 27. m.

101-13. Mutio Frangipani, fait chévalier de l'ordre du roi vers le 10. Octobre 1568. épousa ensuite la niéce du cardinal Strozzi.] Imhoff ne rapporte point cette alliance dans la généalogie de Strozzi.

p. 202. *l.* 10. Le jeune marquis de

Trans avoit une compagnie d'argoulets qui coucha à Villeneuve lès-Avignon le samedi 13. Novembre 1568.] Claude de Villeneuve, marquis de Trans, étoit fils de Claude de Villeneuve, marquis de Trans, qui vivoit alors, qui testa le 4. Octobre 1571. âgé de 76. ans, & qui fut tué en défendant son château de Trans contre Stoblon, le 23. Mai 1579.

p. 103. l. 18. Genlis mourut à Berg-zabern en Décembre 1568.] Il avoit ramassé quelques troupes en Picardie aux environs de Chauny, dont il étoit gouverneur. Morvilliers, Moui, Feuquieres, la Personne, & du Fresnay, étoient les principaux officiers de ses troupes, & l'avoient nommé pour être leur chef. Genlis partit de Picardie le 30. Septembre, passa les marais de Pierre-Pont & la Meuse, sans que le duc d'Aumale l'en empêchât. Etant arrivé à Goumelin près S. Vite, & y apprenant que le prince d'Orange qu'il vouloit joindre, avoit passé la Meuse, il rebroussa chemin, passa S. Hubert que ses soldats brûlerent, & vint repasser la Meuse à Hastir, entre le monastère & le village; battit & prit prisonnier Manneville, qui lui avoit dressé une embuscade avec cent arquebusiers, tous morrionés le 15. Octobre; & le 21. après avoir passé la Sambre, il joignit le prince d'Orange à Judoigne. Genlis mourut vers le 14. Février 1569. à Berg-zabern, chez le duc de Deux-Ponts, qui le regretta beaucoup, espérant qu'il lui auroit été fort utile dans l'expédition qu'il alloit faire en France en faveur des protestans. Berg-zabern est une petite ville du duché de Deux-Ponts, à un mille de Cronnweissembourg, entre cette ville & Landau, sur la rivière de Humerbach, qui à quatre lieues de-là, & après avoir passé à Limersheim, se jette dans le Rhin: long. 25. d. 41. m. lat. 49. d. 6. m. De Thou ayant dit que d'Andelot étoit mort à Saintes le 27. Mai 1569. en quoi il se trompe, puisque d'Andelot mourut le samedi 7. Mai; ajoûte que Genlis étoit mort à Strasbourg quelque temps auparavant; & il se trompe encore. Genlis mourut à Berg-zabern à la mi-Février 1569. Genlis est une paroisse de 127. feux, & de 572. habitans, de l'élection, du diocèse, & à trois lieues à l'E. N. E. de Noyon, sur un ruisseau qui une lieue au-dessous se jette dans l'Oise, à une lieue au nord de Chauny: long. 20. d. 52. m. lat. 49. d. 39. m. François de Hangest, seigneur de Genlis, étant mort sans enfans de Valentine Jouvenel des Ursins, sa femme, la terre de Genlis fut vendue à Pierre Brulart, secrétaire d'état, ayeul de Florimond Brulart, lieutenant des gendarmes d'Orléans, en faveur duquel elle fut érigée en marquisat en Mai 1645. Charles Brulart, marquis de Genlis, petit-fils de Florimond, naquit en 1707. & mourut à Genlis le 15. Juin 1753. Son fils, marquis de Genlis, fut nommé en 1752. colonel dans les grenadiers de France.

1569.

103. 37. Borgo, près d'Alexandrie, où les 6000. fantassins que le pape envoyoit au secours de Charles IX. commandés par le comte de Santa-Fiore, s'assemblerent en Janvier 1569.] Bosco, & non Borgo, est dans l'Alexandrin, à cinq milles au S. S. E. d'Alexandrie, à la droite de l'Orba, qui passe à son ouest. Le comte de Santa-Fiore, Mario-Sforce, étoit frere puîné d'Asconio-Sforce, chevalier de la toison, né en 1522. mort en 1577. qui fut chevalier de S. Michel en France, & de Calatrava en Espagne. Il épousa Fulvie Conti, qui lui porta en dot les comtés de Valmontone & de Segni, & fut la tige d'une branche qui fut fort attachée à la France. Il fut trisayeul de Louis Sforce, duc d'Onano & de Segni, IX. comte de Santa-Fiore, chevalier du S. Esprit le 29. Septembre 1675. mort sans enfans le 7. Mars 1685. âgé de 67. ans; ayeul d'Alexandre Sforce, prince de Valmontone, marquis de Procenno & d'Onano, comte de Santa-Fiore, chevalier du S. Esprit le 12. Mars 1608. mort le 25. Août 1631. Santa-Fiore est dans le Sienois, au N. O. de Soana, & au S. E. de Siene. La méridienne de Rome, par François Bianchini, met Siene à un degré trois minutes à l'ouest

de Rome, & sa latitude sous le 43. d. 21. m.

p. 104. *l.* 2. Châlon, où Scipion Vimercat mourut vers le 20. Février 1569.] Scipion Vimercato étoit fils de Francesco Bernardino de Vimercato, gentilhomme de la maison de Theodore Trivulce, maréchal de France, gouverneur du Lyonnois & de Lyon, où il demeuroit au fauxbourg de la Guillotiere, dans une maison qui lui appartenoit, & où il mourut en 1531. Bernardino fut ensuite au service de François I. & d'Henri II. qui le fit chevalier de S. Michel. Scipion, son fils, naquit à Lyon vers l'an 1530. il obtint l'abbaye de Suze par une bulle du pape Jules III. & en prit possession le 17. Août 1531. mais la vie ecclésiastique ne lui ayant pas convenu, il parvint à commander 200. chevaux Italiens; & avant la mort de son père, Henri II. lui donna 40. chevaux-legers à commander, & le nomma chevalier de S. Michel. Vimercat eut une grande querelle avec Ludovic Biragne, gouverneur du marquisat de Saluce, qui lui avoit donné un démenti, parce qu'il avoit dit à Damville que Biragne lui avoit dit que lui Damville *faisoit des mauvais offices, n'en pouvant plus faire des bons.* Vimercat voulut se battre en duel contre Biragne; mais le maréchal de Bourdillon, qui commandoit en Piémont, ne voulut pas le lui permettre; & Charles IX. lui refusa cette permission en Avril 1561. Alors Vimercat voulut s'aller battre hors du royaume, à Concordia ou à Gazoldo, dans le Mantouan. Biragne refusa le duel, prétendant que Vimercat n'étoit pas en droit de l'appeller, & qu'il se dégraderoit en l'acceptant. Il publia un manifeste, où ses raisons étoient détaillées, & où il prétendoit prouver que Vimercat étoit bâtard, & que Francesco-Bernardino, son père, quoique chevalier de S. Michel, n'étoit point de la famille de Vimercat, dont il ne portoit le nom que par adoption; mais que son nom étoit Camnago, dont il y avoit des marchands & des chaussetiers à Milan. Je n'ai point trouvé de réponse de Vimercat à ce manifeste de Biragne. Cette querelle fut suivie d'une autre entre Damville & Carlo Biragne. Damville prétendoit que le démenti donné par Biragne, étoit bien prouvé; & le fit attester à S. Germain en Laye en Novembre & Décembre 1561. par le capitaine César Manes, marquis de l'Isle-d'Hières, Balthasar de Simiane Gordes, chevalier de Malte, Jean de Guers, seigneur de Castelnau en Languedoc, Antoine de S. Jean, dit capitaine Honos, Oraison, & Caillac. Carlo Biragne fit déposer sept témoins du nombre desquels étoit Montbasin, qui dirent qu'il n'y avoit point eu de démenti. Damville pressa le roi de juger cette affaire; & Charles IX. par un arrêt de son conseil privé, tenu au bois de Vincennes le 22. Juin 1563. & qui a été imprimé, déclara „ les attestations produites par „ Damville être vraies, & le démenti „ bien prouvé; sans préjudice néanmoins „ de l'honneur, bonne *fame* dudit sieur „ Carles (Biragne) & desdits témoins pré„ sentés de sa part; attendu même que „ son dire ne fait expresse mention du„ dit sieur de Damville, ni est contraire „ en la substance au contenu desdites „ *missives*: imposant sur ce silence, tant „ auxdites parties & témoins respective„ ment, qu'à tous autres; & faisant „ inhibitions & défenses de se plus que„ reller, & d'innover sur ledit fait & „ matière.

104- 4. Bourgueville, où Valfeniere mourut vers le 20. Février 1569.] Ce fut au siége de cette ville, dont les copistes du manuscrit de Perussis ont estropié le nom d'une manière bien singulière. De Thou (Liv. XLV. p. 561. du V. vol. de la traduction) dit que Piles, Sore, & Rouvrai, tenterent inutilement de surprendre Bourg sur la Dordogne, & que Dominique Probana de Valfeniere y fut tué par ceux de son parti.

104- 4. Medoc, île de seize lieues de long & de cinq de large, occupée par Piles vers le 22. Février 1569.] Perussis qui écrivoit chaque jour ce qui arrivoit à Avignon, ou aux environs, n'est pas si exact pour les évenemens arrivés plus loin. Il ne dit pas précisément que Piles s'empara de l'île de Medoc, vers le

22. Février 1569. mais comme il parle de ce fait avant d'autres arrivés dès le 1. Mars, il faut supposer qu'il place la prise de l'île ou de la presqu'île de Medoc avant ce temps-là; en quoi il se trompe fort, puisqu'elle n'arriva que vers la mi-Mai. Piles ne revint de Gascogne que vers le commencement de Mai, & après que d'Andelot eut fait la revuë de l'infanterie de l'armée des princes. Les mêmes princes le renvoyerent peu après pour se saisir de l'île de Medoc; ce qu'il fit à la tête de deux mille hommes, auxquels il fit passer la Gironde. Il trouva beaucoup de richesses dans ce pays, & nulle résistance. Il y a un très-bon article du Medoc dans la Martiniere. Piles assiégea ensuite Bourg, ville du Bourdelois; mais ayant été rappellé par les princes, il leva le siége. Valfeniere, ayant un régiment d'infanterie, & lieutenant d'Andelot, qui mourut à Saintes le samedi 7. Mai 1569. & non le 27. comme le dit de Thou, reçut un coup d'arquebuse à l'épaule devant Bourg, & en mourut peu de jours après. Les princes de Navarre & de Condé étant en quartier d'hiver à Thouars tout à la fin de Décembre 1568. avoient envoyé en Gascogne le capitaine Piles pour y faire des levées. Piles arrivant en Perigord, prit Bergerac & Ste Foy; y laissa son infanterie, & alla à Perigueux avec sa cavalerie. Passant par les lieux de la défaite des capitaines Mouvans & Pierregourde, il fit mettre le feu à plusieurs villages des environs, dont il fit tuer tous les paysans; prétendant qu'ils avoient fait périr grand nombre de soldats après la défaite de Messignac arrivée le 25. Octobre 1568. Monluc emploie dix pages pour faire voir que ce ne fut pas sa faute s'il ne défit pas Piles après que celui-ci eut pris Bergerac & Ste Foy, & pour raconter comment Madaillan défit deux cornettes de Piles à Miremont, & les poussa jusqu'à la Sauvetat, & comment Fontenilles & le capitaine Monluc, son fils, en pousserent deux autres jusqu'à Aimer. Monluc arrivé de Miremont, à la vuë de Ste Foy, Fontenilles, Madaillan, & le capitaine Monluc, prirent le devant: le chevalier avec ses six compagnies alla droit à la ville: Terride avec sa compagnie & celle de Negre-pelisse, soûtenoit Bellegarde & S. Orens: & Monluc soûtenoit Terride. La compagnie de Gramont, celle de Leberon, & cinq enseignes, le joignirent pendant la marche. Elles ne resterent que deux jours à venir de Villefranche de Rouergue devant Ste Foy. Lauzun & le vicomte, son fils, avoient joint Monluc le matin. Le chevalier de Monluc étant descendu de cheval, prit cent arquebusiers & marcha droit à Ste Foy. Le reste le suivoit: Fontenilles, Madaillan, & le capitaine Monluc après. Le chevalier fit rentrer dans la ville, vingt arquebusiers, qui étoient sortis pour escarmoucher. Piles, qui avoit 1800. chevaux bien montés, & 1400. arquebusiers qui l'étoient fort mal, leur fit passer pendant la nuit la Dordogne. Pour lui il passa à soleil levant, & laissa un grand bateau & un petit aux arquebusiers qui avoient escarmouché avec les royalistes, & qui passerent heureusement sur ces bateaux. Chemerault qui avoit porté les lettres du duc d'Anjou, vouloit être de la partie, & resta quinze jours avec Monluc, qui lui fit prêter des armes & chevaux. Deux jours après Monluc fut dans Ste Foy; & Terride ayant reçu ordre du roi d'aller en Bearn, partit. Bellegarde partit aussi, & amena sa compagnie & les dix enseignes de Savignac. Terride amena la sienne & celle de Negrepelisse. S. Orens resta avec Monluc. Le chevalier, son fils, alla en Limosin avec dix enseignes joindre le duc d'Anjou, qui cinq jours après & le dimanche 13. Mars, gagna la bataille de Jarnac. Piles s'appelloit Armand de Clermont: il épousa Jeanne de Durfort, fille de Robert, seigneur de S. Germain, & de N. de S. Ahond en Perigord. Robert de Durfort, étoit fils de Pierre, baron de Boissieres, & d'Isabeau de Roquefeuil-Blancafort. Piles est un château du Perigord, du diocèse & à neuf lieues & demie à l'O. S. O. de Sarlat, sur la gauche de la Dordogne, une grande lieue au-dessus de Bergerac: long. 18. d. 13. m. lat. 44. d. 56. m.

p. 104. l. 14. Le bâtard Stuard & Chatellier, tués du côté des huguenots à la bataille de Jarnac le 13. Mars 1569.] Robert Stuart, zélé protestant, fut soupçonné d'avoir formé un complot pour mettre le feu en plusieurs quartiers de Paris, & profiter du temps que l'on employeroit à l'éteindre pour briser les portes des prisons, & mettre en liberté les protestans qui y étoient détenus. Le procureur-général Bourdin l'ayant dénoncé, on le mit en prison; on lui donna la question à la fin de Décembre 1559. il n'avoua rien. Au mois de Mars suivant on le transféra à Tours. Il échapa de la prison en Juillet; & écrivit une lettre très-piquante au cardinal de Lorraine. Il continua de servir les protestans avec beaucoup de zèle. Lorsqu'il fut arrêté, il avoit eu recours à la reine Marie Stuart, se disant son parent; mais la reine le désavoua. Le Laboureur doute que Stuart, qu'il appelle Jacques, & qui se nommoit Robert, fût de la maison royale de Stuart; & le croit de ces familles qui usurpoient les noms d'une grande maison à laquelle ils s'attachoient, ou à laquelle on les aggregeoit; mais c'est-là une pure idée. Il est surprenant que le Laboureur, si sçavant en généalogie, la donne, & qu'il n'ait point connu la branche des Stuarts, seigneurs de Vesines près de Tonnerre, de laquelle ce Robert Stuart étoit: mais étoit-il légitime ou bâtard? C'est ce que je ne sçaurois décider. A l'égard de sa parenté avec Marie Stuart, elle étoit du 6e au 7e degré, suivant la généalogie des Stuarts, qu'Imhoff a donnée au public. On en jugera mieux par la table suivante:

Robert Stuart, roi d'Ecosse, mort le 19. Avril 1390. épousa Elisabeth, fille d'Adam Moor. A. B.

A. Jean Stuart, comte de Carrick, étant devenu roi d'Ecosse, prit le nom de Robert III. Il mourut le 1. Avril 1406. Il épousa Annabella de Drummond morte en 1400. A.

Robert Stuart, le jeune, comte de Fife, duc d'Albanie, mort le 3. Septembre 1420. épousa la fille du comte de Lenox. B.

A. Jacques I. roi d'Ecosse, tué le 20. Février 1437. épousa en Février 1423. Jeanne de Beaufort, fille de Jean, comte de Somerset. A.

A. Jacques II. roi d'Ecosse, tué le 3. Août 1460. épousa en 1448. Marie d'Egmond, fille d'Arnoul, duc de Gueldres, morte le 16. Novembre 1463. A.

A. Jacques III. roi d'Ecosse, tué le 11. Juin 1488. épousa le 10. Juillet 1470. Marguerite, fille de Christiern I. roi de Danemarck, morte en 1484. A.

A. Jacques IV. roi d'Ecosse, tué à la bataille de Floddon-Hill le 10. Septembre 1513. épousa en 1503. Marguerite Tudor, fille d'Henri VII. roi d'Angleterre. A.

A. Jacques V. roi d'Ecosse, mort le 13. Décembre 1542. épousa en 1538. Marie de Lorraine, fille de Claude, duc de Guise, morte le 10. Juin 1560. A.

A. Marie Stuart, reine d'Ecosse, née le 7. Décembre 1542. épousa 10. le 18. Avril 1559. François II. roi de France, 20. le 29. Juillet 1565. Henri Stuart Lord Darnley.

B. Mordac Stuart, duc d'Albanie, décolé en 1427. épousa Isabelle, fille de Dunnac, comte de Lenox. B.

B. Walter Stuart, décolé en 1427. avec son père & Alexandre, son frere. B.

B. Alexandre Stuart, seigneur d'Avindel. B.

B. Jean Stuart, seigneur de Vesines, tué en 1551. B.

B. Robert Stuart de Vesines, tué à la bataille de Jarnac le 13. Mars 1569.

GÉNÉALOGIE DE STUART-VESINES.

I. Walter Stuart, décolé en 1427. eut pour enfans 1. André Stuart, régent & chancelier d'Ecosse, qui fut père d'Henri Stuart, seigneur d'Avindel, lequel épousa Marguerite d'Angleterre, fille d'Henri VII. veuve de Jacques IV. roi d'Ecosse, mariée avec Archibald de Douglass, duquel elle fut séparée, & qui mourut en 1539. & 2.

II. Alexandre Stuart, seigneur d'Avindel, qui fut père de

III. Jean Stuart, seigneur de Vesines, né vers l'an 1508. & mort en 1551. qui épousa le 24. Janvier 1527. Claude Laing, fille de

Guillaume, & de Martine de Christon, morte en 1551. & il en eut 1. Guillaume Stuart, seigneur de Vesines, qui suit. 2. Robert Stuart, tué à Jarnac en 1569. que de Thou appelle de Vesines, & qui par conséquent doit être frere de Guillaume. 3. Claude Stuart, qui épousa le 11. Mai 1556. Henri du Pé, seigneur de Lougines & de Tannerre. 4. Martine Stuart, qui épousa 1°. Estienne d'Aunai, seigneur de Quinserot ; 2°. le 31. Août 1571. Antoine de Humes, seigneur de Cherisi, homme d'armes de la compagnie du comte d'Aran. Elle testa le 5. Mai 1586. & 5. Anne Stuart, mariée le 9. Septembre 1582. avec Ferri de Crevecœur, seigneur de Brosses en Tonerrois.

IV. Guillaume Stuart, seigneur de Vesines, gentilhomme servant du roi au lieu de son pere, pourvû le 25. Avril 1553. gentilhomme de la chambre du roi par lettres du 17. Janvier 1580. doit être le même Guillaume Stuart de Vesines, que de Thou dit avoir mené trois ou quatre mille Suisses en Dauphiné pour se joindre aux protestans de cette province, & à ceux de Languedoc ; mais qui perirent presque tous au combat de la Romanche le 19. Août 1587. De Thou ajoute que Vesines se retira au pont de Vizille, & qu'il y fut prisonnier. Ce qu'il y a de singulier dans la narration de ce combat, c'est que Maurey qui dans la vie de la Valette donne un très-bon & très-grand détail de cette action, ne nomme point Vesines. D'ailleurs la Huguerie, dans son protocolle ou journal manuscrit du voyage des Reitres en France, dit que Vesines étoit à Echelsen, entre Heidelberg & Strasbourg, le dimanche 9. Août 1587. qu'il parla au conseil tenu à Lixim le 16. du même mois, & que le 17. Octobre lorsque les Reitres étoient à Thouri, Fossegullon, & S. Sauveur, il étoit fort malade, & qu'il mourut peu après. Je ne vois pas comment concilier de Thou avec Mauroy & la Huguerie ; mais j'ai été bien-aise de rapporter ce que ces trois historiens disent, afin que ceux qui en sçauront plus que moi éclaircissent ce fait historique. Guillaume Stuart épousa en Mai 1558. Roberte Haï, fille d'André Haï, seigneur de Brouilli, & de Marguerite de Culiot, dame de Savins, au diocese de Sens : & il en eut 1. Paul Stuart, seigneur de Vesines qui suit. 2. Jacques-Jean Stuart, seigneur de Savins & de Turigni en Brie ; & 3. Marthe Stuart, femme de Guillaume, seigneur de Bois-Jancy.

V. Paul Stuart, seigneur de Vesines, Fontaine-giry, Savins, &c. gentilhomme ordinaire de la chambre du roi par lettres du 22. Janvier 1598. épousa le.... Octobre 1596. Jacqueline Pot, fille de Guiot Pot, seigneur de Chenault près Orléans, & de Marie de Hangest. Il vivoit le 17. Janvier 1636. & eut pour enfans 1. Paul Stuart, seigneur de Fontaine-giry, qui testa à la cour d'Angleterre. 2. Françoise Stuart de Vesines, présentée à Remiremont en 1619. & 3. Nicole Stuart, donnée à la reine d'Angleterre lors de son mariage en 1625. morte à la cour d'Angleterre. Jacques Stuart, seigneur de Vesines, qui épousa en 1611. Judith de Chaumont, fille de Louis, seigneur d'Athiules, & d'Isabeau du Breuil-Montaud, pouvoit être fils de Paul Stuart, seigneur de Vesines. 2. On a cru devoir rapporter ces mémoires sur Stuart, quoiqu'ils ne soient pas de la derniere exactitude, & qu'il y ait plusieurs articles, que l'on n'a pas pû concilier. Il vaut mieux apprendre à la postérité des faits tout imparfaits qu'ils sont, que de les lui laisser ignorer. D'ailleurs ceux qui ont les titres de cette branche de Stuart, voyant l'imperfection de cet article, ou le corrigeront en produisant ces titres, ou le critiqueront. De quelque maniere que le public soit instruit, je serai toujours très-content, pourvû qu'il le soit.

p. 105. l. 26. Exiles en Dauphiné, surpris sur le capitaine Jean de Gaye vers le 15. Avril 1569. repris par la Cazette.] Jean de Gaye, capitaine, dont Gordes faisoit cas, selon Chorier, (hist. de Dauphiné tom. II. p. 629.) étoit dans le château d'Exiles avec 20. soldats. Colombin, l'un des bannis de Grenoble, ayant eu avis le 16. Avril que Gaye étoit resté presque seul dans la place, l'alla attaquer brusquement, & l'obligea de se rendre, après beaucoup de résistance, & avoir été blessé d'un coup d'arquebuse. On soupçonna le duc de Savoye d'avoir eu part à cette entreprise, parce qu'il avoit remis en liberté Colombin, qui étoit prisonnier en Savoye. La Cazette, capitaine du château de Briançon, le voulut persuader à Gordes, qui n'en voulut rien croire. Gordes ayant rassemblé des forces, fit marcher à Exiles, Beaumont, la Cazette, Pelisson, Mare, & d'autres capitaines avec leurs compagnies, en donna le commandement à Rosset, & le chargea de faire ce siege. Sise, maréchal de camp ; Châteauvillain, Serieres, Disimieu, Montcara, Montplaisant, Varces, la Perriere, & Dorgeoise, se distinguerent à cette expédition. Colombin qui s'étoit amusé à piller les églises des environs, & nullement à ramasser des munitions de guerre & de bouche

DU COMTE' VENAISSIN, DE PROVENCE, &c.

se vit bientô dans l'embarras. Il envoya la Vilette-Furmeïer demander du secours aux habitans de la vallée de Pragelas. Ludovic de Birague, gouverneur du marquisat de Saluces que le roi possedoit comme un fief du Dauphiné, avoit refusé de commander à ce siége ; mais il y envoya le capitaine Fremige avec quelques compagnies. Fremige, que l'on soupçonnoit d'être protestant dans le cœur, confera avec Colombin, & lui persuada de rendre Exiles avant d'être forcé. On lui promit la vie. Il sortit sans armes. Il fut arrêté, & la plûpart de ses soldats taillés en piéces. Chorier a copié de Thou dans la plûpart des circonstances du siège d'Exiles. Il y a ajoûté deux ou trois de ses réflexions ; pour lesquelles il avoit un grand goût, & qui ne servent qu'à rendre sa narration très-obscure. Il appelle Colombin celui que les traducteurs de J. A. de Thou appellent Colombel, & qui selon de Thou fut remis en liberté, & se retira à Geneve. Chorier nomme plusieurs gentilhommes Dauphinois qui servirent à ce siége, & que de Thou n'a pas connus.

p. 105. *l.* 31. Calvisson, pris par les protestans vers le 20. Avril 1569. & repris peu après.] Calvisson fut l'un des douze châteaux que Bernard Aton, vicomte de Carcassonne, soumit, & reconnut relever de Raimond Berenger, comte de Barcelonne, lorsqu'il fit la paix avec lui le 8. Juin 1111. Bernard Aton mariant en 1121 Ermesinde, sa troisième fille, avec Rostaing, fils de Decan, seigneur de Posquieres, lui donna les trois châteaux de Marguerites, de Calvisson & de Beauvoisin. Il ne possedoit pas apparemment tout le fief de Calvisson, puisqu'il en acquit deux parties en 1125. Raimond, comte de Toulouse, voyant qu'il alloit avoir la guerre avec Alfonse, roi d'Aragon, les vicomtes de Beziers & de Nismes, voulut être en état de leur résister, & s'unit dans cette vuë avec divers seigneurs de Languedoc par un traité du 28. Avril. 1179. Il confirma à Raimond d'Uzès la possession d'Aimargues ; à Pons Gaucelin de Lunel, celle du château de Calvisson ; & à Pierre de Bernis, le château de ce nom. Il donna aussi en fief à ce dernier, le château de Beauvoisin, à condition de le rebâtir. Toutes ces donations furent faites a condition de l'aider contre le vicomte de Nismes. Ce vicomte, nommé Bernard Aton, qui prétendoit être lui-même seigneur de ces châteaux d'Aimargues, de Calvisson, de Bernis, & de Beauvoisin, les donna avec huit autres, Marguerites, Caillargues, Candiac, Posquieres, le Cala, Aubaïs, Aujargues, & Clarensac, la ville de Nismes, la forteresse des Arenes, & le château de Tour-magne en Octobre 1179. à Alfonse, roi d'Aragon, qui étoit à Beziers. Bernard Aton reprit ensuite en fief Nismes, & tous ces châteaux ; avec promesse de les remettre en paix & en guerre aux comtes de Barcelonne, successeurs d'Alfonse, toutes les fois que lui ou les siens en seroient requis ; de les servir envers tous, de même que Raimond Berenger, comte de Provence, son frere. Le château de Calvisson, & ceux de Montredon & d'Aubaïs, dont Elzear d'Aubaïs avoit la garde, furent assignés pour la sûreté de ses promesses par Raimond, comte de Toulouse, lorsqu'il s'engagea de marier Raimond, son fils, avec Sancie d'Aragon, fille de Pierre roi d'Aragon, & de Marie, dame de Montpellier, par un accord passé a Florensac en Octobre 1203. entre ces deux princes. Sancie d'Aragon n'étoit née que depuis peu de mois. Le roi S. Louis, devenu possesseur du bas Languedoc, que son pere avoit acquis en 1226. & par-là du château de Calvisson, acquit en 1284. moyennant 20. liv. tournois de rente, les droits que Robert d'Uzès, chapelain du pape, prétendoit y avoir. Calvisson, Tamerlet, Port, Massillargues, & Manduel, furent donnés à la fin de 1304. pour 500. liv. de rente à Guillaume de Nogaret par Philippe le Bel, pour les services qu'il en avoit reçus dans l'affaire du pape Boniface VIII. Plusieurs habitans de cette petite ville étoient déja calvinistes avant le 1. Septembre 1560. & y avoient causé des mouvemens. Les protestans ayant repris les armes en Novembre 1572. se saisirent de Calvisson. Damville le fit investir au commencement de Janvier; & l'obligea de se remettre par capitulation vers le 1. Février suivant. Le duc de Rohan ayant levé le siége de Corconne, se posta à Calvisson avec près de 3000. hommes le samedi 12. Mars 1629. Le maréchal d'Estrées les y attaqua. Les protestans s'y défendirent très-bien & trèslong temps, & obtinrent la permission de se retirer dans les Cevennes. Jean Louet, baron de Calvisson, commença après la paix de Vervins en 1598. de faire bâtir un gros château sur la hauteur qui domine le bourg de Calvisson, mais il ne l'acheva pas. Ses successeurs ne l'ont point continué. Cavalier, l'un des principaux chefs des camisards, s'étant soumis avec sa troupe, & ayant fait son traité avec le maréchal de Villars à Nismes le 15. Mai 1704. on donna Calvisson à Cavalier & à sa troupe, pour y attendre les ordres du roi. Cavalier s'y rendit avec 30. chevaux & 600. fantassins le dimanche 18. Mai 1704. à six heures du soir. Le 19. ils y commencerent leurs assemblées, où le prophète Moyse & autres, & une prophetesse, nommée la Vivaroise, & qui se disoit descendue des prophètes qui fanatisoient en Vivarez en 1689. ne manquerent pas d'y jouer leur rolle. Le dimanche 25. Mai il y eut une assemblée de plus de 12000. personnes. Plus de 40000. nouveaux convertis allerent à Calvisson, pendant le sejour que les camisards y firent. Le 25. Cavalier partit de Calvisson pour aller dans les Cevennes chercher la troupe de Rolland & l'amener. Il fut absent jusques au mercredi matin 28. Ravanel, autre chef des camisards, & qui ne vouloit point d'accommodement, profita de son absence, & gagna la troupe de Cavalier, qui ne voulut plus lui obéir. Cavalier fit tous ses efforts, & ne put ramener aucun camisard. Il étoit prêt à se battre avec Catinat, & puis avec Ravanel; mais le prophète Moyse empêcha le combat. Ravanel, maître de la troupe de Cavalier, la fit partir le même jour 28. Mai, pour les Cevennes. Il y a à quelques centaines de toises à l'O. S. O. de Calvisson un moulin à vent, situé sur une élévation, qui paruc très-propre à M. Cassini de Thury & aux autres géometres qui l'accompagnoient, pour faire plusieurs opérations astronomiques & géométriques, afin de déterminer la valeur d'un degré de longitude dans le bas Languedoc. On peut voir tous leurs calculs dans le livre de la méridienne. On y trouve la distance du moulin de Calvisson à la méridienne de Paris, de 73306. toises & à la perpendiculaire de 287. 567. toises: ce qui donne la distance du moulin à l'observatoire de Paris de 297. 520. toises, ou de 5. degrés 2. minutes & 23. secondes; & son angle au S. E. de 14. d. 51. m. & 40. s.

p. 105. l. 32. Le marquis de Trans, vicomté de Maillé, arriva à Avignon vers le 27. Avril 1569. pour aller à Marseille y recevoir le duc de Nagera, qui venoit d'Espagne avec le cardinal de Guise.] Claude de Villeneuve, marquis de Trans, testa le 4. Octobre 1571. & mourut âgé de 76. ans. Il avoit épousé le 7. Janvier 1573. Isabeau Feltri, fille de Jacques, & d'Urone Deceve, morte le 17. Janvier 1587. Maella, & non Maillé, au diocèse de Saragosse, sur la rivière de Nonaspe, qui se jette dans l'Algas, & l'Algas dans l'Ebre.

106- 5. Montech, que les vicomtes ne purent pas prendre vers le 1. Mai 1569. & où Arpajon fut tué.] Montech est une ville du diocèse & à deux lieues à l'ouest de Montauban. Elle est composée de 507. feux. Montech que l'auteur du pouillé de Montauban nomme en latin *Mons Escius*, est le chef lieu d'une des dix conférences du diocèse de Montauban: long. 18. d. 55. m. 50. s. lat. 43. d. 59. m. 50. s. Imbert de Beaujeu, qui fut fait connétable de France en 1240. & qui servoit dans l'armée des Croisés contre les Albigeois, assiégea le château de Montech vers la fête de pâques 1228. l'obligea de se rendre au bout de quelques jours, & y fit prisonnier Othon de Terride, de la maison de l'Isle-Jourdain.

106- 26. Oppede dans le donjon duquel Pierre de Luna, dit Benoît XIII. fut assiégé. De-là il se sauva à Paniscola, où il mourut en 1424. ayant tenu le pontificat 22. ans. Oppede étoit alors à la chambre apostolique.] Benoît XIII. ne se refugia pas dans le donjon d'Oppede, & n'y mit peut-être jamais le pied. Charles VI. ayant fait publier le 28. Juillet 1398. la soustraction d'obédience à ce pape, les cardinaux & d'autres prélats qui avoient adheré à la soustraction, sortirent d'Avignon, & se retirerent à Villeneuve, craignant les Catalans & les Aragonnois, que le roi Martin V. avoit laissés dans Avignon. Le maréchal de Boucicaud, qui avoit ordre de Charles VI. de se saisir de Benoît, se rendit à Avignon le 8. Septembre 1398. & fit d'abord investir le palais qui étoit joint à deux forteresses nommées Quiquenparle & Quiquengrogne. L'église cathédrale, la Roque de Dons, & le palais de la vice-gerence étoient aussi en état de soûtenir un siége. Boucicaud ne put jamais les forcer, ni pénétrer dans le palais par des soûterrains; mais il affama les assiégés, & Benoît fut forcé de demander trois mois de treve & des vivres. Le 6. Décembre le roi d'Aragon écrivit aux cardinaux en faveur de Benoît, & ne put rien obtenir. L'hiver l'empêcha de secourir le pape. Le 4. Avril 1399. Benoît manquant de vivres, fit un traité avec Charles VI. & se mit sous sa protection. On lui laissa la liberté de son palais, & on lui fournit des vivres. Mais Benoît n'observa pas long temps ce traité, & fit tirer ses bombardes sur Avignon. Les hostilités recommencerent en 1400. & Boucicaud emporta la tour du pont. Benoît trouva moyen en 1401. d'avoir la protection de Louis, duc d'Orleans. On envoya Boucicaud commander à Genes. Le 26. Août Louis d'Anjou, comte de Provence, & roi de Naples, pénétra dans le palais, & prêta serment à Benoît. Le 14. Septembre 1402. le roi d'Aragon envoya à Avignon son connétable Jacques de Prades, qui ne put pas obtenir la liberté de Benoît: mais le 12. Mars 1403. il trouva moyen de le faire sortir du palais d'Avignon. Le pape arriva heureusement par le Rhône & la Durance à Château-Renard. Le 16. du même mois Louis d'Anjou l'y alla voir. Vers le 28. les principaux d'Avignon allerent à Château Renard, & prièrent instamment Benoît de retourner à Avignon; mais il n'en voulut rien faire. Il alla au pont de Sorgues & à Carpentras le 5. de Mai, vers le 5. Août à Salon en Provence, & le 8. Novembre à Marseille. Vers le 5. Décembre il fut à Tarascon, où le duc d'Orleans le fut voir. La Castille & la Navarre retournerent sous son obédience, & le 28. Mai 1404. la France en fit de même. Le 1. Mai 1406. Pise & Genes se mirent aussi sous son obédience. Le 16. du même mois il alla avec six galeres à Genes, & y fut reçu avec tous les honneurs & les empressemens imaginables. Il logea dans le couvent de S. François; & on lui donna pour sa sûreté la forteresse du Castellet, que l'on venoit de construire, & que l'on joignit au couvent par un pont couvert. Le jour de Noël 1408. Benoît officia, & donna un repas le plus splendide qu'on eût encore vû. Le jour de S. Silvestre 31. Décembre il s'embarqua sur ses six galeres avec onze cardinaux, & alla à Porto-Venere. Le 7. de Juin 1409. il alla avec ses six galeres en Catalogne, sans s'arrêter à Genes. D'abord après on tint un conseil général dans cette ville, en présence du gouverneur Boucicaud; & on y décida de ne plus reconnoître Benoît, ni Gregoire son compétiteur; *puisque ni l'un ni l'autre ne pensoit en aucune manière à l'union de l'église. Les cardinaux de Benoît XIII. & ceux de Gregoire XII. voyant que leurs papes ne pensoient point à céder, & à l'union de l'église, se réunirent pour assembler un concile. Les deux papes les avoient excommuniés le 1. Septembre 1408. ce qui ne les avoir pas empêchés de s'assembler à Pise, & de déposer les deux papes le 5. Juillet 1409. Alors Benoît XIII. se détermina à aller établir sa cour à Paniscola, qui est une petite ville du diocèse de Tortose, & dans le royaume de Valence, située sur une pointe de terre extrêmement élevée, qui s'avance dans la mer, & qu'on nomme le cap Forbat. Elle est environnée de la mer de trois côtés; & on n'y arrive par terre que par une langue de terre basse, & une plage de sable : long. 17. d. 57. m. lat. 40. d. 15. m. à 56. l. a l'est de Madrid. Benoît retiré à Paniscola ne négligea pas la défense du palais d'Avignon & du Comtat. Il y envoya Rodrigo de Luna, & Bernard de So, vicomte d'Evol, capitaine renommé, qui se fortifièrent au mieux, & qui maîtres de plusieurs postes très-forts, forçoient par la Avignon de leur être soumis. Rodrigo de Luna étoit aussi maître de tout le comtat & du château d'Oppede, qui étoit très-fort. Le cardinal Pierre de Thurei, envoyé par Alexandre V. en qualité de légat & de vicaire apostolique du S. siége, ariva à Avignon en Novembre 1409. & travailla d'abord à rassembler des troupes pour faire le siége du palais. L'Hermite, seigneur de la Faye & d'Argental, sénéchal de Beaucaire, Reinier Pot, seigneur de la Pruigne, gouverneur de Dauphiné, & Jean de Poitiers, évêque de Valence, & recteur du Comtat, lui ayant amené des troupes, il commença par reprendre les postes occupés dans le comtat par Rodrigo de Luna; & il n'y eut qu'Oppede qu'il n'osa attaquer. Rodrigo de Luna forcé de ramener toutes ses troupes dans le palais d'Avignon, se prépara à le défendre. Les habitans de cette ville ne s'étoient pas encore déclarés ouvertement contre lui, quoiqu'ils eussent adhéré au concile de Pise. Le 26. Avril 1410. Rodrigo de Luna surprit, & fit mettre en prison Pons Astoaud & Raimond, son frere, Jean & Louis Caballole, Ugheto-Malaspina & six autres citoyens d'Avignon. Le 30. du même mois l'archevêque de Lyon, Randon, seigneur de Joyeuse, & le sénéchal de Beaucaire, amenerent à Avignon 1000. arbalestriers; & Pons Astoaud recouvra sa liberté, en sautant du palais par une fenêtre. Le 20. Mai le légat donna à la ville d'Avignon pour deux ans toutes les gabelles & les entrées sur le vin & sur le sel, afin de fournir à l'entretien des troupes. Le 23. Mai le cardinal fit mettre en batterie, pour tirer contre la tour du Pont, la grande bombarde qu'il avoit fait venir d'Aix, & qui avoit été postée sur une charrette tirée par 36. chevaux. Le siége du palais continua fort lentement; & le cardinal mourut le 12. Décembre. Les capitaines Randon, seigneur de Joyeuse, Philippe de Poitiers, & Estienne, bâtard de Poitiers, son frere, qu'il employoit à ce siége, n'étant plus payés, se retirerent. Le cardinal eut pour successeur François de Conzié, archevêque de Narbonne, & camerlingue du S. siége, qui fit donner le 14. Février 1411. trois assauts en même temps au palais, à la vicegerence, & à la Roque de Dons; mais il fut repoussé, & perdit 4000. hommes. Rodrigo de Luna en perdit presque autant; & trouva encore moyen de se défendre jusqu'au 1. Octobre, qu'il fit une capitulation très-honorable. Il consentit à rendre ce palais & les autres forts qu'il occupoit, s'il n'étoit pas secouru dans cinquante jours, & à condition que pendant tout ce temps-là on lui fourniroit des vivres, & tout ce dont il auroit besoin. Le 22. Novembre 1411. après un siége ou une guerre de 19. mois, Rodrigo de Luna, le vicomte d'Evol, capitaines des gens de guerre qui étoient dans le palais, Michel Alpartiglio, & Pierre Berrandi, capitaines des forts, du palais & d'Oppede, en sortirent, & retournerent en Aragon par la route de Narbonne. Benoît XIII. étoit cependant à Paniscola, où il avoit ses cardinaux & sa cour. L'empereur Sigismond, qui ne négligeoit rien pour faire cesser le schisme, se rendit lui-même à Perpignan, pour engager Benoît XIII. à consentir à l'union en abdiquant. Il y arriva le 19. Septembre 1415. Ferdinand, roi d'Aragon, y étoit pour le recevoir. Il avoit à sa suite 400. chevaux : mais il mangeoit sur l'étain, & n'avoit point de vaisselle d'or ni d'argent. Il avoit engagé Benoît XIII. d'y venir de Paniscola. Lui, l'empereur, & Alphonse, prince d'Aragon, ne négligerent rien auprès de ce pape, pour le faire consentir à la cession, mais ils ne purent rien obtenir : & vers le 5. Novembre Benoît avec ses cardinaux, escorté par une grosse troupe de soldats, s'embarqua sur quatre galères, & alla débarquer dans son fort de Paniscola. L'empereur Sigismond retourna à Narbonne:

DU COMTE' VENAISSIN, DE PROVENCE, &c.

& voyant le refus opiniâtre de Benoît, il convint avec les ambassadeurs des rois d'Aragon, de Castille, & de Navarre, & des comtes de Foix & d'Armagnac, le 13. Décembre, de certains articles, qu'on appella la capitulation de Narbonne, & qui furent approuvés par le concile de Constance le 4. Février 1416. Le 26. Juillet suivant le concile ayant fait le procès à Benoît, déclare qu'il n'étoit plus pape, parce qu'il étoit hérétique & schismatique. Le 11. Novembre suivant, Othon-Colonne fut élu pape par 23. cardinaux & 30. prélats, & prit le nom de Martin V. Pierre de Luna, sans s'embarrasser d'un pareil événement, continua de se croire pape, d'en faire les fonctions dans son fort de Paniscola, d'y créer des cardinaux, & d'agir comme s'il avoit été à Rome. Il y mourut le 29. Novembre 1424. Il étoit né à Caspe en Aragon, & avoit été élu pape à Avignon le lundi 28. Septembre 1394. sous la condition de la cession. Son portrait se trouve dans l'histoire du concile de Constance du ministre l'Enfant. Plusieurs historiens & autres auteurs ignorans, & n'ayant nulle connoissance de la maison de Luna, l'une des plus grandes & des plus anciennes d'Aragon & de l'Europe, lui donnent le nom ridicule de *Pierre de la Lune*. La capitulation du château d'Oppede fut aussi circonstanciée que celle du palais d'Avignon, & eut les mêmes priviléges. J'ignore le temps que la seigneurie d'Oppede cessa d'être à la chambre apostolique. Elle appartenoit en 1568. à Jean Mainier, premier président du parlement d'Aix, qui par son testament du 2. Juin de cette année-là, la substitua comme baronnie aux enfans de Claire de Perussis, sa petite-fille ; laquelle épousa Jean de Forbin, seigneur de la Fare, premier consul d'Aix, mort le 12. Décembre 1592. Jean-Baptiste de Forbin, marquis d'Oppede, seigneur de la Fare, de S. Julien, de la Verdiere, de Brauch, de Besandun, de Varages, & de Peirolles, leur arrière-petit-fils, fut ambassadeur en Portugal, marié en 1674. & père de Jean-Baptiste-Henri, marquis d'Oppede, mort en 1748. qui laissa Joseph - Louis - Roch - Charles - Palamede, marquis d'Oppede, né en 1722. capitaine-lieutenant des chevaux-legers de Bretagne. Oppede est une paroisse du comté Venaissin, du diocèse & a deux lieues à l'E. S. E. de Cavaillon : long. 22. d. 57. m. 10. s. lat. 43. d. 48. m. 25. s.

p. 107. *l.* 12. Le duc de Nagera arriva à Avignon le 4. Juin 1569.] Manrique de Lara IV. duc de Nagera V. comte de Trevino, VI. de Valencia, XIII. seigneur de Amuto, viceroi de Valence, né le 10. Avril 1533. mort le 5. Juin 1600. Nagera est une ville d'Espagne dans la Rioxa, a 41. lieues au nord de Madrid : long. 15. d. 15. m. lat. 42. d. 24. m.

108-21. Combas, pris d'assaut par S. André vers le 24. Juin 1569.] La prise de ce lieu n'est point rapportée dans aucun autre historien que je sçache. Combas est une paroisse de 85. feux, & de 383. habitans, du diocèse à cinq lieues & demie au S. O. d'Uzès : long. 21. d. 46. m. 35. s. lat. 43. d. 51. m. 15. s. dans le doyenné de Sauset. Bertrand de Mesoague, seigneur de Combas, fut père de Constance de Mesoague, dame de Combas, qui épousa Bermond de Bermond, fils de Pons de Bermond, baron du Caila, qui survécut son fils, & mourut vers le commencement de l'an 1327. Constance de Mesoague étoit veuve depuis long-temps, lorsqu'elle donna tous ses biens le 16. Juillet 1351. à Jean du Caila, dit Decan, son fils, qui fit la branche des barons de Combas, du nom de Bermond. Il mourut avant l'an 1363. & fut père de Bermond du Caila, dit Tuffard, baron de Combas, qui étoit majeur de 15. ans, lorsqu'il transigea avec Guillaume d'Uzès, son beau-frere, le 6. Avril 1363. Guillaume d'Uzès, son neveu, le fit son héritier. Cette disposition fut la cause d'un procès entre Bermond & les sœurs de Guillaume d'Uzès, ses nièces. Il fut terminé en 1390. par une sentence arbitrale, qui adjugea à Bermond du Caila la baronnie de Boucoiran & les seigneuries de Lascours, Cruviers, S. Celaire, S. Jean de Seirargues, S. Hipolite de Caton, Foiſſac, Colorgues, S. Laurent de la Vernede, la Bruguiere, & S. Martin de Serinhac. Il mourut vers l'an 1414. Il avoit épouſé le jour de S. Michel 29. de Septembre 1392. dans l'égliſe d'Eſpagnac, au dioceſe de Mende, Helene Herail, fille de Deodat Herail, ſeigneur de Buzerens & de Lugans, au dioceſe de Rhodez. Elle le rendit pere de Guillaume de Bermond, baron de Combas & de Boucoiran, mort le jour de l'Aſcenſion 19. Mai 1474. Il avoit épouſé le 17. Octobre 1427. Tiburge de Combret, fille de Jean, ſeigneur de Broquiez & d'Aiſſene, au dioceſe de Rhodez, & en avoit eu Jean de Bermond, baron de Boucoiran, qui épouſa le 4. Novembre 1443. Catherine de Bermond, dame d'Aubais, de Nages, de Solorgues, de Sauſſines, & de S. Felix, fille d'Antoine de Bermond, baron d'Aubais, & de Marguerite de Laulieres, ſa couſine, au quatrieme degré. Jean de Bermond & Catherine de Bermond n'eurent qu'une fille, qui mourut avant eux & vers le 3. Juillet 1482. Elle avoit épouſé Jean de Bozene, qui vécut juſqu'au 7. Mars 1507. Jacques de Bozene, leur fils unique, fut un grand ſeigneur, ayant réuni ſur ſa tête toutes les terres de trois branches de la maiſon de Bermond. Jean, ſon pere, rendit pour lui hommage au roi le 28. Février 1488. (1489.) de près de 40. paroiſſes, ſituées dans les dioceſes de Niſmes, d'Uzès, & de Montpellier. Jacques de Bozene teſta le 8. Juin 1554. & donna toutes ſes terres ſituées dans le dioceſe d'Uzès, à Jacques de Bozene, ſon ſecond fils, qui les vendit toutes. Louis de Bozene, ſon aîné, eut les terres ſituées dans les dioceſes de Niſmes & de Montpellier. Il mourut le 19. Août 1567. Jacqueline de Bozene, ſa fille & ſon héritière, épouſa Charles du Faur, ſeigneur de la Serre, au dioceſe de Toulouſe. Ils eurent pour fille & héritière Marguerite du Faur, baronne d'Aubais & du Caila, dame des autres terres ſituées dans les dioceſes de Niſmes & de Montpellier, qui épouſa le 18. Juin 1591. Balthaſar de Baſchi, ſeigneur de Saint-Eſteve & de Thoard, au dioceſe de Digne, en Provence. Balthaſar de Baſchi fut le triſayeul de Charles de Baſchi, marquis d'Aubais & du Caila, poſſeſſeur des terres de Marguerite du Faur en Septembre 1755. Pierre de Bermond, dit Tuffard, frere puiné de Jean de Bermond, baron de Boucoiran, eut pour ſon partage la baronnie de Combas. Il teſta le 21. Décembre 1521. Il avoit épouſé Marthe de Montagut de Fromigeres, ſœur de Jacques de Montagut, ſeigneur de Cannes, de Vic, & de Fontanez, qui donna ces trois terres à Françoiſe de Bermond, ſa niéce, en Août 1527. & en Février 1539. Françoiſe de Bermond, fille de Pierre, baron de Combas, & de Marthe de Montagut, héritière de ſon pere & de ſon oncle, eut par une tranſaction paſſée en 1539. avec Jacques de Bozene, baron d'Aubais & du Caila, la baronnie de Montmirat, compoſée des cinq paroiſſes de Montmirat, Creſpian, Montagnac, Maureſſargues, & Molezan. Elle épouſa le 26. Février 1527. Jacques Pelet de la Verune: & ils furent les cinquièmes ayeuls de François-Raimond Pelet, vicomte de Narbonne, gouverneur de Sommieres, nommé lieutenant-général des armées du roi vers le 24. Juin 1750. & qui épouſa en Avril 1734. Marie-Antoinette de Roſſet, née le 6. Avril 1721. morte le 27. Juillet 1754. fille aînée de Jean-Hercules de Roſſet, marquis de Rocozel, baron de Perignan, chevalier des ordres du roi en 1734. créé duc de Fleuri en Mars 1736. & de Marie Rey, dont deux filles. Louis Pelet, baron de Combas, ſon biſayeul, ſe diſtingua à la bataille de Leucate le 29. Septembre 1637. & ſe rendit maître de la tente du comte Serbellon, général des Eſpagnols. Louis de Pelet, ayeul de ce Louis, & quartayeul de François-Raimond, ſervit très-bien pendant les guerres contre les huguenots, ſous Charles IX. & Henri III. & il y a apparence que c'eſt le même Combas dont Monluc & de Thou, (T. II. p. 536.) parlent; & qui avec Luſſan & Blacons, ſes amis, ſeconda le jour de Noël 1554. à une heure du matin, Saint-Auban à Siene, pour reprendre la porte Camollia, dont les troupes du marquis de Marignan s'étoient emparées, & que S. Auban, Luffan, Blacons, & Combas reprirent.

p. 109. l. 6. Le 4. Août 1569. le roi d'Espagne gagna une grande victoire sur les Morisques de Grenade.] Il n'est fait aucune mention de cette prétendue victoire dans l'histoire de la guerre de Grenade du marquis de Mondejar, ni dans le XLVIII. livre de l'histoire de M. de Thou, qui en est un extrait, ni dans la rebellion des Morisques de Marmol.

109. 26. La poste de Sargnac changée à Tarascon en Sept. 1569. à cause des courses des protestans.] Il y a longtemps que la poste des chevaux n'est plus a Sargnac; elle est à Lafoux, hôtellerie sur la droite du Gardon, où vient aboutir le bac dans lequel on passe cette rivière. Le grand chemin de Bagnols à Nismes est devenu pratiquable dans les plus mauvais temps, par le beau pont que l'on joignit en 1745. au pont du Gard, & qui a élargi cet ancien pont, de manière que trois voitures peuvent y passer en même temps. Le Gardon, torrent impétueux lorsque les pluies le font déborder, ne pouvoit se passer quelquefois de huit jours; & l'archevêque de Narbonne Crillon resta une fois quatre ou cinq jours dans le cabaret de Remoulins, ne pouvant passer le Gardon, & fut enfin obligé de passer à cheval le pont du Gard. Sargnac est une paroisse de 180. feux, du diocèse & à 3. lieues un quart à l'E. N. E. de Nismes: long. 22. d. 13. m. 20. sec. lat. 44. d. 54. m. 35. s. Le duc d'Uzès en est seigneur.

109- 28. Vauguey sur l'étang d'Aigues-mortes près de Lunel, surpris vers le 30. Août 1569. par les protestans.] On fera part aux curieux du véritable nom de ce lieu, si estropié, lorsqu'on aura été assez heureux pour le trouver.

109- 32. Bonnefoi, chartreuse en Velai, prise par les protestans vers le 31. Août 1569.] Cette chartreuse est dans le diocèse du Pui, & tout contre celui de Viviers, à demi-lieue à l'est de la paroisse d'Estables. Il y a un prieuré de même nom, qui est uni à cette chartreuse, & dont le chef-lieu est dans le diocèse de Viviers. Bonnefoi est fort près de la source d'un ruisseau, qui à deux lieues & demie de-la se jette dans la Loire. La source de cette grande rivière n'est pas éloignée d'une demi-lieue de Bonnefoi, qu'elle a à son N. O. long. 21. d. 47. m. 30. s. lat. 44. d. 52. m. 45. s. à dix lieues & demie au N. O. de Viviers. Sanson, dans sa carte du diocèse du Pui, place la chartreuse de Bonnefoi dans l'archiprêtré & a 9. grandes lieues au Sud de Monistrol, & a 5. & demie au S. E. du Pui, & lui donne pour long. 25. d. 19. m. & pour lat. 44. d. 26. m. ce qui la fait trop orientale de 3. d. 32. m. & trop méridionale de 35. m.

109- 36. Beaufort, château près de Crest, pris par les protestans vers le 2. Septembre 1569.] Beaufort fut surpris dans le mois d'Août 1569. Arces le reprit peu après & dans cinq jours. Maupas y fut mis avec sa compagnie. Beaufort est une paroisse du diocèse de Die & de l'archiprêtré de Crest, de 66. feux & de 297. habitans. Le château est sur une hauteur. Jaillot lui donne pour long. 25. d. 54. m. & la lat. de 44. d. 42. m. & le place à 4. lieues & demie à l'O. N. O. de Die, dont il donne la long. de 25. d. 54. m. & la lat. de 44. d. 42. m.

109- 40. Terride, mort en Béarn le 7. Août 1569.] Antoine de Lomagne, seigneur de Terride, vicomte de Gimoez, chevalier de l'ordre, capitaine de 50. hommes d'armes en 1559. avoit servi avec distinction en Piémont, sous le maréchal de Brissac. Sa généalogie, qui est dans le second volume de l'hist. des grands officiers, est détaillée; mais elle pourroit l'être davantage. La date de sa mort ne s'y trouve point. Terride est un château à une lieue au N. E. de Serignac, qui appartenoit aussi à Antoine de Lomagne. Ce château est à la gauche, & peu éloigné de la rivière de Gimone, qui se jette dans la Garonne, près de l'abbaye de Belle-perche. Serignac est une paroisse du diocèse & à 5. lieues & demie à l'ouest de Montauban, & de la conférence de Garganvilla, qui est à son

N. E. Elle est dans les baronnies, qui sont un district de l'élection de Lomagne: long. 18. d. 41. m. 30. s. lat. 43. d. 59. m. 20. s.

p. 110. l. 3. Castelnau, gouverneur de Montpellier, découvrit vers le 27. Septembre 1569. un complot pour livrer Montpellier aux protestans.] Jean de Guers, seigneur de Castelnau, étoit fort attaché au maréchal de Damville; & il étoit auprès de lui à S. Germain en Laye le 23. Novembre 1561. lorsqu'il déposa pour ce seigneur contre Carlo Birague. Castelnau est une paroisse de 167. feux, du diocèse & à deux lieuës & demie d'Agde: long. 21. d. 6. m. 25. s. lat. 43. d. 26. m. 30. s. Les seigneurs de Castelnau étoient d'une très ancienne noblesse. Les premiers degrés de leur généalogie ne se lient pas entre eux. Voici ceux desquels on a pû donner une suite prouvée.

GENEALOGIE DE GUERS CASTELNAU.

I. Pierre-Raimond de Guers, seigneur de Castelnau, diocèse d'Agde, épousa Tiburge de Cornellan, qui étoit veuve & tutrice de Marguerite, sa petite-fille, le 12. Mars 1399. Elle eut pour enfans, 1. Bernard de Guers, seigneur de Castelnau, qui consentit au mariage de sa sœur le mardi 4. Juillet 1402. 2. Pierre-Raimond de Guers, seigneur de Châteauneuf-del-Guers qui suit. 3. Levezonne de Guers, qui épousa, 1°. Guillaume, baron de Faugeres, seigneur de la moitié de Lunas, &c. mort avant 1399. 2°. Amalric, vicomte de Narbonne, baron de Talairan & de Magalas; & 4. Guillelmine de Guers, qui épousa avec 2160. francs de dot, chaque franc valant 20. s. Tournois, au plan du château de Castelnau, Gui de Gozon, seigneur de Gozon & de Melac, diocèse de Vabres.

II. Pierre Raimond de Guers, seigneur de Châteauneuf del Guers, exécuteur du testament de son beau frere le 10. Juillet 1434. fut père de

III. Guillaume de Guers, seigneur de Castelnau-de-Guers, qui hommagea Castelnau en Septembre 1447. & eut pour fils,

IV. Pierre Raimond de Guers, seigneur de Castelnau, qui épousa le 7. Décembre 1417. Antoinette de Montlaur, fille de Jean de Montlaur, seigneur de Murles; & il en eut 1. Guillaume de Guers qui suit. 2. Pierre-Raimond de Guers, évêque d'Aleth en 1510. & le 20. Juillet 1518. qu'il fut présent avec son frere au mariage de Jacques Pelet, son neveu. 3. Eustache de Castelnau de Guers, vivant le 6. Mai 1401. fut père d'Alix de Guers, qui épousa le 13. Décembre 1479. Pons Pelet, seigneur de la Verune.

V. Guillaume de Guers, épousa Isabeau de Narbonne, fille de Guillaume de Narbonne, seigneur de Fitou, & de Blanche de Corssier de Cesseras, qui le rendit père de 1. Pierre de Guers, baron de Castelnau de Guers, qui suit; & 2. Louise de Guers, qui épousa le 5. Janvier 1525. Jean de Pins, seigneur de Montbrun.

VI. Pierre de Guers, baron de Castelnau de Guers, Sestain, Laval, &c. rendit hommage en 1540. testa le 27. Juillet 1573. fit un codicile au château de Murviel le 14. Mars 1574. Il avoit épousé Jeanne de Grossolles, fille de Raimond de Grossolles, seigneur de Caumons, & de Françoise de Boisse; & il en eut 1. Jean de Guers, baron de Castelnau, qui suit, 2. Bertrand de Guers, 1573. 3. Estienne de Guers, baron d'Olargues & de Castelnau, écuyer de l'écurie du roi, étoit à Murviel le 24. Février 1606. C'est apparemment lui qui fonda l'église des capucins de Pesenas, où il est enterré au milieu de l'église : sa mort arriva en 1617. On l'apprend par son épitaphe qui le qualifie Estienne de Guers de Castelnau, baron d'Olargues, fondateur de cette église, décédé l'an 1617. 4. Sebastien de Guers, 1573. 5. 6. 7. 8. quatre autres garçons ; 9. Blanche de Guers, mariée en 1574. avec le baron d'Andofielle. 10. Françoise de Guers, qui épousa le 12. Février 1558. François Charles, baron de Murviel, qui fut pris à l'assaut de Maseres le 11. Octobre 1569. qu'Olhagaray appelle un certain Murbielet, & qui mourut avant le 14. Mars 1574. Il avoit fait son testament le 5. Août 1569. & sa femme mourut le 4. Juin 1626. & 11. Catherine de Guers.

VII. Jean de Guers, baron de Castelnau, chevalier de l'ordre du roi, épousa Clarice-Charlotte Adhemar de Monteil, fille de Louis, comte de Grignan, baron d'Entrecasteaux, chevalier de S. Esprit le 31. Décembre 1584. mort le 1. Août 1598. & d'Isabelle de Pontevez-Carces, qu'il avoit épousée le 24. Mai 1559. Clarice-Charlotte se remaria avec Jean de Veirac, baron de Paulian & de S. Paul, lequel mourut vers l'an 1635. Jean de Guers eut de sa femme

VIII. Henri de Guers, baron de Castelnau, qui vendit en 1625. à Paul Arnaud, seigneur de la Caissaigne pour 23000 livres la terre & seigneurie de l'Estang, & un fief considérable dans les lieux du Pouget, de S. Bausile, & de Poupian. Laurence de Veirac, sa sœur utérine, se mit en possession en 1636. de la terre de Castelnau. Elle fut fille d'honneur de la reine, & épousa en 1641. Melchion, marquis de Vins, mort en 1653. Jean, marquis de Vins,

DU COMTE' VENAISSIN, DE PROVENCE, &c.

son fils, n'ayant point d'enfans, fit héritier Charles-François de Vintimille, comte du Luc, son cousin, qui devint ainsi seigneur de Castelnau. Henri de Carrion, dit le marquis de Nisas, prétendit que la terre de Castelnau devoit appartenir à sa femme Anne-Gabrielle de Murviel, qui étoit fille de Jean-Louis, baron de Murviel, & d'Antoinette de la Tour-Gouvernet, & qui avoit pour trisayeul François-Charles, baron de Murviel, qui épousa en 1558. Françoise de Guers, sœur de Jean de Guers, baron de Castelnau, mari de Clarice de Grignan, mere par ses secondes noces de Laurence de Veirac. Mais Nisas fut débouté de ses prétentions par arrêt de la grand-chambre du parlement de Paris, du mois de Février 1738. & le comte du Luc maintenu dans la possession de la baronnie de Castelnau. Le marquis de Nisas, lieutenant-général des armées du roi, qui étoit né à Pesenas vers le 20. Octobre 1662. mourut dans sa terre de Caussiniojouls, au diocèse de Beziers le 15. Novembre 1754. âgé de 92. ans & près d'un mois. Anne-Gabrielle de Murviel, sa femme, le précéda de 11. jours, étant morte le 4. Novembre, âgée de 70. ans.

p. 110. l. 9. Fiac pris par Damville.] Il assiégea cette petite ville, qui est près de Lavaur en Languedoc, le 10. Août 1569. & elle se rendit le 15. Fiac est une paroisse de 147. feux & de 666. habitans, du diocèse & à 6. lieues à l'O. N. O. de Castres : long. 19. d. 27. m. 35. s. lat. 43. d. 42. m. 20. s.

110- 9. Mazeres pris par Damville, où François de Baronceli, fils de Javon, mourut la veille de la capitulation.] Ce François de Baroncelli est, selon les apparences, le second fils de Pierre de Baroncelli, seigneur de Javon, & d'Yolande Perez-de-Verclos. Mazeres fut assiégé par le maréchal de Damville le 5. Octobre 1569. & capitula le 18. du même mois. C'est une ville du comté de Foix de 491. feux & de 1322 habitans, du diocèse, & à 4. lieues & demie au N. O. de Mirepoix : long. 19. d. 19. m. 50. s. lat. 43. d. 15. m. 25. s.

110- 13. Le Mont de Marsan pris par Montluc.] Il l'alla reconnoître le 13. de Septembre 1569. L'imprimeur de ses commentaires s'est contenté de mettre le 13. sans ajouter le nom du mois; circonstance néanmoins essentielle, pour fixer la chronologie. Montluc, qui aime à détailler ses faits d'armes, raconte le siège duMont de Marsan avec tout le détail & la prolixité possibles. On ne sçauroit le louer assez de l'attention qu'il a de nommer tous les officiers ou la noblesse qui l'aida à prendre cette ville. On connoit par-là les militaires qui se sont distingués, & les familles dont ils sont sortis. Le Mont de Marsana 1925. feux & 1600. habitans. Il est chef-lieu du pays de Marsan, au diocèse & à 6. grandes lieues au N. O. d'Aire. Cette ville est partagée par le Midou, qui y est navigable, & qui un peu au dessous se jette dans la Douze, & la Douze après un cours de 6. lieues, dans l'Adour : long. 19. d. 59. m. lat. 44. d. 0. m.

110- 38. Rumilly, où le duc de Savoye faisoit faire des fortifications en Septembre 1569.] Ce n'étoit point Rumilly que le duc de Savoye faisoit fortifier. Il fit construire un fort qu'il nomma l'Annonciade, & qui n'étoit pas éloigné de Rumilly. Il en donna le gouvernement à Pierre Maillard, comte de Tournon, de la même famille que le cardinal de Tournon, que Clement XI. avoit envoyé légat à la Chine. Le duc de Savoye avoit fait le 4. Août précedent un traité avec les Valesans, qui lui rendirent ce qu'ils avoient occupé du pays de Chablais, & qui étoit la partie située à la gauche de la rivière de Morges, qui traverse le village de S. Gingot, jusques à la rivière de Drance. (Guichenon. Hist. de Savoye, p. 689.)

111- 17. Sebastien de Luxembourg, tué à la baterie devant S. Jean d'Angely, le 29. Novembre 1569.] Perussis dit fort bien que ce fut le 29. Novembre que Martigues reçut la blessure, dont il mourut presque sur le champ. La troisième guerre civile le dit de même. Mais de Thou ne s'exprime pas si nettement sur cette date.

111- 38. Nismes surpris le 15. Novembre 1569. & S. André tué.] Davin dans son journal imprimé aux preuves de l'histoire de Nismes de M. Ménard, dit que Nismes fut surpris le 15. Novembre, 3. heures avant le jour. Ce 15. de Novembre étoit en 1569. un mardi, & les 3. heures avant le jour répondoient à 4. heures du matin. Ceci détermine

Tome I. Perussis.

Oo

la surprise de Nismes, que plusieurs auteurs semblent dire être arrivée la nuit du 15. au 16. M. de Thou disant que Madaron, qui avoit limé pendant 15. jours le treillis qui fermoit le trou par lequel les protestans entrerent, n'avertit les bannis de cette ville de la perfection de son ouvrage que le 15. Novembre, prouve bien qu'il ne croit pas que Nismes fût pris le 15. Novembre à 4. heures du matin. En examinant sa narration, on pourroit croire que Nismes n'a été pris que quelques jours après le 15. Ce n'est pas la seule faute de M. de Thou, qui semble avoir pris plaisir à détailler dans son beau latin toutes les circonstances de la prise de cette ville. Les moindres fautes d'un aussi grand historien méritent d'autant plus d'être relevées, qu'elles ne manqueroient pas d'induire en erreur presque tous ses lecteurs, remplis, avec beaucoup de raison, d'admiration pour son ouvrage. La fontaine de Nismes ne s'est jamais appellée ni *Nemausus*, ni Nismes. L'automne n'est point accompagnée aux environs de Nismes de grands vents. Si de Thou avoit dit que la bise ou le vent de nord y souffle avec beaucoup de violence en hiver, mais encore plus dans le mois de Mars & d'Avril, il auroit eu raison. Servas ne commandoit point dans le canton pour les princes. S. Cosme n'étoit point sous ses ordres. La noblesse protestante des environs de Nismes servoit le parti de son mieux, mais chacun à sa mode ; ramassoit ceux du peuple qui lui étoient attachés ; & agissoit brusquement dans les occasions qui se présentoient. Le véritable nom de celui que de Thou appelle Passan, & qui suivoit S. Cosme avec 80. hommes, lorsqu'on entra par ce trou, étoit Guillaume de Possac. Ses descendans y subsistent honorablement, & ont rang parmi la noblesse de cette ville. S. André que des soldats protestans porterent du fossé, où il s'étoit jetté, dans la maison de S. Cesaire, y fut tué d'un coup de pistolet à l'entrée de la nuit. Ces circonstances de la mort de S. André, rapportées par Balthasar Fournier dans le journal qu'il écrivoit à Nismes au temps de cet évenement, ou à peu près ; méritent plus de créance que celles que de Thou a tirées de Popelinière. De Thou dit que S. André étoit gouverneur de Nismes, vieillard colere jusques à la férocité, comme sont ordinairement les Languedociens, dont l'amour & la haine vont jusques à l'excès. S. André n'étoit pas gouverneur de Nismes, mais d'Aigues-mortes. La qualification de vieillard ne lui convient pas beaucoup. On peut conjecturer par sa généalogie qui est dans l'histoire des grands officiers, qu'il n'avoit alors guères plus de 60. ans. Où est-ce que de Thou a trouvé qu'il étoit colere jusques à la férocité ; & que les Languedociens poussent leur amour ou leur haine jusques à l'extrémité ? Les Languedociens ne sont ni féroces ni fort vifs dans leurs passions. Ils ont la plûpart beaucoup d'esprit & de vivacité, encore plus de gaïeté ; & accueillent les étrangers avec tout l'empressement possible ; sur-tout ceux de Montpellier, de Nismes, & des environs. De Thou, en suivant Popelinière, prétend que les protestans entrerent dans Nismes par le trou entre la porte des carmes & le château, par où sort l'Agau, ruisseau formé par la fontaine de Nismes, & qui traverse la ville. Jean de Serres, auteur de la relation de la troisiéme guerre civile, & le plan de la surprise de Nismes gravé en bois à Lyon en 1570. par Tourtorel & Perissim, sont d'un avis contraire, & font entrer les protestans dans Nismes par le même trou que l'Agau y entre, près du moulin Pezouillous, & entre les portes de la Bouquerie & de la Magdeleine. Un journal anonyme, du temps, est du même avis. M. Ménard a très-bien discuté ces difficultés dans la note II. du V. vol. de son histoire de Nismes. Il y démontre que Popelinière & de Thou n'ont suivi l'opinion contraire, que par le goût qu'ils avoient pour le merveilleux. De Thou dit que S. André étoit Languedocien ; mais cela n'est pas bien sûr. Il s'appelloit Edouard d'Albert, & étoit second fils de Théobal d'Albert, seigneur de S. André d'Olerargues, au diocése d'Uzès, & de Gabrielle, dame de Montdragon en Pro-

DU COMTE' VENAISSIN, DE PROVENCE, &c.

vence. Paul d'Albert, seigneur de Montdragon, son frere ainé, habitoit à Montdragon. Edouard d'Albert pouvoit y être né. Il avoit pour bisayeul Thomas d'Albert, seigneur de Boussargues, mort le 28. Août 1455. & qui étoit cinquiéme ayeul du connétable de Luines. Ainsi S. André étoit cousin du troisiéme au cinquiéme degré de ce connétable. S. André d'Olerargues est une paroisse de 50. feux, du diocèse & à trois lieues & demie au N. N. E. d'Uzès : long. 22. d. 9. m. 40. s. lat. 44. d. 10. m. 40. s. Elle appartient à présent à Louis-Joseph-Dominique de la Fare, qui acheta en 1754. du comte de Lannion la seigneurie de Venejan, qui n'est pas fort éloignée de S. André.

p. 112. l. 10. Le capitaine Auscour défendit le château de Nismes avec 60. hommes jusques au 31. Janvier 1570.] Perussis a estropié le nom de ce capitaine du château de Nismes, en l'appellant Auscour. De Thou en parle deux fois, & le nomme Astoul. Il y a apparence que c'étoit ici son véritable nom.

113- 26. Le pont des protestans sur la Garonne à *Sigulhi*, rompu par Damville.] Damville tenta la rupture du pont, & n'y réussit pas. Monluc l'entreprit, & fut plus heureux. Il fit détacher le moulin du président Sevin le jeudi 15. Décembre 1569. à onze heures du soir. Ce moulin arriva sous le pont des huguenots à une heure du matin du vendredi 16. & eut bientôt fait son opération, que Monluc raconte comme un des plus beaux exploits de sa vie, & au détail duquel il donne plus de quatre pages. Il auroit été bien fâché, s'il avoit pû penser qu'il y auroit des historiens qui l'attribueroient à Damville, sur le compte duquel il ne pouvoit pas modérer sa jalousie. Les copistes de Perussis au lieu d'écrire Aiguilhon, ville entre laquelle & celle de Ste Marie étoit le pont des protestans, ont mis Sigulhi, en changeant l'A en S, & oubliant ou les deux dernières lettres d'Aiguilhon. Il y a plusieurs exemples de pareilles erreurs des copistes ou des imprimeurs. Ceux de Froissart en donnent un très-grand nombre. Un des plus singuliers est

celui d'YURET pour AYMET, en racontant le combat gagné par Pierre de Beuil. Le duc d'Anjou qui faisoit le siége de Bergerac avoit envoyé à la Reole chercher un grand engin appellé TRUIE. Pierre de Beuil, en l'amenant, rencontra près d'Aymet les Anglois commandés par Thomas Felton, sénéchal de Bourdeaux. Ceux ci l'attaquerent le 2. Septembre 1377. & furent battus. Felton, & les sires de Mucidan, de Duras, de Langoiran, & de Rozan en Bazadois, furent faits prisonniers. Les copistes ont retranché l'A d'Aymet, & de l'M ont fait UR. Ainsi on trouve Yuret au lieu d'Aymet ; méprise très-aisée en copiant & imprimant. Popelinière, en racontant le voyage des princes de Navarre & de Condé, depuis Moutauban jusques en Vivarais, nomme tous les lieux par où ils passerent, ou firent passer leur armée. Beaucoup de ces lieux sont méconnoissables par leur ortographe. On en fera connoître quelques-uns, que l'on ajoûtera à ceux que dom Vaissete a rétablis, & dont il a fait connoître la véritable position. Popelinière dit que le 22. Janvier 1570. les princes ayant passé le Tarn & la Veron à Liscar (l'Aveiron à Lissac) Bole, forte ville, fut prise, & que l'armée coucha à la Bastille S. Surin (la Bastide S. Sernin). Bole doit être Bieule, paroisse de 681. habitans, sur la droite de l'Aveiron, du diocèse & à sept lieues & un peu plus au sud de Cahors : long. 21. d. 42. m. lat. 44. d. 8. m. en supposant Cahors 21. d. 40. m. de long. & de lat. 44. d. 30. m. Les princes n'allerent pas à Bieule, qui est à quatre grandes lieues à l'est de Lissac ; mais ils y envoyerent un détachement. Il y avoit un château dans ce lieu, qui appartenoit alors à Hector de Cardaillac, mort en 1598. Il avoit épousé Marguerite de Levis-Caylus, & en avoit eu Louis de Cardaillac, comte de Bieule, chevalier du S. Esprit le 31. Décembre 1661. mort en 1666. & Claude de Cardaillac, qui épousa Jacques du Faur, baron de S. Jori, qui fut trisayeul de Tristan du Faur, comte de Bieule, marquis de Cardaillac & baron de S. Jori, marié le 20. Octobre 1759. avec Mar-

O o ij

the-Henriette du Bourg, fille de Jean-Mathias, seigneur de la Peirouse, issu d'Antoine du Bourg, chancelier de France en 1535. Les princes continuant leur route, prirent le 24. Mars Cazouls sur l'Orb, au diocèse de Beziers, passerent devant Beziers, Montignac, (Montagnac) Lusignan le petit, Tressourt, & Lucras. Tressourt est Tressan. Les copistes, ou Popelinière lui-même, ayant changé AN en OURT. C'est une paroisse du diocèse & a six lieues au N. E. de Beziers, à la gauche de l'Eraut, à une grande lieue au N. N. E. de Lesignan de la Cebe, que Popelinière appelle Lusignan le petit. Elle a 84. feux & 379. habitans : long. 21. d. 2. m. 50. f. lat. 43. d. 34. m. 40. f. François de Lavergne étoit alors seigneur de Tressan & de Puilaché. Il resta le 8. Mai 1597. & fut trisayeul de François de Lavergne, seigneur de Tressan, premier guidon des gendarmes de la garde du roi. Il étoit né à Pesenas, & au plutôt en Décembre 1667. puisque son père n'étoit marié que depuis le 1. Mars de cette année. Ainsi il n'avoit au plus que 82. ans & trois mois lorsqu'il mourut le 16. Mars 1750. & la Gazette lui en donne quatre-vingt-treize. Il eut pour fils Louis-Elisabeth de Lavergne, comte de Tressan, lieutenant général des armées du roi en Décembre 1748. associé libre de l'académie des sciences. D. Vaissete a bien prouvé que le *Lucras* de Popelinière, le *Lucaris* de de Thou, & le *Lucare* de ses traducteurs étoit le *Crez*, paroisse située sur une hauteur, à une lieue au levant de Montpellier ; mais il en exige trop des traducteurs, lorsqu'il dit qu'ils auroient bien dû faire connoître ce lieu par une note. *La Vacarie*, ou *la Vacaire*, non loin d'Alest, prise par Volrad de Mansfeld, n'est point Vaquières, paroisse de 30. feux & de 136. habitans, du diocèse & à cinq lieues ou environ au N. E. de Nismes, & à plus de six lieues au S. S. O. d'Alest. Il y a dans le diocèse d'Uzès un village, qui joint avec S. Just, a 22. feux & 102. habitans. C'est ce village de *Vaquières*, dans la paroisse de S. Just, que Mansfeld prit, qui n'est éloigné que d'environ trois lieues à l'est d'Alest, &

qui est assez près de S. Ambrois. Il y a apparence que Mansfeld, qui avoit été détaché de l'armée des princes, pour ramasser de l'argent & des vivres dans les châteaux & les villages barricadés, prit cette occasion pour se rendre maître de S. Ambrois, dans le même temps qu'il prit Vaquières. S. Ambrois est une petite ville, du diocèse & au N. N. O. d'Uzès : long. 21. d. 52. m. lat. 44. d. 16. m. Elle est composée de 365. feux, habitée par 1640. personnes. Elle députe aux états de la province, & est le chef-lieu d'un doyenné. *Ambrussum*, ou le pont Ambrois, que l'itinéraire d'Antonin dit être *Mutatio* entre *Nemausus* & *Sextantio*, étoit une paroisse sous le nom de *Sancta Maria de ponte Ambrosio*, dont le pape Adrien IV. confirma la possession à l'église de Nismes par sa bulle du 10. Décembre 1156. Cette paroisse étoit à la droite du Vidourle. Elle est aujourd'hui totalement détruite, & on n'y trouve pas le moindre vestige de maison. Il reste encore deux arches du pont Romain, sur lequel on passoit le Vidourle. La troisième fut emportée par le débordement de cette rivière le jeudi 18. Novembre 1745. La long. du pont Ambrois est 21. d. 49. m. & sa lat. 43. d. 42. m. 50. f. Le nom de Montech, petite ville du diocèse de Montauban, a été estropié par les copistes des memoires d'Ambres, qui ont écrit *Monteils*. C'est ce qui a fait croire à D. Vaissete dans son excellente note sur le siège & la bataille de Villemur, que ce prétendu *Monteils* étoit un château auprès de la petite rivière de Vere en Albigeois, situé à six ou sept lieues de Montauban, & à quatre ou cinq de Villemur. Montech est à deux lieues au S. O. de Montauban. Le château de la Cour que Themines assiégea, & devant lequel il fut défait par Scipion, duc de Joyeuse, le 8. Juillet 1592. est dans la paroisse de la Cour S. Pierre, du diocèse de Montauban, & fort près de Montech. Cette paroisse a 62. feux & 423. habitans. Elle est de la conférence de Montech. La paroisse de la Cour se trouve sur la carte du diocèse de Montauban par Figuier, que le P. le Long n'a pas connue,

& qui pourtant étoit gravée avant 1709. Quoique la recherche des noms eftropiés foit immenfe, il ne faut pourtant pas la négliger; d'autant plus qu'elle n'eft pas bien difficile. Une, deux, ou trois lettres mal placées dans un nom, le rendent abfolument méconnoiffable; mais dès qu'on trouve le moyen de rétablir une ou deux de ces lettres, on en comprend aifément ce qui avoit d'abord paru inintelligible. Le marquis de Varennes, lieutenant de l'artillerie de l'armée du prince de Condé en Languedoc en Décembre 1627. eft appellé par le mercure François le marquis de *Varonudes*; Martin de Reding, grand prieur de France, & gouverneur de Galice en Octobre 1642. eft nommé dans la Gazette Martin Daradin; Aujargues bleffé à la bataille de Lerida le 7. Octobre 1642. eft mal nommé *Daujarque*; *Montcanure*, capitaine de gendarmes & chevalier de l'ordre, felon de Serres, tué à la bataille de Jarnac le 13. Mars 1569. étoit Pierre de Monchi-Montcavrel, troifiéme fils de François de Monchy, feigneur de Montcavrel au diocéfe de Boulogne, chevalier de l'ordre, & de Jeanne de Vaux, dame d'Hocquincourt, frere ainé d'Antoine de Monchy, feigneur de Montcavrel, qui accompagna le duc d'Efpernon à fon expédition de Province, & qui mourut à Salon vers le 26. Septembre 1586. Pierregourde, qui commandoit un régiment levé en Vivarais en Septembre 1568. & qui fut tué au combat de Meffignac le 25. Octobre fuivant, eft appellé par les traducteurs de de Thou *Pierre de Gourges*. Le moine de S. Denis dans fon hiftoire de Charles VI. appelle *Venoufe* la plus grande & la plus magnifique ville de l'Afie, qui étoit alors la capitale de l'empire Turc dans cette partie du monde, & qui fut prife par l'un des fils de Tamerlan, peu après la bataille d'Angouri donnée le vendredi 21. Juillet 1402. La Fare, château ruiné dans la paroiffe de S. André de Valborgne au diocéfe d'Aleft, qui a donné fon nom à une ancienne maifon de Languedoc, de laquelle étoit le maréchal de la Fare, mort le 4. Septembre 1752. ne doit point s'écrire avec deux *r*; & c'eft eftropier ce nom que d'écrire la *Farre*, comme bien des écrivains modernes fe font avifés de le faire. Fimarcon, marquifat dès l'an 1503. compofé de plus de 20. paroiffes dans les diocéfes de Lectoure, d'Auche, & de Condom, & qui a pour chef lieu le château de la Garde, ne doit point s'écrire *Fief Marcon*. Roquefeuil, château dans la paroiffe de Dourbies, vers Aumeffas, fitué fur un rocher fort élevé, & dont il ne refte que des mafures, doit s'écrire *Roquefeuil*, & non point Roquefeuille, comme bien des gens l'écrivent. Ce château a donné fon nom à quatre maifons différentes, deux éteintes, & deux qui fubfiftent. Les anciens feigneurs de Roquefeuil finis par l'héritiére Adelaïs, dame de Roquefeuil, qui époufa Bernard V. feigneur d'Andufe, & qui étoit veuve en 1182. & 1185. Raimond, feigneur de Roquefeuil, leur fils, époufa en Novembre 1169. Guillemette de Montpellier, & fut une nouvelle tige de Roquefeuil. Catherine, dame de Roquefeuil, avoit pour cinquièmes ayeuls Raimond, feigneur de Roquefeuil & Guillemette de Montpellier. Elle époufa Jean, feigneur de Blancafort en Agenois, fils de Hugues, feigneur de Blancafort, & de Catherine de Madaillan, dame de Pujols en Bazadois, & mourut en 1406. Elle voulut que fa poftérité prît fon nom; & c'eft d'elle que defcendent plufieurs branches, qui portent le nom de Roquefeuil, quoique leur véritable nom foit Blancafort. L'une de ces branches a donné un lieutenant général des armées navales du roi, mort depuis peu d'années, & plufieurs capitaines de vaiffeau. Il y a encore les feigneurs de la Roquete, de Londres, de Gabriac, & de la Roque-Ainier, de Vrezols, de Convertis en Languedoc & Rouergue; & en Efpagne, les comtes de Peralada, grands d'Efpagne, éteints; & plufieurs autres branches, qui prouvent très bien leur defcendance depuis Guillaume de Roquefeuil, feigneur de Gremian & de Cornonfec, lieutenant de Jacques, roi d'Aragon à Montpellier, & auquel ce prince écrivit le 17. Mai 1275. qu'il étoit fon proche parent.

Le nom du président Louet, l'un des favoris du roi Charles VII. ne doit point être écrit *Louvet*. Le contrat original du mariage de Louis de Joyeuse avec Jeanne Louet, qui eut 14000. liv. en dot, fut passé à Lyon le 16. Janvier 1419. (1420.) Jean Louet, son père, y étoit présent. Son nom & celui de sa fille sont toujours ortographiés *Louet* ou Loueti, & jamais Louvet. Pierre de Boisratier, archevêque de Bourges, les épousa le même jour à Lyon, & dans la sale de la même maison où se passa le contrat. Tout cela fait voir l'erreur de la généalogie de Joyeuse, qui est dans l'histoire des grands officiers, où Jeanne Louet est appellée Louvet, & son père Jean Louvet, seigneur de *Saleniere*. Il devoit être nommé Jean Louet, seigneur de Falavier en Dauphiné & au diocèse de Lyon. Le mariage ne fut point fait à Bourges, mais à Lyon. Louis, baron de Joyeuse, testant en son château de Joyeuse le 25. Mars 1441. substitua, au défaut des descendans de ses garçons & fille, Louet, seigneur du Mirandol, son beau-frere, qu'il appelle toujours Louet, & jamais Louvet. Oserai-je dire contre un préjugé presque général, que Lawffeldt, lieu si connu par la victoire que le roi y remporta le 2. Juillet 1747. doit s'ortographier *Laveld*? Ce village, situé tout près & dans la dépendance de la paroisse de Ullringen, n'étoit pas connu. L'auteur de la carte des duchés de Cleves & de Juliers, gravée chez Jaillot, fut le premier qui en donna la position, & le nomma Laveld. Le Maire, dans la carte de Liége, suivit la même ortographe. Les premières relations de la bataille, les gazettes de France, d'Hollande, &c. lui donnerent le nom de Laveld. D'abord après, & sans sçavoir pourquoi, on jugea à propos d'écrire Lawffeldt. Les François qui retranchent les consonnes dans les noms Allemands, les multiplient sans nécessité dans celui de Laveld.

p. 113. *l.* 28. Auch, où les protestans entrerent le jour de la toussaint 1569.] Fait inconnu aux autres historiens.

1570.

113- 32. Christophle Scotti fit le 8. Janvier 1570. son entrée à son évêché de Cavaillon.] Il étoit fils de Paul Scotti, qui servoit sous François I. à la guerre de Pavie. Sa santé ne lui ayant pas permis de continuer à servir, il se retira, ayant une pension de la république de Venise. Sansovino loue l'évêque de Cavaillon d'avoir donné des preuves de son courage au camp de l'armée catholique, qui assiégeoit Menerbe, ville de son diocèse, dont les protestans s'étoient emparés. Annibal-Deodati Scotti, de la même famille que l'évêque de Cavaillon, chevalier des ordres du roi, à la promotion du 1. Janvier 1746. de la toison d'or & de S. Janvier, grand-croix de celui de S. Georges, grand d'Espagne de la première classe, majordome major, & ci-devant gouverneur de l'infant cardinal, mourut au château de S. Ildefonse près de Segovie le 18. Février 1752. dans sa soixante & dix-septiéme année. François Sansovino, qui étant à Venise le 10. Novembre 1582. dédia ses familles d'Italie à l'Empereur Rodolphe II. dit qu'alors la *famiglia Scotta* avoit plus de cinquante mille écus de rente, & possédoit les seigneuries de Fombio, Gazzano, Guardameglio, Castel del Bosco, Gravagno, Carpanero, Sarmeto, Gragnano, Vigolino, Riolo, Vigo Marino, & Fontana, ayant toutes de gros châteaux. Le comte Pierre Scotti de Sarmuto est représenté comme bon poète Italien, mais non comme auteur, par un Italien qui défend le goût actuel de sa nation.

115- 2. La dame de S. Privat ménagea la reddition de Nismes, qui fut exécutée le 31. Janvier 1570.] Jacques Farer, seigneur de S. Privat, qui testa le 7. Mars 1576. fut marié deux fois. Il épousa 1°. le 28. Décembre 1550. Sibille de Frilli ou Forlinier, niéce de Pierre de Frilli, évêque d'Apt, & cousine de Jean de Forcelen, seigneur d'Ubaye. 2°. Hippolite Grimaldi, fille de Gaspar, seigneur d'Antibes, de Cagne, & de Courbons, chevalier de l'ordre de S. Michel, mort dans les derniers mois de l'an 1578. & Jeanne de Quiqueran-Beaujeu. Il y a apparence que c'est d'Hippolite Grimaldi dont il est ici question.

117- 14. Orsan surpris par les protestans vers le 18. Mars 1570.] Cette paroisse est située sur une hauteur, & a un château, où l'on pourroit se défendre. Les protestans s'en saisirent à la fin de 1567. Joyeuse le reprit vers le 10. Mars 1568. Au mois de Mars 1569. la garnison de Nismes s'étant jointe avec des religionnaires des Cevennes, surprit Orsan à l'ouverture des portes de ce lieu qui étoit entouré de murailles, & y tailla en piéces cinquante argoulets à cheval qui y étoient en garnison. Les religionnaires manquerent Orsan en Mai 1577. Les partisans d'Alphonse d'Ornano ayant pris Orsan, le duc de Montmorenci fit marcher au commencement de Mai 1588. le comte de Châtillon & le vicomte de Turenne qui prirent Orsan, Ste Anastasie, Collias, Remoulins, S. Hilaire, Tresques, & Marguerites.

p. 117. l. 43. La Voulte, au port duquel lieu Montbrun passa le Rhône le 28. Mars 1570. Il battit Gordes vis-à-vis du Pousin. Boutieres y fut tué, & Rousset pris.] Les protestans qui vouloient arrêter Gordes en Dauphiné, & l'empêcher de tenter de reprendre Nismes, à quoi il étoit fort sollicité par le cardinal d'Armagnac, le comte de Tende, & les syndics de la province de Languedoc, firent une tentative sur Charmes qui leur réussit. Alard, que Gordes y avoit mis avec trente hommes, fut contraint de le leur abandonner. Ils y mirent Gaillard. Cependant Gordes resta quinze jours sur les bords du Rhône, pour empêcher les princes & l'amiral d'entrer en Dauphiné. Il repoussa plusieurs fois les protestans qui tenterent de passer cette rivière ; mais qui à la fin réussirent, & se camperent dans un lieu fort & couvert, peu éloigné du Pousin. Gordes les alla d'abord attaquer avec quatre-vingts hommes de pied & trente chevaux. Montbrun avoit cent vingt chevaux & quatre cents fantassins. La partie étoit trop inégale pour que Gordes réussît ; mais il se retira sans que Montbrun osât le suivre, quoiqu'il eût perdu quatorze de ses gendarmes, treize Suisses, & presque toute son infanterie. Rosset, son lieutenant, & Boutières, son guidon, furent faits prisonniers & menés au Pousin, où Boutières mourut le lendemain.

119- 21. Le prince de Navarre étant tombé malade, entra dans Nismes.] Il est surprenant que les registres de l'hôtel de ville de Nismes où M. Ménard a fouillé avec une exactitude extraordinaire, pour composer son histoire de Nismes, ne disent mot de cette entrée du prince de Navarre dans cette ville, ni de son séjour dans les environs.

119- 26. Lunel que l'amiral retourna attaquer, & qui fut défendu avec sept cents hommes par le commandeur de S. Christol, de la maison de Perles.] Popeliniere, & de Thou qui le copie, ne parlent que d'un siége de Lunel, qui fut levé le 9. Avril 1570. De Thou ajoûte que le siége d'Aimargues, château appartenant à d'Acier, ne fut pas plus heureux pour l'amiral de Coligni. Popeliniere entre dans un plus grand détail sur cet article ; mais il s'exprime d'une maniere si obscure, qu'il faut deviner ce qu'il veut apprendre à ses lecteurs. Il dit que pendant le siége de Lunel, les princes étoient logés à Vauvert ; & que leurs principaux officiers voulant aller voir ce qui s'y passoit, & en étant empêchés par deux enseignes catholiques, qui étoient en garnison à Aimargues, quoique cette ville appartînt à d'Acier, les protestans en entreprirent le siége. La garnison fit plusieurs sorties, & perdit un tiers des troupes qui sortirent le jour de l'escarmouche des pedernats. Le reste fut poussé jusques à la porte de leur ville. Lavardin & le jeune Jarnac, appellé Montlieu, furent mis avec leurs compagnies dans le plus prochain village, commandé par le château, dans lequel il y avoit beaucoup de protestans. Lavardin étant de garde, découvrit & repoussa une compagnie qui étoit partie d'Aigues-mortes, pour se jetter dans Aimargues, & prit celui qui portoit l'enseigne, mais il ne put pas empêcher le capitaine d'y entrer avec dix soldats. La garnison d'Aimargues ayant reçu un renfort d'Avignon, l'amiral de Coligni leva le siége. Popeliniere ne nomme pas le village où Lavardin & Montlieu furent logés, & qui étoit commandé par le château, dans lequel il y avoit beaucoup de proteſtans. Ce village ne peut être que le Caila, qui eſt ſitué à un quart de lieue au S. E. d'Aimargues, & qui avoit un château fort, lequel ſoûtint quatre ou cinq ſiéges pendant ces guerres civiles. Voici comme on peut arranger le journal des ſiéges de Lunel & d'Aimargues: La Loue, qui s'étoit avancé avec l'avant-garde de l'armée des princes, ſe logea avec Guitiniéres dans le Crez. Caſtelnau, frere du gouverneur de Montpellier, étant ſurvenu avec trois cornettes & deux cents arquebuſiers, tua la ſentinelle, s'avança ſur le corps de garde qu'il trouva tout endormi la nuit du 31. Mars au 1. Avril 1570. & les paſſa aiſément au fil de l'épée. Etant entré tout de ſuite dans le lieu, il eut le temps, avant l'arrivée des réïtres, d'enlever quatre-vingt chevaux, le drapeau de Guitiniéres, & de faire un grand butin. La Loue fut trouvé mort au lieu où il s'étoit endormi. On l'enterra à Colombiers, lieu près de là, qui étoit fort, & que les proteſtans occupoient. Fontrailles, ſon beau-frere, eut enſuite la conduite du reſte de ſa compagnie. C'eſt ainſi que Popeliniére raconte la mort de la Loue. Sa narration demande des éclairciſſemens. Popeliniére dit que le corps de la Loue fut enterré à Colombiers, lieu voiſin du Crez, & fort. Colombiers que l'on connoît, & qui eſt la premiére poſte que l'on trouve en allant de Montpellier à Niſmes, eſt un hameau d'une vingtaine de maiſons, entre leſquelles paſſe le grand chemin. Il eſt ſitué dans une vaſte plaine; & lorſqu'on y paſſe, on ne peut pas imaginer comment ce lieu a pû être fortifié. Popeliniére ajoûte que Fontrailles étoit beau-frere de la Loue. La généalogie de Fontrailles, qui ſe trouve dans l'hiſtoire des grands officiers (T. II. p. 624.) fait connoître Fontrailles, Michel d'Aſtarac, baron de Mareſtaing & de Fontrailles, vicomte de Cogolas, qui eut une jambe emportée d'un coup de canon à Jarnac en 1569. qui fut fort attaché à Henri IV. qui teſta le 9. Octobre 1604. & qui fut enterré dans le temple de ſa terre de Caſtillon au dioceſe de Lombez; mais elle ne fait nulle mention de la Loue, ſon beau-frere, ni d'aucune de ſes ſœurs qui eût pû l'épouſer. J'ai fait inutilement des recherches ſur la famille de la Loue. Au reſte, les proteſtans, qui alloient aſſiéger Lunel, paſſerent devant Montpellier le 3. Avril. Damville, qui venoit d'y entrer, fit faire une ſortie ſur eux par la cavalerie & les meilleurs arquebuſiers de la garniſon, favoriſés par l'artillerie qui étoit ſur leurs murailles. Le marquis de Renel, ſecondé par les compagnies de Lavardin & de Montlieu, les repouſſa juſques a la contreſcarpe du foſſé. Popeliniére ſe contente de raconter l'avantage que le marquis de Renel eut, en repouſſant la garniſon de Montpellier, & n'ajoûte pas que les proteſtans furent ſuivis le même jour 3. Avril par les deux freres de Caſtelnau, gouverneur de Montpellier, qui leur tuérent 150. hommes entre S. Brez & Colombiers, firent pluſieurs priſonniers & un grand butin, & même dans pluſieurs caſſines du voiſinage, où ils mirent le feu. L'amiral de Coligni étant arrivé ce jour là devant Lunel, en commença d'abord le ſiége. Mais deux cents arquebuſiers de Montpellier y étant entrés de nuit, & le commandeur de S. Chriſtol, de la maiſon de Perles, qui y commandoit ſept cents hommes, ſe défendant très-bien, l'amiral de Coligni jugea à propos de lever le ſiége le 9. Avril, prenant pour prétexte qu'il alloit joindre Montbrun, qui s'étoit emparé du paſſage du Rhône. Il doit être allé joindre ce même jour 9. Avril, les princes à Vauvert; mais comme il manquoit de bled, & qu'il y en avoit beaucoup dans Lunel, il retourna bruſquement pour faire une ſeconde tentative ſur cette ville, qui ne lui réuſſit pas mieux que la premiére. Perles, commandeur de S. Chriſtol, entre Montpellier & Sommiéres, n'eſt pas dans la liſte des chevaliers de Malthe, qui eſt à la ſuite de l'hiſtoire de l'abbé de Vertot. La recherche de la nobleſſe de la généralité de Touloufe, dit que Jean Merviel, ſeigneur de Perles, au dioceſe de Mirepoix, teſta le 16. Juin 1624. & fut pére de Barthelemi, ſeigneur de Perles, maintenu dans ſa nobleſſe en 1668. Lavardin s'appelloit Charles de Beaumanoir. Il fut tué au maſſacre de la S. Barthelemi le 24. Août 1572.

1572. Il fut père de Jean de Beaumanoir, marquis de Lavardin, fait maréchal de France en 1595. mort à Paris en Novembre 1614. Le jeune Jarnac, appellé Monlieu, étoit fils de Gui Chabot, baron de Jarnac, seigneur de Monlieu, chevalier de l'ordre, bon catholique, & de Louise de Pisseleu, & frere puiné de Leonor Chabot, baron de Jarnac, catholique, & mort en 1605.

p. 120. l. 28. Le commandeur de Chabrillan entra pour gouverneur à Carpentras vers le 21. Avril 1570.] François de Moreton, troisiéme fils de François de Moreton, seigneur de Chabrillan, & de Dauphine de Scitres-Caumons, fut fait prisonnier à l'entreprise de Zoara en 1552. & resta 14. ans esclave. Il fut ensuite commandeur de Montpellier, ou de Launac & de Bordeaux, général des galéres, baillif de Manosque, & proposé en 1582. par le pape Gregoire XIII. pour succeder au grand-maître de la Cassiere.

121. 11. Donzère escaladé par les garnisons de Bourg & de Pierrelatte, commandées par le capitaine Laval & Mattheo Fapoco, qui y tuérent 300. hommes du régiment de Piles vers le 28. Avril 1570.] Ce détail ne se trouve pas dans aucune autre relation.

122- 4. Montelimar. Les protestans l'assiégerent, & leverent le siége vers le 13. Mai 1570. après avoir tiré 517. coups de canon. La Tivolière défendoit la place.] La Tivolière étoit apparemment Gabriel de Maugiron, seigneur de la Tivolière, marié avec Agnès de Gotafrei, dont il eut Jeanne de Maugiron, dame de la Tivolière, mariée avec Laurens de Maugiron, comte de Montleans, lieutenant de roi en Dauphiné, mort vers le mois de Septembre 1588. Catherine Dorgeoise, qui épousa Charles de Grolée, comte de Viriville, & dont la fille Marie-Catherine de Grolée de la Tivolière, épousa le 28. Décembre 1687. Camille d'Hostun, duc d'Hostun, comte de Tallard, maréchal de France, étoit dame de la Tivolière. Je demande à ceux qui en sçavent plus que moi, si cette seigneurie de la Tivolière, qui a appartenu à trois personnes différentes, est la même, ou s'il y a plusieurs seigneuries de la Tivolière. La Tivolière est marquée comme un hameau entre Voiron & S. Etienne, sur la carte du diocèse de Grenoble.

122. 14. Baïs sur Baïs. Huit compagnies d'infanterie du régiment de Rouvrai furent battues par les troupes de Damville le 12. Mai 1570.] Ce fait ne se trouve dans aucun autre historien du temps. Perussis étoit en situation d'en être bien instruit. Baïs est une paroisse du diocèse & à quatre lieues & demie au nord de Viviers, de 221. feux, habitée par 990. personnes : long. 22. deg. 23. m. lat. 44. d. 42. m. 50. sec. Baïs sur Baïs est dans le district du rivage du Rhône, suivant une division donnée par un ingénieur employé en Vivarais en 1683. & 1684. Cet ingénieur leva alors une carte du Vivarais, pays dont la géographie étoit peu connue. Il y ajoûta une description du diocèse de Viviers en sept divisions ; le rivage du Rhône ; la montagne où est Pradelle ; les Botières hautes & basses, dont S. Agréve & Privas sont les chef-lieux ; les Cevennes, où est Aubenas ; le Mailhaguez, où est Ville-neuve de Berg ; & le Couirou, où l'on trouve Mirabel. Cette paroisse, comme celle du Poussin, s'étend à la gauche du Rhône. Le château de Gasavel appartenant à la famille de Gardon, & celui de la Motte, sont situés dans cette partie-là. Tout le terrein que le Rhône laisse à sa gauche en se retirant vers le Languedoc, appartient toujours au Languedoc & non au Dauphiné. Le château de Baïs sur Baïs a soûtenu plusieurs siéges, & tombe en ruine. Louis-Jacques d'Audibert de Lussan, archevêque de Bordeaux, qui obtint ses bulles le 16. Mars 1744. est né en 1703. à Baïs, seigneurie qui appartient à son frere Charles-Claude-Joachim, lieutenant général des armées du roi de la promotion de la fin de Décembre 1748.

122- 20. Condorcet abandonné par les protestans vers le 15. Mai 1570.] Paroisse de 516. habitans, sur la droite du Lez, cinq quarts de lieue au dessous de sa source, entre les monts de la

Tome I. Perussis.

Lance & de S. Angel, deux lieues au dessous de Nions, dans le district des Baronnies en Dauphiné, du diocèse & à sept lieues au S. O. de Die, & non de Valence, comme le dit le dictionnaire de la France, à dix lieues deux tiers au N. N. E. d'Avignon : long. 22. d. 49. m. 28. sec. lat. 44. d. 27. m. 30. s. Jean de Poitiers, seigneur d'Alan, de Sahune, & de Condorcet, épousa Alix de Lestrange, fille d'Antoine, baron de Boulogne en Vivarais, & de Françoise de Montfaucon. Sebastienne de Poitiers, leur fille, épousa le 11. Juillet 1552. Henri de Caritat, seigneur dudit lieu dans la principauté d'Orange, & donna la terre de Condorcet le 9. Mai 1564. à Henri, son gendre. Celui-ci étoit fils d'Olivier de Caritat, qui épousa le 18. Juin 1503. Marie de Vesc, fille de Pierre, seigneur de Comps & de Blacons, & d'Alix de Tholon-Ste Jalle ; & il fut bisayeul d'Antoine de Caritat, seigneur de Condorcet & de Montolieu, qui épousa le 24. Mars 1693. Judith Amieu, & en eut Jacques-Marie de Caritat de Condorcet, né dans le diocèse de Die en 1703. évêque de Gap le 20. Décembre 1741. & d'Auxerre à la fin de l'an 1754.

p. 123. l. 16. Le bois de Ramières près de Gigondas] S. André de Ramières est au N. N. O. de Gigondas. Le bois dont Perussis parle n'est point sur la carte du comtat, & doit être entre Ramières & Gigondas.

123. 27. S. Gilles. Damville y prit le 5. Juin 1570. deux églises où les protestans s'etoient fortifiés, aussi-bien que la tour du Pont & le moulin de Lunel. S. Gilles étoit une ville considérable dans le XI. siécle. Il y avoit un port sur le Rhône, où les flottes & les vaisseaux qui navigeoient sur la méditerranée venoient aborder. C'étoit le seul qu'il y eût en Languedoc. Raimond de S. Gilles à qui cette ville appartenoit, y reçut en Mai 1086. Emme sa belle-sœur, fille de Roger, comte de Sicile, qui y arriva sur une flotte que le comte son père avoit fait équiper, comptant qu'elle alloit épouser Philippe I. roi de France; ce qui ne réussit pas. Plusieurs flottes, qui alloient porter les croisés à la Terre sainte, en partirent. Celle qui y amena des pirates, des Flamans, des Frisons, & des Provençaux, avec lesquels Raimond V. comte de Toulouse, aidé par Winemand de Boulogne, capitaine renommé dans son temps, s'assura de Laodicée vers le 1. Septembre 1099. en étoit partie. Bertrand, comte de Toulouse s'y embarqua pour la Terre sainte en 1099. Le pape Innocent II. ayant été obligé de quitter Rome, dont l'antipape Anaclet étoit resté maître, s'embarqua sur deux galères qu'il trouva sur le Tibre, & aborda à S. Gilles sur le Rhône. De-là il se rendit à Arles & à Avignon, où il étoit le 24. Mars 1130. Raimond, comte de Toulouse, y avoit en Mars 1156. un palais dans lequel il résidoit avec Constance de France, sa femme. Le Juif Benjamin de Tudele dit dans son voyage, que vers l'an 1171. il passa à S. Gilles, qu'il appelle *Nogre*, & que cette ville étoit fréquentée par tous les peuples de l'univers. En 1165. il s'étoit donné une bataille sur la droite du Rhône, environ une lieue au dessus de S. Gilles. Trente galères des Pisans étant entrées dans la branche droite du Rhône, par le grau de la Chevre, & ayant mis leurs troupes à terre, furent attaquées le soir du 13. Septembre 1165. par les Genois commandés par le consul Amico Grille, qui avoit remonté la branche gauche du Rhône avec 35. galères & 15. autres bâtimens. La nuit sépara les combattans ; mais les Genois y furent bien battus, Il se donna une autre bataille le 27. Septembre 1562. dans cette plaine, un quart de lieue ou environ au sud du champ de bataille de 1165. La carte de Provence de Delisle place l'embouchure de la branche droite du Rhône, long. 21. d. 59. m. lat. 43. d. 25. m. celle de la branche gauche, long. 22. d. 18. m. lat. 43. d. 21. m. S. Gilles, long. 22. d. 10. m. lat. 43. d. 42. m. & moi je place le champ de bataille de 1165. long. 22. d. 11. m. lat. 43. d. 43. m. & celui de 1562. long. 22. d. 12. m. lat. 43. d. 44. m. Le livre de la méridienne de France détermine la distance de S. Gilles à cette méri-

DU COMTÉ VENAISSIN, DE PROVENCE, &c.

dienne de 86,736. toises, & à la perpendiculaire de Paris de 293,058. toises: ce qui donne son angle avec l'observatoire de Paris, 16. d. 28. m. 30. s. au sud-est, & sa distance à ce même observatoire, de 305, 850. toises, ou de 5. d. 21. m. 36. s. & 9. toises. L'infant D. Philippe arriva à S. Gilles le 5. Décembre 1746. à quatre heures du soir, & logea chez N. Thomas. Le duc de Modène y arriva peu de temps après, & logea chez N. Gaillere, chanoine de S. Gilles, & grand-vicaire de Louis-François de Vivet-Montclus, évêque d'Alest, & abbé de S. Gilles. Le 6. & le 7. les deux princes chasserent aux faisans, dont il y a nombre aux environs du château de Speiran, maison de l'abbé. Le 9. on fit une battuë aux sangliers: & le 10. l'infant partit, ayant reçu le soir précedent un courier, qui lui porta des dépêches de Jacques-Manuel-Michel de Gusman, marquis de la Mina, qui commandoit les troupes d'Espagne sous ses ordres.

p. 123. *l.* 38. Pomeras, château appartenant à Barri, pris par les protestans vers le 4. Juin 1570.] Celui que Perussis appelle Barri, étoit Charles de Taulignan, baron de Barre au diocèse de Mende en Gevaudan, de Puimeras au comtat, seigneur des Marches, S. Alexandre, &c. qui avoit pour trisayeul Antoine de Taulignan, seigneur des Marches, du Pui, de Cleonx, d'Andran au diocèse de Valence, qui épousa vers l'an 1450. Randonne de Rosans, dame de Puimeras, fille & héritière d'Amedée, seigneur de Rosans aux Baronnies, & de Sibille, dame de Puimeras ; & il fut bisayeul de Françoise de Taulignan, dame de Puimeras, des Marches, de S. Alexandre, mariée en 1666. avec Joseph-François de Blegurs, seigneur d'Aubelon, habitant à Carpentras.

123- 39. Bellegarde pris par Damville le 8. Juin 1570. après deux jours de batterie. Les huguenots se laisserent brûler dans la tour de ce lieu, qui tenoit pour les Albigeois en 1215. & fut pris par les troupes de Simon de Montfort.] Ce détail n'est pas aussi exact que celui qu'on va lire: Gui & Amauri de Montfort ayant appris dans le Toulousain, où ils étoient, que le jeune Raimond, fils du comte de Toulouse, avoit assiégé & pressoit le château de Beaucaire, marcherent avec Gui, évêque de Carcassonne au secours de cette place. Etant arrivés à Nismes, ils se mirent en marche le lendemain pour aller faire lever le siége de Beaucaire. Mais ayant appris en chemin que le jeune Raimond s'étoit assuré du château de Bellegarde, ils l'allerent assiéger, & s'en rendirent maîtres le jour même. Le lendemain ils s'avancerent en bataille jusques aux portes de Beaucaire, sans que le jeune Raimond daignât sortir de ses retranchemens. Alors apprenant que Simon de Montfort, leur père, qui étoit parti de Paris au mois de Mai 1216. s'avançoit à grandes journées, ils allerent à sa rencontre à Bellegarde, & retournerent ensuite tous ensemble à Beaucaire. Deux chevaliers du jeune Raimond, nommés Raimond de Belaros & Aimeri de Cayre, s'étant détachés, donnerent sur les avant-coureurs de l'armée de Simon, & engagerent le combat, qui dura jusqu'à la nuit avec beaucoup d'opiniâtreté de part & d'autre ; mais enfin Simon fut obligé de reculer, & de se retirer à Bellegarde. (D. Vaissette, Hist. de Lang. T. III. p. 289.) Ceux qui seront curieux de lire le détail de ce combat en Languedocien, le trouveront très-bien décrit dans l'histoire des Albigeois, écrite dans cette langue, & que D. Vaissette a fait imprimer dans les preuv. du III. vol. de son hist. de Lang. (col. 68.)

124- 11. S. Hilaire, dont la garnison se retira dans Nismes vers le 11. Juin 1570.] S. Hilaire d'Ozilhon, paroisse de 70. feux, dans le doyenné de Rémoulins, du diocèse & à deux lieuës deux tiers à l'E. S. E. d'Uzès. long. 22. d. 16. m. 4. s. lat. 43. d. 58. m. 26. s.

124- 22. Cavillargues tenoit pour les protestans le 13. Juin 1570.] Montmiral, frere du baron de Combas, le remit sous l'obéissance de Damville vers le 15. Octobre 1574. Louis, seigneur de Montlaur & des baronnies de Sabran &

P p ij

de Florac, étoit seigneur suzerain de Cavillargues au mois d'Avril 1418. Il étoit fort zélé pour le service du roi Charles VI. & du dauphin, auquel le duc de Bourgogne joint aux Anglois, vouloit enlever le royaume de France. Louis de Châlon, comte de Genève, fils de Jean, prince d'Orange, fut envoyé pour soumettre le bas-Languedoc. Montlaure empêcha le Vivarais de se déclarer pour le prince ; mais il arriva trop tard à Nismes pour empêcher les Bourguignons de s'en saisir. En chemin faisant, il voulut entrer dans Cavillargues. Les habitans lui en fermerent les portes, ce qui l'obligea de se retirer à Tresques *dans sa terre Sabranenque*. Il composa en 1427. avec les habitans de Cavillargues, qui lui payerent une amende pour leur désobéissance. Cavillargues a 98. feux & 444. habitans. Il est dans le diocèse & à deux lieues deux tiers au N. N. E. d'Uzès : long. 22. d. 11. m. lat. 44. d. 7. m. 32. s. dans le doyenné de Bagnols. Gabriel de la Fare se qualifia seigneur de la Fare dans son testament du 17. Septembre 1512. Il fut le trisayeul de Charles de la Fare, marquis de Montclar, qui naquit à Cavillargues le 27. Janvier 1613. qui fut gouverneur de Balaguier, du château d'Opoul, & de la ville de Roses, fait lieutenant-général des armées du roi en 1651. & qui mourut le 18. Février 1654. Il épousa Jacqueline de Borne, dame de Laugere & de Balaruc, & en eut Charles-Auguste de la Fare, marquis de la Fare-Laugere, baron de Balaruc, né en Février 1687. nommé maréchal de France au mois d'Octobre 1646. mort à Paris le 4. Septembre 1752. Jacques-Joseph Nicolaï, baron de Sabran, étoit seigneur de Cavillargues en 1686. & ses descendans mâles possedent cette terre en 1755.

+ *Evusquement*

+ 1746.

p. 124. *l.* 35. S. Hilaire, abbaye de l'ordre des carmelitans, au terroir de Menerbe, prise par les protestans le 4. Juillet 1570.] Ce monastère, qui ne paroît pas être une abbaye, n'est point marqué sur la carte du comtat de M. d'Anville.

125- 7. Mazeres.] Cette ville du comté de Foix & du diocèse de Mirepoix avoit été assiégée par le maréchal de Damville le 5. Octobre 1569. & obligée de capituler le 18. du même mois. Les protestans la reprirent par escalade le 9. Juillet 1570.

125- 34. Corp, que les catholiques renterent inutilement de prendre.] Gordes envoya assiéger Corp, dont l'archevêque d'Embrun desiroit la reprise. Le Monestier auquel Bellaffaire, Mestral, & Rivail avoient ordre d'obéir, fit faire plusieurs mines contre cette ville, dont aucune ne réussit. Vers le 15. Août 1570 Lesdiguières ayant attaqué le Monestier, l'obligea de se retirer avec perte de toute son artillerie. Lesdiguières & Champoleon occupoient la petite mais forte ville de Corp. A la fin de Mai 1570. Beaumont la leur enleva. Lesdiguières la reprit busquement, & Beaumont fut tué. (Chorier, hist. de Dauphiné, T. II. pag. 639. 640.)

125- 35. Caume de Fraissinières, grande caverne où on n'entre que par un trou, étoit occupée par les protestans.] Bonrepos, gouverneur d'Embrun, y ayant enfermé les habitans de la vallée de Freissinières, Lesdiguières fut à leur secours vers le 8. Juin 1570.

126- 3. Lauriol assiégé par Gordes, qui commença à faire battre cette place le 29. Juillet 1570.] Il fit donner l'assaut le lendemain à trois heures du matin par la brèche que son canon avoit faite, mais il fut repoussé. Il fit faire une tranchée par le capitaine Lestang, pour ôter aux assiégés l'usage d'une fontaine, qui étoit hors de l'enceinte ; mais ayant conclu une suspension d'armes avec S. Romain, il leva le siége. (Chorier, T. II. p. 642.)

116- 16. Rabastens emporté d'assaut par Monluc.] Le dimanche 23. Juillet 1570. cinquième jour du siège, à deux heures après midi. Monluc y reçut une arquebusade, qui lui perça les deux joues, & lui fit perdre les os de cette partie du visage. Il en guérit, mais longtemps après ; & fut obligé de porter le reste de sa vie une espece de masque sur le visage. Comme il prenoit un grand plaisir à détailler ses exploits,

& faire des leçons aux officiers & des lamentations fur le peu de récompense qu'il avoit reçu de la cour, il employa 90. pages de ses commentaires dans ce goût-là, pour raconter le siége de Rabastens.

p. 127. l. 20. Grane, d'où Valavoire le cadet ne voulut pas se retirer.] Chorier tout occupé des réflexions qu'il veut joindre continuellement aux faits qu'il raconte dans son histoire, ne s'embarrasse pas beaucoup de la chronologie. Il veut prouver que la paix faite avec les protestans, que Gordes fit publier à Grenoble le 25. Août 1570. fut long-temps à être exécutée en Dauphiné; & il veut deviner les motifs qui engageoient les protestans commandans dans quelques places du Dauphiné à ne point les restituer. Il s'étend sur les difficultés faites par Montbrun & par S. Romain; & ne se souvenant plus qu'il ne doit raconter que les difficultés qui retarderent l'exécution de la paix, il donne le détail du siége de Lauriol, commencé par Gordes le 29. Juillet 1570. & levé quelques jours après. Chorier raconte ensuite le siége du port du Poussin, que Gordes attaqua le 10. Juillet. Revenant ensuite à l'exécution de la paix, cet auteur dit que Gordes envoya sommer S. Romain, qui étoit dans Grane, d'obéir à l'édit, par un acte dressé par Fiançayes, & signifié par un de ses secrétaires. Il ajoute que cette signification fit un tel effet sur S. Romain, que celui-ci fit d'abord évacuer Lauriol, le fort du Poussin, & le Poussin même; que Lesdiguieres abandonna Corp après la sommation qui lui en fut faite par Fustier, suivant les ordres du parlement concertés avec Gordes. Après quoi il vient à toutes les difficultés que Valavoire fit pour rendre Grane; & finit en disant que la Roche, second commandant de Grane après Valavoire, remit cette place avec l'artillerie le 6. Décembre 1570. au vice-sénéchal & à Chastellar envoyés par Gordes. Peu de temps après, Charles IX. donna à Gordes Grane, & la châtellenie de ce lieu à Briançon. (Chorier, hist. de Dauphiné T. II. p. 642. 643.)

127- 22. Le fort vis-à-vis du Poussin, fait par les protestans avec de la terre & des fagots, attaqués par Glandage, Rosset, & Pracontal, & défendu par S. Ange qui y fut tué, démoli par les protestans en Août 1570.] Ce fort est appellé sur une carte manuscrite, fort de la Poule. Chorier dit que Gordes attaqua en plein jour le 10. Juillet 1570. le fort du Poussin en deçà du Rhône; que quelques-uns de sa troupe ne firent pas bien leur devoir; que ses échelles se trouverent trop courtes; que Maubec, Glandage le jeune, Navizan, & Buisson furent blessés; que Rosset, Rochefort, Blagneu, qui servoit dans la cavalerie, & Denis, enseigne de Chastellar, se distinguerent fort dans cette attaque; & que S. Anges d'Arces, qui commandoit dans le fort, fut blessé, & mourut de ses blessures onze jours après.

127- 42. Caprarola, château du cardinal Farnese, qui y étoit le 7. Septembre 1570.] Caprarola est marqué sur la carte de la méridienne de Rome, & a pour lat. 42. d. 20. m. Le bâtiment en est magnifique, & sa situation en est très-singuliere. On en trouve des plans dans les villes de Braunius & dans celles d'Italie, dont Mortier a formé quatre vol. grand in-folio.

128- 32. S. Geran, frere de la Guiche, envoyé par Damville à Orange, où le peuple le reçut vers le 4. Novembre 1570.] Claude de la Guiche, seigneur de S. Geran, étoit second fils de Gabriel, seigneur de la Guiche, & d'Anne Soreau, dame de S. Geran, qu'il avoit épousée le 9. Août 1540. Il mourut le 2. Janvier 1592. & avoit pour frere aîné Philibert, seigneur de la Guiche, chevalier du S. Esprit le 31. Décembre 1578. grand-maître de l'artillerie le 6. Juillet 1578. à la place de Biron, mort à Lyon le jour de la fête-Dieu 10. Juin 1607. Claude de la Guiche fut bisayeul de Bernard de la Guiche, dont la naissance disputée donna lieu à un grand procès, & matiere aux habiles avocats de faire paroître leur génie & leur habileté dans les différens mémoires qu'ils donnerent alors au public. Le parlement de Paris décida en faveur de Bernard de la Guiche le 29. Juillet 1663. Il fut envoyé en Angleterre, à Florence, & en Brandebourg en 1671. Il fut fait chevalier des ordres du roi le 1. Janvier 1689. & mourut le 18. Mars 1696. ne laissant qu'une fille religieuse. La terre de la Palice lui étoit parvenue par Anne de Tournon, fille d'Eleonor de Chabannes, dame de la Palice, & femme de Jean-François de la Guiche, seigneur de S. Geran, maréchal de France, son ayeul. Elle fut achetée par Gilles Brunet, seigneur d'Evri, qui étoit intendant de Riom en 1721. & de Moulins en 1723. & ensuite par François-Antoine de Chabannes-Pionzac, major des gardes Françoises†, gouverneur du Verdunois, commandant à la Rochelle & en Poitou en 1747. mort à Paris le 23. Décembre 1754. âgé de 68. ans. Le comte de Chabannes a eu pour successeur dans la terre de la Palice son neveu Jean-Baptiste de Chabannes, comte de Pionzac & d'Apchon, premier cornette de la seconde compagnie des mousquetaires, qui épousa le 8. Mars 1743. Marie-Olive Bernard de Coubert, née le 14. Août 1727. & qui étoit fils de Gaspard-Gilbert de Chabannes, comte de Pionzac, & de Philiberte, dame d'Apchon, mariée en Avril 1708.

p. 129. l. 10. Crillon & Aubres, auxquels Damville donna l'ordre de S. Michel vers le 13. Décembre 1570.] Claude de Berton, seigneur de Crillon, fut tué au combat de Menerbe le 14. Juin 1574. Pierre Gerard, seigneur d'Aubres, fit un codicile le 1. Juin 1613.

129- 36. Françoise de Sade, dame de Vaucluse, maraine d'un Juif à Avignon le 21. Décembre 1570.] Elle étoit fille de Joachim de Sade, seigneur en partie de Mazan, conseiller au parlement d'Aix en 1531. qui se noya en 1538. dans le Calavon, en allant de Saumane à Aix, & de Clemence Gerard d'Aubres. Elle avoit épousé 1°. en 1544. Antoine Foissard, dit Chaussegros, seigneur d'Istres, de Mimet, & de la Tour d'Entravennes, 2°. le 14. Décembre 1552. Esprit Sagner, dit d'Astouad, seigneur de Vaucluse, Velleron,

† L^t g^l des armées du Roi

& Lagnes, & de la partie de Mazan qui n'appartenoit pas à son beau-père, chevalier de l'ordre du roi & de celui du pape, mort après l'an 1581.

1571.

130- 10. Guillaume, natif d'Ecosse, évêque d'Umblane, fait évêque de Vaison, arriva à Avignon le 1. Février 1571.] Guillaume Cheisolme, évêque de Dumblain, ville d'Ecosse, sur l'Allan, dans la province de Menteirz, & dont la cathédrale est d'une structure admirable, fut nommé évêque de Vaison par Pie V. gouverna cette église pendant 16 ans: après quoi il se fit chartreux. Sixte V. le tira de cet ordre, & l'envoya en Ecosse en qualité de légat du S. siége. Revenu en France, il prit l'habit de chartreux à Lyon, & mourut prieur de la chartreuse de Rome le 2. Octobre 1592.

130- 26. Senas mourut en Provence en Février 1571.] Balthazar de Gerente, seigneur de Senas, fut le trisayeul de Joseph de Gerente de Senas, page de la petite écurie en 1703. vivant en 1754. La terre de Senas au diocèse d'Arles fut érigée en marquisat en Février 1643. & a été acquise par N. de Benault de Lubières, conseiller au parlement d'Aix. On trouve dans l'état de la France de 1749. Louis-François de Benault de Lubières, marquis de Roquemartine, conseiller au parlement, reçu le 7. Octobre 1746. & parmi les honoraires, Henri de Benault de Lubières, marquis de Roquemartine, & Pierre de Benault de Lubières, marquis de Roquemartine, seigneur d'Aureille & du Breuil.

131- 4. S. Goar, envoyé par le roi à Rome en Février 1571.] François de Vivonne, seigneur de S. Goar en Saintonge, marquis de Pisani, chevalier du S. Esprit le 31. Décembre 1583. mourut à S. Maur des Fossés, près de Paris, le 7. Octobre 1599.

131- 5. Le fils naturel de Gayazzo, de la famille de San-Severino, qui étoit à l'inquisition, & qui en sortit absous en Septembre 1571.] On croit que c'est le même qui fut tué entre Montelimar & Derbières le 12. Juin 1575.

131- 38. Hières, où le cardinal Strozi

zi paſſa l'hiver de 1571.] La ſituation de cette ville, & la quantité d'orangers dont elle eſt environnée, engagent ceux qui aiment le ſoleil en hiver, d'y aller paſſer cette ſaiſon.

p. 132- *l.* 9. Anet, où Charles IX. étoit le 12. Mai 1571.] Anet eſt un château du côté de Dreux, que Diane de Poitiers avoit fort embelli. Ce château eſt à 3383. toiſes ou 12. lieues, de 20. au degré, moins 423. toiſes à l'oueſt de la méridienne de Paris, & à 1193. toiſes, ou un tiers de lieue, & à 242. toiſes au nord de ſa perpendiculaire.

132- 25. La Verrière & Valſainte étoient occupés par les proteſtans en Août 1571.] La Verrière n'eſt point ſur la carte de Provence de Deliſle. Valſainte eſt une paroiſſe & abbaye du dioceſe & à quatre lieues & demie de Siſteron ; & de la viguerie & à une grande lieue préciſément au nord de Forcalquier : long. 23. d. 30. m. lat. 44. d. 4. m. La longitude d'Avignon étoit ſuppoſée pendant la vie de Deliſle de 22. d. 32. m. & ce n'eſt que depuis la réviſion de la méridienne faite en 1740. que l'on a trouvé qu'elle n'étoit que de 22. d. 28. m. 33. ſ.

132- 31. Le duc de Candia, général des jéſuites, étoit avec le cardinal Alexandrin, légat en France en Août 1571.] François de Borgia, né en 1510. ſe fit jéſuite en 1548. fut le troiſième général de cette ſociété après le P. Jacques Lainez en 1565. & mourut à Rome le 30. Septembre 1572. Il fut béatifié par Urbain VIII. le 23. Novembre 1624. & canoniſé par Clément X. en 1671.

133- 33. La fontaine de Vaucluſe, que le duc de Nivernois fut voir vers le 15. Septembre 1571.] Ce duc revenoit des bains de Luques, & non de Luc. M. l'abbé Pithon-Curt a fait graver une vuë de cette fontaine dans une grande planche qui eſt fort belle.

133- 38. Le duc d'Albuquerque, gouverneur du Milanois, & le marquis de Peſcaire, viceroi de Sicile, moururent peu avant le mois de Septembre 1571.] Gabriel de la Cueva, duc d'Albuquerque, avoit été viceroi de Navarre. Il ne laiſſa que deux filles. Son duché avec ſa grandeſſe paſſa à Bertrand de la Cueva, ſon couſin-germain, vice-roi d'Aragon, mort le 13. Mars 1612. biſayeul de François-Fernandez de la Cueva X. duc d'Albuquerque, qui épouſa le 6. Février 1684. Jeanne de la Cerda, fille de Louis VIII. duc de Medina-Celi. Le marquis de Peſcaire s'appelloit François-Fernandez d'Avalos. Sa petite fille, Iſabelle d'Avalos, marquiſe de Peſcaire & del Vaſto, épouſa Inigo d'Avalos, couſin-germain d'Alfonſe, ſon père.

134- 38. Aſcanio de la Cornia, neveu de Jules III. mourut à Rome au retour de la bataille de Lepante le 4. Décembre 1571.] Il étoit né en 1516. Il étoit fils de Francia de Berardo della Cornia, & de Jacqueline del Monte, ſœur de Jules III.

134- 40. François de Gerard d'Aubres, mon couſin, mourut quatorze jours après la bataille de Lepante dans l'iſle de ſainte Maure.] Il n'eſt point fait mention de ce François à l'article de Gerard de l'hiſtoire de la nobleſſe du comté Venaiſſin. Il devoit être fils de Gabriel, ſeigneur d'Aubres, & de Richarde Griller, fille de Claude-Philippes, ſeigneur de Taillades, & de Françoiſe de Peruſſis, ſœur de Louis de Peruſſis, ayeul de Louis de Peruſſis, auteur de l'hiſt. des guerres du comté Venaiſſin, & qui par-là ſe trouvoit couſin iſſu de germain de François de Gerard.

135- 3. Le commandeur de Romegas, qui s'étoit diſtingué à la bataille de Lepante, fut fort bien reçu du pape le 14. Novembre 1571.] On trouve dans un recueil mſ. des preuves des chevaliers de Malthe, Mathurin de Leſcout-Romegas, chevalier de Malthe, reçu en 1566. qui pouvoit être le neveu du commandeur de Romegas, & qui étoit fils de Bernard de Leſcout, ſeigneur de Romegas au dioceſe de Lectoure, & de Françoiſe de Cobiac. Antoine de Leſcout, ſeigneur de Romegas, épouſa en 1607. Françoiſe de Gelas, dame de Bonas, fille de Joſeph de Gelas, ſeigneur de Bonas & de Roſes, & de Marguerite de Gelas, veuve de Jean de Puiſegur, ſeigneur de Montac, &

fille d'Antoine de Gelas, seigneur de Leberon, & d'Antoinette de Pavet-Montpeiran. Antoine de Lescout eut de Françoise de Gelas, Marie de Lescout, dame de Bonas, qui épousa Arnaud-Antoine de Pardaillan, seigneur de Durfort; & Anne de Gelas, qui épousa François du Lin, baron dudit lieu & de Faneron. Si quelqu'un curieux vouloit bien nous apprendre la position précise de la seigneurie de Romegas, qui mériteroit mieux d'être placée sur une carte géographique que beaucoup d'autres lieux que l'on y met, la république des lettres lui seroit très-obligée.

p. 135. l. 4. Le maréchal de Vieilleville mourut] en son château de Duretal le 30. Novembre 1571. On ajoute qu'il mourut de poison. La plûpart des gens, qui veulent toujours joindre du merveilleux aux évenemens, même les plus simples, s'imaginent qu'un roi, un prince, un seigneur distingué, & un quelqu'un qui a fait parler de lui, ne peut pas mourir naturellement, & que ses envieux trouvent moyen de l'empoisonner. Il me faut des preuves bien claires, avant que je croie la réalité de ces empoisonnemens. Le maréchal de Vieilleville prenoit ce nom du port de Vieilleville, qui avec les seigneuries de Lezigné, de S. Bernard, & de Barnée, fut uni le 6. Février 1559. à la baronnie de Duretal & de Mathefelon par Henri II. Ce port de Vieilleville n'est point marqué sur aucune carte d'Anjou.

135- 6. Lignerolles tué en cour] à Bourgueil, où la cour étoit à la fin de l'été de 1571. & à midi vers le 1. de Septembre par George de Villequier, vicomte de la Guierche, accompagné d'Henri d'Angoulême, fils naturel d'Henri II. de Charles de Mansfeld, & de S. Jean, frère de Montgommeri. Lignerolles étoit favori & confident du duc d'Anjou. Une mort aussi extraordinaire fit raisonner le public; on en chercha les motifs; on en inventa plusieurs; & il ne paroit pas que l'on ait encore trouvé le vrai. Ceux qui ont voulu dire qu'il sçavoit le secret de la S. Barthelemi, & qu'il l'avoit divulgué, ont raisonné par la suite des évenemens. Le massacre de la S. Barthelemi arriva par hazard, & ne fut point projetté, quoi qu'on en ait voulu dire. Bourgueil que M. de Thou (liv. I. p. 276.) dit être en Touraine, est en Anjou. Le nom de Lignerolles étoit Philibert le Voyer, seigneur de Lignerolles & de Bellefille. Il étoit fils de Jean le Voyer, seigneur de Lignerolles, & de Jeanne de Surmont. Il avoit épousé Anne Cabriana, fille d'Emilio Cabriana, gentilhomme Mantouan, & d'Estiennette du Plantis; & il en eut Catherine le Voyer, qui épousa René du Bellay, seigneur de la Flotte, gouverneur du Mans. Lignerolles est une paroisse du haut Perche, à 16. m. 30. s. à l'est de Seés: long. 18. d. 14. m. 50. s. lat. 48. d. 35.

135- 10. Malras, ambassadeur du roi à Rome, y arriva le 15. Décembre 1571.] On trouve que Barthelemi de Roger, seigneur & baron de Ferrals, S. Benoit, Malras, Villemagne, Villepinte, &c. gentilhomme ordinaire de la chambre du roi, étoit sénéchal de Lauragais le 11. Février 1580.

1572.

135- 18. Madame de Lestrange tint avec le cardinal d'Armagnac un des fils de Suze à Suze le 4. Janvier 1572.] Catherine de Chabannes, fille de Joachim, seigneur de Curton, qui avoit épousé le 31. Décembre 1533. Catherine-Claude de la Rochefoucaud, épousa Claude de Lestrange, baron de Boulogne en Vivarais, seigneur de Montbrun, Alier, Marsal, &c. Lestrange servit d'abord le parti catholique, & ensuite le protestant. Il étoit au camp de l'amiral de Coligni à Faye la vineuse, le 20. Octobre 1569. Il n'eut qu'une fille unique, Marie de Lestrange, qui fut son héritière, & qui épousa le 22. Février 1579. René d'Hautefort, seigneur du Teil.

135- 24. Le cardinal Alexandrin, légat, arriva à Blois le 7. Février 1572.] De Thou, toujours prévenu pour les protestans, & contre la cour de Rome, en racontant le voyage du cardinal légat (traduct. T. VI. p. 331.) dit qu'en
courant

courant la poste, il rencontra la reine de Navarre, & passa sans la saluer. On ne sçait, dit-il, si ce fut par fierté ou par impolitesse. Si de Thou n'avoit pas copié aveuglément les historiens protestans & leurs brochures, & s'il avoit été plus attentif à combiner les dates des évenemens, il n'auroit pas erré dans le narré de ce fait. Ce qui regarde la reine de Navarre n'est pas vrai.

p. 135. l. 28. Jean de la Cassière, de la langue d'Auvergne, élu grand-maître de Malthe en Mars 1572.] La Cassière est un petit château dans la Marche. Nul géographe ni historien n'a pas encore jugé à propos d'en donner la position; & nul auteur n'a pensé à faire connoître la généalogie de ce grand-maître, qui merite autant, & peut-être plus, d'être connue que bien d'autres qui sont imprimées.

136- 15. Vingt-deux heures d'Italie, 6. heures après midi le 1. Mai.] Chracas dans ses notices de Rome qu'il imprime tous les ans, dit que le 1. Mai midi est à Rome à 16. heures 30. m. de l'horloge Romaine; ainsi 24. h. où le moment du coucher du soleil doit être à 7. h. 30. m. de l'horloge Françoise. Mais suivant le calcul de cet article, le coucher du soleil à Rome seroit le 1. Mai 8. h. du soir ; ce qui n'est pas, le plus grand jour à Rome n'étant que de 15. heures.

137. 7. Jacques Sacrato-Sadolet, nommé par le pape évêque de Carpentras le 2. Juin 1571.] Il étoit fils de Jean-Baptiste Sacrato, & de Marguerite Sadolet, sœur de Jacques Sadolet, né à Modène en 1478. évêque de Carpentras en 1517. cardinal en 1536. mort à Rome en 1547. On dit que Jacques Sacrato, évêque de Carpentras, mourut en odeur de sainteté.

137- 39. Le duc de Medina-Celi débarqua en Flandres 3500. hommes, malgré les navires du comte Ludovic.] Jean de la Cerda, duc de Medina-Celi, arriva à la rade d'Ostende le 11. Juin 1572. avec 54. bâtimens de toutes grandeurs.

138- 7. Le duc de Sesse, qui devoit joindre l'armée de la ligue, étoit à Barcelone en Juin 1572.] Alfonse de Zuniga y Sotomayor, marquis de Gibraleon, devint duc de Sessa en 1542. en épousant Beatrix de Cordoue & de la Cerda, IV. duchesse de Sessa, qui étoit fille d'Elvire de Cordoue, duchesse de Sessa, de Terra-nova & de sant' Angelo, fille & héritière de Gonçalo-Fernandez de Cordoue, dit le grand capitaine. Elle mourut à Sessa en 1524. Alphonse de Zuniga, dont Perussis parle sous le nom de duc de Sesse, mourut le 9. Juin 1597. sans enfans. Antoine-Fernandez de Cordoue, fils de Beatrix, sœur de Françoise de Cordoue, fut V. duc de Sessa & trisayeul de Felix-Fernandez de Cordoue, IX. duc de Sessa, mort en Juillet 1709. âgé de 54. ans.

138- 25. On trouva trois cents mille écus chez l'amiral tué à Paris le jour de la saint Barthelemi 1572.] Il faudroit qu'un auteur qui aime sa réputation, réfléchît sur ce qu'il écrit, & qu'il n'adoptât pas des bruits populaires, qui n'ont d'autre fondement que de rendre odieux les chefs d'un parti duquel on n'est pas content.

140- 9. Cambis & Portes envoyés par Joyeuse vers le 12. Septembre 1572. à Alais, dont ils se rendirent maîtres.] Portes étoit Jacques de Budos, baron de Portes & de Budos, né vers l'an 1537. lieutenant d'une légion de gens de pied, que Jean Louet, baron de Calvisson, eut ordre de lever dans les diocèses de Mende, du Pui, & de Nismes, commandant à Alest, à S. Ambrois, à Barjac, & aux Vans, lieutenant de la compagnie d'hommes d'armes du maréchal de Joyeuse, son cousin, chevalier de S. Michel en 1570. gouverneur du Pont S. Esprit, gentilhomme ordinaire de la chambre du roi par brevet du 6. Mars 1583. Le roi érigea en sa faveur sa baronnie de Portes & la seigneurie de Teirargues en vicomté. Il avoit vendu sa seigneurie de Budos, près de Bordeaux, le 9. Juillet 1570. à Raimond de la Roque, seigneur des Imberres. Sa généalogie, qui est dans l'histoire du comtat, dit qu'il fut nommé chevalier du S. Esprit le 9. Janvier 1595. & qu'il en reçut le collier la même année. Si

Tome I. Perussis.

cela est, le catalogue des chevaliers du S. Esprit, qui est à la fin de l'histoire des grands officiers, l'a oublié. On y trouve bien le fils de Jacques de Budos, chevalier du S. Esprit en 1619. Mais il n'est fait nulle mention de Jacques.

p. 141. l. 13. Basordan envoyé par Damville à Orange en Octobre 1572.] Basordan en Magnoac, à quatre lieues au nord de S. Bertrand de Comminges: long. 18. d. 7. m. 45. s. lat. 43. deg. 13. m. 20. s.

141- 19. Navarino pris par l'armée de la ligue le 2. Novembre 1572. Cette armée tint Ochiali assiégé dans Modon.] Navarin est une ville de Morée à 138. lieues à l'ouest-sud-ouest de Constantinople: long. 39. d. 23. m. lat. 37. d.

141- 22. La Sapience, isle où l'armée de la ligue débarqua vers le 15. Octobre 1572.] Sapienza, isle de l'Archipel à 141. lieues à l'O. S. O. de Constantinople: long. 39. d. 18. m. lat. 36. d. 50. s.

141- 33. Nismes, tu devrois te ressouvenir de ton jadis Cabrier.] Le *Cabrier*, ou celui qui gardoit les chèvres de cette ville, les laissoit pâturer dans des endroits prohibés. Il en fut puni sévèrement. C'est un proverbe, dont les habitans de Nismes se servent souvent.

142- 11. Lombez, de la maison de Clermont-Lodève, chevalier de l'ordre, envoyé par Damville au roi, retourna en Décembre 1572.] François de Castelnau & de Clermont, troisième fils de Pierre de Guilhem, seigneur de Clermont-Lodève, & de Marguerite de la Tour-Turenne, avoit pour frères aînés Jacques, évêque de S. Pons, mort le 6. Septembre 1586. & Gaion de Castelnau & de Clermont.

1573.

143- 5. Damville prit vers le 12. Janvier 1573. Lunel le vieux & Teissargues, près du pont de Lunel.] Lunel-vieil est une paroisse de 92. feux, du diocèse de Montpellier, dans l'archiprêtré de Brillargues, à 10. m. 12. s. ou trois lieues & demie à l'E. N. E. de Montpellier: long. 21. d. 45. m. 28. s. lat. 43. d. 40. m. 50. s. Ce que Perussis appelle Teissargues, est Daussargues, église aujourd'hui ruinée entre le pont de Lunel & Massillargues. Les protestans l'avoient fortifiée en 1573. Les ruines de Daussargues sont à 700. toises au N. E. de Lunel, & à 500. au S. O. du pont de Lunel: long. 21. d. 48. m. 56. s. lat. 43. d. 40. m. 57. s.

143- 22. S. Geniez. Ceux de Nismes voulurent secourir ce lieu à la fin de Janvier 1573. Mais Chaisse, qui y fut envoyé avec soixante hommes, fut défait par les catholiques.] S. Geniez est une paroisse de 226. feux du diocèse d'Uzès, à la droite du Gardon & dans le doyenné de Sauser, à 10. m. ou trois lieues un tiers à l'O. S. O. d'Uzès: long. 21. d. 52. m. 48. s. lat. 43. d. 56. m. 37. s. Le cardinal de Saluces achetera en 1406. la baronnie de S. Geniez, qui étoit composée des lieux de S. Geniez, Montignargues, Fons, Serignan, Quilhan, Ortous, Rauret, & S. Bauzeli. Cette baronnie avoit appartenu à Jean Betisac, secrétaire du duc de Berri, exécuté à Toulouse le mardi 21. Décembre 1389. & ses biens confisqués. Louis XI. donna S. Geniez, S. Bauzeli, & Montignargues, à Jeanne de Bourbon, qui épousa Louis de Joyeuse, seigneur de Botheon. Ils vendirent ces trois terres à Jacques, seigneur de Crussol, qui en paya les lods aux officiers du roi le 25. Juin 1504. Ces trois terres sont toujours restées depuis dans la maison de Crussol, & appartiennent aujourd'hui au duc d'Uzès. S. Geniez qui étoit occupé par les troupes de Nismes, fut pris par les catholiques le 13. Juillet 1622. le même jour que le duc de Rohan fit arrêter à Nismes par son prévôt Jacob Roquete le capitaine Jean Bimard, mestre de camp d'un régiment de mille hommes de pied, & Jean de Poitrin de Florencourt, que le duc prétendoit avoir trahi son parti. Bimard fut condamné à mort & décapité à Nismes dans la place du château le 30. du même mois de Juillet.

143- 35. Un petit-fils de l'amiral de Coligni, âgé de neuf ans, passa par Avignon en Février 1573. & fut confiné dans une abbaye de Provence.] Charles de Coligni né à Châtillon le 10. Décembre

DU COMTÉ VENAISSIN, DE PROVENCE, &c.

1564. resta trois ans à Notre-dame de la Garde à Marseille, & fut remis au baron de Meuillon vers le 31. Mai 1577. Mais les huguenots qui se défioient de lui, l'enfermerent pendant douze jours. La méfiance des huguenots cessa : & lorsqu'en 1585. Montmorenci leva sept régimens en Languedoc, Châtillon, son frere aîné, eut le premier, & lui le second. Il se trouva avec son frere, lorsque celui ci voulut surprendre la nuit du 4. Décembre 1585. la ville du Pui ; mais l'entreprise ne réussit pas. L'education qu'on lui avoit donnée en Provence lui fut dans la suite d'une grande utilité, & lui donna moyen de connoître la vérité de la religion catholique. Il l'embrassa, & obtint en 1617. de l'archiduc Albert main-levée des terres qu'il possédoit en Franche-Comté. Il fut fait chevalier des ordres du roi en 1619. & mourut à Lanti en Champagne le 27. Janvier 1632. Il avoit un frere aîné, nommé Odet, né à Châtillon le 24. Décembre 1560. connu comme lui sous le nom d'Andelot, que Châtillon, son frere aîné posta dans Manguio qu'il avoit pris vers le 30. Juillet 1577. & où il se maintint deux mois pour faciliter à son frere le passage des troupes qu'il étoit allé ramasser en Cevennes & en Rouergue, & avec lesquelles il secourut Montpellier le 30. Septembre 1577. Andelot mourut en 1580. & fut enterré à Nismes dans l'hôtel de ville, sous un tombeau élevé.

p. 143. l. 42. Miraval, fils du feu seigneur de Laudun, fut tué à l'assaut de Sommieres le 13. Février 1573.] Charles des Astars acheta en 1484. de Jacques, baron d'Apchier, les châteaux de Valon & de Mirabel en Vivarez. Mirabel est le nom que portoit celui que Perussis appelle Miraval. Il s'appelloit François des Astars de Laudun, & étoit troisième fils de Christophle des Astars de Laudun, & de Jeanne de Grasse du Bar. Claude, baron de Laudun fut tué à la bataille de S. Denis le 10. Novembre 1567. Il avoit vendu Laudun au vicomte de Joyeuse 37700. livres. François, seigneur de Mirabel, n'eut qu'une fille, Diane, qui épousa 1°. Jean de Bousquet, seigneur de Montlau, 2°. N. Ratte.

144- 7. Les forts faits par les Turcs à la bouche de Cataro, pris le 14. Décembre 1572. par le provéditeur Soranzo.] De Thou dit que Paul Orsini & Moreto Calabrege prirent vers la fin d'Octobre 1572. un fort fait par les Turcs sur le golfe de Cataro.

+ Turcs

144- 10. Augubio se révolta contre le duc d'Urbin en Février 1573.] Gui d'Ubaldo, duc d'Urbin, ayant voulu augmenter les impôts du duché d'Urbin, trouva de la résistance ; & on ne vouloit payer que les sommes promises au duc François-Marie, lorsqu'il rentra dans le duché. Gui d'Ubaldo arma ; les peuples en firent de même ; le pape termina l'affaire. Urbin se soumit, & ayant envoyé au duc des députés pour l'assurer de son obéissance, le duc les fit mettre en prison, & décapiter dans la citadelle de Pesaro. Il en bannit plusieurs autres ; confisqua leurs biens ; & fit construire aux dépens des citoyens d'Urbin une citadelle pour les tenir soumis. (Bartolomeo Dionigi da Fano : Agguinta all' istorie del mondo di Tarcagnota, e di Mambino Roseo, p. 449. 450.)

++ Vgubio

144- 22. Cabrieres, à l'attaque duquel lieu Perussis, jeune enfant, se trouva en 1545.] Perussis se disant jeune enfant en 1545. devoit alors n'avoir pas 15. ans ; mais Clement de Perussis, son pere se maria en 1521. & il étoit l'aîné de ses freres. Cabrieres, paroisse du diocese, & à deux lieues au N. E. de Cavaillon : long. 22. d. 55. m. o. s. lat. 43. d. 53. m. 30. s. La longitude d'Avignon supposée être 22. deg. 33. min. 40. sec. & la latitude 43. deg. 57. minutes. 30. s. Pour réduire cette longitude à celle de la connoissance des temps, il faut en ôter 5. m. 7. s. & alors la longitude d'Avignon sera 22. d. 28. m. 33. s. & pour que la latitude soit 43. d. 57. m. 25. s. il faut en ôter 5. s. Si l'on veut avoir Cabrieres calculé conformément à la connoissance des temps, il faut supposer ce lieu à 22. d. 49. m. 53. s. de long. & 43. d. 53. m. 25. s. de lat.

× Agginnta

145- 32. Le pont de Beaufort, église sur le pas des Cevennes, rendue à Damville vers le 14. Avril 1573.] Cette église ne se trouve point sur les cartes des diocèses de Nismes & d'Alest. Le maréchal de Damville ayant mis garnison dans Sommières, & envoyé ses compagnies de cavalerie en quartier de rafraichissement à S. Chapte, S. Geniez, Brignon, & Boucoiran, fit monter, suivant l'expression du journal ms. de Bonnet (fol. 94.) trouvé à Congenies en 1749. son infanterie à Quissac, pour assiéger Sauve. En même temps, trois compagnies de Nismes sortirent de nuit; allerent à Uzès, à S. Ambrois, & en deux jours à Anduse, où elles furent jointes par deux compagnies. Le lendemain ces cinq compagnies ayant pris des vivres, allerent ravitailler Sauve. Elles s'y reposerent quelques jours; & un dimanche après diner elles sortirent de Sauve, & allerent se mettre en bataille devant l'armée de Damville, qui étoit à Quissac. Ces compagnies étoient conduites par le capitaine Ultacy de Montpellier, qui attaqua les troupes de Damville. L'escarmouche dura deux heures, au bout desquelles les royalistes se retirerent de Quissac. Quelques jours après, ces compagnies protestantes allerent assiéger la tour de Durfort, défendue par sept ou huit soldats, qui la rendirent dans peu de jours. Vesenobre se déclara pour les protestans, & reçut garnison. Une troupe protestante prit en même temps Calvisson & Cornillon. Les trois compagnies venues de Nismes partirent de Vesenobre de nuit après souper; allerent à Uzès & à Nismes, où elles se reposerent quelques jours. Dès qu'elles y furent arrivées, on y apprit que Laudun avoit été pris par les protestans, qui se rendirent aussi maîtres du château de Montlaur.

p. 145. l. 41. Peiregourde, à la tête de 800. huguenots du Vivarais, passa le Rhône, pour surprendre le fort du Pousin, & fut repoussé par Julio Centurione, vers le 10. Avril 1573.] Chorier ne dit rien de cet évenement. Pierregourde s'appelloit François de Barjac, & étoit seigneur de Pierregourde en Vivarais.

146- 37. Saillans en Dauphiné pris par Montbrun vers le 26. Avril 1573.]
Saillans fut pris par Miribel, Roisse, & Mari de Vesc, seigneur de Comps. Le secours que Gordes y envoyoit sous le capitaine Menon, & sous Aimar de Chaste, seigneur de Gessans, n'étant pas arrivé à temps, Gordes y accourut, & reprit d'abord cette place.

147- 10. Gargas voulant secourir le château de Serres, fut défait le 8. Mai 1573. par Montbrun.] Chorier, sans entrer dans aucun détail de cet évenement, se contente de dire que Montbrun s'empara de Serres; & il place Serres dans le diocèse de Die, quoique cette petite ville soit du diocèse de Gap.

147- 36. Lascours, maison de Joyeuse, où Damville venant d'assister au sacre d'Antoine de S. Nectaire, évêque du Pui, le 24. Mai 1573. coucha le 25.] Lascours est à mille toises ou environ, au S. E. de Laudun au diocèse d'Uzès. Ce château, beau, bien bâti, & avec des jardins, fort près & à la droite du Rhône, avoit été vendu au vicomte de Joyeuse par Claude, baron de Laudun, avant l'an 1567. La rivière de Lave, qui entre là dans le Rhône, sépare Lascours de Laudun.

148- 4. Usset, près de Villeneuve de Berg, pris par les protestans vers le 28. Mai 1573.] Usset est un nom estropié. Ne seroit-ce point Vessaux, château à trois petites lieues au N. O. de Villeneuve de Berc, & à pareille distance au S. O. de Privas, à cinq quarts de lieue au N. N. E. d'Aubenas ? Ce qui me feroit croire qu'il s'agit ici de Vessaux, c'est que S. Thomé prit ce lieu au mois de Juillet de l'année suivante sur les protestans. Mais comme ses troupes se mirent à piller, la garnison de Vessaux, conduite par Rochefort, qui avoit abandonné la place, revint sur ses pas, défit S. Thomé, & tailla en piéces les troupes que le capitaine Laval amenoit à leur secours. Vessaux, long. 22. d. 3. m. lat. 44. d. 39. m. au nord de Viviers. (De Thou, traduct. liv. 58. tom. VII. pag. 86.)

148- 27. Damville fit venir au mois de Juin 1573. du canon pour chasser 500. hommes de Nismes, qui défendoient une grange fossoyée.] Cette grange foſſoyée doit être la métairie du capitaine Servas, qui étoit en pleine campagne, & entourée de deux grands foſſés, auxquels on pouvoit en joindre deux autres, & en faire un bon fort ; ce fort ayant encore un colombier & fon enclos. Les capitaines Carguet & Cheiron ayant rapporté cela au conſeil extraordinaire de la ville de Niſmes, qui fut tenu le mercredi 3. de Juin 1573. le conſeil envoya trois compagnies à la métairie de Servas pour la garder, & protéger les travailleurs. Le maréchal de Damville étant venu camper le mercredi 17. Juin à Bouillargues avec 3000. fantaſſins & 400. chevaux, le capitaine la Croix, qui commandoit dans le fort de la métairie de Servas, reçut ordre de S. Côme, gouverneur de Niſmes, & du conſeil de la ville, d'abandonner cette métairie, malgré toutes les fortifications qu'on y avoit faites. La Croix en ſortit la nuit du 19. au 20. Juin ; mais étant arrivé au pont d'Arles, il y fut attaqué par les troupes du maréchal de Damville, & eut beaucoup de peine à ſe ſauver, après avoir abandonné toutes les munitions qu'il avoit retirées du fort de Servas, & qu'il menoit avec lui. (M. Ménard, hiſtoire de Niſmes, tom. V. pag. 98.)

p. 148. l. 32. Undit, Sauve, & Condorcet, pris par les proteſtans vers le 26. Juin 1573.] Les copiſtes de Perruſis ont bien eſtropié les deux premiers noms de cet article. Undit eſt introuvable ; & on ne voit aucun nom dans ce canton là avec lequel on puiſſe le concilier ; à moins que ce ne ſoit Vif, dont la priſe eſt dans Chorier. Sauve eſt Sahune. Les catholiques avoient ſurpris Sahune. Ce lieu appartenoit à S. Auban, qui y avoit mis ſes meubles & ſes effets les plus précieux ; ne croyant pas qu'il pût être emporté aiſément. Montbrun qui ne pouvoit pas ſe paſſer de S. Auban, mena lui-même ſes troupes devant Sahune. Il le reprit en plein jour. Nions où la Laupie commandoit, Livron, Lauriol, & Dieuleſit, ſe rendirent enſuite à Montbrun, qui fit fortifier Lauriol & Livron, où il étoit entré ſans réſiſtance, Gordes ayant abandonné ces deux villes. S. Auban prit par capitulation, après un ſiége de dix-huit jours, la roche ſur le Buis, défendu par Fallet d'Avignan, & Fauchet de Die, qui en ſortirent avec leur ſeule épée. (Chorier, tom. II. p. 652.)

148- 41. Chabeuil pris par les proteſtans vers le 4. Juillet 1573. & repris par Gordes, qui y fit priſonnier le ſeigneur de Comps.] Chorier ajoûte que Gordes prit ce lieu par aſſaut, & qu'il y laiſſa une garniſon de cent hommes, commandée par Peloux. Chabeuil eſt dans le dioceſe & à deux lieues à l'eſt de Valence. On y compte 678. feux. Le dictionnaire de la France ne lui donne que 514. habitans, & ſe trompe ſûrement ; puiſque 678. feux doivent être habités par près de 3000. perſonnes. La petite rivière de Veaune, qui ſe jette dans le Rhône une lieue au deſſous de Valence, paſſe à quelques centaines de toiſes & vers le nord de Chabeuil. Il y a dans ce lieu une papeterie, où l'on fabrique du très-bon papier.

149- 34. Manas rendu à Gordes le 18. Juillet 1573.] Chorier qui avoit le journal mſ. de Gordes, ne fixe pas le jour de la priſe de ce lieu. Il dit qu'il ſe défendit pendant quelques jours, & que Roiſſe, qui commandoit dans le bourg de Dieuleſit, négocia la capitulation avec Gordes lui-même. Manas eſt une paroiſſe du dioceſe & à ſept lieues au S. S. E. de Valence, de 62. feux, & de 279. habitans. Ce lieu fait un demi-feu, des 37. & un quart dont Montelimar eſt formé. Il eſt ſitué ſur la droite du Roubion, qui après avoir reçu le Sabron, & paſſé au ſud de la porte de Montelimar, ſe jette un quart de lieue au deſſous dans le Rhône. Montelimar eſt à quatre lieues à l'oueſt de Manas.

150- 35. Milhau, entre lequel lieu & Niſmes le maréchal Damville défit le 25. Juillet 1573. ſix cents proteſtans, dont ſoixante furent tués, & entre autres Maſcaron (Madaron) qui avoit limé le treillis de fer par où Niſmes fut ſurpris. Le maréchal avoit auprès de lui les neveux de Joyeuſe, Chalabre, Campendu, & Chaſte.] Damville étoit campé près de Niſmes depuis le 17. Juin ; &

il y avoit souvent des escarmouches entre ses troupes & celles de la ville de Nismes ; au secours desquelles le capitaine Gremian arriva le vendredi 26. Juin, avant le jour, avec les troupes dont il avoit la conduite. Le 15. Juillet il y eut une escarmouche très-vive sous les murailles de Nismes, près de l'église de sainte Perpetue. Le capitaine Gremian y eut son cheval tué sous lui : la ville l'indemnisa le jeudi 16. & lui donna cent cinquante-six petits écus, prix du cheval tué, & fixé par le gouverneur S. Côme, & le capitaine Senglar. Jean Bertrand, capitaine d'une compagnie de la garde de Nismes, étant mort d'une blessure qu'il reçut dans une escarmouche du côté de Bernis, le conseil extraordinaire de Nismes, qui se tint le vendredi 17. Juillet, donna le commandement du quartier de Bertrand au capitaine Aulbert. Le quartier, où commandoit le capitaine l'Hermite, fait lieutenant de la compagnie des chevaux-legers du capitaine Bimard, fut donné à Bernard Arnaud, seigneur de la Cassagne. Les neveux du vicomte de Joyeuse, qui combattirent très-bien auprès du maréchal de Damville, étoient François de Bruières, baron de Chalabre au diocèse de Mirepoix, seigneur de la Fite, Ougneres, & Taulac, qui fut ensuite capitaine de 50. hommes d'armes ; & qui testa le 10. Mai 1589. Il étoit fils de François de Bruières, baron de Chalabre, d'Anne de Joyeuse, première sœur de Guillaume, vicomte de Joyeuse. L'autre neveu de ce vicomte étoit Guillaume de Narbonne, baron de Campendu, au diocèse de Carcassonne, mort en 1580. & qui étoit fils d'Aimeri de Narbonne, baron de Campendu, mort en 1554. & de Françoise de Joyeuse, troisième sœur du vicomte, laquelle se remaria à Antoine de Gaste, seigneur de Lupé en Forez, & au diocèse de Vienne. Chaste, que Perussis nomme comme troisième neveu de Joyeuse, & qui étoit le second, s'appelloit François, baron de Chaste, au diocèse de Vienne en Dauphiné, seigneur du Brosse, baronnie du diocèse du Pui, qui entre aux états de Languedoc, capitaine de cinquante hommes d'armes, qui fut tué en 1594. devant la ville du Pui, qu'il assiégeoit sur les ligueurs. Il étoit le troisième fils de François, baron de Chaste, & de Paule de Joyeuse, seconde sœur du vicomte.

p. 151. l. 2. Le maréchal de Tavannes, mort à sa maison.] Gaspard de Saulx de Tavannes, mourut en son château de Suilly au mois de Juin 1573. âgé de 63. ans. Guillaume de Saulx, son frere aîné, étoit baron de Suilly ; mais on ne trouve aucun de ses ancêtres, qui ait possédé cette terre. Gaspar de Saulx n'étoit point & ne pouvoit être seigneur de Tavannes, puisqu'il n'y a point de terre qui porte ce nom. La mère de ce maréchal s'appelloit Marguerite de Tavannes, & étoit sœur & héritière de Jean de Tavannes, chevalier, seigneur de Dalle, natif du comté de Ferette en Alsace. Elle avoit épousé le 18. Avril 1504. Jean de Saulx, seigneur d'Aurain.

153-6. Le jour de S. Michel 29. Septembre 1573. le comte de Villectaire donna l'ordre du pape dans l'église métropolitaine d'Avignon à Esprit d'Astoaud, seigneur de Vaucluse, & à Gaucher des Isnards, seigneur de Brantous.] Esprit Saignet, dit d'Astoaud, seigneur de la Fare, & conseigneur de Mazan, fut aussi seigneur de Velleron, de Vaucluse, de Lagnes, au comtat, d'Istres & de Mimet en Provence ; & se qualifia comte d'Ampuries. Il avoit été nommé gouverneur de Boulene en Octobre 1563. & il courut un grand danger dans sa terre de Mazan, lorsqu'elle fut pillée & ravagée par le baron des Adrets le 2. Août 1562. Gaucher des Isnards étoit troisième fils de Gaucher des Isnards, vice-recteur du comté Venaissin, & de Jeanne Fogasse, & mourut après l'an 1598.

155-7. Le comte de Bossu fut défait par les gueux le 11. Octobre 1573.] De Thou (traduction, livre 55. p. 585.) dit que cette bataille se donna devant le canal de Middelbourg en Zelande le 12. & le 13. de Septembre 1573. que Theodore de Sonnoi commandoit la flotte des mécontens, & que Maximilien Hennin, comte de Bossu, en Hainaut, fut défait & pris prisonnier.

155- 41. Villeclaire descendoit de la maison des marquis de Brandebourg, de laquelle étoit Cuppa de Brandebourg, second connétable de France en 1575.] Il faut être bien ignorant & bien crédule, pour rapporter sérieusement une telle généalogie. La généalogie de Martinengo Villa-Chiara, donnée par san Sovino, est bien embrouillée.

p. 156. l. 10. Etienne Deodet, neveu du baron de la Garde, fut sacré évêque de Grasse le 30. Novembre 1573.] Il est singulier qu'on ne sçache pas le nom du père & de la mère de cet évêque. Il n'est pas possible qu'on ne le trouvât, si on en faisoit les recherches nécessaires. Il y a beaucoup de titres au château de la Garde en Dauphiné, & un portrait du baron de la Garde, qui mériteroit mieux d'être gravé que beaucoup d'autres portraits que l'on donne tous les jours au public.

156- 15. Tourret près de Montelimar, attaqué par les protestans vers le 1. Décembre 1573.] Ne seroit-ce pas Tourretes, château sur une hauteur, à droite en allant de Montelimar à Lauriol.

156- 30. L'évêque du Pui reprit vers le 2. Décembre 1573. Fain.] Fain n'est point sur la carte du diocèse du Pui de Sanson, sur celle de Languedoc de Cavalier, sur une carte manuscrite que j'ai vue, ni dans le pouillé de ce diocèse, fait en 1750.

157- 7. Paul de Thesan, seigneur de Venasque, auquel Suze donna l'ordre du roi le 17. Décembre 1573.] Sa généalogie dit qu'il servit en Provence à la tête d'un régiment de seize compagnies de gens de pied, avec lequel il défendit le château de Montauroux contre le duc d'Epernon, qui fut repoussé dans trois assauts consécutifs ; mais qui à la fin prit la place le 15. Septembre 1592. Paul de Thezan testa le 21. Juin 1611. & fut le IV. ayeul de Paul-Aldoncé-François-Antoine de Thezan, marié le 2. Mai 1741. avec Anne-Antoinette-Françoise-Hugone de la Baume-Suse, dont une fille née le 17. Février 1742.

1574.

159. 6. Le bâtard d'Aramon, blessé à mort près de Serignan le 2. Février 1574. & le jeune S. Auban tué.] De Thou (T. VIII. p. 354.) dit que le bâtard d'Aramon porta en Mars 1580. à Lesdiguières la moitié d'un écu d'or que le roi de Navarre, dans la conférence de Mazères en Novembre 1579. avoit rompu & gardé, lorsqu'il donna à Calignon, député des églises protestantes de Dauphiné, l'autre moitié, en lui disant que, lorsqu'il enverroit à Lesdiguières sa moitié, c'étoit un signal de commencer la guerre. L'envoi de la moitié de cet écu me paroît romanesque. J'examinerai dans quelqu'autre occasion ce fait historique, dont les lecteurs qui aiment le merveilleux sont persuadés ; & j'espere démontrer qu'il est faux. Si le bâtard d'Aramon est le même que celui dont parle ici Perussis, sa blessure ne fut pas mortelle. La généalogie que j'ai des Pape-S. Auban, ne nomme point ce frère de Jacques Pape, seigneur de S. Auban, tué le 2. Février 1574.

160- 38. Le grand prieur d'Auvergne défit vers le 30. Mars 1574. quelques huguenots sortis de Nismes sous Bouillargues, & Bimard.] Louis de Lastic fut reçu chevalier de S. Jean de Jerusalem au grand prieuré d'Auvergne, le 12. Mai 1523. Il étoit grand prieur d'Auvergne en 1558. & avoit pour frère aîné Thibaud, seigneur de Lastic & de Rochegonde, qui épousa Claude d'Ancezune-Caderousse, & en eut Françoise, dame de Lastic & de Rochegonde, qui épousa 1°. Joseph de Foix, comte de Mardoigne, 2°. Jean de la Guiche, seigneur de Bournoncle. Jean de la Guiche fut père de Louise de la Guiche, dame de Lastic, qui épousa le 10. Mars 1611. Louis-Antoine de la Rochefoucaud, seigneur de Chaumont & de Langeac, mort le 16. Juillet 1652.

161- 3. Le 18. Avril 1574. Robert de Girard fut sacré évêque d'Uzès.] Il étoit, suivant des memoires manuscrits de M. de Mandajors, académicien vétéran de l'académie des belles-lettres, mort à Alest le vendredi 23. Novembre 1747. fils de Pierre Girard, seigneur de Soucanton, au diocèse d'Alest, & de Françoise de Brignon, & frère de Tannegui Girard, seigneur de Soucanton, mort avant 1579. dont la fille Georgette Girard, dame de Soucanton, épousa le 15. Octobre 1579. Antoine Gregoire, seigneur des Gardies. Louise Gregoire, leur fille, fut mariée le 14. Octobre 1607. avec Jacques de S. Bonnet, seigneur de Restinclières, mort le 22. Juin 1647. frère aîné du maréchal de Toiras, & bisayeul d'Elisabeth-Marie-Louise-Nicole de Bermond, comtesse d'Ambijoux, née au château de Bernis, diocèse de Nismes le jeudi 20. Décembre 1691. qui épousa en Juillet 1715. Alexandre de la Rochefoucaud, duc de la Rocheguyon & puis de la Rochefoucauld, & qui mourut au château de Liancourt, diocèse de Beauvais, le 30. Septembre 1752.

p. 161. l. 35. Le mercredi d'après pâque, le commandeur majeur défit au passage de la Meuse 6500. Flamands. La bataille dura huit heures.] De Thou dans son 59. livre donne un grand détail de cette bataille, qui se donna le 14. Avril 1574. dans la plaine de Moock (Moockerheide), bourg du duché de Clèves, situé sur la droite de la Meuse. Louis de Nassau, frère de Guillaume, prince d'Orange, & Christophe de Bavière, qui commandoient les confédérés, y furent tués.

162- 7. La Valette, Montluc, S. Orens, & Montferrand reprirent Tarbes & Sarlat vers le 25. Avril 1574.] Si Monluc avoit repris Tarbes, il n'auroit eu garde de l'oublier dans ses commentaires.

162- 10. La Vauguion, Pompadour, Urfé & Bordeille reprirent Bassac vers le 28. d'Avril 1574.] Nul historien n'ayant parlé de cet évenement, il faut s'en remettre à la bonne-foi & à l'exactitude de Perussis.

162- 13. Peraud assiégé le 7. Mars (Mai) 1574. fut pris aussi-bien que Serrières & Monneval (Malleval).] Peraud fut assiégé par S. Chamond & Entragues, de la maison d'Urfé, le 3. Mai. Le château de Serrière fut abandonné, de même que celui de Malleval. Le château de la Barge fut abandonné avant l'abandon de Serrière.

162- 24. La plaine de Crom, où se donna la bataille de Montcontour le 3. Octobre 1569.] De Thou ne nomme point la plaine de Crom, en racontant la bataille de Montcontour. Il dit que les protestans étant partis fort tard de Montcontour, & tirans du côté d'Airvaut, rencontrerent dans la plaine d'Assai, le duc d'Anjou, qui après avoir passé la Dive, marchoit en hâte pour les joindre. La troisième guerre civile de France (pag. 425.) dit que Monsieur, après avoir poursuivi la victoire une demilieue, campa dans la plaine de Crom, où s'étoit donnée la bataille. Crom est sur la gauche d'un ruisseau qui se jette dans la Dive, cinq minutes précisément au sud de Montcontour, qui est sur la Dive, & 4. à l'est d'Assai. Crom, long. 17. d. 37. m. lat. 46. d. 48. m. Assai, long. 17. d. 30. m. lat. 46. d. 48. m. Montcontour dans l'élection de Richelieu, 129. feux, 585. habitans: long. 17. d. 36. m. lat. 46. d. 53. m.

162- 35. La Roche pris par les protestans vers le 19. Mai 1574. quoique secouru par Baumettes & Subroche.] Chorier dit que S. Auban prit, après un siège de dix-huit jours, le château de la Roche sur le Buis, défendu par Fallet d'Avignon & Fauchet de Die.

163- 18. Le pont de Royans, où les troupes du prince Dauphin essuyerent quelque surprise.] Chorier dit que le prince Dauphin avoit mis cinq enseignes d'infanterie dans le pont de Royans, & que Montbrun sçachant que les soldats maltraitoient les habitans, les alla attaquer vers le 26. Mai 1574. & qu'ayant forcé le bourg du pont de Royans, qui avoit été démantelé, il les battit & leur tua 400. hommes.

163- 26. Die assiégée par Montbrun, avec lequel étoient Glandage le fils, Stoblon, Comps, Gouvernet, Sainte-Marie, & les deux Blacons; & défendue par Glandage le père, qui obligea Montbrun à se retirer vers le 9. Juin 1574.] Chorier ne détaille pas si bien ce siège de Die.

p. 163. l. 39. Menerbe, [près duquel lieu Stoblon, qui commandoit deux cents arquebusiers à cheval, & de l'infanterie, battit le 14. Juin 1574. les troupes du comtat commandées par Claude de Berton, seigneur de Crillon, qui y fut tué. Les protestans étoient sur les terres de la tour de Sabran & de Maubec; & la cavalerie catholique les joignit, après avoir passé sur un pont du fossé du moulin de Maubec.] Le président de Gaufridi (Jean-François de Gaufridi, baron de Trets, conseiller au parlement d'Aix, hist. de Provence, p. 550. 551.) raconte ce combat d'une manière singulière. Voici ce qu'il en dit. Ferrier, bloqué par Crillon dans Menerbe, demanda du secours à Montbrun, qui dépêcha le seigneur de Stoblon avec 300. maîtres & 150. arquebusiers des vieilles bandes du Piémont. Stoblon part; le jour il se tient enfermé dans les bois; la nuit il répare si fort le repos du jour, qu'il marche tout d'une haleine, & se jette dans la place. Après avoir donné trois ou quatre heures de repos à ses gens, il les sépara, & les envoya en divers quartiers brûler les bleds des aires voisines. Ces ravages firent attrouper les intéressés, qui allerent joindre le seigneur de Crillon, & se trouverent environ 1200. chevaux à la plaine de Menerbe. Alors le seigneur de Stoblon sortit avec 300. maîtres, suivi de ses arquebusiers. En approchant des catholiques, il fit ouvrir sa troupe; ceux-ci s'avancerent pour s'y jetter dedans, & trouverent les arquebusiers pied à terre; & s'étant fait un rempart de leurs chevaux, les arquebusiers firent une décharge fort heureuse. Ceux qui s'étoient séparés les rejoignirent. Les catholiques environnés de toutes parts, furent tués; & le seigneur de Crillon laissé sur la place. Sa mort mit ses gens en désordre; ils prirent la fuite, & furent poursuivis jusqu'aux portes d'Avignon. Cette ville prit l'épouvante, & consentit à payer la contribution. Stoblon ayant fait encore quelques courses très-heureuses, retourna en Dauphiné.

166- 6. L'abbaye de S. Romans de S. Mozi près de Beaucaire, prise par les protestans vers le 1. Août 1574.] Les protestans de Nismes, commandés par le capitaine Mengette, s'emparerent du château de S. Roman au mois d'Août, par escalade, & par les facilités que leur donna Nicolas de S. Roman. Quelques jours après, celui-ci voulut reprendre sur eux ce château. Le capitaine Mengette l'avoit laissé dans la place avec sa famille, & avoit ordonné aux soldats de la garnison de lui obéir. S. Roman profitant d'un voyage que le capitaine Mengette étoit allé faire à Nismes, attaqua le samedi 28. Août entre trois & quatre heures du soir, de concert avec trois soldats des environs, ceux qui avoient la garde du château. Il tua d'un coup de pistolet le premier soldat qu'il trouva; mais les autres se mirent en défense. Un autre soldat étant allé en même temps ouvrir la seconde porte que S. Roman avoit fait fermer, fit entrer sept ou huit arquebusiers de la garnison qui étoit dehors. Alors S. Roman prit la fuite. Il se jetta par une fenêtre dans les fossés du château, & se tua. (M. Ménard, hist. de Nismes, tom. V. pag. 120.)

166- 39. Montbrun prit le château & le lieu de Sassenage vers le 28. Août 1574.] Chorier n'a pas connu la prise de Sassenage; mais il nous apprend que les catholiques prirent le 13. Juillet 1574. le château de Crussol; que Mestral, gouverneur de Valence, partit de cette ville avec 120. arquebusiers; qu'il fut devant les portes du château avant le jour; & que les ayant enfoncées sans résistance, il ne donna quartier qu'à Capestan qui en étoit capitaine. (Chorier, hist. de Dauphin, tom. II. p. 661.)

167- 1. Le roi, qui avoit fait son entrée à Chamberi le 2. Septembre 1574. arriva à Lyon le 6.] Guichenon, l'un des historiens les plus exacts que je connoisse, & qui à peine est imité par les autres, s'est oublié en racontant le passage de Henri III. dans les états d'Emmanuel-Philibert, duc de Savoye. Le roi incertain, selon Guichenon, s'il retourneroit en France par les Grisons, pour éviter le Milanois, qui appartenoit à l'Espagne, suivit l'avis du duc, qui

Tome I. Pérussis. Rr

souhaitoit passionnément de voir sa majesté dans ses états. Philibert engagea le comte d'Ayamonte, gouverneur du Milanois, de recevoir le roi d'une manière que ce prince en fût content. Guichenon devoit bien détailler & faire un journal de la route d'Henri III. dans le Milanois. Il continue en disant que le roi entra en Piémont par Verceil ; qu'il vint à Turin, où le duc lui fit une réception des plus magnifiques ; qu'il y demeura douze jours ; que le duc accompagna le roi jusques à Lyon ; le défraya par tous ses états avec sa cour ; lui donna six mille hommes de pied pour ses gardes, conduits par le comte de Mazin, & mille chevaux commandés par le marquis de Lanz ; de crainte que les religionnaires de Dauphiné ne lui dressassent quelque mauvais parti sur le chemin. Emmanuel-Philibert apprenant la mort de Marguerite de France, sa femme, qui arriva à Turin le 14. Septembre 1574. retourna au plutôt dans ses états, & laissa à Henri III. toute l'infanterie qu'il avoit amenée de Piémont, laquelle servit long-temps en France sous Jean-Louis Coste, comte de Bennes. Guichenon n'ayant pas mis une seule date dans la narration des deux voyages d'Henri III. & d'Emmanuel-Philibert, dont il écrivoit l'histoire, laisse cette partie de son ouvrage très-imparfaite.

p. 167. l. 11. Montluc âgé de 74. ans, fut fait maréchal de France vers le 12. Septembre 1574.] Montluc n'étoit point âgé de 74. ans en Septembre 1574. Il dit lui-même qu'il n'avoit que 17. ans, lorsqu'il passa en Italie, peu avant le combat de la Bicoque, & qui se donna le 27. Avril 1522. dimanche de Quasimodo. Il s'y trouva étant archer dans la compagnie du maréchal de Foix. François de Man-sen-Côme, seigneur de Monluc, père du maréchal, fit son testament à Puch de Gontaud, diocèse de Condom, le 14. Janvier 1530.-1. Il y ordonna que l'on fit le service des quatre obits fondés par Pierre-Arnaud de Man-sen-Côme, son grand-père, aux lieux de Puch & de Sempoy, & que l'on acquittât le legs fait par Arnaud de Man-sen-Côme, son père, à ses sœurs Lorete & Jeanne. Il fit des legs à ses freres Pierre de Man-sen-Côme, chevalier de *Monseigneur* S. Jean de Rhodes, à Bernard, religieux de S. Maurin en Agenois, & à sa sœur Rose, dame d'une abbaye qu'il ne nomme point. Il donna à Jean de Man-sen-Côme, son fils, religieux de l'ordre de S. Pierre de Condom, cent petits écus & mille livres Tournois pour sa légitime. Ce Jean de Man-sen-Côme est Jean de Monluc, évêque de Valence, connu par seize ambassades, par son penchant pour la religion protestante, dont il se corrigea long-temps avant de mourir, & par-tout ce qu'on a dit de bien & de mal sur son compte. François, son père, nomme encore dans son testament Sebastien de Monluc, son fils, qu'il veut être de l'ordre de S. Jean de Jerusalem ; Marie, sa fille, religieuse de *Madame* sainte Claire de Condom ; Anne, son autre fille, alors mariée à François de Leberon ; & qu'il substitua à tous ses biens d'abord après les enfans mâles, & avant les enfans d'Isabeau, son autre fille. L'histoire des grands officiers de la couronne (T. VII. pag. 290.) cite le testament du 14. Janvier 1530.-1. comme l'ayant extrait ; mais ce testament nomme le père de François, seigneur de Monluc, Arnaud ; & la généalogie des grands officiers le nomme Amanieu, & son grand-père, Pierre ; & le testament le nomme Pierre-Arnaud. Cette généalogie ne fait pas mention de la plûpart de ceux du nom de Monluc, que je viens de nommer. Le maréchal de Monluc fut marié par deux actes, le premier passé à Ayroville, diocèse de Toulouse, le 6. Juin 1524. & l'autre au Sempoy, diocèse d'Auch, le 20. Octobre 1526. avec Antonie Ysalguer, fille de feu Bertrand Ysalguer, baron de Clermont d'Ayroville & de Miramont, & de Montaud, sa veuve, sœur de Bertrand de Montaut (de Monte alto), seigneur de Paulhac en Gaure. Antonie Ysalguer avoit eu en dot 3000. livres payables en trois ans.

167- 18. Le chevalier de S. Esteve, frère de Stoblon fut mené à Aix ; & Ouser, autre leur frère, y fut tué d'une piſtolade.] Peruſſis dit qu'ils eurent une fin telle qu'ils méritoient. C'eſt décider ſans réflexion, & ſur des bruits mal fondés. Une relation de la mort de ces deux frères écrite dans le temps, & qui paroîtra dans la ſuite de ces pièces fugitives, les juſtifiera pleinement. Ils étoient tous deux très-catholiques, & il y en a des preuves plus claires que le jour. Le chevalier de S. Eſteve ne ſe fortifia point dans le couvent de S. André du déſert contre le ſervice du roi ; mais contre les huguenots. Lui & ſon frère Auzet furent toujours très-zélés ſerviteurs d'Henri III. Noſtradamus n'a pas été la dupe des bruits que l'on fit courir contre les deux frères. Il dit dans ſon hiſtoire de Provence, pag. 810. que le comte de Carces envoya des troupes contre les religionnaires, qui s'étoient ſaiſis de Seyne, Riez, Greols, & Puimiſſon ; & il ajoûte, Ce qui mena finalement un chevalier de S. Jean, de l'ancienne famille des Bachiz, dont eſt encore Eſtouplon, à une peu honnête mort, pour avoir tourné ſes armes contre ſon prince, & ſaiſi quelque monaſtère, où il ſe vouloit faire fort ; au moins quant à ce que portoient les paroles de ſon arrêt & le ſubjet de ſa mort ; mais ſuivant le commun dire, par le pourchas de ſes plus mortels ennemis, qui redoutant plus ſa valeur, qu'ils n'euſſent pas deſiré, l'avoient réduit à ce honteux ſupplice par une fin trop ignominieuſe & imméritée d'un gentilhomme d'honneur : bruit qui prit de merveilleuſement fortes aiſles par la mort d'Auzet, ſon propre frère germain, qui fut preſque du même trait, & par diſſemblable malheur, miſérablement aſſaſſiné d'un coup de piſtolet à la même ville d'Aix, où le tronc mort du chevalier étoit encore tout récent privé de reſte de vie. C'eſt ainſi qu'on en parloit. « Voici l'extrait de cette relation, qui apprendra les circonſtances ignorées par Noſtradamus, ou qu'il ne jugea pas à propos de faire imprimer. Le chevalier de S. Eſteve ayant porté au roi des faucons de la part du grand-maître de Malthe, Charles IX. le retira à ſon ſervice, & fit écrire au comte de Carces de lui donner une compagnie de gens de pied à lever. Carces, quoique fâché que S. Eſteve ne ſe fût pas adreſſé à lui, lui en donna la commiſſion. La compagnie fut envoyée en garniſon à Valerne, lieu ouvert. Eſpinouſe vouloit ſe rendre maître de Siſteron par la faveur du comte de Carces, ſon oncle, qui favoriſoit les entrepriſes de Montbrun, dans la vuë de maintenir ſon autorité, & qui fit écrire cet oncle au chevalier de S. Eſteve, pour qu'il l'aidât à réuſſir dans ſes projets. Le chevalier ne goûta point ce projet, & refuſa d'y entrer, comme contraire au ſervice du roi. Eſpinouſe diſſimula ; mais peu de temps après, la compagnie de S. Eſteve fut réduite de 200. hommes à 50. Le chevalier ayant repréſenté qu'il ne pouvoit pas garder Valerne avec ſi peu de monde, fut envoyé eu garniſon à Digne. Il demanda & ſollicita avec vivacité ſon renfort, que Carces lui refuſa ; ce qui l'obligea de demander ſon congé. Retournant à Digne, il coucha à Riez dans la maiſon de Tournon, gouverneur de cette ville ; & la nuit même, Stoblon, ſon frère, commandant les proteſtans du Dauphiné, arriva devant Riez, s'empara de la ville, & fit priſonniers le chevalier de S. Eſteve & Tournon, qu'il rendit par compoſition quelques jours après. Le chevalier ſe plaignit beaucoup, & dit que Carces l'avoit fait tomber dans le piége. Il lui demanda des troupes, pour mettre en ſûreté ſa compagnie qui étoit à Digne. Carces le refuſa. La compagnie du chevalier ſe voyant entourée par les proteſtans, ſe débanda, & abandonna ſon enſeigne. Alors le chevalier ſe retira dans le couvent de S. André du déſert, dans le territoire de Trevans, place appartenante au ſeigneur de S. Eſteve, ſon père ; & ramaſſa quelques ſoldats pour s'y ſoûtenir contre les huguenots, en attendant la réponſe de Carces, qui fit le ſourd & le muet. Quelques jours après, Carces lui écrivit de le venir trouver, le mieux accompagné qu'il le pourroit, après qu'il auroit mis le couvent de S. André en état de ſe défendre. Le chevalier de S. Eſteve, qui avoit 25. chevaux, voulut reprendre le château de Fontainelles, dont les protestans s'étoient saisis en entrant en Provence. Son entreprise manqua ; & en s'en retournant, Espinouse qui avoit 40. chevaux, le chargea, lui enleva 14. chevaux, & lui tua deux de ses soldats ; ce qui surprit d'autant plus le chevalier, qu'Espinouse ne s'étoit pas encore déclaré pour aucun parti. S. Esteve se retira par les montagnes à S. André, & écrivit à Carces, pour se plaindre de la conduite de son neveu, qui étoit son parent, & paroissoit son ami ; & lui marqua qu'il s'en feroit raison, s'il ne la lui faisoit pas lui-même. Carces ne lui fit point de réponse ; mais il lui fit écrire par le seigneur d'Auzet, frère du chevalier, de le venir trouver bien accompagné. S. Esteve alla à Aix, & mena à Carces 25. cavaliers. Auzet qui étoit à la suite de Carces par ordre de Henri III. lui avoit demandé la veille permission d'aller saluer le roi, qui étoit arrivé à Lyon. Le chevalier de S. Esteve devoit suivre son frère. Carces craignit qu'ils ne fissent connoître au roi la véritable cause des troubles de Provence. Auzet, en prenant congé de Carces, avoit trop parlé. Il étoit trop bien instruit de l'état de la province ; & il avoit refusé de prendre de lui la charge de douze compagnies de gens de pied. Carces se détermina à empêcher qu'on ne lui fît le mal qu'il craignoit. Le lendemain matin Auzet, en allant au palais trouver Carces, fut tué d'un coup de pistolet, que lui tira un homme aposté, & soûtenu par deux autres, qui tous trois n'étoient pas du commun. Le chevalier de S. Esteve fut mis en prison dans la conciergerie ; on lui fit son procès sur le champ. La séance tint jusques à trois heures du soir du même jour que son frère avoit été assassiné. Il y eut partage entre ses juges. Ceux qui n'avoient aucun motif de vouloir sa mort, le trouvoient très-innocent. Les autres qui vouloient s'en défaire, le jugeoient très-coupable. Carces averti de ce partage, vint lui-même solliciter, presser, menacer ; fit changer d'avis à un des juges ; & le chevalier de S. Esteve, tout innocent qu'il étoit, fut condamné à mort, & exécuté. Louis de Baschi, seigneur d'Auzet, assasiné à Aix le 10. Septembre 1574. étoit fils aîné de Louis de Baschi, seigneur de S. Esteve, & de Melchionne de Matheron, dame de Levens, de Trevans, d'Auzet, & de Stoblon. Bertholde de Baschi, son bisayeul, vint en Provence avec Louis d'Anjou, roi de Naples, comte de Provence, auquel il étoit fort attaché, & s'y établit en y acquerant le 19. Avril 1422. les terres de Barras, de Tournefort, de S. Esteve, & de Thoard au diocèse de Digne. Bertholde avoit pour huitième ayeul Ugolino, seigneur de Baschi en Ombrie, au diocèse de Todi, de Vitozzo, au diocèse de Soana, & de Montemarano, dans Maremma de Siéne, qui étant fort brouillé avec ses frères & ses cousins, fut accommodé avec eux par S. François d'Assise, lequel vint pour cet effet au château de Baschi en 1216. Ugolino de Baschi voulant témoigner sa reconnoissance à ce saint patriarche, fonda le 43e. couvent de son ordre à Pantandis, près du Tibre, & dans l'étenduë de sa terre de Baschi. Ce couvent subsiste encore, & a toujours servi de sépulture aux seigneurs de la maison de Baschi. Ugolino fut père de Françoise de Baschi, de laquelle tous les souverains de l'Europe, vivans en 1755. descendent. Louis, seigneur d'Auzet, est le cinquième ayeul de François, comte de Baschi, ambassadeur de France en Portugal, & qui fit son entrée à Lisbonne le mercredi 11. Juin 1755. Auzet est une paroisse du diocèse & à cinq lieues au nord de Digne, de la viguerie & à une lieue au S. O. de Seyne : long. 24. d. 4. m. lat. 42. d. 23. m. Elle n'est point nommée dans le dictionnaire de la France ; ce qui auroit appris le nombre de ses habitans. Elle est comptée pour un feu dans les impositions de Provence, où 50000. livres de fonds sont évalués un feu ; (Memoire sur les états provinciaux 1755. in-8°.) Cette seigneurie passa dans la branche des seigneurs de S. Pierre, ensuite dans la maison de Castellane. Charles de Castellane, seigneur d'Auzet & de Greasque, auteur d'une généalogie mſ. de ſa maiſon, faiſant un gros volume in-folio, mourut en 1516. Le chevalier de S. Eſteve s'appelloit Mathieu de Baſchi. Il étoit né vers l'an 1555. & avoit été reçu chevalier de Malthe au grand prieuré de S. Gilles, le 13. Mars 1567. S. Eſteve eſt une paroiſſe de 210. habitans, du dioceſe, de la viguerie, & à deux lieues & demie au N. O. de Digne. Elle eſt ſur la droite de la riviere d'Eſduye, qui paſſe à Thoard, & qui après un cours de près de cinq lieues, nord & ſud, ſe jette dans la Bleaune, & la Bleaune dans la Durance. Le nom de la riviere d'Eſduye n'eſt connu que par la carte de Guillaume Deliſle, publiée en Octobre 1715. S. Eſteve y eſt mal placé dans le dioceſe de Gap. Il eſt dans celui de Die : long. 23. d. 56. m. lat. 44. d. 14. m.

p. 167. l. 32. Le vicomte de Cadenet fit paſſer ſes deux enfans, l'évêque de Riez & le baron d'Oraiſon, au ſervice du roi.] Antoine d'Oraiſon, vicomte de Cadenet, mort en 1586. avoit épouſé en 1542. Marthe de Foix ; & en avoit eu François d'Oraiſon, vicomte de Cadenet & marquis d'Oraiſon, mort dans ſon château de Cadenet le 24. Juin 1596. & André d'Oraiſon, élu évêque de Riez en 1576. qui céda cet évêché à Elzear de Raſtelles. Il fut enſuite comte de Boulbon, ſeigneur de Soleilhas & de Barles, & marié avec Jeanne d'Arces-Livarot. Ce ſont ces deux enfans que le vicomte de Cadenet fit paſſer au ſervice du roi, à ce que dit Peruſſis, vers le 1. Octobre 1574.

168- 21. S. Paul, où commandoit Gouverner, & S. Ruſtique abandonnés par les proteſtans vers le 19. Octobre 1574.] S. Paul eſt S. Paul-trois-Châteaux, en Dauphiné ; & S. Ruſtique doit être S. Reſtitut, fort près de S. Paul.

168- 37. Gaillard de Caudiez, ſecouru par le baron de Caſtries, ſe ſaiſit de Pezenas vers le 25. Octobre 1574.] Pezenas eſt une ville du dioceſe & à 8. m. 50. ſ. ou près de trois lieues, au N. N. O. d'Agde : long. 21. d. 5. m. 20. ſ. lat. 43. d. 27. m. 50. ſ. Caſtries eſt une paroiſſe de 100. feux & un château du dioceſe & à deux lieues au N. E. de Montpellier : long. 21. d. 39. m. 1. ſ. lat. 43. d. 40. m. 21. ſ. Jacques de la Croix, baron de Caſtries, fils d'Henri, reçu pour la première fois aux états tenus au Pont S. Eſprit le 19. Octobre 1565. député en cour en Septembre 1572. par les états de Beziers, & de Marguerite de Guillens-Montjuſtin, chevalier de l'ordre, gouverneur de Gignac & de Sommieres, mort en Janvier 1579. fut biſayeul de René-Gaſpard de la Croix, marquis de Caſtries, chevalier des ordres du roi le 31. Décembre 1661. mort le 21. Août 1674. à 63. ans, père de Joſeph-François, auſſi chevalier des ordres du roi le 3. Juin 1724. mort le 4. Juin 1728. à 69. ans, & qui fut père de Charles Eugene-Gabriel de la Croix, marquis de Caſtries, commiſſaire général de la cavalerie, gouverneur de Montpellier, maréchal de camp à la fin de Décembre 1748.

169- 6. La compagnie de Secure, grand-prieur de Champagne, poſtée dans Theziers, mal menée par Parabere vers le 4. Novembre 1574.] Sevre & & non Secure, grand-prieur de Champagne, fit ſouvent parler de lui ſous les règnes d'Henri II. & d'Henri III. Theziers, où ſa compagnie étoit poſtée, eſt une des paroiſſes du marquiſat de Montfrin, à 1700. toiſes au N. E. de ce lieu; à 500. toiſes, ou un peu plus, de Theziers, on voit les maſures d'un château, appellées le Caſtelas ; & le château exiſtoit peut-être en 1570. Theziers a 50. feux, & 228. habitans ; & eſt dans le doyenné de Remoulins, à 11. m. ou milles, chacune de 951. toiſes, au S. E. d'Uzès : long. 22. d. 17. m. 30. ſ. lat. 43. d. 53. m. 50. ſ.

169- 24. Clauſonne, Montvaillant, S. Florent, & Anduſe étoient aſſiſtans de Damville de la part des proteſtans vers le 24. Novembre 1574.] Guillaume Roque, ſeigneur de Clauſonne, étoit fils de Jacques Roque, maître des requêtes de l'hôtel du duc d'Anjou, pourvu le 5. Septembre 1567. Il fut nommé préſident en la chambre de l'édit accordée aux proteſtans le 4. Octobre 1587. Il fut le biſayeul de Jean-Louis Roque, baptiſé le 23. Juin 1641. qui fut maintenu dans sa noblesse avec Guillaume Roque, seigneur de Clausonne, son père, demeurant à Beaucaire, le 5. Septembre 1669. Jean-Louis Roque fut apparemment ayeul ou bisayeul d'Henri Roque de Bouchard, seigneur de Clausonnette, qui étoit premier consul de Beaucaire, & assista en cette qualité aux états de Languedoc assemblés à Nismes en 1750. Clausonne, que l'on appelle aujourd'hui Clausonnette, est un château seigneurial, dans la paroisse de Maine, à la droite du Gardon, oublié sur la carte manuscrite du diocèse d'Uzès, & que l'on place par estime à une minute, ou 951. toises au S. O. de Montfrin, & à quelques toises de moins à l'E. N. E. de Maine : * long. 22. d. 14. m. 40. s. lat. 43. d. 52. m. 50. s. Montvaillant s'appelloit Jean de Belcastel, seigneur de Montvaillant ; & il présida avec Nicolas Calvière, seigneur de S. Côme, à l'assemblée que les protestans tinrent à Anduse le 22. Novembre 1579. (D. Vaissette, hist. de Lang. T. V. p. 378.) Jean de Belcastel, seigneur de Montvaillant & de Castanet, épousa le 4. Janvier 1553. Jeanne de Belcastel de la Pradelle. De lui descendoit au quatriéme ou sixiéme degré le général Belcastel, qui commandoit les Hollandois à la bataille de Villaviciosa en Espagne, où il fut tué le 10. Décembre 1710. Il y avoit à Mauguio, bourg du diocèse de Montpellier, vers l'an 1718. deux demoiselles de Belcastel, de la même famille que le général. S. Florent semble être Louis de Beauvoir, seigneur de S. Florent, qui épousa le 15. Octobre 1560. Jeanne de Sarras, fille de François de Sarras ; ce qui donna à ses enfans une alliance avec le connétable de Luines. Il mourut le 18. Mars 1592. S. Florent est une paroisse de 120. feux, & de 455. habitans, du diocèse d'Uzès, dans le doyenné de S. Ambroix, à sept lieues au N. O. d'Uzès : long. 21. d. 44. m. 30. s. lat. 44. d. 15. m. 45. s. Anduse se nommoit François d'Airebaudouse, baron d'Anduse. Il avoit été pourvu d'une charge de président en la cour des aides de Montpellier le 8. Janvier 1555. & il testa le 23. Juin 1594.

p. 170. l. 30. Germain d'Urre, seigneur de Molans, avoit servi au gast (dégât) de Provence en 1537. avec le comte de Carces.] Germain d'Urre s'appelloit le capitaine Molans. C'étoit Jean, son frère aîné, qui étoit seigneur de Molans. Germain d'Urre commandoit en Provence en 1537. sous le comte de Tende. Il commandoit dès l'an 1524. dans la citadelle du mont S. Michel, & en 1545. il fut fait gouverneur d'Auxonne en Bourgogne. Il ne fut point marié, & testa le 6. Juin 1542. en faveur de son neveu François d'Urre, seigneur de Molans & de Cleon d'Andran, qui testa en 1590.

1575.

170- 41. L'évêque de S. Papo, de la maison de Salviat, nonce auprès du roi, arriva à Lyon vers le 4. Janvier 1575.] Il faut corriger, l'évêque de S. Papoul, de la maison de Salviati. Je ne l'ai point trouvé dans la généalogie de Salviati d'Imhof.

171- 7. Caderousse, où Henri III. coucha le lundi 10. Janvier 1575.] Rostaing d'Ancezune étoit alors seigneur de Caderousse. Il étoit né en 1550. deux mois avant la mort de son père ; & il vivoit en 1590. Caderousse est une paroisse & château du comté Venaissin, du diocèse & à une lieue au sud-ouest d'Orange : long. 22. d. 27. m. 30. s. lat. 44. d. 8. m. 0. s.

171- 23. Francois Rogier, baron de Ferrals, seigneur de Malras, ambassadeur à Rome, y mourut vers le 5. Janvier 1575.] Je trouve que François Roger, baron de Ferrals, au diocèse de S. Papoul, avoit une fille Jeanne Roger, dame de Ferrals & de Paraza, niéce d'Antoine Roger, seigneur de Paraza, qui épousa, le 4. Décembre 1627. Jean-Marie de Gaulejac, seigneur de S. Sauveur, frère puiné de Jean-Gabriel de Gaulejac, vicomte de Puech-Calvel, qui avoit épousé Françoise Roger de Ferrals, laquelle mourut sans enfans avant l'an 1627. Jean-Marie de Gaulejac, & Jeanne Roger, dame de Ferrals & de Paraza, eurent pour petit-fils Jean-Louis de Gaulejac de Ferrals, baptisé le 6. Mars 1665. & Henri-Louis, né le 21. Novembre 1667. page

DU COMTE' VENAISSIN, DE PROVENCE, &c.

de la grande écurie le 1. Janvier 1681.

p. 171- l. 43. Le comte de Gayasse, de la maison de S. Severin, fut tué par les protestans entre Montelimar & Darbières vers le 16. Janvier 1575.] Il n'est pas aisé de trouver la place que ce comte Caïazzo doit occuper dans la généalogie de la maison de S. Severin. L'histoire des grands officiers le nomme Antoine-Sigismond, & le dit fils naturel de Robert, comte de Caïazzo, & ajoute que c'est le même qui fut mis à l'inquisition à Rome en Février 1571. & absous au mois de Septembre suivant. Cette histoire date sa mort du 11. Juin 1575. Perussis, en l'appellant Gayasse, estropie son nom. Caïazzo, qui est le véritable, est aussi aisé à écrire & à prononcer que Gayasse.

172- 12. Bouillargues, dont le commandant attrapa le baron de Paulins; mais il fut pris par les gens de Danville, vers le 23. Février 1574.] La prise de ce lieu auroit été ignorée, si Perussis n'en avoit pas fait mention. Bouillargues est une paroisse du diocèse de Nîmes, mais dans le taillable de cette ville; ce qui est cause que le dénombrement de la France, de 1720. qui n'a attention qu'aux lieux du royaume, qui sont des communautés, & ont un collecteur pour lever la taille, n'en fait aucune mention, non plus que de cinq autres paroisses, qui sont aussi dans le taillable du diocèse de Nîmes. Le dénombrement de 1709. lui donne 120. feux. Bouillargues est à une lieue & demie à l'E. N. E. de Nîmes : longitude, 22. d. 5. m. 51. s. lat. 43. d. 47. m. 57. s.

172- 20. Le château de Gargas appartenant à Gordes, pris par les protestans vers le 31. Janvier 1575. Baumettes voulant reprendre ce château, y fut blessé.] Gargas est une paroisse du diocèse, & à une petite lieue, au N. O. d'Apt : long. 23. d. 7. m. lat. 43. d. 56. m.

172- 34. Le duc d'Uzès battit & força Vauvert vers le 6. Février 1575. Le journal de Tannegui Guillaumet, chirurgien de Nîmes, imprimé dans les preuves de l'histoire de Nîmes, tom. IV. preuv. journ. VI. p. 13. dit que le duc d'Uzès commença de battre le château de Vauvert avec quatre piéces de canon le 3. Février 1575. & y entra le lundi qui étoit le 7. Février. Vauvert ne tarda pas à être occupé de nouveau par les protestans, maitres de la campagne. Bellegarde ayant assiégé Nîmes, Vauvert se soumit vers le 19. Juin 1577. retourna peu après au parti protestant, & y fut toujours jusques en Juillet 1621. que le duc de Montmorenci le prit. Le duc de Rohan l'ayant fait occuper à la fin de Décembre 1627. le fit abandonner le dernier jour de cette année-là, pour n'y pas arrêter le prince de Condé, qui en vouloit faire le siége. Vauvert fut au pouvoir des catholiques jusques aux premiers jours du mois d'Octobre, que le duc de Rohan le prit, & fit abbattre le château. La tour fort haute resta sur pied jusques au 10. Juin 1721. qu'un coup de tonnerre l'abbatit à huit heures du soir. Vauvert avoit soûtenu un siége contre Simon de Montfort, & avoit été pris vers le 2. Juin 1217. Ce lieu contient 400. feux, & 1810. habitans. Il s'appelloit autrefois Posquières, parce qu'il ne contenoit que la partie bâtie sur le côteau. Les habitans ayant bâti au bas de la colline avant l'an 1200. le nom de Vauvert fut donné à cette augmentation, & bientôt connu, d'autant plus que l'église de Notre-dame devint un pélerinage. Les inquisiteurs des hérétiques Albigeois ordonnoient pour pénitence à ceux qui se convertissoient, d'aller en pélerinage à Vauvert, à Notre-dame des Tables à Montpellier, à Serignan, à Roquemadour, au Pui, à S. Gilles, à S. Guilhem du désert, & à S. Antoine de Vienne. Ces lieux étoient les moindres pélerinages. Les grands étoient à S. Jacques de Compostelle, à S. Thomas de Cantorberi, & aux trois rois de Cologne. Jacques, roi d'Aragon, qui vouloit faire le voyage de la Terre sainte avec S. Louis, essuya une tempête le 8. Septembre 1269. & le vaisseau sur lequel il étoit fut obligé de relâcher au port d'Aigues-mortes. Dès qu'il y eut débarqué, il alla à Notre-dame de Vauvert rendre graces à Dieu d'avoir été délivré d'un péril si éminent. Benjamin de Tudele, Juif connu par la relation de son voyage, dit que les Juifs avoient en 1163. une université ou collége à Poticaires, à deux parasanges de Lunel, & à trois de S. Gilles. Ces distances, quoique peu exactes, conviennent mieux à Posquières qu'à Beaucaire, que quelques auteurs ont prétendu être le Poticaires de Benjamin de Tudele. Quoique les voyages de ce Juif mort en 1173. soient un ouvrage très-médiocre, pour ne rien dire de pis, il s'en étoit fait treize éditions depuis l'an 1683. & deux sçavans l'avoient traduit en Latin. Vander Aa, libraire Hollandois, riche, & qui aimoit à faire de grandes entreprises, en fit faire une mauvaise traduction en François, qu'il imprima en 1729. mais qui ne parut qu'après sa mort. Jean-Philippe Baratier, fils de Baratier, ministre protestant au service de l'église Françoise de Schwabach, près de Nuremberg dans le marquisat d'Ansbach. né le 12. Décembre 1721. traduisit ces voyages sur l'Hébreu, à l'âge de onze ans, & y joignit un grand nombre de notes sçavantes, & huit dissertations dignes d'un auteur qui auroit fait des recherches pendant plusieurs annnées. Le jeune Baratier prouve très-bien que Benjamin de Tudele n'a jamais voyagé, & qu'il a composé son voyage, ou à Tudele, sa patrie, ville de Navarre sur le Queïles, qui se jette dans l'Ebre, ou dans quelqu'autre lieu d'Espagne. Baratier a suivi l'opinion déja reçue que Poticaires étoit Beaucaire. Il n'étoit pas obligé à son âge de sçavoir que Poticaires étoit Posquières & non Beaucaire. La suite des seigneurs des terres étant une des recherches la plus utile pour la perfection de l'histoire, & la plus négligée, j'ai cru devoir donner de ces suites le plus qu'il me seroit possible. Voici celle des seigneurs de Posquières, dite ensuite de Vauvert:

SEIGNEURS DE POSQUIÈRES OU VAUVERT.

Rostaing de Posquières fut présent avec Rainon, son frère, Pons Gerald, vicomte de Gironne, Guillaume & Emenon de Sabran, son frère, Raimond de Meines (de Medenis), & plusieurs autres seigneurs, à l'union de l'abbaye de S. Gilles, à celle de Cluni, qui fut faite dans une assemblée provinciale, où se trouverent l'archevêque d'Arles, les évêques de Toulouse, d'Uzès, d'Avignon, & de Maguelonne, & les abbés de S. Victor de Marseille, de S. Pons de Tomières, & de Vabres, tenue dans l'église de S. Baufile près de Nismes le 15. Décembre 1066.

Decan, seigneur de Posquières, présent au testament que Raimond de S. Gilles, comte de Toulouse, fit au Mont-Pelerin en Syrie le mardi 31. Janvier 1105. Raimond de Baux, Bertrand de Porcellet, & Pons de...... furent aussi présens à ce même testament.

Raimond Decan, seigneur d'Uzès & de Posquières, reconnut à Hugues, abbé de S. Gilles, ce qu'il avoit dans la ville & le territoire de S. Gilles. Il mourut en Août 1138. & fut enterré dans l'église de l'abbaye de Psalmodi. Il épousa une dame, nommée Marie, & en eut Rostaing, seigneur de Posquières, qui suit; & Bermond, seigneur d'Uzès, qui aura son article.

Rostaing, seigneur de Posquières, est dit fils de Raimond Decan de Posquières, & avoir reconnu à Hugues, abbé de S. Gilles, ce que son père lui avoit déja reconnu dans un témoignage de Pierre, archevêque de Narbonne, du 22. Octobre 1151. Il fut présent au traité de partage de la Provence, fait entre les comtes de Barcelone & de Toulouse le 15. Septembre 1125. Fut aussi présent avec Guillaume-Hugues de Monteil, Rostaing de Sabran, Elzear de Castries, Pierre Bermond de Sauve, & Aimeri de Narbonne, à la promesse qu'Alfonse Jourdain, comte de Toulouse, fit aux trois fils de Bernard Aton, vicomte de Beziers, de les laisser jouir en paix de leurs villes, bourgs, & châteaux. Peu de temps après sa mort en 1130. & vers le mois de Mai, Bermond, seigneur d'Uzès, lui soumit & à Pierre, abbé de S. Gilles Pons de Montlaur, Raimond de Castries, & Bertrand de Marguerites en 1144. les différends qu'il avoit avec Rainon du Caila & Beatrix d'Uzès, que le comte de Toulouse termina en 1145. dans un plaid qu'il tint à Uzès. Rostaing, seigneur de Posquières, avoit épousé en 1121. Ermesinde, fille de Bernard Aton, vicomte d'Albi, Nismes, Carcassonne, Rasez, Beziers, & Agde; & de Cécile, fille naturelle de Bertrand, comte d'Arles ou de Provence, qui lui engagea, pour la dot de sa fille, Beauvoisin, Marguerites, & Calvisson. Il eut pour fils,

Rostaing, seigneur de Posquières, auquel Bernard Aton, vicomte de Nismes, son oncle, engagea en 1146. tout ce qu'il avoit dans la terre de Posquières & dans l'évêché de Nismes; & lui promit, en présence de Bermond d'Uzès, de ne pas l'obliger de rendre encore les châteaux de Marguerites, de Beauvoisin, & de Posquières, dont il jouissoit pour les droits de sa mère. Il ne paroît pas qu'il ait eu des enfans ; & la seigneurie de Posquières appartenoit en 1168. à son oncle.

Bermond, seigneur d'Uzès, Dions, S. Quentin, Pougnadorelle, Bouquet, Aigaliers, S. Maximin, S. Privat, S. Mediers, & Valabris, mentionné dans des titres de 1144. & de 1156. il étoit seigneur d'Uzès & de Posquières, lorsqu'il fit une donation considérable en 1168. au monastère de Bonne-Combe au diocèse de Rhodès, en présence d'Aldebert, évêque de Nîmes, & de Raimond, évêque d'Uzès, ses frères. Il fut présent avec ses deux fils, Elzear & Raimond, à une donation faite à l'abbaye de Franquevaux à Beaucaire, durant la foire en Mai 1168. Il fut présent à Meuillon en Décembre 1174. au serment prêté par Raimond, comte de Toulouse, fils de Faraide, à G. seigneur de Montpellier, fils de .... On croit qu'il mourut dans le courant de l'année 1181.

Elzear, seigneur de Posquières, est nommé avant Raimond, seigneur d'Uzès, son frère, dans l'acte de 1174. lorsqu'ils approuverent la donation faite par Raimond, leur père, du droit de pâturage dans la Selve Godesque à l'abbaye de Franquevaux, & l'exemption de tous droits aux marchés de Posquières. Etant malade à S. Gilles en 1181. il donna à l'abbaye de Franquevaux toutes les terres labourables qu'il avoit dans le territoire de Villeneuve. Il testa en Juillet 1193. & voulut être enterré au monastère de Psalmodi. Il eut pour fils

Rostaing, seigneur de Posquières & de Marguerites, qui étant à Lavaur le 2. Avril 1215. rendit hommage à Simon, comte de Montfort, avec promesse de le servir, tant pour le château de Posquières que ce comte lui avoit rendu, à la recommandation d'Heracle de Montlaur, que pour celui de Marguerites. Le seigneur de Montlaur se rendit en même temps caution de Rostaing de Posquières, dont il devoit hériter après sa mort, & fit en conséquence hommage-lige à Simon pour les châteaux de Posquières & de Marguerites, en présence du cardinal Bertrand, légat du S. siége, des évêques d'Agde & de Lodève, & de Guillaume d'Ailac, commendeur de la milice du Temple en Provence & dans le Toulousain. Le 29. Janvier 1235. il donna des priviléges aux habitans de Posquières. Le sceau de cet acte représente une tour. Il épousa Aigline, dame de Castries, de Poussan, de Conas (Cognacium), près de l'Eraut, de Thesan, & de Sauvian, qui testa, étant veuve, à Montpellier le 17. Octobre 1253. Elle le rendit père de

Douce, dame de Posquières, de Marguerites, &c. qui épousa le 20. Mai 1210. Heracle, seigneur de Montlaur & d'Aubenas au diocèse de Viviers ; & en eut

Pons, seigneur de Montlaur, d'Aubenas, de Posquières, de Marguerites, de Castries, de Poussan, & de Meires, mort sans enfans entre le 14. Septembre & le 1. Octobre 1275. Sa sœur

Jordane de Montlaur, dame de Posquières, de Castries, & de Marguerites, lui succéda ; testa le lendemain de l'octave des rois 1278. & mourut après 1280. Elle avoit épousé Guignon, seigneur de la Roche en Reinier au diocèse du Pui, qui testa en 1266. Ils eurent pour fils

Guigonnet, seigneur de la Roche en Reinier, Posquières, Boutières, Dons, Metilbec, Montagut, Poussan, & de Marguerites, qui étant à Posquières le jour de S. Thomas 1294. ratifia la transaction passée par Guillaume Foulc, damoiseau, son viguier de Posquières, avec Raimond, abbé de S. Gilles, le 20. Octobre 1242. sur le partage de l'étang d'Escamandre. Il testa à Marcoux le vendredi avant la S. Michel 23. Septembre 1300. Il avoit épousé Janjaque, dame de Jaujac en Vivarais, morte avant 1298. fille de Hugues, seigneur de Jaujac, & de Briande d'Anduse, qui étoit veuve le 22. Avril 1252. & fille de Bernard d'Anduse, seigneur en partie d'Alest, de Portes, & de l'Argentière ; & de Vierne du Luc, dame du Luc, de Pradelles, de Joyeuse, & en partie de Grenouillac. Il en eut

Gui, seigneur de la Roche, de Posquières, & de Marguerites, né en 1292. auquel les habitans de Vauvert firent hommage le 18. Mai 1301. fut promis le vendredi après la S. Mathieu 23. Septembre 1306. à Guiote, fille unique & héritière de Raimond, seigneur de Broussan & de Bellegarde, qui se trouva à l'assemblée des barons du Languedoc au sujet de l'affaire du pape Boniface VIII. en 1303. & qui étoit mort en 1306. Sa mère, qui pouvoit s'appeller Simone, étoit fille de Pons de Bermond, baron du Caila. Guiote, dame de Broussan & de Bellegarde, n'a pas été bien connue par les généalogistes. Elle devint veuve de Gui, seigneur de la Roche & de Posquières, avant l'an 1310. & se remaria avec Robert, seigneur d'Uzès & d'Aimargues, dont elle eut quatre garçons & deux filles. Elle eut de son premier mari

Guigonnet, seigneur de la Roche, de Posquières, & de Marguerites, qui donna sa procuration à Montpellier le 19. Mars 1321. à Guillaume Foulc, chevalier, lequel reconnut pour lui devant le sénéchal de Beaucaire le château de Posquières, le quart de la juridiction de Candiac, & le château de Marguerites dans la viguerie de Nîmes ; & au nom de Guiote, sa mère, le château de Bellegarde, l'*Affare* de Broussan, & ce qu'elle avoit au château de Jonquières. Il transigea

Tome I. Perussis.

le 12. Avril 1325. avec l'abbé de Psalmodi, au sujet du territoire de la Selve Godesque. Il servoit en France le 2. Septembre 1340. avec 17. hommes d'armes & plusieurs gens de pied. Il testa le 14. Mai 1344. & tous ses biens passerent à sa sœur

Jamaque de la Roche, dame de la Roche en Reinier, de Posquières, de Marguerites, de Candiac, mariée en 1336. avec Philippe de Lévis, vicomte de Lautrec, auquel les habitans de Vauvert firent hommage le 15. Décembre 1344. comme père & administrateur de Guigonnet, son fils, qui fit son testament à Vabres le 2. Octobre 1346. Elle testa le 3. Août 1359. & voulut être enterrée dans l'église des frères prêcheurs de Montpellier. Elle fut mère de

Guigues de Lévis, seigneur de la Roche, de Posquières, de Candiac, de Marguerites, qui testa le 25. Avril 1366. & qui fut enterré dans l'église des frères prêcheurs de la ville du Pui. Il épousa Saure de la Barthe, fille de Jerôme, seigneur d'Aure & de la Barthe ; & de Brunissende, vicomtesse de Lautrec. Il en eut

Philippe de Lévis, vicomte de Lautrec, seigneur de la Roche, de Posquières, de Candiac, & de Marguerites, qui testa le 17. Août 1380. Il avoit épousé le 6. Août 1372. Eleonore de Toire de Villars, qui testa le 4. Août 1385. De cette alliance vint

Guigues de Lévis, seigneur de la Roche, de Posquières, de Candiac, & de Marguerites, mort après le 31. Août 1387. & qui eut pour successeur son frère

Philippe de Lévis, vicomte de Lautrec, seigneur de la Roche, de Posquières, de Candiac, de Marguerites, d'Annonai, de Pradelles, créé comte de Villars en Bresse par le duc de Savoye en Juin 1432. Il étoit né en 1380. & il mourut en 1440. Il fut enterré dans l'église d'Annonai. Il avoit épousé le 19. Juin 1395. Antoinette d'Anduse, dame de la Voute & de plus de 30. autres paroisses en Vivarais, fille de Louis d'Anduse, seigneur de la Voute, & de Louise d'Apchon. Il en eut

Antoine de Lévis, seigneur de Vauvert, qui portoit ce nom du vivant de son père, & qui sous ce titre servit sur les frontières du Maconnois en 1419. & la même année pour le recouvrement du Languedoc. Il testa le 13. Août 1454. & voulut être enterré dans l'église d'Annonai. Il avoit épousé le 9. Novembre 1425. Isabelle de Chartres, fille d'Hector, seigneur d'Ons en Bray & de Chesnedoré, qui testa au château de Bouasson au diocèse d'Albi, le 28. Juillet 1488. Antoine de Lévis en eut

Jean de Lévis, seigneur de Vauvert, qui portoit ce nom dès l'an 1447. Il fut aussi comte de Villars, vicomte de Lautrec, seigneur de la Roche en Reinier, d'Ons en Bray, & de Chesnedoré, premier chambellan du roi, châtelain de Sommières avant le 19. Novembre 1458. Il se distingua à la bataille de Formigny, au diocèse de Bayeux le 18. Avril 1450. & ce jour-là même il fut fait chevalier. Etant à Montsoreau le 25. Octobre 1459. il déclara avoir vendu à Jean le Forestier, capitaine d'Aiguesmortes, la baronnie, châteaux & châtellenies de Vauvert & de Marguerites, pour le prix de trois mille écus d'or, qui avoient alors cours, en avoir reçu mille ; & fit quittance ce jour-là des deux autres mille à madame de Montsoreau. Jean de Lévis se voyant sans enfans, vendit aussi son comté de Villars au duc de Savoye à Nanter le 1. Février 1469. Il vivoit encore en 1471.

Jean le Forestier lui avoit succedé avant l'an 1459. dans les seigneuries de Vauvert, de Marguerites, & de Candiac. Il fut l'un de ces hommes qui ont envie de faire fortune, & qui ne négligea rien pour parvenir. Il emprunta six mille écus d'or de Jeanne de Chabot, femme de Jean de Chambes, seigneur de Montsoreau, première dame d'honneur de la reine. Il acheta la terre de Vauvert. Il épousa le 7. Septembre 1464. Marguerite de Joyeuse. Ils se firent une donation mutuelle de leurs biens au dernier survivant ; ce que Marguerite de Joyeuse, qui étoit beaucoup plus jeune que lui, & qui par-là avoit espérance de lui survivre, accepta volontiers. Mais l'envie de faire fortune ne le quittant point, il se tourna du côté de Louis de Culant, qui avoit beaucoup de crédit sur l'esprit du duc de Bourbon, & qui lui fit espérer de le faire nommer lieutenant du sénéchal de Beaucaire & capitaine d'Aigues-mortes Dans la vue d'avoir ces charges, il fit un traité avec Louis de Culant, & lui vendit, sans recevoir que très-peu d'argent, les terres de Vauvert & de Marguerites. Louis de Culant étant mort en 1466. Jean le Forestier se tourna vers Rostaing d'Ancezune, évêque de Fréjus, & puis archevêque d'Embrun, qui lui faisoit espérer les mêmes charges, & le mariage de sa nièce avec son neveu. Mais tout cela n'ayant pas réussi, il fit un testament en faveur de Marguerite de Joyeuse, sa femme, & mourut fort peu après au château de Vauvert le mercredi de la semaine sainte 26. Mars 1493. (1494.)

Marguerite de Joyeuse, héritière de Jean le Forestier, seigneur de Vauvert, de Marguerites, & de Candiac, n'accepta l'héritage de son mari, qu'elle sçavoit être très-embarrassé, que par bénéfice d'inventaire ; & en fit sa déclaration le 28. Mars, surlendemain de la mort de Jean le Forestier, devant Gabriel de Laye, commissaire député par le sénéchal de Nis-

DU COMTÉ VENAISSIN, DE PROVENCE, &c.

mes. Tourmentée par le procès qu'elle avoit contre Rostaing d'Ancezune, auquel Louis de Culant avoit vendu les droits qu'il prétendoit avoir sur Vauvert & Marguerites, elle crut devoir se remarier pour avoir quelqu'un qui l'aidât à soûtenir son procès. Elle épousa le 20. Janvier 1494. (1495). Gaillardet de Montcalm, sixième fils de Jean de Montcalm, seigneur de S. Veran, & de Jeanne de Gozon-Melac, que Charles VIII. avoit déja employé en diverses négociations, & qui prit d'abord après son mariage le nom de seigneur de Vauvert ; ce qui est prouvé par les provisions de la charge de maître-d'hôtel ordinaire du roi, que Charles VIII. lui accorda à Lyon le 22. Janvier 1495. (1496.) & dont il prêta serment entre les mains de Perron de Baschi le 28. du même mois. Il fut aussi grand bailli de Gevaudan, gouverneur de Maruejols, capitaine & gouverneur de Groze. Marguerite de Joyeuse lui donna le 25. Avril 1500. ses trois terres de Vauvert, Marguerites, & Candiac, & mourut peu après.

Gaillardet de Montcalm fut ainsi seigneur de Vauvert, de Marguerites, & de Candiac, & plaida long-temps contre Rostaing d'Ancezune, archevêque d'Embrun, ambassadeur de France à Rome & très en crédit auprès du pape Jules II. tuteur de ses neveux Jean & Geraud d'Ancezune, fils de feu Charles, frère ainé de l'archevêque. Etienne Bertrandi, très-habile jurisconsulte de son temps, & fort attaché à la maison d'Ancezune, se servit de tout son sçavoir & de toute son éloquence pour composer un conseil sur la vente de Vauvert & de Marguerites en faveur des Ancezune. Il prétend prouver dans ce conseil, qui est le premier imprimé dans son quatrième volume, & qui contient près de 20. pages in-folio de 74. lignes chacune, que Jean le Forestier avoit pû vendre Vauvert & Marguerites à Louis de Culant, seigneur dudit lieu, & que la vente étoit réelle & non fictice ; que Marguerite de Chavigni, veuve de Louis de Culant, & tutrice de ses enfans, avoit pû remettre & céder Vauvert & Marguerites à Antoine d'Ancezune pour le prix mentionné dans l'acte de vente. J'ignore la fin de ce procès avec les Ancezune. Gaillardet de Montcalm entra aux états de Languedoc en qualité de baron de Vauvert ; & il fut un des députés que les états envoyerent au roi Louis XII. pour le féliciter sur son avénement à la couronne, & lui demander la confirmation des priviléges du pays ; ce qu'il leur accorda par des lettres du mois de Juillet 1498. Gaillardet de Montcalm, baron de Vauvert, envoya aux états qui se tinrent au Pui en Septembre 1501. Il se trouva en personne à ceux qui s'assemblerent dans la même ville en Octobre 1502. & où on lui adjugea la préséance sur l'envoyé du seigneur ou comte de Castres. Il étoit aussi le 11. Juillet 1503. à ceux de Montpellier, qui le députerent au sire d'Urfé, grand écuyer de France, lequel alloit se mettre à la tête de l'armée en Roussillon, & qui demandoit à conférer touchant la fourniture des vivres pour l'entretien des troupes. Il n'arriva aux états de Tournon, commencés le 13. & finis le 21. Novembre 1503. qu'à la fin des séances. Il protesta contre la préséance que le seigneur d'Arlene, envoyé du seigneur de Tournon, prit sur lui, auquel les ordonnances du pays la donnoient. Il fut député à la cour pour porter le cahier avec l'évêque d'Uzès. L'histoire de Languedoc ne l'a connu que sous le nom de baron de Vauvert, entrant aux états, & non sous celui de Gaillardet de Montcalm. Il plaida toujours contre Louis de Lévis, seigneur de la Voulte ; & à la fin il transigea avec lui le 8. Octobre 1515. La terre de Candiac lui resta ; & Louis de Lévis eut celles de Vauvert & de Marguerites ; la substitution s'étant trouvée bonne. Gaillardet mourut à Aimargues le 9. Novembre 1519.

Louis de Lévis, baron de la Voulte, fils de Bermond de Lévis, frère puiné d'Antoine de Lévis, comte de Villars & seigneur de Vauvert, & tous deux enfans de Philippe de Lévis, vicomte de Lautrec, seigneur de Vauvert ; & d'Antoinette d'Anduse, dame de la Voulte, étant rentré dans la possession des seigneuries de Vauvert & de Marguerites, mourut en 1522. & après le 4. Mai, fort âgé ; puisque son père s'étoit marié le 14. Janvier 1422. (1423.) Il eut pour fils

Gilbert de Lévis, seigneur de Vauvert, & puis comte de Ventadour, mort en 1529. & père de

Gilbert de Lévis, comte de Ventadour, baron de la Voulte, seigneur de Vauvert, né en 1501 & mort en 1547.

Gilbert de Lévis, seigneur de Vauvert, baron de la Voulte, créé duc de Ventadour en Février 1570. & pair de France en 1589. mort à la Voulte en 1591. marié avec Catherine de Montmorenci, fille du connétable Anne, & qui le rendit père de

Anne de Lévis, duc de Ventadour, comte de la Voulte, baron de Donzenac, Boussac, la Roche en Renier, Annonai, Cornillon, & Vauvert, chevalier du S. Esprit le 2. Janvier 1599. mort au château de la Voulte le 3. Décembre 1622. Il avoit épousé à Alest le 25 Juin 1593. Marguerite de Montmorenci, fille de Henri, duc de Montmorenci, connétable de France, qui mourut le 3. Décembre 1660. âgée de 83. ans. Le parlement de Paris lui avoit adjugé, par son arrêt de l'an 1655. Tournon & toutes les terres de cette maison, dont elle avoit hérité par la mort de Just-Louis, comte de Tournon, son petit-fils, fils de Henri, comte de Tournon & de Roussillon, & de Catherine de Lévis, sa fille, tué devant Philisbourg le 7. Septembre 1644. Ils eurent pour fils

François de Lévis, comte de Vauvert, tué dans le combat naval de l'isle de Ré contre les Rochelois le 17. Septembre, & qui eut pour successeur son frère

Charles de Lévis, marquis d'Annonai, & puis duc de Ventadour, par la concession que lui en fit son frère aîné Henri de Lévis, duc de Ventadour & chanoine de Paris, par acte du 22. Mai 1631. Il mourut en 1649. & avoit vendu le 21. Août 1642. la baronnie de Vauvert à

Pierre d'Auteville, seigneur de Montferrier & de S. Clement, conseiller en la chambre des comptes de Montpellier, qui envoya aux états de Languedoc en 1642. & en 1648. & au nom de Gabriel, son fils en 1649. & tous les ans jusques à sa mort arrivée vers le 1. Janvier 1664. Il avoit épousé le 30. Juin 1639. Louise Baudan, fille de Jean Baudan, & de Marthe de Montcalm-S. Veran, qui mourut vers le 10. Juin 1692. Pierre d'Auteville & Louise eurent pour enfans

Gabriel d'Auteville, baron de Vauvert, au nom duquel Pierre, son père, envoya aux états depuis 1649. jusqu'en 1671. Il eut pour successeur son frère

Philippe d'Auteville, baron de Vauvert, mort à Nîmes le 8. Août 1707. Il avoit épousé Gabrielle de Genas-Beauvoisin, morte à Vauvert le mardi gras 18. Février 1738. & n'en avoit eu qu'une fille unique,

Susanne d'Auteville, dame de Vauvert, née le 23. Août 1696. qui épousa le 12. Mars 1714. Louis de Genas, seigneur de Durfort & de Beauvoisin, son cousin germain & qui mourut au château de Vauvert le jeudi 7. Janvier 1723. après avoir signé le 4. du même mois & en même temps son contrat de mariage & son testament. Elle fut mère de

Louis-Pierre de Genas, baron de Vauvert, où il étoit né le 1. Juillet 1716. & qui fut émancipé par son père le 20. Septembre 1746.

p. 172. l. 35. Le duc d'Uzès se fit rendre la Rivière, & Queilac, força S. Geniez.] Ce narré n'est nullement exact. L'histoire de la guerre civile en Languedoc, dont l'on croit auteur le président Jean Philippi, dit que le duc d'Uzès avec une armée de 8000. hommes & de l'artillerie, prit S. Gilles & le château de Vauvert ; que le maréchal de Damville se posta à Lunel avec toutes ses forces ; que les deux armées resterent des deux côtés du Vidourle pendant un mois, sans faire autre chose ; & que le duc d'Uzès ayant retiré la sienne, retourna vers Avignon. Ce narré ne détruit pas celui de Perussis, tout mal arrangé qu'il est. Le duc d'Uzès, campé près du Vidourle, & ayant cette rivière devant lui, pouvoit faire le siége du château du Caila, qui étoit derrière lui, & qui n'étant pas plus fort que celui de Vauvert, ne dut pas tenir plus de quatre jours, comme avoit fait Vauvert. Le duc même pouvoit l'avoir pris avant que Damville eût assemblé toutes ses forces. Ainsi la prise du Caila rapportée par Perussis paroît certaine. A l'égard de celle de la Rouvière, & non la Rivière, comme ont mal ortographié les copistes de Perussis, elle me paroît aussi sûre. Le narré de Philippi ne la détruit pas. Ce en quoi Perussis se trompe apparemment, c'est d'avoir mis la prise de la Rouvière & de S. Geniez d'abord après celle du Caila, qui doit être arrivée le 12. ou le 13. Février ; au lieu que la Rouvière & S. Geniez ne furent pris que vers le 20. ou le 25. de Mars, & après que le duc d'Uzès, voyant qu'il ne pouvoit forcer le passage du Vidourle gardé par Damville, eut abandonné ce projet. Ce duc déterminé d'aller à Avignon, prit en y allant, ou fit prendre par des détachemens de son armée, Beauvoisin, Bernis, Calvisson, & Manduel. Il arriva à Avignon avant le 9. Mars, & envoya son armée se reposer dans son camp près de Roquemaure. Le cardinal d'Armagnac ayant fait trouver de l'argent au duc d'Uzès pour payer ses reistres qui ne vouloient pas marcher sans avoir reçu ce qui leur étoit dû, alla au Pont S. Esprit, & ensuite faire le siège du château de la Rouvière, où il y avoit 18. soldats, qui furent passés au fil de l'épée, & leur capitaine pendu à un arbre. Le duc d'Uzès se rendit ensuite maître par assaut de S. Geniez, lieu aisé à fortifier, & qui est entre la Rouvière & Alest, Continuant sa marche, il prit, ou envoya occuper Ville-vieille, Quissac, Durfort, S. Marcel, & S. Jean de Serres. Il est sûr que tous ces châteaux ou villages fossoyés ou barricadés furent pris & repris par les catholiques & les protestans en 1575. La ville de Nîmes députa le 9. Avril 1576. le ministre Cam-

Pagnan & le capitaine Deyron au roi de Navarre & au duc Cafimir pour leur repréfenter fes pertes & le mauvais état de fes affaires, & combien la prife de ces huit ou dix villes ou châteaux lui avoit caufé de dommage. La prife de quelques-uns de ces lieux eft prouvée par plufieurs hiftoriens; & on fcait d'ailleurs que le duc d'Uzès en prit plufieurs autres. Ainfi on peut lui attribuer la prife de ceux qui n'étoient pas éloignés de fa marche; & à l'égard de ceux qui étoient plus éloignés, les détachemens qu'il envoya, où les troupes qui tenoient fon parti, & qui ne l'avoient pas encore joint, les prirent. Le Caila étoit au pouvoir des catholiques en Janvier 1626. Le marquis de Portes y avoit envoyé loger quelques compagnies du régiment d'Annonai, qui eurent ordre d'aller à Bellegarde. Elles partirent du Caila le 9. Janvier 1626. & arriverent à Bellegarde à trois heures après midi. Elles s'y barricaderent, & y furent attaquées par les proteftans de Nifmes, commandés par Leques, S. Côme, la Caffagne, & les trois freres Montbrun, qui furent repouffés à trois attaques par la Leche, qui commandoit les catholiques. S. Côme y reçut une bleffure, dont il mourut quelque temps après. Quelques foldats du parti du duc de Rohan s'étant retranchés en Décembre 1627. dans les châteaux du Caila & de Vauvert, le duc de Rohan qui ne vouloit pas que le prince de Condé, qui avoit fait faire des préparatifs pour affiéger ces deux châteaux, lefquels étoient très en état de fe défendre, s'arrêtât dans le bas-Languedoc, les fit abandonner la nuit du 31. Décembre au 1. Janvier 1628. Le prince de Condé fit rafer le château du Caila, qui appartenoit à Louis de Bafchi, baron d'Aubaïs, lequel commandoit fous le duc de Rohan dans le bas-Languedoc. Ce château avoit été brûlé par les Tuchins en 1383. un vendredi après que les habitans de Nifmes les eurent obligés de fortir de leur ville. Ce vendredi doit être dans le mois de Janvier 1382-3. quelque temps auparavant que le duc de Berri eût nommé Simon Cramaud, évêque d'Agen, pour gouverner le Languedoc avec Enguerrand d'Eudin, fénéchal de Beaucaire, ce qu'il fit à Mehun fur Yevre le 28. Avril 1383. Les habitans du Caila voulant indemnifer Antoine de Bermond, leur feigneur, de l'incendie de fon château, quoiqu'ils prétendiffent n'y être pas obligés, & que c'étoient les ennemis du roi & de leur feigneur qui euffent mis le feu au château, convinrent avec lui au Caila le 31. Janvier 1383. (1384.) de lui payer 550. francs d'or au coin du roi, à raifon de cent francs pendant les cinq premieres années, & de cinquante la fixieme. Ces habitans ne fe trouvant pas en état de payer ces 550. francs, prierent le 12. Avril fuivant leur feigneur de leur permettre de vendre les herbages & les bois des garrigues de leur communauté, afin de le fatisfaire, & Antoine Bermond le leur permit. L'églife du Caila fut brûlée par neuf camifards la nuit du 27. au 28. Septembre 1703. Quoique le lieu fût entouré de murs, on y fit quelques fortifications; ce qui n'empêcha pas les camifards d'y entrer la nuit du 16. au 17. Octobre fuivant. Ce lieu étoit la patrie d'Abdias Maurel, qui prit le nom de Catinat, qui fut l'un des principaux chefs des camifards après Cavalier, & qui périt comme il le méritoit le jeudi 23. Avril 1705. Le Caila eft une paroiffe de 680. habitans, du diocèfe & à trois lieues deux tiers au S. S. O. de Nifmes, de l'archiprêtré, viguerie, & à 1200. toifes à l'E. S. E. d'Aimargues: long. 21. d. 54. m. 8. f. lat. 43. d. 40. m. 29. f. Ce lieu étoit confidérable dans le XI. fiécle; & le 6. Septembre 1097. il s'y tint une affemblée dans le bois de Tourroufelle, qui eft au nord du château, & dans une ifle de la riviere du Viftre. Bertrand, archevêque de Narbonne, Gibelin, évêque d'Albi, Godefroi, évêque de Maguelonne, & Raimond, évêque de Nifmes, fe trouverent à cette affemblée, & déciderent que l'abbaye de Pfalmodi étoit indépendante de l'abbaye de S. Victor. Le cardinal Richard, abbé de S. Victor, qui étoit préfent à ce jugement, s'y foumit & le foufcrivit huit jours après. Le pape

Urbain II. le confirma le 1. Mai 1099. Le château du Caila fut un des douze châteaux que Bernard Aton, vicomte de Carcassonne & de Nismes, soutint & reconnut relever de Raimond Berenger, comte de Barcelone, lorsqu'il fit la paix avec lui le 8. Juin 1111. Ce même Bernard Aton, sa femme Cécile, & leurs enfans, céderent à Rainon & à Guillaume Rainon, son frère, seigneur du Caila, un lundi quatriéme de la lune de l'an 1118. les pâtis de Teillan ; & les deux frères leur donnerent 2000. sols Melgoriens. Les mêmes frères acquirent en 1141. d'autres pâtis dans le territoire du Caila & de S. Silvestre de Teillan, & donnerent au même vicomte 500. sols de S. Gilles & 300. sols Melgoriens. Ils contribuérent beaucoup en 1147. à la fondation de l'abbaye de Franquevaux, en lui donnant le lieu de Levedon sur le bord de l'étang de Scamandre. Bernard Aton, vicomte de Nismes, étant à Besiers en Octobre 1179. reconnut à Alfonse, roi d'Arragon, qui y étoit, le château du Caila, de la manière dont il avoit été reconnu en 1118. Raimond, comte de Toulouse étoit au Caila le 17. Février 1209. & il y confirma ce jour-là les priviléges des habitans du comté de Melgueil.

p. 173. l. 2. Laval, fils aîné de Gordes, tué dans une rencontre avec la garnison de Livron, entre cette ville & Montelimar, vers le 25. Février 1575.] Il s'appelloit Gaspar, & il étoit né en 1554. Guigonne Alleman, sa mère, étoit fille de Charles Alleman, seigneur de Laval, Secheline, Bulli, Montroman ; & d'Anne de Toligny, & non de Taulignan (comme le dit l'hist. des grands officiers, tom. II. p. 246.), dame d'Albigny, de la Terrasse, & de Lumbin. Laval est une paroisse de 210. feux, au diocése de Grenoble, dans l'archiprêtré de cette ville, sur la petite rivière de Laval, qui se jette dans l'Isere. Laval est à la gauche de cette rivière. La carte du diocése de Grenoble lui donne pour long. 23. d. 21. m. & pour lat. 45. d. 11. m. & cette même carte met Grenoble sous la long. de 23. d. 6. m. & sous la lat. de 45. d. 6. m.

173- 9. Lurmarin, dont le comte de Sault étoit seigneur, ne voulut se rendre ni à lui ni à Vins. Jean-Paulo de Cere Ursin le prit par escalade en 1537.] Lormarin étoit un château magnifique & très-logeable à deux lieues de Cadenet, lorsqu'il appartenoit aux comtes de Sault. Paule de Cere avec quatorze ou quinze gendarmes de sa compagnie en enleva un corps de bétail escorté par 80. ou 100. chevaux bien équipés & montés. Le parti contraire mit quelques jours après 100. arquebusiers dans le château de Lormarin pour protéger ses coureurs. Paule en ayant fait donner avis aux seigneurs de la Fayette & de Curton, qui se joignirent à lui avec leurs gendarmes & 200. arquebusiers braves & délibérés, ils partirent vers le 1. Septembre 1536. avec cette troupe, de Cavaillon, ville à 2000. pas de la Durance vis-à-vis d'Orgon, avec des échelles faites à la hâte. Ils escaladerent Lormarin, & entrerent de force dans le château. Ils firent tous ceux qui étoient dedans prisonniers, & se retirerent sans le moindre inconvénient. Ferdinand de Gonzague, qui vouloit leur couper le pas avec 1200. chevaux & seize enseignes de gens de pied, ne put pas les joindre, parce qu'ils furent avertis de sa marche, & l'éviterent.

173- 17. La Bastide Merletade, dite la grande Bastide, brûlée par les protestans de Merindol la nuit du samedi 26. Février 1575.] Ceci semble être le même lieu que la Grange Merletade, entre Cavaillon & Merindol, qui avoit appartenu à Taillade, & dans laquelle le capitaine Corradin Vacha, Italien, avoit été mis six jours auparavant avec 150. soldats. Cette grange n'est point marquée sur la carte du comtat, quoique fort détaillée.

173- 23. Montbazin, qui avoit épousé la fille naturelle de Damville, mourut peu avant le 23. Février 1575. d'une blessure qu'il avoit reçue près du pont de Lunel.] Guillaume de la Vergne, seigneur de Montbasin, avoit eu un frère aîné, nommé Antoine, qui ne laissa que des filles, & lui n'eut point d'enfans. François, son frère puîné, lui

DU COMTE' VENAISSIN, DE PROVENCE, &c.

succéda, & épousa le 18. Juin 1586. Susanne de Sarret-Fabregues. Ils furent bisayeuls de Jean-Lambert de la Vergne, né en 1653. mort à Montpellier le 20. Septembre 1739. qui a laissé trois garçons de Constance de Mauffac, sa troisiéme femme, qu'il avoit épousée le 8. Avril 1709. & qui vit en Juillet 1755. Constance de Mauffac a pour bisayeul Charles de Mauffac, frère puîné de Jacques Baderon, seigneur de Mauffac dans la paroisse de Tauriac au diocèse de Vabres, qui étant doyen des conseillers du parlement de Toulouse, disputa la préséance au prince de Condé, qui y étoit allé le 17. Janvier 1628. & le prince la lui céda. Montbasin appartenoit à Jeanne de Boussagues, qui épousa Amalric de Narbonne, baron de Talairan, lequel rendit hommage pour Montbasin, du chef de sa femme, en 1372. & testa le 24. Avril 1381. Mar-Sibille de Narbonne, dame de Montbasin, leur fille, épousa Bertrand de Penne, seigneur de Cestairols, avec lequel elle vendit en 1408. à Pierre de Lestang, seigneur du Bosc-S. Martial, tout ce qu'elle avoit aux lieux de Dian, Bernarsellie, & Belleri, au diocèse de Besiers. Jeanne de Lestang, dame de Montbasin, de Montmelat, & de Varagne, au diocèse de S. Pons, épousa, 1°. Bernard Maffred, seigneur de Parlages, de S. Privat, & de la Valette ; 2°. George de la Vergne, seigneur de Tressan & de Puilacher. Jeanne Maffred, sa fille aînée, partagea avec ses trois sœurs les biens de son père le 26. Mars 1461. Elle fut dame de Montbasin, par deux transactions de 1461. & de 1466. Elle épousa Rigaud de la Vergne, second fils de Geraud de la Vergne, seigneur de Tressan ; & de Jeanne de Voisins ; & elle testa le 9. Mai 1494.

p. 173. *l.* 32. Vins passa la Durance à Rems près d'Oraison.] C'est peut être Leurs ou Lurs à la droite de la Durance. Seroit-ce ici une faute de copiste, qui auroit changé L en R, & eur en m : misères auxquelles les gens de lettres sont continuellement assujettis.

173- 39. Le dernier de la lune de Février 1575. porta un grand froid.] Le dernier de la lune de Février 1575. étoit, selon le calcul du nombre d'or le 15. Mars.

173- 41. La baronnie de Baumes fut remise à César, fils naturel de Damville, en vertu d'un bref du pape.] Il fut légitimé en Septembre 1573. suivant Blanchard, cité dans l'histoire des grands officiers (tom. III. p. 606.) Mais on ne trouve plus rien de lui. Baumes est la seconde baronnie du comté Venaissin. Raimond d'Agoult fut seigneur de Baumes, de la Roque-Henri, & d'Urban, dans le comtat ; & en rendit hommage en Mai 1251. à Alfonse de France, comte de Toulouse. Il fut le quatrième ayeul d'Isabelle d'Agoult, dame de Trets & de la Baume, qui épousa en 1397. Astorg de Peyre, baron de Peyre en Gevaudan. Astorg de Peyre fut le septiéme ayeul de Marguerite de Solages, dame de Peyre, qui épousa au château de Tholet en Rouergue le 23. Juillet 1626. Antoine de Grolée, seigneur de Montbreton en Dauphiné, & de Burzet en Vivarais, & se constitua en dot 7500. livres à prendre sur le seigneur de Pilles, débiteur de cette somme, pour l'acquisition qu'il avoit faite de la place de Baumes. outre 14000. livres pour reste de la même acquisition.

174- 3. Orrau appartenant au comte de Sault, pris par les protestans vers le 18. Mars 1575.] Oureau est une paroisse du diocèse de Gap en Dauphiné, sur la lisière de Provence, à la gauche de la Bron, qui se jette dans la Durance au dessous de Sisteron, à quatre lieues à l'ouest de cette ville : longitude, 23. d. 26. m. lat. 44. d. 12. m.

174- 19. Les protestans prirent vers le 6. Avril 1575. le lieu d'Ussais appartenant à Laborel.] Montbrun, qui avoit deux canons, prit le château de Saix. Ce château est joint à une paroisse de 47. feux, du diocèse & à quatre lieues & un tiers à l'ouest de Gap.

174- 38. Le duc d'Uzès prit S. Laurent de la Vernede & Sabran vers le 14. Avril 1575.] Le duc d'Uzès n'ayant pas pû secourir le château d'Alest, qui se rendit le samedi saint 2. Avril 1575. voulut s'en dédommager en prenant divers postes dans le diocèse d'Uzès, & alla donner quelque repos à sa petite armée, en la faisant camper tranquillement vers le 20. Avril près de Roquemaure. S. Laurent de la Vernede est une paroisse de 70. feux, & de 316. habitans, du diocèse & à deux lieues au N. N. E. d'Uzès: long. 22. d. 8. m. 10. s. lat. 44. d. 6. m. 25. s.

p. 175. l. 2. Corbières, où le baron d'Oraison avoit deux filles, qui y étoient gardées par le capitaine Rostaing. Montbrun, le baron d'Allemagne, Stoublon, le chevalier de Buous, & le baron d'Oraison les y allerent reprendre le 16. Avril 1575.] Corbières est une paroisse du diocèse & à quatre lieues au N. E. d'Aix, à une grosse lieue au sud de Manosque, à la droite de la Durance : long. 23. d. 31. m. lat 43. d. 46. m.

175- 17. Les catholiques ayant voulu surprendre Cornillon de Bagnols, y eurent plus de cent hommes tués, le 2. Mai 1575.] Simon de Martin de Rodulph, seigneur de Cornillon, testa à Amiens le 26. Janvier 1657. & fit héritière Jeanne-Marie de S. Ferriol, fille de Marie de Martin de Rodulph, sa sœur, & d'Olivier-Joseph de S. Ferriol de Carlet, seigneur desdits lieux, habitant à Pierrelate. Jeanne-Marie de S. Ferriol, née en 1646. morte à S. Paulet le 11. Octobre 1709. avoit épousé le 9. Janvier 1659. François-Joseph de Gabriac, seigneur de S. Paulet. Charles Sibbert étoit seigneur de Cornillon & maire de Bagnols en Novembre 1694. & vivoit en 1731.

175- 32. Sales rendu aux catholiques le 4. Mai 1575.] Salles, paroisse de Provence, l'une des terres adjacentes dans l'enclave où est situé le comté de Grignan, à une lieue au N. N. E. de ce château, du diocèse, & au S. O. de Die: long. 22. d. 42. m. lat. 44. d. 27. m.

175- 35. La Motte Chalancon forcé par Montbrun le 5. Mai 1575.] Chorier dit que Montbrun assiégea la Motte Chalancon le 11. Mai 1575. & la prit sept jours après. Gordes vouloit aller secourir ce château ; mais le colonel des Suisses ne voulut pas le suivre. La date de Chorier est préférable à celle de Perussis. Quelques jours après, Montbrun avoit pris le château du Saix dans le Gapençois ; il força, après la prise de la Motte, & en peu d'heures, S. André de Rosens.

176- 42. Le fort de S. Firmin d'Uzès assiégé par les protestans commandés par la Guiguerie vers le 10. Juin 1575. secouru par Ambres, qui leur tua 160. hommes, & prit cinq pièces de canon.] Je ne puis pas croire que les protestans fussent assez bien fournis d'artillerie, pour emmener cinq pièces, afin d'assiéger un petit fort près d'Uzès. S. Firmin joint le fauxbourg d'Uzès, appellé Malbourguet, au-delà de la porte de Condamine, à 300. toises au N. d'Uzès. S. Firmin contient 23. feux, & 150. habitans.

177- 31. Montbrun ayant assiégé Châtillon, Gordes voulut le secourir ; mais il y perdit 300. Suisses & l'artillerie qu'il avoit prise aux protestans] Voici, selon Chorier, la narration de cet évenement. Gordes partit de Crest à la tête de deux régimens Suisses le 11. Juin, & alla coucher à Sainte-Croix auprès de Pontais ; & le lendemain il continua sa marche vers Châtillon assiégé & pressé par Montbrun. Il passa devant Die sans y entrer, & arriva devant Châtillon à quatre heures du soir. Il attaqua d'abord Montbrun ; & les Suisses ayant très-bien combattu, Montbrun fut obligé de se retirer après une grande perte. Gordes se mit en marche le lendemain vers Die. Etant arrivé au pont d'Oreille auprès de Motières, les Suisses furent obligés de défiler sur ce pont, où il ne pouvoit passer que deux hommes de front. Montbrun, qui avoit gagné le devant, & qui s'étoit posté dans un lieu favorable, nommé le plan de Supas, fit attaquer les Suisses commandés par leur colonel Fraber, Lesdiguières, Gouvernet, Morges, Champoleon, Cugié, Bar, Comps, Vercoiran, le Mas, & Establet. Les Suisses ne pouvant se mettre en bataille, ils perdirent 300. hommes & un de leurs colonels. Gordes étant accouru, arrêta Montbrun, & se retira

retira à Die. Melchior de la Poype, seigneur de S. Julien, qui commandoit la compagnie de Suse, fut fait prisonnier. Lesdiguières se distingua fort dans ce combat.

p. 178. l. 7. Montbrun blessé & pris par les catholiques le lundi 4. Juillet 1575. à une charge entre Oste & Mirabel.] Gordes après sa défaite au plan de Supas, envoya Ourches, son gendre, chercher du secours de tous côtés, & revint d'abord qu'il en eut ramassé, & s'avança vers Die. Lestang menoit 1200. lances ; Rochefort 400. arquebusiers à cheval ; & Ourches 2500. hommes de pied. Montbrun s'avança à Pontais, pour le recevoir, & passa le pont de Mirabeau, au lieu de les attendre dans les détroits de Quint & de Saillans. Il eut d'abord l'avantage ; mais ses soldats s'étant mis à dépouiller les morts, la réserve de Gordes chargea & tua seize gentilshommes à Montbrun. Ses troupes s'étant alors mises en désordre, Montbrun qui sentoit que son cheval étoit harrassé, voulut pourtant, en se retirant, lui faire sauter le canal d'un moulin ; mais il tomba & cassa une cuisse de Montbrun, qui se trouva sous lui. Ourches & du Puy-Rochefort, ses cousins, le suivoient. Il se rendit à eux, fut mené à Grenoble, où le parlement lui ayant fait son procès, il fut décapité le 12. Août 1575. Ce combat est fort détaillé dans le 60e livre de M. de Thou, dans la vie de Lesdiguières par Videl, & dans l'histoire du Dauphiné, avec plusieurs circonstances. Perussis dit qu'il s'y donna le lundi 4. Juillet ; de Thou dit le 9. Videl, qui n'avoit pas les dates, n'en donne aucune ; non plus que Chorier, qui avoit devant lui le journal de Gordes.

179- 10. Le capitaine Novezan, que Montbrun fit arrêter à Malaucene en Septembre 1560. & à qui il fit mettre la corde au col pour le pendre ; mais quoiqu'il ne fut point exécuté, il mourut enflé & hydropique.] Seroit-ce Alain de Seitres, seigneur de Novezan, fils unique de Josserand de Seytres, seigneur de Novezan, Châteauratier, Rousset, Montfalcon, & la Bastie-Chaude, & de Marguerite de Velhieu, né le 24. Janvier 1501.

180- 40. Villevieille, près de Sommières, pris par les protestans.] Ce fut à la fin de Juin 1575. Les huguenots ameutés par les paysans de Pondres, prirent le château de Villevieille, où Goult, gouverneur de Sommières, avoit mis un sergent & quinze soldats. Le village étoit démantelé.

181- 7. Du Chailar, député pour le Dauphiné, mourut de maladie à Nismes.] Louis de Saurin, seigneur du Cheilar, paroisse de 65. feux, au diocèse & à quatre lieues au N. O. de Die, & un peu plus à l'est. de Valence, mourut à Nismes le 8. Août 1575. Il avoit épousé Angélique Lose, & en avoit eu Pierre de Sauvin, seigneur du Cheilar, marié le 5. Novembre 1564. avec Hortence Cenami, dont il eut Pierre de Sauvin, seigneur du Cheilar, Soyans, Auriple, & Vercheni, qui épousa Susanne de Grasse, fille de Claude, comte du Bar, & de Jeanne de Brancas. De cette alliance vint Anne de Sauvin, dame du Cheilar, Soyans, Auriple, Vercheni, Chastel-Arnaud, S. Sauveur, S. Moirans, Barri, & Meuilion, qui épousa Hector de la Tour, baron de Montauban & de la Chau ; & qui se remaria en 1635. avec Tannegui Poisson, seigneur du Mesnil en Normandie ; & testa le 4. Novembre 1665. Louis de la Tour, seigneur de Soyans, fut père de René-Antoine, pour lequel Soyans fut érigé en marquisat en Juillet 1717.

181- 14. Damville eut vers le 1. Septembre 1575. un fils de la maréchale. Il n'en avoit point encore.] Ce fils appellé Hercule de Montmorenci, comte d'Offemont, gouverneur de Languedoc en survivance de son père le 15. Juin 1589. mourut au château de Pesenas le 16. Mai 1591. Damville étoit si aise de la naissance de son fils, qu'il en fit part le 28. Septembre à l'assiète ou assemblée du diocèse de Nismes, qui le félicita par sa lettre du 3. Octobre. Les consuls de Nismes lui ayant envoyé des députés pour le féliciter de leur part, il leur répondit le 13. du même mois. (M. Ménard, hist. de Nismes, tom. V. p. 141. 142. preuv. p. 131. 132.)

p. 181. *l.* 27. Venterol, frère puiné d'Oraison, prit vers le 2. Septembre 1575. le parti catholique, disant qu'il n'avoit jamais été huguenot.] André d'Oraison-de Venterol, frère puiné de François, baron d'Oraison, vicomte de Cadenet, mort au château de Cadenet le 24. Juin 1596. fut élu évêque de Riez en 1576. Mais n'ayant point de goût pour cet état, il ne se fit pas sacrer ; & Elzear de Rastel eut cet évêché en 1585. Il fut comte de Boulbon, coseigneur de Soleillas & de Barres, mestre de camp de dix enseignes de vieilles bandes Françoises entretenues. Il épousa Jeanne d'Arces, fille de Jean d'Arces, seigneur de Licieux en Lionnois ; & de Françoise de Ferrières-Livarot.

181- 38. Le 2. Septembre 1575. un fils de l'amiral de Châtillon, qui depuis la mort de son père étoit resté en Allemagne ou à Berne, arriva accompagné de quatorze personnes à Serres, où commandoit Gouverner.] Ce fils de l'amiral étoit Ton, fils aîné de François de Coligni, né à Châtillon sur Loin le 28. Avril 1557. Il mourut dans son château de Châtillon vers le 8. Octobre 1591. Henri IV. étant campé à Attigni près de Granpré en Champagne, en reçut la nouvelle quelques jours après le 5. Octobre. De Thou (tom. XI. de la traduction Franç. p. 451.) dit qu'il n'avoit guères plus de trente ans. On voit par la date de sa naissance que le 28. Septembre 1591. il avoit trente-quatre ans & cinq mois.

182- 8. Entraigues de Languedoc, cousin-germain de Venterol-Oraison, se jetta dans Sommières, & fut blessé au combat qui se donna le 19. Septembre 1575. lorsque les catholiques ravitaillerent cette ville. Beaujeu, le baron de la Roche, Croze, & Stouby, colonel des Reitres se distinguerent dans la même occasion.] Louis de Caires d'Entragues étoit second fils d'Antoine de Caires, seigneur d'Entragues en Vivarais ; & de Jeanne d'Oraison. Il servit long-temps, & avec distinction, & mourut après l'an 1596.

183- 6. Le 10. Octobre 1575. Henri, duc de Guise, défit l'avant-garde des Réitres.] Telle est la date du combat de Dormans que Perussis a conservée à la postérité. Le duc de Guise y reçut une blessure qui le fit surnommer le Balafré. Le combat se donna en allant vers Châteauthierri. Dormans est une paroisse de 428. feux & de 1929. habitans, du diocèse & à sept lieues au sud-est de Soissons, à quatre à l'E. N. E. de Châteauthierri : long. 21. d. 11. m. lat. 49. d. 4. m. sur la gauche de la Marne dans l'élection d'Epernai. Le dénombrement de la France nomme cinq hameaux qui sont dans sa dépendance ; & la carte de Champagne ne donne la position d'aucun de ces hameaux : imperfection de la géographie à suppléer.

183- 13. Annot pris par le baron d'Allemagne vers le 22. Octobre 1575.] Annot, paroisse de 960. habitans, chef-lieu d'une viguerie de Provence, du diocèse & à deux lieues au N. O. de Glandeve : long. 24. d. 33. m. lat. 44. d. 6. m. a la gauche d'un gros ruisseau, qui paroit être un lac. Bouche dit que le 7. Septembre 1574. Lisle & Espagnolet surprirent Anot, & quelques jours après le fort S. Georges à Thoramenes hautes, Tortonne, le Poil, & Magastres.

1576.

185- 28. Danville prit par escalade vers le 27. Janvier 1576. Domazan.] C'est une paroisse de 66. feux & de 298. habitans, du diocèse & à onze milles ou minutes de degré de 951. toises chacune, à l'E. S. E. d'Uzès : long. 22. d. 19. m. 28. s. lat. 43. deg. 55. m. 50. s.

185- 34. On apprit à Avignon la mort de la Valette vers le 2. Février 1576.] Le courier qui apporta cette nouvelle ne fit pas diligence, puisque la Valette étoit mort dès le 18. Décembre 1575. Jean de Nogaret, seigneur de la Valette, de Casaux, & de Caumont, mestre de camp de la cavalerie légère, lieutenant-général au gouvernement de Guienne, capitaine de cinquante hommes d'armes, servit aux batailles de Dreux, de Jarnac, & de Montcontour ; acquit la haute-justice de la terre de la Valette au diocèse de Toulouse; mourut dans son château de Caumont le 18. Décembre 1575. âgé de 48. ans, & fut enterré dans l'église des minimes de Cassur, sous un tombeau sur lequel il est représenté armé de toutes pièces, avec une inscription qui le fait descendre de Guillaume de Nogaret, chancelier de France sous Philippe le Bel. Sur quoi je crois devoir demander à la noblesse de France, & sur-tout à ceux qui pensent juste, si on ne se distingue pas plus en faisant connoître ses véritables ancêtres, qu'en se donnant ceux que l'on n'a pas. La Valette ne pouvoit pas prouver qu'il descendoit du chancelier Guillaume de Nogaret; & le chancelier avoit été annobli, & avoit enseigné le droit à Montpellier avant l'an 1280.

p. 186. l. 29. L'an 5. de Childeric, il plut pendant douze jours dans la Limagne d'Auvergne.] Si Perussis avoit bien voulu nous donner la preuve de ce fait, il auroit fait plaisir aux incrédules, & à ceux qui n'aiment pas le merveilleux.

187- 1. S. Privat, diocèse d'Uzès, cité antique, & qu'on dit être cité des Volces Tectosages, fut pris par les protestans vers le 21. Mars 1576. Le château ne fut pas pris.] Perussis prouve l'antiquité de S. Privat par une inscription qu'il rapporte, & qu'il dit être gravée sur une pierre, que le seigneur de S. Privat, homme de lettres, avoit mise à l'entrée de son château. Mais cette inscription ne prouve pas l'existence de S. Privat du temps des Romains. Contentons-nous en fait d'antiquité des monumens qui existent. S. Privat du Gard étoit une abbaye en 1150. Le roi Louis le jeune en confirma cette année-là à l'église d'Uzès la possession, en la prenant sous sa protection. Raimond en étoit abbé en 1164. Il n'y a qu'à voir la construction du château pour voir qu'il n'avoit pas été bâti pour des seigneurs laïques. Tout y ressent le cloître, & en prouve l'antiquité. On ignore comment cette abbaye devint seigneurie laïque. On la trouve possédée par la famille de Faret dès l'an 1450. Jacques Faret, qui doit être celui dont Perussis parle, testa le 7. Mars 1576. & fut bisayeul de Charles Faret, seigneur de S. Privat, après la mort de ses quatre frères aînés, & qui mourut lui-même le 14. Août 1714. Il avoit épousé en 1686. Anne de Ginestoux, dame de Moissac, fille de Jean & d'Anne de Blancard, dame de Moissac; & il en eut Jean Faret, seigneur de S. Privat & de Fournez, comte de Faret, par l'érection de Moissac accordée par le roi, avec la mutation de nom en celui de Faret, maréchal de camp, mort à Montpellier le 6. Novembre 1750. qui avoit épousé au château de Candiac le 6. Février 1750. Hervée-Macrine de Montcalm-S. Veran, dont il eut Jeanne-Marie-Louise-Macrine de Faret, née posthume, & morte à huit ou neuf mois. Cet événement donna lieu à un procès entre la veuve & Henri de Faret, dit le comte de Fournez, son frère, qui avoit épousé N..... de Gabriac, fille de Joachim, coseigneur du bourg S. Andeol; & de N...... d'Audibert de la Calmete. Le comte de Fournez, brigadier des armées du roi, mourut à Toulouse le 16. Juillet 1752. père d'un fils né à Toulouse le mercredi 19. Janvier 1752. & de trois filles. Le procès entre les deux veuves fut enfin terminé par un accommodement fait en Mars 1755.

187- 3. Fournez pris par les protestans vers le 29. Mars 1576.] Fournez fut pris en une autre occasion par S. Roman; sur quoi l'on tint conseil à Nismes le 10. Septembre 1589. & on résolut de l'aller reprendre au plutôt. (M. Ménard, hist. de Nismes, T. V. p. 257.) François de Conseil, seigneur de S. Roman, étoit fils de François de Conseil, qui habitoit à Aigues-mortes, & y avoit une maison, où Charles V. coucha le 14. Juin 1583. & qui acquit le 14. Juin 1538. de l'abbé & du chapitre d'Aigues-mortes, les seigneuries de S. Roman, de l'Aiguille près de Beaucaire, de la Condamine, de Sommières, & de Terreneuve; & de Gabrielle de Cezelli-S. Aunez. Il rendit hommage pour S. Roman le 3. Août 1588. & le 1. Juin 1612. & il testa le 19. Septembre 1614.

p. 187. L. 23. Gordes assiégeoit Muretel pris par les adversaires vers le 18. Mars 1576.] Dès que Gordes sçut que Moretel avoit été pris par Pierre Point & le capitaine Lambert pour les protestans, il donna ordre à Disimieu de l'aller reprendre. Disimieu commença le siége le 29. Mars. Point & Lambert ayant fait une sortie, furent coupés, & menés prisonniers à Disimieu. La ville fut d'abord emportée. La Robinière, qui avoit une commission du baron d'Aubonne, se retira dans le château, où il y avoit une tour quarrée qui servoit de donjon. Disimieu fit tirer contre ce château 80. coups de canon, qui ayant fait bréche, l'assaut fut donné le matin 7. Avril. La Robinière fut tué sur la bréche, & la place emportée d'abord après.

188. 7. Vins défit dans Majastre & Tartonne vers le 25. Avril 1576. 120. chevaux des protestans. L'Isle, frère ainé du baron d'Allemagne, y fut tué.] Nulle mention de ce fait dans Nostradamus, ni dans Bouche. Thimotée du Mas-de l'Isle étoit frère puiné & non ainé de Nicolas du Mas, baron d'Allemagne.

188. 28. La Roque & Saumerane, villages non clos le long de la Durance.] La Roque est une paroisse de Provence dans le diocèse d'Aix, érigée en marquisat en Février 1653. Saumerane n'est point marqué sur la carte de Provence de Delisle, la seule bonne carte que l'on ait de cette province.

188- 37. Charles, fils de Gaspard de Coligny, qui avoit resté prisonnier dans Notre-dame de la Garde de Marseille pendant trois ans, fut remis au baron de Meuillon vers le 31. Mai 1576.] Il naquit à Châtillon sur Loin le 10. Décembre 1564. servit avec son frère en Rouergue en 1586. se fit catholique, fut chevalier du S. Esprit en 1619. & mourut à Lanti en Champagne, terre d'Huberte de Chastenay, sa femme, le 27. Janvier 1632.

189- 13. Damville faisoit bâtir vers le 15. Juin 1576. le château d'Alais, érigé en vicomté, qu'il avoit acquis de la maison de Cambis.] Si Damville acquit le château d'Alest des Cambis, le marché ne tint pas. Alest, avec les places de Soustelle, S. Paul de la Coste, S. Martin de Boubeaux, partie de Laval de Blannaves, S. Christol, le château de Conillières, Sendras, S. Hilaire de Bretmas, Salindres, S. Privat le vieux, & Rousser, fut érigé en Décembre 1574. en vicomté, avec droit d'entrer aux états de Languedoc, par Henri III. qui écrivit de Fontainebleau le 1. Août 1582. à François de Cambis de se trouver aux états de Beziers. François de Cambis étoit chevalier de l'ordre, & avoit épousé Magdeleine de Villeneuve-Trans, qui étant veuve, fit assigner le maréchal de Damville, devenu duc de Montmorenci, au sujet de la justice d'Alest.

189. 20. Ambres, chevalier de l'ordre, parent du duc d'Uzès, mourut à Avignon le 27. Juin 1576.] François de Voisins, baron d'Ambres au diocèse de Castres en Languedoc, vicomte de Lautrec, étoit fils de Maffre de Voisins, baron d'Ambres, & de Jeanne de Crussol, sœur du père du duc d'Uzès Il avoit épousé Anne d'Amboise d'Aubijoux, & en avoit eu Ambroise de Voisins, mariée le 16. Juillet 1588. avec Lisander de Gelas, seigneur de Lesberon au diocèse de Condom, & qui fut mère d'Hector de Gelas, baron d'Ambres, chevalier des ordres du roi le 14. Mai 1633. Il mourut à Narbonne le 12. Février 1645. âgé de 54. ans. Il avoit forcé les retranchemens des Espagnols devant Leucate le 28. Septembre 1637. au soir, & y avoit reçu deux grandes blessures. Il fut grand père de Daniel-François de Gelas, comte de Lautrec, lieutenant-général des armées du roi, chevalier de ses ordres à la promotion du 1. Janvier 1744.

189. 36. Madame de Bressieu, de la maison d'Oraison, & ses deux fils Beaujeu & Pomet quittèrent Avignon vers le 5. Juillet 1576.] Catherine d'Oraison, selon la généalogie de Grolée par Guichenon, épousa François de Grolée, seigneur de Bressieu, & eut pour enfans Laurent de Meuillon de Grolée, marquis de Bressieu, comte de Ribiers, qui épousa Marguerite de S. Michel, dame

de Boisseron sur le Vidourle au diocèse de Montpellier, fille de François de S. Michel, seigneur de Boisseron, & d'Andrivette de S. Martin ; Louis & François de de Meuillon.

p. 190. l. 21. Madame de S. Romain soupa dans le palais d'Avignon chez le cardinal d'Armagnac avec le maréchal de Damville, Thoré, & Chârillon, le 3. Août 1576.] Claudine de Fay, fille de Noël de Fay, seigneur d'Estables en Vivarais & au diocèse de Vienne, petite-fille de Guillaume de Fay, seigneur d'Estables, & de Jeanne de Fay, sœur de Noël de Fay, seigneur de Perauld. Elle avoit un frère, Antoine de Fay de S. Romain, grand-prieur d'Aquitaine, tué au siége de Malte en 1565. Elle se remaria avec Antoine Bron, seigneur de Luque près de Montbrison en Forez ; & fut mère de Louise de Bron, qui épousa le 17. Juin 1598. Jean de la Motte-Brion, seigneur de Vacheres. Elle mourut avant le 4. Mai 1615. que Claudine de Bron, sa fille, épousa Philibert d'Apchon, baron de Rochefort & de Poncins. Claude de Bron, seigneur de la Liegue, de la Rivière, & de Bellegarde, frère de Claudine, épousa le 25. Février 1612. Marthe d'Hostun, fille d'Antoine d'Hostun de la Baume, seigneur de S. Nazaire, maréchal de camp, nommé à l'ordre du S. Esprit, & de Diane de Gadagne-Botheon. Marthe d'Hostun étant veuve, transigea en 1673. avec .... Pierrefort, comte de la Roue, héritier de son mari, & eut 11000. liv. pour tous ses droits dotaux. Le comte de la Liegue mourut le 6. Août 167.... & fit héritier Gaspard de Pierrefort, comte de la Roué, fils de Gaspard de Pierrefort, comte de la Roué, & de Gabrielle de la Liegue, sa sœur. Je ne sçai si le comte de la Roué vendit la terre de la Liegue ; mais elle appartenoit le 2. Mai 1680. à Pierre de Vinols, seigneur de la Tourette & d'Aboin, qui avoit été reçu chevalier de S. Michel le 5. Mars 1659. & qui eut pour fils Genis de Vinols, seigneur de la Liegue & capitaine de dragons, qui testa le 8. Juillet 1709. & eut pour fils Jean-Genis de Vinols, seigneur de

la Liegue, d'Aboin, & de la Tourette, né le 5. Décembre 1706. & demeurant à S. Bonnet le-Chatel en Forest en 1738.

190- 31. L'évêque de Paris, qui étoit arrivé à Rome le 23. Juillet 1575. fut par terre à Turin voir S. A. & la comtesse de Pancalier sa sœur.] Cette dernière étoit Marie de Gondi, comtesse de S. Trivier, première dame d'honneur de Marguerite de France, duchesse de Savoie, gouvernante de Charles-Emanuel de Savoie, prince de Piémont ; & fille d'Antoine de Gondi, seigneur de Perron en Lionnois, & de Toissey, & de Marie de Pierrerive, qui avoit épousé Claude de Savoie, comte de Pancalier, chevalier de l'Annonciade, fils de Bernardin, seigneur de Raconis & de Poncalier, & de Violante Adorne.

193- 13. Tripoli fut pris en Août 1551. & l'histoire en a été écrite par Nicolas Nicolaï, seigneur d'Arseville, qui y fut present.] Tout ce qui peut se dire sur le siége de Tripoli, se trouve dans les notes du voyage d'Aramon, la première des piéces fugitives de ce recueil.

194- 10. Olinville, où Henri III. étoit le 7. Novembre 1576.] Ce château est du diocèse & à cinq lieues & demie au S. S. O. de Paris : long. 19. d. 53. m. 25. s. lat. 48. d. 35. m. 22. s.

194- 12. Avillarez, où Damville alla voir le roi de Navarre vers le 4. Novembre 1576.] Cette entrevuë du roi de Navarre & de Damville ne me paroît pas prouvée. Il est vrai qu'il parcourut la plûpart des villes de son gouvernement ; & qu'il arriva à Castres le 23. Novembre ; il en partit le 26. pour aller a Beziers tenir les états. Seroit-il allé à Auvillar avant d'arriver à Castres ? Auvillar, & non Avillarez, est en Lomagne, & a 460. habitans, du diocèse & à neuf lieues à l'E. N. E. de Condom.

1577.

195- 7. Gouvernet prit Tulette, Visan, & Peirelongue vers le 4. Janvier 1577.] Tulette, paroisse de 250. feux, du diocèse de Vaison, & en Dauphiné, à six lieues & demie au N. N. E. d'Avignon : long. 22. d. 40. m. 45. s. lat. 44. d. 17. m. 20. s. Visan, paroisse du comtat, du diocèse & à trois lieues à l'est de S. Paul-trois-Châteaux : long. 22. d. 43. m. 35. f. lat. 44. d. 18. m. 50. f. Pierre-longue est une paroisse du diocèse de Vaison, à huit lieues au N. E. d'Avignon : long. 22. d. 58. m. 20. f. lat. 44. d. 21. m. 50. f.

p. 195. l. 21. Piles & Brantes rendus par les protestans vers le 22. Janvier 1577. moyennant 3000. écus. Baumes fut rendu à Damville, qui mit dans le château le capitaine la Garde de Bedarride.] Clement de la Salle, seigneur en partie de la Garde Pareol, & de Bedarride, épousa Anne de Bellis, & en eut Jeanne de la Salle, qui épousa le 14. Février 1558. Charles de Fortia, capitaine du château de Sorgues au comtat.

195- 40. Donzere, pris par les protestans vers le 8. Février 1577.] Il y a apparence qu'ils l'abandonnerent peu après, puisque Blacons voulant s'y jetter avec sa troupe de chevaux vers le 8. Mai 1577. fut défait près du port d'Ancone par Ourches, gouverneur de Montelimar. Le roi Clovis donna en 667. Donzere à Lambert, abbé de S. Wandrille sur la Seine au diocèse de Rouen, afin que ce lieu fournît à ses religieux de l'huile & autres denrées des pays méridionaux. Lambert y fonda un monastère en 675. L'empereur Louis le Débonnaire lui confirma ses possessions vers le 1. Juin 814. On connoît trois abbés de ce monastère. Il ne reste de ce bénéfice qu'une centaine de pistoles de rente, dont jouit un sacristain résidant à Donzere, & qui officie dans l'église paroissiale les quatre grandes fêtes de l'année. Le prieuré appartient à l'évêque de Viviers, qui se qualifie prince de Donzere & de Château-neuf du Rhône, dont il est aussi prieur.

195- 41. Viens près d'Apt, lieu appartenant aux seigneurs de Faucon, où Sainte-Croix se fortifia vers le 10. Février 1577.] Pierre de Glandeves, seigneur de Faucon, épousa Marguerite de Villemurs, dame de Viens, Villemurs, Ste Tulle, Mirabeau, Redortier, Gignac, Oppedette, Tosse, Meirargues, Pallieres, Rougon, & Châteauneuf-le-Monestier, fille d'Antoine de Villemurs, seigneur de Villemurs & de Viens; & de Claire de Glandevez-Greoux. Il testa le 4. Mars 1550. Gaspard de Glandevez, seigneur de Faucon & de Viens, n'eut que deux filles de Marguerite d'Oraison, Marthe de Glandevez, dame de Faucon & de Viens, mariée à François de Foresta, seigneur de Rogier, conseiller au parlement d'Aix, dont une fille mariée à Gaspar de Forbin, marquis de Santon. On ne trouve plus la suite des seigneurs de Viens jusques à Balthasar de Cabanes, baron de Viens, seigneur d'Oppedette & de S. Quentin, reçu président en la chambre des comptes à Aix en 1640. qui avoit épousé en 1637. Magdeleine de Valavoire, sœur du marquis de Valavoire; & en eut Jean Balthasar, évêque de Grasse, & puis de Vence; & François-Auguste de Cabanes, baron de Viens, conseiller aux comptes à Aix, marié avec Marguerite de Boyer-Bandal, & qui en avoit des enfans en 1693. lorsque Robert de Briançon faisoit imprimer son état de la noblesse de Provence.

196- 8. Le seigneur de Molans, couché, enlevé dans Château-renard vers le 15. Février 1577.] François d'Urre, seigneur de Molans, paroisse du Dauphiné, dans les Baronnies sur l'Ouvèse, du diocèse & à deux lieues à l'est de Vaison, testa le 31. Octobre 1590. Alexis-Elzear de Limiane étoit seigneur de Molans, Montauban, & Arpahon en Juin 1725. & avoit eu Molans par sa grand'mère Marthe de Calignon, veuve de Jean d'Urre, seigneur de Molans, qui se remaria avec Charles de Simiane, dit d'Esparron, lequel fit son testament en 1668. étant âgé de 55. ans.

196- 20. Entrechaux pris par les protestans le 18. Février 1577.] Entrechaux est une paroisse du diocèse & à une lieue à l'E. S. E. de Vaison : longitude, 22. d. 52. m. 30. f. lat. 44. d. 14. m.

197- 2. Le seigneur d'Allières, neveu de Montbrun, pris & mené à Grenoble vers le 28. Février 1577.] Blanche du Puï, sœur de Charles, marquis de Montbrun, avoit épousé Laurent Alleman, seigneur d'Allières. Leur fils fut mené à Gordes le 29. Janvier 1577. Il avoit été pris par des coureurs; mais sa prise ne parut pas légitime à la noblesse huguenote, & à une partie de la catholique. Elle donna lieu à bien des discussions rapportées par Chorier. Gordes le remit enfin en liberté, & sans condition, voyant qu'Allières n'en avoit voulu accepter aucune. Gordes n'ayant pas pû obliger Allières à recevoir garnison dans son château d'Allières, l'assiégea le 21. Mai 1577. Il avoit avec lui Ourches, Glandage, & Varces. La Perouse défendoit ce château avec Montagnac. Le canon ayant fait bréche, il fut emporté d'assaut le 31. Août. La Perouse & Montagnac furent pendus le lendemain, parce qu'ils avoient attendu le canon. Gordes mit dans Allières le capitaine la Balme de Sassenage avec 25. hommes. Peu de temps après on démolit les fortifications. Le château d'Allières est en Dauphiné, du diocèse & à deux lieues au S. O. de Grenoble: long. 26. d. 11. m. lat. 45. d. 5 m. 40. f. en supposant la long. de Grenoble, 26. d. 14. m. & sa lat. 45. d. 10. m. 36. f. La méridienne de la France donne à Grenoble pour longitude 23. d. 23. m. & pour lat. 45. d. 11. m. 43. f. Ce qui donne Grenoble plus occidental de 2. d. 50. m. & 40. f. & plus septentrional de 5. m. & 9. f. Delisle, qui avoit perfectionné la géographie bien plus que tous les autres géographes, ne différe de la méridienne que de 4. m. 40. f. dont il fait Grenoble plus occidental ; & de 59. f. dont il le fait plus méridional.

p. 197 *l.* 25. Sabran d'Aiguières commandoit vers le 20. Mars 1577. dans un fort fait dans l'isle de Posquières.] Le Rhône fait une isle au sud-est d'Aramon, qui paroît sur la carte du comtat être longue de plus de mille toises. Il y a apparence que c'est l'isle de Posquières.

198- 8. La Barge défit en Auvergne vers le 8. Avril 1577. 300. arquebusiers, commandés par Merle.] L'histoire des exploits de guerre de Mathieu Merle, que l'on trouvera dans la suite des piéces fugitives, a omis ce fait : conduite ordinaire à ceux qui écrivent en faveur des autres. Cette année fut très-favorable à Merle. Suivant son historien, il prit le Malzieu. Ambert défendit cette place contre Martinengo, & l'obligea de lever le siége ; & lorsque le duc d'Anjou vint l'assiéger, il l'abandonna, parce qu'elle n'étoit plus en état d'être défendue. François de la Barge, seigneur de la Barge, château de la Limagne d'Auvergne, Maimont, la Perouse, la Froidure, Puimellier, nommé gouverneur du haut & bas-Vivarais en Avril 1575. testa le 26. Novembre 1590.

199- 18. Desas pris vers le 15. Mai 1577. par Damville.] C'est apparemment Thesan. Cette conjecture est confirmée par l'historien de Languedoc, qui dit que Damville prit Thesan à la fin de Mai 1577.

200- 25. Du Pui S. Martin épousa en secondes noces vers le 15. Mai 1577. la fille du vieux Glandage.] Louis d'Urre, seigneur du Pui S. Martin, se distingua fort pour les catholiques dans toutes les guerres de son temps. Il testa le 6. Mars 1592. Il épousa 1°. le 27. Juin 1548. Antoinette de la Baume, fille de Guillaume, seigneur de Saze ; 2°. le 14. Novembre 1576. Geneviéve de Lhere, fille de Claude, seigneur de Glandage, chevalier de l'ordre du roi ; & de Philippine de Guiffrei de Boutières.

200. 27. Montfrin occupé par les protestans, que Parabere ne put pas prendre le 4. Juin 1577.] Il étoit au pouvoir des protestans en 1578. & Damville y étoit le 26. & le 30. Septembre, & le 8. Octobre, pendant qu'il faisoit faire le siége de Beaucaire.

200- 27. Luines prit vers le 6. Juin 1577. la grange de Carmignan auprès de Bagnols, que les protestans faisoient fortifier.] La carte du diocèse d'Uzès, levée par ordre des états de Languedoc, ne donne pas la position de la grange de Carmignan, quoiqu'elle soit levée avec beaucoup de soin.

200- 29. Glandage prit Corp vers le 6. Juin 1577.] Gordes, suivant Chorier, envoya Centurion avec cent lances & mille arquebusiers sous les capitaines Bernard, Michallon, & Pascal-Valentier pour prendre Corp. L'Ecuyer, frère du capitaine Bastien, qui avoit quitté Lesdiguières, fut l'auteur & le conducteur de l'entreprise. Centurion, arrivé de Corp, sépara sa troupe en deux. Il alla avec la sienne à Corp, où il entra par les bréches que l'on réparoit; & l'Ecuyer avec l'autre emporta après quelque résistance le chateau d'Ambel. Lesdiguières qui étoit à Gap, se mit aussi-tôt en marche vers Ambel avec deux canons. Gordes ayant rassemblé 4000. hommes, Mandelot lui en ayant envoyé une partie commandée par Montmartin & Chastellar, & les capitaines Clerimbert, Brochenu, S. Maximin; & le chevalier de Claveson l'étant venu joindre, & avec eux les compagnies d'ordonnance des ducs de Nemours & d'Uzès; Gordes s'avança avec ces 4000. hommes à Vizelle le 15. Juin 1577. & il s'arrêta au bourg d'Oisans, Lesdiguières n'ayant rien entrepris. Lesdiguières, qui ne vouloit rien hasarder, laissa éloigner Gordes; & à la fin, au mois d'Août il assiégea Corp & Ambel, & prit ces deux places par assaut. L'Ecuyer fut tué dans Ambel; & Corp attaqué de nuit au clair de la lune par deux endroits. Olivier, lieutenant de la Casette, défendit très-mal son poste, & fut cause de la perte de la place. La Tour que Centurion avoit laissé dans Corp avec 700. hommes, se retira avec presque toute sa garnison par les montagnes de Devolui. Gordes, qui avoit pris Lauriol le 2. Septembre, y apprit la perte de Corp & d'Ambel.

p. 201. l. 15. Le moulin de Viart près Montpellier abbatu vers le 19. Juin 1577.] Viart ne se trouve point sur la carte ms. du diocèse de Montpellier.

201- 16. Vauvert déclaré pour Bellegarde vers le 19. Juin 1577.] Ce fait & les suivans seroient ignorés, si Perussis n'avoit eu l'attention de les conserver pour la postérité. Il seroit à souhaiter qu'il y eût beaucoup d'écrivains qui fissent la même chose, de quelque manière qu'ils s'y prissent. Vauvert resta au pouvoir des royalistes. Les habitans de Nismes qui firent publier dans leur ville le 1. Novembre 1577. la paix qui avoit été signée à Bergerac le 17. Septembre, refuserent de désarmer, & se plaignirent que les habitans de Marguerites, de la Calmete, de Vauvert, de Fontanez, & de la Motte, armoient & se fortifioient de jour à autre. Ils députerent le conseiller Mellet, & François Barrière, seigneur de Nages, au maréchal de Damville pour lui faire des représentations là-dessus. (M. Ménard, hist. de Nismes, tom. V. pag. 171.)

201- 17. Clarensac pris par Bellegarde vers le 20. Juin 1577. La garnison prisonnière.] C'est une paroisse de 200. feux & de 904. habitans, du diocèse & à sept quarts de lieues à l'ouest de Nismes, dans la partie la plus septentrionale de la Vaunage: long. 21. d. 53. m. 9. s. lat. 43. d. 49. m. 34. s.

201- 27. Piles, qui avoit été rasé, fut repris par Colombaud, qui s'y fortifia. Saporoso étant parti d'Avignon le 23. Juin avec des troupes pour attaquer ce poste, alloit l'emporter d'assaut, lorsqu'une trompette d'une compagnie Italienne sonna la retraite, & tout le monde se retira.] Piles, château du comtat; mais dans une enclave du Dauphiné, dans le diocèse de Sisteron, à 7. lieues au N. N. E. de Carpentras: long. 22. d. 58. m. lat. 44. d. 24. m. Alfonse de Fortia, baron de Baume, viguier de Marseille, le vendit avec la compagnie d'Aubres en 1742. à Paul François d'Andrée.

201- 18. Gordes prit en Juillet 1577. Lambert, Allières, & Armieu.] Perussis qui composoit son journal chaque jour, & à mesure que les nouvelles courantes lui venoient, ne pouvoit pas être exact. Gordes fit attaquer Ambel & non Lambert par l'Ecuyer, frère du capitaine Bastien, qui avoit quitté Lesdiguières. Ce château fit peu de résistance. Gordes marcha ensuite au château d'Allières, qu'il fit investir le 21. Mai, & qui fut pris d'assaut le 31. La Perouse & Montagnac, qui y commandoient, furent pendus le lendemain, pour avoir attendu le canon. Lesdiguières ayant assiégé le château d'Ambel, Gordes alla le 3. Juillet loger au Monestier de Clermont, de-là à S. Jean d'Eran, où il resta deux jours. Alors Lesdiguières leva le siège, & fut poussé jusques à son château de Lesdiguières. Le 24. Juillet Gordes prit Armieu près

DU COMTE' VENAISSIN, DE PROVENCE, &c. 337

de S. Marcellin. Les huguenots l'avoient pris vers les premiers jours de Février. Chorier qui travailloit à tête repofée, devoit être plus exact que Peruſſis, qui n'étoit pas hiſtorien de profeſſion comme lui. Il parle d'une tentative que Leſdiguières fit vers le 12. Juin, & la raconte avant la priſe d'Allières, qui fut emporté le 31. Mai. Il eſt très-ſujet à de pareilles tranſpoſitions. (Chorier, hiſt. de Dauphiné, tom. II. pag. 679. 680. 681.)

p. 202. l. 29 Caiſſargues & Rodillan, du maréchal de Bellegarde, qu'il quitta vers le 15. Juillet 1577. La garniſon de Niſmes ſe retira dans une égliſe champêtre près de Caiſſargues, & y fut forcée avec du canon par les régimens de Larchant & de Combelles. Le ſeigneur de Goult y fut bleſſé.] Caiſſargues, paroiſſe du diocèſe & à une lieue au S. S. E. de Niſmes: long. 22. d. 2. m. 48. ſ. lat. 43. d. 47. m. 47. ſ. Larchant, dont le régiment ſervit à cette action, doit être Nicolas de Grimonville, ſeigneur de Larchant, paroiſſe du diocèſe & au ſud de Bayeux, nommé chevalier du S. Eſprit le 31. Décembre 1583. & mort le 8. Mars 1592. ou peut-être ſon frère, auſſi chevalier du S. Eſprit. Combelles eſt Michel de Combelles, qui ſe diſtingua le 20. de Mai de l'année ſuivante dans Lens en Hainaut. Goult eſt Jean-Baptiſte de Sade, ſeigneur de Goult en Provence, & au diocèſe de Cavaillon, que l'on orthographioit autrefois Agoult, & qui a donné ſon nom à la maiſon d'Agoult. Goult ſe noya dans la Durance le 31. Octobre 1586. étant tombé du haut d'un précipice, en accompagnant de nuit le duc d'Epernon, qui alloit à Tallard, conférer avec la Valette, ſon frère. L'égliſe champêtre, où ſe paſſa cette action, n'eſt pas marquée ſur la dernière carte du diocèſe de Niſmes.

202- 38. Bouillargues, où Bellegarde avoit mis un poſte, qui y fut attaqué le dimanche 28. Juillet 1577. par mille arquebuſiers & 300. chevaux venus de Niſmes, qui enleverent les malades & les femmes des vivandiers; mais qui enfin furent repouſſés par le capitaine Berton, frère de Crillon.] Bouillargues eſt du diocèſe & à cinq grands quarts de lieue au S. E. de Niſmes: long. 22. d. 5. m. 51. ſ. lat. 43. d. 47. m. 57. ſ. Les paroiſſes de Bouillargues & de Caiſſargues, la première de 40. feux, & la ſeconde de 120. font partie de la communauté de Niſmes. Le dénombrement de la France de 1720. & le dictionnaire n'en font nulle mention; parce que ne donnant que le nom des communautés, ils ne nomment pas les paroiſſes & autres lieux qui en dépendent: ce qui eſt une omiſſion conſidérable, & qui demande d'être réparée.

203- 16. Le pont de Caiſſargues, où il y eut un choc qui dura quatre heures vers le 1. Août 1577. entre mille arquebuſiers ſortis de Niſmes, & le ſeigneur de Laval d'Ardeche, qui étoit à Marguerites avec ſon régiment, qui y fut bleſſé.] Caiſſargues eſt ſitué ſur la gauche du Viſtre, qui forme vis-à-vis ce lieu une aſſez grande iſle. Il y a un pont ſur chaque bras de la rivière. Cette ſituation donna le moyen de faire durer le combat. Le ſeigneur de Laval d'Ardecbe étoit François Blou, ſeigneur de Laval, terre dans le diocèſe d'Uzès, & à la droite de l'Ardeche. Laval fut enſuite lieutenant-colonel du régiment des gardes, & teſta le 29. Janvier 1593.

203- 33. Cruſſol, château qui étoit très-fort, aſſiégé par 1300. proteſtans vers le 10. Août 1577. Ourches envoyé par le grand-prieur, alla au ſecours, les défit, leur tua 150. hommes, & n'en perdit que deux.] On voit aujourd'hui en paſſant près de Valence, le reſte de quelques murailles du château de Cruſſol; que l'on appelle les Cornes de Cruſſol. On n'imagine pas comment on pouvoit habiter un château ſi élevé; ſi le chemin pour y parvenir étoit aiſé; & comment il étoit encore très-fort en Août 1577.

204- 7. Gui de S. Martial, baron de Lers, étoit capitaine général du Comtat en 1399. & Pons de Langeac, recteur en 1394.] Il n'étoit baron de Lers que du chef de ſa femme Marguerite Albaron, fille de Jean, ſeigneur de Lers. Il étoit curateur de Jean Albaron, ſeigneur de Montfrin & de Meines le 3. Février 1403. Il teſta le 6. Octobre 1410. & avoit alors pluſieurs petits enfans de ſon nom. Pons,

Tome I. Peruſſis.   V v

seigneur de Langeac & de Braffac, auquel on donne pour cinquième ayeul Bernard, seigneur de Langeac & de Braffac, dont la femme, nommée Luce, mourut en 1187. épousa Antoinette de Maubec. Il étoit fils de Pons, seigneur de Langeac, sénéchal d'Auvergne, qui épousa en 1338. Isabelle de Polignac. Pons II. fut ayeul de Jacques, duquel vint au quatrième degré Françoise, dame de Langeac : terre qu'elle porta en dot le 31. Août 1586. à Jacques de la Rochefoucault, seigneur de Chaumont. Pons, frère puîné de Jacques, qui partagea avec lui le 26. Mars 1450. épousa Alix, dame de Dalet. Il fut un des .... de Gilbert Alyre de Langeac, comte de Dalet, marquis de Coligni, mort pendant le siége de Condé en 1676. & qui laissa de sa femme Louise de Rabutin, fille du comte de Bussi, Marie Roger, dit le comte de Langeac, mort à Avignon en 1746. Il avoit épousé Jeanne-Marie, palatine de Dio, de Montperoux. Ils eurent pour fille aînée Marie-Louise-Eleonor de Langeac, chanoinesse de Remiremont, qui épousa Claude-Elisabeth, marquis de la Guiche.

p. 204. *l.* 19. Rouret-lez-Cavaillon, à la comtesse de Pourières ; Châteaurenard & Aragues au comte de Sault.] Touret, & non Rouret, est un château de Provence, du diocèse & à cinq lieues & un tiers au S. E. d'Avignon : long. 22. d. 47. m. 30. s. lat. 43. d. 44. m. demi-lieue au nord de Roquemartine, deux lieues au sud de Cavaillon, demi-lieue au nord-est des Aupilles, montagne qui a servi à plusieurs opérations géométriques de la méridienne de France.

204- 32. Ourches, gendre de Gordes, dont on apprit à Avignon la mort par maladie vers le 7. Septembre 1577.] Chorier dit qu'il mourut le 30. Août d'une blessure, qu'il avoit reçue dans une rencontre avec quelques troupes hugenotes en Livron & Romans. Rostaing d'Urre, seigneur d'Ourches, du Pruner, de S. Vincent, de Barre, de S. Gervais, & de la Motte-Chalencon, avoit épousé le 10. Janvier 1571. Laurence de Simiane, fille de Bertrand-Raimband, seigneur de Gordes, & ne laissa qu'une fille, Guione d'Urre, dame d'Ourches & de S. Gervais, qui épousa le 17. Janvier 1595. Jacques de Moreton, seigneur de Chabrillan & de Chaumiane ; & fut la quatriéme ayeule de César de Moreton, marquis de Chabrillan, maréchal de camp le 16. Février 1748. qui épousa 1°. le 4. Juillet 1729. Marguerite-Charlote de la Fare, morte à Montpellier le mardi 23. Mai 1730. 2°. le 30. Janvier 1738. Catherine d'Atroaud, fille de Jean-Baptiste, seigneur de Murs, & d'Eleonor de Castagnere, fille de Pierre-Antoine, marquis de Châteauneuf sur l'Isere en Savoie, & du diocèse de Grenoble, ambassadeur à Constantinople; & de Françoise de Mouay-la Carenne. Ourches est une paroisse de 37. feux & de 136. habitans, du diocèse & à quatre lieues au S. E. de Valence, de l'archiprêtré & à quatre lieues à l'E. N. E. de Livron.

205- 4. Lezignan en Dauphiné, à trois lieues de Malaucene, escaladé par quelques soldats catholiques vers le 12. Septembre 1577.] Besignan, & non Lesignan, est une paroisse de 386. habitans en Dauphiné, dans les Baronnies, située en un vallon du diocèse de Sisteron, à 9. lieues & demie au N. E. d'Avignon, à cinq quarts de lieues au nord du Buis : long. 23. d. 1. m. lat. 44. d. 20. m. 25. s. Besignan, apparemment seigneur ou parent du seigneur de cette paroisse, étoit proche parent de Jacques Pape, seigneur de S. Auban, petit-fils de Philibert Pape, seigneur de S. Auban, & de Claire de Besignan. Il servoit avec lui sous Charillon dans la belle retraite qu'il fit en Décembre 1583. en traversant la Bourgogne, le Forez, & le Vivarais. Le second jour de la retraite, lundi 8. Décembre 1587. lui, S. Auban, & Moui chargerent un parti de paysans commandés par des nobles du pays. Besignan tua un de ces nobles; leur prit un cheval ; & cinq ou six paysans furent tués près d'une métairie entre Furmigières & Duerne. Jeanne de Besignan épousa Balthasar Geoffroi. Marteline Geoffroi, leur fille, épousa à Malaucene le 9. Février 1550. Jean d'Astoard. N. seigneur de Besignan, épousa Genevre de Vesc, fille d'Aimar, & de

Gabrielle de Lauberge, dame du Teil, & sœur de Gabrielle de Vesc, dame du Teil, qui épousa Anne de Borne, seigneur de Laugère, mort avant 1643.

p. 205. l. 11. Cabannes, frère de Gordes, envoyé vers le 16. Septembre 1577. dans Menerbe, pour induire Ferrier à rendre cette place.] Gordes avoit deux frères, qui portoient le nom de Cabanes: Jean, né le 21. Avril 1515. & mort à la guerre; & Jean-Antoine, né le 7. Septembre 1525. protonotaire apostolique, qui se fit huguenot, retourna à la religion catholique, & mourut le 18. Février 1612. Je crois que Cabanes envoyé à Menerbe, est le dernier, d'autant plus qu'étant peut-être encore huguenot, il étoit plus propre à persuader Ferrier de rendre Menerbe.

205- 14. Le capitaine Jean Seguirani, frère d'Honorat & de Pierre, conseiller au parlement d'Aix, tué devant Menerbe le mercredi 18. Septembre 1577.] Ils étoient tous trois enfans de Guillaume Seguiran, & de Magdeleine Bompar; & ils avoient un frère nommé Henri, qui soûtint le siége de Sisteron contre le comte de Sommerive en Septembre 1562.

205- 23. Gordes prit Urre.] Il bloqua le château le 3. Septembre 1577. & Cugié le lui rendit quatre jours après. [Chorier, tom. II. pag. 682.]

206- 10. Le Castelet, maison des hoirs de Manaud Guillem, grand médecin d'Avignon, à la tramontane de Menerbe, fortifiée par Ferrier, que les Contadins vouloient assiéger le 29. Septembre 1577.] Le Castelet dans le Comtat est à une petite demi-lieue à l'O. N. O. de Menerbe, du diocèse & à deux lieues un tiers à l'est de Cavaillon, long. 22. d. 59. m. lat. 43. d. 50. m.

206- 18. Châteaudouble pris par les protestans vers le 1. Octobre 1577. Centurion, à qui le roi l'avoit donné, y perdit ses meubles & hardes.] Chorier dit que Châteaudouble fut surpris le 2. Septembre.

207- 9. On apprit vers le 5. Octobre 1577. la mort de Montluc, maréchal surnuméraire de France, âgé de 80. ans, dont les états furent donnés à Biron.] Perussis oublia apparemment d'écrire la mort de Monluc dans sa terre de Stillac, à la gauche de la Garonne, à la fin de Juillet 1577. Comme il n'avoit que 71. ans commencés, lorsqu'il fut fait maréchal de France en Septembre 1574. il n'en avoit pas 75. accomplis, quand il mourut.

207- 18. Jacques Segur, envoyé par le roi de Navarre à Lesdiguières.] Jacques de Segur, seigneur de Pardaillan en Agenois, épousa Magdeleine de la Vergne, qui transigea le 7. Juillet 1616. avec Amalric de Narbonne, marquis de Fimarcon, dans la maison noble de la Vergne, paroisse de S. Laurens du Plan, jurisdiction de Gironde, duché d'Albret en Bazadois, & qui mourut avant le 30. Janvier 1620. Elle n'avoit eu qu'une fille, Marie de Segur, dame de Pardaillan & de Pomsinat, qui épousa Pierre d'Escodeca de Boisse, capitaine de cent hommes d'armes, mestre de camp du régiment de Navarre, gouverneur de Bourg en Bresse en 1600. de Monsieur en 1615. tué par Savignac de Nesse, dans une hôtellerie de Gensac en Novembre, 1621. Jean de Segur, captal de Puchagut en Agenois, baron de Seiches, seigneur de Pardaillan, de Preissac, du Carros, & de Roquenegre, épousa Jeanne de Gressi, & testa au château de Preissac le 7. Mars 1496. Il eut, outre plusieurs enfans, Perroton & Berard de Segur. Perroton de Segur eut pour son partage Seiches, & Pardaillan, & fut père de Beraud, baron de Pardaillan & de Seiches, l'un des députés de la noblesse Bordeloise aux états généraux tenus à Melun en 1561. Il doit avoir été père de Jacques de Segur, envoyé par le roi de Navarre à Lesdiguières en 1577. Berard de Segur, fils de Jean, captal de Puchagut, fut seigneur de Ponchat en 1496. & cinquième ayeul de Henri-Joseph de Segur, seigneur de Ponchat, dit le comte de Segur, lieutenant-général, commandant dans les trois évêchés, chevalier du S. Esprit le 2. Février 1748. mort à Paris le 18. Juin 1750. âgé de 63. ans.

207- 37. S. Maxelin, fils aîné de S. Jaille, mort d'une blessure reçue en Languedoc, fut enterré à Avignon le

V v ij

13. Octobre 1577.] La généalogie de Tolon, dans l'histoire de la noblesse du Comtat, nedit rien de celui-ci. Elle ne donne à Fouquet, seigneur de Ste Jalle, qu'un fils, Jacques de Tolon, seigneur de Ste Jalle, du Poët, de Pellane, de Châteauneuf, & de S. Marcellin, qui testa le 6. Août 1610. & qui avoit épousé Jeanne de Gramont-Vacheres. S. Marcellin-lez-Vaison, dont le fils aîné de Ste Jalle portoit le nom, est une paroisse du dauphiné ; mais enclavée dans le Comtat, du diocèse & à un mille à l'E. N. E. de Vaison : long. 22. d. 50. m. 40. s. lat. 44. d. 15. m. 20. s.

p. 208. l. 11. Le seigneur de S. Maximin-Thesan envoyé à Noves le 28. Octobre 1577.] Jacques de Thezan, second fils d'Olivier de Thezan, seigneur de Pajols & de S. Maximin, baron de Mourcairol, chevalier de l'ordre, qui testa en 1597. & qui avoit épousé le 4. Décembre 1561. Cassandre Cenami, dame de Saze en Languedoc & dans le diocèse d'Avignon, naquit au plutôt en 1563. & n'avoit que quinze ans en 1577. Il ne se maria qu'en 1600. Olivier, son fils, fut père d'Antoine-Joseph de Thezan, seigneur de Saze, qui se maria en 1715.

209 4. Carmagnole, devant lequel le marquis de Saluces fut tué en 1537.] Le marquis del Vasto voyant que le comte Gui Rangoni, qui commandoit pour François I. en Piémont, mais qui n'étoit pas assez fort pour tenir la campagne, s'étoit fortifié dans Pignerol, alla assiéger le château de Carmagnole, que les François tenoient encore dans le marquisat de Saluces, avec celui de Vrezol. Le marquis François de Saluces, auquel le marquis del Vasto avoit remis les autres places de ce marquisat, & qui connoissoit parfaitement la situation de Carmagnole, mena 2. canons le long du chemin qui alloit de la ville au château sur la droite; & rompit deux maisons pour se couvrir, au lieu de gabions. Il servit lui-même de canonier, & tira deux volées de canon. Un soldat du château, qui étoit sur la porte, tira par la fenêtre un coup de mousquet, dont le boulet donna au travers du corps du marquis de Saluces, qui tomba mort sur le champ.

Le marquis del Vasto ayant fait jetter un manteau sur le corps de ce marquis, fit sommer une seconde fois cette place. La garnison accepta de sortir vies & bagues sauves. Le marquis les voyant sortir, & les ayant loués de leur belle défense, demanda qui étoit celui qui avoit tiré d'une fenêtre étant sur la porte. Un soldat ayant dit que c'étoit lui, & ignorant qu'il avoit tué le marquis de Saluces du coup qu'il avoit tiré, le marquis del Vasto le fit pendre contre sa promesse. Du Bellay, qui rapporte tout ce détail de la prise du château de Carmagnole, n'en fixe point la date. Guillaume Paradin, qui avoit écrit l'histoire de son temps, n'en fixe point la date. Guillaume Paradin, qui avoit écrit l'histoire de son temps en Latin, & qui la traduisit ensuite en François, dit que François, marquis de Saluces, qui venoit de prendre le parti de Charles V. demanda au marquis de Guast (del Vasto), lieutenant de l'empereur, de lui donner du secours pour recouvrer les places & châteaux de son marquisat, que les François occupoient encore. Le marquis del Vasto lui envoya d'abord Cesar de Naples avec plusieurs enseignes & 300. chevaux. Le marquis de Saluces arriva avec ces troupes devant Carmagnole le 28. Mars 1537. La place fut d'abord assiégée ; & Saluces tournoyant autour de la muraille, pour faire asseoir l'artillerie, reçut un coup d'artillerie, qui le jetta mort par terre. Les Impériaux irrités, redoublerent leurs batteries, & donnerent l'assaut. Les assiégés le soutinrent pendant une heure ; mais au bout de ce temps-là ils furent forcés ; & le capitaine Steffe de la Baillea pris & pendu par ordre du marquis del Vasto, qui envoya toute la garnison en galères. La narration de du Bellay ne s'accorde nullement avec celle de Paradin. Comment les concilier, ou à qui s'en tenir ? (Paradin, hist. de notre temps. Paris, 1568. in-16. pag. 321. 322.)

209. 27. Le cadet d'Aspres, neveu de Gouverner, tué dans un choc vers le 20. Novembre 1577.] La généalogie de Rouvigliasc dit qu'il étoit troisième fils de Michel de Rouvigliasc, conseigneur

d'Aspres, & de Catherine de la Tour, sœur de René, seigneur de Gouvernet, mariée le 5. Juin 1558. Mais on trouve par une généalogie de la Tour-Gouvernet, que Catherine de la Tour n'étoit pas sœur de René, seigneur de Gouvernet. Elle étoit dame de Darnes, fille de Gerard de la Tour, petite fille de Jacques de la Tour, seigneur de la maison forte de Darnes, qui ne doit pas être loin de Gouvernet. Elle testa le 30. Janvier 1565. Jacques de la Tour étoit frère de Pierre de la Tour, grand-père de René, seigneur de Gouvernet.

p. 210. l. 4. La princesse de Salerne, belle-mère de S. Auban, alla le 9. Décembre 1577. à l'un des forts des Comtadins, dit la nouvelle Menerbe, pour persuader S. Auban de rendre cette place ; mais S. Auban s'en alla, emportant l'argent du parti, & en laissa le commandement à Bernus, natif de Sault.] Ferdinand de S. Severin, IV. prince de Salerne, XIV. comte de Marsico, fils de Robert III. prince de Salerne, mort sur la fin de l'an 1508. & de Marie d'Aragon, fille d'Alfonse, duc de Villa-hermosa, naquit le 18. Janvier 1508. Etant veuf d'Isabelle Villamarini, fille de Bernard, comte de Capaccio ; & s'étant retiré en France, où il embrassa le protestantisme, il se maria dans le bas-Languedoc vers l'an 1563. avec Françoise de Pluviers, dame de Verclos, fille de François de Pluviers, seigneur de Paulhan au diocèse de Beziers, & d'Isabeau de Cambis ; & sœur de Louis de Pluviers, seigneur d'Assas, au diocèse de Montpellier, de Paulhan, & de Saleron, chevalier de S. Michel, dont il reçut le collier le 6. Janvier 1572. & qui testa à Amboise le 29. Septembre 1596. Elle étoit veuve de Philippe de Perets, & en avoit eu deux filles ; Laure de Perets, qu'elle maria le 8. Mars 1586. avec François d'Airebaudouse, baron d'Anduse, & lui donna en dot 5000. écus d'or sol ; sçavoir 3000. comptant, & 2000. payables dans huit ans, lorsqu'elle auroit la possession de la terre de Verclos. Lucrece de Perets, fille aînée de la princesse de Salerne, avoit épousé dès l'an 1573. Jacques Pape, seigneur de S. Auban, dont il est ici question. Pape, marquis de S. Auban, sous-lieutenant des gendarmes Ecossois, épousa à Paris le 11. Juin 1751. N. de Senant, de la province de Bretagne, & mourut ae château d'Alan de Montelimar vers le 1. Mars 1752.

1578.
212- 34. Bertrand de Simiane, baron de Gordes, mourut à Montelimar le 21. Février 1578. Il avoit écrit ses actions comme un journal & commentaire, afin d'être prêt d'en rendre compte, s'il eût été recherché. Le comte de Grignan Adhemar en avoit fait de même.] Ce journal de Gordes, piéce que l'on ne sçauroit rechercher avec trop de soin, orneroit infiniment ce recueil de piéces fugitives. On ajoûtera de nouvelles recherches à celles qui ont été déja faites pour le recouvrer. Chorier l'avoit, & en a inséré plusieurs choses dans son histoire du Dauphiné ; les seules peut-être qui sont de quelque utilité dans son ouvrage. Les livres de cet auteur furent transportés de Grenoble à Toulouse avec plusieurs manuscrits, dont les meilleurs ont disparu. Il est resté un catalogue de ces manuscrits ; mais il n'y est point fait mention du journal de Gordes. Celui du comte de Grignan est encore plus à regretter, n'y ayant aucune espérance de le recouvrer. Chorier raconte en détail les dernières actions de Gordes jusques à sa mort, arrivée le 21. Février 1578. à cinq heures du soir.

213- 20. Charmes pris par les protestans vers le 15. Mars 1578.] C'est une paroisse de 103. feux & de 916. habitans, du diocèse & à deux lieues au S. S. O. de Valence, à huit lieues au N. N. E. de Viviers, sur un ruisseau qui se jette peu après dans le Rhône : long. 22. d. 26. m. 45. s. lat. 44. d. 52. m. 30. s. Le château de Charmes appartenoit à Jean Bastet, seigneur de Crussol, & en partie de Belcastel, qui y testa le 13. Mai 1337. Jean, seigneur de Crussol, étoit le XI. Ayeul de Charles-Emanuel de Crussol, duc d'Uzès, vivant en Août 1755.

213- 30. Avignon vers Toulouse, que les protestans voulurent surprendre en Mars 1578.] Avignonet, & non Avignon, paroisse de 177. feux, & de 848. habitans, fut pris par des protestans, qui ne cherchoient qu'à piller, vers le 1. Mars 1577. Le parlement de Toulouse en ayant fait les plaintes au roi de Navarre, qui étoit à Mazères, ce prince alla l'attaquer, & le reprit. Ce château est très-connu dans l'histoire des Albigeois par le massacre d'onze inquisiteurs, que Raimond d'Alfaro, baillif d'Avignonet, y fit faire le mercredi veille de l'ascension 28. Mai 1242.

p. 214. l. 23. Montcalm apperta au comte de Carces une lettre du roi, écrite à Paris le 3. Avril 1578. La province avoit envoyé Montcalm au roi, pour solliciter en faveur de Carces.] Robert de Montcalm, troisiéme fils de Gaillard de Montcalm, & de Monde-Combes, dame de Montclus, naquit en 1542. fut avocat-général au grand-conseil, maître des requêtes, président au parlement d'Aix le 15. Novembre 1575. mort à Arles le 22. Octobre 1585.

215. 15. Le comte de Sault, nouvellement fiancé en France, arriva de la cour vers le 18. Mai 1578.] François-Louis d'Agoult, comte de Sault, épousa Chrétienne d'Aguerre, veuve d'Antoine de Blanchefort, seigneur de S. Sanvrin, avec lequel elle s'étoit mariée le 19. Novembre 1572. Elle joua un rôle brillant & courageux en Provence pendant la ligue, & mourut en 1611.

215. 23. Revest de Brousse, où Sainte-Croix de Reillane fut tué vers le 20. Mai 1578.] C'est une paroisse du diocèse & à six lieues & demie au S. O. de Sisteron, de la viguerie & à une lieue & demie à l'ouest de Forcalquier : long. 23. d. 24. m. lat. 44. d.

215. 28. Barjac, où les protestans de Languedoc s'assemblerent vers le 21. Mai 1578. pour secourir Menerbe.] Barjac est une paroisse de 114. feux, & de 503. habitans, du diocèse & à six lieues au nord d'Uzès : long. 22. d. 0. m. 52. s. lat. 44. d. 18. m. 45. s. Les protestans s'en assurerent vers le 30. Septembre 1567. Louis XIII. marchant pour l'assiéger, S. Florent, qui en étoit gouverneur pour les protestans, lui en porta les clefs. Ce prince y coucha ce jour-là, y resta le lendemain ; & le 7. Juin il fut coucher à S. Ambrois. Raimond de Châteauneuf, seigneur de Barjac, que l'on dit être fils de Guillaume, seigneur de Châteauneuf de Randon, & du Tournel, & frère aîné de Gui de Châteauneuf, tige de toute la maison de Joyeuse, eut un fils, nommé Guillaume, qui fut seigneur de Barjac, & que l'on dit avoir eu postérité, mais que l'on ne rapporte point. Des titres originaux prouvent que Raimond de Barjac étoit seigneur de Rochegude le 28. Avril 1199. & c'est de lui que descendent toutes les branches de la maison de Barjac. Ces titres ne disent point qu'il eût la même origine que Raimond de Châteauneuf, seigneur de Barjac, qui fit en 1180. des donations à la commanderie de Jalez, du consentement de Guillaume, son fils. Je ne trouve plus aucun seigneur de Barjac jusques à Cathelin-Combes, père d'Anne Combes, dame de la moitié des baronnies de Barjac & de Sabran, mariée en 1510. avec Ozias de Barjac, seigneur du Sault, dit le capitaine la Vernade, tué au combat de Landriano en Milanez le 22. Juillet 1529. & remariée avec Jean de Cadoine, seigneur de Gabriac. La suite des seigneurs de Barjac n'est pas plus connue jusques à Louis-Pierre-Scipion de Grimoard de Beauvoir, comte du Roure, qui ayant acquis l'entrée aux états attribuée à la terre de Campendu du duc de Roquelaure, la fit mettre sur Barjac ; & envoya aux états tenus à Montpellier en Novembre 1682. en qualité de baron de Barjac. C'étoit le lieu où il faisoit sa demeure. Il fit armer les habitans ; ce qui fut cause que les camisards n'oserent y aller le 29. Janvier 1703. Il y mourut le 24. Avril 1733. âgé de 86. ans & 7. mois.

215. 38. Du Bar, de la maison de Villeneuve, gouverneur d'Antibes, tué par le capitaine Jaumet vers le 5. Juin 1578.] Du Bar n'étoit point de la maison de Villeneuve, mais de celle de Grasse. Est-ce à Perussis ou à ses copistes qu'il faut attribuer cette erreur? Claude de Grasse, comte du Bar en 1580. seigneur de Valletes, Cannaux, Cour-

mortes, &c. chevalier de l'ordre le 20. Mai 1573. épousa le 27. Février 1560. Jeanne de Brancas-Cereste. Voici une lettre que lui écrivit Philibert, duc de Savoie. « Monsieur du Bar, mon cousin, j'ai veu par votre lettre du jour d'hier, & par ce que m'a rapporté votre gentilhomme, entendu ce que vous avez fait pour l'amour de moy, suivant la prière que je vous en faisois par ma précédente pour égard à la chiarme de la galère du sieur Punaco Centurion ; de quoi j'ai bien voulu vous remercier, & d'ailleurs asseurer que où j'auray le moyen de vous revencher, pour vous faire quelque bon plaisir, je le feray d'aussi bon cœur, que je prie le créateur, monsieur du Bar, mon cousin, vous donner sa sainte garde. De Nice ce 23. Avril 1576. Votre bon cousin, Philibert. »

p. 216. l. 7. S. Romain, autrefois archevêque d'Aix, puis marié & gouverneur d'Aigues-mortes, mourut de maladie vers le 25. Juin 1578.] On trouve dans les preuves du V. vol. de l'histoire de Nismes, par M. Ménard, pag. 76. col. 2. 126. col. 2. & 143. col. 2. plusieurs pièces qui fixent le vrai nom que portoit S. Romain. Il est nommé dans une ordonnance qu'il donna à Nismes le dimanche 4. Décembre 1569. Jean de S. Romain, seigneur de S. Chamond. Dans une autre donnée en la même ville le 1. Mars 1576. il s'y qualifie » Jean de S. Chamond, seigneur » de S. Romain, commandant généra- » lement au pays-bas de Languedoc, » en l'absence de monseigneur de Damp- » ville, maréchal de France. « Enfin, dans une lettre qu'il écrivit d'Aigues-mortes aux consuls de Nismes le 8. Mai 1578. il signe J. de S. Chamond. Le Laboureur, qui dans ses Mazures de l'isle Barbe a donné la généalogie de S. Chamond, dit que Jean de S. Chamond, archevêque d'Aix, homme sçavant & éloquent, s'étoit laissé aller aux opinions de Calvin, qui s'accommodoient mieux à son humeur que les dogmes de la religion de ses prédécesseurs ; & qu'il quitta sa crosse & sa mitre pour épouser la dame de S. Romans, de laquelle il prit le nom & le parti ; qu'il surprit Aigues-mortes en 1574. & qu'il ne jouit pas long-temps de cette conquête, ni du fruit de ses noces infortunées ; ayant reçu peu de temps après une blessure mortelle, qui l'emporta dans l'autre monde. Je crois qu'il y a plus de déclamation dans ce raisonnement, que de vérité. Jean de S. Chamond ne portoit point le nom de S. Romans, mais celui de S. Romain. Ses lettres & ses ordonnances, qui existent en original, le prouvent. Je croyois qu'il ne portoit pas le nom de sa femme que le Laboureur dit être dame de S. Romans, & qu'il prenoit le nom de S. Romain d'une paroisse voisine de S. Chamond, & appellée S. Romain en Jarez ; mais comme c'étoit Antoine Ard, seigneur de Senevas, qui alors étoit seigneur de S. Romain en Jarez, il a fallu abandonner cette idée. A force de chercher, j'ai trouvé dans des preuves de Malte que Louise de Bron, mariée le 17. Juin 1598. avec Jean de la Motte-Brion, seigneur de Vacheres, étoit fille d'Antoine de Bron, seigneur de la Liégue, & de Claude de Fay, dame de S. Romain ; & que Claude de Fay étoit veuve de Jean de S Chamond, lorsqu'elle épousa Antoine de Bron, seigneur de la Liégue. Ainsi il faut rendre justice à Claude le Laboureur, & être persuadé qu'il avoit raison, en disant que Jean de S. Chamond avoit pris le nom de S. Romain, du chef de sa femme. Je conjecture que cette terre de S. Romain est S. Romain de Lair, ou S. Romain à demi-lieue à l'ouest de S. Romain en Lair ; & tous deux à quatre milles au sud d'Estables, qui donnoit le nom à la branche, dont étoit Claude de Fay ; ou bien S. Romain d'Ay, à cinq milles au N. O. d'Estables.

216- 22. Havre, château pris par le duc d'Anjou le 26. Juillet 1578. & ensuite les villes de Soignies & de Rœux.] De Thou ne dit pas la prise d'Havré ; mais que le duc d'Anjou mit garnison dans Soignies, Maubeuge, & Rœux, places abandonnées par les habitans ; & que Michel Combelle, colonel d'un régiment François, fut attaqué le 21.

Mai 1578. dans Lens en Hainaut. Havré est un bourg & château à une petite lieue à l'est de Mons, sur la gauche de l'Haine : long. 21. d. 40. m. lat. 50. d. 26. m. Lens est entre Ath & Mons sur la Deudre : long. 21. d. 34. m. lat. 50. d. 32. m.

p. 216. l. 24. Borgo di Val di Taro se souleva contre le comte Claudio Landi de Plaisance, qui avoit fait tuer le capitaine Anguisciola. Le duc de Parme envoya le comte Carlo Scoti avec 3000. hommes & de l'artillerie, qui obligea le château de se rendre en Mai 1578.] Claude Landi, prince de Borgo di Val di Taro, reçut l'investiture de cet état à Vienne de l'empereur le 20. Juillet 1563. Il épousa le 16. Juillet 1565. Jeanne d'Aragon, fille d'Alvaro de Cordoue, grand écuyer de Philippe II. Il en eut Frédéric Landi, prince de Val di Taro, marié avec Placidie Spinola, mort sans enfans ; & Marie, qui épousa le 11. Octobre 1595. Hercule Grimaldi, prince de Monaco, assassiné en 1624. Le comte Carlo Scotti doit être frère de Christophe Scotti, évêque de Cavaillon, tous deux fils de Paul Scotti, qui avoit servi François I. à la guerre de Pavie. Ottavio Farnèse, duc de Parme, l'envoya en 1565. en qualité de colonel, au secours de Malte. François Landi, né à Plaisance le 9. Juillet 1683. créé cardinal le 9. Septembre 1743. seroit-il de la même maison que le prince de Val di Taro, qui a donné lieu à cette note ?

216- 29. Les bains de Balaruc en grande réputation.] Balaruc est une paroisse de 98. feux, & de 435. habitans, du diocèse & à un peu plus de 4. lieues au S. O. de Montpellier : long. 21. d. 20. m. 50. s. lat. 43. d. 27. m. 36. s. Les bains sont à 600. toises au sud de la paroisse, & près des bords de l'étang de Thau. Ils n'ont jamais été plus fréquentés qu'ils le sont en 1755. Nicolas Ottoman, professeur en médecine à Montpellier, fit imprimer à Lyon en 1579. un traité en Latin sur ces bains-là.

216- 42. Seguret, qui n'a que 60. maisons, mais une forteresse d'importance, sur une hauteur, au bas de laquelle passe l'Ouveze, fut escaladé, &

manqué par Gouvernet le 30. Juillet 1578.] Le dictionnaire de la France lui donne 450. habitans. Cette paroisse est du diocèse & à une lieue au S. O. de Vaison : long. 22. d. 45. m. 10. s. lat. 44. d. 13. m. 15. s. J'ai remarqué plus d'une fois que les long. & les lat. de la carte du comté Venaissin & des environs different de celles de la méridienne de France, en ce qu'Avignon est plus oriental de 5. m. & de sept secondes sur la carte du Comtat, que sur la méridienne, & plus septentrional de cinq minutes.

217- 11. Paul de Robin, seigneur de Graveson, viguier d'Avignon en 1578.] Il se nommoit Paul-Antoine. Il n'étoit point seigneur de Graveson ; mais il avoit une portion de la seigneurie de Barbentane. Il se maria en 1586. & prit ensuite une seconde alliance. Il est enterré dans l'église des dominicains d'Avignon. Paul-Antoine, son arrière petit-fils, eut des enfans, qui moururent sans postérité.

217- 17. Mornas, ou Luines avec sa femme & son train se retira, à cause d'une émeute excitée contre lui dans le S. Esprit en Août 1578.] Mornas est une paroisse du comté Venaissin, & un gros lieu, puisqu'il y a 900. habitans. Cette paroisse est du diocèse & à une lieue deux tiers au N. O. d'Orange : long. 22. d. 26. m. lat. 44. d. 13. m. 35. s. Brantes, seigneurie, qui appartenoit à Luines, a pour long. 22. d. 27. m. & pour lat. 44. d. 13. m. & est par conséquent à moins d'une demi-lieue au S. E. de Mornas.

217- 33. Yolet.] Il étoit frère puîné de François de Malras, baron d'Yolet, gentilhomme ordinaire de François, duc d'Alençon, en 1576. nommé gouverneur de la ville & du château de Laurrec en 1577. maître d'hôtel de Catherine de Navarre, sœur d'Henri IV. en 1578. maréchal de camp en 1580. Il testa le 25. Août 1586. en faveur de son frère aîné. Il avoit épousé le 15. Juillet 1572. Gasparde de Taillac, fille de Balthazar, seigneur de Margerides ; & de Dauphine de Beaune. Elle vivoit encore le 28. Juin 1597.

217- 38. Sobiras, & Laurent d'Agar, nommés

nommés vers le 1. Septembre 1578. pour aller négocier avec Lesdiguières & S. Auban.] François Sobiras ou Soubiras étoit primicier de l'université d'Avignon en 1555. & fut le sixiéme ayeul de Dominique Siffrein, chevalier de Malte, reçu en 1739. Laurent d'Agar, chevalier de l'ordre du pape, gouverneur de Cavaillon en 1567. & trésorier de la chambre apostolique, resta le 26. Mai 1597. On lui donne pour petitfils Jacques Agar, colonel du régiment de cavalerie de Melun, employé en différentes négociations par Christian V. roi de Dannemarck, marié avec Marie Hamilton, morte le 16. Octobre 1715. dont un fils marié à Londres, & père de quelques enfans, & un autre gouverneur de Teva del Sole en Toscane, laissant un fils religieux, & une fille religieuse.

p. 218. l. 15. Parabere, gouverneur de Beaucaire, y fut tué par les habitans le 7. Septembre 1578.] Le maréchal de Damville ayant donné le gouvernement de Beaucaire en 1574. à Pierre de Baudean, seigneur de Parabere, le duc d'Alençon lui en fit expédier la commission à S. Julien de Sault le 5. Mai 1576. Mais comme il vexoit par ses courses tout le voisinage, Damville ordonna le 11. Août 1578. aux habitans de Beaucaire de s'opposer aux courses de Parabere. Les habitans pousserent trop loin l'ordre de Damville. Parabere étant descendu du château dans la ville avec une soixantaine de Gascons ou de Provençaux, ils l'attaquerent & le tuerent le 7. Septembre, lorsqu'il vouloit retourner au château. Paul Baudonner, son lieutenant, se mit en défense dans le château, que ceux de Beaucaire bloquerent d'abord. Fouquet de Tholon, seigneur de Sainte-Jalle, vint à leur secours. Baudonner eut recours aux huguenots de Nîmes ; & quoique Thoré, frère de Damville, eût obtenu d'eux dans leur assemblée du 9. Septembre 1578. qu'ils n'envoyeroient point de secours à Beaucaire, Chastillon y fit entrer quelques soldats pendant la nuit. Alors Baudonner fit une sortie qui ne lui réussit pas. Chastillon n'ayant pas fait ce qu'il vouloit, laissa à Baudonnet la Bernardière, son lieutenant, avec 200. hommes, & se retira, après lui avoir fait de grandes promesses. Baudonnet fit plusieurs sorties ; résista, tant qu'il eut des vivres ; & capitula enfin le 4. Février 1579. avec Sainte-Jalle, la Croussette, lieutenant des gendarmes de Damville, & Rosines, colonel de l'infanterie. Les habitans de Beaucaire soudoyerent les troupes pendant cinq mois que dura le siége. On liquida ce qu'ils avoient fourni à 27769. écus, 50. s. 9. deniers. Henri III. ordona par un arrêt du 23. Mai 1583. que cette somme seroit remboursée aux habitans de Beaucaire par les états de Languedoc ; mais cela n'ayant pas été effectué, ce prince leur accorda le 26. Juin 1583. un droit de gabelle, pour se refaire des dépenses du siége. Parabere avoit été page du connétable de Montmorenci. Le temps où il vivoit, peut faire croire qu'il étoit frère de Bernard de Baudean, seigneur de Parabere, lieutenantgénéral en Poitou, gouverneur de Niort, qui épousa Jeanne de Cambion, fille de Guillaume, seigneur de Cambion, & de Catherine de la Fargue. Bernard de Baudean fut grand-père d'Henri de Baudean, comte de Parabere, marquis de la Motte-Sainte-Heraye, gouverneur du Poitou, né en 1593. chevalier du S. Esprit le 14. Mai 1633. mort dans son château de la Motte-Sainte Heraye en Poitou le 11. Janvier 1653. Charles, comte de Neuillan, son frère, fut père de Susanne de Baudean, duchesse de Navailles. Baudean est une paroisse de 89. feux, du diocése & à quatre lieues un tiers au S. S. E. de Tarbe : long. 17. d. 42. m. 30. s. lat. 43. d. 1. m. 10. s. Parabere est un château de Bigorre, du diocése & à cinq lieues au nord de Tarbe : long. 17. d. 36. m. lat. 43. d. 28. m. 10. s. Je n'ai pas pû trouver Neuillan en aucun endroit. Si quelqu'un veut nous apprendre sa position, on lui en fera des remercimens.

219- 5. Bueisse prit vers le 18. Septembre 1578. le seigneur de Pigeon prisonnier.] Jean Meilloret, troisiéme fils de Raimond Meilloret, gouverneur d'Orange, & puis vice recteur du comté

Venaiſſin, & de Claire Seguin, dame en partie de Buiſſe, ſeconde fille de Bertrand Seguin, qui acquit le 8. Mars 1548. les deux fiefs de Buiſſe & de Blacons, de Sebaſtien de Veſc, ſeigneur de Comps. Il teſta le 25. Février 1619. Il eut pour fils Scipion, ſeigneur de Buiſſe, qui ne laiſſa qu'une fille, Françoiſe, née en 1642. mariée le 15. Décembre 1663. avec Jean de Chatellard, ſeigneur de Vaux. Buiſſe eſt un village de Dauphiné, dans l'élection de Montelimar, & du diocèſe de Die, entre Alanſon, Faulignan, & la Roche-S. Secret. Le ſeigneur de Piegon, que Buiſſe prit, pouvoit être Louis d'Agoult, marié en 1582. avec Judith Marcel.

p. 219. l. 25. Damville fait lever pour le ſiége du château de Beaucaire à Avignon des compagnies ſous Converti & Ledignan.] Converti doit être Honoré de Roquefeuil, fils aîné d'Honoré de Roquefeuil, ſeigneur de Converti, qui étoit mort avant le 20. Février 1566. & qui avoit épouſé Marguerite de Montcalm, fille de Gaillard, & de Monde de Combes, dame de Treſques, & petit-fils d'Augier de Roquefeuil, dit de Vrezols, habitant à Beaucaire, & qui épouſa le 6. Décembre 1613. Sillette de Porcelet, fille de Pierre, ſeigneur de Maillane, & de Marguerite Piquet. Honoré de Roquefeuil n'eut point d'enfans; & Sillette, ſa ſœur, qui ſe diſoit dame de Converti, épouſa le 13. Février 1569. Louis de Latil, ſeigneur de Villeſe & d'Entraigues. La ſeigneurie de Converti eſt ſituée dans le diocèſe de Lodève en Languedoc; mais on n'en a pas encore donné la poſition. Henri de Roquefeuil, ſecond fils de Claude, ſeigneur de Vrezols, & d'Anne de la Tade-Fontez, ſe qualifie ſeigneur de Converti, & teſta le 25. Avril 1657. Il eut pour fils Joſeph de Roquefeuil, ſeigneur de Converti, qui fut maintenu dans ſa nobleſſe par M. de Bezons, le 22. Décembre 1669. J'ignore s'il eut poſtérité; mais je ſçai que dès l'an 1570. la ſeigneurie de Converti n'étoit plus dans la maiſon de Roquefeuil. Ledignan peut être Jean Deſrois, ſeigneur de Ledignan, mort avant le 20. Mai 1587. ou Guillaume, ſon fils, qui teſta le 18. Octobre 1618.

219-28. Tournon & S. Jeurs, ſon frère, auxquels le comte de Saze ordonna vers le 10. Octobre 1578. de lever des troupes pour la défenſe de Riez.] Claude de Caſtellane, ſeigneur de Tournon, château du diocèſe & à deux lieues au S. O. de Graſſe, étoit mineur en 1526. & teſta en 1604. Il étoit frère uterin d'Honoré de Caſtellane, ſeigneur de S. Jeuts au diocèſe de Riez, qui teſta le 11. Mars 1587. Ils étoient tous deux fils d'Honorade de Laſcaris, fille de Jean-Antoine de Laſcaris de Tende, ſeigneur en partie de Châteauneuf & de Riez; & de Catherine de Caſtellane-Allemagne. Elle avoit épouſé, 1°. Mayme de Caſtellane, ſeigneur de Morant & de Tournon, père de Tournon, qui donne lieu à cette remarque. Elle épouſa 2°. le 8. Octobre 1526. Honoré de Caſtellane, ſeigneur de S. Jeurs, père de S. Jeurs, dont il eſt parlé dans la même note; & elle ſe remaria encore deux fois.

220-17. Le chevalier de Claveſon.] François d'Hoſtun de Claveſon, chevalier de Malte, né le 14. Février 1551. étoit meſtre de camp en Flandres ſous le duc d'Alençon. Il mourut le 6. Septembre 1582. Il étoit troiſième fils de Pierre, ſeigneur d'Hoſtun de Claveſon, qui avoit pour triſayeul Antoine d'Hoſtun, ſeigneur de la Baume d'Hoſtun, qui fut auſſi ſeptième ayeul du maréchal de Tallar. La mère du chevalier de Claveſon étoit Magdeleine de Montainard, que l'hiſtoire des grands officiers de la couronne dit être fille de Louis de Montainard, ſeigneur de Montfrin & de Chalencon, & de Magdeleine d'Albaron, dite Alleman, de la maiſon de Glandage. Louis de Montainard n'étoit point ſeigneur de Montfrin. Ce ne fut que Mari de Montainard, ſon petit-fils, qui devint ſeigneur de Montfrin à la fin de l'an 1603. Magdeleine d'Albaron, & non d'Albarens, étoit de la maiſon d'Alleman, très-ancienne & très-étendue en Dauphiné, & non de celle de Glandage, qui n'étoit point une maiſon, les ſeigneurs de Glandage ayant pour nom de famille Lhere. Laurence d'Hoſtun de Claveſon, niéce du chevalier, née en 1595. mariée à Hugues de Lionne, ſeigneur de Preſſeins, fit paſſer à ſa poſtérité la ſeigneurie de Claveſon, qui eſt une paroiſſe du dioceſe de Vienne dans le diſtrict de S. Vallier.

p. 221. l. 23. Le 24. Octobre 1578. paſſa ma Dame.] On a cru devoir conſerver les expreſſions ſinguliéres, dont Peruſſis ſe ſert pour raconter la mort de ſa femme ; mais on a ſupprimé des pages entiéres des lamentations qu'il fait ſur cette mort. Cette grande douleur ſe calma, & Peruſſis ſe remaria quelques années après.

1579.

224- 23. Brouſſalhes, beau-frère de S. Auban.] La généalogie de Pape-S. Auban, dreſſée pas Allard, ne dit rien de ce Brouſſalhes.

224- 30. Truchenu, lieutenant de Suze.] C'étoit Louis Claret, ſeigneur de Truchenu & d'Eſparron.

225- 5. Rouſſet, bleſſé caſuellement mourut enſuite.] La généalogie des Alris ne nous donne aucune notion pour y placer ce Rouſſet.

225- 10. Baudiment, fils aîné de Cuers & couſin de Vins, tué en reconnaiſſant Grimault.] Bouche, tom II. pag. 672. dit que Beaudiment fut tué au château de Cogolin, pris par les Razars d'abord après la journée de Cuers, où les capitaines Bouyer & Sauzet ſurprirent & défirent les Carciſtes le vendredi 10. Avril 1579. La généalogie de Glandevez de Robert de Briançon, dit que Baudiment fut tué au mois de Février 1579. en reconnoiſſant le château de Grimaud. Annibal de Glandevez de Beaudiment, mort en 1570. étoit fils de Pierre Iſnard de Glandevez, ſeigneur de Cuers, de Beaudiment, & du Canet, chevalier de l'ordre du roi, qui teſta le 10. Novembre 1584. Noſtradamus, hiſt. de Provence, p. 820. raconte encore la mort de Beaudiment d'une maniére différente que Bouche, & dit que Vins ayant tué le chevalier de Gramuſe-Guiramano, qui laiſſoit commettre toutes ſortes de déſordres aux ſoldats de la garniſon qu'il commandoit à S. Julien de Montagnier;

mais que bientôt après il fut mal mené par Eſtoublon & Verdaches, qui taillerent en piéces la plûpart de ſes bandits dans Roquevaire, Nans, Cougoulin, & autres lieux, où Beaudiment, l'un de ſes plus paſſionnés amis & partiſans laiſſa la peau & la vie.

226- 3. Cabanes, Molegés, Aiguiéguiéres, Lamanon, & Maillane évacués le jeudi 16. Avril 1579. par ordre du comte de Carces. Croſe & Aiguiéres ſe montrerent obéiſſans.] Cabanes, paroiſſe & château de Provence, dans la viguerie de Taraſcon, du dioceſe & à trois lieues au ſud-oueſt d'Avignon : long. 22. d. 43. m. lat. 43. d. 51. m. à quelque diſtance & à la gauche de la Durance, ſur le grand chemin d'Avignon à Aix. Molegez, paroiſſe de la viguerie de Taraſcon, entre Cabanes & Orgon, du dioceſe & à ſix lieues & demie à l'E. N. E. d'Arles, à un gros quart de lieue à la gauche de la Durance, à un peu plus au S. O. de Cavaillon : long. 22. d. 45. m. lat. 43. d. 48. m. Aiguiéres, paroiſſe de la viguerie de Taraſcon, du dioceſe & à ſix lieues au S. E. d'Avignon: long. 22. d. 45. m. lat. 43. d. 43. m. Lamanon, paroiſſe & château de Provence, dans la viguerie de Taraſcon, du dioceſe & à près de ſept lieues au S. E. d'Avignon, à une lieue au nord de Salon : long. 22. d. 52. m. lat. 43. d. 44. m. Maillane, paroiſſe & château de Provence, dans la viguerie de Taraſcon, au N. E. de cette ville, du dioceſe & à cinq lieues au N. E. d'Arles : long. 22. d. 32. m. lat. 43. d. 52. m. Maillane fut érigé en marquiſat en Mars 1647. en faveur de Louis de Porcelet, chef de cette maiſon, & qui avoit ſervi avec diſtinction depuis 1610. & mené un eſcadron de cent gentilshommes au ſiége de Perpignan. Louis de Porcelet, ſon petit-fils, poſſédoit ce marquiſat en 1693. Croſes s'appelloit Paul de Miſtral, ſeigneur de Mondragon & de Croſes. Il avoit épouſé le 23. Janvier 1576. Silvie de Brancas, fille d'Enemond, baron d'Oiſe ; & de Catherine de Joyeuſe. Il conduiſit en 1592. un ſecours à Aix, aſſiégé par le duc d'Epernon. J'ignore ſi Croſe eſt une ſeigneurie, & encore plus ſa poſition.

X x ij

Aiguières s'appelloit Pierre de Sade. Il défendit Salon contre le duc de Savoie, & le lui rendit le 4. Décembre 1590. Louis d'Anjou, roi de Naples, comte de Provence, donna le 14. Octobre 1416. à Jean de Sade, premier président du parlement établi à Aix, la terre d'Aiguières, que ce prince retint par préférence, comme mouvante de sa couronne, sur Catalan de la Roque, à qui Nicolas & Antoine du Pont, & Philippe de Cabanes l'avoient vendue pour deux mille florins d'or. Il fut père de Gerard de Sade, qui donna par son testament le 10. Juin 1483. cette terre d'Aiguières à Balthasar de Sade, son second fils. Balthasar de Sade fut le huitième ayeul de Joseph-David de Sade, reçu chevalier de Malte en 1716. & qui succéda à Louis-Elzear de Sade, son frère mort au château d'Aiguières le... Février 1746. Joseph-David de Sade défendit Antibes contre les Autrichiens depuis le 9. Décembre 1746. jusques au 2. Février 1747. Aiguières avoit été fait brigadier d'infanterie en Mai 1745.

p. 226. *l.* 11. Velleron, ambassadeur à Rome en revint.] Thomas d'Astoaud, seigneur en partie de Velleron, chevalier de S. Michel. Il ne fut point général de l'infanterie Françoise dans l'isle de Corse. Antoine Viarron, qui avoit une portion de la seigneurie de Velleron, est nommé par le traducteur de l'histoire de J. A. de Thou (tom. II. pag. 377. 520.) Valleron, colonel général de l'infanterie Françoise, & fut tué à la bataille de Mareidono dans le Sienois, perdue par Strozzi le 2. Août 1554. & Valeron, commandant six compagnies Françoises à la descente que les François firent dans l'isle de Corse le 25. Août 1553. Thomas d'Astoaud fut le ayeul de Pierre, qui vendit la moitié de la terre de Velleron le 15. Décembre 1637. à Paul de Cambis. Clement IX. érigea Velleron en marquisat en faveur de François de Cambis, fils de Paul, père de Louis de Cambis, ambassadeur en Angleterre, chevalier du S. Esprit, mort à Londres le 10. Février 1740. & ayeul de Joseph-Louis-Dominique de Cambis, marquis de Velleron, qui épousa le 15. Avril 1741. Louise de la Queille-Châteaugay.

226- 29. Castillon de Beines arriva à Aix vers le 1. Mai 1579. avec le vicomte de Cadenet.] Pierre de Castillon, seigneur de Beine, chevalier de l'ordre du roi, testa le 11. Octobre 1585. & fut le bisayeul de Pierre de Castillon, en faveur duquel le roi érigea Beine en marquisat en Avril 1673. Beine est une paroisse du diocèse & a trois lieues & demie au S. S. O. de Riez, long. 44. d. 3. m. lat. 44. d. 2. m.

227- 9. L'écuyer de la Fare-Forbin fut au devant du comte de Carces, qui alla voir le cardinal d'Armagnac à S. Cannat le 10. Mai 1579.] Jean de Forbin, seigneur de la Fare, premier consul de la ville d'Aix, mourut le 12. Décembre 1592. Il avoit épousé Claire de Perussis, baronne d'Oppede, fille de François, baron de Lauris, qui mourut le 27. Janvier 1678. La Fare, & non la Farre, comme beaucoup d'auteurs ont le tic d'ortographier. Ce nom est une paroisse à quatre lieues & à l'ouest d'Aix : long. 22. d. 56. m. lat. 43. d. 35. m.

227- 16. Verac envoyé par la reine-mère.] Verac étoit gentilhomme servant de la reine Catherine de Medicis, qui lui donna commission le 4. Mars 1579. d'aller à Toulouse & dans le reste du Languedoc y faire exécuter les articles de la paix signée à Nerac le 28 Février 1579. par cette princesse avec le roi de Navarre. (D. Vaissete, hist. de Languedoc, tom. V. pag. 370.) Le même Verac & Julles envoyés par Catherine de Medicis, arriverent à Uzès le 22. Avril 1580. pour offrir au duc de Montmorenci les articles de paix qu'elle avoit signés. Mais le duc ne les trouva pas acceptables. Ce Verac, étoit très-différent de Verac, qui apporta en Languedoc le manifeste des articles de Navarre & de Condé, & qui le remit à Acier le 28. Août 1568. Celui-ci devoit être Joachim de S. Georges, seigneur de Verac, baron de Couche, de Verneuil, & de Boissec en Poitou, chevalier de l'ordre du roi, qui épousa le 5. Février 1572. Louise du Fou-du Vigean, qui vivoit en 1582. & qui mourut avant le 24. Novembre 1607.

Il fut bifayeul d'Olivier de S. Georges, marquis de Verac, chevalier des ordres du roi le 31. Décembre 1688. mort en Juin 1704. père de Cefar de S. George, marquis de Verac, chevalier des mêmes ordres le 3. Juin 1724. mort le 11. Février 1741.

p. 227. l. 18. Mourut à Toulouse, Jean de Montluc, évêque de Valence le 12. Avril 1579.] Le maréchal fon frère étoit né au plûtard en 1505. ainfi l'évêque pouvoit être né en 1506. & avoir 73. ans lorfqu'il mourut. La manière dont Peruffis s'exprime fur fa fin catholique, & la preuve que l'on a que les jéfuites l'exhorterent à la mort, doivent tranquillifer ceux qui s'intéreffent à la fin catholique de ce prélat, dont la foi n'avoit pas été bien pure pendant un certain temps.

227- 29. Baux & Mondragon remettent le Puech & S. Paul.] Baux, paroiffe & château du diocèfe & à quatre lieues au N. E. d'Arles : long. 22. d. 34. m lat. 43. d. 46. m. Mondragon, ville de Provence vers le Dauphiné, du diocèfe & à deux lieues au fud de S. Paul-trois-châteaux : long. 22. d. 30. m. lat. 44. d. 16. m. Le Pui Sainte Reparade, paroiffe du diocèfe & à deux lieues & demie au nord d'Aix : long. 23. deg. 12. m. lat. 43. d. 42. m. S. Paul, paroiffe du diocèfe & à près de cinq lieues au N. E. d'Aix : long. 23. d. 29. m. lat. 43. d. 43. m. Jacques de Bouche, feigneur de Vers & de Sederon, puis baron de Baux, chevalier des ordres du roi, capitaine de cent hommes d'armes de fes ordonnances, fénéchal de Beaucaire & de Nifmes, viguier de Marfeille, ramaffa une des plus belles bibliothéques du royaume. Il époufa en 1578. Geneviéve del Bene, & mourut fans enfans. Les terres de Vers & de Sederon paffèrent aux Aftoauds, feigneurs de Murs.

228- 13. La reine mère dîna le 3. Juin 1579. au Mas de Brau, & coucha à S. Thomas.] Noftradamus & Bouche ne difent rien de la route de Catherine de Medicis de Tarafcon à Marfeille; & la carte de Provence de Delifle, la plus exacte que je connoiffe, ne donne la pofition d'aucun lieu que l'on puiffe imaginer entre le Mas de Brau & S. Thomas. Il y a apparence que les copiftes de l'ouvrage de Peruffi, ont eftropié ces deux noms, comme beaucoup d'autres.

228- 22. Le baron de Trans, tué dans fon château. Stoblon tué auffi audit lieu.] Thadée de Bafchi, feigneur de Stoblon, l'un des principaux chefs des Razats en Provence, & fort zélé pour fon parti, profitoit de toutes les occafions pour nuire aux Carciftes. Il en fit périr vers le 8. Avril 1579. 400. de la compagnie de Buiffon dans la paroiffe de Cabaffe au diocèfe de Fréjus, & en tua autant devant la ville de Sorgues, qu'ils tenoient affiégée. Peyron Raphelon, viguier de Draguignan, l'ayant prié de le venir joindre avec fa compagnie de gendarmes, & Stoblon l'étant allé trouver, Raphelon lui propofa d'affiéger le château de Trans. Stoblon y confentit. Raphelon fit marcher toutes les milices de fa viguerie, & venir deux canons de Fréjus, avec lefquels on battit ce château pendant deux jours. Alors on vint dire à Stoblon que Vins marchoit pour fecourir la place. Stoblon alla au-devant de lui, le battit, & le mit en fuite. Retourné pour continuer l'attaque du château de Trans, & voyant que le canon ne tiroit pas bien à fa fantaifie, il s'avança lui-même pour le pointer. En même temps un coup d'arquebufe, tiré du château, le bleffa fi dangereufement le 23. Mai 1579. qu'il en mourut fept jours après. Ses troupes irritées de fa bleffure, monterent à l'affaut, emporterent la place, & tuérent tout ce qu'elles y trouverent. Claude de Villeneuve, marquis de Trans, fut tué. La marquife fa femme, Ifabeau de Pontevez, fille de Jean, comte de Carces, échapa avec beaucoup de peine, & par l'attention du baron des Arcs, qui la couvrit avec fa cafaque. Arnaud de Villeneuve, leur quatrième fils, qui tout au plus avoit alors deux ans, fut vendu fept fols & demi à un foldat, qui lui fauva la vie. Il fut reçu chevalier de Malte le 23. Décembre 1593. & il vivoit en 1660. lorfque Bouche écrivoit fon hiftoire de Provence. Les autres enfans du marquis de Trans furent faits prisonniers, aussi-bien que Marguerite de Villeneuve, leur ..... qui épousa le 29. Août 1594. Scipion de Villeneuve, baron de Vence, l'un des seigneurs de Provence les plus attachés au roi, & opposés à la ligue. Elle mourut sans enfans, après avoir resté le 5. Juin 1631. Louis-Henri de Villeneuve, marquis de Trans, né le 18. Octobre 1739. est fils de Louis, marquis de Trans, comte de Tourette, mort vers Janvier 1755. & petit-fils de Pierre-Jean de Villeneuve, marquis de Trans, mort le 17. Février 1730.

p. 229. l. 3. Beauvoisin, belle grange du trésorier Borrilly d'Aix, où la reine-mére voulut aller, & où le 1. Juillet on traita de paix.] Cette grange, depuis érigée en fief, appartenoit en 1607. à Renaud de Piolenc, bisayeul d'Honoré-Henri de Piolenc, premier président du parlement de Grenoble ; de Joseph François, chevalier de Malte, commandeur de Bordeaux & d'Espaillon, & d'Henri-Augustin, chevalier du même ordre, & commandeur en 1745. de Launac, à une lieue au sud de Montpellier.

229. 9. Le 14. Juin 1579. le maréchal de Bellegarde partit de Carmagnole avec 1200. hommes, & arriva devant Saluces, d'où Carlo Birague se retira.] La vie de la Valette donne un plus grand & plus exact détail de ces évenemens. Bellegarde partit de Carmagnole le 10. Juin 1579. accompagné du régiment de Brissac, sous les capitaines la Ralde, la Redorte, Montblanc, Jerôme Alexandrin de Verceil, Tourbes, Comiers, dix compagnies de Provençaux, conduites par Goult & Anselme, quatre ou cinq cents hommes des vallées d'Angrogne & de S. Martin, quatre ou cinq cents chevaux sous Gouvernet, envoyés par Lesdiguières, & 12. piéces d'artillerie, avec tout l'équipage de guerre nécessaire. Carlo Birago, averti que Bellegarde avoit passé Racorigi, & étoit logé à Cavaler-Leon à trois lieues de Saluces, laissa Lussan dans le château, & se retira à Lagnasco. Ainsi la ville fut abandonnée à Bellegarde, qui n'avoit fait passer à son artillerie les rivieres de Vraita & de Maira débordées que par le secours des paysans du duc de Savoie, conduits par Scarnasigi, l'un de ses gentilshommes.

229- 16. Le capitaine Lussan, Gascon, qui étoit dans le château de Saluces, le rendit à Bellegarde après cinquante volées de canon.] Jacques d'Esparbez, seigneur de la Serre, sénéchal d'Agenois, gouverneur de Blaye, se défendit pendant huit jours, & s'excusa sur ce qu'il n'avoit pas de munitions, & que la place n'étoit pas tenable. Le maréchal de Bellegarde le pria de faire ses excuses au roi, & de l'assurer qu'il garderoit mieux ce gouvernement que n'avoit fait Birague ; qu'il étoit François & officier de la couronne ; & qu'il ne s'étoit pas saisi de Saluces, pour préjudicier aux affaires du roi ; mais pour se venger des Biragues ses ennemis. Lussan, en passant par Turin, reçut du duc de Savoie quelques excuses pour ses justifications. Sa généalogie dit qu'il mourut le 18. Novembre 1616. & qu'il étoit fort âgé. Il pouvoit avoir 85. à 86. ans, ayant eu six frères aînés, & son père s'étant marié le 23. Août 1523. Il voulut être enterré aux minimes de Blaye qu'il avoit fondés le 17. Mai 1606.

230- 5. Elzias de Rastrelli, évêque de Riez.] Elzear de Rastellis, & non de Rastrelli, fut fait évêque de Riez en 1585. suivant la liste rapportée par Bouche dans son histoire de Provence, (tom. I. pag. 228.) & selon Perussis, il l'étoit dès l'an 1580. Il fut député avec Castellane Ampus & l'avocat Fabregues au duc de Savoie, pour le prier de prendre la Provence sous sa protection. Le duc les reçut fort bien, & les combla de présens & de promesses. Il fit son entrée à Aix le 19. Novembre 1590. Il fut aussi député aux états de la ligue, qui firent leur ouverture à Paris le 16. Janvier 1593. Il assista à la procession, que le légat & les évêques firent à Paris le 12. Mai 1593. pour l'heureux succès de la conférence de Sureine & l'élection d'un roi catholique. Son article dans l'histoire de la noblesse du Comtat, dit qu'il étoit fils d'Honoré de Raftel, résident à Cavaillon, où il avoit épousé vers l'an 1530. Jeanne d'Agar, fille de Pierre, & de Jeanne de Panzano ; qu'il étoit prieur du Pont S. Esprit, abbé de Senanque, & de la Ferté sur Crosne ; que s'étant retiré à Montagnac, lieu de son diocèse, il fut fait prisonnier par les royalistes, qui le mirent à rançon, & lui permirent de se retirer à Cavaillon dans sa maison paternelle, où il finit ses jours en 1596. Pernette Raftel, sa sœur, épousa Pierre de S. Sixte, capitaine au château de Sorgues, consul d'Avignon en 1563. tué par accident à Beaucaire le 17. Mai 1580. & père de Charles de S. Sixte, évêque de Riez le 25. Mars 1600. mort à Riez le 13. Avril 1614.

p. 230. l. 9. Le duc de Savoie salua la reine-mère à Grenoble, où l'Isere déborda le 20. Septembre 1579.] La reine Catherine de Medicis étoit arrivée à Grenoble le 21. Juillet 1579. Le duc de Savoie s'y étoit rendu, suivi de 500. chevaux commandés par le marquis de Lanz, & 100. arquebusiers à cheval pour sa garde, dont le comte de Sinfred étoit capitaine. Le cardinal de Bourbon, & les ducs de Mayenne & de Montmorenci allerent au devant de lui. Chorier ne parle point du débordement de l'Isere. (Chorier, tom. II. pag. 687. 688. Guichenon, hist. de Savoie, pag. 696.)

231- 17. Le 11. Décembre 1579. mourut à Carmagnole le maréchal de Bellegarde. Il étoit abbé d'Ours en Dauphiné.] Le maréchal ayant obligé Luffan de lui rendre le château de Saluces vers le 22. Juin 1579. alla prendre Dronero, & Verzolo, château situé comme celui de Ravel, tenu par le prévôt de la Mante, de la maison de Saluces. Il se trouva ainsi maître de tout le marquisat de Saluces & des passages des Alpes, par où l'on monte de Piémont en Provence & en Dauphiné, du val de Sture, de Demont, & de Roque Sparvière, pour aller en Provence ; du château Dauphin & du col de l'Agnel pour aller en Dauphiné. Après quoi il congédia les Piémontois & Angrognois, & renvoya Gouvernet en Dauphiné, après avoir payé son armée. La reine-mère Catherine de Medicis, qui avoit entrepris de pacifier le royaume, & qui avoit assez bien réussi avec le roi de Navarre à la conférence de Nerac, avec les protestans, & les politiques en Languedoc, Provence, & Dauphiné, voulut engager le maréchal de Bellegarde à la voir ; & l'envoya prier par le marquis de Curton & autres gens de qualité de la venir trouver à Grenoble ; mais le maréchal trouva bien le moyen de s'excuser. Ce moyen lui ayant manqué, elle engagea le duc de Savoie à la venir voir à Grenoble. Le duc y étant venu, elle le combla de caresses. Le duc, l'un des plus fins princes de son temps, ne négligea rien pour persuader à la reine qu'il avoit entièrement ignoré l'entreprise de Bellegarde sur le marquisat de Saluces ; & la reine fit aussi de son mieux pour le convaincre qu'elle n'en avoit pas le moindre soupçon. Elle dit au duc qu'elle avoit fait de son mieux pour que Bellegarde la vint voir ; & qu'elle le trouvoit plus méfiant que les huguenots ; & que s'il pouvoit l'y engager, le roi lui en auroit une grande obligation. Le duc lui répondit froidement qu'il ne traiteroit pas une chose où elle n'avoit pû réussir ; mais qu'il s'y employeroit, quoiqu'il n'eût nulle espérance de le faire venir. Alors la reine lui dit qu'il étoit bien aisé d'accorder cela ; que le roi aimoit autant le maréchal pour gouverneur du marquisat, que Birague, pourvû que l'obéissance lui fût rendue. Cette ouverture ayant fait grand plaisir au duc de Savoie, il n'eut pas grand peine à persuader Bellegarde de venir à Montluel, ville de Bresse & dans ses états à trois lieues de Lyon. La reine reçut très-bien le maréchal ; & le cinquième jour après son arrivée, elle lui fit sentir en présence du duc & des seigneurs de sa cour le tort qu'il avoit fait au roi, & le scandale qu'il avoit donné à toute l'Europe. Bellegarde répondit que la juste colère qu'il avoit contre les Biragues, ses mortels ennemis, & qui en vouloient à sa vie, lui avoit fait commettre ce crime ; que s'il étoit à recommencer, il aimeroit mieux mourir d'une cruelle mort, que de penser à l'exécuter ; qu'il en demandoit pardon au roi & à elle ; qu'il la prioit d'obtenir son pardon ; qu'à l'avenir il sacrifieroit sa vie pour le service de l'un & de l'autre ; & qu'il espéroit de leur en rendre des essentiels. Il dit tout cela, les grosses larmes lui tombant des yeux. La reine paroissant fort contente, lui dit qu'avec une pareille conduite, il ne manqueroit ni de biens ni d'honneurs, & que le roi voudroit se servir de lui plus que jamais. Elle fit appeller Pinart, secrétaire d'état, & lui fit présent des lettres patentes de son pouvoir de gouverneur, & lieutenant pour le roi de là les monts & marquisat de Saluces qu'elle prit des mains de Pinart. Les historiens ne s'accordent pas ordinairement ; & chacun a son héros, dont il veut faire le panégyrique, au lieu d'écrire sa vie. Guichenon ne pense pas comme Mauroi, & assure que le duc de Savoie n'avoit que de bonnes intentions pour la France ; que quoiqu'ami du maréchal de Bellegarde, il n'étoit pas content de lui ; qu'il avoit fort désaprouvé son entreprise sur le marquisat de Saluces ; & qu'il lui avoit envoyé le comte de Frazasco pour l'en détourner ; qu'il étoit très-fâché de ce que, contre la parole qu'il lui avoit donnée, en présence du duc de Mayenne, de l'évêque de Lodi, & de François Molini, ambassadeur de Venise, de ne point se servir de soldats huguenots, il n'avoit presque point de troupes qui n'en fussent. Le duc lui envoya Frazasco, & l'obligea de donner congé à Gouvernet & à sa cavalerie. (Guichenon, hist. de Savoie, p. 695. 696.) Le maréchal de Bellegarde ne jouit pas longtemps de son bonheur, & mourut à Saluces le 20. Décembre 1579. cinq ou six jours après y être arrivé. Videl dit dans son histoire de Lesdiguières (liv. II. chap. I. pag. 34.) que celui-ci, qui aida fort le maréchal de Bellegarde dans son entreprise sur le marquisat de Saluces, donna ordre à ceux de Queiras d'ouvrir le col-Laignel, que les neiges avoient rendu inaccessible cette année-là. Si le fait est vrai, Bellegarde n'en profita pas ; puisqu'il entra en Piémont en Janvier 1579. par le val de Sture, Démont, & Roque Sparvière. Guichenon (hist. de Bresse, pag. 107.) dit que la conférence de Montluel entre la reine Catherine de Medicis, le duc de Savoie, & Bellegarde est assez expliquée dans la vie du connétable de Lesdiguières ; mais Videl, auteur de cette vie, dit seulement que la reine étant à Montluel, commit le maréchal de Bellegarde pour faire exécuter l'édit de paix donné à Flex & à Nerac ; mais que l'exécution de cet édit rencontra de si grandes difficultés, qu'elles rendirent sa commission inutile. Tout cela est très-inexact, pour ne rien dire de pis. Bellegarde ne fut point commis par la reine pour faire exécuter l'édit de paix. Il avoit été amené à Montluel par le duc de Savoie ; & la reine lui donna les patentes de gouverneur du marquisat de Saluces, pour le remettre en quelque manière dans le service du roi son fils. Bellegarde retourné à Saluces y mourut six jours après ; & par conséquent n'eut le temps ni le pouvoir de faire exécuter l'édit de Flex. La vie de la Valette par Mauroi dit que le maréchal de Bellegarde mourut à Saluces le 20. Décembre 1579. Oulx est une prévôté, & non une abbaye, d'un gros revenu, & d'une grande jurisdiction. La France la céda en 1713. par le traité d'Utrecht à Victor Amedée, duc de Savoie, & depuis roi de Sardaigne. Elle fait le principal revenu de l'évêché de Pignerol, érigé le 23. Décembre 1748. & dont Jean-Baptiste Darlée de S. Innocent, né à Chamberi le 21. Juin 1709. fut fait évêque le 5. Mai 1749.

1580.

p. 222. l. 17. S. Vincent & Montfroc pris par les protestans de Provence vers le 15. Mars 1580.] Le grand prieur de Provence fit investir ces deux lieux par les Corses peu de temps après. Bouche ne parle point de ces deux évenemens.

232. 18. M. de Coumons de Sceptres, mon beau-père] Louis, seigneur de Caumont, qui testa à Avignon le 18. Février 1584. Perussis ortographie Sceptres;

tres; & aujourd'hui on écrit Sextres. Quand est ce que les hommes seront d'accord entre eux?

232-19. *Maugiron & Mandelot battirent les troupes de la ligue à Moiran.*] Cette ligue s'étoit formée au commencement de l'année 1580. au pays de saint Antoine en Viennois, par les exhortations d'un notaire. Les mutins avoient à leur tête les capitaines la Pierre & Lambert: le dernier avoit été pris à Moretel par Disimieu, & mis en liberté à la prière de Lesdiguières. Maugiron, craignant le peuple de Vienne, le désarma; & s'étant fait donner les clefs du château de Pipet par le chapitre de saint Maurice, y fit porter les armes des habitans, & y mit garnison. Il marcha ensuite contre les séditieux, les joignit près de Valence, & remporta un premier avantage sur eux, & un second auprès de Romans. Mais ces mutins furent d'abord renforcés par les troupes que toutes les communautés de la Valoire leur envoyerent. Ils en vouloient sur-tout à la noblesse, & pillerent toutes les maisons dont ils purent s'emparer. François, seigneur de Chaste, tâcha dans saint Marcellin de persuader à Maugiron de consentir que les gentilshommes de la côte de saint André en fortifiassent le château, pour se retirer avec leurs familles, ne se croyant point en sûreté dans leurs maisons. Les communautés du Gresivaudan étoient très-disposées à se joindre aux séditieux. Maugiron ayant fait assembler les officiers de ces communautés à Concelin, ceux-ci trouverent le moyen d'y faire condamner les ligués comme des séditieux. On avoit pris une pareille délibération dans un conseil général, tenu à Grenoble, & où le premier consul, Nicolas Mulet, sieur du Mas, fit la proposition. Ainsi les mutins, qui espéroient d'être reçus dans la capitale du Dauphiné, en furent exclus, & obligés de s'arrêter à Moirenc, à quatre lieues de cette ville. Maugiron, qui avoit été joint par Mandelot, qu'il avoit appellé à son secours, & qui lui avoit amené les troupes du Lyonnois, assiégea les mutins dans Moirenc, qui, comptant d'être secourus par Lesdiguières, ou d'avoir une composition favorable, ne se défendirent pas aussi-bien qu'ils le pouvoient. Mandelot, piqué d'avoir perdu son neveu, qui fut tué devant Moirenc, y fit donner l'assaut, le 28. Mars 1580. La place fut emportée, & Sigaud du Palais, gentilhomme d'auprès de Vienne, fut le premier qui entra dedans. La garnison effrayée voulut profiter de la nuit pour se sauver, & fut presque toute taillée en pièces. Lesdiguières, qui auroit fort souhaité de secourir ces assiégés, ne put passer l'Isère que le premier Avril, auprès de Varcy au-dessous de Grenoble, (Chorier, hist. de Dauphiné, tom. 2. pag. 697. 699.

232-22. *Pirro Malvezzii,*] nommé par le pape, qui vouloit rappeller le comte de Montagu, pour commander dans le comté Vénaissin, entra à Avignon le 14. Octobre 1579. & mena avec lui Spirite Malvezzii son neveu.

Tome I. *Perussis.*

TABLE CHRONOLOGIQUE

de l'histoire des guerres du comté Vénaissin, de Provence &c.
de Louis Perussis.

1561.

LES églises de Nismes, Montpellier, & Mende, ayant été pillées par la populace protestante, & l'évêque de Nismes chassé de sa résidence, le bon peuple prend sa revanche & tue quelques ministres.

27. Décemb. Un sçavant & catholique prêcheur étant allé prêcher à Villeneuve-lez-Avignon, les adversaires lui tirent quelques arquebusades au sortir de l'église; les catholiques tuent quelques adversaires. François de Castellane, abbé de S. André, en fait informer.

Les adversaires requierent que les armes soient ôtées au bon peuple, & surtout à Flassans, premier consul d'Aix, qui empêchoit leurs ministres de prêcher scandaleusement. Ils obtiennent que Crussol soit mandé en Lyonnois, Languedoc, Dauphiné, & Provence.

1562.

10. Janv. Crussol arrive à Villeneuve, les suspects s'y assemblent; mais ils trouvent que Crussol ne se soucie pas de leur prêche.

Les forusciz d'Avignon font entendre au roi, & à la reine mere, que messieurs d'Avignon conspirent contre sa majesté. Cette ville, toujours fidelle au roi, lui envoie, à la sollicitation de Fabrice Serbellon, Pierre d'Anselme, pour l'assurer de nouveau de sa fidélité.

Crussol instruit par l'Estrange, qu'il avoit mandé à Avignon, que tous les bruits qu'on avoit répandus étoient faux, va dîner dans le palais avec Fabrice & le vice-légat.

Il part pour Usez, & s'apperçoit que les ministres ne travaillent qu'à diminuer l'autorité du roi.

Il va en Provence, fait lever dix-huit compagnies de gens de pied, pour les joindre aux quatre de cavalerie du comte de Tende, du prince de Salerne, du comte de Roussillon & de Clermont.

Crussol demeure à Salon de Crau & à Marignane. Flassans se retire à Barjols.
Crussol arrive a S. Maximin. Flassans se retire aux montagnes sans munitions.

6. Mars. Les adversaires entrent par escalade dans Barjols, y tuent neuf cents à mille personnes, & mettent tout à sac, sans oublier les églises & reliquaires.

Crussol retourne à la cour.

Gordes envoyé par le roi à Arles, y laisse quelques compagnies sous Nicolas d'Aiguiéres, se retire à Gordes, & de-là à sa maison de Laval, près de Grenoble.

16. Avril. Laurent de Lenci, évêque de Fermo, vice-légat d'Avignon, y arrive.

23. Avril. Alexandre de Guidiccion, évêque de Luques, ancien vice-légat, s'embarque sur le Rhône, va à Arles, & continue sa route le lendemain sur ses batteaux, prenant le chemin de Bouc, pour entrer en mer.

Le baron de Lauris, président en Provence, mandé à la cour par une lettre de cachet obtenue contre lui par les protestans, y va, & s'y justifie pleinement.

Les protestans veulent se venger de la Motte-Gondrin, qui s'étant joint à Suze en Août & Septembre 1560. avoient délivré Malaucene, occupé par Montbrun & Séguirani. La contré avoit fait pour cela une grosse dépense, & y avoit envoyé sainte Jaille, Rollet, Melchior de Perussiis, Caderousse, Crillon, Orsan, Novesan, & Louis de Perussiis.

29. Avril. Les proteltans se saisissent à Valence de la Motte-Gondrin, après l'avoir engagé par belles paroles à se rendre : & le pendent à une fenêtre de sa maison, ayant le collier de l'ordre au col.

Les protestans du Languedoc font une tentative inutile pour enlever le cardinal Laurent Strozzi, évêque de Béziers.

3. Mai. Lyon est rendu par intelligence aux protestans, qui démolissent toutes les églises, & en chassent les chanoines & comtes.

Fabrice, général du comtat, fait dresser de nouvelles compagnies de gens à pied, que l'on donne à Crillon, & à saint Jeurs-Castellane.

Fabrice fait nétoyer les fossés d'Avignon, en faire de neufs, & monte à neuf quarante-deux piéces de canons. Il fait édifier quatre moulins à vent sur la montagne de S. Martin, & un à eau près de la porte de la Leigne.

Charles IX. envoie Sommerive commander en Provence en l'absence du comte de Tende, son pere. Assisté de Carces, Sommerive ramasse six mille hommes de pied, & mille chevaux.

Les protestans laissent quelques soldats dans le château de Senas, & vont au port de Merindol.

Ils vont à Lauris, pillent & mettent à sac le beau château & riches meubles du président François de Perussiis, baron de Lauris.

Ils vont assiéger Pertuis, qui se défend pendant trois semaines. Le capitaine Mauvans les joint : ils assemblent quatre mille hommes de pied & cinq cents chevaux, & rompent tous les ports de la Durance, excepté celui d'Orgon.

10. Mai. Sommerive avec son camp passe au pont d'Orgon, se campe au bord de la rivière, près de Cavaillon, & se retranche contre la garnison de Merindol. Carces escarmouche contre la cavalerie de Mauvans.

La comtesse de Sommerive, & les dames de Cabane, d'Oise, & de Pourières, vont voir le comte de Sommerive dans son camp de Cavaillon.

Maugiron, lieutenant du maréchal de Brissac, & commandant au Dauphiné, entre a Grenoble & y est bien reçu.

Les protestans levent le siége de Pertuis, vont à la tour d'Aigues appartenant à Central, où il y a un superbe, riche, & fort château, & un beau parc.

Les adversaires logent à Manosque.

Ils vont à Peiruis sur la Durance, château à M. de Faucon, joignant château-Arnoux, & y pillent toutes les églises.

4. Mai. Le camp de Cavaillon en part pour Orange.

Fabrice passe par Avignon, & dans la nuit fait du projet sur Orange à Crillon, à Louis de Preussiis, & à des Essars.

6. Mai. Fabrice arrive avant l'aurore à Orange. La batterie est dressée & tire : l'on monte à l'assaut, & la ville est d'abord emportée, aussi-bien que le château.

Parpaille, président d'Orange, tente inutilement de surprendre le château de Châteauneuf du pape, appartenant à l'archevêque d'Avignon.

Parpaille s'empare de S. Laurent des Arbres, où l'église est pillée.

S'étant fait donner l'or & l'argent des reliquaires d'Orange, il les porte à Lyon, d'où il ramène des bateaux chargés d'armes ; mais il est arrêté près du Bourg S. Andéol. Il est conduit au château de Mondragon, & de là à Coumons. Le vice-légat le demande à Sommerive, qui le lui remet ; & il l'envoie prisonnier dans le palais d'Avignon.

Les protestans, commandés par des Adrets, assiégent Pierrelatte, défendu par le capitaine Richard de Vauréas. Après quelques jours de défense, il se retire dans le château. Des Adrets lui promet la vie & les biens saufs : mais étant sortis du château, ils sont tous tués.

Le pape envoie Raimond de Perussiis à Avignon, pour assurer cette ville de sa protection.

Les députés d'Avignon convoquent le clergé de la ville, qui consent de payer la gabelle pendant neuf ans.

La comtesse de Sommerive & Bagarris empêchent le peuple d'Aix, qui venoit de tuer un conseiller, de continuer à se venger des protestans.

Boulene est forcée par les protestans : trente soldats qui la défendoient y sont tués.

5. Juil. Suze assemble à Sarrian les compagnies que Fabrice lui fournissoit, avec deux petites piéces de campagne, & les vassaux de la comté assemblés en arriére-ban, pour aller camper à Orange. Les protestans, trois fois plus forts, attaquent Suze près de l'Ouveze joignant Orange ; mais ils sont repoussés, avec perte de quatre cents hommes. Mondragon, sainte Jaille, Monteinard, Glandage, Venterol, Joachim de Cambis d'Orsan, le Pegue, Arces, Arzac, Laval, Jean Raxi, seigneur de Flassans, & le capitaine Beauchamp, se distinguent dans ce combat.

6. Juil. Suze manquant de vivres, s'éloigne d'Orange, & campe au Pont de Sorgues.

8. Des Adrets, maître de Boulene, Vauréas, Visan, le S. Esprit, & Bagnols, assiége Mornas, défendu par le capitaine la Combe. La bréche emportée, la Combe se retire avec cent soldats dans le château. Les protestans gagnent le sommet du rocher haut & difficile. Ils offrent la vie à la Combe, qui leur rend la place, & qui n'en est pas moins mis à mort.

Les habitans de Caderousse, Piolenc, Orange, Courteson, Bedarrides, & Châteauneuf du pape, abandonnent leurs habitations, qui sont pillées par les protestans.

Les Comtadins, campés au pont de Sorgues, prennent, près de Nions, Pierrerue & Simiane, sortis de Sisteron.

Les protestans dressent des embûches à Lurs & à l'abbaye de Gannagobie : mais ils sont repoussés par Sommerive, Flassans, Ventabren, & le commandeur de Cuges.

10. Juil. Les catholiques campent près de Sisteron, & au midi.

11. Juill. La batterie fait une bréche malaisée : les catholiques donnent l'assaut, & sont repoussés.

Le capitaine Bouquenegre, lieutenant de Flassans, est surpris par les protestans dans Pepin, mené à Sisteron, & pendu.

13. Juill. Les protestans abandonnent Caderousse, Orange, Piolenc, & Châteauneuf du pape, ils n'osent pas attaquer le château de Suze.

17. Juill. Suze attaque Boulene ; la garnison tire sur lui, & blesse Rossieu & Mejenes, qui avoit voulu écrire le nom de sa maîtresse sur la muraille de Boulene.

24. Juill. Suze marche à Vauréas, que le capitaine André de Vauréas abandonne.

25. Juill. Les protestans renforcés par des Allemands venus de Lyon, paroissent en bataille devant Suze, qui les attaque ; & en un instant leur tue quinze cents hommes, & leur prend cinq enseignes. Les Comtadins perdent le chevalier d'Olon de Remusat, enseigne de Glandage, & le capitaine de Seps, & deux cents hommes. Ferrante Pagano, Taillade, Aubres, Pierrevive, Jean-Baptiste Copola, & Oratio Vicari y sont blessés. Par désastre notre artillerie tombe aux mains des protestans.

Joyeuse tue ou défait trois mille protestans dans la plaine de Montagnac.

29. Juill. Le camp des assiégeans de Sisteron s'en éloigne de trois lieues, & campe aux Mées près de la Durance, pour y attendre les autres canons & les fouages de la Provence.

Mauvans attaque les catholiques à l'Escale. Le capitaine Ventabren lui tire un coup de pistolet, & le blesse à la cuisse. Le capitaine Verdiere reçoit dans ses escarmouches une blessure, dont il meurt.

DES GUERRES DU COMTÉ VENAISSAIN, &c.

28. Juil. Les protestans voulant prendre Carpentras, campent au pont de Sorgues, après être rentrés dans Caderouffe, Bedarride, Orange, Courteson, Sarrian, Piolenc, & Châteauneuf. Fabrice redouble les précautions dans Avignon, où il y avoit sept ou huit mille hommes, & sept corps de gardes. On abbat l'hôpital des pauvres hors de la cité, & on commence la plateforme de S. Bernard.

Pierre de Sazo, seigneur d'Agoult, viguier d'Avignon, & Louis de Peruffis, sont députés a Arles & à Tarascon pour demander du secours.

1. Août. Les protestans marchent a Entraigues & a Monteoux, où ils brûlent les églises & le couvent de S. François. Ils vont camper près de Carpentras, au-dessous des arcs des fontaines.

2. Août. Ils font une course à Mazan ; d'où se sauvent à peine Jean de Saze, président des comptes de Provence, & Esprit d'Altoaud, beau-freres & seigneurs dudit lieu.

Laurent Tarascon, recteur du comté, & sainte-Jaille, gouverneur de Carpentras, défendent cette place. Une balle d'un gros mousquet porte près de la tente de des Adrets.

3. Août. A deux heures du matin, des Adrets s'achemine à grand pas vers Courteson.

5. Août. Fabrice va à Carpentras.

10. Août. Fabrice part pour le camp de Sisteron. Le froid & le vent obligent de prendre les fourrures.

19. Août. Les protestans se présentent devant le château du pont de Sorgues, & se sont repoussés par les soldats Italiens.

26. Août. Les protestans prennent S. Laurent des Arbres, & y tuent quatre-vingt personnes.

29. Août. Les protestans attaquent la tour du pont de Villeneuve & le fort saint André, & sont repoussés par Antoine François Scarci, gentilhomme Florentin, maître des ports pour sa majesté, qui donne le temps au secours envoyé par Fabrice d'arriver.

29. Août. Trois mille quatre cents protestans assiégent avec deux piéces de campagne le château du pont de Sorgues, défendu par vingt-cinq soldats Italiens du capitaine Turcot. Ils entrent dans le château, après avoir perdu cent douze hommes. Le feu est mis au château, qui est tout brûlé par le grand vent qu'il fait.

30. Août. Fabrice sort d'Avignon, à la tête de trois cents hommes. Il trouve les protestans en bataille, qui l'obligent de rentrer dans Avignon, & qui débitent qu'ils auroient pû entrer pêle-mêle avec eux, & rester maîtres de la place.

1. Septemb. Les protestans brûlent l'église & le prieuré de S. Ruf de Valence, & l'église du Thor. Tout le camp passe à Coumons, où il brûle les églises & met le feu aux quatre portes du château de Clément, pere de Louis de Peruffis. Le peuple accourt & éteint le feu, qui y avoit été mis à l'insçu de des Adrets, lequel marchoit à l'arriére garde, exhorte les habitans à continuer d'éteindre le feu, & ajoûte que s'il connoissoit ceux qui l'y avoient mis, il les feroit pendre. Il arrive à cinq heures à Cavaillon.

Saint-André, gouverneur d'Aigues-mortes, défait près de Frontignan trois cents protestans.

Les protestans, campés à Cavaillon, brûlent les lieux & les églises de Lagnes, Robion, Maubec, Taillade, & le beau château de Maubec, appartenant à Ennemond de Brancas.

2. Septemb. Les protestans passent la Durance à Orgon, défont la cavalerie d'Arles, tuent deux cents hommes, & Jean de Varadier, seigneur de Gaubert.

4. Septemb. Le camp des protestans, composé de quatre mille cinq cents hommes à pied, de neuf cents chevaux, & de sept piéces d'artillerie, part de Cavaillon, & passe à Goult, où il brûle l'église.

5. Septemb. Les proteftans tirent cinquante-cinq coups de canon contre Apt, dans lequel étoit l'évêque, de la maifon de Gordes. Ils apprennent que le mercredi 2. Septembre Montbrun avoit été défait près de la Gran.

6. Septemb. Les proteftans partent d'Apt, & campent au Thor, Coumons, & Château-neuf, ayant fait huit lieues fans s'arrêter.

9. Septemb. Les proteftans partent de Mormoiron, paffent par Caromb, Baume, & fainte Cécile, & vont à Boulene; de-là au Saint Efprit, à Bagnols, & à Roquemaure.

4. Septemb. Neuf canons font une grande brèche devant Sifteron.

5. Septemb. au matin. Les catholiques entrent dans Sifteron, & y tuent cent hommes de ceux que Moavens y avoit laiffés le foir précédent. Montagut en eft nommé gouverneur. On fait refaire les murailles, que cent vingt-fix coups de canons avoient mis par terre.

Sommerive envoie Glandage & le capitaine Dagot à Vaupierre. Montbrun fe retire & y laiffe fept chevaux fellés & bridés, & deux canons, que l'on mene à Sifteron.

9. Septemb. Le docteur Parpaille eft décapité à Avignon, & meurt en reconnoiffant Dieu, & fon églife.

Sommerive prend Talard.

10. Septemb. Suze part de l'Ifle, & va coucher à Entraïgues, & Sommerive à Avignon.

11. Septemb. On envoie quelques foldats pour affurer le fort château de Lers, près de Roquemaure, défiré des adverfaires.

12. Septemb. Le comte de Sommerive, & mademoifelle de Lers, préfentent au baptême, dans l'églife S. Agricol, le fils dont la comteffe de Suze étoit accouchée le 8. de Septembre. Teftu, arrivé de la cour, apporte la nouvelle de la prife de Bourges & de Tournus.

14. Septemb. Sommerive part d'Avignon, & va à Arles, & Carces à Coumons.

15. Septemb. Suze fait paffer le Rhône fur le pont d'Avignon aux régimens qui étoient à Entraïgues, & qui vont loger à Ville-neuve.

Ce camp, de trois mille hommes & de quatre cents chevaux, campe à Fourques, à une lieue d'Arles, où commence Foffa Mariana, que Marius fit faire contre les Viregots*, & Huns, que puis il défit au plan de Tretz près de Pouriéres.

*Vifigots

1562.

Dim. 27. Septemb. Sommerive, Suze, & Mondragon, paffent le Rhône fur un pont de bateaux du côté de Fourques. Leur cavalerie eft conduite par les capitaines Ventabren & Beaujeu. Ils affiégent S. Gilles: onze cents proteftans viennent au fecours. Les catholiques les attaquent, & font d'abord mis en déroute; mille hommes périffent ou fe noyent dans le Rhône avec le baron de Montfaucon, & Cogollen, commandeur de Jalais; & le capitaine Ledenon pris.

27. Octobre. On apprend que le baron des Adrets a été défait par le duc de Nemours, près du bois d'Auberive, & perdu quatre cents chevaux.

11. Novemb. On a avis que le baron des Adrets étant au Saint-Efprit avec trois mille hommes, les mene au fecours de Valence, bloqué par le duc de Nemours, dans l'armée duquel étoit Vinay, de la maifon d'Ancéfune, lieutenant du comte de Suze.

13. Novemb. On apprend que le Bourg fur le Rhône a été repris fur les proteftans par l'intelligence du capitaine Sigifmond, zélé catholique, qui y fut tué avec les feigneurs de Combas & Rancolles.

20. Novemb. Les catholiques furprennent Vaureas, où foixante des habitans font tués.

1. Décemb. Le duc de Nemours, auquel s'étoit joint le capitaine Scipion Vimercat, qui commandoit deux cents foldats, fait une trève de douze jours avec

DES GUERRES DU COMTÉ VENAISSIN, &c.

le baron des Adretz ; & cette tréve est encore prolongée de douze jours.

4. Décemb. Les protestans reprennent Vauréas, Mondragon, & Piolenc.

12. Décemb. Mondragon fait gouverneur d'Arles, & du Pui S. Martin de Tarascon. Cinq compagnies de Bodon & Beauchamp partent de Tarascon & d'Aramon, & vont attaquer la garnison de Beaucaire, qui enlevoit des bestiaux dans une isle, & qui perd dans cette action quarante hommes. Ces compagnies passent ensuite en revue devant Antoine de Glandevez, seigneur de Pouriéres.

23. Décemb. S. Auban, qui conduit de France dans le comtat cinq compagnies d'infanterie, est défait au-dessus par Tavanes, qui le prend prisonnier avec son fils.

30. Décemb. Les états du Languedoc assemblés à Carcassonne sous Joyeuse, accordent au roi trois cents mille livres d'extraordinaire pour s'opposer aux protestans.

30. Décemb. 4. compagnies protestantes sont mises en déroute près de la côte S. André, par l'armée du duc de Nemours.

1563.

15. Janv. Le baron des Adretz est arrêté par les protestans dans Valence, & conduit au château de Nismes.

9. Février. Trois cents habitans d'Aramon battent les protestans de Montfrin, de Fournez, de Valliguiéres, & de Thesiers.

13. Février. Le capitaine Jofret de Bonieux, étant sorti de la Ville-Dieu avec ses argoulets, bat les protestans de Visan, près de la rivière d'Eigues ; & à son retour défait près de Vinsobres cent paysans armés qui conduisoient leur ministre, lequel fut pris.

17. Février. La garnison de S. Laurent des Arbres ayant perdu sept soldats Italiens du capitaine Julio, abandonne cette place, dont les protestans tâcherent de ruiner les murailles.

25. Février. Les protestans de la Val-masque prennent le château de Joucas, où ils tuent un commandeur de Malthe qui en étoit seigneur.

28. Février. Les protestans ayant traversé les montagnes du Léberon, été à leur fort de Mérindol, & passé à gué la Durance, pillent les lieux de Senas & de Lamanon, & les granges des environs.

27. Fév. Les protestans prennent la Coste, & tuent l'un des freres du seigneur absent, lequel étoit commandeur de Gap, & blessent l'autre, qui étoit protonotaire.

Vendredi 5. Mars. Camaret est pris, avec perte de quarante cinq hommes de la garnison. Serbellon y met dedans les compagnies de Coumons, Turquot, & Ciciliano.

7. Mars. Serignan se remet sous l'obéissance du pape ; & Serbellon y fait entrer les compagnies de Claude de Bedouin, Pignan, & Pagani. Turquot blessé à ce siége, meurt à Orange.

8. Mars. Maurice Trivulce, parent de Serbellon, allant porter quelques avis au marquis de Longiano, est enveloppé sur sa route par les protestans qui le massacrerent ; il est enterré à Sérignan. Coumons, Rolland, & Constance de Menerbe, sont blessés dans cette action, où les protestans perdent le seigneur de Clercs, beau-frere de Montbrun, qui offroit mille écus de rançon.

5. Mars. Mille protestans assiégent avec quatre piéces d'artillerie Aramon : mais ils en levent le siége, après avoir perdu deux cents hommes. Serbellon alla à Aramon le 8.

17. Mars. Sainte Jaille attaque les protestans qui assiégeoient Serignan : mais il est repoussé si vigoureusement, qu'il se retire vers Orange. Les assiégés font une sortie, prennent le canon & les poudres des assiégeans, & leur tuent quatre cents hommes. L'abbé de Feuillans, frere du comte de Crussol, est pris par les catholiques, & meurt de ses blessures dans Orange. Le baron d'Aigremont est aussi pris, & mené dans le palais d'Avignon. Le 19. les catholiques perdent cent cin-

quante hommes, & les capitaines Blaife, Joffred, Luquin, de Bonnieux, & Milon, lieutenant de la Bartelaffe. Fabrice part le même jour d'Orange, où il laiffe pour gouverneur le feigneur de la Tour.

Lundi 22. Mars. La garnifon de Sérignan ayant effuyé trois cents cinquante coups de canon, & tué aux affiégeans plus de deux cents hommes, fe rend prifonniére de guerre aux proteftans, qui donnent la vie aux capitaines Pignan & Mormoron, & tuent Claude Jean de Bedouin, Pagani, & fon frere ; ils brûlent le château de la ducheffe de Valentinois.

24. Mars. Les proteftans fe jettent dans Orange, abandonné par fes habitans, auffi bien que Bedarride de Caderouffe, & Courtefon ; ils prennent auffi Piolenc, Pont de Sorges, & Châteauneuf du pape.

27. Mars. Les proteftans prennent Piles, & y font tranfporter partie de l'artillerie qu'ils avoient prife, en ayant laiffé quatre piéces à Caderouffe, & ayant vendu le fel de Châteauneuf du pape, & brûlé le fuperbe château que l'archevêque d'Avignon y avoit : ils brûlent auffi le château du feigneur de Piles.

22. Avril. Mario, parent du vice-légat, & de Vaux, écuyer du prince de Condé, arrivent à Avignon, pour faire rendre au pape trente-cinq places du Comtat, que les proteftans avoient prifes.

5. Mai. Les proteftans prennent Ségur par efcalade, & y tuent cent trente payfans, malgré les défenfes de Vaux, Mario, David, & Cruffol, qui étoient au Saint Efprit.

11. Mai. Les proteftans affiégent avec deux piéces de campagne Gigondas : la garnifon ayant réfifté tant qu'elle put, fe fauve pendant la nuit. Les proteftans pillent la maifon du capitaine Rouffet.

14. Mai. Sablet pris par les proteftans.

15. Malaucene obligé de fe rendre aux huguenots.

18. Mai. Les proteftans fe rendent maîtres, par la trahifon du châtelain Barthelemi de Belon, du fort château de Barroux.

20. Mai. Les proteftans brûlent l'abbaye de S. André de Ramiéres, où les catholiques alloient en dévotion, & dont une dame de la maifon de Suze étoit abbeffe.

23. Mai. Les proteftans attaquent Vaifon : ils font repouffés, & perdent la cornette de Montbrun, que la cavalerie de Vins leur enleve. Ils laiffent leur artillerie dans une grange près de Ville-Dieu.

29. Mai. Les proteftans pillent Crillon, & détruifent entiérement le château du feigneur.

3. Juin. La cavalerie proteftante venant de prendre Bedouin, affiége Mafan avec deux piéces de campagne. Propriac, qui y commandoit, fe défend fort bien : Commons vient au fecours : les proteftans fe retirent, après avoir perdu cent hommes & trois capitaines. Cloud y eft tué.

1. Juin. Le baron des Adretz fort du château de Nifmes, & eft mis en liberté par ceux de font parti.

5. Juin. Françoife de Malafpina, femme de Fabrice Serbellon, arrive à Avignon pour y recevoir fon mari, dont elle étoit féparée depuis un an & huit mois. Elle étoit accompagnée du marquis de Malgra, fon frere : elle logea dans la maifon de Richard de Feruffiis.

16. Juin. Velleron eft démantelé pour empêcher que les proteftans ne s'y poftent.

3. Juillet. Les proteftans prennent par efcalade Meramis & Mormoiron.

5. Juillet. Deux mille proteftans ayant affiégé avec quatre piéces de canon Creftet, dans le diocèfe de Vaifon, & qui étoit fort par fa fituation, font une grande bréche, montent à l'affaut, le premier qu'ils euffent encore ofé tenter, & font repouffés avec beaucoup de perte. Le capitaine Benufe, Piémontois, commandoit dans la place. Ils levent le fiége.

DES GUERRES DU COMTÉ VENAISSIN.

19. Juillet. Vieilleville part de Villeneuve, eine dans le château de Montfrin chez mademoiselle de Lers, & couche à Beaucaire.

Vend. 30. Juillet. Le maréchal de Vieilleville arrive à Marseille, ayant été reçu magnifiquement à Marignane par le comte de Sommerive; il loge hors de Marseille, dans la maison du baron de Meuillon.

28. Août. Neuf cents protestans, embusqués dans le bois de Thouson près du Thor, attirent Vins, qui commandoit dans le Thor, & qui en sortit avec quatre-vingts chevaux, & quelques arquebusiers du chevalier d'Anfouis; il tombe dans l'embuscade, & après un combat de deux heures, il fait une belle retraite & rentre dans le Thor, n'ayant perdu que dix hommes, & en ayant tué beaucoup plus aux protestans.

30. Août. Mauvans étant allé en Provence faire baptiser une de ses filles, & revenant à Monteux, accompagné du ministre qui avoit fait la cérémonie, est rencontré par Vaqueiras, qui étoit sorti de Carpentras avec quelque cavalerie, il se bat avec beaucoup de valeur; mais enfin il est obligé de prendre la fuite, & d'abandonner une jument, qui fut vendue trois cents quatre-vingt-dix livres. Le ministre & quatre soldats furent pris.

16. Août. Deux cents cavaliers protestans s'étant campés près du port de Bonpas, sur la Durance, sont attaqués par le capitaine Caille, qui commandoit dans Coumens, qui en sortit avec cinquante arquebusiers, obligés d'abandonner le port dont ils étoient déja les maîtres, & le projet qu'ils avoient de surprendre & de piller la chartreuse.

Dim. 5. Septemb. Serbellon va avec trois cents chevaux, de l'infanterie & deux piéces de canon devant Bedarrides, & la garnison protestante se retire d'abord. Il y met Joli Jean; la garnison de Sarrian se retire à Orange & à Malaucene.

8. Septemb. La garnison de Mormoiron, place qui avoit été fortifiée, étant attaquée depuis la veille par Serbellon, se retire pendant la nuit, après avoir perdu cent cinquante hommes. Serbellon y rétablit Flassans, qui en étoit seigneur, & lui donne l'ordre du pape.

9. Septemb. Les protestans de Bedouin en remettent les clefs aux consuls, qui les portent à Serbellon, près de Mormoiron.

30. Septemb. Ville, envoyé par le maréchal de Vieilleville, conclut un traité avec les protestans, signé par le vice-légat & Serbellon, par lequel il leur est permis de rester dans les lieux qu'ils occupoient des deux côtés de la riviére d'Eigues. Le baron d'Aigremont, prisonnier dans le palais depuis l'affaire de Serignan, est alors mis en liberté; quarante-neuf places devoient être remises aux catholiques.

20. Octob. Le château du Barroux se rend à discretion à Serbellon, qui s'étoit rendu maître du village la veille. Le châtelain nommé Belon fut exécuté, parce qu'il avoit livré ce château aux protestans.

21. Octob. Malaucene & Caderousse envoyent leurs chefs à Serbellon.

22. Octob. Sainte Cécile ouvre ses portes à Serbellon, de même que Boulene, Vaureas, Visan, Quairane, & Tulette. Vaucluse fut fait gouverneur de Boulene; du Rousset, de Vaureas; Mousier, de Caderousse; le commandeur d'Aulan, de Malaucene; d'Agout, de Tulette; Limans, de Mornas; le capitaine Lélio, de Bedouin.

20. Novemb. Damville fait dire la messe au S. Esprit, où cinq mille personnes se trouvent; il y établit pour gouverneur, Montdragon, avec trois cents arquebusiers, commandés par le capitaine Ventabren.

27. Novemb. Damville, au-devant duquel avoient été Richard & Louis de Perussis, arrive à Villeneuve, où il est visité par le vice-légat & par Serbellon, qui font faire un feu d'artifice sur le Rhône, exécuté par les soins de Saluste de Perussis & Nanni, Florentins.

29. Novemb. Damville, suivi des seigneurs de Provence, au nombre de cent trente chevaux, va dîner à Monfrin chez la demoiselle de Lers, & coucher à Baucaire.

1564.

3. Mai. Serbellon allant à Boulene, & passant par Serignan, est attaqué par cent cinquante protestans, qui sont mis en fuite par sa cavalerie.

30. Août. Serbellon, qui étoit parti d'Avignon le 28. arrive aux Granges lez Valence; y trouve la Garde, Montdragon, & S. André, que le roi lui avoit envoyés au-devant. Le 31. il fait la révérence au roi, en présence de sainte Croix, nonce du pape.

11. Septemb. Damville donne à Avignon l'ordre du roi au vicomte de Joyeuse.

22. Septemb. Charles IX. ayant passé par la Garde & saint Paul, arrive à Suze, où il présente en baptême avec la reine sa mere, la fille du comte de Suze, qui est nommée Charlotte-Catherine. A Boulene, le marquis Rangoni présente au roi les clefs. A Mornas ce prince donne quarante écus & son entretien pendant sa vie, dans l'abbaye de S. André, à celui qui avoit été précipité du rocher en bas en 1562.

2. Octob. Le roi fait désarmer les habitans d'Orange, & les oblige de lui remettre quatre pièces d'artillerie aux armes du duc de Savoye, auquel il les rend. Il porte un chapeau dont le Comtat lui fait présent, valant cinquante écus, & autour duquel il y avoit un camail valant cinq cents écus, enrichi de diamans & de perles. Flassans lui fait la révérence: & Serbellon racommode Flassans avec Crussol.

16. Octob. Charles IX. part d'Avignon; passe la Durance sur un pont de bateaux; dîne à Château-Renard; & couche à S. Remy.

16. Octob. Le duc & la duchesse de Savoie ayant passé par Coumons, couchent à Cavillon, & continuent leur route pour le Piémont par Silleron. Le duc de Ferrare couche à l'Isle, avec cent trente chevaux de louage.

11. Décemb. Charles IX. passe le Rhône à Tarascon, & se rend à Beaucaire; d'où il va à Remoulins pour y voir le pont du Gard, & de-là à Nismes.

20. Décemb. Le marquis de Longiano, envoyé par Serbellon, va à Sérignan, pour s'opposer à quarante protestans qui vouloient s'emparer de ce lieu, & fait raser la maison du chef.

1565.

Mardi 26. Juin. Le marquis de Longiano couche à Caderousse, le 27. à Boulene, d'où il va à Sérignan voir Diane de Poitiers, baronne dudit lieu, & duchesse de Valentinois, qui y étoit arrivée le jour précédent avec la duchesse de Bouillon sa fille, l'archevêque d'Embrun, & l'évêque de Meaux; il couche à Malaucene.

26. Juillet. Les états s'assemblent à Carpentras, & représentent au pape, que depuis la prise de Malaucene en 1560. ils ont dépensé deux cens mille écus, sans les vivres & les contributions, & qu'ils doivent soixante-cinq mille six cent soixante-deux écus, un florin, & soixante-trois sols.

12. Septemb. Les états s'obligent, au nom du Comtat, de faire approuver par tous les lieux la volonté du pape, qui étoit de ne permettre que le seul exercice de la religion catholique.

1566.

Jeudi, 31. Janv. Balthasar Rangoni, marquis de Longiano, part d'Avignon pour se rendre chez lui à Modene, & de-là à Rome.

5. Février. Laurent de Lenti, évêque de Fermo, & vice-légat d'Avignon, part de cette ville pour l'Italie.

25. Avril. Claude, comte de Tende, gouverneur de Provence depuis quarante-cinq ans, second chevalier de l'ordre, meurt à Caderache sur les deux heures après midi, âgé de cinquante-huit ans.

DES GUERRES DU COMTE' VENAISSIN, &c.

1567.

30. Septembre. Les proteſtans ſurprennent Aramon & Beaucaire, d'où ils ſont chaſſés par les catholiques ; mais ils reſtent maîtres de Niſmes.

1. Octobre. Les proteſtans font un grand maſſacre à Niſmes. L'évêque Bernard del Bene rançoné, ſe retire à Arles, & y meurt le 27. Mars 1568.

7. Octobre. Ils prennent par eſcalade Mornas ; mais ils manquent Bolene & Vauréas.

16. Octobre. Tende voyant les proteſtans maîtres de Forcalquier, Sault, Joucas, Sederon, Peyruis, Château-Arnoux, les Mées, l'Eſcale, Vaupeyre, Tallar, Puimichel, Cérelle, & Seine, fait rompre le pont de Château-Renard, & rétablir celui d'Orgon.

Lundi, 27. Octobre. Les troupes de Provence & du Comtat, au nombre de deux mille cinq cents hommes, commandés par les comtes de Tende & de Suſe, ayant paſſé le Rhône à Taraſcon, & n'ayant pas pû forcer les proteſtans, qui aſſiégeoient le château de Niſmes, défendu par cinquante ſoldats, ſe retirent ſans avoir eu que le capitaine Berton, Méjanne, & Ventabrent bleſſés ; mais le premier mourut à Taraſcon le 28. Novembre ſuivant.

9. Novembre. Deux mille quatre cents proteſtans de Provence ayant laiſſé des garniſons dans Lurs, Siſteron, & Saultent, paſſent ſur le pont du S. Eſprit & joignent les proteſtans du Languedoc.

18. Novembre. Le comte de Suſe, Scipion de Vimercat, & les capitaines Crillon, la Barralaſſe, & S. Jeurs, avec ſix piéces d'artillerie, emportent d'emblée la premiére tour du pont S. Eſprit.

19. Novembre. Suſe emporte d'aſſaut la tour S. Nicolas ſur le pont S. Eſprit, & ſe rend ainſi maître de ce pont, qui avoit été vigoureuſement défendu par les proteſtans ; leſquels ſe virent alors dans l'impoſſibilité de ſecourir Siſteron, ayant tenté inutilement de paſſer au port d'Aramon.

6. Décembre. Tende ayant inveſti Siſteron, les proteſtans, qui le défendoient, l'amuſent, en lui faiſant des propoſitions pour ſe rendre.

7. Décembre. Les proteſtans du Languedoc paſſent au port de Viviers, & ſe rendent maîtres, par intelligence, de S. Marcel, où ils tuent le capitaine la Roquette.

8. Décembre. Suſe craignant d'être bloqué dans le fort du S. Eſprit par les proteſtans, maîtres du port de Viviers, abandonne ce port, après y avoir fait mettre le feu ; & retourne à Avignon avec Vimercat.

1568.

5. Janvier. Les proteſtans du S. Eſprit & de Pierrelate, voulant s'emparer de Boulene, ſont repouſſés près du pont du Letz, par les capitaines Caumons & Roquart.

Mercredi, 7. Janvier. Tende part d'Apt pour ſe joindre à Laborel & à Glandage, afin d'aſſiéger Siſteron, défendu par la Caſſette ; mais ce ſiége ne réuſſit pas.

15. Janvier. Les proteſtans de Provence ſe rendent maîtres, après la levée du ſiége de Siſteron, de l'Eſcale, des Mées, d'Oraiſon, & d'Entravenes.

28. Janvier. Gordes ayant cinq mille hommes, trois piéces d'artillerie, & le baron des Adretz, colonel de l'infanterie du Dauphiné, prend la côte S. André, & y eſt bleſſé d'un coup d'arquebuſe à l'épaule.

19. Février. Les comtes de Tende & de Suze prennent Tallette en Dauphiné, & cette place eſſuie trente volées de canon.

20. Février. Mirabel & Vinſobres ſe rendent à Tende & à Suze.

Dimanche 23. Février. Les deux tours du Pont S. Eſprit ayant eſſuyé cent vingt volées de canon, ſe rendent à Tende & à Suze, qui y laiſſent trois cents hommes pour la garde du port.

23. Février. Mille proteftans Provençaux fe rendent maîtres de Valenfolle.
23. Février. Joyeufe, qui n'avoit pas pû paffer le Rhône au port de Coffonde, fe rend maître de la tour de la Motte, près S. Gilles.

Lundi 1. Mars. Mornas eft emporté d'affaut par Tende, Suze, & Joyeufe, après cent trente coups de canon. Urre-Venterol, Caille, & le marquis Rangoni y font tués. Les bannis d'Avignon occupoient cette place depuis cinq mois. Le château fut abandonné le 4. au matin, par la Pourriére, qui y commandoit cent cinquante hommes, & qui ayant été pris, fut étranglé à Avignon le 6.

Dimanche 7. Mars. Laudun & Orfan remis fous l'obéiffance du roi.

9. Mars. Quelques arquebufiers, envoyés par Moriers, gouverneur d'Apt, fe rendent maîtres de Joucas.

Dimanche 4. Mars. Les comtes de Tende, de Suze, & Joyeufe, allerent avec la cavalerie & mille arquebufiers, reconnoître les proteftans, campés près du bois de Lefcours, entre Roquemaure & Bagnols.

Mercredi 23. Mars. Les comtes de Tende, de Suze, & Joyeufe, affiégerent Aramon, & battirent cette place avec huit canons, par l'ifle de Pofquiéres; les affiégés repoufferent les royaliftes à l'affaut que l'on leur donna par bateaux, & fe rendirent le même foir, 24. Mars. Pofquiéres & Formigiéres y furent faits prifonniers. Suze mit dans Aramon la compagnie de Nebon.

24. Mars. Combat de Montfrin, où les royaliftes mirent en fuite Beaudifner, qui venoit avec trois cents chevaux, & quatorze enfeignes d'infanterie, au fecours d'Aramon. La cavalerie ayant perdu quatre cents hommes, fut mife en fuite, & fe retira dans Montfrin, & Beaudifner dans Thefiers : l'infanterie abandonnée, eut huit cents hommes de tués.

15. Mars. Les proteftans de Provence reprennent l'Efcale, que Carces avoit fait fortifier.

23. Mars. Paix avec les proteftans, en vertu de laquelle Gordes, avec lequel étoit le baron des Adretz, rentrent dans Romans, Valence, Gap, Die, Montelimart, Lauriol, Pierrelate, le Buis, & Vaupierre; & trois cents lieux, où la prife de Caftres, Montpellier, Nifmes, Viviers, Usès, le pont S. Efprit, & Bagnols, avoient donné moyen aux proteftans de dominer, rentrent fous l'obéiffance du roi.

7. Mai. Sifteron remis au comte de Tende, qui y met en garnifon du Puy S. Martin.

8. Mai. Le capitaine Roquart de Bolene, mis par ordre du roi dans le pont S. Efprit; & le gouvernement de cette place donné à Laval de S. Marcel d'Ardéche.

17. Mai. Viviers rendu au roi, & S. Auban, natif de la ville, qui n'avoit point voulu rendre cette place, envoyé prifonnier à S. André de Villeneuve.

15. Juin. Lunelvieil fut furpris par le capitaine la Garde, qui avoit fait habiller fes foldats du régiment de Languedoc en moiffonneurs.

8. Juillet. Joyeufe trouva moyen de faire recevoir deux compagnies d'infanterie dans Montpellier, & autant dans Nifmes.

9. Juillet. Le baron de la Garde fait un traité avec les habitans d'Orange, qui congédient les étrangers, & qui lui donnent en ôtage, Serre, la Rays, & le fils du préfident Calviére, de Nifmes, & reçoivent Pierre d'Anfelme, feigneur de Jonas.

2. Septembre. Les proteftans fe rendirent maîtres d'Ancone, fur le Rhône, d'Andance, de Charmes, du Poufin, & de Baïs fur Baïs.

7. Septembre. Les proteftans étant entrés dans S. Laurens des Arbres, y prirent quelques foldats & chevaux du régiment de Sarlabous.

28. Août. Rapin, maître d'hôtel du prince de Condé, & S. Auban, qui avoient pillé l'églife de Viviers, furent décapités à Touloufe.

13. Octobre. Angoulême, défendu par le capitaine Mesiéres, fut pris par les protestans après sept assauts.

1569.

16. Février. Piles se saisit de l'isle de Medoc.

9. Mars. Le baron de Garde, revenant de la cour, arrive en Provence, & donne l'ordre du roi à Pierre de Sades, seigneur de Goult.

20. Avril. Gordes, l'archevêque d'Embrun, Rousser, & la Cassette, prennent Exilles.

22. Avril. Les protestans surprennent Calvisson, qui est recouvré quelques jours après.

4. Mai. Charles Rosel, Marguerites, & deux autres, furent décapités à Toulouse; & on assigna sur leurs biens neuf mille livres aux enfans de Gras.

20. Avril Le duc d'Anjou prend Villereal, près de Montpellier.

25. Avril. Le comte de Brissac, & Pompadour son beau-frere, sont tués devant Mucidan, & Sarlabous y est blessé.

29. Avril. Le comte de Martinengo, & le chevalier de Villegagnon, se saisissent de Châtillon sur Loin.

22. Juin. Quelques compagnies partent pour aller reprendre le Poussin, que les protestans occupoient.

20. Juin. Trois mille protestans sont repoussés, voulant escalader Alais, défendu par le capitaine la Couronne, & y perdent cent trente hommes.

26. Juin. S. André, gouverneur d'Aiguemortes, va avec quatre mille trois cents hommes ravitailler Alais.

29. Juin. S. André emporte d'assaut Combas; & prend quelques autres petits lieux aux environs.

4. Septembre. Le maréchal de Damville campe à Muret, avec dix mille fantasins, & seize compagnies de gens-d'armes.

16. Août. Les protestans surprennent Vauguey (peut-être Pecais) sur l'étang d'Aigues-mortes, près de Lunel; les catholiques y vont pour le reprendre, & n'en viennent pas à bout.

26. Septembre. Castelnau, gouverneur de Montpellier, découvre une conspiration formée par le capitaine Barri, pour livrer cette place aux protestans; il avoue son crime, & est exécuté.

15. Août Le maréchal de Damville se rend maître de Fiac.

15. Novembre. Des Cevenols, chassés par la faim des Cevennes, gagnent un valet de S. André, gouverneur d'Aigues-mortes, qui gagne aussi un serrurier, & lui donne moyen de limer à la sourdine la grille qui bouchoit le trou par où sortoit l'eau qui passoit à Nismes. Quelques troupes descendues des montagnes du côté d'Anduse, entrent par cet aqueduc ayant de l'eau jusques à la ceinture; se rendent maîtres de Nismes; massacrent plus de trois cents personnes; tuent S. André de sang froid; & y trouvent plus de seize mille charges de bled, avec une quantité prodigieuse de denrées & de marchandises.

22. Novembre. Le cardinal d'Armagnac envoie à Marguerites les capitaines Buisse & Nicole, avec deux cents hommes, pour encourager le capitaine Astoul, qui s'étoit retiré dans le château de Nismes avec soixante soldats.

9. Décembre. Les vassaux du pape, dans le Comtat, ont ordre du cardinal d'Armagnac de joindre le comte de Tende, qui vouloit secourir le château de Nismes.

1570.

1. Novembre 1569. Les protestans entrent dans Auch, y tuent les prêtres; & y laissent le capitaine Gimon avec quatre cents hommes.

Dimanche 22. Janvier. Le cardinal d'Armagnac fait faire des prières pour le secours de Nismes. Les protestans de cette ville surprennent & tuent le capitaine

Mondon, avec cinquante de ses soldats, allant de Beloussses a Ledenon.

31. Janvier. Tende sçachant que Baux & la dame de S. Privat avoient conclu la capitulation du château de Nîmes, envoie dire au capitaine qu'il en pouvoit sortir ; le capitaine l'alla joindre à Tarascon avec cent vingt soldats : les tours du château de Nîmes étoient prêtes à tomber.

8. Janvier. Montbrun se jette avec quatre cents chevaux dans Nîmes, où commandoit S. Romain.

4. Février. Le comte de Tende étant convenu d'une tréve de huit jours avec ceux de Nîmes, mit S. Jeurs, mestre de camp, dans Beaucaire ; le capitaine Eaux a Aramon ; le capitaine Guillaumet à Valabregues ; les capitaines Spinassi & Vaubelle, à Montfrin ; & le capitaine Verdure, successeur de S. André, a Beloussses.

10. Mars. Les protestans de Nîmes surprennent Orsan, & y défont cinquante argoulés à cheval du capitaine Vours.

29. Mars. Un courrier envoyé par Gordes, apprit au cardinal que Montbrun, avec onze enseignes d'infanterie & quatre cents chevaux, avoit passé le Rhône au port de la Voulte, avoit tué Boudiéres, son guidon, & prit Roussset son lieutenant ; pour la sûreté duquel on envoya une garde à la dame de Montbrun, & à ses enfans au château de Montbrun.

30. Mars. Le comte de Tende étant à Arles, pourvut à Fourques & à Boulbon ; & alla à Aigues-mortes, ayant fait retourner quelques compagnies qui avoient abandonné Marguerites.

3. Avril. Damville, qui avoit douze cornettes, & trente enseignes, mande par un courrier qu'il a défait trois enseignes d'infanterie & quelques cornetes, vers Montpellier.

7. Avril. Le cardinal est averti que le 3. Castelnau, gouverneur de Montpellier, avoit envoyé ses deux freres, avec un détachement d'arquebusiers, à S. Brez & Colombiers, qu'ils avoient défait & tué trente protestans.

8. Avril. Le prince de Navare étant tombé malade, entre dans Nîmes.

11. Avril. Le capitaine Barrans allant de Valabregues à Montfrin, est défait par les protestans, qui lui tuent cinquante hommes.

9. Avril. Les protestans levent le siége de Lunel, après y avoir perdu sept cents hommes. Perles, commandeur de saint Chrittol, défendoit cette place avec un pareil nombre d'hommes.

17. Avril. Les princes & l'amiral sont aux environs du château de S. Privat, sur le Gardon ; & leurs troupes prennent S. Hilaire & Thesiers.

20. Avril. Les protestans prennent le château de Saron, dans les montagnes, entre Sault & Murs ; & leur cavalerie s'étend jusques à Cereste, passant par la Combe de Simiane, & au-dessous de Viens.

21. Avril. Les protestans se logent dans Pigeau, Rochefort, les Angles, Tresques, jusques à Villeneuve, ou Suze se rend à Avignon. Le commandeur de Chabriilan est mis pour commandeur dans Carpentras.

25. Avril. La Crousette, avec quelques troupes de Damville, surprend les protestans à Pigeau, & amene plus de cent chevaux. L'amiral étoit toujours à S. Privat & à Laudun.

29. Avril. Les capitaines Laval, Fepaco, & Olivier, escaladent Donzere, & y tuent plus de trois cents hommes du Régiment de Piles.

30. Avril. Mirepoix, Clerat, & la Crousette, attaquent l'arriére-garde protestante, qui avoit abandonné Laudun, & marchoit le long du Rhône vers le S. Esprit ; & lui prennent trente-sept charetes, chargées de poudres & de cordages, & quatre cents chevaux ou boeufs.

4. Mai. Trois cents cinquante protestans de Murs & de Joucas veulent escalader Mormoiron, & sont repoussés par Chabrillan, avec les capitaines Gaumons & Domino.

15. Mai. Les Protestans abandonnent S. Paul, Pierrelate, Folignan, Condor-

DES GUERRES DU COMTE' VENAISSIN, &c.

cet, la Garde, & autres lieux, qu'ils avoient surpris en Dauphiné, pour aller joindre l'amiral qui campoit à la Voulte & à Charmes.

18. Mai. Les protestans se rendent maitres de Granc, où ils laissent quatre piéces d'artillerie, & de la Roche en Dauphiné.

22. Mai. L'amiral part de la Voulte, laissant trente-deux piéces de canon au Pousin.

5. Juin. Deux églises de S. Gilles, fortifiées par les protestans, se rendent à Damville.

6. Juin. La tour du pont & les moulins de Lunel, sont pris par les royalistes; & les protestans y perdent beaucoup de monde.

8. Juin. Damville prend d'assaut Bellegarde, après l'avoir battu pendant deux jours. La place étoit défendue par quatorze hommes & deux femmes qui se laisserent brûler. Cent quarante coups de canon ne purent pas faire bréche à la tour. Le compte de Tende, Joyeuse & Cadenet, étoient avec Damville, & ils allerent tous quatre à Avignon le 10. *Comte*

13. Juin. La garnison de S. Hilaire, sommée de se rendre, fait bonne contenance, & se retire le soir pour se jetter dans Nismes.

14. Juin. La garnison de Cavillargues fait une sortie sur les troupes de Damville, qui l'assiégeoient, & en tue quelques-uns.

14. Juillet. Quelques troupes de Nismes attaquent la cavalerie légére du capitaine Maches Fapaco, près de Marguerites, défont quelques chevaux-legers, & prennent le capitaine Bernard de Lagnes.

16. Juillet. Le baron des Adretz, arrêté en Dauphiné de par le roi, est mené à Lyon au château de Pierrecise.

22. Juillet. Les royalistes du Dauphiné ayant voulu se rendre maitres de Corp, ne réussirent pas. Guillaume d'Avanson, archevêque d'Embrun, vouloit chasser les protestans de la Baume de Traissinieres, grande caverne, où l'on n'entroit que par un trou.

7. Août. Monestier & la Casette levent le siége de Corp, que Montbrun avoit secouru.

8. Septembre. Damville persuade aux habitans de Nismes, qui lui avoient envoyé cinquante députés à Beaucaire, de recevoir deux compagnies d'infanterie, & une de cavalerie.

11. Septembre. Le baron de Cereste, avec deux cents Provençaux, surprend le château de Mane, près de Folcalquiers, pour y planter le prêche; mais le comte de Tende l'engage à se retirer chez lui à Cereste, entre Apt & Mane.

15. Septembre. Les protestans démolissent le fort qu'ils avoient fait faire en Dauphiné, vis-à-vis le Pousin, qui avoit été attaqué par Glandage, Rousset, & Pracontal, & où S. Ange, qui y commandoit, étoit mort d'une blessure qu'il y avoit reçue.

22. Octobre. Laval du Vivarais, envoyé par Damville, oblige Aubenas de recevoir la garnison du roi.

1571.

7. Février. Senas meurt en Provence.

20. Février. S. Goar, ambassadeur du roi, arrive à Rome, & obtient que le fils naturel de San-severino, comte de Caïazzo, colonel de l'infanterie Italienne en France, qui avoit été arrêté à Parme, & mené prisonnier à Rome, à l'inquisition, soit absous & trouvé net. Le pape avoit envoyé l'évêque Salviati pour instruire le roi de cette affaire qui fut terminée au mois de Septembre.

Mardi 4. Septembre, jour de saint Marcel. Orange est rendu au gouverneur que le prince avoit envoyé, & qui en retire les revenus, qui étoient de trois mille écus, outre mille écus pour les charges.

18. Septembre. L'amiral arrive à Orlois, où les Guises ne se trouvent point.

15. Novembre. Le compte de la dépense contre les huguenots coute au combat, depuis l'an 1562. cinq cens quatre-vingt mille huit cent dix-sept florins, six sols tournois.

1572.

7. Février. Le cardinal Alexandrin, légat, qui étoit parti de Madrid le 2. Janvier, arrive avec vingt chevaux de poste a Orlois, à Lyon le 5. Mars, & à Rome le 26.

8. Avril. Fourquevaux revient de son ambassade d'Espagne, & a pour successeur S. Goar.

6. Juin. Le président Calviere de Nismes meurt.

18. Septembre. Six mille protestans de Nismes prennent les armes, & refusent de recevoir la garnison royaliste, que Joyeuse, qui étoit à Lunel, vouloit leur envoyer.

22. Septembre. Les barons d'Alais & de Portes, envoyés par Joyeuse, se rendent maîtres d'Alais, & en chassent les protestans, après un grand massacre.

20. Octobre. Damville arrive par le Rhône au S. Esprit, avec la maréchale & la veuve du comte de Tende : Joyeuse les y reçoit. Le 25. ils passent sur le Rhône devant Avignon sans y entrer, à cause de la mort du comte de Tende.

21. Octobre. Les protestans de Nismes, conduits par Heustace de Montpellier, surprennent Usez ; mais le fort de S. Firmin résiste.

27. Octobre. Damville fait brûler les moulins à vent de Nismes.

1. Novembre. Le cardinal Orsini part d'Avignon, & fait son entrée à Lyon, malgré le froid extrême qu'il y faisoit depuis le 15. Octobre.

28. Novembre. Les Protestans de Nismes font des courses vers S. Gilles, les Granges des environs, & Beaucaire. Damville renforce le blocus de Nismes, où il fait venir les gens d'armes du comte de Suze.

1573.

12. Janvier. Damville part de Beaucaire avec Suze, & arrive à Montpellier le 15. après avoir pris en chemin Lunel-vieil, & Teillargues, près du pont de Lunel.

17. La garnison de Nismes surprend le poste catholique de Bouillargues.

19. Janvier. Cent protestans, qui étoient dans le château de Calvisson, voyant les royalistes maîtres du bourg, se rendent vie sauve.

20. Janvier. Le canon est mené à Leques, qui est emporté d'assaut après qu'on a tiré trois coups.

21. Janvier. Montpesat se rend, après avoir essuyé cent vingt coups de canon. Villeneuve, lieutenant de la compagnie de Joyeuse, fait pendre cent protestans de la garnison & raser le château.

27. Janvier. Chaysse, habitant de Nismes, est envoyé par ceux de cette ville avec soixante hommes pour aller secourir S. Geniés. Mais étant tombé dans un parti catholique, ils sont tous tués.

15. Mars. Le cardinal Orsini, légat, part de Paris pour retourner à Rome.

Mercredi 18. Février. Damville fait donner l'assaut à Sommières : il est repoussé, & perd les capitaines Limans, de Provence ; Mirabel, fils du feu seigneur de Laudun ; Montpeiroux, guidon de Joyeuse, & lieutenant de S. Veran, mestre de camp.

24. Février. Les protestans du Vivarais surprennent le Pousin. Gordes fait faire un fort au bord du Rhône, pour s'opposer aux protestans, maîtres du Pousin.

2. Mars. Villeneuve de Berg est surpris par les protestans.

15. Mars. Le comte de Candale, blessé à l'assaut de Sommières du 3. meurt à Montpellier.

Samedi saint 21. Mars. Les assiégés de Sommieres voyant une brèche de quatre-vingt pas, demandent à capituler, ils donnent pour ôtage le seigneur de Manduel de Calvisson, & Pourcairés ; & ils reçoivent les capitaines Dones & Tervant.

26. Mars. Sainte Jaille ayant trois cents chevaux & six cents arquebusiers, sous Sarlabous & la Crousette, vont pour surprendre Nismes, où l'on leur avoit promis de les introduire : mais il est trahi, & perd douze hommes.

Samedi

DES GUERRES DU COMTE' VENAISSIN, &c.

Samedi 4. Avril. Damville fait recommencer à battre Sommières ; les assiégés demandent à capituler; ils donnent pour ôtages S. Ravi & Senglar; & ils reçoivent Montbasin. Villeneuve, lieutenant de la compagnie de Joyeuse, meurt des blessures qu'il avoit reçues peu de jours auparavant.

Jeudi 9. Avril. Les assiégés de Sommieres, qui avoient fait de nouvelles difficultés, & demandé pour ôtages Arques, fils de Joyeuse, & Sarlabous, sortent au nombre de sept cents, & prennent la route de Sauve.

15. Avril. Damville va sommer ceux de Quissac, & du pont de Beaufort, églises sur le pas des Sevénes, qui se rendent vies & bagues sauves.

17. Avril. Huit cents protestans du Vivarais, conduits par Pierre Gourde, passent le Rhône, pour surprendre le fort bâti à l'opposite du Poussin, & sont repoussés par Julio, centurion, qui étoit à Grane.

20. Avril. Le camp de Quissac y reste, en attendant Montbasin, que Damville avoit envoyé en cour. On conclut une tréve.

21. Mai. Montbrun, S. Auban, & Mirabel, prennent Saillans en Dauphiné.

5. Mai. Baux, sénéchal de Nismes, & S. Estéve d'Aix, sont envoyés à Sisteron par le comte de Carces, pour persuader à Montbrun de mettre les armes bas ; & ne réussissent point dans leur négotiation.

Vendredi 8. Mai. Gargas voulant secourir les assiégés du château de Serres, est défait par Montbrun, qui lui tue cent cinquante hommes, avec les capitaines Eux & Guillaumet.

Samedi 9. Mai. Le capitaine Bouchalbes rend le château de Serres à Montbrun.

15. Mai. Damville allant à Avignon & dinant à Boulbon, y apprend que ceux de Nismes se sont saisis de Millau ; retourne à Beaucaire ; & engage les protestans à abandonner ce lieu.

20. Mai. Damville va à Marguerites, pour soûtenir une entreprise que l'on fait de lui rendre Nismes ; mais comme on le trahissoit, il risque d'être tué, ou pris par des arquebusiers, embusqués sur le chemin de Nismes, & qui tuent du Passage, lieutenant de la compagnie de Maugiron, & blessent le fils de sainte Jaille.

Mercredi 27. Mai. Les protestans d'Usez surprennent le fort de Castillon près de-là.

28. Mai. Les protestans du Vivarais surprennent Usset, près de Villeneuve de Berg.

Mercredi 24. Juin. Le camp de Damville, composé de trois cents fantassins, & de quatre cents chevaux, s'approche de Nismes, & a une escarmouche fort vive avec ceux de la garnison de la ville.

2. Juillet. Les protestans du Dauphiné surprennent Nions par un trou fait à la muraille, & ensuite Chabeuil.

8. Juillet. Gordes, accompagné de Gargas, des Adrets, de Monestier, & de Pigeron, avec vingt-huit enseignes & huit cents chevaux, reprend Nions, & fait prisonnier le seigneur de Comps.

18. Juillet. Gordes étant campé devant Manas, & ayant avec lui le baron des Adrets, & son régiment, conclut une tréve avec Montbrun, qui se retire chez lui deux jours après ; & Manas est remis sous l'obéïssance du roi.

25. Juillet. Damville averti que les protestans avoient dressé une embuscade de six cents hommes entre Nismes & Millau, les attaque, en tue plus de soixante, entre lesquels on reconnoît Maduron, qui avoit limé les treillis de Nismes pour y faire entrer les protestans ; le maréchal avoit deux mille sept cents hommes, sans la cavalerie, où étoient Chalabre, Campendu, & Chaste, neveu de Joyeuse.

1. Août. Les protestans prennent Cornillon, près de Bagnols, & y tuent le capitaine Vaus, & Parpaille son enseigne.

Lundi 15. Août. Le maréchal de Damville prolonge pour six semaines la tréve, qui finissoit ce jour-là avec ceux de Nismes.

Tome I. Perussis. Aaa

15. Septembre. Le fils du feu président Calviere venant de négocier une levée de réistres en Allemagne, est arrêté par les royalistes.

2. Octobre. Les protestans surprennent Menerbe, lieu fort du Comtat, situé près la montagne de Leberon.

Jeudi 5. Novembre. Hugues de Lhere, fils de Glandage, s'empare du château & de la ville d'Orange, & se saisit du gouverneur, n'ayant trouvé d'autre résistance que celle de S. Cosme, page du gouverneur, qui tire son épée.

13. Novembre. Bataillar, l'un des capitaines de riviere du Comtat, entreprend de fortifier la Grange de la Rays, au terroir d'Orange, près du Rhône : mais les protestans tombent dessus les travailleurs, qui étoient de Piolenc, & en tuent plus de soixante.

Lundi 16. Novembre. Le capitaine Favier fait attaquer par cent hommes Glandage, qui s'étoit arrêté à Venterol, à une lieue de Vauréas ; on lui enleve quatre-vingt chevaux. Il est blessé d'un coup de hallebarde, & il se sauve à Nions, où étoit Montbrun.

20. Novembre. Le duc d'Usez & Caylus assemblent l'armée près de Bagnols ; & les protestans s'emparent de la Roche, près de cette ville.

22. Novembre. Les protestans s'emparent de Florensac, & y enlevent quelques chevaux de la compagnie de Puimerals (peut être Pomerols.)

28. Novembre. Bais sur Bais, en Vivarais, est pillé par les protestans, qui ne peuvent pas prendre le château.

30. Novembre. Les protestans s'assurent du bourg & tour de S. Maurice, en Dauphiné, sur la riviére d'Eigues, près de Ville-Dieu.

2. Décembre. L'évêque du Puy reprend Faïn.

7. Décembre. Suze voulant aller à Avignon, est attaqué par cinquante chevaux, commandés par Glandage, est obligé de s'en retourner au plus vite dans son château : mais ayant été joint par Truchenu, son lieutenant, la Pierre, Rochefort, Donnine, & Entraigues, il se rend à Mornas, y prend un bateau, & arrive à minuit à Avignon.

Lundi 14. Décembre. Huit cents protestans assiégent S. Romans à Vienne, dans le Comtat, qui est défendu par Antoine Bouquet, dudit lieu, qui les oblige de se retirer avec perte de trente hommes.

30. Décembre. La garnison de Pomerols, attaquée par Damville avec quatre canons, capitule & se retire à Florensac : le capitaine Antoine Corse est tué devant cette place.

1574.

2. Janvier. Mons en Velai est pris par les protestans.

14. Janvier au matin. Les protestans prennent Maudene, & l'abandonnent quatre ou cinq jours après.

23. Avril. Les protestans prennent le lieu & le château de Suze, le pillent & l'abandonnent.

24. Avril. S. Chaumont assiége Peraud.

25. Avril. Ourches va à Montelimar, & y fait prendre Condilhac & Devese, qui vouloient livrer cette ville aux protestans.

26. Avril. Damville reprend par intelligence le château de Montferrand.

30. Avril. Les protestans prennent Massillargues, & le fortifient.

30. Avril. La Vauguion, Pompadour, Ursé, & Bordeille, reprennent Bassac, près de la Charente.

7. Mars. S. Chaumont & la Bastie assiégent Peraud avec cinq canons, & le prennent vers le 2. Mai, aussi-bien que Serriéres & Monenal ; la garnison se sauve dans Quintenas. Peraud, fils de celui qui avoit conspiré contre Lyon en 1562. se sauve aussi.

DES GUERRES DU COMTE' VENAISSIN, &c.

15. Mai. Quelques protestans de Provence, sous Cabris & Stoblon, prennent les armes. Cabris se sauve sur les terres du duc de Savoye.

19. Mai. La Roche, près du Buis, se rend aux protestans, quoiqu'il ait été secouru par le capitaine Baumettes & Subroche du Buis.

20. Mai. Le capitaine Luines, qui commandoit dans le château de Beaucaire, assure cette place au roi.

6. Juin. Les troupes du prince Dauphin, qui avoit neuf mille hommes & huit canons, sont surprises au pont de Royans, & perdent quelques enseignes.

9. Juin. Le prince Dauphin prend Ance, Alais, & Oste.

10. Juin. Le prince Dauphin assiége Livron, défendu par Roisses, gendre de Montbrun.

11. Juin. Les protestans assemblés sous Montbrun, Glandage le fils, Stoblon, Comps, Gouvernet, sainte Marie, Pontévez, & les deux Blacons, levent le siége de Die, défendu par Glandage, le pere. Montbrun reproche à Glandage, le fils, d'avoir favorisé son pere; & celui-ci le quitte, & passe le Rhône avec les troupes du Languedoc.

12. Juin. Mirabeau, l'un des premiers qui avoit pris les armes dans le Dauphiné, & qui commandoit dans Bourdeaux, tombe des murailles de cette ville, & se tue.

14. Juin. Stoblon menant deux cents arquebusiers à cheval du Dauphiné au secours de Menerbe, est attaqué près de la tour de Sabran & de Maubec; il repousse vaillamment les Comtadins; & Claude de Berton, seigneur de Crillon, est tué dans l'action.

19. Juin. Stoblon ramène ses troupes en Dauphiné par le chemin de Joucas, ayant laissé pour commander à Menerbe Pontévez & Archimbaud; & a la Coste, Pavin & Brecheri.

20. Juin. Bayard, huguenot de Tullette, surprend Beaumes de Transsy, qui est repris par Alexandre Legoan, mestre de camp de la cavalerie Italienne, & commandant à Vaureas.

1. Juillet. Le prince Dauphin avertit que Montbrun a été joint par saint Romain, léve le siége de Livron.

8. Juillet. Le cardinal d'Armagnac est averti par le comte de Carces que les protestans de Provence se sont emparés de Riez & de Puimoisson, & qu'il a donné ordre au capitaine Espiart de rester.

9. Juillet. Ceux de Nismes & d'Uzès assiégent saint Quentin, qui est secouru par les troupes envoyées par le cardinal d'Armagnac.

Mardi 3. Août. Les protestans surprennent saint Romans de Mallegarde sur la riviére d'Eigues, près de Visan.

14. Août. Le comte de Suze étant parti de sa maison pour aller trouver le roi, fait attaquer une grange entre Montélimar & Lauriol, où cinquante protestans sont tués; mais il y est blessé.

26. Août. Les protestans prennent le Bouchet, entre Bouléne & Vaureas.

30. Août. Monjustin près de Forcalquier, est pris par les protestans, & le capitaine Bonfils y est tué.

16. Septembre. Chabeuil se remet sous l'obéissance du roi.

15. Octobre. Le prince Dauphin & Bellegarde emportent d'assaut le Pousin, qu'ils avoient assiégé vers le 13. qui étoit défendu par Baron, natif de Villeneuve de Berg, lequel avoit été secouru par Gremian avec deux cents hommes. La place dans laquelle on trouva des marchandises pour cent cinquante mille écus, essuye quatorze cents coups de canon, & est brûlée.

19. Octobre. Les protestans du Dauphiné abandonnent saint Paul où commandoit Gouvernet & saint Rustique.

22. Octobre. Les proteſtans abandonnent le Bouchet, ſaint Romans de Mallegarde, & ſaint Laurent des arbres, où commandoit Memeran, & Poiſſac.

23. Octobre. Le duc d'Uzès partant du ſaint Eſprit, prend par eſcalade ſaint Maximin, près d'Uzès.

Dimanche 24. Octobre. Le fort de Vallabregues, défendu par ceux de l'union de Damville, ſe ſoumet aux troupes envoyées par le cardinal de Bourbon, légat.

25. Octobre. Le duc d'Uzès prend Cavillargues, par la pratique du ſergent de Montmiral, frere du baron de Combas.

26. Octobre. Un ſoldat, nommé Gaillard, de Caudiez, ſecouru par le baron de Caſtries, ſe ſaiſit du château & de la ville de Peſenas, dans lequel étoit la fille du maréchal de Damville.

28. Octobre. Le prince Dauphin prend le château de Grane, le Puy ſaint Martin, Oſte, Alez, & Ruinas.

31. Octobre. La compagnie de Seure, grand-prieur de Champagne, poſtée dans Théſſers, lieu à demi démantelé, eſt battue par un détachement de Parabere; & Ramilli, qui en étoit le lieutenant, eſt tué.

22. Novembre. Vins prend Digne, & emporte le fort de l'égliſe.

8. Décembre. Le roi apprend à Avignon que les gens de l'union de Languedoc ont pris ſaint Gilles.

15. Décembre. Le maréchal de Rets reprend Riez.

19. Décembre. Le duc de Guiſe, envoyé par le roi, part d'Avignon, & va avec Villachiara devant Creſtet, près de Vaiſon, qui avoit été pris par les proteſtans, & qu'ils abandonnent.

1575.

13. Janvier. Le roi apprend la perte d'Aiguesmortes, près de laquelle eſt l'iſle de Languillade, & dont Sarlabous étoit gouverneur. Ce prince renvoie Crillon demander du ſecours pour cette place.

14. Janvier. La tour de la reine à Aigues mortes ſe rend à Grémian; & les proteſtans prennent la tour de la Charbonniére à une lieue d'Aiguesmortes.

18. Janvier. Le cardinal d'Armagnac, & le comte de Villachiara envoient, à la réquiſition du capitaine Crillon, du ſecours, commandé par Aubrés, au duc d'Uzès, qui étoit vers Aramon & Montfrin, & qui prit Deſciſes de-là le Rhône.

16. Janvier. Montalaire, commandant à Aiguesmortes, menace ceux d'Arles de faire des courſes dans la Camargue. Gremian leur écrit la même choſe le 21.

25. Janvier. Le capitaine qui commandoit à Bouillargues, ayant été pratiqué par le baron de Paulin, l'attrape & lui tue pluſieurs de ſes gens; mais les troupes de Damville étant venues attaquer ce poſte avec du canon, le prennent, & maſſacrent preſque toute la garniſon.

29. Janvier. Les proteſtans prennent le château de Gargas, appartenant à Gordes, & y trouvent beaucoup de blad.

1. Février. La garniſon d'Apt, commandée par Beaumettes, étant ſortie pour aller reprendre Gargas, eſt défaite par les proteſtans, commandés par Borgos dit Rabailhe, & perd plus de cent cinquante hommes. Beaumettes y eſt bleſſé à la cuiſſe.

7. Février. Le duc d'Uzès qui avoit dans ſon armée neuf cents fantaſſins, & douze cents chevaux, force Vauvert.

9. Février. Le duc d'Uzès ſe fait rendre le Cailar.

10. Février. La Riviére force ſaint Geniez.

13. Février. Les proteſtans prennent Alais.

14. Février. Baumer-tranſy pris par les proteſtans.

18. Février. Andance ſur le Rhône pris par les proteſtans.

25. Février. La garniſon de Livron bat les catholiques entre Montelimar &

Livron : & Laval, fils ainé de Gordes, héritier de fa mere dame de Laval, eſt tué dans cette occaſion.

22. Février. Les proteſtans manquent de ſurprendre Goult, où commandoit le capitaine Balthazar de Leſne.

23. Février. Vins qui étoit dans le camp du comte de Carces, auquel Alphonſe avoit amené mille Corſes, ſomme le château de Lourtmarin, qui ne veut ſe rendre ni à lui, ni au comte de Sault, qui en étoit ſeigneur ; ce château avoit été pris par eſcalade ſur les Eſpagnols, par Jean-Paulo de Cere Urſin en 1537.

Samedi 27. Février, au ſoir. Les proteſtans de Merindol brûlent la grange Merletade, dite la grande baſtide, entre Cavaillon & Merindol, qui avoit appartenu à Taillades, & dans laquelle le capitaine Corrardin Vacha, Italien, avoit été mis le 20. Février avec cent cinquante ſoldats.

24. Février. Villachiara envoie par Florementus, ſon ſecrétaire, à Damville, un paquet de lettres qu'un courier du duc de Savoie avoit apporté à Avignon : le 23. Damville étoit à Lunel, & venoit de perdre Montbaſin, qui avoit épouſé ſa fille naturelle, & qui étoit mort d'une bleſſure qu'il avoit reçue au bras près du pont de Lunel.

7. Mars. Vins ayant paſſé la Durance à Rems, trouve près d'Oraiſon les proteſtans conduits par Forettes, leur tue près de cent hommes, & prend cent chevaux.

Jeudi 10. Mars. Mandelot, gouverneur de Lyon, reprend Andance : la Meauſſe, qui y commandoit, eſt pris, & mis à dix mille écus de rançon.

20. Mars. Les proteſtans prennent Orrau, appartenant au comte de Sault.

29. Mars. Lourmarin eſt quité par les proteſtans, & la Camargue pillée par ceux d'Aiguesmortes.

Dimanche des rameaux 27. Mars. Les proteſtans ſurprennent la ville & le château de Baïs ſur Baïs en Vivarais, pendant que le peuple en eſt ſorti pour la proceſſion.

Lundi 4. Avril. Les proteſtans prennent le château & le fort du Pouſin.

31. Mars. Les proteſtans ayant mené du canon de Serres, prennent le Saix, appartenant à Laborel, & y font un grand butin.

Samedi-ſaint 2. Avril. Le château d'Alais ſe rend à Damville, après neuf ſemaines de défenſe ; la baronne qui s'étoit diſtinguée par ſa conduite, & ſon beau-frere, reſtent priſonniers.

5. Avril. Les troupes de l'union de Languedoc prennent ſaint Geniez.

8. Avril. Le duc d'Uzès prend d'aſſaut ſaint Laurens de la Vernede, & Sabran.

12. Avril. Sainte Jaille eſt détaché avec trois cents reiſtres, pour aller ravitailler Sommiéres.

16. Avril. Montbrun, le baron d'Allemagne, Stoblon, & le chevalier de Buous, vont avec le baron d'Oraiſon à Corbiéres, pour en amener les deux filles de ce baron, qui étoient gardées par le capitaine Roſtin ; de-là ils vont à Nions.

Dimanche 1. Mai. Le duc d'Uzès entre à Baïs ſur Baïs, abandonné par les proteſtans qui ſe retirent dans le château.

2. Mai. Les catholiques ayant voulu ſurprendre Cornillon de Bagnols, y ſont trahis, & y perdent plus de cent hommes.

3. Mai au ſoir. Camaret le gras, dépendant de la baronnie de Serignan, appartenant aux héritiers de la ducheſſe de Valentinois, & différent de Camaret le maigre en Dauphiné, eſt pris par les proteſtans, qui l'abandonnent le 6. Ce lieu avoit été aſſiégé par Serbellon, le premier Mars 1563. & pris le 5.

Dimanche 8. Mai. Le château de Baumes-tranſy eſt emporté d'aſſaut par le Vicomte de Suze, qui s'étoit ſaiſi la veille du village abandonné par les proteſtans. Le comte d'Es-Allemand, qui y avoit été mis par Montbrun, eſt ſauvé par les reiſtres : & l'hermite du pont de Sorgues, qui avoit fait affiéger le château de Sorgues le 31. Décembre 1573. y eft tué.

10. Mai. Sales en Dauphiné envoie fes clefs à Suze : mais Vinfobres ne voyant pas du canon, refte dans fon parti. Le camp d'Avignon fe débande.

5. Mai. Montbrun force la Motte Chalençon au-deffus de Nions, malgré les divifions des barons d'Oraifon & d'Allemagne.

17. Mai. Le camp de Provence, où le comte de Sault commande la cavalerie, fe rend maître de l'Efcale & de l'Efpinouse.

18. Mai. Montbrun prend faint André de Rofans, où commandoit le capitaine Salettes, qui endure cent volées de canon & deux affauts.

25. Mai. Le duc d'Uzès repouffe les proteftans des châteaux de Baïs fur Baïs, qui avoient fait faire une fortie, & s'étoient emparés de fon artillerie.

12. Juin. Le duc d'Uzès ayant laiffé dans le fort de Baïs le capitaine Ferrand d'Avignon, & s'étant embarqué fur le Rhône avec fon artillerie, arriva à Avignon.

1. Juin. Le comte de Carces ayant fait paffer la Durance à fon artillerie, affiége Montfort, défendu par Verdalet de Forcalquier, & Banelli de Sifteron, qui font pendus à des amendiers, après que ce lieu, qui effuia deux cents volées de canon, eut été forcé.

2. Juin. Le comte de Carces marche à Cerefte, que les proteftans abandonnent.

3. Juin. Un détachement du comte de Carces entre dans la Valmafque. Les proteftans, qui appelloient Carces le muet, abandonnent Joucas après avoir abandonné le château & emporté les meubles à Menerbe ; ainfi il ne leur refte plus que Seine & Merindol.

6. Juin. Le comte de Carces fe faifit de Pepin, faint Martin, Cabreirettes, & la Motte ; & vers le 11. il renvoie fon camp compofé de douze cents chevaux, d'autant de fantaffins, & de quatre piéces de batterie.

13. Juin. Gordes voulant fecourir Châtillon, affiégé par Montbrun, eft repouffé & perd trois cents Suiffes, de ceux qui lui étoient venus de Baïs fur Baïs, & l'artillerie : il envoie à Avignon Ourches, pour demander du fecours.

Lundi 4. Juillet. Montbrun eft bleffé, & pris par les troupes de Gordes dans un combat qu'il y eut entre Ofte & Mirabel, avec l'efcorte de cent foixante mulets, qui portoient des vivres à Gordes, affiégé dans Die.

6. Juillet. Les catholiques prennent le château & le feigneur de Lanfon.

9. Juillet. Le duc d'Uzès va vers Sommiéres & Luffan.

28. Juillet. Alphonfe, colonel des Corfes, & faint Martin, étant à Pertuis, défont quelques troupes de Provençaux defcendus du Dauphiné.

30. Août. Les proteftans prennent Gignac près d'Apt.

2. Septembre. Les proteftans prennent Aimargues, en Languedoc : le château tient quelques jours de plus.

10. Septembre. Venterol, fils d'Antoine d'Oraifon, vicomte de Cadenet, Entraigues du Languedoc, fon coufin germain, Cambis, & deux autres, fe jettent dans Sommiéres.

19. Septembre. Sommiéres eft ravitaillé, après que cent proteftans eurent été tués dans une rencontre à quelque diftance de la ville. Alphonfe, colonel des Corfes, qui y fut bleffé avec deux ou trois autres, fut porté à Avignon, & vifité par le cardinal d'Armagnac. Entraigues y fut auffi bleffé. Beaujeu, le baron de la Roche, & Croze, fe diftinguerent dans ce combat : après lequel Stouby, colonel des réiftres, prit la route du Vivarais & du Lyonnois.

24. Septembre. Sainte Croix de Reillane, qui faifoit des courfes vers Viens & Cerefte, avec deux cents chevaux & deux troupes d'infanterie, défait Aux, guidon du comte de Carces, qui y eft tué avec le capitaine Geoffre de l'Ifle, dans le Comtat. Carces donne fon guidon à Oifes, fon neveu.

DES GUERRES DU COMTÉ VENAISSIN.

30. Septembre. Le capitaine Espiart, commandant à Goult, attaque Joucas, & est repoussé avec perte.

10. Octobre. Combat de Dormans, où Henri, duc de Guise, défait l'avant-garde des réistres qui vouloient passer la Marne, leur tue cinq cents hommes, & n'en perd que huit. Le maréchal de Retz s'y distingue. Thoré se retire, lui cinquantiéme. Le capitaine Antelme porte cette nouvelle au cardinal d'Armagnac le 20.

11. Octobre. L'Ange de Beaucaire prend le château & le village de Fourques. Les protestans manquent d'escalader Roquemaure, Bagnois, & le saint Esprit. Les protestans prennent Perigueux.

14. Octobre. Goult, commandant à Sommiéres, ayant mandé qu'il étoit à l'extrémité au duc d'Uzès, malade à la tour de Villeneuve, rend cette ville au maréchal de Danville, qui lui donne pour ôtages, Gremian & Bernardin : il se retire avec sa garnison à Arles.

4. Novembre. L'Isle, frere du baron d'Allemagne, prend la Bastide-blanche, près de Chorges en Dauphiné.

22. Novembre. Carces prend la tour de saint Martin, après quarante canonades.

3. Décembre. Danville fait rebâtir les églises à Montpellier, acquiert Maguelonne de saint Brez, & écrit au pape, pour lui rendre compte de sa conduite.

8. Décembre. Les protestans prennent le Poet qu'ils abandonnent, & la Roche.

11 Décembre. Borgos dit Rabaille, cardeur de laine de Meurs, & alors commandant à Joucas, tombe dans une embuscade que lui dressent ceux de Roussillon, où il est tué. Joucas abandonné, est démantelé par ordre de Vins.

1576.

27. Janvier. Danville prend par escalade Damazan, à deux lieues d'Avignon; & manque Frontignan.

4. Mars. Le capitaine Montaut, gouverneur de Viviers, reprend avec quatre cents hommes le château de Viviers, qui avoit été surpris par les protestans sous le capitaine Gucidan, qui y fut blessé.

7. Mars. Les protestans prennent & pillent Pigeau, près de Villeneuve.

21. Mars. Saint Privat, petit lieu de Languedoc, mais cité antique des Volsques, ce qui se prouve par les inscriptions qui s'y trouvent, est pris par les protestans, mais non le château.

22. Mars. Fournés est pris par les protestans.

29. Mars. Gordes assiége Meretel, que les protestans venoient de prendre, & oblige la garnison de se rendre vers le 10. Avril.

15. Avril. Jordan, enseigne du capitaine Espiart d'Arles, qui commandoit à Valabrégues, situé entre deux bras du Rhône, s'embusque avec quarante hommes entre Valabrégues & le Gardon, pour surprendre le capitaine Parabere, commandant pour Danville à Beaucaire, & qui changeoit de lieu à autre, avec un mulet chargé d'argent; mais il est chargé, & défait.

18. Avril. Le comte de Sault, & Vins, reprennent Oreau à la vallée de Sault.

25. Avril. Bouillargues avec deux cents hommes, veut surprendre Villeneuve: mais le capitaine Noguier, qui commandoit dans le fort saint André, se met en défense, & la tour du pont tire quelques coups de canons sur eux.

28. Avril. Le château de Serignan est pris par les protestans, & repris peu d'heures après.

24. Mai. Danville, avec trois mille quatre cents hommes, & de l'artillerie, assiége Pesenas, & prend plusieurs bourgs, & châteaux.

30. Mai. Les protestans voulant petarder Visan, près de Nions, où Mons commandoit pour eux, sont repoussés par Carlo d'Hergani, Piémontois, qui commandoit dans Visan; & ils laissent leurs petards & leurs échelles.

14. Juin. Le marechal de Danville étant à Montpellier avec Thoré son frere, &

Châtillon, est reconnu par tout le monde, en vertu de la paix, pour commandant au nom du roi.

19. Juin. Les protestans s'emparent d'Aubres, & de Piles dans le Comtat.

22. Juillet. Damville, que Joyeuse étoit venu voir à Montpellier, & qui avoit mis dans Bagnols le capitaine la Bartalasse, va à la foire de Beaucaire, où Lesdiguieres, Champoleon, Comps, Morges, Gouvernet, sainte Marie, Vercoiran, Blacons, Verone, & du Poncer, viennent le voir.

25. Juillet. Le maréchal de Bellegarde, venant du Piémont par le chemin d'Apt, arrive à Avignon, va voir le maréchal de Damville, & de-là chez lui.

18. Août. Jean-Michel Pertus va au saint Esprit négocier la restitution de Menerbe, de Piles, & de Brantes, avec Damville, qui y faisoit faire quelques tours, pour la défense du pont & du logis du capitaine Luynes, qui y fut laissé avec cent hommes.

Lundi 10. septembre. Le baron d'Allemagne, avec Stoblon, Romoles, & soixante chevaux, traversent le Comtat pour aller à Beaucaire voir Damville, qui étoit déja parti pour Alais.

4. Novembre. Le Rhône, la Durance, le Lez, l'Ouvese, le Nasque, le Coulon, & la Sorgue, se débordent. Le Rhône, qui avoit emporté en 1471. deux arcs du pont d'Avignon, est aussi haut qu'il l'avoit été le 11. Novembre 1548. après trois jours & quatre nuits de pluie.

Dimanche 9. Décembre. Le capitaine Luynes étant revenu de la cour, il y a une émeute dans le saint Esprit. Thoré sort de nuit par une poterne, & gagne Bagnols sur un bateau; c'est la cause de l'émotion dans Uzès, Beaucaire, Nismes, & Marguerites: & le roi envoie en Languedoc sur cela Sauvin, l'un de ses maîtres d'hôtel.

20. Décembre. On découvre une trahison de ceux de Nismes, pour surprendre Arles & Tarascon. Le capitaine Espiart, d'Arles, soupçonné du complot, se retire à Beaucaire. On arrête pour le même fait à Avignon, François Berard, dit le docteur Labec.

30. Décembre. Le maréchal de Retz se rend à Arles, à cause de cette conspiration, & envoie pour cela en cour Montcalm, président au parlement de Provence; & Vers, son guidon, à Damville.

Lundi 31. Décembre. Pontévez de Cadenet, & Paul de Salon de Crau, surprennent quarante hommes à Lauris sur la Durance.

1577.

6. Janvier. Gouvernet prend Tulette, Visan, & Peyrelongue.

14. Janvier. Senas persuade à ceux de Lauris de rendre ce lieu-là à leur seigneur, & ensuite le château.

22. Janvier. Les protestans rendent Piles & Brantes moyennant trois mille écus. Baume est rendu à Damville, qui y met le capitaine la Garde, de Bedarride.

25. Janvier. Le fort de saint Estéve de Coudolet est secouru.

28. Janvier. Donzere surpris par les protestans.

14. Février. Les protestans du Languedoc surprennent Angles près de Villeneuve, qui n'avoit pas encore été pris, le pillent, & le quittent.

16. Février. Laudun, & le château de Cours, appartenant à Joyeuse, pris par les protestans, qui manquent Orsan, & qui abandonnent les deux premiers postes.

23. Février. Ferrier escalade Sagnon, & en est chassé l'instant d'après par ceux d'Apt.

24. Février. Trois cents protestans, commandés par le jeune Parabere, ayant passé le Rhône à Aramon, manquent de surprendre les Baux, l'une des plus fortes places de Provence.

27. Février. Gouvernet, qui étoit à Tulette, défait quelques hommes de Visan. Alliéres, neveu de Montbrun, est pris & mené à Grenoble. Le capitaine Luynes reprend le bourg saint Andeol.

4. Mar

DES GUERRES DU COMTÉ VENAISSIN, &c.

4. Mars. Les protestans font construire un fort dans l'isle de Posquieres, & y mettent Sabran pour y commander.

Samedi 25. Mars. Bernard & Bolme promettent de rendre Entrechaux, moyennant trois mille cinq cents écus. Mais Lesdiguieres leur ayant donné du secours, le traité est rompu.

1. Mars. Le roi de Navarre, & Biron, font une tréve devant Marmande.

8. Avril. Quelques chanoines de Roquemaure surprennent cette place, font prisonnier Ange de la Sale, dit le capitaine la Garde, de Bedarride, que Damville y avoit mis pour gouverneur, à la place du capitaine Renis.

10. Avril. Les politiques & les protestans de Languedoc abandonnent Ozellet & quelques autres isles, où ils s'étoient retranchés pour empêcher le passage du Rhône.

18. Avril. Luynes défait près du Bourg cinquante protestans, commandés par Dailhe d'Aramon, qui est tué & jetté dans le Rhône.

19. Avril. Le comte de Sault fait faire un fort en étoile, dans la Camargue, près du Baron, & y met Goult; au Baron, le capitaine Chavary; & aux Maries, Grille.

8. Mai. Le capitaine Salettes, envoyé par Avanson, archevêque d'Embrun, jette du secours dans le château de Talard, assiégé par Gouvernet, & défendu par le capitaine Bastian.

10. Mai. Blacon voulant se jetter avec sa troupe de cavalerie dans Donzere, est défait près du port d'Ancône, par Ourches, gouverneur de Montelimart.

10. Mai. Joyeuse prend Pamieres.

23. Mai. Les protestans abandonnent Donzere, & les catholiques se saisissent de Clansayes.

1. Lundi. Damville prend Mauguio.

Mardi 4. Parabere veut attaquer Montfrin, & n'y réussit pas; il escalade Besoufses pendant la nuit, & veut s'en rendre maître.

5. Juin. Luynes prend la Grange de Carnian, près de Bagnols.

7. Juin. Le jeune Glandage prend Corp en Dauphiné.

11. Juin. Crillon, mestre de camp de dix enseignes, se rend à Marguerites, où la cavalerie du pape & celle de sainte Jaille étoit déja. Thoré commandoit dans Nismes.

19. Juin. La garnison de Vauvert défait quelques royalistes.

21. Juin. Vauvert se soumet à Damville.

22. Juin. Le maréchal de Bellegarde prend Clarensac, & fait prisonniere la garnison.

24. Juin. Le maréchal de Bellegarde fait attaquer les moulins de Nismes, dont il se rend le maître, & les fait brûler, après en avoir retiré le bled qui y étoit.

27. Juin. Le mestre de camp Crillon est blessé devant Nismes. Le maréchal de Bellegarde va à Beaucaire, où le comte de Carces vient le voir; de-là, Bellegarde va voir Damville près de Montpellier.

10. Juillet. Bernard, conseillé par Vaucluse, remet, moyennant quatre mille cinq cents écus, Entrechaux à Cezal Palaznol, qui met dans la place Masan; fils aîné de Vaucluse.

12. Juillet. Gordes prend Lambert, Allieres près de Grenoble, & Armieu.

15. Juillet. Le camp devant Nismes, voulant aller à Caissargues & à Rodilhan, la garnison de Nismes attaque l'arriere garde; Mandelot la repousse, & l'oblige de se retirer dans une église champêtre, près de Caissargues; le maréchal de Bellegarde la fait battre avec une piéce d'artillerie, & les régimens de l'Archan, & de Combelle y forcent les protestans. Goult est blessé dans cette occasion.

Dimanche 28. Juillet. Treize cents protestans de Nismes attaquent Bouil-

Tome I. Perussis.

largues, où étoit une partie du camp de Bellegarde ; ils y font du désordre, mais à la fin ils sont repoussés par Berton, frere de Crillon.

29. Juillet. Mille arquebusiers, & beaucoup de cavalerie de Nismes, attaquent la Val d'Ardèche, qui étoit à Marguerites avec partie de son régiment, & Anselme avec le sien. Ces deux mestres de camp vont se poster au pont de Caissargues, où il y eut une escarmouche qui dura près de quatre heures, & où tous deux furent blessés.

30. Juillet. Baous-Pontévez, qui étoit en garnison à saint Martin de Castillon, près Cereste, attaque avec vingt-cinq chevaux, vingt-cinq autres de la troupe d'Estoblon, commandée par Marion, qui est tué, avec quatorze cavaliers.

25. Juillet. Viviers se remet sous l'obéissance du roi.

2. Août. Treize cents protestans attaquent le château de Crussol, qui étoit très-fort. Ourches va au secours, leur tue deux cents hommes, & les oblige de se retirer.

2. Septembre. Ourches, gendre de Gordes, meurt de maladie.

13. Septembre. Quelques soldats de Malaucene prennent par escalade sur les protestans, Lésignan en Dauphiné, à trois lieues de-là.

20. Septembre. Gordes prend Urre.

28. Septembre. Saint Auban se jette avec des troupes dans Menerbe, se saisit de Ferrier, qui est blessé ; & fait tirer sur les troupes du grand-prieur.

28. Septembre. Les protestans se saisissent de saint Paul, & de Château-double, que le roi avoit donné à Centurion.

Jeudi 14. Octobre. Le capitaine Strozzi est blessé à l'assaut donné à Menerbe ; & Senas y est tué d'un coup de pistolet.

Lundi 18. Octobre. George de Glandevez, seigneur de saint Martin, est tué dans le logis de la Cloche à Aix, dans une querelle qu'il eut avec le comte de Montafié, qui y est aussi tué, & qui laisse deux filles.

1. Octobre. Trois cents arquebusiers, & neuf cents chevaux, conduits par Thoré, Châtillon, Saint Romain, & le vicomte de Paulin, ravitaillent Montpellier ; & étant sortis sur le champ avec deux pièces de canon, emportent d'assaut Saint Mozi, & y font prisonnier le capitaine Maussane, qui y commandoit.

2. Octobre. On apprend la mort de Blaise de Montluc, maréchal surnuméraire de France, âgé de quatre-vingts ans, dont les états furent donnés à Biron ; & partie de sa compagnie à Balagni, qui la commandoit devant Menerbe.

Lundi 4. Novembre. Le camp d'autour de Menerbe, où il avoit resté deux mois & un jour, est levé.

Dimanche 17. Novembre. Le maréchal de Bellegarde arrive à Beaucaire, à Avignon, par le Rhône, est d'abord suivi par Damville.

21. Novembre. Montfroc est rendu.

9. Décembre. La princesse de Salerne, belle-mere de saint Auban, va coucher au fort de la nouvelle Menerbe ; mais saint Auban sort de Menerbe, amene Ferrier & son neveu Peiré, tout l'argent de la caisse, & des rançons ; & laisse Bernus, natif de Sault, pour commander dans la place, dont le siège couroit déja trois cents vingt-deux mille cinq cents huit livres, quatorze sols, trois deniers.

20. Décembre. Saporoso se rend à la nouvelle Menerbe, & fait commencer le quatrième fort contre les assiégés, qui firent une sortie, où Julien de Perussis, fils naturel de Boniface, fut tué.

1578.

2. Janvier. Ferrier, mené à Gap, se justifie devant Lesdiguieres, qui le fait mettre en liberté, il veut se battre contre saint Auban, & se retire à Cerestes.

27. Janvier. Des protestans assemblés à Nions, donnent pouvoir à Lesdiguieres, gouverneur de Serre, à saint Romain, & à saint Auban, de négocier l'affaire de

Menerbe. Saint Romain & Morges se rendent à Avignon, ils sont logés au palais; & le 29. ils conviennent d'une trève de six semaines, avec le cardinal d'Armagnac, le grand-prieur de France, Saporoso, le recteur, & le président des Arches.

26. Mars. Le roi de Navarre permet que ceux qui avoient voulu surprendre Avignonnet, soient pendus.

3. Avril. Merle, de Cortéson, se saisit du château d'Orange, & en donne avis à Damville, qui met dans la ville Moissac, à la place de Barchon, & Merle au château.

22. Avril. Les états de Provence s'unissent avec Carces contre le lieutenant-général qui viendroit pour commander en Provence, & députent au roi Montcalm & Goult, pour parler en sa faveur.

22. Mai. Epiard, capitaine des protestans, veut surprendre Besouse, & y perd quarante hommes.

22. Mai. Damville assiége Montagnac, & ne peut pas le prendre.

4. Juin. Du Bar, qui avoit été élevé dans la maison du connétable de Montmorency, qui avoit servi le roi, & ensuite le baron des Adrets, qui étant rentré dans le service du roi, avoit été fait chevalier de l'ordre, & le capitaine du château d'Antibes, est tué dans une querelle par le capitaine Jaumet, son domestique, avec lequel il a quelques paroles.

25. Juin. Saint Romain de saint Chaumont, archevêque d'Aix, & puis marié, & gouverneur d'Aigues-mortes, meurt de maladie, non sans soupçon de poison.

27. Juin. Le recteur part des Forts de Menerbe avec trois cents quarante hommes, & fait quatorze lieues pour surprendre saint Auban dans son château; mais il le manque.

5. Août. Balagny & Baudiment levent en Dauphiné & en Provence pour le duc d'Anjou, deux régimens, dans l'un desquels le neveu de Luines a une compagnie; ce qui cause une émeute au saint-Esprit, où le gouverneur Luines, qui prenoit trois p... sur les marchandises pour payer ses soldats, est obligé de se retirer à Mornas avec sa femme & son train. Le peuple abbat le fort dressé vers le pont par Damville.

Dimanche 7. Septembre. Parabere, qui commandoit pour Damville dans le château de Beaucaire, & qui vouloit épouser la fille de Bourdic de Villeneuve, ancien gouverneur de Montpellier, veuve de saint André, & de la Tourrete, & qui étoit prêt à se déclarer contre Damville, est tué par le peuple de Beaucaire. Durand de Tarascon, qui avoit fait un projet pour surprendre Arles, y est aussi tué, & Espiard, du même complot, pris.

15. Septembre. Damville arrive à Beaucaire, & fait sommer Baudonet, lieutenant de Parabere, & qui commandoit dans le château: il amasse des troupes & va à Montfrin: Baudonet tire à boulets rouges sur la ville.

16. Septembre. Gouvernet bat, entre Nions & Mirabel, la compagnie du chevalier Oddi, qui perd quarante-cinq hommes. Pigeon est pris par Bucisse, pour les catholiques.

23. Septembre. Le cardinal d'Armagnac va à Montfrin voir Damville, qui va à Avignon: le 30. il fait lever des compagnies sous Convertis, Serverii, Ledignan, Chabert, & Gondable, pour le siége de Beaucaire; & en part le 5. Octobre.

Dimanche 29. Octobre. Patris, Velleron, Sobiras, Laurens d'Agar, & Quintin, partent d'Avignon avec le passeport de Châtillon.

9. Novembre. Les Carcistes prennent Graveson, & manquent Orgon.

8. Novembre. Patris, abbé de la Grace, vient à bout avec beaucoup de peine de régler les quarante-deux articles proposés par les protestans à l'assemblée de Nismes, où se trouvent Thoré, Châtillon, Yolet, le puîné de Vaches, commissaire du roi de Navarre, saint Auban, Clausonne, Clairan, Archimbau, Chabaud,

Velleron, Sobiras, Agar, & Seguins. Les députés d'Avignon y furent de retour le dimanche 9.

Samedi 15. Novembre. Le château de Chabanes est pris par les Carcistes.

27. Novembre. Saint Auban, pressé par Patris, Velleron, Berton, & le capitaine Caumons, se jette dans Menerbe; Velleron & Orsan vont en ôtage à saint Auban. Bueille va a Vaureas, porter treize mille livres à madame de Venterol, veuve, pour les tenir au nom de saint Auban.

18. Novembre. Le roi approuve à Olinville le traité de Nismes, apporté par Liotard, secretaire du maréchal de Retz, & accorde le pardon de saint Auban.

2. Decembre. L'abbé de la Grace termine à Carpentras les états, qui ratifient le traité de Nismes pour la restitution de Menerbe & de Piles; & il retourne au camp le lundi 8. Décembre.

11. Décembre. Le capitaine Berton rapporte l'enthérinement des lettres de pardon accordé à cent vingt hommes & à cent dix femmes qui étoient dans Menerbe.

Mardi 9. Décembre. La paix est publiée dans le camp de Menerbe & dans la ville.

Jeudi 10. Décembre. Saint Auban sort de Menerbe avec sa garnison, & va coucher à Meurs, où l'abbé Patris l'accompagne, & où saint Auban reçut les douze mille livres restantes, & sept mille cinq cents pour Meilhes, & les pertes faites à Cabriéres en 1544. & 1545. La princesse de Salerne eut vingt mille livres. Ainsi Menerbe fut rendu, après avoir été au pouvoir des protestans pendant cinq ans deux mois, & huit jours.

15. Décembre. Colombaud de Pomeras reçoit deux mille livres, & rend Piles, dont le fort est rasé. Gouvernet avoit été compris dans le même traité pour Tullete.

14. Décembre. Saint Auban est ramené dans son château par Aubres: le capitaine Caumons, Blovac, & Berton, & les ôtages Velleron & Orsan ramenés, & bien reçus au Buis par Rebeyrer, qui y commandoit pour le roi.

15. Décembre. Le cardinal d'Armagnac ratifie les articles accordés à la conférence de Nismes, & permet que les bannis rentrent dans la jouissance de leurs biens.

1579.

6. Janvier. Lesdiguieres, uni avec Vins, envoie du secours au parti opposé à Suze, qui en reçoit aussi de Broussalhes, beau-frere de saint Auban; ce parti se rend maître de Maillane & de Corens.

17. Février. Vins assiége Lergues, qui est secouru par Verdeche, protestant du parti des Rasats.

18. Février. Le château de Beaucaire se rend à sainte Jaille, qui demeure gouverneur de la ville, & le capitaine Serverii du château.

19. Février. Les protestans prennent Besousse, & y tuent beaucoup de catholiques.

22. Février. Baudiman, fils aîné de Cuers, & cousin de Vins, est tué en reconnoissant le lieu de Grimault.

Jeudi saint. 16. Avril. Le comte de Carces ayant conféré à Orgon avec le cardinal d'Armagnac, fait évacuer Cabanes, Molegés, Aiguieres, Lamanon, & Maillane.

23. Mai. Le baron de Trans est tué dans son château, aussi-bien qu'Estoublon, qui commandoit l'attaque.

9. Juin. Espiard, prisonnier à Arles depuis la conspiration, s'échappe, & va joindre le maréchal de Bellegarde au marquisat de Saluces.

28. Juin. Perier, huguenot, rend à saint Martin, catholique, Tullete, surprise

le 16. par les capitaines Raimond d'Ulès, Magnavi, & Claret de Tullete, sur Gouvernet, qui étoit à Saluces, auprès de Bellegarde.

Samedi 27. Juin. La reine mere entre à Aix, & va à Beauvoisin, belle grange du thresorier Borilly d'Aix, où le premier Juillet la paix prend commencement.

14. Juin. Le maréchal de Bellegarde part de Carmagnole, avec mille quatre cents hommes, & quatorze canons; & arrive devant Saluces, d'où Carlo Birague sort avec dix-neuf enseignes. Le capitaine Luffan, qui étoit dans le château, essuie cinquante volées de canons, & se rend ensuite. Le maréchal y met Goult, avec douze compagnies.

18. Juillet. Damville alla à Villeneuve conférer avec Thoré, son frere; & le 19. il fut à Avignon.

21. Septembre. Damville, qui avoit ôté le capitaine de Renis du château de Roquemaure, pour le remettre à Joyeuse, arrive à Avignon.

14. Septembre. Pirro Malvezzi, envoyé par le pape pour commander les troupes dans le Comtat, à la place de Montagut, arrive à Avignon.

15. Octobre. Blaccons, gouverneur de Livron, entre avec des troupes dans Orange, attiré par son beau-frere Chabert, qui tenoit le château.

5. Octobre. Le maréchal de Bellegarde écrit de Gap au cardinal d'Armagnac, pour l'engager à faire mettre en liberté les prisonniers détenus au palais.

26. Octobre. Montmorency prend saint Ibery, & fait pendre vingt hommes de la garnison. Caux est abandonné à son approche.

11. Décembre. Le maréchal de Bellegarde meurt à Carmagnole. Sa compagnie d'hommes d'armes est donnée au baron de Bellegarde, son fils.

15. Décembre. Thoré, qui étoit à Bagnols, en fait sortir les ministres, & rentrer les prêtres & autres catholiques.

Les protestans continuent à lever des impôts & des péages sur les passans catholiques, tant aux granges qu'aux isles du Rhône, au Pousin, & à Bais sur Bais.

25. Décembre. Le capitaine Merle, natif d'Uzès, surprend Mende la nuit de Noël.

1580.

10. Janvier. Thoré reçoit dans Bagnols quelque cavalerie, & deux cents arquebusiers qu'Aubres lui amene, & se saisit d'une des portes, qu'il fait garder par les catholiques.

Un chanoine de Rhodès, nommé la Broü, forme une conjuration contre cette ville. Le cardinal d'Armagnac en est averti. Il y envoye un messager, qui y arrive la veille des rois, & de l'exécution.

On fait des échelles à Orange, dont on disoit que la destination étoit pour surprendre le château de Suze. Mais on découvre qu'elles se faisoient pour donner l'escalade à Roquemaure, où résidoient les gens de la cour de Nismes. Sur ce bruit, ceux-ci quittent Roquemaure, & se retirent à Avignon & à Villeneuve.

Les huguenots prennent Chantelles près de Moulins en Dauphiné.

12. Janvier. Le capitaine Serverii reprend pour les catholiques le lieu de Castillon, près de Bagnols, & en déniche le voleur Rey.

La peste ravage Marseille. Le grand-prieur quitte cette ville pour aller assister aux états de Provence, qui se tinrent cette année-là à S. Maximin, & où présida l'évêque de Riez.

Les dettes du comtat Venaissin passent huit cent mille écus. L'abbé de la Grace, lieutenant du cardinal, travaille aux affaires publiques avec beaucoup de zéle. On tient des assemblées fréquentes dans la maison commune d'Avignon pendant toute cette année si agitée, à cause de la guerre, de la peste, & de la famine.

Le Rhône est extrêmement bas. Plus de trente personnes s'y perdent près de Viviers.

27. Janvier. Les protestans se saisissent de saint Vincent & de Montfroc.

15. Mars. Maugiron est joint par Mandelot, & il attaque les troupes de la ligue à Moirenc. Il y en a beaucoup de massacrés.

Le comte de Roussillon en fait périr plusieurs dans ses places, soit avec sa compagnie, soit par la justice.

Le grand-prieur se rend à l'Isle, & ensuite à Carpentras, où il est reçu par le recteur Grimaldi, qui l'accompagne à Caromb.

24. Mars. Le grand-prieur retourne à Carpentras avec l'escorte du recteur. Quelques gentilshommes suivis de plus de soixante hommes armés & à cheval, chargent l'escorte ; & tuent Thomas Grimaldi, frere du recteur, qui fut trouvé le lendemain 25. Mars tout déchiqueté, sous un olivier. Cinq Italiens y sont aussi tués. Ces gentilshommes & leur troupe se retirent en Provence. Le grand-prieur rebrousse chemin, & se rend de nuit à Avignon, d'où il passe à Tarascon le 4. Avril, lendemain de Pâques.

Berton qui avoit été envoyé en Bourgogne acheter des bleds pour Avignon, en fait descendre plus de dix-huit mille salmées par le Rhône, dont les eaux avoient crû.

8. Avril. Le prince d'Orange envoye le sieur de Minet pour commander dans sa principauté. Blacon & Chabert ne veulent pas le recevoir ; & il est obligé de se retirer à Courteson. Blacon est introduit dans Courteson par un ministre huguenot ; il y fait prisonnier Minet avec Mutonis, & se rend maître de la place.

12. Avril. Le capitaine Rey fait des courses près de Bagnols & d'Uzès.

Il s'empare de Serviés. Un jeune garçon lui tire un coup d'arquebuse d'une fenêtre, & le tue. Un secours de la ligue y survient, & fait prisonniers le reste des soldats de Rey.

Mandelot se retire à Lyon, après la défaite de Moirenc.

La ligue de Dauphiné, encouragée par le bruit qui couroit de quelque surprise sur Lyon, se répand dans le pays d'Embrun & de Briançon.

15. Avril La garnison d'Orange fait une course jusqu'aux portes de Carpentras.

18. Avril. Blacon va d'Orange vers Livron, & de là s'avance pour secourir ceux des ligues. Il perd beaucoup de monde dans une rencontre qu'il essuye de la part du comte de Tournon.

20. Avril. Châtillon se met en campagne vers Lunel, Uzès, & Alais ; & s'avance près de Beaucaire. Un des siens, nommé Molard, est pris & conduit à Fourques près d'Arles, où on le condamne à être pendu.

Biron & Duras prennent la Reolle. Lavardin, favori du roi de Navarre, y est tué.

15. Avril. Le parlement de Toulouse rend un arrêt contre les huguenots infracteurs de la paix.

L'église des religieuses repenties d'Avignon, dont le monastere appellé de S. George, fondé par le cardinal d'Armagnac, venoit d'être achevé, est sacrée par Pierre des Girards, évêque d'Uzès.

13. Mai. Le recteur Grimaldi part de Carpentras avec congé du pape ; & il est escorté par les chevaux-legers de son frere, dont Grifalco étoit capitaine. Il arrive le lendemain à Valence en Dauphiné, où il prend la poste par Lyon. Il n'avoit communiqué son départ à personne.

Le cavalier Oddi défait quelques adversaires vers Nions.

Le capitaine Verdelin, du Thor, qui commandoit à Caderousse pour le baron du Thor, & Bourson, y prennent fin. Ils étoient tous deux natifs du comtat Venaissin, & des plus obstinés d'entre les adversaires.

DES GUERRES DU COMTE' VENAISSIN, &c.

17. Mai. Le cavalier Oddi, par ordre du général Malvelli, va avec la compagnie de chevaux-légers à Bedarride, où Guillaume Patris, abbé de la Grace, grand-vicaire & lieutenant du cardinal d'Armagnac, étoit allé la veille au baptême de la fille de saint Sixt; il fait appeller l'abbé hors de la porte, sous prétexte qu'il avoit des lettres à lui rendre; & pendant qu'il se promene avec lui, un chevau-léger Italien donne à Patris le premier coup de poignard, qui est suivi de sept autres, jusqu'à ce qu'il eût expiré. Le cardinal d'Armagnac dissimule sa douleur. De plus, ayant sçu qu'on disoit clairement que cette exécution avoit été faite pour le service du pape & de ses états, il en mande la nouvelle à Rome par un courier exprès. Le corps de l'abbé de la Grace est porté au pont de Sorgues où il est inhumé.

14. Juin. Pierre de saint Sixt meurt à Avignon de la blessure qu'il avoit reçue le jour de la mort de l'abbé de la Grace, où la résistance avoit été telle, que six chevaux-légers y avoient été tués.

Le comte de Carces part pour Aix, & passe par Salon, dans le dessein de terminer la réconciliation avec les Rasés. Il va de-là à sa maison de Carces.

21. Mai. Lesdiguieres assiége Talard, où le colonel Alphonse & saint Maximin jettent du secours.

Le cardinal Alexandre Riarrio, légat du pape en Portugal, vient dans le pays. Le duc de Savoie écrit en divers endroits pour lui avoir des passeports, & lui donner plus d'assurance dans son voyage.

Ce cardinal escorté par la cavalerie du duc de Savoye, arrive en Dauphiné, où il est accompagné par Gouvernet de la part de Lesdiguiéres. Il passe la Durance au pont d'Orgon.

26. Mai. Il arrive à Cavaillon.

27. Mai. Il vient dans Avignon. Il refuse le poële. Les rues de cette ville sont tapissées & les toiles tendues.

1. Juin. Ce cardinal s'embarque sur le Rhône par les Maries, & se rend à Narbonne.

Gouvernet ayant quitté le cardinal Riarrio va vers Sisteron, où il surprend Pomer. Le fils de Villefranche y est tué.

A la fin de Mai, la petite salmée de bled valoit dans le comtat trente-six florins.

La coqueluche regne en France & en Italie, & y fait beaucoup de mal. Plus de six mille personnes moururent à Rome. Le cardinal d'Armagnac, qui étoit à Avignon, voulant éviter cette maladie, se retranche dans le palais, & le général au petit palais.

Le recteur Grimaldi revient dans le comtat par ordre du pape, sur deux de ses galeres, avec deux cents soldats Italiens.

Il débarque à la Cieuta, & passe par Aix *incognito*.

2. Juillet. Il arrive à Avignon, avec ses soldats & le capitaine Capisucchi, Romain.

Le cavalier Oddi profite du retour de ses galeres, & se retire en Italie.

Le pape crée un maître d'artillerie avec cent livres par mois; & donne cet état à des Issards. Il crée aussi un colonel de l'infanterie; & nomme Aubres pour remplir cet état.

25. Août. Le Rhône grossit considérablement; & entraîne des gerbiers, des bateaux, & des moulins brisés.

Le grand-prieur vient à Avignon; où il obtient des munitions, & cent soldats sous le jeune Brissac, pour le siège de S. Vincent.

27. Août. Le duc du Maine prend Château-double, & rase Beauvais.

Le même jour meurt Emmanuel-Philibert, duc de Savoye, après trois jours de maladie, dans le lieu appellé Giannonon, appartenant au cardinal de Verceil. Il s'étoit retiré là pour fuir la coqueluche, qu'on appelloit *caftrone* en Italie, & qui étoit épidémique. Il avoit un catarre, un mal de reins, & l'afthme.

Le mois d'Août se passa en pluies extraordinaires, tonnerres, grêles, & éclairs.

20. Septembre. Tavannes, avec sa compagnie & celles du feu saint Chaumont & du jeune Glandage, & trois mille fantassins, fait lever le siége de Talard, où il y a un beau château, qui a autant de fenêtres que de jours en l'an.

30. Septembre. Tavannes après cette expédition repasse par le comtat.

Ceux d'Orange prennent du soupçon de l'entrée du duc du Maine en Dauphiné; & font entrer cinq cents étrangers dans leur ville.

La peste ravage les villes de Marseille, d'Aix, de Lambesc, de S. Cannat, d'Arles, de Pernes, d'Avignon, & de Carpentras. Cette maladie attaque la famille du cardinal d'Armagnac, qui se retire à Bedarrides, à deux lieues d'Avignon.

PIECES FUGITIVES
POUR SERVIR
A L'HISTOIRE
DE FRANCE.

Voyage de Charles IX. en France.

AVERTISSEMENT.

LE voyage de Charles IX. écrit par Abel Jouan, est une piéce qui quoiqu'imprimée doit avoir le même prix qu'un manuscrit ; il aura le mérite de la nouveauté, n'ayant presque pas été connu. M. de Thou qui n'a pas négligé la moindre piéce de son temps, pour en inférer le précis dans son histoire, D. Vaissete dont l'histoire de Languedoc est pleine de recherches & de faits nouveaux, n'a-pas non plus connu le voyage de Charles IX. On le donne au public avec d'autant plus de confiance, qu'il contient plusieurs faits qui ne sont du tout point connus, & que le journal de ce voyage, le plus long qu'aucun roi de France ait fait dans son royaume, nous fournit une occasion pour donner à la suite des notes l'itinéraire des rois de France, depuis Louis le jeune jusques à la mort de Louis XIV. recherches d'une utilité reconnue, que le public sera peut-être bien aise de trouver jointes ici.

RECUEIL & discours du voyage du roy Charles IX. de ce nom, à présent régnant ; accompagné des choses dignes de mémoire faites en chacun endroit, faisant sondit voyage en ses pays & provinces de Champaigne, Bourgoigne, Daulphiné, Provence, Languedoc, Gascoigne, Bayonne, & plusieurs autres lieux, suivant son retour depuis son partement de Paris jusques à son retour audit lieu, ès années mil cinq cent soixante quatre & soixante & cinq. Fait & recueilli par Abel Jouan, l'un des serviteurs de sa majesté. A Paris, pour Jean Bonfons, libraire, en la rue neuve Nôtre-Dame, à l'enseigne saint Nicolas M. D. LXVI. Avec privilége du roy.

AU ROY, MON SOUVERAIN SEIGNEUR,

SIRE, l'indicible & affectionné vouloir que j'ai de vous rendre l'humble service & devoir que je suis tenu de faire à vôtre majesté, m'a aiguillonné le désir d'oser vous présenter ce petit recueil & discours qu'a fait votredite majesté en vos pays & provinces de Champaigne, Bourgoigne, Daulphiné, Provence, Languedoc, Gascoigne, Bayonne, & plusieurs autres lieux, ès années mil cinq cent soixante quatre & soixante cinq, depuis votre partement de Paris jusques à votre retour en ladite ville ; suppliant très-humblement icelle votre majesté recevoir mon petit labeur d'heures dérobées pour acceptable, à la recommandation de vos excellentes entreprises & desseins, & pour un petit mémoire à la postérité ; lequel mémoire s'il n'est dressé comme il le mérite, le devoir que je vous dois, me pourra tenir pour excusé : attendu que quand je le commençai, je n'avois intention de le produire en lumière. Dieu veuille conserver votre régne & vôtre personne.

Votre humble sujet, serviteur, & domestique,
ABEL JOUAN.

Honesta bonis viris, non occulta quæruntur.

LE roy après avoir donné ordre & pacifié les troubles, qui par la punition de Dieu vinrent en France en l'an 1562. & 63. print envie à sa majesté de vouloir aller voir plusieurs pays & provinces de son royaume, pour coignoistre ses bons & loyaux subjects, & pour soy donner à coignoistre à eulx ; lequel voyage ledit seigneur a accompli par la grace de Dieu, de laquelle chose en est advenu un bien inestimable, pour le fait de la république & de l'obéissance de ses sujets.

Adonc ledit seigneur voulant commencer sondict voyage, partit de sa ville capitale de Paris le lundi 24. jour de Janvier 1564. pour aller disner & coucher à S. Mor-des-fossez, qui est un petit village & beau chasteau qui appartient à la roine, au-dessous duquel est une abbaye de religieux. Pour ce jour . . . . . . 2. lieues.

Auquel lieu ledit seigneur séjourna six jours : puis partit le dimanche 30. jour dudict mois, pour aller passer la riviére de Marne par dessus le pont de Charenton, qui est une bonne grosse riviére portant batteau, qui va tomber en Seine un peu au-dessous dudit pont.

Cedict jour, le roy alla disner à Villeneuve saint Georges, qui est une petite ville : puis après disner, ledit seigneur alla passer la riviére de Seine par dessus les ponts de Corbeil, & coucher audit lieu, qui est une bonne petite ville. Pour ce jour . . . . 7. lieues.

Et le lundi dernier jour de Janvier, ledit seigneur alla disner au Lys, qui est une petite abbaye de religieuses ; & cedit jour coucher à Fontainebleau, qui est un village & beau & grand chasteau qui appartient au roy. Pour ce jour . . . . . . 8. lieues.

Auquel lieu ledit seigneur séjourna 43. jours pour faire apprester son équipage des choses qui lui étoient nécessaires pour faire sondit voyage : & feit audit lieu son caresme prenant, auquel fut fait de beaux festins & combats, desquels monsieur le connétable commença le dimanche de devant le dimanche gras à son logis au souper, auquel le roy assista. Puis le lundi gras, monsieur le cardinal de Bourbon feit un beau festin au souper à son logis ; & à l'issue du souper se feit un beau combat à cheval en la cour d'icelui logis. Puis le dimanche gras, la roine feit un beau festin au disner à un logis qui s'appelle la Vacherie, puis à l'après disnée allerent prendre leur plaisir à veoir jouer une belle comédie en la grand salle du bal. Puis le lundi gras, monsieur d'Orleans feit un autre beau festin à son logis au disner, & à l'issue d'icelui se feit un beau combat en la cour du logis de six chevaliers contre six autres, desquels étoit capitaines monsieur du Peron, qui maintenant s'appelle monsieur le comte de Retz d'un côté, & monsieur le comte de Ringrave d'autre côté, qui combatirent à pied s'entredardans chacun deux dards l'un après l'autre, que ils recevoient dessus leurs escus, puis romperent chacun une picque & chacun trois coups d'espée, & ainsi feirent tous les autres. Puis le mardi gras, qui est le jour que le roy fait ordinairement son festin, fut dressé un beau camp devant la porte d'un logis qui s'appelle le Cheni, lequel fut clos de fossez & barrieres ; aux deux costés d'icelui furent dressé des théatres pour mettre les seigneurs & dames ; au bout dudit camp y avoit un hermite à un hermitage par où les chevaliers entroient audit camp pour combattre ; puis au plus près de la porte dudit logis fut

A ij

dreffé un bâtiment qui fut nommé le chafteau enchanté, la porte duquel eftoit gardée par des diables & par un géant & un naim, pour faire la repoulfe aux chevaliers qui vouloient entrer dedans; puis fe préfenterent audit camp les quatre maréchaulx de France à cheval, tous habillez d'une parure; & au dehors dudit camp, fe trouverent fix compagnies d'hommes d'armes, en chacune fix hommes, & eftoient les compagnies de monfieur le prince daulphin, & de monfieur de Guife, & de monfieur le prince de Mantoue, qui maintenant eft feigneur de Nevers, & celle de monfieur de Nevers le dernier décedé, puis celle de monfieur de Longueville, & du comte de Ringrave, qui toutes entrerent l'une après l'autre dedans ledit camp, pour feulement faire leur monftre autour d'icelui, puis refortirent dehors: puis après entrerent fix dames habillées en nymphes à cheval, toutes d'une parure, qui feirent le tour du camp, puis s'allerent mettre de rang devant le théatre, auquel étoit le roy; entendez que dans ledit chafteau enchanté y avoit fix chevaliers pour réfifter contre toutes les fix compagnies, & combattirent pour lefdites dames, defquels étoit chef monfieur le prince de Condé: puis peu après foi préfenta un des chevaliers de dehors à la porte dudit camp, & lors ledit hermite qui étoit audit lieu commença à fonner fa clochette pour avertir un des autres chevaliers qui étoient audit chafteau de venir audit combat: & commencerent à courir & rompre leur lances l'un contre l'autre; puis fe donnerent chacun trois coups d'épées, & fe retirerent chacun de fon cofté d'où ils eftoient venus, & combattirent tous l'un après l'autre de la même façon; puis au fouper le roy feit un beau feftin comme la couftume eft en tel jour. Puis ledit feigneur voyant fon équipage preft pour commencer fondit voyage, voulut partir dudit lieu de Fontainebleau le lundi 13. jour de Mars audit an après difner, pour aller faire fon entrée à Moret, qui eft une petite ville, par laquelle paffa fans s'arrefter; & alla faire fon entrée & coucher à Montereau-fault-Yonne, qui eft une petite ville & chafteau, auquel lieu la riviere de Yonne tombe dans Seine, & eft pourquoi l'on appelle fault-Yonne. Pour ce jour . . 5. lieues.

Et le mardi 14. jour dudict mois, difner audict lieu; coucher à Pont-fur-Yonne, qui eft un village & chafteau. Pour ce jour . . 6. lieues.

Et le mercredi 15. jour dudict mois, difner audict lieu; puis après difner le roy alla paffer la riviere de Yonne par deffus un pont de bois, fortant dudit lieu pour aller faire fon entrée & coucher à Sens, qui eft une bonne grande ville, arcevefché, & par les rues d'icelle paffe l'eau courant qui eft une chofe fort nette. Pour ce jour . . . 3. lieues.

Et le jeudi 16. jour dudict mois, tout le jour audict lieu.

Et le vendredi 17. jour dudict mois de Mars, le roy partit de Sens pour aller difner à Pont-fur-Venne, qui eft une petite ville; puis après difner ledit feigneur alla faire fon entrée & coucher à Villeneuve l'arcevefque, belle petite ville. Pour ce jour . . . . 6. lieues.

Auquel lieu ledict seigneur séjourna deux jours ; puis partit le mardi 21. jours de Mars, pour aller disner à sainct Liebault, qui est un pauvre village & chasteau ; puis après disner ledict seigneur alla coucher à sainct Lye, qui est un petit village & chasteau. Pour ce jour . . . 8. lieues.

Et le mercredi 22. jour dudict mois, tout le jour audict lieu.

Et le jeudi 23. jour de Mars, disner audict lieu ; puis après disner ledict seigneur partit pour aller faire son entrée à Troyes en Champaignes, qui est une grande & forte ville, évesché, auquel lieu les habitans d'icelle lui feirent une belle entrée. Pour ce jour . . . . 2. lieues

Ce qui estoit escript aux quatre lieux qui estoient séparez en quatre endroits en ladicte ville de Troyes, quant le roy fit son entrée:

Ce qui estoit sur la porte de la ville, sur laquelle il y avoit un Charlemaigne haut eslevé.

 Charles, voici vostre ayeul Charlemaigne,
 Que la victoire, & la fame accompaigne
 Pour démonstrer que les faicts glorieux
 Des puissants rois, tant soyent victorieux,
 Servent bien peu, si leur gloire animée
 Malgré le temps ne suit la renommée,
 Et si leur nom d'aage en aage croissant,
 Après la mort au monde n'est vivant :
 Or ce grand roy fut vaillant en sa vie,
 Aussi sa mort de l'oubli n'est suivie,
 Mais en faisant de la parque le fort
 A surmonté les siécles & la mort.

 Vous, Charles roy, qui tenez sa province,
 Vrai héritier des honneurs de ce prince,
 Qui tant de fois, amoureux de vertu,
 A tant de fois en guerre combattu,
 Vous serez tel, ou serez plus encore,
 Et votre nom depuis le sablon More
 Ira aux Scites, & jusqu'où le soleil
 Ouvre les yeulx, & les ferme au sommeil,
 La renommée ira de vos louanges
 Remplir les cœurs des nations étranges.

La seconde sus lequel estoit un saint Loys, environné de toutes sortes d'armes.

 Regardé ici, France victorieuse
 De ses haineurs superbes glorieuse,
 Que maints trophées & maintes sortes d'armes,

Et maints harnois à despoillé gendarmes,
De tous costés haultement environnent :
Ce sont les cieux qui tel honneur lui donnent
Par la vertu qui conduit la puissance
D'un jeune roy, du monde l'espérance :
Des autres roys les forces furent grandes,
Ils ont soubs eux faict marcher de grands bandes :
Mais cestuy-cy a conservé sa terre,
Et jeune d'ans avec sa mere a faict
Que l'aage d'or en France s'est refaict.

Ce qui estoit au tiers, sus lequel y avoit une Pallas.

Ceste Pallas qui l'olive inventa,
Et l'inventeur du cheval surmonta,
Si belle aussi de tous environnée
Monstrent, ô roy, que tu as ramenée
La paix tranquille, ayant de toutes parts
Vaincu l'horreur de Bellone & de Mars,
Et que la terre aujourd'hui recommence
A s'engresser d'une heureuse semence,
Quant à la matée encores nous produict
Pour l'honnorer son vaisseau plein de fruict.

Ce qui estoit au quart, sus lequel estoit une grande pyramide sus un grand portail.

Tu seras nostre Hector, nous serons tes Troyens,
Tes très humbles subjects, tes loyaux citoyens,
Et tes vassaux issus de la gent Priamide.
Or tout ainsi qu'on voit ferme la pyramide
Sans jamais s'ébranler, nous aurons envers toy
Un cœur ferme & constant d'avoir un si bon roy.

La paix faite à Troyes entre le roy & les Anglois. En ce même lieu de Troyes, le roi confirma la paix entre sa majesté & la roine d'Angleterre le 6. jour d'Avril audit an 1564. auquel lieu le roy séjourna vingt & quatre jours, & y fit la feste de Pasque : puis en partit le dimanche seizième jour d'Avril après disner, pour aller coucher à saint Sepulchre petit village. Pour ce jour . . . . . 3. lieues.

Et le lundi 17. jour dudict mois, disna audit lieu, & coucha à Arsy-sus-Aulbe, beau village & chasteau. Pour ce jour ... 5. lieues.

Le mardi 18. jour dudict mois, disna audit lieu, & coucha à Poyure, petit village & chasteau. Pour ce jour . . . . . 5. lieues.

Le mercredi 19. jour dudict mois, difna à Dammartin, petit village, & coucha à Lefcuirie-fur-Cofne, pauvre village. Pour ce jour . . . . 6. lieues.

Le jeudi 20. jour, difna & coucha à Challons en Champaigne, bonne & forte ville, évefché, en laquelle le roi fit fon entrée. Pour ce jour . . . . 2. lieues.

L'entrée du roi à Challons en Champaigne.

Auquel lieu le roi féjourna cinq jours; puis en partit le mardi 26. jour dudict mois après difner, & alla coucher au May, belle petite maifon. Pour ce jour . . . . . 3. lieues.

Le mercredi 27. jour dudict mois, difna audit lieu, & coucha à Vitry le François, petite ville, en laquelle le roi fit fon entrée. Pour ce jour . . . . 4. lieues.

Auquel lieu le roy féjourna deux jours; puis en partit le famedi 29. jour dudict mois, pour aller difner à Bignicourt, pauvre village, & coucher à Sermoife, grand village qui fait le commencement des terres du pays de Lorraine. Pour ce jour . . . . 6. lieues.

Et le dimanche dernier jour d'Avril, difna audit lieu, & coucha à Fain, beau village & chafteau. Pour ce jour . . . 3. lieues.

Et le lundi premier jour de Mai enfuivant, difna audit lieu; puis après le difner le roi alla faire fon entrée à Barlduc, qui font deux villes, une baffe & une haute, & beau chafteau. Pour ce jour . . . 1. lieue.

(Bar-le-Duc)

Et audict lieu fut fait le baptefme de Henri, premier fils du duc de Lorraine, que le roy tint, & le comte Masfeld, pour & au nom du roy d'Efpaigne, & la mere dudict duc de Lorraine; & fut ledict baptefme fait le dimanche 7. jour dudict mois de Mai, pour laquelle chofe furent faits de fort beaux combats & tournoys tant à cheval à fer efmoulu, qu'à pied, aux baftillons & en falles, & comédies jouées qui étoient fort triomphantes.

Le roy féjourna audict lieu huit jours; puis en partit le ~~mercredi~~ 9. jour de Mai après difner, pour aller coucher à Ligni en Barrois, petite ville & chafteau, auquel lieu le roy fit fon entrée. Pour ce jour . . . . 3. lieues.

× le mardy

Et le mercredi 10. jour dudict mois, alla difner à Treverai, pauvre village, & coucher à Gondricourt, bon village & chafteau. Pour ce jour . . . . 6. lieues.

Et le jeudi 11. jour, tout le jour audict lieu, qui eftoit le jour de l'afcenfion; puis le vendredi 12. jour dudict mois, difner à Lezinville, un village, & coucher à Rinugel, petit village & chafteau fus une haute montaigne. Pour ce jour . . . . . 6. lieues.

Et le famedi 13. jour dudict mois, le roy alla paffer par au deffous d'un beau & fort chafteau qui eft fur le haut d'une montaigne, qui s'appelle le mont de Clèrre, duquel on falua le roi de grande abondance d'artillérie, & s'en alla difner à Derman, pauvre village, & coucher à

Chaumont en Baſſigni, ville forte, en laquelle le roy feit ſon entrée. Pour ce jour . . . . 5. lieues.

Et le dimanche 14. jour dudict mois, difna à Releupont, beau village. Pour ce jour . . . . 5. lieues.

L'entrée du roy à Lengres.

Et le lundi 15. jour dudict mois de May, difna audit lieu, & coucha à Lengres en Bourgoigne, qui eſt une belle & bonne ville, grande & forte ſus une montaigne en frontière, éveſché, de laquelle les habitans d'icelle ſortirent en armes en fort bonne ordonnance, qui eſtoient environ de ſix mille hommes pour recevoir le roy, & en ce lieu feit ſon entrée qui fut magnifique. Pour ce jour . . . . 2. lieues.

Et le mardi 16. jour, tout le jour audict lieu ; le mercredi 17. jour, difna à Longeau, pauvre village, & coucha à Longſogeon, grand village & chaſteau. Pour ce jour . . . . 5. lieues.

Et le jeudi 18. jour dudict mois, difna à Trichaſteau, grand village & chaſteau, & coucha à Jeumeau, beau village. Pour ce jour . . . . 6. lieues.

Les ducs de Bourgoigne ſont enterrez aux Chartreux.

Et le vendredi 19. jour dudict mois, difna au Meſnil, village & chaſteau, & coucha aux Chartreux près de Dijon, qui eſt une fort belle & grande abbaye, en laquelle ſont en ſépulture tous les ducs de Bourgoigne fort richement, qu'il fait bon veoir. Pour ce jour 4. lieues.

Auquel lieu le roi ſéjourna trois jours, cependant que l'entrée de Dijon ſe préparoit : & puis après qu'elle fut prête, le roi partit des Chartreux pour y aller faire ſon entrée le lundi 22. jour dudict mois de Mai, qui eſt une belle, bonne, grande, & forte ville, & parlement pour le pays & duché de Bourgoigne. Le roi y eſtant, alla tenir ſon ſiége en ſon palais & cour de parlement, comme il avoit fait en ſes autres villes de parlement ; & faiſant ſon ſéjour audict lieu, alla le jeudi 25. jour dudict mois ſouper au logis du ſieur de Tavannes, qui eſt lieutenant-général au gouvernement ; & ledit ſeigneur feit faire de beaux combats à cheval, à coups de lances, à fer eſmoulu ; après le ſouper un beau baſtillon ; puis le roi retourna coucher en ſon logis, qui eſt le logis de Bourgoigne ; auquel lieu le roi ſéjourna quatre jours ; & en partit le ſamedi 27. jour de May, pour aller diſner à Longecourt, beau village & chaſteau ; puis après diſner le roi alla paſſer la rivière de la Sone en batteau, qui eſt fort groſſe rivière, & alla coucher à Paingni, beau chaſteau, appartenant au comte de Charni. Pour ce jour 7. lieues.

Auquel lieu ledict ſeigneur y feit de beaux feſtins, & le roi y demeura deux jours ; puis en partit le mardi 30. jour de Mai, pour aller paſſer par dedans la ville de Seure, belle petite ville, en laquelle le roy feit ſon entrée en paſſant, & alla diſner à Sommier-ſur-Doux, pauvre village ; puis après diſner le roy paſſa la rivière du Doux en batteau, qui eſt groſſe rivière qui va tomber dans la Sone ; ledit jour le roy alla coucher à Aſſy, beau & grand village. Pour ce jour . . . 4. lieues.

Et

EN FRANCE.

Et le mercredi dernier jour de Mai, difna à S. Marœau, belle abbaye de religieux, & coucha à Challons fur la Sone, belle, bonne, & forte ville & chafteau, évefché, en laquelle le roy feit cedict jour fon entrée. Pour ce jour . . . . 4. lieues. *L'entrée du roy à Challons fur la Sone.*

Ladicte ville eft la derniere place de Bourgoigne; auquel lieu le roy féjourna deux jours, & y feit la fefte Dieu qui étoit le premier jour de Juin; puis en partit le famedi 3. jour dudict mois, & s'embarqua fur la Sone en un beau batteau que meffieurs de Lyon lui avoient envoyé, & alla coucher à Mafcon, belle ville, évefché, où il fit fon entrée. *L'entrée du roy à Mafcon.*

Le roy étant de féjour audict lieu alla difner & fouper au pont de Velle, qui eft une belle petite ville en Breffe, qui appartient au comte de Befne; puis après fouper le roy retourna coucher à Mafcon qui étoit le mardi 6. jour dudit mois. Pour ce jour . . . . . 2. lieues.

Auquel lieu le roy féjourna cinq jours; puis en partit le vendredi 9. jour dudict mois, & fe rembarqua en fondict batteau fur la riviere de la Sone pour aller coucher à Lifle, qui eft une abbaye au milieu de ladite riviére près Lyon. Pour ce jour . . . 11. lieues.

Et le famedi 10. jour, le roy s'en revint par eau pour aller fouper à Lyon au logis de monfieur le maréchal de Vielleville; puis retourna coucher à l'Ifle. Pour ce jour . . . . 2. lieues. *L'Ifle Vieille ...*

Le dimanche 11. jour dudict mois, difna & foupa audict lieu, & coucha à Lyon. Pour ce jour . . . . 1. lieue.

Le lundi 12. jour, tout le jour à Lyon.

Le mardi 13. jour de Juin, le roy après difner paffa la riviére de la Sone pour aller faire fon entrée en ladicte ville, qui fut fort belle, qui eft belle, grande, & forte ville, arcevefché, qui eft le primat de France. La riviére de la Sone paffe par le milieu de ladicte ville, & va tomber dedans le Rhofne un peu audeffoubs la ville. Le roy féjournant audict lieu, en partit le jeudi 29. jour de Juin, pour aller difner & fouper à Beauregard, belle petite maifon, auquel lieu le roy trouva fon frere monfieur d'Anjou. Cedict jour le roy retourna coucher à Lyon. Pour ce jour . . . . 4. lieues. *L'entrée du roy à Lyon.*

Et le jeudi 4. jour de Juillet enfuivant, le roy alla difner à Mirebel, qui eft un beau village & chafteau près Montluet fur le chemin de Geneve, pour aller au devant du duc & ducheffe de Savoye, qui audict lieu le vinrent trouver en fort belle compagnie, & s'en allerent tous enfemble coucher à Lyon. Pour ce jour . . . . 4. lieues.

Le roy faifant féjour à Lyon alla le 6. jour dudict mois difner à Beauregard & fouper au Perron, qui eft un fort beau chafteau, & coucher à Lyon. Pour ce jour . . . . . 4. lieues.

Auquel lieu le roy feit la fefte de S. Jean Baptifte.

Et audict lieu lui fut envoyé l'ordre d'Angleterre par un grand feigneur du pays, pour renouveller l'alliance enfemble. Le roy lui avoit

Tom. I. Abel Jouan. B

pareillement envoyé le sien par le seigneur de Gonnor. Le roy séjourna audict lieu de Lyon vingt cinq jours, durant lesquels prenoit plaisir à s'esprouver sur la riviére après souper, & à faire sonner les Moresques qu'il faisoit bon veoir. Audict lieu de Lyon advint une si grande mortalité de peste que jamais l'on veit. Puis le roy partit de ce lieu le dimanche 9. jour de Juillet, pour aller passer par dessus le pont du Rhosne qui est le commencement du Daulphiné, & alla disner au pont de Cherry, pauvre village, & coucher à Cremieux, petite ville. Pour ce jour . . . . 6. lieues.

Auquel lieu le roi séjourna sept jours; puis en partit le dimanche 16. jour dudict mois, pour aller disner à Erieux, beau & grand village, & coucher à Septome, petite ville sur une montaigne. Pour ce jour . . . . 5. lieues.

Le lundi 17. jour, disna à la Coste-d'Aray, pauvre village, & coucha à Rossillon, belle petite ville & chasteau. Pour ce jour . . . 7. lieues.

Auquel lieu le roy séjourna vingt & neuf jours; puis en partit le mardi 15. jour d'Aoust ensuivant, jour de la Nostre-Dame, pour aller disner à Anjou, beau village & chasteau, & coucher à Jarsieux, petit village & chasteau. Pour ce jour . . . 3. lieues.

Le mercredi 16. jour dudict mois, disna à Chasteauneuf, petit village & chasteau, & coucha à Romans, belle & bonne ville & chasteau, en laquelle le roy feit son entrée. Pour ce jour . . 6. lieues.

Auquel lieu le roy séjourna six jours; puis en partit le mercredi 22. jour dudict. mois après disner, pour aller passer la riviére de l'Izere par dessus le pont, au sortir de ladicte ville de Romans, qui est une fascheuse riviére qui va tomber dans le Rhosne, deux lieues audessoubs de ladicte ville. Cedict jour, le roy alla coucher à Valence, belle, bonne, & grande ville, évesché, auquel lieu le roy feit son entrée. Pour ce jour . . . . 3. lieues.

L'entrée du roy à Valence.

Audict lieu le roy séjourna douze jours; puis en partit le samedi 2. jour de Septembre après souper, pour aller coucher à l'Estoile, petite ville & chasteau. Pour ce jour . . . 3. lieues.

Auquel lieu le roy demeura six jours malade, & y séjourna dix jours; puis en partit le mercredi 13. jour dudict mois, pour aller disner & coucher à Loriou, petite ville, & y feit son entrée. . . . 2. lieues.

Entrée.

Le jeudi 14. jour dudict mois, alla disner à Derbierres, petit village, & coucher à Montlimar, belle petite ville, où le roy feit son entrée; auquel lieu il séjourna quatre jours; puis en partit le mardi 19. jour de Septembre, pour aller disner à Donsere, petite ville & chasteau sur une montaigne. Pour ce jour. . . 2. lieues.

(Montelimar)

Et le mercredi 20. jour dudict mois, le roy alla passer par auprès de Pierrelatte, qui est une belle & forte ville en une plaine, & alla disner à la Garde, petite ville & beau chasteau sur montaigne, ladicte maison appartient au baron de la Garde. Cedict jour coucha à S. Paul, petite ville, qui est la derniere de Daulphiné. Pour ce jour . . . 2. lieues.

Et le jeudi 21. jour de Septembre, disna à Seuse, qui est une petite ville, & beau & fort chasteau sur montaigne, auquel lieu fut fait le baptesme de l'une des filles dudict sieur de Seuse, laquelle le roy & la royne sa mere tindrent, & la nommerent Charlotte-Catherine ; & à l'issue dudict baptesme, ledit sieur feit presenter fort belle collation de toutes sortes de confitures : & cedict jour le roy alla coucher à Bollaines, belle petite ville, qui est la premiere de la comté d'Avignon, où le roy feit son entrée. Pour ce jour . . . . . 3. lieues.

Le vendredi 22. jour dudict mois, le roy alla passer par Montdragon, qui est une belle petite ville & chasteau, qui est situé sur un haut rocher.

Et cedict jour après que le roy eut disné, s'en alla passer par auprès d'Orenges, qui est une belle & forte ville & chasteau.

Et cedict jour le roy alla coucher à Quaderousse, belle petite ville & chasteau, où le roy feit son entrée. Et y avoit pour tout ce jour 4. lieues.

Le samedi 23. jour de Septembre, disna audit lieu, & coucha au pont de Sorgues, qui est un beau & grand village, près Avignon, & chasteau. Pour ce jour . . . . . 3. lieues.

Le dimanche 24. jour de Septembre, disna audict lieu, & coucha à Avignon, qui est une belle, grande, & forte ville, qui appartient au pape.

Le roy y feit cedict jour son entrée, qui fut fort magnifique, & alla loger au grand palais : puis après qu'il fut rafreschi en son logis, s'en alla à vespres en l'église de Notre-Dame, où le légat dudict lieu l'attendoit pour le recevoir sur un grand théatre, qui étoit appresté devant la porte de ladicte église, & au même lieu donna absolution à tous ceux qui estoient présens. Pour ce jour . . . . . 1. lieue.

L'entrée du roy à Avignon.

Le roy séjournant audict lieu, feit un si grand vent qu'il enlevoit les pierres d'une grosseur d'une noix, jusques au visage des hommes. En ce dict lieu le roy feit la feste de S. Michel, & y séjourna vingt & un jours ; puis en partit le lundi 16. jour d'Octobre ensuivant, pour aller passer la riviere de la Durance, qui estoit fort fascheuse, & va tomber dedans le Rhosne à une lieue au dessoubs d'Avignon, laquelle fut passée par dessus un pont que ledict seigneur avoit fait faire expressément de batteaux pour passer lui & son train ; & en ce même lieu entra en son pays & comté de Provence, & alla disner à Chasteau-Renard, petite ville & chasteau sur une montaigne, & coucher à saint Remy, belle petite ville, en laquelle le roy feit son entrée. Pour ce jour . . . . 4. lieues.

La riviére de la Durance est fascheuse.

Près ladicte ville y a une fort belle & ancienne antiquité, qui est du temps de Jules César en signe d'une bataille qu'il gagna en ce lieu ; & le mardi 17. jour dudict mois, disna au Touret, qui est une seule maison,

B ij

& coucha à Salon de Craux en Provence, qui est une belle petite ville & chasteau, où le roy feit son entrée. Pour ce jour . . . 5. lieues.

Et audict pays de Provence, en toutes les villes où ledit seigneur passoit, les enfans venoient au devant jusques à demie lieue hors lesdictes villes, tous habillez de blanc, criant *Vive le roy & la sainte messe*, & tous les villages mesmes donnoient plaisir au roy, & tous ceux du pays furent fort aise de le veoir.

(Lambesc)

Et le mercredi 18. jour dudict mois, disna & coucha à Lambés, belle petite ville, évesché, où le roy feit son entrée. Pour ce jour 3. lieues.

L'entrée du roy à Aix en Provence.

Et le jeudi 19. jour, disna à sainct Jehan de la Salle, qui n'est que une maison, & coucha à Aix en Provence, belle & grande ville, évesché & parlement pour le pays de Provence, où le roi feit son entrée. Pour ce jour . . . . 3. lieues.

Et étant audict lieu, alla tenir son siége en sa cour de Parlement le lundi 23. jour dudict mois, & y séjourna quatre jours; puis partit le mardi 24. jour dudict mois, pour aller passer un facheux pays de rochers, & alla disner à Pourieres, petit village & beau chasteau, & coucher à Sainct Maximy, belle petite ville & belle abbaye, en laquelle est ensépulturé le corps de la saincte Magdelaine, où le roy feit son entrée. Pour ce jour . . . . 6. lieues.

Le corps de la Magdelaine est ensépulturé à sainct Maximy.

(St. Maximin)

Et le mercredi 25. dudict mois, le roi alla passer de fort haultes & facheuses montaignes pour aller disner à la saincte Baulme, qui est une petite abbaye de religieux qui est encrée au milieu d'un rocher fort hault, & est le lieu où la saincte Magdelaine faisoit sa pénitence.

Et après disner ledict seigneur alla coucher à Bringnolles, qui est une belle ville, où il arriva bien tard, & étoit bien deux heures de nuit, à cause du long & facheux chemin qu'il avoit fait; auquel lieu feit son entrée le lendemain. Pour ce jour . . . . . . 8. lieues.

Les belles danses de Bringnolles.

Et le jeudi 26. dudict mois, demeura tout le jour audict lieu, pendant lequel les habitans d'icelle ville lui donnerent grand plaisir de danses en une belle grand salle qui étoit devant son logis, auquel lieu se trouva grande abondance de fort belles filles toutes habillées de taffetas, les unes de vert, les autres changeant, les autres de blanc, qui dansoient à la mode de Provence, des danses que l'on appelle la Volte & la Martingalle; & en ladicte danse le roi feit présenter la collation; & durerent lesdictes danses depuis onze heures jusques à cinq heures du soir, dont le roy y print grand plaisir.

Et le vendredi 28. jour dudict mois, disna à Gareau, pauvre village, & coucha à Cœurs, qui est une belle petite ville, auquel lieu le roi feit son entrée. Pour ce jour . . . . 4. lieues.

Et au même lieu est le commencement des orenges, & y en a grande abondance.

EN FRANCE.

Et le samedi 28. jour dudict mois, disna à la Gallerie des Souliers, qui est un beau chasteau auquel y a grande abondance d'orengers de toutes sortes. Et audit lieu messieurs de Souliers, qui est une belle petite ville près ledit chasteau, apporterent leur present au roy; & après disner le roy alla coucher à Yerres, belle & bonne ville & chasteau sur une montaigne, où le roy feit son entrée cedict jour. Pour ce jour . . 3. lieues.

Autour d'icelle ville y a si grande abondance d'orengers & de palmiers & poivriers, & autres arbres qui portent le coton, qu'ils sont comme forests. Le roy estant en ce lieu de séjour, s'en alla le lundi 30. jour d'Octobre disner à Briganson, qui est un fort en la mer sur un haut rocher; & est une des gardes de la coste de Provence, tirant vers Nice; par dela ledit fort y a deux isles qui sont fort grandes & sont en pleine mer, auquel lieu les Turcs descendent bien souvent, & prennent les hommes du pays qu'ils emmenent prisonniers.

L'abondance d'orangers qui sont à Yerres.

Cedict jour, le roy retourna coucher à Yerres. Pour ce jour 6. lieues.

Audict lieu le roy feit la feste de Toussaincts, & y séjourna cinq jours; puis en partit le lendemain après disner, pour aller coucher à Toullon, qui est une belle & bonne ville, évesché, & port de mer, qui est fort beau & grand, auquel lieu feit son entrée. Pour ce jour . . . 3. lieues.

Et le vendredi 3. jour de Novembre en suivant audict an 1564. tout le jour audict lieu de Toullon, auquel lieu le marquis d'Elbeuf vint trouver le roy avecques sept galéres bien en poinct, dedans lesquelles le roy s'en alla pourmener aprèz disner, où il prenoit grand plaisir.

L'entrée du roy à Toullon.

Le samedi 4. jour dudict mois, disna au Riolle, belle petite ville où il feit son entrée; & après disner alla passer par entre des rochers fort haults & fascheux, pour aller coucher à la Cadieres, belle petite ville sur une montaigne, & y feit son entrée. Pour ce jour . . . . 3. lieues.

Le dimanche 5. jour dudict mois, disna audict lieu; & après disner alla passer encore de fascheuses roches pour aller coucher à Aubenes, belle petite ville & chasteau sur montaigne, & y feit son entrée. Pour ce jour . . . . 4. lieues.

Le lundi 6. jour de Novembre, disna à la bastille & jardin de Gauset, qui est une fort belle petite maison près Marseille; puis après disner le roy s'en alla mettre en un beau théâtre qui lui avoit été préparé, pour voir passer les compagnies de ladicte ville en armes, qu'il faisoit bon veoir. Et feit cedict jour son entrée en ladicte ville de Marseille, qui est une belle, grande, & forte ville, évesché, & port de mer. Pour ce jour . . . . 3. jours.

L'entrée du roy à Marseilles.

De laquelle l'on tira grande quantité d'artillerie. Le roy étant à Marseille le jeudi 9. jour dudict mois, alla faire célébrer la messe en une galére neuve, qui n'avoit pas encore navigué, & fut baptisée; laquelle le roy & la royne sa mere la nommerent Charlotte-Catherine. Ladicte gallère appartenoit au comte de Fisque.

Et le 10. jour dudict mois, le roy s'embarqua en une galére appellée la Réale, accompagnée de treize autres galéres, pensant aller disner à la tour d'If, qui est une forte place une lieue avant en pleine mer sur un rocher, & en ce lieu la tourmente se trouva si fascheuse que lesdictes galéres ne sçurent aborder, & les fallut mettre à l'ancre contre un autre rocher, qui étoit à un quart de lieue de là, & là le roy disna; puis s'en alla les mener en pleine mer, & en fit faire deux escadrons qu'il fit combattre l'un contre l'autre; puis s'en retourna coucher à Marseille, où il fut tiré du port & de la ville, à son arrivée, grand nombre d'artillerie. Pour ce jour . . . . 2. lieues.

Le roy s'embarqua pour aller disner à la tour d'If.

Auquel lieu il séjourna sept jours; puis en partit le lundi 13. jour dudict mois, pour aller disner à la bastille de la Bedoulle, qui n'est que une seule maison, & coucher à Marignan, belle petite ville & chasteau, où il fit son entrée. Pour ce jour . . . . . . 4. lieues.

Et le mardi 14. jour dudict mois, disna audict lieu; puis après disner s'en alla embarquer sur un grand estang de mer, qui dure bien deux lieues de large & quatre lieues de longueur, & s'appelle l'estang de Martegues.

Le roy s'embarqua sur l'étang de Martegues.

(Martigues)
dique.

Et cedict jour, le roy alla coucher à Martegues, qui sont trois petites villes joignant l'une de l'autre; la premiere s'appelle Jonqueres, celle du milieu l'Isle, & la tierce est Martegues, toutes situées en un marescage de mer, où le roy feit son entrée. Pour ce jour . . . 2. lieues.

Et le mercredi 15. jour dudict mois, disna audict lieu; puis après disner s'embarqua sur ledit estang pour aller coucher à S. Chamant; au sortir dudit estang, falloit passer par dedans un rocher percé, qui a bien trente toises de large, & alla le roi coucher audict lieu de S. Chamant, qui est belle petite ville & chasteau sur une montaigne, où il fit son entrée. Pour ce jour . . . . 4. lieues.

Et le jeudi 16. jour de Novembre, disna à S. Martin, qui ne sont que deux ou trois maisons au milieu de la pleine de Salon de Craux, qui est une grande pleine toute couverte de Thim, d'Isope, & Saulge, & dure bien huit ou dix lieues d'étendue.

L'entrée du roy à Arles.

Cedict jour, le roy alla coucher à Arles, qui est une belle, bonne, & grande ville, évesché, auquel lieu cedict jour feit son entrée. Pour ce jour . . . . 8. lieues.

En laquelle ville y a des antiquitez que l'on appelle les Arenes, que les Romains firent faire pour jouer leurs comédies, en signe de leurs victoires, du temps qu'ils tenoient ce pays là.

Le roy faisant séjour en icelle ville, se trouva fort assiégé des grandes eaux, auquel lieu séjourna vingt & un jours; durant lequel temps print plaisir aux danses du pays, & à faire combattre des taureaux sauvages que les hommes combattoient & faisoient tomber en terre seul à seul.

Le roy partit de ce lieu le jeudi 7. jour de Décembre ensuivant, après difner, pour aller faire fon entrée & coucher à Tarrafcon ; qui eft une belle petite ville & fort chafteau fitué fur un rocher fur le bord du Rhofne, qui eft un gros fleuve & fort facheux, qui va tomber dans la mer à huit lieues audeffoubs ladicte ville de Tarrafcon, & vis-à-vis de Beauquaire, qui eft une autre ville & fort haut chafteau de l'autre cofté de ladicte riviére du Rhofne.

En la grand églife de Tarrafcon eft enfépulturé le corps de fainéte Marthe, auquel lieu le roy feit fon entrée. Pour ce jour . . 3. lieues.

S'enfuit la harangue faicte au roy audict lieu de Tarrafcon, à fon entrée:

L'or, & l'encens, la mirre d'Arabie
Qu'au roy des roys, les roys vinrent offrir ;
Qui du monde feit ténébres fuir
Lors qu'arriva fa venue bénie,
Peu de cas eft, veu ce qu'eftoit befoing
A cil qu'avoit des lumiéres puiffance ;
Et qui plus eft accoururent de loing
Comme fubjects monftrer obéiffance :
Pareillement, Sire, fi en Provence
On a paffé ta noble majefté,
Or ou argent, & tréfors ou chevance
On t'a offert, livré, & préfenté,
Plus que cela mérite ta grandeur :
Car tu démonftre en ta jeuneffe tendre
Que plus aagé, auras de Dieu tel heur
Que tu feras par tout le monde eftendre,
Que Tarrafcon de ta noble préfence
Prent plus de bien que tu n'en pourrois prendre,
Si de tous biens te donnoient abondance,
Auras à gré, Sire, la fuplication
Du peuple tien, ce peuple obéiffant
Tarrafconois qui a très grand envie
Voir ta couronne en ton aage croiffant.

La harangue faite au roy à Tarafcon.

Ce qui eftoit à un tableau fur le portail du logis du roy au même lieu:

D'aage croiffant, de puiffance croiftra,
Et tout le rond du monde enfin tiendra
Entre fes mains, comme bien nous préfage
L'afpect & trait de fon royal vifage.

Et le roy séjourna audict lieu de Tarrascon trois jours pour faire passer tout le train de sa cour le fleuve du Rhosne, qui tous passerent en barteaux, & est un facheux passage : puis après que tout fut passé, le roy se mit à passer le lundi 11. jour du mois de Décembre ; & ledict jour sortit de Provence pour entrer en Languedoc, & alla disner & faire son entrée audict lieu de Beauquaire, qui est une belle petite ville ; & après disner s'en alla coucher à Sarignac, petite ville, où il feit son entrée. Pour ce jour . . . . 3. lieues.

Le roy passa le Rhosne.

Le mardi 12. jour dudict mois, le roy alla passer dessoubs un des bouts du pont du Gar, qui est un aqueduc & pont fort antique, que les Romains firent faire pour faire passer l'eau d'une fonteine par dessus ledict pont, pour la faire aller en la ville de Nymes ; & ledict pont est de telle hauteur qu'il y en a trois l'un sur l'autre ; les deux bouts d'icelui prennent sur deux montaignes, & par dessous passe un fascheux torrent, & au pied d'icelui il y a neuf arches, & au second onze, & au tiers treize, & fait de fort grosses pierres jointes l'une contre l'autre & sans mortier.

Le pont du Gar est fort antique.

(Gard)

Et cedict jour le roy alla disner à saint Privat, qui est un beau chasteau, près ledit pont ; puis après disner le sieur de Crusol feit apprester une belle collation de confitures au roy & à toute sa compaignie, que des nymphes présenterent, qui étoient cachées sous un grand rocher qui est à un des bouts dudict pont ; & cedict jour, le roy alla faire son entrée & coucher à Nymes, qui est une belle, bonne, & grande ville, évesché. Pour ce jour . . . . 5. lieues.

L'entrée du roy à Nymes.

Il y a en ladicte ville de Nymes de grandes & anciennes antiquitez que l'on appelle les Arenes, que les Romains feirent ainsi faire pour jouer leurs comédies, & sont faites toutes de fort grosses pierres, jointes l'une contre l'autre sans mortier ; & sont faictes en rondeur, & toutes en grands dégrez, où le peuple s'asseoit pour veoir jouer lesdictes comédies, & vont toujours en élargissant par le hault.

Amphitéatre à Nymes.

Et le mardi 13. jour dudict mois, tout le jour séjourna audict lieu de Nymes ; & le mercredi 14. jour, il vint disner & coucher à Vauvert, que l'on appelle le diable de Vauvert, qui est une petite ville & chasteau. Pour ce jour . . . . 3. lieues.

Le diable de Vauvert.

Et le jeudi 15. jour dudict mois, disner & coucher à Aiguesmortes, qui est une belle & forte ville en un marescage de mer, où le roy feit son entrée, près laquelle sont les marets & salins de Peccais où se fait le sel. Pour ce jour . . . . 3. lieues.

Aiguesmortes

Et le 16. jour dudict mois, disner audict lieu, & alla coucher à Marseillargues, belle petite ville, où il fit son entrée. Pour ce jour 3. lieues.

(Marsillargues)

Et le dimanche 17. jour de Décembre, alla disner à saint Brez, pauvre village, & coucher à Montpellier, belle & grande ville, évesché, auquel lieu feit son entrée. Pour ce jour . . . . . 4. lieues.

L'entrée du roy à Montpellier.

Le roy estant de séjour à Montpellier, alla le jeudi 28. dudict mois, disner

EN FRANCE. 17

difner à Villeneufve, qui est une petite ville près le fort de Maguelonne, qui est un fort dans un marescage de mer, auquel y a grande abondance de grandz oiseaux que l'on appelle des Flamans; & cedict jour le roy retourna coucher à Montpellier. Pour ce jour . . . . 2. lieues.

Et étant audict lieu, feit crier par la ville que tous les habitans d'icelle se trouvassent à la grand'procession générale, sur peine de cent livres d'amende, laquelle fut faite le lendemain de Noel, & y assista sa majesté; puis la tierce ferie de ladicte feste, donnerent plaisir au roy en un grand carroy, qui estoit devant son logis, d'une danse que l'on appelle la Treille, & dansoient au son des trompettes, tenant en leurs mains des cerceaux tous floris, & les danseurs tous masqués & revestus, qu'il faisoit bon veoir. Le roy séjourna audict lieu treize jours, & en partit le samedi 30. jour dudict mois, pour aller disner à Fabrigues, qui est une petite ville, & coucher à Pousant, belle petite ville, où il feit son entrée. Pour ce jour . . . . . 4. lieues.

Et le dimanche dernier jour de l'an 1564. tout le jour audict lieu de Pousant; puis le lundi 1. jour de l'an 1565. disner audict lieu, & coucher à Florensac, belle petite ville, où il feit son entrée. Pour ce jour . . 4. lieues.

Et le mardi 2. jour de Janvier, disner audict lieu, & coucher à Agde, belle & bonne ville, évesché, où le roy feit son entrée. Pour ce jour . . . . . 2. lieues.

L'entrée du roy à Agde. = 1565

Et le mercredi 3. jour dudict mois, le roy passa la rivière de l'Erault au sortir de ladicte ville, par dessus un pont faict de barques, pour aller disner à Villeneufve, qui est petite ville, près laquelle y a une grande garenne toute de regallissiers, & peuplée de connins qui sentent la regalisse quand on en mange.

+ (reglissiers) + (lapins) + reglisse

Cedict jour, le roy alla faire son entrée & coucher à Besiers, qui est une belle grand ville, évesché. Pour ce jour . . . 3. lieues.

L'entrée du roy à Besiers & Narbonne.

Et le jeudi 4. jour dudict mois, disner à Nysans, petite ville, & coucher à Narbonne, belle, grande, & forte ville, évesché, où le roy feit cedict jour son entrée. Pour ce jour . . . . 5. lieues.

Auquel lieu feit la feste des roys, & y séjourna deux jours; puis en partit le dimanche 7. jour dudict mois, pour aller faire son entrée, disner & coucher à Syjan, belle petite ville. Pour ce jour . . 3. lieues.

Et le lundi 8. jour de Janvier, disner à Locquatte, qui est une belle forteresse & derniere place de France, à quatre lieues de Parpignan: & ce dict jour retourna coucher à Syjan. Pour ce jour . . 4. lieues.

Locquatte la derniere place de France. + Leucate

Et le mardi 9. jour dudict mois, disner audict lieu, & coucher à Narbonne. Pour ce jour . . . . . 3. lieues.

Et le mercredi 10. jour dudict mois, fut tout le jour audict lieu; puis le jeudi 11. jour, alla disner à Canet, petite ville, & coucher à Mont, pauvre village & chasteau. Pour ce jour . . . 4. lieues.

Tom. I. Abel Jouan. C

VOYAGE DE CHARLES IX.

L'entrée du roy à Carcassonne.

Et le vendredi 12. jour dudict mois, disner à Barbairen, petit village, & coucher à la haulte Carcassonne, qui est une belle & forte ville, évesché, où il feit son entrée. Pour ce jour . . . . . 4. lieues.

Le roy assiégé des neiges.

Et pensoit le roy partir le samedi 13. jour qui étoit le lendemain; mais la neige vint en si grande abondance, qu'il se trouva assiégé, tant que personne n'eut ozé aller par pays, & en tomba tant qu'elle étoit en pleine campaigne de la haulteur de quatre pieds pour le moins: & en fut ainsi assiégé en ce lieu dix jours durant, pendant lesquels le roy prenoit plaisir à un bastillon qu'il fit faire tout de neige en la cour de son logis, lequel feit deffendre par ceux de sa maison, contre tous ceux des deux villes, haulte & basse Carcassonne, qui ne le sçurent jamais prendre, & se retirerent bien battus. Puis fit faire deux bandes de ceulx de sa maison; l'une pour le garder, qui estoient tous ceulx de ses gardes, & l'autre pour l'assaillir, qui étoient pages & laquais; duquel l'assault dura bien deux heures, & le gagnerent; puis après que le roy vit que les neiges se fondoient, partit de la haulte ville de Carcassonne le lundi 22. jour de Décembre après disner, pour aller faire son entrée en la basse ville, qui est une belle ville & forte, en laquelle il séjourna trois jours; puis en partit le vendredi 26. jour dudict mois, pour aller disner à Arzant, petite ville, & coucher à Montreal, belle petite ville, en laquelle il feit son entrée. Pour ce jour . . . . 3. lieues.

Et le samedi 27. jour dudict mois, disner à Proille, qui est une belle abbaye de religieuses, & coucher à Villaspic, petite ville & chasteau. Pour ce jour . . . . 3. lieues.

Le dimanche 28. jour dudict mois, disner à Ferratz, qui est un beau chasteau & baronie appartenant au seigneur de Malras; & audict lieu feit un beau festin, & un bastillon qui estoit gardé de bien soixante soldats, qui incontinent fut pris, parce qu'ils n'avoient pas levé leur pontlevis. Cedict jour, le roy alla coucher à Castelnaudarry, qui est belle & bonne ville, où le roy feit son entrée. Pour ce jour . . . 2. lieues.

Et le lundi 29. jour dudict mois, tout le jour le roy fut audict lieu, pendant lequel les habitans de la ville donnerent plaisir au roy d'une danse qu'on appelle la Martingalle, soubs les halles de ladicte ville. Et puis le mardi 30. jour dudict mois, disner à Vingnonet, qui est belle petite ville, où le roy feit entrée; & alla passer par Villefranche, qui est une belle petite ville, où il feit entrée; & alla coucher à Villenouvelle, autre petite ville, & belles maisons, où il feit entrée. Pour ce jour . . . 4. lieues.

Le mercredi dernier jour de Janvier 1565. le roy disna audict lieu; puis après s'en alla passer & faire son entrée à Baziéges & à Mongiscart, qui sont deux petites villes; & alla ledict jour coucher à Thoulouse, qui est une belle, grande, & forte ville, arcevesché, & parlement pour le pays de Languedoc. Pour ce jour . . . . 4. lieues.

Et le jeudi 1. jour de Février, le roy alla difner aux Minimes dudict lieu, qui font hors la ville ; puis après difner s'en vint en un beau théatre, qui avoit expreffément été fait pour veoir paffer les compagnies, entre lesquelles y avoit une compagnie de fept à huit cent gentilhommes du pays, qui étoient tous armez & à cheval en fort bon équipage ; & après que tout fut paffé, le roy alla faire fon entrée en ladicte ville, qui fut fort triomphante, qui étoit la vigile de la chandeleur.

L'entrée du roy à Thoulouse.

Le roy eftant de féjour audict lieu, le jeudi 8. jour dudict mois, après avoir fait quelque nombre de chevaliers de fon ordre, partit de fon logis après difner, pour aller en grand magnificence tenir fon fiége en fon palais & cour de parlement dudict lieu, comme il avoit fait aux autres. Puis les capitoulx d'icelle ville prefenterent un beau feftin au roy en la maifon de ladicte ville, le mardi 20. jour dudict mois de Février.

quelque

Et le dimanche 4. jour de Mars, le roy alla paffer la rivière de la Garonne en batteau, pour aller difner à S. Michel, qui eft un fort beau petit chafteau, & dépendant de l'arcevefché de Thoulouse ; puis après difner s'en retourna coucher en fon logis de Thoulouse. Pour ce jour 2. lieues.

Audict lieu le roy feit fon carefme prenant, lequel jour fut fait le mariage du marquis d'Alis & de madamoifelle de Curton.

S'enfuit ce que difoient les mafques au roy, lui préfentant les armes & pilliers de juftice :

 Souillé de fang les armes j'en apporte,
Pour de rechef la France renverfer,
Et en fon fein mille bandes dreffer :
Je ne veux pas pour la rendre moins forte,
La pieté & juftice que porte
Toy jeune roy, ains ton royaume cher
Soubs toy fera tout l'univers pencher,
Le chef vaincu après la guerre morte :
Donc en bonheur, prince où le ciel affemble
Tous fes tréfors & fes graces enfemble,
Reçois en don les armes de ton Mars,
Afin que toft armé de fon audace,
Victorieux les baigne dans la Trace
Au fang du Turq, & de tous fes foldats.

Mars, le dieu des batailles, baille les armes au roy.

Et le dimanche 18. jour de Mars, le roy feit faire la proceffion générale en ladicte ville, en laquelle il affifta, & y avoit de grandes richeffes ; puis ayant féjourné audict lieu quarante fix jours, en partit le lundi 19. jour dudict mois de Mars, pour aller difner à fainct Jorry, qui eft un petit village & chafteau, & coucher à Fronton, beau village & chafteau. Pour ce jour . . . . 4. lieues.

Le roy fit faire la proceffion générale.

VOYAGE DE CHARLES IX.

L'entrée du roy à Montauban.

Et le mercredi 20. jour dudict mois, difner à Clau, qui n'est qu'un petit chasteau; puis après difner alla passer la riviére du Tarn par defsus un pont de pierres, pour entrer en la ville de Montauban, qui est une belle & forte ville, évesché, où le roy feit entrée. Pour ce jour 3. lieues.

De laquelle ville le roy feit démanteler & rompre les fortifications au mois de Février & Mars audict an 1565.

Et le mercredi 21. dudict mois, disna à la Bastide del Tempe, qui est un pauvre village; puis après disner s'en alla passer la riviére du Tarn par dessus un pont de bois tout couvert, pour aller faire son entrée & coucher à Moisac, qui est une belle petite ville, entrant au pays d'Agenés. Pour ce jour . . . . . 4. lieues.

Le jeudi 22. jour, le roy alla disner à Pontuy, qui est un petit village & chasteau; puis après disner alla faire son entrée à Ballence en passant, qui est une petite ville, & coucher à la Magesterre, qui ne sont que trois pauvres maisons sur le bord de la Garonne. Pour ce jour 4. lieues.

Le roy s'embarqua sur la Garonne.

L'entrée du roy à Agen en Agenés.

Le vendredi 23. jour dudict mois, le roy s'embarqua en un beau batteau que les capitoulx de Thoulouse lui firent faire pour aller disner à la Fosse, qui est un beau chasteau; & puis s'en revint sur l'eau pour aller faire son entrée à Agen en Agenés, qui est une belle ville, bonne, & grande, & évesché. Pour ce jour . . . . . 3. lieues.

Le roy séjourna audict lieu le dimanche 25. jour de Mars, auquel jour fut faict le baptesme de l'une des filles du sieur de Montluc, que le roy & la royne tinrent & madame de Guise, & la nommerent Charlotte-Catherine.

Le roy séjourna audict lieu d'Agen trois jours; puis s'embarqua en sondict batteau le mercredi 27. jour dudict mois, pour aller faire son entrée & disner au port saincte Marie, qui est une petite ville sur le bord de ladicte riviére; puis après disner s'en revint en sondict batteau, pour aller faire son entrée & coucher à Eguillon, petite ville & chasteau, où il feit son entrée. Pour ce jour . . . . . 3. lieues.

Et le mercredi 28. jour dudict mois, disna audict lieu; puis après disner le roy s'embarqua en son batteau pour aller faire son entrée à Marmande, qui est une belle petite ville. Pour ce jour . . . . . 3. lieues.

Et le jeudi 29. jour dudict mois, disna audict lieu; puis s'en revint en son batteau pour aller faire son entrée & coucher à la Reolle, qui est une belle ville divisée en trois. Pour ce jour . . . . . 3. lieues.

Et le vendredi 30. jour dudict mois, tout le jour audict lieu. Le samedi dernier jour dudict mois, disna encore audict lieu; puis s'embarqua pour aller coucher à Quadillac, petite ville & beau chasteau, qui appartient au seigneur de Candalles. Pour ce jour . . . . . 4. lieues.

Le roy à Bordeaux.

Le dimanche 1. jour d'Avril ensuivant, disna audict lieu; puis après disner s'embarqua sur ladicte Garonne pour aller coucher à Bordeaux, bonne, grande, & forte ville, port de mer, évesché, & parlement pour la Guyenne. Pour ce jour . . . . . 5. lieues.

Et le lundi 2. jour dudict mois, tout le jour audict lieu.

Le mardi 3. jour, alla difner & coucher à Toars, qui eft un petit chafteau à une lieue de ladicte ville; auquel lieu le roi féjourna six jours, pendant lefquels l'entrée de ladicte ville de Bordeaux fe préparoit; & quand elle fut prefte, le roy partit de Toars le lundi 9. jour dudict mois d'Avril, pour aller difner à Frands qui eft une belle petite maifon; & après difner s'en alla embarquer fur la Garonne, en un batteau que les maires & jurats de ladicte ville lui envoyerent: & s'en alla defcendre au deffoubs du chafteau Trompette qui eft un fort chafteau, qui fait le coing de la ville fur le bord du port; & alla le roy defcendre à un beau théatre que ladicte ville avoit fait faire pour voir paffer les compagnies d'icelle, entre lefquelles y avoit grand nombre de Sauvages de toutes fortes, & grand nombre de navires qui feirent bien leur devoir de tirer leur artillerie; & après que toutes lefdictes compagnies furent paffées, le roy monta à cheval pour aller faire fon entrée en icelle ville, qui fut fort magnifique, & alla loger à l'évefché. Pour ce jour . . . . . 2. lieues.

Entrée du roy à Bordeaux.

Le roy eftant audict lieu, partit le jeudi 12. jour dudict mois après difner, pour aller en grande magnificence tenir fon fiége en fon palais & cour de parlement dudict lieu, comme il avoit fait ès autres lieux.

Le mercredi 18. dudict mois, le prince de Parme & le comte d'Aiguemont qui alloient en pofte en Flandres, vinrent trouver audict lieu fa majefté, où elle les reçut honorablement. Le roy feit audict lieu la fefte de pafque, qui étoit le 22. jour d'Avril, & feit féjour audict lieu vingt & trois jours; puis en partit pour prendre fon chemin de Bayonne le jeudi 3. jour de Mai enfuivant, & aller difner à Montplaifir, qui n'eft qu'une feule maifon, & coucher à Caftres, pauvre village & chafteau. Pour ce jour . . . . . . 3. lieues.

Et le vendredi 4. jour dudict mois, difner & coucher à Lengon, belle petite ville & chafteau fur le bord de la Garonne. Pour ce jour 4. lieues.

Le famedi 5. jour dudict mois, le roy alla faire fon entrée & difner & coucher à Bazas, qui eft une bonne ville & évefché. Pour ce jour . . . . 2. lieues.

Le dimanche 6. jour dudict mois, féjourna tout le jour audict lieu, durant lequel ceulx de la ville donnerent plaifir au roy de faire combattre des taureaux en une grande place, que des hommes combattoient avec de grands efguillons. Puis le lundi 7. jour, le roy alla paffer la riviére du Sirron par deffus un pont de pierre, qui s'appelle le pont de Boullas, & eft le lieu qui fait la féparation de France & des terres de Navarre. Cedict jour, le roy alla difner & coucher à Capticux, qui eft une petite ville au commencement des landes de Bordeaux. Pour ce jour . . . . 2. lieues.

Le mardi 8. jour dudict mois, le roy commença à entrer ès landes dudict Bordeaux, pour aller difner à la Traverfe, qui ne font que de deux

Le roy aux landes de Bordeaux.

maisons au milieu desdictes landes, & coucher à Roquehort, petite ville, où le roy feit cedict jour entrée. Pour ce jour . . . . . 4. lieues.

Le mercredi 9. jour dudict mois, le roy continua son chemin esdictes landes, pour aller faire son entrée & disner & coucher au mont de Marsen, qui est belle ville & chasteau. Pour ce jour . . . . . 3. lieues.

Auquel lieu le roy séjourna quinze jours; puis en partit le jeudi 24. jour dudict mois, pour continuer son chemin esdictes landes, & alla disner à Millac, petite ville, & coucher à Tartas, qui sont deux petites villes, entre lesquelles passe la Douve, qui est belle petite riviére portant batteaux, qui vont tomber dans le fleuve du Gave à deux lieues au dessus de Bayonne.

En icelle ville de Tartas, le roy feit cedict jour son entrée. Pour ce jour . . . . 4. lieues.

Auquel lieu séjourna trois jours; puis en partit le lundi 28. jour dudict mois, pour aller disner à Pouton, qui est un beau village; puis après disner sortit desdictes landes, pour aller passer la Douve par dessus un pont de pierres pour faire son entrée à Dax, qui est une belle & forte ville, évesché, en laquelle y a des bains les plus beaux que l'on peut voir, qui rendent fort grande abondance d'eau toute bouillante. Pour ce jour . . . . 4. lieues.

L'entrée du roy à Dax.

Et le mardi 22. jour dudict mois de Mai, le roy alla disner à Saubuse, qui est un pauvre village sur le bord de la Douve; puis après disner s'embarqua sur ladicte riviére, pour aller coucher à Bayonne, qui est une grande, forte, & derniere ville de France, & chasteau, évesché. Pour ce jour . . . . 7. lieues.

Et le dimanche 3. jour de Juin, le roy s'embarqua sur le fleuve du Gave qui passe au pied de ladicte ville, en un batteau que messieurs d'icelle lui firent faire, & alla disner à la Housse, une petite abbaye cachée en un bois, & après disner s'en revint en son batteau descendre au bout du pont en un beau théatre qui avoit été fait pour voir passer les compagnies de ladicte ville de Bayonne, toutes en armes & bon équipage : & après que tout fut passé, le roy feit son entrée, qui fut fort belle. Pour ce jour . . . . . . 2. lieues.

Le roy à Bayonne.

L'entrée du roy à Bayonne.

S'ensuit ce qui étoit escrit en quatre tableaux, qui étoient séparez en quatre endroits le jour de ladicte entrée.

Ce qui estoit sus le portail de la ville, où ladicte ville estoit pourtraicte.

Du hault des cieux jadis je fus esleue
Pour aux Gaullois rendre fidélité :
Donc, ô mon roy, tiltre de non pollue
Jusques ici sans fléchir ai porté :

Maints portz marins foubs mes droits ai dompté,
Et bien qu'encor Teris me tienne ancrée,
Ores je tombe, & penche d'un cofté
Sans le fuport de votre main facrée :
Votre grandeur oultre paffe les undes
De l'occean, & me peut exceller
Le hault fuccez de vos graces fecondes
Sur Macedon defirons exceller.

Ce qui eftoit au bout du fecond pont.

Entrez, entrez, ô Charles de Vallois,
Roy excellent, plein de magnificence,
Icy le peuple eft mis deffoubs vos loix,
Reçoit foulas voyant vôtre préfence.

Ce qui eftoit à un portail en la ville, auquel ladicte ville eftoit pourtraicte; & un Mars ayant les deux pieds fur deux colonnes.

Un Mars guerrier icy jadis tenoit
En fon pouvoir les colonnes Alcides,
Et plufieurs ports foubs fa force obtenoit,
Bayonne, alors opulente en fubfides,
Roy excellent, Mars, Céfar, & Achilles,
En loz chrétien ores vous furpaffez
Et votre efprit en graces tant fertilles
Monftre vos faits de vertu compaffez.

Ce qui eftoit fus un portail près le logis du roy, auquel eftoit pourtraicte la royne & fes fix enfans; à la dextre eftoit le roy, puis monfieur d'Anjou, & monfieur d'Alencon à la feneftre, & eftoit la royne d'Efpagne, puis madame de Lorraine & madame Marguerite.

C'eft à l'entour de royale couronne
Que le jardin Efperien floronne :
Ce font les fruits de Sibelle feconde
Qui aujourd'huy ne trouve fa feconde :
Ce font rameaux vigoreux & puiffans ;
Ce font fleurons en vertu verdiffans,
Royne fans pair, de grace décorée
Vous furmontez Pallas, & Citharée.

S'enfuit un autre épigramme, qui fut mis à la porte d'Espaigne, quand ladiète royne d'Espaigne fit son entrée en ladiète ville.

>Elizabeth, de roy'fille excellente,
>Vous avez joinct un jour deux roys puissans;
>France & l'Espaigne en gloire permanente
>Extolleront vos aages triomphans:
>Oncques ne fut plus belle la venue
>Du clair soleil, après l'obscure nuit,
>Que vôtre grace en vertu maintenue
>Qui en paix a le fort de Mars réduict.

<small>Monsieur d'Orleans s'en va au devant de la royne d'Espaigne.</small>

Le roy faisant séjour à Bayonne, monsieur d'Orleans son frere le laissa audict lieu le samedi 9. jour de Juin, pour aller en poste, accompaigné de grands seigneurs qui estoient tous habillez de ses livrées, au devant de la royne d'Espaigne leur sœur, jusques à dix lieues dans Espaigne près Thoulouzette. Le roy feit audict lieu la feste de pentecouste;

<small>Il s'étouffa des gens en presse.</small>

auquel lieu se trouva si grande abondance de peuple & principalement d'Espaignols, qui s'estoient amassez pour se faire toucher, qu'en passant une porte se pressérent tant, qu'il s'en étouffa bien vingt-cinq ou trente. Le roy feit aussi audict lieu les festes de Trinité, la feste-Dieu, & la S. Jean-Baptiste; & partit dudict lieu de Bayonne le mardi 12. jour de Juin après disner, pour aller coucher à S. Jean de Luz, qui est un fort beau village, port de mer, lequel avoit été bruflé par les Espaignols, en l'an 1557. beau lieu de plaisir sur le bord de la grand mer. Pour ce jour . . . . 3. lieues.

Et le mercredi 13. jour, tout le jour audict lieu, pendant lequel feit mettre une galeace en mer, qui fut baptifée, & la nomma la Caroline; & le jeudi 14. jour de Juin, partit dudict lieu de sainct Jean de Luz après disner, avec la royne sa mere, qui estoient bien accompaignez des princes & grands seigneurs de France, pour aller recevoir la royne d'Espaigne jusques au dernier pas de son royaume à un lieu appellé Endaye

<small>Reception de la royne d'Espaigne.</small>

ou Boyvie, auquel y a une petite riviére qui faict la séparation de France & d'Espaigne, le tout près Fontarabie, qui est une belle & forte ville, appartenant au roy d'Espaigne par force; & audict lieu le roy mena son régiment qu'il a toûjours mené avecques lui en tout ce voyage, qui estoient dix compagnies de gens de pied, desquelles étoient coronel le seigneur Stroffe. En sondict voyage menoit aussi avecques lui quatre comgnies d'hommes d'armes & une de chevaulx legers. En ce même lieu de Boyvie, le roy mena lesdictes compagnies, desquelles en mourut cinq ou six qui estoufferent en leurs armes, à cause de la grande chaleur qu'il faisoit, & si n'avoient que deux lieues à faire; & audict lieu le roy feit faire

(Endaye)
(Béovie)

faire une belle feuillée sur le bord de ladicte riviére, en laquelle feit apprefter une fort belle & riche collation de jambons de Mayence & langues de
bœuf, fervelat, paftez, de toutes fortes de fruicts, falades, confitures,
& grande abondance de bon vin. Audict lieu le roy attendit la royne
d'Efpaigne, qui difna à un village qui s'appelle Airon qui eft delà l'eau.
Et puis après qu'elle eût difné, commença à defcendre la montaigne
pour venir trouver le roy, accompagné de bien trois cents archers à
cheval, de la garde du roy fon mari, & une enfeigne de gens de pied,
qui tous vindrent fur le bord de l'eau; & quand les foldats François les
virent, commencerent à faire de magnifiques efcopetteries; & alors que
le roy la vit fur le bord de l'eau, s'embarqua pour l'aller recevoir au milieu ladicte riviére, laquelle avec grande careffe entra au batteau du roy,
& tous s'en vinrent raffrefchir fous ladicte feuillée, auquel lieu furent bien
une heure; pendant tabourins, trompettes, haultbois fonnoyent en
grande mélodie de toutes parts; puis quand ils furent prefts à partir, le
roy feit préfenter une belle hacquenée blanche à la royne fa fœur, & s'en
vinrent tous enfemble à S. Jean de Luz. Pour ce jour . . . . 4. lieues.

Ladicte royne d'Efpagne eftoit accompagnée du duc d'Albe, lequel
apporta l'ordre que le roy d'Efpagne envoyoit au roy, qui eft la toifon
d'or, laquelle le roy porta le jour de la fefte-Dieu à vefpres, & étoit affis
avec ladicte royne, le duc de Saulne, & le duc de Jafzars, & le comte
de Benevente, l'arcevefque de Pampelune, & la comteffe de Araigne,
laquelle fervoit ladicte royne de bailler à boyre, car elle n'eft fervie à
table que de dames.

Le vendredi 15. jour de Juin, le roy laiffa à S. Jean de Luz la royne
fa mere, monfieur fon frere, avec toute la troupe Efpaignole, & s'en
alla difner à Bayonne, pour faire apprefter l'entrée de la royne fa fœur,
laquelle partit dudict lieu après difner pour venir fe raffrefchir à une belle feuillée, qui eft à un jardin hors la ville, qui s'appelle Paradis, auquel
lieu lui fut préfentée une collation telle comme la fufdite; puis au fortir
de ce lieu, ladicte royne d'Efpaigne monta fur une belle hacquenée
blanche, de laquelle le harnois eftoit prifé à quatre cents mille ducats,
qui eft celle mefme que le roy fon mary lui donna quand il l'a reçut: &
cedict jour ladicte royne alla faire fon entrée en ladicte ville de Bayonne,
laquelle fut fi longue qu'il fallut avoir des flambeaux & torches, parce
qu'il étoit bien neuf heures du foir quand elle entra en icelle. Pour ce
jour . . . . 3. lieues.

Et audict lieu le roy tint maifon ouverte aux Efpaignols de toutes chofes. Au même temps vint une ambaffade du Turcq, pour demander au
roy un port de mer en Provence, pour raffrefchir leur armée, au cas qu'ils
ne prinffent la place de Malthe qu'ils tenoient affiégée. Et le lundi 18.
jour dudict mois, le roy alla difner à S. Bernard, qui eft une petite abbaye de femmes, auquel lieu il reçut ladicte ambaffade; puis retourna

Tom. I. Abel Jouan. D

coucher à Bayonne. Et le samedi 23. jour dudict mois, le roy s'embarqua après disner avec la troupe Espaignole, pour aller souper en l'isle d'Aiguemeau, qui est une isle où il n'y a pas une maison. Et pour cette cause la royne y feit faire une belle feuillée qui coustat un grand denier, & un festin au souper, auquel les grands seigneurs & dames portoient la viande, & estoient habillés en bergers & bergeres; puis après souper qui estoit la vigile S. Jehan-Baptiste, s'embarquerent pour aller veoir le plaisir du feu de la Jouannée, qui fut magnifiquement faict au milieu du fleuve de Gave, & y avoit tout du long de ladicte riviére des balenes, daulphins, tortues, & sereines, toutes contrefaites en artifice de feu, qui fut un grand plaisir; & s'arrêterent tant à veoir ledict plaisir, qu'il estoit bien deux heures après minuict quand ils furent retirez en leurs logis à Bayonne. Pour ce jour . . . . . 2. lieues.

Tournoy de Bayonne.   En ladicte ville le roy feit préparer un beau & grand champ pour faire le tournoy, à l'encontre duquel y avoit de beaux théatres pour mettre les dames & damoiselles, & aux deux bouts d'icelui y avoit un grand portail pour faire entrer les compagnies, lequel fut ouvert le lundi 25. jour dudict mois, dans lequel y avoit environ 25. maistres de camp à cheval, l'épée nue au poing, tous habillés d'une parure qui estoit de toile d'or, lesquels estoient les princes & grands seigneurs; & audict combat n'avoit que deux compaignies, qui estoit celle du roy & de monsieur son frere, & en chacune compaignie n'avoit que huict hommes d'armes, bien en poinct avec leurs coustilles. Dont la compaignie du roy commença; & entra un beau, grand, & riche chariot triumphal, tout revestu de toile d'or, lequel cheminoit dans les nues, & estoit mené avec quatre belles hacquenées blanches; au plus haut d'icelui étoit la déesse Venus, tenant son brandon de feu, & au plus bas estoient des jeunes enfants habillez en Mercures, chantant & en faisant le tour du camp; la déesse envoyoit d'eschaffault en eschaffault par ses Mercures les faveurs de celui pour qui estoit ledict chariot aux dames & damoiselles, tant d'Espaigne que de France; puis quand ledict chariot eût fait le tour du camp, se retira à un des bouts d'icelui. Puis entra l'autre chariot du côté de monsieur, tout de même l'autre, fors les couleurs qui étoient différentes aux autres: car ils étoient revestus de toile d'argent, au hault duquel étoit Cupido, le dieu d'amours, avec autres Mercures, qui tous alloient chantants; & en faisant le tour du camp envoyent pareillement aux dames & damoiselles les faveurs de celui à qui estoit ledict chariot; puis ayant fait le tour dudict camp, se retira à un des bouts pour faire entrer les susdictes compagnies. Desquelles celle du roy entra la premiere, fort bien en poinct, & celle de monsieur de l'autre costé, lesquelles le roy & monsieur conduisoient en armes, & se combattirent à l'épée seulement; & dura ledict combat bien trois heures; à l'issue d'icelui, l'on feit tirer grande quantité d'artillerie & feux artificiels.

EN FRANCE.

Les autres jours prenoient plaisir à faire autres combats en salle & à faire jouer comédies. La royne d'Espaigne demeura dix-sept jours à Bayonne, & le roy y demoura trente trois jours; puis en partirent tous ensemble le lundi 2. jour de Juillet ensuivant après disner, pour aller coucher à S. Jehan de Luz. Pour ce jour . . . . 3. lieues.

Et le mardi 3. jour dudict mois, disna audict lieu; puis après disner le roy & tous les Espaignols partirent ensemble pour aller conduire ladicte royne d'Espagne, jusqu'au même lieu qu'ils l'avoient reçue, duquel lieu le roy s'en retourna coucher à S. Jehan de Luz à quatre lieues; & la royne sa mere passa la riviére pour aller coucher avec la royne sa fille au village de Heron; duquel lieu s'en retourna le lendemain après disner coucher à S. Jehan de Luz; & monsieur d'Orleans retourna conduire ladicte royne d'Espaigne jusques à Sergouses, qui est une ville quinze lieues en Espaigne, duquel lieu il fut de retour à S. Jehan de Luz où le roy l'attendoit le 19. jour dudict mois; & y séjourna huict jours, pendant lesquels print plaisir à se faire pourmener à la grand mer avec des barques, & à voir danser les filles à la mode de Basque, qui sont toutes tondues, celles qui ne sont point mariées; & ont toutes chacun un tabourin faict en maniére de crible, auquel y a force sonnettes, & dansent une danse qu'ils appellent les Canadelles, & l'autre le Bendel.

La royne d'Espaigne hors de France.

(Jean)

Les filles du pays sont toutes tondues.

Et le mercredi 11. jour de Juillet, le roy partit de S. Jehan de Luz, pour aller disner & souper à Bierry, qui est un beau village sur le bord de la mer, auquel lieu l'on prend les balenes; puis après souper le roy alla coucher à Bayonne. Pour ce jour . . . . 3. lieues.

Et le jeudi 12. jour dudict mois, le roy s'embarqua au sortir de Bayonne sur le fleuve de Gave, pour venir disner à Hurt, qui ne sont que deux maisons sur le bord de ladicte riviére; puis après disner se remit en son batteau pour aller coucher à Bidach, qui est un beau village & chasteau en Byarn, appartenant au sieur de Grammont; & cedict jour faisoit si grand chault, qu'il mourut plusieurs personnes & chevaulx, à cause de la chaleur & du long & fascheux chemin. Pour ce jour 6. lieues.

Il mourut des personnes de chault.

Et le vendredi 13. jour dudict mois, disner & souper audict lieu; puis après souper le roy alla coucher à Perrehorrade, qui est une petite ville & chasteau. Pour ce jour . . . . . 1. lieue.

Et le samedi 14. jour dudict mois, disner & coucher à Dax. Pour ce jour . . . . . . 4. lieues.

Auquel lieu le roy séjourna trois jours; puis en partit le mardi 17. jour dudict mois, pour venir disner & coucher à Tartas. Pour ce jour . . . . 4. lieues.

Et le mercredi 18. jour du mois de Juillet, disner & coucher au mont de Marsan. Pour ce jour . . . . . 4. lieues.

Auquel lieu les seigneurs des cantons de Suisses attendoient le roy pour renouveller la bonne alliance, laquelle fut faicte audict lieu, auquel

L'alliance des Suisses.

D ij

le roy leur feit de beaux festins, & y séjourna cinq jours ; puis en partit le lundi 23. jour dudict mois, pour aller disner & coucher à Cazaire, qui est une belle petite ville.

Audict temps faisoit si grand chault, que le roy étoit contrainct de cheminer la nuit. Pour ce jour . . . . . . 3. lieues.

Et le mardi 24. jour dudict mois, disner & coucher à Noguero, petite ville, en laquelle le roy feit entrée. Pour ce jour . . . 3. lieues.

Et le mercredi 25. jour dudict mois, alla disner & coucher à Yauze, qui est une petite ville, en laquelle le roy feit entrée. Pour ce jour . . . . 2. lieues.

Et le jeudi 26. jour dudict mois, disner & coucher à Montreal, petite ville en Gascongne, assise sur une haulte montaigne, auquel lieu le roy feit entrée. Pour ce jour . . . . . 2. lieues.

L'entrée du roy à Condon en Gascongne.

Le vendredi 27. jour dudict mois, le roy partit de Montreal, pour aller faire son entrée, disner, & coucher à Condon, qui est une belle, grande, & forte ville, & évesché. Pour ce jour . . 2. lieues.

Et le samedi 28. jour dudict mois de Juillet, le roy partit de Condon pour aller son entrée, disner, & coucher à Nerac, qui est une belle ville & chasteau appartenant à la royne de Navarre. Pour ce jour . . 3. lieues.

Auquel lieu le roy séjourna quatre jours, duquel lieu partit le mercredi 1. jour d'Aoust, pour aller disner & coucher à Buzet, petite ville & chasteau sur montaigne. Pour ce jour . . . 2. lieues.

Et le jeudi 2. jour dudict mois, le roy alla passer la riviére de la Garonne en batteau, pour aller entrer au pays d'Agenois ; & alla faire son entrée, disner, & coucher à Thonintz, qui sont trois petites villes joignant l'une autre. Pour ce jour . . . . 2. lieues.

Et le vendredi 3. jour dudict mois, disner & coucher à Verteuil, petite ville. Pour ce jour . . . . . . 2. lieues.

Et le samedi 4. jour dudict mois d'Aoust, disner & coucher à Losun, petite ville & beau chasteau. Pour ce jour . . . 3. lieues.

Le baptesme d'une fille.

Auquel lieu fut fait le baptesme de la fille d'une des filles du sieur de Losun, laquelle le roy & la royne sa mere tinrent, & madamoiselle du Lude, & la nommerent Charlotte-Catherine, & estoit le dimanche 5. jour dudict mois ; & le roy séjourna audict lieu quatre jours ; puis en partit le mercredi 8. jour dudict mois, pour aller passer la riviére de la Dordonne par dessus un pont de bois tout couvert de belle toile blanche, & en passant ledict pont, feit son entrée, disna, & soupa à Bergerac, qui est une belle & bonne petite ville, & premiere ville du Perigort. Pour ce jour . . . . 4. lieues.

Le jeudi 9. jour dudict mois, disner & coucher à Laugat, qui est un petit chasteau dans un bois. Pour ce jour . . . . 4. lieues.

Et le vendredi 10. jour dudict mois, le roy alla en passant faire son entrée à Mensiden, qui est une belle petite ville. Au sortir d'icelle passa la riviére de l'Isle, & alla disner & coucher à Ribera, qui est un beau & grand village & chasteau sur montaigne, Pour ce jour . . 4. lieues.

Et le samedi 11. jour dudict mois, disner & coucher à Rochebeaucourt, petite ville & beau chasteau. Pour ce jour . . . . 4. lieues.

Et le dimanche 12. tout le jour audict lieu.

Le lundi 13. jour d'Aoust, disner à la Tour-Garnier, qui est une belle maison, près Angoulesme; puis après disner le roy alla faire son entrée en ladicte ville d'Angoulesme, qui est une belle, grande, & forte ville, évesché, & chasteau. Pour ce jour . . . . . . 4. lieues. *L'entrée du roy à Angoulesme.*

Et le jeudi 16. jour dudict mois, le roy alla disner à la Thouvre, qui est un village & chasteau, auquel lieu y a grande abondance de fontaines, abysmes desquelles on ne peut trouver le fonds; & d'icelles sort si grande abondance d'eau, que dès le même lieu se faict une grosse riviére qui s'appelle la Thouvre, & va tomber en la Charente deux lieues audessoubs, laquelle est toute couverte de cignes, bordée d'escrivisses, & pavée de truittes les meilleures que l'on sçauroit manger, & y a des gardes pour les garder comme aux forests du roy. *Les fonteines & abysmes de la Thouvre.*

Audict lieu le roy feit faire une feuillée sur le bord desdictes fontaines, en laquelle il disna, pour en disnant avoir le plaisir de voir pescher des truittes à des hommes qui en prenoient grande abondance, & se feit emmener devant lui bien huict ou neuf vingt cignes tout en une troupe; puis le roy s'en retourna coucher audict lieu d'Angoulesme. Pour ce jour . . . . 2. lieues.

Auquel lieu séjourna quatre jours; puis en partit le samedi 18. jour dudict mois, pour aller faire son entrée & disner à Chasteauneuf, qui est une belle petite ville & fort chasteau; puis après disner le roy alla passer la Charente en batteau, pour aller coucher à Jarnac, petite ville & chasteau. Pour ce jour . . . . . 4. lieues.

Auquel lieu le roy séjourna deux jours; puis en partit le mardi 21. jour d'Aoust, pour aller passer la Charente en batteau, & alla faire son entrée, disner, & coucher à Coignac, qui est une petite ville & beau chasteau, qui est de la maison d'Angoulesme. Pour ce jour . . 2. lieues. *L'entrée du roy à Coignac.*

Et le samedi 25. jour d'Aoust, disner à Lonza, qui n'est qu'un petit village appartenant au comte Ringrave; puis s'en retourna coucher à Coignac. Pour ce jour . . . . . . 4. lieues.

Auquel lieu de Coignac le roy séjourna onze jours; puis en partit le samedi 1. jour de Septembre ensuivant, pour aller disner au port Chauveau, qui ne sont que deux ou trois maisons, qui sont le commencement du pays de Xaintonge. Et cedict jour, le roy alla passer la Charente par dessus un pont, au bout duquel y a deux grandes arches fort haultes & antiques, qui sont du temps que les Romains tenoient ce pays, & s'appelle la tour de Montrubel. Au sortir d'icelui, le roy feit son entrée à Xaintes, qui est une belle ville & évesché. Pour ce jour . . . 5. lieues. *L'entrée du roy à Xaintes.*

VOYAGE DE CHARLES IX.

Et de l'autre costé d'icelle ville y a de grandes & anciennes antiquitez qui s'appellent les ars, tout de même celles qui sont à Nymes.

Et le dimanche 2. jour dudict mois séjourna tout le jour audict lieu de Xaintes.

Le lundi 3. jour dudict mois, alla disner à Cormoreau, petit village; & après disner le roy alla passer par le Mesnil & par sainct Just, qui sont deux beaux villages à une lieue l'un de l'autre, desquels les habitans, qui sont tous mariniers, vinrent en bon équipage, tous habillez de velours de couleur, ayant les enseignes desployées & force artillerie, pour recevoir & faire honneur au roy; & alla cedict jour coucher à Marennes, qui est un beau & grand village, auquel les habitans d'icelui vinrent aussi en fort belle ordonnance pour recevoir le roy; & y feit son entrée comme en une ville. Pour ce jour . . . . . . 7. lieues.

A l'entour de cedict lieu de Marennes y a bien l'espace de vingt-cinq ou trente lieues de salines, les plus belles que l'on peult voir au monde.

L'entrée du roy à Marennes & les belles salines du lieu.

Par delà ledict lieu y a des isles, entre lesquelles y en a une qui est fort belle, & a dix lieues de long & sept de large, où il y a une belle ville & fort chasteau, le tout une lieue avant en pleine mer, & s'appelle l'isle d'Oleron.

Et le mardi 4. jour dudict mois de Septembre, le roy ne bougea de Marennes; pendant lequel les habitans, tant dudict lieu, que des villages circonvoisins, s'assemblerent tous en fort belle ordonnance, qui estoient bien de six à sept mille hommes, qui tous vinrent passer par devant le logis du roy, ausquels le roy print plaisir.

Et le mercredi 5. jour dudict mois, le roy partit de Marennes pour aller disner & voir un beau port de mer, auquel lieu l'on a faict une nouvelle ville qui s'appelle le Broage, auxquels lieux s'amasserent tous les habitans, tant dudict lieu, que des villages circonvoisins, en fort belle ordonnance, & tirerent d'artillerie des vaisseaux qui estoient dedans ledict port, qui en ne prenant pas garde à eux tuerent deux hommes, & en blesserent quelques autres.

Les hommes du lieu en belle ordonnance.

Et puis après disner, les mariniers donnerent plaisir au roy d'un combat des vaisseaux contre vaisseaux sur la mer, que en ce faisant, bruslerent une de leurs navires; & après le roy s'en retourna coucher à Marennes. Pour ce jour . . . . 2. lieues.

Et le jeudi 6. jour dudict mois de Septembre, tout le jour audict lieu, pendant lequel s'assembla bien huict ou neuf cents personnes à l'église dudict lieu, pour soy confesser & faire leurs pasques; laquelle chose ne pouvoient faire, le roy estant absent, à cause que les principaux du lieu estoient de la religion prétendue reformée; que nous appellons huguenots. Plus ce même jour fut baptisé pareillement grand nombre d'enfans, desquels il y en avoit de si grands, qu'ils répondoient au prestre en les baptisant; le roy assista à la plus grand part, & en fit nommer de son nom, aussi la royne & madame.

Il fut baptisé des enfans en grand nombre.

Le vendredi 7. jour dudict mois, alla difner à Cormoran, & coucher à Xaintes. Pour ce jour . . . . . 7. lieues.

Et le famedi 8. jour dudict mois, tout le jour audict lieu de Xaintes & le dimanche, le lendemain pareillement, lequel jour le roy feit faire la grande proceffion générale, à laquelle il affifta ; puis le lundi 10. jour de Septembre, difner à Brifembourg, petit village & chafteau ; puis après difner le roy alla paffer la rivière de la Boutonne aux faulxbourgs de S. Jehan d'Angely, & la paffa par deffus un pont de bois nouvellement faict, & alla faire fon entrée & coucher en ladicte ville de fainct Jehan d'Angely, qui eft une belle & bonne ville. Pour ce jour 5. lieues.

Le mardi 11. jour dudict mois, tout le jour audict lieu de S. Jehan.

Et le mercredi 12. jour dudict mois, difner à Parenfes, qui eft un pauvre village & chafteau, & coucher à Surgeres, autre beau village & fort chafteau. Pour ce jour . . . 5. lieues.

Et le jeudi 13. jour dudict mois, difner à la Jarrie, qui eft un beau & grand village, & coucher à une petite abbaye, qui eft aux faulxbourgs de la Rochelle. Pour ce jour . . . . 5. lieues.

Le vendredi 14. jour dudict mois de Septembre, difner audict lieu ; puis après difner s'alla mettre à un théatre qui lui avoit été apprefté devant la porte de ladicte abbaye, pour voir paffer en armes les compagnies de ladicte ville de la Rochelle, qui eftoient en grand nombre & bon équipage : quand ils furent tous paffez, le roy alla faire fon entrée en ladicte ville ; qui eft une belle & forte ville, & port de mer, à l'entour de laquelle y a grand nombre de fort belles vignes & des falines.

L'entrée du roy à la Rochelle.

S'enfuit ce qui eftoit en un tableau fur le portail du logis du roy, en ladicte ville de la Rochelle :

> Les Rocheloys chantent l'heur immobile
> D'une chrétienne & notable Sibyle,
> Qui par prudence ordonne un fi grand bien
> Au roy Gaulois, qu'au champ Elizien
> Au fein de paix ores il fe repofe,
> Et à fes voix fon peuple fe difpofe.

Le roy féjourna en ladicte ville de la Rochelle trois jours ; puis en partit le mardi 18. jour dudict mois, pour aller difner à Benon, qui eft un pauvre village & chafteau, & coucher à Mozé, beau & grand village & chafteau. Pour ce jour . . . . 7. lieues.

Le mercredi 19. jour dudict mois, difner à Fontenay-le-Battu, qui eft un petit village & chafteau, & le commencement du pays de Poictou. Cedict jour coucher à Nyort, qui eft une belle & bonne ville, première ville de Poictou ; en laquelle le roy feit cedict jour fon entrée. Pour ce jour . . . . . . 4. lieues.

L'entrée du roy à Nyort.

VOYAGE DE CHARLES IX.

Le jeudi 20. jour dudict mois, difner à Echeroé, pauvre village, au fortir duquel le roy paffa la riviére de la Seure par deffus un pont de pierre nouvellement faict, & alla coucher à Chantdenier, qui eft un beau & grand village. Pour ce jour . . . . 4. lieues.

Et le vendredi 21. dudict mois, difner à Baubarre, qui n'eft que une petite meftairie; puis après difner alla paffer par devant Parthenay, qui eft une belle ville fur montaigne, & alla coucher à la Rochefaton, qui n'eft qu'un petit châfteau. Pour ce jour . . . . 7. lieues.

Le famedi 22. jour dudict mois, difner à Heruaut, qui eft belle petite ville, & coucher à Oueron, petite village & beau chafteau, qui eft à monfieur de Boifi. Pour ce jour . . . . 5. lieues.

Le roy féjourna deux jours audict lieu d'Oueron, & en partit le mardi 25. jour dudict mois de Septembre, pour aller faire fon entrée & difner à Thouarts, qui eft une belle petite ville & chafteau appartenant au feigneur de la Tremoille, lequel envoya au devant du roy jufqu'à une demie lieue hors la ville bien huict ou neuf cents grifons, qui font les Poitevins, c'eft-à-dire, les bonnes gens des champs du pays, qui étoient fes fubjects. Le roy alla difner au chafteau du feigneur de la Tremoille, auquel il feit un beau feftin; puis après difner fut fait le baptefme de la fille dudict feigneur de la Tremoille, laquelle le roy & la royne fa mère nommerent Charlotte-Catherine; à l'iffue du baptefme fut préfentée une belle collation de toutes fortes de confitures; puis le roy s'en retourna coucher à Oueron. Pour ce jour . . . . 4. lieues.

Auquel lieu féjourna trois jours, pendant lefquels prenoit plaifir aux danfes que l'on appelle les branles de Poitou; puis en partit le mercredi 26. dudict mois de Septembre après difner, pour aller faire fon entrée & coucher à Loudun, qui eft une belle ville & chafteau. Pour ce jour . . . . 3. lieues.

Le jeudi 27. jour dudict mois, difner à Seaulx, qui eft un pauvre village, & coucher à Champigny, qui eft un beau village & beau chafteau, qui appartient à monfieur de Montpenfier. Pour ce jour 4. lieues.

Auquel lieu le roy féjourna trois jours pour faire la fefte de S. Michel; puis en partit le lundi 1. jour d'Octobre enfuivant audit an 1565. pour aller difner à Marfé, qui eft un petit village & chafteau, & coucher à Chavigny, qui eft un fort beau chafteau. Pour ce jour . . . . 5. lieues.

Le mardi 2. jour dudict mois, difna audict lieu, & coucha à Frontevaux, qui eft un beau village & belle grande abbaye des religieufes de France. Pour ce jour . . . . 2. lieues.

Le mercredi 3. jour dudict mois, difna & coucha à Brezé, qui eft un fort beau petit chafteau, auquel lieu ledict feigneur de Brezé tint cedict jour maifon ouverte à tous venans. Pour ce jour . . . . 2. lieues.

Le jeudi 4. jour dudict mois, difna à Doué, qui eft un beau & grand village,

village, & coucher à Martigny-Bryant, petit village & chasteau. Pour ce jour . . . . 5. lieues.

Le vendredi 5. jour dudict mois, disner à Alenson, qui est un pauvre village & petit chasteau, & coucher à Brissac, grand village & beau chasteau situé sur un rocher. Pour ce jour . . . . 3. lieues.

Le lendemain 6. jour dudict mois, disner audict lieu de Brissac, & coucher à Gonnor, beau village & chasteau. Pour ce jour . . 4. lieues.

Et le dimanche 7. jour, tout le jour audict lieu.

Le lundi 8. jour dudict mois, disner à Chemilly, petite ville, & coucher à Jallays, grand village. Pour ce jour . . . . 4. lieues.

Le mardi 9. jour dudict mois d'Octobre, le roy alla disner à Beaupreau, qui est un village & chasteau, auquel étoit fort malade feu monsieur le prince de la Roche sur Yon, lequel décéda le lendemain. Et pour cette cause de maladie, le roy ne voulut pas disner audict chasteau, & alla disner à une grande salle triumphale, laquelle avoit été expressément apprestée dedans le parc, y pensant faire de beaux festins; puis après disner, le roy alla coucher à la Regrepiere, qui est une belle petite abbaye de religieuses. Pour ce jour . . . . . 5. lieues.

La mort du prince de la Roche sur Yon.

Et le mercredi 10. jour dudict mois, disner audict lieu, & coucher au Loron-Bottreau, petite ville & chasteau, lequel fait la séparation d'Anjou & de Bretagne. Pour ce jour . . . . 3. lieues.

Et le jeudi 11. jour dudict mois, le roy alla passer la rivière de Loine en batteau au port de la Chebiette, & alla disner à Thoret, qui est un beau petit chasteau; puis après disner alla prendre son chemin tout du long des grands prairies de Nantes, qui sont fort belles, & alla coucher en ladicte ville de Nantes, qui est bonne & forte ville & chasteau, port de mer, & évesché. Pour ce jour . . . . . 3. lieues.

Le vendredi 12. jour du mois d'Octobre, le roy partit de son logis du chasteau, pour aller disner à la Fosse, qui est aux faulxbourgs de ladicte ville sur le bord du port; & après disner s'en alla mettre en un beau théatre qui lui avoit été préparé au même lieu, pour voir passer en armes les compaignies de la ville, qu'il faisoit bon voir. Et après que tout fut passé, monta à cheval pour aller faire son entrée en ladicte ville, qui fut fort belle, en laquelle ville séjourna trois jours, pendant lesquels print plaisir aux danses que l'on appelle le trihori de Bretaigne, & les guidelles, & le passepied, & le guilloret; & puis partit dudict lieu de Nantes le lundi 15. jour dudict mois d'Octobre, pour aller disner à la Gallochette, qui n'est qu'une maison seule, & coucher au château de Joué, qui est un seul chasteau. Pour ce jour . . . . 6. lieues.

L'entrée du roy à Nantes en Bretaigne.

Et le mardi 16. jour dudict mois, disner à Maidon, qui est un pauvre village, & coucher à Chasteau-Briand, qui est une petite ville & chasteau, appartenant à monsieur le connétable. Pour ce jour 4. lieues.

Et le roy étant de séjour audict lieu de Chasteau-Briand, lui vinrent

Tom. I. Abel Jouan. E

nouvelles le samedi 20. jour dudict mois d'Octobre, que les Turcs avoient quitté le siége de Malthe qu'ils tindrent assiégée environ quatre mois, & s'estoient retirez avec grande perte de leurs gens, jusques au nombre de 38000. hommes, desquelles nouvelles le roy fut si joyeux, qu'il en seit faire un feu de joye.

Le dimanche ensuivant 21. jour dudict mois d'Octobre 1565. le roy séjourna audict lieu dix huit jours, & y seit la feste de la Toussaints ; puis en partit le samedi 3. jour de Novembre ensuivant, pour aller disner au bourg Delbret, qui est un pauvre village, & coucher à la Motte, qui est un petit chasteau en un bois. Pour ce jour . . . . 3. lieues.

Et le dimanche 4. jour dudict mois, disner à Candé, qui est un grand village, & coucher au Lorou, qui est un petit village. Pour ce jour . . . . 5. lieues.

Le lundi 5. jour, disna à la Touche-aux-asnes, qui ne sont que deux petites maisons, & coucher à Angers, qui est une belle, grande, bonne ville, & fort chasteau, évesché. Pour ce jour . . . 4. lieues.

L'entrée du roy à Angers. Et le mardi 6. jour, le roy partit de son logis du chasteau d'Angers, pour aller disner à l'abbaye sainct Nicolas, qui est aux faulxbourgs de la ville ; puis après disner s'alla mettre en un beau théatre qui lui avoit été préparé près la porte de la ville, pour veoir passer les compagnies ; puis après seit son entrée en ladicte ville qui fut fort belle. Pour ce jour 1. lieue.

Et le mercredi 7. jour dudict mois, disna audict lieu d'Angers, & coucha au Verger, qui est un fort beau chasteau, qui appartient au sieur de Guimenay. Pour ce jour . . . 4. lieues.

Et le jeudi 8. jour dudict mois, tout le jour audit lieu du Verger.

Et le vendredi 9. jour dudict mois, disner à Lezigny, qui est un pauvre village ; puis après disner le roy alla passer la rivière de la Loire par dessus le pont Duttal, & coucha audict lieu, qui est un beau & gros village & chasteau, qui appartient au sieur de Vielleville. Pour ce jour 3. lieues.

Auquel lieu le roy séjourna deux jours ; puis en partit le lundi 12. jour dudict mois, pour aller disner à Gerzé, qui est un beau petit village & beau chasteau, & coucher à Baugé, qui est une belle petite ville & chasteau, où le roy seit cedict jour son entrée. Pour ce jour 4. lieues.

Et le mardi 13. jour dudict mois, disna à Montliherné, qui est un beau village, & coucha à la Ville-aux-Fouriers, qui n'est qu'un petit chasteau. Pour ce jour . . . . 4. lieues.

Et le mercredi 14. dudict mois, disna & coucha à Bourgueil, qui est un beau gros village & belle abbaye de religieux. Pour ce jour 3. lieues.

Auquel lieu le roy séjourna cinq jours ; puis en partit le 19. dudict mois de Novembre, pour aller disner à Ingrande, qui est un petit village qui fait la séparation du pays d'Anjou & de Touraine ; & cedict jour coucher à Lengés, qui est un beau gros village & chasteau, duquel les habitans du lieu vinrent au devant du roy jusqu'à une demie lieue hors dudict village, ayant tous chacun un petit botteau de paille en leur main, qui est un certain devoir qu'ils doivent au roy la premiere fois qu'il y va : & cedict jour coucha audict lieu de Langés. Pour ce jour . . 4. lieues.

Le mardi 20. jour dudict mois, disner à Mailly, qui est un bon vil-ge & chasteau assis sur montaigne & rocher ; puis après disner, le roy alla passer la riviére de Loire en batteau audict lieu, pour aller coucher au Plessis-les-Tours, qui est un beau chasteau à une demie lieue de Tours. Pour ce jour . . . . . . 5. lieues.

Et le mercredi 21. jour dudict mois de Novembre, disner audict lieu ; puis après disner, le roy monta à cheval, pour s'aller mettre en un beau théatre qui lui avoit été préparé aux faulxbourgs de la ville, pour veoir passer les compagnies d'icelles, qu'il fesoit bon veoir ; & quand tout fut passé, le roy alla faire son entrée en icelle ville, qui est belle, bonne, & grande, arcevesché, & alla descendre à saint Gatien, qui est l'église cathédrale de la ville ; puis s'en retourna coucher audict Plessis. Pour ce jour . . . . . . 1. lieue.

L'entrée du roy à Tours.

Auquel lieu le roy séjourna onze jours ; puis en partit le samedi 1. jour de Décembre ensuivant, pour aller disner à la Bourdoiziere, qui est un beau chasteau, & coucher à Chenonceau, qui est un autre beau chasteau de plaisir, qui appartient à la royne, scitué sur la riviére du Chef. Pour ce jour . . . . . 8. lieues.

Auquel lieu le roy séjourna trois jours ; puis en partit le mercredi 5. jour de Décembre, pour aller passer à Amboise, qui est une belle petite ville & fort chasteau. Au sortir d'icelle, le roy passa la riviére de Loire par dessus les ponts dudict lieu, & alla disner à Ecures, qui ne sont que deux ou trois tavernes sur le bord de ladicte riviére, & ledict jour coucher à Blois, qui est une belle ville & chasteau au diocéze de Char-tres. Pour ce jour . . . . . 12. lieues.

Auquel lieu le roy séjourna huict jours ; puis en partit le vendredi 14. jour dudict mois après disner, pour aller passer la riviére de Loire par dessus les ponts de ladicte ville, & prinrent le chemin de Bourbonnois ; & cedict jour le roy alla coucher à Cheverny, qui est un petit village & chasteau. Pour ce jour . . . . . 3. lieues.

Et le samedi 15. jour dudict mois, disner à Mur, qui est un petit village, & coucher à Remorentin, qui est une belle petite ville & chas-teau. Pour ce jour . . . . . 7. lieues.

Et le dimanche 16. jour dudict mois, disner à Menetou, qui est une petite ville, & coucher à Viergon, qui est une autre belle petite ville & chasteau. Pour ce jour . . . . . 8. lieues.

Et le lundi 17. jour dudict mois, disner audict lieu, & coucher à

E ij

Meun-fur-Yeure, qui eſt une petite ville & chaſteau. Pour ce jour . . . . 8. lieues.

Et le mardi 18. jour dudict mois, diſner & coucher à Bourges en Berry, qui eſt une belle, grande, & forte ville, univerſité & archeveſché. Pour ce jour . . . . . 4. lieues.

Et le mercredi 19. jour dudict mois, diſner à S. Jeu, qui eſt petit village, & coucher aux faulxbourgs de Dun-le-roy, qui eſt une belle & bonne ville. Pour ce jour . . . . . 7. lieues.

Et le jeudi 20 jour dudict mois, diſner au pont de Chargé, qui ne ſont que deux ou trois maiſons, & coucher à Couleuvres, qui eſt un moyen village. Pour ce jour . . . . 8. lieues.

Le vendredi 21. jour dudict mois de Décembre, diſner à la Franchiſe, qui eſt un petit village, & coucher à ſainct Menou, qui eſt un petit village & belle abbaye de religieuſes, qui fait le commencement du pays & duché de Bourbonnois. Pour ce jour . . 5. lieues.

L'entrée du roy à Moulins en Bourbonnois.

Et le ſamedi 22. jour dudict mois de Décembre, diſner audict lieu de ſainct Menou; puis après diſner, le roy alla paſſer par Savigny, qui eſt une belle petite ville; puis alla paſſer la riviére d'Alliez, qui eſt une belle & groſſe riviére, portant batteau, qui deſcend des montaignes d'Auvergne, & va tomber en Loire au Bec d'Alliez près Nevers. Le roy paſſa icelle riviére par deſſus un pont de bois, faiſant ſon entrée à Moulins en Bourbonnois, qui eſt une belle & bonne ville, & chaſteau. Pour ce jour . . . . . 4. lieues.

Auquel lieu le roy feit la feſte de Noel, les feſtes des roys, & de Notre-Dame de la chandeleur.

Auquel lieu feit aſſembler meſſieurs de Guiſe & de Chaſtillon, admiral de France, & la plus grand part des princes & grands ſeigneurs de ſon royaume, avec les préſidens & conſeillers des cours ſouveraines de parlement de France, pour donner ordre aux affaires de ſondict royaume; entre leſquelles voulut mettre fin aux differends qui étoient entre meſſieurs de Guiſe & ſieur de Chaſtillon, admiral de France, pour raiſon de l'homicide commis en la perſonne de deffunct M. de Guiſe devant Orleans; auquel differend le roy mit fin, & donna ſon arreſt le 29. jour de Janvier: & feit audict lieu pluſieurs beaux édits; entr'autres deffendit à toutes perſonnes de porter armes à feu; & audict lieu ſupprima de toutes ſortes d'états & offices, & ſur le faict des finances & réglement de juſtice; & ſupprima juſques à ceux de ſa maiſon, dont il y en avoit qui ne furent pas trop contens. Le roy, dudict lieu de Moulins, alla le ſamedi 2. jour de Mars, diſner à une belle maiſon qui eſt au parc, à une lieue de la ville, auquel lieu la royne feit faire un beau feſtin; puis s'en retournerent coucher à Moulins. Pour ce jour . . . 2. lieues.

Et ayant ſa majeſté faict toutes ces choſes audict lieu, demoura malade environ quinze jours: & ayant ſéjourné audict lieu trois mois, partit pour faire le voyage à l'entour de la Limaigne d'Auvergne, le samedi 23. jour de Mars 1566. après disner, & alla coucher à Bessé, qui est un petit village. Pour ce jour . . . . . 3. lieues.

Et le dimanche 24. jour dudict mois, disner audict lieu, & coucher à Varennes, qui est une petite ville. Pour ce jour . . 3. lieues.

Et le lundi 25. jour dudict mois, qui étoit le jour de la feste de Notre-Dame de Mars, tout le jour audict lieu : puis le mardi 26. jour dudict mois, disner à S. Germain de la Fosse, qui est un beau village & beau chasteau, par le pied duquel passe la riviere d'Alliez. Apres que le roy eût disné audict lieu, il partit pour aller faire son entrée à Vichy, qui est une petite ville, & alla coucher dedans une petite abbaye, qui estoit hors la ville. Pour ce jour . . . . 5. lieues.

Et le mercredi 27. jour dudict mois de Mars, le roy partit de ce lieu au matin, pour aller passer ladicte ville de Vichy ; au sortir d'icelle passa la riviere d'Alliez par dessus un pont de bois, qui est fort long & facheux ; au sortir d'icelui le roy entra au pays de la Limaigne d'Auvergne, qui est une fort belle vallée, de bien quinze ou seize lieues de long & trois de large, par le milieu de laquelle passe la riviere d'Alliez, qui descend des montaignes dudict pays, & va tomber près Nevers au Bec d'Alliez. Aux deux costez d'icelle vallée y a de fort belles montaignes, auxquelles y a grand abondance de bestial, entre lesquelles y a des brebis qui ont la laine pendante jusques en terre ; & sur icelles montaignes y a de fort belles vignes & des bleds qu'il faict bon voir.

Ledict jour que dessus, le roy alla disner à sainct Priet-de-Bramefan, qui est un pauvre village ; puis après disner, ledict seigneur alla faire son entrée & coucher à Maringues, qui est une belle petite ville dudict pays de ce costé-là. Pour ce jour . . . . . . 5. lieues.

Et le jeudi 28. jour dudict mois, ledict seigneur partit de Maringue, pour aller passer une belle pleine, & alla disner au Pont-du-chasteau, qui est une belle petite ville & chasteau, qui appartient au sieur de Curton, auquel lieu ledict seigneur feit son entrée ; puis après disner, alla passer la riviere d'Alliez par dessus un pont de bois, pour aller coucher à Dusset, qui est un petit chasteau dans un bois, qui appartient à la royne. Pour ce jour . . . . 5. lieues.

Et le vendredi 29. jour dudict mois, disner audict lieu ; & après disner, ledict seigneur alla passer par un petit chemin qui expressément fut faict, qui estoit fort facheux, car il estoit sur le bord d'une riviere ; & pour faire ledict chemin, fut coupée une montaigne fort haulte ; puis alla passer par plusieurs montaignes, pour aller faire son entrée & coucher à Villeconte, qui est une belle petite ville & beau chasteau, qui appartient à la royne. Pour ce jour . . . . 2. lieues. (Vic-le-Comte)

Et le samedi 30. jour dudict mois de Mars, disner audict lieu ; puis après disner, ledict seigneur alla passer a riviere d'Alliez par dessus un

E iij

pont, qui fut expreſſément faict de batteaux, pour paſſer le roy & ſon train; & continuant ſon chemin, alla paſſer & faire ſon entrée en paſſant à ſainct Amand, qui eſt une belle & bonne ville; puis alla ledict jour coucher à ſainct Saturnin, qui eſt une petite ville & chaſteau ſituée ſur une haulte montaigne & rocher, qui appartient à la royne. Et par delà icelui lieu y a des montaignes que l'on appelle les Monts-dorez; ſur leſ-quelles y a en tout temps de la neige. Pour ce jour . . 2. lieues.

Et le dimanche dernier jour de Mars, diſner audict lieu; puis après diſner ledict ſieur roy alla paſſer par deſſus le bord d'un grand lac de fort grande étendue, auquel y a grande abondance de beau & grand poiſſon, & principalement des plus belles & meilleures Breſmes que l'on peut veoir. Et cedict jour, le roy alla coucher à Clermont en Auvergne, qui eſt une belle & bonne ville, éveſché. Pour ce jour . . 3. lieues.

Par delà icelle ville de Clermont y a une haulte montaigne que l'on appelle le Puis-du-Doſme; ſur icelle montaigne y a un grand gouffre, duquel il ſort ordinairement une grand fouldre de greſle & tonnerre qui gaſte les bleds des vallées.

La fontaine qui fait le rocher. Puis le lundi 1. jour d'Avril enſuivant, ledict ſeigneur roy ſéjourna audict lieu de Clermont, pendant lequel jour alla prendre plaiſir à veoir une fontaine qui eſt hors ladicte ville, de laquelle l'eau d'icelle fait le rocher, & en a déjà tant faict qu'elle a fait un pont, par deſſoubs lequel paſ-ſe une riviére qui eſt une choſe fort eſtrange à veoir.

L'entrée du roy à Mont-ferrand.
La fontaine qui fait la poix.
Et le mardi 2. jour dudict mois, le roy partit de Clermont pour aller faire ſon entrée & diſner à Montferrand, qui eſt une belle & bonne ville, dans laquelle ceux d'icelle donnerent plaiſir au roy à l'iſſue de ſon diſner, devant la porte de ſon logis, de grand nombre de fort belles filles qui danſerent triumphamment; & près icelle ville de Montferrant y a une fontaine qui faict la poix auſſi naturelle que l'on en peult veoir.

Après tous ces plaiſirs, le roy monta à cheval pour aller faire ſon en-trée & coucher à Clermont, qui fut fort belle. Pour ce jour . . 1. lieue.

Et le mercredi 3. jour dudict mois d'Avril, le roy partit de Cler-mont pour aller paſſer par dedans Riom, qui eſt une belle & bonne ville, en laquelle le roy ne feit point d'entrée, & alla diſner à ſainct Bonnet, qui eſt un pauvre village; puis après diſner, alla faire ſon entrée & cou-cher à Aigueperſe, qui eſt une belle & longue ville, qui appartient au-dict ſieur de Montpenſier. Pour ce jour . . . . . 5. lieues.

Et le jeudi 4. jour dudict mois d'Avril, le roy alla paſſer la riviére d'Eziole par deſſus un pont de bois entrant à Ebruſle, qui eſt une belle petite ville, & belle abbaye de religieux, en laquelle le roy diſna; & en ce même lieu ledict ſieur ſortit d'Auvergne pour entrer en Bourbonnois, & diſna audict lieu d'Ebruſle; puis après diſner, alla faire ſon entrée & coucher à Chantelle-le-chaſteau, qui eſt une petite ville, & beau & fort chaſteau, que le feu duc de Bourbon feit faire. Pour ce jour 6. lieues.

EN FRANCE.

Et le vendredi 5. jour dudict mois, le roy partit de Chantelle pour aller disner à la Cove, qui ne sont que deux ou trois maisons ; puis alla coucher à Serre, qui n'est que un petit chasteau près Montmarault, qui est une belle petite ville. Pour ce jour . . . . 4. lieues.

Et le samedi 6. jour dudict mois, disner à Brés, qui est un pauvre village, & coucher à Cosne en Bourbonnois, qui est un beau village. Pour ce jour . . . . . 4. lieues.

Et le dimanche 7. jour dudict mois d'Avril, qui estoit le jour de pasques flories, tout le jour audict lieu. Puis le lundi 8. jour dudict mois, ledict seigneur alla disner à Tenoille, qui est un pauvre village, & coucher à Torsy, qui est un beau village. Pour ce jour . . . 6. lieues.

Et le mardi 9. jour dudict mois, disner à Groussobre, qui est un beau & fort chasteau, & coucher à la Guiarche au pays de Nivernois, qui est un beau & grand village, & beau chasteau, qui appartient au duc de Nevers. Pour ce jour . . . . . 6. lieues.

Et le mercredi 10. jour dudict mois, disner à Aubigny, qui est un beau village & chasteau ; puis après disner, le roy alla passer la riviére de Loire par dessus les ponts de la Charité, en faisant son entrée en ladicte ville, qui est une belle & bonne ville. Pour ce jour . . 5. lieues.

Auquel lieu le roy séjourna cinq jours pour faire la feste de pasques ; puis en partit le mardi 16. jour d'Avril, pour aller disner à Nersy, qui est un petit village, & coucher à Douzy-le-pré, qui est une belle petite ville, où le roy feit son entrée. Pour ce jour . . . 5. lieues.

Et le mercredi 17. jour dudict mois, le roy alla faire son entrée & disner à Entrain, qui est une belle & bonne ville, qui est entourée de fort beaux & grands estangs ; puis après disner, ledict seigneur alla coucher à la Pesseliere, qui est un beau petit chasteau. Pour ce jour 6. lieues.

Et le jeudi 18. jour dudict mois, disner à Avoynes, qui est un beau village ; puis après disner, ledict seigneur alla passer un beau pays de campaigne pour aller faire son entrée & coucher à Auxerre, qui est une belle, bonne, grande, & forte ville, au pays de Bourgoigne, laquelle est entourée de belles vignes, & par icelle passe la riviére de Yonne qui va tomber en Seine. Pour ce jour . . . . 7. lieues.

Et le vendredi 19. jour dudict mois, ledict seigneur partit d'Auxerre, pour aller disner à Regent, qui est un beau chasteau, qui dépend de l'évesché d'Auxerre ; puis après disner, alla passer la riviére de Yonne par dessus les ponts de Juigny, en faisant son entrée en ladicte ville, qui est belle & bonne ville. Pour ce jour . . . . 6. lieués.

Et le samedi 20. jour dudict mois, disner à Remeau, qui est un pauvre village ; puis après disner, ledict seigneur feit en passant son entrée à Villeneufve-le-roy, qui est une bonne ville ; puis alla coucher à Sens, qui est une grand ville, arcevesché. Pour ce jour . . 7. lieues.

Et le dimanche 21. jour dudict mois d'Avril, qui estoit le jour de quasimodo, tout le jour audict lieu de Sens.

Et le lundi 22. jour dudict mois, au partir de Sens, le roy alla difner à Sergines, qui eſt un grand village, enclos de fort grands foſſez ; puis après difner, le roy alla faire ſon entrée & coucher à Brais-ſur-Seine, qui eſt une belle & bonne petite ville, qui appartient au duc de Nemours. Pour ce jour . . . . . . 6. lieues.

Et le mardi 23. jour dudict mois, au ſortir de Brais, ledict ſeigneur roy paſſa la riviére de Seine par deſſus les ponts dudict lieu, pour ſortir du pays de Champaigne & entrer en Brye, & alla difner à Montmontois, qui eſt un grand village, enclos de grands foſſez ; puis après difner, ledict ſeigneur alla coucher à Nangy, qui eſt un bon village & beau chaſteau. Pour ce jour . . . . . 5. lieues.

Et le mercredi 24. jour dudict mois d'Avril, ledict ſeigneur roy alla difner à Toquin, qui eſt un beau village, & coucher à Monceaux, qui eſt un fort beau chaſteau, qui appartient à la royne. Pour ce jour . . . . 11. lieues.

Auquel lieu le roy ſéjourna cinq jours ; puis en partit le mardi dernier jour d'Avril, pour aller difner à Buſſy-ſainct-George, qui eſt un petit village ; puis après difner, ledict ſeigneur roy alla paſſer la riviére de Marne par deſſus les ponts de ſainct Mor-des-foſſez, pour aller coucher audict lieu de ſainct Mor, qui eſt un petit village & beau petit chaſteau, comme il eſt dit au commencement dudict voyage. Pour ce jour . . . . 10. lieues.

Et le mercredi 1. jour de May audict an 1566. ledict ſeigneur partit de ſainct Mor pour aller difner au logis de madame du Peron, qui eſt un beau petit logis aux faulxbourgs ſainct Honoré lez Paris.

Icy eſt la fin dudict voyage.

Honeſta bonis viris, non occulta quæruntur.

Le nombre des lieues contenu en ce préſent recueil, du voyage fait par ſa majeſté accompagné de madame ſa mere, & pluſieurs princes & princeſſes, gentils hommes & autres de ſa maiſon & ſuite, depuis le partement dudict ſeigneur de ſa ville capitale de Paris, juſques à ſon retour en icelle, ſe monte en nombre total 902. lieues.

NOTES
HISTORIQUES ET GÉOGRAPHIQUES.

Pag. lign. **S**Aint Maur des Foſſez,
3 - 5. petit village, & beau château, appartenant à la reine Catherine de Médicis, où Charles IX. partant de Paris, dina & coucha, le lundi 24. Janvier 1564. Il y ſéjourna ſix jours, & en partit le dimanche matin 30. longitude 20. degrés 8. minutes, latitude 48. d. 49. m. à un peu moins de deux lieues ſud-eſt de Paris.

3-12. Villeneuve ſaint George, petite ville au dioceſe de Paris, où Charles IX. dina le dimanche 30. Janvier 1564. long. 20. d. 7. m. latit. 48. d. 44 m. à trois lieues S. E. de Paris.

3-14. Corbeil, ville du dioceſe de Paris, où Charles IX. coucha le dimanche 30. Janvier 1564. long. 20. d. 9. m. lat. 48. d. 37. m. à 5. lieues ſud-eſt de Paris.

3-16. Le Lys, petite abbaye de religieuſes, près de Melun, au dioceſe de Sens, où Charles IX. dina le lundi 31. Janvier 1564. long. 20. d. 18. m. latitude 48. d. 32. m.

3-17. Fontainebleau, maiſon royale du Gatinois, où Charles IX. coucha le lundi 31. Janvier 1564. il y ſéjourna 43. jours, & en partit le lundi 13. Mars 1564. long. 20. d. 22. m. lat. 48. d. 25. m. à un peu plus de neuf lieues N. O. de Sens.

3-28. La Vacherie, maiſon de Fontainebleau, où la reine Catherine de Médicis donna un grand diner le dimanche gras 1564. a été cherchée inutilement dans tous les plans de Fontainebleau ; & dans le tréſor des merveilles de Fontainebleau par Pierre Dan, trinitaire, mort en 1649. & ſon ouvrage imprimé ſept ans auparavant.

3-33. M. du Perron,] appellé en 1556. le comte de Retz: il ne s'appelloit alors que du Perron, du nom d'une terre avec un beau château, près de Lyon, que ſon pere avoit acquiſe avant 1539. & il ne prit le nom de comte de Retz, qu'après avoir épouſé, le 4. Septembre 1565. Claude-Catherine de Clermont, baronne de Retz. Le Perron eſt un château à un quart de lieue au ſud-eſt d'Oullins, paroiſſe du dioceſe de Lyon, de 166. feux, où le cardinal de Tencin paſſe la plus grande partie de l'année, dans un beau château, avec des jardins. Oullins eſt à une lieue au S. S. O. de Lyon, & à quelques centaines de toiſes au midi de la petite riviere qui vient de S. Conſorce & de Mary le Loup, & qui ſe jette dans le Rhône, à demi lieue de Lyon. Le château de Perron appartient en 1757. à M. de Pont S. Pierre, tréſorier de France à Lyon.

3-34. Le comte de Rhingrave. Jean-Philippe Rhingrave, comte Palatin du Rhin, avoit épouſé avant le 11. Novembre 1554. Jeanne de Genouillac, dame d'Acier, en Querci, qui étoit veuve de Charles de Cruſſol, vicomte d'Uſez, mort le 11. Mars 1547. Elle mourut au château d'Acier, le jeudi premier Mai 1567.

4-28. Moret, petite ville du dioceſe de Sens, où Charles IX. paſſa le lundi après diner 13. Mars 1564. long. 20. d. 28. m. lat. 48. d 22. m. à un peu moins de huit lieues au nord-oueſt de Sens.

4-29. Montereau faut Yonne, petite ville & château du dioceſe de Sens, où Charles IX. coucha le lundi 13. Mars 1564. il y dina le mardi 14. longitude 20. d. 37. m. lat. 48. d. 23. m. à un peu plus de ſix lieues N. O. de Sens.

4-32. Pont ſur Yonne, village & châ-

Tome I. Abel Jouan,

teau du diocèse de Sens, où Charles IX. coucha le mardi 14. Mars 1564. long. 20. d. 51. m. lat. 48. d. 17. m. à un peu moins de trois lieues de Sens.

Pag. 4. lign. 36. Sens, ville archiépiscopale de Champagne, par les rues de laquelle passe un ruisseau d'eau courante, qui les nettoye. Charles IX. ayant passé l'Yonne sur un pont de bois, à Pont sur Yonne, y coucha le mercredi 15. Mars 1564. Il y séjourna le 16. & en partit le vendredi matin 17. long. 21. d. 0. m. latitude 48. d. 12. m. L'eau courante qui nettoie les rues de Sens, doit être une branche de la riviere de Vanne, qui vient de S. Liebault, & qui se jette dans l'Yonne à demi-lieue au sud de Sens. On a fait un canal des deux dernieres lieues de cette riviere. M. Outhier, prêtre du diocèse de Besançon, donna en 1741. une très bonne carte du diocèse de Sens, en deux feuilles bien gravées, par de la Haye. On y trouve deux bons petits plans de Sens & de Fontainebleau.

4-42. Pont sur Vesne, petite ville de Champagne, au diocèse de Sens, où Charles IX. dîna le vendredi 17. Mars 1564. long. 21. d. 10. m. lat. 48. d. 11. m. à un peu plus de deux lieues à l'est de Sens : c'est Pont sur Vanne, la même riviere dont on a parlé dans l'article précédent.

4-42. Villeneuve-l'archevêque, belle petite ville de Champagne, au diocèse de Sens, où Charles IX. coucha le jeudi 17. Mars 1564. Il y séjourna quatre jours, & en partit le mardi matin 21. long. 21. d. 17. m. lat. 48. d. 15. m. à quatre lieues E. de Sens.

5-2. S. Liebault, pauvre village & château de Champagne, au diocèse de Troyes, où Charles IX. dîna le mardi 21. Mars 1564. long. 21. d. 18 m. lat. 48. d. 15. m. à un peu plus de trois lieues à l'ouest de Troyes. S. Liebault appartient en 1757. au duc d'Istissac, qui s'y est bien logé, & y a fait faire de beaux jardins & de belles pièces d'eau.

5-3. S. Lye, petit village & château de Champagne, au diocèse de Troyes, où Charles IX. coucha le mardi 21. Mars 1564. Il y séjourna le mercredi 22. & en partit le jeudi 23. après dîner, pour aller faire son entrée à Troyes, qui en est éloignée de deux lieues : long. 21. d. 38. m. lat. 48. d. 21. m. a un peu moins de deux lieues au nord-ouest de Troyes.

5-7. Troyes, ville épiscopale, & capitale de Champagne, où Charles IX. coucha le jeudi 23. Mars 1564. Il y confirma la paix avec la reine d'Angleterre le 6. Avril. Il y séjourna vingt-quatre jours, & en partit le dimanche 16. Avril après dîner. long. 21. d. 42. m. lat. 48. d. 17. m.

6-34. S. Sépulchre, petit village de Champagne, au diocèse de Troyes, où Charles IX. coucha le dimanche 16. Avril 1564. Il y dîna le lundi 17. long. 21. d. 37. m. lat. 48. d. 23. m. à un peu plus de deux lieues au N. O. de Troyes.

6-36. Arcy sur Aube, beau village & château de Champagne, au diocèse de Troyes, où Charles IX. coucha le lundi 17. Avril 1564. Il y dîna le mardi 18. long. 21. d. 45 m. lat. 48. d. 31 m. à un peu moins de cinq lieues au N. de Troyes.

6-38. Poivre, petit village & château de Champagne, où Charles IX. coucha le mardi 18. Avril 1564. long. 21. d. 56. m. lat. 48. d. 59. m. à huit lieues au N. E. de Troyes.

7-1. Dammartin, petit village & château de Champagne, au diocèse de Châlons, où Charles IX. dîna le mercredi 19. Avril 1564. long. 21. d. 58. m. lat. 48. d. 43. m. à un peu plus de quatre lieues au sud-ouest de Châlons.

7-2. Lescuyrie sur Cosne, pauvre village de Champagne, au diocèse de Châlons, où Charles IX. coucha le mercredi 19. Avril 1564. long. 22. 5. m. latitud. 48. d. 51. m. à un peu plus d'une lieue au S. de Châlons.

7-4. Châlons, ville épiscopale de Champagne, où Charles IX. dîna & coucha le jeudi 20. Avril 1564. Il y séjourna cinq jours, & en partit le mardi 26. après dîner. Long. 22. 7. m. lat. 48. d. 55. m.

7-7. May, belle petite maison de Champagne, au diocèse de Châlons, où Charles IX. coucha le mardi 26. Avril 1564. il y dîna le mercredi 27. longit. 22. d. 14 m. lat. 48. d. 49. m. à un peu moins de trois lieues au S. E. de Châlons.

7-10. Vitry-le-François, petite ville de Champagne, au diocèse de Châlons, où Charles IX. coucha le mercredi 27. Avril 1564. Il y séjourna deux jours, & en partit le samedi matin 29. longitud. 22. d. 14. m. latit. 48. d. 39. m. a cinq lieues au sud de Chalons.

Pag. 7. lign. 14. Bignicourt, pauvre village de Champagne, au diocèse de Châlons, où Charles IX. dîna le samedi 29. Avril 1564. long. 22. d. 27. lat. 48. d. 41. m. à un peu plus de six lieues au sud-est de Châlons.

7-15. Sermoise, grand village du Barois, au diocèse de Toul, où Charles IX. coucha le samedi 29. Avril 1564. Il y dîna le dimanche 30. long. 22. d. 34. m. lat. 48. d. 42. m. à sept lieues au sud-est de Châlons.

7-18. Fain, beau village & château du Barois, au diocèse de Toul, où Charles IX. coucha le dimanche 30. Avril 1564. Il y dîna le lundi premier Mai : longit. 22. d. 45. m. latit. 48. d. 44. m. à demi-lieue au N. O. de Bar-le-duc.

7-20. Bar-le-duc, ville séparée entre haute & basse, & beau château, capitale du Barois, au duché de Lorraine, & diocèse de Toul. Charles IX. y coucha le lundi 1. Mai 1564. Le dimanche 7. on y fit le baptême d'Henri I. fils du duc de Lorraine, que le roi tint, & le comte de Mansfeld, au nom du roi d'Espagne, avec la mere dudit duc de Lorraine. *Il y eut combats & tournoys, tant à cheval à fer esmoulu, qu'à pied, aux bastillons, & en salles & comédies fort triomphantes.* Le roi séjourna à Bar huit jours, en partit le mardi 9. Mai après dîner : long. 22. d 47. m. lat. 48 d. 43. m.

7-30. Ligny en Barois, au duché de Lorraine, diocèse de Toul, petite ville & château où Charles IX. coucha le mardi 9. Mai 1564. long. 22. d. 57. m. lat. 48. d. 39. m. à un peu plus de deux lieues au sud-est de Bar-le-duc.

7-33. Treversy, pauvre village, au diocèse de Toul, où Charles IX. dîna le mercredi 10. Mai 1564. longitud. 23. d. o m. latitud. 48. d. 32. m. à un peu plus de quatre lieues au sud-est de Bar-le-duc.

7-34. Gondricourt, bon village & château, au diocèse de Toul, où Charles IX. coucha le mercredi 10. Mai 1564. Il y séjourna le jeudi 11. jour de l'ascension, & en partit le vendredi 12. long. 23. d. 6. m. lat. 48. d. 26. m. à sept lieues au sud est de Bar-le-duc.

7-37. Lezinville, village au diocèse de Toul, où Charles IX. dîna le vendredi 12. Mai 1564. long. 23. d. 2. m. latitude 48. d. 21. m. à huit lieues au sud est de Bar-le-duc.

7-37. Rinugel, petit village & château du Bassigni, au diocèse de Langres, sur une haute montagne, où Charles IX. coucha le vendredi 12. Mai 1564. (Reinel) : long. 22. d. 57. m. lat. 48. d. 41. m. à dix lieues S. de Bar-le-duc.

7-42. Le mont de Clerre, beau & fort château sur le haut d'une montagne en Champagne, au diocèse de Langres, au-dessus duquel Charles IX. passa le samedi matin 13. Mai 1564. Le château le salua d'une grande abondance d'artillerie. longit. 22. d. 55. m. latitude 48. d. 12. m. à sept lieues N. d. Langres.

7-43. Berman, pauvre village du Bassigni, au diocèse de Langres, où Charles IX. dîna le samedi 13. Mai 1564. long. 22. d. 50. m. lat. 48. d. 7. m. à un peu plus de cinq lieues N. de Langres.

8-1. Chaumont en Bassigni, ville forte, au diocèse de Langres, où Charles IX. coucha le samedi 13. Mai. 1564. longitud. 22. d. 42. m. latit. 48. d. 5. m. à cinq lieues au N. de Langres.

8-3. Releupont, beau village de Champagne, au diocèse de Langres, où Charles IX. dîna le dimanche 14. Mai 1564. long. 22. d. 49. m. lat. 47. d 56. m. à un peu moins de deux lieues au N. de Langres.

8-6. Langres, où Charles IX. dîna & coucha le lundi 15. Mai. 1564. Six mille hommes sortirent de la ville pour recevoir le roi. Il y séjourna le mardi 16. & en partit le mercredi matin 17. long. 22. d. 52. m. lat. 47. d. 51. m.

8-12. Longeau, pauvre village, au diocèse de Langres, où Charles IX. dîna le mercredi 17. Mai. 1564. longitude 22. deg. 51. min. latitude 47. deg.

46. min. à deux lieues au fud de Langres.

Page 8. ligne 12. Longſogeon, grand village & château du dioceſe de Langres, où Charles IX. coucha le mercredi 17. Mai 1564. long. 22. d. 51. m. lat. 47. d. 40. m. à quatre lieues au ſud de Langres.

3.14. Trichâteau, grand village & château de Bourgogne, où Charles IX. dîna le jeudi 18. Mai 1564. long. 22. d. 40. m. latit. 47. d. 30. m. à un peu moins de quatre lieues au nord-eſt de Dijon.

8-15. Jeumeau, beau village de Bourgogne, où Charles IX. coucha le jeudi 18. Mai 1564. long. 22. d. 39. m. latit. 47. d. 29. m. à deux lieues au N. E. de Dijon.

8-17. Le Meſnil, village & château de Bourgogne, où Charles IX. dîna le vendredi 19. Mai. 1564.

8-18. Les Chartreux près de Dijon; belle & grande maiſon, où ſont les ſepultures magnifiques des ducs de Bourgogne; où Charles IX. coucha le vendredi 19. Mai 1564. Il y ſéjourna trois jours, & en partit le lundi 22. longitude 22. d. 31. m. lat. 47. d. 41. m. à un peu moins d'une lieue à l'oueſt de Dijon.

8-21. Dijon, capitale de Bourgogne, où Charles IX. fit ſon entrée le lundi 22. Mai 1564. Le jeudi 25. il ſoupa chez Tavannes, lieutenant général au gouvernement. Après le ſouper il y eut un beau baſtillon : après quoi le roi retourna coucher chez lui, qui étoit le logis de Bourgogne. Il y ſéjourna quatre jours, & en partit le ſamedi matin 27. long. 22. d. 34. m. lat. 47. d. 21. m.

8-33. Longecourt, beau village & château de Bourgogne, où Charles IX. dîna le ſamedi 27. Mai 1564. longitude 22. d. 39. m. latitud. 47. d. 12. m. à un peu moins de treize lieues au N. E. de Châlon.

8-35. Paingny, (Paigny), beau château de Bourgogne, appartenant au comte de Charny, où Charles IX. ayant paſſé la Saone en bâteau, y coucha le ſamedi 27. Mai 1564. Il y ſéjourna deux jours, pendant leſquels le ſeigneur du lieu lui fit de beaux feſtins. Il en partit le mardi matin 30. longit. 22. d. 43. m. latit. 47. d. 4. m. à un peu plus d'une lieue au N. E. de Seure. Pagny appartenoit alors à Léonor Chabot, comte de Charny & de Buzançois, grand écuyer de France, mort en Août 1597.

8-40. Sommier ſur Doux, pauvre village de Bourgogne, au dioceſe de Châlon, où Charles IX. dîna le mardi 30. Mai 1564. long. 22. d. 38. m. latitud. 46. d. 55. m. à cinq lieues N. E. de Châlon.

8-39. Seure, belle petite ville de Bourgogne, au dioceſe de Châlon, que Charles IX. traverſa le mardi matin 30. Mai 1564. long. 22 d. 40. m. latitud. 47. d. 1. m.

8-43. Aſſy, beau & grand village de Bourgogne, au dioceſe de Châlon, où Charles IX. coucha le mardi 30. Mai 1564. La carte de Bourgogne de Deliſle, qui eſt très-exacte & très détaillée, & la deſcription de Bourgogne de Gareau, qui dans ſon genre ne l'eſt pas moins, ne font aucune mention d'Aſſy, ni de ſaint Marceau, ni d'aucun nom qui en approche, & qui ſoit ſur la route de Seure à Châlon.

9-1. Saint Marceau, belle abbaye de religieux, au dioceſe de Châlon, où Charles IX. dîna le mercredi 31. Mai 1564. long. 22. d. 26. m. lat. 46. d. 49. m. à un quart de lieue à l'eſt de Châlon.

9-2. Châlon en Bourgogne, où Charles IX. coucha le mardi 31. Mai 1564. Il y ſéjourna deux jours, & y fit la fête-Dieu le jeudi premier Juin. Il en partit le ſamedi matin 3. long. 22. d. 25. m. lat. 46. d. 49. m.

9-9. Mâcon en Bourgogne, où Charles IX. qui venoit de Châlons ſur un bateau que la ville de Lyon lui avoit envoyé, coucha le ſamedi 3. Juin 1564. long. 22. d. 25. m. lat 46. d. 20. m.

9-10. Pont de Vêle, belle petite ville de Breſſe, appartenante au comte de Bene, où le roi dîna & ſoupa le mardi 6. Juin 1564. & retourna coucher à Mâcon : longitud. 22. d. 28. m. lat. 46. d. 17. m.

9-12. Mâcon, où Charles IX. ſéjourna cinq jours, & en partit le vendredi 9.

EN FRANCE.

Juin 1564. longit. 22. d. 25. m. latitud. 46. d. 20.

Page 9. ligne 16. L'Isle (l'Isle Barbe) abbaye au milieu de la Saone, & au nord de Lyon, où Charles IX. venant de Mâcon par la Saone, coucha le vendredi 9. Juin 1564. Le samedi 10. il alla souper à Lyon, chez le maréchal de Vieilleville, & retourna coucher à l'Isle, où il dîna & soupa le dimanche 11. d'où il alla coucher à Lyon. Claude le Laboureur a donné au public une histoire de cette abbaye de l'Isle Barbe, & y a joint les preuves de noblesse & généalogies de plusieurs moines qui y firent profession : ces généalogies sont assez bonnes, & servent à faire connoitre les familles du Lyonnois & des environs, que l'on ne connoît pas trop d'ailleurs.

9-17. Lyon, où Charles IX. coucha le dimanche 11. Juin 1564. chez le maréchal de Vieilleville. Il fit son entrée dans Lyon le mardi 13. Il y reçut l'ordre d'Angleterre. Il avoit envoyé le sien par Gonnor à la reine Elizabeth. La peste faisant grand ravage à Lyon, il en partit le dimanche 9. Juillet, & alla coucher à Crémieu.

9-30. Beauregard, belle & petite maison près de Lyon, où Charles IX. dîna & soupa le jeudi 29. Juin 1564. Il y trouva le duc d'Anjou son frere, & retourna coucher à Lyon : long. 22. d. 25. m. lat. 45. d. 46. m. Catherine de Médicis, qui aimoit fort les Florentins établis en France, fut bien aise d'aller avec le roi, son fils, dans un château qui appartenoit à un de ses compatriotes, & apparemment son parent, Thomas de Gadagne, qui fut ensuite chevalier de l'ordre du roi, & baron de Champeroux, qui épousa Hilaire de Marconnay, & qui en eut Claude de Gadagne, seigneur de Beauregard, Charlis, l'Aye, Pravieu la Trésorerie, & Ullins (le même que Oullins, château du cardinal de Tencin,) qui épousa au château de Saligny, le 15. Juillet 1604. Eléonore de Saligny, fille de Lourdin Gaspar de Coligny, seigneur de Saligny. (Du Boucher, preuves de l'histoire de la maison de Coligny, page 1178. 1179.) Le château de Beauregard est dans la paroisse de S. Genez de Laval.

9-33. Mirebel beau village & château près de Montluel, sur le chemin de Geneve. Charles IX. y dîna, & y reçut le duc & la duchesse de Savoye, avec lesquels il retourna à Lyon le jeudi 4. Juillet 1564.

9-39. Perron, château fort beau, près de Lyon, où le roi dîna le 6. Juillet 1564. C'est le même de la note 5-33.

10-7. Pont de Cherry, en Dauphiné, où Charles IX. dîna le dimanche 9. Juillet, & alla coucher à Cremieu, diocése & à six lieues & demi au nordest de Vienne : long. 22. d. 47. m. latitud. 45. d. 40. m. 10. s.

10-8. Cremieu, petite ville du Dauphiné, où Charles IX. coucha le dimanche 9. Juillet 1564. Il y resta sept jours, & en partit le dimanche 16. Cette ville est du diocése & à sept lieues & un quart au N. E. de Vienne : long. 22. d. 51. m. 50. s. latitud. 47. d. 47. m. o. s.

10-11. Erieux, beau & grand village du Dauphiné, où Charles IX. dîna le dimanche 16. Juillet 1564. & alla coucher à Septême.

10-12. Septême, petite ville sur une montagne en Dauphiné, où Charles IX. dîna le dimanche 16. Juillet 1564. Le lendemain il dîna à la côte d'Arai, diocése & à deux lieues E. N. E. de Vienne ; longit. 22. d. 36. m. latit. 45. d. 36. m.

10-14. La côte d'Aray, pauvre village du Dauphiné, où Charles IX. dîna le lundi 17. Juillet 1564. & alla coucher à Rossillon.

10-15. Rossillon, belle petite ville & château du Dauphiné, où Charles IX. coucha le lundi 17. Juillet 1564. Il y séjourna 29. jours. Elle est du diocése & à trois lieues & demie au S. de Vienne : long. 22. d. 25. m. latitud. 45. d. 23. m.

10-18. Anjou, beau village & château, en Dauphiné, où Charles IX. dîna le mardi 15. Août 1564.

10-18. Jarsieux, petit village & château du Dauphiné, où Charles IX. coucha le mardi 15. Août 1564.

10-20. Châteauneuf, petit village &

château du Dauphiné, où Charles IX. dîna le mercredi 16. Août 1564.

Page 10. *ligne* 21. Romans, belle & bonne ville du Dauphiné, où le roi fit son entrée, & coucha le mercredi 16. Août 1564. Il y séjourna six jours. Le mercredi 22. après dîné il partit, passa sur un pont l'Isere, fâcheuse riviere, & alla coucher à Valence. Romans est du diocèse, & à dix lieues & demie au S. S. E. de Vienne : longitud. 22. d. 40. m. latitud. 45. d. 3. m. 30. s.

10-27. Valence, ville épiscopale du Dauphiné, où Charles IX. ayant passé l'Isere sur le pont de Romans, coucha le mercredi 22. Août 1564. Il y séjourna douze jours, & en partit le samedi 2. Septembre après souper : long. 22. d. 30. m. lat. 44. d. 56. m.

10-31. L'Etoile, petite ville & château du Dauphiné, & du diocèse de Valence, où Charles IX. coucha le samedi 2. Septembre 1564. Il y fut malade pendant six jours, y en séjourna dix, & en partit le mercredi matin 13. Septembre : long. 22. d. 29. m. 30. s. lat. 44. d. 48. m. o. s. à deux lieues & demie au sud de Valence.

10-35. Lorion, (Lauriol), petite ville du Dauphiné, & du diocèse de Valence, où Charles IX. dîna & coucha le mercredi 13. Septembre 1564. long. 22. d. 27. m. lat. 44. d. 41. m. à quatre lieues trois quarts ... de Valence.

10-36. Derbieres, petit village de Dauphiné, & du diocèse de Valence, où Charles IX. dîna le jeudi 14. Septembre 1564. Derbieres est un hameau d'une douzaine de maisons, entre Laine au sud, où est aujourd'hui la poste entre Montelimar & Lauriol, & les Tourretes, autre hameau d'une vingtaine de maisons, au nord. Tous les voyageurs qui vont à Lyon, ou qui en viennent, passent au milieu de ce village : sa position est donc aisée à déterminer ; & si Delisle l'avoit placé sur la carte de Dauphiné, il lui auroit donné pour long. 22. d. 26. m. & pour lat. 44. d. 36. m. Quatre cartes géographiques, sur lesquelles on trouve ce hameau, le placent bien différemment. Jean de Beins, dans sa carte du Dauphiné, insérée dans le théâtre géographique de la veuve de Jean le Clerc, à Paris en 1626. met la position de Derbieres, qu'il appelle la Derbier, au sud de la Coucourde : & il est prouvé qu'il est au nord. Sa longitude est, suivant Beins, 26. d. 4. m. & sa latitude 44. d. 2. m. ainsi 3. deg. 38. min. plus oriental que ne le met Delisle, & 34. min. plus méridional. Sanson dans sa carte manuscrite du diocèse de Valence, le place au S. E. de Cruas, abbaye en Vivarais, & au sud-ouest de la Coucourde, petit village, où étoit autrefois la poste entre Montelimar & Lauriol, & dans lequel il y a une petite église ; & lui donne pour longitude. 26. d. 6. m. & pour latitud. la même que Beins ; ainsi il n'y a que deux minutes de plus à l'orient que Beins. Une carte du Vivarais, faite en 1688. a copié Jean de Beins, en corrigeant ses longitudes, & le place au sud de la Coucourde, à 22. d. 16. m. de longitude, & à 44. d. 39. m. de latitud. La carte manuscrite du cours du Rhône, faite à l'occasion de la peste de 1721. où sont marqués les postes occupés par les régimens de Bretagne & de Mortemar, pour la garde de cette riviere, appelle Derbieres, Orbiere ; le met trop proche du Rhône, à l'opposite du Perrand, ruisseau qui se jette dans le Rhône, entre Cruas & Meisse. J. A. de Thou, dit que Chatillon allant joindre les Réitres, qui venoient au secours du roi de Navarre, passa le Rhône, & campa près de Derbieres, le premier Août 1587. Vedel dans son histoire du connetable de Lesdiguieres, n'a pas cru devoir détailler la marche de Chatillon & de Lesdiguieres, que de Thou écrivoit soigneusement.

10-37. Montelimar, ville de Dauphiné, & du diocèse de Valence, où Charles IX. coucha le jeudi 14. Septembre 1564. Il y séjourna quatre jours, & en partit le mardi matin 19. long. 22. d. 13. m. lat. 44. d. 28. m. à neuf lieues & un quart au sud de Valence.

10-39. Douselle, (Donzere), petite ville & château de Dauphiné, & du diocèse de saint Paul-trois-châteaux, située sur le penchant d'une montagne, où Charles IX. dina & coucha le mardi 19. Septembre 1564. long. 22. d. 21. m. o. s. latit. 44. d. 21. m. 30. s. à deux lieues & demie au N. N. O. de saint Paul-trois-châteaux.

Page 10. *ligne* 42. Pierrelatte, belle & forte ville de Dauphiné, & du diocèse de saint Paul-trois-châteaux, dans une plaine, près de laquelle Charles IX. allant dîner au château de la Garde, passa le mercredi 20. Septembre 1564. long. 22. d. 30. m. 30. s. lat. 44. d. 15. m. 30. s. à une lieue au N. O. de saint Paul-trois-châteaux.

10-43. La Garde, petite ville & beau château de Dauphiné, & du diocèse de saint Paul-trois-châteaux, située sur une montagne, & appartenante au baron de la Garde, (le capitaine Poulin) où Charles IX. dina le mercredi 20. Septembre 1564. long. 22. d. 33. m. lat. 44. d. 25. m. à une lieue au nord de saint Paul-trois-châteaux.

11-1. Saint Paul-trois-châteaux, ville épiscopale de Dauphiné, où Charles IX. coucha le mercredi 20. Septembre 1564. long. 22. d. 32. m. lat. 44. d 22. m.

11-3. Sense, (Suze), petite ville, beau & fort château sur une montagne du Dauphiné, & du diocèse de saint Paul-trois-châteaux, où Charles IX. dina le jeudi 21. Septembre 1564. Ce prince, & la reine, sa mere, y tinrent en baptême une fille du seigneur du lieu, & la nommerent Charlotte-Catherine: après quoi on présenta une fort belle collation de toutes sortes de confitures. Le même soir, le roi alla coucher à Boulene. Charlotte-Catherine, filleule de Charles IX. doit être la seconde fille de François de la Baume, comte de Suze, chevalier du saint Esprit le 31. Décembre 1581. tué devant Montelimar le 19. Août 1587. & de Françoise de Levis-Ventadour ; & qui épousa dans la suite Claude Alleman, baron d'Uriage: longitud. 22. d. 39. m. latitud. 44. d. 20. m. à un peu moins de deux lieues au sud-est de saint Paul-trois-châteaux.

11-8. Bollaines, (Boulene), belle petite ville du Comtat Venaissin, & du diocèse d'Orange, où Charles IX. coucha le jeudi 21. Septembre 1564. longitud. 22. d. 32. m. latitud. 44. d. 18. m. à trois lieues au nord d'Orange.

11-11. Montdragon, belle & petite ville & château de Provence, enclavée dans le comtat Venaissin, & du diocèse de Saint Paul-trois-châteaux, où Charles IX. passa le vendredi matin 22. Septembre 1564.

11-12. Mornas, belle petite ville, & château, situé sur un haut rocher dans le Comtat Venaissin, & dans le diocèse d'Orange, où Charles IX. dina le vendredi 22. Septembre 1564. long. 22. d. 29. m. latitud. 44. d. 15. m. à un peu plus de deux lieues au nord-ouest d'Orange.

11-15. Orange, belle, forte ville, & château, capitale d'une principauté, & épiscopale, près de laquelle Charles IX. passa le vendredi 22. Septembre 1564. long. 22. d. 30. m. lat. 44. d. 8. m.

11-16. Quaderousse, (Caderousse) belle, petite ville & château du Comtat Venaissin, & du diocèse d'Avignon, où Charles IX. coucha le vendredi 22. Sept. 1564. long. 22. d. 30. m. lat. 44. d. 8. m. à une lieue au sud-ouest d'Orange.

11-19. Pont de Sorgnes, (Pont de Sorgues), beau & grand village, & château du comtat Venaissin, & du diocèse d'Avignon, où Charles IX. qui avoit dîné a Caderousse, coucha le 23. Septembre 1564. & y dîna le lendemain : long. 22. d. 36. m. lat. 44. d. 1. m. à une lieue au nord-est d'Avignon.

11-22. Avignon, ville archiépiscopale, & dans le comtat Venaissin, où Charles IX. coucha le dimanche 24. Septembre 1564. après avoir fait une entrée magnifique, & avoir été à vêpres dans l'église N. D. au-devant de laquelle le légat l'avoit reçu sur un grand théâtre. Ce prince y séjourna vingt-un jours, & y célébra la fête de saint Michel. Il y fit un si grand vent, qu'il élevoit des pierres de la grosseur d'une noix jusqu'au visage. Le roi en partit le lundi 16. Octobre 1564. & passa la riviere de Durance, qui est très-difficile, sur un pont de bateaux que l'on avoit fait exprès: long. 22. d. 34. m. lat. 43. d. 59. m.

11-38. Châteaurenard, petite ville, & château sur une montagne de Provence, & du diocèse d'Avignon, où Charles IX. dîna le lundi 16. Octobre 1564. long. 22. d. 37. m. lat. 43. 54. m. a un peu moins de deux lieues au sud-est d'Avignon.

11-39. Saint Remi, petite ville de Provence, & du diocèse d'Arles, où Charles IX. coucha le lundi 16. Octobre 1564. Près de cette ville, il y a une belle antiquité du temps de Jules-César, qui y gagna une bataille. Dans toute la Provence, les enfans tous habillés de blanc, & criant, *Vive le roi & la sainte messe*, venoient au-devant du roi à demi-lieue hors des villes : longitud. 22. d. 35. m. latit. 43. d. 49. m. à un peu plus de trois lieues au sud d'Avignon. L'histoire de l'académie des inscriptions détaille avec soin & précision tout ce qui concerne le monument d'antiquité qui est auprès de saint Remi.

11-43. Touret, maison seule de Provence, du diocèse d'Arles, entre saint Remi & Salon, où Charles IX. dîna le mardi 17. Octobre 1564.

12-1. Salon de Craux, belle petite ville, & château de Provence, & du diocèse d'Arles, où Charles IX. coucha le mardi 17. Octobre 1564. long 22. d. 51. m. lat 43. d. 41. m. à un peu plus de 2. lieues à l'est d'Arles.

12-8. Laubes, (Lambesc), belle & petite ville de Provence, & du diocèse d'Aix, où Charles IX. dîna & coucha le mercredi 18. Octobre 1564. longitude 23. d. 2. m. latitude 43. d. 41. m. à un peu moins de quatre lieues au N. O. d'Aix.

12-10. Saint Jean de la Sale, maison de Provence, & du diocèse d'Aix, où Charles IX. dîna le jeudi 19. Octobre 1564.

12-11. Aix, ville archiépiscopale, & capitale de Provence, où Charles IX. coucha le jeudi 19. Octobre 1564. Il alla au parlement le lundi 23. Il y séjourna quatre jours, & en partit le mardi 24. long.23. d.13. m. lat.43.d. 34. m.

12-17. Pourieres, petit village, & beau château de Provence, diocèse d'Aix, où Charles IX. ayant passé par *un fâcheux pays de rochers*, dîna le mardi 24. Octobre 1564. long. 23. d. 31 m. lat. 43. d. 33. m. à un peu moins de cinq lieues à l'est d'Aix.

12-18. Saint Maximin, belle petite ville de Provence, diocèse d'Aix, belle abbaye, en laquelle est *ensépulturé* le corps de sainte Magdeleine, où Charles IX. coucha le mardi 24. Octobre 1564. long. 23. d. 39. m. lat. 43. d. 30. m. à un peu moins de sept lieues à l'est d'Aix. Jouan a cru devoir rapporter ce qu'il entendoit dire sur le compte de la Magdeleine.

12-22. La sainte Beaume, (Baume), petite abbaye de religieux, en Provence, diocèse de Marseille, ancrée au milieu d'un rocher fort haut, & c'est le lieu où sainte Magdeleine faisoit sa pénitence. Charles IX. y arriva le mercredi 25. Octobre 1564. après avoir passé de fort hautes & fâcheuses montagnes. Il y dîna, & alla coucher à Brignoles : long. 23. d. 31. m. lat. 43. d. 20. La sainte Baume est à un peu moins de six lieues d'Aix : c'est un couvent de dominicains. Louis XIV. imita la dévotion de Charles IX. envers sainte Magdeleine.

12-25. Brignoles, belle ville de Provence, diocèse d'Aix. Charles IX. y coucha le mercredi 25. Octobre 1564. il y arriva à deux heures de nuit, à cause du long & fâcheux chemin qu'il avoit fait depuis la sainte Baume. Il y séjourna le lendemain, & y fit son entrée, & il fit présenter la collation aux demoiselles de la ville, fort bien habillées, qui danserent devant lui la volte & la martingale, depuis onze heures du matin jusqu'à cinq heures du soir, long. 23. d. 50. m. lat. 43 d. 23. m. à un peu moins de dix lieues à l'est d'Aix.

12-38. Gareau (Gareoult), pauvre village de Provence, où Charles IX. dîna le vendredi 27. Octobre 1564. long. 23.d. 47. m. lat. 43. d. 19. m. à un peu moins de dix lieues au sud-est d'Aix.

12-39. Cœurs, (Cuers), belle petite ville de Provence, diocèse de Toulon, où Charles IX. coucha le vendredi 27. Octobre

tobre 1564. C'est là où commencent les orangers, & il y en a grande abondance: longitud. 23. d. 49. m. lat. 43. d. 13. m. à trois lieues au nord-est de Toulon.

13-1. Souliers, belle petite ville de Provence, avec un beau château, qui en est séparé, & où il y a grande abondance d'orangers. Charles IX. y dîna le samedi 28. Octobre 1564. long. 23. d. 46. m. lat. 43. d. 9. m. à un peu moins de deux lieues nord-est de Toulon. Le château & la ville de Souliers, qui avoient été long-temps à la famille de Forbin, sont aujourd'hui dans celle de Porcelet.

13-5. Yerres, (Hieres) belle & bonne ville de Provence, diocèse Fréjus, château sur une haute montagne, où Charles IX. coucha le samedi 28. Octobre 1564. Autour de la ville il y a une si grande abondance d'orangers, de palmiers, de poivriers, & d'arbres qui portent du cotton, qu'ils semblent former une forêt. Le roi y séjourna cinq jours; alla dîner le 30. Octobre à Breganson, & en partit le jeudi 2. Novembre: longitud. 13. d. 56. m. latitud. 43. d. 5. m. à un peu plus de trois lieues à l'est de Toulon.

13-10. Briganson, (Breganson) fort dans la mer de Provence, & du diocèse de Frejus, sur un haut rocher, l'une des gardes de la côte de Provence, au-delà duquel il y a deux isles fort grandes, en pleine mer, où les Turcs descendent bien souvent, & y font des esclaves. Charles IX. y dîna le lundi 30. Octobre 1564. & retourna coucher à Hieres : long. 24. d. 6. m. lat. 43. d. 0. m. à six lieues à l'est de Toulon.

13-17. Toulon, ville épiscopale de Provence, où Charles IX. coucha le jeudi 2. Novembre 1564. Le vendredi 13. le marquis d'Elbeuf étant arrivé avec ses galeres, bien équipées, le roi s'alla promener l'après dîner sur la mer; & il en partit le samedi 4. long. 23. d. 41. m. lat. 43. d. 5. m.

13-24. Riolle, (Olioules) belle petite ville de Provence, diocèse de Toulon, où Charles IX. dîna le samedi 4. Novembre 1564. longitud. 23. d. 35. m. lat. 43. d. 6. m. à un peu plus d'une lieue à l'ouest de Toulon.

13 26. La Cadiere, ~~belle~~ petite ville de Provence, diocèse de Toulon, sur une montagne, où Charles IX. ayant passé entre des rochers fort hauts & fâcheux, coucha le samedi 4. Novembre 1564. il y dîna le lendemain : longitude 23. d. 29. m. latit. 43. d. 8. m. à un peu plus de six lieues au sud-est de Marseille.

13-29. Aubenes, (Aubagne) belle petite ville & château de Provence, diocèse de Marseille, sur une montagne, où Charles IX. venant de la Cadiere, & ayant passé de fâcheuses roches, coucha le dimanche 5. Novembre 1564. long. 23. d. 21. m. lat. 43. d. 17. m. à un peu plus de trois lieues à l'est de Marseille.

13-32. Gauset (la bastille & jardin de), fort belle petite maison, près de Marseille, où Charles IX. dîna le lundi 6. Novembre 1564. Jouan appelle bastille, ce que l'on nomme à Marseille bastide. Ce sont des maisons de campagne qui remplissent le terroir de Marseille, & qui en 1731. étoient au nombre de huit mille deux cents cinquante-cinq, & presque toutes habitées. Elles étoient partagées en trois paroisses, & surpassoient de treize cents six les maisons de Marseille. On les divisoit en quarante-cinq quartiers. Pierre Chevalier, de Soissons, dressa une carte du terroir de Marseille, qui s'étend jusques à Cassis, Aubagne, Aix, & les Pennes, la dédia à Jean-Louis Habert de Montmor, comte du Mesnil, intendant des galeres, & la fit graver à Marseille, en deux feuilles. Elle est fort détaillée, mais mal gravée.

13-36. Marseille ville épiscopale de Provence, où Charles IX. qui avoit vû passer, de dessus un théatre, les compagnies de la ville en armes, fit son entrée le lundi 6. Novembre 1564. Le jeudi 9. il assista à une messe célébrée à une galere neuve, dont le comte de Fiesque étoit capitaine, & que le roi & la reine, sa mere, nommerent Charlotte-Catherine. Il y séjourna sept jours, & en partit le lundi 13. long. 23. d. 8. m. lat. 43. d. 19. m.

14-3. If (La tour d'), forte place, à une lieue de Marseille, dans la pleine mer,

Tome I. Abel Jouan,

G

& fur un rocher. Charles IX. s'étant embarqué le vendredi 10. Novembre 1564. fur la galere la Réale, accompagnée de treize autres galeres, pour aller dîner à la tour d'If, les vents ne permirent pas aux galeres d'aborder. On jetta l'ancre à un quart de lieue de-là, contre un autre rocher, fur lequel le roi dîna. Après quoi s'étant avancé en pleine mer, les galeres fe féparerent en deux efcadres & combattirent. Après quoi le roi retourna coucher à Marfeille.

14-12. La Bedoulle (la Baftille de), maifon feule, entre Marfeille & Marignane, où Charles IX. dîna le lundi 13. Novembre 1564.

14-13. Marignan, (Marignane) belle petite ville & château de Provence, diocèfe d'Arles, où Charles IX. coucha le lundi 13. Novembre 1564. Il y dîna le lendemain: longitud. 22. d. 54. m. latitud. 43. 25. m. à un peu moins de dix lieues au fud-eft d'Arles.

14-19. Martigues, trois petites villes de Provence, dans le diocèfe d'Arles. Ce font ces trois petites villes, appellées Jonquieres, l'Ifle, & Martigues, jointes enfemble, fituées dans une petite mer ou étang, qui a deux lieues de large, & quatre lieues de long, & fur laquelle Charles IX. s'embarqua, venant de Marignane, le mardi 14. Novembre 1564. Il y dîna le lendemain, & s'y embarqua pour aller coucher à faint Chamas: long. 22. d. 54. m. lat. 43. d. 26. m. à un peu plus de fept lieues au fud-eft d'Arles.

14-24. Saint Chamant, (S. Chamas) belle petite ville & château, fur une montagne, de Provence, diocèfe d'Arles, où Charles IX. qui avoit paffé fous un rocher percé, qui a trente toifes de large, coucha le mercredi 15. Novembre 1564. long. 22. d. 48. m. lat. 43. d. 45. m. à fept lieues à l'eft d'Arles.

14-29. Saint Martin, trois maifons dans la Crau, plaine couverte de cailloux, de thin, d'hyfope, & de fauge, & qui a huit lieues d'étenduë, dans le diocèfe d'Arles. Il n'y a que trois maifons dans faint Martin, dans l'une defquelles Charles IX. dîna le jeudi 15. Novembre 1564. long. 22. d. 33. m. lat. 43. d. 39. m. à trois lieues à l'eft d'Arles.

14-33. Arles, ville archiépifcopale de Provence, où Charles IX. coucha le jeudi 16. Novembre 1564. Il y fut afliégé par de grandes eaux, & y féjourna vingt-un jours: il en partit le jeudi 7. Décembre, après dîner: long. 22. 21. m. lat. 43. d. 41. m.

15-1. Tarafcon, ville de Provence, & fort château, dans le diocèfe d'Avignon, où Charles IX. coucha le jeudi 7. Décembre 1564. Il y féjourna trois jours, pour faire paffer les équipages de la cour, qui traverferent le Rhône fur des bateaux, & avec beaucoup de peine: long. 22. d. 24. m. lat. 43. d. 49. m. à quatre lieues au fud-oueft d'Avignon.

16-2. Le Rhône, riviere que Charles IX. paffa dans un bateau, le lundi 11. Décembre 1564.

16-6. Beaucaire, où Charles IX. dîna le lundi 11. Décembre 1564.

16-7. Sarignac, (Saragnac) petite ville de Languedoc, dans le diocèfe de Nifmes, où Charles IX. fit fon entrée & coucha le lundi 11. Décembre 1564. Saragnac eft une paroiffe de cent quatre-vingt feux, & non une ville.

16-9. Pont du Gar, (Pont du Gard) aqueduc & pont, fort antique, que les Romains firent pour conduire l'eau d'une fontaine, par-deffus le pont jufques à Nifmes. Les deux bouts du pont aboutiffent à deux montagnes. Il y a trois ponts l'un fur l'autre. Le premier de neuf arches, fous lefquelles paffe un fâcheux torrent; le fecond de onze, & le troifiéme de treize. Il eft conftruit avec de groffes pierres jointes enfemble fans mortier. Le roi, qui avoit dîné ce jour-là mardi 12. Décembre 1564. au château de faint Privat, vit ce pont, où le fieur de Cruffol fit préfenter une belle collation de confitures au roi par des nymphes, qui fortirent de deffous un grand rocher, qui eft au bout de l'un des ponts. Le roi alla coucher le même foir à Nifmes: long. 22. d. 15. m. lat. 43. d. 55. m. à un peu moins de quatre lieues au fud-eft de Nifmes. Le torrent que Jouan ne nomme pas, eft le Gardon, riviere qui déborde fouvent en Septembre & Octobre, & coupe la communication. Un archevêque de Narbonne ayant été obligé de coucher plusieurs nuits dans le cabaret de Remoulins, mauvais gîte, parce qu'il ne put pas passer le Gardon, les états de Languedoc se déterminèrent à faire un pont sur cette rivière pour la sûreté de la grande route. On ne trouva pas de situation plus avantageuse pour le faire, que de l'adosser au pont du Gard, & on y construisit un pont, sur lequel on passoit en 1747. & qui embellit au lieu de dégrader le pont des Romains; & donne moyen aux voyageurs de voir aisément une antiquité aussi respectable.

16-16. Saint Privat, beau château, près du pont du Gard, a la droite du pont du Gardon, & dans le diocèse d'Usez, où Charles IX. dîna le mardi 12. Décembre 1564.

16-21. Nismes, où Charles IX coucha le mardi 12. Décembre 1564. & il y séjourna le lendemain 13. long. 22. d. 5. m. lat. 43. d. 50. m.

16-30. Veuvert, (Vauvert) petite ville & château, où Charles IX. dîna & coucha le jeudi 14. Décembre 1564. Jouan, qui avoit entendu parler du diable de Vauvert, dit que l'on appelle ce Vauvert-ci, le diable de Vauvert; mais c'est une imagination purement gratuite de cet auteur.

16-33. Aigues-mortes, belle & forte ville, en un marécage de mer, où Charles IX. dîna & coucha le vendredi 15. Décembre 1564. & il y dîna le 16.

16-37. Massillargues, belle & petite ville, où Charles IX. coucha le 16. Décembre 1564. C'est la demeure des marquis de Calvisson, barons des états de Languedoc.

16-39. Saint Brez, pauvre village du diocèse de Montpellier, où Charles IX. dîna le dimache 17. Décembre 1564.

16-42. Montpellier, où Charles IX. coucha le dimanche 17. Décembre 1564. Il y passa le jour de Noël; & le lendemain il fit faire une procession générale, où tous les habitans furent obligés de se trouver, sous peine de cent livres d'amende. Le 27. les habitans donnèrent au roi, en un grand *carroi* devant son logis, le divertissement de la danse de la treille, par des danseurs masqués, tenant en leurs mains des farceaux tous fleuris, & au son des trompetes. Le roi y séjourna treize jours, & en partit le matin du samedi 30. longitude 21. d. 33. m. latit. 43. d. 38. m.

17-1. Villeneuve, petite ville, près le fort de Maguelonne, qui est dans un marécage de mer, où il y a beaucoup de grands oiseaux, que l'on appelle Flamans. Charles IX. étant à Montpellier, y alla dîner le jeudi 28. Décembre 1564. & retourna coucher à Montpellier: longitude 21. d. 33. m. latitude 43. d. 32. m. a deux lieues au sud de Montpellier.

17-13. Fabrigues, (Fabregues) petite ville du diocèse de Montpellier, où Charles IX. dîna le samedi 30. Décembre 1564. long. 21. d. 27. m. lat. 43. d. 33. m. a deux lieues au sud-ouest de Montpellier. Ce que Jouan appelle une petite ville, est une paroisse de cent trois feux.

17-14. Poussen, (Poussan) belle petite ville du diocèse de Montpellier, où Charles IX. coucha le samedi 30. Décembre 1564. & où il séjourna le dimanche dernier jour de l'année.

17-18. Florensac, belle petite ville du diocèse d'Agde, où Charles IX. dîna & coucha le lundi, premier jour de l'an 1565. long. 21. d. 8. m. lat. 43. d. 25. m. à un peu moins de deux lieues au nord d'Agde.

17-20. Agde, où Charles IX. dîna & coucha le mardi 2. Janvier 1565. & le lendemain matin il passa l'Eraud par-dessus un pont de barques: long. 21. d. 8. m. lat. 43. d. 20. m.

17-25. Villeneuve, petite ville du diocèse de Beziers, près de laquelle il y a une grande garenne, toute de regalissiers, & peuplée de lapins, qui sentent la regalisse quand on les mange. La réglisse est une plante qui pousse plusieurs tiges, à la hauteur de trois ou quatre pieds; ses feuilles sont oblongues, d'un verd brun, visqueuses, rangées par paires le long d'une côte terminée par une seule feuille d'un goût acerbe, tirant sur l'acide. Ses fleurs sont légumineuses, purpurines; elles sont

G ij

suivies de gousses courtes, relevées, applaties, qui renferment 3. ou 4. semences, petites, rondes, dures. Ses racines sont longues, rampantes, s'étendant de tous côtés dans la terre; de couleur noirâtre en-dehors, jaune en-dedans, d'un goût fort doux, & agréable. En latin, *Glycyrrhisa siliquosa vel Germanica. C. Bauh.* La racine de réglisse est pectorale, propre pour le rhume, pour la toux, pour les ulceres des reins, & de la vessie. Charles IX. dîna à Villeneuve le mercredi 3. Janvier 1565. longitude 20. d. 57. m. latitude 53. d. 21. m. à un peu plus d'une lieue de Beziers.

Page 17. ligne 28. Beziers, où Charles IX. coucha le mercredi 3. Janvier 1565. long. 20. d. 52. m. lat. 43. d. 22. m.

17-30. Nysens, (Nissan) petite ville du diocèse de Narbonne, où Charles IX. dîna le jeudi 4. Janvier 1565. long. 20. d. 47. m. lat. 43. d. 18. m. à un peu moins de trois lieues au N. E. de Narbonne.

17-31. Narbonne, où Charles IX. coucha le jeudi 4. Janvier 1565. Il y séjourna le 5. & le 6. & il en partit le dimanche 7. au matin: longit. 20. d. 41. m. latit. 43. d 11. m.

17-35. Syjan, (Sijean) belle petite ville dans le diocèse de Narbonne, où Charles IX. dîna & coucha le dimanche 7. Janvier 1565. longitude 20. d. 38. m. lat. 43. d. 1. m. à un peu moins de quatre lieues au sud de Narbonne.

17-36. Locquatte, (Leucate), belle forteresse, & derniere place de France, à quatre lieues de Perpignan, où Charles IX. dîna le lundi 8. Janvier 1565. long. 20. d. 41. m. lat. 42. 56. m. a un peu plus de cinq lieues au sud de Narbonne. Leucate est connue par la bataille du 28. Septembre, 1637. Ses fortifications furent démolies en 1664.

17-38. Sigean, où Charles IX. coucha le lundi 8. Janvier 1565. Il y dîna le lendemain.

17-39. Narbonne, où Charles IX. coucha le mardi 9. Janvier 1565. Il y séjourna le mercredi 10. & en partit le jeudi matin 11. long. 20. d. 41. m. lat. 43. d. 11. m.

17-42. Canet, petite ville du diocèse de Narbonne, où Charles IX. dîna le jeudi 11. Janvier 1565. long. 20. d. 32. m. lat. 43. d. 14. m. à un peu plus de deux lieues à l'ouest de Narbonne.

17-42. Mont, (Mons), pauvre village & château du diocèse de Narbonne, où Charles IX. coucha le jeudi 11. Janvier 1565. long. 20. d. 20. m. lat. 43. d. 12. m. à cinq. lieues à l'ouest de Narbonne.

11-1. Barbairen, (Barbairac), petit village du diocèse de Carcassonne, où Charles IX. dîna le vendredi 12. Janvier 1565. long. 20. d. 11. m. lat. 43. d. 12. m. à un peu plus de deux lieues à l'est de Carcassonne.

18-2. Carcassonne, ville haute, belle, & forte, épiscopale, où Charles IX. coucha le vendredi 12. Janvier 1565. Le roi devoit partir le lendemain samedi 13. mais la nuit il tomba une si grande quantité de neige, qu'il y en avoit à la campagne de la hauteur de quatre pieds; ce qui força le roi de rester dix jours dans Carcassonne, pendant lesquels il s'amusa à faire défendre un bastion, fait de neige, dans la cour de son logis, contre ceux des deux villes haute & basse de Carcassonne, qui se retirerent bien battus. Les pages & les laquais donnerent un assaut à ce même bastion, défendu par les gardes du roi, & le gagnerent au bout de deux heures. Le lundi 22. Janvier, après dîner, Charles IX. alla coucher à la basse ville de Carcassonne: longit. 20. d. 2. m. latitude 43. d. 13. m.

18-16. Carcassonne, ville basse, belle & forte, où Charles IX. coucha le lundi 22. Janvier 1565. Il y séjourna trois jours, & en partit le vendredi matin 26.

18-19. Arzant, (Alzenc), petite ville du diocèse de Carcassonne, où Charles IX. dîna le vendredi 26. Janvier 1565. long. 19. d. 52. m. lat. 43. d. 12. m. à un peu moins de trois lieues à l'ouest de Carcassonne.

18-20. Montréal, belle petite ville du diocèse de Carcassonne, où Charles IX. coucha le vendredi 26. Janvier 1565. longit. 19. d. 48. m. latitude 43. d. 13. m. a un peu plus de trois lieues à l'ouest de Carcassonne.

18-22. Proille, abbaye de religieuses, (Prouille, prieuré de religieuses dominicaines), dans le diocèse de saint Papoul, où Charles IX. dîna le samedi 27. Janvier 1565. long. 19. d. 44. m. lat. 43. d. 13. m. à un peu moins d'une lieue au sud de Villecisselle.

18-23. Villaspic, (Villepinte), petite ville & château du diocèse de saint Papoul, où Charles IX. coucha le samedi 27. Janvier 1565. long. 19. d. 45. m. lat. 43. 19. a une lieue, un peu plus, au nord de Villecisselle.

18-25. Ferratz, (Ferrals), beau château & baronie du diocèse de saint Papoul, appartenant au seigneur de Malras, où Charles IX. dîna le dimanche 28. Janvier 1565. Il y eut un beau festin, & un bastion, gardé par soixante soldats, qui incontinent fut pris, parce qu'ils n'avoient pas levé leur pont levis. La Faille dit dans les annales de Toulouse (Tom. 2. pag. 262.) qu'au partir de Carcassonne, le roi fit l'honneur au baron de Ferrals d'aller dîner dans son château de Ferrals qui est une des plus belles maisons du haut Languedoc, entre Carcassonne & Castelnaudarry. Ce baron étoit un gentilhomme de distinction, qui avoit été aimé du feu duc de Guise, & honoré par le roi Henri II. d'une ambassade à Rome, où il s'acquit beaucoup d'estime. Ce dîné fut d'une somptuosité extraordinaire ; car après qu'on eut levé les tables, le plat-fond de la salle & le comble même de la maison s'étant ouverts par machines, on vit paroître, dans l'étenduë du jour qui tomboit dans la salle, une épaisse nuée, laquelle ayant crevé par un éclat pareil à celui d'un tonnerre, laissa tomber une grosse grêle de dragées. Cette grêle fut suivie d'une pluie d'eau de senteur si abondante, qu'il fallut donner le manteau au roi. La cour avoua que dans le voyage du roi, il ne lui avoit point été fait de régal si magnifique. Le même jour le roi alla coucher à Castelnaudarry, & de là à Ville-nouvelle, d'où il se rendit en poste à Toulouse, n'ayant pris avec lui que le duc d'Orléans, son frere. Il y entra sur le soir, par la porte de saint Etienne, & alla descendre *incognito* à l'archevêché, où il passa la nuit de la même maniere. Jouan dit que Charles IX. coucha à Ville-nouvelle le 30. Janvier, qu'il y dîna le 31. & qu'après avoir fait son entrée à Basiége & à Mongiscard, il alla coucher a Toulouse. Si le roi avoit pris la poste avec le duc d'Orléans, son frere, à Ville-nouvelle, Jouan, qui étoit présent, auroit-il oublié cette circonstance, & dit ce qui y sembloit contraire, que le roi fit son entrée a Basiége & à Mongiscard ? D'ailleurs quelle nécessité au roi de prendre des chevaux de poste pour faire la valeur de deux postes, ou de trois lieues ; les chevaux du roi n'étoient-ils pas plus propres à faire cette course ? Il y a beaucoup d'apparence que ce voyage de Charles IX. en poste est une pure imagination de la Faille, à qui les circonstances extraordinaires ne déplaisoient pas. Ferrals a pour longitud. 21. d. 51. m. 15. s. latitud. 43. d. 19 m. 53. s. à près d'une lieue au sud-est de saint Papoul.

18-29. Castelnaudarry, belle & bonne ville du diocèse de saint Papoul, où Charles IX. coucha le dimanche 28. Janvier 1565. Il y séjourna le lundi 29. & en partit le mardi 30. au matin : long. 21. d. 45. m. 20. s. lat. 43. d. 19. m. 3. s. à un peu plus d'une lieue à l'O. E. de saint Papoul.

18-34. Vingnonet, (Vignonet), belle petite ville du diocèse de saint Papoul, où Charles IX. dîna le mardi 30. Janvier 1565. long. 21. d. 36. m. 35. s. lat. 43. d. 22. m. 7. s. a un peu plus de trois lieues à l'ouest de saint Papoul.

18-35. Ville-franche, belle petite ville de Languedoc, au diocèse de Toulouse, où Charles IX. après avoir dîné à Vignonet, fit son entrée le mardi 30. Janvier 1565. long. 21. d. 34. m. 52. s. lat. 43. d. 22. m. 55. s. à deux tiers de lieue au N. E. de Gardouch.

18-36. Ville-nouvelle, petite ville & belles maisons du diocèse de Toulouse, où Charles IX. coucha le mardi

30. Janvier 1565. Il y dîna le lendemain mercredi : long. 21. d. 32. m. 35. f. lat. 43. d. 25. m. 50. f. à près d'une lieue & demie au N. de Gardouch.

18-39. Baſiége, petite ville du dioceſe de Touloule, où Charles IX. ayant dîné à Ville-neuve, fit ſon entrée le mercredi 31. Janvier 1565. long. 21. d. 30. m. 2. f. lat. 43. d. 28. m. 18. f. à un peu plus de deux lieues au N. N. O. de Gardouch.

18-39. Mongiſcard, petite ville du dioceſe de Touloule, où Charles IX. ayant dîné à Ville-nouvelle, fit ſon entrée le mercredi 31. Janvier 1565. longitude 21. d. 27. m. 57. f. latit. 43. d. 27. m. 56. f. à près de deux lieues & demie au N. N. O. de Gardouch.

18-40. Toulouſe, où Charles IX. coucha le mercredi 31. Janvier 1565. long. 19. d. 5. m. lat. 43. d. 38. m.

19-1. Minimes de Toulouſe, où Charles IX. dîna le jeudi, premier jour de Février 1565. après quoi il vit, d'un théatre, paſſer les compagnies, parmi leſquelles il y en avoit une de ſept à huit cents gentilshommes du pays, bien équipés, après quoi il fit ſon entrée. Le jeudi 8. Février, il fit un nombre de chevaliers de ſon ordre ; & après dîner il alla ſiéger en ſa cour de parlement. Le mardi 20. les capitouls lui firent un beau feſtin dans la maiſon de ville. Il y ſéjourna quarante-ſix jours, & en partit le lundi matin 19. Mars, pour aller à ſaint Jorri.

19 15. Saint Michel, beau petit château dépendant de l'archevêché de Toulouſe, à la gauche de la Garonne, où Charles IX. ayant paſſé cette riviere en bateau le dimanche 4. Mars, dîna. Il y fit ſon carême-prenant, & le mariage du marquis d'Alis (Jean de Montboiſſier, marquis de Canillac, & d'Alais) avec mademoiſelle de Curton ; & le ſoir le roi retourna coucher à Toulouſe. Saint Michel eſt de longitude 19. d. 3. m. latitude 43. d. 39. m. à une lieue au N. O. de Toulouſe.

19-39. Saint Jorri, petit village & château du dioceſe de Touloule, où Charles IX. dîna le lundi 19. Mars 1565. longit. 21. d. 13. m. latit. 43. d. 43. m. a quatre lieues à l'O. N. O. de Montaltruc.

19-40. Fronton, beau village & château du dioceſe de Touloule, où Charles IX. coucha le lundi 19. Mars 1565. long. 19. d. 3. m. lat. 47. d. 52. m. à cinq lieues au N. de Touloule.

20-1. Clau, petit château du dioceſe de Montauban, où Charles IX. dîna le mardi 20. Mars 1565.

20-3. Montauban, belle & forte ville du Quercy, évêché, où Charles IX. ayant paſſé la riviere du Tart (Tarn) par-deſſus un pont de pierre, coucha le mardi 20. Mars 1565. Il en fit démanteler & rompre les fortifications, & en partit le mercredi matin 21 longitude 19. d. 5. m. latitude 44. d. 3. m.

20-7. La Baſtide-del-Tempe, pauvre village de Languedoc, dans le dioceſe de Montauban, où Charles IX. dîna le mercr. 21. Mars 1565. long. 19. d. o. m. lat. 44. d. 2. m. a un peu plus de deux lieues au N. O. de Montauban.

20-10. Moiſſac, belle petite ville du Quercy, où Charles IX. qui avoit dîné à la Baſtide-del-Tempe, & qui avoit paſſé le Tarn par-deſſus un pont de bois tout couvert, coucha le mercredi 21. Mars 1565. longitude 18. d. 54. m. latitude 44. d. 10. m. à neuf lieues au ſud de Cahors.

20-12. Pontuy, (Pontmavi) petit village & château d'Agenois, où Charles IX. dîna le jeudi 22. Mars 1565. long. 18. d. 43. m. lat. 44. d. 10. m. à un peu moins de ſix lieues au S. E. d'Agen.

20-13. Ballence, (Valence), petite ville du dioceſe d'Agen, où Charles IX. qui avoit dîné à Pontuy, & qui alloit coucher à la Magiſtere, fit ſon entrée le jeudi 22. Mars 1565. long. 18. d. 39. m. lat. 44. d. 10. m. à cinq lieues à l'E. S. E. d'Agen.

20-14. la Mageſterre, (la Magiſtere), trois pauvres maiſons ſur le bord de la Garonne, dans le dioceſe d'Agen, où Charles IX. coucha le jeudi 22. Mars 1565. Le lendemain il s'y embarqua ſur la Garonne, ſur un beau bateau que les capitouls de Touloule lui avoient fait faire pour aller dîner au château de la Fosse: long. 18. d. 54. m. lat. 44. d. 11. m. à quatre lieues au sud-est d'Agen. Jouan ne parle que du port de la Magistere, & non de la paroisse, qui est considérable, & où est la poste.

20-18. La Fosse, beau château d'Agenois, où Charles IX. qui s'étoit embarqué sur la Garonne à la Magistere, dîna le 23. Mars 1565. & continuant sa route par la Garonne, il alla coucher à Agen (la Fosse) : longit. 18. d. 28. m. latit. 44. d. 16. m. à un peu moins de deux lieues au sud-est d'Agen.

20-19. Agen, belle ville, bonne & grande, & évêché, où Charles IX. venant du château de la Fosse par la Garonne, coucha le vendredi 23. Mars 1565. Le dimanche 25. il tint en baptême, avec la reine & mademoiselle de de Guise, une fille de Montluc, qui fut nommée Charlotte-Catherine : c'étoit l'aînée de sa seconde femme Isabeau, dame de Beauville en Agenois, qui se remaria à François, comte d'Escars, chevalier du saint-Esprit. Elle épousa depuis Aimeri de Voriens, seigneur de Montaut, lieutenant général au gouvernement de Provence, qui fut tué devant Aix le 28. Juin 1593. Le roi séjourna trois jours à Agen, & en partit en bateau le mardi matin 27. Mars 1565. long. 18. d. 23. m. lat. 44. d. 18. m.

20-27. Port-sainte-Marie, petite ville sur le bord de la Garonne, où Charles IX. venant d'Agen sur cette riviere, dîna le mardi 27. Mars 1565. & continuant sa route par eau, alla coucher à Aiguillon : longit. 18. d. 11. m. latitud. 44. d. 20. m. à trois lieues à l'O. d'Agen.

20-29. Eguillon, (Aiguillon), petite ville & château du diocèse d'Agen, où Charles IX. coucha le mardi 27. Mars 1565. Il y dîna le mercredi 28. longitude 18. d. 5. m. latitude 44. d. 25. m. à un peu moins de cinq lieues au N. O. d'Agen.

20-32. Marmande, belle petite ville du diocèse d'Agen, où Charles IX. venant d'Aiguillon par la Garonne, coucha le mercredi 28. Mars 1565. & le lendemain il y dîna : longitude 17. d. 53. m. latit. 44. d. 32. m. à un peu moins de neuf lieues au nord-ouest d'Agen.

20-35. La Réole, belle petite ville du diocèse de Bazas, divisée en trois parties, où Charles IX. venant de Marmande sur la Garonne, coucha le jeudi 29. Mars 1565. Il y séjourna le vendredi 30. & en partit le samedi 31. après dîner : long. 17. d. 35. m. latit. 44. d. 35. m. à un peu plus de cinq lieues au N. E. de Bazas.

20-39. Quadillac, (Cadillac) petite ville & beau château du diocèse de Bourdeaux, appartenant au seigneur de Candale, où Charles IX. venant de la Réole par la Garonne, coucha le samedi 31. Mars 1565. Il y dîna le dimanche premier Avril : & continuant sa route par la Garonne, il alla coucher à Bourdeaux : longit. 17. d. 15. m. latitud. 44. d. 38. m. à six lieues au S. E. de Bourdeaux. Jean-Louis de Nogaret, duc d'Epernon, auquel Cadillac appartenoit, du chef de Marguerite de Foix, comtesse de Candale, sa femme, y fit bâtir en 1600. un château, qui lui coûta plus de cent vingt mille livres : deux ailes de ce château furent démolies vers l'an 1715. Le comte de Montcassin, qui l'avoit eu par retrait lignager, le donna avec les autres terres de Montcassin, Tournecoupe, &c. au second fils de N. de Preissac, seigneur d'Esclignac, au diocèse de Lectoure, son frere uterin, qui en jouit en 1757.

20-42. Bourdeaux, où Charles IX. coucha le dimanche premier Avril 1565. Il y séjourna le lundi 2. le mardi 3. il alla dîner à Toars ; le lundi 9. étant parti de Toars, il fit son entrée à Bourdeaux. Le jeudi 12. il alla siéger en sa cour de parlement. Le mercredi 18. il donna audience au prince de Parme, & au comte d'Egmond, qui alloit en poste en Flandre. Il y fit la fête de pâques le dimanche 22. Il y séjourna vingt trois jours, & en partit le jeudi 3. Mai, pour aller dîner à Montplaisir : long. 16. d. 57. m. lat. 44. d. 50. m.

12-2. Toars, château à une lieue de Bourdeaux, où Charles IX. dîna & coucha le mardi 3. Avril 1565. Il y séjourna six jours, & en partit le lundi 9. La carte du Bourdelois de Delisle, & celle de la direction de Bourdeaux de Nolin, ne donnant point la position de Toars, ni d'aucun lieu qui en approche, il faut attendre que quelqu'un plus exact & plus curieux nous l'apprenne. En attendant hazardons-en la position : long. 16. d. 57. m. lat. 44. d. 53. m.

21-6. Frands, belle petite maison sur la Garonne, où Charles IX. qui faisoit son entrée ce jour-là Bourdeaux, dina le lundi 9. Avril 1565. Il s'y embarqua sur un bateau, que les maires & jurats de la ville lui envoyerent, & alla descendre au dessous du château Trompette, qui fait le coin de la ville sur le bord du port. Frands, longitude * 16. d. 58. m. lat. 44. d. 52. m.

21-25. Montplaisir, maison seule dans le diocèse de Bourdeaux, où Charles IX. dina le jeudi 3. Mai 1565. Le journal du voyage la met entre Bourdeaux & Castres : ainsi sa longitude paroit devoir être * 17. d. 6. m. lat. 44. d. 45. m.

21-26. Castres, pauvre village & château du diocèse de Bourdeaux, où Charles IX. coucha le jeudi 3. Mai 1565. long. 17. d. 9. m. lat. 44. d. 41. m. à un peu plus de quatre lieues au S. E. de Bourdeaux. Castres est une paroisse de cent soixante & un feux, où il y a des casernes ; elle est dans la jurisdiction de Forez, où le président de Gascq, à qui ces deux paroisses appartiennent, a un château. L'Infante d'Espagne venant épouser le dauphin le 25. Février 1745. y coucha.

21-28. Lengon, (Langon), belle petite ville & château sur le bord de la Garonne, au diocèse de Bazas, où Charles IX dîna & coucha le vendredi 4. Mai 1565. longit. 17. d. 21. m. latitud. 44. d. 34. m. à quatre lieues au N. de Bazas. Il y a de très-bon vin blanc à Langon.

21-31. Bazas, ville épiscopale, capitale du Bazadois, où Charles IX. dina & coucha le samedi 5. Mai 1565. Il y séjourna le dimanche 6. & ce jour-là la ville lui donna un combat de taureaux, où des hommes attaquoient ces animaux avec de grands aiguillons. Le lundi 7. au matin le roi en partit : long. 17. d. 22. m. lat. 44. d. 24. m.

21-37. Sirron, (Ciron) riviere du diocèse de Bazas, que Charles passa le lundi 7. Mai. 1565. sur un pont de pierre, appellé le pont de Boullas, (Beaulac.) Ce pont est la séparation de la France avec les terres de la Navarre.

21-38. Boullas, pont sur la riviere de Sirron, où est la séparation de la France avec les terres de la Navarre, que Charles IX. passa le lundi 7. Mai 1565. long. 17. d. 17. m. lat. 44. d. 22. m. à une lieue au sud-ouest de Bazas.

21-39. Captieux, (Capsious), petite ville du diocèse de Bazas, au commencement des landes de Bourdeaux, où Charles IX. dîna & coucha le lundi 7. Mai 1565. long. 17. d. 15. m. lat. 44. d. 19. m. a deux lieues & un peu plus au sud-ouest de Bazas.

21-43. La Traverse, (les Traverses) deux maisons du diocèse d'Aire, au milieu des landes de Bourdeaux, où Charles IX. dîna le mardi 8. Mai 1565. long. 17. d. 16. m. lat. 44. d. 12. m. à un peu plus de huit lieues au nord d'Aire.

22-1. Roquehort, (Roquefort) petite ville des landes de Bourdeaux, où Charles IX. coucha le mardi 8. Mai 1565. long. 17. d. 13. m. lat. 44. d. 5. m. à un peu plus de six lieues au N. d'Aire, dans le diocèse de laquelle ville elle est située.

22-4. Mont-de-Marsan, belle ville & château dans le diocèse d'Aire, où Charles IX. ayant continué son chemin par les landes, dina & coucha le mercredi 9. Mai 1565. Il y séjourna quinze jours, & en partit le jeudi matin 24. long. 16. d. 58. m. lat. 44. d. 0. m. à un peu moins de sept lieues au N. O. d'Aire.

22-8. Millac, (Meillan) petite ville du diocèse de Dax, où Charles IX. continuant son chemin par les landes, dîna le jeudi 24. Mai 1565. longitude 16. d. 50. m. latitude 44. 0. m.

à un peu plus de six lieues au N. E. de Dax.

22-8. Tartas, petite ville du diocèse d'Acqs. La Douve, (l'Adour) belle petite rivière, portant bateau, qui va se jetter dans le fleuve du Gave, deux lieues au-dessus de Bayonne, passe entre les deux petites villes de Tartas, où Charles IX. coucha le jeudi 24. Mai 1565. Il y séjourna trois jours, & en partit le lundi matin 28. long. 16. d. 44. m. lat. 43. d. 56. m. a un peu plus de quatre lieues au N. E. de Dax. Ce n'est point l'Adour qui se jette dans le Gave, mais le Gave dans l'Adour.

22-15. Pouton, (Poutous), beau village du diocèse d'Acqs, où Charles IX. dîna le lundi 28. Mai 1565. & après dîner il sortit des landes: long. 16. d. 35. m. lat. 43. d. 52. m. à deux lieues au N. E. de Dax.

22-17. Dax, belle & forte ville, & évêché. Il y a de fort beaux bains, desquels sort une grande abondance d'eau bouillante. Le roi Charles IX. ayant passé l'Adour sur un pont de pierre, y coucha le lundi 28. Mai 1565. longitude 16. d. 30. m. latit. 43. d. 48. m.

22-21. Saubuse, pauvre village du diocèse d'Acqs, sur le bord de l'Adour, où Charles IX. dîna le mardi 29. Mai 1565. & l'après dîner il s'embarqua sur l'Adour, pour aller coucher à Bayonne. Saubuse est un lieu de quatre-vingt quinze feux, dans les landes & le district de Marennes, diocèse & à douze lieues & un tiers au S. S. O. de Dax, sur la droite de l'Adour: longitude 16. d. 26. m. latit. 43. d. 42. m.

22-21. Bayonne, où Charles IX. coucha le mardi 29. Mai 1565. ce prince y fit son entrée le dimanche 3. Juin. Il y fit la fête de la pentecôte, & il y toucha un très grand nombre d'Espagnols. Il en partit le mardi 12. Juin après dîner, pour aller coucher à saint Jean de Luz. Le vendredi 15. Juin il revint coucher à Bayonne, pour y faire préparer l'entrée de la reine d'Espagne, sa sœur: long. 16. d. 11. m. lat. 43. d. 30. m.

22-28. La Housse, (la Honce) petite abbaye, cachée dans un bois, où Charles IX. venant sur le Gave dans un bateau que la ville de Bayonne avoit fait faire, dîna le dimanche 3. Juin 1565. après dîner, il retourna sur le même bateau jusques au bout du pont de Bayonne, où il trouva un théatre: sur lequel il se plaça pour voir passer les compagnies de la ville de Bayonne, après quoi il fit son entrée: longitude 16. d. 16. m. latit. 43. d. 30. m. à un peu plus d'une lieue à l'est de Bayonne.

24-21. Saint Jean de Luz, fort beau village du diocèse de Bayonne, port de mer, lieu de plaisir, fut brûlé par les Espagnols en 1567. Charles IX. y coucha le mardi 12. Juin 1565. Le mercredi 13. il fut le parrain d'une galéasse, que l'on mit en mer, & la nomma la Caroline. Le jeudi 14. Juin il en partit, après dîner, pour aller recevoir la reine d'Espagne, sa sœur, au dernier pas de son royaume, en un lieu appellé Endaye, ou Boyvie, (Andaye, Béovie) près de Fontarabie. Charles IX. y mena son régiment, qui l'avoit toujours suivi dans son voyage, & qui étoit composé de dix compagnies de gens de pied; Strozzi en étoit colonel. Ce prince étoit aussi suivi dans son voyage par quatre compagnies d'hommes d'armes, & une de chevaux-legers. Il fit faire au bord de la riviere une belle feuillée, sous laquelle on plaça une belle & riche collation de jambons de Mayence, langues de bœufs, cervelats, pâtés, fruits, salades, confitures, & grande abondance de bon vin. Le roi y attendoit la reine d'Espagne, qui dîna à un village appellé Airon, (Iron) au-delà de l'eau. Après dîner elle descendit la montagne accompagnée de trois cents archers à cheval, de la garde du roi d'Espagne, & d'une enseigne de gens de pied, qui tous vinrent au bord de l'eau. Alors le roi s'embarqua, pour aller recevoir au milieu de l'eau la reine d'Espagne, qui entra dans le bateau de ce prince: après quoi ils vinrent tous se rafraîchir sous la feuillée, & y resterent une heure, au son des trompettes, des hautbois, & des tambourins. Ces notes sur le voyage de Char-

Tome I. Abel Jouan.

les IX. feront plus complettes, en ajoûtant ici le détail du voyage que la reine Isabelle, femme de Philippe II. fit de Madrid a Bayonne, & que Garibay a très-bien détaillé dans son abregé de l'histoire d'Espagne, [lib. XXIX. cap. 17. 18. 19. 20.] La reine Isabelle partit de Madrid à la fin du carême de 1564. passa à Erevalo, à Medina del campo, où elle se trouva le jour de pâques, 2. Avril, & à Valladolid. La peste ayant paru à Burgos, & la reine étant arrivée à Tardujos, à deux lieues de Burgos, elle prit le chemin de la Navarre, pour se rendre à Bayonne, en traversant la province de Guipuscoa. La peste ayant paru a Victoria, fut cause que la reine prit le chemin de Soria, entra en Navarre, & coucha à Tudela; passa l'Ebro, coucha à Valtierra; à Caparaso, où elle traversa l'Aragon: coucha à Tafalla, & arriva à Pampelune le mercredi 16. Juin. Le jeudi cette princesse alla coucher à Huarte-Araquil; le vendredi à Alsasua, dernier lieu de Navarre. Le vice-roi ne négligea rien pour faire trouver des vivres dans tous ces lieux-la. La reine étant partie d'Alsasua le samedi 9. Juin 1565. entra dans la jurisdiction de la *Villa* de Segura, en Guipuscoa. Elle y fut reçue par neuf députés, & par un grand nombre de peuple, armé d'arquebuses & de piques. Les neuf députés, bien montés, portoient des capotes *Tudesques* de velours noir, garnies de franges d'argent. Ils arriverent ce jour-là à Zeguma; & y ayant trouvé la reine, montée sur un palefroi, ils mirent pied à terre, & la saluerent. Les noms des neuf députés étoient, Pierre de Zuaçola, chevalier de saint Jacques; Jean de Idiaquez, commandeur dans le même ordre, Domingo de Orbea, Firmin de Atodo, Bernardin de Zavala, François de Elexalde, Martin Perez de Zavala, Thomas de Scorça, & Pierre Martinez de Ondarca. Pierre de Zuaçola complimenta la reine; & lui dit que l'entrevûë qu'elle alloit avoir avec le roi très chrétien son frere, & la reine sa mere, donnoit de grandes espérances pour l'avantage de la religion. La reine continuant sa route, arriva à Ségura à midi. Le lendemain, dimanche de la pentecôte 10. Juin, elle se confessa, & communia dans l'église paroissiale, y entendit la messe, célébrée pontificalement par Diego Ramirez, évêque de Pampelune, dans le diocèse duquel Ségura est situé. Lundi 11. Juin, la reine partit après midi, arriva à Villa França, & y fut reçue par le licentié François Maldonado de Salazar, corregidor du lieu, & habitant de Grenade. Les neuf députés avoient baisé la main à la reine à Zéguma, chacun selon son rang; & les procureurs de tous les lieux de Guipuscoa en firent de même à Villa França. La reine continuant sa route, arriva de nuit à Tolosa, où l'on lui fit la troisiéme réception. Le mardi 13. Juin, la reine ayant entendu la messe dans l'église paroissiale de sainte Marie, partit d'abord après, pour se trouver avant dîner à Hernani, où devoit arriver son frere Alexandre-Edoüard, duc d'Orléans, suivi de beaucoup de cavaliers François. Elle trouva le duc son frere à demi-lieue d'Hernani, & là se fit la quatriéme réception de Guipuscoa. On alla ensuite dîner à Hernani, & coucher à saint Sébastien, où se fit la cinquiéme réception, dans une campagne sablonneuse. Les cavaliers François étoient vêtus de velours cramoisi, garni de beaucoup de franges d'argent. L'artillerie des vaisseaux tira avec tant d'ordre, que les François & les députés de Guipuscoa coururent au bord de la mer pour en voir la manœuvre plus à leur aise. Garibay, qui y fut présent, l'assure lui-même. La reine étoit accompagnée de Jean de Quiñones, évêque de Calahorra, & de la Calçeada; de Diego Ramirès Sedeño de Fuenléal, évêque de Pampelune; de Grégoire Gallo, évêque d'Orihuela; & de Ferdinand Alvarés, duc d'Albe, mayordome mayor du roi, qui arriva en poste à saint Sébastien, ayant été arrêté à Leria par la femme de son fils, Briande de Beaumont, comtesse de Leria: le matin du même jour, le comte de Benavente, qui avoit été festoyé à Calahorra, par l'inquisiteur de Navarre, André Mardez de Ivarra, natif de Maya, dans le

Guipuscoa, joignit la reine a Tolosa. Cette princesse avoit aussi avec elle le duc d'Ossuna son cousin; le duc de Nagera; Hernando de Tolede, prieur de saint Jean, fils du duc d'Albe; Jean Manrique de Lara, mayordome mayor de la reine; le comte de Saldaña; les marquis de Falces, Poza, & Velada; la comtesse veuve de Ureña, camarera mayor de la reine; sa belle fille la duchesse de Ossuna; la marquise veuve de Cenete; Anne Fajardo, femme du mayordome mayor de la reine; plusieurs autres dames Françoises, & Magdelaine Giron, fille de la comtesse de Ureña. La reine partit de saint Sébastien le mercredi 13. Juin après midi, & arriva à la Renteria, où se fit la sixiéme réception de Guipuscoa. Le lieu de la Renteria donna alors à manger & à boire à tous ceux qui se présenterent. La septiéme réception se fit sur le terrein de Oiarçun. La huitiéme à Hirun-Urança, dans la jurisdiction de ville de Fontarabie, dont l'alcaïde Jean de Acuña, capitaine général de la province, fit tirer toute son artillerie. La reine coucha à Hirun, où l'on avoit meublé plusieurs appartemens. Le jeudi 14. Juin la reine partit, après dîner, & arriva sur le bord de la riviere de Vidazio, qui sépare l'Espagne de la France. Elle mit pied à terre, & y embrassa la reine sa mere, qui avoit passé la riviere sur un pont de barques, & étoit entrée dans le Guipuscoa. Le roi de France étoit à pied de l'autre côté de l'eau avec toute sa cour, qui étoit fort brillante. Quoique le roi ne mît pas le pied sur la terre d'Espagne, il ne laissa pas que de faire deux ou trois pas sur l'un des ponts de barques que l'on avoit faits sur la riviere, qui est toute de Guipuscoa. On avoit préparé une collation sur le bord de la riviere, dans un champ appelé Margira, & sur lequel on avoit fait une feuillée. On se mit ensuite en marche; les deux reines à la droite, le roi & le dauphin à la gauche; de maniere que la reine avoit à sa gauche le roi son frere. On coucha ce soir-là à saint Jean de Luz. Le vendredi 15. Juin on entra à Bayonne. La quantité de personnes qui vinrent d'Espagne par terre & par mer, pour être touchées par le roi Charles IX. & être par-la guéris de leurs écrouelles, *los lamperones*, fut incroyable. La reine Isabelle resta à Bayonne dix-sept jours, depuis le 16. Juin jusqu'au lundi 2. Juillet, qu'accompagnée par le roi, la reine, & le dauphin, elle coucha à saint Jean de Luz. Le mardi 3. Juillet, elle passa le Vidazio dans une barque fort ornée, que Guipuscoa avoit fait préparer: elle y trouva le général Jean de Acuña, & Pierre de Zuaçola, qui lui dit que la chrétienté avoit de grandes espérances a l'occasion de ce que leurs majestés venoient de traiter. Les reines ayant passé la riviere, entrerent dans un *coche*, & furent coucher à Hirun. Le mercredi 4. Juillet, après dîner, les deux reines se séparerent; & la reine d'Espagne vouloit absolument repasser le Vidazio, ce que la reine mere ne voulut jamais permettre. Les députés l'accompagnerent jusqu'au de-la de l'eau, & sur la terre de France. La reine d'Espagne continua sa route avec le dauphin (le duc d'Anjou, ensuite Henri III.) & coucha à saint Sébastien. A six heures du soir cette princesse s'embarqua sur l'Océan, & s'avança une heure sur la mer avec toute sa cour, dans une barque bien ornée. Le jeudi 5. Juillet, elle continua son chemin avec le dauphin, son frere, dîna à Hernani, & coucha à Tolosa. Le vendredi 6. Juillet, continuant sa route, elle voulut voir travailler une forge de fer, (*Herreria*) & examiner comment l'on fondoit ce métal. Domingo Orbea, l'un des députés, à qui la reine le dit, envoya avertir à la *Herreria* de Jarca, où cette princesse devoit passer avant que d'arriver à la Villafranca. Lorsqu'on fut arrivé à Jarca, la reine mit pied à terre; & descendit de son *quartago*, & toute sa cour aussi; elle entra dans la Herreria, & y vit travailler pendant un quart d'heure. Le val de Herreria, qui pour quelque prétention n'avoit pas pu avoir la permission de faire sa réception à la reine, le fit entre Villafranca & Segura, ce qui fut la neuviéme réception de cette province. La reine arriva ensuite a Ségura, & y coucha. Le lendemain samedi 7. Juillet, elle partit de Segura, & a deux cents pas du chemin, vers la Navarre, elle prit congé du dauphin, Alexandre-Edouard, duc d'Orléans, son frere. Le duc, accompagné par le prieur de saint Jean, conduit par le corrégidor, continua sa route jusqu'en France. La reine entra en Navarre par le port de Zeguma : Pierre de Suaçola prit congé d'elle à l'endroit où le Guipuscoa & la Navarre se séparent, & que les Espagnols appellent *Moion*, & lui fit les remercimens de la province ; après quoi les députés baiserent la main à la reine, qui trouva dans le moment les députés de Navarre. Le lendemain dimanche 8. Juillet, elle partit d'Alsasua, & coucha a Huarte. Le lundi 9. elle arriva sur le soir à Pampelune. Le mardi 10. elle se promena dans un *coche* par toute la ville, & après avoir soupé dans le réfectoire de la grande église où l'évêque la festoya, elle partit de Pampelune ; & marchant de nuit, elle continua sa route par Tafalla, Caporoso, Valtierra, & la ville de Tudela.

Page 25. ligne 27. Bayonne, où la reine d'Espagne, montée sur une hacquenée blanche, dont le harnois fut estimé quatre cents mille ducats, que Charles IX. lui donna, fit son entrée à neuf heures du soir, & aux flambeaux : longitude 16. d. 11. m. lat. 43. d. 30. m.

25 42. Saint Bernard, petite abbaye de filles, au diocèse de Bayonne, où Charles IX. dina le lundi 18. Juin 1565. Il y donna audience à un ambassadeur de Soliman I. qui demandoit un port de mer en Provence pour rafraîchir son armée, en cas qu'elle ne prît pas Malthe, qu'elle assiégeoit : longit. 16. d. 11. m. lat. 43. d. 31. m. à deux tiers de lieue au N. O. de Bayonne.

26-3. Aiguemeau, isle sur la côte de Bayonne, & dans laquelle il n'y a point de maisons. La reine Catherine de Médicis y fit faire une belle feuillée, qui coûta un grand denier, & donna un grand festin à la reine d'Espagne sa fille, & à sa suite. Les seigneurs & dames, habillés en bergers & bergeres, portoient les plats. Le samedi 23. Juin 1565. après souper la cour vint à Bayonne, pour voir le feu de saint Jean. L'isle d'Aiguemeau n'est pas marquée sur la carte du Bourdelois de Delisle, la seule bonne que je connoisse.

26 13. Bayonne, où le feu de la saint Jean fut magnifiquement fait au milieu du Gave. Le long de la riviere on voyoit des baleines, dauphins, tortues, & syrenes, qui jettoient du feu. Les cours de France & d'Espagne virent le divertissement jusques au dimanche 24. Juin. 1565. à deux heures du matin. Le lundi 25. il y eut un grand tournois ; & un combat qui dura trois heures. Le jour suivant il y eut comédie. La reine d'Espagne demeura dix-sept jours à Bayonne, & Charles IX. trente-trois. Le lundi 2. Juillet, après dîner, les deux cours en partirent, pour aller coucher à saint Jean de Luz.

27-5. Saint Jean de Luz, où les deux cours de France & d'Espagne coucherent le lundi 2. Juillet 1565. Charles IX. y retourna coucher, après avoir conduit sa sœur jusqu'au bateau, le mardi 3. Juillet. Il y séjourna huit jours, pendant lesquels il se promenoit sur la mer, & voyoit danser les filles à la mode des Basques. Elles ont les cheveux coupés, & dansent *les canadelles & le bendel*, ayant à la main un tambourin fait en forme de crible, & où il y a beaucoup de sonnettes. Le roi attendoit dans ce lieu M. d'Orléans, son frere ; & il en partit le mercredi matin 11. Juillet.

27-11. Heron, (Iron) en Guipuscoa, où Catherine de Médicis coucha avec la reine d'Espagne, sa fille, le mardi 3. Juillet 1565. Le lendemain après dîner, elle alla coucher à S. Jean de Luz.

27-13. Sergouse, (Ségura) ville à 15. lieues de la frontiere de France en Espagne, jusques où M. d'Orléans accompagna Izabelle de France, reine d'Espagne, sa sœur, & d'où il fut de retour à saint Jean de Luz le 19. Juillet 1565. *Garibay.*

27-23. Bierry, (Biaritz) beau village du diocèse & au sud de Bayonne, sur le bord de la mer, où l'on prend les balènes. Charles IX. y dîna & foupa le mercredi 11. Juillet 1565. après quoi il alla coucher a Bayonne : long. 16. d. 5. m. 35. f. lat. 43. d. 28. m. 50. a une lieue & un quart à l'ouest de Bayonne.

Pag. 17. lign. 24. Bayonne, où Charles IX. coucha le mercredi 11. Juillet 1565. Le jeudi 12. il en partit en bateau fur le Gave.

27-26. Hurt, deux maifons fur le bord du Gave, dans le diocèfe de Bayonne, où Charles IX. dîna le jeudi 12. Juillet 1565.

27-26. Bidach, (Bidache) beau village & château en Béarn, où Charles IX. coucha le jeudi 12. Juillet 1565. Il y fit une fi grande chaleur pendant la marche, que plufieurs perfonnes, & plufieurs chevaux en moururent. Il y dîna & foupa le vendredi 13. & alla coucher à Peirehourade, diocèfe & à cinq lieues & demie au fud de Dax : longit. 16. d. 28. m. 10. f. latitud. 43. d. 50. m. 46. fecond.

27-31. Perrehorrade, (Peirehourade) petite ville & château dans le diocèfe de Dax, où Charles IX. coucha le vendredi 13. Juillet 1565. à quatre lieues au S. de Dax : longit. 16. d. 31. m. 0. f. latitud. 43. d. 34. m. 50. f.

27-33. Dax, où Charles IX. dîna & coucha le famedi 14. Juillet 1565. Il y féjourna trois jours, & en partit le mardi matin 17. long. 16. d. 30. m. lat. 43. d. 48. m.

27-36. Tartas, où Charles IX. dîna & coucha le mardi 17. Juillet 1565. longitud. 16. d. 44. m. lat. 43. d. 56. m. a un peu plus de quatre lieues au N. E. de Dax.

27-38. Mont de Marfan, où Charles IX. dîna & coucha le mercredi 18. Juillet 1565. Il y féjourna cinq jours, & y trouva les ambaffadeurs des cantons Suiffes, qui y renouvellerent leur alliance avec le roi. Ce prince leur fit de grands feftins, & en partit le lundi très-grand matin, à caufe du chaud, pour aller dîner à Cazeres : longit. 16. d. 58. m. latit. 44. d. 0. m. à un peu moins de fept lieues N. O. d'Aire.

28-2. Cazaire, (Cazeres) belle petite ville du diocèfe d'Aire, où Charles IX. dîna & coucha le lundi 23. Juillet 1565. long. 17. d. 17. m. latit. 43. d. 49. m. a un peu plus d'une lieue au N. O. de Dax.

28-6. Noguero, (Nogaro) petite ville du diocèfe d'Auch, où Charles IX. dîna & coucha le mardi 24. Juillet 1565. longitude 17. d. 33. m. lat. 43. d. 48. m. a un peu plus de neuf lieues à l'ouest d'Auch.

28-8. Yauze, (Eauze) petite ville du diocèfe d'Auch, où Charles IX. dîna & coucha le mercredi 25. Juillet 1565. longit. 17. d. 38. m. latit. 43. d. 54. m. a un peu moins de neuf lieues au N. O. d'Auch.

28-11. Montréal, (Montrijault) fur une haute montagne, petite ville en Gafcogne, du diocèfe de Condom, où Charles IX. dîna & coucha le jeudi 26. Juillet 1565. longitud. 17. d. 50. m. latitud. 44. d. 1. m à un peu moins de trois lieues à l'ouest de Condom.

28-15. Condom, ville épifcopale, grande & forte, où Charles IX. fit fon entrée, dîna & coucha le vendredi 27. Juillet 1565. longit. 18. d. 1. m. latitud. 44. d. 1. m.

28-18. Nerac, belle ville & château, appartenant à la reine de Navarre, où Charles IX. fit fon entrée, dîna & coucha le famedi 28. Juillet 1565. Il y féjourna quatre jours, & en partit le mercredi matin 1. Août : long. 18. d. 0. m. latitud. 44. d. 11. m. a un peu plus de 3. lieues au N. de Condom.

28-21. Bufet, petite ville & château fur une montagne, où Charles IX. dîna & coucha le mercredi 1. Août 1565. longit. 18. d. 1. m. latit. 44. d. 20. m. à un peu plus de fix lieues au N. de Condom.

28-25. Thonintz, (Tonneins) trois petites villes, l'une joignant les deux autres, au diocèfe d'Agen, où Charles IX. ayant paffé la Garonne en bateau, dîna & coucha le jeudi 2. Août. 1565. long. 18. d. 2. m. latitud. 44. d. 47. m. à fept lieues au nord-ouest d'Agen.

28-27. Verteuil, petite ville du diocèfe d'Agen, où Charles IX. dîna &

coucha le vendredi 3. Août 1565. longit. 18. d. 6. m. lat. 44. d. 34. m. à sept lieues au N. O. d'Agen.

28-29. Losun, (Lausun) petite ville & beau château au diocèse d'Agen, où Charles IX. dîna & coucha le samedi 4. Août 1565. Ce prince y présenta en baptême, avec la reine sa mere, & mademoiselle du Lude, une fille du seigneur du lieu, le dimanche 5. du mois. La filleule de Charles IX. troisième fille de Gabriel Nompar de Caumont, comte de Lausun, chevalier du saint-Esprit le 31. Décembre 1585. & de Charlotte d'Estissac, qu'il avoit épousée le 30. Mars 1563. étant née le 20. Juillet 1565. & fut baptisée le dimanche 5. Août par Jacques Frégoze, évêque d'Agen, dans la grande église de Lauzun. Elle épousa depuis, le 6. Décembre 1597. Alexandre de Castelnau, comte de Clermont-Lodéve, marquis de Saissac. Mademoiselle du Lude, marraine avec la reine mere, étoit apparemment Anne de Daillon, qui épousa depuis Philippe de Volvire, marquis de Ruffec, chevalier du saint-Esprit le 31. Décembre 1582. mort le 6. Janvier 1585. Elle mourut au château du Bois-de-la-Roche, le premier Novembre 1618. Charles IX. ayant séjourné quatre jours à Lauzun, en partit le mercredi matin 8. Août : long. 18. d. 10. m. lat. 44. d. 42. m. à neuf lieues au N. d'Agen.

28-37. Bergerac, belle & bonne petite ville du Périgord, où Charles IX. ayant passé la riviere de Dordogne sur un pont de bois, tout couvert de belle toile blanche, dîna & soupa le mercredi 8. Août 1565. long. 18. d. 8. m. latitud. 47. d. 57. m. à un peu moins de sept lieues au S. de Périgueux.

28-40. Laugar, petit château de Périgord, dans un bois, entre Bergerac & Mucidan, où Charles IX. dîna & coucha le jeudi 9. Août 1565. Il n'est point marqué sur aucune carte.

28-43. Mensiden, (Mucidan) petite ville du Périgord, à la gauche de la riviere d'Ille, où Charles IX. fit son entrée le vendredi 10. Août 1565. longitude 17. d. 56. m. lat. 45. d. 6. m. à six lieues au S. O. de Périgueux.

29-1. Riberat, (Riberac) beau grand village & château sur une montagne, où Charles IX. ayant passé la riviere d'Ille, dîna & coucha, le vendredi 10. Août 1565. 1564. long. 17. d. 55. m. lat. 45. d. 18. m. à un peu moins de six lieues à l'ouest de Périgueux.

29-3. Rochebeaucourt, petite ville & beau château au diocèse d'Angoulême, où Charles IX. dîna & coucha le samedi 11. Août 1565. Il y séjourna le dimanche 12. longit. 17. d. 57. m. latit. 45. d. 32. m. à un peu moins de huit lieues au N. O. de Périgueux.

29-6. La Tour-Garnier, belle maison près d'Angoulême, où Charles IX. dîna le lundi 13. Août 1565. & le même soir, il fit son entrée & coucha à Angoulême.

29-10. La Touvre, village & château, auquel il y a grande abondance de fontaines, & abymes dont on ne peut trouver le fonds. L'eau en sort en si grande quantité, qu'elle forme la riviere de la Touvre, qui après avoir coulé pendant deux lieues se jette dans la Charente. Elle est toute couverte de cignes, bordée d'écrévisses, & pavée de truites excellentes ; & il y a des gardes comme aux forêts du roi. On fit au bord de ces fontaines une feuillée, sous laquelle le roi dîna le 16. Août ; & pendant son dîner on pêcha une grande quantité de truites, & on lui amena une troupe de cent vingt à cent quarante cignes. Le roi retourna coucher à Angoulême : long. 17. d. 51. m. lat. 45. d. 43. m. à un peu plus d'une lieue à l'est d'Angoulême.

29-21. Angoulême, où Charles IX. coucha le jeudi 16. Août 1565. Il y séjourna quatre jours, le 13. le 14. le 15. & le 17. & en partit le samedi matin 18. Août : long. 17. d. 45. m. latitud. 45. d. 42. m.

29-24. Château-neuf, belle petite ville & fort château, où Charles IX. dîna le samedi 18. Août. 1565. long. 17. d. 32. m. latitud. 45. d. 40. m. à trois lieues à l'ouest d'Angoulême.

29-26. Jarnac, petite ville & château d'Angoumois, où Charles IX. qui avoit passé la Charente en bateau en sortant de Château-neuf, coucha le samedi 18.

Août 1565. Il y séjourna deux jours, & en partit le mardi matin 21. longitud. 17. d. 25. m. latit. 45. d. 44. m. à sept lieues à l'est de Saintes.

29-30. Coignac, (Cognac). petite ville & château, où le roi dina & coucha le 21. Août 1565. Il y séjourna deux jours, & en partit le 1. Septemb. long. 17. d. 17. m. lat. 45. d. 43. m. à 5. lieues à l'E. de Saintes.

29-32. Lonza, petit village d'Angoumois, appartenant au comte Rhingrave, où Charles IX. dina le samedi 25. Août 1565. Lonzac est sur la lizière de Saintonge : longit. 17. d. 11. m. lat. 45. d. 44. m.

29-36. Chauveau, port sur la Charente, où il n'y a que trois maisons à l'entrée, dans la Saintonge. Charles IX. y dîna le samedi premier Septembre 1565. Il y passa la Charente par-dessus un pont, au bout duquel il y a deux grandes arches fort hautes, bâties du temps des Romains, & appellées la tour de Montrubel : long. 17. d. 18. m. lat. 45. d. 44. m. à trois lieues à l'est de Saintes.

29-42. Saintes, où Charles IX. coucha le samedi premier Septembre 1565. Il y séjourna le dimanche 2. & en partit le lundi matin 3. longitud. 16. d. 56. m. lat. 45. d. 44. m.

30-5. Cormoreau, (Corme-royal) petite ville au diocèse de Saintes, où Charles IX. dina le lundi 3. Septembre 1565. long. 16. d. 46. m. latit. 45. d. 46. m. à un peu moins de trois lieues à l'O. de Saintes.

30-6. Le Mênil, beau village du diocèse de Saintes, entre Cormoreau & Marennes, où Charles IX. passa le lundi 3. Septembre 1565. Les habitans, qui sont tous mariniers, le reçurent habillés de velours, avec des enseignes déployées, & beaucoup d'artillerie. Le Mesnil n'est pas sur la carte du Bourdelois.

30-6. Saint Just, beau village du diocèse de Saintes, entre le Mênil & Marennes, où Charles IX. passa le lundi 3. Septembre 1565. longitud. 16. d. 32. m. lat. 45. d. 50. m. à six lieues à l'O. de Saintes.

30-10. Marennes, beau & grand village du diocèse de Saintes, à l'entour duquel il y a vingt-cinq à trente lieues des plus belles salines que l'on puisse voir. Charles IX. y fit son entrée comme dans une ville, le lundi 3. Septembre 1565. A une lieue de-là, en pleine mer, est l'isle d'Oleron, qui a dix lieues de long & sept de large, avec une belle ville & fort château. Le roi séjourna à Marennes le mardi 4. & vit passer au-dessous de ses fenêtres six à sept mille hommes des villages voisins, fort bien équipés. Le mercredi 5. le roi alla dîner à Brouage. Le jeudi 6. huit à neuf cents personnes se confessèrent & communièrent dans l'église, & on y baptisa un grand nombre d'enfans, dont plusieurs furent présentés par le roi, la reine, & madame. Les principaux habitans de Marennes étant huguenots, ne leur permettoient aucun exercice de la religion catholique. Le roi en partit le vendredi 7. au matin : longit. 16. d. 30. m. lat. 45. d. 50. m. à un peu moins de sept lieues à l'ouest de Saintes.

30-27. Brouage, nouvelle ville, qui se formoit avec un beau port de mer, où Charles IX. dina le mercredi 5. Septembre 1565. Les mariniers donnèrent un combat de vaisseaux, & mirent le feu à un pour divertir ce prince : long. 16. d. 30. m. lat. 45 d. 53. m. à un peu moins de sept lieues au N. O. de Saintes.

31-1. Cormoran, diocèse de Saintes, où Charles IX. dîna le vendredi 7. Septembre 1565.

31-2. Saintes, où Charles IX. coucha le vendredi 7. Septembre 1565. Il y séjourna le samedi 8. & le dimanche 9. il y fit faire une procession générale, où il assista : il en partit le lundi matin 10. Septembre : long. 16. d. 57. m. lat. 45. d. 43. m.

31-6. Brisembourg, petit village & château, où Charles IX. dîna le lundi 10. Septembre 1565. long. 17. d. 9. m. lat. 45. d. 49. m. à un peu plus de trois lieues au N. E. de Saintes.

31-8. Saint Jean d'Angely, belle & bonne ville du diocèse de Saintes, où Charles IX. qui avoit passé la Boutonne au faubourg, & sur un pont de bois nouvellement fait, coucha le lundi 10. Septembre 1565. Il y séjourna le mardi 11. & en partit le mercredi matin 12. longitud. 17. d. 6. m. lat. 45. d.

56. m. à un peu moins de cinq lieues au N. E. de Saintes.

31-12. Parenfés, (Parenfai) pauvre village & château de Saintonge, où Charles IX. dina le mercredi 12. Septembre 1565. longitud. 16. d. 55. m. lat. 46. d. 2. m. à un peu moins de six lieues au nord de Saintes.

31-13. Surgeres, beau village & fort château du pays d'Aunis, où Charles IX. coucha le mercredi 12. Septembre 1565. longitude 16. d. 48. m. latitude 46. d. 7. m. à cinq lieues à l'est de la Rochelle.

31-15. La Jarrie, beau & grand village du pays d'Aunis, où Charles IX. dina le jeudi 13. Septembre 1565. longitud. 16. d. 34. m. lat. 46. d. 8. m. à deux lieues au sud-est de la Rochelle.

31-17. La Rochelle, dans les fauxbourgs de laquelle Charles IX. coucha, dans une petite abbaye, le jeudi 13. Septembre 1565. Le vendredi 14. ce prince vit de dessus un théatre, dressé à la porte de cette abbaye, les compagnies de la Rochelle, bien équipées ; après quoi il fit son entrée dans la ville. Il y séjourna trois jours, & en partit le mardi matin 18. longit. 16. d. 27. m. lat. 46. d. 20. m.

31-34. Benon, pauvre village & château du pays d'Aunis, où Charles IX. dina le mardi 18. Septembre 1565. diocèse & à quatre lieues deux tiers à l'E. N. E. de la Rochelle : long. 16. d. 50. m. 45. s. latitude 46. d. 13. m. 20. second.

31-35. Mozé, (Mozai) beau & grand village & château du pays d'Aunis, où Charles IX. coucha le mardi 18. Septembre 1565. diocèse & à six lieues à l'est de la Rochelle : long. 16. d. 58. m. lat. 46. 13. m. 45. s.

31-37. Fontenay-le-battu, (Labbatu) petit village & château de Poitou, où Charles IX. dina le mercredi 19. Septembre 1565. diocèse & à dix lieues deux tiers au N. de Saintes : long 17. d. 2. m. lat. 46. d. 17. m. 42. s. Il est en Saintonge.

31-39. Nyort, (Niort) belle & bonne ville de Poitou, où Charles IX. coucha le mercredi 19. Septembre 1565. diocèse a un peu moins de douze lieues de Poitiers : long. 17. d. 5. m. 20. s. latitud. 46. d. 23. m. 0. s.

32-1. Escheroé, (Eschiré) pauvre village de Poitou, où Charles IX. dina le jeudi 20. Septembre 1565. & en partant il passa la riviere de la Seure par-dessus un pont de pierre nouvellement fait : diocèse & à dix lieues & demie à l'O. S. O. de Poitiers : long. 17. d. 9. m. lat. 46. d. 27. m. 10. s.

32-3. Chantdenier, beau & grand village de Poitou, où Charles IX. coucha le jeudi 20. Septembre 1565. diocèse & a neuf lieues deux tiers à l'O. de Poitiers : long. 17. d. 10. m. 50. s. lat. 46. d. 35. m. 0. s.

32-5. Baubare, petite métairie de Poitou, entre Chantdenier & Touars, où Charles IX. dina le vendredi 21. Septembre 1565.

32-6. Parthenay, belle ville de Poitou, sur une montagne, par-devant laquelle Charles IX. passa le vendredi 21. Septembre 1565. diocèse & à six lieues & demie à l'O. N. O. de Poitiers : longit. 17. d. 26. m. 0. s. latit. 46. d. 43. m. 30. s.

32-7. La Rochefaton, petit château de Poitou, sur la droite de la Toue, avec un pont sur cette riviere, où Charles IX. coucha le vendredi 21. Septembre 1565. diocèse & a un peu moins de six lieues au N. O. de Poitiers : longitud. 17. d. 31. m. 40. s. lat. 46. d. 47. m. 0. s. Jean Pedoux étoit seigneur de la Rochefaton en 1649. Il y avoit dans le quinziéme & seiziéme siécle une famille du nom de Rochefaton, alliée à la maison de Caumont-la-Force.

32-9. Hervaru, (Airvaur) belle petite ville de Poitou, où Charles IX. dina le samedi 22. Septembre 1565. long. 17. 24. m. lat. 46. d. 52. m. à un peu plus de sept lieues à l'est de Mauléon.

32-10. Oueron, (Oiron) petit village & beau château appartenant à M. de Boissy, où Charles IX. coucha le samedi 22. Septembre 1565. Il y séjourna deux jours. Le mardi 25. il alla diner à Touars, & revint coucher à Airvaur, où il séjourna encore trois jours, & en partit le mercredi 26. après dîner: longit. 17. d. 32. m. latit. 46. d. 58. m. a un peu moins de trois lieues au S. O. de Loudun.

32-14. Touars, belle ville, & château appartenant au seigneur de la Trimoille, qui envoya à une demi-lieue hors de la ville, au-devant du roi, huit à neuf cents Grisons; c'est le nom que l'on donne aux Poitevins, habitans de la campagne de ce côté-là, & sujets du seigneur de la Trimoille, qui fit un grand festin au roi. Après le dîner de ce jour, qui étoit le 25. Septembre 1565. ce prince & la reine, sa mere, présenterent au baptême la fille de ce seigneur, & la nommerent Charlotte-Catherine. Elle étoit fille unique de Louis, seigneur de la Trimoille, premier duc de Touars, & de Jeanne de Montmorenci. Elle épousa le 16. Mars 1586. Henri de Bourbon, prince de Condé, mort à saint Jean d'Angely, le 5. Septembre 1588. Elle fit abjuration de la religion protestante à Rouen, entre les mains du légat Médicis, le 26. Décembre 1596. & elle mourut à Paris le 28. Août 1629. L'histoire des grands officiers de la couronne ne lui donne que soixante-deux ans; mais depuis le 25. Septembre 1565. qu'elle fut baptisée, jusqu'au 28. Août 1629. qu'elle mourut, il y a soixante-trois ans, onze mois, & trois jours: & sûrement elle ne reçut les cérémonies du baptême & son nom, qu'étant âgée de plusieurs jours: ainsi elle avoit près de soixante-quatre ans quand elle mourut. Après le baptême il y eut une belle collation de toute sorte de confitures; & le roi retourna coucher à Oiron: long. 17. d. 20. m. lat. 47. d. 0. m. à cinq lieues à l'ouest de Loudun.

32-27. Loudun, belle ville & château, où Charles IX. coucha le mercredi 26. Septembre 1565. long. 17. d. 41. m. lat. 47. d. 1. m.

32-29. Seaulx, pauvre village de Poitou, entre Loudun & Champigny, où Charles IX. dîna le jeudi 27. Septembre 1565. longit. 17. d. 53. m. latit. 47. d. 2. m. à un peu moins de trois lieues à l'est de Loudun.

32-30. Champigny, beau village & beau château du diocèse de Poitiers, où Charles IX. coucha le jeudi 27. Septembre 1565. Il y séjourna trois jours, & en partit le lundi matin premier Octobre: longit. 17. d. 55. m. latitude 47. d. 4. m. à trois lieues à l'est de Loudun.

32-34. Marcé, petite ville & château du Loudunois, entre Champigny & Fontevraud, & Loudun & Chinon. Charles IX. y dîna le lundi premier Octobre 1565. longit. 17. d. 50. m. latitud. 47. d. 8. m. à trois lieues au N. E. de Loudun.

32-35. Chavigny, fort beau château au diocèse de Tours, où Charles IX. coucha le lundi premier Octobre 1565. & il y dîna le mardi 2. longit. 17. d. 44. m. lat. 47. d. 13. m. à neuf lieues au S. O. de Tours.

32-36. Frontevaux, (Fontevraud) beau village, belle & grande abbaye, & chef d'ordre, en Anjou, & au diocèse de Poitiers, où Charles IX. coucha le mardi 2. Octobre 1565. long. 17. d. 39. m. latit. 47. d. 11. m. à un peu plus de trois lieues au nord de Loudun.

32-39. Brezé, fort beau petit château d'Anjou, & dans le diocèse de Poitiers, où Charles IX. dîna le mercredi 3. Octobre 1565. Le seigneur de Brezé tint ce jour-là maison ouverte à tout venant: longit. 17. d. 34. m. latit. 47. d. 10. m. à un peu moins de quatre lieues au N. O. de Loudun.

32-42. Doué, beau & grand village d'Anjou, où Charles IX. dîna le jeudi 4. Octobre 1565. long. 17. d. 21. m. lat. 47. d. 12. m. à un peu moins de sept lieues au S. E. d'Angers.

33-1. Martigny-Briant, petit village & château du diocèse d'Angers, où Charles IX. coucha le jeudi 4. Octobre 1565. long. 17. d. 13. m. lat. 47. d. 14. m. à cinq lieues au sud d'Angers.

33-3. Menson, pauvre village & petit château d'Anjou, où Charles IX. dîna le vendredi cinq Octobre 1565. longit. 17. d. 10. m. lat. 47. d. 19. m.

à un peu plus de trois lieues au S. E. d'Angers.

33-4. Brissac, grand village & grand château, situé sur un rocher en Anjou, & au diocèse d'Angers, où Charles IX. coucha le vendredi 5. Octobre 1565. Il y dîna le lendemain 6. long. 17. d. 11. m. latit. 47. d. 22. m. à un peu moins de trois lieues au sud-est d'Angers.

33-7. Gonnor, beau village & château d'Anjou, au diocèse d'Angers, où Charles IX. dîna le samedi 6. Octobre 1565. Il y séjourna le dimanche 7. & en partit le lundi matin 8. longitud. 17. d. 4. m. latit. 47. d. 4. m. à cinq lieues au sud d'Angers.

33-9. Chemilly, petit village du diocèse d'Angers où Charles IX. dîna le lundi 8. Octobre 1565. long. 16. d. 56. m. lat. 47. d. 14. m. à cinq lieues au S. O. d'Angers.

33-10. Jallais, grand village du diocèse d'Angers, où Charles IX. coucha le lundi 8. Octobre 1565. longit. 17. d. 49. m. latit. 47. d. 13. m. à un peu moins de sept lieues au sud-ouest d'Angers.

33-11. Beaupréau, village & château du diocèse d'Angers, où Charles IX. dîna le mardi 9. Octobre 1565. Ce prince dîna dans une salle faite exprès dans le parc, parce que le prince de la Roche-sur-Yon étoit si malade dans le château, qu'il mourut le lendemain 10. Octobre. Le roi n'y ayant fait que dîner, alla coucher à la Regrepierre; long. 16. d. 42. m. lat. 47. d. 12. m. à un peu moins de sept lieues au S. O. d'Angers. Charles de Bourbon, prince de la Roche-sur-Yon, duc de Beaupréau en Juin 1562. mort le 10. Octobre 1565. fut enterré dans l'église de Beaupréau, au milieu du chœur.

33-17. La Regrepierre, belle petite abbaye de religieuses en Anjou, au diocèse de Nantes, où Charles IX. coucha le mardi 9. Octobre 1565. & il y dîna le mercredi 10. long. 19. d. 1. m. 15. s. latitude 47. d. 10. m. 35. s. à cinq lieues & demie à l'est de Nantes, & à un tiers de lieue à la gauche de la Sanguiese, qui se jette dans la Sevre.

33-20. Loron-Botreau, petite ville & château qui fait la séparation d'Anjou & de Bretagne, où Charles IX. coucha le mercredi 10. Octobre 1565. longitud. 18. d. 52. m. o. s. latitud. 47. d. 14. m. 40. s. à trois lieues & un tiers à l'E. N. E. de Nantes, à la gauche de la Loire.

33-23. La Chebierre, port sur la Loire, au diocèse de Nantes, où Charles IX. passa cette riviere en bateau, le jeudi matin 11. Octobre 1565. longitud. 18. d. 45. m. 20. s. latitud. 47. d. 15. m. o. s. à deux lieues à l'E. N. E. de Nantes.

33-23. Thoret, beau petit château du diocèse de Nantes, où Charles IX. dîna le jeudi 11. Octobre 1565. long. 18. d. 44. m. o. s. lat. 47. d. 15. m. 45. s. à un peu moins de deux lieues au N. E. de Nantes, & à la droite de la Loire.

33-26. Nantes, où Charles IX. ayant passé le long des grandes prairies de cette ville, coucha le jeudi 11. Octobre 1565. Le vendredi 12. après dîner, il vit passer les compagnies, & fit son entrée. Il y séjourna trois jours, pendant lesquels on dansa devant lui le trihori de Bretagne, les guideles, le passepied, & le guillorer. Il en partit le lundi matin 15. longitud. 16. d. 8. m. latit. 47. d. 14. m..

33-29. La Fosse, château au faux-bourg de Nantes, & sur le bord du port, où Charles IX. dîna le vendredi 12. Octobre 1565.

33-37. La Galochette, maison seule, dans le diocèse de Nantes, au nord de cette ville, où Charles IX. dîna le lundi 15. Octobre 1565.

33-38. Joué, château seul, dans le diocèse de Nantes, où Charles IX. coucha le lundi 15. Octobre 1565. longitude 18. d. 45. m. 35. s. latitude 47. d. 31. m. 25. s. à six lieues & demie au N. N. E. de Nantes. La riviere d'Erdre y bat sur la droite les murailles, & va se jetter dans la Loire.

33-40. Maidon, pauvre village du diocèse de Nantes, où Charles IX. dîna le mardi 16. Octobre 1565. longit. 18. deg. 48. min. 20. sec. latitud. 47. d. 39. m. o. s. à neuf lieues au

N. N. E. de Nantes, & à environ deux cents cinquante toises a la droite du Don, qui se jette dans la Villaine.

33-41. Châteaubriant, petite ville & château du diocèse de Nantes, appartenant au connétable de Montmorenci, où Charles IX. coucha le mardi 16. Octobre 1565. Le samedi 20. il y apprit que les Turcs, après avoir perdu trente-huit mille hommes devant Malthe, qu'ils avoient tenu assiégée pendant quatre mois, s'étoient retirés ; & il en fit faire des feux de joie le dimanche 21. Il y séjourna dix-huit jours, & en partit le samedi matin 3. Novembre : longitude 18. d. 47. m. 30. s. latitud 47. d. 44. m. 20. s. à un peu moins d'onze lieues au N. N. E. de Nantes. La riviere de Chere y passe au milieu, & se jette dans la Villaine.

34-9. Le Bourg-delbret, pauvre village du diocèse de Nantes, où Charles IX. dîna le samedi 3. Novembre 1565. long. 18. d. 52. m. 35. s. latitud. 47. d. 42. m. 0. s. à dix lieues & un tiers au N. N. E. de Nantes, & à demi-lieue à l'est de la forêt de Pavée.

34-9. La Motte, petit château dans un bois, au diocèse d'Angers, où Charles IX. coucha le samedi 3. Novembre 1565. longitud. 19. d. 2. m. 0. s. latitud. 47. d. 39 m. 45. s. à dix lieues & demie au N. N. E. de Nantes.

34-11. Candé, beau & grand village du diocèse d'Angers, où Charles IX. dîna le dimanche 4. Novembre 1565. long. 19. d. 10. m. 0. s. latit. 47. d. 36. m. 45. s. à sept lieues à l'est-nord-ouest d'Angers, au milieu de deux petites rivieres qui se jettent dans l'Erdre, & à la droite de cette riviere.

34-13. Lorou, petit village du diocèse d'Angers, où Charles IX. coucha le dimanche 4. Novembre 1565. longitud. 16. d. 47. m. lat. 47. d. 30. m. à un peu plus de quatre lieues à l'ouest d'Angers.

34-15. La Touche-aux-ânes, deux petites maisons du diocèse d'Angers, où Charles IX. dîna le lundi 5. Novembre 1565.

34-16. Angers, où Charles IX. coucha le lundi 5. Novembre 1565. Il y fit son entrée le mardi 6. après dîner, & en partit le mercredi matin 7. longitud. 17. d. 5. m. lat. 47. d. 27. m.

34-19. Saint Nicolas, abbaye dans l'un des fauxbourgs d'Angers, à l'ouest, où Charles IX. dîna le mardi 6. Novembre 1565. & alla ensuite se placer sur un théatre à la porte d'Angers, pour voir passer les compagnies : long. 17. d. 4. m. lat. 47. d. 28. m. a un tiers de lieue à l'ouest d'Angers.

34-25. Le Verger, fort beau château, appartenant au seigneur de Guemené, où Charles IX. dîna le mercredi 7. Novembre 1565. Il y séjourna le jeudi 8. & en partit le vendredi matin 9. longitud. 17. d. 16. m. latit. 47. d. 35. m. à un peu moins de quatre lieues au N. E. d'Angers, à la gauche du Loir.

34-27. Lezigny, pauvre village du diocèse d'Angers, où Charles IX. dîna le vendredi 9. Novembre 1565. longitud. 17. d. 19. m. lat. 47. d. 38. m. à un peu moins de cinq lieues au nord-est d'Angers, sur la gauche du Loir, & à l'opposite d'Huillé.

34-29. Durtal, (Duretal) beau & gros village & château, appartenant au seigneur de Vieilleville, où Charles IX. qui avoit passé la Loire (le Loir) par-dessus un pont, coucha le vendredi 9. Novembre 1565. Il y séjourna deux jours, & en partit le lundi matin 12. long. 17. d. 33. m. lat. 47. d 40. m. à un peu moins de six lieues au N. E. d'Angers.

34-33. Gerzée (Jarzé) beau petit village, & beau château du diocèse d'Angers, où Charles IX. dîna le lundi 12. Novembre 1565. longit. 17. d. 23. m. latit. 47. d. 33. m. à un peu moins de cinq lieues au nord-est d'Angers.

34-34. Baugé, belle petite ville & château du diocèse d'Angers, où Charles IX. coucha le lundi 12. Novembre 1565. long. 17. d. 30. m. lat. 47. d. 32. m. à six lieues à l'est d'Angers.

34-36. Montliherne, (Moliherne sur la riviere de Rivarolle), beau village au diocèse d'Angers, où Charles IX. dîna le mardi 13. Novembre 1565. longitud. 17. d. 37. m. lat. 47. d. 27. m.

I ij

à un peu plus de sept lieues à l'est d'Angers.

34-37. La Ville-aux-Fouriers, petit château du diocèse d'Angers, où Charles IX. coucha le mardi 13. Novembre 1565. il n'est point sur la carte de Delisle.

34-39. Bourgueil, beau gros village & belle abbaye de religieux, au diocèse d'Angers, où Charles IX. dîna & coucha le mercredi 14. Novembre 1565. Il y séjourna cinq jours, & en partit le 19. au matin : longitud. 17. d. 45. m. latitud. 47. d. 17. m. à un peu moins de dix lieues à l'est d'Angers.

34-43. Ingrande, petit village, où est la séparation de l'Anjou & de la Touraine. Charles IX. y dîna le lundi 19. Novembre 1565. long. 17. d. 51. m. lat. 47. d. 18. m. à un peu plus de sept lieues à l'ouest de Tours. Ingrande est dans le diocèse de Tours, & dans la Touraine. Dire qu'un lieu est à la séparation de deux provinces, & ne pas dire dans quelle province il est, c'est laisser le lecteur dans son ignorance.

35-2. Lenges (Langeais) beau gros village & château de Touraine, du diocèse de Tours, où Charles IX. coucha le lundi 19. Novembre 1565. Les habitans du lieu vinrent à une demi-lieue au-devant du roi avec un petit botteau de paille en leur main ; devoir qu'ils sont obligés de rendre au roi la première fois qu'il va chez-eux : long. 18. d. 0. m. lat. 47. d. 20. m. à cinq lieues à l'ouest de Tours.

35-7. Mailly (Maillé) bon village & château sur une montagne & rocher, au diocèse de Tours, où Charles IX. dîna le mardi 20. Novembre 1565. long. 18. d. 13. m. lat. 47. d. 20. m. à deux lieues à l'ouest de Tours.

35-10. Le Plessis-lez-Tours, beau château à une demi-lieue de Tours, où Charles IX. ayant passé la Loire en bateau à Mailly, coucha le mardi 20. Novembre 1565. Il y séjourna onze jours, & en partit le samedi matin premier Décembre : longit. 18. d. 19. m. latitude 47. d. 23. m. à un peu moins d'une lieue à l'ouest de Tours.

35 12. Tours, où Charles IX. fit son entrée le mercredi 21. Novembre 1565. après dîner. Il vit passer les compagnies sur un théatre au fauxbourg, après quoi il fit son entrée à cheval, alla descendre à l'église cathédrale de saint Gatien, & retourna coucher au Plessis : long. 18. d. 21. m. lat. 47. d. 23. m.

35-21. La Bourdoisiere, (la Bourdaisiere) beau château du diocèse de Tours, où Charles IX. dîna le samedi premier Décembre 1565. long. 18. d. 30. m. lat. 47. d. 22. m. à deux lieues à l'est de Tours.

35-22. Chenonceau, beau château de plaisir sur le Cher, au diocèse de Tours, appartenant à la reine Catherine de Médicis, où Charles IX. coucha le samedi premier Décembre 1565. Il y séjourna trois jours, & en partit le mercredi 5. long. 18. d. 44. m. latitud. 47. d. 20. m. à un peu plus de cinq lieues à l'est de Tours.

35-26. Amboise, belle petite ville & fort château du diocèse de Tours, où Charles IX. coucha le mercredi 5. Décembre 1565. longitud. 18. d. 38. m. latit. 47. d. 14. m. à quatre lieues à l'est de Tours.

35-29. Ecures, deux ou trois tavernes sur le bord de la Loire, entre Amboise & Blois, où Charles IX. dîna le jeudi 6. Décembre 1565. long. 18. d. 50. m. lat. 47. d. 30. m. à un peu moins de trois lieues au sud-ouest de Blois.

35-31. Blois, belle ville & château, où Charles IX. coucha le jeudi 6. Décembre 1565. Il y séjourna huit jours, & en partit le vendredi 14. après dîner : longit. 18. d. 59. m. latitud. 47. d. 35. m.

35-36. Cheverny, petit village & château du diocèse de Blois, où Charles IX. coucha le vendredi 14. Décembre 1565. long. 19. d. 7. m. lat. 47. d. 28. m. à trois lieues au S. E. de Blois.

35-38. Mur, (Meur) petit village de Sologne, au diocèse d'Orléans, où Charles IX. dîna le samedi 15. Décembre 1565. longitud. 19. d. 18. m. lat. 47. d. 27. m. à dix lieues au S. d'Orléans.

35-39. Remorentin, (Romorentin) belle petite ville & château de Sologne, au diocèse d'Orléans, chef-lieu d'une élection. Charles IX. y coucha le samedi

15. Décembre 1565. long. 19. d. 22. m. lat. 47. d. 22. m. a onze lieues au sud d'Orléans.

Page 35. ligne 40. Menetou, petite ville de Sologne, au diocèse de Bourges, où Charles dîna le dimanche 16. Décembre 1565. longit. 19. d. 29. m. latitud. 47. d. 18. m. à neuf lieues au N. O. de Bourges. Elle est sur la droite du Cher.

35-41. Viarron, (Vierzon) belle petite ville & château du Berry, au diocèse de Bourges, où Charles IX. coucha le dimanche 16. Décembre 1565. longitud. 19. d. 42. m. latitude 47. d. 13. m. à un peu moins de six lieues au nord-ouest de Bourges.

36-1. Meun-sur-Yevre, (Mehun à la droite de l'Yerre) petite ville & château du Berry, au diocèse de Bourges, où Charles IX. coucha le lundi 17. Décembre 1565. longitud. 19. d. 53. m. latitud. 47. d. 9. m. à un peu moins de trois lieues au nord-ouest de Bourges.

36-3. Bourges, où Charles IX. dîna & coucha le mardi 18. Décembre 1565. long. 20. d. 4. m. lat. 47. d. 5. m.

36-6. Saint Jen, (Saint Just) petit village du Berry, au diocèse de Bourges, où Charles IX. dîna le mercredi 19. Décembre 1565. longitud. 23. d. 19. m. 20. s. lat. 46. d. 55. m. 30. s. à un peu plus de quatre lieues au S. S. E. de Bourges, sur la riviere d'Auron, qui se jette dans l'Eure, où il y a un pont.

36-7. Dun-le-Roi, bonne & belle ville du Berri, au diocèse de Bourges, au fauxbourg de laquelle Charles IX. coucha le mercredi 19. Décembre 1565. long. 23. d. 14. m. o. s. lat. 46. d. 48. m. o. s. à cinq lieues S. S. E. de Bourges, à la gauche de la riviere d'Auron, qui se jette dans Evre.

36-9. Le Pont-de-Chargé, deux ou trois maisons du Berry, au diocèse de Bourges, où Charles IX. dîna le jeudi 20. Décembre 1565.

36-10. Couleuvres, moyen village du Berry, au diocèse de Bourges, où Charles IX. coucha le jeudi 20. Décembre 1565. longitud. 23. d. 39. m. 30. s. lat. 46. d. 28. m. 20 s. à douze lieues & demie au sud-sud-est de Bourges.

39-12. La Franchise, petit village du Berry, au diocèse de Bourges, où Charles IX. dîna le vendredi 21. Décembre 1565. (Franchesse) à treize lieues & demie au sud-sud-est de Bourges : longitud. 23. d. 46. m. 30. s. latit. 46. d. 27. m. 45. s.

36 13. Saint Menou, petit village & belle abbaye de religieuses en Bourbonnois, au diocèse de Bourges, où Charles IX. coucha le vendredi 21. Décembre 1565. & il dîna le samedi 22. long. 23. d. 55. m. 30. s. latit. 46. d. 25. m. 20. s. à quinze lieues & deux tiers au sud-est de Bourges.

36-17. Savigny, (Souvigny) belle petite ville du Bourbonnois, au diocèse de Bourges, devant laquelle Charles IX. passa le samedi 22. Décembre 1565. longit. 24. d. o. m. 30. s. latit. 46. d. 21. m. 15. s. à dix-sept lieues & un tiers au sud-est de Bourges. Triperet, bénédictin de la réforme de Cluny, né à Paris, faisoit imprimer en 1757. l'histoire de cette ville & de son prieuré.

36-21. Moulins, belle & bonne ville & château, capitale du Bourbonnois, au diocèse d'Autun, où Charles IX. ayant passé l'Allier sur un pont de bois, fit son entrée, & coucha le samedi 22. Décembre 1565. Il y fit embrasser le duc de Guise & l'amiral de Châtillon le 29. Janvier 1566. Il y défendit le port des armes à feu. Il y fut malade quinze jours dans le mois de Mars ; & il en partit le samedi 23. Mars 1566. après dîner, pour aller coucher à Bessay: longit. 24. d. 12. m. latit. 46. d. 21. m. à un peu moins de dix-sept lieues à l'ouest-sud-ouest d'Autun, sur la droite de l'Allier, où il y a un pont.

36-39. Le Parc, belle maison à une lieue de Moulins, où Charles IX. dîna le samedi 2. Mars 1566. La reine y fit une grande fête, & la cour retourna coucher à Moulins : longitude une lieue & demie E. latitude, un quart de lieue & un peu plus N. à une lieue & demie à l'est-nord-est de Moulins.

37-2. Bessay, village du Bourbonnois, à deux postes de Moulins, où Charles IX. partant de Moulins, coucha le samedi 23. Mai 1566. longitud. 24. d. 17. m. 30. s. latit. 46. d. 14. m. 30. s. à deux lieues & demie au sud-sud-est de Moulins.

Pag. 37. *lign.* 5. Varenes, où Charles IX. coucha le dimanche 24. Mars 1566. Il y séjourna le lendemain fête de N. D. longitud. 24. d. 26. m. 30. s. latitude 46. dég. 6. min. 30. second. à un peu plus de six lieues au sud-est de Moulins.

37-8. Saint Germain-de-la-Fosse, beau village & beau château, par le pied duquel passe la riviere d'Allier, où Charles IX. dina le mardi 16. Mars 1566. longitud. 24. d. 29. m 45. s. latitud. 45. d. 57. m. 30. s. à un peu moins de neuf lieues au sud-sud-est de Moulins, à la droite & près de la riviere de l'Allier, qui se jette dans la Loire.

37-10. Vichy, petite ville, où Charles IX. coucha le mardi 26. Mars 1566. Il logea dans une petite abbaye hors la ville. En sortant on passe l'Allier sur un pont de bois, fort long & fâcheux: longit. 24. d. 46. m. 0. s. latit. 45. d. 53. m. 0. s. à dix lieues au sud-sud-est de Moulins.

37-24. Saint Priest-de-Bramesan, pauvre village, où Charles IX. dîna le mercredi 27. Mars 1566. long. 24. d. 25. m. 0. s. lat. 45. d. 47. m. 15. s. à onze lieues & deux tiers, au sud-sud-est de Moulins, à la gauche de l'Allier.

37-26. Maringues, belle petite ville d'Auvergne, où Charles IX. coucha le mercredi 27. Mars 1566. long. 24. d. 20. m. 50. s. lat. 45. d. 40. m. 0. s. à cinq lieues à l'E. N. E. de Clermont, touchant à la gauche la riviere de Morges, qui se jette dans l'Allier.

37-29. Pont-du-Château, belle petite ville & château, appartenant au sieur de Corton, où Charles IX. partant de Maringues, & ayant passé une belle plaine, dîna le jeudi 28. Mars 1566. long. 24. d. 15. m. 30. s. lat. 45. d. 33. m. 0. s. à trois lieues à l'est de Clermont, à la gauche de la riviere de l'Allier, où il y a un pont.

37-33. Busset, petit château dans un bois, appartenant à Catherine de Médicis, où Charles IX. qui avoit dîné au Pont-du-Château, & qui ensuite avoit passé la riviere d'Allier sur un pont de bois, coucha le jeudi 28. Mars 1566. Le vendredi 29. ce prince y dîna; après quoi il passa par un petit chemin sur le bord d'une riviere, qui étoit fort fâcheux, quoiqu'il eût été fait exprès, & que l'on eût coupé une montagne fort haute. Il passa par plusieurs montagnes pour aller coucher le même jour 29. Mars à Vic-le-Comte, belle petite ville & château qu'Abel-Jouan, sommier dans la cuisine de bouche de Charles IX. & auteur de la relation du voyage de ce prince, appelle Ville-comte: longitude, trois lieues & demie est: latitude trois lieues sud: à quatre lieues & demie au sud-est de Clermont, à un quart de lieue à la gauche de l'Allier.

38-3. Saint Amant, belle & bonne ville d'Auvergne, où Charles IX. venant de Vic-le-Comte & ayant passé l'Allier par-dessus un pont de bateaux, qui fut fait exprès, passa le samedi 30. Mars 1566. en allant coucher à saint Saturnin: longitude une lieue moins à l'est; latitude trois lieues moins au sud : à trois lieues au sud-sud-est de Clermont ; à un demi-quart de lieue à la gauche de la riviere de Mine, qui se jette dans l'Allier.

38.4. Saint Saturnin en Auvergne, petite ville & château, & rocher sur une haute montagne, appartenant à Catherine de Médicis, où Charles IX. coucha le samedi 30. Mars 1566. Par-delà, il y a de fort grandes & hautes montagnes, que l'on appelle les monts dorés, (monts d'Or) & sur lesquelles il y a toujours de la neige : longitud. un tiers de lieue E. latitude trois lieues moins sud : à trois lieues au sud de Clermont, sur la gauche de la riviere de Mine.

38-12. Clermont, capitale d'Auvergne, où Charles IX. qui avoit dîné à Saint Saturnin, & qui avoit passé au bord d'un lac d'une grande étendue, abondant en brêmes & autres beaux & bons poissons, coucha le dimanche 13. Mars 1566. Au-delà de Clermont, il y a un haute montagne appellée le Puis-du-Dôme, & sur laquelle il y a un grand gouffre, qui produit souvent des orages qui gâtent les bleds des vallées. Le lundi, premier Avril, le roi alla voir, hors de la ville, une fontaine qui se pétrifioit, & qui avoit déja formé un pont, par-dessus lequel passoit une riviere: long. 20. d. 43. m. lat. 45. d. 43. m.

38 24. Montferrand, belle & bonne ville d'Auvergne, & près de laquelle il y a une fontaine qui fait la poix. Charles IX. y dîna le mardi 2. Avril 1566. & retourna coucher à Clermont, où il entra à cheval & en cérémonie: longitude demi-lieue est, latitude un tiers & plus nord; à trois quarts de lieue au N.E. de Clermont.

38-32. Riom en Auvergne, où Charles IX. passa le mercredi 3. Avril 1566.

38-33. Saint Bonnet, pauvre village d'Auvergne, où Charles IX. dîna le mercredi 3. Avril 1566. longitude une lieue est, latitude trois lieues nord de Clermont; à un peu plus de trois lieues au N. N. E. de cette ville, & à environ six cents toises sur la gauche de la riviere de Pontrau.

38-35. Aigueperse, belle & longue ville d'Auvergne, appartenant au duc de Montpensier, où Charles IX. coucha le mercredi 3. Avril. 1566. longitude deux lieues plus est, latitude cinq lieues & demie nord de Clermont, à la gauche de la riviere de Bouron, qui se jette dans l'Allier.

38 38. Ebrusse, petite abbaye d'Auvergne, où le roi, ayant passé la riviere d'Eziole, (Sioule) par-dessus un pont de bois, dîna le 4. Avril. 1566. long. 24. d. 0. m. 50. s. latit. 45. d. 53. m. 20. s. à 9. lieues & demie S. S. O. de Moulins, à la gauche de la riv. de Sioule qui, se jette dans l'Allier. Jacq. Franç. Paul Aldonce de Sade, troisiéme fils de Gaspard François, marquis de Sade, & de Louise Aldonse d'Astonaud-Mars, est abbé d'Esbreule depuis l'an 1745. Il a pour onziéme ayeul, Hugues de Sade, qui épousa le 16. Janv. 1325. Laure de Nove, fille de feu Audibert de Nove, & de Hermessinde.... Laure de Nove, testa le 3. Avril 1348. & voulut être enterrée aux cordeliers d'Avignon, dans le tombeau de la famille de son mari. Cette Laure de Nove est la belle-sœur de Sade, si prônée dans les écrits de Petrarque, & sur laquelle les auteurs les plus ingénieux ont dit mille absurdités, les uns pour prouver qu'elle étoit de la famille de Sade, & les autres qu'elle n'en étoit pas. Son contrat de mariage & son testament lus avec attention, ont fait connoître depuis très-peu de temps qu'elle étoit de la famille de Nove, & qu'étant mariée avec un Sade devoit être appellée Laure de Sade, & non Laure de Nove. On est si peu attentif à déterrer & à examiner les monumens qui constatent la vérité des faits, que l'on a été jusques en 1705. à ignorer la véritable position de Bretigny, lieu si intéressant pour l'histoire, par la paix de 1360. & de celui de Beauvoir, où se donna la bataille appellée de Poitiers, le 19. Sept. 1356. n'est que depuis 1743.

38 42. Chantele-le-Château, petite ville, beau & fort château que le connétable de Bourbon, tué devant Rome en 1527. fit bâtir. Le roi y coucha le jeudi 4. Avril 1566. long. 24. d. 3. m. 15. s. latid. 46. d. 2. m. 43. s. à un peu moins de 4. lieues au S. S. O. de Moulins; à la droite d'un ruisseau qui se jette dans la Sioule.

39-2. La Cove, hameau de 2. ou 3. maisons en Bourbonnois, entre Chantele & Montmarault, où le roi dîna le vend. 5. Avril 1566.

39-3. Serre, petit château du Bourbonnois, près de Montmarault, où le roi coucha le vend. 5. Avril 1566. longit. 6. lieues O. lat. 7. lieues 3. quarts S. à 9. lieue & 3. quarts au S. O. de Moulins.

39-5. Bres, pauvre village du Bourbonnois, entre Montmarault & Cône, où roi dîna le samedi 6. Avril 1566.

39-6. Cône en Bourbonnois, beau village, où le roi coucha le sam. 6. Avril 1566. Il y séjourna le lendemain 7. dim. des rameaux. Ce lieu est recommandable par la courellerie & pelleterie. Il y a aussi fonderie & forges, où l'on fais des ancres pour les vaisseaux du roi : long. 23. d. 40. m. o. s. lat. 46. d. 19. m. 30 s. à 7. lieues & un tiers à l'ouest de Moulins.

39-10. Tenoille, pauvre village du Bourbonnois, entre Cône & Nevers, où Charles IX. dîna le lundi 8. Avril 1566. long. 23. deg. 38. min. 50. s. lat. 46. deg. 24. min. à sept lieues & deux tiers à l'ouest de Moulins.

39-11. Torsy, beau village du Bourbonnois entre Cône & Nevers, où Charles IX. coucha le lundi 8. Avril 1566.

39-12. Grousobre, (Grossove) beau & fort château du Bourbonnois, entre Cône & Nevers, où Charles IX. dîna le mardi 9. Avril 1566. long. sept lieues moins demi quart ouest ; lat. six lieues, un quart nord ; à neuf lieues un quart & demi au nord-ouest de Moulins.

39-13. La Guiarche en Nivernois, beau & grand village, & beau château appartenant au duc de Nevers, où Charles IX. coucha le mardi 9. Avril 1566. long. sept lieues moins demi-quart ouest ; lar. sept lieues, trois quarts nord ; à dix lieues & demie au nord-ouest de Moulins.

39-16. Aubigny, beau village & château, où Charles IX. dîna le mercredi 10. Avril 1566. long. 23. deg. 51. min. 30. s. lat. 45. deg. 52. min. 20. s. à onze lieues & demie au nord-nord-ouest de Moulins, à la gauche de la Loire.

39-18. La Charité, belle & bonne ville du Nivernois, où Charles IX. ayant dîné à Aubigny, & ayant passé la Loire sur le pont de la Charité, fit son entrée, & coucha le mercredi 10. Avril 1566. Il y séjourna cinq jours, à cause de la fête de pâques, qui se trouva cette année le 14. de ce mois ; & en partit le mardi 16. Avril : long. 20. d. 36. min. lat. 47. deg. 15. min. à seize lieues au sud-ouest d'Auxerre.

39-21. Nersy, petit village de Nivernois entre Nevers & Auxerre, où Charles IX. dîna le mardi 16. Avril 1566. long. 20. deg. 29. min. lat. 47. deg. 18. min. à quinze lieues au sud-ouest d'Auxerre.

39-22. Donzy-le-Pré, belle petite ville de Nivernois, où Charles IX. fit son entrée & coucha le mardi 16. Avril 1566. long. 20. deg. 38. min. lat. 47. deg. 26. min. à un peu plus de douze lieues au sud-ouest d'Auxerre.

39-25. Entrain, petite ville du Nivernois, entourée de beaux & grands étangs. Charles IX. y fit son entrée, & y dîna le mercredi 17. Avril 1566. long. 20. deg. 47. min. lat. 47. deg. 28. min. à un peu plus de dix lieues au sud-ouest d'Auxerre.

39-27. La Pessellerie, beau petit château de Nivernois, entre Entrain & Auxerre, où Charles IX. coucha le mercredi 17. Avril 1566. long. 24. deg. 13. min. lattit. 47. degrés 19. min. 25. second. à six lieues au sud-ouest d'Auxerre.

39-28. Avoines, (Ouaines) belle ville du Nivernois, entre Entrain & Auxerre, où Charles IX. dîna le jeudi 18. Avril 1566. Après dîner le roi reprit sa route, passa une belle & vaste campagne, & arriva à Auxerre.

39-30. Auxerre, où Charles IX. coucha le jeudi 18. Avril 1566. Cette ville est ancienne, & dépendoit autrefois de la Gaule Celtique. Elle porte le nom d'*Autissiodorum* dans l'itinéraire d'Antonin ; celui d'*Antosidurum* dans Ammien Marcellin ; & le nom d'*Altissiodorum* dans les conciles. C'est une des principales & des meilleures villes du duché de Bourgogne. Elle est entourée de beaux & riches vignobles, d'où l'on tire d'excellens vins. Le territoire qui en dépend, porte le nom d'Auxerrois, *Autissiodorensis tractus*. Cette ville devint siège épiscopal après que S. Pelerin l'eût convertie à la foi, environ l'an de J. C. 260. L'évêque est suffragant de l'archevêque de Sens. La rivière d'Yone passe à Auxerre, & baigne ses murs du côté de l'orient. On sçait que cette rivière, appellée *Icauna* & *Iauna* par les Latins, prend sa source dans la Bourgogne même, des montagnes de Morvant, près du château de Chinon. Elle passe à Clameci en Nivernois où se trouve l'évêché de Bethléem, à

Crevant,

EN FRANCE.

C vant, où elle reçoit la petite rivière de Cure ; à Auxerre, à Joigni, à Sens, & enfin à Montereau-faut-Yonne, où elle se jette dans la Seine. Auxerre est placé sous le 21. degré, 11. minutes de longitude, & sous le 47. degré, 47. minutes de latitude.

39-35. Regent (Regeanne) beau château de l'Auxerrois, appartenant à l'évêque d'Auxerre, où Charles IX. dina le vendredi 19. Avril 1566. longitude, 21. dégrés, 11. minutes : latitude, 47. degrés, 50. minutes ; à un peu plus d'une lieue au nord d'Auxerre.

39 35. Joigny, où Charles IX. ayant passé l'Yonne sur le pont, coucha le vendredi 19. Avril 1566. longitude 21. degrés 1. minute : latitude, 47. degrés, 57. minutes : à cinq lieues au sud de Sens.

39-39. Remeau, (Armeau) pauvre village de Champagne, du diocèse de Sens, entre Joigny & Sens, où Charles IX. dina le samedi 20. Avril 1566. longitude, 20. degrés 59. minutes : latitude, 48. degrés, 4. minutes ; à trois lieues au sud de Sens.

39-41. Villeneuve-le-roi, bonne ville de Champagne, au diocèse de Sens, où Charles IX. allant coucher à Sens, passa le samedi 20. Avril 1566. à deux lieues & un tiers au sud de Sens : longitude, 20. degrés, 58. minutes : latit. 48. degrés, 4. minutes, 45. secondes.

39-44. Sens en Champagne, où Charles IX. coucha le samedi 20. Avril 1566. & y séjourna le lendemain dimanche 21. jour de quasimodo. Cette ville métropole de la quatrième Lyonnoise, est enclavée dans la Champagne. L'établissement de son église remonte jusqu'au III. siècle de J. C. Les anciens Sénonois sont connus & célèbres dans la plus haute antiquité. Ils occupoient tout le pays qui forme aujourd'hui les diocèses de Sens & d'Auxerre. La ville est située à vingt-quatre lieues de Paris, & à quatorze d'Auxerre. La rivière d'Yonne y passe. Sa position est sous le 21. degré de longitude, & sous le 48. degré, 12. minutes de latitude.

40-2. Sergines, grand village de Champagne, au diocèse de Sens, entre cette ville & Meaux, entouré de gr... fossés, où Charles IX. dina le 22. Avril 1566. long. 20. degrés, 52. minutes : lat. 48. degrés, 20. minutes ; à trois lieues au nord de Sens.

40-3. Bray sur Seine en Champagne, appartenant au duc de Nemours, où Charles IX. coucha le lundi 22. Avril 1566. Cette ville est au diocèse & à quatre lieues un tiers au nord de Sens : long. 20. degrés, 52. minutes : latit. 48. degrés, 24. (*Régennes*)

40-8. Montmontois (Mont), grand village de Brie, entouré de grands fossés, où Charles IX. qui étoit entré en Brie, après avoir passé la Seine sur le pont de Bray, dina le mardi 23. Avril 1566. Ce village est du diocèse & a un peu plus de six lieues au nord-nord-ouest de Sens : long. 10. deg. 49. min. lat. 48. deg. 28. min.

40 10. Nangis, bon village & beau château de Brie, entre Sens & Meaux, où Charles IX. coucha le mardi 23. Avril 1566. Ce village est du diocèse & à huit lieues au nord nord-ouest de Sens : long. 20. deg. 41. min. lat. 48. deg. 34. minutes.

40-13. Toquin, beau village de Brie & du diocèse de Meaux, où Charles IX. dina le mercredi 24. Avril 1566. longitude 20. deg. 41. min. lat. 48. degrés, 45. min. à un peu plus d'une lieue au nord-nord-est de Rozay en Brie. (*Rosoy*)

40-13. Monceaux, fort beau château appartenant à Catherine de Medicis, dans le diocèse de Meaux. Charles IX. y coucha le 24. Avril 1566. y séjourna cinq jours, & en partit le mardi 30. Avril.

40-17. Bussy S. George, petit village de Brie, entre Meaux & Paris, où Charles IX. dina le mardi 30 Avril 1566. Ce village est du diocèse & à quatre lieues & demie à l'est de Paris : long. 20. deg. 21. min. 40. second. lat. 48. deg. 50. min. 33.

40-19. S. Maur des Fossés, petit village & beau petit château de l'Isle de France, où Charles IX. venant de Monceaux, & ayant passé la Marne par dessus le pont de S. Maur, coucha le mardi 30. Avril 1566. Ce village est du

Tome I. Abel Jouan.

diocèse & à près de deux lieues à l'est-sud-est de Paris : long. 20. deg. 8. min. lat. 48. deg. 49. min.

40-25. Paris, où Charles IX. dîna au logis de madame du Perron (Marie-Catherine de Pierre-vive Lezigni) au faux-bourg S. Honoré, & qui est fort orné, le mercredi 1. Mai 1566. après une absence de deux ans, trois mois, 6. jours ; & avoir fait pendant son voyage neuf cents deux lieues : long. 20. deg. lat. 48. degrés, 50. minutes.

ITINERAIRE
DES ROIS DE FRANCE.

LOUIS VII.

1137.
Orléans.
Paris.

1141.
Fait la guerre en Champagne.
Prend Vitry en Parthois.

1144.
Assiége Toulouse.
Fait raser la forteresse de Montgeai, excepté la tour.

1145.
Noël. Bourges.

1146.
Pâques. Prend la croix à Veselay.
3. Dim. après pâques. Chartres.

1147.
O. de la septuagésime. Estampes.
Prend l'oriflame à saint Denys, & la croix de la main du pape.
Passe le Rhin à Worms.
Le Danube à Ratisbonne.
Arrive en Hongrie.
5. Oct. Arrive à Constantinople.
Passe le détroit & arrive en Asie.
Nov. Va à Nicée, pour secourir l'empereur Conrad qui venoit d'être défait par les Sarasins.
Philadelphie.
Smirne.
Ephèse.
Noël. Campe dans une vallée près d'Ephèse.

1148.
Campe sur les bords du Méandre.
Janv. Passe le Méandre, & bat les Sarasins.
Laodicée.
Son arriere-garde est battue.
Il met douze jours de marche jusques à Atthalie, capitale de la Pamphilie.
Passe avec peine un ruisseau, & repousse les Mahometans.
Passe un second ruisseau, & bat encore les Mahometans.
Arrive à Atthalie, à quarante jours de marche d'Antioche.
Fait voile vers Antioche.

19. Mars. Aborde au port de Saint Siméon.
Arrive à Antioche.
Sort de nuit d'Antioche & amene la reine.
Arrive à Jerusalem.
Va à saint Jean d'Acre, à l'assemblée de tous les princes chrétiens.
25. Mai. L'armée s'assemble à Tibériade, & marche à Damas.
Le siége de Damas est levé.
Louis VII. séjourne le reste de l'été & l'hiver en Syrie.

1149
Fin de Juil. Arrive par mer en Calabre.
Rome.
Paris.

1150.
Il chasse les troupes d'Etienne, roi d'Angleterre, des villes qu'elles avoient occupées en Normandie.
Est mis en possession du Vexin-Normand.

1151.
Guienne.
Mard. avant pâques fleuries. Beaugenci.
Prend Neufmarché entre Gournay & Gisors.

1154.
Prend Vernon.
Epouse à Orléans Constance de Castille.
Va à S. Jacques en Galice.
A une entrevue à Burgos avec Alphonse, roi de Castille.
Compostelle.
Tolede.

1155.
Jacca.
Soissons.

1158.
Entrevuë à Epte avec Henri, roi d'Angleterre.
Entre à Toulouse, assiégé par le roi d'Angleterre.

1159.
Ne peut secourir Gerberoi.

1160.
Mai. Beauvais.
Au concile de Toulouse.

1162.
Oct. Epouse Adelaïde de Champagne.

Août. Dijon.
Campe sur la Loire.
1163.
Printemps. Entre dans le Vexin-Normand.
1164.
Soissons.
Octave de pâques. Gisors.
Entrevue avec le roi d'Angleterre.
1167.
Prend, & fait mettre le feu au Gué de saint Nicaise, & à Andeli.
1168.
Octave de pâques. Entre Mante & Paris.
Entrevue avec Henri, roi d'Angleterre.
Fête de S. Jean. Entrevue entre les deux rois, à la Ferté-Bernard.
Soissons.
Bourges.
1169.
5. Janv. A Montmirail, entrevue avec Henri roi d'Angleterre.
Paris.
Juil. Entre en Normandie avec une armée.
Entrevue à Vendome avec le roi d'Angleterre.
1173.
Paris.
9. Août. Verneuil se rend au roi.
25. Sept. Entrevue, entre Gisors & Trie, avec Henri, roi d'Angleterre.
1174.
10. Août. Le roi, qui assiégeoit Rouen, fait cesser les travaux par respect pour la sainteté du jour.
Leve le siége, & va au bourg de Malaunai, à deux ou trois lieues de Rouen.
8. Sept. Entrevue près de Gisors.
29. Autre entrevuë, entre Tours & Amboise.
1179.
Compiegne.
S'embarque à Vitsan.
22. Août. Arrive à Douvres.
23. A Cantorbery.
24. Douvres.
26. S'embarque à Douvres, & arrive à Vitsan en moins de vingt-quatre heures.
Saint Denis.
1180.
Jeud. 18. Sept. Meurt à Paris.

PHILIPPE AUGUSTE.

1179.
J. 1. Nov. Sacré à Reims.
8. Déc. Prend Châtillon, près la Loire.
Lund. après quasimodo 28. Avril, à Bapaume; y épouse Elizabeth de Hainaut.

1180.
Jour de l'ascension premier Juin, couronné à saint Denis.
Frontieres de Normandie.
Conférence entre Trie & Gisors.
1181.
Prend Châtillon sur Seine.
Prend Nevers.
Conférence à Gisors avec le roi d'Angleterre.
1182.
Senlis.
Près de Choisi sur l'Aine, dont il fait lever le siége.
Assiége le château de Boves, à une lieue & demie d'Amiens.
1183.
Conférence entre Trie & Gisors.
6. Nov. Conférence, entre Trie & Gisors, avec le roi d'Angleterre.
1184.
1. Juin. Karnopolis, beau château; vulgairement Compenneum.
23. Juin. Bovas, château près d'Amiens.
1187.
Juin. Fait lever le siége du château de Vergi à Hugues, duc de Bourgogne.
Conférence avec le roi d'Angleterre au gué de saint Remi, sur la Somme.
Prend Issoudun.
Prend Graçay.
Assiége Châteauroux.
1188.
Conférence entre Trie & Gisors.
Jour de S. Hilaire 13. Janv. Prend la croix de la main de Guillaume, archevêque de Tyr, dans la campagne sainte, où se trouva Richard, fils ainé du roi d'Angleterre, avec les plus grands seigneurs de France.
1. Juil. Prend Châteauroux.
Buzençois.
Argenton.
Leuroux.
Montrichard.
Vendôme.
Au château de Trou.
Conférence près de Gisors, sous un grand orme, que Philippe fit abbatre peu de jours après.
15. Août. Conférence avec le roi d'Angleterre.
1189.
Octav. de la pentecôte. Conférence près de la Ferté-Bernard.
Nogent-le-Rotrou.
Mai. Prend la Ferté-Bernard.
Devant le Mans.
Prend le pont de la Sarte, & bat les Anglois.
Poursuit le roi d'Angleterre pendant trois heures.

Prend en trois jours la tour du Mans.
Prend Amboise.
Montoire.
Chaumont.
Rochecourbon.
Château du Loir.
23. Juin. Passe la Loire au gué.
10.   Devant Tours,
           Passe la Loire.
           Prend Tours par escalade.
               1190.
Conférence à Veselay avec le roi d'Angleterre.
Conférence, entre Tris & Chaumont, avec Richard, roi d'Angleterre.
Paris.
Au gué de S. Remi sur la Somme.
14. Juin. A Saint Denis.
           Paris.
Mard. après l'octave de S. J. Baptiste. A Vezelai.
           Passe les Alpes.
           S'embarque à Genes.
13. Août. Y est malade.
16. Sept. Arrive à Messine.
           Passe l'hiver en Sicile.
               1191.
30. Mars, S'embarque.
Sam. de la semaine de pâques 21. Avril. Arrive à la vuë d'Acre.
           Etablit son quartier à l'orient d'Acre.
7. Juil. Fait donner l'assaut à Acre, & est repoussé.
12.   Prend Acre par capitulation.
13.   Entre à Acre.
           Va à Tyr.
3. Août. S'embarque à Tyr. Part avec quatorze galeres, & passe devant Baruth, occupée par les payens.
           Devant Gibelet, cité.
           Buterum & Nessin, châteaux.
           Tripoli, où il reste quelques jours.
           Devant le château d'Archis, & *Castellum Album*.
           Devant Lecudeat, château de l'hôpital.
           Devant Tracuta, cité, qui est dans l'isle d'Ardeos: c'est pourquoi on l'appelle *Tracuta civitas Antaradensis*, épiscopale.
           Mauraclaye, bon port.
           Devant Margat, château de l'hôpital.
           A Valena, ville épiscopale.
           Giblat, ville épiscopale.
           Meloda, ville.
           Au port saint Siméon.
           A Antioche.
           Par le port de Bunel, & le port d'Alexandrie, il entra dans la terre des Erminiens, appellée *Erminia*, & appartenante à Rupin de la Montagne.

A la riviere de Tyl, & à Tyl, bonne vi le.
A Turche, grande riviere, & où il y a une grande ville déserte, appellée aussi *Turche*.
Au troisiéme fleuve appellé *Salef*, où l'empereur Frédéric venant de chez le sultan d'Iconie, se noya. Ces trois fleuves séparent les terres des Turcs de celle de Rupin de la Montagne, & entrent dans le golfe de Satalie. Salef est vis a-vis de Cypre, & en est éloigné de cinquante mille.
Mont Carmendes.
Nessekin, château.
Stamore, bonne ville, & où est Grissonum, abbaye noble.
Devant le château désert de Roto.
Scalendros, fleuve qui sépare la terre de Rupin de la Montagne, de celle de l'empereur de Constantinople.
Le château d'Ysanei est dans la terre de Rufin, & le château d'Antiochus dans celle de l'empereur de Constantinople : Constantin, seigneur de ce château, reçut Philippe Auguste, lui fournit tout ce dont il avoit besoin, & le garda huit jours. Philippe fit chevalier le fils aîné de Constantin. Le pays au nord de la riviere de Scalendros, lui appartient en entier, à l'est de Constantinople, & est appellé Romanie.
Dans le golfe de Satalie, & Satalie, gros château. La vieille Satalie est déserte, & a été détruite par les pirates : & la nouvelle Satalie réparée par Emmanuel.
Sous la montagne de Syredone, à la fin du golfe de Satalie.
Resvyich, montagne fort haute.
Wyneke, riviere sur laquelle est le château de Resvyich, détruit par les pirates.
La Liche.
Brundusium.
Le Pekle.
Monople, Arch.
Bari, A. où est le corps de saint Nicolas de Mire.
Trane.
Barlet, bon bourg.
Salpe Evêch.
Saint Laurent de Catinna.
La Trine, Ev.
S. Luirredus, fort de l'Apulie, & commencement de la terre de Labour.
Benevent.

Matelone.
Capua.
Calve.
Tyane.
Caium ; Mignan, château.
Saint Germain, au pied du mont Cassin, fin de la terre de Labour, & commencement de la Campanie.
Aquinon.
Trisillum, évêché, derniere ville de Sicile.
Terre du Pape.
Anagni.
Montforttino.
Rome, fin de la Campanie, & commencement de la Toscane. Philippe fut bien reçu par le pape Celestin.
Castel di santo Pietro.
Suene, évêché.
Baterne.
Montflascon.
S. Christina.
Eke-Pendente, (Aqua-Pendente).
Rodecoc.
La Briche,
Saint Cler.
Boncovent.
Sene la vele, évêché.
La Marche, château.
Saint Michel, château.
Florentin, château.
Saint Denys de Bonrepart.
Arle-le-blanc.
Arle-le-noir.
La Grace-gelme.
Lospital.
Lukes, évêché.
Mont Chevroil.
Saint Léonard.
Lune, *maledicta civitas*, Ev.
S. Maria de Sardena.
Lealville.
Pont-tremble.
Montbardon.
Saint Bonnet en Montbardon.
Saint Morant en Montbardon : fin de la Toscane.
Cassennula.
Furnos.
Saint Domyn.
Florens.
Plesense.
Papea.
Morters.
Roable.
Verzeans, Ev.
Vallée de Morienne.
Arrive à Paris.
Fête de noël à Fontainebleau.

1192.
Se met en possession d'Arras, de saint Omer, d'Aire, de Bapaume, de Hedin, & de Lens.

1193.
12. Avril. Entre en Normandie, se saisit de Gisors, de Néaufle, d'Aumale, d'Eu, & de Neufchâtel.
Assiége Rouen.
Leve le siége de cette place.
Prend Pacy & Ivry.
Mante.

1194.
Fév: Prend Evreux.
Neubourg.
Vaudreuil.
10. Mai. Assiége Verneuil.
4. Juin. Leve le siége.
Confére avec le roi d'Angleterre au Pont-de-l'Arche.
Prend le château de Fontaine, à trois lieues de Rouen.
Conférence avec les Anglois auprès de Vaudreuil.
campe près de Freteval, entre Châteaudun & Vendome, vis-à-vis le roi Richard.
Son arriere-garde est défaite par le roi Richard : il perd ses papiers & sa chapelle.
A Bourges.
Vient en trois jours au secours de Vaudreuil.
Bat les Anglois, & fait lever le siége de cette place le huitiéme jour qu'elle étoit assiégée.
23. Juil. Treve signée entre Tillieres & Verneuil.
Octave de la Toussaint. Entrevuë avec le roi d'Angleterre, près de Verneuil, projettée & manquée.
Fait lever le siége d'Arques au roi d'Angleterre.
Prend Dieppe d'emblée.
Le roi d'Angleterre tue quelques soldats de son arriere-garde dans un bois.
Reprend Issoudun.
15. Déc. Treve entre Charost & Issoudun.

1196.
Juin. Reçoit à Compiegne un hommage de Baudoin, comte de Flandres.
Assiége Aumale pendant sept semaines.
Reprend Nonancourt.
Reprend Dangu.

1197.
Juil. Part de Mante pour aller à Gisors.
Combat près de Gisors contre le roi d'Angleterre, n'ayant que deux cents chevaux, & gagne Gisors, quoi-

que les Anglois fussent au nombre de quinze cents.

Marche à Arras, & fait lever le siége de cette place au comte de Flandres.

A une entrevuë avec le comte de Flandres.

15. Sept. Conférence avec le roi d'Angleterre, entre Gaillon & Andely.

1198.

Est défait près de Vernon par Richard, roi d'Angleterre.

Part de Mante.

28. Sept. Est battu par le roi d'Angleterre, entre Courcelles & Gisors, se réfugie à Gisors. Le pont sur l'Epte tombe, & le roi dans l'eau.

1199.

14. Janv. Entrevuë avec le roi d'Angleterre entre Vernon & Andely ; le roi à cheval sur le bord de la Seine, & le roi d'Angleterre dans un bateau.

16. Août. Entrevuë avec le roi d'Angleterre vers Gaillon.

Prend Conches.

Assiége Lavardin, & ne le prend pas.

Se retire dans le Maine.

7. Sept. Au concile de Néle.

Paris.

Conférence avec le roi d'Angleterre, entre Andely & Gaillon.

Noël. Entrevuë avec le comte de Flandres à Peronne ; ce comte lui céde l'Artois, excepté saint Omer & Aire.

1200.

22. Mai. Traité de paix entre Gaillon & Andely.

Reçoit à Paris le roi d'Angleterre.

Mai. A Guleton.

A Bethisy.

1201.

Prend Tillieres & Bontavant.

Prend Mortemer & Lions.

Assiége Gournay.

1202.

Prend Gournay.

Août. Leve le siége d'Arques.

Emporte Tours ; & en fait raser le château & les murailles.

Dun-le-roi.

1203.

Prend diverses forteresses au sud de la Loire.

Va à Moret en Gatinois.

Fait lever le siége d'Alençon à Jean, roi d'Angleterre.

Prend Conches, Andely, & le Vaudreuil.

Mante.

Août. Assiége Château-gaillard, fameuse forteresse de ce temps-là.

Oblige les Anglois, qui vouloient secourir Château-gaillard, de se retirer.

Prend l'isle de Château gaillard, & le château qui est dans cette isle.

Continue le blocus de Château-gaillard.

Prend Rudepont en trois semaines.

1204.

23. Fév. Reprend le siége de Château-gaillard.

18. Mars. Emporte Château-gaillard, & prend prisonnier Roger de Laci, comte de Chester, qui n'avoit pas pû gagner le donjon.

Prend Falaise en sept jours, défendu par Lupicaire.

Evreux, Seez, Bayeux, Coutances, & Caen, se rendent au roi.

Prend Arques & Verneuil, dans le Perche.

24. Juin. Oblige Rouen de se rendre.

Prend Tours & Poitiers.

Oct. Loudun se soumet.

A Anet.

A Poitiers deux fois.

1205.

Juin. Loches prise avec beaucoup de peine.

Chinon rendu.

1206.

Prend Nantes.

Retourne à Paris.

Va en Poitou, & ravage les terres du vicomte de Tours.

Conclud avec les députés d'Angleterre une treve de deux ans.

1207.

Oct. A Gisors.

1208.

Mars. A Paris.

1209.

1. Mai. A Villeneuve-le-roi.

1211.

14. Nov. A Paris.

1212.

L. après les rameaux. Soissons.

1213.

Prend Cassel, Ipres, & toutes les autres places jusques à Bruges.

Leve le siége de Gand.

Bat les Anglois, qui avoient leur flotte dans le canal, & le port de Damme, & leur tue deux mille hommes.

Il revient, & réduit en cendres l'isle, qui s'étoit révoltée.

1214.

Va à Peronne.

13. Juil. Décampe de Peronne, & va à Tournai.

Dim. 27. Juil. Décampe de Tournai, marche vers l'Isle, & gagne le même jour la bataille du pont à Bouvines.

Va à Bapaume.

Retourne à Paris, où il y a des fêtes

pendant huit jours.
Va à Loudun.
Fait une treve avec le roi d'Angleterre.
Retourne à Paris.
1215.
Août. A Paris.
1216.
A Paris.
Mai. A Melun.
1219.
Juil. Au Pont-de-l'Arche.
Nov. A Gisors.
Déc. A Paris.
1222.
Sept. A S. Germain en Laye.
1223.
14. Juil. Meurt à Mante.

LOUIS VIII.

1223.
D. 6. Août. Couronné à Reims.
1224.
14. Juil. Se rend à Tours.
    Prend Niort, défendu par Savari de Mauléon, qui se rend par capitulation.
    Saint Jean d'Andeli se rend sans résistance.
15. Juil. Assiége la Rochelle, défendue par Savari de Mauléon, qui se rend le 3. d'Août.
    Au château de Dompierre, près la Rochelle.
1226.
Avril. Saint Germain en Laye.
Mai. Paris.
    Bourges.
28. Mai. Arrive à Lyon.
    Valence.
Sam. 6. Juin. veille de la pentecôte. Près d'Avignon.
D. 7. Campe devant Avignon.
Veille de la pentecôte. Devant Avignon, qui après une longue & opiniâtre résistance, se rend par capitulation le 12. Septembre, & le roi en fait raser les murailles.
    A Besiers.
    A Carcassonne.
Oct. Pamier.
    Beaupui, entre Pamiers & Castelnaudarri.
    Castelnaudarri.
    Puilaurens.
    Lavaur.
    Albi.
26. Oct. Clermont en Auvergne.

Jeud. 29. Arrive à Montpensier.
Dim. 9. Nov. Y meurt.

S. LOUIS.

1226.
Janv. A l'Isle en Flandres.
Mars. A Loudun.
Dim. 9. Nov. Sacré à Reims.
1227.
Va pour soumettre Beuvron, en Normandie, & Bellême, au Perche, châteaux fortifiés par Thibaut, comte de Champagne.
1228.
    Vendôme.
    Orléans.
    Montlheri.
Avril. A Paris.
Août. En Champagne.
    Couche à Juli.
    Paris.
1229.
Janv. Prend Bellême & la Haye, Pesmel.
Août. A Paris.
Août. A Fontainebleau.
Déc. Saumur.
1230.
Fév. Assiége Angers, & le prend au bout de quarante jours.
Mai. Clisson.
Juin. Pont de Cé.
    Assiége Angers, & le prend.
Juin. Assiége Ancenis.
    Prend les châteaux d'Oudon & de Chanteaux.
Sept. Compiegne.
Déc. Melun.
1231.
    A Angers.
Juil. Saint Aubin, château du diocèse de Rennes.
1233.
Mars. A Saint Satur, près Sancerre.
1234.
Epouse à Sens Marguerite de Provence.
Frontieres de Bretagne.
1235.
Mars. A Saint Germain en Laye.
    Pardonne au duc de Bretagne, & lui rend ses états.
    Peronne; traite avec la comtesse de Flandres.
    Bois de Vincennes.
    Paris.
    Reçoit la couronne d'épines de N. S. au bois de Vincennes; & la conduit à Paris, marchant nuds pieds.
1237.

1237.
Juin. A Compiegne.
1241.
Marche au secours du comte de Provence.
24. Juin. Saumur ; déclare Alfonse, son frere, comte de Poitiers & d'Auvergne, & des pays cédés par le comte de Toulouse.
Poitiers, où il reste quinze jours.
Paris.
Prend Montreuil, en Gastine.
La Tour de Berage.
Moncontour.
Fontenay-le-comte, en quinze jours.
Vouvant.
Taillebourg.
21. Juil. Gagne la bataille de Taillebourg.
22. Juil. Campe à la gauche de la Charente, & gagne la bataille de Saintes.
28. Est reçu dans Saintes.
29. Poursuit le roi d'Angleterre à Blaye.
Saintes.
1243.
Paris.
1244.
Sept. Citeaux.
Pontoise, maladie de deux mois ; voue de se croiser.
1245.
Oct. A Pontoise.
Nov. Clugni ; entrevuë avec le pape.
Mâcon.
Paris.
1246.
12. Mai. A Orléans.
Mai. A Paris.
Août. A Melun.
1248.
Juin. A l'Hôpital, près Corbeil.
Juin. A Chambly.
Saint Denis.
V. après la pentecôte. Part de Paris ; abbaye saint Antoine.
Corbeil.
Bourgogne.
Lyon.
Prend la Roche de Glun, en Dauphiné.
Aiguesmortes.
25. Août. Part d'Aiguesmortes.
20. Sept. Arrive en Chypre, au port de Limisson.
Noël. Reçoit en Chypre David, chef des ambassadeurs d'Ercultbay, prince Tartare.
1249.
S. après l'ascension. S'embarque au port de Limisson.
Jour de la pentecôte. Est obligé de relâcher à la pointe de Limisson.
Jour de la Trinité. Se remet en mer, arrive dans quatre jours à la vuë de Damiette.
Vend. On descend à la pointe du jour vers Damiette ; il se met à la gauche de l'armée, se jette dans la mer l'épée à la main, gagne la terre, met en fuite l'armée Sarrasine, campe au bord de la mer.
D. après la Trinité. Prend Damiette sans coup férir, il y entre en procession, pieds nuds.
20. Nov. Il se met en marche avec son armée de soixante mille hommes ; marche à la séparation des deux branches du Nil, & y demeure trois mois.
1250.
M. gras. Passe le Nil, repousse les Sarrasins, après un combat de près de dix heures à Massoure.
Vend. Repousse Bendocdar, chef des Mammelus, après un long combat.
5. Avril. Se retire dans son camp, à vingt lieues de Damiette ; gagne le Carel, ou le Conjonville, petite ville : & selon d'autres, Sarmosac, ou Charmasach, où il tombe en défaillance, y est fait prisonnier par l'émir Gemaleddin.
Sur un de ses vaisseaux.
Dans une tente.
A Damiette.
Remonte le Nil sur un vaisseau, à une lieue & demie au-dessus de Damiette.
Entre dans un vaisseau Genois.
8. Mai. Arrive au port d'Acre.
D. Juin. Prend la résolution de rester en Palestine.
A Césarée, à douze lieues d'Acre.
1252.
Campe devant Jaffa avec quatorze cents hommes ; envoie Joinville, qui bat un corps de troupes du soudan de Damas.
24. Juin. Envoie Joinville, qui repousse un gros corps de troupes de Damas.
Rétablit les fortifications de Sidon, ou Sajette.
1253.
24. Mars. Va à Cana de Galilée ; mont Thabor, Nazareth.
25. A Nazareth.
Reçoit, à Sajette ou à Jaffa, la nouvelle de la mort de la reine sa mere, arrivée le premier Décembre 1252.
1254.
24. Avril. S'embarque au port d'Acre.
En Chypre.
11. Juil. Aux isles d'Hieres.
A la sainte Baume.
Passe le Rhône, & arrive à Beaucaire.

5. Sept. A Vincennes.
Saint Denis.
Frontières des Pays-bas.
Soissons.
Chartres, où il reçoit Henri III. roi d'Angleterre.
Déc. Paris.
Va dîner un jour maigre au Temple chez le roi d'Angleterre, qui demeura huit jours à Paris.

1255.
Avril. A Vincennes.
Oct. A Loudun.

1257.
Janv. Saint Germain en Laye.

1258.
Janv. A Melun.
Juil. Corbeil.
Paris, où il reçoit l'hommage du roi d'Angleterre.

1259.
Avril. A Vincennes.

1260.
Oct. de la chandeleur, au parlement de Paris.
D. de la passion. A Paris.
Sept. A Paris.

1261.
Deux ans & demi employés à voyager dans ses états.

1262.
Mai. A Vincennes.
Clermont en Auvergne, où étoit Jacques, roi d'Aragon.
Vers la mi-carême. A Chartres.
Toussaint. Au parlement.
Nov. A Rouen.

1263.
Fête des rois. Amiens.

1265.
Nov. Paris.
Chandeleur. Au parlement de la chandeleur.

1267.
25. Mars. Paris.
Mai. A Saint Germain en Laye.

1268.
Mars. A Paris.

1269.
Fév. A Paris.
Mars. A Paris.
Mars A Vincennes.
Mars. A Sens.
Oct. A Saint Germain en Laye.
Déc. A Paris.

1270.
Saint Denys.
Melun.
Sens.
Auxerre.
Clugny.
Lyon.
Vienne.
Beaucaire.
Saint Gilles.
25. Juin. A Aiguesmortes.
1. Juil. S'embarque au port d'Aiguesmortes.
2. Met à la voile avec soix. mille hommes.
Cagliari.
En son navire, près de la Sardaigne.
18. A la hauteur de Tunis & de Carthage.
V. Descend à la tête de son armée.
Lund. Prend la tour de l'Isthme, & campe devant Carthage.
M. Prend le château de Carthage.
Va à Garbum, & campe à Certacarne, devant Tunis.
25. Août. Meurt à Certacarne, dans son camp, devant Tunis.

PHILIPPE LE HARDI.

1283.
Jour des cendres. Etoit à Paris.

1284.
29. Mai, jour de la pentecôte. A Sens.
L. 13. Juin. A Montargis.
L. 20. A Paris.
J. 14. Juil. A Milli.
L. 18. A Bois-commun.
M. 20. A Courci.
J. 28. A Neuville-aux-Loges.
L. 1. Août. A Lorri.
8. A Milli.
10. A Corbeil.
S. 13. Vincennes.
Jours suivants. A Paris, où son fils fut fait chevalier le jour de l'assomption, & marié le lendemain.
21. Janv. A Senlis.

1285.
5. Oct. Mort & inhumé à Narbonne.

PHILIPPE-LE-BEL.

1285.
J. 11. Oct. A Narbonne.
S. 13. A Carcassonne.
J. 18. Narbonne.
S. 20. A Beziers.
M. 23. A Montpellier.
J. 25. A Nismes, jusqu'au 27.
M. 30. Pradelles, diocèse de Viviers.
Jour de la Toussaint. Au Pui.
D. 4. Nov. à Issoire.
5. A Montferrand.
M. 8. A saint Pourçain.
V. 9. A Bourbon.
D. 11. *Apud Brueriam*, qui paroît devoir

être Bruere, en Bourbonnois.
14. & 15. Il séjourne à Bourges.
Sam. 17. A Aubigni.
Jeud. 22. A l'abbaye de saint Benoît sur Loire.
Sam. 24. A Montargis.
Sam. 29. Déc. A Villers-coterêt.

1286.
M. 2. Janv. A Soissons.
Dim. 6. A Reims, où il est sacré.
8. A Dameri.
10. *Apud Sergiacum*, qui est le village de Sergi, quatre lieues.
Dim. 13. Janv. à Château-Thieri.
Jeud. 17. Au Tremblai saint Denis, à quatre lieues de Paris.
20. Vincennes.
22. Paris.

1287.
Mard. après la fête de saint Pierre aux liens. A Paris.
Août. Amiens.
Au parlement de Toussaint.

1288.
Mars. A Paris.

1289.
Mai. A Châtillon sur Indre.
Août. A Paris.

1290.
Octaves de la nativité de Notre-Seigneur. A saint Germain en Laye.

1291.
Mars. Paris.
Au parlement de la Toussaint. A Paris.

1293.
Vers l'ascension. A Pontoise.

1294.
Fév. Paris.
Juin. Senlis.

1295.
Fév. Paris.
Merc. avant pâques fleuries. A Paris.
Mai. A Paris.
Mard. après le dimanche de la Trinité. A Paris.
Sept. A Vincennes.
Jour de la Toussaint. A Compiegne.
Au parlement de Toussaint.

1296.
Juin. A Paris.

1297.
Fév. Paris.
Août. Au siége de Lille.
Sept. A Courtray.

1298.
25. Janv. A Vendeuil.

1299.
Fév. Paris.
Jeudi après pâques. A Angleur.
Vendredi avant la saint Jean-Baptiste. A Montreuil sur mer.
Juil. *Apud sanctum Angillum*.

1301.
Jeudi après les brandons. A Long-champ.
Vend. 28. Avril. A Asnieres, sur Oise, à quatre lieues de Pontoise.
Le lundi, fête de S. Philippe & saint Jacques. A saint Christophe en Halate, à quatre lieues d'Asnieres.
A Verberie, à deux lieues.
D. 7. Mai. *Apud Chos..* Ce mot n'est pas achevé ; mais il est évident, par la suite de la route, que c'est l'abregé de *Chosiacum*, & qu'il faut entendre par-là Choisi au-bac, à demi-lieue par-delà Compiegne.
8. A l'abbaye d'Orcamp.
9. *Apud Fresnicham*, qui est le village de Freniche; quatre lieues.
10. Au Mont saint Quentin, près Peronne, six lieues: séjour.
12. A Bapaume.
13. Douai, trois jours.
16. Lille, deux jours.
18. Tournai.
19. Courtrai.
Sam. 20. Pethinguien, séjour.
22. Gand.
Dim. de la Trinité. A Ardembour.
Lund. Bruges, & acheva d'y passer la semaine.
Dim. 4. Juin. Winendale, neuf jours.
Mard. 13. Ypres, trois jours.
16. Vint à Hqhinguebem, qui me paroît être Arquinghem, proche Armentieres, à trois lieues en-deçà d'Ypres.
17. Béthune, quatre lieues.
Dim. 18. A Pernes.
19. Hesdin.
21. *Apud Luchem.* Ici je soupçonne que ce doit être Lucheu, à six ou sept lieues.
Vend. 23. Sort de Lucheu.
24. Poix.
26. Fromeries, quatre lieues.
27. Couche à l'abbaye de Bellosane, diocèse de Rouen; quatre ou cinq lieues.
28. *Apud Foill.* Ce doit être la Feuillée, ancien château, dans la forêt de Lions; deux lieues.
Samedi 1. Juillet. Ils étoient à Neufmarché, & y resterent le dimanche.
3. Vaumain, quatre lieues.
mard. jour de S. Martin-d'été. *Apud Meniamvillam*: c'est sans doute le village de Maineville.
5. Long-champ; une lieue.
6. Neaufle, à une lieue de Gisors.
Dim. 9. Vint à un lieu qui est dit, *Vinolinum*.
10. Poissi, quatre jours.
13. Fut *Apud Chailliacum*, qui est Chilli

Samedi 14. A l'hôpital de Corbeil ; deux jours.
16. A l'abbaye du Lis, proche Melun.
17. Fontainebleau.
18. Nemours.
19. Paucourt.
20. *Apud abbatiam Moll, propè montem Argi* : abbaye au fauxbourg de Montargis.
Dim. 23. Couche à Lorri.
24. Couche à Château-neuf.
Le surlendemain, *apud Novillam in Logio*, quatre jours, à la Neuville-aux Loges.
Un jour, à Bussi, c'est à dire, Bucy-saint-Lisard.
Un jour, à Baugenci.
Un jour, au Petit Citeaux, abbaye, dite autrement l'Aumône.
Samed. 5. Août. au château de Sarmoise.
Dim. 6. à Blois, trois lieues, & y passa trois jours.
9. Passe la Loire, & couche aux Montils, une lieue & demie.
10. A Montrichard, en Touraine.
11. Villeloin.
12. Loches, huit jours.
Merc. 23. Estoit à Blaré, aujourd'hui Bleré.
24. A Marmoutier, abbaye.
26. Vint à Maillé, maintenant Luines, à deux lieues de Tours.
27. A Rillé, dans l'Anjou, quatre lieues.
28. *Apud montem hominum*, qui ne peut être autre que le village de Homme, une lieue : trois jours.
31. *Apud Mug.* mot abregé, il faudroit lire, ce semble, *Meig.* & alors ce seroit Meigné à une lieue de Rillé.
3. Sept. Il étoit *apud Vaug.* Il n'y a pas de doute que ce ne soit Baugé ; trois lieues.
4. *Apud Flicam.* Je crois pouvoir assurer que c'est la Fleche ; 4. ou 5. lieues.
5. A Fontaine-saint-Martin ; trois à quatre lieues ; six jours.
11. La Suse, à l'entrée du Maine.
13. Couche au gué de Mauni, tout proche du Mans.
14. *Apud montem Colam.*
16. Belême au-Perche.
Dim. 17. Mauves, bourg ; deux lieues.
18. Chenebrun ; six lieues.
19. Breteuil ; trois lieues.
21. Avrilli ; six lieues.
22. Paci ; cinq lieues.
Dim. 24. A Vernon, sur la Seine ; cinq lieues.
25. Tourni.
26. Au Neufmarché ; quatre jours.
Lund. 2. Octob. Etoit à Néaufle, sur la riviere d'Epte.
3. Couche à Longuesse ; huit lieues.
4. Couche à Saint Germain en Laye.
5. Saint Denis.
6. Vincennes ; quatre jours.

Lendemain de la saint Denis. A Asnieres sur Oise.
Samed. A S. Christophe en Halate ; cinq jours.
20. Oct. Etoit *apud Silvas* ; 9. jours. Il faut entendre, Senlis.
Mard. veille de la Toussaint. A Senlis ; & y resta jusqu'à la fin de la semaine suivante.
15. Nov. *Apud Crucem sancti Audoeni*, c'est-à-dire, à la Croix saint Ouen ; quatre lieues ; séjour.
17. Pont sainte Maxence ; séjour.
Dim. 19. S. Martin : appartement S. Martin de Longueau.
20. Creil.
21. Asnieres, diocése de Beauvais ; cinq lieues.
27. Saint Germain en Laye ; huit jours.
5. Déc. Couche *apud Challiacum*, à Chilli.
Mercredi 6. *Apud Bouvillam*, qui doit être Bouville.
7. A Fontainebleau ; sept à huit lieues.
12. Couche à Nemours.
13. Couche à Paucourt, *Paucam-curtem* ; séjour.
15. Couc. à Montargis ; une lieue ; séjour.
Dim. 17. Couche à Lorri ; deux lieues : séjour.
20. Couche à Ouzouer, sur Loire, & y passe la fête de saint Thomas, qui étoit le lendemain.
22. Couc. à Châteauneuf, sur Loire : séjour.
24. A l'abbaye de saint Benoît ; deux lieues. Il y passa jusqu'au 30. inclusivement.
Dim. 31. Couche à Châtillon sur Loin.

1302.

1. Janv. Couche à Villiers-saint-Benoît ; quatre à cinq lieues : séjour.
3. A l'abbaye des Eschallis ; trois ou quatre lieues.
4. A Courtenai ; deux lieues.
5. Couche à Cheroi ; trois ou quatre lieues.
6. Couche à Esmant.
Dim. 7. Couche à Montereau ; une lieue.
8. Couche à Nangis : séjour.
10. Couche à Rosoi, en Brie.
11. Couche au Vivier, proche Chaumes ; séjour.
13. Couche à Vaux la comtesse, château situé alors entre Brie-comte-Robert & Corbeil, sur le bord de la riviere d'Yere.
Dim. 14. Couche à Villeneuve saint George ; deux lieues & demie.
15. Couche à Vincennes.
16. A Paris, au Temple ; se contentant de venir de temps en temps à Vincennes, & une fois à saint Denis, & cela dans l'intervalle qu'il y a du 16. Janvier au 15. Février, auquel le roi se remit de nouveau en campagne

avec la reine.
25. Fév. Couche à Lagni.
Lund. 26. Couche à Creci.
27. Couche à Jouarre.
28. Couche à Nogent-l'Artaud.
1. Mars. Couche à Château-Thierri ; 3. jours.
Lund. 5. *Apud Jaugonniam*, à Jaugonne ; deux lieues.
Merc. 7. jour des cendres. A l'abbaye d'Orbais ; cinq lieues.
8. Sezanne ; sept ou huit lieues.
9. A Gai, prieuré de l'ordre de Cluni ; deux lieues.
13. A Fere-Champenoise ; cinq lieues.
14. Vertus.
15. Conflans, diocèse de Châlons ; trois lieues.
16. Cole ; cinq lieues.
17. Soudé ; deux lieues.
Le Dim. *Reminiscere*, à Larzicour, bourg ; sept lieues.
19. S. Disier, ville, quatre lieues.
20. A un village du Barois, dont le nom est défiguré.
21. Vitri, en Poitou.
22. Couche à Poigni ; séjour.
24. A un village, dit Jalon.
Dim. 25. Couche à Epernai.
26. Couche à Châtillon sur Marne.
27. Couche à Château Thierri : séjour.
29. Couche dans un lieu, dont le nom n'est pas facile à reconnoître.
30. A . . . . .
31. A Nanteuil.

1303.
Lund. après la mi-carême. A Paris.
Mars. Paris.
Samed. après l'annonciation. A Paris.
20. Mai. Paris.
Merc. après la pentecôte. A Paris.
Samed. avant la Magdeleine. A Vincennes.
Mard. après l'assomption de la Vierge. A Longchamp.
Merc. après l'assomption de la Vierge. A Paris.
Onziéme jour après l'assomption. A Longchamp.
Veille de la nativité de la Vierge. A Longchamp.
Vend. après la fête de la nativité de la sainte Vierge. A Longchamp.
Samed. après la fête de saint Remi. A Château-Thierri.
Dim. après la fête de saint Luc. A Corbeil.
Déc. Toulouse.

1304.
Vend. avant les cendres. A Beziers.
Fév. Paris.
Mars. Clermont, en Auvergne.
1. Mai. Paris.
Mai. Pontoise.
Juin. Paris.
25. Juin. Paris.

Juill. Amiens.
Août. Au camp, près le Mont-en-Puelles.

1305.
Dim. après l'épiphanie. A Paris.
Janv. Paris.
6. Fév. Paris.
Dim. après la chandeleur. A Paris.
Fév. Paris.
Jour de N. D. de Mars. Au bois de Vincennes.
31. Mars. Vincennes.
Pâques fleuries. A Paris.
Merc. après les octaves de pâques. A Parcent lez Beaumont.

1306.
Corbeil.
Gournai.
Chevreuse.
Les Vaux de Cernai.
Carême. Dans la Beauce.
Dans le Perche.
Vers Avranches.
Avranches même.
Bayeux.
Caen.
Seez.

1307.
L'été. Dans le Gatinois.
L'Orléanois.
La Touraine.
Le Poitou.
J'ai désigné plus haut les lieux d'autour de Paris qui sont spécifiés ; en suivant la marche du roi jusques dans la Beauce ; on trouve qu'il vint des Vaux de Cernai à Bercheres, diocèse de Chartres.
A Pontgoin.
Verneuil, au Perche.
Briouze, diocèse de Seez.
Les lieux de l'Orléanois où le roi passa, sont :
Baugenci.
La Ferté-Imbert.
Du Berri.
Saint Agnan.
Vierzon.
Aubigni.
De la Touraine.
La Haie le Comte.
Loches.
Du Gatinois.
Lorri.
Château-Renard.
Mareau-au-bois, proche Pluviers.
Nibel, château voisin de Bois commun.

Même année 1307.
Veille de saint Denis. A S. Christophe en Halate.
Jeudi lendemain de la Toussaint. A Ivor.
Mard. 29. Janv. A Hardelot, village, pro

Boulogne, en Picardie.
Jour de la chandeleur. Etoit à Boulogne.
Mard. gras 28. Fév. Etoit à Châteaudun.
Vingt-trois jours après. Il étoit à *Lilium*, que je crois être l'abbaye du Lis proche Melun.
Vendredi saint 12. Avril. A Baugenci. Il y étoit le jour de pâques 1308.

1308.

8. Mai. A Loches.
31. Poitiers.
Dim. 30. Juin. Le roi étoit encore à Poitiers.
Vend. 19. Juil. Couche à la Haie, petite ville de la Touraine.
22. A Loches.
25. *Apud sanctum Laurentium de Rivis*, qui est sans doute S. Laurent des Eaux.
26. Baugenci.
Samed. 27. Il resta d'abord *apud Montpipel*, qui est Montpipeau, à trois lieues de Baugenci, & fut coucher à saint Lifard ; une lieue : trois jours.
Commencement d'Août. A Langenerie, hameau de la paroisse d'Andeglon ; puis dans un lieu surnommé *in Logio*, qui est apparemment Neufville-aux-Loges.
Merc. 7. Août. A Courci-aux-Loges.
12. A Vol Cocatrix, proche Corbeil.
14. Poissi.
23. Gisors.
Dim. 25. Longchamp.
Apud Meniam villam, c'est-à-dire, Maineville.
29. Neufmarché.
La Feuillée, *apud Foilleyam*.
Dim. 1. Sept. Revient à Neufmarché.
Huit jours après. A la Feuillée.
13. Longchamp.
18. Poissi.
Dim. 22. A Chevreuse.
23 Au prieuré de Longpont sous Montlheri.
30. Etoit à Paris.
5. Octob. A saint Denis.
6. Paris.
8. Asnieres, proche Beaumont sur Oise.
Dim. 13. A Pont sainte Maxence, sept lieues.
14. Verberie ; trois lieues.
17. Saint Jean des-bois, abbaye de filles, dans la forêt de Compiegne, où il resta jusqu'au 25. allant quelquefois à Betizi.
22. Octob. Pierrefonds.
24. & 25. A saint Jean des-bois.
26. Traverse le reste de la forêt de Compiegne, & une partie de celle de Villiers-Coterets, & vient tomber à Ivor, village, sur la route de la Ferté-Milon.
27. Etoit à la Ferté-Milon.

31. A l'abbaye de Longpont, où il passa les fêtes de la Toussaint.
5. Nov. Logea à Favieres, sur Marne.
Dim. 10. Fut passer à Château-Thierri, où il fit chevalier Gilbert de Terminis, du diocèse de Cahors.
12. A Joarre.
14. *Apud logiam sancti Dionysii*, qui doit être ce qu'on appelle la Motte saint Denis, proche Creci, en Brie.
Dim. 17. Bec-oiseau, *Becum-avis*, château, à l'entrée de la forêt de Creci, où il y resta quatre jours.
22. Au Vivier, maison royale, près de Chaume, en Brie.
Apparemment à Vincennes, ou à Paris.
28. A Fontainebleau.
13. Déc. Nemours.
Sam. 14. A Montargis & à Loris, où il passa le dimanche.
16. Ouzoir, sur Loire.
18. Saint Goudon, dans le Berri.
Dim. 22. Tremblevif, en Sologne.
23. Vouzon, village de la Sologne.
24. & les fêtes de noël. A Châteauneuf, sur Loire, où il étoit encore le samedi 28.
Dim. 29. Ouzoir, sur Loire.
30. Noyan.
31. Paucourt, proche Montargis, où il resta les trois premiers jours de Janvier.
4. Janv. A Chantecoq, village voisin de Courtenai.
5. Pifouz, village proche Villeneuve-le-roi.
11. Charni, bourg, à trois lieues de-là.
15. Janv. A Villers-saint Benoît ; trois lieues. On perd ici les traces du voyage de la cour, laquelle apparemment revint par Fontainebleau se rendre à Paris ou à Vincennes.

1309.

15. Janv. A Paris.
Vend. après *Reminiscere*. A Paris, au parlement.
Jeudi avant paques fleuries. A Paris, au parlement.
En l'échiquier de pâques le dimanche 20. Avril, à Rouen.
14. Sept. Poissy.
Oct. Paris.
Déc. Paris.

1310.

Janv. Paris.
Avril. Paris.
25. Avril. Neufbourg.
4. Août. Paris.

1311.

Mard. avant la saint Vincent. A Poissy.
7. Fév. Paris.
22. Avril. Paris.

6. Mai. Paris.
16. Mai. A l'abbaye de Maubuisson.
Juin. A l'abbaye de Maubuisson.
22. Août. A saint Ouen, près saint Denis.
19. Sept. Paris.
6. Octob. Creil.
19. Nov. Paris.
18. Déc. La Villeneuve-saint-Denis
30. Déc. Poissy.

1312.
Samedi avant la purification de la Vierge. A Montargis.
5. Avril. Vienne.
Juil. Abbaye royale de Maubuisson.
Juil. Abbaye de sainte Marie, près Pontoise.
24. Août. Paris.
Mardi apres la sainte Croix. A Melun.
8. Déc. Poissy.
28. Fontainebleau.

1313.
Sam. après la Typhainie ou Epiphanie. A Paris.
1. Fév. Paris.
Mard. fête de saint Jacques & saint Philippe. A Paris, en parlement.
Juin. Pontoise.
3. Juil. Paris.
23. Août. Chingy.
18. Sept. Abbaye de Barbeaux.
Sept. Paris.
1. Octob. Paris.
23. Déc. Flechicourt.

1314.
3. Janv. A Tremblay.
Samedi après la Typhainie. A Poissy.
17. Avril. Paris.
Samedi après la fête de saint Remi. A saint Ouen, près Paris.
Jeudi avant la saint André. A Fontainebleau.
29. Nov. A Fontainebleau, où il meurt.

LOUIS X.

1315.
11. Fév. Au bois de Vincennes.
1. Avril. Paris.
Avril. Vincennes.
5. Mai. Paris.
17. Vincennes.
28. Paris.
Juil. Vincennes.
Dimanche avant la fête de sainte Marie-Magdeleine. A Crecy.
28. Juil. Paris.
7. Août. Soissons.
Août. Paris.
24. Août. A Reims, où il fut sacré.
1. Sept. Arras.
Sept. Paris.

Octob. Au Pont sainte Maxence.
18. Nov. Paris.
Déc. Vincennes.
Déc. Lagny, sur Marne.
Déc. Tournay.

1316.
15. Janv. Paris.
Janv. Orléans.
Fév. Rouen.
26. Fév. Meaux.
Mars. Sens.
15. Mars. A S. Germain en Laye.
1. Avril. Paris.
Mai. A saint Germain en Laye.
Juin. Pontoise.
Juin. Vincennes.
5. Juin. Au château de Vincennes, où il meurt.

17. Juin. Au bois de Vincennes.
Juin. A saint Germain en Laye.
28. Août. Paris.
Sept. Nogent, sur Seine.
6. Nov. Amiens.

PHILIPPE V.

1316.
1. Déc. A Paris.
Déc. Au bois de Vincennes.

1317.
3. Janv. A Tremblay.
6. Sacré à Reims.
Fév. Paris.
1. Avril. Bourges.
7. Bourges.
Mardi après la Quasimodo. A Châteauneuf sur Loire.
5. Juin. Tournay.
Juin. Livry, en Aulnis.
17. Juil. Paris.
17. Nov. Loris.
26. Déc. Vernon.

1318.
24. Fév. Paris.
12. Mai. Paris.
1. Juil. A saint Germain en Laye.
8. Juil. Paris.
18. Pontoise.
29. En l'abbaye royale de N.D. lez-Pontoise.
Sept. Paris.
16. Nov. Bourges.

1319.
25. Fév. A N. D. des Champs lez-Paris.
Mardi avant pâques. A l'abbaye de Foy-lez-Provins.
2. Juin. A Asnieres.

Juin. Au bois de Vincennes.
Juil. A Long-champ lez-saint-Cloud.
Juil. Paris.
Dim. 12. Nov. A Clairvaux.
Dim. avant Noël. A saint Germain en Laye.
1320.
Vers l'Epiphanie. Au Vivier, en Brie.
Avril. A Châteauneuf, sur Loire.
Paris.
4. Juin. A saint Denis.
13. Pontoise.
19. Juil. Longchamp.
Dim. après la fête de saint Luc. A Paris.
35. Octob. A Verberie.
Nov. Paris.
1321.
19. Mai. Paris.
Juin. Poitiers.
26. Août. A Conflant lez-carrieres.
Dim. avant la saint Michel. A Paris.
1322.
2. Janv. A Longchamp, près saint Cloud.

CHARLES IV.

1322.
Dim. 21. Fév. Sacré à Reims.
Fév. A Paris.
Lundi avant pâques. A Vincennes.
5. Mai. Paris.
15. Août. A l'abbaye de Pontigny.
31. Août. Paris.
1323.
3. Mars. Verneuil.
Nov. Angers.
1324.
Mai. A saint Germain en Laye.
16. Juin. Paris.
Juil. Saint Germain en Laye.
1325.
Janv. A Paris.
13. Avril. Paris.
Mai. Poissy.
25. Mai. Fontainebleau.
31. Paris.
Août. A Marché-noir.
1326.
7. Janv. Paris.
26. Juin. Chambelly, près Meaux.
Juin. A saint Christophe en Halate.
18. Juil. Paris.
22. Octob. Château-Thierry.
1327.
23. Janv. Paris.
15. Mai. Saint Christophe en Halate.
Mai. Paris.
Déc. Au château du Louvre, près Paris.

PHILIPPE DE VALOIS.

1328.
Fév. A Paris.
Avril. Paris.
1329.
21. Mars. Au Louvre lez-Paris.
21. Juin. Paris.
6. Sept. A la Fontaine saint Martin.
4. Déc. Paris.
1330.
12. Mars. A saint Christophe en Halate.
6. Avril. Paris.
16. Avril. Paris.
2. Mai. A saint Germain en Laye.
3. Paris
Sept. A Marify saint Maart.
11. Octob. A saint Denis en France.
Octob. Paris.
1331.
15. Avril. Saint Germain en Laye.
10. Juin. Paris.
Déc. Au Louvre lez-Paris.
Déc. Paris.
1332.
Lund. 17. Fév. Au Louvre, près Paris.
21. Fév. A Ver-le-grand.
11. Mars. Paris.
9. Mai. Paris.
20 Sept. A saint Germain en Laye.
Samedi après Noël. A Rochemadoux.
1333.
24. Fév. A Carcassonne.
25. Mars. Orléans.
Avril. Paris.
11. Mai. Chantecocq.
11. Juil. Marigny.
18. Espierres.
8. Déc. Paris.
1334.
22. Fév. Poissy.
12. Mars. Paris, en parlement.
22. Mai. Senlis.
1. Juin. Maubuisson.
21. Sept. Poissy.
3. Octob. Au bois de Vincennes.
13. Déc. Paris.
1335.
19. Mai. Maubuisson.
7. Août. Paris.
16. Sept. Abbeville.
13. Octob. Paris.
Nov. Marmoutier.
9. Déc. Barlandere, près Chatelleraut.
26. Déc. Brives.
1336.
14. Mars. A Avignon.
28. Mai.

22. Mai. A Paris.
Août. Au bois de Vincennes.
21. Paris.
Nov. Mereau.
30. Déc. Paris, au Louvre.
1337.
Fév. A Poissy.
24. Avril. A l'abbaye près Pontoise.
4. Juin. Paris.
Juin. Au bois de Vincennes.
Juill. Paris.
4. Déc. A Long-pont.
27. Déc. Au bois de Vincennes.
1338.
13. Mars. A Vincennes.
27. Avril. Au bois de Vincennes.
10. Juill. Paris.
28. Vincennes.
31. Paris.
Août. A Clermont en Beauvoisis.
Sept. Amiens.
31. Oct. Vincennes.
Déc. Paris.
1339.
12. Fév. Au bois de Vincennes.
15. Avril. Paris.
30. Melun.
18. Juin. Au bois de Vincennes.
Déc. Paris.
1340.
29. Janv. A Beaugenci.
Mars. Poissy.
6. Avril. Maubuisson.
22. Vincennes.
Mai. Au Moncel lez Pont sainte Maixence.
2. Juin. Paris.
Août. Es Tentes, près Douay.
8. Nov. Paris.
31. Vincennes.
1341.
Janv. A Paris.
Fév. Saint James.
Juin. Bec-Oisel.
9. Juill. Poncours.
Penult. Août. Vincennes.
1342.
19. Janv. Paris.
19. Mars Saint Christophe en Halate.
27. Vincennes.
8. Avril. Paris.
36. Juin. Vincennes.
23. Juill. Gondreville.
Août. Vincennes.
1343.
23. Avril. Au bois de Vincennes.
Juill. Sainte Colombe.
22. Août. Paris.
25. Sept. Beaumont lez-Bois.
26. Oct. A la Forte-maison lez-Chartres.
5. Nov. Saint Germain en Laye.
Paris.

Tome I. Abel Jouan.

1344.
Janv. Au bois de Vincennes.
16. Avril. Maubuisson.
6. Mai. Paris.
8. Juill. Château-Thierry.
Sept. Paris.
29. Oct. A saint Christophe en Halate.
Déc. Paris.
1345.
10. Mars. Au Val N. Dame.
12. Mai. Paris.
Sept. Royan.
Sept. Troyes.
2. Oct. Paris.
22. Nov. Vincennes.
1346.
17. Janv. Paris.
15. Fév. Paris.
5. Mai. Poissy.
29. A Brunay.
13. Juin. S. Denis.
21. A Brunay.
14. Oct. Au Moncel lez-Pont sainte Maixence.
Oct. Compiegne.
17. Déc. Paris.
1347.
15. Janv. Vincennes.
16. Paris.
Fév. Au bois de Vincennes.
1. Mai. Montdidier.
18. Mai. Lucheu.
23. Mai. Paris.
Lund. 27. Août. Au Moncel lez-Pont sainte Maixence.
6. Sept. Amiens.
1348.
3. Janv. Paris.
18. A l'hôpital de Mesy.
22. Fév. à l'hôpital de Lisy.
28. Mars. Paris.
31. Vincennes.
6. Avril. A Monceaux.
18. Juin. Paris.
30. Déc. A l'abbaye de Lys, près de Melun.
1349.
25. Janv. A Paris.
4. Mars. Fontainebleau.
23. A l'abbaye de Lys, près de Melun.
27. Paris.
6. Mai. A Joye-l'abbaye.
Mai. Marolles sur Seine.
16. Juin. Poecourt.
22. Paris.
14. Juill. A Remilly, en Champagne.
6. Août. Au bois de Vincennes.
1350.
Mars. Paris.
1. Juill. A Vincennes, où il fait son testament.
Dim. 22. Août. A Nogent-le-roi, en Beauce, où il meurt.

LE ROI JEAN.

1350.
28. Août. A l'abbaye de saint Denis.
30.   Vincennes.
26. Sept. Sacré à Reims.
16. Oct. A saint Denis en France.
    Oct. Paris.
    Nov. Paris, à l'hôtel de Nêle.
    Nov. Paris.

1351.
Fév. A Paris, en parlement.
Fév. Paris.
Fév. Lyon.
30. Mars. A Paris.
Avril. Paris.
6. Nov. A saint Christophe en Halate.

1352.
Janv. Paris.
26. Fév. Vincennes.
10. Mars. Poissy.
24.   Au val de Ruere.
Avril. Paris.
Oct. A l'abbaye de Royaumont.
Oct. Paris.

1353.
Avril. Paris.
1 Juin. Paris.
29.   Corbeil.
18. Juill. Chantecocq.
Août. Paris.
23.   Vernon.
5. Oct. Chantelon.
Oct. A saint Denis en France.

1354.
Janv. Paris.
5. Fév. Paris.
5. Juill. Paris.

1355.
Fév. A Mantes.
5. Mai. A la Maison-noble, près saint Denis en France.
11. Juill. Paris.
26. Sept. Au Louvre lez-Paris.
28. Déc. Paris.

1356.
16. Janv. Au Louvre lez-Paris.
23. Fév. Paris.
10. Juin. Paris.
Juin. Au Gué de Long-Ray.
Jour de saint Louis. Au château de Tremblay.

CHARLES DE FRANCE, Régent.

Le roi Jean étant prisonnier en Angleterre.

23. Nov. A Paris.

1357.
10. Avril. Saint Ouen.
14.   A la Noble maison, près saint Denis.
7. Mai. Paris.
3. Juill. Gisors.
9.   Château-gaillard.
4. Sept. Pontoise.
8.   Maubuisson.
26. Oct. Paris.
15.   Brye-comte-Robert.

1358.
Janv. A Paris.
Avril. Au Louvre, lez-Paris.
14. Mai. A Compiegne.
12.   En l'ost devant Paris.
6. Août. Paris.
16.   Londres.
2. Oct. Paris.

1359.
10. Janv. Au Louvre lez-Paris.
26.   Paris.
7. Fév. Au Louvre lez-Paris.
11.   Paris.
22.   Au Louvre lez-Paris.
Mai. A Paris, au Louvre.
9. Août. Au Louvre lez-Paris.
Sept. A saint Denis en France.
22. Nov. Au Louvre lez-Paris.
Déc. A Melun sur Seine.
29. Déc. Au Louvre lez-Paris.

1360.
22. Fév. A Melun.
17. Mars. Paris.
15. Avril. Paris.
8. Mai. Bretigny, près Chartres.
28. Mai Paris.
18.   Melun.
7. Août. Paris.
30.   Boulogne sur mer.

Le roi Jean arrive d'Angleterre.

14. Oct. A Calais.
Oct. Boulogne.
Nov. Novion.
6. Nov. A Saint Omer.
5. Déc. A Compiegne.
Déc. Paris.

1361.
11. Fév. Paris.
Avril. Paris.

Mai. Compiegne.
8. Juill. A Paris, à l'hôtel de faint Paul.
12. Paris.
25. Août. Au bois de Vincennes.
20. Sept. Paris.
Nov. Au château du Louvre.
8. Déc. A l'abbaye de faint Bénigne de Dijon.
22. Dijon.

1362.

3. Mars. Au bois de Vincennes.
9. Paris.
Avril. Paris.
Août. Germigny.
16. Déc. A Villeneuve, près d'Avignon.
27. A Nifmes.

1363.

2. Fév. Paris.
Avril. Paris.
20. A Villeneuve, près d'Avignon.
Mai. Paris.
Juin. Crecy en Brie.
Juil. Paris.
6. Sept. Nogent fur Marne.
13. Octob. Paris.
18. Reims.
29. Nov. Paris.
5. Déc. Amiens.
Déc. Heflin.

1364.

6. Mars. Paris.
6. Avril. Aux fauxbourg de Londres, à l'hôtel de Savoye, où il teste.
8. Avril. A Londres, à l'hôtel de Savoye, où il meurt.

CHARLES V.

1364.

17. Avril. Au château du Goulet.
8. Mai. Paris.
Dim. jour de la Trinité 19. Mai. Sacré à Reims.
17. Mai. Paris.
24. Nov. Vincennes.
Déc. Paris.

1365.

20. Avril. A Paris, en l'hôtel de faint Paul.
7. Mai. Paris.
2. Juill. Vincennes.
18. Nov. Paris.

1366.

4. Mai. A Paris.
Sept. Melun.
16. Nov. Paris.

1367.

18. Mars. Au Louvre, lez-Paris.
Juill. Sens.
Juill. En l'église de Chartres.
27. Paris.

1368.

Avril. Paris.

9. Août. Vincennes.
Sept. Tournay.
Oct. A Melun.

1369.

Fév. Paris.
Dernier Fév. Au bois de Vincennes.
3. Avril. A l'hôtel de faint Paul, près Paris
25. Paris.
23. Mai. Au bois de Vincennes.
25. Paris.
3. Août. Rouen.
26. Sept. Au château de Vincennes.
17. Oct. Au chaftel de Champuzar.
Nov. Paris.

1370.

15. Janv. Paris, en parlement.
19. Au bois de Vincennes.
6. Fév. A Paris.
Avril. Paris.
14. Mai. Au château de Vincennes.
13. Juin. Paris.
Août. Au bois de Vincennes.
2. Oct. A Paris, à l'hôtel de faint Paul.
15. Nov. Paris.

1371.

6. Fév. Au bois de Vincennes.
Mars. A Paris.
1. Mai. Paris.
22. Nov. Au château de Vincennes.

1372.

13. Janv. Paris.
1. Fév. Vincennes.
Fév. Paris.
22. Juin. Paris.
18. Juill. Vincennes.
3. Sept. Vincennes.
1. Oct. Au château du Louvre.
9. Déc. Paris.

1373.

2. Juin. Paris.
Juin. Au bois de Vincennes.
5. Juil. Paris.
19. Vincennes.
Oct. Paris.

1374.

13. Janv. Vincennes.
Mars. Paris.
Mai. Paris.
27. Saint Denis, en France.
28. Paris.
Août. Au château de Vincennes.
15. Sept. A Paris.
15. Oct. Vincennes.
Oct. Melun.
24. Nov. au bois de Vincennes.
17. Déc. Melun.

1375.

9. Janv. Paris.
2. Mai. Paris.
27. Juill. A Vincennes.
7. Août. Saint Ouen.

22. A l'abbaye de saint Denis.
8. Sept. Paris.
1376.
13. Juill. A Melun, sur Seine.
14. Juill. Paris.
1377.
24. Mai. Paris.
1378.
28. Juill. Paris.
9. Août A saint Germain en Laye.
29. Paris.
1379.
2. Janv. Au bois de Vincennes.
Dernier Fév. Paris.
2. Mars. Senlis.
Mars. Paris.
Juin. Paris.
13. Août. En parlement, à Paris.
Pénult. Août. A Paris.
Nov. Montargis.
1380.
23. Avril. A l'hôtel de Beauté, sur Marne.
14. Mai. Vincennes.
Dimanc. 16. Sept. A Beauté sur Marne, où il meurt.

CHARLES VI.
1380.
4. Nov. Sacré à Reims.
16. Paris.
14. Déc. Vincennes.
31. Paris.
1381.
25. Janv. Au bois de Vincennes.
Fév. A Senlis.
6. Mars. Paris.
10. Avril. Guerrande.
Avril. Paris.
13. Juill. A saint Victor lez-Paris.
25. Juill. Au château de Creteil, en Brie.
3. Août. Paris.
24. Octob. A Senlis.
1382.
Juill. Paris.
8. Juill. Compiegne.
11. Août. Soissons.
4. Oct. Montargis.
28. Compiegne.
1383.
2. Janv. Paris.
4. Avril après pâques. A Paris.
Avril. Orléans.
24. Octob. Paris.
1384.
15. Janv. Au bois de Vincennes.
14. Janv. Paris.
22. Avril. Paris.

1385.
3. Oct. Paris.
24. Déc. Gand.
1386.
10. Fév. Paris.
12. Mai. Paris.
Nov. A Lille, en Flandre.
1387.
16. Janv. Paris.
13. Juill. A saint Victor lez-Paris.
20. Paris.
28. Août. Paris.
25. Sept A Beauvais.
Nov. Paris.
1388.
Mai. Paris.
Août. A Montreau-faut-Yonne.
16 Sept. Paris.
24. Oct. Paris.
30. Oct. A Reims.
1389.
Dernier Fév. Vernon.
5. Mars. Paris.
11. Mars. Vernon.
3. Avril. Gisors.
18. Mai. Paris.
11. Sept. Melun.
3. Nov. Paris.
Déc. Toulouse.
1390.
28. Janv. Avignon.
Avril. Paris.
11. Avril. Saint Germain en Laye.
Juin Paris.
3. Août. A saint Germain en Laye.
5. Août. Paris.
18. Août. A saint Germain en Laye.
7. Sept. Compiegne.
24. Octob. Paris.
1391.
10. Mars. A Corbeil.
17. A Paris.
28. Mars, après pâques. A Paris.
16. Nov. Paris.
1392.
4. Juin. Paris.
13. Juill. A saint Germain en Laye.
26. A Paris.
1393.
Vend. 4. Avril. Abbeville.
13 Abbeville.
12. Juil. Paris.
1394.
17. Janv. A saint Germain en Laye.
4. Fév. Paris.
2. Mai. Paris.
1395.
20. Mai. Paris.
1396.
13. Mars. A Paris.

DES ROIS DE FRANCE.

1397.
Avril. Paris.
26. Juill. Paris.
1398.
21. Mai. A Paris.
1399.
22. Octob. Rouen.
1400.
24. Janv. Paris.
Avril. Paris.
1401.
9. Mai. A Paris.
1402.
4. Avril. Paris.
1403.
6. Fév. Paris.
26. Avril. Paris.
1404.
Avril. Paris.
1405.
29. Avril. Paris.
1406.
28. Mai. Paris.
30. Compiegne.
15. Sept. Paris.
1407.
2. Avril. A Paris.
15. A saint Marcel lez-Paris.
26. Déc. En parlement, en son lit de justice.
1408.
7. Janv. Paris.
8. Mai. A Paris.
30. Corbeil.
17. Juil. Paris.
7. Déc. A Valladolid.
8. Déc. Tours.
1409.
9. Mars. A Chartres.
29. Mars. Paris.
5 Août. Paris
1410.
17. Avril. Paris.
1411.
20. Avril. A Paris.
6. Déc. A Estampes.
18. Déc. Paris.
1412.
13. Avril. A Paris.
25. Mai. Au château de Melun.
2. Août. Paris.
22. Auxerre.
27. A Melun.
9. Sept. Melun.
6. Octob. Paris.
1413.
25. Mai. A Paris.
1414.
24. Mai. A l'abbaye de saint Jean des Vignes, de Soissons.
4. Juin. A Laon.
20. Juill. Paris.

22. Sept. Senlis.
2. Octob. Paris.
1415.
1. Janv. A la sainte Chapelle du palais royal, à Paris.
15. Paris.
20. Mai. Paris.
2. Sept. Melun.
8. Paris.
Oct. Rennes.
29. Octob. Rouen.
23. Déc. Paris.
1416.
13. Mai. A Paris.
1417.
14. Avril. Paris.
14. Juill. Paris.
1418.
Mars. A Paris.
22. Avril. A saint Denis, en France.
9. Juin. Paris.
21. Sep. Niort.
4. Octob. Paris.
6. Déc. Pontoise.
1419.
15. Janv. Lagny, sur Marne.
Fév. Paris.
22. Mars. Provins.
2. Mai. Paris.
16. Provins.
11. Juin. A Pontoise.
10. Sept. Montreau-faut-Yonne.
23. Poitiers.
19. Nov. Bourges.
1420.
8. Janv. Poitiers.
17. Janv. Troyes.
19. Fév. Vienne.
Mars. A Carcassonne.
13. Avril. A Saumur.
21. Mai. Troyes.
1. Juill. Paris.
17. Corbeil.
23. Sept. Poitiers.
7. Nov. A Meheun, sur Yevre.
16. Au camp. de Melun.
22. Déc. A Meheun, sur Yevre.
1421.
11. Fév. Paris.
1. Mars. Paris.
8. Mai. A Sablé.
26. Juin. Paris.
12. Oct. A Lagny, sur Marne.
6. Nov. Bourges.
25. Paris.
26. Bourges.
15. Déc. Paris.
1422.
25. Janv. A saint Faron, près Meaux.
22. Avril. Paris.
22. Oct. Paris, à l'hôtel de S. Paul, où il meurt.

CHARLES VII.

1422.
16. Nov. A Meheun, fur Yevre.

1423.
24. Janv. A Bourges.
26. Mars. A Bourges.
18. Août. A Selles, en Berri.
Août. Au bourg de Loches.
4. Nov. Tours.
Déc. Au château de Chinon.

1424.
16. Janv. Bourges.
16. Mars. Selles, en Berri.
14. Avril. Bourges.
22. Août. Au château de Loches.
21. Oct. Bourges.
Déc. Poitiers.
7. Déc. Iffoire.
29. Efpaly, en Velay.

1425.
1. Fév. Au Blanc, en Berri.
10. Chinon.
4. Juin. Vierzon.
5. Juill. Poitiers.
10. Nov. Meheun, fur Yevre.

1426.
Fév. A Iffoudun.
Dernier Avril. A Meheun, fur Yevre.
12. Juin. Poitiers.
20 Juill. Meheun, fur Yevre.

1427.
Janv. A Mont-Luçon.

1428.
21. Mai. A Tours.
17. Juill. Bourges.
30. Oct. Au château de Chinon.
8. Nov. A Chinon.

1429.
9. Juill. En l'oft, près de la ville de Troyes.
Dim. 17. A Reims, facré.
22. Août. A Compiegne.
Déc. A Meheun, fur Yevre.

1430.
26. Janv. A Vierzon.
Fév. Jargeau.
28. Mars. Sully.
Mai. Jargeau, fur Loire.
15. Sept. Sens.
Oct. Montargis.

1431.
24. Fév. A Chinon.
15. Mars. Saumur.
28. Poitiers.
5. Avril. Poitiers.
23. Nov. Amboife.

1432.
30. Mars. A Poitiers.

16. Laon.
24. Amboife.
21. Juin. Loches.

1433.
15 Fév. A Amboife.
Mai. Amboife.
Juill. Chinon.
Oct. Blois.
24. Amboife.

1434.
30. Janv. Bourges.
8. Avril. A Vienne.
Sept. Tours.

1435.
31. Janv. Madrit.
9. Avril. Tours.
15. Juin. Amboife.
10. Déc. Tours.

1436.
15. Mars. Poitiers.
22. Mai. Bourges.
26. Juill. Paris.
2. Août. Tours.
Sept. Eftrechy, près d'Eftampes.
6. Nov. Iffoudun.

1437.
16. Mars. Paris.
18. Avril. Montpellier.
5. Mai. Pezenas.
1. Juill. Dun-le-roi.
Août. Sens.
23. Sept. Au fiége de Montreau, fur Yonne.
4. Nov. Melun.
10. Paris.

1438.
23. Janv. Tours.
20. Avril. Poitiers.
27. Paris.
30. Juin. Bourges.
14. Oct. Amboife.

1439.
30. Janv. Paris.
16. Sept. Paris.
8. Oct. Orléans.

1440.
20. Mars. Paris.
Avril. Sainte Maixence.
Juin. Clermont en Auvergne.
2. Sept. Bourges.
21. Nov. Chartres.

1441.
20. Juill. Paris.
7. Août. Saint Denis en France.
Sept. Paris.
22. Nov. Amboife.
Nov. Paris.

1442.
Mars. Lezignan.
10. Juin. Toulouse.
5. Nov. Narmande.
31. Déc. Saumur.

1443.
Fév. Montaubouin.
32. Mai. Lezignan.
13. Juin. Poitiers.
4. Sept. Saumur.
1444.
28. Janv. Angers.
24. Mai. Tours.
1. Sept. Paris.
11. Espinal.
Déc. Nancy, en Lorraine.
1445.
2. Avril. A Nancy.
19. Juin. A Sarri lez-Châlons.
12. Août. Châlons.
1446.
26. Mars. Chinon.
28. Mai. Rasilli, près Chinon.
28. Oct. Au Montils-lez-Tours
13. Nov. Maillé, près Tours.
Nov. Au Montils lez-Tours.
1447.
26. Mai. Au bois de Sire-Ame.
27. Oct. Bourges.
1448.
10. Janv. Au Montils-lez-Tours.
Avril. Tours.
23. Juill. Champigny, en Touraine.
Déc. Au Montils-lez-Tours.
1449.
22. Mars. Tours.
Nov. Rouen.
1450.
16. Janv. Jumieges.
Mars Bernay.
18. Mai. Argenton.
30. Juin. A l'abbaye d'Ardenne, près Caën.
30. Juill. Escochié.
19. Oct. Montrichard.
28. Montbason.
1451.
4. Juin. Lezignan.
20. Saint Jean d'Angely.
1452.
22. Fév. Au Montils les-Tours.
22. Avril. Montbason.
26. Août. Au bois de Sire-Ame.
30. Oct. Pomiers, en Forêts.
1453.
6. Mai. Lezignan.
25. Août. Montferrand.
1454.
Janv. Tours.
27. Aux Montils-lez-Tours.
27. Fév. Aux Montils-lez-Tours.
25. Avril. Aux Montils-lez-Tours.
16. Mai. Montbason.
Mai. Aux Roches-Saint-Quentin.
15. Sept. Au Breuil d'Oyre.
25. Nov. Paris.
33. Déc. Meheun, sur Yevre.

1455.
9. Mai. Meheun, sur Yevre.
16. Juin. Au bois de Sire-Ame.
10. Juill. Cordoue.
Oct. Bourges.
15. Renegon.
1456.
30. Janv. Au Bouchez, près Saint Pourçain.
Mars. Gannat, en Bourbonnois.
7 Juin. Au Chastellier, près Estreville.
Oct. A la Palice, en Bourbonnois.
Nov. Saint Saphorin d'Auzon.
1457.
12. Mars. Saint Priest, en Dauphiné.
3. Août. La Ferté saint Pourçain.
1458.
3. Fév. Tours.
Mars. Aux Montils-lez-Tours.
22. Avril. Tours.
23. Mai. Montrichard.
7. Juin. Beaugency.
Août. Vendôme.
1459.
16. Mars. Montbason.
29. Mai. Rasilly.
Juill. Au château de Champigny, en Tourois.
19. Oct. Rasilly lez-Chinon.
1460.
11. Mars. Chinon.
14. Oct. A la Salle-le roi, en Berri.
Nov. Bourges.
1461.
22. Juill. A Meheun sur Yevre, où il meurt.

LOUIS XI.

1461.
Penult. Juill. A Avesnes.
15. Août. Sacré à Reims.
1. Sept. Espinal.
8. Paris.
Estrechy, près Estampes.
2. Oct. Meheun, sur Loire.
16. Oct. Tours.
Oct. Amboise.
Nov. Paris.
Montrichard.
27. Nov. Tours.
15. Déc. Amboise.
1462.
4. Janv. Tours.
5. Fév. Saint Jean d'Angely.
Fév. Blaye.
4. Mars. Bourdeaux.
22. Avril. Bourdeaux.
Mai. Bayonne.
6. Juin. Chinon.
27. Juill. Chartres.

Sept. Breſſure.
25. Oct. Saint Michaud, ſur Loire.
Nov. A N. D. de Nanteuil lez-Montrichard.
Nov. Villiers lez-Montreſor.
4. Déc. Tours.
1463.
Mars. Acqs, en Gaſcogne.
24. Mai. Muret, en Comminges.
27. Toulouſe.
24. Juill. Amboiſe.
4. Août. Paris.
11. Sept. Poiſſy.
Sept. Pontoiſe.
27. Abbeville.
13. Oct. Heſdin.
29. Nov. Abbeville.
Déc. Marcuille.
1464.
15. Fév. Paris.
20. Mars. Chartres.
21. Nogent-le-roi.
29. Avril. Nogent-le-roi.
19. Juin. Luxieu, près Doullens.
30. Dampierre.
30. Juill. Mauny.
30. Sept. Rue, en Ponthieu.
Sept. Abbeville.
Sept. Novion, près Abbeville.
5. Oct. Abbeville.
16. Rouen.
14. Déc. Amboiſe.
1465.
7. Fév. Raſilly, près Chinon.
Fév. Poitiers.
16. Mars. Thouars.
28. Avril. Amboiſe.
5. Mai. Iſſoudun.
Juill. Paris.
12. Août. Pontoiſe.
14. Sept. Paris.
29. Oct. Saint Maur des Foſſez.
30. Paris.
2. Nov. Villiers-le-bel.
5. Paris.
Nov. Orléans.
Déc. Laon.
1466.
12. Janv. Au pont Pont de Larche.
25. Fév. Orléans.
3. Avril. Jargeau.
12. Aux Montils lez-Tours.
19 Juin. Cordoue.
24. Juill. Montargis.
22. Oct. Orléans.
Nov. A la Ferté-Hubert.
1467.
17. Janv. Bourges.
30. Mars. Aux Montils lez Tours.
Juin. Chartres.
26. Juill. Eſtampes.
29. Paris.

26. Oct. Vernon.
4. Nov. Vendôme.
19. Au Mans.
1468.
26. Fév. Aux Montils lez-Tours.
3. Juill. Meaux.
18. Sept. Compiegne.
14. Oct. Peronne.
1. Nov. Au Liege.
1469.
1. Janv. Aux Montils lez-Tours.
4. Mars. Paris.
14. Amboiſe.
29. Avril. Amboiſe.
Mai. Aux Montils lez-Tours.
Mai. Baugé.
10. Juin. Amboiſe.
10. Juill. Tours.
13. Angers.
1. Août. Amboiſe.
6. Sept. Tours.
18. Coulenges lez Meaux.
8. Nov. Amboiſe.
16. Aux Montils lez Tours.
1470.
18. Fév. Amboiſe.
Fév. Poitiers.
10. Mai. Amboiſe.
Juin. Amboiſe.
Août. Aux Montils lez-Tours.
27. Sept. Amboiſe.
5. Octob. Aux Montils lez-Tours.
3. Déc. Amboiſe.
1471.
4. Janv. Aux Montils.
Mars. Beauvais.
Avril. Amiens.
Juin. Paris.
25. Juill. Amboiſe.
7. Oct. Vendôme.
24. Meheun, ſur Loire.
Nov. Aux Montils lez-Tours.
1472.
Fév. A Iſſoudun.
Fév. Amboiſe.
Mars. Au Pleſſis du parc-lez-Tours.
Mars. Aux Montils lez-Tours.
23. Mai. Paris.
2. Juin. Saint Jean d'Angely.
21. Angers.
26. En l'iſle de N. D. de Benehart.
Juin. Saint Florent lez-Saumur.
Juil. La Roche au duc.
7. Août. Paris.
10. Laval.
3. Sept. Au bois de Vincennes.
7. Au Pont de Cé.
Oct. Au Pleſſis d'Andouin.
28. Oct. Amboiſe.
Déc. Dunechien, près Puy-Behart, en Poitou.
1473.

1473.
26. Fév. Au Plessis du parc lez-Tours.
Mai. Azay, sur Indre.
Mai. Amboise.
16. Oct. Clery.
30. Jargeau.
9. Nov. Dampierre.
Déc. Au Plessis du parc lez-Tours.
28. Chartres.
1474.
4. Janv. Melun.
Janv. Beauvais.
2. Mars. Senlis.
23. Ermenonville.
27. Mai. Senlis.
Juin. Ermenonville.
23. Juill. Paris.
Août. Chartres.
Août. Au Plessis du parc lez-Tours.
2. Sept. Puiseaux.
Sept. Nonaré, en Gatinois.
Sept. Au Pont de Sannois.
Nov. Dammartin.
Déc. Mitry.
1475.
Janv. Paris.
9. Mai. Paris.
29. Août. Au camp, près d'Amiens.
Sept. Vervins.
Sept. La Victoire lez-Senlis.
5. Nov. Nantes.
Nov. Orléans.
28. Déc. Au château du Plessis du Parc.
1476.
11. Mars. A Sainte Greve en Velay.
16. Avril. Lyon, sur le Rhône.
3. Sept. Selomes.
27. Oct. Aux Forges.
Nov. Paris.
27. Nov. Au Plessis du parc lez-Tours.
1477.
Janv. A Selomes.
Fév. Peronne.
Mars. Luxieu.
28. En la cité d'Arras.
Mars. Arras.
13. Avril. Hesdin.
18. Mai. Bapaume.
30. Mai. Cambrai.
5. Juin. Castel, en Cambresis.
Juin. Saint Quentin.
8. Juill. Arras.
Août. Therouanne.
7. Sept. Arras.
14. Nov. Au Plessis du parc lez-Tours.
8. Déc. Au Bourg de la Riche lez-Tours.
28. Au Plessis du parc lez-Tours.
1478.
23. Mars. A N. D. de la Victoire.
Avril. Hesdin.
18. Avril. Arras.

Tome I. Abel Jouan.

16. Août. Selomes.
9. Oct. Saint Jean de Luz.
11. Nov. Au Plessis du parc.
29. Déc. Thouars.
1479.
17. Janv. Aux Forges.
Fév. Au Plessis du parc.
20. Avril. Au Plessis du parc.
28. Selomes.
8. Mai. Montargis.
Mai. Châteaulandon.
19. Puiseaux.
Mai. A la Motthe d'Esgry.
Juill. Dijon.
Sept. Tours.
Sept. Au Plessis du parc.
11. Nov. Tours.
Nov. Au Plessis du parc lez-Tours.
1480.
16. Janv. Bonne-Adventure, près Chinon.
27. Janv. Au Plessis du parc lez-Tours.
Avril. Au Plessis du parc lez-Tours.
21. Tours.
28. Pluviers.
Mai. Buno.
14. Juin. Brie-comte-Robert.
Juin. La Motthe d'Esgry.
Août. Clereau.
28. Sept. Au Plessis du parc lez-Tours.
19. Oct. Angers.
Nov. Au Plessis du parc lez-Tours.
Nov. Aux Forges, près Chinon.
1481.
Fév. Thouars.
14. Mars. Tours.
23. Au Plessis du parc lez-Tours.
Avril. Au Plessis du parc.
Juin. Dreux.
Juill. Chartres.
Juill. Vendôme.
25. Au Plessis du parc lez-Tours.
20. Août. A la Motthe d'Esgry, en Gatinois.
Sept. Au Plessis du parc lez-Tours.
2. Déc. Argenton.
Déc. Thouars.
1482.
11. Fév. Thouars.
2. Mars. Bonne-Adventure.
7. Au Plessis du parc lez-Tours.
Mai. Lyon, sur le Rhône.
18. Juin. Clery.
Juill. Saint Laurent des Eaux.
20. Mehcun, sur Loire.
Sept. Au Plessis du parc lez-Tours.
Sept. Au mont-Loys, près Tours.
21. Au château d'Amboise.
Sept. Au Plessis du parc.
7. Oct. Tours.
Nov. Au Plessis du parc lez-Tours.
1483.
3. Avril. Au Plessis du parc lez-Tours.

Samed. 30. Août. Neuf heures du soir, meurt au Pleſſis.

CHARLES VIII.

1483.
11 Sept. Amboiſe.
Oct. Blois.
Nov. Mehun, ſur Loire.
Nov. Baugency.
3. Déc. Tours.
Déc. A N. D. de Clery.
1484.
Janv. Tours.
Fév. Au Montils-lez-Tours
Fév. Tours.
12. Fév. Au Montils les-Tours.
5. Mars. Tours.
Avril. Amboiſe.
Avril. Amboiſe.
Avril. Amboiſe.
Avril. Lyon.
Mai. Paris.
Mai. Au bois de Vincennes.
Mai. Meaux, en Brie.
30 Sacré à Reims.
12. Juin. Paris.
Juin. Au bois de Vincennes.
13. Juill. Paris.
Sept. Au bois de Vincennes.
Sept. Paris.
22. Oct. Montargis.
1485.
28. Janv. Melun.
Fév. Paris.
23. Mars. Evreux.
6. Avril. Evreux.
Avril. Paris.
15. Sept. Orléans.
5. Oct. Blois.
Oct. Bourges.
18. Dec. Melun.
1486.
Fév. Paris.
1. Avril. Corbeil.
Oct. Compiegne.
1487.
4. Fév. Au Pleſſis lez-Tours.
26. Mars. Niort.
4. Mai. Laval.
22. Juill. Paris.
Juill. Ancenis.
23. Sept. Laval.
25. Nov. Sainte Catherine du Mont, à Rouen.
1488.
15. Janv. Paris.
24. Avril. Au Pleſſis lez-Tours.
Mai. Chinon.

23. Juin. Angers.
Sept. La Fleche, en Anjou.
11. Nov. Eſtampes.
18. Déc. Poiſſy.
1489.
5 Fév. Paris.
Mars. Chinon.
4. Juin. Amboiſe.
9. Nov. Aux Montils-lez-Tours.
1490.
21. Mai. Tours.
13. Juin. Aux Montils-lez-Tours.
28. Déc. Moulins.
1491.
2. Mars. Amboiſe.
Mars. Nantes.
6. Avril. Nantes.
20. Saint Martin de Cande.
Juill. Paris.
17. Sept. Tours.
15. Nov. Aux fauxbourgs de Rennes.
3. Déc. Vienne.
13. Au château de Langeais.
14. Aux Montils
1492.
10. Fév. Paris.
Avril. Paris.
5. Nov. Aux Montils-lez-Tours.
13. Déc. Amboiſe.
1493.
24. Mai. Senlis.
Juin. Paris.
6. Juill. Paris.
Août. Au Bois-males-herbes.
Août. Jargeau.
31. Orléans.
13. Oct. Aux Montils-lez-Tours.
31. Tours.
18. Nov. Aux Montils lez-Tours.
3. Déc. Amboiſe.
1494.
28. Janv. Aux Montils-lez-Tours.
Mars. Tours.
23. Mai. Lyon.
Juin. Auxonne.
Août. Vienne.
Villeneuve.
La côte ſaint Andrieu.
Rive.
23. Août. Couche à Grenoble.
29. Dîne à la Mure, couche à Eſcoy.
30. Dîne à ſaint Bonnet, couche à Gap.
Dim. 31. Dîne & couche à Embrun.
1. Sept. Dîne à ſaint Creſpin, couche à Briançons.
2. Dîne à Suzanne (Seſanne,) couche à Ourſe (Oulx).
3. Dîne à Chaumont, couche à Suze.
4. Dîne à ſaint Jouſſet, couche à Villanne (Veillane).
5 Entrée à Turin.

DES ROIS DE FRANCE.

5. Dîne à Villeneuve, couche à Ast.
6. Oct. Dîne à Farinière, couche à Montcalm.
7. Couche à Casal.
10. Dîne à Cousse, couche à Mortore.
11. Couche à Vigeve.
13. Aux Granges.
14. Couche à Pavie.
17. Dîne à Berioffle, couche à Castel-saint Jean.
18. Dîne à Rouquesse, couche à Plaisance.
23. Dîne & couche à Florensole.
24. Couche au Bourg de saint Denis, (Borgo S. Douisio.)
25. Couche à Fornoue, ruisseau très-dangereux.
Dim. 26. Dans les monts des Alpes.
27. Couche à Bellée.
28. Couche à Pontreme.
29. Dîne à N. D. des miracles, couche à Yolle.
31. Couche à Sarseigne, (Sarzena).
6. Nov. Couche à Masse.
7. Couche à Petre-sainte. Garnison laissée dans le château.
8. Par les Granges, couche à Luques.
Dim. 9. Dîne à Primat: entrée à Pise.
10. Dîne à Pont-Codère, couche à Empoly.
11. Couche au Pont du Cigne, à deux lieues de Florence.
17. Dîne près de Florence, & fait son entrée dans cette ville.
28. Port de Florence.
29. Couche à Ca ant.
1. Déc. Couche à Pongipont, (Poggibonzi.)
2. A l'abbaye d'Aye, près d'un grand lac.
2. Entrée à Sienne.
4. Dîne à Beauconvent, (Buonconvento), couche à San-Clero.
6. Dîne à Ritoure, couche à la Paillette (la Paglia.)
Dim. 7. Couche à Aiguepandant (Acqua-pendente)
10. Couche à Viterbe, fait ses dévotions à sainte Rose.
15. Dîne à Roussillon, (Ronciglione), couche à Naples, (Nepi.)
19. Dîne & couche à Braissaigne, (Bracciano.)
29. Entrée à Rome.
1495.
28. Janv. Couche à Marigné.
29. Couche à Belistre, (Velletri.) Montfortin emporté d'assaur.
3. Fév. Couche à Valemonton, (Valmontone.)
4. Dîne à la Tour, couche à Florentine.
6. Dîne & couche à Verlic.
9. Dîne à Bahut, devant le mont-saint Jean.
11. Couche à Cypriene.
13. Dîne à Aquin, couche à saint Germain.

14. Au mont Cassin.
Dim. 15. Couche à Mignagne.
16. Dîne à N. D. de Correge, couche à Triague.
La Garnison de Cape (Capoue) lui porte les clefs.
17. A Couy (Calvi.)
18. Dîne au fauxbourg de Capoue, & entre dans la ville.
19. Dîne & couche à Verse, (Aversa.)
21. Pougue Réal.
Dim. 22. Entrée à Naples.
8. Mai. A N. D. de la Cité, & à la montagne de la Grotte.
20. Couche à Averse.
21. Couche à Capoue.
22. Dîne & couche chez l'évêque de Sesse.
23. Le bac de la rivière de Gaette se rompt en partie. Il retourne à Sesse.
Dim. 24. Couche à saint Germain.
25. A Pont Corve.
26. Couche à Cyprienne.
27. A Forcelonne, (Florentine, évêché.)
28. A Lyague.
29. Couche à Vallemonton.
31. Couche à Marigné.
1. Juin. Entrée à Rome.
3. Dîne à Ysola, couche à Campanole.
A Soulte.
5. Dîne à Rossillon, couche à Viterbe.
8. Couche à Montflascon.
10. A Aiguependant.
11. A la Paille.
12. Dîne à Ricolle, couche à S. Clair.
13. Dîne au Pont-Saval couche à Sienne.
17. Couche à Ponigipont, (Poggibonzi.)
19. Dîne à Campane.
20. Dîne à Cassine.
23. Dîne à Pomard, couche à Luques.
25. A Massecrotte, & à Petre sainte.
26. Dîne à Lavance, couche à Sarsanne.
Dim. 28. Dîne à la Boule, campe près de Villefranche.
29. Dîne au-dessus de Pontrême, campe au pied des Alpes.
3. Juill. Dîne à Versay, couche à Casse (Cassan.)
4. Dîne & couche à Terence, (Terrence.)
Dim. 5. Dîne & couche à Fornoue.
6. Virgetta, deux mille de Fornoue: Bois de Fornoue.
7. Magdelan, un mille.
8. Fauxbourg de Florensolle.
9. Couche à l'abbaye de Salmedon. Orage.
10. Dîne au fauxbourg du château saint Jean.
Couche dans un bois.
11. Couche près de Tortone.
Dim. 12. Dîne à Nole, couche à Capriate.

N ij

ITINERAIRE

13. Couche à Nice, huit mille d'Aſt.
15. Couche à Aſt.
27. Dîne à Villeneuve, couche à Quiers.
30. Couche à Turin.
3. Août. Couche à Quiers.
4. Couche à Turin.
7. Dîne & couche à Quiers.
11. Couche à Turin.
18. Couche à Quiers.
22. Couche à Turin.
26. Couche à Quiers.
5. Sept. De Turin à Montcailler.
9. Couche à Quiers.
10. Dîne à Turin, couche à Chevaux, (Chivas.)
11. Dîne & couche à ſaint Prat.
12. Dîne à ſaint Germain, couche à Verſay, (Verceil.)
14. Dîne & couche au camp.
15. Dîne à Verſay, & couche au camp.
16. Réception des ambaſſadeurs de Veniſe & de Milan.
17. A Verſay.. (Verceil.)
Dim. 20.. Treves prolongées.
24. Le pont de bâteaux achevé.
25. Fin de la Trève.
Dim. 27. Treves continuées.
1. Oct. Arrivée des ambaſſadeurs de Milan & de Veniſe.
2. François de Bourbon, comte de Vendôme, meurt à Verceil.
9. Le traité de paix ſigné.
10. Le camp des Vénitiens & du duc de Milan levé.
Dim. 11. Couche à Turin.
15. Couche à Creſentin.
16. Dîne à Sillon, couche à Ceſſe.
17. Dîne à une abbaye, couche à Turin.
Dim. 18. Couche à Quiers.
20. Couche à Turin.
22. Dîne à Rivole, couche à Suze.
23. Dîne & couche à Briançon.
24. Dîne & couche à N. D. d'Embrun.
Dim. 25. Dîne à Savine, couche à Gap.
26. Dîne à ſaint Exibe, (ſaint Euſèbe), couche à la Mure.
27. Dîne à Tault, couche à Grenoble.
4. Nov. Dîne à ſaint Rambert, couche à Morain, (Moirenc.
5. Dîne à Sillon, couche à la Côte ſaint Andrieu.
6. Dîne à Chantonay, couche près de Lyon.
7. Dîne à Veniſſiere, couche à Lyon.
1496.
27. Fév. Aux Montils-lez-Tours.
Mars. S. Denis.
Avril. Lyon.
13. Août. Amboiſe.
22. Sept. Aux Montils lez Tours.
26. Nov. Lyon.

1497.
Mars. Saint Juſt de Lyon.
21. Avril. Paris.
9. Juill. Moulins.
1. Août. Au Donjon, en Bourbonnois.
2. Sept. Moulins.
1498.
6. Janv. Amboiſe.
3. Fév. Amboiſe.
7. Avril. Amboiſe, où il meurt.

LOUIS XII.

1498.
13. Avril. Blois.
9. Mai. Aubois de Vincennes.
27. Sacré à Reims.
Juin. Soiſſons.
8. Juin. Compiegne.
18. Senlis.
Juill. Saint Denis.
4. Juill. Paris.
4. Août. Au couvent des Céleſtins, proche Marcouſſis.
Août. Eſtampes.
25. Août. Paris.
12. Oct. Melun.
Oct. Blois.
26. Déc. Loudun.
1499.
Janv. Au château de Nantes.
5. Fév. Au château d'Angers.
Fév. Au Verger.
14. Fév. Paris.
11. Mars. Blois.
7. Avril. Aux Montils-lez Blois.
12. Romorentin.
13 Juin. Paris.
4. Juill. Arras.
18. Juill. Paris.
19. Déc. Orléans.
1500.
23. Janv. Paris.
19 Fév. Blois.
Avril Châlon.
23. Mai. Lyon.
14. Août. Pavie.
16. Sept. Melun.
17. Orléans.
Oct. Nantes.
1501.
17. Janv. Blois.
Juill. Lyon.
28. Déc. Blois.
1502.
20. Fév. Paris.
10. Juin. Paris.
16. Grenoble.

DES ROIS DE FRANCE.

1503.
5. Août. Blois.
Sept. Mâcon.

1504.
23. Mars. Blois.
29. Mai. Blois.
17. Août. Madon.
27. Oct. Melun.
Nov. Paris.

1505.
Mai. Blois.
Août. Tours.
3. Nov. Blois.

1506.
19. Janv. Paris.
Fév. Blois.
22. Mai. Aux Montils lez-Tours.
Oct. Bourges.
Nov. Blois.

1507.
Fév. Bourges.
28. Mars. Aux Montils lez-Tours.
19. Mai. Ast.
Oct. Blois.

1508.
12. Fév. Mehun.
23. Mars. Bourges.
Avril. Rouanne, avant pâques.
Avril. Rouanne, après pâques.
14. Juill. Blois.
20. Oct. Rouen.
11. Nov. Paris.
Nov. Blois.

1509.
3. Mars. Bourges.
Avril. Grenoble.
18. Sept. Blois.

1510.
Mars. Paris.
Avril Troyes.
Avril. Melun.
14. Juin. Lyon.
16. Août. Blois.
Sept. Au Plessis lez-Tours.
8. Oct. Blois.

1511.
8. Avril. Avant pâques, à Lyon.
26. Août. Lyon.
24. Nov. Blois.

1512.
8. Janv. Paris.
Janv. Blois.
Avril. Blois.

1513.
5. Avril. Blois.
2. Mai. Estampes.
18. Juin. Paris.
18. Juill. Au bois de Vincennes.
26. Août. Amiens.

1514.
27. Janv. Blois.

Mars. Estampes.
3. Avril. Au bois de Vincennes.
20. Avril. Paris.
Juill. Paris.
28. Nov. Au château de la Fere, sur Oise.

FRANCOIS. I.

1515.
2. Janv. Paris.
20. Janv. A la Ferté sous Jouare.
25. Janv. Sacré à Reims.
4. Fév. Compiegne.
15. Fév. A deux heures trente minutes du soir, fait son entrée à Paris.
14. Avril. Paris.
Mai. Blois.
14. Amboise.
5. Juin. De Chaumont à Amboise.
30. Juin. Est reçu par la duchesse d'Angoulême, sa mere, au château de Romorantin, qui appartient à cette duchesse.
4. Juill. Sept heures avant midi, part de Romorantin, allant contre les Suisses.
15. Juill. Lyon.
30. Juill. Part de Lyon.
13. Sept. Il défait les Suisses, près de Milan. Le combat commence à cinq heures du soir, dure toute la nuit, & le lendemain jusques à onze heures du matin.
1. Oct. Pavie.
Dim. 14. Maximilien, fils de Louis Sforce, assiégé dans le château de Milan, se rend à François I. par capitulation.
Nov. Milan.
11. Déc. A Boulogne la grasse.
13. Déc. Léon X. célebre la messe en présence de François I. Vendredi 14. on tient consistoire, l'alliance est confirmée, & on convient du concordat.

1516.
13. Janv. Sur le bord de la Durance, près de Sisteron, en Provence; à six heures du soir, rencontre la duchesse sa mere, lui revenant de la bataille des Suisses.
3. Fév. A Tarascon, & y apprend la mort de Ferdinand le catholique.
4. Entrée à Avignon.
11. A Montelimart.
14. Valence.
23. Vienne.
Mars Lyon.
22. Paris.
21. Avril. Lyon.

8. Mai. Une heure du soir, François I. & la duchesse d'Angoulême sa mere, montent à la Roche de la Balme, en Dauphiné, à deux lieues de Crémieu.
16. Mai. Crémieu.
18. Mai. Cinq heures du soir, part de Lyon, pour aller à pied au saint Suaire à Chamberi.
23. Juin. Paris.
4. Juill. Lyon.
Aoû. Paris.
25. Amboise.
Sept. Au château des Roches saint Quentin.
29. Amboise.
6. Oct. Paris.
8. Nov. Amboise.
28. Déc. Blois.

1517.
15. Janv. Couche à saint Mesmin.
30. Janv. Paris.
24. Avril. Paris.
4. Juin. Compiegne.
20. Amiens.
30. Montreuil.
Juill. Abbeville.
28. Août. Rouen.
24. Sept. Orbec.
1. Oct. Fait son entrée à Argentan.
11. Argentan.
24. Nov. Part d'Amboise, pour aller à pied à saint Martin de Tours.
7. Déc. Au Plessis lez-Tours.
12. Amboise.

1518.
7. Janv. Paris.
24. Amboise.
22. Avril. Amboise.
23. Juin. Angers.
Juill. Au Verger.
25. Oct. Baugé.
13. Nov. Chartres.
30. Etant à Blois, porte l'ordre de Bourgogne.
Déc. Paris.

1519.
Mars. Au pont de Neuilly.
14 Mars. Paris.
5. Avril. Saint Germain en Laye.
27. Avril. Saint Germain en Laye.
Juill. Paris.
10. Août. Corbeil.
21. Saint Maturin de Larchant.
29. Blois.
23. Sept. Se blesse à la chasse à la chapelle Vendomoise, près de Blois, d'une branche d'arbre dans les yeux.
8. Oct. A onze heures, avant midi, étant à Chambort, à trois lieues de Blois, donne à Rochefort l'office de grand aumônier.

5. Déc. Amboise.
10 Déc. Part de Blois, avec la duchesse sa mere, pour aller à Cognac.
16. Chiverny.
Déc. Saint Aignan.
29. Chatellerault.

1520.
15. Janv. Fait son entrée à Poitiers.
1. Fév. Cinq heures apres midi, entre à la Rochelle.
11. Fév. Saint Jean d'Angely.
15. Coignac.
18. Angoulême.
Avril. Blois, avant pâques.
12. Avril. Blois, après pâques.
12. Mai. Paris.
Mai. Montreuil.
22. Mai. A Fere-Moustier, abbaye, à cinq lieues de Montreuil, en Picardie.
31. Mai. Arrive à Ardres, & le roi d'Angleterre à Calais.
7. Juin. Fête-Dieu, six, sept, & huit heures du soir. Entrevuë de François I. & de Henri VIII. roi d'Angleterre, près de Guines.
9. Juin. Cinq heures & demie du soir. François I. & Henri VIII se trouvent en campagne, & prennent leur vin ensemble.
23. Juin. Le légat d'Angleterre chante la messe en plein camp devant les deux rois. François I. se met à genoux à droite, & prend la paix & l'Evangile le premier.
24. Les deux rois se départent.
25. François I. partant d'Ardres, va coucher à Therouanne : sept lieues.
26. A Deurien : sept lieues.
27. Dîne à Boulogne, quatre lieues ; & couche à Estaples : cinq lieues.
28. A Faremoustier : six lieues : à Abbeville ; quatre lieues : à Fliscourt, cinq lieues : à Doue ; sept lieues : Amiens est entre deux.
20. Juill. Carrieres.
21. Saint Germain en Laye.
Août. Paris.
6. Sept. Saint Germain en Laye.
Oct. Paris.
17. Oct. Fontainebleau.
3. Déc. Blois.

1521.
14. Janv. Romorentin.
Avril. Châteaubriant.
16. Entrée à Dijon.
22. Entrée à Troyes.
15. Mai. Paris.
29. Dijon.
13. Juin. Paris.
5. Juill. Etant à Argilly, à deux lieues de Beaune, à cinq de Dijon, & à deux

de Seutre, au soir, vient nouvelles de Guienne, comment le seigneur d'Esparrault avoit été pris, & le seigneur de Tournon.
6. Juill. A Argilly.
17. A Dijon. Les Suisses déclarent vouloir être à jamais confédérés, & alliés de la maison de France.
19. A Dijon.
11. Août. Autun.
1. Sept. Troyes.
1. Oct. N. D. de Liesse.
15. Cinq heures du soir. Le siége mis devant Bapaume. François I. étant à l'abbaye du mont saint Martin des Prémontrés, à quatre lieues de saint Quentin, Bapaume fut pris le lendemain, & ensuite Mets-sans-couture.
17. Oct. Neuf du matin. Au mont saint Martin, marche en bataille.
23. Entre saint Hilaire & Valenciennes, près d'une abbaye de femmes, entre trois & quatre heures du soir, François I. marche en bataille contre ses ennemis, & les met en fuite.
24. Boulin rendu à quatre heures après midi à François I.
25. A Escondo, à deux lieues de Valenciennes. François I. apprend que l'amiral a pris Fontarabie.
1. Nov. Fête de Toussaint, en Artois, à Saudemont, village de madame de Vendôme, à cinq lieues d'Arras.
18. Nov. Fontainebleau.
26. Compiegne.
21. Déc. Paris.

1522.
10. Janv. Saint Germain en Laye.
Mars. Paris.
8. Mai. Lyon.
29. Deux heures du soir, à Lyon, dans l'archevêché, le herault d'Angleterre lui déclare la guerre.
11. Juin. Crémieu.
13. Lyon.
5. Août. Blois.
26. Paris.
18. Sept. Saint Germain en Laye.
30. François I. va à pied, la tête nuë, une torche au poing, depuis Nanterre jusques à la chapelle de sainte Geneviéve, près de Nanterre, accompagnant la sainte Hostie, qui avoit été prise en la chappelle saint Germain en Laye, & volée dans la custode.
25. Oct. A saint Germain en Laye. François I. veille toute la nuit la duchesse sa mere, fort malade de goute.

1523.
12. Janv. Paris.
22. Fév. A saint Germain en Laye.
21. Magny.
25. Saint Germain en Laye.
20. Avril. Saint Germain en Laye.
Juill. Nanteuil.
3 Août. Fontainebleau.
12. Gien, sur Loire.
14. Sept. Blois.
25. Lyon.
28. Déc. Blois.

1524.
Mars. Paris.
31. Blois.
15. Avril. Coucy.
27. Août. Valence.
Août. Vienne.
6. Sept. Caderousse.
2. Oct. Aix.
17. Pignerol.
18. Turin.
2. No. A la Chartreuse près Pavie.

1525.
11. Fév. A saint Just-lez Lyon.
20. Juin. Lyon.
20. Donzere.
26. Montelimart.
25. Sept. Lyon.
Nov. A Madrid, au royaume de Castille. Il se démet de la couronne en faveur de François de France, dauphin de Viennois, & duc de Bretagne.

1526.
5. Mai. Coignac.
27. Juin. Angoulême.
30. Juill. Amboise.
22. Août. Saint Germain en Laye.
18. Sept. Chambort.
10. Déc. A saint Germain en Laye.

1527.
Mars. Paris.
24. Mai. Au bois de Vincennes.
14. Juill. Escouan.
13. Août. Amiens.
27. Au château de la Fere, sur Oise.
19. Sept. Compiegne.
6. Nov. Paris.

1528.
8. Janv. A saint Germain en Laye.
29. Mars. Paris.
Avril. Anner.
2. Mai. Saint Germain en Laye.
26. Juin. Paris.
12. Juill. Fontainebleau.
25. Paris.
12. Août. Fontainebleau.
7. Sept. Paris.
11. Nov. Fontainebleau.

11. Déc. Saint Germain en Laye.
1529.
10. Fév. Paris.
8. Avril. Paris.
18. Mai. La Boordesiere.
8. Juin. Fontainebleau.
20. Juill. Coucy.
14. Sept. Paris.
19. Déc. Danemarie.
1530.
3. Avril. Luzignan.
1. Mai. Angoulême.
18. Juin. Bourdeaux.
27. Juill. A Veties, abbaye des Urbanistes D. d'Aire, où il épouse Eléonor d'Autriche, qui fait son entrée à Bourdeaux le onze du même mois.
24. Juill. Angoulême.
1. Août. Coignac.
28. Saint Jean d'Angely.
29. Déc. Saint Germain en Laye.
1531.
24. Fév. Paris.
10. Mai. Paris.
Juin. Fontainebleau.
8. Châteaubriant.
6. Juill. Fontainebleau.
18. Saint Germain en Laye.
Juill. Fontainebleau.
5. Sept. Paris.
Sept. Nantouillet.
20. Oct. Compiegne.
29. Déc. Abbeville.
1532.
Janv. Dieppe.
2. Fév. Rouen.
Mars. Argenton.
13. Avril. Caën.
19. Hambye.
22. Coutances.
12. Mai. La Fere, en Tardenois.
16. Châtelleraut.
29. Mai. Châteaubriant.
20. Juin. La Hunaudaye.
Août. Vennes.
16. Nantes.
Sept. Au Plessis-Macé.
20. Déc. Paris.
1533.
5. Mars. Nantouillet.
28. Saint Marcou.
29. Cormicy.
Avril. Fontainebleau.
Auvergne.
Brioude la Chaise Dieu.
Château d'Alegre.
7. Juin. Lyon.
17. Juill. Couche au château de Polignac.
18. Quatre heures du soir. Au Pui.
Rouergue.
Albigeois.

31. Juill. couche à Balma.
Dim. 1. Août. Toulouse.
7. Castelnaudarri.
8. Couche à Carcassonne.
21. A Montpellier, & y demeure neuf jours.
Isle de Maguelonne.
Lunel.
Nismes.
5. Sept. A Avignon.
15. Sept. Arles.
4. Oct. Marseille.
1534.
5. Janv. Dijon.
23. Bar-le-duc.
11. Fév. Paris.
11. Mars. Corbeil.
12. Paris.
11. Avril. Compiegne.
4. Mai. A l'abbaye de Longpont.
16. Paris.
22. Juin. Chantilly.
24. Juill. Saint Germain en Laye.
4. Août. Paris.
9. Fontainebleau.
29. Saint Germain en Laye.
1. Oct. Pont-le-voi.
16. Amboise.
20. Déc. Saint Germain en Laye.
1535.
19. Janv. Paris.
20. Fév. Saint Germain en Laye.
2. Mars. Mante.
15. Avril. Au Havre de Grace.
10. Mai. Vatteville.
28. Abbeville.
17. Juin. Bônes.
Juin. Kuc.
18. Amiens.
Juill. Jumieges.
15. Juill. Coucy.
27. Villers-Coterets.
19. Août. Bar-le-duc.
25. Aux Roches.
1. Sept. Esclairon.
10. Joinville.
Sept. Fontaine-Françoise.
7. Oct. Ys sur-Thille.
14. Nov. Dijon.
29. Rouvres.
25. Déc. Paignez, (Pagni.)
1536.
Janv. Cuzery.
17. Lyon.
17. Fév. Paris.
26. Lyon.
1. Mars. Cremieu.
4. Avril. Saint Chef.
19. Lyon.
15. Mai. Montbrison.
19. Lyon.

24. Juin.

14. Juin. Montbrison.
17.   Crémieu.
14. Juill. Lyon.
12. Août. Valence.
        Avignon.
        Marseille.
        Arles.
        Tarascon.
        Beaucaire.
        Valence.
10. Oct. Lyon.
31.   Chatelleraut.
Nov. Loches.
29.   Paris.
3. Déc. Chamerolles.
5.   Fontainebleau.
30.   Paris.
        1537.
Janv. Chantilly.
30.   Saint Germain en Laye.
24. Fév. Compiegne.
20. Mars. Au camp de Freisher.
3. Avril. Au camp, près Hesdin.
18. Mai. A la Fere sur Oise.
5. Juin. Fontainebleau.
6. Juill. Chailly.
9.   Paris.
11.   Meudon.
7. Août. Fontainebleau.
13.   Melun.
18. Sept. Saint Germain en Laye.
Sept. Neufvy.
4. Oct. Lyon.
Nov. Briançon.
Nov. Carignan.
21. Déc. Couche à Montpellier.
        1538.
10. Fév. A Moulins, en Bourbonnois.
7. Mars. Moulins.
13.   Au Parc-lez-Moulins.
1. Avril. Lyon.
Avril. Cremieu.
20.   La Côte saint André.
22.   La Côte saint André.
Mai. Romans.
15. Juin. Villeneuve, près de Nice.
        Nice.
18.   Lyon.
1. Juill. Couche à Marseille.
4.   En part pour Avignon.
Dim. 14. Va voir Charles V. sur sa galere, & couche à Aiguesmortes.
15.   L'empereur dine chez lui.
17.   Couche à Nismes.
Août. Blois.
10.   Chevannes.
24.   Chenonceau.
15. Sept. Saint Germain en Laye.
12. Nov. Nanteuil-le-Haudouin.
15.   Chantilly.
29.   Paris.

Tome I.   *Abel Jouan.*

11. Déc. Paris.
        1539.
1. Janv. Paris.
6. Fév. Fontainebleau.
5. Mars. Paris.
Mars. Fontainebleau.
31.   Vaulurrant.
3. Avril. Paris.
Mai. Château-Renard.
9. Mai. Châtillon sur Loin.
19.   Fontainebleau.
6. Juin. Paris.
26.   Meaux.
10. Août. Villiers-Cotterets.
14. Sept. Compiegne.
Nov. Paris.
18.   Fontainebleau.
17. Déc. Blois.
        1540.
6. Janv. Paris.
14.   Soissons.
        Saint Quentin.
28.   La Fere.
9. Fév. Amiens.
16.   Dourlens.
23.   Abbeville.
27.   Noyon.
Mars. Abbeville.
7.   Noyon.
3. Avril. Aumale.
        Evreux.
10.   Escouis.
Mai. Beyne.
16.   Saint Germain en Laye.
27.   Fontainebleau.
5. Juill. Paris.
16.   Annet.
10. Août. Vatteville.
        Maulny.
Sept. Fontainebleau.
11.   Rouen.
10. Oct. Saint Prix.
        Maisons.
11. Nov. Fontainebleau.
        1541.
4. Mars. Blois.
30. Avril. Pont-le-voi.
26. Mai. Châtelleraut.
14. Juin. Châtelleraut.
12. Juill. Au Bouchet.
20.   Paris.
28.   Bourbon.
29.   Moulins.
Août. Bourbon-Lancy.
8.   Moulins.
Août. Mont.
Août. Desize.
31.   Lalligny.
Oct. Bourg.
27. Sept. Lyon.
15. Oct. Paigny.

7. Nov. Au Vergy.
19. Nov. Fontainebleau.
1542.
12. Janv. Brie-comte-Robert.
18. Paris.
1. Fév. Saint Germain en Laye.
20. Paris.
6. Mars. Au bois de Vincennes.
13. Charonne.
 Nogent sur Seine.
1. Avril. Vauluisant.
20. Tonnerre.
24. Château-Girard.
26. Montreal, en Bourgogne.
20. Mai. Brienne.
23. Montierandé.
26. Saint Dizier, en Parthois.
3. Juin. Esclairon.
15. Juill. Mareilles.
19. Saup-le-duc.
22. Maffay.
23. Meffignay.
29. Argilly.
 Août. Valence.
9. Lyon.
 Montpellier.
25. Couche à Besiers.
5. Sept. Couche à Sallelles.
20. Sallelles.
28. De Sallelles couche à Besiers.
3. Oct. Couche à Montpellier.
17. De Montpellier à Besiers.
21. De Besiers à Toulouse, où il ne couche qu'une nuit.
 Sur la Garonne, & à la Rochelle.
12. Nov. Angoulême.
7. Déc. Cognat.
1543.
11. Janv. Ferriere.
 Fév. Dijon.
 Paris.
1. Mars. Fontainebleau.
12. Paris.
18. Fontainebleau.
21. Fontainebleau.
7. Avril. Paris.
25. Saint Germain en Laye.
3. Mai. Saint Germain en Laye.
 Fontainebleau.
23. Paris.
 Nanteuil lez-Haudouin.
3. Juin. Villiers-Cotterets.
18. Au Châtelet.
27. Paris.
6. Juill. Au camp. de Marolles, et Haim.
20. Paris.
20. Paris.
2. Août. A la Fere, sur Oise.
7. Folembray.
 Avenay.
28. Saint Marcou.

20. Reims.
24. & 25. Arcenay.
 Chamery lez-Reims.
3. Sept. Reims.
10. Sainte Menehoud.
 Octob. Reims.
6. Laon.
8. Coucy.
19. A la Fere, sur Oise.
 Nov. Paris.
8. Déc. Fontainebleau.
1544.
 Janv. Nemours.
13. Fontainebleau.
20. Fév. Paris.
13. Mars. Saint Germain en Laye.
22. Beyne.
25. Annet.
2. Avril. Evreux.
5. Conches.
 Au Bec-Hellouin.
16. Avril. A l'abbaye du Bec-Hellouin.
 Rouen.
 Mai. A la Roche-Guion.
15. Saint Germain en Laye.
2. Juin. Paris.
 Villemonble.
11. Juin. Paris.
19. Chaulmes.
20. Paris.
10. Juill. A Saint Maur-des-Fossez.
 Boulogne lez-Paris.
23. Saint Maur-des-Fossez.
28. Yerres.
30. Saint Maur-des-Fossez.
6. Août. Nanteuil.
12. Villiers-Coterets.
24. Loingsy-l'abbaye.
2. Sept. Estauges.
 Paris.
3. Octob. Amiens.
14. Gamaches.
16. Arques.
24. Rouen.
1. Nov. Saint Germain en Laye.
6. Beyne.
10. Saint Germain en Laye.
6. Déc. Fontainebleau.
15. Fontainebleau.
1545.
16. Mars. Blois.
 Avril. Romorentin.
14. Chenonceau.
26. Romorentin.
6. Mai. Blois.
9. Mai. Bury.
12. Blois.
22. Châteaudun.
 Morées.
 Pesou.
51. Juin. Argentan.

16. Falaise.
Juill. Watteville.
22. Nantouillet,
Jumieges.
12. Août. Arques.
25. Aumale.
Senarpont.
31. Au Pont de Rhemy.
Sept. Argentan.
16. Saint Fuscian.
3. Oct. Corbie.
12. La Fere.
Folembray.

1546.
4. Janv. Paris.
15. Saint Germain en Laye.
23. Fév. A Paris & à Garennes.
1. Mars. Saint Germain en Laye.
9. Paris.
Fontainebleau.
Chantelou.
3. Avril. Fontainebleau.
13. Nemours
15. Ferrieres.
1. Mai. Saint Germain en Laye.
Fontainebleau.
14. Juin. Paris.
20. Melun.
6. Juill. Fontainebleau.
1. Août. Fontainebleau.
19. Moulins.
Sept. Argilly.
6. Oct. Joinville.
9. Bar-le-duc.
18. Nov. Marches.
19. Sainte Menehout.
23. Folembray.
26. Déc. Compiegne.

1547.
Janv. Villiers-Cotterets.
Fév. Leuville.
16. Rochefort.
6. Mars. Rambouillet.

HENRI II.

1547.
9. & 12. Avril. A saint Germain en Laye.
Mai. Boulogne.
28. Saint Germain en Laye.
21. Juin. Annet.
1. Juill. Saint Germain en Laye.
26. Sacré à Reims.
4. Août. Paris.
Château-Thierri.
8. Villiers-Cotterets.
16. Compiegne.
Sept. Saint Germain en Laye.
8. Fontainebleau.

1548.
31. Janv. Ferrieres.
9. Fév. Fontainebleau.
8. Mars. Escouan.
20. Mars. Fontainebleau.
Avril. Nogent sur Seine.
19. Villeneuve-les-riches-hommes.
23. Vauluisant.
6. Mai. Zais.
9. Troyes.
28. Esclairon.
13. Juin Joinville.
6. Juill. Dijon.
27. Bourg en Bresse.
6. Août. Mâcon.
18. Lyon.
20. Sept. A Mezieu, en Dauphiné.
Lyon.
13. Oct. Chavannes.
20. Moulins.
2. Nov. Gien.
25. Saint Germain en Laye.

1549.
17. Janv. Paris.
31. Saint Germain en Laye.
28. Fév. Paris.
2. Mars. A saint Germain en Laye.
4. Avril. Paris.
14. A saint Germain en Laye.
27. Saint Germain en Laye.
11. Juin. Saint Denis.
15. Paris.
Juill. Villiers-Cotterets.
29. Paris.
4. Août. Compiegne.
27. Amiens.
Sept. Compiegne.
12. Nov. Paris.
27. Déc. Fontainebleau.

1550.
24. Janv. Paris.
28. Fontainebleau.
24. Mars. Entre Boulogne, & le grand fort d'entre l'eau.
25. Mars. Fontainebleau.
2. Avril. Paris.
20. Saint Germain en Laye.
Mai. Montreuil.
20. Paris.
Hesdin.
2. Juin. Saint Germain en Laye.
Angers.
Cinq jours à Duretal.
Paris.
10. Juill. Fresne.
29. A saint Germain en Laye.
17. Sept. L'Isle-Adam.
24. Rouen.
4. Nov. Watteville.
17. Déc. Blois.

ITINERAIRE

1551.
2. Janv. Chambort.
6. Blois.
Mars. Vendôme.
17. Blois.
Avril. Amboise.
22. Oiron.
27. Amboise.
9. Mars. Tours.
Chinon.
22. Oiron.
27. Saumur.
4. Juin. Angers.
6. Paris.
33. Châteaubriant.
6. Juill. Fresnoy.
14. Nantes.
Villochier.
26. Blois.
11. Août. Fontainebleau.
Sept. Paris.
2. Oct. Fontainebleau.
24. Chantilly.
7. Nov. Paris.
4. Déc. Fontainebleau.
23. Blois.

1552.
Janv. A saint Laurent des Eaux.
29. Fontainebleau.
11. Fév. Paris.
25. Villiers-Cotterets.
3. Mars. Nisy.
8. Reims.
19. Châlons.
25. Mars. Joinville.
20. Avril. Châlons.
30. Au camp de Remy.
Mai. Au camp, près deux-Ponts.
21. Au camp, près Valdrevanges.
Au camp de Visembourg.
Juin. Au camp de Pont-d'Ornes.
7. Juin. Châlons.
28. Sedan.
5. Juill. Mezieres.
7. Laon.
22. La Fere, sur Oise.
25. Folembray.
18. Août. Villiers-Cotterets.
23. Sept. Reims.
11. Nov. Châlons.
26. Reims.
6. Déc. Compiegne.

1553.
9. Janv. Paris.
27. Fév. Saint Germain en Laye.
17. Mars. Annet.
26. Saint-Germain en Laye.
27. Mai. Paris.
30. Juin. Saint Germain en Laye.
10. Juill. Compiegne.
Chantilly.
12. Saint Germain en Laye.

25. Compiegne.
Août. Offemont.
14. Compiegne.
7. Sept. Saint Germain en Laye.
16. Au camp, près Valenciennes.
Saint Germain en Laye.
22. Au camp de Fervaques.
7. Oct. Villiers-Cotterets.
8. Nov. Paris.
Villiers Cotterets.
4. Déc. Fontainebleau.

1554.
24. Janv. Paris.
25. Fév. Fontainebleau.
13. Avril. Paris.
25. Annet.
Mai. L'Isle-Adam.
7. Chantilly.
14. Compiegne.
27. Offemont.
8. Juin. Nify le château.
17. Laon.
22. Au Marchais.
1. Juill. Au camp de Marienbourg.
Au camp de Crevecœur.
17. Au camp d'Oigny.
18. Reims.
28. Compiegne.
14. Août. Au camp de Renty.
17. Au camp d'Estrée.
3. Sept. Compiegne.
6. Villiers-Cotterets.
3. Oct. Chantilly.
13. Paris.
Déc. Saint Germain en Laye.

1555.
6. Fév. Paris.
17. Fontainebleau.
16. Avril. Fontainebleau.
30. Juin. Saint Germain en Laye.
26. Juill. Paris.
27. Saint Légier.
1. Août. Paris.
6. Annet.
8. Saint Germain en Laye.
9. Vigny.
16. Saint Germain en Laye.
16. Sept. Villiers-Cotterets.
Déc. Annet.
22. Blois.

1556.
Fév. Pont-le-voi.
8. Mars. Amboise.
2. Avril. Amboise.
13. Avril. Amboise.
16. Blois.
Mai. Chambort.
Mai. Jargeau.
26. Fontainebleau.
9. Juin. Paris.
18. Fontainebleau.
7. Juill. Paris.

DES ROIS DE FRANCE.

9. Fontainebleau.
21. Chantilly.
30. Paris.
26. Août. Fontainebleau.
15 Sept. Vauluisant.
Oct. Paris.
12. Nov. Saint Germain en Laye.
16. Paris.
26. Saint Germain en Laye.
7. Déc. Saint Germain en Laye.

1557.
18. Janv. Annet.
15. Fév. Paris.
10. Mars. Escouan.
18. Chantilly.
30. Villiers-Cotterets.
27. Avril. Villiers-Cotterets.
29. Mai. A la Fere, en Tardenois.
12. Juin. Reims.
27. Compiegne.
3. Juill. Compiegne.
Juill. Offemont.
20. Compiegne.
5. Août. Paris.
21. Oct. Saint Germain en Laye.

1558.
3. Janv. Paris.
1. Fév. Paris.
8. Mars. Fontainebleau.
18. Avril. Paris.
Mai. Crecy, en Brie.
11. Juin. Monceaux.
15. Villiers-Cotterets.
Juill. Nanteuil.
10. Villiers-Cotterets.
29. Reims.
Août. Au Marchais.
Août. Paris.
29. Amiens.
31. Reims.
12. Sept. Paris.
14. Nov. Saint Germain en Laye.
31. Paris.

1559.
Janv. A Chantilly.
13. Paris.
Fév. Villiers-Cotterets.
30. Mars. Villiers-Cotterets.
22. Avril. Fontainebleau.
7. Mai. Paris.
Juin. Escouan.
27. Paris.

FRANÇOIS II.

1559.
24. Juill. Paris.
3. Août. Saint Germain en Laye.

15. Saint Germain en Laye.
25. Nanteuil.
29. Villiers-Cotterets.
Sept. Bar-le-duc.
17. Sacré à Reims.
Sept. Bar-le-duc.
11. Oct. Esclairon.
22. Vauluisant.
26. Valery.
4. Nov. Blois.
16. Déc. Chambort.
20. Blois.

1560.
Fév. A Marchenoir.
Fév. Amboise.
3. Mars. Amboise.
31. Mars. Amboise.
Avril. Au Plessis lez Tours.
Mai. Chinon.
Mai. Loches.
18. Beaulieu.
28. Romorentin.
16. Juin. Châteaudun.
30 Saint Leger.
Juill. Paris.
23. Fontainebleau.
13. Sept. Saint Germain en Laye.
1. Oct. Orléans.
5. Déc. A Orléans, où il meurt.

CHARLES IX.

1560.
9. Déc. Orléans.

1561.
7. Janv. Paris.
10. Orléans.
14. Fév. Fontainebleau.
14. Avril. Fontainebleau.
16. Mai. Paris.
17. Juin. A saint Germain des prés lez Paris.
Juill. Paris.
22. Au château de Vincennes.
25. Saint Germain en Laye.
4. Déc. Paris.
12. Saint Germain en Laye.

1562.
13. Mars. Monceaux.
23. Fontainebleau.
8. Avril. Paris.
24. Paris.
17. Mai. Monceaux.
31. Au bois de Vincennes.
14. Blois.
23. Au camp de Lazenouy, près Bourges.
Sept. Blois.
19. Au camp d'Estampes.

21. Estampes.
Sept. Houdan.
6. Oct. Rouville.
Oct. Au camp, devant Rouen.
Nov. Rouen.
19. Au bois de Vincennes.
26. Déc. Paris.
1563.
10. Janv. Chartres.
13. Fév. Blois.
19. Mars Amboise.
12. Avril. Amboise.
27. Angerville.
6. Mai. Saint Germain.
11. Saint Germain.
17. Paris.
26. Troyes.
5. Juin. Au château de Vincennes.
6. Juill. Gaillon.
27. Fescamp.
16. Août. Rouen.
26. Caën.
4. Sept. Louviers.
6. Gaillon.
10. Mantes.
22. Meulan.
10. Oct. Paris.
11. Déc. Paris.
1564.
28. Janv. Saint Maur des Fossez.
2. Fév. Fontainebleau.
Mars. Saint Lyé.
14. Troyes.
4. Avril. Troyes.
18. Arsy.
21. Châlons.
3. Mai. Bar-le-duc.
Mai. Langres.
Mai. Dijon.
5. Juin. Mâcon.
9. Paris.
Juin. Lyon.
19. Lyon.
2. Juill. Roussillon.
4. Lyon.
22. Roussillon, en Dauphiné.
30. Août. Valence.
8. Sept. Lestoille.
15. Montelimart.
30. Avignon.
24. Oct. Aix.
9. Nov. Marseille.
16. Arles.
22. Déc. Montpellier.
1565.
16. Janv. Carcassonne.
3. Fév. Toulouse.
Mars. Toulouse.
9. Avril. Bourdeaux.
12. Mai. Bourdeaux.
15. Au mont de Marsan.

Juin. Bazas.
6. Bayonne.
Juill. Au mont de Marsan.
14. Août. Angoulême.
23. Août. Coignac.
16. Sept. La Rochelle.
30. Champigny.
14. Oct. Nantes.
20. Châteaubriant.
6. Nov. Angers.
Tours.
23. Au Plessis lez-Tours.
29. Tours.
14. Déc. Blois.
1566.
18. Janv. Moulins.
12. Avril. A la Charité.
21. A Sens.
10. Mai. Saint Maur des Fossez.
2. Juill. Paris.
Juill. Chantilly.
6. Juill. Paris.
Août. Vignay.
21. Sept. Gaillon.
1. Oct. Paris.
3. Cumer.
15. Paris.
19. Monceaux.
24. Paris.
Nov. A Saint Maur.
6. Déc. Paris.
1567.
10. Janv. A Paris.
12. Mars. Fontainebleau.
22. Fontainebleau.
27. Avril. A saint Maur-des-Fossez.
9. Mai. Paris.
17. Saint Maur-des-Fossez.
4. Juill. Saint Germain en Laye.
16. Ben.
Juill. Compiegne.
25. Août. Saint Quentin.
Août. Vignoy.
15. Oct. Paris.
30. Déc. Paris.
1568.
5. Janv. A Paris.
7. Paris.
24. Fév. Paris.
3. Juill. Au château de Boulogne.
8. Passy.
10. Au château de Boulogne.
Août. Au château de Madrit.
20. Au bois de Boulogne.
28. A la Roquette.
7. Sept. A saint Maur-des-Fossez.
2. Oct. Paris.
Nov. Chantelou.
23. Orléans.
2. Déc. Melun.
31. A saint Maur-des-Fossez.

1569.
4. Janv. A Saint. Maur-des-Fossez.
15. Château-Thierry.
23. Châlons.
1. Fév. Joinville.
19. Paris.
Fév. Nancy.
Fév. Mets.
26. Mars. Paris.
12. Avril. Mets.
22. Verdun.
27. Paris.
25. Mai. Saint Maur.
6. Juin. Paris.
Juill. Orléans.
27. Paris.
Juill. Saint Germain des Prés.
1. Août. Paris.
14. Amboise.
20. Paris.
24. Tours.
28. Au Plessis lez-Tours.
12. Sept. Marmoutier.
28. Au Plessis lez-Tours.
19. Oct. Paris.
26. Reims.
9. Nov. Au camp des Landes, près saint Jean d'Angeli.
19. Paris.
24. Déc. Colonges-les-Reaux.
1570.
20. Janv. Angers.
4. Fév. Paris.
8. Angers.
11. Mars. Paris.
29. Angers.
17. Avril. Châteaubriant.
26. Paris.
Avril. Châteaubriant.
Mai. Blois.
27. Paris.
19. Juin. Argentan.
24. Beaumont-le-Roger.
4. Juill. Gaillon.
17. Saint Germain en Laye.
Août. Paris.
31. Oct. Saint Germain-des-Prez.
3. Nov. Paris.
22. Mezieres.
25. Paris.
Nov. Mezieres.
24. Déc. Villers-Cotterets.
1571.
Janv. Chantilly.
10. Paris.
25. Au château de Boulogne.
Mars Au fauxbourg saint Honoré lez-Paris.
9. Paris.
2 Avril. Paris.

Mai. Saint Leger.
12. Anner.
Mai. Gaillon.
30. Lyons.
17. Juin. Gaillon.
30. Paris.
10. Juill. Monceaux.
Juill. Fontainebleau.
6. Août. Fontainebleau.
14. Paris.
5. Sept. Blois.
29. Oct. Etant au château de Vaujour, il y reçoit la nouvelle de la victoire de Lepanthe, du 7. Octobre.
31. Au château de Vaujour.
5. Nov. Blois.
30. Nov. Duretal.
Déc. Blois.
19. Amboise.
31. Paris.
1572.
3. Janv. Amboise.
Fév. Blois.
5. Paris.
4. Mars. Blois.
Mars. Paris.
17. Blois.
15. Avril. Paris.
22. Blois.
15. Mai. Chambort.
17. Paris.
Juin. A Passy-lez-Paris.
9. Juin. Au château de Boulogne.
2. Juill. Paris.
7. Au château de Boulogne.
10. Paris.
1573.
2. Janv. Paris.
19. Fév. Saint Germain en Laye.
25. Paris.
17. Mars. Fontainebleau.
14. Juin. Monceaux.
19. Paris.
6. Juill. Boulogne.
16. Août. Paris.
1. Oct. Fontainebleau.
18. Villers-Cotterets.
9. Nov. Vitry-le-François.
12. Déc. Reims.
24. Saint Germain en Laye.
1574.
2. Janv. A saint Germain en Laye.
7. Mars. Paris.
22. Mars. Au château de Vincennes.
28. Mars. Paris.
29. Au bois de Vincennes.
4. Mai. Au château du bois de Vincennes.
22. Paris.
30. Au château de Vincennes, où il meurt.

HENRI III.

1574.
15. Cracovie.
8. Sept. Lyon.
18. Nov. Avignon.

1575.
6. Janv. Avignon.
13. Lyon.
Fév. Dijon.
8. Esperney.
18. Reims.
28. Paris.
1. Août. Paris.

1576.
1. Janv. Paris.
6. Caudebec.
10. Paris.
Oct. Olinville.
20. Paris.
Nov. Olinville.
Nov. Blois.
4. Déc. Paris.
6. Blois.
14. Paris.
25. Blois.

1577.
1. Janv. Blois.
8. Blois.
9. Mai. Chenonceaux.
10. Paris.
11. Chenonceaux.
21. Chenonceaux.
5. Juin. Poitiers.
15. Au Plessis lez-Tours.
18. Bourgueil.
20. Poitiers.
26. Chatelleraut.
12. Juill. Poitiers.
10. Août. Poitiers.
10. Nov. Paris.

1578.
7. Janv. A Paris.
4. Avril. Paris.
27. Mai. Paris.
Juin. A Charleval.
17. A Paris.
Juill. A Olinville.
12. A Paris.
18. Sept. A Fontainebleau.
8. Nov. A Olinville.
28. A Paris.

1579.
18. Janv. A Paris.
9. Nov. A Orléans.
16. A Paris.
30. Déc. A Saint Germain en Laye.
29. A Paris.

1580.
4. Janv. A Paris.
Juin. A saint Maur-des-Fossez.
11. Sept. A Fontainebleau.
Nov. Olinville.
23. Paris.
8. Déc. Blois.

1581.
9. Janv. A Blois.
17. Mars. Paris.
20. Blois.
16. Juin. A saint Maur-des-Fossez.
12. Juill. Paris.
18. A saint Maur-des-Fossez.
9. Août. Paris.

1582.
1. Janv. A Paris.
3. Avril. A saint Germain en Laye.
16. Paris.
11. Mai. A Fontainebleau.
24. Juin. A saint Germain en Laye.
25. A Fontainebleau.
27. Juill. Paris.
3. Août. Fontainebleau.
9. Saint Germain en Laye.
10. Paris.
11. Sept. A saint Maur-des-Fossez.
10. Oct. Paris.

1583.
16. Janv. A Paris.
2. Juill. Mezieres.
4. Paris.
25. Monceaux.
27. Paris.
1. Sept. Paris.
29. Oct. A saint Germain en Laye.
Déc. Paris.

1584.
7. Janv. A Paris.
22. A saint Germain en Laye.
22 Fév. Paris.
3. Mai. Saint Maur.
Juin. Paris.
8. Juill. Saint Germain en Laye.
17. Paris.
19. Fontainebleau.
3. Août. Paris.
9. Oct. Chenonceaux.
15. Blois.
17. Paris.
19. Blois.
11. Nov. Saint Germain en Laye.
14. Paris.
27. Saint Germain en Laye.
4. Déc. Paris.
6. Saint Germain en Laye.
10. Paris.
11. Saint Germain en Laye.
18. Paris.

1585.

DES ROIS DE FRANCE.

1585.
10. Janv. A Paris.
14. Déc. Paris.

1586.
14. Janv. A Paris.
24. Juin. A Saint Maur-des-Foſſez.
12. Juill. Paris.
12. Oct. Saint Germain en Laye.
15. Déc. Paris.

1587.
10. Janv. A Paris.
12. Sept. De Paris à Eſtampes.
14. Nov. Paſſe la Loire à
    Beaugenci.
    Bonneval.
    Artenai. Henri III. y apprend par la Châtre que le duc de Guiſe avoit défait les Réitres à Auneau le 24. Novembre.
    Mâconnois.
23. Déc. Le roi entre dans Paris.

1588.
12. Janv. A Paris.
26. Mai. Chartres.
  Juin. Rouen.
6. Août. Chartres.
6. Sept. Blois.
18. Oct. Blois, à l'aſſemblée des états.

1589.
  Janv. Blois.
18. Janv. Blois.
11. Mars. Blois.
  Mars. Tours.
10. Avril. Tours.
  Mai. Chatelleraut.
28. Tours.
14. Juin. Au camp, devant Jargean, qui eſt pris.
25. Juill. Pontoiſe pris par le roi.
31.   Le pont de ſaint Cloud emporté.
1. Août. Henri III. bleſſé à ſaint Cloud à huit heures du matin. Meurt le 2. Août avant le jour.

HENRI IV.

1589.
2. Août. A Meudon.
4.   Au camp de ſaint Cloud.
    Meulan.
    Giſors
    Clermont, en Beauvoiſis.
    Compiegne.
23.   Au camp du pont ſaint Pierre.
    Pont ſaint Pierre.
    Darnetal.
    Dieppe.

Tome I. Abel Jouan.

    Darnetal.
    Eu.
    Treport.
    Arques.
16. Sept. Au Pollet.
17.   Arques, où il gagne trois combats.
21.   La Maladrerie.
Dim. 24. Dieppe.
5. Oct. Camp de Dieppe.
    Eu.
    Gamaches.
17.   Tours.
    Dieppe.
21.   Parc de Dieppe.
    Meulan.
    Bagneux.
1. Nov. Prend les fauxbourgs de Paris.
    Montlhery.
5.   Devant Eſtampes.
13.   Prend Eſtampes.
    Prend Janville.
    A Blois.
    Châteaudun.
14.   Part de Châteaudun.
15.   Couche à Mellay.
    Prend Vendôme.
    Lavardin.
    Montoire.
    Château du Loir.
    Couche à Tours.
27.   Couche à Yvrai, l'évêque.
28.   Au camp, devant le Mans; couche à la Couture, abbaye.
5. Déc. Au camp du Mans.
    Prend Beaumont, Tuvoi, Sablé, Laval.
    Château-Gontier.
10.   Saint Quentin.
15.   Camp d'Alançon.
16.   Prend Alençon & va à Laval.
    Prend Argentan, Domfront.
    Prend Falaiſe.
    Liſieux.
    Ponteau-de-mer.
    Pont-l'évêque.
    Bayeux.
    Honfleur.
    Toucques.
26.   Au camp d'Alençon.

1590.
5. Janv. Au camp, devant Falaiſe.
13.   Tours.
18.   Au camp, devant Lizieux.
23. Fév. Meulan, dont il fait lever le ſiége.
    Ravitaille Meulan.
28.   Couche devant Dreux.
3. Mars. Aſſaut donné à Dreux.
7.   Leve le ſiége le treizième jour.
    Couche à Mottelle.
12.   Nonancour.

13.	Plaine de saint André ; couche à Foutrainville.	3. Nov.	Au camp d'Escouis.
14.	Gagne la bataille d'Ivri. Passe l'Eure à Annet ; couche à Rosni. Mante.	4.	Part d'Escouis. Compiegne.
21.	Au camp de Mante.	10.	Au camp de Cœuvres.
1. Avril.	A Corbeil.	15.	Châteauthierry.
7. & 11.	Prend Melun. Moret, Crecy, & Provins.	18.	Attichy.
		20.	Attichy.
13.	Au camp de Nangis. Prend Montereau.	24. au matin.	Au camp de Viergy.
		24.	Au camp de Fere.
18.	Bray. Prend Nogent sur Seine. Prend Mery.	26.	Bazoches. Longueval ; couche à Pontarsi.
Pâques. Tente Sens.		29.	Bat l'arriere garde du duc de Parme ; à l'arbre de Guise. Crecy.
29.	Au camp de Brai, sur Seine. Parle à l'évêque de Ceneda, aux environs de Bray. Prend Lagny.	10. Déc.	Au camp de saint Quentin. Senlis.
		26.	Au camp de saint Denis.
9. Mai.	Couche à Chelles.	29.	Saint Denis.
10.	Prend le fauxbourg saint Martin. Prend le pont de Charenton, & saint Maur. Au camp de Gonesse. Gisors. Au camp d'Argenteuil. Chelles.		1592.
		2. Janv.	A Senlis.
		3.	Au camp de Melo.
		6.	Bulles.
		17.	Senlis.
		18.	Senlis.
7. Juin.	Fait dix-huit lieues, & arrive à Crecy.	20.	Manque de surprendre Paris par la porte saint Honoré. Etoit à l'entrée du fauxbourg. Journée des farines
8.	Manque les fauxbourgs de Laon.	22.	Au camp de Sommeuze.
15.	Aubervilliers, quartier. Devant Montfaucon. Montmartre.	27.	Au camp de Senlis.
		8. Fév.	Au camp de Vernon. Brie. Devant Provins.
27.	Au camp d'Aubervilliers.		
5. Juill.	Prend saint Denis.	11.	Estampes. Ledit jour. Devant Chartres.
18.	Au camp de saint Denis.		
25. au soir.	Montmartre.	12.	Au camp d'Ably.
28.	Au camp de saint Denis.	14.	Ably.
28. dit jour.	Prend l'abbaye saint Germain. Abbaye saint Antoine, à un mille de Paris.	20. Mars.	Au camp, devant Chartres.
		9. Avril.	Au camp de Chartres, jusqu'au 19. dudit mois.
Le lendemain.	Devant le fauxbourg saint Germain. Prend le château de Nantouillet.	20.	Prend Chartres.
		22.	Chartres.
		26.	Senlis.
10. Août.	Au camp de Mantes.		Vernon. Château-gaillard rendu.
25.	Hermitage près Chaillot.		
29.	Chaillot.	20. Mai.	Senlis.
31.	Campe à Chelles.	27.	Saint Denis.
1. Sept.	En bataille dans la plaine de Chelles avec vingt-un mille hommes.	6. Juin.	Louviers.
		11.	Au camp de Vernon.
8.	Plaine de Bondy ; attaque inutilement le fauxbourg saint Germain. Gonesse ; leve le siége de Paris.	14.	Au camp d'Andely. du 13 au 18
		17.	Au camp de Magny.
		30.	Au camp de Mantes.
15.	Mantes. Senlis. Creil.	4. Juill.	Mantes.
		13.	Mantes.
		16.	Au camp de Compiegne.
20. Oct.	Au camp, devant Clermont.	30.	Au camp de Noyon.
22.	Au camp devant Gisors. Prend Clermont, en Beauvoisis. Gisors. Saint Pere.		Devant Noyon, avec sept mille cinq cents hommes. Prend d'assaut l'abbaye saint Barthelemi.
		1. Août.	Au camp, devant Noyon.
		19.	Noyon rendu au roi.

DES ROIS DE FRANCE.

Ledit jour. A Chartres.
25. Au camp de Noyon.
27. Noyon.
4. Sept. Mantes.
12. Chaulny.
17. La Capelle.
Ledit jour. Chartres.
20. Maubert.
28. Au camp de Maubert.
Sept. Sedan.
1. Oct. Attigny.
3. Au camp de grand-pré.
Ledit jour. Combat devant Verdun.
4. Prend Montfaucon.
5. Attigny.
9. Baieulle.
20. Au camp de Sedan.
23. Saint Denis.
Nov. Chartres.
21. Neufchâtel.
26. Franqueville.
1. Déc. Vernon.
3-11. Au camp, devant Rouen.
12. Au camp de Darnetal, près Rouen.
28. à onze heures du soir. A Darnetal.
Darnetal, prend l'église de saint André, devant la porte de saint Hilaire.
29. Trepigny.
Ledit jour. Au camp de Darnetal, devant Rouen.

1592.

1-9. Janv. Au camp de Darnetal.
15. Gisors.
18. Gournay.
5. Fév. Est blessé au combat d'Aumale ; enleve les quartiers des ducs de Mayenne & d'Aumale, & du comte de Chaligny.
11. Offi.
21. Au camp de Buffi.
25. Dieppe.
6. Mars. Au camp d'Ammerville.
9. Au camp de Blangy.
Mars. Devant le bois de Turinge, près du fort sainte Catherine.
17. Au camp, devant Rouen.
27-31. Au camp, devant Rouen.
Entre dans Rouen par la porte Beauvoisine.
3-11. Avril. Au camp, devant Rouen.
Dieppe.
20. Henri IV. surpris par la marche du duc de Parme, qui fait en six jours ce qui lui en avoit couté vingt, leve le siège de Rouen, & décampe de Darnetal.
Ledit jour 20. Avril. Au camp de Gouy.
Bans,
30. Gagne le combat d'Ivetot.
2. Mai. Au camp de Varricarville.
3. Ne peut pas forcer le duc de Mayenne

à un combat décisif.
Campe à Ivetot.
Bat les ligueurs, & Ranuce, prince de Parme.
Bat six cents ligueurs, & s'empare d'un bois. Le combat dure treize heures.
8. Bat la cavalerie de Basta, & lui enleve son bagage.
17. Au camp de Clavi.
20. Au camp de Buhy.
22. Henri IV. ne s'apperçoit que très tard, que le duc de Parme passe la Seine : il s'empare du fort du comte de Bossu.
1. Juin. Mantes.
16. Au camp de Gisors.
17. Gisors.
28. Au camp, devant Senlis.
Châlons.
Juill. Saint Denis.
9. Juill. Dannemary.
15. Châlons.
18. Au camp de Sompy.
24. Donchery.
25. Au camp de Donchery.
Ledit jour. Damnery.
Août. Devant Epernay.
Bat un secours qui veut entrer dans Epernay.
6. Août. Compiegne ; couche à Senlis.
8. Epernay lui est rendu.
2. Sept. Des Cordeliers.
Assiége Provins.
4. Au camp de Provins.
Pastoureau de la Rochette lui rend Provins.
Secours le fort de Gournay.
Argenteuil.
Pont de l'Arche.
6. Jouy.
Ledit jour. A Gouy.
9. Noyon.
Saint Denis.
Chartres.
Oct. Camp de Champ.
5. Attigny.
16. Oct. Saint Denis en France.
23-25. Saint Denis.
11. Nov. Saint Denis.
22. Au camp d'Estampes.
Nov. Estampes.
28. Missy.
30. Au camp, devant Rouen.
12. Déc. Noyon.
29. Chartres.

1593.

17. Janv. Au camp de Suippe.
18. Chartres.
29. Chartres.
25. Fév. Saumur.
26. Tours.

P ij

4. Mars. Chartres.
21. Tours.
29. Chartres.
8. Mai. Mantes.
23. Avril. Au camp de Gouy,
  Vers Noyon.
16. Mai. Mantes.
9. Juin. Mantes.
26. Au camp de Dreux.
29. Juill. Saint Denis.
31. A la Vilette, entre saint Denis & Paris.
  Août. Saint Denis en France.
  Sept. Au camp de Chauny.
10. Fontainebleau.
12. Noyon.
  Aux déserts de Fontainebleau.
23. Fontainebleau.
  Chartres.
22. Oct. Saint Denis.
27. Mantes.
17. Nov. Lignerolles, près Patay.
20. Chartres.
3. Déc. Mantes.
7. & 8. Vernon.
26. Mantes.

1594.

4. Janv. Mantes.
25. Fév. Chartres, sacré le 27.
27. Mars. Paris.
  Avril. Saint Germain en Laye.
3. Mai. Paris.
8. Saint Germain en Laye.
10. Paris.
11. Saint Germain en Laye.
16. Paris.
  Juin. Au camp, devant Laon.
6. Paris.
8. Au camp de l'abbaye de saint Vincent de Laon.
9. Paris.
12. Au camp, devant Laon.
8. Août. Laon.
22. Cambray.
17. Amiens.
23. Paris.
24. Compiegne.
31. Paris.
7. Sept. Monceaux.
17. Paris.
7. Saint Germain en Laye.
9. Paris.
12. A saint Germain en Laye.
20. Paris.
25. Saint Germain en Laye.
30. Paris.
  Déc. Saint Quentin.
14. Amiens.
25. Paris.
28. Paris.

1595.

10. Janv. Paris.
30. Avril. Fontainebleau.
4. Mai. Fontainebleau.
  Mai. Troyes.
9. Juill. Dijon.
  Juill. A la commanderie de la Romaigne.
18. Août Paris.
23. Lyon.
1. Oct. Paris.
  Oct. Pontoise.
15. Nov. Paris.
  Nov. Au camp, devant la Fere.
20. Paris.
30. Au camp de Travecy, devant la Fere.
9. Déc. Paris.
  Déc. Chauny.
20. Folembray.

1596.

5. Janv. Coucy.
11. Folembray.
22. Folembray.
  Janv. Coucy.
11. Fév. Folembray.
  Fév. Paris.
20. Au camp de Servais.
  Dernier Fév. Au camp, devant la Fere.
  Mars. Au camp de Tours.
12. Paris.
14. Au camp de saint Seny.
26. Paris.
6 Avril. Au camp de Travecy, près de la Fere.
  Mai. Paris.
16. Au camp, devant la Fere.
22. Paris.
  Juin. Abbeville.
  Juill. Amiens.
15. Monceaux.
  Sept. Meaux.
25. Saint Germain en Laye.
  Sept. Rouen.
17. Nov. Au camp d'Aunay.

1597.

  Janv. Rouen.
4. Paris.
17. Rouen.
24. Fév. Paris.
22. Mars. Angers sur Somme.
4. Avril. Pecquigny.
14. Paris.
  Avril. Saint Germain en Laye.
10. Mai. Paris.
11. Juill. Au camp, devant Amiens.
31. Paris.
6. Août. Au camp, devant Amiens.
7. Paris.
16. Au camp, devant Amiens.
31. Paris.
3. Sept. Au camp, devant Amiens.
28. Paris.

15. Oct. Au camp de Beauvail.
Oct. Au camp de Doullens.
7. Nov. Saint Denis.
8. Paris.
30. Saint Germain en Laye.
1598.
3. Janv. Paris.
Fév. Toury.
Mars. Tours.
Mars. Au Pont de Cé.
19. Angers.
25. Avril. Nantes.
16. Mai. Rennes.
5. Juin. Paris.
30. Saint Germain en Laye.
31. Juill. Monceaux.
12. Août. Paris.
19. Saint Germain en Laye.
23. Paris.
11. Sept. Fontainebleau.
17. Paris.
4. Oct. Monceaux.
12. Monceaux.
Passe à Paris. Couche à saint Germain.
19. Paris.
Nov. Monceaux.
Déc. Paris.
12. Saint Germain en Laye.
31. Paris.
1599.
11. Janv. Paris.
2. Mars. Monceaux.
Entre Pantin & la Chapelle ; & ensuite à la chasse.
Couche à Fontainebleau.
27. Fontainebleau.
Avril. Paris ; couche à Fesne.
28. Paris.
Dîne à Monceaux, ensuite à Issuire.
Avril. Saint Germain en Laye.
12. Mai. Fontainebleau.
Mardi de la semaine sainte. Melun.
Vendredi saint. Abbaye de la Saussaye.
Fontainebleau.
27. Mai. Paris.
Juin. Au bois de Malesherbes.
Malesherbes.
Chenaut.
Au Hallier.
Châteauneuf.
Veille de la saint Jean. Orléans.
25. Juin. Paris.
Marcoussis.
5. Juill. Paris.
Couche à Blois.
Couche à Paris.
Blois.
Chenonceaux.
Amiens.
12. Orléans.

2. Août. Blois.
Eté. Fontainebleau.
Malesherbes.
Sept. Paris.
Couche à Orléans.
Oct. Fontainebleau.
Fin de l'automne. Monceaux.
11. Nov. Monceaux.
17. Paris.
9. Déc. Saint Germain en Laye.
Blois.
26. Paris.
1600.
20. Janv. Paris.
10. Mai. Fontainebleau.
2. Juin. Paris.
20. Moulins.
15. Juill. Lyon.
14. Août. Couche à Grenoble.
Sept. Grenoble.
19. Oct. Chambery.
Devant Conflans.
Couche à saint Pierre d'Albigny.
Dîne au château de Miolans ; couche à Chamoix.
Charbonnieres.
Grenoble.
Couche à la Rochette.
Dîne à Grenoble ; & couche à saint André de la Coste.
Couche à Grenoble.
Chambery.
Aix.
Nicy.
Couche à Foverges.
Couche à Beaufort.
Dîne au-dessus du col de Cornette ; & couche à Beaufort.
Couche à saint Pierre d'Albigny.
Passe par les baueries de Montmelian, couche à Chambery.
Couche à Moustier.
A la vallée de saint Maurice, couche à Moustier.
Chambery.
Fort sainte Catherine.
Fin de l'année. Couche à Lyon.
1601.
3. Janv. Lyon.
Roanne.
Va par eau à Briare.
Couche à Fontainebleau.
Dîne à Villeneuve, couche à Verneuil.
Couche à Paris.
Nemours.
Couche à Fontainebleau.
Couche à Paris.
16. Fév. Paris.
Monceaux.
Verneuil.

Couche à Calais.
15. Avril. Fontainebleau.
17. Paris.
27. Mai. Fontainebleau.
12. Juin. Paris.
13. Juill. Saint Germain en Laye.
15. Paris.
13. Août. Saint Germain en Laye.
24. Paris.
4. Sept. Calais.
4. Oct. Fontainebleau.
31. Paris.
14. Nov. Saint Germain en Laye.
15. Paris.
19. Saint Germain en Laye.
Nov. Paris.
1602.
3. Janv. Paris.
22. Mars. Saint Germain en Laye.
Avril. Blois.
Carême. Couche à Fontainebleau.
Vers pâques. Blois.
20. Mai. Poitiers.
Tours.
Fête-Dieu. Blois.
Orléans.
Fontainebleau.
22. Juin. Paris.
Juill. Paris.
Juill. Saint Maur des Fossez.
25. Paris.
Eté. Saint Germain.
Sept. Monceaux.
Sept. Paris.
30. Verneuil.
32. Paris.
6. Nov. Fontainebleau.
2. Déc. Paris.
9. Fontainebleau.
17. Paris.
1603.
3. Janv. Paris.
Mets.
Lendemain de pâques. Couche à Nondin.
Jour d'après. Nancy.
Avril. Fontainebleau.
28. Paris.
1. Juin. Fontainebleau.
23. Paris.
Juill. Saint Germain en Laye.
Juill. Villiers-Cotterets.
32. Paris.
Termes.
Nanteuil.
Soissons.
Paris.
14. Août. Saint Germain en Laye.
25. Rouen.
14. Sept. Caen.
2. Oct. Paris.
82. Fontainebleau.

3. Déc. Paris.
1604.
5. Janv. Paris.
4. Août. Fontainebleau.
7. Sept. Fontainebleau.
17. Paris.
23. Oct. Fontainebleau.
Après la Toussaint. Paris.
24. Nov. Paris.
Déc. Saint Germain en Laye.
31. Paris.
1605.
6. Janv. Paris.
11. Mai. Fontainebleau.
Mai. Paris.
19. Juill. Monceaux.
4. Août. Saint Germain en Laye.
16. Paris.
14. Sept. Aux déserts de Fontainebleau.
22. Oct. Fontainebleau.
Fontainebleau.
Limoges.
Maison-Fort.
Nassay.
Aubigny.
Montargis.
Fontainebleau.
Fin de l'année. Paris.
1606.
15. Janv. Paris.
Sur la fin du carême. Assiége Sedan.
Jour de pâques. Donchery.
Vendredi. Entrée à Sedan, & y couche.
Couche à Mouson.
Couche à Busancy.
Couche à Villiers-Cotterets.
Couche à Paris.
Mai. Couche à Fontainebleau.
Mai. Aux déserts de Fontainebleau.
Mai. Paris.
27. Juill. Monceaux.
Villiers-Cotterets.
3. Août. Paris.
Sept. Couche à Fontainebleau.
13. Sept. Fontainebleau.
Couche à Montargis.
Vers la Toussaint. Couche à Fontainebleau.
Nov. Aux déserts de Fontainebleau.
9. Déc. Paris.
1607.
12. Janv. Paris.
Avril. Fontainebleau.
Avril. Paris.
11. Mai. Fontainebleau.
31. Paris.
Juill. Monceaux.
Couche à Chantillé.
Eté. Fontainebleau.
Août. Saint Maur.
31. Paris.
Saint Germain.

DES ROIS DE FRANCE.

    Chemeau.
    Beaumont.
           1608.
4. Janv. Paris.
29.   Fontainebleau.
8. Avril. Paris.
31.   Fontainebleau.
A la Pentecôte. Paris.
12. Juin. Paris.
23.   Fontainebleau.
8. Juill. Saint Germain.
1. Août. Paris.
Ledit jour. Monceaux.
    Paris.
8. Sept. Monceaux.
22.   Paris.
22. Oct. Fontainebleau.
23. Oct. Paris.
    Fontainebleau.
    Nemours.
    Fontainebleau.
        1609.
1. Janv. Paris.
16.   Paris.
16. Avril. Fontainebleau.
Carême. Fontainebleau.
28. Avril. Paris.
   Mai. Fontainebleau.
23.
16. Juill. Paris.
27. Août. Monceaux.
3. Sept. Paris.
12. Sept. Paris.
7. Oct. Paris.
14.   Fontainebleau.
26.   Paris.
A la Toussaint. Paris.
3. Déc. Paris.
A la fin de l'année. Fontainebleau.
        1610.
2. Janv. Paris.
1. Mai. Paris.
22.   Couche à saint Denis.
13.   Couche à Paris.
14.   Assassiné à Paris.

LOUIS XIII.

       1610.
15. Mai. Paris, au parlement.
10. Oct. Sacré à Reims.
17.   Reims.
31.   Paris.
26. Nov. Paris.
       1611.
19. Janv. Paris.
Semaine Sainte. Fontainebleau.

23. Avril Fontainebleau.
17.   Paris.
   Juin. Fontainebleau.
30.   Paris.
Oct. Fontainebleau.
Vers la Toussaint. Paris.
18. Nov. Paris.
       1612.
1. Janv. Paris.
Pâques. Fontainebleau.
   Paris.
   Juin. Fontainebleau.
20. Juill. Paris.
20. Août. Madrid.
27.   Paris.
       1613.
28. Janv. Paris.
Fév. Monceaux.
   Paris.
   Mai. Fontainebleau.
8.   Paris.
   Dîne à Lésigny, couche à Fontainebleau.
31.   Fontainebleau.
15. Juin. Paris.
28.   Fontainebleau.
Après la saint Martin. Paris.
5. Déc. Paris.
       1614.
14. Janv. Paris.
   Juill. Saint Germain en Laye.
4.   Paris.
14.   Orléans.
   Blois.
   Pont-le-voi.
Juill. Tours.
Juill. Poitiers.
Août. Loudun.
7.   Saumur.
   Angers.
   Ancenis.
10.   Nantes.
13.   Nantes.
   Angers.
   La Fleche.
   Malicorne.
   Au Mans.
   Chartres.
16. Sept. Paris.
       1615.
9. Janv. Paris.
11. Avril. Paris.
18. Août. Départ de Paris, pour Bourdeaux.
10. Sept. Poitiers.
   Berny.
Oct.   Bourdeaux.
28. Déc. Angoulême.
31.   Rochefoucault.
       1616.
5. Janv. Part de Sieuray, pour venir loger à un château.

Poitiers.
Janv. Tours.
Blois.
Paris.
27. Fév. Tours.
24. Avril. Blois.
18. Mai. Paris.

1617.
19. Janv. Paris.
4. Mai. Couche Au bois de Vincennes.
10. Au bois de Vincennes.
26. Paris.
Couche à saint Germain.
Juin. Fontainebleau.
14. Juill. Vincennes.
27. Paris.
20. Déc. Rouen.

1618.
Commencement de l'année. Au château de Madrid.
Fév. Paris.
Juin. Saint Germain en Laye.
Couche à Vannes.
Paris.
28. Juin. Lésigny.
3. Juill. Paris.
25. Saint Germain en Laye.
6. Août. Paris.
Vers la mi-Août. Couche à Monceaux
Sept. Monceaux.
26. Meaux.
Villiers-Cotterets.
Soissons.
8. Nov. Paris.

1619.
Janv. Paris.
Carême-prenant. Saint Germain en Laye.
Paris.
Avril. Sur la riviere de Loire.
Tours.
Paris.
Tours.
Blois.
Châteaudun.
Vendôme.
Chartres.
Mantes.
Creil.
Compiegne.
Chantilly.
Couche à Monceaux.
Lésigny.
2. Mai. Saint Germain en Laye.
14. Amboise.
Mai. Au Plessis lez-Tours.
10. Juin. Tours.
15. Juill. Au Plessis lez-Tours.
17. Tours.
Août. Au Plessis lez-Tours.
21. Tours.
Oct. Compiegne.

9. Nov. Monceaux.
19. Fontainebleau.
2. Déc. Paris.

1620.
Janv. Paris.
11. Avril. Fontainebleau.
Orléans.
Paris.
28. Paris.
29. Juin. Au château de Madrid.
30. Couche à Paris.
10. Juill. Rouen.
Caen.
Alançon.
28. Mortagne.
31. Au Mans.
2. Août. Guesalard, couche à Suze.
4. A la plaine du gros Châtenier, proche la Fleche ; couche à la Fleche.
6. Dîne à Durétal, couche au Verger.
7. Couche à Brin.
8. Couche au pont de Cé.
12. Couche à Brissac.
17. Couche à Montreuil.
18. Couche à Loudun.
19. Couche à Mirebeau.
20. Couche à Poitiers.
22. Couche au port de Piles.
Dim. 23. Couche au Plessis lez-Tours.
25. Couche à Amboise.
28. Couche à Tours.
29. Couche au port de Piles.
Dim. 30. Couche à Poitiers.
Saint Jean d'Angely.

1621.
22. Janv. Paris.
18. Mars. Saint Germain en Laye.
2. Avril. Paris.
4. Arrive à Paris.
5. Fontainebleau, & y reste jusqu'au 29.
1. Mai. Couche à Orléans.
3. Blois.
Amboise.
6. Couche à Tours.
12-16. Mai, A Saumur ; fait ses dévotions à N. D. des Ardilliers.
17. Part de Saumur, couche à Thouars.
18. Couche à Partenay, & y reste quatre jours.
20. Part de Tours pour Saumur.
21. Part de Partenay, couche à Coulonges.
23. Fontenay, & y reste deux jours.
24. Couche à Niort.
30. Chizay, y reste trois jours.
1. Juin. Au camp, devant saint Jean d'Angely.
3. Va loger à saint Julien à Vernacr ; couche à Aulnays.
13. A Brisambourg, à trois lieues de saint Jean, où étoit la reine, & la reine
more 5.

mere, au château de Matha, à trois lieues de Brisambourg.
26. Saint Jean d'Angely rendu au roi ; couche à Coignac.
29. Au camp de saint Julien.
3. Juill. Coignac.
5. Part de Coignac, reste un jour à Barbéfieux.
7. Couche à Monguion.
8. Couche à Coutras.
10. Campe, & couche à saint Emilion.
Dim. 11. Couche à Castillon.
12. Sainte Foy, couche au château de Mezieres, sur le bord de la Dordogne.
13. Couche à Bergerac, & y reste quatre jours.
17. Couche à Aimé.
Dim. 18. Couche à saint Barthelemi.
19. Couche à Hautevigne, sur le bord d'une inondation, causée par une pluie de sept heures.
20. A Tonneins, ayant passé dans l'inondation, & ayant eu souvent de l'eau jusqu'à la botte : deux heures du soir.
2. Août. Va voir le siége de Clerac.
4. Clerac, au douzième jour du siége, rendu au roi à discretion.
10. Couche à Agen ; y reçoit le président de Caminade & les autres deputés du parlement de Toulouse.
12. Part d'Agen.
17. Arrive à Picquecos, près de Montauban, qui fut investi le 18.
30. Au camp, devant Montauban.
7. Sept. Devant Montauban.
4. Oct. Au camp, devant Montauban.
10. Nov. A Monbeton ; le siége de Montauban levé le même jour.
13. Part du château de Monbeton, & couche à Castelnau-d'Estrete-fonds.
14. Arrive à Toulouse à deux heures du soir : loge à l'archevêché.
21. Entrée à Toulouse, où sa majesté passe sous sept arcs de triomphe.
23. S'embarque sur la Garonne, & descend cette riviere,
Lectoure, Nerac, & Damasan.
10 Déc. Au camp, devant Monheur, & à Longuetille.
12. Monheur rendu au roi.
14. A Castel-Jaloux ; le connétable de Luines meurt au château de Longuetille.
23. Monheur.
24. Bourdeaux.
30. Couche à Blaye.
31. Dîne à mi-chemin de Blaye.
Couche à Libourne.
1622.
Janv. Aigre.
Couche à Chisay.
Couche à Châtelleraut.

Tome I. Abel Jouan.

Couche à sainte Maure.
14. Poitiers.
Couche à Paris.
Pâques. Orléans.
Mars. Blois.
Avril. Blois.
11. Nantes.
12. Couche à Villelongue, (Viellevigne.)
13. Va loger à Cogeay, (Logé, à quatre lieues de Viellev.)
14. Va loger à Châlons, à une lieue de Rié.
15. A l'isle de Periez. Louis XIII. à cheval à deux heures du matin, dans l'Isle de saint Jean des Monts.
16. Dîne à saint Gilles, passe le bras de mer nommé Aspremont, qui est entre saint Gilles & la croix de Riez.
19. Couche à Aysené, après avoir battu Soubise.
20. Couche à la Roche-sur-Yon.
21. Couche à sainte Ermine.
22. Couche à Fontenay-le-comte.
23. Couche à Niort.
27. Couche à Chisay.
28. Couche à saint Jean d'Angely.
29. Couche à Xaintes.
3. Mai. Couche à Samion, (Saujon.)
4. Devant Royans.
10. Châtelleraut.
16. Couche à Mortagnes.
17. Couche à Mirembeau.
18. Couche à Montlieu.
20. Couche à Quitre.
21. Passe la riviere, & couche à saint Emilion.
Dim. 22. Va loger à Castillon.
23. Va loger au château de saint Aulés.
25. Couche à sainte Foy.
28. Couche à Montsegur.
Dim. 29. Couche à Marmande.
30. Va loger à Aiguillon.
31. Couche au Port sainte Marie.
1. Juin. Couche à Agen.
3. Couhe à Malause.
4. Couche à Moissac.
7. Campe à Picquecos.
8. Marche en bataille vers Albias, puis à Negrepelisse.
12. Dîne & couche à Mauricous.
13. A Grangés, près de saint Antonin.
14. Va loger à Gueilas de Bonnette, à deux petites lieues de saint Antonin.
16. Devant saint Antonin.
23. Dîne au camp, devant saint Antonin, & revint coucher à Gueilas.
24. Va loger à Castelnau de Montmirail.
26. Passe par Rabastens ; couche à saint Sulpice.
27. Couche à Toulouse.
4. Juill. Couche à Castelnaudarri.

12.	Couche à Alſonne.
13.	Dîne à Carcaſſonne.
14.	Entre en la cité de Carcaſſonne, & revient coucher à la ville.
15.	Couche à Luſignan.
17.	Couche à Beziers.
Dim. 14. Août.	A Villeneuve de Maguelonne ; paſſe par Lattes, & couche à Mauguio.
15.	Couche à Lunel.
16.	Dîne à Sommieres ; couche à Lunel. Aigues-mortes.
22.	Lunel.
26.	Couche à Mauguiot. (Mauguio.)
27.	Va loger à la Verune.
29.	Lunel.
30.	Va loger à un Mas, à trois cents pas du camp de la Salmine à la vue de Montpellier, (Mas Aimeri.)
13. Sept.	Au camp, devant Montpellier.
20. Oct.	Entre & couche à Montpellier.
27.	Couche à Aimargues.
29.	Couche à Arles.
16. Nov	Entrée à Avignon.
21.	En Dauphiné.
5. Déc.	Vienne.
6.	Couche à Lyon.
19.	Dîne à la Brêle ; couche à ſaint Saphorin.
20.	Dîne à Rouanne ; couche à la Pacaudiere.
21.	Dîne à la Paliſſe ; couche à Varenne.
22.	Couche à Villeneuve.
23.	Dîne à Magny ; couche à Nevers.
24.	Couche à la Charité.
26.	Couche à Bony.
27.	Couche à Nogent.
28.	Dîne à Montargis ; couche Châteaulandon.
29.	Couche à Malleſherbes.

1623.

7. Janv.	Paris.
7. Avril.	Fontainebleau.
2. Mai.	Paris.
13.	Fontainebleau.
28. Juin	Paris.
13.15. Juill.	Saint Germain en Laye.
20. Nov.	Paris.

1624.

	Paris.
31. Janv.	Paris
20. Avril.	Compiegne.
	Va chaſſer près de Monceaux.
7. Août.	Saint Germain en Laye.
	Saint Germain en Laye.
	Ruel.
	Paris.
	Saint Germain.
	Paris.
23. Nov.	Paris.

1625.

9. Janv.	Paris.
16. Juin.	Compiegne.
Juin.	Fontainebleau.
22. Oct.	Saint Germain en Laye.
17. Déc.	Paris.

1626.

2. Janv.	Paris.
1. Mai.	Fontainebleau.
9.	Fontainebleau.
26.	Paris.
Juin.	Blois.
	Tours.
	Sur la riviere de Loire ; couche à Saumur.
	Ancenis.
8. Juill.	Nantes.
6. Août.	Nantes.
Sept.	Paris.
7. Oct.	Saint Germain en Laye.
27. Nov.	Paris.
30.	Saint Germain en Laye.
12. Déc.	Paris.
13.	Saint Germain en Laye.
20.	Paris.

1627.

16 Janv.	Paris.
15 Juillet	Couche à Maroles (Beaulieu)
24. Juill.	Villeroi.
1. Sept.	Paris.
9.	Saint Germain en Laye.
20.	Paris.
Sept.	Couche à Montlirault près de Blois.
2. Oct.	En bateau devant Blois, & couche à Monlouis.
Dim. 3.	Devant Tours, & couche à Langeis.
4.	A N. D. des Ardilliers &, couche à Saumur.
6.	Couche à Tours.
7.	Couche à Partenay.
8.	Couche à Chaudenier.
9.	Couche à Niort.
11.	Couche à Surgeres.
12.	Dîne à Moſcy ; couche à Eſtrées, devant la Rochelle.
13.	Au Plomb, voit la flotte Angloiſe à l'ancre devant ſaint Martin de Ré.
14.	Au camp d'Eſtrées.
Dim. 19. Déc.	Surgeres.

1628.

	Marans.
10. Janv.	Au camp, devant la Rochelle.
22.	Surgeres.
8. Mars.	Paris.
17. Avril.	Surgeres.
24.	Va loger en ſon quartier à Eſtrées.
26.	A Coreille, ſur mer, voir ſon armée navale ; il monte ſur le vaiſſeau amiral, & va dîner & coucher à Eſtrées, ſon quartier.
Mai.	Au camp de la Rochelle.

DES ROIS DE FRANCE.

16. Va loger à Laleu.
18. Couche en son quartier d'Estrées.
19. Couche à Surgeres.
Dim. 28. Couche en son quartier de Netre.
3. Juin. Talmont.
19. Dîne à Bourges.
24. Juill. Couche à Surgeres.
3. Août. Couche en son quartier de Netre.
Dim. 13. Couche à Surgeres.
Dim. 10. Sept. Couche en son quartier de Netre.
13. Couche à Surgeres.
29. Couche à Laleu.
26. Oct. Va se promener sur mer vers sa flotte, près la Rochelle.
29. Couche à Laleu.
30. Au fort de Beaulieu ; dîne à Laleu. Va faire le tour de la Rochelle, couche à Laleu.
1. Nov. Entrée dans la Rochelle ; couche à Laleu.
6. La Rochelle.
18. Couche à Surgeres.
Dim. 19. Couche à Niort.
20. Couche à Partenay.
21 Couche à Touars.
22. Couche à Saumur.
23. Va faire ses pâques à N. D. des Ardilliers ; couche à Langeais.
24. Dîne à Tours ; couche à Amboise.
25. Couche à Marchenoir.
Dim. 26. Couche à N. . . .
27. Couche à Dourdan.
29. Couche à Limours.
15. Déc. Paris.

1629.

13. Janv. Chaillot ; couche à Paris.
4. Départ de Paris.
19. Fév. Grenoble.
22. Va passer le col de Laffré ; & couche à la Moure.
23. Va passer le col de Pontaut, & couche aux Diguieres.
24. Va passer le col de saint Guigue, & couche à Gap.
Dim. 25. Couche à Chorge.
26. Couche à Embrun.
6. Mars. Chaumont.
10. Dijon.
14. Couche à Suze.
16. A Bouffelengue ; couche à Suze.
20. A la plaine de Bouffelengue, (Bucelingo), & couche à Suze.
16. Avril. Au camp de Suze.
28. Chaumont.
8. Mai. Arrive à Valence.
19. Au camp de Privas.
Privas.
30. Au camp de Privas.
4. Juin. Va passer le col Coudirons, pour aller à Mirebel ; couche à Villeneuve de Sers (de Berg).
5. Par Valon & la tour de Salinas, passe la riviere d'Aubesche ; couche à Bargeac , (Barjac).
7. Devant saint Ambroix, & va loger à saint Victor.
8. Loge à Salindres.
9. Campe devant Alais.
Dim. 10. Loge à Salindres.
11. Loge à Maimirauc, (Montmoirac.)
Dim. 17. Fait son entrée à Alais.
27. Couche à Lezignan.
29. Couche à saint Jattes, (S. Chapte) avec son armée.
2. Juill. Couche à Collias.
3. Loge à Bessouse.
7. Couche à Beaucaire.
10. Couche à Usez.
14. Couche à Nismes.
Dim. 15. Couche à Montfrin.
8. Août. Paris.
13. Sept. Fontainebleau.
19. Fontainebleau.
Peu avant la Toussaint. Paris.
5. Nov. Saint Germain en Laye.
10. Paris.

1630.

2. Janv. Paris.
Mars. Nogent sur Seine.
Paris.
4. Avril. Troyes.
Avril. Dijon.
4. Mai. Lyon.
8. Part de Lyon pour Grenoble.
10. Couche à Grenoble.
14. Couche à Coups.
15. Couche à Barraut.
18. Couche à Chamberi.
22. Couche à Aix.
23. Couche à Arbis.
24. Couche à Remilly.
25. Couche à Nuis.
29. Au bout du lac, dans la plaine de Laschemy ; couche à Facorge.
4. Juin. Loge à Moustier.
6. Loge à Esmes.
7. Loge à Saint Maurice du Bourg.
Dim. 9. Dîne à Esmes ; couche à Moustier.
10. Couche à Conflans.
11. Couche à saint Pierre d'Albigny.
14. Dîne & couche à Chamberi.
Dim. 16. Part de Chamberi pour Lyon.
29. Grenoble, & va coucher à Gonsales.
Dim. 30. Couche à la Roquette.
1. Juill. Couche à Aiguebelle, sous Charbonnieres.
2. Couche à Argentane (Argentine.)
4. Dîne à Chambottes, passe par le pont Amaffré ; couche à saint Jean de Maurienne.

Q ij

25. Couche dans les prés d'Argentine, à cause de la peste, qui étoit à Argentine.
26. Couche à la Roquette.
27. Couche au fort de Barraux.
7. Août. Couche à Lyon.
23. Lyon.
Rouanne.
6. Sept. Paris.
9. Nov. Versailles ; & couche à Paris.
11. Jour de saint Martin. couche à Versailles.
18. Couche à saint Germain.
22. Déc. Saint Germain en Laye.
Déc. Paris.
1631.
1. Janv. Paris.
Fév. Paris.
16. Compiegne.
Dim. 23. Couche à Senlis.
25. Couche à Paris.
Mars. Fontainebleau.
Orléans.
30. Dijon.
Chancoaux.
Avril. Fontainebleau.
Mai. Paris.
14 Juin. Saint Germain en Laye.
Juill. Saint Germain en Laye.
23. Paris.
24. Part pour Monceaux.
25. Sur le chemin de Monceaux, entre Bondy & Baubigny.
23. Août. Paris ; part pour Monceaux.
28. Chasse à Monceaux.
30. Monceaux.
Sept. Paris.
6. Nanteuil.
9. Compiegne.
19. Nanteuil.
Monceaux.
25. Couche à Troyes.
29-30. Vendeuvre.
7. Oct. Couche à Fontainebleau.
10. Fontainebleau.
23. Couche à Château-thierri.
10. Décemb. Part de Château-thierri pour Metz.
16. Châlons.
25. Metz.
1632.
3. Janv. Couche au camp de Vic.
4. Moyenvic.
6. Hors de Moyenvic, où sa majesté fait la revue de huit cents hommes du régiment de ses gardes.
9. Couche à Metz.
12. Vic.
Ledit jour. Entre dans Marsal.

21. Metz.
9. Fév. Metz.
Malatour.
Fresne.
11. Couche à Verdun.
12. Couche à sainte Menehou.
13. Couche à Châlons.
14. Couche à Montmirail.
15. Couche à Meaux.
16. Couche à Versailles.
18. Couche à saint Germain en Laye.
20. Couche à Versailles.
27. Couche à Paris.
28. Couche à saint Germain en Laye.
Mars. Couche à Paris.
Couche à saint Germain.
13. Chasse le sanglier.
17. Couche à Versailles.
22. Couche à saint Germain en Laye.
24. Ruel.
31. Saint Germain en Laye.
3. Avril. Ruel.
8. Paris.
17. Chasse le sanglier.
22. Saint Germain en Laye.
1. Mai. Saint Germain en Laye.
9. Dîne à Meri ; couche à Merlou.
11. Paris.
Saint Germain en Laye.
22. Couche à Calais.
25. Boulogne.
Montreuil.
Abbeville.
Péquigny.
28. Couche à Amiens.
2. Juin. Couche à Corbie.
3. Dîne à Chaume ; couche à Nesle.
4. Couche à la Fere.
7. Couche à Laon.
10. A N. D. de Liesse, où sa majesté communia ; & couche à Laon.
12. Neufchâtel.
Pont-Fauverger.
15. Sainte Menehou.
19. Couche à Courolles.
Dim. 20. Couche à saint Mihiel.
23. Couche à Commercy.
24. Couche à Nouvian.
25. Couche à Liverdun, à deux lieues de Nancy.
Juin. Au camp de saint Antonin.
6. Juill. Pont-à-Mousson.
7. Couche à Seche-prés, petit village de Lorraine.
8. Couche à saint Mihiel.
9. Dîne & couche à Bar.
10. Couche à saint Disier.
12. Couche à Dommartin lez-Prés.
13. Couche à Aitoge.
14. Couche à Montmiral.

15.	Couche à la Ferté-sous-Jouarre.	12.	Couche à saint Marceau.
16.	Couche à Monceaux.	13.	Couche à Châteauroux.
28.	Dîne à Ville-Parifis, & en chassant vient coucher à Livry.	14.	Chasse à Châteauroux.
		15.	Couche à Vatan.
29.	Neuilly ; couche à saint Germain en Laye.	16.	Couche à Romorentin.
		17.	Couche à Boigency.
31.	Saint Germain en Laye.	18.	Couche à Toury.
10. Août. Va souper à Auteuil ; couche à Paris.		19.	Couche à Dourdan.
11.	Paris.	20.	A Versailles, à deux heures après midi.
12.	Dîne à Villejuif ; couche à Juvifi.		
13.	Couche à Fontainebleau.	23.	Couche à saint Germain en Laye.
18.	Couche à Château-Landon.	29.	Couche à Versailles, & y chasse.
19.	Couche à Nogent.	Déc. Paris.	
20.	Couche à Briare.	7.	Couche à saint Germain en Laye.
21.	Couche à Cône.	9.	Chasse à saint Germain en Laye.
	Couche à Pouilly.	14.	Versailles.
24.	Couche à la Charité.	16.	Couche à saint Germain en Laye.
25.	Couche à Nevers.	21	Versailles, y couche.
26.	Couche à saint Pierre le Moustier.	23.	couche a saint Germain en Laye.
27.	Couche à Moulins.	1633.	
29.	Couche à Varennes.	1. Janv. Saint Germain en Laye.	
30.	Couche à la Palice.	2.	Versailles.
31.	Couche à la Pacaudiere.	3.	Rochefort ; c. à Dourdan.
1. Sept. Couche à Rouanne.		5.	Dourdan.
3.	Couche à saint Saphorin.	9	couche a Chevreuse.
4.	Couche à Beuilly, (Deuilli.)	10.	couche a Versailles.
Dim. 5. Couche à Lyon à six heures du soir, & loge à l'abbaye d'Esnay, ayant passé la Saone en bateau.		12.	Au Louvre.
		13.	Versailles.
		15.	Saint Germain.
9.	Couche à Vienne.	18.	Ruel, c. à Versailles.
10.	Couche à saint Valery.	22.	couche a Chevreuse.
11.	Couche à Valence.	25.	couche a Versailles.
13.	Couche à Montelimart.	27.	couche a saint Germain en Laye.
14.	Couche au saint-Esprit.	Fév. Versailles ; y passe le carnaval.	
17.	Couche à Tresques.	Mercredi des cendres. couche a saint Germain en Laye.	
18.	Couche à Montfrin.		
19.	Couche à Nismes.	13.	Chantilly.
20.	Couche à Lunel.	14.	couche a Escouan.
21.	Couche à Montpellier.	15.	couche a Chantilly.
4. Oct. Couche à Meze.		18.	Fait faire à Chantilly l'exercice à ses mousquetaires.
5.	Couche à Pezenas.		
6.	Couche à Beziers.	21.	couche a Escouan.
14.	Passe la riviere Dode, (Aude) ; couche à Narbonne.	22.	couche a saint Germain en Laye.
		26.	Saint Germain en Laye.
19.	Couche à Carcassonne.	Avant le 5. Mars. Au Louvre, à Paris.	
20.	Couche à Castelnaudarri, où sa majesté va voir le champ de bataille où fut pris le duc de Montmorenci.	Le lendemain. couche a Versailles.	
		4. Mars. couche a saint Germain.	
		7.	Au port de Neuilly ; c. à Escouan.
21.	Couche à Villefranche de Lauragais.	11.	couche a Chantilly.
22.	Couche à Toulouse.	18.	couche a Escouan.
31.	Couche à Fronton.	19.	couche a saint-Germain en Laye.
1. Nov. Couche à Montauban.		29.	Ruel, saint Germain ; & c. à Versailles.
2.	Couche à Castelnau de Montratier.		
3.	Cahors ; couche à Fressiné.	31.	Ruel ; c. à Versailles.
4.	Couche à Souillac.	2. Avril. Fait faire à Versailles, l'exercice à ses mousquetaires.	
5.	Couche à Brive.		
7.	Couche à Usarche.	6.	Fait faire à saint Germain en Laye. l'exercice auxdits mousquetaires.
8.	Couche à Maignac.		
9.	Couche à Limoges.	11.	couche a Paris.
10.	Couche à Morterolles.	12.	couche a Escouan.
11.	Couche à saint Benoist.	13.	couche a Chantilly.

22. Chantilly.
28. De Chantilly, couche a Livry.
30. couche a Crône.
1. Mai. couche a Essonne.
2. couche a Fleury.
3. couche a Fontainebleau.
   A la chasse à Dormeil, à quatre lieues de Fontainebleau.
14. Fontainebleau.
27. couche a Courance.
2. Juin. couche a Fontainebleau.
6. couche a Versailles.
Dim. 12. De Versailles, couche a saint Germain en Laye.
14. couche a Chaumont.
   Gisors; couche à Forges.
20. Forges.
3. Juill. De Forges, couche à Ozembray.
4. couche a Chantilly.
Dim. 10. Royaumont.
13. Chantilly.
27. Royaumont.
   Chanully.
29. De Chantilly, couche a Nanteuil.
30. couche a Monceaux.
19. Août. De Monceaux, dîne à Nogent, couche à Châteauthierri.
20. Espernay.
21. Châlons.
22. couche a Vitry.
23. couche à saint Dizier.
24. couche a Bar-le-duc.
26. couche a Sampigni.
27. couche a Sechepré.
28. Entrée au Pont-à-Mousson.
29 Loge en la villette d'Amanse.
30. couche à saint Nicolas.
31. Fait le tour de Nancy à la portée du mousquet, & revient en son quartier de saint Nicolas.
2. Sept. Prend son quartier à la Neuville, à la portée du canon de Nancy.
25. Entre, & couche dans Nancy.
1. Oct. couche a Commercy.
2. couche a Vaubecourt.
3. couche a Châlons.
4. couche a Châteauthierri.
20. couche a Gaudelu.
21. couche a Ascy.
22. Couche au Plessis-du-bois.
26. couche a saint Germain en Laye.
4. Nov. couche a Versailles.
11. Couche a saint Germain en Laye.
16. Ruel, couche a saint Germain en Laye.
30. Ruel.
3. Déc. Ruel.
9. couche a Versailles.
14. couche a saint Germain.
16. Ruel.
24. Ruel.

28. Ruel.

1634.
1. Janv. couche a Versailles.
9. Ruel, couche a saint Germain.
15. Ruel.
17. couche a Paris.
19. couche a saint Germain.
23. A Vide-ville, près saint Germain.
27. couche a Versailles.
1. Fév. couche a saint Germain.
4. A Escouan, couche à Chantilly.
17. couche a Escouan.
18. couche a saint Germain.
19. Ruel.
24. Barberi.
25. couche a Senlis.
7. Mars. couche a Chantilly.
26. A la plaine d'Oignon, y fait voler sa fauconnerie.
27. Réaumont, couche a Chantilly.
29. Se promene vers Nointel, couche à Chantilly.
5. Avril. couche a Queux.
6. couche a Escouan.
8. Arrêté au pont de Neuilly, couche a saint Germain en Laye.
18. couche a Vigni.
22. Ruel, couche a Versailles.
24. couche a Essonne.
29. couche a Fontainebleau.
3. Mai. couche a Malesherbes.
8. couche à Courance.
9. Passe à Fleuri, couche à Fontainebleau.
13. couche a Nemours.
16. couche a Fontainebleau.
17. Courance.
24. Fleuri.
29. A demi-lieue de Fontainebleau, & couche audit lieu.
1. Juin. A Fleuri, couche a Courance.
3. couche a Fontainebleau.
14. Sa majesté fait son jubilé à Fontainebleau, allant à pied aux stations.
19. couche a Juvisi.
20. Ruel, couche a Saint Germain.
30. Ruel.
4. Juill. saint Germain-en-Laye.
10. couche a Escouan.
11. couche à Chantilly.
Août. A la chasse à deux lieues de Chantilly.
31. Part de Chantilly pour Monceaux, par Nanteuil.
4. Sept. Monceaux.
16. Fait faire à Monceaux l'exercice à ses mousquetaires.
25. De Monceaux va coucher au Plessis-les bois.
   Escouan.
2. Oct. Saint Germain.
5. couche a Cheyreuse.

6. A faint Geneviéve-des-bois.
13. couche a Versailles.
17. Saint Germain en Laye.
Versailles.
29. Fait à Versailles la revue de ses mousquetaires.
31. couche a faint Germain.
7. Nov. couche a Versailles.
15. A faint Germain.
18. Ruel, couche a faint Germain.
27. Près de Poissy, voit faire l'exercice à une compagnie du régiment de saint Luc, & va à Saint Germain.
2. Déc. Ruel.
5. Saint Germain.
7. Entre Poissy & saint Germain : fait faire l'exercice à ses mousquetaires, chevaux-legers, & gendarmes, & retourne à saint Germain.
16. Ruel, couche a faint Germain.
21. Ruel, couche a faint Germain.
30. Ruel, couche a faint Germain.
1635.
6. Janv. couche a Versailles.
10. couche a faint Germain.
12. Ruel.
19. Ruel.
24. couche a Paris.
31. Versailles, couche a faint Germain.
5. Fév. couche a Paris.
21. Versailles.
26. Dîne au Louvre en Parisis, couche a Senlis.
8. Mars. couche a Chantilly.
13. Réaumont, (Roiaumont) couche a Chantilly.
20. couche a Senlis.
21. couche a Chantilly.
28. couche a Escouan.
29. couche a faint Germain en Laye.
31. Ruel, couche a faint Germain.
3. Avril. Va Chasser entre faint Germain & Croui.
5. Ruel.
11. Ruel, couche a Versailles.
12. Marli, couche a Versailles.
13. couche a faint Germain.
16. couche a Paris.
17. couche a E'couan.
18. couche a Senlis.
20. couche a Compiegne.
30. couche a Roye.
1. Mai. couche a Peronne.
7. couche a faint Quentin.
15. A Neufchâtel.
26. couche a Châteauthierri.
8. Juin. couche a Monceaux.
19. Ruel, couche à Juvisi.
20. couche a Fontainebleau.
Juill. Bray.
12. couche a Essonne.

13. Ruel, couche a faint Germain en Laye.
23. Ruel.
25. Ruel, couche a faint Germain.
26. Part de faint Germain pour Chantilly.
15. Août. couche a Escouan.
16. Ruel, couche a Argenteuil.
17. couche a Luzarche.
18. couche a Chantilly.
22. couche a Livry.
23. A Noisi, couche a Lagni.
24. couche à Monceaux.
10. Sept. Part de Monceaux pour saint Dizier, par Châteauthierri, Epernai, & Orléans.
16. Châlons.
19. Part de Châlons, pour Vitri.
20. couche a faint Dizier.
24. couche a Bar.
30. couche a Cœur, sur la Meuse, à une lieue de faint Mihiel.
5. Oct. couche a Toul.
couche a faint Dizier.
15. couche à Vitri-le-François.
17. couche à Châlons.
20. couche a la Ferté sous Jouarre.
21. couche a Livri.
22. couche a faint Germain.
7. Nov. Ruel.
15. Ruel.
27. Ruel.
14. Déc. Ruel, couche à faint Germain.
19. couche a Paris.
21. couche a faint Germain.
1636.
12. Janv. Ruel.
17. couche a Versailles.
20. couche a Paris.
23. couche a Versailles.
24. couche a Paris.
30. couche a Versailles.
1. Fév. couche a Paris.
7. couche a Versailles.
9. couche a Paris.
13. couche a Versailles.
16. couche a Paris.
19. couche a Versailles.
21. couche a Paris.
24. couche a Versailles.
25. couche a faint Germain.
15. Mars. Ruel.
24. Ruel, ensuite à la chasse.
28. couche a Vigni.
Dim. couche a faint Germain.
5 Avril. couche à Vigni.
8. couche a Escouan.
10. couche a Chantilly.
16. Va à Royaumont tenir conseil.
12. Mai. Va souper à Argenteuil, couche à Versailles.
23. Ruel.

17. Dîné à Chilli, couché a Villeroi.
20. couché a Fontainebleau.
14. Juin. couche a Tigeri.
15. couché a Crone.
16. couché a Conflans.
21. Fontainebleau.
2. Juill. couché a Tigeri.
3. Brevane, retourne à Tigeri, pour revenir à Fontainebleau.
9. couché a Courance.
11. couché a Fontainebleau.
12. couché a Juvisi.
13. couché a Paris.
16. couché a Versailles.
20. Au château de Madrid.
16. Acût. couché à Senlis.
25. Ruel, couché a Paris.
1. Sept. De Paris à Chantilly.
15. Senlis.
19. A l'abbaye de la Victoire, couché a Senlis.
22. couché a Nointel.
28. Roye.
30. couché a Demuyn, à deux lieues de Corbie.
2. Oct. Dîné à Amiens, couché a Démuyn.
5. Dîné à Amiens, couché en son quartier de Démuyn.
7. Devant Corbie.
12. Fait le tour du camp devant Corbie, couché a Demuyn.
13. Au camp de Corbie.
14. Au camp de Corbie, couché à Demuyn.
16. Au camp de Corbie, couché a Demuyen.
24. couché a Amiens.
25. couché en son quartier de Demuyn.
28. couché a Nointel.
29. couché a Chantilly.
21. Nov. couché a Paris.
23. couché a Versailles.
25. A Ruel, y tient conseil.
Déc. Noisi.
6. Ruel.
10. A Ruel, couché a Noisi.
14. A Ruel, y tient conseil.
23. couché a saint Germain en Laye.
30. couché a Paris.
1637.
9. Janv. couché a saint Germain.
12. couché a Paris.
14. couché a saint Germain.
18. couché a Paris.
21. couché a Villeroi.
22. couché a Fontainebleau.
27. couché a Males herbes.
4. Fév. A Orléans.
9. Touri.
Dourdan.
13. couché a Versailles.

14. couché a Paris.
16. couché a Versailles.
22. couché a Paris.
24. couché a saint Germain.
5. Mars. Vigny.
13. A Dangut, près Gisort.
20. couché a saint Germain.
21. Ruel, couché a saint Germain.
25. Ruel, couché a saint Germain.
1. Avril. Ruel, couché a saint Germain.
6. Ruel, couché a Versailles.
8. couché a saint Germain.
11. ou 12. couché à Versailles.
couché a saint Germain.
18. Ruel, couché a saint Germain.
23. Dîné chez le président Cornuel, intendant des finances, dans sa maison de la Marche, entre Versailles & Ruel, & couché à Versailles.
24. couché a saint Germain.
2. Mai. Ruel, couché a saint Germain.
11. Ruel, couché a Versailles.
couché a saint Germain.
19. couché a Versailles.
24. Ruel, couché a Versailles.
27. De Versailles a Fontainebleau, par Savigni, Villeroi, & Courance.
Veille de la pentecôte, couché à Fontainebleau.
9. Juin. Chilly, couché a Fontainebleau.
6. Juill. couché a Madrid.
9. A Versailles.
10. A Madrid.
couché a Chantilly.
18. couché a Madrid.
24. couché a Chantilly.
27. couché a Madrid.
6. Août. Chaillot, couché a Madrid.
12. couché a Chantilly.
3. Sept. couché a Escouan.
4. couché a saint Maur.
15. Part de saint Maur.
16. couché a Fontainebleau.
21. couché a saint Maur-des-Fossez.
8. Oct. A Paris.
couché a saint Maur.
couché a Versailles.
17. couché a saint Germain.
20. Ruel, couché a saint Germain.
couché à Versailles.
31. couché a saint Germain.
A Gros-bois.
7. Nov. couché a Versailles.
9. couché a saint Germain.
1. Déc. couché a Paris.
2. couché a Crone.
5. couché a Versailles.
Saint Germain.
9. Ruel, couché a saint Germain.
1638.
13. Janv. Ruel, couché a saint Germain.
15. Avril

15. Avril. Ruel, couche à faint Germain.
26. couche à Chantilly.
8. Mai. Compiegne.
Lundi. Mouchy le Perreux.
couche à Compiegne.
21. Saint Germain.
27. Versailles.
3. Juin. Saint Germain.
23. Ruel, couche à faint Germain.
29. Juill. couche à Beaumont.
20. couche à faint Juft.
21. couche à Amiens.
26. couche au bourg d'Ereines.
27. couche à Abbeville.
16. Août. couche au château de Sarcus.
17. couche à Rebais.
18. couche à faint Germain en Laye.
16. Sept. couche à Chantilly.
26. Oct. A faint Germain.
A Versailles, couche à faint Germain.
A Versailles.
2. Nov. A Versailles.
couche à faint Germain.
15. Ruel, couche à faint Germain.
couche à faint Maur.
19. Paffé à Gros-bois, fainte Geneviéve des Bois, & Chilly.
24. Ruel, couche à faint Germain.
30. couche à Villepreux.
2. Déc. couche à faint Germain.
15. Versailles, couche à faint Germain.
30. A Ruel, où il tient conseil; couche à faint Germain.

1639.
4. Janv. Départ de faint Germain pour Fontainebleau.
7. couche à Fontainebleau.
14. couche à Villeroi.
20. Versailles.
21. couche à faint Germain.
Dim. A Ruel, où il tient conseil.
17. Fév. A faint Germain.
Ruel.
25. Versailles, couche à faint Germain.
16. Mars. couche à Vigny.
20. couche à faint Germain.
26. A Ruel, où il tient conseil.
4. Mai. A Ruel, où il tient conseil.
19. A Ruel, où il tient conseil.
25 Départ de faint Germain, pour la frontiere de Picardie.
30. couche à Abbeville.
3. Juin. Au camp, dans la tente du grand maître, près Hefdin.
4. couche à Abbeville.
Dim. couche à Montreuil.
29. couche au camp, devant Hefdin.
30. Entrée à Hefdin par la breche, où fa majefté fit chanter le *Te Deum* dans l'églife, & alla coucher à Montreuil.

Tome I. Abel Jouan,

Juill. couche à Abbeville.
7. Pequigni.
couche à Corbie.
11. couche à Peronne.
14. couche à Ham.
15. couche à faint Quentin.
18. couche à Guife.
20. couche à Marle.
22. couche à Rozoy.
23. couche à Retel.
25. couche à Mezieres.
31. A la vuë d'Ivoy.
2. Août. Au camp d'Ivoy, étant parti de Mouzon.
12. A Mouzon.
13. couche à Grand-pré.
14. couche à fainte Menehoud.
15. couche à Sermoife.
17. couche à faint Dizier.
19. couche à Joinville.
20. couche à Vignori.
21. couche à Chaumont, en Baffigni.
23. couche à Langres.
29. couche à Dijon.
3. Sept. couche à Nuits.
4. A Beaune, couche à Châlons.
12. Par eau, va coucher à Mâcon.
13. couche au château de Vimy, appartenant au fieur d'Halincourt, à trois lieues de Mâcon.
18. A Lyon.
19. couche à Artas.
20. couche à Moirans.
21. couche à Grenoble.
24. A une lieue de Grenoble, à la rencontre de la duchesse régente de Savoye, & retourne à Grenoble.
12. Oct. couche à Lyon.
25. Départ de Lyon.
Prend l'eau à Rouanne.
Fête de la Touffaint. A Montargis.
3. Nov. couche à Fontainebleau.
8. couche à Villeroi.
9. couche à Chilly.
10. couche à Versailles.
Ruel, couche à faint Germain.
Dim. A Versailles.
couche à faint Germain.
24. Déc. couche à faint Germain en Laye.

1640.
Janv. Ruel, couche à Versailles.
21. couche à faint Germain.
Dim. Fév. A Chantilly.
8. Mars. Saint Germain.
couche à Chantilly.
7. Mai. couche à Crefpi.
8. couche à Villiers-Cotterets.
9. couche à Soiffons.
28. couche à Varenne.
14. Juin. couche à Magny.
17. couche à Harbonnieres, château

R

28. couche a Corbie.
19. couche a Amiens.
3. Juill. couche à Corbie.
4. couche a Amiens.
28. Août. D'Amiens couche a Breteuil.
6. Sept. couche a Escouan.
7. couche a saint Germain.
22. Escouan, couche a Chantilly.
2. Oct. A saint Germain.
10. couche a Monceaux.
couche a saint Germain.
6. Nov. couche a Villepreux.
16. A saint Germain.
21. Déc. couche a Versailles.
1641.
11. Janv. A saint Germain en Laye.
2. Fév. Chantilly.
7. Escouan, couche a Paris.
Fév. couche a saint Germain en Laye.
20. couche a Paris.
21. Villeroi.
A la Maison-rouge.
5. Mars. A Versailles, & couche a saint Germain.
8. Mai. couche à Paris.
9. couche à saint Germain.
23. couche à Vigni.
24. couche a Dangu.
couche a Aumale.
28. couche a Oisemont.
29. couche a Abbeville.
25. Juin A Lu.
Oisemont.
Amiens.
29. couche a Corbie.
3. Juill. couche a Peronne.
9. couche a Nesle.
23. Reims.
26. couche a Rhetel.
Dim. 28 couche a Mezieres.
29. Au camp, où sa majesté fit marcher son armée jusqu'à la riviere de Bar, & couche a Mezieres.
31. Va promener à Charleville, couche a Mezieres.
Au camp, devant Sedan.
10. Août. couche au château d'Assi
12. couche a Reims.
13. couche a Braisne.
14. couche a Varennes.
16. couche a Roye.
18. couche a Amiens.
couche a Peronne.
Sept. A Nesle.
28. couche a Amiens.
A Pinquigny, (Pequigny.)
1. Oct. A Amiens, couche a Pinquigny.
17. couche a Roye.
19. couche a Compiegne.
Chantilly.
2. Nov. couche à....

5. couche a saint Germain.
Déc. A saint Germain.
1642.
2. Janv. couche a Paris.
9. Va chasser au cerf dans les buissons de Versailles.
15. A saint Germain.
27. couche a Chilly.
28. couche a la Maison-rouge.
couche a Fontainebleau.
3. Fév. couche a Nemours.
4. couche a Montargis.
5. couche a Briare.
6. couche a Cône.
7. couche a la Charité.
9. couche a Nevers.
10. couche a saint Pierre le Moutier.
11. couche a Moulins.
13. couche a Varennes.
14. couche a la Palice.
15. couche a Rouanne.
16. couche a Tarare.
17. couche a Lyon.
23. couche a Vienne.
24. couche a saint Valier.
25. couche a Valence.
27. couche a Montelimart.
28. couche a Bagnols.
1. Mars. couche à Montfrin.
2. couche a Nismes.
3. couche à Lunel.
7. couche a Montpellier.
8. couche a Pesenas.
9. couche a Beziers.
10. couche a Narbonne.
11. Avril. Couche a Sigean.
22. A Leucate, couche à Pla.
23. A son quartier, à saint Estesse.
26. Fait le tour de Perpignan.
27. Aux lignes du côté de son quartier.
10. Juin. couche a Sigean.
11. couche a Narbonne.
13. couche a Besiers.
14. couche a Marsillan.
15. Sur l'Etang, couche a Fronrignan.
16. couche a Perault.
17. couche a Lunel.
couche a Montfrin.
A Tarascon.
7. Juill. couche a Lyon.
13. couche a la Bresse.
14. couche a saint Saphorin.
15. couche a Rouanne.
26. A Fontainebleau.
22. Août. A Versailles.
23. couche a saint Germain.
A Versailles, couche a Chantilly.
28. couche a Verbris.
31. couche a Nanteuil.
2. Sept. couche a Monceaux.
17. A Paris, à N. D. où sa majesté fit

chanter le *Te Deum* pour la prife de Perpignan, & fut coucher à Livri.
18. Dîne à Claye, près de Meaux, & couche a Livri.
22. couche a Noizi-le-grand.
27. Dîne & couche a Joffigni.
29. couche a Chaume.
30. couche au Châtelet.
4. Oct. Dîne & couche a Valence.
5. Dîne à Dormeil.
11. couche a Fontainebleau.
15. couche a Nandi.
16. couche a Efneri-les-Châteaux.
19. couche a . . . .
20. couche a Verfailles.
23. couche a faint Germain en Laye.
10. Nov. couche a Triel.
13. couche a faint Germain en Laye.
5. Déc. A Paris, couche a faint Germain.
21. couche a Verfailles.
23. couche a faint Germain.
29. couche a Verfailles.
31. couche a faint Germain.
1643.
5. Janv. couche a Verfailles.
7. couche a faint Germain.
couche a Verfailles.
29. couche a Paris.
9. Fév. Couche à Villeneuve.
11. couche a faint Germain.
14. couche a Verfailles.
18. couche a faint Germain.
14. Mai. Mort de Louis XIII. à faint Germain en Laye, à deux heures & un quart après midi.

LOUIS XIV.
1643.

15. Mai. couche a Paris, au Louvre.
18. Au parlement, tient fon lit de juftice, & retourne au Louvre.
2. Juill. Au Val-de Grace.
26. Oct. A l'églife de Montmartre.
1644.
13. Avril. Vers le bois de Boulogne, voit faire l'exercice au régiment des gardes.
23. Au bois de Boulogne, voit faire la revue des gardes Suiffes.
6. Juin. couche a Ruel.
5. Juill. couche à Paris.
9. Sept. Part de Paris pour Fontainebleau.
25. Oct. couche a Paris.
1645.
11. Sept. Part de Paris pour Fontainebleau.

24. Oct. Couche a Villeroi.
25. couche a Paris, y arrive à quatre heures après midi.
27. Va entre la porte faint Denis, & la chapelle, accompagner la reine de Pologne.
1646.
8. Mai. couche a Chantilly.
11. couche à Liancourt.
12. couche a l'abbaye de faint Corneille.
13. couche au château de Compiegne.
17. A la chaffe dans la forêt.
18. A la chaffe dans la forêt.
19. A une prairie, près de Compiegne, voit quatorze ou quinze cents hommes, rangés en trois bataillons.
28. couche a Montdidier.
29. couche a Amiens.
2. Juin. couche a Breteuil.
13. couche a Liancourt.
14. couche a Efcouan.
15. couche a Chaillot.
16. couche a Paris.
9. Juill. couche a Villeroi.
10. couche a Fontainebleau.
1. Sept. A demi-lieue dans la forêt de Fontainebleau.
2. Va chaffer au fanglier.
9. Oct. A Paris.
1647.
1. Mai. A la maifon de la Chevrette, à deux lieues de Paris, appartenante au fieur d'Emery, controleur général des finances, qui y traita leurs majeftés fplendidement.
9. couche a Chantilly.
11. couche a Compiegne, y arrive à cinq heures du foir.
15. couche a Montdidier.
16. couche a Amiens.
30. Juin. couche a Longpré.
27. Juill. couche a Abbeville.
31. couche a Eu.
1. Août. couche a Dieppe.
5. couche a Neuchatel.
7. couche a Gifors.
8. Pontoife.
9. A faint Germain, couche a Paris.
23. Dîne à la Chevrette, où le fieur d'Emeri eut l'honneur de recevoir fa majefté.
11. Sept. Dîne à la Chevrette.
16. Part de Paris pour Fontainebleau.
21. Fontainebleau.
19. Oct. couche a Paris.
1648.
10. Fév. A faint Germain.
19. Chaffe à la plaine de faint Denis.
7. Mars. à la chaffe au bois de Vincennes.
24. Avril. A faint Germain en Laye.
4. Sept. Chaffe au bois de Boulogne.

ITINERAIRE

- 13. couche a, Ruel.
- 24. couche a faint Germain en Laye.
- 31. Oct. couche a Paris.

1649.

- 6. Janv. couche a faint Germain, y arrive à neuf heures du matin.
- 30. Avril. couche a Chantilly.
- 3. Mai. couche a Compiegne.
- 13. Juin. Va promener au château de Mouchi, à une lieue de Compiegne.
- 15. couche a Montdidier.
- 16. couche a Amiens.
- 2. Juill. couche a Montdidier.
- 3. couche a Compiegne.
- 21. Va se baigner au lieu appellé la baignoire du roi, qui est dans la riviere d'Oise, entre cette ville & l'embouchure de l'Aisne.
- 6. Août. Va promener au monastere des Célestins de saint Pierre en Chartres, qui est dans la forêt & à deux lieues de Compiegne.
- 7. Va visiter le couvent des célestins de sainte Croix à Offemont, à trois lieues de Compiegne.
- 17. couche a Senlis.
- 18. Dîne au Bourget, au logis du sieur Rozet, passe à saint Denis & à Aubervilliers, couche a Paris.
- 24. A saint Germain, couche a Paris.
- 29. A Chaillot, voir tirer l'oison par les mariniers de Paris, sur la Seine.
- 19. Sept. A Suresne, dans la maison du sieur de sainte Marie, lieutenant de la compagnie des cent Suisses, qui lui donna la collation.
- 13. Oct. Va chasser au bois de Boulogne.
- 18. Nov. Va chasser au bois de Vincennes.
- 30. Va chasser dans la plaine de Grenelle.

1650.

- 1. Fév. couche a Pontoise.
- 3. couche a Magny, & va chasser à une lieue dudit Magny.
- 4. couhe a Escouy.
- 5. couche a Rouen. A Paris.
- 5. Mars. couche a Melun.
- 7. couche a Montereau.
- 8. couche a Sens.
- 10. couche a Joigny.
- 11. couche a Auxerre.
- 13. couche a Noyers.
- 14. couche a Monbar.
- 15. couche a Saint-Seine.
- 16. couche a Dijon.
- 9. Avril. couche a saint Jean de Lône. Sur la Saone jusqu'au château d'Epagny, & ensuite au camp de Bellegarde ou Seurre, & couche à saint Jean de Lône.
- 12. Dîne à Citeaux, & couche a Dijon.
- 25. couche a Chanceaux.
- 26. couche à Châtillon sur Seine.
- 27. couche a Bar.
- 28. couche a Troyes.
- 30. couche à Nogent.
- 1. Mai. A Provins, couche a Nangis.
- 2. A Brie-comte-Robert; couche a Paris, il y arrive à sept heures du soir.
- 2. Juin. couche a Compiegne.
- 29. couche a Paris, où il arrive à neuf heures du soir.
- 4. Juill. Dîne à Essonne, dans la belle maison du sieur Essélin, maître de la chambre aux deniers; couche a Fontainebleau.
- 8. couche a Pluviers.
- 9. couche a Orléans.
- 11. couche a saint Laurent des Eaux.
- 12. Dîne à Chambort, couche a Blois.
- 13. couche a Amboise.
- 14. Dîne à Chenonceaux, sur la riviere de Cher, maison appartenante à M. de Vendome; couche a Tours.
- 15. Va voir le lieu dit le Plessis, & les Minimes; & de-là se fait mener sur la riviere de Cher, où s'étant baigné, il retourne à Tours, & soupe dans le jardin de l'archevêché.
- 18. couche a Richelieu, dans la maison ducale, où il est traité par le marquis de Richelieu.
- 19. Va chasser dans le parc de Richelieu.
- 20. couche a Châtelleraut.
- 21. couche a Poitiers, où il arrive à sept heures du soir.
- 25. couche a Angoulême.
- 28. couche à Auberterre, où il arrive à onze heures du soir.
- 30. Juill. couche a Coutras.
- 1. Août. couche a Libourne.
- 2. couche a Bourg.
- 7. Sept. Dîne à Blaye, où le duc de saint Simon, qui en étoit gouverneur, lui donne à dîner.
- 2. Oct. Entre & couche a Bourdeaux. Leurs majestés y arriverent par eau sur une galere, entre onze heures & midi.
- 15. couche a Blaye.
- 16. couche à Miraubant, (Mirembeau.)
- 17. couche à Saintes.
- 18. couche a saint Jean d'Angely.
- 10. couche a Mesle.
- 21. couche a Lusignan.
- 22. couche a Poitiers.
- 23. couche a Châtelleraut.
- 24. couche a Montelan.
- 25. couche a Amboise.
- 27. couche a Blois.
- 28. couche a saint Laurent des Eaux.
- 29. couche a Orléans.
- 30. couche a Pluviers.
- 31. couche a Fontainebleau.

DES ROIS DE FRANCE.

12. Nov. Va chasser au cerf.
15. couche à Paris, où il arrive à quatre heures du soir.
Déc. Paris.
Paris.

1651.

5. Janv. Paris.
12. Avril. A la chasse au bois de Boulogne.
18. Va chasser autour du château de Versailles, où le président de Maisons, surintendant des finances, lui donne à dîner.
20. Dîne au château des Maisons.
14. Mai. Va promener à saint Ouen, & voir la maison de Mauroi, intendant des finances.
17. Va voir à Issy la maison du président Tubeuf, qui donne à leurs majestés une collation magnifique.
23. Va promener en la maison de la Chevrette.
15. Juin. Dîne au château de Versailles.
28. Va chasser à Versailles.
29. Va promener à Clichi.
2. Juill. Va promener à Ruel.
Semaine du 5. Août. Se baigne dans la Seine, vis-à-vis le château de Madrid.
6. Août. Va promener au jardin du sieur Renard, au bord de la Seine.
8. Août. A la maison du président Tubeuf, qui donne une superbe collation.
14. A Chaillot, voir la reine d'Angleterre.
24. Chasse au bois de Boulogne.
28. Chasse au bois de Boulogne.
7. Sept. Au palais Brion, que le duc de Damville avoit fait bâtir par ordre de sa majesté, vis-à-vis le mail du palais cardinal.
27. Part de Paris pour Fontainebleau.
8. Oct. Passe à Nemours, à Montargis, & c. à Gien.
8. couche à Bourges.
25. De Bourges va c. à Issoudun.
26. couche à Châteauroux.
27. couche à Buzançois.
28. couche au Blanc, en Berri.
Chavigni.
31. Poitiers.

1652.

4. Fév. couche à Loudun.
5. couche à Saumur.
8. A Fontevrault, à trois lieues de Saumur, où il y eut une collation magnifique.
7. Mars. couche à Richelieu.
9. couche à Azé, à six lieues de Tours.
10. couche à Tours.
12. couche à Amboise.
15. couche à Blois.
27. couche à Cleri.
28. couche à Sulli.
30. couche à Gien.

18. Avril. De Gien c. à saint Fargeau.
Auxerre.
Joigny.
Sens.
Montereau.
20. couche à Melun.
23. couche à Corbeil.
26. Dîne à Chilli.
27. Dîne à Versailles, c. à saint Germain.
22. Mai. couche à Corbeil.
28. couche au Mesnil-Cornuel.
31. couche à Corbeil.
2. Juin. couche à Melun.
17. couche à la maison du Chemin, appartenante au président Viole.
28. couche à saint Denis.
17. Juill. couche à Pontoise.
19. Dîne chez le marquis de Frenoy, près de Beaumont sur Oise, & c. à Liencourt.
21. Août. couche à Compiegne.
30. Se promene dans la forêt avec cent carosses de suite, & huit cents cavaliers.
2. Sept. Chasse dans la plaine de Mouchi, au-dessus de la montagne.
3. Chasse dans la forêt, & dans la plaine de la Croix-saint-Oyen.
23. couche à Creil.
24. couche à Marine.
25. couche à Mante.
28. Passe à Meulan, c. à Pontoise.
11. Oct. couche à Mante.
17. couche à saint Germain.
21. couche à Paris, est à quatre heures du soir au cours la reine.
14. Nov. Chasse à Versailles.
21. Dîne chez le duc de Damville, au palais Brion; va au palais cardinal jouer au mail dans le jardin.
29. Se promene à Chaillot, leurs majestés sont régalées d'une collation par les religieuses de la Visitation.
Déc. Paris.

1653.

22. Janv. Chasse à Versailles.
18. Mars. couche à Fontainebleau.
20. couche à Paris.
2. Avril. Chaillot, c. à Versailles.
3. couche à Fontainebleau.
12. Chasse à saint Maur.
15. Chasse à saint Maur.
18. Chasse à Versailles.
1. Mai. A Essonne, dans la maison d'Esselin, maître de la chambre aux deniers, c. à Fontainebleau.
12. Dîne à Essonne, c. à Paris.
16. Chasse dans la plaine de Grenelle.
20. couche à Versailles.
21. couche à Paris.
1. Juin. A Ruel, c. à saint Germain.

4. couche à Paris.
20. couche à saint Germain.
30. Soupe à Ruel, c. Paris.
6. Août Chasse au bois de Boulogne.
12. Chasse à saint Maur.
16. A saint Denis.
1. Sept. couche à Compiegne.
    couche à Amiens.
18. couche à Montdidier.
19. couche à Compiegne.
27. couche à Soissons.
30. couche à Laon.
5. Oct. A N. D. de Liesse.
11. couche à Soissons.
16. A l'abbaye de saint Jean des Vignes.
18. couche à la Fere.
19. couche à Epernay.
20. couche à Châlons.
26. Vers le camp.
27. Au camp de sainte Menehoud.
30. A Châlons.
24. Nov. A sainte Menehoud.
28. couche à Ham.
29. couche à Châlons.
4. Déc. Déjeune près de Bierge, c. à Vertus.
5. Dîne au château d'Etauge, c. à Montmirel.
6. couche à la Ferté sous-Jouarre.
7. couche à Monceaux.
8. couche à Meaux.
9. Dîne à Fresne, c. à Paris.
28. A Chaillot, voir la Reine d'Angleterre, & c. à Paris.
29. A saint Germain, & c. à Paris.

1654.
24. Janv. couche à saint Germain.
26. couche à Paris.
3. Fév. Chasse à saint Maur.
11. Chasse à saint Maur & au bois de Vincennes.
9. Mars. Hors le bois de Boulogne, où sa majesté fait la revue de ses gardes.
11. Chasse au bois de Vincennes.
22. couche à saint Germain en Laye, où il prend le divertissement de la chasse.
24. couche à Paris.
3. Avril. couche à Vincennes.
6. Chasse & c. à saint Germain en Laye.
7. couche à Paris.
18. Chasse & c. au bois de Vincennes.
19. couche à Paris.
24. Au bois de Boulogne, où sa majesté fait faire l'exercice au régiment des gardes.
26. couche au bois de Vincennes.
27. couche à Paris.
5. Mai. Dîne à Essonne, c. à Fontainebleau.
13. couche à Paris.
14. couche au bois de Vincennes.
Juin. A Fismes.

3. couche à Reims, il y est sacré le 7.
18. couche à Rhetel.
20. Chasse aux environs de Rhetel.
21. Se promene à une prairie.
22. Visite l'armée du maréchal de la Ferté-Senneterre.
23. Chasse aux environs de Rhetel.
25. Dîne à Poix, passe à Doncheri, & c. à Sedan.
29. Au camp de Stenay. c. à Sedan.
30. Va se promener à cheval jusques aux capucins.
2. Juill. Va se promener à cheval au village de Torsy.
4. A Mouzon, & de-là à son armée, devant Stenay.
5. couche à Mouzon.
22. Au quartier de Mouza.
28. Au camp de Stenay.
31. Au camp de Stenay.
5. Août. au camp de Stenay.
7. couche à Rhetel.
8. couche au château de Sissonne.
9. A N. D. de Liesse, c. à la Fere.
12. Collation auprès du village de Cam, c. à Ham.
13. Collation à Licourt, c. à Peronne.
18. Chasse vers Senneterre & Chaune, & c. à Peronne.
28. Passe devant Bapaume, au village de Savigny, fait collation à Hervilliers, c. à Arras.
29. Dîne au quartier du maréchal de Turenne.
31. A Bapaume, où le duc de Navailles traite leurs majestés, c. à Peronne.
2. Sept. couche à Montdidier.
3. couche à Creil.
4. couche à Paris.
7. Chasse du côté de Meudon.
8. couche au bois de Vincennes.
10. couche à Paris.
20. Chasse au bois de Boulogne.
21. Chasse au bois de Boulogne.
23. couche au château de Nanteuil.
24. Collation à l'entrée de la forêt de Villiers-Cotterets, c. à Soissons.
25. A Couffy-le-château, fait collation à Verneuil, c. à la Fere.
27. Chasse à la Fere.
13. Oct. couche à saint Quentin.
14. A Guise, c. à la Fere : neuf heures du soir.
    Dîne à Chauny, c. à Noyon : six heures du soir.
20. couche à Compiegne.
21. couche à Chantilly.
22. Chasse dans le parc de Chantilly.
23. Chasse le cerf à Chantilly.
24. Dîne à Escouan, c. à Paris.
28. couche au bois de Vincennes.

DES ROIS DE FRANCE. 135

29. Oct. couche a Paris.
1. Nov. couche a faint Germain en Laye.
4. cou. he a Paris.
11. Chaffe & c. à Vincennes.
12. couche a Paris.
14. Chaffe à la plaine de faint Denis.
15. Chaffe à plaine de faint Denis.
21. Chaffe à la plaine de faint Denis.
24. couche au bois de Vincennes.
25. couche a Paris.
28. Chaffe & couche au bois de Vincennes.
29. couche a Paris.
30. Chaffe du côté de faint Cloud, & c. à Paris.
12. couche au bois de Vincennes.
14. couche a Paris.
17. A la chaffe.
25. couche a faint Germain en Laye.
29. couche a Paris.
30. A la plaine de Grenelle, à la revue des gardes Suiffes.
1655.
11. Janv. Chaffe & c. au bois de Vincennes.
13. couche a Paris.
16. Chaffe vers la plaine de Grenelle.
23. Chaffe & couche au bois de Vincennes.
25. couche à Paris.
11. Fév. Chaffe à la plaine de Grenelle.
1. Mars. couche a faint Germain en Laye.
4. couche a Paris.
25. couche au bois de Vincennes.
27. couche a Paris.
2. Avril. Chaffe au bois de Boulogne.
6. Chaffe au bois de Vincennes, & c. à Paris.
7. Chaffe & c. au bois de Vincennes.
13. Tient fon lit de juftice à Paris; & c. au bois de Vincennes.
17. couche a Paris.
15. Mai. Chaffe au bois de Vincennes.
18. couche à Chantilly.
22. couche a Compiegne.
28. Chaffe au fanglier à la forêt de Compiegne.
31. Aux religieufes de Réaulieu.
3. Juin. Dîne à Mouchy.
7. A Chauny, c. à la Fere.
28. A la forêt, près de la Fere.
5. Juill. couche a Soiffons: dix heures du matin.
15. couche a la Fere : neuf heures du foir.
23. couche a Guife.
24. couche a Guife.
25. couche a la Fere.
26. couche a Guife.
Juill. couche a la Fere.
29. couche a Guife.
31. Au camp, à l'Efquielle, & à Bure aux

Foffés, à deux lieues de Guife.
1. Août. couche a l'abbaye d'Aumont.
3. Va voir fon armée près de Solre-Fontaine.
Prend fon quartier au château de Jumont appartenant au pr. de Lignes, & va coucher au camp.
4. Retourne au camp.
5. couche a Haute-Fontaine.
10. Paffe la Sambre à Jumont, & c. à Maubeuge.
11. couche a Bavé, où l'armée campa.
13. A la tête de l'armée du maréchal de Turenne, & va au Quency.
30. couche a la Fere.
3. Sept. Fait collation à Mondecour, c. à Noyon.
4. couche a Compiegne.
5. Collation au Pleffer, près de Senlis; c. à Chantilly.
6. En cavalcade dans la forêt de Chantilly, pour y recevoir le duc de Mantoue.
7. couche a Paris.
14. couche au bois de Vincennes.
15. Chaffe à Vincennes, c. à Paris.
19. Dîne à Effonne, dans la belle maifon du fieur Effelin, c. à Fontainebleau.
25. Oct. Dîne à Effonne, c. à Paris.
28. Chaffe à la plaine de Grenelle.
29. Au bois de Vincennes.
31. Au bois de Vincennes.
2. Nov. couche a Chantilly.
4. couche a Compiegne.
10. couche a Paris.
12. couche a Compiegne.
17. Chaffe de l'autre côté de la riviere qui paffe à Compiegne.
23. couche a Paris.
25. couche a Compiegne.
27. Chaffe à la forêt de Compiegne.
28. Chaffe à ladite forêt.
30. couche a Paris.
1. Déc. couche a Peronne.
2. couche a Ham.
3. couche a Paris.
6. Chaffe au bois de Vincennes.
21. Chaffe à la plaine de Grenelle.
25. couche au bois de Vincennes.
27. couche a Paris.
1656.
24. Janv. couche au château de Vincennes.
27. couche a Paris.
2. Mars. couche a faint Germain en Laye.
6. couche a Paris.
12. Chaffe au bois de Boulogne.
18. couche au bois de Vincennes.
22. couche à Paris.
3. Avril. couche au bois de Vincennes.
6. couche a Paris.

14.	couche au château de Vincennes.
15.	couche a Paris.
25.	Chasse auprès de Paris.
29.	couche au château de Vincennes.
3. Mai.	couche a Paris.
25.	Chasse au bois de Vincennes, & c. à Paris.
27.	Dîne à Senlis, c. à Compiegne.
7. Juin.	couche a la Fere.
30. Juill.	A deux lieues de la Fere.
5. Août.	Chasse à un quart de lieue de la Fere.
17.	Chasse à Genlis.
22.	Dîne à Noyon, c. à Compiegne.
5. Sept.	Dans la forêt de Compiegne, où leurs majestés firent collation, à l'endroit nommé le puits du roi.
16.	Au château de Fayelle, au-devant de la reine de Suede.
24.	couche a la Fere.
27.	couche a Guise.
1. Oct.	couche a Vaugy-lez-Bois.
2.	Déjeune à une lieue du Quesnoy, où il étoit avec le corps de bataille de son armée : il continue sa marche jusques près le château de Roisin, & va coucher au Quesnoy.
4.	couche a Guise.
5.	Dîne près d'Armanzac, c. à la Fere.
6.	Dîne à Passay, en plaine campagne, & c. à Compiegne.
9.	couche a Paris.
12.	Chasse du côté du bois de Boulogne.
14.	couche au château de Vincennes.
29.	couche a Paris.
1. Nov.	couche a saint Germain en Laye.
5.	couche a Paris.
28.	couche au château de Vincennes.
30.	couche a Paris.
5. Déc.	Chasse au bois de Boulogne.
17.	couche au bois de Vincennes.
20.	couche a Paris.
26.	Chasse à Versailles, c. à Paris.

1657.

29. Janv.	couche au château de Vincennes.
31.	couche a Paris.
16. Fév.	Chasse à la plaine de Grenelle.
25.	couche au château de Vincennes.
28.	couche a Paris.
3. Mars.	Chasse du côté de Madrid.
6.	Chasse à Versailles.
8.	Au bois de Boulogne, où sa majesté fait la revue de son régiment des gardes.
12.	Chasse au bois de Boulogne.
13.	Chasse à Vincennes.
15.	Au bois de Boulogne, où sa majesté fait la revue & voit faire l'exercice à quelques régimens de ses gardes.
18.	couche au château de Vincennes.
22.	couche a Paris.
24.	Au bois de Vincennes, où sa majesté fait faire l'exercice à son régiment des gardes.
27.	Au bois de Boulogne, où sa majesté fait faire encore l'exercice à son régiment des gardes.
30.	couche au château de Vincennes.
31.	couche a Paris.
2. Avril.	Au bois de Boulogne, où sa majesté fait faire l'exercice à une partie des troupes de sa maison.
7.	Chasse & c. à Versailles.
8.	couche a Paris.
11.	A Berny, maison du sieur de Lionne.
16.	couche au château de Vincennes.
19.	couche a Paris.
22.	Au bois de Boulogne ; fait la revue des gardes Françoises, & ensuite va se promener à Issy, en la belle maison du sieur de Choisi, où il fit collation.
23.	Au bois de Boulogne, fait la revue des gardes Suisses.
30.	A la plaine de saint Ouen, fait faire l'exercice à ses gardes du corps.
7. Mai.	couche a Compiegne.
11.	A la forêt de Compiegne, à l'endroit appellé le puits du roi, où il fit collation.
21.	couche a ....
24.	couche a Montreuil.
26.	Va se promener à Etaples, port de mer à trois lieues de Montreuil, où il vient coucher.
28.	Chasse du côté de Bergt, village près de la mer.
29.	couche a Abbeville.
31.	couche a Amiens.
4. Juill.	couche a Peronne.
5.	couche a saint Quentin.
6.	Va voir son armée à Fonsomme, & c. à saint Quentin.
7.	couche a la Fere.
16.	A Riblemont, c. à la Fere.
6. Juill.	couche a Sissonne.
7.	A Rhetel.
8.	A Sedan.
	A Mouzon.
11.	Au camp, devant Montmedi, c. à Marville, en son quartier.
13.	couche a Stenay.
15.	Au camp, devant Montmedi, c. à Stenay.
18.	Va passer la nuit au camp de Montmedi.
19.	couche a Stenay.
26.	couche a Sedan.
2. Août.	Au camp de Montmedi.
4.	Au camp de Montmedi.
6.	couche a Stenay.
7.	couche a Sedan.

23. Au Mont Olympe, c. à Charleville.
24. couche à Liesse.
25. couche à la Fere.
29. Dîne à Ham, c. à Peronne.
7. Sept. couche à la Fere.
8. couche à Sissonne.
9. couche à Rhetel.
11. couche à Grand pré.
13. couche à Verdun : huit heures du soir.
17. couche au château de Malatour.
18. couche à Metz.
24. A la promenade dans la grande plaine de Metz, entre la Mozelle & les montagnes ; & fait faire l'exercice à deux compagnies des gardes Françoises, & à ses mousquetaires.
25. Fait continuer l'exercice audit lieu.
27. Dîne à Thionville, où il est traité par le maréchal de Grancey, gouverneur de la place, & c. à Metz.
9. Oct. Va promener à Cirque, à quatre lieues au-delà de Thionville.
25. A Nancy, c. à Metz.
28. couche au château de Malatour.
30. A Clermont, c. à sainte Menehould.
31. couche à Châlons.
2. Nov. couché à Moutmirel.
3. couche à la Ferté-sous-Jouarre.
4. couche à Meaux.
5. Couche à Paris.
9. couche au château de Vincennes.
13. couche à Paris.
22. couche à Villeroi.
23. A Fontainebleau, pour voir la reine de Suede, c. à Villeroi.
4. Déc. couche au château de Vincennes.
8. couche à Paris.
25. Au château de Vincennes.
29. couche à Paris.

1658.
8. Janv. Au bois de Boulogne, fait la revue des gardes Françoises, & c. à Paris.
23. couche à Vincennes.
29. couche à Paris.
8. Mars. A Versailles.
couche à Paris.
12. couche à Vincennes.
18. couche à Paris.
23. Au bois de Boulogne, fait la revue du régiment des gardes Françoises, c. à Paris.
2. Avril. A la plaine de saint Denis, fait faire l'exercice à ses mousquetaires.
25. couche à Chantilly.
26. couche à saint Just.
27. couche à Amiens.
14. Mai. Passe la Somme à Pequigni, c. à Abbeville.
16. Dîne à Dampierre, c. à Montreuil.
17. A Neufchâtel, c. à Bologne.

20. couche à Calais.
26. couche à Mardik.
5. Juin. couche à Calais.
13. couche à Mardik.
24. Au camp, devant Dunkerque.
25. couche à Dunkerque.
1. Juill. couche à Calais.
22. couche à Boulogne.
23. couche à Montreuil sur Mer.
24. couche à Abbeville.
26. couche à Amiens.
27. couche à Montdidier.
28. Au château de Mouchy, c. à Compiegne.
11. Août. couche à Chantilly.
12. couche à Paris.
16. Chasse à Vincennes.
19. Soupe dans la belle maison du sieur Hesselin à Essonne, c. à Fontainebleau.
20. Sept. couche à Vincennes.
21. couche à Fontainebleau.
23. Dîne à Essonne, c. à Paris.
6. Oct. Dîne à saint Cloud, dans la maison du sieur Dervar, (Hervvart) ; voit la Baleine à Chaillot, c. à Paris.
9. Va entendre la messe à Montmartre.
12. Fait collation à saint Cloud, c. à Paris.
26. couche à Corbeil.
27. couche à Moret.
28. couche à Sens.
29. couche à Joigny.
30. couche à Auxerre.
2. Nov. couche à Noyers.
3. couche à Montbard.
4. couche à Saint-Seine.
5. couche à Dijon.
19. Nuys, c. à Beaune.
20. couche à Châlons.
21. couche à Tournu.
22. couche à Mâcon.
23. couche à Villefranche.
24. couche à Lyon : cinq heures du soir.

1659.
8. Janv. A la chasse à Vimi, lieu de plaisance de l'archevêque de Lyon, qui régala sa majesté d'une collation, & après laquelle le roi retourna à Lyon.
13. couche à Tarare.
20. couche à saint Pierre le Moutier.
22. couche à la Charité.
23. couche à Cône.
28. couche à Paris.
3. Fév. Chasse à Vincennes, c. à Paris.
19. Mars. A Ruel, où le marquis de Richelieu lui donne une collation magnifique ; c. à Paris.
20. Course à la place royale, préparée par le marquis de Montbrun.
16. Avril. A Chilli, c. à Paris.
25. A Vincennes, c. à Paris.

Tome I. Abel Jouan,
+ Picquigny

30. A Vincennes, c. à Paris.
8. Mai. Soupe à saint Cloud, chez Monsieur.
18. Au château de Bercy, où le sieur de Lyonne régala le roi, c. à Paris.
22. couche au château de Vincennes.
29. couche a Vincennes.
30. couche a Paris.
5. Juin. Va par eau à saint Cloud, c. à Paris.
7. Va voir la princesse Palatine, dans sa maison de campagne à Belisle.
8. Au jardin royal des plantes médicinales.
21. couche a Chantilly.
24. couche a Vincennes.
25. couche a Chantilly.
29. couche à Claye.
30. couche a Fontainebleau.
7. Juill. Se promene sur le canal.
17. A la maison de Vaux, c. à Fontainebleau.
19. Chasse, & dine à Montigni.
28. couche a Pithiviers: six heures.
29. Fait collation dans une abbaye, & c. à Gergeau.
30. couche a Cleri.
1. Août. couche a Chambord.
2. Dine à Blois, c. à Amboise.
3. couche a Montelan.
4. couche a Châtelleraut.
5. couche à Poitiers.
11. couche a Lusignan.
12. couche à Mesle.
13. couche a saint Jean d'Angeli.
14. couche a Saintes.
16. couche a Jonzac.
17. couche a Blaye.
19. Va, par eau, coucher à Bourdeaux.
6. Oct. Dine sur la Garonne, c. à Cadillac.
7. couche a Bazas.
8. Antagnac, c. à Casteljaloux.
9. couche a Nerac.
11. couche a Lectoure.
12. Va faire collation dans une prairie, & c. à Mauvoisin.
13. couche a l'Isle-Jourdain.
14. couche a Toulouse.
28. Déc. Part de Toulouse, couche à Villefranche.
29. couche a Castelnaudarri.
30. couche a Carcassonne: séjour.
1660.
2. Janv. couche a Pujols.
3. Beziers.
4. couche a Meze.
5. couche a Montpellier.
8. couche a Lunel.
9. couche a Nismes.
10. Au Pont du Gard, c. à Nismes.
11. Passe le Rhône à Beaucaire, & c. à Tarascon.
15. couche a Arles.
16. couche a Salon de Crau.
17. couche a Aix.
4. Fév. couche à saint Maximin.
5. A la sainte Beaume, c. à saint Maximin.
6. Fait collation dans la belle maison du marquis De Rians, c. à Soliers.
7. couche a Toulon.
8. Va promener dans le port, sur une galere.
9. A une lieue en mer, où le commandeur Paul le régala.
16. A Yeres, c. à Toulon.
17. couche a Beaugencier.
20. couche a Brignoles.
21. A N. D. de Grace.
22. couche a saint Maximin.
23. couche à Aix.
2. Mars. couche a Marseille.
6. Sur une galere au château d'If, & à une lieue en mer, où Piles, que le roi nomma le lendemain viguier, & gouverneur de Marseille, lui donna la collation.
8. couche a Aix.
16. couche à Salon.
17. couche a Arles.
19. couche a Avignon.
27. A Orange.
Dim. 28. Le roi fait ses pâques aux cordeliers.
1. Avril. Au pont de Villeneuve saint André, va aux Chartreux, & c. à Nismes.
2. couche a Montpellier.
7. couche a Perenas.
8. Traverse la riviere d'Aude, c. à Narbonne.
9. couche a Sijean.
10. couche a Perpignan.
14. A Leucate, où leurs majestés furent régalées par le marquis de saint Aunez, & c. à Sijean.
15. couche a Narbonne.
16. couche a Carcassonne.
18. couche a Castelnaudarri.
19. couche à Villefranche.
20. couche a Toulouse.
23. couche a . . . . .
24. couche a Auch.
25. couche a Vic-Faisensac.
26. couche a Naugaro.
27. couche Au Mont de Marsan.
29. couche a Tarras.
30. couche a Aeqs.
1. Mai. couche a Bayonne.
2. couche a saint Jean de Luz.
4. Juin. A l'Isle de la conférence, & c. à saint Jean de Luz.
9. Epouse à saint Jean de Luz.
15. couche a Bayonne.

DES ROIS DE FRANCE.

6. couche à Acqs.
18. couche à Tartas.
9. couche au Mont de Marsan.
20. couche a ....
21. couche à Langon.
22. couche à Bazas.
23. Par eau, c. à Bourdeaux.
27. Par eau, c. à Blaye.
28. couche à saint Fort.
29. couche à Brouage.
30. couche à saint Jean d'Angely.
1. Juill. couche à saint Jean d'Angely.
2. couche à Melle.
3. couche à Lusignan.
4. couche à Poitiers.
5. couche à Richelieu.
8. couche à Amboise.
9. couche à Chambort.
12. couche à Pithiviers.
13. couche à Fontainebleau.
19. Dîne à Vaux, c. à Soisy.
20. couche à Vincennes.
26. Août. Entrée, & c. à Paris.
2. Sept. A Vincennes, & c. à Paris.
17. couche à saint Germain en Laye.
20. couche à Paris.
8. Oct. couche à Vincennes.
9. couche à Paris.
25. couche à Versailles.
26. couche à Paris.
14. Nov. couche à Vincennes.
20. couche à Paris.
7. Déc. A la chasse aux environs de Paris.
1661.
20. Janv. Chasse au parc de Vincennes.
27. Au château de Vincennes.
28. couche au château de Vincennes.
1. Fév. couche à Paris.
8. couche à saint Germain en Laye.
A Paris, c. à Vincennes.
9. Mars. couche à Paris. Jour de la mort du cardinal Mazarin, à Vincennes.
10. Avril. couche à Fromont.
21. couche à la Maison rouge.
22. couche à Fontainebleau.
25. Dans la forêt, à la rencontre de la reine mere.
28. Chasse au cerf.
22. Mai. Se promene à l'Hermitage, dans la forêt de Fontainebleau.
27. Chasse à Fontainebleau.
29. Chasse le cerf.
2. Juin. A l'Hermitage, dans la forêt.
25. Aux bains, à une lieue de Fontainebleau.
28. Chasse dans la forêt.
9. Juill. Chasse au sanglier.
18. Chasse au sanglier.
17. Août. A Vaux, où sa majesté fut traité par le surintendant des finances.
29. couche à saint Dié.

30. A Blois, à Escures; le comte de Bury lui donne à déjeûner dans son château Donzain, & va à Nantes.
7. Sept. Dîne à Saumur, couche à Amboise.
8. couche à Fontainebleau.
19. Au château de Vincennes, & à Paris. Dîne à saint Cloud, c. à Fontainebleau.
1. Déc. couche à Paris.
2. couche à Fontainebleau.
5. couche à Villeron.
6. couche à Rochefort.
7. couche à Chartres.
9. couche à Rochefort.
10. couche à Paris.
14. Chasse au bois de Boulogne.
1662.
15. Janv. A la plaine de Grenelle, fait la revue de son régiment des gardes Françoises.
16. Chasse au sanglier à saint Germain en Laye, c. à Paris.
22. Va se promener à Versailles.
1. Fév. Chasse du côté de saint Denis.
12. Chasse au bois de Boulogne.
1. Mars. A Versailles, c. à Paris.
8. Chasse & c. à saint Germain en Laye.
10. couche à Paris.
25. Chasse à Versailles.
15. Avril. A la plaine de Colombes, fait la revue des gardes Françoises & Suisses.
19. Chasse dans le parc de Vincennes, où le duc de Mantoue lui donne à dîner.
5. Mai. A la plaine de Colombes, fait la revue d'une partie des troupes de sa maison.
7. couche à saint Germain en Laye.
20. A la plaine de Colombes, fait la revue des gardes du corps.
30. couche à Fontainebleau.
1. Juin. A la promenade à saint Cloud c. à Paris.
4. Va se promener à saint Maur, en la maison du prince de Condé, qui y régale sa majesté.
16. A la plaine de Colombes, fait la revue de ses mousquetaires.
19. couche à saint Germain en Laye.
17. Juill. Chasse à Versailles, Paris.
19. Chasse dans le parc de saint Germain.
20. Chasse à Versailles.
24. A Paris.
29. Chasse aux environs de Paris, & dîne au château de Madrid.
17. Août. A une maison du fauxbourg saint Honoré, où le duc de Beaufort régala sa majesté, qui retourna à saint Germain.
22. Au château de Maisons, où sa majesté

S ij

ITINERAIRE

fut reçue par le seigneur, & c. à saint Germain.
1. Sept. Va se promener à Ruel.
27. Chasse au daim dans le parc saint Germain.
1. Oct. Se promene à Versailles, couche a Paris.
8. Au bois de Boulogne, fait la revue des gardes Françoises.
13. Chasse au cerf aux environs de Versailles.
25. Chasse au cerf à Versailles.
3. Nov. Chasse & c. à saint Germain.
4. Chasse à Versailles, & c. à Paris.
13. Chasse à Versailles.
30. couche a Abbeville.
1. Déc. couche a Calais.
2. A Gravelines, c. à Dunkerque.
4. co che a Bologne.
5. couche a Crevecœur.
6. couche a Paris.
10. Chasse au bois de Boulogne.
27. Chasse à saint Germain, passe à Versailles, c. à saint Cloud.

1663.

1. Janv. couche a Paris.
28. Se promene à Versailles.
16. Fév. Se promene à Versailles.
21. A Versailles.
25. Chasse a Vincennes.
26. Se promene à Versailles.
28. A saint Germain en Laye.
3. Mars. Chasse à Vincennes.
7. Se promene à Versailles.
12. couche a Versailles.
16. couche a Paris.
27. couche au bois de Boulogne.
28. Se promene à Versailles.
A saint Germain en Laye.
Se promene à Versailles.
9. Avril. Se promene à Versailles.
11. Chasse a Versailles.
19. A Versailles.
6. Mai. Chasse à Livri.
15. A Vincennes.
16. A Versailles.
29. couche à Versailles.
9. Juin. couche a Paris.
15. A la plaine de Colombes, fait la revue des gardes Françoises.
27. A saint Germain en Laye, & c. à Paris.
1. Juill. Fait collation & soupe à Versailles, c. à Paris.
5. Chasse à Versailles
15. A la plaine de Colombes, fait la revue des Suisses.
18. A Versailles.
21. A Versailles.
1. Août. A Versailles.

17. couche a Versailles.
14. A Paris.
15. A Versailles.
20. Dine à saint Cloud, c. à Paris.
25. couche a Châlons : onze heures du soir.
27. couche a sainte Menehoud.
28. couche a Verdun.
29. couche a Fresne.
30. couche a Metz.
31. A Bocourt, c. à Metz.
1. Sept. A Bocourt, fait la revue de l'infanterie de son armée, & c. à Nomeny.
2. Dans une plaine, fait la revue de sa cavalerie, & c. à Nomeny.
3. couche a Metz.
4. couche a Dormans, à quarante lieues de Metz.
5. couche au château de Vincennes.
19. A Versailles, & c. à Vincennes.
26. A la chasse autour de Vincennes.
12. Oct. Fait la revue de deux mille hommes de sa maison, à la plaine de Vincennes.
15. A Paris, c. à Versailles.
16. Dine à saint Germain, c. à Paris.
1. Nov. Au Val de Grace.
3. Chasse & dine à Versailles.
11. A Paris.
22. Dine à Versailles, c. à Paris.

1664.

30. Janv. Dine à Versailles, & c. à Paris.
17. Fév. A Versailles.
10. Mars. couche a saint Germain en Laye.
24. Dine à Versailles & c. à Paris.
1. Mai. couche a saint Cloud.
4. couche a Versailles.
14. couche a Chilli.
15. couche a la Maison rouge.
16. couche a Fontainebleau.
1. Août. A la plaine de Samois.
20. Sept. couche a Villiers-Cotterets.
24. couche a Paris.
couche au château de Vincennes.
couche a Versailles.
25. Oct. couche a Paris.
3. Nov. A saint Germain en Laye.
24. Déc. A Paris.

1665.

6. Mars. Au Rouse, fait la revue de la grande fauconnerie, & c. à Paris.
13. A Versailles, & c. à Paris.
24. Dine à saint Arnoul, & couche a Chartres.
26. Dine à saint Arnoul, & couche a Paris.
20. Avril. Par eau, couche a saint Germain.
21. A saint Cloud, couche a saint Germain.
29. A Paris, couche a saint Germain.

DES ROIS DE FRANCE.

13. Juin. Fait collation à Versailles, c. à saint Germain.
24. couche a Versailles.
25. couche a saint Germain.
29. A saint Cloud, & c. à saint Germain.
7. Juill. couche a Versailles.
9. couche a Saint Germain.
13. A la plaine de Colombes, fait la revue de ses gardes du corps.
19. A Pontoise, c. à saint Germain.
11. Août. Dîne à Colombes, c. à Paris.
5. Sept. couche a saint Cloud.
7. couche a Paris.
13. couche a Versailles.
17. couche a Paris.
22. couche a Villiers-Cotterets.
26. couche a Paris.
1. Oct. A Colombes, c. à Paris.
11. couche a Versailles.
15. couche a Paris.
18. A la plaine de Claye, fait la revue de ses gardes du corps. A saint Germain & à Colombes.
24. A la plaine de Grenelle, fait la revue de ses gardes Françoises.
25. Au bois de Boulogne, fait la revue des gardes Suisses, & c. à Paris.
2. Nov. couche a Versailles.
7. couche a Paris.
28. A la plaine de Grenelle, fait la revue du régiment des gardes, & retourne à Paris.
2. Déc. A son parlement à Paris.
21. A son parlement, où il tient son lit de justice.

1666.

8. Janv. A Gros-bois, fait la revue des gens d'armes de monseigneur le Dauphin.
19. couche a Versailles.
22. couche a saint Germain en Laye.
8. Fév. A la plaine de Conflans, fait la revue des gardes du corps.
25. A la plaine de Colombes, fait la revue du régiment des gardes.
26. Chasse au daim dans le parc de S. Germain.
10. Mars. Chasse au sanglier dans la forêt.
13. couche a Senlis.
14. couche au château de Mouchi.
15. Près du château de Mouchi, fait la revue, où sa majesté dîna.
16. Suite de la revue.
17. Suite de la revue.
18. couche a Senlis.
19. couche a saint Germain en Laye.
22. couche a Versailles.
3. Avril. couche a Versailles.
15. couche a saint Germain en Laye.
2. Mai. A saint Cloud, c. à saint Germain.

5. Dans une plaine, entre Ouilles & Montesson, fait la revue des gardes Françoises & Suisses.
9. couche a Versailles.
10. couche a saint Germain en Laye.
16. A saint Cloud, c. à Versailles.
18. couche a saint Germain en Laye.
29. couche à Versailles.
2. Juin. Part de Versailles pour Fontainebleau.
13. Avril. couche a Petit-Bourg.
19. A Vincennes.
26. Au parc de Vincennes, fait la revue d'une partie de sa maison.
2. Sept. A Colombes & à Paris.
28. A Colombes, pour voir la reine d'Angleterre.
3. Oct. A Paris & à Versailles.
14. A la Verrerie royale du fauxbourg saint Antoine à Paris, & couche a Vincennes.
A la plaine de Colombes, voit faire l'exercice des troupes de sa maison.
14. Nov. A saint Germain.
21. A Paris.
9. Déc. A Paris.
10. A saint Germain.

1667.

6. Janv. Dîne à Versailles.
24. A Versailles, c. à saint Germain.
3. Fév. A la plaine d'Ouilles, voit ses gardes Françoises & Suisses.
4. A la plaine d'Ouilles, voit faire l'exercice à ses troupes.
13. A Versailles.
17. A la plaine d'Ouilles, voit faire l'exercice à ses gardes du corps & mousquetaires.
20. couche a Versailles.
28. couche a saint Germain.
3. Mars. A la plaine d'Ouilles, voit les troupes de sa maison, & c. à saint Germain.
17. couche a Versailles.
21. couche a saint Germain.
26. A la plaine d'Ouilles, voit faire l'exercice à ses troupes.
11. Avril. Au château de Versailles.
20. A Paris, dîne à Bordes, c. à saint Germain.
18. A la plaine d'Ouilles.
21. A la plaine d'Ouilles, voit ses troupes.
6. Mai. A saint Cloud, c. à saint Germain.
11. Versailles, c. à saint Germain.
16. couche a Champlastreux.
17. couche a Liancourt.
19. couche a Breteuil.
20. couche a Amiens.

26. Passe le défilé du Mont saint Quentin.
28. Campe à Briac.
29. A Villeport.
30. A Taisnietes.
31. A Peroissac-le-val.
1. Juin. Au Piéton, sur le ruisseau du même nom ; il va à Beinch, & retourne au Piéton.
2. Au camp de Charleroi.
8. couche a Beaumont.
9. couche à Avesnes.
14. Au camp de Charleroi.
17. couche a Renissart.
18. couche a un village, près de Braine.
19. Fait une lieue & demie.
20. Campe à la Capelle, ayant dîné à Mafré.
21. Devant Tournay.
26. Dans Tournay.
27. A son quartier, devant Tournay.
29. couche a Helein.
30. Campe à Hequierne.
1. Juill. A Pontamarre.
2. Devant Douay.
8. Part de Douay.
9. couche a Compiegne.
16. couche a saint Cloud.
17. couche a Compiegne.
19. couche a Montdidier.
20. couche a Amiens.
21. Dîne à Beaucourt, c. à Mailly.
22. Dîne à Ouailly, c. à Arras.
23. couche a Douay.
25. Soupe à Orchies.
26. couche à Tournay.
A Oudenarde.
1. Août. Campe à saint-Lieu.
2. Dîne au fauxbourg d'Alost, campe à Ouftarle.
4. Campe à Appels.
6. Campe près d'Alost.
7. Campe à Iveldin.
8. A Elchin.
9. A Vercoin.
10. Devant Lille.
18. Entrée dans Lille, ensuite va à Marck.
29. A Atlebec, après avoir visité la citadelle de Courtray.
30. A Danisse, (Deinse.)
31. Sur le canal de Bruges.
1. Sept. couche a Dainsse.
2. Dîné au fauxbourg de Courtray, & c. à Lille.
3. couche a Arras.
4. Dîne à Bapaume, c. à Peronne.
5. couche a Mouchy.
6. Dîne au Pont sainte Maixence, c. à Senlis.
7. couche a saint Germain.
13. A Colombes.

1. Oct. A Paris, au palais royal.
3. A Versailles, c. à saint Germain.
15. A Paris, c. à saint Germain.
16. A Paris, au palais des Tuileries.
2. Nov. couche à Versailles.
9. couche a Paris.
25. Déc. Au bois de Boulogne, voit les troupes de sa maison, & c. à Paris.
25 couche a Versailles.
29. couche a Paris.

1668.
22. Janv. couche a saint Germain en Laye.
1. Fév. Passe à Paris, couche a Brie-comte-Robert.
3. couche a Bray sur Seine.
4. couche a Villemore.
5. couche a l'abbaye de Molême.
7. couche a Dijon.
9. couche a Auxonne.
10. Devant Dole.
14. Dans Dole, & c. en son quartier de Foucherans.
15. couche a Pême.
16. couche au village de Villet.
19. Dans Gray, c. à Champlit.
20. couche a Arq.
21. couche a Troyes.
22. couche a Provins.
23. couche au château de Cramayel, chez le comte d'Avaux, qui le traite à souper.
24. Passe à Paris, c. à saint Germain.
14. Mars. A Paris, c. à saint Germain.
21. Avril. couche a Versailles.
30. couche a saint Germain en Laye.
28. Mai. A saint Cloud.
30. A Paris, à Versailles, & c. à saint Germain.
24 Juin. A Colombes, & c. à saint Germain.
8. Juill. A la plaine d'Ouilles, voit ses troupes.
19. A Versailles, & c. à saint Germain.
30. A saint Ouen, & c. à saint Germain.
17. Sept. A Versailles, & c. à saint Germain.
24. Dîne à Bièvre, & c. à Chartres.
25. couche a Étampes.
28. couche a Orléans.
29. Dîne à saint Laurent, c. à Chambord.
15. Oct. couche a Blois.
16. couche a Orléans.
17. couche a Toury.
18. couche a Étampes.
19. couche a Chartres.
20. couche a Linas.
21. couche a saint Germain.
29. Dîne à Versailles, c. à saint Germain.
2. Nov. A la Borde, fait la revue de ses gardes du corps.
7. couche a Paris.

21. A Vincennes, c. à saint Germain.
22. A Vincennes, voit faire l'exercice à toute sa maison, c. à Paris.
4. Déc. couche a Versailles.
7. couche a Paris.
21. Au bois de Boulogne, couche a Paris.
25. couche a Versailles.
31. couche a Paris.

1669.

27. Janv. couche a saint Germain en Laye.
12. Fév. A la plaine de Boulogne, voit une partie des troupes de sa maison.
16. Mars. A la plaine d'Ouilles, voit les gardes Françoises & Suisses.
17. A la plaine d'Ouilles, voit les gardes du corps & les mousquetaires.
20. Va se promener à Versailles, couche a Paris.
31. A la plaine de Colombes, voit ses gardes du corps, & autres troupes.
3. Avril Dîne à saint Germain, & se promene au camp proche Maisons.
20. Au bois de Boulogne.
29. couche a saint Germain en Laye.
4. Mai. Soupe au château de Versailles
9. Soupe à Versailles.
17. Se promene sur un bateau jusques devant le fort saint Sébastien, à deux lieues de Compiegne.
20. Se promene sur un bateau jusques devant le fort de saint Sébastien, à deux lieues de Compiegne.
29. Se promene au fort de saint Sébastien.
3. Juin. Retourne au fort de saint Sébastien.
4. couche a Versailles.
6. couche a saint Germain en Laye.
9. Va voir ses troupes au fort de saint Sébastien.
11. Retourne au fort de saint Sébastien.
13. Dîne & couche a Versailles.
14. couche a saint Germain en Laye.
29. couche a Versailles.
1. Juil. couche a saint Germain.
4. Dîne au fort de saint Sébastien ; puis sa majesté assiste, dans la plaine d'Andresy, à la revue des troupes de sa maison.
10. Soupe au château de Ruel.
29. Au fort de saint Sébastien.
30. A la plaine de Conflans, voit faire l'exercice de ses troupes.
4. Août. A saint Cloud, pour voir Madame.
5. Au fort de saint Sébastien.
7. A Colombes, pour voir la reine d'Angleterre.
12. Fait collation à Versailles.
23. A Paris, où il tient son lit de justice, dîne au Louvre, & couche a saint Germain en Laye.

14. A la plaine de Nanterre, voit la revue des troupes de sa maison.
20. A saint Cloud, pour voir la reine d'Angleterre.
13. Sept. A saint Cloud, pour voir Madame.
16. couche a Chartres.
19. couche a Chambort.
17. Oct. Part de Chambort.
19. couche a Versailles.
20. couche a saint Germain.
2. Nov. couche à Versailles.
4. couche a saint Germain.
6. Chasse au sanglier dans la forêt.
11. Chasse dans la forêt.
14. Chasse dans la forêt.
16. A la plaine d'Ouilles, voit la cavalerie de sa maison.
25. Chasse à la plaine d'Ouilles.
27. Versailles.
6. Déc. A la plaine d'Ouilles, voit la cavalerie de sa maison.
15. couche a Versailles.
19. couche a saint Germain.
25. couche a Versailles.
30. couche a saint Germain.

1670.

2. Janv. A la plaine d'Ouilles, voit la cavalerie de sa maison.
18. Chasse à la plaine d'Ouilles.
29. Chasse du côté de Montesson.
3. Mars. A la plaine d'Ouilles, voit les troupes de sa maison.
28. Avril. Dîne à Chantilly, c. à Senlis.
29. Dîne à Verberie, c. à Compiegne.
30. Dîne à Bettencourt, c. à Noyons.
1. Mai. A Magny, dîne à Ham, & couche a saint Quentin.
3. A Vadancourt, & campe à une grande lieue de Landrecies.
4. couche a Landrecies.
6. A Avesnes, dîne & couche à Landrecies.
7. couche au Quesnoy. Le même jour sa majesté va visiter son camp, à un quart de lieue de-là.
8. Retourne à son camp.
9. Dîne a Vengy-au bois, couche a Cateau Cambresis : sept heures du soir.
10. Dîne à Haleincourt, c. au Chatelet.
11. couche à Bapaume : cinq heures du soir.
12. couche a Arras.
14. Dîne au village de Montauban, couche a Douay : trois heures du soir.
16. Dîne au village de Nomain, couche a Tournay : cinq heures du soir.
17. Visite le camp de ses troupes.
18. Visite les dehors d'Ath.
20. couche a Oudenarde.
21. couche a Courtray.

22.	A Menein, dîne au village d'Alluen, (Halluin), & c. à Lille: dix heures du soir.	31.	couche a Paris.

1671.

21. Janv.	couche a Vincennes.
24.	couche a Paris.
28.	couche a Versailles.
1. Fév.	couche a Paris.
10.	couche a Versailles.
23.	couche a saint Germain.
5. Mars.	A la plaine de Bordes, voit son régiment des gardes Françoises & Suisses.
8.	couche a Versailles.
14.	A saint Germain en Laye.
1. Avril.	couche a Versailles.
19.	A Saint Germain.
23.	Dîne à Moisset, c. à Chantilly.
25.	A Creil, c. à Liancourt.
27.	Dîne à saint Just, c. à Breteuil.
28.	couche a Amiens.
29.	couche a Abbeville.
30.	couche a Montreuil.
1. Mai.	couche a Bologne.
2.	Dîne à la Chaussée, c. à Gravelines.
3.	couche a Dunkerque.
25.	Dîne au Fort-Louis.
26.	Dîne dans une prairie, à une lieue de Bailleul, c. à Armentieres.
27.	couche a Lille.
29.	couche a Oudenarde.
31.	couche a Tournay.
15. Juin.	couche a Athe.
24.	couche a Bink, (Binch.) couche a Charleroi.
28.	couche à Athe.
7. Juill.	couche au Quesnoy.
8.	couche a saint Quentin.
9.	couche à Compiegne.
10.	couche a Luzarche.
11.	couche a Maisons.
12.	couche a Versailles.
13.	couche a saint Germain.
22.	A saint Cloud, c. à saint Germain.
29.	couche a Versailles.
3. Août.	Part pour Fontainebleau.
6.	A Fontainebleau.
16.	A un Hermitage, dans la forêt de Fontainebleau.
25.	Se promene à Vaux, c. à Fontainebleau.
31.	couche a Versailles.
30. Sept.	couche a saint Germain.
1. Oct.	A la plaine d'Ouilles, voit les gardes Françoises & les gardes Suisses, & c. à saint Germain.
15.	couche a Versailles.
21.	couche a saint Germain.
2. Nov.	couche a Versailles.
18.	couche a saint Germain.
28.	couche a Villiers-Cotterets.
29.	couche a saint Germain.

26.	A Fournes, dîne au village d'Herli, & couche a Bethune: cinq heures du soir.
27.	couche a saint Venant.
28.	Dîne à Montcassel, c. à Bergue-saint-Vinox.
29.	Devant le fort François & le fort Philippes, dîne au fort Louis, c. à Dunkerque: quatre heures du soir.
30.	Visite le camp de ses troupes, à une demi-lieue de Dunkerque.
1. Juin.	Dîne à Gravelines, c. à Calais: huit heures du soir.
2.	Dîne à Marquise, couche a Bologne.
3.	Dîne a Montreuil, c. à Hesdin: huit heures du soir.
4.	Dîne à Dampierre, c. à Abbeville: six heures du soir.
5.	A Pont-Ormy, c. à Poix.
6.	couche a Beauvais.
7.	Dîne près Pontoise, c. à saint Germain.
10.	couche a Versailles.
19.	couche a saint Cloud.
1. Juill.	A saint Cloud, à Paris, & couche a saint Germain.
8.	Versailles.
9.	couche a saint Germain en Laye.
22.	Au camp de saint Sébastien, fait la revue de ses troupes.
23.	couche a Versailles.
30.	Au camp de saint Sébastien: revue générale de ses troupes.
2. Août.	Au camp de saint Sébastien.
14.	A la plaine de Conflans, voit ses troupes.
23.	couche à Versailles.
30.	Colombes.
6. Sept.	couche a Versailles.
25.	Colombes.
30.	Versailles.
1. Oct.	couche a saint Germain en Laye.
6.	couche a Chartres.
7.	couche a Toury.
8.	couche à Clery.
9.	couche a Chambort: cinq heures du soir.
22.	couche a Clery.
23.	couche a Toury.
24.	couche a Chartres.
25.	Dîne à Versailles, couche a saint Germain. Versailles.
8. Nov.	couche a saint Germain.
24.	couche a Versailles.
29.	couche a Paris.
25. Déc.	couche a Versailles.

26. Déc.

16. Déc. A faint Cloud, c. à faint Germain.
26. couche à Versailles.
31. couche à faint Germain en Laye.

1672.
16. Janv. couche à Versailles.
31. A la plaine de Conflans, fait faire l'exercice à un régiment Irlandois.
1. Mars. couche à Versailles.
13. A l'abbaye de Montmartre.
27. Avril. couche à Nanteuil.
28. couche à Soissons.
29. couche à Laon.
30. couche à Marle.
1. Mai. couche à Aubanton.
2. couche à demi-lieue au-dessous de Rocroi, où l'armée étoit déja campée.
3. couche à Marienbourg.
4. couche à Philippeville.
5. Fait lever le camp dès cinq heures du matin, & vient coucher à Charleroi.
11. couche à Tongres, à la tête de son armée.
12. Campe à Pitoué.
13. Campe à Brançon.
14. Campe à Grand-Ach.
16. Campe à Frere.
17. Campe devant Viset.
20. Se promene aux portes de Liége.
21. Se promene aux environs de Maestrich.
22. Voit l'armée du prince de Condé; va à la montagne de faint Pierre, & revient en son camp.
24. Campe devant Berneau.
25. Visite son camp.
29. A Broch.
31. A Nuys.
2. Juin. Campe devant Orsoy. Devant Rhimberg.
7. Entrée à Rhimberg.
8. A Ostemberg.
9. Au bord du Rhin, proche Wesel.
10. Au camp de Réez.
11. Vers l'ifle de Betau.
A Emmeric.
Au camp de Latem.
16. Campe à Biloin.
18. Campe devant Doesbourg.
27. couche au village voisin de Biloin.
28. couche à Amerouge.
30. couche à Zeist, près Utrech.
5. Juill. Entrée à Utrech.
20. A Lavendaf, à cinq lieues de Zeist.
21. A Arnhem.
22. Campe à une demi-lieue de Nimegue.
25. Passe la Meuse, campe à trois quarts de lieue de Grave.
26. Au ch. d'Aslich, à trois lieues de Bolduc.

Tome I. Abel Jouan,

19. Au camp de Boxtel.
26. couche à l'abbaye de Postel.
27. couche à Lummen, près de Diest.
28. couche à Hiblou.
29. couche à Charleroi.
31. couche au Quesnoy.
1. Août. A faint Quentin, c. à faint Germain en Laye.
5. Visite les bâtimens de Versailles.
11. A faint Cloud, c. à faint Germain.
15. A N. D. à Paris.
1. Sept. couche à Versailles.
10. Oct. couche à faint Germain en Laye.
5. Nov. couche à Versailles.
20. Déc. couche à faint Germain en Laye.
21. Dîne au Bourget, c. à Louvres, dans la maison de Feron.
22. Dîne au fauxbourg de Senlis, c. à la Verrerie.
23. Dîne à la croix de faint Ouen, & c. à Compiegne.
31. couche à Verberie.

1673.
1. Janv. Dîne à Senlis, couche à Louvres en Parisis.
2. couche à faint Germain en Laye.
4. Mars. couche à Versailles.
23. A Paris, où il tient son lit de justice.
24. couche à faint Germain en Laye.
25. Avril. A Montmartre, chasse dans la plaine de faint Denis, couche à faint Germain en Laye.
1. Mai. Dîne au Bourget; couche à Louvres.
2. Dîne à Senlis, c. au pont faint Maixence.
3. couche à Monchy.
4. Dîne au bourg de Roye, c. en la ville de Roye.
5. A Liancourt & Omiécourt, dîne à Marche-Lepo, couche à Peronne, va visiter le camp au mont faint Quentin.
7. Dîne à l'abbaye d'Herovail, couche à Bapaume.
8. couché à Arras.
12. Dîne à Lens, c. à la Bassée.
13. Dîne à Haut-Bourdin, c. à Lille.
15. A Rouch, dîne à Lavin, couche à Courtray.
16. Visite son camp.
23. Au village de Gottam, visite son camp, soupe sous sa tente, & couche dans la maison du curé.
24. Dîne à Barte, c. à Landghen.
29. Passe la Lis & l'Escaut, c. à Savre.
30. couche à Buitebrek avec son camp.
31. couche à Likerke.
1. Juin. Se promene vers Bruxelles.
2. Campe à Asseic.

T

5. Campe à Vossem.
7. couche a Nethen.
8. couche a Ondrega.
9. couche a saint Truyen.
10. couche au camp, devant Maestricht.
3. Juill. Entrée a Maestricht.
4. Campe près de Viset, va à Maestricht & à Vyck.
5. Au camp, près de Viset.
8. A Tongres.
12. Loge proche de Warren avec une partie de ses troupes.
13. Loge sous sa tente, près de Péruvé.
14. couche au Chastelet.
15. couche a Rocroi.
16. couche a Rhetel.
19. couche a Grand-Pré.
20. couche a Verdun.
21. couche a Malatour.
22. couche a Thionville.
30. couche a Metz.
31. Dine au Pont-à-Mousson, couche a Nancy.
24. Août. Dine à saint Nicolas, couche a Luneville.
25. couche a Raon.
26. couche a saint Dié.
27. couche a sainte Marie aux Mines.
29. couche a Ribauvilliers.
30. Dine à Turckheim, à Colmar, & c. à Brisac.
1. Sept. couche a Ribauvilliers.
3. couche a sainte Marie-aux-Mines.
4. couche a saint Dié.
6. couche a Raon.
7. couche a Luneville.
8. couche a Nancy.
30. couche a Toul.
1. Oct. Dine à Vignole, c. à saint Mihiel.
2. Dine à Pierrefitte, c. à Bosin.
3. couche a sainte Menehoud.
4. Visite son camp.
5. couche a N. D. de l'Espine.
6. Dine aux grandes Loges, c. à Sellery.
7. couche a Commercy.
8. Dine à Misontaine, c. à Laon.
10. couche a Soissons.
11. couche a Villiers Cotterets.
12. couche a Dammartin.
30. Dine à Clichy, va à saint Cloud, & couche a Versailles.
4. Nov. A Paris, couche a Versailles.
30. couche a Saint Germain en Laye.
25. Déc. A saint Germain en Laye.

1674.

24. Janv. Au château de Versailles.
7. Fév. couche a Versailles.
10. Avril A. Paris, c. à Versailles.
24. A Montmartre.
29. Dine à Chilly, c. a Corbeil.

10. Dine à Ponthierry, couche a Fontainebleau.
21. A Moret, dine à Follart, & c. a Pont-sur-Yonne.
22. A Sens, dine au château de Passy, & c. a Joigny.
24. Dine à Bassou, c. a Auxerre.
25. Dine à Prey, c. a Noyers.
26. couche a Montbard.
27. Dine à Villeneuve, c. à Chanceaux.
28. Dine à Mauloy, c. a Is-sur-Til.
30. Dine à Saint Seine, c. a Gray.
1. Mai. Campe au-dessus de Marnay.
2. Au camp, devant Besançon.
A Besançon.
25. Campe à Riet.
26. Campe à Orcham.
27. Campe devant Dole.
5. Juin. Au château d'Athly, y reçoit la reine & le Dauphin, & revient en son quartier de Chauvan.
6. Au camp, & revient à Chauvan.
8. Passe son armée en revue entre Dole & son camp, & retourne à Chauvan.
10. Campe au lieu de la Loye, à deux lieues de Dole.
19. Dine à Auxonne, c. a Arc-sur-Til.
20. couche a Saint-Seine.
21. Dine à Villeneuve, c. à Montbard.
22. Dine à Ravieres, leurs majestés passent à Ancy le Franc, où elles visitent la belle maison du comte de Tonnerre, & c. a Tonnerre.
24. couche a Brinon-l'archevêque.
25. couche a Pont-sur-Yonne.
26. couche a Fontainebleau.
30. couche a Versailles.
2. Août. Saint Cloud.
5. Saint Cloud.
18. Saint Cloud.
22. A Paris, fait chanter le Te Deum.
14. Oct. Entend la messe à Montmartre, & chasse à la plaine saint Denis.
1. Nov. A saint Germain en Laye.
27. Déc. Se promene à Versailles.

1671.

4. Janv. A saint Germain en Laye.
19. Mars. A Montmartre.
Paris, au palais royal.
29. A Paris au palais royal, couche a Versailles.
11. Mai. couche a Luzarche.
12. A Chantilly, dine à Verberie, couche a Compiegne.
13. A Noyon, dine à Magny, couche à Ham.
14. couche Tous le Catelet.
15. Campe au Cateau Cambresis.
18. couche a Souleschy.
19. Campe à Potel.

21. A Taifnieres, campe à Gerry, & se promene vers Mons.
22. Campe aux villages de Hayfne saint Pol & de Hayfne faint Pierre.
24. Paffe par Senef, & campe au village de Senef.
25. Campe au village de Timéon.
27. Campe à une ferme à un quart de lieue de Giblou : à Giblou.
30. Arrive au village de Bonneff.
4. Juin. Au camp de Freru, où sa majesté fait la revue de sa cavalerie-legere, & retourne en son quartier, sous le ch. de Falais.
5. Visite le camp devant Huy.
9. Campe au village de Haudet.
10. Arrive à Romecour & à Freru, près de Tongres.
11. Arrive à Naye, à demi-lieue de Viset.
14. A Maestricht.
19. Paffe la Meufe, & campe à Neufchâteau, près de Dalem.
21. Au camp de Neufchâteau.
23. Campe devant Viset.
24. Campe à Ctueffem.
25. Campe à Kerkem, sur la petite riviere de Saint-Tron.
27. Campe près de Tillemont.
1. Juill. couche à Strateem, près de Saint-Tron.
8. Marche jusques à Longchom.
9. Campe à Wafeges.
10. couche à Pervis.
12. Campe à Velaines, près de Fleru.
14. A Charleroi, c. à son camp de Velaines.
17. couche à Philippeville.
18. couche à Rocroy.
Dim. 21. couche à Versailles.
26. Août. couche à Fontainebleau.
31. couche à Versailles.
16. Nov. couche à saint Germain en Laye.
25. Déc. A Saint Germain en Laye.

1676.

1. Fév. A la plaine d'Ouilles, fait la revue de toute sa maison.
16. Avril. couche au Pont Sainte Maixance.
17. couche à Moordidier.
18. couche à Peronne.
19. couche à Bapaume.
20. couche à Douay.
21. couche au camp devant Condé.
27. Campe près de Sebourg.
9. Mai. Campe à Nain & à Prouvi.
A la Cense d'Uttebize.
19. Campe près de Bouchain.
20. Campe à Sains-le-noble, près de Douay.
22. Campe à Nomain, près d'Orchies.

23. Campe à Conftantin, près de Tournay
Dim. 24. Campe sur le ruisseau qui va de Leuze à Ligne : son quartier à la Waltine.
26. Campe sur le ruisseau qui passe par Ogy : son quartier au village de Gouy, près de Leffines.
27. Campe près de Ninove.
11. Juin. A Oudenarde, c. au camp, près de Ninove.
18. Campe à N. D. d'Acre, entre Gramont & Leffines.
19. Campe à Villers-saint Amand, entre Ligne & Ath.
20. Arrive à Biaton.
21. Paffe l'Haifne, & campe à Keverain.
1. Juill. Visite les travaux de Condé.
4. Part du camp de Keverain.
8. couche à saint Germain en Laye : trois heures après midi.
13. couche à Versailles.
5. Oct. A saint Cloud.
9. Nov. couche à saint Germain en Laye.
25. Déc. A saint Germain en Laye.

1677.

28. Fév. couche à Compiegne.
Lundi 1. Mars. couche à Chauny.
2. couche à saint Quentin.
3. couche à Cateau-Cambresis.
4. couche au camp de Valenciennes.
10. Campe à Haspre.
22. Campe devant Cambrai.
20. Avril. Dîne à Bouchain, c. à Douay.
21. Dîne à Lens, c. à Bethune.
22. couche à Terouanne.
23. couche à Calais.
25. A Gravelines, c. à Dunkerque.
27. couche à Bergues.
28. couche à Calais.
30. couche à saint Omer.
2. Mai. couche à Bethune.
3. couche à Lille.
5. A Courtray, c. à Tournay.
7. couche à Condé.
10. A Valenciennes.
22. Au camp de Thulin, fait la revue de l'aîle droite de son armée.
27. couche au Quesnoy.
28. couche à Cambray.
29. couche à Chaulne.
30. couche à Liancourt.
31. Dîne à Clichy, c. à Versailles.
16. Juin. A saint Cloud, c. à Versailles.
Juill. couche à Sceaux, où Colbert le régale.
26. Août. Paix de Versailles pour Fontainebleau.
30. Sept. couche à Versailles.
10. Déc. A saint Germain en Laye.

1678.
26. Janv. Entre le pont de Neuilly & le Roule, fait la revue de son régiment des gardes Françoises, & va à Montmartre.
7. Fév. A Paris, c. a Brie comte-Robert.
8.   couche a Nangis.
9.   couche a Provins.
10.   couche a Sezanne.
13.   couche a la Fere-Champenoise.
14.   couche a Poyvre.
15.   couche à Vitry le-François.
16.   couche a Sermaise.
17.   couche a Bar.
18.   couche a Commercy.
19.   couche a Toul.
21.   couche a Pont-à-Mousson.
22.   couche a Metz.
23.   A Thionville, c. a Metz.
25.   couche a Marcheville.
26.   couche a Verdun.
27.   couche a Stenay.
4. Mars. Au camp, devant Gand.
13.   Campe à Olzene, à deux petites lieues de Deinse.
14.   Campe à Wevelghem.
15.   Au camp, devant Ypres.
26.   A Ypres, c. a Lille.
29.   Lens.
30. Mars. couche a Arras.
31.   Dourlens.
1. Avril. couche a Amiens.
2.   couche a Montdidier.
3   couche a Mouchy.
5.   couche a Verberie.
6.   couche a Luzarche.
7.   couche a saint Germain en Laye.
11. Mai. couche a Gournay.
13.   Dîne aux fauxbourg de Roye, & c. à Bary.
14.   Dîne à Marcadelle, à une lieue d'Arras, & c. a Lens.
15.   Dîne au fauxbourg de Lille, c. a Courtray.
16.   Dîne à Wisbeck, c. a Deinse.
18.   A Bellem, sur le canal de Bruges.
20.   Campe au village de Mersdeth, près de Gand.
22.   Campe à Vettere sur le grand Escaut, entre Gand & Dendremonde.
2. Juin. couche au château de Tillolois.
3.   couche a saint Germain en Laye.
22. Août. Dîne à Ris, c. a Fontainebleau.
10. Oct. couche a saint Cloud.
15.   couche a Versailles.
22.   A Paris, au palais royal.
32. Déc. couche a saint Germain en Laye.

1679.
5. Janv. A la plaine de Nanterre, fait la revue de ses gardes Françoises & Suisses.
4. Mai. A la plaine d'Ouilles, fait la revue de sa maison.
2. Août. A Poissy.
26.   Dîne à Ris, c. a Fontainebleau.
20. Sept. Accompagne la reine d'Espagne jusqu'à deux lieues de Fontainebleau, & y revient coucher.
12. Oct. couche a saint Germain en Laye.

1680.
22. Fév. Dîne au Bourget, c. a Dammartin.
27.   couche a Villiers-Cotterets.
2. Mars. couche à Soissons.
3.   couche a Fismes.
4.   couche a Reims.
5.   couche a Châlons.
6.   Dîne à Vitry-le-François, après dîner il va à deux lieues de cette ville, au-devant de madame la Dauphine, & revient coucher audit Vitry-le-François.
7.   couche a Châlons.
      A Sari, maison de campagne de l'Évêque de Châlons, & c. audit Châlons.
10.   couche a Reims.
11.   couche a Fismes.
12.   couche a Soissons.
13.   couche a Villiers-Cotterets.
17.   couche a Dammartin.
18.   couche a saint Germain en Laye.
24.   A Versailles, à Trianon; & couche a saint Germain.
28.   A Versailles, c. a saint Germain.
3. Mai. A la plaine de Nanterre, fait la revue des gardes Françoises ; fait collation à Maisons, & c. a saint Germain.
9.   A saint Cloud.
12.   A l'abbaye de Montmartre, couche a saint Germain.
13.   Dîne à Ris, c. a Fontainebleau.
8. Juill. couche a saint Germain en Laye.
13.   couche a Beaumont sur Oise.
14.   Dîne à Tillars, c. a Beauvais.
15.   Dîne à Oudeuil, c. a Poix.
16.   Dîne à Calaminoy, c. a Abbeville.
18.   Dîne à Bernay, c. a Montreuil.
19.   Dîne à Neuchâtel, c. a Bologne.
19.   Dîne à Wimille, va au port d'Ambleteuse, à deux lieues de Bologne; au port de Wissan, à deux lieues du premier, au fort de Nieulay, c. a Calais.
22.   Dîne à Ardres, c. a saint Omer.
25.   Dîne à Aire, va au fort saint François, qui est à une portée de canon de cette ville, & c. a saint Omer.
26.   Dîne à Monquebout, passe à Gravelines, c. a Dunkerque.

DES ROIS DE FRANCE.

30. Dîne à Bergue, c. a Ypres.
1. Août. Passe à Menin, dine à Gelevve, & c. a Lille.
3. Dîne à Pont-à-Tresin, couche a Tournay.
5. A Condé, c. a Valenciennes.
7. Au Quesnoy, c. a Valenciennes.
8. A Bouchain, c. a Cambray.
9. Dîne à Quiévy, c. a Landreci.
10. Dîne à l'abbaye de Maroles, couche a Avesnes.
12. Dîne à Beaufort, c. a Maubeuge.
13. Dîne à Marle-Château, c. a Thuin.
14. Dîne à Castillon, couche a Philippeville.
17. Dîne à Proine, c. a Rocroi.
18. couche a Charleville.
19. A Mezieres.
20. Dîne à Vrignes-au-bois, couche a Sedan.
21. Dîne à Amblemont, c. a Stenay.
22. A Montmedi, c. a Stenay.
24. Dîne à Besancy, c. a Vons.
25. couche a Château Porcien.
26. couche a Liesse.
27. couche a Soissons.
28. couche a Villiers-Cotterets.
29. couche a Dammartin.
30. couche a Versailles.
13. Sept. A saint Cloud, c. Versailles.
2. Déc. couche a saint Germain en Laye.

1681.

11. Mars. A la plaine de Nanterre, où sa majesté fait la revue de ses gardes Françoises, & retourne à saint Germain.
15. Avril. couche a saint Cloud, & y reste jusqu'au 23.
23. couche a saint Germain en Laye.
29. couche a Versailles.
28. Juill. couche a Villeroi.
29. couche a Fontainebleau.
30. Sept. Part de Fontainebleau pour l'Alsace.
5. Oct. couche a Vitry-le-François.
6. couche a Bar-le-duc.
7. couche a Vord ou Void.
8. couche a Germinay.
9. couche a Bayon.
10. couche a Rambervillers.
12. couche a saint Dié.
13. couche a sainte Marie aux-Mines.
14. couche à Schlestadt.
15. couche a Brisac.
17. couche a Fribourg.
18. couche a Brisac.
19. couche a Ensisheim.
20. A Huningue, c. a Ensisheim.
21. couche a Colmar.
22. couche a Benfeld.

23. Dîne à Grabschetal, couche a Strasbourg.
27. couche à Saverne.
28. Dîne à Falzbourg, c. à Sarbourg.
29. couche a Vic, & en passant visite Marsal.
30. couche a Essey, a un quart de lieue de Nancy.
31. couche a Pont-à-Mousson.
2. Nov. Dîne à Jouy-aux-Arcs, c. à Metz.
4. couche a Thionville.
5. Dîne à Longui, c. à Longuion.
6. couche a Stenay.
8. couche a Grand-Pré.
9. couche a saint Souplet.
10. couche à Reims.
12. couche a Fismes.
13. couche a Soissons.
14. couche a Villiers-Cotterets.
15. couche a Dammartin.
16. couche a saint Germain en Laye.
6. Déc. A Paris.
12. A Saint Germain en Laye.

1682.

10. Avril. couche a saint Cloud.
29. A Paris, à N. D.
1. Mai. A Paris, à l'Observatoire & aux Invalides.
6. couche a Versailles.
21. Sept. A Montfort-l'Amauri.
22. couche a Chartres.
24. couche a Châteaudun.
25. couche a Blois.
26. couche a Chambort.
12. Oct. Part de Chambort.
15. couche a Fontainebleau.
16. Nov. couche a Versailles.

1683.

1. Janv. Sur la montagne près de Meudon, fait la vue des gardes Françoises.
5. Fév. Sur la même montagne, fait la revue des gardes Suisses.
25. Dessous des tentes à la plaine d'Achere, près de saint Germain.
4. Mars. Part de Versailles.
5. couche à Compiegne.
13. Dîne à Mouchy, maison appartenante au maréchal d'Humieres.
17. Part de Compiegne, couche a Villiers-Cotterets.
23. couche a Dammartin.
24. Dîne au Bourget, c. à Versailles.
29. A la plaine d'Ouilles, fait la revue de quatre compagnies des gardes du corps, c. à Versailles.
26. Mai. couche a Corbeil.
27. couche a Montereau.
28. couche a Sens.

29. couche a Joigny.
30. couche a Auxerre.
A Seignelay, où le marquis dudit lieu régale sa majesté d'une magnifique collation.
1. Juin. A Regenne, maison de l'évêque d'Auxerre, située dans une Ile de la rivière d'Yonne, à deux lieues d'Auxerre.
2. Juin. couche a Noyers.
3. couche a Montbard.
4. couche a Chanceau.
5. couche a Dijon.
7. couche a Bellegarde, sa majesté va voir le camp qu'elle a fait faire sur le bord de la Saone.
9. Retourne au camp.
15. couche a Dole.
16. couche a Besançon.
19. couche a Montbezon.
20. couche a Leure.
21. couche au village de Champagne.
22. couche a Beffort.
23. couche a Cerney.
24. couche a Colmar.
25. couche a Beinfeldt.
26. Arrive aux portes de Strabourg, dîne à la blancherie, près de cette ville, & c. à Molsheim.
28. A demi lieue de Molsheim, voit les carrieres.
29. couche a Bourvilliers.
30. couche a Bouquenom.
1. Juill. Au camp, à une lieue de Bouquenom.
2. Retourne au camp.
3. revue des troupes qui composoient ce camp.
4. Au camp de Bouquenom.
6. couche a Sarbruck.
7. couche a Vandrevange.
8. Voit les travaux de Sar-Louis.
Metz.
Malatour.
Verdun.
15. couche a Châlons.
16. couche a Vertus.
17. couche a Montmirel.
18. couche à la Ferté-sous-Jouarre.
19. couche a Lagny.
20. Dîne à Plaisance, passe à Paris, & c. à Versailles.
30. couche a saint Cloud.
3. Août. couche a Fontainebleau.
2. Sept. Chasse au cerf.
9. Oct. couche a Versailles.

1684.

21. Avril. couche a Louvres en Parisis.
23. Au Pont saint Maixence.
24. couche a Mouchi.

26. couche a Roye.
27. couche a Peronne.
28. couche a Cambrai.
29. couche a Valenciennes.
30. couche a Condé, & visite son camp.
15. Mai. Campe a Thulin, près de Mons.
16. Sa majesté fait la revue de son armée.
17. A Valenciennes.
4. Juin. Part de Valenciennes, & couche a Cambrai.
5. couche a Peronne.
6. couche a Roye.
7. couche a Mouchy.
8. couche a Chantilly.
9. couche a Versailles.
21. Sept. couche a Chartres.
22. couche a Touri.
23. couche a Cleri.
24. couche a Chambort.
12. Oct. Part de Chambort.
14. Arrive à Fontainebleau.
15. Nov. couche a Versailles.
1. Déc. A la plaine d'Ouilles, fait la revue de quatre compagnies des gardes du corps, & retourne à Versailles.

1685.

24. Mars. Sur la montagne de Meudon, fait la revue des gardes Françoises.
22. Mai. A la plaine de Colombes, fait la revue des gardes Suisses.
31. A saint Cloud.
2. Juill. A Meudon, où le marquis de Louvois traite sa majesté magnifiquement.
16. A Seaux, où le marquis de Seignelay traite le roi avec une magnificence extraordinaire.
3. Sept. Part de Versailles, & couche a Gallardon.
4. couche a Chartres.
6. Châteaudun, couche a Chambort.
28. couche a Cleri.
29. A Orléans, couche a Pluviers.
30. couche a Fontainebleau: cinq heures du soir.
13. Nov. couche a Chilly.
14. couche a Versailles.

1686.

15. Avril. A la chasse aux environs de Versailles.
10. Juill. A la plaine d'Acheres, voit ses troupes.
12. couche a Maintenon, visite l'aqueduc.
15. couche a Versailles.
Plusieurs fois à la plaine d'Acheres, fait la revue des troupes de sa maison.

DES ROIS DE FRANCE.

3. Sept. couche au château de Marly.
5. couche a Versailles.
14. couche a Maintenon.
17. couche a Versailles.
23. couche au château de Marli.
26. couche a Versailles.
8. Oct. couche a Fontainebleau.
15. Nov. couche a Versailles.

1687.
31. Janv. A la plaine d'Acheres, fait la revue des gardes du corps & des grenadiers à cheval.
3. Fév. couche au château de Marli.
4. Mars. A Marli.
2. Avril. couche a Marli.
5. couche a Versailles.
    couche a Marli.
17. couche a Versailles.
19. couche a Maintenon.
23. couche a Versailles.
29. couche a Marli.
9. Mai. A Versailles.
10. A Paris, dîne à Bondy, c. a Claye.
11. Dîne à Monceaux, c. à la Ferté-sous-Jouarre.
12. Dîne à l'Isle, c. à Montmirel.
13. couche a Vertus.
14. couche a Châlons.
15. couche a sainte Menehoud.
17. couche a Verdun.
19. Dîne & couche a Estain.
20. couche a Longuy.
21. couche a Luxembourg.
26. couche a Longuy.
27. couche a Estain.
28. couche a Verdun.
30. couche a Sainte Menehoud.
31. couche à Châlons.
1. Juin. couche a Vertus.
2. couche a Montmirel.
5. couche a la Ferté sous-Jouarre.
6. couche a Clayes
7. couche a Versailles.
2. Juill. couche au château de Marli.
4. couche a Versailles.
5. Août. couche a Marli.
6. Au camp d'Acheres, passe ses troupes en revue.
17. couche au château de Marli.
19. Au camp d'Acheres, passe ses troupes en revue.
20. couche a Versailles.
9. Sept. couche a Marli.
23. couche a Versailles.
2. Oct. couche a Fontainebleau.
6. A la chasse.
7. A la chasse.
13. Nov. couche a Versailles.
19. couche au château de Marli.
    A Versailles.

1. Déc. couche au château de Marli.
5. couche a Versailles.
15. couche au château de Marli.
17. couche a Versailles.

1688.
2. Janv. A la plaine d'Ouilles, fait la revue de ses gardes du corps, & des grenadiers à cheval.
13. couche au château de Marli.
16. couche a Versailles.
17. couche a Marli.
31. couche a Versailles.
19. Fév. couche a Marli.
21. couche a Versailles.
3. Mars. couche a Marli.
6. couche a Versailles.
31. couche a Marly.
11. Avril. couche à Marli.
23. couche a Versailles.
    Mai. couche a Marli.
6. couche à Versailles.
21. couche a Maintenon.
25. couche a Versailles.
10. Juin. couche a Marli.
15. couche a Versailles.
4. Juill. couche au château de Marli.
9. couche a Versailles.
19. Au château de Marli.
21. Au camp d'Acheres.
24. couche a Versailles.
29. Dîne au château de Marli, passe au camp d'Acheres, & couche a Versailles.
4. Août. couche a Marli.
8. Au camp d'Acheres, fait la revue de ses troupes.
9. couche a Versailles.
14. Sept. couche a Marli.
28. couche a Fontainebleau.
12. Nov. couche a Versailles.
28. couche au château de Madrid.
8. Déc. Au château de Marli.
25. A Versailles.

1689.
1. Janv. A Versailles.
6. Près de Chatou, va à Saint Germain en Laye, accompagne la reine d'Angleterre, & revient coucher à Versailles.
7. A saint Germain en Laye, où sa majesté reçoit le roi d'Angleterre, & revient coucher à Versailles.
19. couche au château de Marli.
2. Fév. A Versailles.
8. couche au château de Marli.
    A Versailles.
27. A saint Germain, couche a Versailles.
    couche au château de Marli.
1. Mars. A Versailles.

5. A Marli, c. à Versailles.
27. A saint Germain, c. à Versailles.
29. Au château de Marli.
1. Avril. Versailles.
1. Mai. Versailles.
2. couche a Marli.
10. Versailles.
19. Marli.
28. Versailles.
16. Juin. Au château de Marli.
Versailles.
22. Au château de Marli.
1. Juill. Versailles.
6. Au château de Marli.
25 Versailles.
3. Août. Au château de Marli.
14. Versailles.
31. Marli.
1. Sept. Versailles.
28. Marli.
1. Oct. Versailles.
6. Part pour Fontainebleau.
22. Versailles.
2. Nov. Au château de Marli.
2. Déc. Versailles.

1690.

Dim. 1. Janv. Versailles.
15. Fév. Au château de Marli.
27. couche a Lusarche.
28. couche à Compiegne.
1. Mars. A une lieue de Compiegne, fait la revue de huit escadrons de ses gardes.
6. Chantilly, dine à Verberie, couche a Lusarche.
7. couche a Versailles.
25. Au château de Marli.
Versailles.
couche a Marli.
1. Avril. Versailles.
3. Mai. couche a Versailles.
7. A saint Germain, voir la reine d'Angleterre.
1. Juin. Versailles.
26. Juill. A saint Germain en Laye, visite le roi d'Angleterre, & couche a Versailles.
2. Août. couche a Marli.
1. Sept. Versailles.
5. Oct. Part de Versailles pour Fontainebleau.
7. A Fontainebleau.
21. A l'entrée de la forêt de Fontainebleau, reçoit leurs majestés Britanniques.
27. couche a Versailles.
27. Déc. couche a Marli.

1691.

2. Janv. A Versailles.
28. Fév. couche a Marli.
1. Mars. Versailles.
7. couche a Marli.

11. A Versailles.
17. couche a Verberie.
18. couche a Noyon.
19. couche a saint Quentin.
20. couche au Quesnoy.
21. Au camp, devant Mons.
23. A une chapelle, près du village d'Hion.
24. Dine à Guillain, & revient devant Mons.
12. Avril. couche au Quesnoy.
13. couche a saint Quentin.
14. couche a Compiegne.
16. couche a Lusarche.
17. couche a Versailles.
25. couche a Marli.
1. Mai à Versailles.
24. couche a Marli.
1. Juin. A Versailles.
21. A Marli.
1. Juill. A Versailles.
15. Sept. couche a Fontainebleau.
23. Oct. couche a Versailles.
2. Nov. A Marli.
25. Déc. A Versailles.

1692.

19. Janv. A la plaine d'Ouilles, fait la revue de ses gardes Françoises.
1. Fév. A Versailles.
4. Près de Versailles, fait la revue de ses gardes Françoises.
26. Paris, au palais royal, couche a Versailles.
3. Mars. Chantilly.
4. couche a Compiegne.
10. couche a Chantilly.
12. couche a Versailles.
20. Avril. couche a saint Germain en Laye.
1. Mai. A Versailles.
8. A saint Germain, c. à Versailles.
10. couche a Chantilly.
12. couche a Compiegne.
13. couche a Noyon.
14. couche a saint Quentin.
15. couche au Quesnoy.
16. couche a Valenciennes.
17. Au camp de Gesuries.
19. A Mons.
20. Sa majesté fait la revue de ses deux armées.
23. Au camp d'Harlemont, à deux lieues de Charleroi.
24. Campe à saint Amand, près Fleurus.
25. Campe à Masy.
26. Au camp, devant Namur.
27. Au village de Bougie, près de la Meuse, où sa majesté visite le quartier du prince de Condé.
28. Visite le quartier entre la Sambre & la Meuse, & celui du marquis de Boufflers.

7. Juin,

7. Juin. Campe entre la Sambre & la Meuse, & prend son quartier au monastere des Carmes.
3. Juill. couche a Dinant.
5. couche à Charlemont.
6. couche a Mariembourg.
7. couche a Rocroy.
8. couche a Aubenton.
9. couche a Marle.
10. couche a Laon.
12. couche a Soissons.
13. couche a Villiers-Cotterets.
15. couche a Dammartin.
16. couche a Versailles.
19. Paris, au palais royal.
30. Au château de Marli.
2. Août. A Versailles.
25. Sept. Part de Versailles pour Fontainebleau.
25. Oct. Au Plessis, c. à Versailles.

A saint Germain en Laye, visite leurs majestés Britanniques.
9. Juill. couche a Marli.
1. Août. couche à Versailles.
9. Sept. couche a saint C'oud.
17. couche a Choisi, dans la maison de monseigneur le Dauphin.
18. couche a Fontainebleau.
23. A trois lieues de Fontainebleau, audevant de leurs majestés Britanniques.
7. Oct. Accompagne leurs majestés Britanniques jusques au bout de la forêt de Fontainebleau.
22. couche a Choisi.
24. couche a Versailles.
2. Nov. A Marli.
7. A Versailles.
17. Déc. A Marli.
19. A Versailles.

1693.

14. Janv. A Marli.
17. A Versailles.
11. Fév. A Marli.
19. A la plaine d'Ouilles, fait la revue des gardes Françoises & Suisses.
28. couche a Versailles.
5. Mars. couche a Chantilly, & le 6. & 7. & jours suivans. il y fait la revue de sa maison, & y prend le divertissement de la chasse.
24. couche a Versailles.
  A Marli.
1. Avril. A Versailles.
22. A Marli.
25. A Versailles.
8. Mai. couche a Versailles.
18. couche a Chantilly.
20. couche a Compiegne.
21. couche a Roye.
23. couche a Peronne.
24. couche a Cambray.
25. couche au Quesnoy.
1. Juin. Au camp de Thieusies.
4. Au camp de Herlemont.
6. Au camp de Thimeon.
7. Au camp de Gemblours.
10. couche a Namur.
12. couche a Dinant.
13. couche a Givet.
14. couche a Mariembourg.
15. couche a Rocroy.
16. couche a Mezieres.
18. couche a Rhetel.
20. couche a Reims.
22. couche a Fismes.
23. couche a Soissons.
24. couche a Villiers-Cotterets.
25. couche a Dammartin.
26. couche a Versailles.

1694.

7. Janv. Se promene à Marli, couche a Versailles.
13. couche a Marli.
14. Après diné, à Noisi.
16. couche a Versailles.
  A Trianon, c. à Versailles.
17. Fév. couche a Marli.
20. couche a Versailles.
25. A la Volerie, c. à Versailles.
1. Mars. A la plaine d'Ouilles, fait la revue d'une partie de sa maison.
4. A la Volerie, c. à Versailles.
15. Dine à un moulin près de Sarcelle, & c. à Chantilly.
18. Dine à une petite maison, près de Verbry, & c. à Compiegne.
Dim. 28. couche a Chantilly.
31. couche a Versailles.
21. Avril. couche a Choisi.
24. couche a Versailles.
26. A Marli, c. à Versailles.
27. A Trianon, c. à Versailles.
28. couche a Trianon.
Dim. 2. Mai. couche a Versailles.
4. A Trianon, c. à Versailles.
5. couche a Marli.
8. couche a Versailles.
11. couche a Trianon.
18. Se promene à Noisi, c. à Trianon.
24. couche a Versailles.
31. couche a Marli.
5. Juin. couche a Versailles.
21. Se promene à Trianon, couche a Versailles.
17. couche a Trianon.
24. Juill. A saint Germain, c. à Marli.
29. couche a Trianon.
22. Août. couché a Versailles.
31. couche a Marli.

Tome I. Abel Jouan. V

ITINERAIRE

7. Sept. couche a Versailles.
26. Dîne à Fremont, couche à Fontainebleau.
30. Près de Chailly, où il rencontre monseigneur le Dauphin.
23. Dans la forêt de Fontainebleau, reçoit leurs majestés Britanniques.
27. Oct. Dîne au Plessis, dans la maison de Prudhomme, passé à Juvisi, couche a Choisi.
30. couche à Versailles.
2. Nov. couche a Marli.
6. couche a Versailles.
17. Se promene à Noisi, couche a Versailles.
1. Déc. couche a Marli.
4. couche a Versailles.
10. Se promene à Marli, couche a Versailles.

1695.

12. Janv. A Trianon, c. à Versailles.
21. A Trianon, c. à Versailles.
22. Après dîné à Marli, couche a Versailles.
24. Se promene à Marli, couche a Versailles.
25. A Trianon c. à Versailles.
26. couche a Marli.
29. couche a Versailles.
7. Fév. A Trianon, c. à Versailles.
8. A Trianon, c. à Versailles.
9. A Trianon, c. à Versailles.
10. A Marli, c. à Versailles.
11. A Trianon, c. à Versailles.
12. A Trianon, c. à Versailles.
15. A Trianon, c. à Versailles.
22. A Marli, c. à Versailles.
28. A Marli, c. à Versailles.
Dim. 13. Mars. couche a Marli.
17. A la plaine d'Ouilles, fait la revue des gardes Françoises & Suisses.
19. couche a Versailles.
25. A Marli, à Trianon, couche a Versailles.
6. Avril. couche a Choisi.
9. couche a Versailles.
11. couche a Marli.
12. & 13. Sa majesté fait la revue des quatre camps de gardes du corps.
16. couche a Versailles.
Dim. 24. couche a Marli.
26. couche a Versailles.
28. couche a Chantilly.
30. couche a Compiegne.
13. Mai. couche a Liancourt.
Dim. 15. couche a Chantilly.
17. couche a Versailles.
23. A Marli, couche a Versailles.
25. couche a Marli.
Dim. 29. A Versailles, c. à Marli.
31. couche a Versailles.

3. Juin. A Meudon, c. à Versailles.
9. couche a Trianon.
10. A Meudon, c. à Trianon.
11. A Marli, c. à Trianon.
Dim. 12. A saint Cir, c. à Trianon.
17. A Versailles, c. à Trianon.
18. A Marli, c. à Trianon.
Dim. 19. Se promene à la Selle, c. à Trianon.
22. A Versailles, c. à Marli.
2. Juill. couche a Trianon.
7. Se promene à Marli, c. à Trianon.
8. Se promene à Versailles, couche a Trianon.
13. couche a Marli.
23. couche a Trianon.
4. Août. couche a Marli.
13. couche a Versailles.
Dim. 28. couche a Meudon.
1. Sept. couche a Versailles.
5. Se promene à Marli, couche a Versailles.
9. couche a Marli.
12. Après dîné à saint Germain, couche a Marli.
17. couche a Versailles.
22. Dîne à Fremont, c. a Fontainebleau.
12. Oct. A Chailly, dans la forêt de Fontainebleau, accompagne leurs majestés Britanniques.
26. couche a Meudon.
28. couche a Versailles.
29. se promene à Marli, c. à Versailles.
2. Nov. couche a Marli.
3. Dans la forêt de saint Germain, où il fait la faint Hubert, & c. à Marli.
12. couche a Versailles.
15. Se promene à Trianon, couche a Versailles.
17. A Marli, c. à Versailles.
21. A Trianon, c. à Versailles.
23. A Marli, c. à Versailles.
25. A Trianon, c. à Versailles.
26. A Marli, c. à Versailles.
30. couche a Marli.
3. Déc. couche a Versailles.
10. A Marli, c. a Versailles.
14. couche a Marli.
17. couche a Versailles.
19. A Marli, c. à Versailles.
28. couche à Marli.
31. couche a Versailles.

1696.

4. Janv. A Marli, c. à Versailles.
7. A Marli, c. à Versailles.
11. couche a Meudon.
14. couche a Versailles.
25. couche a Marli.
28. couche a Versailles.
Dim. 5. Fév. A saint Germain, c. à Versailles.

8. couche a Marli.
11. couche a Verfailles.
14. A Marli, c. à Verfailles.
18. A Marli, c. à Verfailles.
22. couche a Marli.
25. couche a Verfailles.
27. A faint Germain, c. à Verfailles.
29. couche a Marli.
1 Mars. A la plaine d'Ouilles, fait la revue des gardes Françoifes & Suifes.
5. couche a Verfailles.
7. A Marli, c. à Verfailles.
14. A faint Germain, c. à Verfailles.
Dim. 18. couche a Marli.
24. couche a Verfailles.
28. A Marli, c. à Verfailles.
31. A Marli, c. à Verfailles.
4. Avril. A Marli, c. à Verfailles.
6. A Marli, c. à Verfailles.
Dim. 8. couche a Marli.
14. couche a Verfailles.
Dim. 15. A Trianon, c. à Verfailles.
18. A Trianon, c. à Verfailles.
19. A Marli, c. à Verfailles.
25. couche a Marli.
28. couche a Verfailles.
1. Mai. A Trianon, c. à Verfailles.
2. couche a Meudon.
5. couche a Verfailles.
7. Près de Verfailles, fait la revue des gens d'armes & des chevaux-légers.
11. A Marli, c. à Verfailles.
Dim. 13. couche a Marli.
19. couche a Verfailles.
29. couche a Marli.
Dim. 3. Juin. Fait collation à Noifi, couche a Marli.
7. couche a Verfailles.
11. couche a Trianon.
13. A Marli, c. à Trianon.
16. couche a Marli.
20. couche a Verfailles.
Dim. 24. A Trianon, c. à Verfailles.
29. couche a Meudon.
3. Juill. couche a Marli.
14. A faint Cloud, c à Trianon.
19. couche à Marli.
28. couche a Trianon.
2. Août. couche a Marli.
11. couche a Verfailles.
17. A Marli, c. à Verfailles.
22. Sept. couche a Marli.
29. couche à Verfailles.
2. Oct. A faint Germain, couche a Verfailles.
4. couche a Fontainebleau.
10. Dans la forêt de Fontainebleau, au-devant de leurs majeftés Britanniques.
19. Accompagne bien avant dans la fo-

têt de Fontainebleau leurs majeftés Britanniques, & s'en retourne en chaffant.
Dim. 4. Nov. couche à Montargis.
5. couche a Fontainebleau.
8. couche a Verfailles.
9. A Marli, c. à Verfailles.
13. Dine à Marli, c. à Verfailles.
14. couche a Meudon
17. couche a Verfailles.
19. A Marli, c. à Verfailles.
21. A Marli, c. à Verfailles.
23. Dine à Marli, c. à Verfailles.
26. A Marli, c. à Verfailles.
28. couche a Marli.
1 Déc couche a Verfailles.
4. A Marli, c. à Verfailles.
6. Dine à Marli, c. à Verfailles.
10. Dine à Marli, c. à Verfailles.
12. A Trianon, c. à Marli.
15. couche a Verfailles.
18. A Marli, c. à Verfailles.
20. Dine à Marli, c. à Verfailles.
22. A Meudon, c. à Verfailles.
28. A faint Germain, c. a Verfailles.
29. A Marli, c. à Verfailles.

1697.

2. Janv. A Marli, c. à Verfailles.
5. Dine à Marli, c. à Verfailles.
Dim. 6. A faint Cir, c. à Verfailles.
9. couche a Marli.
12. couche a Verfailles.
14. Dine à Trianon, couche a Verfailles.
15. A Marli, c. à Verfailles.
16. A Trianon, c. à Verfailles.
17. A Marli, c. à Verfailles.
18. A Trianon, c. à Verfailles.
19. A Marli, c. à Verfailles.
21. Dine à Marli, c. à Verfailles.
23. couche a Marli.
26. couche a Verfailles.
28. A faint Germain, c. à Verfailles.
29. A Marli, c. à Verfailles.
30. A Trianon, c. à Verfailles.
31. Dine à Marli, c. à Verfailles.
1. Fév. A Marli, c. à Verfailles.
6. couche à Marli.
9. couche a Verfailles.
12. A Trianon c. à Verfailles.
13. Dine à Marli, c. à Verfailles.
14. A Marli, c. à Verfailles.
15. A Trianon, c. à Verfailles.
16. A Marli, c. à Verfailles.
18. A Meudon, c. à Verfailles.
19. A Marli, c. à Verfailles.
20. couche a Marli.
23. couche a Verfailles.
26. A Marli, c. à Verfailles.
2. Mars. Dine à Marli, c. à Verfailles.
6. couche à Marli.

ITINERAIRE

7. A la plaine d'Ouilles, fait la revue des gardes Françoises & Suisses.
9. couche a Versailles.
18. couche a Marli.
23. couche a Versailles.
28. Dîne à Marli, c. à Versailles.
30. A Marli, c. à Versailles.
2. Avril. A Marli, c. à Versailles.
4. A Marli, c. à Versailles.
9. Dîne à Marli, va à saint Germain, & revient coucher a Marli.
10. couche a Meudon.
13. A Marli, c. à Versailles.
17. couche a Marli.
27. couche a Versailles.
2. Mai. Dîne à Marli, c. à Versailles.
6. Au Pont-Colbert, c. à Versailles.
8. couche a Marli.
10. A saint Germain, c. à Marli.
18. couche a Versailles.
21. Dîne à Meudon, c. à Versailles.
23. A Marli, c. à Versailles.
29. couche a Varli.
5. Juin. couche a Versailles.
11. A Marli, c. à Versailles.
14. Dîne à Marli, c. à Versailles.
17. A Marli, c. à Versailles.
19. couche a Marli.
29. couche a Versailles.
4. Juill. Dîne à Marli, c. a Versailles.
5. A Chevillé, c. à Versailles.
10. couche a Marli.
20. couche a Versailles.
24. couche a Meudon.
27. couche a Versailles.
31. couche a Marli.
Dim. 4. Août. A saint Germain, c. a Marli.
10. couche a Versailles.
16. Dîne à Marli, c. à Versailles.
21. couche a Marli.
31. couche a Versailles.
4. Sept. couche a Meudon.
7. couche a Versailles.
10. couche a Marli.
14. A saint Germain, c. à Versailles.
18. A Marli, c. à Versailles.
19. A Fremont, c. à Fontainebleau.
25. Oct. couche a Versailles.
26. A Marli, c. à Versailles.
30. Dîne à Marli, c. à Versailles.
2. Nov. couche a Marli.
9. couche a Versailles.
12. A Marli, c. à Versailles.
13. couche a Meudon.
16. couche a Versailles.
19. A Marli, c. à Versailles.
22. Dîne à Marli, c. à Versailles.
23. A saint Germain, c. à Versailles.
27. couche a marli.
30. couche a Versailles.
4. Déc. A Marli, c. à Versailles.

10. A Marli, c. à Versailles.
16. A Marli, c. à Versailles.
17. Fait collation à Trianon, couche a Versailles.
18. couche a Marli.
21. couche a Versailles.
28. A saint Germain, c. à Versailles.
31. A Marli, c. à Versailles.

1698.

6. Janv. couche a Marli.
11. couche a Versailles.
14. A Marli, c. à Versailles.
22. couche a Marli.
25. couche a Versailles.
30. A Marli, c. à Versailles.
4. Fév. couche a Marli.
8. A saint Germain, couche à Versailles.
11. A Marli, c. à Versailles.
14. Dîne à Marli, c. à Versailles.
17. A Marli, c. à Versailles.
19. couche a Meudon.
22. couche a Versailles.
25. A Marli, c. à Versailles.
1. Mars. Dîne à Marli, c. à Versailles.
4. couche a Marli.
8. couche a Versailles.
14. A Trianon, c. à Versailles.
15. Dîne à Marli, c. à Versailles.
19. couche a Marli.
22. couche a Versailles.
3. Avril. couche a Marli.
12. couche a Versailles.
18. Dîne à Marli, c. à Versailles.
22. couche a Marli.
26. couche a Versailles.
28. à Meudon, c. à Versailles.
3. Mai. A Marli, c. à Versailles.
8. couche a Marli.
15. couche a Versailles.
21. couche a Meudon.
24. couche a Versailles.
27. A Marli, c. à Versailles.
31. A saint Germain, c. à Versailles.
6. Juin. couche a Marli.
7. Près de Marli, fait la revue des gardes du corps, & des grenadiers à cheval.
14. couche a Versailles.
17. A Marli, c. à Versailles.
19. A Marli, c. à Versailles.
20. A Marli, c. à Versailles.
25. couche a Marli.
5. Juill. couche a Versailles.
8. A Chaville, c. à Versailles.
10. A Marli, c. à Versailles.
16. couche a Marli.
22. A saint Cloud, couche a Meudon.
26. couche a Versailles.
2. Août. A Marli, c. à Versailles.
5. couche a Marli.

DES ROIS DE FRANCE.

12. couche a Versailles.
19. couche a Marli.
23. couche a Versailles.
26. A saint Cloud, couche a Versailles.
28. A saint Cloud, couche a Chantilly.
30. couche a Compiegne, visite le camp.
Dim. 31. Chasse & va au camp.
2. Sept. Au camp, où il fait collation sous la tente du maréchal de Boufflers.
6. Au camp.
7. Au camp.
9. Au camp, fait la revue de ses troupes.
10. Dine à Compiegne avec le roi d'Angleterre, chez le maréchal Boufflers, & fait ensuite la revue de son régiment.
11. A la tête de son armée, & fait une marche de deux lieues.
17. Au camp, près le village de Montmartin, à trois lieues de Compiegne.
19. A une hauteur, près du camp.
22. couche a Chantilly.
24. couche a Versailles.
25. A Marli, couche a Versailles.
30. A Marly, couche a Versailles.
2. Oct. couche a Fontainebleau.
13. Nov. couche a Versailles.
14. A Marli, couche a Versailles.
15. A Marli, couche a Versailles.
19. couche a Marli.
22. couche a Versailles.
26. A Marli, couche a Versailles.
27. A saint Germain, couche a Versailles.
28. A Marli, couche a Versailles.
2. Déc. A Marli, couche a Versailles.
3. couche a Meudon.
6. couche a Versailles.
9. A Marli, couche a Versailles.
11. A Marli, couche a Versailles.
12. A Marli, couche a Versailles.
13. A Trianon, couche a Versailles.
15. A Marli, couche a Versailles.
17. couche a Marli.
20. couche a Versailles.
22. A Marli, couche a Versailles.
27. Dine à Marli, couche a Versailles.

1699.

3. Janv. A Marli, couche a Versailles.
7. couche a Marli.
10. couche a Versailles.
11. saint Germain, couche a Versailles.
14. A Marli, couche a Versailles.
17. A Marli, couche a Versailles.
20. couche a Marli.
24. couche a Versailles.
27. A Marli, couche a Versailles.
29. A Trianon, couche a Versailles.
31. A Marli, couche a Versailles.

4. Fév. couche a Marli.
7. couche a Versailles.
10. A Marli, couche a Versailles.
11. Dine à Meudon, couche a Versailles.
14. A Marli, couche a Versailles.
18. couche a Marli.
20. couche a Versailles.
21. A Marli, couche a Versailles.
25. A Marli, couche a Versailles.
28. A Marli, couche a Versailles.

4. Mars. couche a Marli.
7. couche a Versailles.
11. A saint Germain, couche a Versailles.
12. A Marli, couche a Versailles.
Dim. 15. A Trianon, couche a Versailles.
16. couche a Marli.
19. A la Volerie, dans la plaine de Veziné, au bas de saint Germain, couche a Marli.
21. couche a Versailles.
31. A Marli, couche a Versailles.

2. Avril. A Marli, couche a Versailles.
4. Dine à Marli, couche a Versailles.
7. Au camp, près de Marli, couche a Versailles.
11. A Marli, couche a Versailles.
14. A Marli, couche a Versailles.
21. A Marli, couche a Versailles.
22. couche a Meudon.
25. couche a Versailles.
27. A Marli, couche a Versailles.
29. couche a Marli.

2. Mai. couche a Versailles.
9. A Marli, couche a Versailles.
11. A Marli, couche a Versailles.
13. couche a Marli.
23. couche a Versailles.
29. A Marli, couche a Versailles.
Dim. 31. couche a Marli.

4. Juin. couche a Versailles.
10. A Marli, couche a Versailles.
11. Dine à Marli, couche a Versailles.
15. A Marli, couche a Versailles.
17. A Marli, couche a Versailles.
22. A Marli, couche a Versailles.
26. A Marli, couche a Versailles.
Dim. 28. A saint Germain, couche a Marli.

4. Juill. couche a Versailles.
Dim. 5. A Trianon, couche a Versailles.
7. A Marli, couche a Versailles.
8. A Trianon, couche a Versailles.
9. couche a Trianon.
11. A saint Germain, couche a Versailles.
13. Dine à Meudon, couche a Versailles.
14. A saint Cloud, couche a Versailles.
15. couche a Marli.
25. couche a Versailles.
28. A Marli, couche a Versailles.
30. couche a Trianon.

1. Août. couche a Versailles.
5. couche a Marli.

6.	A la plaine d'Acheres, couche a Marli.	3.	couche a Marli.
11.	Dans la forêt de saint Germain, & couche a Verfailles.	6.	couche a Verfailles.
13.	A faint Germain, couche a verfailles.	Dim. 7.	A Trianon, couche a Verfailles.
18.	Au parc de Meudon, couche a Verfailles.	9.	A Marli, couche a Verfailles.
		10.	A Trianon, couche a Verfailles.
20.	couche a Marli.	11.	A Trianon, couche a Verfailles.
29.	couche a Verfailles.	12.	A Trianon, couche a Verfailles.
1. Sept.	A Marli, couché a Verfailles.	13.	A Marli, couche a Verfailles.
3.	couche a Fontainebleau.	Dim. 14.	A faint Germain, couche a Verfailles.
21. Oct.	couche a Verfailles.	16.	A Trianon, couche a Verfailles.
23.	A Marli, couche a Verfailles.	17.	couche a Marli.
24.	A Marli, couche a Verfailles.	20.	couche a Verfailles.
26.	A Marli, couche a Verfailles.	Dim. 21.	A Trianon, couche a Verfailles.
27.	A Marli, couche a Verfailles.	22.	A Trianon, couche a Verfailles.
29.	Dîne à Marli, va à faint Germain, revient à Marli, & couche a Verfailles.	23.	A Marli, couche a Verfailles.
		24.	A Trianon, couche a Verfailles.
2. Nov.	couche a Marli.	25.	A Trianon, couche a Verfailles.
14.	couche a Verfailles.	26.	A Trianon, couche a Verfailles.
19.	A Marli, couche à Verfailles.	Dim. 28.	A Trianon, couche a Verfailles.
23.	A Marli, couche a Verfailles.	29.	A Marli, couche a Verfailles.
25.	couche a Meudon.	31.	couche a Marli.
28.	couche a Verfailles.	3. Avril.	couche a Verfailles.
30.	A Marli, couche a Verfailles.	Dim. 4.	A Trianon, couche a Verfailles.
1. Déc.	A Marli, couche à Verfailles.	5.	A Trianon, couche a Verfailles.
3.	Dîne à Marli, couche a Verfailles.	6.	A Marli, couche a Verfailles.
9.	couche a Marli	7.	A Trianon, couche a Verfailles.
12.	couche a Verfailles.	8.	A Marli, couche a Verfailles.
16.	couche a Marli.	10.	A faint Cloud, couche a Verfailles.
19.	couche a Verfailles.	12.	A Marli, couche a Verfailles.
22.	A Marli, couche a Verfailles.	13.	A Trianon, couche a Verfailles.
26.	Dîne à Marli, couche a Verfailles.	14.	A Marli, couche a Meudon.
29.	A Trianon, couche a Verfailles.	17.	A Marli, couche a Verfailles.
31.	A Marli, couche a Verfailles.	Dim. 18.	A Trianon, couche a Verfailles.
		24.	A Marli, couche a Verfailles.
	1700.	Dim. 25.	A Trianon, couche à Verfailles.
2. Janv.	A Marli, couche a Verfailles.	26.	A Trianon, couche a Verfailles.
4.	A Marli, couche a Verfailles.	28.	couche a Marli.
6.	A faint Germain, couche a Verfailles.	29.	A la plaine d'Ouilles, couche a Marli.
9.	couche a Verfailles.	9. Mai.	Au Champ de Mars, près de Marli, fait la revûe de quatre compagnies des gardes du corps, & couche à Marli.
13.	A Marli, couche a Verfailles.		
16.	A Marli, couche a Verfailles.		
18.	A Marli, couche a Verfailles.	8.	couche a Verfailles.
20.	couche a Marli.	10.	A Trianon, couche a Verfailles.
23.	couche a Verfailles.	11.	A Trianon, couche a Verfailles.
26.	A Marli, couche a Verfailles.	12.	A Marli, couche a Verfailles.
30.	A Marli, couche a Verfailles.	13.	A Trianon, couche a Verfailles.
3. Fév.	A Marli, couche a Verfailles.	14.	A Trianon, couche a Verfailles.
3.	couche a Verfailles.	15.	A Marli, couche a Verfailles.
6.	couche a Verfailles.	Dim. 16.	A Trianon, couche a Verfailles.
9.	A Marli, couche a Verfailles.	17.	A Trianon, couche a Verfailles.
13.	A Marli, couche a Verfailles.	18.	A Marli, couche a Verfailles.
15.	A Marli, couche a Verfailles.	20.	couche a Marli.
16.	A Trianon, couche a Verfailles.	27.	A faint Germain, revient à Marli, & couche a Verfailles.
17.	couche a Marli.		
20.	couche a Verfailles.	28.	A Trianon, couche a Verfailles.
23.	A Marli, couche a Verfailles.	1. Juin.	A Trianon, couche a Verfailles.
26.	A Marli, couche a Verfailles.	2.	A Marli, couche a Verfailles.
3. Mars.	A Marli, couche a Verfailles.	3.	A Trianon, couche a Verfailles.
		Dim. 6.	A Trianon, couche a Verfailles.

DES ROIS DE FRANCE.

7. A Marli, couche a Versailles.
9. A Marli, couche a Versailles.
15. A Marli, couche a Versailles.
16. Dine à Meudon, couche a Versailles.
17. couche a Marli.
26. couche a Versailles.
1. Juill. A Marli, couche a Versailles.
3. A Trianon, couche a Versailles.
Dim. 4. A Trianon, couche a Versailles.
6. A Trianon, couche a Versailles.
7. couche a Marli.
17. couche a Versailles.
19. A Trianon, couche a Versailles.
21. A la forêt de Marli, couche a Versailles.
Dim. 25. A Meudon, couche a Versailles.
27. A Trianon, couche a Versailles.
28. couche a Marli.
30. A saint Germain, à Noisy, & couche a Marli.
7. Août. couche a Versailles.
Dim. 8. A Trianon, couche a Versailles.
12. A Marli, couche a Versailles.
16. A Trianon, couche a Versailles.
17. A Marli, couche a Versailles.
18. A saint Cloud, couche a Meudon.
21. couche a Marli.
28. couche a Versailles.
31. A Marli, couche a Versailles.
1. Sept. A Trianon, couche a Versailles.
2. A Marli, couche a Versailles.
4. A Marli, couche a Versailles.
6. A Marli, couche a Versailles.
8. couche a Marli.
16. A saint Germain, couche a Marli.
18. couche a Versailles.
21. A Marli, couche a Versailles.
23. couche a Fontainebleau.
15. Nov. couche a Versailles.
16. A Marli, couche a Versailles.
18. A Marli, couche a Versailles.
20. A Trianon, couche a Versailles.
24. couche a Marli.
27. A saint Germain, couche a Versailles.
2. Déc. A Marli, couche a Versailles.
3. A Marli, couche a Versailles.
4. A Sceaux, couche a Versailles.
6. A Marli, couche a Versailles.
8. couche a Marli.
13. couche a Versailles.
18. A Trianon, couche a Versailles.
20. A Marli, couche a Versailles.
22. A Marli, couche a Versailles.
27. A saint Germain, couche a Versailles.
29. A Marli, couche a Versailles.
31. Près de Roquencourt, dans le parc de Marli, couche a Versailles.

1701.
5. Janv. couche a Marli.
10. couche a Versailles.
11. A Trianon, couche a Versailles.
12. A Trianon, couche a Versailles.
13. A Marli, couche a Versailles.
14. A Trianon, couche a Versailles.
18. A Trianon, couche à Versailles.
19. couche a Marli.
24. couche a Versailles.
26. A Trianon, couche a Versailles.
27. A Trianon, couche a Versailles.
28. A Marli, couche a Versailles.
29. A Marli, couche a Versailles.
30. A Trianon, couche a Versailles.
1. Fév. A Marli, couche a Versailles.
4. A Trianon, couche a Versailles.
5. A Trianon, couche a Versailles.
Dim. 6. couche a Marli.
12. couche a Versailles.
Dim. 13. A Trianon, couche a Versailles.
15. A Trianon, couche a Versailles.
16. A Trianon, c. a Versailles.
17. A Marli, c. à Versailles.
18. A Trianon, c. Versailles.
19. A Trianon, c. à Versailles.
22. A Marli, c. a Versailles.
23. couche a Meudon.
26. couche a Versailles.
28. A Trianon, c. à Versailles.
1. Mars. A saint Germain, c. à Versailles.
3. A Marli, c. à Versailles.
4. A Trianon, c. à Versailles.
5. A Marli, c. à Versailles.
8. A Marli, c. à Versailles.
9. A Trianon, c. à Versailles.
10. A Trianon, c. à Versailles.
12. A Trianon, c. à Versailles.
14. couche a Marli.
16. A saint Germain, c. à Marli.
18. A la plaine d'Ouilles, c. à Marli.
19. couche a Versailles.
22. A Trianon, c. à Versailles.
23. A Marli, c. à Versailles.
30. A Trianon, c. à Versailles.
1. Avril. A Marli, c. à Versailles.
Dim. 3. A Trianon, c. à Versailles.
4. A saint Germain, c. à Marli.
9. couche a Versailles.
Dim. 10. A Trianon, c. à Versailles.
14. A Marli, c. à Versailles.
15. A Trianon, c. à Versailles.
16. A Trianon, c. à Versailles.
19. A Marli, c. à Versailles.
20. A Trianon, c. à Versailles.
23. A Trianon, c. à Versailles.
25. couche a Marli.
30. couche à Versailles.
2. Mai. A Trianon, c. à Versailles.
3. A Marli, c. à Versailles.
6. A Trianon, c. à Versailles.
7. A Marli, c. à Versailles.
9. couche a Marli.

13. couche a Versailles.
14. A Trianon, c. à Versailles.
16. A Trianon, c. à Versailles.
17. A Trianon, c. à Versailles.
18. couche a Meudon.
19. Aux Invalides, c. à Meudon.
20. A N. D. à Paris, c. à Meudon.
21. couche a Versailles.
24. A Marli, c. à Versailles.
25. A Marli, c. à Versailles.
27. A Marli, c. à Versailles.
Dim. 29. A Trianon, c. à Versailles.
31. A Marli, c. à Versailles.
1. Juin. A Meudon, c. à Versailles.
2. A Trianon, c. à Versailles.
3. couche a Marli.
9. A saint Cloud, c. à Marli.
11. couche a Versailles.
16. A Marli, c. à Versailles.
17. A Trianon, c. à Versailles.
18. A Trianon, c. à Versailles.
22. A Marli.
22. Juill. couche à Versailles.
Dim. 3. A Trianon, c. à Versailles.
6. couche a Trianon.
9. A Marli, c. à Trianon.
11. A Versailles, c. à Meudon.
14. Aux Invalides, c. à Meudon.
16. couche a Versailles.
18. A Marli, c. à Versailles.
20. couche a Marli.
Dim. 24. A saint Germain, c. à Marli.
30. couche a Versailles.
2. Août. A Trianon, c. à Versailles.
8. couche a Marli.
20. couche a Versailles.
25. A Trianon, c. à Versailles.
30. couche a Meudon.
3. Sept. couche a Versailles.
5. A saint Germain, à Marli, & c. à Versailles.
8. couche a Marli.
Dim. 11. A saint Germain, c. à Marli.
13. A saint Germain, c. à Marli.
17. couche a Versailles.
20. A saint Germain, c. à Versailles.
21. couche a Sceaux.
23. couche a Fontainebleau.
1. Nov. couche a Sceaux.
16. couche a Versailles.
17. A Marli, c. à Versailles.
21. A Marli, c. à Versailles.
25. A Marli, c. à Versailles.
25. A Marli, c. a Versailles.
28. A Trianon, c. a Versailles.
29. A Trianon, c. a Versailles.
30. couche a Marli.
3. Déc. couche a Versailles.
5. A Trianon, c. à Versailles.

7. A Marli, c. à Versailles.
9. A Marli, c. à Versailles.
10. A Marli, c. à Versailles.
12. A Trianon, c. à Versailles.
13. A Trianon, c. à Versailles.
14. couche a Marli.
17. couche a Versailles.
22. A Marli, c. à Versailles.
29. A Marli, c. à Versailles.
30. A saint Germain, c. à Versailles.
31. A Trianon, c. à Versailles.

1702.
1. Janv. A Marli, c. à Versailles.
4. couche a Marli.
7. couche a Versailles.
9. A Trianon, c. à Versailles.
10. Près de Sattory, c. à Versailles.
11. A Marli, c. à Versailles.
12. A Trianon, c. à Versailles.
14. A Trianon, c. à Versailles.
Dim. 15. A Trianon, c. à Versailles.
19. A Marli, c. à Versailles.
21. A Marli, c. à Versailles.
23. couche a Marli.
28. couche a Versailles.
D. m. 29. A Trianon, c. à Versailles.
31. A Marli, c. à Versailles.
1. Fév. Dîne à Trianon, c. à Versailles.
4. A Marli, c. à Versailles.
8. couche a Marli.
11. couche a Versailles.
14. A Marli, c. à Versailles.
15. couche a Meudon.
18. couche a Versailles.
23. A Marli, c. à Versailles.
Dim. 26. couche a Trianon.
1. Mars. couche a Marli.
4. couche a Versailles.
Dim. 5. A Trianon, c. à Versailles.
7. A Trianon, c. à Versailles.
8. A Trianon, c. à Versailles.
9. A Marli, c. à Versailles.
10. A Trianon, c. à Versailles.
Dim. 12. A Trianon, c. à Versailles.
15. couche à Marli.
16. A la plaine d'Ouilles, fait la revue des gardes Françoises & Suisses, & c. à Marli.
18. couche a Versailles.
22. A Trianon, c. à Versailles.
23. A Marli, c. à Versailles.
24. A Trianon, c. à Versailles.
25. A Trianon, c. à Versailles.
27. couche a Marli.
29. A saint Germain, c. à Marli.
30. & 31. Aux environs de Marli, fait la revue de sa maison.
1. Avril. couche a Versailles.

DES ROIS DE FRANCE.

5. couche a Meudon.
6. A N. D. à Paris, couche a Meudon.
7. A Paris, visite plusieurs églises, continuant les stations du jubilé, c. a Meudon.
8. A Paris, visite encore plusieurs églises, continuant aussi les stations du jubilé; dîné à Meudon, couche a Versailles.
11. A Marli, c. à Versailles.
14. A Trianon, c. à Versailles.
25. A Trianon, c. a Versailles.
26. couche a Marli.
Dim. 30. A saint Germain, couche a Marli.
6. Mai. couche à Versailles.
Dim. 7. A Marli, couche a Versailles.
9. A Trianon, c. à Versailles.
10. A Marli, c. à Versailles.
12. A Trianon, c. à Versailles.
Dim. 14. A Trianon, c. à Versailles.
15. A Marli, c. à Versailles.
16. A Trianon, c. à Versailles.
17. couche a Marli.
27. couche a Versailles.
Dim. 28. A Trianon, c. à Versailles.
1. Juin. A Marli, c. à Versailles.
5. A Trianon, c. à Versailles.
6. A Marli, c. à Versailles.
7. couche a Meudon.
10. A Marli, c. à Versailles.
Dim. 11. A Meudon, couche a Versailles.
13. A Trianon, c. à Versailles.
14. A Marli, c. à Versailles.
17. A Marli, c. à Versailles.
Dim. 18. A Trianon, c. a Versailles.
19. A Trianon, c. à Versailles.
20. A Marli, c. à Versailles.
21. A Trianon, c. à Versailles.
22. couche a Trianon.
26. couche a Versailles.
28. couche a Marli.
29. A saint Germain, c. à Marli.
12. Juill. couche a Versailles.
Dim. 16. A Trianon, c. à Versailles.
21. A Marli, c. à Versailles.
Dim. 23. A Trianon, c. à Versailles.
24. Marli, c. à Versailles.
26. couche a Marli.
12. Août. couche a Versailles.
14. A Trianon c. à Versailles.
17. A Marli, c. a Versailles.
28. A Meudon, couche a Versailles.
23. couche a Marli.
2. Sept. couche a Versailles.
Dim. 3. A Trianon, c. à Versailles.
4. A Trianon, c. à Versailles.
7. A Marli, c. à Versailles.
Dim. 10. A Trianon, c. à Versailles.
14. A Marli, c. à Versailles.
19. Dîné à Fremont, couche a Fontainebleau.
16. Oct. couche a Villeroi.

27. couche a Versailles.
30. A Marli, c. à Versailles.
2. Nov. couche a Marli.
11. couche a Versailles.
13. A Trianon, c. à Versailles.
14. A Meudon, couche a Versailles.
15. A Marli, c. à Versailles.
18. A Marli, c. à Versailles.
21. A Marli, c. à Versailles.
22. A Trianon, c. à Versailles.
23. A Marli, c. à Versailles.
Dim. 26. A Trianon, c. à Versailles.
27. couche a Marli.
2. Déc. couche a Versailles.
6. A Marli, c. à Versailles.
11. A Marli, c. a Versailles.
12. A Trianon, c. à Versailles.
13. couche a Meudon.
16. couche a Versailles.
19. A Marli, c. à Versailles.
20. A Marli, c. à Versailles.

1703.

4. Janv. A Marli, c. à Versailles.
8. couche a Marli.
11. A saint Germain, c. à Marli.
13. couche a Versailles.
15. A Trianon, c. à Versailles.
16. A Marli, c. à Versailles.
18. A Marli, c. à Versailles.
20. A Marli, couche a Versailles.
23. couche a Marli.
27. couche a Versailles.
31. A Marli, c. à Versailles.
1. Fév. A Marli, c. à Versailles.
3. A Trianon, c. à Versailles.
5. A Marli, couche a Versailles.
6. A Marli, couche a Versailles.
8. A Marli, couche a Versailles.
10. A Marli, couche a Versailles.
14. couche a Marli.
24. couche a Versailles.
Dim. 25. A Trianon, couche a Versailles.
1. Mars. A Marli, couche a Versailles.
2. A Trianon, c. à Versailles.
5. couche a Marli.
6. A la plaine d'Ouilles, fait la revue des gardes Françoises & Suisses, & couche a Marli.
8. Aux environs de Marli, fait la revue des gardes du corps, & couche a Marli.
10. couche a Versailles.
13. A Marli, couche a Versailles.
15. A Marli, couche a Versailles.
19. A Marli, couche a Versailles.
22. A Meudon, couche a Versailles.
23. A Marli, couche a Versailles.
26. couche a Marli.
29. Aux environs de Marli, fait la revue des deux compagnies de mousquetaires.

Tome I. Abel Jouan.   X

ITINERAIRE

31. couche a Versailles.
11. Avril. A Marli, couche a Versailles.
13. A Trianon, c. à Versailles.
14. Sur la Pelouse, couche a Versailles.
16. A Marli, couche a Versailles.
18. couche a Marli.
20. A saint Germain, couche a Marli.
29. couche a Versailles.
1. Mai. A Trianon, c. à Versailles.
3. A Marli, couche a Versailles.
4. A Trianon, couche a Versailles.
8. Trianon, couche a Versailles.
10. A Marli, couche a Versailles.
11. A Trianon, c. à Versailles.
12. A Marli, couche a Versailles.
14. A Trianon, c. à Versailles.
17. couche a Marli.
25. A Trianon, couche a Versailles.
28. A Trianon, couche a Versailles.
30. couche a Meudon.
2. Juin. A Trianon, couche a Versailles.
Dim. 3. A Trianon, couche a Versailles.
4. A Marli, couche a Versailles.
5. A Trianon, couche a Versailles.
6. A Trianon, couche a Versailles.
8. A Trianon, couche a Versailles.
9. A Marli, couche a Versailles.
Dim. 10. A Trianon, couche a Versailles.
13. A Trianon, couche a Versailles.
14. A Trianon.
16. A Marli, couche a Trianon.
18. A Marli, couche a Trianon.
20. couche a Marli.
21. saint Germain, couche a Marli.
7. Juill. couche a Versailles.
11. A Marli, couche a Versailles.
12. A Marli, couche a Versailles.
19. A Marli, couche a Versailles.
20. A Marli, couche a Versailles.
23. A Trianon, couche a Versailles.
25. couche a Marli.
26. A saint Germain, couche a Marli.
11. Août. couche a Versailles.
21. A Marli, couche a Versailles.
22. couche a Meudon.
25. couche a Versailles.
Dim. 26. A Trianon, couche a Versailles.
28. A Marli, couche a Versailles.
30. A Trianon, c. à Versailles.
31. A Marli, c. à Versailles.
3. Sept. couche a Marli.
15. couche a Versailles.
18. A Marli, couche a Versailles.
19. couche a Seaux.
20. couche a Villeroi.
21. couche a Fontainebleau.
25. Oct. couche a Villeroi.
26. couche a Seaux.
Dim. 28. couche a Versailles.
29. A Marli, couche a Versailles.
2. Nov. couche a Marli.

Dim. 4. A saint Germain, couche a Marli.
10. couche a Versailles.
12. A Trianon, c. à Versailles.
14. A Marli, couche a Versailles.
16. A Marli, couche a Versailles.
19. A Trianon, c. à Versailles.
21. A Trianon, c. à Versailles.
22. A Marli, couche a Versailles.
23. A Trianon, c. à Versailles.
24. A Marli, couche a Versailles.
26. couche a Marli.
7. Déc. couche a Versailles.
10. A Trianon, c. à Versailles.
13. A Marly, couche a Versailles.
15. A Trianon, couche a Versailles.
Dim. 16. A Trianon, couche a Versailles.
21. A Marli, couche a Versailles.
27. A saint Cir, couche a Versailles.
29. A Marli, couche a Versailles.
31. A Marli, couche a Versailles.

1704.

2. Janv. Trianon, fait la revue des gendarmes, couche a Versailles.
3. couche a Marli.
9. A saint Germain, couche a Marli.
12. couche a Versailles.
Dim. 13. A Trianon, c. à Versailles.
15. A Meudon, couche a Versailles.
17. A Marli, couche a Versailles.
18. A Trianon, c. à Versailles.
19. A Marli, couche a Versailles.
21. A Trianon, c. à Versailles.
23. A Trianon, c. à Versailles.
26. A Marli, c. à Versailles.
29. A Marli, c. à Versailles.
30. A Trianon, couche a Versailles.
31. A Marli, c. à Versailles.
Dim. 3. Fév. couche à Marli.
9. couche a Versailles.
Dim. 10. A Trianon, c. à Versailles.
13. A Trianon, couche à Versailles.
14. A Marli, couche a Versailles.
15. A Trianon, couche a Versailles.
19. A Marli, couche a Versailles.
20. A Trianon, couche a Versailles.
22. A Trianon, c. à Versailles.
23. A Marli, couche a Versailles.
26. A Marli, couche a Versailles.
27. A Trianon, c. à Versailles.
1. Mars. A Marli, couche a Versailles.
6. A Marli, couche a Versailles.
7. A Marli, couche a Versailles.
Dim. 9. couche a Marli.
10. Près de Marli, où sa majesté fait la revue des gardes du corps.
11. Continue la revue, & retourne à Marli.
14. A saint Germain, couche a Marli.
15. couche a Versailles.
18. A Marli, couche a Versailles.
26. A Marli, couche a Versailles.

27. A Marli, couche a Versailles.
29. A Marli, c. à Versailles.
1. Avril. A Marli, couche a Versailles.
3. couche a Marli.
12. couche a Versailles.
16. A Marli, couche a Versailles.
19. A Marli, couche a Versailles.
21. A Marli, couche a Versailles.
23. A Trianon, couche a Versailles.
24. couche a Marli.
26. couche a Versailles.
28. A Marli, couche a Versailles.
29. A Trianon, couche a Versailles.
1. Mai. couche a Marli.
3. couche a Versailles.
Dim. 4. A Trianon, c. à Versailles.
6. A Marli, couche a Versailles.
8. A Marli, couche a Versailles.
14. couche a Marli.
16. A saint Germain, couche a Marli.
17. couche a Versailles.
Dim. 18. A Trianon, c. à Versailles.
21. A Marli, couche a Versailles.
24. A Marli, c. à Versailles.
Dim. 25. A saint Cir, couche a Versailles.
27. A Marli, couche a Versailles.
28. A Trianon, couche a Versailles.
30. A Marli, couche a Versailles.
Dim. 1. Juin. A Trianon, couche a Versailles.
2. A Marli, couche a Versailles.
3. A Trianon, couche a Versailles.
5. Dine à Marli, couche a Versailles.
9. A Marli, couche a Versailles.
10. A Meudon, couche a Versailles.
12. A Marli, couche a Versailles.
14. A Marli, couche a Versailles.
Dim. 15. A Trianon, couche a Versailles.
16. A Marli, couche a Versailles.
18. A Trianon, couche a Versailles.
19. A Marli, c. a Versailles.
21. A. Marli, c. à Versailles.
Dim. 22. A Trianon, c. à Versailles.
26. A Marli, c. à Versailles.
28. A Marli, couche a Versailles.
Dim. 29. A Trianon, couche a Versailles.
1. Juill. A Marli, couche a Versailles.
3. A Trianon, couche a Versailles.
4. A Marli, couche a Versailles.
5. A Trianon, c. à Versailles.
7. A Marli, c. à Versailles.
8. A Trianon, couche a Versailles.
9. couche a Marli.
12. couche a Versailles.
Dim. 13. A Trianon, c. à Versailles.
14. A Trianon, c. à Versailles.
17. A Marli, c. à Versailles.
21. A Marli, couche a Versailles.
24. Dîne à Marli, va à saint Germain, & couche a Versailles.
25. A Trianon, couche a Versailles.
26. A Marli, couche a Versailles.

Dim. 27. A Trianon, couche a Versailles.
29. A Marli, couche a Versailles.
31. A Marli, couche a Versailles.
2. Août. A Marli, couche a Versailles.
7. couche a Marli.
13. couche a Versailles.
18. A Marli, couche a Versailles.
27. couche a Meudon.
30. A Marli, couche a Versailles.
3. Sept. couche a Marli.
11. Versailles, couche a Seaux.
12. Dine au Plessis, couche à Fontainebleau.
23. Oct. couche a Seaux.
25. couche a Versailles.
27. A Marli, couche a Versailles.
29. A Trianon, couche a Versailles.
30. A Marli, couche a Versailles.
3. Nov. couche a Marli.
15. couche a Versailles.
18. A Trianon, couche a Versailles.
20. A Marli, couche a Versailles.
24. A Marli, couche a Versailles.
26. couche a Meudon.
29. couche a versailles.
Dim 30. A Trianon, couche a Versailles.
1. Déc. A Marli, couche a Versailles.
4. A Marli, couche à Versailles.
5. A Marli, couche a Versailles.
6. A Trianon, couche a Versailles.
10. couche a Marli.
20. couche a Versailles.
Dim. 22. A Trianon, couche a Versailles.
23. A Trianon, couche a Versailles.
27. A Trianon, couche a Versailles.
29. A Marli, couche a Versailles.
30. A Marli, couche a Versailles.
31. A Marli, couche a Versailles.
1705.
Fév. A Marli.
28. couche a Versailles.
12. Mars. A Marli, où il fait, dans le parc, la revue de quatre compagnies des gardes du corps.
13. Dans le même endroit, continue la revue.
14. couche a Versailles.
1. Avril. couche a Versailles.
4. couche a Versailles.
Mai. Au château de Marli.
23. couche a Versailles.
Juill. A Trianon.
15. Août. A Versailles.
A Marli.
29. couche a Versailles.
9. Sept. couche a Marli.
22. couche a Seaux.
23. couche a Fontainebleau.
26. Oct. couche a Villeroi.
27. couche a Seaux.
28. couche a Versailles.

2. Nov. couche a Marli.
   A Versailles.
   1706.
12. Fév. A Marli.
21. A Versailles.
25. Mars. couche a Marli.
26. Aux environs du château de Marli, fait la revue de quatre compagnies des gardes du corps, & des grenadiers à cheval, & retourne à Marli.
2. Avril. A Versailles.
12. couche a Marli, où sa majesté fait la revue d'une partie de sa maison.
22. Mai. A Versailles.
30. Juill. couche a Marli.
31. A Versailles.
   Août. A Meudon.
28. A l'église des Invalides, où il entend la messe, & retourne à Meudon.
8. Sept. A Versailles.
21. couche a Marli.
12. Oct. A Versailles.
5. Nov. A Marli.
6. couche a Versailles.
   1707.
28. Fév. couche a Marli.
12. Mars. couche a Versailles.
   Mars. Au château de Marli.
2. Avril. couche a Versailles.
16. Sur les hauteurs de Marli, où sa majesté fait la revue des gendarmes, des chevaux-legers, & des mousquetaires, & retourne à Versailles.
2. Mai. couche au château de Marli.
4. Juin couche a Versailles.
   Juill. couche a Marli.
30. couche a Versailles.
26. Août. A Marli.
   Versailles.
12. Sept. Part de Versailles pour Fontainebleau.
25. Oct. couche a Petit-Bourg.
26. couche a Versailles.
   1708.
   Janv. couche a Marli.
28. couche a Versailles.
22. Fév. A Marli.
25. couche a Versailles.
13. Avril. couché a Marli.
12. Mai. couche a Versailles.
28. couche a Marli.
3. Juin. A Versailles.
28. couche a Petit-Bourg, maison du marquis d'Antin.
19. couche a Fontainebleau.
27. Août. couche a Petit-Bourg.
29. couche a Versailles.
   Oct. couche a Marli.
13. couche a Versailles.
   Nov. couche à Marli.
21. couche a Versailles.

21. couche a Marli.
8. Déc. A Versailles.
   1709.
13. Fév. A Marli.
16. couche a Versailles.
10. Avril. couche a Marli. Le même jour & le suivant, fait la revue de quatre compagnies des gardes du corps, & des grenadiers à cheval.
19. couche a Versailles.
1. Mai. couche a Marli.
6. Aux environs de Marli, où sa majesté fait la revue des compagnies des gendarmes & des chevaux-legers de sa garde.
18. A Versailles.
28. Juin. A Marli.
29. couche a Versailles.
1. Nov. couche a Marli.
20. A Versailles.
11. Déc. couche a Marli.
21 couche a Versailles.
   1710.
28. Avril. couche a Marli.
2. Mai. Aux environs de Marli, où sa majesté fait la revue des gendarmes, des chevaux-legers, & des deux compagnies des mousquetaires.
22. A Versailles.
3. Juin. A Marli.
7. A Versailles.
   1711.
12. Janv. A Marli.
20. A Versailles.
5. Mars. Aux environs de Marli, où sa majesté fait la revue d'une partie de sa maison.
6. Continue la revue.
8. A Versailles.
19. Avril. A Marli, où sa majesté fait la revue des gendarmes.
27. A Versailles, couche a Marli.
16. Juill. Part pour Fontainebleau.
27. A Fontainebleau.
14. Sept. A Versailles.
   1712.
27. Fév. A Marli, & couche a Versailles.
18. Mars. couche a Marli.
9. Avril. Fait la revue des mousquetaires à Marli.
14. Mai. A Versailles.
13. couche a Petit-Bourg.
14. couche a Fontainebleau.
14. couche a Petit-Bourg.
15. couche a Versailles.
4. Oct. couche au château de Rambouillet.
8. couche a Versailles.
1. Nov. couche a Marli.
26. couche a Versailles.
   1713.
27. Janv. A Marli.

DES ROIS DE FRANCE.

- 2. Fév. A Versailles.
- 1. Mars. A Marli.
- Dim. 5. A Versailles.
- 3. Mai. couche a Marli.
- 10. Au champ de Mars, près de Marli, où sa majesté fait la revue de quatre compagnies des gardes du corps, & des grenadiers à cheval.
- 11. Au même lieu, continue la revue.
- 13. Au même lieu, où sa majesté fait la revue des gendarmes, des chevaux-legers, & des deux compagnies des mousquetaires.
- 6. Juin. A Versailles.
- 26. Au château de Rambouillet.
- 3. Juill. A Versailles.
- 15. Août. A Marli.
- 30. couche a Petit-Bourg.
- 31. couche a Fontainebleau.
- 11. Oct. couche a Petit-Bourg.
- 12. couche a Versailles.
- 2. Nov. couche a Marli.
- 15. couche a Versailles.

1714.
- 21. Avril. couche a Marli.
- 19 A la plaine d'Ouilles, où sa majesté fait la revue des gardes Françoises & Suisses.
- 27. Près de Marli, où sa majesté fait la revue des compagnies des gardes du corps & des grenadiers à cheval.
- 29. Continue la revue.
- 2. Mai. Continue la revue.
- 5. Continue la revue.
- 6. A Versailles, couche a Marli.
- 19. A Versailles.
- A Marli.
- 11. Juin. Au château de Rambouillet.
- 14. Août. A Versailles.
- 29. couche a Petit-Bourg.
- 30. couche a Fontainebleau.
- 23. Oct. couche a Petit-Bourg.
- 25. couche a Versailles.
- 2. Nov. couche a Marli.
- 1. Déc. couche à Versailles.

1715.
- 1. Mai. couche a Marli.
- 1. Juin. couche a Versailles.
- 19. Au champ de Mars, près de Marli, où sa majesté fait la revue d'une partie de sa maison, & va à Marli.
- 6. Juill. Près de Marli, où sa majesté fait la revue des gardes du corps, & des grenadiers à cheval.
- 9. Continue la revue.
- 3. continue la revue.
- 3. Août. A Versailles.
- Dim. 1. Sept. Meurt à Versailles, à huit heures du matin.

Tome I. Abel Jouan

Contraste insuffisant

NF Z 43-120-14

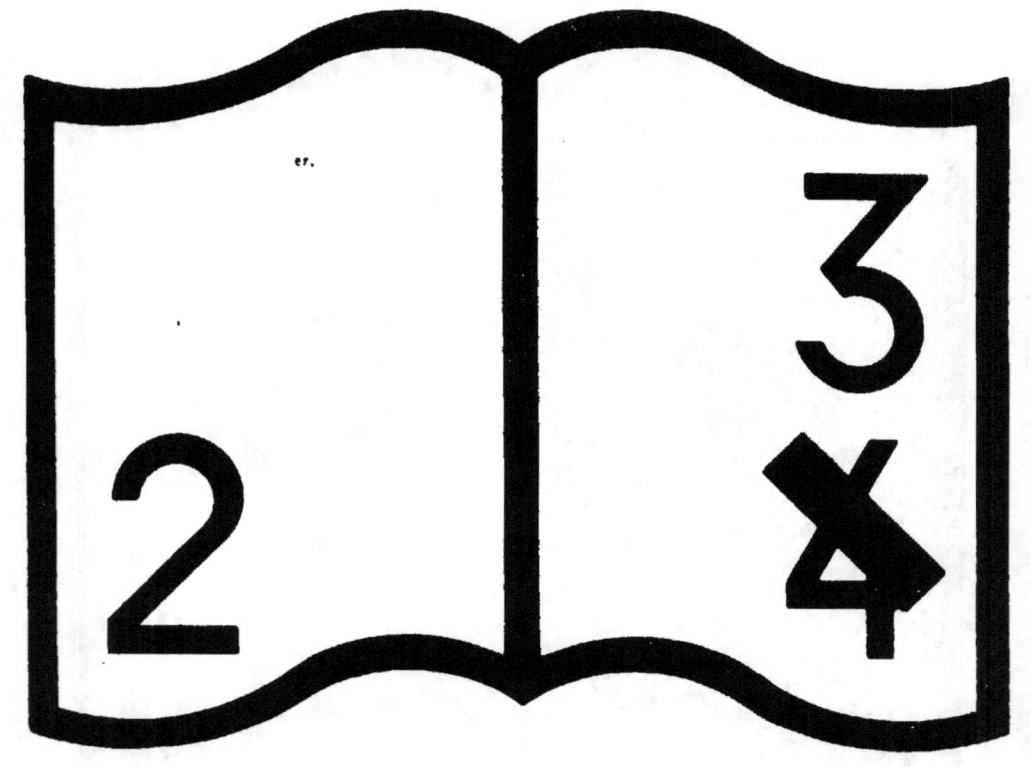

Pagination incorrecte — date incorrecte
NF Z 43-120-12

www.ingramcontent.com/pod-product-compliance
Lightning Source LLC
Chambersburg PA
CBHW050322020526
44117CB00031B/1334